Skigebiet Skipaß Ort, Höhenlage (grau: Im Angebot der ADAC Reise GmbH (Katalog Winterurlaub 93/94))	Liftanlagen bis ... m	Anzahl der Liftanlagen	Pistenkilometer	Punktekarte vorhanden	Skipaß-Preise Winter 1993/94 – in Landeswährung Tageskarte ( ) = Vorjahrespreis Erwachsene Neben-saison	Haupt-saison	Kinder Neben-saison	Haupt-saison	Wochenpaß 6 Tage / *7 Tage ( ) = Vorjahrespreis Erwachsene Neben-saison	Haupt-saison	Kinder Neben-saison	Haupt-saison	Leistungen im Wochenpaß inklusive	Skischaukel	Beschreibung im ADAC SkiAtlas Seite
Deutschland															
Ober- und Westallgäu		58	80												20
Oberstaufen (mit Steibis u. Thalkirchdorf), 800 m	1700	30	73	●	(30)	(30)	(20)	(20)	(135)	(135)	(105)	(105)	Skibus, Hallenbäder in Oberstaufen und Steibis	–	
Isny, 720 m	1170	5	4	–	(13–18)	(13–18)	(10–16)	(10–16)	–	–	–	–	–	–	
Buchenberg, 850 m	1100	6	5	●	16	16	14	14	65	65	55	55	–	–	
Scheidegg, 800 m	950	2	2	–	19	19	13	13	*95	*95	*58	*58	–	–	
Immenstadt, 710 m		15	30												22
Mittag-Skicenter	1450	5	10	–	(22)	(24)	(13)	(15)	*(130)	*(130)	*(80)	*(80)	–	–	
Alpsee-Skizirkus	1487	5	10	–	(25)	(25)	(19)	(19)	(114)	(114)	(79)	(79)	–	–	
Stixner-Skilifte	900	3	2	–	(16)	(16)	(14)	(14)	–	–	–	–	–	–	
Sonthofen, 750 m		3	2												22
Sonthofen	900	3	2	–	10–16	10–16	8–11	8–11	–	–	–	–	–	–	
Rettenberg-Kranzegg, 806 m		14	40												23
Grünten-Skipaß	1680	14	40	–	(28)	(28)	(20)	(20)	*(156)	*(156)	*(96)	*(96)	–	–	
Hindelang bis Mittelberg		30	50												24
Ostallgäu-Skipaß (siehe Ostallgäu unten)	1880	70	150	●	–	–	–	–	*(160)	*(160)	*(115)	*(115)	gültig an 7 Tagen eines Winters	–	(24, 30)
Hindelang – Oberjoch – Unterjoch, 850–1150 m	1610	16	32	●	25	30	20	23	135	152	95	113	–	–	
Jungholz, 1100 m	1500	6	10	●	(29)	(29)	(21)	(21)	(148)	(148)	(108)	(108)	–	–	
Wertach, 915 m	1665	3	10	–	28	28	20	20	–	–	–	–	–	–	
Oy-Mittelberg, 960 m (Gerhalde)	1100	1	2	●	15	15	13	13	69	69	69	69	–	–	
Hörnergruppe		30	68												26
Hörner-Skipaß (Fischen, Ofterschwang, Bolsterlang, Obermaiselstein, Balderschwang)	1700	30	68	–	–	–	–	–	127	136	84	91	–	–	
Fischen, 761 m	900	3	3	●	(16)	(16)	(11)	(11)	–	–	–	–	–	–	
Ofterschwang, 864 m	1406	7	15	●	(29)	(29)	(19)	(19)	(123)	(123)	(82)	(82)	–	–	
Bolsterlang, 892 m	1665	7	13	–	(30)	(30)	(21)	(21)	(131)	(131)	(91)	(91)	–	–	
Obermaiselstein, 859 m (Grasgehren)	1700	8	11	●	(23)	(23)	(17)	(17)	(97)	(97)	(78)	(78)	–	–	
Balderschwang, 1044 m	1500	9	30	●	20	20	20	20	101	101	101	101	–	–	
Oberstdorf, 815 m		27	42												28
Oberstdorf/Kleinwalsertal (Oberstdorf, Riezlern, Hirschegg, Mittelberg)	2224	62	125	–	55	55	36	40	215	228	155	166	Skibus im Kleinwalsertal	–	(28, 68)
Nebelhorn	2224	6	12	–	(44)	(44)	(30)	(30)	(176)	(176)	(120)	(120)	Skibus	–	
Fellhorn/Kanzelwand	1970	13	20	–	48	48	32	32	204	204	148	148	Skibus, Liegestühle am Fellhorn	–	
Söllereck	1345	4	10	●	34	34	25	25	170	170	125	125	Skibus	–	
Ostallgäu		70	150												30
Ostallgäu-Skipaß (Nesselwang, Pfronten, Schwangau-Tegelberg, Buching, Jungholz, Wertach)	1880	70	150	–	–	–	–	–	*(160)	*(160)	*(115)	*(115)	gültig an 7 beliebigen Tagen eines Winters	–	(24, 30)
Pfronten, 900 m	1600	11	12	●	33	33	25	25	(150)	(150)	(110)	(110)	–	–	
Schwangau, 800 m (Tegelberg, Buchenberg)	1720	11	25	●	(33)	(33)	(24)	(24)	(140)	(140)	(95)	(95)	gültig an 5 Tagen	–	
Nesselwang, 865 m	1500	6	12	●	26	26	19	19	110	110	73	73	–	–	
Oberammergau, 840 m		9	24												34
Skiverbund (enthält nicht Unterammergau)	1683	9	24	●	(27)	(27)	(20)	(20)	*(98)	*(98)	*(78)	*(78)	tgl. Besuch im WellenBerg-Bad	–	
Unterammergau	1150	5	6	–	23	23	16	16	nur auf Anfrage						

Skigebiet Skipaß Ort, Höhenlage (grau: Im Angebot der ADAC Reise GmbH (Katalog Winterurlaub 93/94))	Liftanlagen bis . . . m	Anzahl der Liftanlagen	Pistenkilometer	Punktekarte vorhanden	Skipaß-Preise Winter 1993/94 – in Landeswährung: Tageskarte ( ) = Vorjahrespreis – Erwachsene Neben-saison	Tageskarte – Erwachsene Haupt-saison	Tageskarte – Kinder Neben-saison	Tageskarte – Kinder Haupt-saison	Wochenpaß 6 Tage / *7 Tage ( ) = Vorjahrespreis – Erwachsene Neben-saison	Wochenpaß – Erwachsene Haupt-saison	Wochenpaß – Kinder Neben-saison	Wochenpaß – Kinder Haupt-saison	Leistungen im Wochenpaß inklusive	Skischaukel	Beschreibung im ADAC SkiAtlas Seite
Garmisch-Partenkirchen, 720 m		52	118												36
Happy Ski Card (alle Skigebiete von Garmisch-Partenkirchen und Mittenwald; Schneearena Tiroler Zugspitze (A); Region Seefeld-Leutasch (A))	2830	128	288	–	–	–	–	–	239	239	173	173	Skibus Marienplatz – Hausberg	–	(36, 39, 91, 92, 112)
Verbundgebiet ohne Zugspitze (Eckbauer, Wank, Hausberg, Kreuzeck, Osterfelder)	2050	39	95	–	43	43	29	29	–	–	–	–	–	–	
Zugspitze	2830	13	18	–	54	54	32	32	–	–	–	–	–	–	38
Wank	1780	6	18	–	32	32	23	23	–	–	–	–	–	–	
Eckbauer	1238	2	3	–	26	26	19	19	–	–	–	–	–	–	
Mittenwald, 920 m		10	25												39
Happy Ski Card (siehe Garmisch-Partenkirchen oben)	2830	128	288	–	–	–	–	–	239	239	173	173	–	–	(36, 39, 91, 92, 112)
Verbundtageskarte (Kranzberg, Dammkar)	2244	9	25	–	35	35	25	25	–	–	–	–	–	–	
Lenggries, 680 m		19	34												40
Brauneck-Skizirkus	1700	19	34	●	35	35	24	24	152	152	96	96	Skibus; 1 × Hallenbad	–	
Tegernseer Tal		21	25												42
Suttenbahn	1700	18	30	●	(35)	(35)	(24)	(24)	(160)	(160)	(110)	(110)	Skibus (auch mit Tageskarte)	–	
Rottach-Egern, 740 m (Wallberg)	1620	3	10	●	30	30	17	17	100	100	70	70	–	–	
Schliersee-Spitzingsee, 800–1085 m		19	30												44
Gebietskarte Spitzingsee	1700	18	30	●	(35)	(35)	(24)	(24)	(160)	(160)	(110)	(110)	Skibus	–	
Bayrischzell, 802 m		22	40												46
Sudelfeld/Wendelstein	1800	22	40	–	–	–	–	–	174	174	129	129	–	–	
Sudelfeld	1500	18	30	●	38	38	26	26	–	–	–	–	Skibus	●	
Wendelstein (Seilbahn oder Zahnradbahn), 1838 m	1720	4	10	–	30	30	22	22	130	130	85	85	gültig an 5 beliebigen Tagen innerhalb eines Winters; übertragbar innerhalb der Familie	–	
Reit im Winkl, 695 m		12	45												47
Winklmoos – Steinplatte	1870	12	45	–	40	40	25	25	206	206	128	128	Skibus	–	
Berchtesgadener Land, 480–1800 m		32	40												48
Verbund (Jenner, Götschen, Schwarzeck, Hallein, A, Bad Dürrnberg, A)	1800	32	40	–	–	–	–	–	185	185	135	135	RVO-Bus, Maut zum Roßfeld	–	
Ski ohne Grenzen (Roßfeld, Oberau, Bad Dürrnberg, A/Zinken)	1600	11	20	–	31	31	19	19	–	–	–	–	inkl. RVO-Bus von Oberau zum Roßfeld inkl. Maut	●	(48, 172)
Jenner	1800	6	9	●	(37)	(37)	(31)	(31)	–	–	–	–	–	●	

Österreich

Skigebiet	Liftanlagen bis . . . m	Anzahl der Liftanlagen	Pistenkilometer	Punktekarte vorhanden	Tageskarte Erwachsene Nebensaison	Tageskarte Erwachsene Hauptsaison	Tageskarte Kinder Nebensaison	Tageskarte Kinder Hauptsaison	Wochenpaß Erwachsene Nebensaison	Wochenpaß Erwachsene Hauptsaison	Wochenpaß Kinder Nebensaison	Wochenpaß Kinder Hauptsaison	Leistungen im Wochenpaß inklusive	Skischaukel	Beschreibung im ADAC SkiAtlas Seite
Bregenzerwald		76	235												58
3-Täler-Superpaß (Bregenzerwald, Großwalsertal, Lechtal)	2050	89	210	–	–	–	–	–	1215	1350	715	715	Skibus im Bereich des 3-Täler-Passes	–	
Warth–Schröcken, 1260–1500 m	2050	14	56	z.T.	230	340	175	175	–	–	–	–	Skibus	–	
Schoppernau-Au, 800–860 m	2100	8	31	z.T.	280	280	160	160	–	–	–	–	3-Täler-Bus, BW, GWT, LT	–	
Damüls–Faschina, 1430–1500 m	2100	11	39	–	330	330	200	200	–	–	–	–	Skibus	–	(58, 66)
Mellau, 700 m	1750	8	20	z.T.	280	280	160	160	–	–	–	–	Skibus	–	
Bizau, 660 m	1700	6	24	●	280	280	160	160	–	–	–	–	Skibus	–	
Bezau, 651 m	1620	7	20	–	250	250	150	150	–	–	–	–	Skibus	–	
Andelsbuch, 620 m	1700	7	25	–	250	250	150	150	–	–	–	–	Skibus	–	
Schwarzenberg, 700 m	1400	9	20	●	240	240	135	135	1200	1200	700	700	–	–	
Alberschwende, 600 m	1200	8	18	●	185	185	135	135	750	750	550	550	–	–	

Skigebiet Skipaß Ort, Höhenlage (grau: Im Angebot der ADAC Reise GmbH (Katalog Winterurlaub 93/94))	Liftanlagen bis ... m	Anzahl der Liftanlagen	Pistenkilometer	Punktekarte vorhanden	Skipaß-Preise Winter 1993/94 – in Landeswährung: Tageskarte ( ) = Vorjahrespreis, Erwachsene, Nebensaison	Tageskarte, Erwachsene, Hauptsaison	Tageskarte, Kinder, Nebensaison	Tageskarte, Kinder, Hauptsaison	Wochenpaß 6 Tage / *7 Tage ( ) = Vorjahrespreis, Erwachsene, Nebensaison	Wochenpaß, Erwachsene, Hauptsaison	Wochenpaß, Kinder, Nebensaison	Wochenpaß, Kinder, Hauptsaison	Leistungen im Wochenpaß inklusive	Skischaukel	Beschreibung im ADAC SkiAtlas Seite
Laternser Tal		9	27												64
Laterns, 900 m (Gapfohl-Furx)	1785	9	27	–	280	280	160	160	1290	1440	700	790	Skibus	–	
Übersaxen, 900 m	1200	2	2	●	(165)	(165)	(90)	(90)	(750)	(750)	(480)	(480)	–	●	
Zwischenwasser, 900 m	1200	2	2	●	180	180	115	115	820	850	520	550	Skibus	–	
Klostertal		16	87												65
Arlberg-Skipaß (siehe Arlberg unten)	2811	88	260	–	385	430	230	260	1860	2070	1120	1240	–	–	(65–82)
Tageswahlskipaß (2 Tage Arlberg und 4 Tage Sonnenkopf)	2811	88	260	–	–	–	–	–	1850	1850	1110	1110	Skibus nur zum Sonnenkopf ab Klösterle, ab Bahnhof Bludenz	●	(65–82)
Sonnenkopf	2300	16	87	–	320	320	190	190	1220	1390	710	800	Skibus	–	
Großes Walsertal		13	46												66
3-Täler-Superpaß (siehe Bregenzerwald, S. 4)	2050	89	210	–	–	–	–	–	1215	1350	715	715	Skibus zwischen Egg, Warth, Damüls, Faschina und Sonntag	–	(58, 66)
Faschina–Damüls–Sonntag-Stein, 1430–1500 m	2100	13	46	–	330	330	200	200	–	–	–	–	Skibus	–	(58, 66)
Raggal, 1016 m	1400	3	8	●	200	200	145	145	–	–	–	–	–	–	
Marul, 980 m	1740	3	12	–	220	220	130	130	–	–	–	–	–	–	
Kleinwalsertal		35	80												68
Kleinwalsertal/Oberstdorf (Riezlern, Hirschegg, Mittelberg, Oberstdorf)	2224	62	125	z. T.	55 DM	55 DM	36 DM	40 DM	215 DM	228 DM	155 DM	166 DM	Skibus im Kleinwalsertal	–	(28, 68)
Riezlern, 1088 m (Kanzelwand – Fellhorn)	1957	14	20	–	48 DM	48 DM	32 DM	32 DM	204 DM	204 DM	148 DM	148 DM	–	●	(58, 68)
Hirschegg, 1124 m (Ifen – Heuberg)	2030	9	25	–	(40) DM	(40) DM	(27) DM	(27) DM	–	–	–	–	–	–	
Mittelberg, 1218 m (Walmendingerhorn)	1940	3	6	–	41 DM	41 DM	27 DM	27 DM	–	–	–	–	–	●	
Brandnertal		13	50												70
Bürserberg-Brand, 900–1037 m	1920	13	50	●	(325)	(325)	(200)	(200)	1410	1590	850	955	Skibus	–	
Montafon		73	210												72, 74
Montafoner Skipaß (Gaschurn/Partenen, St. Gallenkirch/Gortipohl, Gargellen, Schruns, Silbertal, Tschagguns, Vandans, 650–1430 m)	2380	73	210	–	–	–	–	–	1545	1755	960	1090	Skibus, Postbus, Montafoner Bahn Bludenz – Schruns (nur in Skikleidung)	–	
Silvretta Nova (Gaschurn/Partenen, St. Gallenkirch/Gortipohl, 900–1050 m)	2370	31	100	z.T.	380	380	245	245	–	–	–	–	–	–	
Schafberg (Gargellen, 1430 m)	2260	9	33	–	355	355	215	215	–	–	–	–	–	–	
Hochjoch–Zamang (Schruns, Silbertal, 700–900 m)	2370	13	35	–	380	380	245	245	–	–	–	–	–	–	
Golm (Tschagguns, Vandans, 650–700 m)	2100	12	21	–	355	355	200	200	–	–	–	–	–	–	
Arlberg		88	260												76, 82
Arlberg-Skipaß (St. Anton, St. Christoph, Stuben, Lech, Zürs, Klostertal (Sonnenkopf), 1300–1800 m)	2811	88	260	–	385	430	230	260	1860	2070	1120	1240	Skibus nur im Ortsbereich St. Anton, St. Jakob (für alle Gäste, auch ohne Skipaß)	●	
Arlberg-Spezial (nur für im Gebiet wohnende Gäste; Kauf nur beim Gastgeber)	2811	88	260	–	–	–	–	–	1730	1920	1040	1150	Skibus wie oben	●	
Anfängerkarte (beschränkte Liftzahl)	1846	–	–	–	320	320	190	190	–	–	–	–	Skibus wie oben	–	
Skihaserlkarte (beschränkte Liftzahl)	1800	–	–	–	170	170	100	100	–	–	–	–	Skibus wie oben	–	
Pettneu, 1228 m	2020	4	15	●	195	250	110	130	910	1170	520	600	–	–	(82)
Pettneuer Anfängerkarte	1500	2	–	●	145	145	100	100	–	–	–	–	–	–	

Skigebiet Skipaß Ort, Höhenlage Im Angebot der ADAC Reise GmbH (Katalog Winterurlaub 93/94)	Liftanlagen bis . . . m	Anzahl der Liftanlagen	Pistenkilometer	Punktekarte vorhanden	Skipaß-Preise Winter 1993/94 – in Landeswährung								Leistungen im Wochenpaß inklusive	Skischaukel	Beschreibung im ADAC SkiAtlas Seite
					Tageskarte ( ) = Vorjahrespreis				Wochenpaß 6 Tage / *7 Tage ( ) = Vorjahrespreis						
					Erwachsene		Kinder		Erwachsene		Kinder				
					Neben-saison	Haupt-saison	Neben-saison	Haupt-saison	Neben-saison	Haupt-saison	Neben-saison	Haupt-saison			
Tannheimer Tal/Reutte		43	67												88, 90
Tannheimer Tal, Ferienregion Reutte, Lechtal (Schattwald, Zöblen, Tannheim, Grän, Nesselwängle, Weissenbach, Höfen, Wängle, Lechaschau, Ehenbichl, Vils, Stanzach, Bach)	1900	43	67	●	einzelne Liftanlagen bis 290	bis 290	bis 180	bis 180	1240	1240	745	745	Skibus; in Reutte ermäßigter Eintritt ins Hallenbad	–	
Schneearena Tiroler Zugspitze		40	93												91
Happy Ski Card (siehe Garmisch-Partenkirchen/D, S. 4)	2964	128	288	–	–	–	–	–	1645	1645	1190	1190	Skibus	–	(36, 39, 91, 112)
Schneearena Tiroler Zugspitzgebiet (Ehrwald, Berwang, Lermoos, Biberwier, Bichlbach, Heiterwang, Lähn-Wengle)	2964	40	93	●	295	295	200	200	–	–	–	–	–	–	
Schneearena Tiroler Zugspitzgebiet (wie oben plus Zugspitzplatt, D)	2964	53	111	–	372	372	222	222	–	–	–	–	–	–	(36, 91)
Ischgl + Samnaun (CH)		38	200												94
Region-Skipaß Paznaun–Samnaun (Ischgl, See, Kappl, Galtür, Samnaun [CH])	2864	62	330	–	–	–	–	–	1920	2260	1270	1270	Skibus	–	(94, 96, 350)
Silvretta-Skipaß Ischgl–Samnaun (CH), 1400–1850 m (Idalpe–Alp Trida)	2864	38	200	–	370	430	250	250	–	–	–	–	Skibus; mit Gästekarte von Ischgl/Mathon gegen Aufpreis von öS 20,– beim Skipaßkauf Hallenbad gratis	–	
Paznauntal		24	130												96
Region-Skipaß Paznaun–Samnaun (CH)	2864	62	330	–	–	–	–	–	1920	2260	1270	1270	Skibus, Hallenbad Galtür, wenn Skipaß in Galtür gekauft	–	(94, 96, 350)
See, 1050 m	2450	5	40	–	285	305	170	170	1295	1480	815	815	Ortsskibus	–	
Kappl, 1258 m	2690	8	50	–	290	315	180	180	1355	1530	880	880	Ortsskibus	●	
Galtür, 1584 m	2297	11	40	–	290	315	185	205	1255	1445	905	905	Skibus, Hallenbad	–	
Serfaus, 1427 m		20	80												98
Skipaß × 6 (Serfaus, Fiss, Ladis, Nauders, Kaunertal (Fendels und Gletscher), Landeck)	3160	69	273	–	–	–	–	–	1625	1850	960	1090	Skibus nach Fiss (und zurück)	–	
Serfaus–Komperdell	2683	20	80	–	350	360	200	205	1450	1650	805	915	–	–	
Fiss/Ladis, 1180–1436 m		17	75												99
Skipaß × 6 (siehe Serfaus)	3160	69	273	–	–	–	–	–	1625	1850	960	1090	–	–	
Skipass Fiss–Ladis	2436	17	75	z. T.	300	335	170	180	1325	1560	740	870	–	–	
Nauders, 1365 m		16	55												100
Skipaß × 6 (siehe Serfaus)	3160	69	273	–	–	–	–	–	1625	1850	960	1090	–	–	
Nauderer Skipaß	2820	16	55	●	290	335	175	190	1445	1680	785	915	Skibus	–	
Landeck/Zams, 800 m		6	33												101
Skipaß × 6 (siehe Serfaus)	3160	69	273	–	–	–	–	–	1625	1850	960	1090	–	–	
Venet-Skipaß (Landeck–Zams–Fließ, 780–2212 m)	2212	6	33	z. T.	250	250	130	130	1235	1235	685	685	Skibus Landeck – Zams	–	
Imst, 1000 m		6	9												101
Hoch-Imst	2100	6	9	–	270	270	135	135	1307	1307	653	653	Skibus	–	
Kaunertal		10	30												102
Skipaß × 6 (siehe Serfaus)	3160	69	273	–	–	–	–	–	1625	1850	960	1090	–	–	
Gletscherskigebiet Weißseeferner	3160	6	20	–	325	385	200	245	1520	1720	920	1065	Skibus, Maut, Hallenbad Feichten	–	
Kaunertal-Fendels	2300	4	10	●	200	230	125	150	995	1170	640	740	Skibus, Hallenbad Feichten	–	
Pitztal		19	79												104
Wahlskipaß Innerpitztal (Gletscher, Rifflsee)	3440	11	39	–	–	–	–	–	1710	1710	1035	1035	Skibus; gültig an 6 Tagen innerhalb von 7 Tagen	–	
Pitztaler Gletscher	3440	7	29	–	370	390	210	225	1545	1625	795	835	Skibus	–	
Rifflsee	2300	4	10	z. T.	295	295	175	175	1240	1240	670	670	Skibus	–	
Jerzens, 1100 m (Hochzeiger)	2450	8	40	–	340	340	200	200	1370	1370	780	780	Skibus	–	

Skigebiet Skipaß Ort, Höhenlage (grau unterlegt: Im Angebot der ADAC Reise GmbH (Katalog Winterurlaub 93/94))	Liftanlagen bis . . . m	Anzahl der Liftanlagen	Pistenkilometer	Punktekarte vorhanden	Skipaß-Preise Winter 1993/94 – in Landeswährung								Leistungen im Wochenpaß inklusive	Skischaukel	Beschreibung im ADAC SkiAtlas Seite
					Tageskarte ( ) = Vorjahrespreis				Wochenpaß 6 Tage / *7 Tage ( ) = Vorjahrespreis						
					Erwachsene		Kinder		Erwachsene		Kinder				
					Neben-saison	Haupt-saison	Neben-saison	Haupt-saison	Neben-saison	Haupt-saison	Neben-saison	Haupt-saison			
Ötztal		56	226												106
Ötztal Arena, 1370–2090 m (Sölden, Hochsölden, Gaislachkogl)	3235	29	101	z.T.	370	420	250	250	1660	1920	1100	1100	Skibus	–	
Vent, 1900 m	2680	4	15	●	210	280	170	210	970	1400	700	970	–	–	
Untergurgl/Obergurgl/ Hochgurgl, 1793 m/ 1930 m/2150 m	3082	23	110	z.T.	370	400	270	270	1790	2030	1240	1240	Skibus Obergurgl–Untergurgl	–	
Leutaschtal		7	15												112
Happy Ski Card (siehe Garmisch-Partenkirchen/D), S. 4)	2964	128	288	–	–	–	–	–	1645	1645	1190	1190	–	–	(36, 39, 91, 112)
Leutasch, 1130 m (Hohe Munde, Kreith)	1600	7	15	●	220	220	160	160	1095	1095	800	800	–	–	
Seefeld, 1200 m		19	25												112
Happy Ski Card (siehe Garmisch-Partenkirchen/D, S. 4)	2964	128	288	–	–	–	–	–	1645	1645	1190	1190	–	–	(36, 39, 91, 112)
Rosshütte–Härmelekopf–Seefelder Joch–Gschwandtkopf	2065	14	25	●	290	290	210	210	–	–	–	–	Skibus	–	
Gschwandtkopf	1500	8	10	●	270	270	190	190	–	–	–	–	Skibus	–	
Rosshütte–Härmelekopf–Seefelder Joch	2065	6	15	–	270	270	190	190	–	–	–	–	Skibus	–	
Kühtai, 2020 m		10	50												114
Skipaß Kühtai	2520	10	50	●	270	310	175	210	1110	1400	790	900	Skibus	–	
Innsbruck und Umgebung		33	75												115
Skigroßraum (Igls, Mutters, Tulfes, Hungerburg, Axams)	2343	33	75	●	–	–	–	–	1855	1855	1115	1115	Städt. Verkehrsmittel, Skibus	–	
Igls, 900 m (Patscherkofl)	2247	6	13	–	280	280	170	170	–	–	–	–	–	–	
Innsbruck, 575 m (Hungerburg–Seegrube)	2334	4	12	●	280	280	170	170	–	–	–	–	Skibus	–	
Tulfes, 923 m (Glungezer)	2350	8	11	●	280	280	170	170	–	–	–	–	–	–	
Axams, 874 m (Axamer Lizum)	2343	10	32	●	325	325	200	200	1480	1480	890	890	Skibus	–	118
Mutters, 830 m (Mutterer Alm)	1802	5	8	●	280	280	170	170	–	–	–	–	Skibus	–	
Oberperfuß, 815 m (Rangger-Köpfl)	2000	4	10	●	(165)	(185)	(100)	(120)	(950)	(950)	(600)	(600)	Skibus	–	
Stubaital		37	81												120
Stubaier Super-Skipaß (Schönberg, Mieders, Telfes, Fulpmes, Neustift, 960–1000 m)	3200	37	81	–	–	–	–	–	1880	1880	1220	1220	Skibus, Hallenbad	–	
Neustift, 1000 m Gletscher-Skipaß	3200	18	45	–	400	400	260	260	–	–	–	–	–	–	
Neustift, 1000 m, Hochstubai/Elfer	2100	5	7	–	(260)	(260)	(160)	(160)	–	–	–	–	–	–	
Fulpmes–Telfes, 950 m (Schlick 2000)	2300	10	25	–	305	305	190	190	1325	1325	940	940	Skibus	–	
Schönberg-Mieders, 1000 m (Serleslifte)	1630	4	4	–	180	195	110	120	–	–	–	–	Skibus	–	
Wipptal		11	24												122
Wipptaler Skipaß (Steinach, Gries, Trins; nur mit Gästekarte erhältlich)	2200	11	24	–	–	–	–	–	1280	1450	820	950	Skibus	–	
Steinach, 1050 m (Bergeralm, Nößlachjoch)	2200	7	16	●	305	305	160	160	1300	1495	680	780	Skibus	–	
Gries, 1200 m (Sattelberg)	2050	4	8	●	230	230	125	125	780	870	570	570	Skibus	–	
Kramsach, 520 m		8	21												123
Zillertaler Superskipaß (siehe Zillertal, S. 8)	2500	138	353	–	–	–	–	–	ohne Gletscher 1500	1500	900	900	Zillertalbahn, Skibus, Linienbus	–	(123, 128)
	3286	154	428	–	–	–	–	–	mit Gletscher 1965	1965	1180	1180		–	
Sonnwendjoch	1800	8	25	–	320	320	190	190	–	–	–	–	–	–	
Achental		26	45												124
Skiregion Achensee (Achenkirch, Pertisau, Maurach, Steinberg)	1870	26	45	–	–	–	–	–	1500	1500	970	970	Skibus	–	
Achenkirch, 930 m (Christlum, Steinberg)	1780	9	18	–	300	300	193	193	–	–	–	–	–	–	
Maurach, 950 m (Rofan)	1870	6	8	–	240	240	150	150	920	920	600	600	Skibus	–	
Pertisau, 950 m (Zwölferkopf)	1500	9	15	–	300	300	193	193	–	–	–	–	Skibus	–	
Pertisau, 950 m (Planberg- und Wiesenlifte)	1100	3	4	●	80	80	50	50	–	–	–	–	Skibus	–	

Skigebiet / Skipaß / Ort, Höhenlage (grau: Im Angebot der ADAC Reise GmbH (Katalog Winterurlaub 93/94))	Liftanlagen bis ... m	Anzahl der Liftanlagen	Pistenkilometer	Punktekarte vorhanden	Skipaß-Preise Winter 1993/94 – in Landeswährung: Tageskarte ( ) = Vorjahrespreis – Erwachsene Nebensaison	Tageskarte Erwachsene Hauptsaison	Tageskarte Kinder Nebensaison	Tageskarte Kinder Hauptsaison	Wochenpaß 6 Tage / *7 Tage ( ) = Vorjahrespreis – Erwachsene Nebensaison	Wochenpaß Erwachsene Hauptsaison	Wochenpaß Kinder Nebensaison	Wochenpaß Kinder Hauptsaison	Leistungen im Wochenpaß inklusive	Skischaukel	Beschreibung im ADAC SkiAtlas Seite
Alpbachtal		22	40												126
Skipaß Alpbachtal für Alpbach, 1000 m (Wiedersbergerhorn), und Reith, 640 m (Reitherkogl)	2025	22	40	●	290	290	170	170	1170	1250	740	800	Skibus nur mit Skiausrüstung	–	
Zillertal		123	355												128
Zillertaler Superskipaß (Fügen, Hochfügen, Kaltenbach, Zell, Gerlos, Königsleiten, Ramsau, Hippach, Mayrhofen, Schwendau, Finkenberg, Lanersbach, Hintertux, Kramsach)	2500 3286	138 154	353 428	– –	– –	– –	– –	– –	ohne Gletscher 1500 mit Gletscher 1965	1500 1965	900 1180	900 1180	Zillertalbahn, Skibus, Linienbus	–	
Fügen, 550 m (Spieljoch)	2050	8	21	●	320	320	190	190	–	–	–	–	Skibus	–	
Hochfügen, 1425 m	2300	10	24	●	320	320	190	190	–	–	–	–	Skibus	–	
Kaltenbach, 600 m (Hochzillertal)	2300	14	59	–	340	340	190	190	–	–	–	–	Skibus	–	
Zell am Ziller, 580 m (Kreuzjoch, Gerlosstein)	2240	22	45	–	340	340	205	205	–	–	–	–	Skibus	–	
Mayrhofen, 630 m, Finkenberg, 840 m (Ahorn, Penken-Horberg)	2250	31	90	–	320	320	190	190	–	–	–	–	Skibus	–	
Tuxertal (Lanersbach, Hintertux)	3250	20	82	–	420	420	250	250	–	–	–	–	Skibus	–	
Lanersbach, 1300 m (Eggalm, Rastkogel)	2500	12	33	–	320	320	190	190	–	–	–	–	Skibus	–	
Gletscher	3286	16	75	–	420	420	250	250	–	–	–	–	–	–	
Gerlos, 1246 m		12	40												136
Zillertaler Superskipaß (siehe Zillertal oben)	2500 3286	138 154	353 428	– –	– –	– –	– –	– –	ohne Gletscher 1500 mit Gletscher 1965	1500 1965	900 1180	900 1180	Zillertalbahn, Skibus, Linienbus	–	
Gerlos-Königsleiten	2300	26	52	z. T.	310	310	190	190	–	–	–	–	Skibus	●	(136, 166)
Kaiserwinkl		13	26												137
Kössen, 600 m	1700	7	16	–	250	250	170	170	1145	1145	755	755	Skibus	–	
Zahmer Kaiser (Walchsee, 668 m, Durchholzen)	1200	6	10	●	182	182	126	126	756	756	540	540	Skibus	–	
Wildschönau		41	66												138
Skipaß Wildschönau (Auffach, Oberau, Niederau, Thierbach)	1903	41	66	●	285	285	170	170	1380	1380	830	830	Skibus	–	
Wilder Kaiser/Brixental		89	254												140
Ski-Welt Wilder Kaiser/Brixental (Hopfgarten, Brixen, Westendorf, Itter, Söll, Scheffau, Ellmau, Going)	1865	89	254	●	320	320	190	190	1500	1500	855	855	Skibusse innerörtlich	●	
Skiregion Hohe Salve (Hopfgarten, Itter, Kelchsau, 650–700 m)	1829	18	45	●	290	290	170	170	1280	1280	725	725	Skibus Hopfgarten – Kelchsau	●	
Brixen, 800 m	1674	12	42	●	290	290	170	170	1280	1280	725	725	Skibus Brixen – Westendorf	●	
Westendorf, 800 m	1865	14	40	●	290	290	170	170	1280	1280	725	725	Skibus innerörtlich	●	
Söll, 703 m	1829	12	27	●	290	290	170	170	1280	1280	725	725	Skibus innerörtlich	●	
Scheffau, 750 m	1674	15	55	●	290	290	170	170	1280	1280	725	725	Skibus innerörtlich	●	
Ellmau, 820 m	1524	12	31	●	290	290	170	170	1280	1280	725	725	Skibus innerörtlich	●	
Going	1600	6	14	●	290	290	170	170	1280	1280	725	725	Skibus innerörtlich	●	
Kitzbühel und Kirchberg, 800–838 m		64	159												142
Skigroßraum Kitzbühel (Kitzbühel, Kirchberg, Aschau, Aurach, Jochberg, Mittersill–Pass Thurn)	2000	64	159	z. T.	340	360	180	180	1580	1750	875	875	Skibus, Hallenbad »Aquarena« in Kitzbühel	–	(142, 166)
Schneewinkel		53	147												144
Schneewinkel Skipaß (St. Johann i. T., St. Ulrich i. P., Fieberbrunn, Waidring, Oberndorf, St. Jakob)	1800	53	147	–	–	–	–	–	1600	1600	950	950	Skibus	–	
St. Johann i. T., 660 m (mit Oberndorf und Eichenhof)	1604	18	60	●	280	310	150	170	1330	1450	710	770	Skibus	–	
Fieberbrunn/Pillersee (St. Ulrich, St. Jakob, Hochfilzen)	1870	23	62	●	(285)	(285)	(170)	(170)	1450	1450	875	875	Skibus	–	
Waidring, 780 m (Steinplatte und Hausberg)	1870	12	25	–	295	295	180	180	1370	1370	800	800	Skibus auf die Steinplatte	–	

Skigebiet Skipaß Ort, Höhenlage (grau hinterlegt: Im Angebot der ADAC Reise GmbH (Katalog Winterurlaub 93/94))	Liftanlagen bis ... m	Anzahl der Liftanlagen	Pistenkilometer	Punktekarte vorhanden	Skipaß-Preise Winter 1993/94 – in Landeswährung Tageskarte ( ) = Vorjahrespreis Erwachsene Neben-saison	 Erwachsene Haupt-saison	 Kinder Neben-saison	 Kinder Haupt-saison	 Wochenpaß 6 Tage / *7 Tage ( ) = Vorjahrespreis Erwachsene Neben-saison	 Erwachsene Haupt-saison	 Kinder Neben-saison	 Kinder Haupt-saison	Leistungen im Wochenpaß inklusive	Skischaukel	Beschreibung im ADAC SkiAtlas Seite
Ferienregion Hohe Tauern Süd		14	48												146
Glockner Dolomiten (Ferienregion Hohe Tauern Süd: Matrei, Kals; St. Jakob in Defereggen; Lienz; Hochpustertal Osttirol: Sillian, Obertilliach, Kartitsch; Heiligenblut; Mölltal: Mölltaler Gletscher)	3122	59	266	–	–	–	–	–	1380	1520	920	920	–	–	(146, 148, 149, 150, 218, 227)
Matrei, 977 m (Goldried)	2400	6	30	–	270	285	165	165	1220	1380	800	800	Skibus	–	
Kals, 1325 m	2100	5	12	–	205	225	130	145	1025	1115	710	770	–	–	
Prägraten, 1312 m	1490	2	3	●	140	140	70	70	540	540	270	270	Skibus nach Matrei	–	
Defereggental		11	34												148
Glockner Dolomiten (siehe Ferienregion Hohe Tauern Süd, oben)	3122	59	266	–	–	–	–	–	1380	1520	920	920	–	–	(146, 148–150, 218, 227)
St. Jakob, 1389 m (Brunnalm, Stallersattel)	2500	11	34	●	260	280	140	160	1350	1470	735	830	Skibus	–	
Lienzer Dolomiten		12	62												149
Glockner Dolomiten (siehe Ferienregion Hohe Tauern Süd oben)	3122	59	266	–	–	–	–	–	1380	1520	920	920	–	–	(146, 148–150, 218, 227)
Lienzer Dolomiten	2278	12	62	●	275	290	145	145	1350	1470	735	735	Skibus	–	
Hochpustertal		10	61												150
Glockner Dolomiten (siehe Ferienregion Hohe Tauern Süd oben)	3122	59	266	–	–	–	–	–	1380	1520	920	920	–	–	(146, 148–150, 218, 227)
Ski Hit (Molltal mit Ankogl, Hausleralm, Gletscher, Sillian und Spittal a. d. Drau mit Goldeck)	2400	26	53	–	–	–	–	–	1310	1450	870	870	–	–	(150, 220–227)
Skizentrum Sillian/Thurntaler	2400	5	45	–	310	310	190	190	1310	1450	870	870	Skibus ab Grenze, Innervillgraten und Abfaltersbach	–	
Obertilliach, 1450 m	2250	5	16	●	200	230	110	135	955	1150	560	625	–	–	
Lofer, 640 m		14	35												154
Loferer Alm	1747	14	35	–	250	250	160	160	980	1115	620	695	Skibus nach Scheffsnoth, Au und St. Martin	–	
Hochkönig-Skischaukel/Ski Maria Alm		48	160												156
Skipaß Hochkönig-Skischaukel mit Ski Maria Alm (Mühlbach, Dienten, Maria Alm, Saalfelden, Biberg, Aberg, Natrun, Hintermoos, Hinterthal)	1900	48	160	–	300	300	160	160	1270	1410	780	780	Skibus	●	
Saalfelden, 744 m		9	13												158
Skipaß Hochkönig (siehe Hochkönig-Skischaukel ob.)	1900	48	160	–	300	300	160	160	1270	1410	780	780	Skibus	●	
Biberg und Hinterreith	1550	9	13	–	(220)	(220)	(145)	(145)	–	–	–	–	–	–	
Leogang, 797 m		12	50												159
Skischaukel Leogang-Saalbach-Hinterglemm	2100	60	200	z. T.	330	350	230	240	1420	1785	875	1065	–	●	(159, 160)
Saalbach-Hinterglemm, 1003–1100 m		48	150												160
Skischaukel Leogang-Saalbach-Hinterglemm	2100	60	200	z. T.	330	350	230	240	1420	1785	875	1065	Skibus	●	(159, 160)
Europa-Sportregion		54	130												162
Europa-Sportregionalskipaß Kaprun – Zell am See (inkl. Schmittenhöhe, Kitzsteinhorn, Maiskogel, Schaufelberg, Lechnerberg)	3029	54	130	–	330	370	215	240	1680	1800	1090	1170	Skibus zwischen Zell am See und Kaprun	–	
Oberpinzgau		38	92												166
Skigroßraum Kitzbühel (siehe Kitzbühel S. 8)	2000	64	159	z. T.	340	360	180	180	1580	1750	875	875	Skibus	–	(142, 166)
Wald, 900 m (Königsleiten – Gerlos)	2300	26	52	–	310	310	230	230	Zillertaler Superskipaß ohne Gletscher 1500 mit Gletscher 1965	 1500 1965	 900 1180	 900 1180	Skibus Wald – Königsleiten	●	(166, 136)
Skimanege Hochkrimml/Gerlosplatte	2040	9	30	●	260	260	165	165	1205	1205	805	805	Skibus	–	
Neukirchen, 856 m	2100	15	50	–	300	300	200	200	1485	1485	990	990	Skibus	–	
Schneesafari Hochkrimml, Neukirchen	2100	24	80	–	–	–	–	–	1525	1525	1020	1020	(gilt 6 Tage innerhalb von 8 Tagen)	–	

Skigebiet Skipaß Ort, Höhenlage (grau unterlegt: Im Angebot der ADAC Reise GmbH (Katalog Winterurlaub 93/94))	Liftanlagen bis . . . m	Anzahl der Liftanlagen	Pistenkilometer	Punktekarte vorhanden	Skipaß-Preise Winter 1993/94 – in Landeswährung								Leistungen im Wochenpaß inklusive	Skischaukel	Beschreibung im ADAC SkiAtlas Seite
					Tageskarte ( ) = Vorjahrespreis				Wochenpaß 6 Tage / *7 Tage ( ) = Vorjahrespreis						
					Erwachsene		Kinder		Erwachsene		Kinder				
					Neben-saison	Haupt-saison	Neben-saison	Haupt-saison	Neben-saison	Haupt-saison	Neben-saison	Haupt-saison			
Uttendorf, 804 m		6	12												168
Enzingerboden–Weißsee	2600	6	12	–	310	310	190	190	1330	1330	730	730	Skibus	–	
Rauris, 948 m		10	30												169
Rauris-Hochalm	2200	10	30	–	280	280	180	180	1190	1300	800	800	Skibus	–	
Werfenweng, 1000 m		16	35												170
Skirondell Werfenweng	1836	16	35	●	260	260	150	150	1160	1260	720	720	Skibus	●	
Dachstein-West/ Lammertal		42	70												172
Salzkammergut-Tennengau-Skipaß (siehe unten Salzkammergut)	2500	140	280	–	–	–	–	–	1520	1520	985	985	(Der 6-Tage-Skipaß gilt innerhalb von 7 Tagen)	–	(172, 174, 200, 210)
Dachstein-West (Gosau, Zwieselalm, Rußbach, Annaberg)	1600	35	60	●	280	280	170	170	1250	1390	780	870	Skibus innerörtlich und nach Abtenau und Golling	–	
Ski ohne Grenzen (Bad Dürrnberg/Zinken, Hallein, Roßfeld (D), Oberau (D))	1600	11	20	●	218	218	134	134	–	–	–	–	–	●	(48)
Abtenau, 712 m (Karkogel, Sonnleitn)	1200	8	10	●	250	250	155	155	1140	1140	730	730	Skibus	–	
Lungötz, 840 m (Geizkopf- und Lammertal-lift)	1210	2	3	●	170	170	115	115	750	750	535	535	Skibus	–	
Salzkammergut		110	150												174, 200
Salzkammergut-Tennengau-Skipaß (Skiregion Dachstein-West; Tennengau; Oberösterr., Steirisches und Salzburger Salzkammergut)	2500	140	280	–	–	–	–	–	1520	1520	985	985	(Der 6-Tage-Skipaß gilt innerhalb von 7 Tagen)	–	(172, 174, 200, 210)
Skischaukel Hintersee, Spielbergalm, Gaißau	2350	8	40	–	250	250	170	170	1050	1050	715	715	–	●	(174)
Strobl, 540 m (Postalm, 1200 m)	1500	11	12	●	210	210	130	130	1080	1080	700	700	Maut, Skibus Mo–Fr	–	(174)
St. Gilgen, 550 m (Zwölferhorn)	1520	4	10	–	230	230	170	170	1430	1430	1010	1010	–	–	(174)
Wolfgangsee-Skipaß (Postalm, Zwölferhorn)	1520	15	22	–	–	–	–	–	1050	1050	750	750	Skibus, Maut zur Postalm	–	(174)
Bad Ischl, 468 m (Katrin)	1450	3	3	●	(205)	(205)	(130)	(130)	*(1200)	*(1200)	*(785)	*(785)	–	–	(174)
Altaussee, 720 m (Sandling-Loser)	1800	8	12	–	275	275	180	180	*1340	1340	*870	870	Maut	●	(200)
Schneebärenland, 800–1900 m (Altaussee – Loser/Sandling, Donnersbach – Planneralm, Donnersbachwald – Riesneralm, evtl. Premalm)	2200	19	47	–	285	285	185	185	1340	1340	870	870	–	–	(200, 210)
Tauplitz – Tauplitzalm, 900–2000 m (Bad Mitterndorf)	2000	17	25	●	280	300	210	210	1280	1390	850	850	–	–	(200)
Gasteiner Tal/Großarl		53	170												176–180
Gasteiner-Super-Skischein (Großarl, Dorfgastein, Bad Hofgastein, Badgastein, Sportgastein, 830–2686 m)	2686	53	170	z. T.	–	–	–	–	1530	1800	1080	1080	Skibus nur mit Skiausrüstung, Maut nach Sportgastein, Ermäßigung für die Thermalhallenbäder	●	
Skischaukel Schloßalm, Angertal, Stubnerkogel, Graukogel, Sportgastein	2686	30	110	z. T.	320	370	230	230	–	–	–	–	–	●	
Dorfgastein–Großarl, 830–924 m	2100	23	54	z. T.	300	320	160	160	–	–	–	–	Skibus nur mit Skiausrüstung	●	
Obertauern		25	140												181
Top-Tauern-Skischeck (Salzburger Sportwelt Amadé, Dachstein-Tauern-Region, Skiregion Lungau, Obertauern)	2700	263	794	–	–	–	–	–	1800	1800	1020	1020	–	–	(181, 182, 190, 202)
Obertauern, 1740 m	2350	25	140	●	345	345	190	190	1460	1580	800	995	–	–	
Salzburger Sportwelt Amadé		119	314												182
Top-Tauern-Skischeck (siehe oben Obertauern)	2700	263	794	–	–	–	–	–	1800	1800	1020	1020	–	–	(181, 182, 190, 202)
Skipaß »Salzburger Sportwelt Amadé« (Altenmarkt, Radstadt, Zauchensee, Flachauwinkel, Kleinarl, Flachau, Wagrain, St. Johann, Filzmoos, Neuberg, Eben)	2240	119	314	●	340	340	185	185	1560	1640	860	905	Skibus auf bestimmten Strecken, Flutlichtpiste für Gäste von Flachau	z. T.	(182, 190, 202)

Badgastein ? Langlauf Abf. / Hallen Thermalbäder

Skigebiet / Skipaß / Ort, Höhenlage	Liftanlagen bis … m	Anzahl der Liftanlagen	Pistenkilometer	Punktekarte vorhanden	Tageskarte Erwachsene Nebensaison	Tageskarte Erwachsene Hauptsaison	Tageskarte Kinder Nebensaison	Tageskarte Kinder Hauptsaison	Wochenpaß Erwachsene Nebensaison	Wochenpaß Erwachsene Hauptsaison	Wochenpaß Kinder Nebensaison	Wochenpaß Kinder Hauptsaison	Leistungen im Wochenpaß inklusive	Skischaukel	Beschreibung im ADAC SkiAtlas Seite
Lungau		41	200												190
Top-Tauern-Skischeck (siehe Obertauern, S. 10)	2700	263	794	–	–	–	–	–	1800	1800	1020	1020	Skibus Raum St. Michael	–	(181, 182, 190, 202)
Oberlungauer Skipaß (Fanningberg, Aineck, Katschberg, Großeck, Speiereck)	2360	65	200	–	–	–	–	–	1450	1600	930	1030	Skibus Raum St. Michael	–	
Mauterndorf-St. Michael 1075–1122 m (Speiereck–Großeck)	2360	8	40	–	295	295	180	180	1210	1340	770	855	Skibus Raum St. Michael	–	
Skischaukel Aineck–Katschberg	2210	14	60	●	305	305	180	180	1200	1350	775	850	Skibus	●	
Pyhrn-Priel-Gebiet		31	66												194
Pyhrn-Priel-Skipaß (Spital/Pyhrn–Wurzeralm, Windischgarsten–Wurbauerkogl, Hinterstoder–Hutterer Höss–Bärenalm)	1863	31	66	●	270	270	175	175	1155	1270	750	825	Skibus	–	
Vorderstoder, 808 m	1100	2	2	●	120	120	90	90	–	–	–	–	–	●	
Ötscherland		31	47												196
Winterwelt Lackenhof/Hochkar	1790	19	29	●	–	–	–	–	1155	1155	740	740	–	–	
Lackenhof, 810 m (Ötscher)	1543	9	12	●	230	230	150	150	1055	1055	675	675	–	–	
Göstling, 532 m (Hochkar, 1300 m)	1800	11	17	–	230	230	150	150	1055	1055	675	675	Maut	–	
Mitterbach, 800 m (Gemeindealpe)	1626	6	8	–	(150)	(150)	(100)	(100)	(730)	(730)	(490)	(490)	–	●	
Puchenstuben, 871 m	1150	6	4	●	170	170	110	110	900	900	585	585	–	–	
Annaberg, 800 m	1300	10	80	●	(200)	(200)	(130)	(130)	(900)	(900)	(585)	(585)	–	–	
Steirisches Salzkammergut	1965	25	37	–	Skipässe und Preise siehe oben Salzkammergut (Seite 174; Skipaß-Preistabelle S. 10)										200, 174
Dachstein-Tauern-Region		78	140												202
Top-Tauern-Skischeck (siehe Obertauern, S. 10)	2700	263	794	–	–	–	–	–	1800	1800	1020	1020	–	–	(181, 182, 190, 202)
Skiparadies Dachstein-Tauern-Region (Schladming, Gröbming, Pruggern, Haus im Ennstal, Rohrmoos, Pichl-Mandling, Skiregion Ramsau/Dachstein)	2700	78	140	z. T.	290	345	175	175	1540	1710	855	855	Skibus in der gesamten Region; eine Snowrafting-Fahrt (Stoderzinken)	–	
Donnersbacher Tauern		11	35												210
Schneebärenland, 800–1900 m (siehe Salzkammergut S. 10)	2200	19	47	–	285	285	185	185	1340	1340	870	870	–	–	(200)
Donnersbachwald, 970 m (Riesneralm)	2100	6	24	–	255	255	165	165	1045	1135	670	720	Skibus	–	
Donnersbach, 690 m (Planneralm)	1600	5	11	–	230	230	150	150	1000	1000	670	670	Skibus	–	
Murau, 832 m		11	38												211
Oberes Murtal (Kreischberg, Turracher Höhe, Lachtal, Grebenzen)	2240	40	125	–	–	–	–	–	1500	1500	850	850	–	–	(211, 212, 213)
Frauenalpe	2004	5	16	–	190	190	150	150	890	890	690	690	Skibus	–	
Kreischberg	2140	6	22	●	285	285	175	175	1300	1300	800	800	Skibus, Hallenbad	●	
Lachtal		8	25												212
Skischeck Oberes Murtal (siehe Murau oben)	2240	40	125	–	–	–	–	–	1500	1500	850	850	–	–	(211–213)
Oberwölz, 828 m (Lachtal, 1560 m)	2212	8	25	●	(190)	(190)	(125)	(125)	(865)	(865)	(530)	(530)	–	–	
Turrach		10	40												213
Skischeck Oberes Murtal (siehe Murau oben)	2240	40	125	–	–	–	–	–	1500	1500	850	850	–	–	(211–213)
Turracher Höhe, 1763 m	2200	10	40	●	(295)	(295)	(170)	(170)	(1210)	(1405)	(640)	(745)	–	–	
Bad Kleinkirchheim, 1100 m		29	85												216
Kombikarte Bergbahnen und Bad	2055	29	85	●	380	380	220	220	1730	1940	990	990	Ski-Thermen-Bus	–	
Skigroßraum Bad Kleinkirchheim – Falkertsee	2055	34	100	●	320	320	180	180	1390	1595	870	870	Ski-Thermen-Bus	–	
Falkertsee	2270	5	15	●	210	210	105	105	940	1090	520	520	–	–	
Heiligenblut, 1301 m		12	55												218
Glockner – Dolomiten (siehe Ferienregion Hohe Tauern Süd, S. 9)	3122	59	266	–	–	–	–	–	1380	1520	920	920	–	–	(146, 148–150, 218, 227)
Heiligenblut	2902	12	55	●	315	315	190	190	1300	1450	870	870	Skibus	–	

Table header: Skipaß-Preise Winter 1993/94 – in Landeswährung. Tageskarte ( ) = Vorjahrespreis; Wochenpaß 6 Tage / *7 Tage ( ) = Vorjahrespreis.

Shaded: Im Angebot der ADAC Reise GmbH (Katalog Winterurlaub 93/94)

Skigebiet Skipaß Ort, Höhenlage (grau: Im Angebot der ADAC Reise GmbH (Katalog Winterurlaub 93/94))	Liftanlagen bis . . . m	Anzahl der Liftanlagen	Pistenkilometer	Punktekarte vorhanden	Skipaß-Preise Winter 1993/94 – in Landeswährung Tageskarte ( ) = Vorjahrespreis Erwachsene Neben-saison	Tageskarte Erwachsene Haupt-saison	Tageskarte Kinder Neben-saison	Tageskarte Kinder Haupt-saison	Wochenpaß 6 Tage / *7 Tage ( ) = Vorjahrespreis Erwachsene Neben-saison	Wochenpaß Erwachsene Haupt-saison	Wochenpaß Kinder Neben-saison	Wochenpaß Kinder Haupt-saison	Leistungen im Wochenpaß inklusive	Skischaukel	Beschreibung im ADAC SkiAtlas Seite
Innerkrems, 1480 m		10	35												219
Innerkrems (evtl. inkl. Schönfeld-Karneralm)	2175	10	35	–	270	270	160	160	1260	1260	780	780	Skibus	–	
Spittal a. d. Drau		10	22												220
Ski Hit (siehe Hochpustertal S. 9)	3122	26	53	–	–	–	–	–	1310	1450	870	870	–	–	(150, 220, 227)
Spittal, 556 m (Goldeck)	2142	10	22	–	310	310	190	190	–	–	–	–	–	–	
Weißensee		4	6												220
Skipaß Karnische Region (siehe unten Karnische Region)	2000	33	117	–	340	340	175	175	1360	1640	680	820	Skibus	–	(222)
Weißensee, 930 m (Naggler-Alm)	1400	4	6	–	260	260	130	130	985	1205	500	600	Skibus nur in der Hauptsaison	–	
Karnische Skiregion		23	85												222
Skipaß Karnische Region (Sonnenalpe Naßfeld, Sonnleitn, Kötschach, Weißbriach, Weißensee)	2000	33	117	–	340	340	175	175	1360	1795	680	900	Skibus	–	
Wintersportregion Villach		38	63												224
Schneebärenland-Skipaß (Dreiländereck, Dobratsch, Verditz, Gerlitzen sowie 2 Tage in den Skigebieten Tarvis, Sella Nevea (I) und Kranjska Gora (SLO))	2100	85	200	–	–	–	–	–	1570	1570	970	970	(der Auslandsbereich in I und SLO gilt nicht bei Skipässen, die bei der Gerlitzen-Kanzelbahn gekauft wurden)	–	(220, 224, 227)
Gerlitzen	1911	13	22	●	290	290	180	180	1440	1440	890	890	Skibus	–	
Villacher Alpe	1957	8	12	●	270	270	170	170	1400	1400	820	820	Skibus	–	
Afritz/Verditz, 710–1000 m	1900	6	16	●	(220)	(220)	(130)	(130)	(950)	(1050)	(660)	(660)	Skibus	–	
Dreiländereck	1500	7	9	–	280	280	160	160	1370	1370	800	800	–	–	
Faaker See (Altfinkenstein)	1150	2	2	–	(140)	(140)	(90)	(90)	(550)	(550)	(330)	(330)	–	–	
Bad Bleiberg	1200	2	2	–	(155)	(155)	(120)	(120)	*(600)	*(600)	*(550)	*(550)	–	–	
Lavanttal		45	83												226
Skiregion Süd (Koralpe, Weinebene, Klippitzthörl, Reichenfels, Hebalm, Salzstiegl, Hirschegg)	2050	45	83	●	–	–	–	–	870	1020	590	740	–	–	
Koralpe	2050	11	25	●	230	230	155	155	–	–	–	–	–	–	
Klippitzthörl	1820	6	20	●	230	230	155	155	–	–	–	–	–	–	
Weinebene	1836	6	12	●	230	230	155	155	–	–	–	–	–	–	
Reichenfels	1400	4	8	●	230	230	155	155	–	–	–	–	–	–	
Hebalm	1400	5	10	●	230	230	155	155	–	–	–	–	–	–	
Salzstiegl	1723	6	5	●	230	230	155	155	–	–	–	–	–	–	
Hirschegg	1300	7	3	●	230	230	155	155	–	–	–	–	–	–	
Mölltal	3160	13	33												227
Glockner–Dolomiten (siehe Ferienregion Hohe Tauern Süd, S. 9)	3122	59	266	–	–	–	–	–	1380	1520	920	920	–	–	(146, 148–150, 218, 227)
Ski Hit (siehe Hochpustertal S. 9)	3122	26	53	–	–	–	–	–	1310	1450	870	870	–	–	(220, 227)
Mölltaler Gletscher	3122	3	12	–	310	310	190	190	–	–	–	–			
Ankogel	2630	4	15	–	310	310	190	190	–	–	–	–	Skibus	–	
Häusleralm	1900	9	6	–	260	260	150	150	–	–	–	–	Skibus	–	
Schweiz															
Gstaad Super Ski Region		69	250												236
Gstaad Super Ski Region (St. Stephan, Zweisimmen, Saanenmöser, Schönried, Gstaad, Lauenen, Gsteig, Glacier des Diablerets, Saanen, Rougemont, Château-d'Oex, La Lécherette), 947–1279 m	3000	69	250	●	42	42	25	25	213	213	128	128	öffentliche Verkehrsmittel, Hallenbad Gstaad; gültig auch 1 Tag in Adelboden/Lenk und in Alpes Vaudoises	–	
Diemtigtal		19	43												243
Wiriehorn, 1000 m	1868	12	30	●	36	36	20	20	135	135	70	70	–	–	
Grimmialp, 1220 m	1800	3	8	–	28	28	16	16	120	120	65	65	–	–	
Springenboden, 1200 m	1500	4	5	–	21	21	15	15	85	85	50	50	–	–	

Skigebiet Skipaß Ort, Höhenlage (Im Angebot der ADAC Reise GmbH (Katalog Winterurlaub 93/94))	Liftanlagen bis . . . m	Anzahl der Liftanlagen	Pistenkilometer	Punktekarte vorhanden	Skipaß-Preise Winter 1993/94 – in Landeswährung Tageskarte ( ) = Vorjahrespreis Erwachsene Neben-saison	Tageskarte Erwachsene Haupt-saison	Tageskarte Kinder Neben-saison	Tageskarte Kinder Haupt-saison	Wochenpaß 6 Tage / *7 Tage ( ) = Vorjahrespreis Erwachsene Neben-saison	Wochenpaß Erwachsene Haupt-saison	Wochenpaß Kinder Neben-saison	Wochenpaß Kinder Haupt-saison	Leistungen im Wochenpaß inklusive	Skischaukel	Beschreibung im ADAC SkiAtlas Seite
Niedersimmental		3	11												243
Erlenbach (Stockhorn)	2000	1	3	–	29	29	19	19	100	100	60	60	–	–	
Oberwil, Rossberg	1500	2	8	–	25	25	15	15	100 (8 T.)	100 (8 T.)	60 (8 T.)	60 (8 T.)	–	–	
Adelboden, 1353 m		28	120												244
Pool-Skipaß Adelboden–Lenk–Frutigen	2357	51	205	●	42	42	27	27	187	187	112	112	Skibusse, gültig auch 1 Tag in der Gstaad Super Ski Region und Alpes Vaudoises	●	(244, 245)
Tschentenegg (Schwandfeldspitz)	1938	3	17	●	37	37	25	25	–	–	–	–	–	–	
Kuonisbergli, Fleckli (Boden)	1903	4	17	●	29	29	21	21	–	–	–	–	–	–	
Engstligenalp	2357	5	10	●	34	34	24	24	–	–	–	–	Skibus	–	
Hahnenmoos–Silleren Metsch–Bühlberg	2200	16	51	●	42	42	27	27	–	–	–	–	Skibusse, gültig auch 1 Tag in der Gstaad Super Ski Region und Alpes Vaudoises	–	(244, 245)
Frutigen	2100	7	20	●	32	32	20	20	–	–	–	–	–	–	
Lenk, 1068 m		16	65												245
Pool-Skipaß Adelboden–Frutigen–Lenk	2357	51	205	●	42	42	27	27	187	187	112	112	Skibusse, gültig auch 1 Tag in der Gstaad Super Ski Region und Alpes Vaudoises	●	(244, 245)
Hahnenmoos–Silleren Metsch–Bühlberg	2200	16	51	●	42	42	27	27	–	–	–	–	Skibusse, gültig auch 1 Tag in der Gstaad Super Ski Region und Alpes Vaudoises	–	(244, 245)
Betelberg – Leiterli – Wallegg	2000	10	40	●	37	37	25	25	–	–	–	–	–	–	
Jungfrau-Top-Ski-Region		47	183												246
Jungfrau-Top-Ski-Region (Grindelwald, Interlaken, Kleine Scheidegg, Lauterbrunnen, Mürren, Wengen, Wilderswil)	2970	47	183	●	–	–	–	–	218	218	109	109	Skibus, Bahn, Postbus	–	
Grindelwald, 1050 m (First)	2472	25	148	●	50	50	25	25	–	–	–	–	Ortsskibus	–	
Wengen, 1274 m (Kl. Scheidegg–Männlichen)	2478	23	98	●	50	50	25	25	–	–	–	–	–	–	
Mürren, 1645 m (Schilthorn)	2970	14	35	●	48	48	24	24	–	–	–	–	–	–	
Beatenberg, 1170 m Niederhorn/Vorsaß Hohwald	 1950 1700	 5 1	 20 1	 – –	 (30) (30)	 (30) (30)	 (15) (15)	 (15) (15)	(138)	(138)	(69)	(69)	–	–	
Meiringen, 595 m		15	60												252
Meiringen-Hasliberg (inkl. Käserstatt)	2433	15	60	–	43	43	29	29	180	180	121	121	Postbus Hohfluh – Reuti	–	
Meiringen-Hasliberg (ohne Käserstatt)	2433	10	40	–	38	38	26	26	–	–	–	–	–	–	
Käserstatt	2119	5	20	●	33	33	22	22	–	–	–	–	–	–	
Les Portes du Soleil (siehe auch Frankreich, S. 21)		227	650												256, 440
Les Portes du Soleil (Schweiz: Planachaux, Champéry, Les Crosets, Val d'Illiez, Champoussin, Morgins, Torgon – Frankreich: Châtel, La Chapelle d'Abondance, Abondance, St-Jean d'Aulps, Montriond, Morzine, Avoriaz, Les Gets)	2466	227	650	–	44	44	29	29	200	200	132	132	–	●	
Ski-Paß Evasion (Torgon, Champoussin, Super-Châtel, Châtel, La Chapelle d'Abondance)	2152	60	150	–	(33)	(33)	(22)	(22)	(189)	(189)	(126)	(126)	–	–	
Planachaux-Champéry–Les Crosets–Champoussin–La Foilleuse/Morgins	2400	35	100	●	(33)	(33)	(22)	(22)	(189)	(189)	(126)	(126)	–	–	
Moléson, 1132 m		7	30												261
Moléson	2002	7	30	●	27	27	16	16	120	120	72	72	–	●	
Leysin, 1253 m		19	60												262
Alpes Vaudoises – Waadtländer Alpen (Les Diablerets, Gletscher Les Diablerets, Les Mosses, La Lécherette, Leysin, Villars-Gryon und Gstaad)	3000	47	120	–	42	42	27	27	213	213	132	132	Bus Leysin–Les Mosses und Zug Sepey–Les Diablerets	–	(263, 264)
Leysin (Berneuse, Le Fer, Solacyre)	2200	19	60	–	36	36	22	22	169	169	101	101	–	–	
Les Mosses, 1450 m		13	50												262
Alpes Vaudoises (siehe Leysin)	3000	47	120	–	42	42	27	27	213	213	132	132	wie bei Leysin	–	(263, 264)
Les Mosses – La Lécherette	2350	13	50	–	(30)	(30)	(22)	(22)	*(160)	*(160)	*(110)	*(110)	–	●	

Skigebiet Skipaß Ort, Höhenlage Im Angebot der ADAC Reise GmbH (Katalog Winterurlaub 93/94)	Liftanlagen bis ... m	Anzahl der Liftanlagen	Pistenkilometer	Punktekarte vorhanden	Skipaß-Preise Winter 1993/94 – in Landeswährung Tageskarte ( ) = Vorjahrespreis Erwachsene Neben-saison	Tageskarte Erwachsene Haupt-saison	Tageskarte Kinder Neben-saison	Tageskarte Kinder Haupt-saison	Wochenpaß 6 Tage / *7 Tage ( ) = Vorjahrespreis Erwachsene Neben-saison	Wochenpaß Erwachsene Haupt-saison	Wochenpaß Kinder Neben-saison	Wochenpaß Kinder Haupt-saison	Leistungen im Wochenpaß inklusive	Skischaukel	Beschreibung im ADAC SkiAtlas Seite
Villars-sur-Ollon, 1253 m		23	60												263
Alpes Vaudoises (siehe Leysin, S. 13)	3000	47	120	–	42	42	27	27	213	213	132	132	Zug Villars–Brettaye	–	(263, 264)
Villars-sur-Ollon (Villars-Gryon, Les Diablerets ohne Gletscher)	2170	43	96	–	38	38	23	23	190	190	114	114	–	●	(263, 264)
Les Diablerets, 1162 m		23	60												264
Ski Plus (Alpes Vaudoises mit Gletscher, siehe Leysin, S. 13)	3000	47	120	–	42	42	27	27	213	213	132	132	Bus, Eisenbahn	●	(263, 264)
Diablerets-Villars	2170	43	96	–	38	38	23	23	190	190	114	114	Skibus – Les Diablerets–Col du Pillon–Reusch	●	(263, 264)
Gletscher (Sommerski)	3000	3	10	–	46	46	25	25	180	180	108	108	–	–	
Les Quatre Vallées		99	400												266
Secteur Général (Verbier, Mont-Fort, La Tzoumaz, Mayens-de-Riddes, Haute Nendaz, Siviez, Veysonnaz, Mayens-de-l'Ours; Bruson, Champex-Lac, La Fouly, Vicheres, Thyon 2000)	3330	99	400	●	39	55	23	33	200	285	120	171	Skibus in Verbier	●	
Secteur 4 Vallées (Secteur Général ohne Mont-Fort) – Tageszuschlag Mont-Fort – Tageszuschlag St-Bernard	3023 3330 2800	93 6 2	390 10 10	● – –	34 12 12	49 12 12	20 7 7	29 7 7	174 – –	248 – –	104 – –	149 – –	Skibus in Verbier – –	● – –	
Secteur La Printze (Haute Nendaz, Super Nendaz, Veysonnaz, Mayen de-l'Ours, Thyon 2000)	2700	38	40	–	42	42	25	25	216	216	130	130	–	●	
Bruson	2445	5	40	●	24	34	14	20	122	174	73	104	–	–	
Champex	2188	4	10	●	20	29	12	17	102	146	61	88	–	–	
Secteur Savoleyres – La Tzoumaz	2354	9	25	●	27	39	16	29	–	–	–	–	–	–	
Val d'Herens		13	97												273
Evolène, 1380 m (Pic d'Arzinol)	2700	8	50	–	28	28	18	18	139	139	75	75	Skibus	–	
Arolla, 2000 m (Fontanesses–Guitza)	2889	5	47	–	12	23	7	13	*60	*120	*36	*72	–	–	
Crans-Montana, 1500 m		41	160												274
Crans-Montana-Aminona	3000	41	160	●	45	45	27	27	207	207	124	124	Skibus	–	
Anzère, 1500 m		11	40												274
Anzère	2462	11	40	–	(33)	(33)	(22)	(22)	(163)	(163)	(100)	(100)	Skibus, 1 Tag in Crans-Montana oder Val d'Anniviers	–	
Val d'Anniviers		42	230												276
Vercorin, 1341 m (Cret-du-Midi)	2331	8	35	–	28	28	17	17					Skibus innerörtlich	–	
St-Luc/Chandolin, 1652–1934 m	3000	14	75	–	28	28	17	17	153	153	92	92	Skibus innerörtlich	●	
Grimentz, 1570 m (Bendolla)	2980	11	50	–	32	32	20	20					Skibus zwischen	–	
Zinal, 1678 m	2880	9	70	–	32	32	20	20					Grimentz und Zinal	–	
Leukerbad, 1411 m		13	40												278
Ski- und Bade(s)paß »Leukerbad total«	2700	13	40	–	–	–	–	–	290 260	290 260	145 130	145 130	a) Torrentbahnen, Gemmibahnen, Dorflifte, Alpentherme, Sportzentrum, Fitness-Studio, Kino Rex, Skibus b) wie oben, aber Burgerbad (nicht Alpentherme)	– –	
»Torrent« und »Dorf«	2600	13	16	–	–	–	–	–	265 235	265 235	212 188	212 188	Torrentbahnen, Dorflifte, Alpentherme, Sportzentrum, Fitness-Studio, Kino Rex, Skibus wie oben b)	– –	
»Gemmi«	2350	2	18	–	–	–	–	–	175 145	175 145	140 116	140 116	Gemmibahnen, Alpentherme, Sportzentrum, Fitness-Studio, Kino Rex, Skibus wie oben b)	–	
Torrent	2600	10	11	–	36	36	36	36	–	–	–	–	Skibus »Ring-Jet«	–	
Dorf	1900	3	5	–	36	36	36	36	–	–	–	–	Skibus »Ring-Jet«	–	
Gemmi	2350	2	18	–	(24)	(24)	(24)	(24)	–	–	–	–	Skibus »Ring-Jet«	–	

Skigebiet Skipaß Ort, Höhenlage (grau unterlegt: Im Angebot der ADAC Reise GmbH (Katalog Winterurlaub 93/94))	Liftanlagen bis . . . m	Anzahl der Liftanlagen	Pistenkilometer	Punktekarte vorhanden	Skipaß-Preise Winter 1993/94 – in Landeswährung Tageskarte ( ) = Vorjahrespreis Erwachsene Neben-saison	Haupt-saison	Kinder Neben-saison	Haupt-saison	Wochenpaß 6 Tage / *7 Tage ( ) = Vorjahrespreis Erwachsene Neben-saison	Haupt-saison	Kinder Neben-saison	Haupt-saison	Leistungen im Wochenpaß inklusive	Skischaukel	Beschreibung im ADAC SkiAtlas Seite
Lötschental		6	30												279
Wiler, 1419 m (Lauchernalp)	2700	6	30	–	32	32	32	32	160	160	105	105	Bus Ferden-Blatten	–	
Augstbord-Region		16	50												280
Augstbord-Region	2540	16	50	z. T.	31	31	20	20	150	150	101	101	Skibus	–	
Grächen, 1617 m		14	44												281
Generalabonnement Hannigalp-Seetalhorn	2920	14	44	–	40	40	24	24	187	187	112	112	–	–	
Anfängerkarte				–	28	28	17	17	–	–	–	–	–	–	
Zermatt, 1620 m		54	150												282
Zermatt gesamt (Kleinmatterhorn, Sunnegga, Gornergrat)[1]	3885	54	150	●	58	58	29	29	274	274	137	137	–	–	
Sunnegga-Rothhorn – Schwarzsee – Klein-matterhorn[1]	3885	31	100	●	56	56	28	28	244	244	122	122	–	–	
Gornergrat-Stockhorn – Schwarzsee – Kleinmatterhorn[1]	3885	28	100	●	56	56	28	28	244	244	122	122	–	–	
Sunnegga-Rothorn/ Gornergrat-Stockhorn	3405	15	60	–	56	56	28	28	244	244	122	122	–	–	
Trockener Steg – Kleinmatterhorn[1] – Schwarzsee	3885	22	75	●	54	54	27	27	226	226	113	113	–	●	
Gornergrat-Stockhorn – Triftji – Gifthittli	3405	6	35	●	54	54	27	27	206	206	103	103	–	●	
Sunnegga-Rothorn – Findeln – Gant	3103	9	40	●	52	52	26	26	200	200	100	100	–	●	
[1]Zusatzkarte für Cervinia/Italien möglich		22	80	–	29	29	15	15	–	–	–	–	–	●	(424)
Saas-Tal		48	125												288
Skipaß Saas (Saas-Fee, Saas-Grund, Saas-Almagell, Saas-Balen)	3500	48	125	–	–	–	–	–	252	252	157	157	alle Skipässe inkl. PTT-Bus	–	
Saas-Fee, 1800 m	3500	26	80	z. T.	50	50	30	30	240	240	145	145	–	–	
Regionalskipaß Saas-Grund (Kreuzboden, Hochsaas), Saas-Almagell (Furggstalden), Saas-Balen	3100	16	45	–	36	36	23	23	176	176	114	114	alle Skipässe inkl. PTT-Bus	–	
Saas-Grund (Kreuzboden, Hochsaas)	3100	10	35	–	36	36	23	23	–	–	–	–	–	–	
Saas-Almagell (Furggstalden)	2200	6	10	–	29	29	20	20	148	148	96	96	–	–	
Aletschgebiet		38	150												292
Aletsch-Skipaß (Riederalp, Bettmeralp, Fiescheralp)	2870	27	105	●	48	48	30	30	232	232	144	144	Preise inkl. Talseil-bahnen	●	
Riederalp, 1925 m	2335	8	30	●	42	42	25	19	195	195	122	122	alle Preise inkl. Talseilbahnen	–	
Bettmeralp, 1939 m	2650	8	30	●	42	42	25	19	195	195	122	122	alle Preise inkl. Talseilbahnen	–	
Fiesch (Kühboden, 2212 m)	2400	10	45	–	42	42	26	26	195	195	122	122	alle Preise inkl. Talseilbahnen	●	
Blatten–Belalp, 1327-2137 m	3100	8	60	●	37	37	23	23	173	173	110	110	alle Preise inkl. Talseilbahnen	–	
Goms		9	25												295
Einzelne Liftanlagen	1370	8	20	–	(13–18)	(13–18)	(9–12)	(9–12)	*(55–85)	*(55–85)	*(40–60)	*(40–60)	–	–	
Oberwald, 1368 m (Hungerberg)	2080	3	10	–	(28)	(28)	(19)	(19)	*(140)	*(140)	*(94)	*(94)	–	–	
Region Ybrig		15	53												298
Skisafari Hoch-Ybrig, Illgau, Ibergeregg, Schwyz, Oberiberg	1856	75	150	●	Punktekarte								–	–	
Hoch-Ybrig, 1465 m	1856	10	40	●	39	39	25	25	174	174	96	96	–	–	
Oberiberg, 1123 m	1750	3	8	●	(22)	(22)	(22)	(22)	–	–	–	–	–	–	
Unteriberg, 928 m	1500	2	5	●	20	20	18	18	80 (5 T.)	80 (5 T.)	65 (5 T.)	65 (5 T.)	–	–	
Stoos, 1275 m		9	15												298
Fronalpstock–Klingenstock	1900	9	15	●	35 Stoos-Bahn und Luftseilbahn Murschach–Stoos inklusive	35	28	28	125 zuzügl. 18 (Kinder 9) für Hin- und Rückfahrt mit Stoos-Bahn und Bahn Murschach–Stoos	125	96	96	–	●	

Skigebiet Skipaß Ort, Höhenlage	Liftanlagen bis . . . m	Anzahl der Liftanlagen	Pistenkilometer	Punktekarte vorhanden	Skipaß-Preise Winter 1993/94 – in Landeswährung								Leistungen im Wochenpaß inklusive	Skischaukel	Beschreibung im ADAC SkiAtlas Seite
Im Angebot der ADAC Reise GmbH (Katalog Winterurlaub 93/94)					Tageskarte ( ) = Vorjahrespreis				Wochenpaß 6 Tage / *7 Tage ( ) = Vorjahrespreis						
					Erwachsene		Kinder		Erwachsene		Kinder				
					Neben-saison	Haupt-saison	Neben-saison	Haupt-saison	Neben-saison	Haupt-saison	Neben-saison	Haupt-saison			
Klewenalp		12	35												298
Skiplausch-Paß (Beckenried–Klewenalp, Emmetten–Stockhütte)	1938	12	35	–	35	35	23	23	153	153	102	102	PTT-Busse im Kanton Nidwalden und Seelisberg (nur mit Skiausrüstung)	●	
Rigi		8	30												298
Rigi (440–1800 m) (ab Talstationen Vitznau/Goldau/Weggis)	1800	8	30	z. T.	38	38	27	27	157	157	112	112	–	–	
Im Sportgebiet (inkl. Rigibahnen)	1800	7	30	z. T.	27	27	22	22	118	118	96	96	–	–	
Engelberg, 1050 m		25	50												300
Engelberg (alle Anlagen)	3020	25	50	–	45	50	23	23	183	183	105	105	Skibus	–	
Melchsee-Frutt		8	32												300
Generalskipaß Melchsee-Frutt, 1920 m	2160	8	32	●	(32)	(32)	(21)	(21)	(141)	(141)	(93)	(93)	–	–	
Sörenberg, 1166 m		20	50												302
Sörenberg (Schwarzenegg–Husegg, Brienzer Rothorn)	2350	20	50	●	35	35	23	23	163	163	108	108	Skibus	–	
Andermatt, 1444 m		11	53												304
Wochenabo Region Oberalp (7 Tageskarten innerhalb 7 Tagen in den Skigebieten Andermatt, Hospental, Realp, Disentis, Sedrun)	2963	34	163	●	–	–	–	–	*212	*212	*159	*159	50% Ermäßigung auf Furka-Oberalp-Bahn	–	(304, 320)
Region Urserntal (Gemsstock, Winterhorn, Nätschen–Gütsch, Realp)	2963	11	53	●	56	56	37	37	177	177	118	118	Furka – Oberalp – Bahn Realp – Nätschen	–	
Gemsstock (Andermatt)	2963	5	23	z. T.	47	47	32	32	–	–	–	–	–	–	
Winterhorn (Hospental)	2500	2	13	z. T.	35	35	24	24	–	–	–	–	–	–	
Nätschen–Gütsch	2364	4	16	z. T.	37	37	25	25	–	–	–	–	–	–	
Obertoggenburg		20	53												308
Churfirstenparadies Obertoggenburg (Wildhaus, Unterwasser, Alt St. Johann)	2262	20	53	●	40	40	28	28	169	169	118	118	Postbus Alt St. Johann – Wildhaus, Skibus Wildhaus	–	
Wildhaus, 1050 m – Gamserrugg	2076	9	25	●	36	36	25	25	–	–	–	–	–	–	
– Gamplüt	1500	2	5	–	Skigebiet z. Zt. geschlossen								–	–	
Unterwasser, 910 m (Chäserrugg)	2262	6	20	●	36	36	25	25	–	–	–	–	–	–	
Alt St. Johann, 900 m (Selamatt)	1650	5	8	●	26	26	19	19	–	–	–	–	–	–	
Flumserberg		18	50												310
Skipool (Prodkamm–Maschgenkamm)	2222	18	50	z. T.	42	42	27	27	176	176	112	112	Skibus	–	
Pizol		9	52												312
Pizol (Bad Ragaz, 510 m, und Wangs, 530 m)	2227	9	52	–	37	37	27	27	146	146	102	102	–	–	
Braunwald, 1300 m		8	25												314
Braunwald	1910	8	25	●	31	31	21	21	151	151	102	102	(Preise ab Ort Braunwald)	–	
Elm, 1000 m		7	40												315
Empächli – Schabell – Bischof – Pleus	2105	7	40	●	(34)	(34)	(23)	(23)	(150)	(150)	(100)	(100)	Gratisparkplatz	–	
Malbun-Steg (Liechtenstein)		7	21												316
Malbun, 1600 m	2000	7	21	●	30	30	20	20	114	124	71	78	–	–	
Disentis/Sedrun		22	110												320
Wochenabo Region Oberalp (siehe Andermatt, oben)	2963	34	163	–	–	–	–	–	*212	*212	*159	*159	50% Ermäßigung auf Furka-Oberalp-Bahn, Skibus	–	(304, 320)
Disentis, 1150 m (Péz Ault)	3000	9	60	–	37	37	28	28	173	173	129	129	Skibus	–	
Sedrun, 1400 m (Oberalp, Milez, Valtgeva)	2300	13	50	z. T.	38	38	27	27	179	179	125	125	Zug Sedrun–Oberalp, Hallenbad	–	
San Bernardino/ Splügen		14	66												322
Skipaß Nord–Süd (San Bernardino, Splügen)	2525	14	66	–	–	–	–	–	175	175	113	113	–	–	
San Bernardino, 1608 m	2525	8	36	–	(32)	(38)	(21)	(25)	(140)	(140)	(93)	(93)	–	–	
Splügen, 1457 m	2215	6	30	–	33	33	22	22	144	144	96	96	–	–	
Laax, Flims, Falera		32	220												324
Weiße Arena (Laax, Flims, Falera, Naraus, 1020–1220 m)	3000	32	220	–	48	56	22	26	254	254	126	126	Regionalbus Fidaz, Flims, Laax, Falera	–	
Region Flims (Flims, Naraus, Startgels)	1843	7	25	–	32	36	16	16	–	–	–	–	Regionalbus wie oben	–	
Region Laax (kl. Skiregion Laax–Falera–Curnius)	1650	3	10	–	32	36	16	16	–	–	–	–	Regionalbus wie oben	–	

Skigebiet Skipaß Ort, Höhenlage (grau unterlegt: Im Angebot der ADAC Reise GmbH (Katalog Winterurlaub 93/94))	Liftanlagen bis ... m	Anzahl der Liftanlagen	Pistenkilometer	Punktekarte vorhanden	Skipaß-Preise Winter 1993/94 – in Landeswährung Tageskarte ( ) = Vorjahrespreis Erwachsene Neben-saison	Tageskarte Erwachsene Haupt-saison	Tageskarte Kinder Neben-saison	Tageskarte Kinder Haupt-saison	Wochenpaß 6 Tage / *7 Tage ( ) = Vorjahrespreis Erwachsene Neben-saison	Wochenpaß Erwachsene Haupt-saison	Wochenpaß Kinder Neben-saison	Wochenpaß Kinder Haupt-saison	Leistungen im Wochenpaß inklusive	Skischaukel	Beschreibung im ADAC SkiAtlas Seite
Lenzerheide/Valbella, 1500 m		38	155												326
Regional-Skipaß Lenzerheide–Valbella–Parpan–Churwalden (Rothorn, Scalottas, Danis, Stätzerhorn)	2865	38	155	●	43	47	26	28	204	204	122	122	–	–	
Savognin, 1173 m		17	83												328
Tigignas–Piz Cartas	2713	17	83	●	37	40	22	24	166	191	108	114	Skibus	–	
Bivio, 1769 m		4	35												329
Motta Scalotta	2560	4	35	●	29	29	21	21	140	140	95	95	–	–	
Arosa, 1800 m		16	70												330
Arosa-Skipaß	2653	16	70	–	41	48	21	24	174	204	87	102	Skibus	–	
Klosters, 1200 m		29	170												332
Klosters–Davos (Regionales Generalabonnement)	2844	55	315	–	–	–	–	–	196	244	117	146	Ortsbusse Klosters und Davos, Rhät. Bahn bis 19 Uhr	–	(332, 336)
Gotschna–Parsenn	2844	29	170	●	49	49	29	29	152	190	91	114	Ortsbus	●	
Madrisa	2602	7	50	●	39	39	22	22	142	177	85	106	Ortsbus	●	
Davos, 1560 m		39	232												336
Davos–Klosters (Regionales Generalabonnement)	2844	55	315	–	–	–	–	–	196	244	117	146	Ortsbusse Davos und Klosters, Rhät. Bahn bis 19 Uhr	–	(332, 336)
Parsenn, Pischa, Schatzalp, Strela, Gotschna, Parsennfurka	2844	22	154	–	40	49	24	30	170	212	102	127	Ortsbus Davos	–	
Pischa	2483	4	17	–	28	35	18	22	116	144	70	87	Pischabus	●	
Jakobshorn	2590	11	30	–	36	44	21	26	160	200	96	120	Ortsbus Davos	●	
Schatzalp–Strela	2500	5	15	–	18	22	16	19	81	101	49	61	Ortsbus Davos	●	
Rinerhorn	2490	7	36	–	31	38	19	23	134	167	78	97	Ortsbus Davos, Rhät. Bahn bis 19 Uhr	●	
St. Moritz/Oberengadin		60	350												340
Oberengadiner Generalabonnement (St. Moritz, Celerina, Sils, Silvaplana, Maloja, Pontresina, Samedan)	3303	60	350	–	48	48	38	38	178	243	178	178	Postbus (PTT) und Rhät. Bahn Teilstrecken; Ortsbus St. Moritz; Hallenbäder St. Moritz und Pontresina	–	
St. Moritz, 1856 m (Celerina–Corviglia)	3012	23	80	–	45	45	37	37	–	–	–	–	Hallenbad	●	
Silvaplana–Sils (Corvatsch–Furtschellas)	3303	15	65	–	43	43	32	32	–	–	–	–	–	●	
Pontresina, 1800 m – Skiregion Pontresina (Diavolezza, Lagalp, Alp Languard)	2987	11	85	–	40	40	32	32	–	–	–	–	Hallenbad Pontresina	–	
– Muottas Muragl	2584	4	8	–	32	32	27	27	–	–	–	–		–	
Scuol/Vulpera, 1250–1400 m		16	80												348
Motta Naluns – Scuol – Ftan – Sent	2800	16	80	●	(49)	(49)	(29)	(29)	(201)	(201)	(129)	(129)	Skibus, Eintritt ins Bogn Engiadina	–	
					(39)	(39)	(23)	(23)	(171)	(171)	(103)	(103)	nur Skibus	–	
Samnaun + Ischgl (A)		38	200												350
Region-Skipaß Samnaun-Paznaun (Samnaun und in A: Ischgl, See, Kappl, Galtür)	2864	62	330	–	–	–	–	–	240	283	159	159	–	–	(350, 94, 96)
Samnaun–Ischgl (A) (Silvretta-Skipaß)	2872	38	200	–	47	54	32	32	240	283	159	159	Skibus	●	(350, 94)

Italien

Skigebiet	Liftanlagen bis ... m	Anzahl der Liftanlagen	Pistenkilometer	Punktekarte vorhanden	Tageskarte Erw. Nebensaison	Tageskarte Erw. Hauptsaison	Tageskarte Kinder Nebensaison	Tageskarte Kinder Hauptsaison	Wochenpaß Erw. Nebensaison	Wochenpaß Erw. Hauptsaison	Wochenpaß Kinder Nebensaison	Wochenpaß Kinder Hauptsaison	Leistungen im Wochenpaß inklusive	Skischaukel	Beschreibung im ADAC SkiAtlas Seite
Vinschgauer Oberland		20	70												360
Ortler-Skiarena (Reschen, St. Valentin, Watles, Sulden, evtl. Tarscher Alm, Schnalstal, Meran 2000, Ultental, Pfelders/Passeier und Nauders/A)	3200	78	250	–	–	–	–	–	175000	219000	120000	137000	–	–	(360–367)
Reschen, 1520 m (Schöneben–Rojen)	2500	8	28	–	26500	29500	20000	22000	136000	155000	88000	100000	Skibus	–	
St. Valentin, 1470 m (Haider Alm)	2650	6	20	–	26500	29500	20000	22000	136000	155000	88000	100000	Skibus	–	
Langtaufers, 1500 m (Masseben)	2400	2	6	–	20000	23000	15000	17000	136000	155000	88000	100000	Linienbus	–	
Burgeis, 1262 m (Watles)	2557	4	16	–	26000	26000	19000	19000	130000	130000	87000	87000	Skibus	–	

Skigebiet Skipaß Ort, Höhenlage Im Angebot der ADAC Reise GmbH (Katalog Winterurlaub 93/94)	Liftanlagen bis . . . m	Anzahl der Liftanlagen	Pistenkilometer	Punktekarte vorhanden	Skipaß-Preise Winter 1993/94 – in Landeswährung								Leistungen im Wochenpaß inklusive	Skischaukel	Beschreibung im ADAC SkiAtlas Seite
					Tageskarte ( ) = Vorjahrespreis				Wochenpaß 6 Tage / *7 Tage ( ) = Vorjahrespreis						
					Erwachsene		Kinder		Erwachsene		Kinder				
					Neben-saison	Haupt-saison	Neben-saison	Haupt-saison	Neben-saison	Haupt-saison	Neben-saison	Haupt-saison			
Ortler-Region		28	55												362
Ortler-Skiarena (siehe Vinschgau, S. 17)	3200	78	250	–	–	–	–	–	175000	219000	120000	137000	–	–	(360–367)
Sulden, 1900 m	3150	11	25	–	34000	34000	24500	24500	137000	159000	94000	110000	–	–	
Trafoi, 1600 m (Kleinboden – Furkelhütte)	2600	4	10	–	19000	25000	19000	25000	124000	124000	86000	86000	–	–	
Stilfser Joch, 2760 m (Sommerskigebiet)	3450	13	20	–	43000	43000	35000	35000	182000	182000	170000	170000	–	–	
Schnalstal		11	23												364
Ortler-Skiarena (siehe Vinschgau, S. 17)	3200	78	250	–	–	–	–	–	175000	219000	120000	137000	–	–	(360–367)
Skipaß Schnalstal (Kurzras, 2011 m, inkl. Gletscher)	3258	11	23	–	33000	37000	23000	26000	158000	186000	111000	130000	Skibus	–	
Kurzras, 2011 m	2430	3	5	●	20000	22000	14000	15000	–	–	–	–	–	–	
Latsch/Tarscher Alm		4	10												366
Tarscher Alm, 1940 m	2250	4	10	–	Das Skigebiet Tarscher Alm bleibt im Winter 1993/94 eventuell geschlossen									–	
Meran 2000		7	40												367
Ortler-Skiarena (siehe Vinschgau, S. 17)	3200	78	250	–	–	–	–	–	175000	219000	120000	137000	–	–	(360–367)
Hafling–Meran 2000, 1290–2000 m	2300	7	40	–	29500	29500	23000	23000	115000	147000	95000	110000	Skibus	–	
Wipptal		23	57												368
Skipaß Wipptal (Gossensaß, Sterzing, Ratschings, Kalch, Ridnaun, 948–1309 m)	2706	23	57	●	30000	30000	21000	21000	124000	141000	92000	105000	Skibus innerhalb von Sterzing	–	
Tauferer-Ahrntal		14	17												370
Ahrtour (Speikboden, Klausberg)	2350	14	17	–	–	–	–	–	120000	160000	101000	112000	Skibus	–	
Sand i. T., 865 m (Speikboden)	2350	7	9	–	25000	30000	20000	22000	–	–	–	–	Skibus	–	
Steinhaus, 1052 m (Klausberg)	2050	7	8	–	20000	27000	17000	19000	95000	125000	80000	90000	Skibus	–	
Ritten		4	10												372
Klobenstein, 1200 m (Rittner Horn, 2270 m)	2260	4	10	●	(21000)	(21000)	(14000)	(14000)	(87000)	(92000)	(57500)	(62000)	Skibus	–	
Sarntal		4	15												373
Reinswald, 1570–2460 m	2460	4	15	●	(20000)	(22000)	(13000)	(15000)	(86500)	(103000)	(59000)	(69000)	Skibus	–	
Eisacktal: Brixen, Meransen		20	70												376
Dolomiti Superski (Cortina d'Ampezzo, Kronplatz, Alta Badia, Gröden/Seiseralm, Fassatal/Karersee, Arabba, Hochpustertal, Fleimstal/Obereggen, San Martino di Castrozza/Rollepaß, Eisacktal, Tre Valli, Alleghe/Civetta)	2950	464	1170	●	40000	45000	40000	45000	201000	231000	141000	162000	Skibus innerörtlich	–	(374–399)
Skipaß Eisacktal (Brixen, Meransen, Feldthurns, Villnöss, Vintl, Lüsen, 560–1414 m)	2500	23	70	●	35000	40000	26000	31000	172000	198000	112000	139000	von Mühlbach die Seilbahn nach Meransen, Skibus Brixen–St. Andrä	–	
Vals, 1350 m		7	15												377
Jochtal	2008	7	15	●	(20000)	(25000)	(16000)	(20000)	(90000)	(112500)	(72000)	(90000)	–	–	
Kronplatz, 835–2275 m		31	85												378
Dolomiti Superski (siehe oben Eisacktal)	2950	464	1170	●	40000	45000	40000	45000	201000	231000	141000	162000	Skibus innerörtlich	–	(374–399)
Skirama Kronplatz	2275	31	85	●	36000	41000	26000	29000	179000	206000	125000	144000	Skibus	–	
Hochpustertal, 1170–1540 m		32	50												380
Dolomiti Superski (siehe oben Eisacktal)	2950	464	1170	●	40000	45000	40000	45000	201000	231000	141000	162000	Skibus innerörtlich	–	(374–399)
Skizentrum Hochpustertal (Toblach, Innichen, Sexten, Niederdorf, Prags)	2200	32	50	●	30000	34000	21000	24000	153000	175000	107000	123000	Skibus	–	
Sexten, 1310 m (Helm)	2200	8	15	●	(25000)	(31000)	(17500)	(21500)	–	–	–	–	–	–	
Innichen, 1175 m (Haunold)	1611	6	7	●	(24000)	(29500)	(17000)	(20500)	–	–	–	–	–	–	
Gröden/Seiser Alm		88	175												382, 386
Dolomiti Superski (siehe oben Eisacktal)	2950	464	1170	●	40000	45000	40000	45000	201000	231000	141000	162000	Skibus innerörtlich	–	(374–399)
Gröden–Seiser Alm (St. Ulrich, St. Christina, Wolkenstein, Kastelruth, Seis, Völs, 1236–1844 m)	2518	88	175	●	37000	42000	26000	29000	184000	211000	129000	148000	Skibus	–	

Skigebiet Skipaß Ort, Höhenlage Im Angebot der ADAC Reise GmbH (Katalog Winterurlaub 93/94)	Liftanlagen bis ... m	Anzahl der Liftanlagen	Pistenkilometer	Punktekarte vorhanden	Skipaß-Preise Winter 1993/94 – in Landeswährung: Tageskarte ( ) = Vorjahrespreis: Erwachsene: Neben-saison	Tageskarte: Erwachsene: Haupt-saison	Tageskarte: Kinder: Neben-saison	Tageskarte: Kinder: Haupt-saison	Wochenpaß 6 Tage / *7 Tage ( ) = Vorjahrespreis: Erwachsene: Neben-saison	Wochenpaß: Erwachsene: Haupt-saison	Wochenpaß: Kinder: Neben-saison	Wochenpaß: Kinder: Haupt-saison	Leistungen im Wochenpaß inklusive	Skischaukel	Beschreibung im ADAC SkiAtlas Seite
Hochabteital		55	130												388
Dolomiti Superski (siehe Eisacktal, S. 18)	2950	464	1170	●	40000	45000	40000	45000	201000	231000	141000	162000	Skibus innerörtlich	–	(374–399)
Hochabteital (Corvara, Colfuschg, Stern, Pedratsches, St. Kassian, 1324–2778 m)	2750	55	130	●	(35000)	(41000)	(25000)	(28000)	(176000)	(202000)	(123000)	(141000)	–	–	
Arabba, 1602 m		27	50												390
Dolomiti Superski (siehe Eisacktal, S. 18)	2950	464	1170	●	40000	45000	40000	45000	201000	231000	141000	162000	Skibus innerörtlich	–	(374–399)
Arabba	2950	27	50	●	37000	42000	26000	29000	184000	211000	129000	148000	–	●	
Cortina d'Ampezzo, 1224 m		55	160												392
Dolomiti Superski (siehe Eisacktal, S. 18)	2950	464	1170	●	40000	45000	40000	45000	201000	231000	141000	162000	Skibus innerörtlich	–	(374–399)
Cortina d'Ampezzo	2932	55	160	●	(38000)	(43000)	(38000)	(43000)	(188000)	(214000)	(182000)	(150000)	Skibus	–	
Zwischen Latemar und Rosengarten		35	90												394
Dolomiti Superski (siehe Eisacktal, S. 18)	2950	464	1170	●	40000	45000	40000	45000	201000	231000	141000	162000	Skibus innerörtlich –	(374–399)	
Fleimstal–Obereggen (siehe Fleimstal, unten)	2415	56	140	●	32000	37000	24000	26000	170000	195000	119000	137000	–	–	(394, 399)
Fassatal–Karersee, Welschnofen (siehe Fassatal, unten)	2638	54	129	●	–	–	–	–	176000	203000	123000	142000	–	–	(394–397)
Jochgrimm	2175	4	7	●	14000	17000	14000	17000	–	–	–	–	–	–	
Fassatal		60	145												396
Dolomiti Superski (siehe Eisacktal, S. 18)	2950	464	1170	●	40000	45000	40000	45000	201000	231000	141000	162000	Skibus innerörtlich	–	(374–399)
Fassatal–Karersee (Alba, Canazei, Campitello, Pozza, Vigo, Carezza, Moèna, Karerpaß, San-Pellegrino-Paß, Welschnofen, 1200–2950 m)	2638	54	129	●	–	–	–	–	176000	203000	123000	142000	–	–	(394–397)
Ski Arena Tre Valli (Moèna, San Pellegrino, Falcade, Alpe Lusia)	2513	34	94	●	32000	37000	24000	27000	170000	195000	119000	137000	–	–	
Fleimstal		56	150												398
Dolomiti Superski (siehe Eisacktal, S. 18)	2950	464	1170	●	40000	45000	40000	45000	201000	231000	141000	162000	Skibus innerörtlich	–	(374–399)
Fleimstal–Obereggen (Cermis Alpe, Pampeago Alpe, Obereggen, Lavazépaß, Jochgrimm, Latemar Skicenter, Bellamonte, Rolle-Paß, Alpe Lusia)	2415	56	140	●	32000	37000	24000	26000	170000	195000	119000	137000	Skibus	–	(394–399)
Cavalese, 993 m (Alpe Cermis)	2170	9	22	●	32000	37000	24000	26000	–	–	–	–	Skibus	–	
Bellamonte–Alpe Lusia 1200–1370 m	2347	10	15	●	32000	37000	24000	26000	–	–	–	–	Skibus	–	(397, 398)
San Martino di Castrozza/Rolle-Paß, 1450/1980 m		24	70												399
Dolomiti Superski (siehe Eisacktal, S. 18)	2950	464	1170	●	40000	45000	40000	45000	201000	231000	141000	162000	Skibus innerörtlich	–	(374–399)
Fleimstal–Obereggen (siehe Fleimstal oben)	2415	56	140	●	32000	37000	24000	26000	170000	195000	119000	137000	–	–	(394–399)
San Martino/Rolle-Paß	2230	24	70	z. T.	32000	36000	32000	36000	–	–	–	–	Skibus	–	
Marmolada		40	150												400
Alleghe–Zoldo–Selvad. C. (Monte Fernazza)	2100	20	100	●	32000	37000	24000	27000	170000	195000	119000	137000	–	●	
Malga Ciapela, 1446 m (Marmolada)	3265	4	12	–	(40000)	(40000)	(40000)	(40000)	(160000)	(160000)	(160000)	(160000)	–	●	
Alleghe		28	71												400
Dolomiti Superski (siehe Eisacktal, S. 18)	2950	464	1170	●	40000	45000	40000	45000	201000	231000	141000	162000	Skibus innerörtlich	–	(374–399)
Piancavallo, 1280 m		16	20												402
M. Cavallo–M. Sauc	1830	16	20	●	(28000)	(33000)	(21000)	(26000)	(132000)	(150000)	(108000)	(126000)	–	●	
Sella Nevea, 1120 m		8	12												403
Ski Region 3 (3-Länder-Skipaß: in I Sella Nevea, Tarvisio; in A Villacher Alpe, Verditz, Arnoldstein; in SLO Kranjska Gora, Bovec, Vogel, Kobla)	2100	85	200	–	–	–	–	–	120000	174000	96000	144000	–	–	(224, 403)
Sella Nevea	1850	8	12	●	30000	36000	23000	29000	–	–	–	–	–	–	
Tarvisio, 800 m	1800	8	15	●	30000	36000	23000	29000	–	–	–	–	–	–	

Skigebiet Skipaß Ort, Höhenlage (grau: Im Angebot der ADAC Reise GmbH (Katalog Winterurlaub 93/94))	Liftanlagen bis ... m	Anzahl der Liftanlagen	Pistenkilometer	Punktekarte vorhanden	Skipaß-Preise Winter 1993/94 – in Landeswährung: Tageskarte ( ) = Vorjahrespreis: Erwachsene Nebensaison	Tageskarte Erwachsene Hauptsaison	Tageskarte Kinder Nebensaison	Tageskarte Kinder Hauptsaison	Wochenpaß 6 Tage / *7 Tage ( ) = Vorjahrespreis: Erwachsene Nebensaison	Wochenpaß Erwachsene Hauptsaison	Wochenpaß Kinder Nebensaison	Wochenpaß Kinder Hauptsaison	Leistungen im Wochenpaß inklusive	Skischaukel	Beschreibung im ADAC SkiAtlas Seite
Paganella		19	29												406
Paganella–Brenta (Andalo, Valle Bianca, Fai)	2125	19	29	●	26000	29000	26000	29000	127000	149000	127000	149000	–	–	
Molveno, 864 m	1530	3	3	–	20000	20000	20000	20000	48000	74000	48000	74000	–	–	
Val di Sole		53	101												408–413
Skirama Dolomiti di Brenta (Folgàrida, Marilléva, Madonna di Campiglio, 1300/1400/1550 m)	2450	54	127	–	(46000)	(46000)	(46000)	(46000)	(270000)	(270000)	(270000)	(270000)	–	–	
Folgàrida–Marilléva, 1300/1400 m	2200	24	37	–	35000	37000	28000	30000	169000	185000	135000	151000	mit je 1 Tag in Pejo, Pinzolo, Passo Tonale und Monte Bondone	–	(408)
Folgàrida–Marilléva mit Madonna di Campiglio	2450	30	90	–	(46000)	(46000)	(46000)	(46000)	(189000)	(205000)	(189000)	(205000)	mit je 1 Tag in Madonna di Campiglio, Pejo, Pinzolo, Passo Tonale und Monte Bondone	–	
Pejo mit Folgàrida–Marilléva	2400	24	37	–	–	–	–	–	132000	175000	107000	140000	5 Tage Pejo + 1 Tag in Folgàrida–Marilléva	–	
									*143000	*186000	*114000	*149000	5 Tage Pejo + 2 Tage in Folgàrida–Marilléva	–	
Pejo, 1160–1585 m	2400	6	15	–	26000	31000	21000	23000	132000	152000	106000	122000	–	–	
Skirama Tonale – Ponte di Legno (Passo Tonale, 1882 m; inkl. Presena-Gletscher, der vom 10.1.–15.3.94 geschlossen ist)	3016	29	80	–	34000	37000	33000	36000	137000	173000	105000	129000	mit 1 Tag in Folgàrida–Marilléva, Pejo oder Madonna di Campiglio; inkl. Hallenbad in Ponte di Legno, Nevebus Tonale – Ponte di Legno	–	(412)
Aprica	2400	22	50	–	32000	37000	32000	37000	160000	180000	160000	180000	–	–	(412)
Madonna di Campiglio, 1550 m		31	90												410
Skirama Dolomiti di Brenta (siehe Val di Sole oben)	2450	54	127	–	(46000)	(46000)	(46000)	(46000)	(270000)	(270000)	(270000)	(270000)	–	●	
Madonna di Campiglio	2450	31	90	–	(39000)	(43000)	(39000)	(43000)	(195000)	(205000)	(195000)	(205000)	Skibus	●	
Bormio, 1225 m		20	50												414
Alta Valtellina (Bormio, Santa Caterina, S. Colombano, Livigno)	3012	58	160	z.T.	–	–	–	–	170000	195000	120000	135000	–	–	
Bormio	3012	20	50	z.T.	38000	42000	32000	35000	–	–	–	–	–	●	
Livigno, 1816 m		28	85												416
Alta Valtellina (siehe Bormio oben)	3012	58	160	z.T.	–	–	–	–	170000	195000	120000	135000	–	–	(414–417)
Livigno	2797	28	85	●	36000	40000	29000	34000	–	–	–	–	Skibus	–	
Aostatal		185	ca. 800												420–427
Skipaß Valle d'Aosta	3488	185	ca. 800	–	–	–	–	–	229000	229000	229000	229000	–	–	(420)
Breuil–Cervinia, 2006 m inkl. Valtournenche	3488	38	106	●	(41000)	(41000)	(41000)	(41000)	215000	215000	215000	215000	–	●	(282, 420, 424)
Zuschlag für Kleinmatterhorn (Zermatt)					–	–	–	–	ca. (29000) pro Tag						
nur Breuil–Cervinia	3488	28	80	●	(41000)	(41000)	(41000)	(41000)	–	–	–	–	–	●	
nur Valtournenche	3085	10	26	–	33000	33000	33000	33000	144000	144000	144000	144000	–	●	
Courmayeur, 1224 m (Checrouit-Monte Bianco)	3462	32	100	●	42000	42000	42000	42000	180000	210000	180000	210000	–	–	(422)
La Thuile (Italien) – La Rosière (Frankreich), 1441 m–1850 m	2642	32	135	●	Lit 41000 FF 160	Lit 41000 FF 160	Lit 41000 FF 107	Lit 41000 FF 107	Lit 168000 FF 668	Lit 194000 FF 786	Lit 168000 FF 441	Lit 194000 FF 519	–	●	(420)
La Rosière (Frankreich)	2642	15	50	●	FF 119	FF 119	FF 82	FF 82	FF 519	FF 611	FF 337	FF 397	–	●	(420)
Pila, 1750 m	2752	13	70	●	38000	38000	38000	38000	165000	185000	165000	185000	Hallenbad, Eislauf	–	
Monte-Rosa-Ski (Ayas–Champoluc, Gressoney, Alagna)	3260	44	155	–	39000	39000	39000	39000	140000	174000	140000	174000	–	–	(420, 427)
Chamois, 1818 m	2470	5	12	●	30000	30000	30000	30000	129000	129000	129000	129000	–	●	
Cogne, 1534 m	2250	5	15	–	23000	28000	23000	28000	115000	130000	115000	130000	–	●	
Champorcher, 1427 m	2498	4	20	–	24000	28000	24000	28000	104000	123000	104000	123000	–	●	
Torgnon, 1485 m	2100	6	15	●	26000	26000	26000	26000	105000	105000	105000	105000	–	●	
Macugnaga, 1327 m		12	40												426
Macugnaga	2900	12	40	–	30000	35000	27000	27000	130000	160000	120000	120000	–	–	

Skigebiet Skipaß Ort, Höhenlage (grau = Im Angebot der ADAC Reise GmbH (Katalog Winterurlaub 93/94))	Liftanlagen bis . . . m	Anzahl der Liftanlagen	Pistenkilometer	Punktekarte vorhanden	**Skipaß-Preise Winter 1993/94 – in Landeswährung** – Tageskarte ( ) = Vorjahrespreis – Erwachsene – Neben-saison	Tageskarte – Erwachsene – Haupt-saison	Tageskarte – Kinder – Neben-saison	Tageskarte – Kinder – Haupt-saison	Wochenpaß 6 Tage / *7 Tage ( ) = Vorjahrespreis – Erwachsene – Neben-saison	Wochenpaß – Erwachsene – Haupt-saison	Wochenpaß – Kinder – Neben-saison	Wochenpaß – Kinder – Haupt-saison	Leistungen im Wochenpaß inklusive	Skischaukel	Beschreibung im ADAC SkiAtlas Seite
Alagna, 1200 m		9	25												427
Monte-Rosa-Ski (siehe Aostatal, S. 20)	3260	44	155	–	39000	39000	39000	39000	140000	174000	140000	174000	–	–	(420, 427)
Sestrière, 2035 m		25	120												428
La Voie Lactée (Sestrière, Sauze d'Oulx, Borgata, San Sicario, Clavière, Cesana, Montgenèvre mit Zuschlag)	2823	101	400	●	(39000)	(39000)	(39000)	(39000)	(185000)	(200000)	(185000)	(200000)	1 Tag in Alpe d'Huez, Les Deux-Alpes, Puy-Saint-Vincent und Serre Chevalier/ Briançon möglich	–	(428, 492)
									Zuschlag für Montgenèvre (16000)	(16000)	(16000)	(16000)			
Limone Piemonte, 1010–1400 m		31	100												430
Riserva Bianca	2050	31	100	–	(35000)	(35000)	(23000)	(23000)	(145000)	(165000)	(130000)	(130000)	–	●	

Frankreich

Skigebiet Skipaß Ort, Höhenlage	Liftanlagen bis . . . m	Anzahl der Liftanlagen	Pistenkilometer	Punktekarte vorhanden	Tageskarte Erwachsene Nebensaison	Tageskarte Erwachsene Hauptsaison	Tageskarte Kinder Nebensaison	Tageskarte Kinder Hauptsaison	Wochenpaß Erwachsene Nebensaison	Wochenpaß Erwachsene Hauptsaison	Wochenpaß Kinder Nebensaison	Wochenpaß Kinder Hauptsaison	Leistungen im Wochenpaß inklusive	Skischaukel	Beschreibung im ADAC SkiAtlas Seite
Les Portes du Soleil (siehe auch Schweiz, S. 13)		227	650												440, 256
Les Portes du Soleil (Frankreich: Châtel, La Chapelle d'Abondance, Abondance, St-Jean d'Aulps, Montriond, Morzine, Avoriaz, Les Gets – Schweiz: Planachaux, Champéry, Les Crosets, Val d'Illez, Champoussin, Morgins, Torgon)	2300	227	650	–	175	175	116	116	805	805	531	531	Skibusse	●	
Avoriaz, 1000–1800 m	2460	41	120	●	147	147	105	105	–	–	–	–	–	–	
Les Gets, 1172 m (Les Gets, Nyon, Le Pleney)	2002	56	130	●	130	135	98	102	650	675	488	507	–	–	
Skipaß Evasion (Torgon–Châtel–Morgins–Champoussin, La Chapelle d'Abondance, 1100/1200/1400/1600 m)	2100	60	150	●	148	148	97	97	670	670	442	442	–	–	
Châtel	2200	50	65	●	123	137	86	96	559	622	392	435	–	–	
La Chapelle d'Abondance	1650	15	24	●	(73)	(91)	(58)	(73)	(365)	(455)	(290)	(365)	–	–	
Le Grand Massif		77	260												444
Le Grand Massif (Flaine, Samoëns, Morillon, Les Carroz, Sixt)	2561	77	260	–	160	160	115	115	760	760	540	540	Skibus	–	
Massif Partiel (Samoëns, Morillon, Sixt, Les Carroz, 682–1140 m)	2100	57	130	–	125	125	90	90	625	625	440	440	Skibus	–	
Flaine, 1600 m	2561	31	140	–	140	140	105	105	–	–	–	–	–	●	
Das Tal von Chamonix		56	100												446
Skipaß Mont-Blanc (Chamonix, Argentière (außer dem 2. Teil Lognon/ Aiguille vom Grand Montet), Sallanches, Les Houches, St-Gervais, Les Contamines, Combloux, Megève, Vallorcine, Cordon, Praz sur Arly, St-Nicolas, Passy)	3300	190	680	–	–	–	–	–	795	885	580	645	örtliche Skibusse	–	(446, 450)
Chamonix, 1035 m – Le Brévent – La Flégère – Aiguille du Midi (einfache Fahrt)	 2525 2595 3842	 9 5 1	 23 18 20	 ● ● ●	 (116) (106) (130)	 (116) (106) (130)	 (80) (73) (65)	 (80) (73) (65)	 – – –	 – – –	 – – –	 – – –	 – – –	 ● ● –	
Argentière, 1230 m (Les Grands-Montets)	3275	9	33	●	(161)	(161)	(121)	(121)	–	–	–	–	–	●	
Le Tour, 1480 m (Balme)	2270	7	22	●	(108)	(108)	(75)	(75)	–	–	–	–	–	●	
Les Houches, 1000 m (Bellevue-Prarion)	1860	15	50	●	119	119	80	80	595	595	440	440	–	●	
Megève, Combloux, St-Gervais, Les Contamines		94	270												450
Skipaß Mont-Blanc (siehe Chamonix, oben)	3300	190	680	–	–	–	–	–	795	885	580	645	örtliche Skibusse	–	(446, 450)
Evasion Mt. Blanc (Megève, St Gervais, St Nicolas, Combloux)	2350	82	270	–	155	155	129	129	–	–	–	–	Skibus in Megève	–	
Rocharbois (Rochebrune-Côte 2000, Mt d'Arbois-Megève-St. Gervais, Mt Joux, Mt Joly)	2350	38	120	●	148	148	123	123	708	764	567	634	Skibus in Megève	●	
Jaco (Jaillet, Christomet-Combloux)	1853	18	60	●	95	95	80	80	*510	*510	*510	*510	Skibus	●	
St-Nicolas, 1150 m	2350	10	30	●	79	92	50	78	520	520	430	430	–	●	
St-Gervais, 1400 m – Le Bettex – Prarion–Col de Voza	 1745 1900	 6 13	 30 60	 – –	 88 119	 88 119	 62 80	 62 80	 – 595	 – 595	 – 440	 – 440	 – –	 ● ●	

Skigebiet Skipaß Ort, Höhenlage Im Angebot der ADAC Reise GmbH (Katalog Winterurlaub 93/94)	Liftanlagen bis . . . m	Anzahl der Liftanlagen	Pistenkilometer	Punktekarte vorhanden	Skipaß-Preise Winter 1993/94 – in Landeswährung								Leistungen im Wochenpaß inklusive	Skischaukel	Beschreibung im ADAC SkiAtlas Seite
					Tageskarte ( ) = Vorjahrespreis				Wochenpaß 6 Tage / *7 Tage ( ) = Vorjahrespreis						
					Erwachsene		Kinder		Erwachsene		Kinder				
					Neben-saison	Haupt-saison	Neben-saison	Haupt-saison	Neben-saison	Haupt-saison	Neben-saison	Haupt-saison			
Le Grand-Bornand, 1000 m		38	65												452
Skipaß Aravis (Le Grand Bornand und La Clusaz)	2600	92	195	–	–	–	–	–	710	710	580	580	Skibus zwischen Le Grand Bornand und La Clusaz	–	
Le Grand Bornand	2100	38	65	●	117	117	98	98	540	595	442	490	Skibus	–	
La Clusaz, 1100 m		54	130												454
Skipaß Aravis (La Clusaz und Le Grand Bornand)	2600	92	195	–	–	–	–	–	710	710	580	580	Skibus zwischen La Clusaz und Le Grand Bornand	–	
La Clusaz, Croix-Fry-Merdassier	2600	54	130	●	132	132	105	105	670	670	540	540	Skibus	–	
Les Arcs, 1600–2000 m		78	150												458
Les Arcs (alle Anlagen)	3226	78	150	–	200	200	165	165	915	915	775	775	gültig je 1 Tag in La Plagne, Tignes-Val d'Isère, La Rosière-La Thuile (I), Les 3 Vallées; Skibus zwischen Arc 1600, 1800 und 2000	●	
La Plagne, 1250–3250 m		112	210												460
Espace Plagne (inkl. Champagny, Montchavin – Les Coches, Plagne – Montalbert)	3250	112	210	–	150	200	115	150	685	915	515	685	gültig 1 Tag in Les Arcs oder Val d'Isère/Tignes oder Les 3 Vallées (Haute Tarentaise)	–	
Champagny	2502	11	30	–	132	132	99	99	660	660	495	495	–	●	
Montchavin–Les Coches	2400	19	30	–	168	168	126	126	836	836	625	625	–	●	
Plagne–Montalbert	1970	6	10	–	95	95	95	95	–	–	–	–	–	●	
Val-d'Isère – Lac-de-Tignes, 1840–2100 m		104	300												462
Espace Killy (Val-d'Isère, Lac-de-Tignes)	3650	104	300	–	200	200	145	145	915	915	645	645	gültig je 1 Tag in La Plagne, Les Arcs, Les 3 Vallées (Haute Tarentaise); Skibus	●	
Les Trois Vallées		200	600												466
Trois Vallées (Courchevel, Méribel, La Tania, Les Menuires, Val Thorens)	3195	200	600	–	205	205	155	155	990	990	745	745	–	–	
Vallée de Courchevel (Courchevel 1300, 1550, 1650, 1850)	2700	64	180	–	168	168	120	120	820	820	580	580	–	●	
Courchevel 1850/1550/1300	2700	43	80	–	156	156	109	109	–	–	–	–	–	●	
Courchevel 1650	2500	18	36	–	125	125	91	91	730	730	536	536	–	●	
Vallée de Méribel	2950	50	120	–	168	168	120	120	820	820	580	580	–	–	
Mottaret, 1700 m	2700	19	50	–	145	145	98	98	–	–	–	–	–	–	
Vallées des Belleville (Les Menuires, Val Thorens)	3200	89	185	–	185	185	145	145	900	900	710	710	–	–	
Les Menuires, 1850 m	3200	50	120	●	164	170	123	123	800	830	600	600	–	–	
Val Thorens, 2300 m	3200	37	120	–	160	165	110	110	700	740	500	500	Skibus	–	
St-François-Longchamp, 1450–1610 m		17	65												470
Grand domaine (St. François–Longchamp–Valmorel)	2403	48	170	–	150	154	128	133	807	831	687	771	–	●	
St-François–Longchamp	2305	17	65	–	105	105	105	105	525	525	525	525	Skibus	●	
Valmorel, 1400 m		31	105												472
Grand domaine (siehe St-François–Longchamp oben)	2403	48	170	–	150	154	128	133	807	831	687	771	–	●	
Valmorel	2403	31	105	●	118	148	101	127	632	792	528	668	–	●	
Le Corbier – La Toussuire		41	180												474
Super Grand Large (La Toussuire, Les Bottières, Le Corbier, St Jean d'Arves, St Sorlin d'Arves)	2400	41	180	●	120	120	120	120	641	641	641	641	Skibus St Jean-St Sorlin	–	
La Toussuire, 1800 m	2235	18	40	●	100	100	100	100	523	523	523	523	–	–	
Le Corbier, 1560 m (L'Alpe St. Jean)	2400	24	80	●	105	105	105	105	545	545	545	545	–	●	
Lans en Vercors		16	24												478
Skipaß Vercors (Autrans, Villard de Lans, Méaudre, Corrençon, Lans en Vercors)	2170	78	190	–	–	–	–	–	660	660	660	660	–	–	
Autrans, 1050 m (Claret)	1650	16	15	–	62	70	47	62	370	370	320	320	Skibus	–	
Lans en Vercors, 1020 m	1983	16	24	●	70	70	52	62	290	370	260	320	Skibus	●	
Villard de Lans, 1050 m, mit Corrençon	2170	37	130	–	102	120	67	96	520	620	496	496	–	●	

Der ADAC Ski Atlas Alpen

ADAC SkiAtlas Alpen 1994

Gesamtleitung
ADAC Verlag GmbH, München

Redaktion
ADAC Verlag GmbH, München
Perdita Pasche

Produktion
Mairs Geographischer Verlag, Ostfildern
Radegunde Schenk-Kern

Ihre Anregungen nehmen wir gerne entgegen.
Bitte schreiben Sie an:
ADAC Verlag GmbH
Redaktion ADAC SkiAtlas
D-81365 München

Printed in Germany
ISBN 3-87003-475-0
ISSN 0936-5192

Weitere Angaben zum Impressum siehe Seite 607.

Der ADAC SkiAtlas führt Sie zu den schönsten Skigebieten der Alpen

Die ausführlichen Darstellungen und unsere Bewertung des sportlichen Angebots der Skiregionen machen Ihnen die Auswahl leicht.

Es bedeuten	**Ski alpin**
❄	– kleines, überschaubares Skigebiet – leichtes bis mittelschweres Pistenangebot – ruhige und beschauliche Orte
❄❄❄❄❄	– sehr großes Skigebiet – sehr vielseitiges und anspruchsvolles Pistenangebot – alle Schwierigkeitsgrade vorhanden – sehr schneesicheres Skigebiet (aufgrund der Höhenlage bzw. der Beschneiungsanlagen) – lange Saison (meist inkl. Gletscherskigebiet) – sehr lebhaftes und betriebsames Alpin-Skigebiet

Es bedeuten	**Langlauf**
❄	– kleines Langlaufgebiet – mittlere und leichte Schwierigkeitsgrade – ruhiger Loipenbetrieb
❄❄❄❄❄	– großes Langlaufgebiet – bedeutendes Langlaufzentrum – sehr vielseitiges und abwechslungsreiches Loipenangebot – alle Schwierigkeitsgrade vorhanden – Renn- und Skateloipen gespurt – Höhen-/Gletscherloipen – mit Langlauf-Einrichtungen ausgestattet – sehr lebhaftes und betriebsames Langlauf-Gebiet

Die dazwischenliegenden Bewertungsstufen wurden mit zwei, drei oder vier Schneesternen gekennzeichnet.

BESONDERS SCHNEESICHER

Mit diesem Symbol sind die Wintersportorte oder -gebiete gekennzeichnet, die aufgrund ihrer Höhenlage und/ oder nach ihren meteorologischen Durchschnittswerten normalerweise als besonders schneesicher gelten können.

Viel Vergnügen für Ski und Après-Ski im Winter 1993/94 wünscht Ihnen
Ihr
ADAC Verlag

Skigebiete

Schweiz

Italien

Skigebiete

Frankreich

Magazin

Wintersport Hotelführer

Straßenkarte Alpenländer

Große Alpenkarte
1 : 750.000
mit den blau markierten Skigebieten – zur problemlosen Anfahrt.
Dazu Übersichtskarte Deutschland 609

Skipässe

Komplette Preistabelle der überregionalen, regionalen und örtlichen Skipässe für die Haupt- und Nebensaison: Tageskarte, Wochenpaß, Liftanzahl und Pistenkilometer Beilage

Service

Symbole zur schnellen Information

Testbewertung mit einem bis zu fünf Schneesternen

Besonders schneesicher

Ski alpin

- Schlepplift
- Sessellift/Korblift
- Kleinkabinenbahn/Gondelbahn
- Großkabinenbahn/Luftseilbahn
- Standseilbahn/Zahnradbahn
- Beschneiungsanlagen
- kostenloser Skibus

Weitere Sportmöglichkeiten

- Tiefschneeabfahrten
- Skitouren/Skihochtouren
- Wanderwege/Wandern
- Eisstadion: überdacht/offen
- Skibob/Rodelbahn
- Eisstockschießen/Curling
- Pferdeschlittenfahrten
- Drachenfliegen
- Reiten/Reithalle
- Tennishalle/Squash
- Hallenbad
- Sauna/Solarium

Après-Ski

- Restaurant/Gasthof
- Café
- Weinstube/Weinkeller
- Tanzlokal/Tanzveranstaltungen
- Diskothek
- Bar/Nachtlokal
- Konzert
- Heimatabend/Folklore
- Film-/Diaabend/Lichtbilder
- Kino
- Theater/Bauerntheater

ADAC Ski Atlas
Skigebiete

Die schönsten
Wintersportregionen

Skiländer der Alpen

Schweiz

Die Skifahrerei in der Schweiz begann vor rund hundert Jahren: Engländer und Deutsche brachten den neuen »Spleen« ins Land der Eidgenossen. Die wiederum merkten schon sehr bald, daß sich daraus etwas Zukunftsträchtiges entwickeln läßt.
Heute sind die hohe Qualität, die ihren Fränklipreis kostet, und die Vielfalt des Angebots kennzeichnend für den Schweizer Wintersport. Wobei das Ambiente der einzelnen Orte sehr unterschiedlich ist. Jet-set und Fünf-Sterne-Hotellerie sind ebenso anzutreffen wie Aparthotels, Chalets und Berghäuser mit Mehrbettzimmern. Es gibt ausgesprochen sportliche Orte, weltberühmte Allround-Wintersportplätze, familienfreundliche und »autofreie«. Austern, Kaviar und Champagner an der Schneebar neben der Piste – das ist natürlich super-snobistisch. Typisch schwyzerisch ist es gewiß nicht. Aber auf der Corviglia über St. Moritz (»Top of the World«) erlaubt man sich eben auch diesen Gag.
Viele Schweizer Skiorte können als besonders schneesicher gelten, weil sie entweder schon eine günstige Höhenlage oder aber ihre weißen Höhenreviere entsprechend gut erschlossen haben. Am Klein Matterhorn (3883 m) wird der Seilbahn- und Pisten-Höhenrekord in den Alpen erreicht. In Sachen Neuerschließung sind die Eidgenossen inzwischen sehr zurückhaltend geworden, es geht jetzt um Modernisierungen und um Erhöhungen der Förderkapazität der Aufstiegshilfen.
Die Schweiz hat – nach dem Urteil von Experten – die meisten »Superskiberge«, also Abfahrten, die ein Skifan gemacht haben muß. Gletscherpisten, Steilhänge, grandiose Szenerie, weites Gelände für lustvolles Schwingen und Schußfahrten. Sie war ein Vorreiter, was zum Beispiel Pistendienst, Pauschalarrangements oder Abonnements anbelangt, sie ist aufgeschlossen für alle neuen und nostalgischen Skisportarten, sie ist ein beliebtes Revier für Skisafaris, und sie hat den nordischen Langlauf in die Alpen geholt. Kaum ein Ort ist ohne Loipen.
Grüezi, Fondue, Müsli, Allegra, Fendant, Piz Corvatsch, Parsenn, Gemsstock, Mittelallalin, Traumpiste – der Winter ist schön in der Schweiz.
(Ab Seite 228)

Deutschland

In der Bundesrepublik Deutschland gibt es etwa sechs Millionen Skifahrer. In den Chroniken ist vermerkt, daß Deutsche unter den ersten Schneeschuhläufern in Mitteleuropa waren, wir haben eine »Gold-Rosi«, und immer wieder standen und stehen bei alpinen und nordischen Wettbewerben deutsche Damen und Herren auf den Siegertreppchen.
Gemessen an der Skibegeisterung sind die deutschen Lande allerdings bei der Verteilung des einschlägigen Geländes etwas zu kurz gekommen. Ihr Alpenanteil ist – gemessen an den Dimensionen der anderen Länder – verschwindend gering.

Alphabetisches Register der Skiorte ab Seite 601

Frankreich

Die Franzosen haben die alpine Skiwelt nachhaltig verändert. Sehr viel später als die anderen Alpenländer entdeckten sie das weiße Gold ihrer Berge – aber dann steckten sie ganz planmäßig die Claims ab. Der Begriff »Skistation« wurde kreiert. Am Reißbrett entworfen, entstanden Skizentren von gigantischen Ausmaßen bis hinauf in Gletscherregionen.
Man war (und ist noch immer) einerseits schockiert, andererseits fasziniert von dem, was da entstand. Einerseits: Abzulehnende Großstadt-Architektur im Hochgebirge. Andererseits: Grenzenlose Bewunderung für die optimale Funktionalität dieser Retorten-Skistationen. Sie sind zum Qualitätsbegriff für »Ski France« geworden. Und es gibt viele deutsche Skifans, die die lange Fahrt in die französischen Alpen immer wieder auf sich nehmen, um dort perfektes Skivergnügen zu finden.
Inzwischen hat man freilich auch – in der »vierten Generation« der Reißbrett-Orte – Stationen mit dem Erscheinungsbild eines Dorfes in den Schnee gezaubert. Traditionelle, gewachsene Wintersport- und Skiorte haben sich aufgemöbelt und Karriere gemacht.
Sei noch vermerkt: Wiewohl sich die Franzosen sehr sportiv geben, kennt die große Mehrheit nicht den Achtstundentag deutscher Pistenfreaks. Déjeuner ist für Franzosen auch beim Skifahren selbstverständlich, auf einer Sonnenterrasse im Tal oder im Gelände. Ein Apéritif, ein richtiges Mittagessen, eine Flasche Wein – das gehört dazu.
(Ab Seite 432)

Trotzdem: es fehlt nicht an schnellen Pisten und nicht an zahmen Hügeln. Superseilbahnen und Riesenabfahrten darf man allerdings nicht erwarten. Sozusagen eine Spezialität sind Waldschneisen.
Loipen werden viele Kilometer lang präpariert. Sowohl im Allgäu als auch in Oberbayern gibt es Gegenden, die sich sogar auf Langlaufgäste spezialisiert haben.
Leider wird der Freizeitgenuß, den die verschneite Gebirgslandschaft den Skifahrern bietet, getrübt durch die Anreise: An schönen Wochenenden rollen Auto-Lawinen in die bayerischen Berge.

Die deutschen Mittelgebirge spielen im Wintersportgeschehen natürlich auch eine Rolle. Harz, Eifel, Rhön, Fichtelgebirge. Dem Schwarzwald und vor allem dem Bayerischen Wald werden auch Abfahrten von »alpinen« Dimensionen bescheinigt. Jedenfalls sind sie ganz hervorragende Langlauf-Reviere.
Eines verdient noch besondere Erwähnung: Wer in deutschen Landen Skiurlaub macht, findet – auch wenn's auf Pisten und in Loipen hektisch zugeht – ganz bestimmt das, was in Winterferien offenbar ganz besonders gefragt ist: Gemütlichkeit.
(Ab Seite 12)

Italien

Italiens Skigebiete sind über den gesamten Alpenbogen verteilt. Kein anderes Alpenland kann deshalb mit so verschiedenartiger Gebirgsszenerie aufwarten – und auch mit so unterschiedlichem Lokalkolorit.
Reinrassig italienisch ist es im Piemont und in der Lombardei, frankophil angehaucht im zweisprachigen (Italienisch und Französisch) Aostatal, deutsch und ladinisch im dreisprachigen Südtirol. In den Dolomiten, die sich die drei Provinzen Bozen, Trentino und Belluno teilen, sind die ethnischen Eigenheiten und der touristische Charakter der Wintersportorte mal fließend, mal eklatant.

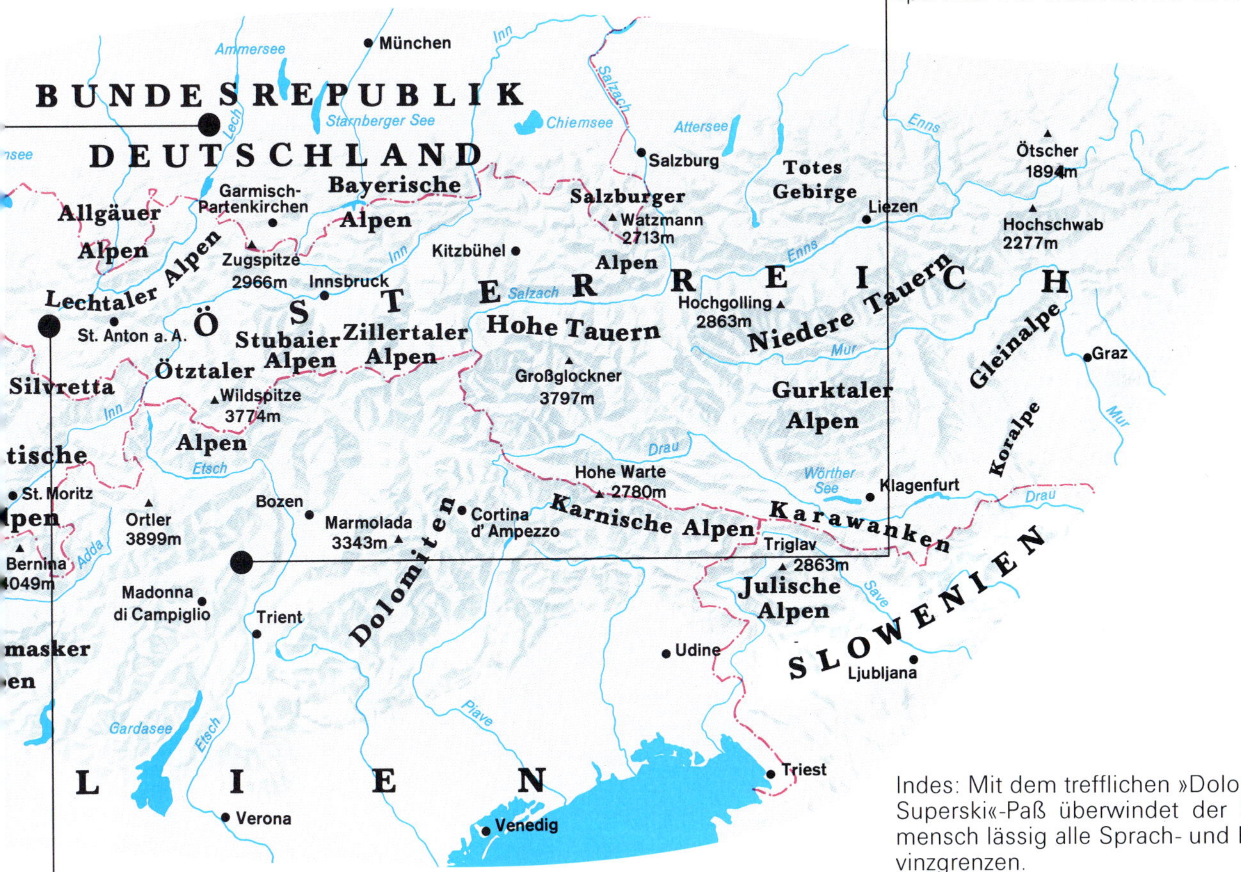

Österreich

Ohne Österreich ist – aus österreichischer Sicht – die ganze Skifahrerei eigentlich undenkbar. Und das natürlich nicht nur, weil die Alpenrepublik viele »Skipioniere« und »Skipäpste« hervorgebracht hat, oder weil heute Millionen Skifahrer den österreichischen Schnee bügeln und der Winter eine entscheidende Rolle in der Fremdenverkehrsbilanz spielt. Vielmehr: Mit dem Skisport ist das Prestige der Nation eng verbunden.
Österreich gilt für die Deutschen (und die Holländer) als Skiland Nummer eins. Die phonetische Schreibweise »Schi« hat man zwar nicht durchsetzen können, aber Österreichs Ski-Erschließer leisteten tüchtige Arbeit bis hinauf in die Gletscherregionen. Mehr als 4000 Aufzüge aller Art gibt es inzwischen. Und so schwelgen sie auch gern in Superlativen. »Skischaukeln« und »Ski-Großräume« wurden geschaffen, wobei dann etwa ein Großraum-Skipaß dem Skiurlauber nur dann etwas bringt, wenn er ihn vom skifahrerischen Können her auch voll ausnutzt.
Aber Österreich kann dem Skivolk eben fast alles bieten, was es sich wünscht. Pisten und Loipen, die vielleicht sogar mit einem Gütesiegel ausgezeichnet sind, ein Heer von Skilehrerinnen und Skilehrern, die hier eine wichtigere Rolle spielen als anderswo, eine Auswahl an Orten, die vom Dörflichen bis zum Schickeria-Platz reicht mit Quartieren vom Bauernhof und Privatzimmer bis zur Nobelherberge. Die Zeiten freilich, in denen Österreich als preisgünstig galt, sind vor allem in den Wintersportorten längst vorbei.
Von A wie Abtenau bis Z wie Zürs sind Uriges und Modernes anzutreffen, auf vielen Hütten im Skigelände fließt der Jagertee, riecht's nach Germknödeln und Kaiserschmarrn. Und manche Skigebiete werden am Wochenende überflutet von Tageskarten-Skifahrern.
(Ab Seite 50)

Indes: Mit dem trefflichen »Dolomiti Superski«-Paß überwindet der Skimensch lässig alle Sprach- und Provinzgrenzen.
Italien, eigentlich ein Spätstarter im Skigeschäft, hat eine Menge sehr gut erschlossener Skireviere, gewachsene und üppig gewachsene Skidörfer, es gibt Skistationen, die auf dem Reißbrett entworfen wurden (Sestrière war 1931 die erste) und Nobelorte (wie Cortina d'Ampezzo oder Madonna di Campiglio), wo Pelz und Pudel, Brillanten und Boutiquen wichtiger sind als der Parallelschwung.
Langlauf (»Fondo«) wird vielerorts sehr gepflegt.
Sciare ist für die Italiener auch ein gesellschaftliches und familiäres Ereignis. Man reist mit Bambini und Omi zum Wintersport. Italiens Skiplätze sind also auch fröhliche Kinderspielplätze.
Bleibt noch zu sagen: Mögen die Ausländer auch permanent wedeln – die Italiener machen mal Pause: Campari, Pasta asciutta, Costoletta, Caffè und Siesta im Liegestuhl möchten schon sein.
(Ab Seite 352)

DEUTSCHLAND

Skiland Deutschland

Deutschland als Skiland bietet Alpinfahrern und Langläufern eine enorme Vielfalt an Pisten und Loipen. Aber die schönsten Skigebiete liegen entlang des Alpen-Nordkamms: im Allgäu und in Oberbayern.

Im weiten Alpenbogen zwischen Bodensee und Berchtesgaden finden Deutschlands Skifahrer alles, was das Herz begehrt, und die Mittelgebirge machen, bei nicht allzu langer Anfahrt, zumindest so manches schöne Skiwochenende möglich.
Dennoch: zu behaupten, Deutschland sei ein ideales Skifahrerland, wäre bestimmt maßlos übertrieben. Im Süden der Bundesrepublik gibt es zwar »richtige« Berge, doch kein deutscher Gipfel erreicht die imageträchtige 3000-m-Marke. (Versuche, der Zugspitze, Deutschlands höchstem Gipfel die fehlenden 36 Meter künstlich »aufzupfropfen«, wurden glücklicherweise verhindert.) Und nirgendwo sind bei uns die Dimensionen der Ski-Reviere so gigantisch wie etwa in den Dolomiten, den Schweizer und österreichischen Super-Ski-Zentren oder in den französischen Retorten-Stationen.
Oberstdorf und Garmisch können vielleicht noch annähernd mithalten, die meisten anderen Reviere aber werden vom Alpenrand-Charakter der Berge geprägt. Die weiten, offenen Hänge fehlen meistens, die Talabfahrten ziehen oft relativ steil durch Waldschneisen ab. Dies ergibt vor allem sportive Pisten, die den guten Fahrer fordern, dem Anfänger und Genußfahrer aber leider oft zu schwierig sind, zumal sie wegen der häufig geringen Höhenlage auch rasch zum Vereisen oder Ausapern neigen. Ansonsten überwiegen Mittelgebirge, auch wenn man Schwarzwald und Bayerwald gewisse »alpine« Qualitäten nicht ganz abstreiten kann.
Wie kommt es aber dann, daß Deutschland dennoch Europas Skifahrer-Land Nummer Eins ist und der deutsche Skimarkt von der Industrie am heißesten umworben wird? Über zehn Millionen Skifahrer soll es laut demoskopischen Erhebungen in der Bundesrepublik Deutschland geben. Etwa jeder fünfte also stellt sich winters auf Ski, um den »Weißen Rausch« zu erleben. Und wenn man den Zahlen der Ski-Industrie glauben darf, dann müssen die Deutschen trotz der relativen Unzulänglichkeiten der eigenen Ski-Gebiete schon ganz extreme Ski-Fans sein. Dazu paßt auch die Tatsache, daß deutsche Skifahrer in den meisten europäischen Skiländern jeweils den größten Teil der Ski-Gäste stellen.
Sind die Deutschen also ein Skifahrer-Volk ohne Heimat, zur »Landflucht« gezwungen? Auch das ist sicher nicht ganz richtig. An den meisten Winterwochenenden nehmen sie mit dem vorlieb, was ihnen die nähere Umgebung an Möglichkeiten bietet. Siehe Berlin, wo es am Teufelsberg einen Skilift gibt, siehe Hamburg, wo die Schwarzen Berge mit Lift und »Tiroler Skihütte« locken, auch wenn man nur »rassige« 80 Höhenmeter bewältigt!
Aber im Urlaub läßt man es gerne »krachen«, wie es so schön heißt. Und je weiter weg vom Gebirge man wohnt, desto intensiver wird der Winterurlaub genutzt. Hunderte von Kilometern werden in Kauf genommen; verstopfte Autobahnen in Richtung Süden zu Ferienbeginn und an den Wochenenden sind das Fazit deutscher Ski-Sehnsucht.

Die ganze Spanne und Schönheit der Winterlandschaft; vom Schwarzwald schweift der Blick bis zur Alpenkette.

Auch wenn es anderswo noch 1000 Meter höher hinaufgeht: Deutschlands alpine Szenerie kann sich sehen lassen – wie hier am Nebelhorn.

Von den deutschen Skigebieten sind es diejenigen im Alpenbereich, die diese Sehnsüchte im Hinblick auf Schneeverhältnisse und Pistenherausforderungen am besten erfüllen. Die international angesehensten deutschen Skiregionen liegen in Oberbayern mit dem wohl berühmtesten Wintersportort Garmisch-Partenkirchen.
Auf den folgenden Seiten werden die deutschen Skiregionen kurz charakterisiert; ausführlich dargestellt sind die schönsten Skigebiete des Allgäus und von Oberbayern im Skigebieteteil Deutschland.

Informationen für Winterurlauber

Notrufnummern
ADAC Notrufzentrale
(0.00–24.00 Uhr) 0180 2/22 22 22

ADAC Ambulanzdienst
(0.00–24.00 Uhr) München 089/76 76 76

Wichtig für Eltern sind die Angaben zur Kinderbetreuung bei den einzelnen Skigebieten. Angegeben sind jeweils die Hochsaisonpreise (meist die vom Winter 1992/93), die einen Anhaltspunkt geben sollen für die eigene Urlaubs-Budgetplanung.
Der Pistenspaß hört dort auf, wo die Umwelt anfängt, Schaden zu nehmen: Tiefschneefans und Variantenfahrer sollten die Schutzzonen für Flora und Fauna respektieren. Mehr dazu auf den Seiten 524 und 525.

Sommerreifen sind im Winter megaout. Plötzliche Schneefälle können auch auf gut geräumten Straßen das Autofahren erschweren. Ob Tagesausflug oder Urlaubsreise in die Berge: Winterausrüstung und Schneeketten im Kofferraum sind immer angesagt. Über den aktuellen Straßenzustand informiert der ADAC.
Diebstahl vorbeugen Kaum einer tut es, aber sinnvoll ist es: Von seinen Ski Fabrikat, Modell und Seriennummer notieren (als Eigentumsbeweis) und die Ski immer getrennt an voneinander entfernten Plätzen abstellen.
Immer dabei Erst bei Vorlage von Ausweisen, aus denen Alter und Familienzusammengehörigkeit hervorgehen, gibt es in vielen Skigebieten Skipaß-Ermäßigungen und Preisnachlässe für Familien.
Olympia Die 17. Olympischen Winterspiele finden vom 12. bis zum 27. Februar 1994 in Lillehammer/Norwegen statt.

Weitere wichtige Telefonnummern und Adressen siehe Seite 608.

Skiland Deutschland

Die Regionen

Der Taunus

Die höchste Erhebung im Taunus ist mit 880 Metern der Große Feldberg. Mit seinem Namensvetter im Schwarzwald kann er es somit nicht ganz aufnehmen. Aber auch ohne die großen Höhenmeter kann man im Taunus, vor allem im Hochtaunus, im Winter aktiv werden – falls Petrus mitspielt. Das gilt natürlich auch für den nordischen Sport, der naturgemäß eine größere Rolle spielt. Ein Loipennetz von fast 70 Kilometern Länge bildet den Hauptanziehungspunkt für die Urlauber und Naherholer aus dem Rhein-Main-Gebiet.

Das Sauerland

Auch wenn der Slogan vom »Land der 1000 Berge« wohl etwas übertrieben ist: Das Sauerland bietet eine gute Palette an Wintersportmöglichkeiten. Wer das Langlaufen bevorzugt, findet hier das richtige Revier. Aber auch Skifahrer, die nicht in hochalpinen Dimensionen denken, finden zwischen Brilon und Meinerzhagen Liftanlagen, die bis in Höhen von über 800 Metern schöne Hänge erschließen.

Die Eifel

Schnee kann in der Eifel, bei Höhenlagen zwischen 500 und 700 Metern, natürlich nicht immer garantiert werden. Dennoch hat die reizvolle und herbe Mittelgebirgslandschaft einiges zu bieten: Über 200 Kilometer Loipen werden gespurt, die Cross-Country-Möglichkeiten (Skiwandern) sind ohne Zahl, und etliche Lifte helfen dem Alpinen in die Höhe. Die Zentren des weißen Sports sind Monschau, Hellenthal, Prüm, Nürburg und Daun.

Die Schwäbische Alb

Im Schichtstufenland nördlich der Donau, zwischen Tuttlingen und Heidenheim, werden die zahlreichen Wintersporteinrichtungen – Liftanlagen (teilweise mit Flutlicht) und Loipen – vor allem von den Naherholungsuchenden aus Stuttgart und der dazugehörigen Wirtschaftsregion genutzt. Das besterschlossenste Gebiet der Wintersportregion Schwäbische Alb ist die Mittlere Alb, etwa zwischen dem Zollerngraben und der Autobahn Ulm – Stuttgart.

Der Schwarzwald

Der Schwarzwald, oft als des Deutschen Operetten- und Märchenland bezeichnet, wird als Wintersport-Region hohen Ansprüchen gerecht. Skilangläufer finden hier ein mustergültiges Loipennetz; Feldberg (1493 m), Belchen (1414 m) oder Herzogenhorn (1415 m) können auch eingefleischten Alpin-Fahrern für ein paar Tage Muskelkater verschaffen.
Bemerkenswert das besondere Flair dieser Region mit ihrer erstklassigen Hotellerie und Gastronomie.

Das Allgäu

Am östlichen Ende des Bodensees, ein paar Kilometer nur entfernt von Lindau, findet die Bundesrepublik Anschluß an den großen Alpenbogen. Über Scheidegg, Lindenberg, Oberstaufen geht's hinein in die Allgäuer Berge. In dieser Alpin-Landschaft ziehen die Liftketten schon bis über die 2000-m-Marke hinauf. Oberstaufen ist Weltcuport. Oberstdorf hat als Skiort Weltgeltung. Das Nebelhorn und Fellhorn-Skigebiet sowie das Kleine Walsertal (das politisch zwar zu Österreich gehört, wirtschaftlich aber an die Bundesrepublik Deutschland angeschlossen ist) stehen auch international nicht schlecht da. Die Deutsche Alpenstraße macht die Anreise per Pkw in nahezu jedes Revier bequem möglich. (Ab Seite 18)

Thüringer Wald

Oberhof, im Herzen des Thüringer Waldes, ist mit seinen Skischanzen und einer Rennschlittenbahn der bekannteste Wintersportplatz des Thüringer Waldes. Pistenfans werden jedoch nur bedingt zufriedengestellt. Weite Langlaufreviere liegen zwischen dem Großen Inselsberg (916 m) und Neuhaus/Rennweg.

Der Harz

Der Harz gehört zu den ältesten deutschen Skigebieten. Der sagenumwobene Brocken (1142 m) ist die höchste Erhebung des Mittelgebirges. An die etablierten Westharzer Wintersportreviere zwischen Bad Harzburg, Braunlage, Wildemann und Hahnenklee sucht man im Ostharz aufzuschließen. Da tut sich Schierke hervor, der älteste Harzer Wintersportplatz. Aber auch Orte wie Wernigerode, Benneckenstein, Ilfeld oder Neustadt haben geruhsame Pisten- und Loipenkurse.

Das Erzgebirge

Zentrum der weißen Saison im Erzgebirge ist Oberwiesenthal (914 m), höchstgelegene Stadt Deutschlands. Sie liegt am Fichtelberg (1214 m), »dem« Skiberg der Region mit einer traditionellen touristischen Infrastruktur. Für Langläufer reizvoll sind Orte wie Johanngeorgenstadt oder Zinnwald-Georgenfeld.

Die Rhön

Die östlich der Autobahn Fulda–Würzburg gelegene Rhön mit dem Gebiet um die Wasserkuppe (950 m) und einigen weiteren Skibergen ist für Alpinfahrer ebenso interessant wie für Langläufer. Leider kann der neu hinzugekommene thüringische Teil dieses urwüchsigen Mittelgebirges um den Gebaberg (751 m) da zur Zeit noch nicht mithalten.

Ostbayern

Lange galten der Bayerische Wald, der Oberpfälzer Wald, der Steinwald, das Fichtelgebirge und der Frankenwald als »billiger Jakob« der deutschen Urlaubsreviere. Mittlerweile haben diese Regionen gewaltigen Aufschwung genommen, ohne indes ihre Ursprünglichkeit zu verlieren. Nordische wie alpine Skifans finden hier gute Regionen vor, am Arber treffen sich die Ski-Asse zu Weltcup-Rennen. Die Region nördlich von Passau hat sich als »vierte Macht« im Kranz der deutschen Skireviere etabliert.

Oberbayern

Olympische Spiele und Ski-Weltmeisterschaften zeigen, daß hier eine Wintersport-Region liegt, die auch international einige Geltung besitzt. Malerische Ortsbilder, barock-bayerische Lebensart und die Metropole München im Hintergrund bilden eine Urlaubswelt, die im Ausland oft für Deutschland schlechthin steht. Münchner Skibegeisterung heißt allerdings an Wochenenden, daß auf Autobahnen, Zufahrtsstraßen und Pisten manchmal (fast) nichts mehr geht. (Ab Seite 32)

Alphabetisches Register der Skiorte ab Seite 601

0 15 30 45 60 75km

Das Allgäu

Skifahren in Bayern, da denkt man zunächst einmal an Orte wie Garmisch, Mittenwald oder Berchtesgaden. Daß zum Freistaat aber auch der überwiegende Teil der sommers wie winters faszinierenden Landschaft zwischen Bodensee und Lech gehört, wird oft vergessen.

Die Allgäuer wiederum sind gar nicht versessen darauf, touristisch mit den Oberbayern in einen Topf geworfen zu werden. Und das zu Recht. Denn was das Wintersportangebot betrifft, so hält das Allgäu dem Vergleich stand.
Die winterliche Freizeitpalette reicht vom gemütlichen Familienskigebiet bis zum anspruchsvollen Skizirkus für Könner. Kein Wunder: Skiwiesen, so ein Gerücht, soll es hier mehr geben als Kuhweiden. Und für internationales Renommee sorgen alljährlich Oberstaufen und Pfronten mit Weltcuprennen der Alpinen sowie Oberstdorf mit seiner Skiflugschanze und der Schattenberg-Schanze, alljährlich erster Austragungsort der berühmten Vierschanzentournee.
Grundlage für den Allgäuer Wintersport bilden zwei Landschaftsformen. Da ist zum einen das waldreiche Voralpenland, das sich mit der Adelegg und den nordöstlichen Ausläufern des Bregenzerwaldes im Westen bis zum Säuling (bei Füssen) im Osten erstreckt. Vornehmlich ist es eine Moränenlandschaft, die die Gletscher zwischen Iller, Wertach und Lech geformt haben. Zum anderen sind es die Allgäuer Alpen mit Graten, bizarr aufragenden Felszakken und steilen Grashängen. Die höchsten Berge sind die Mädelegabel (2649 m), der Hochvogel (2593 m) und das Nebelhorn (2224 m). Doch das sind keine Skiberge, sieht man einmal vom Nebelhorn bei Oberstdorf ab. Das Skivergnügen spielt sich im Allgäu vornehmlich in Höhen von 800 bis 1800 m ab.
Die Nord-Süd-Achse des Allgäus stellt die B 19 zwischen Kempten und Oberstdorf dar, die Ost-West-Achse die Deutsche Alpenstraße zwischen Scheidegg und Füssen. Die Anreise ist relativ unproblematisch; von München über Kempten ins Westallgäu – nach Oberstaufen – sind es zum Beispiel rund 170 Kilometer. Von München über Weilheim nach Füssen, ins Ostallgäu, fährt man rund 110 Kilometer. Die Anreise ist lediglich etwas zeitraubend, da fast ausschließlich Landstraßen zum Ziel führen. Die Autobahnverbindung München–Bodensee ist zwar geplant, dürfte aber noch einige Jahre auf sich warten lassen.
Großräumig läßt sich das Allgäu in drei Wintersport-Regionen aufteilen, nämlich das Westallgäu, das Oberallgäu mit der Hörnergruppe und das Ostallgäu.
Beginnt man im Westen, so führt die Deutsche Alpenstraße wie ein roter Faden zu winterlichen Aktivitäten, von Scheidegg über Weiler-Simmerberg nach Oberstaufen, ins Zentrum des **Westallgäu**. Zusammen mit seinen Nachbarorten Steibis und Thalkirchdorf bildet Oberstaufen ein passables und abwechslungsreiches Pistenrevier, vornehmlich für Anfänger und Fortgeschrittene. Hauptanziehungspunkte sind die Pisten am Hochgrat (1833 m), die auch den guten Abfahrer fordern, und die am Hündle (1112 m), auf denen Oberstaufen schon seit Jahrzehnten Welt- und Europacup-Rennen für die Alpinen ausrichtet. Ein spezielles Angebot ist die Kombination »Skikurs und Schrothkur« (bei dieser Kur, benannt nach dem Naturheilkundigen Johann Schroth, wird wasserarme Diätkost verabreicht).
Nur 16 bzw. 22 Kilometer weiter östlich liegen, schon im **Oberallgäu**, Immenstadt und Sonthofen. Beide Orte sind gute Ausgangspunkte für die umliegenden Skireviere. Westlich von Immenstadt sind das die Hänge oberhalb des Alpsees mit Alpsee-Skizirkus und Mittag-Ski-Center, östlich ist es der Grünten (1738 m) mit Rettenberg und Kranzegg an seinem Fuß. Beide Skireviere stellen auch anspruchsvolle Brettlfans zufrieden.
Verläßt man bei Sonthofen die »Deutsche Alpenstraße« und hält sich nach Süden, so erreicht man über Fischen das Skigebiet Hörnergruppe, zu der sich die fünf noch sehr ursprünglich wirkenden Gemeinden Balderschwang, Bolsterlang, Fischen, Obermaiselstein und Ofterschwang vereint haben.
Oberstdorf ist zweifelsohne der größte und auch bekannteste Wintersportort im Allgäu. Bedingt durch eine ganze Reihe regelmäßig ausgetragener internationaler Veranstaltungen hat sich eine Infrastruktur entwickelt, die kaum Wünsche offenläßt. Bekannt sind hier nicht nur die Pisten am Nebelhorn und Fellhorn, sondern auch das reichhaltige Après-Angebot. Bei einem Abstecher ins Kleinwalsertal kann man sein Glück in der Spielbank versuchen.
Zurück zur »Deutschen Alpenstraße«. Von Sonthofen führt sie weiter östlich nach Hindelang (8 km) und weiter über die Jochstraße nach Ober- und Unterjoch. Insbesondere Trickskifahrern ist Hindelangs »erste Etage« ein Begriff: Auf den Buckelpisten des Ortsteils Oberjoch trifft sich alljährlich die Prominenz derer, die sich nicht damit zufrieden geben, einfach nur auf Brettern zu Tal zu fahren. Mit dem Prädikat »Heilklimatischer Kurort und Kneippkurort« wirbt Hindelang auch um »Kombinierer«. Vorbei an Jungholz (Zollanschlußgebiet), Wertach und Mittelberg-Oy schlägt die Alpenstraße einen großen Bogen ins Ostallgäu hinein.
Die Skiregion **Ostallgäu** ist ein in sich geschlossenes Revier mit unterschiedlicher Wintersportstruktur. Nesselwang und speziell Pfronten kennt man, zumindest von den alljährlichen Damenweltcuprennen am Breitenberg her. Pfronten bietet etwas mehr als »nur« ruhige Winterfrische. Die findet man dann aber ganz sicher, fährt man weiter über Füssen nach Schwangau, Buching und Trauchgau. Sei es am Tegelberg, Buchenberg oder auf den zahlreichen Loipenkilometern des Ostallgäus – hier fühlen sich vor allem geruhsame Familienurlauber wohl.
Für das gesamte Allgäuer Wintersportgebiet gilt: Was man auch immer bevorzugt, ruhiges Winteridyll oder prickelnde Weltcup-Atmosphäre mit entsprechendem Après-Angebot, beides ist zu haben.

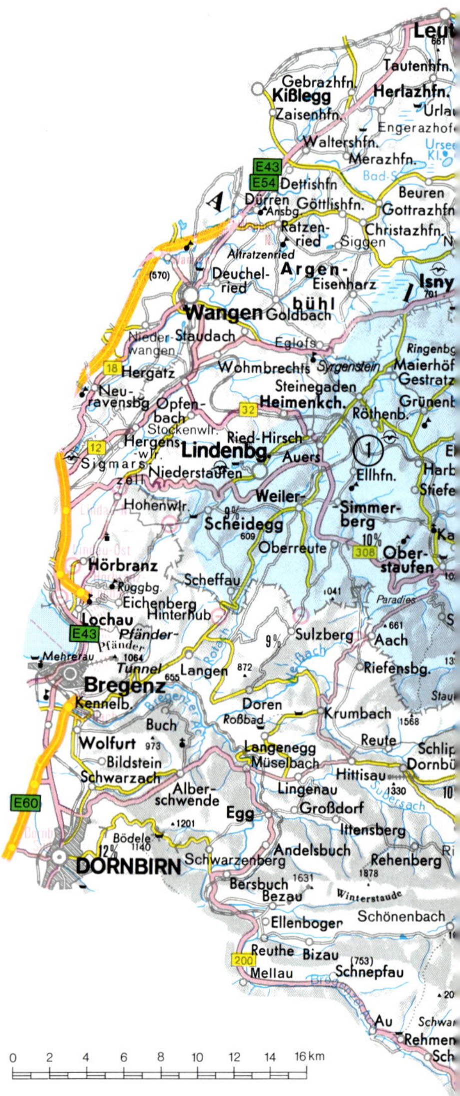

Alphabetisches Register der Skiorte ab Seite 601

Unbestritten das Zentrum des Allgäuer Wintersports: Oberstdorf vor der Kulisse des Allgäuer Hauptkamms im Talgrund der jungen Iller.

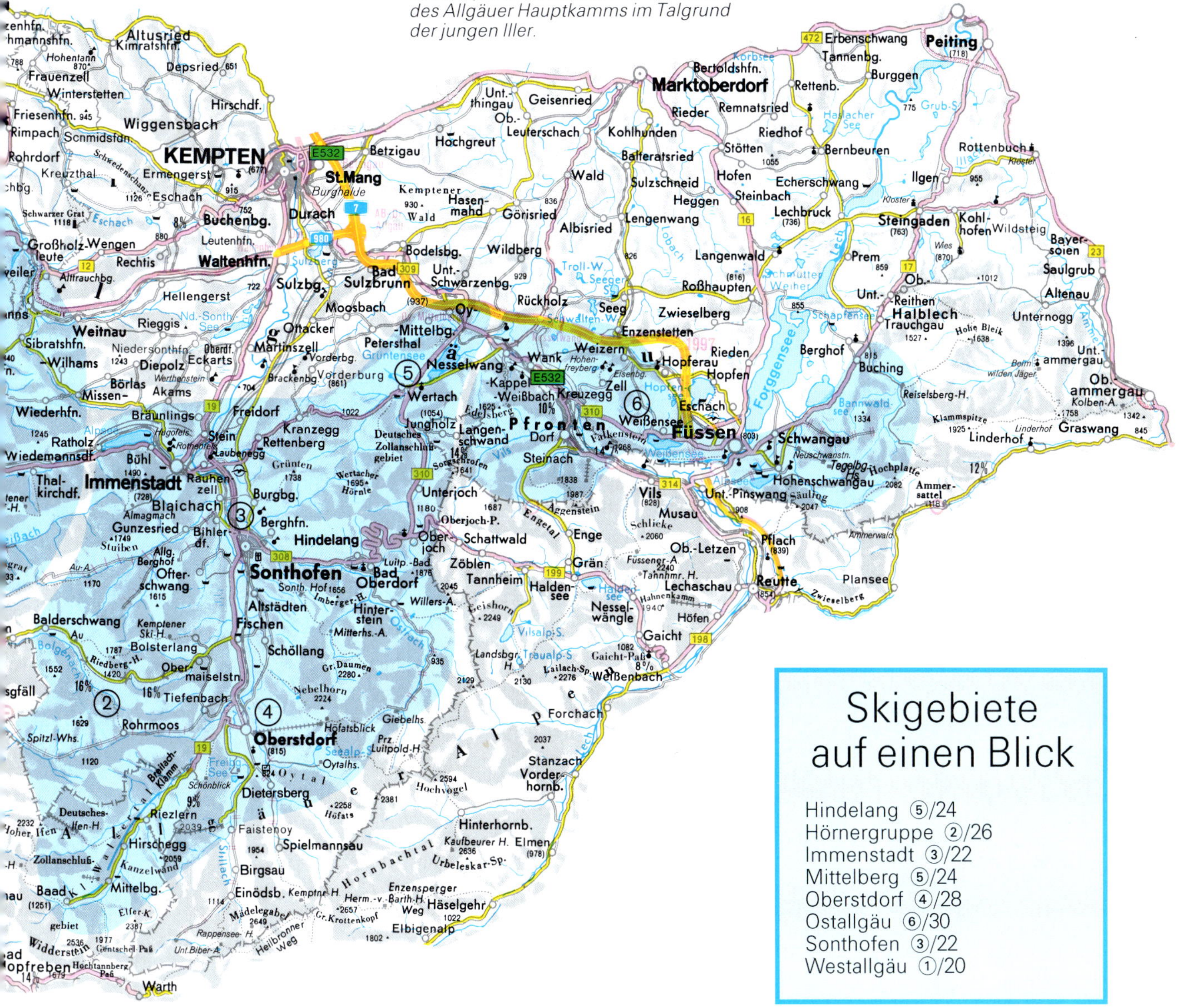

Skigebiete auf einen Blick

Hindelang ⑤/24
Hörnergruppe ②/26
Immenstadt ③/22
Mittelberg ⑤/24
Oberstdorf ④/28
Ostallgäu ⑥/30
Sonthofen ③/22
Westallgäu ①/20

Skiorte im Westallgäu

Zentrum des Westallgäuer Wintersports ist zweifelsohne Oberstaufen – für »Alpine« genauso wie für Langläufer. Aber auch Thalkirchdorf, Steibis und Aach sowie Oberreute, Weiler-Simmerberg, Scheidegg und Isny haben einiges zu bieten.

Trockenes Brot zu Geld machen – dieses Kunststück beherrscht man in **Oberstaufen** perfekt! Drei Wochen lang dünstet man bei einer Schroth-Kur im heilklimatischen Schroth-Kurort Oberstaufen schon in aller Herrgottsfrühe zwei bis drei Stunden täglich in feuchtkalten Laken wie eine Mumie eingewickelt im großen Packbett vor sich hin. Zuvor gibt's zum trockenen »Kurgebäck« ein Glas Kräutertee oder heißen Weißwein. Frühstück entfällt. Beim mittäglichen Gemüse-Potpourri erhält man nicht einmal das »Kurgebäck«, auf das man erst abends wieder in Form von trockenem Leinsamen-, Graham-, Knäcke- oder auch Vollkornbrot zurückgreifen kann.
Ab 15 Uhr werden zur Ermunterung an den »großen« und »kleinen« Trinktagen trockener Weißwein, Mineralwasser oder Fruchtsäfte gereicht. (Damen bekommen vom Wein nur die Hälfte!) Und an den »Trockentagen« gibt's nur Trockenobst (Montag, Mittwoch, Freitag). Kurerfolg: »Wie neugeboren!«
Das allein wäre jedoch kein Grund, seinen Winterurlaub in Oberstaufen zu verbringen. Oberstaufen, eigentlich schon dem Oberallgäu zuzurechnen, verfügt nämlich im Winter zusammen mit den Nachbarorten **Thalkirchdorf** und **Steibis** über ein sehr respektables Skigelände und über Loipen mit insgesamt 120 Kilometer Länge!
Die Pisten am Hündle (1112 m) sind recht abwechslungsreich, steil in der »Direttissima« entlang der Hündle-Bahn, sehr variantenreich ins Gelände geschmiegt am Gratlift und Hochsiedel. Noch rasanter geht es auch auf den Herren- und Damen-FIS-Rennstrecken (3350 bzw. 2470 m) am Hochgrat (1833 m) zu. Auch die unterhalb der Nagelfluhkette (Hochgrat, Rindalphorn, Stuiben) liegenden Bergrücken wie Imberg und Fluh (1325 m und 1391 m) sind gut erschlossen.
Beide Liftregionen, ebenso wie der Hochgrat, gehören eigentlich zu Steibis – aber man verträgt sich gut nachbarlich, hat auch einen gemeinsamen Skipaß in diversen Varianten, der den Gästen allerhand Vorteile verschafft. »Skiarena Steibis« nennt sich die Liftkette zwischen Imberg und Fluh, die Langläufern auch im Frühjahr, wenn es im Tal magerer wird mit dem Schnee, noch eine interessante Möglichkeit bietet, nämlich von der Bergstation der Imberg-Bahn aus rund 14 km hinüberzulaufen nach Vorarlberg auf der sogenannten Hädrich-Loipe unter dem Hoch-Hädrich (1568 m).
Eine der schönsten Frühjahrs-Skitouren weit und breit bietet sich vom Gipfel des Hochgrat an, nämlich eine Überschreitung der Nagelfluhketten-Gipfel bis zum Stuiben und dann hinunter zum Alpsee bei Immenstadt.
Erreicht der Winterurlauber dann die Höhe von **Scheidegg**, so wogen ihm schon die für das Westallgäu so typischen »Buckelwiesen« mit ihren tannengekrönten Kuppen entgegen. Im Südwesten glitzert der Bodensee, leuchten die Schweizer Gletscher, im Süden und Osten schimmert die Gipfelkette der Vorarlberger und Allgäuer Alpen.
Ausschnitte dieses Panoramas begleiten den Gast im winterlichen Westallgäu auf allen Pisten, Loipen und Spazierwegen; die schönste Übersicht hat man vom »Fünfländerblick« (auf dem Blasenberg) aus. Er ist auch ein beliebter Treffpunkt der Gäste des heilklimatischen Kneippkurorts Scheidegg. Das wintersportliche Angebot des Grenzortes zu Österreich besteht in einem 300 m langen Schlepplift und dem Einstieg in ein weitverzweigtes Skiwandernetz mit Anschluß an die 12-km-ADAC-Loipe nach Scheffau und – in entgegengesetzter Richtung – bis nach Lindenberg. Für Anhänger der nordischen Disziplin werden in

Abseits der gut präparierten, weithin baumfreien Pisten ist reichlich Platz für Tiefschneevarianten.

Scheidegg Langlauf- und Skiwanderwochen veranstaltet, die mit Tennis kombiniert werden können. Bei Schneemangel fährt ein Skibus in schneesichere Gebiete.
In **Weiler-Simmerberg** (Rheuma-Kuren, Therapie nach Kneipp und Schroth) wird ein ähnliches Langlauf- und Tennis-Arrangement mit Massagen zur Entspannung der Muskulatur ergänzt. Die Loipen führen hier über Ellhofen mit Anschlüssen bis zum Alpsee und zum Pfänder.
Auch die Westallgäuer Gemeinde **Oberreute** wartet mit Skiwanderwegen sowie mit einem Rundkurs auf. Die Loipen führen durch Wiesen, Wälder und Moore in 1000 m Höhe mit Aussicht auf die Gipfel der Nagelfluhkette und des Bregenzerwaldes.
Im benachbarten Württembergischen Allgäu, in **Isny**, wurden einige leichtere Loipen gleichsam zum Ausgleich für die hier beginnende 42 km lange Allgäuer Voralpenloipe, die bis Kempten führt, eingerichtet.
Sehenswert ist der unter Naturschutz stehende, 5 km entfernte Eistobel.
Mit den Zacken und Graten der Nagelfluhkette stößt das Gebirge noch einmal ins Westallgäuer Voralpenland.
Hochgrat, Rindalphorn und Stuiben sind die beherrschenden Gipfel über dem Weißachtal.

Ober- und Westallgäu, 631–907 m
Oberstaufen, Steibis, Thalkirchdorf, Oberreute, Weiler-Simmerberg, Scheidegg

Skigebiet 631–1833 m
Oberstaufen 6500 Einwohner, 7000 Gästebetten Scheidegg 3700 E., 2700 G. Isny 13000 E., 2085 G. Weiler 5700 E., 800 G. Oberreute 1450 E., 1300 G. Buchenberg 3850 E., 562 G.
Saison Dezember bis März

Anreise Ulm bzw. München, Kempten, Immenstadt, Oberstaufen bzw. Lindau, Weiler, Oberstaufen (Bahnstation)
Entfernungen von KA: 285 km, S: 217 km, UL: 127 km, M: 170 km

Information
Kurverwaltungen:
D-87528 Oberstaufen, Tel. 08386/2024
Telefax 08386/1088
Schneetelefon 08386/70441, 8222
D-88173 Scheidegg, Postfach,
Tel. 08381/89555, Telefax 08381/89550
D-88309 Isny im Allgäu, Postfach,
Tel. 07562/70110, Telefax 07562/701-72
Kur- u. Verkehrsamt Weiler-Simmerberg,
D-88171 Weiler im Allgäu, Tel. 08387/391-50
Telefax 08387/391-70
Verkehrsämter:
D-88179 Oberreute, Tel. 08387/1233
Telefax 08387/2039
D-87474 Buchenberg/Allgäu,
Tel. 08378/231
Telefax 08378/7721
Schneetelefon 08378/1036
Landesvorwahlnummer siehe Seite 608.

Kinder in Isny, Weiler, Oberreute und Buchenberg kein Gästekindergarten, in Oberstaufen ab 3 Jahre (ca. DM 50/Ganztag ohne Mittagessen), in Scheidegg ab 4–5 Jahre nur nachmittags ca. DM 5; Skischule ab 3 (Oberstaufen), 4 (Isny, Oberreute) und 5 (Scheidegg, Weiler) Jahre (pro Woche ohne Mittagessen ca. DM 80 (Scheidegg), 130 (Isny) und 140 (Oberstaufen, Weiler, Oberreute); Buchenberg keine Kinderskischule

Ski alpin Testnote ❄❄❄
Oberstaufen

Skigebiet gesamt
Über 80 km präparierte Abfahrten:
10 km schwer, 30 km mittel, 40 km leicht
Liftkapazität: 35000 Pers./Std.
55 2 1 1

Skiarena Steibis
48 km präparierte Abfahrten:
10 km schwer, 20 km mittel, 18 km leicht
Längste Abfahrt: Hochgrat, 5 km Länge, 850 m Höhenunterschied, mittel
Liftkapazität: 10000 Pers./Std.
16 1 1

Skigebiet Oberstaufen/Thalkirchdorf
25 km präparierte Abfahrten:
5 km schwer, 10 km mittel, 10 km leicht
Liftkapazität: 8000 Pers./Std.
11 1

Skigebiet Scheidegg
1,2 km präparierte leichte Abfahrten
Liftkapazität: 700 Pers./Std.
2

Skipaß-Preise siehe Beilage
Tiefschneereviere: Seelekessel, Hochgrat, Skiarena, Hündle
Skischulen in allen Orten

Langlauf Testnote ❄❄❄❄

Über 380 Loipenkilometer im gesamten Gebiet; Superloipe Alpsee – Waldsee und retour (650–850 m), 100 km lang, mittel
Oberstaufen 120 km (25 km schwierig, 25 km mittel, 70 km leicht), Höhenloipe: Hädrich (1250 bis 1380 m), 15 km lang, leicht bis schwierig, Loipengebühr für Höhenloipe ca. DM 5 Scheidegg 40 km (30 km mittel, 10 km leicht); Höhenloipe: Scheidegg – Oberstein (800–880 m), 6 km lang, mittel Weiler 35 km (10 km schwierig, 16 km mittel, 9 km leicht); Höhenloipe: Simmerberg (900 m), 10 km lang, mittel Oberreute 16 km (14 km mittel, 2 km leicht); Höhen- und längste Loipe: Hochsträß (900 bis 1040 m), 6 km lang, mittel Isny 85 Loipenkilometer (25 km schwierig, 7 km mittel, 53 km leicht); längste und höchste Loipe: Voralpenloipe (720–1020 m), 25 km lang, schwierig; die Tennisplatz-Loipe (780 m, 2,5 km lang) ist montags und mittwochs bis 21 Uhr beleuchtet Buchenberg 45 Loipenkilometer (davon 15 km schwierig); längste und höchste Loipe: Eschach (1033–1103 m), 15 km lang, schwierig.
In allen Orten Langlaufunterricht

Weitere Sportmöglichkeiten

Après-Ski
DISCO KINO

Sportliche Veranstaltungen
Scheidegg Intern. Weihnachtsskispringen auf der Felsenschanze (26. Dez. 93), Westallgäuer Skimarathon (42 km) und Dr.-Bittler-Gedächtnis-Volksskilauf (10 km, 6. Jan. 94)
Buchenberg Intern. Schlittenhunderennen (2 Tage im Febr. 94)

Langlauf-Trekkingwochen hat Scheidegg im Programm. Für die im Februar 1994 stattfindenden Touren ist eine solide Kondition angesagt. Eine Woche kostet pauschal (inkl. Übernachtung) ca. DM 450. Detailinformationen in der Kurverwaltung Scheidegg.

Hotelempfehlungen Seite 538–540

Immenstadt und Sonthofen

Immenstadt mit Alpsee-Skizirkus, Gschwender Horn und Mittag-Ski-Center, Sonthofen mit Rettenberg und Kranzegg – das sind die Wintersport-Schmankerl, die auch anspruchsvolle Skifahrer zufriedenstellen.

Alle Skigebiete rund um Immenstadt und Sonthofen sind mit dem Auto bequem erreichbar: Steuert man zum Beispiel vom Bodensee her auf der Deutschen Alpenstraße (B 308) das »Städtle« **Immenstadt** an, so lockt gleich nach Thalkirchdorf, beim Ratholz, die Talstation zum »Alpsee-Skizirkus«. Insgesamt sind es fünf Lifte, die das 1487 m hohe Himmeleck mit familienfreundlichen Abfahrten erschließen.
Und hat man über Bühl am Alpsee Immenstadt erst mal erreicht, so geht's auch schon vom südlichen Stadtrand aus direkt in zwei Sektionen mit der 2,3 km langen Sesselschwebebahn in 20 Minuten hinauf zum »Mittag-Ski-Center« (1450 m).
Von den Bergstationen bietet sich ein umfassender Blick auf die Gipfel der Oberstdorfer und Tiroler Berge, doch es läßt sich kaum erahnen, daß hinter dem langgezogenen Rücken der Thaler Höhe über dem nördlichen Alpsee-Ufer eines der schönsten Skiwandergebiete des ganzen Allgäus verborgen liegt: das »Mittlere Bergstättengebiet«. Das hier mit Bedacht ausgewählte und ständig gut gepflegte »Loipenparadies Knottenried-Diepolz« steht mit seinen Rundkursen auch im Mittelpunkt der alljährlichen Immenstädter Langlaufwochen.
Das Gebiet um den »Mittag« ist je

Schon von weitem an der Antenne zu erkennen: der Grünten, ein vorzüglicher Ski- und Aussichtsberg über dem Illertal.

nach Schneelage im Frühjahr auch Start und Ziel des Immenstädter Ski-Cross-Mannschaftslaufs mit anschließender Siegerehrung in der Hofgarten-Stadthalle. Wer bei dieser mörderischen Hetzjagd lieber zuschaut und dafür mit der ganzen Familie eine »Hetz« gemütlicherer Art erleben möchte, dem sei die Bergstätter Anschluß-Loipe über Missen-Farm nach **Missen-Wilhams** empfohlen: Hier sind drei parallele, verschieden breite Spuren zu einem 5,5-km-Rundkurs in den Schnee gezogen. Als »ER-SIE-ES«-Loipe ist dieser Kurs weithin bekannt geworden.

Das zweite Wintersportzentrum im Oberallgäu, die Region rings um **Sonthofen** mit Rettenberg und Kranzegg, ist nur wenige Autominuten von Immenstadt entfernt. Sonthofen selbst mit seinem dörflichen Nachbarort Altstädten gibt sich wintersportlich bescheiden.
Doch auch engagierte Skiläufer gehen nicht leer aus, bietet sich doch Sonthofen als Wintersport-Drehscheibe fürs ganze Allgäu an: Kein Allgäuer Skiberg von Rang und Namen, der nicht im Umkreis von 30 km von Sonthofen aus mit dem Wagen erreichbar wäre, wie zum Beispiel quasi »ums Eck«, nach Rettenberg und Kranzegg, rund acht Kilometer von Sonthofen entfernt, wo der Grünten (1738 m) lockt.
Eine Zufahrt zum Grünten gibt es von **Rettenberg-Kranzegg**. Kenner und Könner schätzen hier die schneesicheren Grünten-Nordhänge ebenso wie die nach Maß ausgetüftelten Pisten-Varianten.
Die mittelschwer eingestuften Hänge überwiegen, dennoch kommt jeder mit einer leichteren oder auch anspruchsvolleren Variante auf seine Kosten – alles in allem ein famoser Skizirkus.

Immenstadt, 729 m
Sonthofen, 742 m
Rettenberg, 806 m

Skigebiet: 715–1749 m
Immenstadt 13000 Einwohner, 2953 Gästebetten Sonthofen 20860 E., 3424 G.
Rettenberg 3400 E., 1700 G.
Saison: Dezember bis März

Anreise A 7 (Ulm – Kempten) bzw. B 12 (München – Kempten), dann B 19.
Entfernungen von KA: 269/277 km, S: 201/209 km, UL: 111/119 km, M: 154/162 km

Information
Verkehrsämter
D-87504 Immenstadt, Tel. 08323/80481
Telefax 08323/7846
D-87527 Sonthofen, Tel. 08321/76-291/-292
Telefax 08321/76327
D-87549 Rettenberg, Tel. 08327/1209
Telefax 08327/7159
Landesvorwahlnummer siehe Seite 608.

Kinder keine Gästekindergärten; Skischule ab 3–4 Jahre (Sonthofen ca. DM 110, Immenstadt ca. DM 130, Rettenberg ca. DM 125 jeweils pro Woche ohne Mittagessen)

Ski alpin Testnote

Immenstadt	❄❄
Sonthofen	❄
Rettenberg	❄❄

Skigebiet Immenstadt
30 km präparierte Abfahrten:
9 km schwer, 14 km mittel, 7 km leicht
Liftkapazität: 13000 Pers./Std.
13 2

Skigebiet Sonthofen
2 km präparierte leichte Abfahrt
Liftkapazität: 2000 Pers./Std.
3

Skigebiet Rettenberg (Grünten)
40 km präparierte Abfahrten:
5 km schwer, 25 km mittel, 10 km leicht
Längste Abfahrt: Grünten-Talabfahrt, 4,2 km Länge, 820 m Höhenunterschied, mittel
Liftkapazität: 12190 Pers./Std.
13 1

Skipaß-Preise siehe Beilage

Tiefschneereviere: Gebiet Gschwender Horn, Sederer, Stuiben
7 Skischulen

Langlauf Testnote

Immenstadt	❄❄❄
Sonthofen	❄
Rettenberg	❄❄

Immenstadt 70 km (10 km schwierig, 55 km mittel, 5 km leicht); längste Loipe: Knottenried – Diepolz (850 bis 1000 m), 40 km lang, mittel; Höhenloipe: Panoramaloipe (950–1040 m), 7,5 km lang, mittel; die Loipe am Alpsee (750 m, 1,4 km, leicht) ist täglich von 17 bis 20.30 Uhr beleuchtet
Sonthofen 35 km (Rundkurs, 750–920 m; 8 km schwierig, 10 km mittel, 17 km leicht; der Abschnitt Hochweiler auf 920 m ist schwierig), die Burgwald-Loipe in Altstädten (750 m, 2,5 km lang, leicht) ist täglich bis 22 Uhr beleuchtet Rettenberg 40 km (10 km mittel, 30 km leicht), längste Loipe: Untermaiselstein – Rottach (720 bis 740 m), 14 km lang, leicht; die Höhenloipe Adelharzloipe (1050–1100 m, 2 km lang, mittel) wird nur gespurt, wenn im Tal zu wenig Schnee liegt; in allen drei Orten Langlaufunterricht

Weitere Sportmöglichkeiten

Après-Ski
KINO

Sportliche Veranstaltungen
Immenstadt 16. Intern. Ski-Cross (Mannschafts-Tourenskilauf über 30 km über 6 Gipfel der Nagelfluhbergkette, jeweils im März)

Schnupper die Loipe heißt ein Sonderangebot für Langläufer in Sonthofen. Informationen hält das Verkehrsamt bereit.

Hotelempfehlungen Seite 538–540

Zwischen Hindelang und Mittelberg

Hindelang mit seiner »ersten Etage« Oberjoch und dem benachbarten Unterjoch bietet neben dem Kurbetrieb Brettlfreunden reichlich Auslauf. Ähnliches gilt für die Tiroler Exklave Jungholz. In Wertach und Oy-Mittelberg dominiert der Kurbetrieb.

Zum »Freestyle-World-Cup« lädt alljährlich der heilklimatische Kneippkurort **Hindelang** die internationale Trickskiläufer-Elite auf die Iseler- und Wiedhag-Pisten ins 7 km entfernte **Oberjoch** ein.
Das ist keine schlechte Werbung für Hindelangs »erste Etage« Oberjoch (1150 m). Ringsum, einschließlich **Unterjoch** (1014 m), führen die Lifte bis auf 1610 m Höhe und erschließen schneesichere Abfahrten.
Als eine der schönsten Abfahrten gilt die Nordwestabfahrt am Wiedhag-Lift, die auf einer Länge von 2 Kilometern rund 320 Höhenmeter überwindet. Darüber hinaus finden sich an Wiedhag und Iseler immer einige Tiefschneevarianten.
Doch zunächst gilt es – wenn man nicht gerade von Wertach her aufs Joch fährt – vom Ostrachtal herauf die schier endlosen Serpentinen dieser kurvenreichsten Paßstrecke der Deutschen Alpenstraße zu bewältigen. Das dürfte einer der Gründe dafür sein, daß sich Hindelangs Gäste auch »parterre« ganz wohl fühlen. Schließlich gibt es ja auch im Tal (850 m) – abgesehen von den vielen angenehmen Einrichtungen eines renommierten Kurorts – die Sesselbahn auf die Hornalpe (1314 m) sowie Schlepplifte für die Abfahrten.
Auf der 15-km-Ostrach-Loipe, entlang dem gleichnamigen Wildfluß von Hindelang aus, kommen vor allem »mittelschwer« erprobte Skiwanderer auf ihre Kosten. Das Ostrachrevier ist überhaupt bevorzugtes Ziel der wöchentlichen Ski- und Wanderprogramme, die von den Verkehrsämtern angeboten werden. Ein besonderer Leckerbissen für geübte Tourengeher ist die sieben Kilometer lange Route vom Nebelhorn zum Giebelhaus.
Seitdem die Deutsche Alpenstraße von Oberjoch durchgehend bis Wert-

ach befahrbar ist, erreicht man die Tiroler Exklave **Jungholz** (1054 m) auch bequem vom Oberallgäu aus, und entsprechend lebhaft ist der Autoverkehr. Paß- und Zollformalitäten gibt es nicht.

Hauptanziehungspunkt sind die bis ins Frühjahr hinein schneesicheren Pisten auf dem breiten Nordhang des Sorgschrofens (1640 m), der neben einem etwas steileren Starthang auf rund 1500 m Höhe vor allem leichte und weite Skiwiesen bietet. Attraktiv sind auch die landschaftlich reizvollen Skiwander-Rundkurse.

Der 5 km von Jungholz entfernte Luftkurort **Wertach** (915 m) verfügt sowohl über Sport- und Freizeiteinrichtungen als auch auf der Reuterwanne (1541 m) über eine »Winter-Etage«. Reizvoll ist auch die 11,5 km lange Loipe um den Grüntensee.

Im rund 1000 m hoch gelegenen Luft- und Kneippkurort **Oy-Mittelberg** gehört Skifahren mit zur Therapie. Die geruhsameren Gäste loben vor allem die schönen Höhen- und Spazierwege mit Blick auf das Zugspitz-Panorama.

Hindelang, 825–1150 m
mit Oberjoch und Unterjoch, Jungholz, Wertach, Oy-Mittelberg

Skigebiet: 915–1610 m
Hindelang 5000 Einwohner, 7500 Gästebetten Jungholz 340 E., 1000 G. Wertach 2828 E., 2600 G. Oy-Mittelberg 4800 E., 4051 G.
Saison: Dezember bis März

Anreise Ulm – Kempten (A 7) sowie über die B 308, 309 und 310. Bahnstation ist Sonthofen, für Jungholz Oy-Mittelberg, von dort Busverbindungen.
Entfernungen von KA: 280 km, S: 210 km, UL: 120 km, M: 160 km

Information
Kurverwaltung Hindelang,
D-87541 Hindelang, Tel. 08324/8920
Telefax 08324/8055
Schneetelefon 08324/7260
D-87541 Oberjoch, Tel. 08324/7709
Telefax 08324/7191
Verkehrsämter:
D-87491 Jungholz, Tel. 08365/8120
Telefax 08365/8287
Schneetelefon: 08365/8145
D-87497 Wertach, Tel. 08365/266
Telefax 08365/1538
D-87466 Oy-Mittelberg, Tel. 08366/207
Telefax 08366/1427
Landesvorwahlnummer siehe Seite 608

Kinder Gästekindergarten nur in Jungholz ab 10 Monate (ca. DM 8/Ganztag); Skischule ab 3 (Hindelang, ca. DM 120/Woche), 4 (Wertach, ca. DM 95/5 Tage, und Oy-Mittelberg, ca. DM 90/5 Tage) und 5 (Jungholz, ca. DM 140/Woche) Jahre; alle Preise ohne Mittagessen

Ski alpin Testnote ❄❄
Hindelang

Skigebiet Oberjoch – Hindelang
32 km präparierte Abfahrten:
2 km schwer, 19 km mittel, 11 km leicht
Liftkapazität: 14000 Pers./Std.
15 1

Skigebiet Jungholz
10 km präparierte Abfahrten:
7 km mittel, 3 km leicht
Liftkapazität: 7200 Pers./Std.
6

Skigebiet Wertach
10 km präparierte Abfahrten:
5 km mittel, 5 km leicht
Längste Abfahrt beim Buronlift,
2,5 km Länge, 350 m Höhenunterschied, mittel
Liftkapazität: 2330 Pers./Std.
3

Skipaß-Preise siehe Beilage
Insgesamt 6 Skischulen

Langlauf Testnote ❄❄
Hindelang

Hindelang 45 Loipenkilometer (12 km schwierig, 17 km mittel, 16 km leicht); Höhenloipen: Moorrunden (1150–1200 m), 1–2,5 km lang, mittel, Nachtloipe (850 bis 889 m), 1,5 km lang, mittel Jungholz 10 Loipen-km (3 km schwierig, 5 km mittel, 2 km leicht), Höhenloipe: Langenschwandloipe (1100 m), 2 km lang Oy-Mittelberg 40 Loipen-km (10 km schwierig, 15 km mittel, 15 km leicht); Höhenloipe auf 960–1100 m (16 km lang, schwierig) Wertach 23,5 Loipenkilometer, alle mittel bis leicht; längste und höchste Loipe: Grüntenseeloipe (900 m), 13 km lang. In allen Orten Langlaufunterricht

Weitere Sportmöglichkeiten

Après-Ski
DISCO KINO

Sportliche Veranstaltungen
Freestyle Skiweltcup (Hindelang, 4.–6.2.94)

Speziell für Rodler geeignet ist die Hornalpe-Sesselbahn (Hindelang) zur drei Kilometer langen Rodelbahn.

Hotelempfehlungen Seite 538–540

Die Hörnergruppe

Schneesicherheit und ein weitverzweigtes Pisten- und Loipenangebot machen die Berge der »Hörnergruppe Oberallgäu« zu einem interessanten Wintersportgebiet.

Fischen – Kurort und Langlaufzentrum.

Vor lauter Oberstdorfer Bergen die »Hörner« übersehen – wer sich im Allgäu nicht auskennt, dem kann das bei der Anreise von Sonthofen über Fischen auf der B 19 leicht passieren. Denn die immer mächtiger ins Blickfeld rückende Gebirgskette des Allgäuer Hauptkammes fasziniert so sehr, daß der Autofahrer die Höhenzüge beiderseits des Illertales nur noch am Rande wahrnimmt. Es sei denn, er hat sich von vorneherein für die Hörnergruppe mit dem heilklimatischen Kurort Fischen oder eine der vier weiteren Hörnergemeinden, nämlich Bolsterlang, Obermaiselstein, Balderschwang, Ofterschwang, entschieden.
Dann freilich wird man die hintereinandergereihten Kuppen des Ofterschwanger, des Sigiswanger und des Rangiswanger Horns – bis zu dem nur dem Namen nach aus der (»Hörner-«) Reihe tanzenden Weiherkopf – mit anderen Augen sehen: Die Hörner sind, wenn man so will, eine Art Oberstdorfer Dependance.
Aus der Sicht des Skifahrers bleibt es ohne Bedeutung, wo er sein Quartier aufschlägt. Doch von wo aus man auch aufbrechen mag, eine der Hörnergemeinden muß man stets als Startpunkt wählen, wenn man per Ski die Hörner »packen« will.
Die Gäste des nur 6 km von Oberstdorf entfernten heilklimatischen Kurorts **Fischen** fahren sich ortsnah an Übungshängen ein, die von Schleppliften bedient werden. Fischener Gäste müssen auch nur eine kurze Anfahrt in Kauf nehmen, ehe sie vom gut 3 km entfernten **Bolsterlang** aus mit der Hörner- und Horngratbahn in zwei Sektionen bis zum Sattel zwischen Bolsterlangerhorn und Weiherkopf schweben. Von der Mittelstation auf 1300 m zieht ein Lift zum Weiherkopf (1665 m) hinauf.
Von der Bergstation aus ist man nach ein paar Schwüngen am Einstieg zum Weiherkopf-Schlepplift, mit dessen Hilfe man bis auf den Gipfel gelangt. Hier oben fasziniert zuerst einmal das großartige Bergpanorama: Im Norden und Westen die Hör-

Hörnergruppe, 761–1044 m
Fischen, Ofterschwang, Bolsterlang, Obermaiselstein, Balderschwang

Skigebiet: 750–1665 m
Fischen 2820 Einwohner, 5300 Gästebetten
Ofterschwang 1750 E., 1700 G.
Bolsterlang 1000 E., 1640 G.
Obermaiselstein 900 E., 1850 G.
Balderschwang 269 E., 1100 G.
Saison: Dezember bis März

Anreise A 7 bis Kempten, weiter über Sonthofen: nach Balderschwang über Riedbergpaß (Fischen – Obermaiselstein) oder über Oberstaufen – Hittisau (A). Bahnstationen sind Sonthofen und Fischen.
Entfernungen von KA: 284 km, S: 216 km, UL: 126 km, M: 169 km

Information
Verkehrsämter:
D-87536 Fischen/Allgäu, Postfach 1220, Tel. 08326/1815, Telefax 08326/9066
D-87527 Ofterschwang, Tel. 08321/82157, 89019, Telefax 08321/89777
Schneetelefon 08321/8060 (Allgäuer Berghof)
D-87538 Bolsterlang, Tel. 08326/8314
Telefax 08326/9406
Schneetelefon 08326/9093
D-87538 Obermaiselstein, Tel. 08326/277
Telefax 08326/9408
Schneetelefon 08326/7774
D-87538 Balderschwang, Tel. 08328/1056
Telefax 08328/265
Schneetelefon 08328/1000
Landesvorwahlnummer siehe Seite 608.

Kinder Gästekindergarten ab Krabbelalter nur in Balderschwang (Tel. 08328/281; ca. DM 40 von 10–13 Uhr); Skischule ab 4–5 Jahre (ca. DM 180/Woche inkl. Mittagessen)

Ski alpin Testnote ❄❄❄

Skigebiet Bolsterlang
13 km präparierte Abfahrten:
3,9 km schwer, 4,5 km mittel, 4,6 km leicht
Längste Abfahrt: Weiherkopf (FIS-Weltcup Herrenabfahrt), 3 km Länge, 804 m Höhenunterschied, schwer
Liftkapazität: 6000 Pers./Std.
3 (Schlepplift) 4 (Sessellift)

Skigebiet Ofterschwang
14, 8 km präparierte Abfahrten:
2 km schwer, 8,8 km mittel, 4 km leicht
Längste Abfahrt: Märchenwiese, 3,5 km Länge, 540 m Höhenunterschied, mittel
Liftkapazität: 6650 Pers./Std.
6 (Schlepplift) 1 (Sessellift)

Skigebiet Grasgehren
10 km präparierte Abfahrten:
3,5 km mittel, 6,5 km leicht
Liftkapazität: 8000 Pers./Std.
8 (Schlepplift)

Skigebiet Balderschwang
30 km präparierte Abfahrten:
20 km mittel, 10 km leicht
Liftkapazität: 9000 Pers./Std.
9 (Schlepplift)

Skipaß-Preise siehe Beilage

Tiefschneereviere: Hörnertour von Bolsterlang nach Ofterschwang, Abfahrten vom Riedberger Horn nach Bolsterlang, Balderschwang oder Gunzesried
7 Skischulen mit Skilehrern nach Bedarf

Langlauf Testnote ❄❄❄❄

120,5 Loipenkilometer (0,5 km schwierig, 40 km mittel, 80 km leicht), längste Loipe: Grenzlandloipe Balderschwang – Bregenzerwald: Hittisau/A (800–1044 m), 45 km lang, leicht bis mittel; Höhenloipe: Grasgehren (1500 m), 7 km lang, mittel; die Loipe im Skistadion (Fischen, Beslerstr., 761–791 m, 1,2 km lang, leicht) ist dienstags, mittwochs, donnerstags von 18 bis 19.30 Uhr beleuchtet; Loipengebühr in Balderschwang: ca. DM 4/Tag, 20/Woche; in jedem Ort Langlaufunterricht

Weitere Sportmöglichkeiten

Après-Ski

Sportliche Veranstaltungen
Intern. Allgäuer Latschenkiefer-Nachtlanglauf (Fischen, 26. Dez. 93), FIS-Rennen (Balderschwang, Febr. 94)

Schlechtwettertip: Ein Besuch im Sportpark Fischen (Tel. 08326/8282) mit Tennis-, Badminton- und Squashanlagen, Sauna, Dampfbad, Solarium und einem Spielbereich für Kinder.

Hotelempfehlungen Seite 538–540

nerkette und der Bregenzerwald, nach Süden zu die Oberstdorfer und Kleinwalsertaler Berge – an Föhntagen oft zum Greifen nahe. Und jenseits über dem Illertal die Sonnenköpfe, die Hintersteiner Berge, die Tannheimer, Lechtaler...
Der Weiherkopf ist nicht nur Startrampe für rassige Abfahrten, sondern auch Ausgangspunkt für zünftige Skitouren, hinüber bis zum Riedberger Horn (1786 m) beispielsweise. Und wer alle Hörner auf einen Streich »mitnehmen« will, hat dazu jetzt ebenfalls Gelegenheit: über die drei Gipfel bis zur Alpe Eck und von da aus ins Gunzesrieder Tal. Für den Rückweg nimmt man zuerst den Ossi-Reichert-Sessellift bis zum Sport- und Kurhotel »Allgäuer Berghof« auf der Alpe Eck, wo »Ossis« Olympisches Gold von 1956 und andere Medaillen in einer Vitrine im Foyer ihren gebührenden Platz erhielten. Weiter geht es dann mit dem Schlepper bis aufs Ofterschwanger Horn (1406 m) und hinab auf dem rasanten Südosthang (mittelschwer) nach **Ofterschwang**. Von Ofterschwang, dem dritten Taleinstieg, führt ein 1500-Meter-Schlepplift wieder hinauf.
Um mit dem Riedberger-Horn-Lift den vierten Einstieg zu den Hörnern unter die Brettln zu bekommen, fährt man mit dem Auto von **Obermaiselstein** auf der höchsten Paßstraße des Allgäus nach **Balderschwang**. Dabei hat man auch Gelegenheit, das schneesichere Skigebiet Grasgehren kennenzulernen.

Oberstdorf

Das Nebelhorn auf der einen Seite, das Fellhorn mit Anschluß an das Kleinwalsertal auf der anderen Seite – in Oberstdorf kommt jeder auf seine Kosten.
Das gilt insbesondere auch für Winterfrischler, denn Skifahren ist hier bei weitem nicht alles.

Die Gäste kommen vor allem wegen der heilklimatischen Vorzüge des Ortes hierher. Oberstdorf verdankt sie seiner ausgesprochen günstigen und schönen Lage am Ende des tief in die Allgäuer Alpen eingeschnittenen Tals der Iller, die im Ortsbereich aus mehreren Quellbächen entsteht. Der größte Teil des Ortskerns von Oberstdorf wurde nach dem großen Brand von 1865 neu erbaut, das Gros der Bauten stammt aus unserem Jahrhundert: An die 250000 Gäste jährlich wollen beherbergt sein. Und nicht nur in dieser Hinsicht ist Oberstdorf im deutschen Tourismus die Nummer Eins: Deutschlands größte (100-Personen-) Kabinenbahn führt aufs Fellhorn, der längste deutsche Schlepplift aufs Söllereck (Schönblick 1345 m). Und wo in aller Welt gäbe es auch noch eine für Urlauber »geöffnete« Skiflugschanze (mit Personenaufzug)? Weiter laden ein Deutschlands erste Skibob-Schule und Deutschlands Eislaufzentrum mit gleich drei Eishallen unter einem Dach.

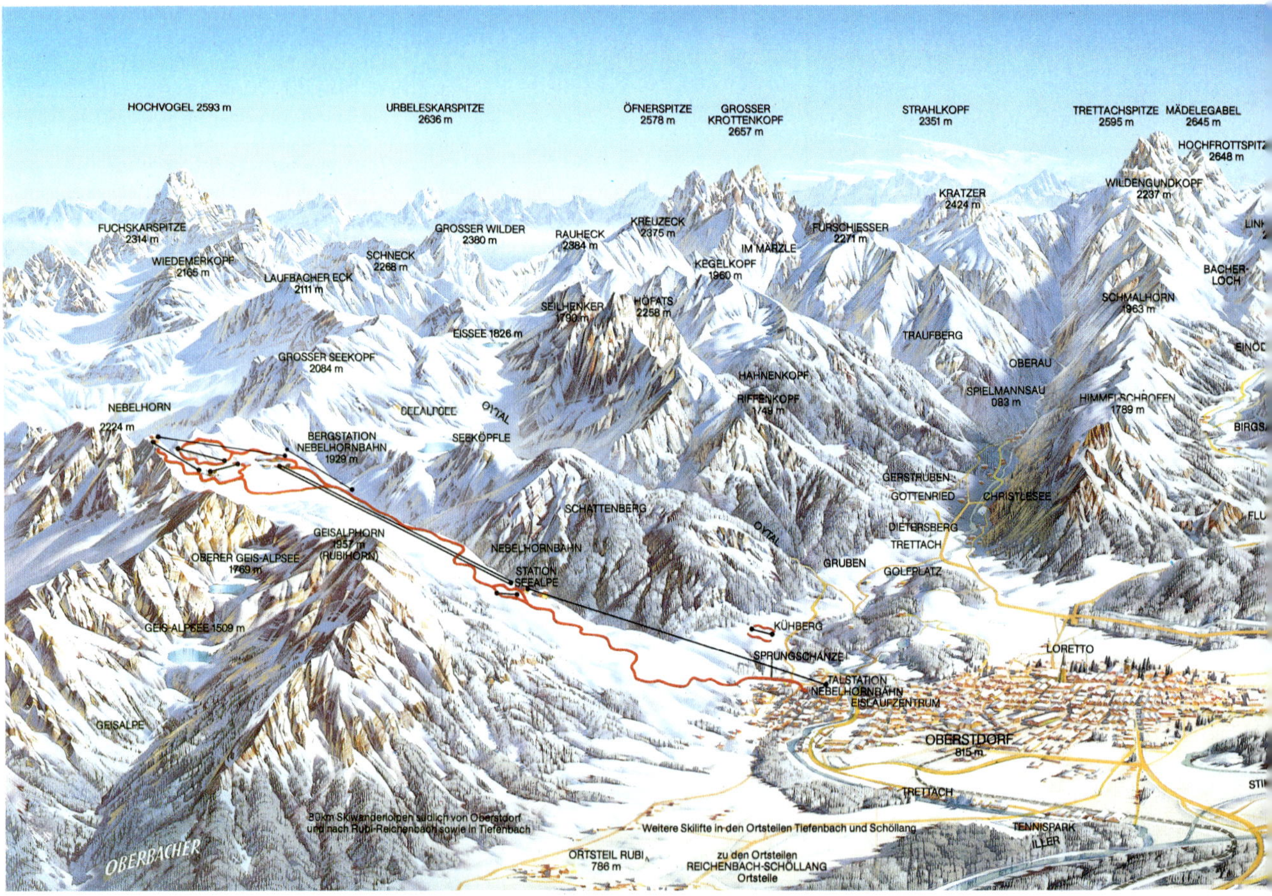

Auf dem mehr als 140 Kilometer langen Winter-Wanderwegenetz kann der Gast wunderschöne Gebirgstäler erwandern oder mit dem Pferdeschlitten entdecken. Trettach, Stillach, Oytal sowie Birgsau und Spielmannsau sind die bevorzugten Ziele der Spaziergänger, und sie sind auch Etappenpunkte des durchweg doppelspurigen Loipennetzes.
In der entgegengesetzten Richtung lassen sich auch Oberstdorfs ländliche Dependancen im Illertal (Rubi, Reichenbach, Schöllang) mit den Brettln und auf Spazierwegen bequem erreichen.
Vom Nebelhorn herunter verläuft eine der längsten Skiabfahrten (über 7 km) Deutschlands, die allerdings nur bei guten Schneeverhältnissen zu empfehlen ist.
Die Familien-Abfahrten der Söllereck-Sesselbahn kommen zum Einfahren und auch Einstimmen wie gerufen – der Blick von der Bergstation aus, vom Grünten über Rubihorn und Nebelhorn bis zum Hohen Ifen, ist allein die Auffahrt wert. Wer sich auf den Nebelhorn-Gipfelpisten halbwegs eingefahren hat, wechselt als engagierter Skiläufer zum Fellhorn (2037 m) und in das Kleinwalsertal. Im Verbund mit der zum Kleinwalsertal gehörenden Kanzelwand (2059 m) wurde hier ein Zwei-Länder-Skizirkus mit Bergbahnen, Sessel- und Schleppliften und Pisten für wirklich jedes Stand- und Schwungvermögen installiert. So braucht Oberstdorf den Vergleich mit der Partnerstadt Mégève in Hochsavoyen auch in wintersportlicher Hinsicht nicht zu scheuen.
Auf keinen Fall versäumen sollte man den Besuch der Breitachklamm: An schönen Tagen zaubern hier die eindringenden Sonnenstrahlen Feuerkaskaden in die Eisvorhänge.
Kleinwalsertal siehe Seite 68.

Weite, baumfreie Idealhänge kennzeichnen das Nebelhorn. Von hier oben startet auch die über sieben Kilometer lange Skiabfahrt – bei guten Schneeverhältnissen ein Genuß.

Oberstdorf, 815 m

Skigebiet: 800–2224 m
11 000 Einwohner, 17 000 Gästebetten
Saison: Mitte Dezember bis Ende März

Anreise Ulm, Kempten, Oberstdorf (Bahnstation). Das Ortszentrum ist weitgehend autofrei. Von Sammelparkplätzen am Ortsrand fahren Elektrobusse (Fahrpreis ca. DM 1,–) im 15-Minuten-Takt in den Ort; Urlauber können ihren Wagen am Quartier dauerparken.
Entfernungen von KA: 289 km, S: 221 km, UL: 131 km, M: 174 km

Information
Touristik-Information/Kurverwaltung
Oberstdorf, D-87553 Oberstdorf/Allgäu,
Tel. 083 22/7 00-0
Telefax 083 22/70 02 36
Schneetelefon Fellhorn 083 22/30 35,
Nebelhorn 083 22/10 95,
Söllereck 083 22/57 57
Tele-Info Wintersport 083 22/7 00-2 39 (rund um die Uhr)
persönl. Wintersport-Beratung
Tel. 083 22/7 00-2 00
(montags bis freitags 8 bis 12 Uhr)
Landesvorwahlnummer siehe Seite 608.

Kinder kein Gästekindergarten, aber Kinderprogramm (Informationen im Verkehrsbüro); Skischule ab 4 Jahre (ca. DM 215/Woche inkl. Mittagessen).

Ski alpin Testnote ❄❄❄

Skigebiet gesamt
(inkl. Kanzelwand)
42 km präparierte Abfahrten:
5 km schwer, 24 km mittel, 13 km leicht
Liftkapazität: 25 500 Pers./Std.
18 6 1 2

Skigebiet Nebelhorn
12 km präparierte Abfahrten:
5 km schwer, 7 km mittel
Längste Abfahrt: Gipfel – Tal, 7,5 km Länge, 1396 m Höhenunterschied, schwer bis mittel
Liftkapazität: 6000 Pers./Std.
2 3 1

2-Länder-Skigebiet Fellhorn/Kanzelwand
20 km präparierte Abfahrten:
14 km mittel, 6 km leicht
Längste Abfahrt: Faistenoy (Talabfahrt), 4 km
Länge, 860 m Höhenunterschied, mittel
Liftkapazität: 16 000 Pers./Std.
9 2 1 1

Skigebiet Söllereck/Höllwies
10 km präparierte Abfahrten:
7 km mittel, 3 km leicht
Liftkapazität: 3500 Pers./Std.
3 1

Skipaß-Preise siehe Beilage
Tiefschneereviere: Fellhorngebiet (Schwandalp-Piste, Gipfelhang)
6 Skischulen mit ca. 200 Skilehrern

Langlauf Testnote ❄❄❄❄

13 Loipen über insgesamt 85 km (19 km schwierig, 47 km mittel, 19 km leicht), Loipenverbund mit Fischen und Sonthofen über 150 km Länge; längste Loipe: nach Spielmannsau (843 bis 983 m), 16 km lang, schwierig; Höhenloipe: Seealpe (1280 m), 1,5 km lang, mittel; die 1 km lange Loipe an der Halde (843 m, leicht) ist montags bis freitags bis 20 Uhr beleuchtet; Langlaufunterricht

Weitere Sportmöglichkeiten
Bundesleistungszentrum Eiskunstlauf, Lawinen- und Tiefschneekurse

Après-Ski
DISCO KINO
Veranstaltungen im Kur- und Kongreßzentrum sowie in einigen Hotels

Sportliche Veranstaltungen
Intern. Eiskunst-Weihnachtsschaulaufen (27. Dez. 93), 42. Intersport-Springertournee (Skispringen auf der Schattenberg-Skischanze, 30. Dez. 93), Curling-WM (7.–17. April 94)

Zum Skiwandern sollte man sich einer ortskundigen Führung anvertrauen, um die schönsten Gebirgstäler rund um Oberstdorf kennenzulernen. Anmeldung in den Skischulen.

Hotelempfehlungen Seite 538–540

Ostallgäu

Am nördlichen Alpenrand gelegen, hat sich »die Skiregion der kurzen Wege« – das heißt, alle Wintersportorte sind von Füssen aus binnen kurzem zu erreichen – durch Familienfreundlichkeit einen guten Namen gemacht.

Ostallgäu, 780–885 m
Nesselwang, Pfronten, Füssen, Schwangau, Buching, Trauchgau

Skigebiet: 780–1880 m
Füssen 16000 Einwohner, 6382 Gästebetten Nesselwang 3235 E., 2900 G. Pfronten 7727 E., 5048 G. Schwangau 3099 E., 3412 G. Buching 1421 E., 1324 G. Trauchgau 1194 E., 1232 G.
Saison: Dezember bis März (Ostern)

Anreise Über die A 7. Die Orte liegen an der B 309/310 bzw. an der B 17 nordwestlich bzw. nordöstlich von Füssen. Bahnstationen sind Füssen, Nesselwang und Pfronten. Entfernungen von KA: 291 km, S: 223 km, UL: 133 km, M: 107 km

Information
Kur- und Verkehrsämter:
D-87454 Pfronten, Tel. 08363/698-88
Telefax 08363/698-66
Schneetelefon Breitenbergbahn 08363/392
D-87617 Füssen, Postfach 1165,
Tel. 08362/7077, Telefax 08362/39181
D-87645 Schwangau, Tel. 08362/8198-0
Telefax 08362/8198-25
D-87482 Nesselwang, Tel. 08361/750
Telefax 08361/3788
Schneetelefon Alpspitzbahn 08361/771
D-87642 Trauchgau, Tel. 08368/890, 831
Telefax 08368/7221
D-87642 Buching, Tel. 08368/285, 831
Schneetelefon 08362/81010
(für Schwangau und Buching)
Landesvorwahlnummer siehe Seite 608.

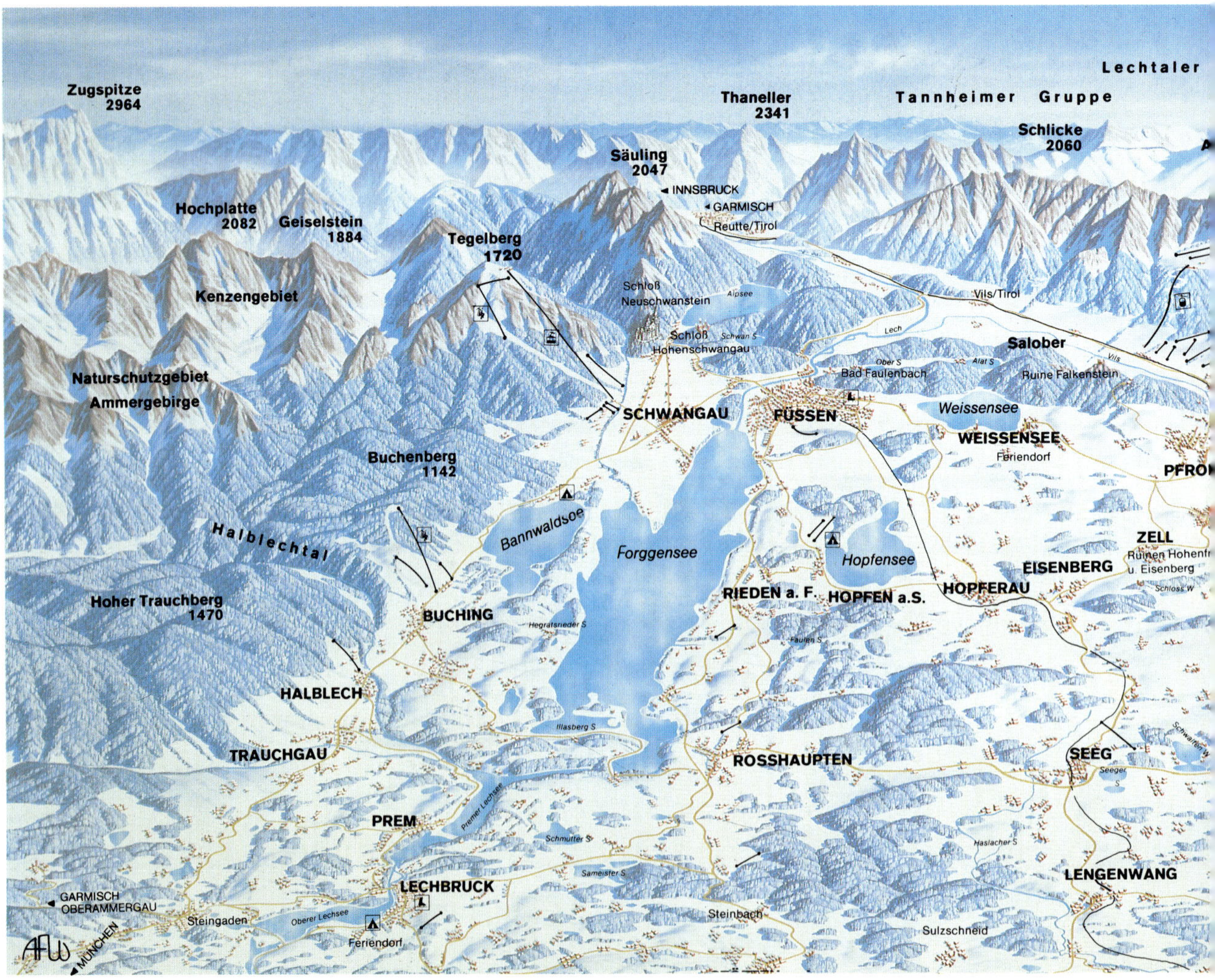

Kinder Gästekindergarten in Pfronten ab 3 Jahre (Tel. 08363/8092; ca. DM 4/Halbtag); Skischule in den einzelnen Orten ab 3–4 Jahre (ca. DM 100–130/Woche ohne Mittagessen)

Ski alpin Testnote ✻✻
Pfronten

Skigebiet gesamt
60 km präparierte Abfahrten aller Schwierigkeitsgrade

Längste Abfahrt: Tegelberg – Skihauptabfahrt, 4,2 km Länge, 900 m Höhenunterschied, mittel
Liftkapazität: 23000 Pers./Std.

32 6 1 1

Skigebiet Buching: Halblech
4,3 km präparierte Abfahrten mittel bis leicht
Liftkapazität: 3200 Pers./Std.

3 1

Skigebiet Schwangau: Tegelberg
8 km präparierte Abfahrten:
4 km mittel, 4 km leicht
Liftkapazität: 5730 Pers./Std.

5 2 1

Skigebiet Nesselwang: Alpspitze, Edelberg
11,5 km präparierte Abfahrten:
3,6 km mittel, 7,9 km leicht
Liftkapazität: 3750 Pers./Std.

4 2

Skigebiet Pfronten: Breitenberg
12 km präparierte Abfahrten:
2 km schwer, 5 km mittel, 5 km leicht
Die Sonnenlift-Abfahrt (500 m lang, mittel bis leicht) ist dienstags und donnerstags von 19–21 Uhr beleuchtet
Liftkapazität: 4500 Pers./Std.

9 1 1

Skipaß-Preise siehe Beilage

Tiefschneereviere: Alpspitze, Edelsberg
Zahlreiche Skischulen

Langlauf Testnote ✻✻✻✻

Im gesamten Gebiet über 250 Loipenkilometer Pfronten 65 Loipenkilometer (30 km mittel, 35 km leicht); längste Loipe rund um Pfronten (850 m), 20 km lang, leicht; höchste Loipe Achtal – Gasthof Fallmühle (928 m), 10 km lang, mittel Schwangau 32 Loipenkilometer (8 km mittel, 25 km leicht), davon 8 km Skatingloipe Nesselwang 42 Loipenkilometer (19 km mittel, 23 km leicht, alle auf 865–950 m Höhe), davon 7 km Skatingloipe Buching 16 Loipenkilometer (9 km mittel, 7 km leicht); längste Loipe: Bannwaldsee-Loipe (800 m), 7 km, leicht Trauchgau Trauchgauer Wanderloipe mit Anschluß zur König-Ludwig-Loipe, 13 km lang Füssen 60 Loipenkilometer (20 km schwierig, 18 km mittel, 22 km leicht); längste Loipe: Wiedmar – Füssen (800–900 m), 30 km, mittel bis leicht; Hohenloipe Wiedmar (905 m) 8 km, schwierig; die Loipe am Weidachsportplatz (800 m, 1 km lang, leicht) ist täglich bis 22 Uhr beleuchtet. In allen Orten Langlaufunterricht

Weitere Sportmöglichkeiten

Paragleiten, Bundesleistungszentrum für Eishockey in Füssen, Eissegeln

Après-Ski

Romantiker kommen voll auf ihre Kosten bei einer Pferdeschlittenfahrt durch die Winterlandschaft. Informationen in den Verkehrsämtern.

Hotelempfehlungen Seite 538–540

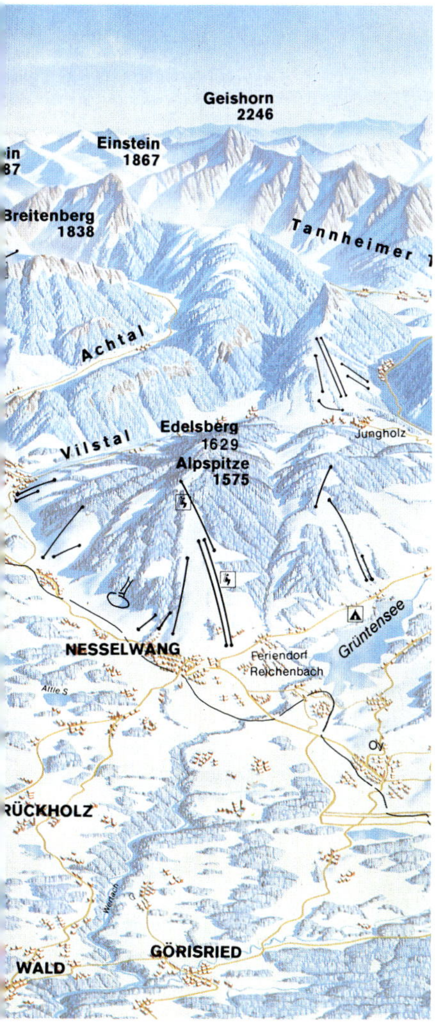

Der Tegelberg (1720 m) bei Schwangau ist nicht nur für Sonnenanbeter attraktiv.

In einem eleganten Halbkreis reihen sich die Skidörfer am nördlichen Alpenrand von Trauchgau im Osten bis Nesselwang im Westen. Die Region mit ihren Liften ist zwar durch einen gemeinsamen Skipaß verbunden, doch nicht durch gemeinsame Pistenreviere. So muß man jeden Ort für sich betrachten, ohne das Ganze aus dem Auge zu verlieren.

Pfronten ist das Zentrum der Region, zugleich ihr größter, bekanntester und vielseitigster Wintersportplatz und mit rund 8 km eines der längsten Reihendörfer der Bundesrepublik. Deshalb sollte man sein Quartier mit Bedacht auswählen.

Lifte gibt es zwar an vielen Hängen, doch das eigentliche Skigebiet konzentriert sich auf das Gelände um den Breitenberg: ein geräumiges, gut erschlossenes Pistenrevier zwischen 1300 und 1700 m. Daß hier auch »Kanonen« auf ihre Kosten kommen, beweisen die Damen-Weltcuprennen (Abfahrt, Riesentorlauf), mit denen Pfronten sich ein gutes internationales Renommee geschaffen hat. Die Abfahrt ins Achtal ist dagegen als Abschluß eines schönen Skitages wegen ihrer Gemütlichkeit beliebt. Die Ostlerhütte am Breitenberg ist Ausgangspunkt für eine nordseitige »Direttissima« für Tiefschnee-Freaks und Firn-Fans. Vor die ersten Schwünge haben die Götter allerdings einen felsigen Einstieg gesetzt, der nicht jedem behagt.

Nesselwang repräsentiert auf andere, bescheidenere Weise den Typ des Allgäuer Skidorfes. Entlang der Hauptstraße und dahinter drängen sich zum Teil noch alte Fachwerkhäuser eng aneinander und schaffen so eine heimelige Atmosphäre.

Die Lifte erschließen das Pistenrevier an den Hausbergen Alpspitze und Edelsberg (um 1600 m), das auch einen rasanten Steilhang für Experten aufweist, in der Hauptsache aber auf die Mittelklasse der Skifahrer zugeschnitten ist. Von der Mittelstation der Alpspitzbahn führt auch eine vier Kilometer lange Rodelbahn ins Tal. Speziell bei Langläufern hat der Name Nesselwang einen guten Klang: Franz Keller, Olympiasieger 1968 in der Nordischen Kombination, ist hier zu Hause.

Schwangau ist nicht nur Adresse der beiden Königsschlösser Neuschwanstein und Hohenschwangau. Es hat mit dem Tegelberg (1720 m) einen attraktiven, durch eine Großkabinenbahn erschlossenen Skiberg, der sich sehen lassen kann: 4,2 km lang ist die aufwendig hergerichtete Abfahrtspiste mit 900 Höhenmetern.

Die Gemeinde **Halblech** mit den Orten Buching und Trauchgau bietet ein schönes Langlaufrevier.

Wertach und Jungholz siehe Seite 24.

Oberbayern

In dieser Skiregion, die zu den beliebtesten deutschen Urlaubslandschaften zählt, die allerdings auch im Einzugsbereich einer sportbegeisterten Millionenstadt liegt, wird sportliche Tradition großgeschrieben.

Man schaue sich nur einmal diese (unvollständige Auflistung) an: In Garmisch-Partenkirchen, Schauplatz der Winterolympiade 1936, finden ständig Ski-Weltcup-Rennen und internationale Eissport-Großereignisse statt. Im benachbarten Oberammergau geht alljährlich einer der bedeutendsten Volksskiläufe (»Auf König Ludwigs Spuren« – bis zu 90 km Streckenlänge!) in Szene. In Berchtesgaden macht der Ski-Weltcup-Zirkus Station, und am Königssee treffen sich die besten Rodler und Bobfahrer in der schnellen Kunsteisröhre, die zu den ersten und immer noch zu den schnellsten und besten ihrer Art zählt.

Genügend Argumente also, die auch den normalen Winterurlauber von den Vorzügen dieser Region überzeugen können, zumal fast all die Einrichtungen, die den internationalen Meetings dienen, auch dem Normal-Urlauber zur Verfügung stehen.

Natürlich, die oberbayerischen Skiorte müssen mit dem Manko leben, daß am Wochenende die Münchner kommen: Die bayerische Metropole genießt den Ruf, Europas, wenn nicht der Welt Skifahrer-Stadt Nummer Eins zu sein.

Ganz normal, daß sich die Millionenstadt Wochenende für Wochenende in Richtung Süden entleert, Zehntausende ski-armierter Münchner per Auto und Eisenbahn in die relativ nahe gelegenen »Hausreviere« einfallen, um dort ihrer »Berufung« nachzugehen. Daß dann natürlich gelegentlich auf den Pisten von Spitzing und Sudelfeld, von Brauneck und Kreuzeck kaum noch ein Stehplatz frei ist, gehört zu den Schattenseiten einer Region, die im Einzugsbereich einer sportbegeisterten Millionenstadt liegt.

Wobei man es nur selten ganz so schlimm antrifft. Die betroffenen Orte haben schon vor Jahren reagiert und ihre Pisten-Reviere und Loipen derartig ausgeweitet, daß es normalerweise nur noch selten zu ganz argen Engpässen kommt. Der Urlauber profitiert von dieser Erweiterung natürlich vor allem unter der Woche, da Wartezeiten an Liften dann kaum mehr vorkommen.

Schauen wir uns die Region doch einmal von München aus an, jener Stadt, die wie eine Spinne im Netz der Verkehrswege sitzt, die ins gelobte Skiland führen. Wer von Norden kommt und zum Skifahren will, hat praktisch kaum eine Wahl: Will er die Autobahn benutzen, muß er durch München hindurch oder um München herum. Südwestlich führt die Garmischer Autobahn ins Werdenfelser Land, macht in einer guten Stunde Autofahrt Garmisch-Partenkirchen, Mittenwald und sogar Deutschlands einziges Sommerskigebiet auf dem Zugspitzplatt zugänglich. Wobei Sommerskigebiet, genau besehen, eine werbetechnische Übertreibung ist: Denn die Lifte auf dem »Platt« laufen längstens bis in den frühen Juni und bei gutem Schnee frühestens wieder ab Okto-

ber. Wer so »skinärrisch« ist, auch im Hochsommer auf die Ski zu steigen (unglaublich, aber viele Münchner sind so!), der fährt dann eine gute Stunde weiter bis in eines der österreichischen Gletschergebiete.
Die Garmischer Autobahn benutzt natürlich auch, zumindest streckenweise, wer nach Oberammergau zum Langlaufen, zu den Pisten in die Tölz-Lenggrieser Ecke am Blomberg oder Brauneck oder in die Loipen der Jachenau will.
Südöstlich führt die Salzburger Autobahn aus München heraus, die ab Holzkirchen über praktisch jede Ausfahrt ein Skigebiet beliefert. Bei Holzkirchen fahren die Tegernsee-Fans ab, die den Wallberg abreiten wollen. Eine Ausfahrt später, in Weyarn, zweigen die Schlierseer, Spitzingseer und Bayrischzeller Pisten- und Loipenfahrer ab. Beim Inntaldreieck biegt rechts ab, wer auf Brannenburger, Degerndorfer, Oberaudorfer oder gar Tiroler Pisten sein Vergnügen sucht. In Bad Reichenhall verläßt die Autobahn, wer ins Berchtesgadener Land möchte.
Man sieht, die Münchner haben's gut. Sie können fast alle »Haus«-Skireviere via Autobahn erreichen, zumindest aber ein großes Stück per Schnellstraße bewältigen. Daß diese Schnellstraßen dann allerdings an schönen Wochenenden zu den Stoßzeiten (Samstag zwischen acht und zehn Uhr, Sonntag zwischen 17 und 20 Uhr) oft zu Parkplätzen werden, verwundert nicht. Ortskundige hören

Skigebiete auf einen Blick

da rechtzeitig auf die Warnungen des Verkehrsfunks, kurven abseits der Autobahnen über Schleichwege nach Hause. Wer sich nicht so genau auskennt, sollte vielleicht die Investition für eine gute Straßenkarte nicht scheuen, um eine gute Ausweichstrecke ausknobeln zu können.
Oberbayerns Pisten zählen üblicherweise nicht zu den leichten. Zumindest die Talabfahrten aus den höheren Regionen sind meist Schneisen-Abfahrten, relativ steil, oft auch nicht ganz einfach zu präparieren und infolge der geringen Höhenlage der Talorte auch manchmal unangenehm ausgeapert. Dies aber hat zur Folge, daß auf den bayerischen Pisten relativ viele sehr gute Skifahrer anzutreffen sind, die ihren Spaß darin finden, steile Buckelpisten abzureiten.

Alphabetisches Register der Skiorte ab Seite 601

Oberammergau

Über einen zu geringen Bekanntheitsgrad kann sich Oberammergau wirklich nicht beklagen. Alle zehn Jahre, wenn im 5000-Seelen-Ort das Passionsspiel-Fieber ausbricht, strömen Besucher aus aller Herren Länder ins obere Ammertal. – Daß Oberammergau aber auch eine Reise für all diejenigen wert ist, deren Passion Skifahren heißt, wissen nur wenige.

Oberammergau braucht sich wirklich nicht im Schatten des Wettersteingebirges zu verstecken: Für den Langlauf-Fan präsentiert sich das Hochtal als Loipen-Dorado, und der Alpinskifahrer kann wählen zwischen der »Herzklopfen-Abfahrt« vom berüchtigten Laber und dem eher gemütlichen Ski-Zirkus am Kolben. Zudem spielt sich der sportliche Betrieb vor einer wirklich traumhaften Winterkulisse ab.

Da ist zunächst mal der Ort mit dem Zwiebelturm seiner Rokokokirche

Oberammergau, 840 m

Skigebiet: 840–1683 m
5000 Einwohner, 2500 Gästebetten
Saison: Dezember bis Ende März

Anreise Augsburg, Schongau, Oberammergau bzw. München, Oberau, Ettal, Oberammergau (Bahnstation).
Entfernungen von KA: 326 km, S: 258 km, UL: 177 km, M: 91 km

Information
Verkehrs- und Reisebüro
Gemeinde Oberammergau OHG,
D-82487 Oberammergau,
Eugen-Papst-Str. 9a
Tel. 08822/1021, Telefax 08822/7325
Schneetelefon 08822/32280
Landesvorwahlnummer siehe Seite 608.

Kinder Gästekindergarten ab 4 Jahre (Gemeindekindergarten, Tel. 08822/32248, ca. DM 10/Halbtag); Skischule ab 4 Jahre (ca. DM 110/5 Tage à 3 Std.)

Ski alpin Testnote ✻✻

Skigebiet Laber
6 km präparierte Abfahrten, schwer
Längste Abfahrt: Kitzlahner Abfahrt, 3,5 km Länge und 780 m Höhenunterschied, schwer
Liftkapazität: 130 Pers./Std.
1

Skigebiet Kolben
18 km präparierte Abfahrten, mittel bis leicht
Liftkapazität: 5700 Pers./Std.
7 1

Skigebiet Unterammergau
6 km präparierte Abfahrten:
2 km schwer, 3 km mittel, 1 km leicht
Die Streckenbergabfahrt bei Lift II (500 m lang, mittel) ist montags bis freitags von 19–22 Uhr beleuchtet
Liftkapazität: 4500 Pers./Std.
5

Skipaß-Preise siehe Beilage
Tiefschneereviere: Zahn, Pürschling, Laber, Aufacker
2 Skischulen mit ca. 35 Lehrern

Langlauf Testnote ✻✻✻✻

100 Loipenkilometer (20 km schwierig, 25 km mittel, 55 km leicht); längste Loipe: König-Ludwig-Loipe (850–1100 m), 65 km lang (leicht bis schwierig; werden nur beim König-Ludwig-Lauf komplett gespurt); Höhenloipe: Graswang – Linderhof (1100 m), 16 km lang, mittel; Loipenverbund mit dem Ammertal; Langlaufunterricht

Weitere Sportmöglichkeiten

Freizeitzentrum »WellenBerg«

Après-Ski

Passionstheater, Kurgästehaus, Museum, Leseraum, Bücherei, Wildfütterungen, Ballonfahren

Sportliche Veranstaltungen

23. König-Ludwig-Volkslauf (im Graswangtal, über 7, 15, 30 km, 5./6. Febr. 94), Schlittenhunde Europacup (Wildsteig, Ende Dez. 93)

Besichtigungs-Tip: Besuch der Ausstellung im Passionstheater (die 40. Passionsspiele sind im Jahr 2000). Sie ist täglich außer montags von 10 bis 12 und von 13.30 bis 16 Uhr geöffnet. Eintritt für Erwachsene ca. DM 3, Kinder DM 1,50 (mit Kurkarte).

Hotelempfehlungen Seite 538–540

(unbedingt ansehen!) und den mit Lüftlmalereien reich geschmückten Häusern. Da verlieren sich die verschneiten Bergwälder zu beiden Seiten des Tales im azurblauen Winterhimmel, dazwischen das Flüßchen Ammer, aus dem die Nebel dampfen. Er hat schon gewußt, wo es schön ist, der Bayern-Märchenkönig Ludwig II., und deshalb auch sein Lustschloß Linderhof hier im oberen Ammertal plaziert.
Auf knapp 1700 m Höhe hievt die Laber-Kabinenbahn die Brettl-Enthusiasten zum Laberjoch. Dort oben, beim faszinierenden Rundblick über das Bergpanorama, sollte jeder noch einmal selbstkritisch sein skifahrerisches Können einschätzen. Denn die 840 Höhenmeter hinab zum östlichen Ortsrand von Oberammergau haben es in sich. Die Laber-Abfahrt zählen viele zu den rasantesten Strecken in ganz Deutschland, die steilste ist sie ganz gewiß. Und Vorsicht: Gepflegte Skiautobahnen gibt es hier nicht, hier gilt noch »Ski brutal«, denn das Gelände ist selbst Pistenraupen zu steil.
Wer es weniger atemberaubend beim Wedeln haben will, sollte zum knapp 1300 m hohen Kolben ausweichen. Die Lifte (Höhenunterschied ca. 400 m) erschließen hier für Anfänger und durchschnittlich Geübte ein weites Betätigungsfeld. Hier ist der Ski-Tummelplatz für die ganze Familie. Auf der sanft geneigten Schnitzlerwiese können sich die Kleinen getrost mal eine Zeitlang unbeaufsichtigt austoben, während die Eltern es auf der etwa zwei Kilometer langen Kolbenabfahrt »rauschen« lassen.
Empfehlenswert ist das Freizeitzentrum »WellenBerg« mit Hallenbad, Heißwasser-Freiluftbecken, Hot-Whirl-Pool und den beiden Superriesenrutschen mit 115 und 63 Meter Länge. Abwechslungsreich ist auch ein Besuch der Schnitzschule, des Passionshauses, des Heimatmuseums oder des »Ammergauer Hauses«, dem Kurgästehaus, das ein abwechslungsreiches kulturelles Veranstaltungsprogramm anbietet.

Garmisch-Partenkirchen

Die traditionsreiche Werdenfelser Doppelgemeinde ist der weltweit bekannteste Wintersportort Deutschlands – mit Skigebieten, in denen nicht nur die Weltelite beim Kandahar-Rennen zum Zug kommt.

An dem Bilderbuch-Panorama, das die Zugspitze, das markante Dach der Alpspitze, und die wilden Zacken der drei Waxensteine in den Himmel zeichnen, können sich die meisten Besucher kaum satt sehen. Das mag mit ein Grund sein, daß viele Winterurlauber, nämlich rund die Hälfte, mit den alpinen Brettln nicht viel im Sinn haben. Schließlich sind sie mit einem abwechslungsreichen Sport- und Unterhaltungsprogramm auch abseits der Pisten reichlich beschäftigt. Seitdem sich die schneesichere Zugspitze zu einem respektablen Skigebiet gemausert hat, ist auch die niedrige Höhenlage des Ortes – 720 Meter über dem Meeresspiegel –, die Hoteliers und Organisatoren von Weltcup-Rennen immer wieder um eine ausreichende Schneedecke zittern ließ, nur noch für die mißgünstige Konkurrenz ein Thema. Beschneiungsanlagen an der unteren Hälfte der Kandahar-Abfahrt und im Bereich der Olympia-Sprungschanze können aushelfen.

Mit einigen Handicaps müssen die Garmischer allerdings leben. Dem Lift- und Pistenkarussell des Alp-

spitzgebiets, der Drehscheibe mit den Angelpunkten Osterfelder, Kreuzeck und der Verbindung zum Hausberg fehlt der große Schwung.
Wer von einem Revier ins andere wechseln will, muß auf den Ziehwegen teilweise kräftig anschieben. Nur mit einem Umweg über das Kreuzeck kommt der Skifahrer zurück zur Talstation der Osterfelder-Kabinenbahn. Die oberste Etage (1700–2050 m) unter dem Alpspitz-Dach sind die Osterfelder mit der Hochalm für die wedelnde Mittelklasse und der meist buckeligen Bernadein-Abfahrt und den nicht minder sportlichen Längenfeldern. Ein Stockwerk tiefer startet vom Kreuzjoch die Kandahar, die auch schon manchen Rennläufer das Fürchten gelehrt hat. Auf der fast vier Kilometer langen Strecke über den grimmigen Tröglhang, durch das »Himmelreich« und die »Hölle«, wie die Schlüsselstellen des Wadlbeißer-Runs heißen, fühlt mancher Skifahrer den Angstschweiß auf der Stirn. Die parallel verlaufende Olympia ist zahmer. Anfänger sind gut beraten, wenn sie am Kreuzwankl bleiben und die Tonihütten-Abfahrt ins Tal nehmen.
Daß das Garmischer Skigebiet bei gestandenen Pistenfans sehr gut ankommt, liegt (neben der Kandahar) an den beiden Abfahrten vom Hausberg: an der Dreh' und am Horn. Da wird nicht gekleckert, sondern 600 Höhenmeter laufen an einem langen Stück. Kritiker wiederum bemängeln, daß eine vielerorts beliebte Skischaukel fehlt. Der Eckbauer (gemütliches Familienrevier mit nur einer Abfahrt) und der Wank (Aussichtsplattform für Sonnenanbeter und Spezialisten, die den Einkehrschwung den Bögen auf den steilen, aber kurzen Nordhängen vorziehen) führen ein geographisches Single-Dasein: Sie hängen nicht mit den übrigen Skibergen zusammen. Zum anderen vermissen Tiefschneefans die Routen, auf denen ihnen der feine Pulver bis zur Nase stäubt. Freie Skihänge jenseits der Baumgrenze (nur auf der Zugspitze und den Osterfeldern) sind rar.
Wer die Betriebsamkeit von Garmisch-Partenkirchen meiden will, bucht sein Quartier in Grainau.

Zugspitze siehe nächste Seite.

Garmisch-Partenkirchen, 720 m

Skigebiet: 720–2830 m
Garmisch-Partenkirchen 26400 Einwohner, 10000 Gästebetten Grainau 3800 E., 4000 G.
Saison: Ende November/Dezember bis Mai

Anreise München auf der A 95 und B 2 nach Garmisch-Partenkirchen (Bahnstation)
Entfernungen von KA: 346 km, S: 278 km, UL: 197 km, M: 89 km
nach Grainau ab GAP noch 7 km, B 23

Information
Verkehrsamt der Kurverwaltung
Postfach 1562, D-82456 Garmisch-Partenkirchen
Tel. Verkehrsamt 08821/180-6
Telefax Verkehrsamt 08821/180-55
Telefax Kurverwaltung 08821/180-50
Schneetelefon für Wank-, Eckbauer-, Hausberggebiet: 08821/753333; für Zugspitz- und Alpspitzgebiet: 08821/797979 (Telefonansage in München unter 089/598484 und in Augsburg 0821/96600)
Verkehrsbüro
D-82491 Grainau, Tel. 08821/81411, 81412
Telefax 08821/8488
Landesvorwahlnummer siehe Seite 608

Kinder Garmisch-Partenkirchen Gästekindergarten »Zwergen-Häusl« ab 3 Jahre (Tel. 08821/797-851, ca. DM 7/Halbtag, 16/Ganztag mit Mittagessen); Skischule ab 4 Jahre (ca. DM 175/5 Tage à 3 Std., 345/5 Tage à 6 Std. inkl. Mittagessen)
Grainau kein Gästekindergarten; Skischule ab 3 Jahre (ca. DM 165/5 Tage à 3 Std.)

Ski alpin Testnote ❄❄❄❄

Skigebiet gesamt (inkl. Zugspitze)
118 km präparierte Abfahrten:
10 km schwer, 92 km mittel, 16 km leicht
Längste Abfahrt: Wank – Esterberg, 8 km Länge, 780 m Höhenunterschied, mittel
Schwere Piste: Kandahar, 3,7 km lang, 940 m Höhenunterschied (für Anfänger wirklich nicht geeignet!)
Liftkapazität: 50000 Pers./Std.
40 3 2 6
1

Skigebiet Alpspitz (Osterfelder, Kreuzeck, Hausberg)
74 km präparierte Abfahrten:
9 km schwer, 55 km mittel, 10 km leicht
Liftkapazität: 32000 Pers./Std.
25 2 4

Skigebiet Wank
18 km präparierte Abfahrten:
15 km mittel, 3 km leicht
Liftkapazität: 6100 Pers./Std.
5 1

Skigebiet Eckbauer
3 km präparierte Abfahrten:
1 km mittel, 2 km leicht
Liftkapazität: 400 Pers./Std.
1 1

Skipaß-Preise siehe Beilage
Tiefschneereviere: Wamberger Wiesen, Partnachalm, Feinselgraben, Finzbachtal, Fraunmahd, Bernadein, Sonnenkar, Hochalm, Gatterlabfahrt
5 Skischulen mit mehr als 120 Skilehrern

Langlauf Testnote ❄❄❄❄

3 Loipen mit insgesamt 39 km Länge (31 km mittel, 8 km leicht); Loipenverbund mit Loisachtal, Isartal, Staffelsee über ca. 110 km; längste Loipe: Garmisch-Partenkirchen – Kaltenbrunn – Barmsee – Krün (720–800 m) 42 km lang (zurück z. B. per Bus), mittel; die Rundloipe Olympia Skistadion (720 m, 3 km lang, leicht) ist täglich bis 22 Uhr beleuchtet; Langlaufunterricht
Grainau 16 Loipenkilometer (730–800 m, 4 km mittel, 12 km leicht) mit Anschluß an das Garmischer Loipennetz; die Krepbachloipe (750 m, 1,2 km lang) ist montags – freitags bis 21 Uhr beleuchtet; Langlaufunterricht

Weitere Sportmöglichkeiten

Après-Ski
DISCO KINO Spielbank

Sportliche Veranstaltungen
57. Int. Wintersportwoche (Ende Dez. 93/Anf. Jan. 94); Weltcup-Skispringen – Neujahrsskispringen (1. Jan. 94); Intern. Hornschlittenrennen um die Bayer. Meisterschaft (6. Jan. 94); Weltcup Ski alpin Damen (22./23. Jan. 94*); Weltcup Ski alpin Herren (29./30. Jan. 94*)
* = evtl. Verschiebung wegen Olympia 1994
Grainau ATP Tennisturnier Herren (März 94)

Spannung und Spaß bieten die halsbrecherischen Abfahrten auf den Hornschlitten (6. Januar 1994).

Hotelempfehlungen Seite 538–540

Zugspitze

Deutschlands höchster Berg hat sich zu einem respektablen Skigebiet gemausert. Auf dem schneesicheren Zugspitz-Platt treffen sich Brettlsportler aller Art bis Ende Mai. Panoramafans sind ganz wild auf den unglaublichen Fernblick.

Die Zugspitz-Gletscherbahn mit 90-Personen-Kabinen fährt ohne Stützen vom Platt zum Gipfel mit einer Fahrbahnlänge von 1000 Metern. Im Hintergrund: Wetterstein- und Karwendelgebirge, links Dreitorspitze, in der Mitte der Hochwanner.

Dem Ehrgeiz der Gemeindeväter von Garmisch-Partenkirchen, am Fuß der 2964 Meter hohen Zugspitze mit einem schneesicheren Revier konkurrieren zu können, hat das höchstgelegene Skigebiet Deutschlands (2000–2830 m) einen gründlichen Ausbau zu verdanken. Bei der hohen Beförderungskapazität der Aufstiegshilfen gibt es an den Liften im 7,5 qkm großen Schneeareal kaum Gedränge. Nur bei der wohlverdienten Verschnaufspause in den Gletscherrestaurants »Sonn Alpin« und »Gipfel Stubn« wird es manchmal eng.
Aus dem Pistenangebot auf dem Platt wählt der Skifahrer à la carte: Anfänger bevorzugen den mit zwei parallellaufenden Doppelschleppern bestückten flachen Teil des Schneeferners zum Üben. Fortgeschrittene folgen den roten Markierungstafeln ins »Weiße Tal« und »Sonnenkar«. Die zwei längsten Abfahrten (3 km) sind die »Super G« vom Wetterwandeck (2700 m) und die »FIS« vom Schneefernerkopf bis ins Brunntal.
Steilwandfahrer lieben den Starthang am Sessellift »Neue Welt«; Buckelfans zieht es ans Wetterwandeck, Pulverfreaks in die vielen Hänge abseits der Pisten.
Durch den fast einen Kilometer langen »Rosi-Mittermaier-Tunnel« kommen die Züge der altgedienten Zahnradbahn direkt im Skigebiet in einem Bahnhof neben dem Gletscherrestaurant (2588 m) an.
Für Liebhaber der Eibsee-Luftseilbahn, auf deren Fahrt man den sensationellen, schwindelerregenden Ausblick genießen kann, ist der Zugang zum Skigebiet durch einen höhengleichen Übergang zur Gletscherbahn, die direkt aufs Platt führt, problemlos zu bewältigen.
Panorama- und Grillfans sind von den großen Sonnenterrassen begeistert, von denen aus sie ein bunt gemischtes Skivölkchen beobachten können.
Vom Platt ins Tal mit angeschnallten Brettln finden nur Ortskundige – oder Tollkühne – durch zwei Hintertürl ins Tiroler Land: einmal durchs »Gatterl« auf einer Skiroute oder mit einem Abseiltrick durch die »Neue Welt« nach Ehrwald.
Auf bayerischem Boden können Skifahrer ohne viel Aufwand (wenn genügend Schnee liegt) am Tunnelfenster (1820 m) oder 180 Meter tiefer an der Station Riffelriß – der Einfahrt der Zugspitzbahn in den Bergstollen – aus der Zahnradbahn aussteigen und fünf Kilometer lang über 820 Höhenmeter zur Eibsee-Haltestelle gemütlich ins Tal abfahren.
Wer das Skigebiet der Zugspitze ausreichend genossen hat, braucht nur im Tal zu bleiben: Vier weitere Skiregionen erschließen sich von Garmisch-Partenkirchen aus.
Zugspitz-Panorama und Garmisch-Partenkirchen siehe Seite 36.
Tiroler Zugspitzgebiet siehe Seite 91.

BESONDERS SCHNEESICHER

Zugspitze, 2964 m

Skigebiet: 2000–2830 m
Saison: November bis Mai

Anreise München auf der A 95 und B 2 nach Garmisch-Partenkirchen (Bahnstation), von dort auf die Zugspitze per Seilbahn vom Eibsee aus oder mit der Zahnradbahn ab Garmisch-Partenkirchen, Grainau oder Eibsee (Parkplätze an den Bahnstationen)
Entfernungen von KA: 346 km, S: 278 km, UL: 197 km, M: 89 km

Information
Verkehrsamt der Kurverwaltung
D-82467 Garmisch-Partenkirchen,
Tel. Verkehrsamt 08821/180-6
Telefax Verkehrsamt 08821/180-55
Bayerische Zugspitzbahn
D-82467 Garmisch-Partenkirchen,
Tel. 08821/797-0, Fax 08821/797-901
Schneetelefon 08821/797979,
089/598484 und 0821/96600
Landesvorwahlnummer siehe Seite 608.

Kinder Gästekindergarten ab 3 Jahre (nicht auf der Zugspitze, sondern an der Haltestelle Kreuzeck/Alpspitzbahn der Zahnradbahn; Tel. 08821/797-851; ca. DM 7/Halbtag, 16/Ganztag inkl. Mittagessen); Skischule ab 4 Jahre (siehe Garmisch-Partenkirchen)

Ski alpin Testnote ❄❄❄

Zugspitzplatt 18 km präparierte Abfahrten: 1 km schwer, 15 km mittel, 2 km leicht
Riffelriß 5 km präparierte Abfahrten
Längste Abfahrt: Zugspitz-FIS und Super G, 3 km lang, 800 m Höhenunterschied, mittel
Snowboardhalfpipe (Snowboardverleih neben »Sonn Alpin«)
Liftkapazität: 11500 Pers./Std.
9 1 2 1

Skipaß-Preise siehe Beilage
Tiefschneereviere: auf dem gesamten Zugspitzplatt
Skischulen in Garmisch-Partenkirchen

Langlauf Testnote –

Auf dem Zugspitzplatt keine Langlaufmöglichkeiten

Weitere Sportmöglichkeiten

Après-Ski
Restaurants »Sonn Alpin« und »Gipfel Stubn« innerhalb der normalen Beförderungszeiten der Seil- und Zahnradbahn.

Euro-Ski-5 heißt der Saisonskipaß, mit dem man fünf Gletscherskigebiete befahren kann: Zugspitze; Kitzsteinhorn, Österreich (S. 162); Titlis, Schweiz (S. 300); Schnalstaler Gletscher, Südtirol (S. 364); Grande Motte, Frankreich (S. 462).

Hotelempfehlungen Seite 538–540

Mittenwald

Der alte Markt Mittenwald mit seinem malerischen Ortskern zieht vornehmlich Gäste an, die nicht nur aufs Skifahren versessen sind – die Dammkar-Fans ausgenommen. Die gewaltige Felskulisse des Karwendel- und Wettersteingebirges beeindruckt allemal.

Der Obermarkt mit gestaffelter Häuserfront, Toren und Tonnengewölben sowie Lüftlmalereien an den Fassaden erinnert an die Blütezeit des Werdenfelser Marktfleckens. Bis ins 17. Jahrhundert war Mittenwald Handelszentrum für die Kaufleute aus Venedig und Augsburg. Den Geigenbau als florierendes Gewerbe führte Mathias Klotz ein, der 1684 vom italienischen Meister Amati das Handwerk lernte. Ein Klotz-Denkmal steht vor der Barockkirche, die von dem berühmten Wessobrunner Baumeister Josef Schmuzer erbaut wurde. Nebenan liegen das Geigenbau- und das Heimatmuseum.

Das Paradestück der Skipisten ist das Dammkar – mit 6,5 km Länge und rund 1300 m Höhenunterschied nicht nur die längste, sondern auch eine der anspruchvollsten Abfahrten in den bayerischen Alpen. Liebhaber zählen das romantische Kar hinter den Felsnadeln der Westlichen Karwendel- und der Viererspitze auch zu den landschaftlich reizvollsten Abfahrten.

Zur »Entschärfung« der als hochalpin gekennzeichneten Abfahrt hat man von der 2244 m hoch gelegenen Bergstation einen 450 m langen Fußgängertunnel zum Einstieg ins Dammkar gebaut; Fangnetze wurden angebracht und »Rampen« angelegt, auf denen Planierraupen die Steilhänge hinaufklettern und auch Skifahrer der Mittelklasse abfahren können, die sich dank solcher Pistenpflege das Dammkar jetzt durchaus zutrauen dürfen. Tiefschnee-Freaks queren zum 500 m langen Latschenhang oder raffen sich zum Aufstieg ins Viererkar auf. (Beide werden vom Lawinenwarndienst nicht betreut.)

Gemütlicher geht es auf der gegenüberliegenden Seite zu: auf den sanften Hängen des Hohen Kranzberges (1391 m). In diesem zweiten Mittenwalder Skigebiet tummeln sich Anfänger und Fortgeschrittene. Wer direkt vom Ort aus starten will, nimmt den Sessellift und fährt bis St. Anton (1220 m), um dort in das Liftkarussell am Wilden- und Luttensee einzusteigen. Schneller geht's, wenn man mit dem Auto den Parkplatz am Luttensee ansteuert und von dort aus ins Kranzberg-Skirevier eintaucht.

Mittenwald, 920 m

Skigebiet: 920–2244 m
8500 Einwohner, 6000 Gästebetten
Saison: Dezember bis März bzw. Anfang Mai (Dammkar)

Anreise München, Mittenwald (Bahnstation)
Entfernungen von KA: 368 km, S: 300 km, UL: 219 km, M: 111 km

Information
Kurverwaltung Mittenwald,
D-82481 Mittenwald, Tel. 08823/33981
Telefax 08823/2701
Schneetelefon Kranzberg 08823/5995,
Dammkar 08823/5396
Landesvorwahlnummer siehe Seite 608.

Kinder Gästekindergarten ab 3 Jahre (gemeindlicher Kindergarten, Tel. 08823/5133, nur mit Gesundheitszeugnis; ca. DM 2/Halbtag, 6/Ganztag mit Mittagessen);
Skischule ab 3–4 Jahre (ca. DM 130/5 Tage à 3 Std.)

Ski alpin Testnote ❄❄

Skigebiet Karwendel
Dammkar-Abfahrt: 6,5 km Länge, Höhenunterschied 1311 m, schwer
Liftkapazität: 350 Pers./Std.
1

Skigebiet Kranzberg
18,2 km präparierte Abfahrten:
2,1 km schwer, 10,4 km mittel, 5,7 km leicht
Längste Abfahrt: Gipfel – Sessellift/Talstation, 3 km Länge, 390 m Höhenunterschied, mittel

Die Abfahrt Luttensee 1 (320 m lang, leicht) ist dienstags und donnerstags von 18.30 bis 21.30 Uhr beleuchtet
Liftkapazität: 6430 Pers./Std.
7 1 1

Skipaß-Preise siehe Beilage

Tiefschneerevier: Dammkar (nur nach Neuschneefällen)
2 Skischulen mit 100 Skilehrern

Langlauf Testnote ❄❄❄

5 Rundloipen über 20 km Länge, leicht; Anschluß an Rundloipe Scharnitz – Seefeld (920–1125 m), 30 km Länge, mittel, gebührenpflichtig; Skateloipe: Riedboden, 2 km; Nachtloipe: Riedboden (920 m), 1,2 km Länge, leicht, montags, mittwochs und freitags von 18.30 bis 21 Uhr beleuchtet; Unterricht

Weitere Sportmöglichkeiten

Eishockey

Après-Ski

Schlechtwetter-Tip: Ein Besuch im Fitnessland Spartakus (Mühlenweg 6, Tel. 3961).

Hotelempfehlungen Seite 538–540

Lenggries

Brauneck und Jachenau, das sind zwei Namen, die bei Alpinskifahrern und Langläufern einen guten Klang haben. Die Liftketten am Brauneck sprengen bayerische Dimensionen, die Loipen in der Jachenau gehören unbestritten zu den schönsten in Oberbayern.

Selbst einheimische Skifahrer, die nach längerem »Fremdgehen« wieder dem Brauneck-Skigebiet bei Lenggries einen Besuch abstatten, sind oft überrascht: Der traditionsreiche Münchner Hausberg ist ein Skigebiet, das auch »ausländischen« Vergleich nicht zu scheuen braucht.

Neben der Gondelbahn von Lenggries aus führt 2 km weiter, ab Wegscheid, noch eine weitere Liftkette auf den 1556 m hohen Brauneck-Gipfel; in Richtung Jachenau schließen sich das »Hintere Brauneck« mit Liften und – noch einmal dahinter – die »Idealhang«-Liftkette bis auf 1600 m an.

Man erlebt es in einem bayerischen Skigebiet selten: Es gibt so viele erschlossene Pisten, daß man sie an einem Tag gar nicht alle abfahren kann. Man denke nur an die rund 5 km lange »Familienabfahrt« vom Brauneck-Haus (sie hat trotz ihres Namens durchaus ihre Tücken), weiter an die rund um den alten »Bayern-Lift« erschlossenen Hänge mit anspruchsvollen Tiefschnee-Abstechern für den Könner und schließlich an die Idealhang-Kette, ein Name, der aus heutiger Sicht etwas übertrieben klingt.

Die eigentliche Attraktion am Brauneck bildet jedoch ein Steilhang mit der Bezeichnung »Großer Garland«. Über diesen berüchtigten Hang – steil, bucklig und oft vereist – führt die Weltcup-Rennstrecke ins Tal.

Mittlerweile wurde der Garland-Hang entschärft, um auch dem weniger geübten Skifahrer diese Abfahrt erschließen zu können.

Vom Garland weiter hinunter ins Tal führt eine Abfahrt, die weitgehend präpariert wird und unten am »Weltcup-Hang«, und damit wieder an der Talstation der Gondelbahn, endet. Diese Abfahrt, die weiter ausgebaut und entschärft wurde, hat noch ein weiteres Steilstück, die berüchtigte »Waldschneise«. Diese Piste

kann aber leicht umfahren werden. Das Brauneck hat dasselbe Problem wie viele andere relativ nah an München gelegene Skigebiete (Entfernung rund 60 km): Am Wochenende gehört »der Berg« den Münchnern.

Der Sessellift im Brauneck-Skigebiet erschließt variantenreiche Abfahrten rund um die Finster-Münz-Almen.

Die Folge: Ärgerliche Warteschlangen an Bergbahn und Liften, die Kapazität reicht einfach nicht aus. Meist wartet man jedoch an der Gondel trotz massiven Andrangs nicht so lange wie an der hinteren Liftkette. Dort gilt es, sich an jedem der Lifte wieder neu anzustellen.

Für »Einkehr-Schwinger« ist das Brauneck mit rund 20 Hütten optimales »Übungsgebiet«. Drei besonders erwähnenswerte Brotzeit-Stationen: die gemütliche Kotalm-Hütte mit schneller Bedienung und zivilen Preisen, der urige Finstermünz-Kiosk, der nur Kiosk heißt, weil er keine Hüttenkonzession hat, und die versteckt liegende Reiser-Alm (am Weltcup-Hang-Zielhäuserl rechts), in der's immer Platz gibt.

Alpinskifahrer, die sich gerne auch in der Loipe austoben wollen, müssen nicht weit laufen oder fahren: Direkt an den Endpunkten der verschiedenen Skiabfahrten vorbei führen die Loipen von Lenggries.

Die Feinschmecker jedoch unter den Schmalspur-Skifahrern begeben sich in die nur wenige Kilometer entfernte **Jachenau**. In diesem Tal sind die wohl landschaftlich reizvollsten und auch schneesichersten Loipen Oberbayerns gespurt. Und obwohl sich die »Zipfelhauben-Mafia« immer recht sportlich gibt – an gemütlichen Gasthäusern laufen die wenigsten vorbei.

Auch die 75 Loipenkilometer um **Bad Tölz** lohnen einen Abstecher – der Rundkurs Bad Tölz – Kloster Reutberg gilt vielen als eine der schönsten Loipen Oberbayerns.

Zum Après-Ski bietet Bad Tölz (9 km von Lenggries entfernt) Badespaß im »Alpamare« mit Brandungsbecken und Wildwasser-Rutschbahn.

Am Oberlauf der Isar liegt das malerische Lenggries mit seinem Hausberg, dem Brauneck.

Lenggries, 680 m

Skigebiet: 700–1600 m
8300 Einwohner, 2200 Gästebetten
Saison: Dezember bis Ende März

Anreise Autobahn München – Salzburg (Ausfahrt Holzkirchen), Lenggries (Bahnstation)
Entfernungen von KA: 341 km, S: 273 km, UL: 192 km, M: 53 km

Information
Verkehrsamt der Gemeinde Lenggries, D-83661 Lenggries, Tel. 08042/5008-20
Telefax 08042/5008-50
Schneetelefon 08042/5008-49/8910
Landesvorwahlnummer siehe Seite 608.

Kinder kein Gästekindergarten; Skischule ab 3½ Jahre (ca. DM 140/Woche ohne Mittagessen)

Ski alpin Testnote ✻✻

34 km präparierte Abfahrten:
5 km schwer, 23 km mittel, 6 km leicht
Längste Abfahrt: Brauneck–Wegscheid, 5 km Länge, 800 m Höhenunterschied, mittel
Schwerste Abfahrt: Garland-Abfahrt, 3,5 km Länge, 800 m Höhenunterschied
Der Streidlhang (im Panorama Nr. 19, 1,1 km Länge, leicht) ist montags bis samstags von 19 bis 22 Uhr beleuchtet
Liftkapazität: 18070 Pers./Std.
15 3 1

Skipaß-Preise siehe Beilage
Tiefschneerevier: Garland-Hang
Skirouten: Brauneck – Probstalm – Längental, Lenggries – Hirschbachsattel – Seekar
3 Skischulen mit 60 Skilehrern

Langlauf Testnote ✻✻✻

70 Loipenkilometer im Gemeindebereich; 110 Loipenkilometer im gesamten Isarwinkel inklusive Bad Tölz; längste Loipe: Leger-Jachenau-Rundkurs (730–750 m), 37 km lang, leicht (Parkgebühr in der Jachenau ca. DM 2); Höhenloipe: Engtal-Loipe (grenzüberschreitend nach Tirol, 1000 bis 1200 m), 23 km lang, mittel; Nachtloipe: Kleine Runde an der Wegscheider Straße (700–705 m, leicht), täglich auf Knopfdruck bis 22 Uhr zu beleuchten; Langlaufunterricht

Weitere Sportmöglichkeiten
Freizeitbad »Isarwelle«

Après-Ski

Etwas für Mutige ist ein Passagierflug vom Brauneck über Lenggries bis zur Landewiese der Drachenflieger. Für dieses unvergeßliche Urlaubserlebnis muß man mit ca. DM 200 (inklusive Bahnfahrt zum Bergstation-Startplatz) rechnen. Information und Anmeldung in der Flugschule Lenggries, Lenggries, Tel. 08042/3254.

Hotelempfehlungen Seite 538–540

Das Tegernseer Tal

Nur einen Katzensprung von München entfernt liegt der Tegernsee mit seinem gefürchteten Skiberg, dem Wallberg. Aber auch wer sich den »Glaslhang« nicht zutraut, findet hier gute Sportmöglichkeiten.

»Lago di Bonzo« nennen ihn manche Münchner, und sie haben gar nicht so unrecht, denn der Tegernsee, eines der beliebtesten bayerischen Naherholungsgebiete, etwa 50 Kilometer südlich der Landeshauptstadt, zieht nicht nur die Münchner an: Auch viele kapitalkräftige Bundesbürger nördlich des Weißwurst-Äquators haben sich am Tegernsee ein imageförderndes Zweithaus zugelegt. Das Ergebnis: ein Bau-Boom an den Ufern des Sees und an den Berghängen, den der am Schliersee wohnende – und inzwischen fast zu erfolgreiche – Kabarettist Gerhard Polt als »ver-rottachisieren« bezeichnet.

Rottach-Egern am Südende des Sees zu Füßen des eindrucksvollen Wallbergs gelegen, ist ein Parade-Beispiel dafür, wie sehr die Verstädterung bereits fortgeschritten ist. Und dennoch – oder vielleicht deswegen: Der Tegernsee übt gerade mit seiner reizvollen Mischung aus unverfälschter oberbayerischer Landschaft und gelegentlich fast städtisch wirkenden Ortschaften eine ungebrochene Anziehungskraft auf »Preiß'n«, Prominente und ganz »normale« Bürger aus.

Während im Sommer natürlich das glasklare Wasser (Trinkwasser-Qualität) des Sees die Freizeitsportler in Scharen anlockt, sind's im Winter die Berge oder vielmehr ist's »der« Berg, der Wallberg (1722 m).

Aber der früher berühmtberüchtigte Berg seiner beiden »schwarzen« Abfahrten wegen ist so gefährlich nicht mehr: Nur noch die Standard-Abfahrt ist schwer, weil steil und häufig vereist, und sollte nur von wirklich geübten Skifahrern unter die Bretter genommen werden; für die Moosabfahrt, die mittlerweile in einem Pistenabschnitt entschärft worden ist, sollte man jedoch mindestens über die Könnensstufe »mittel« verfügen.

Wer sich jedoch die Talfahrt per Ski über den zu Recht gefürchteten »Glaslhang« oder auch die Moosabfahrt nicht zutraut, der kann oben am Wallberg das tun, was die meisten Wallberg-Besucher machen: sich in die Sonne legen oder im Gasthaus ein Weißbier trinken. Ein weiterer Schlepplift in unmittelbarer Nähe erschließt Hänge, die etwas anspruchsvollere Übungspisten bieten. Natürlich muß man nicht gleich auf den Wallberg, wenn man am Tegernsee skifahren will. Rings um den See gibt's in Talnähe teilweise recht attraktive Skihänge, die sogar in einigen Fällen am Abend beleuchtet sind (Sonnenbichl in **Bad Wiessee**, Oedberg bei **Gmund** und Sonnenmoos in Rottach-Egern). Eine weitere, recht anspruchsvolle Ski-Spielwiese, auf der auch etwas sportlichere Fahrer ihren Spaß haben, findet man auf dem Weg von Rottach nach **Kreuth**, zu Füßen des besonders von Tourenskifahrern sehr geschätzten Hirschbergs.

Wer am Tegernsee wohnt, gerne aber auch mal am Spitzingsee (dem Skigebiet des im Nachbartal gelegenen Schliersee) wedeln möchte, bitte sehr: ein paar Minuten Fahrt mit dem Bus oder dem Auto von Rottach in Richtung Sutten, und schon hat man mit dem Suttenlift Verbindung zum Skizirkus rund um den Spitzingsee. Langläufer finden in der »Sutten« übrigens eine bis weit ins Frühjahr hinein schneesichere und landschaftlich sehr reizvolle Loipe.

Anspruchsvolle Schmalspur-Skiläufer laufen in Rottach und in Richtung Kreuth – dank der föhnunempfindlichen Lage bis Ende März. Doch Vorsicht: Wer alle Schmankerl des Tegernseer Tales auskosten will, muß darauf achten, daß er sich tagsüber auf Piste und Loipe nicht allzu sehr verausgabt. Eine Spielbank in Bad Wiessee, das weit über die Landesgrenzen hinaus bekannte »Bräustüberl« in **Tegernsee** sowie zahlreiche erstklassige Restaurants, bis hin zum französischen Feinschmekker-Lokal, und viele Discos und Tanzlokale stellen auch beim Après-Ski hohe Anforderungen an das Stehvermögen des Wintersportlers – auch in finanzieller Hinsicht.

Abendstimmung am Wallberg-Gipfel: Am Horizont das Wettersteingebirge mit der Zugspitze (links vom Turm).

Am Südende des Tegernsees liegt Rottach-Egern, im Hintergrund der Stümpfling-Gipfel.

Tegernseer Tal, 730–786 m
Bad Wiessee, Tegernsee, Rottach-Egern, Kreuth, Gmund

Skigebiet: 750–1722 m
25 000 Einwohner, 14 000 Gästebetten
Saison: Dezember bis März (Ostern)

Anreise Autobahn München – Salzburg (Ausfahrt Holzkirchen), dann B 318 ins Tegernseer Tal. Bahnstationen sind Gmund und Tegernsee.
Entfernungen von KA: 357 km, S: 289 km, UL: 208 km, M: 56 km

Information
Fremdenverkehrsgemeinschaft Tegernseer Tal, D-83682 Tegernsee, Tel. 08022/1801-49, Telefax 08022/3758
Landesvorwahlnummer siehe Seite 608.

Kinder keine Gästekindergärten; Skischule ab 3 Jahre (Kreuth ca. DM 80/5 Tage, Bad Wiessee ca. DM 210/6 Tage, jeweils ohne Mittagessen)

Ski alpin Testnote ❄❄

25 km präparierte Abfahrten:
2 km schwer, 8 km mittel, 15 km leicht
Längste Abfahrt: Moosabfahrt am Wallberg, 4,5 km, 830 m Höhenunterschied, mittel
Schwere Abfahrt: Wallberg-Standard nach Rottach-Egern, 4,5 km Länge, 830 m Höhenunterschied
Beleuchtete Pisten (alle mittel): Ödberg (Gmund), 640 m lang, montags bis freitags von 19 bis 22 Uhr; Sonnenmoos (Rottach-Egern), 460 m lang, montags, mittwochs und freitags von 19.30 bis 22 Uhr; Sonnenbichl I und II (Bad Wiessee), 560 m lang, täglich von 19 bis 22 Uhr
Liftkapazität: 11 500 Pers./Std.

18 2 1

Linienbusse zum Wallberg, zur Sutten und nach Kreuth, Ringlinie um den Tegernsee

Skipaß-Preise siehe Beilage

8 Skischulen und über 90 Skilehrer

Langlauf Testnote ❄❄❄❄

12 Loipen über insgesamt 102 km Länge (41 km mittel, 61 km leicht); 25 km Skatingloipe; längste Loipe: Kreuth – Glashütte (800–830 m), 21 km lang, leicht bis mittel; Höhenloipe: Sutten (1000–1040 m), 4 km lang (auf 3,5 km Skatingspur), leicht bis mittel mit schwierigen Stellen; die Ortsloipe Bad Wiessee (725 m, 2 km lang) ist täglich von 18 bis 21 Uhr, die Loipe Kreuth – Brunnbichl (800 m, 2 km lang) ist täglich von 17 bis 22 Uhr beleuchtet; Loipenverbund Kreuth – Rottach-Egern bzw. Bad Wiessee – Gmund; Langlaufunterricht

Weitere Sportmöglichkeiten

Gleitschirmfliegen

Après-Ski

Spielbank Bad Wiessee

Sportliche Veranstaltungen

28. Ski-Derby der Sportprominenz (Bad Wiessee, Ende Febr./Anfang März 94)

Après-Tip: Ein Besuch im Olaf-Gulbransson-Museum in Tegernsee.

Hotelempfehlungen Seite 538–540

Schliersee mit Spitzingsee

Am Schliersee und am Spitzing, da ist was los! Attraktive Abfahrten und bayerische Gemütlichkeit beim Après ziehen nicht nur die »Nordlichter« an, sondern auch die Münchner, die es nicht weit haben.

Eine »heiße« Liebe verbindet die Münchner mit ihrem Hausskigebiet Nr. 1, den Bergen rund um den 1085 m hoch gelegenen Spitzingsee. Zum einen ist die zur Gemeinde Schliersee gehörende Schnee-Oase von München nicht weiter als 60 km entfernt (gut die Hälfte davon auf der Autobahn), zum anderen ist das genau der Grund, dem das Wintersportgebiet seinen besonderen Ruf verdankt. An schönen Wochenenden geht es zu Füßen des Stümpflings und des Taubensteins, der beiden markanten Skiberge der Region, oft hoch her. Dann nämlich sind die zahlreichen (und kostenpflichtigen!) Parkplätze überfüllt, und die einzige Zufahrtsstraße zum Spitzingsee wird gesperrt.
Doch nicht nur die kurze Fahrzeit läßt die »Staderer« – so heißen die Münchner bei der Landbevölkerung – in Scharen am schönen Schliersee vorbei in höhere Regionen strömen, auch die Pisten haben ihren Reiz. Aber man muß wissen, wann man wo fahren kann. Während der Woche gibt's, wie gesagt, kaum Probleme an den Liften, die den traditionsreichen Skiberg Stümpfling erschließen. Die »Lyra« (Richtung Spitzingsee) und die »Sutten« (Richtung Tegernseer Tal) sind die beiden jeweils 3–4 km langen Renommier-Abfahrten für die ganze Familie.
Wer an schönen Wochenenden lange Wartezeiten am Sessellift der Stümpflingbahn vermeiden will, kommt mit dem nur einige hundert Meter weiter nördlich gelegenen »Kurvenlift« schneller auf den Gipfel – allerdings mit »Umsteigen«.
Etwas für Steilhang-Spezialisten ist die Abfahrt vom Roßkopf, einem von

der »Lyra« mit einem recht steilen Schlepplift oder durch einen 20-Minuten-Fußmarsch erreichbaren »Nebengipfel« des Stümpflings. Vom Stümpflinggipfel nach Norden führt ein meist eisiger und steiniger Übergang (Wind!) zur Firstalm, einem sehr schneesicheren Nordhang, der auch Nicht-Skifahrern ein Begriff wurde: Jeweils am Faschings-Sonntag findet hier der traditionelle Skifahrer-Fasching statt.
Wer den Skitag nicht auf den Sonnenterrassen der beiden gemütlichen Gasthäuser »Obere Firstalm« (mit einem Verbindungslift erreichbar) und »Untere Firstalm« (meist überfüllt) ausklingen lassen will, findet über die gemütliche »Drei-Tannen-Abfahrt« wieder Anschluß an den Mini-Skizirkus rund um den Stümpfling.
Mit seinem Skipaß kann der Skifahrer noch in ein weiteres, östlich vom kleinen Spitzingsee (vom November bis Ende März zugefroren und damit eine »Spielwiese« für Schlittschuhfahrer und Eisstockschützen) gelegenes Skigebiet einsteigen: dem Taubenstein, besonders für sportliche Skifahrer interessant.
Die bekannten Abfahrten: Oberer und Unterer Lochgraben, Rauhkopf und der sonnige Telegraphenhang.
Die Endstation der Taubensteinbahn ist auch Ausgangspunkt für viele reizvolle Skitouren in das Naturschutzgebiet rund um die etwa 1800 m hohe Rotwand. In etwas mehr als einer Stunde geht man auf einer landschaftlich eindrucksvollen Wanderung zum Rotwandhaus (Spezialität: Kaiserschmarrn). Von dort aus schwingt man auf unpräparierten Abfahrten wieder ins Tal. Die Münchner Traditions-Skitour heißt »Große Reib'n«. Sie führt über das Große ins Kleine Tiefental und über den Miesingsattel wieder zurück ins Skigebiet.

Schliersee/Spitzingsee,
780–1085 m

Skigebiet: 784–1758 m
6500 Einwohner, 4000 Gästebetten
Saison: Dezember bis März/April

Anreise Autobahn München – Salzburg (Ausfahrt Weyarn), Schliersee (Bahnstation)
Entfernungen von KA: 368 km, S: 300 km, UL: 219 km, M: 64 km

Information
Kurverwaltung Schliersee,
D-83727 Schliersee, Tel. 08026/4069
Telefax 08026/2325
Schneetelefon 08026/7099
Landesvorwahlnummer siehe Seite 608.

Kinder kein Gästekindergarten; Skischule ab 5 Jahre (ca. DM 170/Woche inkl. Mittagessen)

Ski alpin Testnote ❄❄

Skigebiet Stümpfling
19,9 km präparierte Abfahrten:
4,5 km schwer, 3,5 km mittel, 11,9 km leicht
Längste Abfahrt: Roßkopfabfahrt, 3,5 km Länge, 580 m Höhenunterschied, schwer
Liftkapazität: 9400 Pers./Std.
11 2

Skigebiet Taubenstein
10,5 km präparierte Abfahrten:
1,5 km schwer, 2 km mittel, 7 km leicht
Liftkapazität: 4300 Pers./Std.
5 1

Kostenloser Pendelbus zwischen den Skigebieten und der Talstation vom Kurvenlift
Skipaß-Preise siehe Beilage
2 Skischulen mit ca. 45 Skilehrern

Langlauf Testnote ❄❄❄

6 Loipen über insgesamt 30 km (13 km schwierig, 7 km mittel, 10 km leicht) Länge; Loipenverbund Schliersee – Fischbachau – Bayrischzell, 100 km Länge; längste Loipe: Neuhaus – Bayrischzell (770–810 m, leicht), 13 km lang; Höhenloipe: Valepper-Almen-Loipe (1000 m), 4 km, mittel; Skate- und Nachtloipe: Schliersee-Loipe (780 m, mittel), 3,5 km Länge, täglich bis 22 Uhr beleuchtet; Langlaufunterricht

Weitere Sportmöglichkeiten

Après-Ski

Sportliche Veranstaltungen
Winterfest am Spitzingsee (Ende Febr./Anfang März 94)

Am Firstalmfasching – dem über die Grenzen berühmten Faschingssonntag – dürfen alle maskierten Skifahrer einige Lifte ab mittag gratis benützen.

Hotelempfehlungen Seite 538–540

Bayrischzell mit Wendelstein

So eine Art Münchner Hausrevier sind Bayrischzell und das höher gelegene Sudelfeld. Aber auch am Wendelstein findet der Skifan erstklassige Pistenvarianten.

Das Ziel der schneehungrigen Städter liegt im »ersten Stockwerk« des traditionsreichen Wintersportortes: dem in rund 1100 m Höhe beginnenden Sudelfeld, wo es an Wochenenden drangvoll eng zugehen kann.
Charakter des gesamten Skigebietes: leichte bis mittelschwere Abfahrten für die ganze Familie – mit Ausnahme vielleicht der direkten Abfahrten (neben den Liften) am Waldkopf (steile und oft eisige Buckelpiste) und der Abfahrt in die Rosengasse (hier gibt's nur am relativ steilen Starthang Schwierigkeiten für weniger standfeste Skifahrer).
Der Brettlfan, der in Bayrischzell wohnt, kommt mit einem recht gemütlichen Sessellift herauf in das schneesichere und sehr sonnige Revier. Er muß sich jedoch am Nachmittag entscheiden, ob er die teilweise recht enge und steile Abfahrt zurück ins Tal nimmt oder doch lieber wieder im Sessellift in die Tiefe schwebt.
Der eigentliche »Geheimtip« für Skifahrer in dieser Region liegt etwa 2 km nördlich vor dem Ort: Wendelstein heißt der Riesenfelsen, der von unten gar nicht so skifahrerfreundlich ausschaut. Doch der von Westen (Osterhofen) mit einer modernen Seilbahn und von Osten her (Brannenburg) mit einer Zahnradbahn erschlossene Berg hat's in sich. Da aber die lange und sehr schöne Abfahrt nach Bayrischzell meist nur im Hochwinter ausreichend Schnee bis ins Tal hat (sonnige Süd- und Westhänge), fahren viele nicht hinauf.
Der Clou am Wendelstein: die oben erwähnten steilen Nord- und Osthänge, die sich Richtung Brannenburg (Talstation der Zahnradbahn) hinziehen.

Bayrischzell, 802 m

Skigebiet: 800–1800 m
1600 Einwohner, 2200 Gästebetten
Saison: Dezember bis März

Anreise BAB München – Salzburg (Ausfahrt Weyarn), Bayrischzell (Bahnstation)
Entfernungen von KA: 383 km, S: 315 km, UL: 234 km, M: 79 km

Information
Kuramt Bayrischzell,
D-83735 Bayrischzell, Tel. 08023/648
Telefax 08023/1034
Schneetelefon 08023/428
Landesvorwahlnummer siehe Seite 608.

Kinder Gästekindergarten ab 3 Jahre (im kathol. Pfarrzentrum, Tel. 08023/730; ca. DM 24/Halbtag 7.30 bis 14 Uhr inkl. Mittagessen);
Skischule ab 3 Jahre
(ca. DM 225/Woche inkl. Mittagessen)

Ski alpin Testnote ❄❄❄

Sudelfeld
30 km präparierte Abfahrten:
1 km schwer, 24 km mittel, 5 km leicht
Schwere Piste: Ostabfahrt zur Mitteralm 3 km, 520 m Höhenunterschied
Längste Abfahrt: Vogelsang (oberes Sudelfeld) – Bayrischzell, 3,5 km Länge, 600 m Höhenunterschied, mittel
Liftkapazität: 20 000 Pers./Std.
16 2

Wendelstein
10 km präparierte Abfahrten:
3 km schwer, 5 km mittel, 2 km leicht
Schwere Piste: Ostabfahrt zur Mitteralm 3 km, 520 m Höhenunterschied
Längste Abfahrt: Wendelstein-Westabfahrt – Bayrischzell, 5 km Länge, 932 m Höhenunterschied, mittel
Liftkapazität: 1700 Pers./Std.
2 1 1 (ab Brannenburg)

Skipaß-Preise siehe Beilage

Tiefschneereviere: Wendelstein – Lacherkar, Sudelfeld, Traithenkar, Rotwand
2 Skischulen mit ca. 60 Skilehrern

Langlauf Testnote ❄❄

5 Loipen über insgesamt 50 km Länge (22 km mittel, 28 km leicht), längste Loipe: Rundkurs Bayrischzell – Neuhaus (760–800 m), 22 km lang, leicht; Höhenloipe: Rundkurs Zipflwirt – Kloaschautal (833–900 m), 6 km lang, mittel; Langlaufunterricht

Weitere Sportmöglichkeiten

Après-Ski

KINO

Der Skibus ist nur gratis für Inhaber von Mehrtagespässen. Tagesgäste müssen mit ca. DM 3 für die Fahrt vom Bahnhof Bayrischzell bis Unteres Sudelfeld (ca. DM 1,70 bis Schwebelift) rechnen.

Hotelempfehlungen Seite 538–540

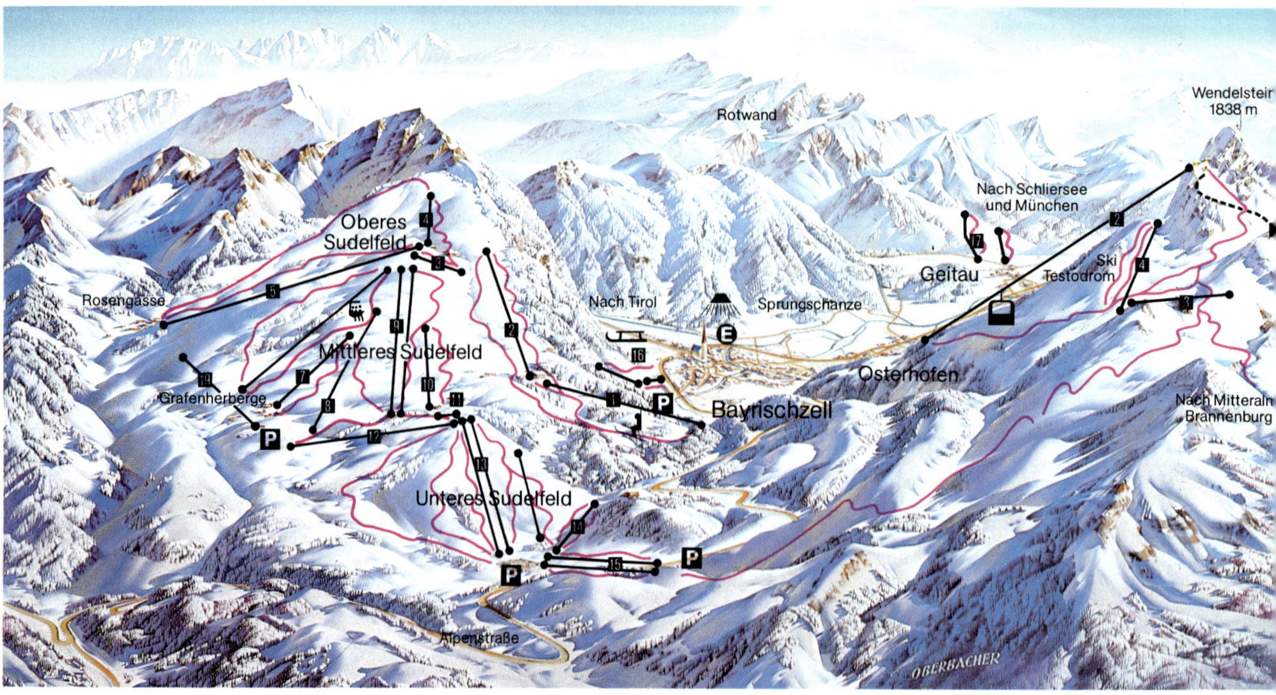

Reit im Winkl

Die Winklmoosalm, Reit im Winkls Parade-Skigebiet, ist Südostbayerns bekanntestes Ski-Areal. Grund dafür sind die weit überdurchschnittliche Schneesicherheit und die Weitläufigkeit des lieblich-milden Geländes.

Grenzenlos wirkt die Skiarena, und sie ist es in der Tat sogar: Denn ein großer Teil liegt auf österreichischem Staatsgebiet, der breite Buckel der Kammerköhr-Steinplatte nämlich. Auch von »drüben« kommt man rauf, Talort ist Waidring. Deutsche Besucher müssen, von Reit im Winkl kommend, ihr Auto spätestens in Seegatterl parken: Von dort geht's ausschließlich mit dem Pendel-Skibus hinauf zur Alm.

Oben, zwischen 1100 und 1800 Meter, ist die Skibusenge vergessen, so weitläufig präsentiert sich das Gelände. Vor allem schwächere Skifahrer finden hier ein Paradies. Fortgeschrittene Brettlfans absolvieren die Schlepplift-Rallye hinüber zur Steinplatte, wo sogar steile, aber kurze Hänge locken. Vorsicht bei der Talabfahrt nach Seegatterl: sie ist eng und häufig hart bis eisig. Tiefschnee-Liebhaber finden am Dürnbachhorn ein schönes Revier.

Außer der Winklmoosalm mitsamt der Steinplatte besitzt Reit im Winkl zwei weitere Skigebiete, doch sind sowohl der Walmberg als auch das ortsnahe Übungsareal im Tal ausschließlich für Anfänger und Ungeübte geeignet.

Reit im Winkl genießt im Kreis der Wettbewerbe (Langlauf, Biathlon) übrigens einen hervorragenden Ruf: Aufgrund seiner Schneesicherheit springt man häufig für schneelose Konkurrenzorte ein. Langläufer kommen auch auf ihre Kosten.

Waidring siehe Seite 145.

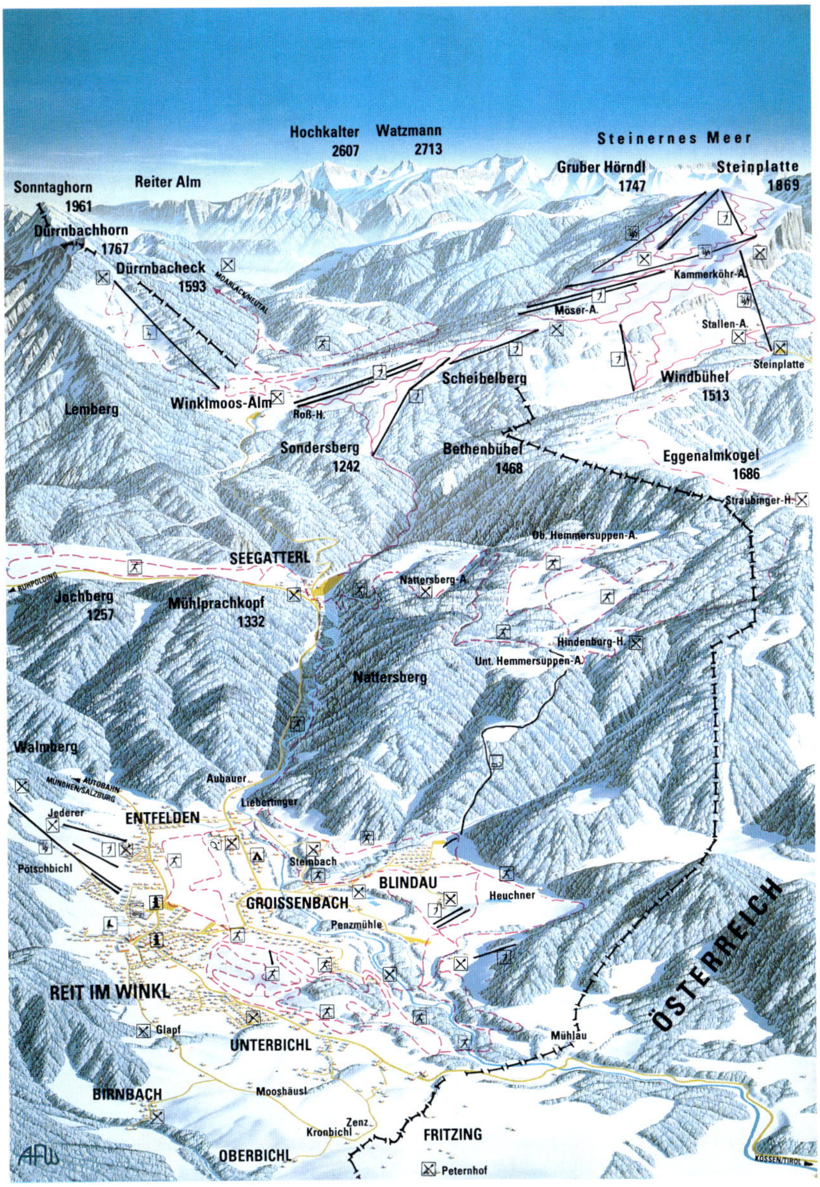

BESONDERS SCHNEESICHER

Reit im Winkl, 695 m

Skigebiet: 695–1870 m
3500 Einwohner, 5300 Gästebetten
Saison: Dezember bis März/April

Anreise A 8 (Ausfahrt Bernau), Reit im Winkl. bzw. Traunstein/Siegsdorf, Prien (Bahnstation). Bahnbus München – Reit im Winkl
Entfernungen von KA: 426 km, S: 358 km, UL: 277 km, M: 122 km

Information
Verkehrsamt
Rathausplatz 1, D-83242 Reit im Winkl
Tel. 08640/80021, Fax 08640/80029
Schneetelefon 08640/80025
Landesvorwahlnummer siehe Seite 608.

Kinder kein Gästekindergarten; Skischule ab 3–4 Jahre
(ca. DM 210/5 Tage inkl. Mittagessen)

Ski alpin Testnote ❄❄

Skigebiet Winklmoos-Steinplatte
45 km präparierte Abfahrten:
5 km schwer, 20 km mittel, 20 km leicht
Längste Abfahrt: Von der Steinplatte zum Seegatterl, 9 km Länge, 1100 m Höhenunterschied, mittel
Schwerste Abfahrt: Nordhang-Abfahrt, 1,2 km Länge, 400 m Höhenunterschied
Liftkapazität: 23000 Pers./Std.

8 4

Skipaß-Preise siehe Beilage
Tiefschneerevier: Dürrnbachhorn
Skischule mit ca. 30 Skilehrern

Langlauf Testnote ❄❄❄

110 Loipenkilometer (30 km schwierig, 50 km mittel, 30 km leicht); Höhenloipen: Hemmersuppenalm (1100 m), 15 km mittel; Winklmoos-Alm (1000–1200 m), 15 km Länge, mittel; längste Loipe: Seegatterl – Weitsee (650–850 m) mit 30 km Länge, mittel; Nachtloipe: Rundkurs im Langlauf-Stadion (700 m), 3 km lang, mittel, dienstags und donnerstags bis 20 Uhr beleuchtet; Loipengebühr für Gäste ohne Kurkarte ca. DM 5/Tag, 50/Saison; Langlaufunterricht

Weitere Sportmöglichkeiten

Après-Ski

Sportliche Veranstaltungen
Weltcup Nordische Kombination Herren (Springen und Sprint Langlauf, 5. Jan. 94)

Fürs Kind im Manne und in der Frau lohnt sich ein Besuch im Spielzeugmuseum. Zu sehen ist altes Spielzeug von 1900 bis ca. 1960: z. B. Dampfmaschinen, Puppen, Bewegungsspielzeug, Penny Toys, Spardosen, Zinnsoldaten, Straßenbahnen und einer Video-Ecke mit Filmvorführung. Mit der 60 Jahre alten Eisenbahn darf man sogar spielen (Kirchplatz 6, Tel. 08640/4 72).

Hotelempfehlungen Seite 538–540

Berchtesgadener Land

Das Berchtesgadener Land, das sich geographisch auf nur wenige Kilometer konzentriert, hat sich trotz zahlreicher Gäste aus aller Welt seine ursprüngliche Natürlichkeit bewahrt.

Berchtesgadener Land, 480–1800 m
Berchtesgaden
Bischofswiesen,
Marktschellenberg,
Ramsau, Schönau am Königssee

Skigebiet: 600–1800 m
25500 Einwohner, 23500 Gästebetten
Saison: Dezember bis Anfang April

Anreise Autobahn München – Salzburg (Ausfahrt Bad Reichenhall), Berchtesgaden (Bahnstation)
Die Kernzone von Berchtesgaden ist weitgehend autofrei. Von Sammelparkplätzen am Ortsrand fahren Elektrobusse (Fahrpreis ca. DM 1,–, mit Kurkarte gratis) im 40-(Sommer: 20)-Minutentakt durch den Ortskern bis zum Salzbergwerk und wieder zurück.
Entfernungen von KA: 465 km, S: 397 km, UL: 316 km, M: 161 km

Information
Kurdirektion des Berchtesgadener Landes, Königsseerstr. 2, D-83471 Berchtesgaden
Tel. 08652/5011
ab ca. Okt. 93 Tel. 08652/606-0
Telefax 08652/63300
Schneetelefon 08652/63009
Landesvorwahlnummer siehe Seite 608.

Die natürlichen Schönheiten des »Goldenen Landls« sind vielfach gerühmt worden, von genußfrohen Kirchenfürsten, bayerischen Königen, Alexander von Humboldt, Ludwig Ganghofer und manch anderer prominenter Person... Die alpine Kulisse mit dem dominierenden Watzmann, mit Hochkalter, Hohem Göll und Untersberg ist tatsächlich grandios, der Königssee ein Juwel, Obersalzberg, Maria Gern, Kehlsteinhaus, Hintersee sind mit Recht vielbesuchte Attraktionen.
Sehenswerter Mittelpunkt dieser Gebirgswelt: der Marktort Berchtesgaden, einst durch Salzförderung wohlhabend gewordene fürstpröpstliche Residenz, mit Schloß, Schloßmuseum und Stiftskirche einerseits, den schönen alten Bürgerhäusern mit ihren bemalten Fassaden – zum Beispiel in der Weihnachtsschützenstraße – andererseits. Nicht zu vergessen: das Salzbergwerk.
Auch im Winterkleid bleibt Berchtesgaden eine Schönheit mit vielen Reizen. Unter den Skibergsteigern hat das weitläufige Tourenrevier zwischen Schneibstein und Steinernem Meer zahlreiche Freunde; Steilhangfahrer erproben sich im Watzmannkar. Langläufer finden ein komfortables Zentrum (mit Langlaufskischule) bei der 15-km-Loipe am Aschauer Weiher sowie weitere Loipen in Bischofswiesen, Schönau, am Obersalzberg, in Ramsau und auf der Scharitzkehl-Alm.
Für den Abfahrtsskilauf hat die Natur weniger gut vorgesorgt. Beträchtliche Investitionen waren notwendig, um die präparierten Abfahrten in vier Teilzentren durch die Aufstiegshilfen zu erschließen.

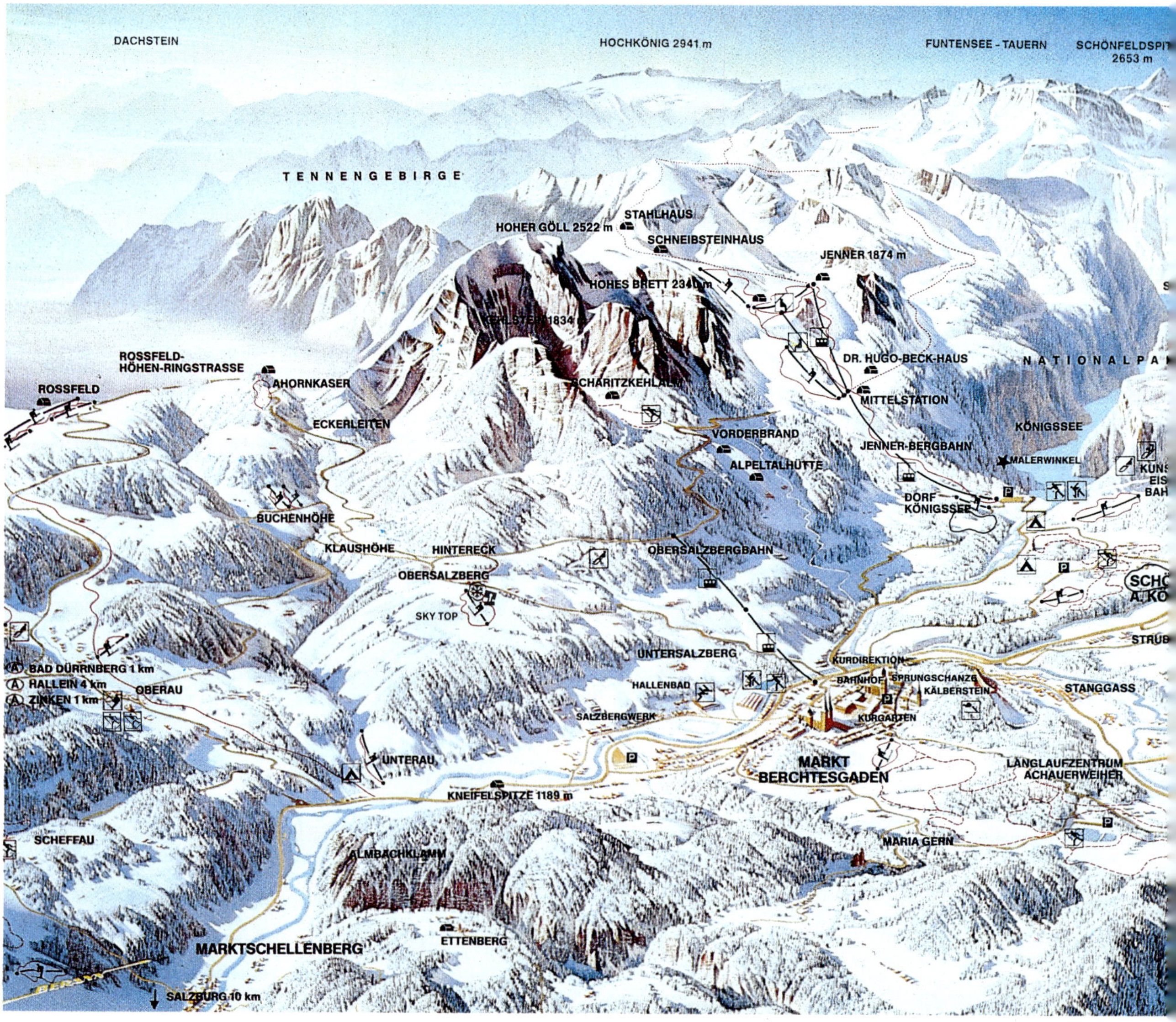

Kinder Gästekindergarten ab 3 Jahre (ca. DM 25/Ganztag inkl. Mittagessen); Skischule ab 3 Jahre (ca. DM 200/Woche inkl. Mittagessen)

Ski alpin Testnote ❄❄❄

Skigebiet Berchtesgadener Land gesamt
Rund 40 km präparierte Abfahrten: 10 km mittel, 30 km leicht
Längste Abfahrt: vom Jenner ins Tal, 5,6 km Länge, 1100 m Höhenunterschied, mittel
Die Abfahrt am Skilift Buchenhöhe (Obersalzberg) ist montags, mittwochs, freitags, samstags von 18.30–21.30 Uhr, die am Skilift Amerosen (Marktschellenberg) dienstags und donnerstags von 19–21.30 Uhr beleuchtet (beide sind leicht)
Liftkapazität: 21 000 Pers./Std.

27 3 2

Skigebiet Jenner
8,5 km präparierte Abfahrten mittleren Schwierigkeitsgrades
Liftkapazität: 4000 Pers./Std.

3 2 1

Skigebiet Hochschwarzeck
6 km präparierte Abfahrten: 3 km mittel, 3 km leicht
Liftkapazität: 3000 Pers./Std.

5 1

Skigebiet Roßfeld bei Oberau
7 km präparierte Abfahrten: 1 km mittel, 6 km leicht
Liftkapazität: 3000 Pers./Std.

6

Skigebiet Götschen-Loipl
4,6 km präparierte leichte Abfahrten
Liftkapazität: 1500 Pers./Std.

2

Skipaß-Preise siehe Beilage
Tiefschneereviere: Jenner, Hochschwarzeck
20 Skischulen und ca. 60 Skilehrer

Langlauf Testnote ❄❄❄

57 Loipenkilometer (10 km schwierig, 31 km mittel, 16 km leicht),
Höhenloipen: Hochschwarzeck – Ramsau (1100 m), 5 km, Scharitzkehl-Alm – Obersalzberg (1000 m), 5 km Länge; längste Loipe: Aschauerweiher – Bischofswiesen (600 m), 15 km, mittel; Skateloipe: Aschauerweiher, 15 km, Wildmoos, 5 km Länge; Nachtloipe: Riedherrn (600 m), 4 km lang, leicht, dienstags und donnerstags bis 20.30 Uhr beleuchtet; Unterricht

Weitere Sportmöglichkeiten

Bundesleistungszentrum (Kunsteiskanal), Landesleistungszentrum Alpin und Nordische Kombination, Skeleton, Gleitschirmfliegen

Après-Ski

Sportliche Veranstaltungen
Weltcup Slalom Damen (Dez. 93/Jan. 94)

Kostproben gratis gibt's in Deutschlands ältester Enzianbrennerei Graßl, Salzburger Str. 105, Berchtesgaden-Unterau, geöffnet montags bis freitags von 8–12 und von 13–16 Uhr (Tel. 08652/5036).

Hotelempfehlungen Seite 538–540

Der Jenner (Gipfelstation 1800 m) ist für die Könner! Hier gibt es die längsten und steilsten Pisten – Höhenunterschied 1170 m! Für standfeste Skipiloten ist der rasante Spinnergraben die große Herausforderung; vergleichsweise erholsam geht es dann auf den Idealhängen der Jennerwiesen bis zur Mittelstation weiter. Im anschließenden unteren Teil dominiert die Schneisenabfahrt. Kein Kenner versäumt am Jenner den »Einkehrschwung« am »Mitterkaser« zu Glühwein und Enzianschnaps.

Bei guten Schneeverhältnissen ist die Direkt-Abfahrt nach Königssee zu empfehlen. An der Jennerbahn beginnt auch die »Kleine Reib'n«, eine beliebte Skirundtour vom Schneibsteinhaus über den Schneibstein, an der auch Pistenfans Geschmack finden, da ihnen die Bahnen einen großen Teil des Aufstiegs abnehmen.
Das Skizentrum Hochschwarzeck ist bevorzugtes Ziel für Familien mit Kindern wie auch für Anfänger, die sich auf gepflegten, harmlosen Gleit- und Rutschwiesen in der Höhenlage zwischen 1000 und 1400 m prächtig amüsieren. Die exponierte Südlage kann das Skivergnügen allerdings frühzeitig im Jahr beenden. – Die Skiläufer der Mittelklasse treffen sich abwechselnd auf den Pisten des Roßfelds bei Oberau (regelmäßiger Zubringerdienst durch Pendelbusse) und am Götschen-Loipl bei Bischofswiesen.
Die Pisten dieser vier Skireviere sind untereinander nicht verbunden. Wer das Revier wechseln will, benützt den Bus (RVO: Regionalverkehr Oberbayern), dessen Zubringerdienste im Skipaß enthalten sind.
Berchtesgaden ist darüber hinaus die Rodel-Hochburg der Bundesrepublik; die Kunsteis-Bob- und Rodelbahn Königssee (1200 m lang) war die erste der Welt. Mittwochs findet hier auf gekürzter und entschärfter Strecke ein Gästerodeln (mit Siegerehrung) statt. – Harmloser sind sechs weitere Natur-Rodelbahnen am Obersalzberg, in Oberau, Bischofswiesen, am Königssee, in Ramsau und Marktschellenberg. In Bischofswiesen befindet sich ein Tennis- und Squash-Zentrum.

ÖSTERREICH

Skiland Österreich

Wohl nirgendwo hängen Glanz und Elend einer Nation so eng mit dem Skisport zusammen wie in Österreich. Hier bedeuten diese Bretter tatsächlich die Welt, sowohl im Hinblick auf das nationale Selbstgefühl als auch in wirtschaftlicher Hinsicht.

Skifahren gilt gemeinhin als Freizeitsport, der möglichst viel Vergnügen bereiten soll. In der Alpenrepublik Österreich aber ist es mit Spaß allein noch nicht getan. Daß man hier zum Thema Ski ein anderes Verhältnis hat, dokumentieren die Österreicher schon durch die Schreibweise: »Schi« heißt es hier, phonetisch angeglichen. Womit sie aber auch sagen möchten, daß man innerhalb der rot-weiß-roten Grenzpfähle den alten skandinavischen »Ski«-Zopf abgeschnitten hat; daß »Schi« mit allem, was damit zusammenhängt, nunmehr das Markenzeichen »Made in Austria« trägt.
Das Sportgerät Ski (schreiben wir es weiterhin auf die gewohnte Art) wurde in Österreich zu einem Wirtschaftsfaktor, der, im großen Zusammenhang gesehen, entscheidend zu Wohl und Wehe der Volkswirtschaft beiträgt. Wesentlich entscheidender aber sind die Zahlen (und Summen!), die die österreichische Fremdenverkehrsindustrie – und ganz speziell der Wintertourismus in sieben Bundesländern – registrieren können.
Und genau unter diesem Gesichtspunkt muß man Österreich als Skiland betrachten. Wenn man in Österreich »Schi« sagt oder schreibt, dann meint man damit sowohl den gesamten Winter-Fremdenverkehr als auch die Wintersportartikel-Industrie und den alpinen Rennbetrieb. Das eine ist untrennbar mit dem anderen verbunden.
Denn Österreich als Wintersportland ist auf das Image angewiesen, Heimat der besten alpinen Skisportler der Welt zu sein. Wer dies in Abrede stellt, rüttelt nicht nur an wirtschaftlichen Grundfesten, er beleidigt zudem den einzelnen Österreicher zutiefst. Was dem Deutschen der Fußballer, ist dem Österreicher der Skifahrer: der Größte. Mißerfolge der Stars eskalieren in den Medien zu nationalen Katastrophen. Österreichs Wintertourismus ist offenbar, ebenso wie die einschlägige Industrie abhängig von den Erfolgen der alpinen Sportler. Hier liegen unterschwellig Hintergründe für die Emotionen, die in Österreich bei skisportlichen Großereignissen freigesetzt werden.
Die Österreicher haben aus ihrer Situation als Skiland sicher das Bestmögliche gemacht. Zahlreiche Gletschererschließungen strecken den Winter über das ganze Jahr. Praktisch jeder Ort, der eine nennenswerte Erhebung in der Nähe hat, garnierte sie mit Liften. Wintersport-Großräume wurden durch Zusammenschlüsse einzelner Fremdenverkehrsorte geschaffen, durch Liftverbundsysteme erschlossen und nutzbar gemacht. Das System der Skischaukel – Täler durch Einbeziehung ihrer vormals trennenden Berge zu verbinden – wurde in Österreich erfunden.
Österreich ist sicher vor allem für die

In breiter Phalanx: eine Demonstration von Formationsfahren im Tiefschnee. – Österreichs Skilehrer gehören zu den fast schon legendären Figuren im Wintersportgeschäft.

In Lech am Arlberg zeigt sich, wer in der Welt auf zwei Brettern (und auch sonst) dazugehört. Fast dörflich wirkt die Promenade der Prominenz.

Deutschen das Wintersportland Nummer Eins. Denn: Wo gibt es in den Ski-Revieren trotz moderner Selbstbedienungs-Buffets noch so viele urig-zünftige Hütten, lassen sich neben Hotelpensionen im modischen Alpen-Barock noch so viele gemütliche Gasthöfe als Quartier finden wie in Österreich?
Zwar ist auch Österreich für den Deutschen nicht mehr so billig wie einst, im Vergleich zur Schweiz und zu Frankreich aber zumindest noch günstig. Dazu kommt, daß es hier keine Sprachschwierigkeiten gibt, die Küche der deutschen ähnelt und qualitativ ordentlich bis sehr gut ist, die Pisten stets hervorragend präpariert sind und daß die Lehrer der österreichischen Skischule sich ihrer Gäste in bewährter Qualität und liebevoller Weise annehmen.

Informationen für Winterurlauber

Wenn Sie telefonieren wollen

Vorwahl von D nach A	00 43
Vorwahl von A nach D	00 49

Notrufnummern

ADAC-Notrufzentrale 00 49/89/22 22 22
(München, 0.00–24.00 Uhr)

ADAC-Ambulanzdienst 00 49/89/76 76 76
(München, 0.00–24.00 Uhr)

Pannenhilfe des ÖAMTC 1 20
(0.00–24.00 Uhr)

Besondere Verkehrsbestimmungen

- Tempolimits (in km/h): Pkw, Motorräder und Wohnmobile bis 3,5 t innerorts 50, außerorts 100 (in Tirol und Vorarlberg 80), auf Autobahnen 130; von 22 bis 5 Uhr auf allen Autobahnen außer der A 1 (Salzburg – Wien) und A 2 (Wien – Villach) 110. Für Wohnmobile über 3,5 t außerorts 70, auf Autobahnen 80. Für Pkw mit Anhänger bis 750 kg Gesamtgewicht außerorts und auf Autobahnen 100, mit Anhänger über 750 kg (Gesamtgewicht des Gespanns jedoch höchstens 3,5 t) außerorts 80, auf Autobahnen 100. Für Gespanne über 3,5 t außerorts 60, auf Autobahnen 70.
- Beim Abschleppen darf die Warnblinkanlage nicht eingeschaltet sein.
- Kinder müssen hinten sitzen.
- Auf Bergstraßen ist mit jenem Fahrzeug zurückzufahren, mit dem dies aufgrund der Gegebenheiten leichter möglich ist. Genereller Vorrang für das bergauf fahrende Fahrzeug besteht nicht.
- Promillegrenze 0,8

Wichtig für Eltern sind die Angaben zur Kinderbetreuung bei den einzelnen Skigebieten. Angegeben sind jeweils die Hochsaisonpreise (meist die vom Winter 1992/93), die einen Anhaltspunkt geben sollen für die eigene Urlaubs-Budgetplanung.
Kinderfreundliche Hotels: Eine Liste der Kinderhotels – die Mitgliedsbetriebe müssen strenge Kriterien erfüllen – erhält man bei Kinderhotels Österreich, Pannzaunweg 1 a, A-5071 Wals/Salzburg, Tel. 0662/850805-67, Fax 0662/853190.
WISBI – »Wie schnell bin ich« – Rennen sind beliebt bei den Skifahrern, die ihr sportliches Können unter Beweis stellen möchten. In vielen österreichischen Skigebieten stehen profihaft präparierte Rennpisten – inklusive moderner Kippstangen – zur Verfügung. Weitere Informationen und eine Liste der betreffenden Skigebiete gibt es beim ÖSV-WISBI, Postfach 19, A-6450 Sölden, Tel. 05254/2046, Fax 05254/2954.

Telefonische Auskünfte

Straßenzustand 01/1590
Weitere wichtige Telefonnummern und Adressen siehe Seite 608.

Skiland Österreich

Die Regionen

Vorarlberg

Im Osten wird das »Ländle« von jenem Gebirgsstock begrenzt, der dem ganzen Land zu seinem Namen verholfen hat: dem Arlberg, sicherlich eines der perfektesten Skigebiete der Welt. Den Norden nimmt der Bregenzerwald ein, ein vielseitiges Sportrevier am Übergang vom Mittel- zum Hochgebirge. Im Süden dann säumen Schweizer Berge – Rätikon und Silvretta – den Vorarlberger Horizont – ohne ihn zu begrenzen: Die Vorarlberger machen keinen Hehl aus ihrer stammesmäßigen Verbundenheit mit der Schweiz.
Die Vorarlberger Skiorte decken die ganze Palette ab, von extrem nobel (Zürs, Lech) über sportlich gemütlich (Montafon beispielsweise) bis hin zu noch wenig erschlossenen Regionen wie etwa dem Laternser Tal, das man noch fast als Geheimtip bezeichnen kann. (Ab Seite 56)

Tirol

Die Region zwischen Arlberg und Kitzbüheler Alpen gilt als das österreichische Skiland schlechthin. Die Tiroler Skiorte haben alle Varianten – sportlich wie gesellschaftlich – zu bieten: Ischgl (in Verbindung mit Samnaun/CH) bewegt sich auf Arlberg-Niveau, Kitzbühel mit seiner einmaligen Mischung aus Schickeria und Sportlichkeit ist sowieso ein Fall für sich, und Seefeld, das Dorado der Nordischen nahe der deutschen Grenze bei Mittenwald, gilt als einer der teuren Orte Österreichs. Dazwischen liegen Skiorte für jeden Geschmack, Anspruch und Geldbeutel. Selbst von der Jahreszeit ist man in Tirol durch fünf Sommerskigebiete unabhängig. (Ab Seite 80)

Salzburger Land

Auf dem Kitzsteinhorn oberhalb von Kaprun laufen die Lifte das ganze Jahr über; es gehört zur »Europa-Sport-Region«, die sich am Zeller See erstreckt und einen wichtigen Schauplatz des Wintersports im Salzburger Land darstellt. Als eher nobles Eck gilt das Gasteiner Tal mit dem altehrwürdigen Badgastein als Hauptort, wo Kur beinahe größer als Wintersport geschrieben wird.
Eines der größten zusammenhängenden Skigebiete Österreichs ist die »Salzburger Sportwelt Amadé«, die die Drei-Täler-Skischaukel mit Flachau, Wagrain, St. Johann, das Skiparadies Zauchensee – Flachauwinkel – Kleinarl und die Skigebiete von Radstadt-Altenmarkt, Filzmoos-Neuberg und Eben miteinander verbindet. Obertauern, das Hoteldorf auf der Tauernpaß-Höhe, wird auch gehobenen Ansprüchen gerecht. (Ab Seite 152)

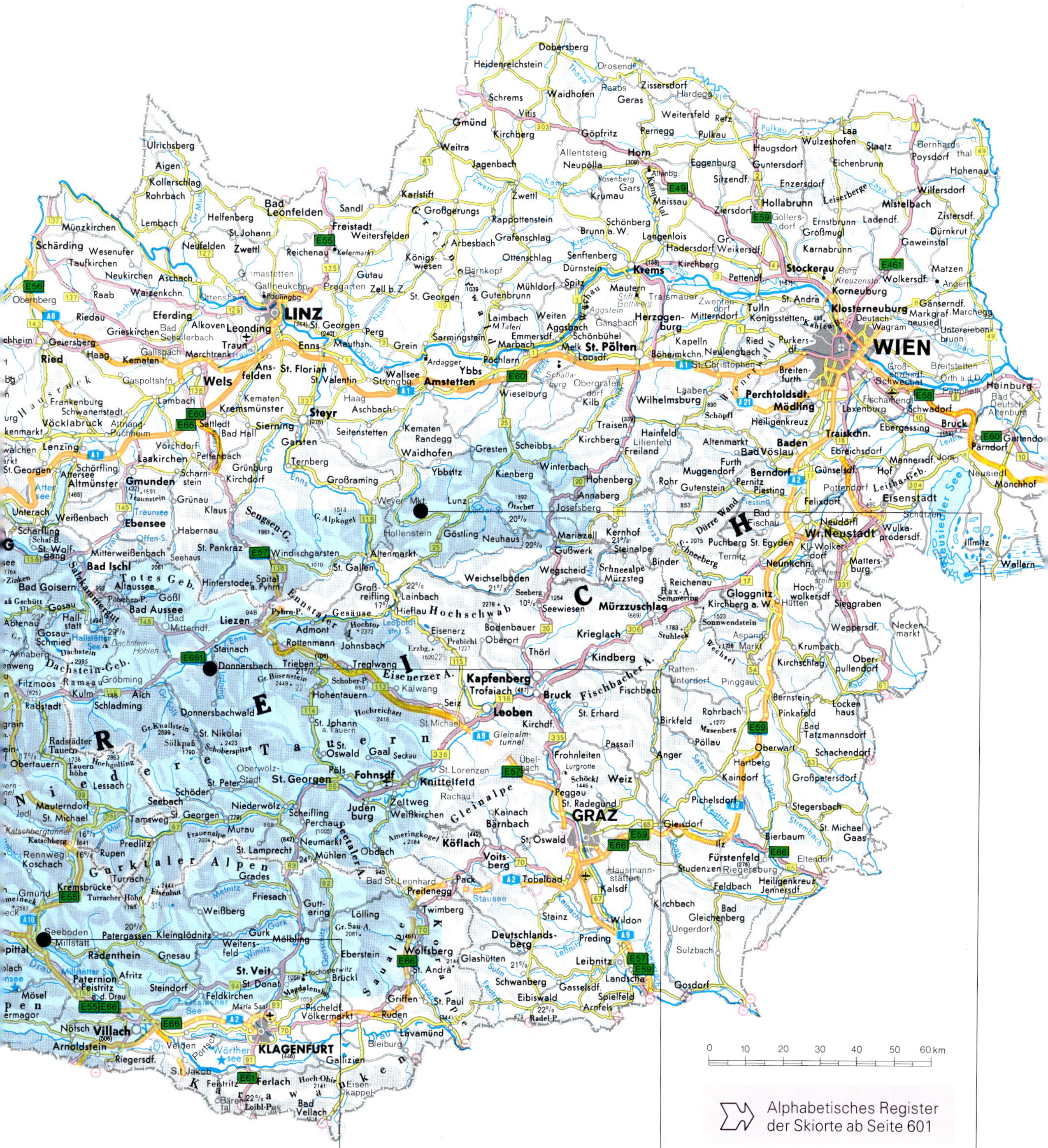

Kärnten

Österreichs südlichstes Bundesland grenzt an Italien und Slowenien, und so mutet das Kärntner Klima auch im Winter schon fast südlich an. Die wichtigsten Skizentren hier sind Bad Kleinkirchheim, auch wegen seiner warmen Quellen bekannt, und die Karnische Skiregion rund um Hermagor mit der Sonnenalpe Naßfeld als Zentrum. Nicht zu vergessen Villach, ebenso wie die Lavanttaler Skizentren oder die Turracher Höhe im kärntnerisch-steirischen Nockgebiet. (Ab Seite 214)

Steiermark

In den Niederen Tauern und im steirischen Teil des Salzkammergutes versteckt sich eine Reihe von kleineren Skigebieten, wie Murau, Schönberg, Altaussee und Bad Mitterndorf oder auch Mariazell, im Norden der Steiermark zwischen Hochschwab und Ötscher gelegen.
Die Krone gebührt aber der Dachstein-Tauern-Region mit dem Hauptort Schladming. Hier, zu beiden Seiten der Enns, findet man die unterschiedlichsten Wintersportgebiete mit einfachen Familienabfahrten und Übungsloipen bis hin zu hochalpinen Gletscherabfahrten und Langlaufrundkursen. (Ab Seite 198)

Ober- und Niederösterreich

Sie reichen nicht heran an Tirol oder etwa Vorarlberg, doch haben auch diese Bundesländer dem Wintersportler einiges zu bieten, und das oft erfreulich preiswert.
Erwähnt seien das attraktive Skigebiet Pyhrn-Priel bei Hinterstoder oder das niederösterreichische Ötscherland. Ein wenig ähnelt dieses Gebiet dem Bayerischen Alpenrand: Auch hier ragen die Skigipfel nur bis knapp unter 2000 m auf. (Ab Seite 192)

Vorarlberg

Wie schon der Name verrät, liegt Österreichs westlichstes Bundesland vor dem Arlberg. Allerdings gehört dieses Mekka des alpinen Skisports nur zur Hälfte (Zürs, Lech, Stuben) zu Vorarlberg, das darüber hinaus über weitere bekannte und große Skiarenen verfügt.

Wer nicht zwischen St. Anton, St. Christoph, Stuben, Zürs und Lech schon seine Schwünge in den Pulverschnee gezaubert hat, kann in Skifahrerkreisen kaum bestehen. Versäumt hat er auf jeden Fall etwas, denn das Skirevier am **Arlberg** sucht weit und breit seinesgleichen. Endlos weite, baumfreie Hänge, erschlossen von zahlreichen Liften, bilden den Tummelplatz für Skifahrer und Urlauber, die zusätzlich zum Pistenzauber auch noch das ganz spezifische Arlberg-Flair lieben.
Aber Vorarlberg besteht nicht nur aus dem Arlberg. Ab Warth, gleich hinter Lech, parallel der deutschen Grenze ziehen sich die Berge des **Bregenzerwaldes** bis zur Vorarlberger Hauptstadt Bregenz am Bodensee. Dies mag ein Grund dafür sein, daß die Skireviere des Bregenzerwaldes zu den bevorzugten Skizielen der Urlauber aus dem Allgäu und dem Baden-Württemberger Raum zählen.
Zum Bundesland Vorarlberg gehört politisch auch ein Skigebiet, das von Österreich aus nicht erreichbar ist, zumindest nicht auf normalen Verkehrswegen: das **Kleinwalsertal**. Nur von Deutschland aus, an Oberstdorf vorbei und durch die Breitach-Klamm, läßt sich diese »Sackgasse« mit den Hauptorten Riezlern, Hirschegg und Mittelberg anfahren. So gehören die Kleinwalsertaler politisch zwar zu Österreich, wirtschaftlich und zollrechtlich aber sind sie an die Bundesrepublik Deutschland angeschlossen.
Anders das **Große Walsertal**. Schon rein geographisch gibt es keinen Zusammenhang, denn das Große Walsertal, mit Fontanella-Faschina als Zentrum, zweigt nördlich von der Autobahn Feldkirch–Bludenz ab, kurz hinter Feldkirch bei Nenzing. Der Name »Walsertal« kommt von jenen Walliser Bergbauern, die das Tal im 13. Jh. erstmals besiedelten.
Ebenfalls von der Autobahn Feldkirch–Bludenz aus zweigt, allerdings nach Süden, das **Brandnertal** ab, das mit der Schesaplana abschließt. Brandnertal wie auch Großes Walsertal bieten Winterurlaub fernab jenes Betriebs, der beispielsweise die noblen Arlberg-Orte Zürs und Lech prägt. Hier herrscht eher sportlich-lässige Stimmung, Après-Rummel gibt es nirgends, dafür viele schöne Pisten und Loipen, nette Wirtshäuser und gemütliche Gasthöfe.
Gleiches gilt für das **Laternser Tal**, das über Rankweil auf der Rheintal-Autobahn zu erreichen ist: Bei Rankweil schneidet schroff das Tal des Frutzbachs in östlicher Richtung in die Berge. Oberhalb liegen, wie auf einer Terrasse, die hübschen und dörflich gebliebenen Skiorte mit teilweise sehr attraktiven Pisten.
Bludenz, die alte Vorarlberger Bergsteigerstadt, ist Ausgangspunkt für die beiden letzten großen Vorarlberger Skiregionen: das Montafon und das Klostertal. Das **Montafon** zieht vom Ortsende von Bludenz südöstlich in Richtung Schruns – Tschagguns, bekannt durch die Damen-Weltcup-Rennen. Zum Äußeren Montafon, wie der vordere Teil des Tales genannt wird, zählen außerdem noch St. Anton im Montafon, Vandans, Bartholomäberg und Silbertal.
Das Innere oder Hochmontafon beginnt hinter der Talenge zwischen Zamangspitze und Horn. Im Sommer kann man bis zur Bielerhöhe und dem Silvretta-Stausee und weiter zum Übergang ins Paznauntal hinfahren; im Winter bleibt die Silvretta-Hochalpenstraße gesperrt. Im großen Revier von Gargellen, St. Gallenkirch, Gortipohl, Gaschurn und Partenen trifft der Urlauber ein nahezu perfektes Skigebiet vor imposanter Bergkulisse an.
Im Inneren wie im Äußeren Montafon finden zwar auch Langläufer ihre Loipen, der Schwerpunkt liegt aber eindeutig auf dem alpinen Skivergnügen.
Das **Klostertal**, das bei Bludenz in östlicher Richtung abzweigt, ist gewissermaßen der Eingang zum Arlberg. Das Tal gilt als familienfreundlich und preisgünstig und verfügt mit dem »Sonnenkopf« und der »Albona« über komfortable, schneesichere Skigebiete.

Gut nachbarschaftliche Beziehungen: Das Skigebiet an der Kanzelwand im Kleinwalsertal ist durch die Fellhornbahn mit einem der Skigebiete von Oberstdorf verbunden.

Den Nordteil des Landes Vorarlberg nimmt der Bregenzerwald ein, eine Landschaft am Übergang vom Mittel- zum Hochgebirge. Im Bild: Schoppernau mit der Kanisfluh (2044 m).

Skigebiete auf einen Blick

Alphabetisches Register der Skiorte ab Seite 601

Der Bregenzerwald

Zwischen Allgäu und Arlberg hat sich der Bregenzerwald in den letzten Jahren zu einem respektablen Wintersportgebiet entwickelt. Dennoch: Es geht gemütlich zu, selbst wenn der Weltcup-Zirkus gastiert.

Insider sprechen schlicht vom »Wald«, wenn es um die größte Ferienregion in Vorarlberg geht. Gemeint ist natürlich der Bregenzerwald, der sich auf 550 Quadratkilometern zwischen Bodensee und Arlberg ausbreitet. Teilweise sanft, aber auch kernig alpin präsentiert sich dieses Gebiet im äußersten Westen der Alpenrepublik. Darin eingeschnitten zieht sich das Tal der Bregenzer Ache vom Hochtannberg bis zum Bodensee, in den der Fluß bei Bregenz mündet.

Mundart und Bauweise dieser zauberhaften Landschaft sind, wie überall im »Ländle« Vorarlberg, mehr mit dem Bodenseeraum als dem übrigen Österreich verwandt und verbunden. Gemütlich geht's allemal zu in den Dörfern und Marktgemeinden.

Mehr als 20 Orte locken im Bregenzerwald Jahr für Jahr das Skifahrer-Publikum auf Pisten und Loipen. Und den Gästen wird geboten, was sie vom Urlaubsland Österreich erwarten: Freundlichkeit, Behaglichkeit, ein ausreichendes Freizeitangebot und vernünftige Preise. Die Vielfalt der Unterkunftsmöglichkeiten wird jeder Brieftasche gerecht; Ferien auf dem Bauernhof gehören ebenso dazu wie Urlaub in rustikal-modernen Hotels, kleinen Pensionen und bodenständigen Gasthöfen.

Kein heißer Tip ist der Bregenzerwald hingegen für Brettl-Fans, die die Auswahl ihres Wintersportdomizils von Jubel, Trubel, Heiterkeit abhängig machen. Après-Ski beschränkt sich gemeinhin auf den Abendschoppen in heimeligen Gaststuben oder gutbürgerlichen Restaurants und auf ein paar Discos.

Übrigens, so viele Bäume wie der Name vermuten läßt, grünen im Bregenzerwald schon lange nicht mehr. Bereits im vergangenen Jahrhundert wurden große Teile der Wälder abgeholzt, um Weideland zu gewinnen. Für die Entwicklung zur Wintersportregion war das im Rückblick förderlich, denn die zahlreichen baumlosen, sonnigen Hochplateaus bieten den Alpinisten rasante Abfahrten.

Von Lechleiten aus der Blick auf Warth am Hochtannberg. Ganz links im Hintergrund das Omeshorn, ganz rechts das Auenfelder Horn. Im Vordergrund der Wannenkopf, dahinter ragt das Warther Horn auf.

Schneesicherheit garantieren die Wetterfrösche von Dezember bis April, teilweise sogar bis in den Mai hinein; denn hohe Niederschlagsmengen im Stau der Alpen bescheren dem Vorarlberg oft ganz beträchtliche Schneemengen.
Der Brettl-Spaß konzentriert sich vor allem auf die Orte Riefensberg, Hittisau, Sibratsgfäll, Alberschwende, Schwarzenberg/Bödele, Egg, Andelsbuch, Bezau, Bizau, Mellau, Au, Damüls, Schoppernau, Schröcken und Warth.
Die Lifte erschließen ein Wintersportgebiet mit hauptsächlich leichten bis mittelschweren Abfahrten.
Gut bedient werden auch die Freunde des nordischen Skilaufs. Auf den Loipen und Skiwanderwegen können sie durch die unberührt wirkende Winterlandschaft streifen.
Eines der schönsten Gebiete für die langen Latten findet man im Einzugsbereich der beiden Nachbarorte **Au** und **Schoppernau** in einem weiten Talkessel zu Füßen des Diedamskopfes (2090 m) und der Kanisfluh. Die Doppelspuren sind 40 km lang

Der Bregenzerwald

und werden regelmäßig maschinell gespurt. Abseits von Straßen und Wegen ist dies ein Revier für Anfänger und Könner. Die Dörfer-Loipe, sie ist die längste, führt in einem Rundkurs durch das Tal von Au nach Schoppernau.

Den Superlativ, schönster Ort im Bregenzerwald zu sein, nimmt **Damüls** für sich in Anspruch. Zumindest strahlen die sehr liebevoll restaurierten und gepflegten Häuser im Ortskern noch ursprünglichen Charme aus und sorgen für dörfliche Gemütlichkeit. Dennoch gibt man sich sportlich: »Der flotte Ort für den Wintersport«, so der Slogan des Tourismusamtes, hat nur 320 Einwohner, verfügt aber über stattliche 1000 Gästebetten. Die Pisten werden allen Ansprüchen gerecht; selbst Abfahrtskünstler müssen sich nicht langweilen. Auf baumlosen Sonnenhängen überwindet die längste Abfahrt von der Höhenstation Hohes Licht bis hinunter nach Walisgaden auf 3200 m Streckenlänge einen Höhenunterschied von 500 m.

Mittelschwere Hochtouren sind am Portler Horn, Tiefschneefahrten am Hohen Licht möglich. Schneesicherheit wird von Dezember bis Ende April versprochen.

Für passionierte Langläufer kann Damüls nicht unbedingt empfohlen werden. Es gibt nur eine 4 km lange Loipe, die größtenteils durch ein Waldgebiet unterhalb des Dorfes verläuft. Da Damüls mit 1431 m sehr hoch liegt, sollten bei der Anreise per Auto zumindest Winterreifen montiert sein.

Für **Schröcken** und **Warth** beiderseits des Hochtannbergpasses wird »Ski und Rodel gut« bis Ende April gemeldet. Attraktiv ist die Skischaukel mit den leichten bis schweren Abfahrten an den Hängen des sonnigen, wenig bewachsenen Hochplateaus. Die Pisten werden von Schlepp- und Sesselliften erschlossen. Ein Tip für Könner ist die Abfahrt vom Saloberkopf über den Körbersee nach Schröcken. Vom Start in 2050 m geht's über 700 m Höhenunterschied 6,5 km abwärts. Kondition verlangen auch die geführten Hochtouren, bei denen es oft stundenlang durch unberührte alpine Schneelandschaften zu spuren heißt.

Gute Verhältnisse finden in diesem Gebiet Skilangläufer vor. Das 20 km lange, gut präparierte Loipennetz ermöglicht wunderbare Rundblicke auf die Wintermärchen-Landschaft des Bregenzerwaldes.

Auf ihre Kosten kommen die »Nordischen« auch im Gebiet der Gemeinden **Bezau, Bizau** und **Reuthe**. Hier verlaufen 25 km leichte bis mittelschwere Spuren. Die Doppelspur von Bezau über Rimsgrund und Langenalp nach Bizau gehört zu den schönsten. Zudem haben diese Loipen Anschluß an weitere Skiwanderwege, so zum Beispiel über Schönenbach nach Sibratsgfäll.

Für Alpinskifahrer sind die weiten, schneesicheren Hänge am Hirschberg, an der Baumgartenhöhe und an der Niedere ein gutes Gebiet. Das

Oben: Damüls ist für viele der schönste Ort des Bregenzerwaldes.

Über dreihundert Loipenkilometer bietet der Bregenzerwald den Langlauffans. Diese Loipe führt an Au vorbei; im Hintergrund das Bergmassiv Kanisfluh.

Ganz rechts: Ein Beispiel für die Wintermärchen-Landschaft des Bregenzerwaldes ist der Blick von Warth aus auf das Warther Horn, das 2275 Meter hoch ist.

Angebot reicht von der leichten Übungswiese über die gemütliche Familienabfahrt bis hin zur anspruchsvollen Piste und zum Tiefschneevergnügen; für Kinder gibt es eine kleine Übungswiese im Bezauer Ortsteil Greben. Zwei der längsten Pisten führen an den Nordwesthängen vom Hirschberg-Plattenkopf zur Doppelsessel-Talstation (7 km) und von der Niedere (1711 m) bis zur Niedere-Talstation (8 km) in **Andelsbuch**. Mit genügend Schnee kann man im Skigebiet von Bezau, Bizau und Reuthe bis Mitte April rechnen.

Dort, wo sich die Alpen noch von ihrer sanften Seite zeigen mit runden Buckeln, flach abfallenden Hängen und riesigen Nadelwäldern, setzen Tourismusämter und Gastronomen in erster Linie auf Familienurlaub. Grenznah liegen zwischen 600 m und 1600 m die Orte Hittisau, Riefensberg und Sibratsgfäll. Alle drei gehören in die Kategorie »nicht überlaufen«.

Mit 1650 Einwohnern ist **Hittisau** am größten. Hausberg ist der Hochhäderich. Von dort aus sind, wie auch vom Ochsenlager, phantastische Tiefschneeabfahrten möglich. Langläufer finden ihr Revier in einem 26 km langen Loipennetz und einer grenzüberschreitenden Spur nach Balderschwang im Allgäu.

Zwei der schönsten Strecken sind die Weißach-Loipe und die Loipe Hochhäderich, die im Nachbarort **Riefensberg** beginnen. Ski alpin heißt hier: vier Schlepplifte und acht Pisten für Anfänger und Fortgeschrittene.

Im enger werdenden Tal, südöstlich von Hittisau, liegt **Sibratsgfäll**, mit nur 360 Einwohnern ein ruhiges und romantisches Urlaubsdomizil. In Gasthöfen und Pensionen stehen knapp 500 Gästebetten. Tiefschneefahrten sind vom Hochries aus möglich.

Wer den Winterurlaub nicht nur nach Höhenmetern mißt und etwas übrig hat für Romantik und Bilderbuchdörfer, dem sei das gemütliche Dorf **Schwarzenberg** empfohlen. Elf Lifte bringen die Skifahrer auf

Der Bregenzerwald

schneesichere, bestens präparierte Pisten. Besonders reizvoll sind Skiwanderungen und geführte Touren durch das vielseitige Naturschutzgebiet Fohramoos.
Schwarzenberg bietet eine breite Palette von Unterkunftsmöglichkeiten. Es gibt eine Reihe von preiswerten kleinen Hotels und Gasthöfen. Vor allem Familien mit Kindern finden kostengünstige Quartiere in Ferienwohnungen und malerischen Bergbauernhöfen. Après-Ski am warmen Kachelofen im Kreis der Bauernfamilie ist im Preis inbegriffen.
Zwischen Schwarzenberg und Dornbirn liegt **Bödele** mit seinem einfachen Skigebiet und einem großen Angebot an den Wanderer.
Für viele Brettl-Freunde, die jedes Jahr, oft von weither, anreisen, gilt **Mellau** (1000 E.) als »Hit« unter den Wintersportorten des Bregenzerwaldes. Dies hat seine guten Gründe. In der Reihe der mehr als 20 Ortschaften, die hier auf den weißen Sport setzen, gehört Mellau sicher zu den vielseitigsten. Das gilt sowohl für Möglichkeiten auf den Pisten und Loipen als auch für Freizeitaktivitäten abseits der Hänge.

Die Unterkunftsmöglichkeiten sind breit gestreut. Über 1500 Fremdenbetten gibt es – vom einfachen Privatquartier bis hin zum Komfort-Hotel. Übrigens läßt sich in Mellau vieles über die interessante Entstehungs- und Besiedlungsgeschichte Vorarlbergs erfahren. Alemannen und Rätoromanen prägten das Land. Räto-

Eingefaßt von runden, skifreundlichen Mittelgebirgsrücken, dahinter schon alpine Formen: das Tal von Bizau, ein typisches Stück Bregenzerwald.

Unten: Im sonst eher ruhigen Bregenzerwald nimmt Mellau eine Sonderstellung ein, zumindest dann, wenn der Weltcup-Zirkus gastiert.

romanische Kultureinflüsse blieben bis ins 17. Jahrhundert lebendig, und noch heute tragen viele Familien Namen mit romanischen Endsilben.
Sehenswert ist speziell das Haus Nr. 128 auf der Hirschleiten in Mellau. Die Jahreszahl 1437 dokumentiert, daß es zu den ältesten erhaltenen Holzhäusern der Alpen gehört.

Das Mellauer Skigebiet erstreckt sich bis auf eine Höhe von 1800 m. Die längste Piste ist aufgrund ihrer Nordlage bis spät in den April hinein befahrbar und führt von der Bergstation (1750 m) des Suttis-Lifts über Alpenfrieden zurück nach Mellau. Für Tiefschnee-Liebhaber gibt es in Mellau rund um Roßstellelift und Wildguntenalpe eines der schönsten und interessantesten Areale im Bregenzerwald.
Attraktion unter den Aufstiegshilfen ist die Roßstelle-Seilbahn mit 90 bequemen, geschlossenen Gondeln für je vier Personen. Sie startet in Mellau und stellt den Anschluß zu Roßstelle- und Wildguntenlift her. Daneben stehen Schlepplifte zur Verfügung, die bis hinauf zu den Hängen von Wannenkopf, Mittagsspitze und Hochblanken führen.
Insgesamt 22,5 km lang ist das Loipennetz der Mellau-Region. Über 12,5 km erstreckt sich die Doppelspur Mellau – Hirschau – Schnepfau. Die Sonnenloipe (8 km) verläuft von der Talstation der Bergbahn über das Ortszentrum bis zum Ortsrand. Diese Strecke besitzt zum Teil alpinen Charakter und sollte nur von guten Läufern befahren werden.
Zu den besonderen Sportmöglichkeiten, die Mellau bietet, gehören Hochtouren über die Mittagsspitze nach Damüls (15 km) und Drachenfliegen.

Bregenzerwald, 600–1600 m

Skigebiet: 700–2300 m
25 000 Einwohner, 16 400 Gästebetten
(in 22 Ortschaften)
Saison: Mitte Dezember bis April

Anreise Lindau, Bregenz, B 200 Richtung Warth oder Kempten, Immenstadt, Oberstaufen, B 205 und B 200
Entfernungen: KA: 324 km, S: 256 km, UL: 166 km, M: 213 km

Information
Bregenzerwald Tourismus
A-6863 Egg, Tel. 05512/2365
Telefax 05512/3010
Schneetelefon Warth 05583/3105,
Schröcken 05519/260,
Damüls 05510/254-4,
Mellau 05518/222223
Landesvorwahlnummer siehe Seite 608.

Kinder Gästekindergärten nur in den Orten Damüls (ab 2½ Jahre, ca. öS 100/13.30 bis 17 Uhr), Warth (ab 2 Jahre, ca. öS 100/Std., 300/Tag) und Mellau (ab 6 Monate, Bergstation der Bergbahn, Tel. 05518/2222, ca. öS 50/Halbtag);
Skikindergarten in Warth ab 3½ Jahre (ca. öS 310/Tag);
Skischulen in fast allen Orten (Informationen im Verkehrsbüro Egg) ab 3 oder 4 oder 5 Jahren je nach Skischule. Für einen Wochenkurs ohne Mittagessen muß man zwischen ca. öS 870 (Sulzberg) und ca. öS 1250 (Alberschwende) rechnen.

Ski alpin Testnote ❄❄❄
Warth-Schröcken

Skigebiet gesamt
235 km präparierte Abfahrten:
38 km schwer, 95 km mittel, 102 km leicht
Die Abfahrt am Skilift Grunholz in Au (650 m lang, leicht) ist mittwochs und freitags von 19.30 bis 22 Uhr, die am Tannerberg-Skilift in Alberschwende (800 m lang, mittel) ist dienstags, mittwochs und donnerstags von 19 bis 22 Uhr beleuchtet.
Liftkapazität: 65 000 Pers./Std.

61 14 1

Skigebiet Warth und Schröcken
56 km präparierte Abfahrten:
14 km schwer, 24 km mittel, 18 km leicht
Liftkapazität: 14 950 Pers./Std.

10 4

Skigebiet Damüls
ohne Skigebiet Faschina (s. S. 66/67)
25 km präparierte Abfahrten:
2 km schwer, 12 km mittel, 11 km leicht
Liftkapazität: 7120 Pers./Std.

3 4

Skigebiet Au/Schoppernau
31 km präparierte Abfahrten:
9 km schwer, 9 km mittel, 13 km leicht
Liftkapazität: 5300 Pers./Std.

6 2

Skigebiet Mellau
20 km präparierte Abfahrten:
1 km schwer, 14 km mittel, 5 km leicht
Längste Abfahrt: Bergstation Suttis-Lift – Mellau, 9 km Länge, 1050 m Höhenunterschied, mittel/leicht
Liftkapazität: 9000 Pers./Std.

7 1

Skigebiet Bezau, Bizau und Reuthe
24 km präparierte Abfahrten:
4 km schwer, 13 km mittel, 7 km leicht
Liftkapazität: 6200 Pers./Std.

6 2

Skigebiet Schwarzenberg/Bödele
20 km präparierte Abfahrten:
1 km schwer, 4 km mittel, 15 km leicht
Liftkapazität: 9278 Pers./Std.

9

Skigebiet Hittisau-Sibratsgfäll
19 km präparierte Abfahrten:
3 km schwer, 12 km mittel, 4 km leicht
Liftkapazität: 6000 Pers./Std.

9

Skipaß-Preise siehe Beilage
Tiefschneereviere: zahlreiche Tiefschneehänge in Warth/Schröcken, Damüls, Schoppernau und Bezau
15 Skischulen

Langlauf Testnote ❄❄❄❄

In jedem der 22 Orte des Bregenzerwaldes stehen Loipen zur Verfügung, insgesamt sind es 320 Loipenkilometer (100 km schwierig, 120 km mittel, 100 km leicht); längste Loipe: Grenzlandloipe Hittisau – Balderschwang (800–1044 m), 45 km lang, leicht/mittel. Höhenloipen gibt es in Sulzberg (1000 m), Riefensberg (1300 m), Sibratsgfäll (1000–1150 m), Egg (1100–1150 m), Schwarzenberg/Bödele (1100 m), Damüls (1450 m) und Schröcken-Warth (1600–1700 m). In Riefensberg ist die Loipe »Dorf« (780–650 m) dienstags, mittwochs und freitags von 19 bis 21 Uhr beleuchtet.
Loipengebühren: Sulzberg ca. öS 30/Tag, 300/Saison, mit Gästekarte gratis; Riefensberg/Hochhäderich ca. öS 35/Tag, Gäste von Riefensberg und Hittisau mit Gästekarte ca. öS 28/Tag; Loipen Dorf und Weißach in Riefensberg sind gratis; Hittisau ca. öS 30/Tag, 300/Saison, mit Gästekarte gratis; Warth/Schröcken (Hochtannberg) ca. öS 60/Tag (40 bei Anreise mit öffentl. Verkehrsmitteln), 180 (104)/Woche, 400/Saison; Sibratsgfäll ca. öS 30/Tag, 300/Saison, mit Gästekarte gratis.
In allen Orten Langlaufunterricht

Weitere Sportmöglichkeiten

Après-Ski

Land und Leute: Wer sich für Brauchtum, Wohnkultur und Geschichte seiner Gastgeber interessiert, findet in einzelnen Orten des Bregenzerwaldes sehenswerte Heimatmuseen. Informationen in den örtlichen Verkehrsämtern.

Hotelempfehlungen: Seite 541–585

Das Laternser Tal mit Zwischenwasser und Übersaxen

Das Vorarlberger Laternser Tal führt noch ein Schattendasein. Für diejenigen, die es kennen, ist dies allerdings ein Vorteil: Es geht noch gemütlich zu.

Zwei Gemeinden teilen sich diese Skiregion: **Laterns**, bestehend aus den Ortschaften Laterns, Bonacker, Innerlaterns und Bad Laterns sowie das zum Rheintal hin orientierte **Zwischenwasser** mit Batschuns, Dafins und Muntlix. Das Skigebiet erstreckt sich von Furx (1150 m), über einen langgezogenen Rücken bis hinauf zum Nob (1785 m), der höchsten, von Skiliften erschlossenen Bergspitze im Laternser Pistenzirkus. Jenseits der »Üblen Schlucht«, durch die das klammartig eingekerbte Bett der Frutz verläuft, liegt als dritte Gemeinde **Übersaxen** mit einem allerdings kleineren Skigebiet (nur zwei Lifte) unterhalb des knapp 1600 m hohen Muttkopfes. Auch Übersaxen ist am günstigsten über Rankweil anzufahren; kurz vor der Frutz-Brücke zweigt die Straße ab und führt hinauf zum Übersaxener Sonnenplateau. Der Skisport steht hier im Mittelpunkt. Die besten Gelegenheiten, sich auszutoben, finden sich im Bereich der Nob-Lifte im Gapfohl-Skigebiet.

Besonders schön sind die Pisten an den Gipfelliften, egal ob man jetzt in die weite Mulde unterhalb des Hohen Freschen hineinfährt oder die halbe Strecke hinunter nach Innerlaterns. Attraktiv sind auch die Abstecher über Tschuggenalpe und Alpwegkopf. Von hier aus wechseln die Tourenexperten ins Furx-Gebiet.

Laterns, 920–1100 m
Zwischenwasser, 598–1200 m
Übersaxen, 900 m

Skigebiet: 1100–1785 m
Laterns 740 Einwohner, 460 Gästebetten
Zwischenwasser 2800 E., 257 Gästebetten
Übersaxen 500 E., 200 Gästebetten
Saison: Dezember bis April

Anreise Lindau, Dornbirn, Rankweil oder München, Fernpaß, Arlberg, Feldkirch, Rankweil (Bahnstation, Busverbindungen)
Entfernungen von: KA: 320 km, S: 252 km, UL: 162 km, M: 243 km

Information
Tourismusverband Oberland/Feldkirch, A-6800 Feldkirch, Tel. 05522/73467
Telefax 05522/79867
Verkehrsvereine:
A-6830 Laterns, Tel. 05526/203, Fax 214
A-6832 Zwischenwasser, Tel. 05522/44315
Telefax 05522/44315-5
A-6830 Übersaxen, Tel. 05522/41311
Landesvorwahlnummer siehe Seite 608.

Kinder Laterns kein Gästekindergarten; Skischule ab 4 Jahre (ca. öS 800/Woche ohne Mittagessen) Zwischenwasser kein Gästekindergarten; Skischule ab 3 Jahre (ca. öS 940/Woche ohne Mittagessen)

Ski alpin Testnote ❄❄
Laterns

Skigebiet Laterns mit Zwischenwasser
27 km präparierte Abfahrten
leicht bis mittelschwer
Längste Abfahrt: Tschuggenabfahrt, 4,8 km Länge, 700 m Höhenunterschied, mittelschwer
Die Abfahrt an den Furx-Liften (Zwischenwasser, 1,2 km lang, mittel) ist dienstags bis samstags von 19 bis 22 Uhr beleuchtet
Liftkapazität: 9500 Pers./Std.
8 1

Skigebiet Übersaxen
2 km präparierte Abfahrten
mittleren Schwierigkeitsgrades
Die Piste am Gröllerkopf (2 km) ist außer sonntags von 19 bis 22 Uhr beleuchtet
Liftkapazität: 500 Pers./Std.
2

Skipaß-Preise siehe Beilage
1 Skischule in Laterns

Langlauf Testnote ❄

Laterns 3, Zwischenwasser 4 und Übersaxen
10 Loipenkilometer (mittel); Höhenloipe: Laterns – Gapfohl (1650 m), 1 km lang, leicht bis mittel; Unterricht

Weitere Sportmöglichkeiten

Après-Ski

Für Langschläfer gibt es Skipässe, die ab 10.30 oder auch ab 11.30 Uhr gültig sind.

Hotelempfehlungen: Seite 541–585

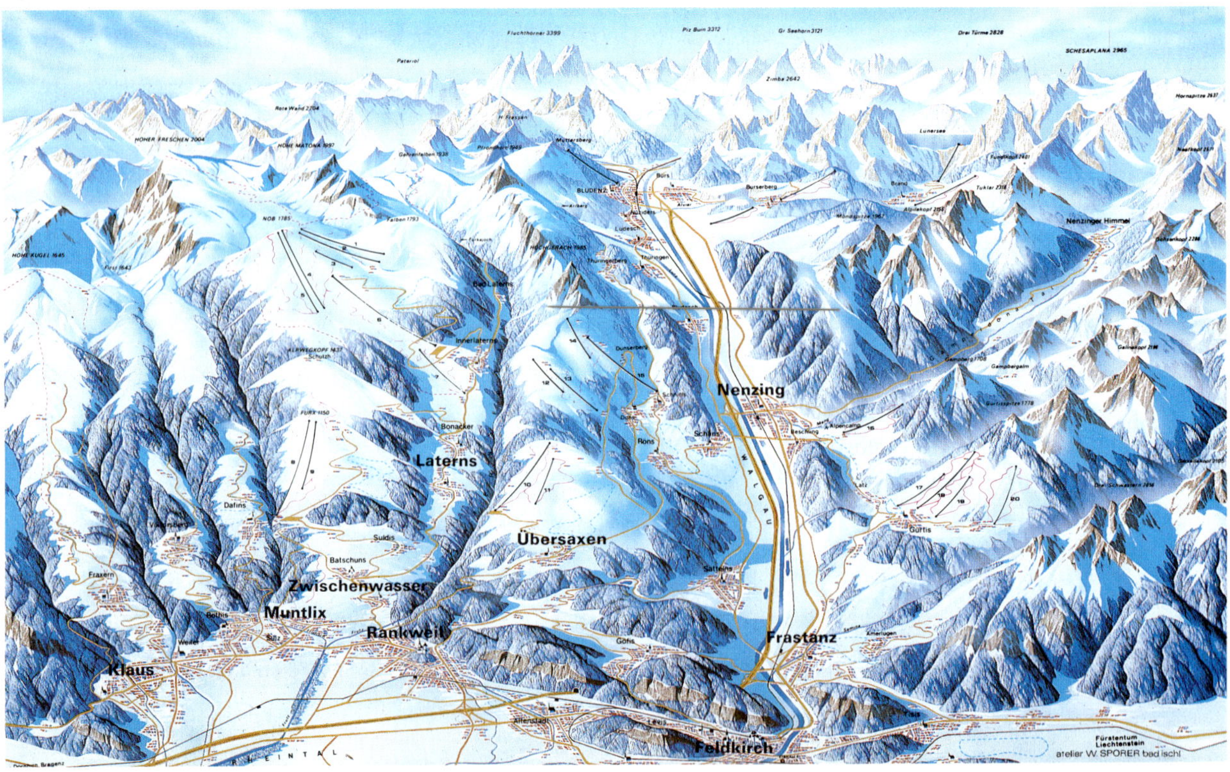

Das Klostertal

Preiswert wohnen und mit dem Jet-Set skifahren – das ist nur eine von vielen Möglichkeiten, den Winterurlaub am Fuße des Arlbergpasses zu verbringen. Dazu kommen die erschlossenen Pisten im Sonnenkopfgebiet.

Wo sich der westliche Schlund des mautpflichtigen Arlbergtunnels öffnet und mit den letzten Serpentinen der gleichnamigen Paßstraße trifft, kommt man ins Klostertal, das sich bis nach Bludenz hinzieht. Vom Durchgangsverkehr merken die beschaulichen Dörfer **Stuben, Langen am Arlberg, Klösterle, Dalaas, Wald, Danöfen** und **Braz** nichts mehr, seit die Umgehungsschnellstraße die Autos fernhält.

Schon seit 1976 ist man im Klostertal nicht mehr auf den großen (und teuren) Nachbarn Arlberg angewiesen. Ein paar Nummern kleiner baute man sich im Sonnenkopfgebiet eine feine eigene »weiße Arena« aus. Die Talstation der Doppelsesselbahn steht bei Danöfen zwischen den beiden Hauptorten des Tales, Klösterle und Dalaas, direkt an einer eigenen Ausfahrt, die von der Schnellstraße abzweigt.

Von der Mittelstation weg surrt eine Dreiersesselbahn über die Baumgrenze hinaus bis in 1840 m Höhe zum Bergrestaurant »Riedhüsli«. Der Buckelpistenfan freilich wird bald hinüberqueren zur Doppelsesselbahn Glattingrat, wo aus 2300 m Höhe eine »schwarze« Abfahrt lockt. Wer die nötige Kondition mitbringt, rauscht von hieraus nonstop über 1300 Höhenmeter die elf Kilometer lange Piste ins Tal, dessen Gegenhang vom Lechquellen-Gebirge gebildet wird.

Am Ende des Tales, am Beginn der Paßstraße, liegt das Dorf Stuben zu Füßen eines nahezu baumlosen weißen Gebirgsstockes, der 2400 m hohen Albona, eines der schönsten Tiefschneeparadiese der Alpen. Hier wie auch im Sonnenkopfgebiet gilt bereits der Arlberg-Skipaß. Stuben ist der westliche Einstieg in den riesigen Skizirkus.

Arlberg siehe Seiten 76 und 82.

Klostertal, 710–1074 m
Klösterle, Wald, Dalaas, Braz

Skigebiet: 1000–2300 m
Klösterle 800 Einwohner, 600 Gästebetten
Wald 650 E., 550 G. Dalaas 970 E., 270 G.
Saison: Anfang Dezember bis Ende April

Anreise Bregenz, Feldkirch, Bludenz. Bahnstationen: Bludenz, Langen, Busverbindung
Entfernungen von KA: 355 km, S: 287 km, UL: 197 km, M: 218 km

Information
Verkehrsämter:
A-6754 Klösterle, Tel. 05582/777
Telefax 05582/590
A-6752 Wald, Tel. 05585/390
A-6752 Dalaas, Tel. 05585/244
Telefax 05585/590
A-6751 Braz, Tel. 05552/8127
Telefax 05552/8606
Schneetelefon 05582/750
Landesvorwahlnummer siehe Seite 608.

Kinder Dalaas und Klösterle kein Gästekindergarten; Skikindergarten ab 3 Jahre (ca. öS 350/Tag inkl. Mittagessen); Skischule ab 5 Jahre (ca. öS 900/5 Tage ohne Mittagessen)

Ski alpin Testnote ❄❄❄

Skigebiet Sonnenkopf
40 km präparierte Abfahrten:
15 km schwer, 20 km mittel, 5 km leicht
Längste Abfahrt: Glattingrat, 11 km Länge, 1300 m Höhenunterschied, schwer/mittel
Liftkapazität: 11 500 Pers./Std.
5 4

Skigebiet Albona
32 km präparierte Abfahrten:
16 km schwer, 8 km mittel, 8 km leicht
Liftkapazität: 10 100 Pers./Std.
3 4

Skipaß-Preise siehe Beilage
Klösterle 1 Skischule mit 18 Skilehrern
Dalaas 1 Skischule mit 25 Skilehrern

Langlauf Testnote ❄❄

30 Loipenkilometer (mittel bis leicht); Höhenloipe: Sonnenkopf (1800–1890 m), 4 km lang, mittel; 11 km Skatingloipe in Klösterle; Langlaufunterricht

Weitere Sportmöglichkeiten

Après-Ski

Für mindestens drei Tage muß man den Perfektionskurs der Skischule buchen (ca. öS 1500 pro Tag und bis maximal vier Personen).

Hotelempfehlungen: Seite 541–585

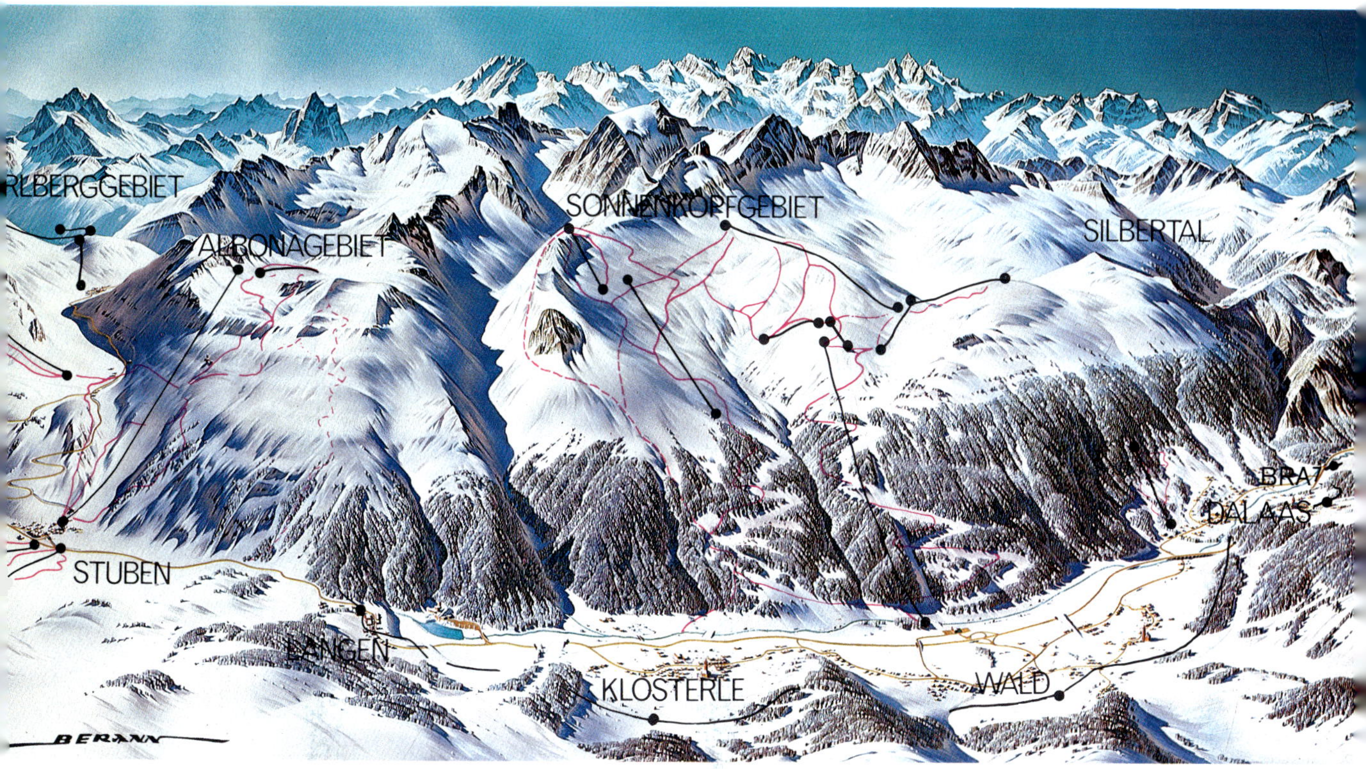

Das Große Walsertal

Der Name stammt von den Walliser Bauern, die diese Gegend besiedelt haben. Der Wintersportler erlebt dort, besonders im Hauptgebiet Fontanella-Faschina, Skivergnügen ohne Hektik auf herrlichen, schneesicheren Hängen.

Das Große Walsertal hat durch die Straße über das Faschina-Joch einen Anschluß von Norden. Die 3 km lange Strecke (davon fast 1400 m in Galerien) verbindet Faschina mit Damüls. Durch die kostspielige Schließung der Lücke zwischen Faschina und Damüls wird die »Faschina«-B 193 zur ganzjährig offenen Verbindung zwischen der Strecke Feldkirch – Bludenz (mit der Arlberg-Route) und der »Bregenzerwald«-B 200 bei Au. Kurzfristige Schneesperren können nicht ausgeschlossen werden. Das Großwalsertal erhält durch die B 193 Durchfahrtverkehr. Die Straße führt von Nüziders (bei Bludenz) über Thüringen und weiter auf der Sonnenseite des Tals über Thüringerberg – St. Gerold – Blons – Sonntag nach Fontanella-Faschina und berührt – die Ortschaften Raggal und Marul auf der Tal-Schattenseite ausgenommen – alle Ferienziele im Großen Walsertal.

Bedingt durch die überdurchschnittliche Schneesicherheit des Großen Walsertals, versteht es sich von selbst, daß man zur Anfahrt per Pkw Winterausrüstung für seinen Wagen braucht.

Das Gebiet von **Fontanella** wurde von den Walliser Bauern vor rund 600 Jahren von Damüls aus übers Joch besiedelt; 1932 entstand auf dem Joch das Hotel »Faschina« als erste komfortable »Winterhochburg« weit und breit. Nur ein Saumpfad führte damals von Fontanella herauf, so daß für den Transport der Baumaterialien eine eigene Seilbahn errichtet werden mußte. Das Hotel war der Vorläufer für das heutige **Faschina**, und inzwischen transportieren mehrere Aufstiegshilfen die Skifahrer bis unter den Glatthorngipfel (2134 m). Wer es gerne bequem hat und sein Auto lieber stehen läßt, der ist in Fa-

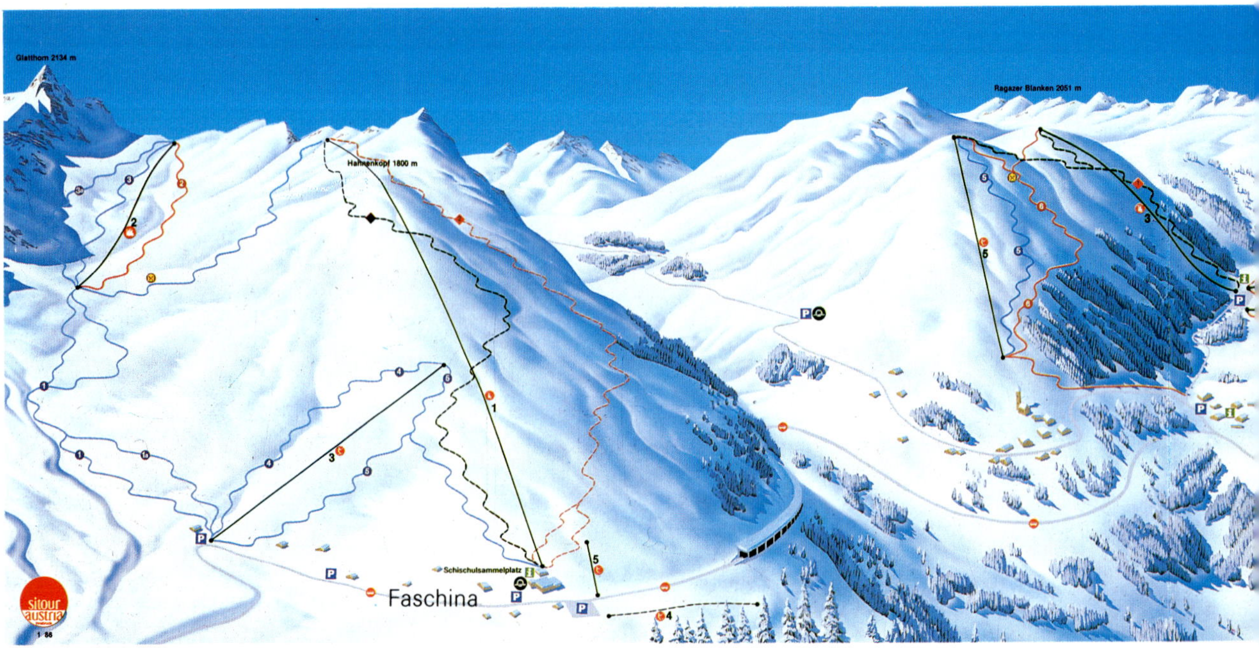

Die Kirche von Marul, einer der Streusiedlungen der Walser an der Südflanke des Großen Walsertals.

Das gesamte Skigebiet von Faschina liegt über der Baumgrenze. So überwiegen die mittelschweren Abfahrten. Die längste und schönste Piste führt über 3,5 km nach Fontanella hinab.

schina richtig. In Faschina beginnen alle Lifte fast vor der Haustür. Das gesamte Skigebiet liegt über der Baumgrenze. Die damit großzügig angelegten Pisten bieten alle Schwierigkeitsgrade. Auch der Tiefschnee-Fan findet hier zahlreiche Möglichkeiten. Die längste und schönste der Abfahrtspisten führt über 3,5 km nach Fontanella hinab. Wobei denn freilich die Rückfahrt mit dem Bus angetreten werden muß. Durch die gute Straßenverbindung mit Damüls bietet sich dem Gast ein weiteres attraktives Skigebiet an.

Blons liegt wie auch die Ortschaften **Raggal**, **Marul** und **St. Gerold** in 880 bis 1190 m Höhe über den steilen Kerbtal-Flanken der Lutzschlucht. Es sind Walsersiedlungen, wie auch die Ortschaft Thüringerberg, die sich auf 877 m Höhe am Taleingang in schönster Aussichtslage zu Rothorn, Zimba und Schesaplana eingenistet haben. Raggal und Marul sind mit ihrem halben Dutzend Aufstiegshilfen bis auf 1700 m am Guggernülli (1736 m) beliebte Ziele im vorderen Großen Walsertal. Über die 250 m lange und 65 m hohe Brücke über den Marulbach ist der Wintercampingplatz im reizvoll gelegenen Weiler Litze-Plazera von Raggal aus problemlos zu erreichen.
Nicht weit von Fontanella, in Sonntag, startet eine Gondelbahn als Zubringer in das kleine Skigebiet **Sonntag–Stein** in 1600 m Höhe. Der Skipaß Faschina–Damüls gilt auch hier.
Im Gemeindegebiet von Sonntag gibt es eine Zinngießerei, in der nach alten Mustern Krüge, Teller und Kandelaber angefertigt werden.

Großes Walsertal
Fontanella-Faschina, 1145–1492 m
Raggal-Marul, 976–1188 m,
Sonntag-Buchboden, 900 m

Skigebiet: 1000–2100 m
1800 Einwohner, 2150 Gästebetten
Saison: Dezember bis Anfang April

Anreise Bregenz, Feldkirch, Ausfahrt Nenzing oder Bregenz, Damüls, Faschina. Bahnstation ist Bludenz, von dort Busverbindungen ins Skigebiet

Entfernungen von KA: 350 km, S: 282 km, UL: 192 km, M: 237 km

Information
Tourismusverband Großes Walsertal,
A-6741 Raggal, Tel. 05553/228
Telefax 05553/380
Schneetelefon 05510/2544
Tourismusbüro Fontanella-Faschina,
A-6733 Fontanella, Tel. 05554/5150, 5223
Telefax 05554/5520
Verkehrsamt Sonntag
A-6731 Sonntag
Tel. 05554/5292, Fax 05554/5522
Landesvorwahlnummer siehe Seite 608.

Kinder keine Gästekindergärten; Raggal Skischule ab 4 Jahre (ca. öS 1000/Woche ohne Mittagessen) Fontanella Skischule ab 4 Jahre (ca. öS 970/Woche ohne Mittagessen)

Ski alpin Testnote ❄❄
Faschina

Skigebiet Faschina
13,5 km präparierte Abfahrten:
2,5 km schwer, 2 km mittel, 9 leicht
Längste Abfahrt: Schluchtensattel–Fontanella, 3,5 km Länge, 730 m Höhenunterschied, mittel
Liftkapazität: 4000 Pers./Std.
2 2

Skigebiet Sonntag–Stein
7 km präparierte Abfahrten:
3 km mittel, 4 km leicht
Liftkapazität: 1800 Pers./Std.
1 1

Skigebiet Damüls
25 km präparierte Abfahrten:
2 km schwer, 12 km mittel, 11 km leicht
Liftkapazität: 7120 Pers./Std.
3 4

Skigebiet Raggal-Marul
10 km präparierte Abfahrten:
1 km schwer, 4 km mittel, 5 km leicht
Liftkapazität: 4000 Pers./Std.
4 1

Skipaß-Preise siehe Beilage

Tiefschneereviere: Hahnenkopf-Ost- und Nordhang
4 Skischulen mit 30 Skilehrern

Langlauf Testnote ❄

Raggal 10 km (8 km mittel, 2 km leicht); längste Loipe: Waldloipe, 8 km lang, mittel; Langlaufunterricht Sonntag Garsella–Sonntag–Buchboden (900–1000 m), 16 Loipenkilometer, leicht bis mittel; höchste Loipe Stein (1200 m), 3 km lang, leicht; Langlaufunterricht Fontanella-Faschina keine Loipen

Weitere Sportmöglichkeiten

Après-Ski

Neu im Skigebiet Glatthorn ist der Vierersessellift (mit Förderbandeinstieg) als Ersatz für den Schlepplift. Er ist 1050 Meter lang, bewältigt 300 Höhenmeter und befördert bis zu 1600 Personen pro Stunde. Einweihung: Dezember 1993.

Hotelempfehlungen: Seite 541–585

Das Kleinwalsertal

Ein Stück Österreich, das man per Auto aus Richtung Oberstdorf erreicht: das Kleinwalsertal, österreichisches Hoheits- und deutsches Zollgebiet. Die Skifahrer stört das nicht; die Pisten lassen kaum zu wünschen übrig.

Weit verstreut auf den Hängen über der Breitach: Hirschegg im Kleinwalsertal; im Hintergrund der Widderstein (2536 m), links der Zwölferkopf (2008 m), nach links ansteigend zum Elferkopf.

Links Lifte, rechts Lifte – Lifte, soweit das Auge reicht. Kein Wunder bei den vielen Aufstiegshilfen (darunter auch ein »Speziallift« für Rodler) in diesem 15 Kilometer langen Tal. Das Kleinwalsertal erstreckt sich in einer mittleren Höhenlage von 1150 Metern von Riezlern über Hirschegg und Mittelberg bis zum imposanten Talabschluß zu Füßen des Widdersteins (2536 m) bei Baad.

In seiner bewegten Geschichte war das Tal, das im 13. Jahrhundert von Bauern aus dem Wallis besiedelt wurde, zunächst im Besitz schwäbischer Adelsfamilien, fiel 1451 an Herzog Sigmund von Tirol und gehörte bis 1805 zu Österreich, wurde dann im Rahmen des Preßburger Friedens dem Land Bayern angegliedert und 1814 wieder an Österreich zurückgegeben. 1891 wurde schließlich mit dem Zollanschlußvertrag der heutige Zustand hergestellt: Wirtschaftlich ist das Kleinwalsertal an Deutschland angeschlossen, während es politisch weiterhin zu Österreich gehört.

Für Reisende, die aus Richtung Oberstdorf ins Kleinwalsertal kommen, gibt es keine Zoll- und Paßkontrollen. Man zahlt mit deutschem Geld; es wird aber auch der österreichische Schilling angenommen.

In den letzten Jahrzehnten rückten die drei Ortschaften durch Hotels und Pensionen immer näher zusammen.

Trotzdem brachten es die Kleinwalsertaler fertig, in ihrer Vorarlberger Exklave überall noch einen Hauch österreichischer Lebensart zu bewahren. Und das, obwohl von **Riezlern** aus – wo 1940 der erste Skilift als damals modernste Anlage eingeweiht wurde – mit der Kanzelwandbahn die Verbindung zur Fellhornbahn, hinüber ins Allgäu, perfekt ist. Diese Skischaukel offeriert übrigens von der Kanzelwand (2059 m) nach Riezlern zurück eine von zwei 4,5 km langen Abfahrten im Kleinwalsertal. Die zweite, schönere lockt gegenüber, vom Hochifen (2228 m) über das Gottesackerplateau in Richtung Hirschegg auf leichten bis mittelschweren, im oberen Teil baumfreien Hängen vor allem Genußskifahrer.

Mögen auch unterhalb des Hochifen, an der östlichen Seite, ganze Breitseiten an Liftkombinationen von **Hirschegg** hinauf bis zum Hahnen-

Überragt von Elfer- und Zwölfergipfel liegt Mittelberg mit seiner Pfarrkirche St. Jodok, in deren Turmfundamenten man einen Stein aus dem Jahr 1302 vorfand. Berühmt sind die Fresken aus der Zeit um 1460. Im Hintergrund geht es rechts ins Wildental.

köpfle (2143 m) sowie von **Mittelberg** auf das Walmendingerhorn (1993 m) schöne Abfahrten erschließen – ein »Skizirkus« wurde es nicht. Was ehedem von den Erschließern bedauert wurde – daß sich die Kleinwalsertaler Berge einfach nicht nahtlos gemeinsam »auf Draht« bringen lassen – eben das zeigt heute auch positive Seiten: die drei Kleinwalsertaler Gemeinden konnten dadurch ein wenig Eigenständigkeit bewahren.

Auch auf dem unterhalb des Hochifen in weiten Bögen herabschwingenden »Skigleitweg« über die Ifenhütte (1592 m) gibt es Schnee bis ins Frühjahr. Wenn man nicht bis zur Talstation bei der Auenhütte abfahren will oder kann: Von der Ifenhütte zieht ein Lift wieder hinauf.

An schönen Wochenenden (oder bei mangelndem Schnee in der Nachbarschaft) kann es schon vorkommen, daß sich eine endlose Autoschlange ins Tal wälzt. Die beiderseits der Breitach gebahnten Loipen und Fußwanderwege bleiben jedoch von Lärm und Abgasen weitgehend verschont.

Das Après-Ski-Angebot im Kleinwalsertal ist so reichhaltig, daß nur wenig Gäste auf den Gedanken kommen, den Abend in Oberstdorf zu verbringen. Sehenswert ist aber in jedem Fall die Breitachklamm: Eine durch Wege begehbar gemachte, eindrucksvolle enge Felsschlucht mit wunderschönen »Eisvorhängen«.

Oberstdorf siehe Seite 28.

Kleinwalsertal
Riezlern, 1084 m
Hirschegg, 1124 m, **Mittelberg,** 1218 m

Skigebiet: 1100–2030 m
5200 Einwohner, 12 000 Gästebetten
Saison: Dezember bis April

Anreise Ulm, Kempten, Richtung Immenstadt, an Oberstdorf (Bahnstation, Busverbindungen) vorbei zur Walserschanz
Entfernungen von: KA: 297 km, S: 250 km, UL: 139 km, M: 190 km

Information
Verkehrsamt Kleinwalsertal,
D-87568 Hirschegg, Tel. 083 29/51 14 0
Telefax 083 29/51 14 21
Schneetelefon 083 29/18
(Ortsvorwahl von Österreich aus: 055 17)
Landesvorwahlnummer siehe Seite 608.

Kinder Gästekindergarten ab 3 Jahre (ca. DM 7/Halbtag, 24/Ganztag inkl. Mittagessen); Skischule ab 4–5 Jahre (ca. DM 150/5 Tage ohne Mittagessen)

Ski alpin Testnote ❄❄❄

Kleinwalsertal gesamt
80 km präpar. und nichtpräparierte Abfahrten, zahlreiche kleine Übungslifte.
Beleuchtet sind die Pisten an den Dorfliften Westegg (Riezlern) dienstags und samstags von 19 bis 22, Schwanenlift (Riezlern) mittwochs von 19 bis 21, Hubertus (Hirschegg) dienstags von 20 bis 22 und Maisäß (Mittelberg) auf Anfrage ab 19.30 Uhr.

Kanzelwand
13 km präparierte Abfahrten mittlerer Schwierigkeitsgrade
Liftkapazität: 1500 Pers./Std.
2 1 1

Ifen
18 km präparierte Abfahrten:
7 km schwer, 11 km mittel
Längste Abfahrt: Skigleitweg Gottesacker, 4,5 km lang, 370 m Höhenunterschied, mittel
Snowboard-Halfpipe
Liftkapazität: 900 Pers./Std.
2 2

Walmendingerhorn
6 km präparierte Abfahrten:
1 km schwer, 5 km mittel
Längste Abfahrt: Walmendingerhornabfahrt, 4 km Länge, 740 m Höhenunterschied, mittel
Liftkapazität: 480 Pers./Std.
1 1 1

Skipaß-Preise siehe Beilage

Tiefschneeabfahrten und Skirouten: Walmendingerhorn, Ifen, Kanzelwandgebiet (alle in 2000 m Höhe)
8 Skischulen mit 250 Skilehrern

Langlauf Testnote ❄❄❄

9 Loipen über 42 km Länge (4,5 km schwierig, 35 km mittel, 2,5 km leicht); längste Loipe: Schwendeloipe (1050–1150 m), 11 km lang, mittel, beleuchtet bis 20 Uhr; Höhenloipe: Gottesackerloipe (2000 m Höhe), 4,5 km lang, mittel; Langlaufunterricht

Weitere Sportmöglichkeiten

Après-Ski

KINO

Spielcasino in Riezlern, Veranstaltungszentrum »Walserhaus« in Hirschegg

Sportliche Veranstaltungen
Pumuckel-Skirennen (6. 1. 94); Casino-Cup Langlauf (Ende Jan. 94); Int. Osterskispringen

Ein Snowboard-Schnupperkurs, an dem vier bis sieben Personen teilnehmen, kostet für einen Tag ca. DM 70. Unter Umständen lernt man mehr beim eintägigen Privatunterricht. Da muß man dann allerdings mit ca. DM 180 rechnen.

Hotelempfehlungen: Seite 541–585

Das Brandnertal

Das Brandnertal, zwischen Bludenz und dem Rätikon gelegen, setzt mit seinen beiden Skirevieren Brand und Bürserberg vor allem auf geruhsame Familienurlauber. Dennoch, die Pisten und Loipen unterhalb der Schesaplana sind überraschend abwechslungsreich.

»Auf den Ski gekommen« ist das Brandnertal bereits zur Jahrhundertwende. Da bestiegen in der Neujahrsnacht ein paar mutige Brettlfreunde erstmals im Winter die 2965 m hohe Schesaplana.

Nach dieser skifahrerischen Pioniertat wurde es wieder ruhig im Tal. Mit Wintertourismus hatten die vor Jahrhunderten aus dem Wallis eingewanderten Bergbauern zunächst wenig im Sinn. Lediglich ein paar Hütten für Berg- und Skiwanderer wurden im Dreiländereck zwischen Österreich, Schweiz und Liechtenstein gebaut. Heute ist der Fremdenverkehr die Existenzgrundlage dieses Vorarlberger Tales.

Die Entwicklung zu einem »richtigen Skigebiet« wurde eigentlich erst 1966 mit dem Bau der Palüdbahn bei Brand eingeläutet. In der Zwischenzeit haben es **Brand** und **Bürserberg** auf zahlreiche Aufstiegshilfen gebracht. Diese Lifte – einige in Bürserberg, die Mehrzahl in Brand – hängen zwar nicht lückenlos zusammen, sind aber verbunden durch einen im Skipaß eingeschlossenen Bus, der regelmäßig pendelt.

Brand, das langgestreckte Straßendorf, und Bürserberg, das sich an den Osthang am Taleingang schmiegt, sind schmucke Dörfer mit einer gemütlichen und familiären Atmosphäre. Hier muß man nicht, wie in manchen Nobelorten der näheren Umgebung, schicke Wagen, teure Pelze und wohlgefüllte Brieftaschen vorzeigen.

Die schlauen Brandnertaler haben längst ihre eigene Gästeklientel gesucht und gefunden: Schneeurlauber, die Jet-Set-Rummel ebensowenig brauchen wie lückenlos verdrahtete Ski-Großarenen oder jeden Tag eine andere Piste. Winterurlauber, für deren Können das vorhandene Angebot völlig ausreicht, zählen zu den Stammgästen.

Der Pistenfahrplan der Dörfer Brand und Bürserberg verzeichnet überwiegend leichte bis mittelschwere Abfahrten, landschaftlich schöne Loipen und Wanderwege sowie eine Menge weiterer sportlicher Offerten. Die Skischulen mit ihren »Brettl-Pädagogen« bringen den Alpin- und Langlauf-Eleven Stemmschwung und Stockschub bei. Wartezeiten an den Liften gibt es kaum. Eine 300 m lange Skitrasse am Gulma verbindet die beiden Skigebiete Palüd und Niggenkopf.

Abwechslung für Durchschnittsfahrer bieten die Pisten der Palüd- und Niggenkopfbahn auf Höhen zwischen 1000 und 1900 m. Tiefschneefahrer haben im Bereich des Lorenzitales Möglichkeiten, sich im »wilden« Gelände auszutoben (Lawinenwarnungen genau beachten!). Ortsunkundige sollten zunächst einmal mit einem Skilehrer ins unpräparierte Gelände gehen.

Das zweite Brandnertal-Skiterrain im Nachbarort Bürserberg führt über drei Sektionen zum 1800 m hohen Loischkopf. Wiederum ein ideales Gleitrevier für eher »gemäßigte« Brettlfans. Mit dem Brandner Skigebiet verbindet dieses Pistenareal ein gemeinsamer Liftpaß und der kostenlose Bustransport.

Langläufer dürfen sich auf drei Loipen trimmen: auf der Höhenloipe am Niggenkopf, der Parpfienz-Alpe oder in Bürserberg auf der 1250 bis 1300 m hoch gelegenen Rona-Tschengla-Rundloipe. Eine reizvolle Skiwanderung führt vom Niggenkopf über den Parpfienzsattel zur Furklaalpe in einer

Der Lichterschein täuscht: Brand, der Hauptort im Brandner Tal, ist Schauplatz eines gemütlichen Skibetriebs mit eher ruhigem »Après«.

Höhe von 1600 bis 1700 m. Der sieben Kilometer lange Weg ist nicht immer gespurt, deshalb werden Wanderski empfohlen.
Am südlichen Talabschluß sind die »Fast-Dreitausender« als geführte Touren recht gefragt. Routinierte Bergführer begleiten die Gäste. Beliebtes Ziel der Frühjahrsbergsteiger ist (ab Mitte März) die Schesaplana, mit 2965 m der höchste Gipfel des im Süden aufragenden Rätikons. Weitere Tourenziele sind das Amatschon-Joch und das Zalimtal.
Eine 3 km lange Rodelbahn mit einem Höhenunterschied von 275 m führt von der Mittelstation Eggen mit einem Idealgefälle von 11 % bis in die Ortsmitte von Brand. Ihr Ausgangspunkt kann mit der Sesselbahn erreicht werden. Leihrodel sind in den Sportgeschäften erhältlich.

Brand – Bürserberg, 950–1037 m

Skigebiet: 1000–1920 m
1180 Einwohner, 3100 Gästebetten
Saison: Mitte Dezember bis Ostern

Anreise Bregenz, Feldkirch, Brand oder Landeck, Arlberg-Route. Bahnstation ist Bludenz, von dort Busverbindungen
Entfernungen von KA: 349 km, S: 281 km, UL: 191 km, M: 246 km

Information
Verkehrsverband Brandnertal/Bludenz
A-6700 Bürserberg
Tel. 05552/63317; Fax 05552/66664
Schneetelefon 05559/258
Landesvorwahlnummer siehe Seite 608.

Kinder Gästekindergarten ab 2 Jahre (Hotel Lagant Sporting Club in Brand, Tel. 05559/285; ca. öS 250/Ganztag inkl. Mittagessen); Skikindergarten ab 3 Jahre in Bürserberg, nur auf Anfrage; Skischule in Brand ab 3 Jahre (ca. öS 1050/Woche ohne Mittagessen)

Ski alpin Testnote ❄❄

Skigebiet Brand
35 km präparierte Abfahrten:
2,5 km schwer, 17 km mittel, 15,5 km leicht
Längste Abfahrt: Palüd-Talabfahrt, 5,5 km Länge, 900 m Höhenunterschied, mittel
Die Piste am Schedlerhoflift (800 m Länge, leicht) ist donnerstags bis 19 Uhr beleuchtet
Liftkapazität: 10000 Pers./Std.
6 3

Skigebiet Bürserberg
15 km präparierte Abfahrten:
8 km mittel, 7 km leicht
Längste Abfahrt: Einhorn-Abfahrt, 5 km Länge, 900 m Höhenunterschied, mittel
Liftkapazität: 4500 Pers./Std.
3 1

Skipaß-Preise siehe Beilage
Tiefschneereviere: Brüggele- und Zalim-Tal
2 Skischulen mit ca. 55 Skilehrern

Langlauf Testnote ❄❄

40 Loipenkilometer (1 km schwierig, 29 km mittel, 10 km leicht); längste Loipe: Rona Loipe (Bürserberg, 1200–1300 m) 17 km lang, mittel; höchste Loipe: Parpfienz (Brand, 1500–1600 m), 16 km lang, mittel; Langlaufunterricht

Weitere Sportmöglichkeiten

Après-Ski

Lust auf Abwechslung? Wie wäre es, mal auf einem Skibob sitzend die Pisten hinunterzupreschen? Ausleihen kann man das Gerät bei Skiverleih Werner Beck in Brand, Tel. 05559/306.

Hotelempfehlungen: Seite 541–585

Das Äußere Montafon

Vorweg ein paar Montafoner Superlative: Elf Kilometer mißt die längste Piste im Montafon, die Hochjoch-Totale, Bartholomäberg hat die längste Sonnenscheindauer, Vandans die größte Wildfütterung und Schruns den Nobelpreisträger Hemingway im Gästebuch.

Die klassische Liebeserklärung an Schruns, den Hauptort des Montafon, hat kein geringerer als der amerikanische Dichter und Nobelpreisträger Ernest Hemingway formuliert: »Ich liebe Schruns,«, schrieb er seinen Gastgebern ins Stammbuch, nachdem er Mitte der zwanziger Jahre mehrfach im Gasthof »Taube« logiert und Skiausflüge in die Umgebung gemacht hatte.

Schruns bildet zusammen mit seinen Nachbarorten **Tschagguns, Vandans, St. Anton, Bartholomäberg** und **Silbertal** den äußeren Teil des Montafon, das sich nach Südosten als Hochmontafon etwa bis Partenen fortsetzt.

Da die Talsohle hier nur 700 m hoch liegt, ist das Montafon bedingt schneesicher.

Aus Schruns schweben deshalb eine Großkabinenbahn und eine Gondelumlaufbahn ins Kapellgebiet, wo sich in 1850 m Höhe, rund um das große Bergrestaurant, auf leichten Hängen die Skischulen tummeln. Von hier stellt ein Doppelsessellift über den Sennigrat und an der Wormser Hütte vorbei die Verbindung ins Zamanggebiet her. Hier wurde eine absolut schneesichere »zweite Etage«, ein Skirevier bis

Oberhalb von Schruns, im Zamang-Skigebiet, ziehen die Lifte bis auf knapp 2400 Meter zum höchsten lifterschlossenen Punkt im Montafon.

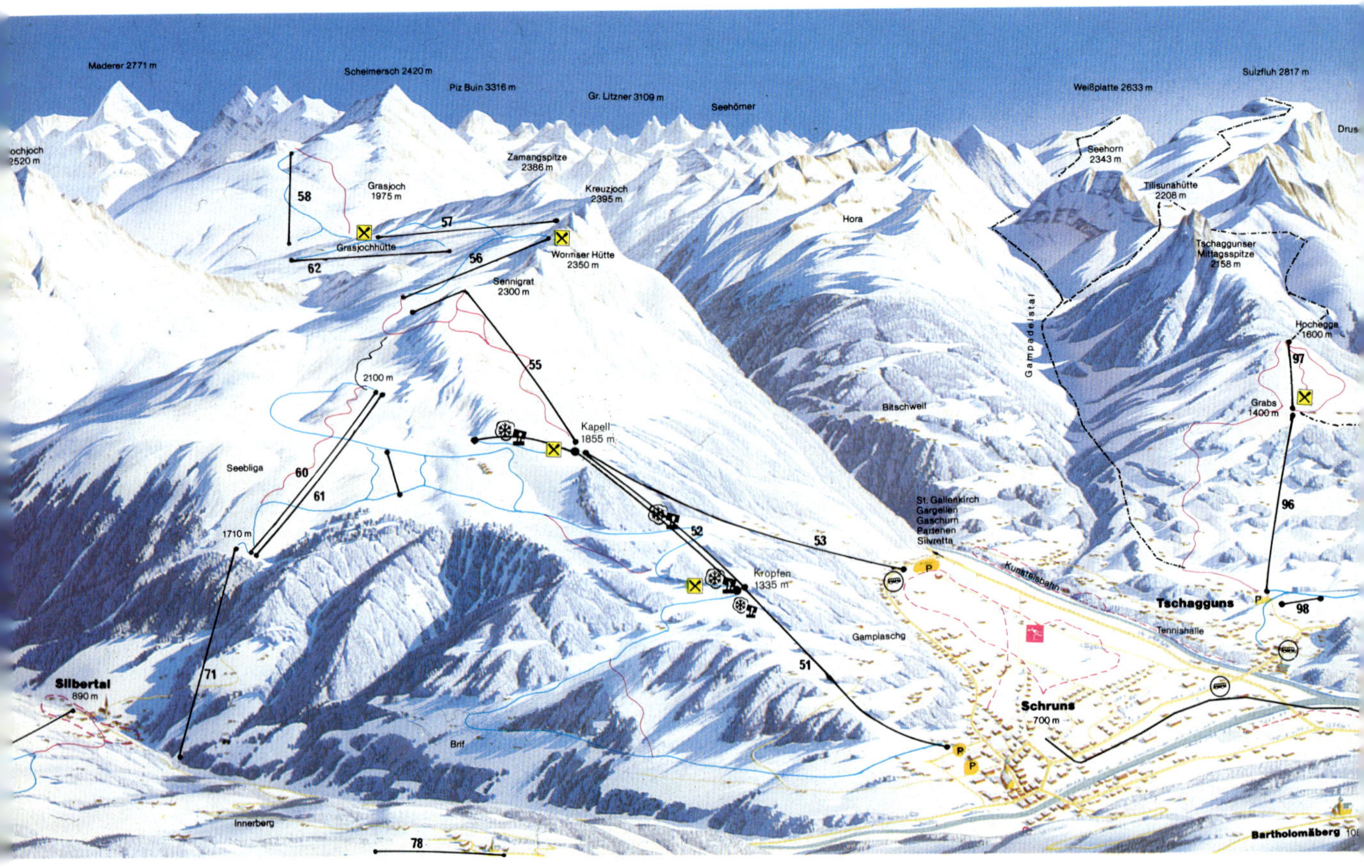

Äußeres Montafon, 648–2395 m
Schruns, Tschagguns, Vandans, St. Anton im Montafon, Bartholomäberg, Silbertal

Skigebiet: 650–2395 m
Schruns 3800 Einwohner, 3000 Gästebetten Tschagguns 2500 E., 2400 G. Vandans 2400 E., 1500 G. St. Anton i. M. 674 E., 380 G. Silbertal 880 E., 967 G.
Saison: 18. Dezember 93–10. April 94 (Gargellen/Schafberg bis 17. April 94)

Anreise Autobahn Bregenz (Ausfahrt Bludenz-Ost), Montafon bzw. München, Garmisch-Partenkirchen, Landeck, Arlberg-Route, Bludenz-Ost.
Bludenz ist Bahnstation. Von dort mit der Montafonerbahn bis Schruns. Busverbindungen ab Schruns.
Entfernungen von KA: 350 km, S: 282 km, UL: 192 km, M: 242 km

Information
Montafon Tourismus
A-6780 Schruns, Tel. 05556/72253
Telefax 05556/74856
Tourismusbüros:
A-6780 Schruns, Tel. 05556/72166
Telefax 05556/72554
Schneetelefon 05556/72126
A-6774 Tschagguns, Tel. 05556/72457; Telefax 05556/73940
Schneetelefon 05556/72175
A-6773 Vandans, Tel. 05556/72660; Telefax 05556/74921
A-6780 Bartholomäberg, Tel. 05556/73101; Telefax 05556/74969
A-6771 St. Anton im Montafon
Tel. 05552/67191, Telefax 05552/67903
A-6780 Silbertal, Tel. 05556/74112
Telefax 05556/74001
Landesvorwahlnummer siehe Seite 608.

Kinder Schruns Gästekindergarten ab 3 Jahre (ca. öS 90/Std., 420/Ganztag inkl. Mittagessen), Skischule ab 3–4 Jahre (ca. öS 1870/5 Tage inkl. Mittagessen Tschagguns Gästekindergarten ab 3 Jahre (ca. öS 100/Std., 350/Ganztag inkl. Mittagessen); Skischule ab 4 Jahre (ca. öS 1950/6 Tage inkl. Mittagessen) Vandans Gästekindergarten ab 2 Jahre (ca. öS 100/Std., 350/Ganztag inkl. Mittagessen); Skischule ab 3 Jahre (ca. öS 1100/5 Tage ohne Mittagessen) St. Anton i. M. kein Gästekindergarten; keine Skischule für Kinder Silbertal Gästekindergarten ab Kleinkind (ca. öS 250/Ganztag ohne Mittagessen); Skischule ab 3–4 Jahre (ca. öS 1000/5 Tage ohne Mittagessen)

Ski alpin Testnote ❄❄❄❄
Montafon gesamt

Skigebiet Montafon gesamt
210 km präparierte Abfahrten:
25 km schwer, 90 km mittel, 95 km leicht
Liftkapazität: 78000 Pers./Std.
40 22 5 3
3

Skigebiet Hochjoch (Schruns)
35 km präparierte Abfahrten:
1 km schwer, 6 km mittel, 28 km leicht
Längste Abfahrt: Hochjoch Totale, 11 km Länge, 1700 m Höhenunterschied, mittel/leicht
Liftkapazität: 13000 Pers./Std.
4 6 1 2

Skigebiet Golm (Tschagguns/Vandans)
21 km präparierte Abfahrten:
10 km mittel, 11 km leicht
Liftkapazität: 10000 Pers./Std.
6 4 2

Skigebiet Grabs (Tschagguns)
13 km präparierte Abfahrten mittleren Schwierigkeitsgrades
Liftkapazität: 1000 Pers./Std.
1 1

Skipaß-Preise siehe Beilage
Tiefschneereviere: Hochjoch – Zamang, Golm – Gauertal
Skischulen mit ca. 150 Skilehrern im Äußeren Montafon

Langlauf Testnote ❄❄
Äußeres Montafon

Schruns 13 (leichte) Loipenkilometer; Langlaufunterricht Tschagguns 6 (leichte) Loipenkilometer; kein Langlaufunterricht Vandans 8 (mittel bis leichte) Loipenkilometer; Langlaufunterricht St. Anton i. M. 6 (leichte) Loipenkilometer; kein Langlaufunterricht Silbertal 5 Loipenkilometer (mittel); höchste Loipe: Kristbergloipe (1450–1550 m), 11 km lang, mittel bis schwierig; Langlaufunterricht

Weitere Sportmöglichkeiten
Gleitschirmfliegen

Après-Ski

Für Snowboard-Anfänger gibt es eine Schnupperstunde von 9.30 bis 10.30 Uhr. Sie kostet ca. öS 200 (Skischule Schruns, Tel. 05556/75180).

Hotelempfehlungen: Seite 541–585

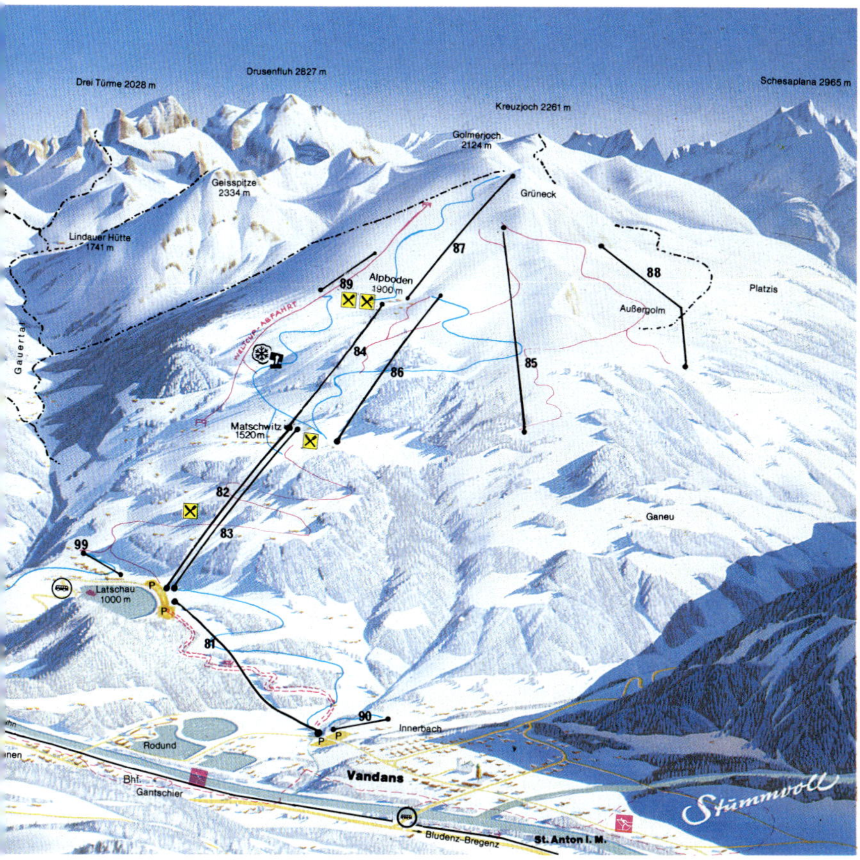

in 2370 m Höhe, erschlossen – dank der leichten Hänge und gastronomischen Stützpunkte ein ideales Familiengebiet.
Nicht zu vergessen die phantastische Aussicht, zum Beispiel auf die Silvretta Nova, den riesigen Skizirkus des Hochmontafon.
Für den Pistenkilometerfresser bietet sich zur Rückkehr ins Tal vor allem im Hochwinter die »Hochjoch-Totale« an. Sollten an den Bahnen in Schruns doch einmal Schlangen stehen, dann gibt es noch ein »Hintertürchen«: Von Silbertal aus führt ein Doppelsessellift direkt ins Kapellgebiet.
Das Gegenstück zu Kapell und Zamang ist auf der anderen Talseite, oberhalb von Tschagguns, der Golm, ein Gebiet für mittlere, aber auch für etwas anspruchsvollere Fahrer, mit einer Weltcup-Abfahrtsstrecke (Damen), breiten Schneewiesen, Bukkelpisten und romantischen Waldabfahrten. Ein Leckerbissen für Könner ist der Steilhang als Einstieg zur Schneemulde des Außergolm. Als besonderes Schmankerl lockt noch die Tiefschneeabfahrt weit hinab nach Vandans. Ein Sessellift stellt dann wieder die Verbindung zur Talstation der Golmerbahnen in Latschau, am Rande des Stausees her.

Das Hochmontafon

Wegen ihrer Höhenlage zählen Gaschurn, Partenen, Gortipohl, St. Gallenkirch und Gargellen zu den schneesichersten Orten des Tales. Trotz aller Beliebtheit haben die Orte nicht allzu viel von ihrer Bodenständigkeit verloren.

Die Orte Gaschurn, Partenen, Gortipohl und St. Gallenkirch haben sich zur Skiregion »Silvretta Nova« zusammengeschlossen, einem perfekten Pistenzirkus, mit dem das Hochmontafon den Anschluß an die nationale Spitzenklasse erreicht hat.
In einer Höhenlage zwischen 1000 und 2400 m wurde hier ein weiträumiges, abwechslungsreiches Skigebiet erschlossen, schneesicher bis in den April hinein. Und im Zentrum des Karussells liegt die einst schlichte Alpe Nova, die »Drehscheibe« für alle Lift- und Pistenverbindungen in Richtung Versettla (2010 m), Schwarzköpfle und Gampabinger Berg (2220 m).
Die Orte **St. Gallenkirch, Gortipohl, Gaschurn** und **Partenen** sind freundliche Montafoner Dörfer. Es sind vorzugsweise Skidörfer, nicht geeignet für Leute, die vom Skisport wenig halten.
Gargellen (1423 m), ein besonders schmuckes Dorf, liegt am Ende eines stillen Seitentales nahe der Schweizer Grenze. Das Skigebiet ist durch seine Höhenlage in der Regel bis Ende April schneesicher.
Der Skiberg von Gargellen heißt Schafberg (2300 m) und eignet sich für Profis ebenso wie für Anfänger.

Hochmontafon, 878–1432 m
Gaschurn, Partenen, Gortipohl, St. Gallenkirch, Gargellen

Skigebiet: 1000–2300 m
Gaschurn 1166 Einwohner, 2900 Gästebetten
Partenen 535 E., 1000 G.
Gortipohl 530 E., 900 G.
St. Gallenkirch 1400 E., 2600 G.
Gargellen 107 E., 1000 G.
Saison: 18. Dez. 93–10. April 94
Gargellen/Schafberg bis 17. April 94

Anreise Autobahn Bregenz (Ausfahrt Bludenz-Ost), Montafon bzw. München, Fernpaß, Landeck, Bludenz-Ost.
Bahnstation ist Schruns (Busverbindungen).

Entfernungen von KA: 365 km, S: 297 km, UL: 207 km, M: 257 km

Information
Montafon Tourismus
A-6780 Schruns, Tel. 05556/72253
Telefax 05556/74856
Tourismusbüros
A-6793 Gaschurn, Tel. 05558/8201
Telefax 05558/8138
A-6794 Partenen, Tel. 05558/8315
Telefax 05558/8881
A-6791 Gortipohl, Tel. 05557/6711
Telefax 05557/2100
A-6791 St. Gallenkirch, Tel. 05557/6600
Telefax 05557/6659

A-6787 Gargellen, Tel. 05557/6303
Telefax 05557/6690
Schneetelefon Silvretta Nova 05557/61 11, Gargellen 05557/678018
Landesvorwahlnummer siehe Seite 608.

Kinder Gaschurn Gästekindergarten ab 3 Jahre (ca. öS 460/Ganztag inkl. Mittagessen); Skischule ab 3 Jahre (ca. öS 1900/Woche inkl. Mittagessen) Partenen Gästekindergarten ab 3 Jahre (ca. öS 430/Ganztag inkl. Mittagessen); Skischule ab 3 Jahre (ca. öS 1680/Woche inkl. Mittagessen) St. Gallenkirch und Gortipohl Gästekindergarten ab 3 Jahre (ca. öS 460/Ganztag inkl. Mittagessen); Skischule ab 5 Jahre (ca. öS 1070/5 Tage ohne Mittagessen) Gargellen Gästekindergarten ab 2 ½ Jahre (ca. öS 335/Ganztag inkl. Mittagessen); Skischule ab 6 Jahre (ca. öS 900/5 Tage ohne Mittagessen)

Ski alpin Testnote ❄❄❄❄
Montafon gesamt

Skigebiet Montafon gesamt
210 km präparierte Abfahrten:
25 km schwer, 90 km mittel, 95 km leicht
Liftkapazität: 78000 Pers./Std.
40 22 5 3
3

Skigebiet Silvretta Nova
100 km präparierte Abfahrten:
25 km schwer, 35 km mittel, 40 km leicht
Längste Abfahrt: Schwarzköpfle – Valisera Tal – St. Gallenkirch, 12 km Länge, 1400 m Höhenunterschied, leicht
Liftkapazität: 40000 Pers./Std.
18 8 4 1

Skigebiet Gargellen
33 km präparierte Abfahrten:
6 km schwer, 11 km mittel, 16 km leicht
Liftkapazität: 7600 Pers./Std.
6 3

Skipaß-Preise siehe Beilage

Tiefschneereviere: Gargellen Madrisa, Nidla Silvretta Nova Zigjam, Schwarzköpfle, Nova Süd, Abhenkina Silvretta Kromertal, Ochsental, Klostertal, Schneeglocke, Hennenköpfe, Verhupf, Rauhkopfscharte
6 Skischulen mit bis zu 130 Skilehrern im Hochmontafon

Langlauf Testnote ❄❄❄
Hochmontafon

45 Loipenkilometer (3 km schwierig, 20 km mittel, 22 km leicht); längste Loipe von Partenen nach St. Gallenkirch (900–1000 m), 30 km lang, leicht bis schwierig; Höhenloipe: Loipe 2000 (Bielerhöhe, 2040 m), 15 km lang, leicht; Langlaufunterricht in Gaschurn, Partenen und St. Gallenkirch

Weitere Sportmöglichkeiten

Paragleiten, Eishockey

Après-Ski

Sportliche Veranstaltungen

Ski-Fit-Woche (Gaschurn, 11.–18. Dez. 93), »Schneestern-Woche« (St. Gallenkirch, 9.–16. Jan. 94), Steinbock-Party (Gargellen, ca. 10.–15. Jan. 94), Karate-Ski-Camp (Kombinationswertung zwischen Karate und Skifahren, Gaschurn, 16.–23. Jan. 94), Ski-Festival (Gaschurn, 20.–27. März 94), 5. Novi-Cup im Firngleiten (St. Gallenkirch, 3. April 94)

Funcamp, Snowboardschule, Speedskiing, Buckelpiste, Telemark – alles, was das Herz begehrt, lehrt die Ski- und Snowboardschule Silvretta-Partenen, Tel. 05558/8724.

Hotelempfehlungen: Seite 541–585

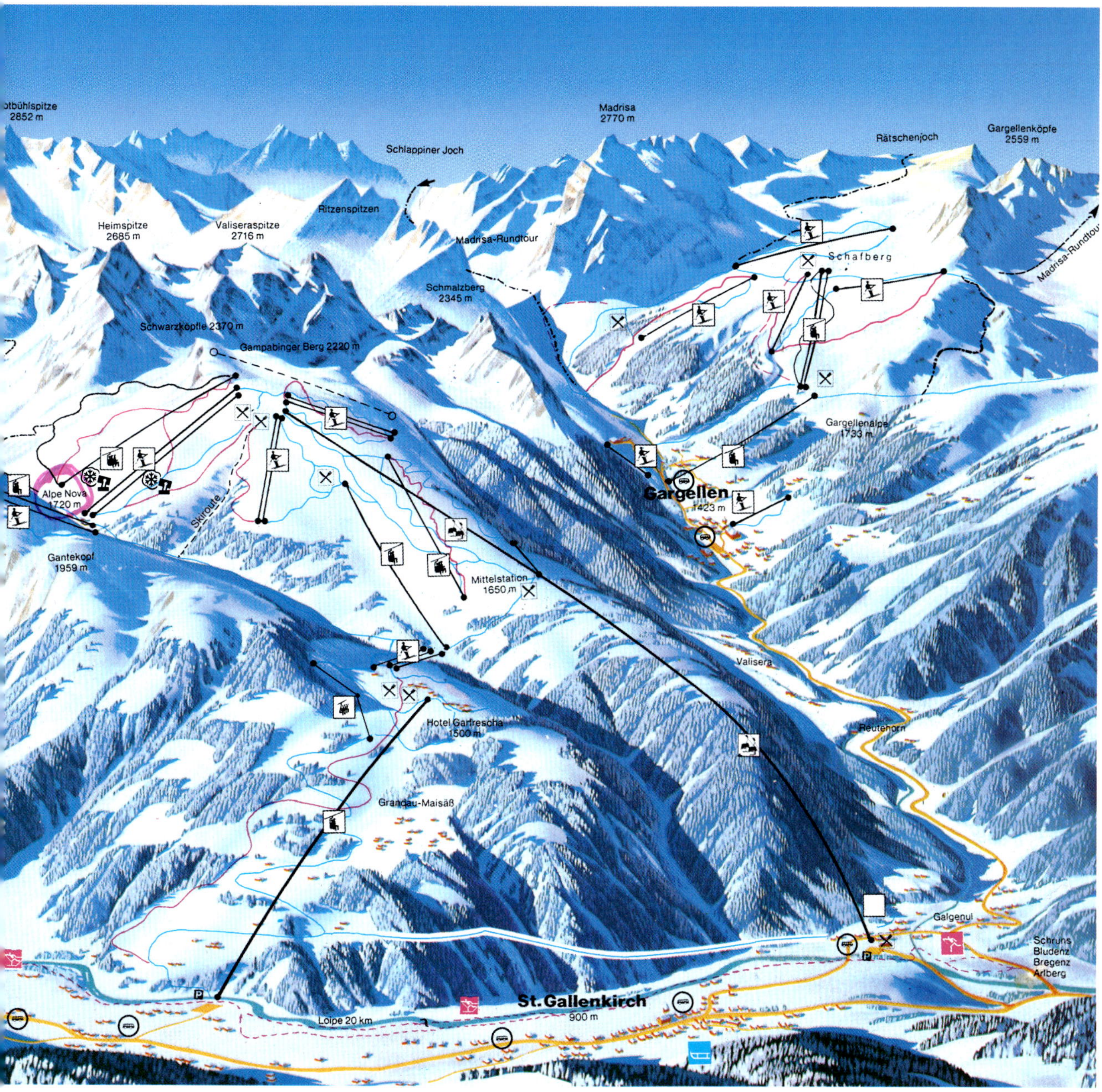

Der Arlberg: Lech und Zürs

Lech und Zürs gehören zur Spitzenklasse der Wintersportplätze in den Alpen. Tatsächlich bieten sie dem anspruchsvollen Skifahrer eine Fülle von interessanten Herausforderungen auf und neben der Piste. Vor allem aber bieten sie Prestige und Exklusivität – ebenso teuer wie begehrt!

Die Lawinengalerien an der Flexenpaßstraße nach Zürs und Lech sind eindrucksvoll. Sie können dennoch nicht verhindern, daß es nach ausgiebigen Schneefällen Tage gibt, an denen kein Mensch »hinein« oder »heraus« kommt, will er nicht sein Leben riskieren. Das gilt auch für den hier überdurchschnittlich stark vertretenen Personenkreis wichtigster Minister, Industriekapitäne, Königlicher Hoheiten und so weiter. Es scheint sogar, daß die meteorologischen Unwägbarkeiten einen zusätzlichen Anreiz liefern, Skiferien in Lech oder Zürs zu machen.
Wenn die Straße über den Flexenpaß gesperrt ist, geht auch »hinten herum« – über Warth und durch das Lechtal oder den Bregenzerwald – nichts mehr.
Wie dem auch sei: Im Lauf der Jahre, ja Jahrzehnte hat sich ein wahrer Arl-

berg-Mythos gebildet, den sich die, welche an ihm teilhaben wollen, schon etwas kosten lassen müssen. Das hat nicht zuletzt mit der Tradition zu tun, auf die man sich am Arlberg viel zugute hält. Die hat hier schon um die Jahrhundertwende begonnen und in den fünfziger Jahren noch einmal einen kräftigen Schub bekommen. Damals haben die Beiser, Jochum, Zimmermann, Walch, Mathis und Strolz es verstanden, die übrige Welt davon zu überzeugen, einzig und allein am Arlberg verstehe man sich auf die Technik des modernen Skilaufs und auf die Kunst, diese zu lehren!

Das Elitebewußtsein der Profis hat sich längst auf das Stammpublikum übertragen. Arlberg-Fans bekennen sich zu einer sportlichen Leistungsgesellschaft, die auch kleinere Mängel hinnimmt. Ein vollkommenes Skiparadies ist das Gelände oberhalb von Lech und Zürs nämlich nicht. Der Untergrund ist steinig und braucht besonders viel Schnee. Das Gelände ist nicht überall für Pistenraupen zugänglich. Abgefahrene Steilhänge, vereiste Querfahrten, verstopfte Flaschenhälse sind nicht gerade selten. Verglichen mit den auf Perfektion getrimmten Skistationen in den Westalpen, in denen die Pisten sich über Berge von Schlagrahm hinwegzuziehen scheinen, kann es am Hexenboden oder am Madloch recht holperig und kratzig aussehen.

Lech

Die Karriere des Ortes hat erst in den fünfziger Jahren begonnen. Doch trotz der beeindruckenden Entwicklung seither hat man ganz bewußt die Kirche im Dorf gelassen – eine schöne Kirche, notabene! Lech strotzt vor Dynamik und Vitalität, bietet seinen Gästen aber immer noch ein dörfliches Eigenleben mit Charakter (dabei sind wahrscheinlich manche Einheimische »reicher« als ihre Gäste). Ein Segen, daß es in Lech praktisch keinen Durchgangsverkehr und am Ortseingang eine geräumige Tiefgarage gibt! Sonst würde der Ort zeitweilig im Verkehr ersticken.

Verkehrsprobleme gibt es in der Hotelsiedlung Oberlech, die herrlich frei und sonnig 300 Meter hoch über dem Ortskern liegt, nicht, da die Autos in Lech geparkt werden müssen. Deshalb sind die Quartiere hier bei Familien mit kleinen Kindern besonders beliebt.

Der »häusliche« Skibetrieb von Lech/Oberlech konzentriert sich auf die ortsnahen Pisten von Schlegelkopf, Schloßkopf und Petersboden. Am Hinterwies-Lift gibt es eine permanente Rennstrecke mit Zeitmessung. Kriegerhorn (2173 m) und Zuger Hochlicht (2377 m) bilden die geographischen Höhepunkte des eigentlichen Lecher Skizirkus. Der Osthang des Kriegerhorns ist für weniger standfeste Skifahrer eine echte Prüfung. Doch die Familienabfahrt hinten herum dürfen sich auch zuversichtliche Anfänger zutrauen.

Zürs

Auf der kahlen Höhe des Flexenpasses bemüht sich der Orts-Winzling – politisch gehört er zur Gemeinde Lech – energisch darum, weiteres Wachstum zu vermeiden und damit seine schon zahlenmäßig gegebene Exklusivität zu bewahren.

»High Zürs« lautet die Parole, die sich zweifellos nicht nur von der geographischen Höhenlage ableitet. 1938 ist hier der erste Schlepplift Österreichs in Betrieb genommen und damit eine Entwicklung eingeleitet worden, die sich seinerzeit wohl niemand hatte träumen lassen. In Zürs gibt es praktisch kein Haus, das nicht der Unterbringung oder Versorgung des Skifahrer-Volkes dient. Entsprechend »tot« ist der Ort außerhalb der weißen Saison.

Die Zürser Lokalpisten sind auf der einen Seite die parallel zueinander verlaufenden Abfahrten vom Trittkopf (2423 m) mit mittleren bis schwierigen Pisten und einer delikaten Steilhangvariante sowie vom Hexenboden (2223 m) mit vorwiegend mittelschwierigen Passagen. Auf der Seite gegenüber bieten Zürsersee und Muggengrat vorwiegend problemlose Traumpisten für jeden Geschmack. ▶

Der Arlberg: Lech und Zürs

Natürlich bleibt niemand im lokalen Bereich. Die Lecher fahren nach Zürs und die Zürser nach Lech – natürlich per Ski! Wer den faszinierenden Rundlauf in Lech beginnt, fährt mit einer der beiden Kabinenbahnen zum Rüfikopf (2362 m) hinauf. Dort ist der Ausgangspunkt einer langen, landschaftlich reizvollen Abfahrt, die bei der Tritt-Alm in den Hexenboden einmündet, von wo aus man unweigerlich in Zürs landet. Dort wechselt man nur die Straßenseite und schwebt per Sessel- oder Schlepplift zum Zürsersee hinauf und weiter zum Madloch-Joch (2432 m).

Varianten für Klasse-Fahrer

Die mit Recht berühmte Madloch-Abfahrt bietet zahlreiche Pisten- und Tiefschnee-Varianten, und unterhalb der Gstütt-Hütte muß sich der Skifahrer entscheiden: Geradeaus weiter nach Lech zum Einkehrschwung oder links hinunter nach Zug? Die Entscheidung für Zug bedeutet eine beträchtliche Ausdehnung des Rundkurses, nämlich übers Kriegerhorn zum Zuger Hochlicht (2377 m) und von dort aus erst zurück nach Lech. Die Rückkehr kann man durch »Gegenanstiege« wie Rotschrofen-, Hasensprung- oder Weibermadlift noch beliebig verlängern.
Damit sind längst noch nicht alle Varianten genannt, die von den Hauptverkehrspisten abzweigen und das Arlberg-Revier so interessant wie abwechslungsreich machen. Erwähnen wir hier nur drei Schwerpunkte: Die Bergstation am eher unscheinbar wirkenden Rüfikopf ist der Start zu zwei rasanten Trassen zurück nach Lech (Langer Zug, Tanneck) und außerdem Ausgangsort für die – speziell bei Firnschnee – bezaubernden Abfahrten durch das Wöstertäli. Dann das Madloch: Hier haben es die Umwege über Stierfall und Stierloch den Kennern angetan – echte Herausforderungen für Experten, die fest in ihren Stiefeln stehen! Schließlich das Zuger Hochlicht mit seinen Tourenabfahrten, die allerdings für Ortsunkundige nicht ohne Risiko sind. Das gilt für die Routen in Richtung Saloberkopf, Karhorn und Stubenbach, erst recht aber für den schwer zu findenden »Weg« nach Schröcken im Bregenzerwald. Diese Unternehmung ist nur sicheren, hochalpin versierten Fahrern in Begleitung eines geländekundigen Skiführers zu empfehlen. Außerdem muß man sich vorher vergewissert haben, ob die Rückkehr (per Taxi) über den Hochtannberg-Paß und die Straße Warth – Lech gesichert ist.
Ein Wort zur Lawinengefahr: Lange Zeit hat das Arlberggebiet als besonders lawinengefährlich gegolten. Inzwischen ist vieles zur Sicherung der Skigebiete unternommen worden. Trotzdem: Hundertprozentig ist das Risiko nicht auszuschließen. Lawinenwarnungen müssen also unbedingt ernst genommen werden!
»Der Arlberg« als Skigebiet ist seit jeher als Einheit verstanden worden, zu der Lech und Zürs so gut gehören wie St. Anton, St. Christoph und Stuben. Deshalb gibt es auch einen für alle Anlagen im Revier gültigen gemeinsamen Skipaß. Was es nicht gibt, sind »normale« Lift- und Pistenverbindungen zwischen den Tiroler Orten (mit Stuben) und den Stationen Lech und Zürs in Vorarlberg. Von der einmal geplanten Bergbahnverbindung zwischen Trittkopf und Valluga ist nicht mehr die Rede. Und deshalb gibt es nur einen Weg, auf Skiern von St. Anton nach Zürs zu kommen: die Tourenabfahrt von der Valluga durch das Pazieltal, die in die Rüfikopf-Abfahrt einmündet, aber nur in Begleitung eines Skiführers unternommen werden soll!

Winterspaß ohne Ski

Winterfreuden für Nichtskifahrer sind sparsam bemessen. In Zürs geht ohne Ski (Monoski, Snowboard, Swingbo, Paraglider) so gut wie gar nichts. In Lech gibt es immerhin den hübschen Spazierweg nach Zug mit seinen gemütlichen Gasthöfen, außerdem einen Natureisplatz, eine Rodelbahn und eine Tennishalle mit 4 Plätzen. Wer unbedingt nach dem

Lech a. A. vor Kriegerhorn und Mohnenfluh; rechts die Schlegelkopflifte mit der Abfahrt, im Vordergrund die Rüfikopf-Seilbahn, links außen das Omeshorn, rechts davon der Schafberg, im Hintergrund die Rote Wand.

Wedeln noch schwimmen will, muß sich schon eines der (allerdings zahlreichen) Hotels mit Hallenbad aussuchen.
Langläufer sind lange Zeit am Arlberg vernachlässigt worden. Vielleicht hat man Leute in ihnen gesehen, die nicht genügend Geld für den Skipaß haben. Heute ist das Angebot sehr gut. Die Loipe in Lech, weitgehend identisch mit dem Spazierweg nach Zug, kann bis Alpele verlängert werden; Gesamtlänge 14 Kilometer. Ein Rundkurs von 3 Kilometer Länge wird außerdem zwischen Lech und Stubenbach präpariert.
Das Après in Zürs spielt sich praktisch im noblen Rahmen der Hotels ab, das beliebte Mathies-Stüberl mit seiner begrenzten Aufnahmekapazität macht die Ausnahme von der Regel. In Lech gibt es immerhin auch Diskotheken und ein Kino. Aber man feiert hier ebenfalls gern im kleinen Kreis. Mehr und mehr übrigens auch bei einem guten Essen. Die Qualität der Gastronomie in Lech und Zürs reicht von »normal« bis sehr gut; die Zahl von in kritischen Gourmet-Führern ausgezeichneten Restaurants ist erfreulich groß.

Arlberg: St. Anton, St. Christoph und Stuben siehe Seite 82.

Auf einen Blick

BESONDERS SCHNEESICHER

Skigebiet 1450–2450 m

Einwohner: 1400 **Gästebetten:** 8168
Saison: Dezember bis April/Anfang Mai

Wichtige Telefonnummern
Schneetelefon 05583/18
Lawinenwarndienst Vorarlberg 05574/1587
Straßenzustandsbericht 19
Landesvorwahlnummer siehe Seite 608.

Ski alpin Testnote ✻✻✻✻✻

Skigebiet Arlberg gesamt
(Lech, Zürs, Klösterle/Sonnenkopf, Stuben, St. Christoph, St. Anton)
260 km präparierte Abfahrten: 78 km schwierig, 104 km mittel, 78 km leicht
200 km nichtpräparierte Abfahrten

Liftkapazität: 108 500 Pers./Std.
44 33 1 9 1

Skigebiet Lech/Zürs
110 km präparierte Abfahrten:
22 km schwer, 44 km mittel, 44 km leicht
100 km nichtpräparierte Abfahrten
Längste Abfahrt: Madloch – Lech, 5 km Länge, 1000 m Höhenunterschied, mittel
Snowboard-Halfpipe am Schlegelkopf, 80 m lang

Liftkapazität: 41 000 Pers./Std.
12 17 5

Skipaß-Preise siehe Beilage

Tiefschneereviere Lech/Zürs: Madloch, Stierloch oder Stierfall nach Zug; Rüfikopf – Langer Zug – Lech, Ochsenboden, Tobelmähder, Tanzboden, Trittkopf

Skischulen mit 360 Skilehrern

Langlauf Testnote ✻✻✻

Lech/Zürs Insgesamt 22 Loipenkilometer
Lech 18 km, mittel; Höhenloipen: Lech – Zug – Älpele (1450 m), 15 km; Lech – Stubenbach (1450 m), 3 km; Langlaufunterricht
Zürs 4 km zum Flexenpaß (1724–1784 m), leicht; Langlaufunterricht

Weitere Sportmöglichkeiten

Après-Ski

Sportliche Veranstaltungen
Weltcuprennen Ski alpin (Lech, vorauss. 19. und 22. Dez. 93)

Anreise

Bregenz, Feldkirch, Flexenpaß bzw. Garmisch-Partenkirchen, Fernpaß, Arlberg- und Flexenpaß. Bei ungünstigen Straßenverhältnissen am Arlbergpaß Fahrt durch den Arlbergtunnel. Bahnstation: Langen, von dort Busverbindungen. An den Wochenenden Busverbindung Zürich – Zürs/Lech. Nach Oberlech mit der Bergbahn von Lech.
Entfernungen von KA: 380 km, S: 312 km, UL: 243 km, M: 227 km

Hotelempfehlungen: Seite 541–585

!

Tages-Skipässe: An manchen Tagen herrscht besonders großer Andrang an den Liften und Pisten. Um Urlaubsgästen ungestörtes Skifahren zu sichern, kann an solchen Tagen die Zahl der ausgegebenen Tageskarten limitiert werden. Informationen in Lech bei Ski Arlberg Pool West, Tel. 05583/2332-0, Fax 2332-30.
Kniekehlenfreundlich: Auch die Zugerbergbahn ist mit einem Transportband zum komfortableren Platznehmen auf dem Sessel ausgestattet worden. Den »Magic Carpet« gibt's schon bei den Liften Weibermahd und – in Zürs – Madloch und Muggengrat.
Ski-Patrol: Allgegenwärtig sind die freundlichen Helfer in ihren roten Anoraks mit weißem Kreuz und Namensschild. Allerdings können Sie auch ganz energisch durchgreifen, wenn's nötig ist.

Lech am Arlberg

PLZ: A-6764 **Ortsvorwahl:** 05583
Verkehrsbüro: Tel. 2161-0, Telefax 3155
Einwohner: 920 **Gästebetten:** 5030

Skischule: im Ortszentrum an der Talstation des Schlegelkopfliftes, Tel. 2355
Kinder: Gästekindergarten ab 3 Jahre (ca. öS 250/Halbtag, 530/Ganztag inkl. Mittagessen); Skischule ab 3½ Jahre (ca. öS 1770/Woche inkl. Mittagessen)

Après-Ski: *Disco* Klausur im Hotel Almhof Schneider, Tel. 3500; Scotch-Club im Hotel Kristberg, Tel. 2488; Hotel Krone (Tanzbar mit Live-Musik), Tel. 2551
Kino Lechtheater, Tel. 2161-0
Heimatmuseum im Feuerwehrhaus (Ortsteil Strass), geöffnet montags, mittwochs und freitags von 15 bis 18 Uhr

Eislauf: Natureisplatz
Tennis und Squash: Tenniszentrum, Tel. 2780

Oberlech

PLZ: A-6764 **Ortsvorwahl:** 05583
Verkehrsbüro: Tel. 2161-0, Telefax 3155
Einwohner: 150 **Gästebetten:** 1100

Skischule: im Ortszentrum, Tel. 2007
Kinder: Gästekindergarten ab 2½ Jahre (ca. öS 250/Halbtag, 530/Ganztag inkl. Mittagessen); Skischule ab 3½ Jahre (ca. öS 1770/Woche inkl. Mittagessen)

Après-Ski: Reblaus Pub im Hotel Bergkristall, Tel. 2678
Hotelbars mit Unterhaltungsmusik im Hotel Montana, Champus Bar, Tel. 2460; im Burg-Hotel, Burg-Bar, Tel. 2291

Schwimmen: Hotelhallenbad im Hotel Montana (öffentlich bis 16.30 Uhr), Tel. 2460

Zürs

PLZ: A-6763 **Ortsvorwahl:** 05583
Verkehrsbüro: Tel. 2245, Telefax 2982
Einwohner: 130 **Gästebetten:** 1438

Skischule: im Ortszentrum, Tel. 2611
Kinder: Gästekindergarten ab 3 Jahre (ca. öS 150/Halbtag, 280/Ganztag inkl. Mittagessen); Skischule ab 5 Jahre (ca. öS 1700/Woche ohne Mittagessen)

Après-Ski: *Disco* Zürserl, Tel. 2662; Galaxy, Tel. 2513; Atemlos Bar, Tel. 2644; Gerhard's Bar, Tel. 3335
Treffpunkt: Mathies-Stüble, Tel. 2279; Vernissage, Tel. 2271

Zug

PLZ: A-6764 **Ortsvorwahl:** 05583
Verkehrsbüro: Tel. 2161-0
Einwohner: 120 **Gästebetten:** 400

Après-Ski: *Disco* Sennkessel im Gasthof Rote Wand, Tel. 3435

Stubenbach

PLZ: A-6764 **Ortsvorwahl:** 05583
Verkehrsbüro: Tel. 2161-0
Einwohner: 80 **Gästebetten:** 200

Schwimmen: Hotelhallenbad, Hotel Sonneck, Tel. 2108

Tirol

Tirol ist das drittgrößte Bundesland Österreichs; in Sachen Fremdenverkehr, Wintersport und Skifahrerei spielt es aber unbestritten die erste Geige. Etwa ein Drittel des österreichischen Alpenanteils erhebt sich innerhalb der Grenzen Tirols, dessen Landschaftsbild ausschließlich vom Gebirge geprägt wird.

Die Tiroler Fremdenverkehrswerber schwelgen gern in Superlativen und im Herausstellen ihrer landschaftlichen wie technischen Besonderheiten. Sie können's ja auch: Mit ihrem Angebot an mechanischen Aufstiegshilfen – Seilbahnen, Standseilbahnen, Sessel- und Schleppliften – stehen sie an der Spitze aller österreichischen Bundesländer. Sie haben auch die meisten Skilehrer; sie waren die ersten, die nach strengen Regeln ein Gütesiegel für Pisten und Loipen einführten; sie haben die meisten Sommerskigebiete, nämlich fünf; und sie haben (in Igls) die Bobbahn, die einmal pro Woche für Gäste geöffnet ist.

Innsbruck, die Hauptstadt Tirols, die zweimal (1964 und 1976) Austragungsort der Olympischen Winterspiele war, verhalf den Pisten am Patscherkofel und in der Axamer Lizum zu olympischem Ruhm, und das »nordische Skizentrum« auf dem Hochplateau von Seefeld und Leutasch hat sich in der Folgezeit zu einem Dorado für anspruchsvolle Freizeit-Langläufer entwickelt.

Natürlich hat Tirol auch in der Skigeschichte mitgemischt. Der Kitzbüheler Gastwirt Franz Reisch zählt zum Beispiel zu den echten Skipionieren. Bereits einige Jahre vor der Jahrhundertwende erstieg er mit seinen Brettern einen Gipfel der Kitzbüheler Alpen nach dem anderen. Im Hospiz von St. Christoph, auf der Tiroler Seite des Arlberges gelegen, wurde 1901 der Skiclub Arlberg aus der Taufe gehoben, dessen Mitgliederliste eine stattliche Reihe von Weltmeistern und Olympiasiegern aufweist. In den zwanziger Jahren eröffnete Hannes Schneider die Arlberg-Skischule und veranstaltete das erste Kandahar-Rennen. Auch die »Wiege des modernen Skilaufs« stand hier: Nach dem Zweiten Weltkrieg kreierte der Arlberger Ski-Professor Stefan Kruckenhauser die Kurzschwung- und Wedeltechnik.

Der Arlberg ist sowohl für Vorarlberg wie für Tirol das Top-Angebot. St. Anton und St. Christoph gehören zur Tiroler Spitzenklasse, ob es sich um Pisten, Tiefschnee, Skischule, Après oder Preise handelt. Preisgünstiger kann man es in den »Vororten« haben.

Im Osten des Landes dominiert das traditionsreiche Ski-Städtchen Kitzbühel, zur Zeit des Hahnenkammrennens ein Treffpunkt der Prominenz und auch sonst kein billiger Schnee. Aber das Skivergnügen (und auch das Après) sind halt super.

Schließlich sei nicht vergessen, daß es auch noch Osttirol gibt. Es liegt, von Nordtirol durch das Land Salzburg und den Alpenhauptkamm getrennt, zwischen Hohen Tauern und Karnischen Alpen. Matrei und Kals südlich des Großglockners, das

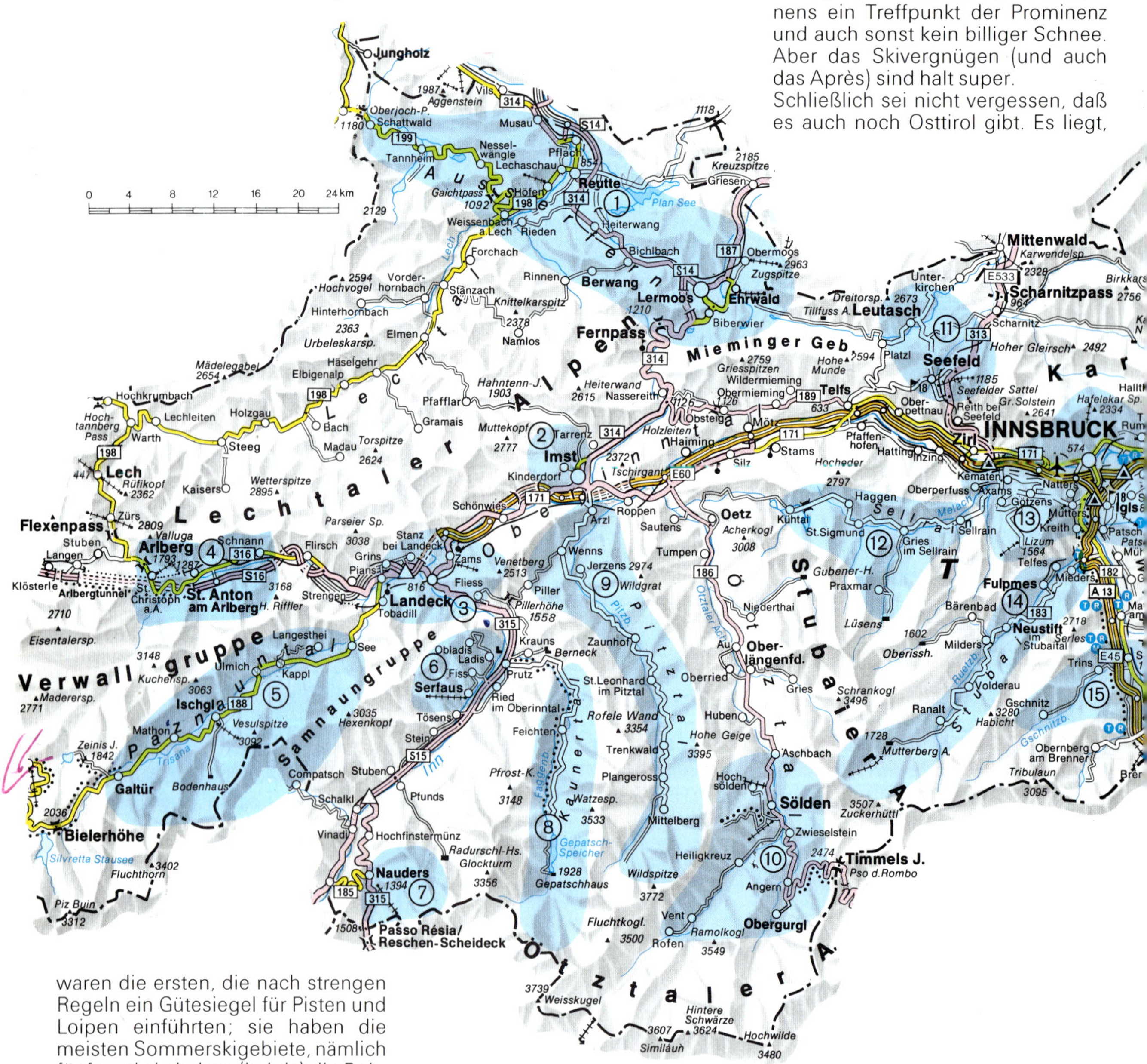

Skigebiete auf einen Blick

Alphabetisches Register der Skiorte ab Seite 601

Defereggental, die Bezirkshauptstadt Lienz mit dem Zettersfeld und das Hochpustertal – das sind die Reviere, in denen noch preisgünstiger, kinderfreundlicher Skibetrieb herrscht.
Gesagt werden muß noch, daß in zahlreichen Tiroler Skigebieten an Wochenenden Hochbetrieb herrscht. Denn dann kommen zu den Urlaubern noch die einheimischen Skifans hinzu.

Der Arlberg: St. Anton, St. Christoph und Stuben

Es gibt kaum einen Ort in den Alpen, der so verbunden ist mit der Tradition des Skisports wie St. Anton. Seit Gründung des Arlberg-Skiclubs (1901 in St. Christoph) und der berühmten Arlberger Skischule (1921 durch Hannes Schneider) gilt der Arlberg zu Recht als Mekka sportlicher Skifahrer.

Der Name Arlberg – er leitet sich her von den vielen Arlen, den Bergföhren, die im Winter unter einer dicken Schneedecke liegen – bezeichnet keinen einzelnen Berg, sondern ein riesiges Skigebiet, von dem viele sagen, es sei das schönste und vielseitigste der Alpen, zumindest der Ostalpen. Skiorte wie Lech/Zürs und Stuben auf der Vorarlberger Seite und St. Anton/St. Christoph auf der Tiroler Seite versprechen Rasse und Klasse. Die große Vielfalt an Pisten, Varianten und Touren jeden Schwierigkeitsgrades sowie die modernen, kapazitätsstarken Liftanlagen lassen jedenfalls kaum Wünsche offen.

St. Anton

St. Anton ist trotz aller ruhmreichen Tradition kein bißchen versnobt, die Struktur der Unterkünfte ist gut gemischt – vor allem, wenn man den Ortsteil St. Jakob und das fünf Kilometer entfernte Pettneu mit einbezieht. Es fehlt weder an komfortablen Hotels noch an bürgerlichen Gasthöfen und Gästehäusern, noch an einfachen Privatquartieren.
In St. Christoph und Stuben mit ihrer vergleichsweise geringen Bettenkapazität ist die Auswahl weniger groß. Wer eine gewisse Exklusivität anstrebt, für den ist St. Christoph wahrscheinlich die richtige Adresse; wer es lieber familiär und gemütlich mag, wird Stuben vorziehen.
Das Pistennetz, das sich unterhalb des 2811 Meter hohen »Hausbergs« von St. Anton ausbreitet, ist wahrhaft imposant. ▶

St. Anton: Die Skigebiete oberhalb dieses traditionsreichen Ortes zeichnen sich durch Variantenreichtum aus. Die gepflegten Pisten sind ein Dorado für Skifahrer aller Könnensstufen.

Leutkircher Hütte
Bränd 2020 m
EISENSPITZE 2854 m
HOHER RIFFLER 3168 m
ROSSFALLSCHART 2730 m
2645 m
GAMPBERG 2400 m
SCHÖNGRABEN
Lavenar
Landeck
Innsbruck
Wien
Pettneu
Riffelbahn 2
2432m
RENDL 2100 m
Gampberglift
Übungslift Rendl
Salzböden
Riffelbahn 1
Langlaufloipe
St. Jakob a. A.
Arlberg Straßentunnel
WANNELE
Tobellift
Masslift
Rodelbahn
Nassereinlift
Skischule
Loipe
Langlaufloipe
Langlaufloipe
Wanderweg
Kindlisfeldlift
Slalomlift
Kandaharbahn
Gampenbahn
Muldenlift
Park garage
Tennishalle
Bahnhof
Jugendcenter
Skischule
St. Anton am Arlberg
1304 m
Galzigbahn
Rendlbahn
MOOSTAL
OBERDORF
Feldkirch
Lindau
Zürich
Wanderweg
BERANN

Arlberg: St. Anton, St. Christoph und Stuben

Zwei Möglichkeiten gibt es, vom Ort aus in dieses vielgerühmte Skiparadies zu gelangen: mit der Galzig/Valluga-Seilbahn oder mit der Kandaharbahn, einer modernen Standseilbahn, die in rund sieben Minuten bis zum Gampen fährt, von wo aus man per Sessellift direkt bis auf den Kapall (2326 m) schweben kann oder nach einer kurzen Ziehweg-Abfahrt und mit der Zammermoos-Sesselbahn ebenfalls ins Galziggebiet gelangt. Valluga-Fans wählen in der Hochsaison gerne den kleinen Umweg mit der kapazitätsstärkeren Standseilbahn über den Gampen, weil sie sich somit Wartezeiten an der Seilbahn-Talstation ersparen.

Nicht nur im Tal an der Galzigbahn gibt es in der Hochsaison, zumindest morgens, Wartezeiten, sondern auch auf dem Galzig an der Umsteigestelle zur Vallugabahn. Dafür wurde dort ein beispielhaftes Platzkartensystem eingeführt, das die Wartezeit leicht macht. In der Zwischenzeit stärkt man sich im Restaurant oder läßt sich auf der Terrasse von der Sonne bescheinen. Für Entlastung bei Hochbetrieb sorgt auch der Dreiersessellift zum Schindlergrat, der mit Ausnahme des obersten Stücks alle Valluga-Abfahrten erschließt.

Aller Anfang ist bei der Bergstation am Vallugagrat (2650 m). Nach einer kurzen gemeinsamen Strecke trennen sich die Abfahrten am Valfagehrjoch: Weit ausholend die am wenig-

sten schwierige über die Ulmer Hütte, von wo aus man auch zur Alpe Rauz und nach Stuben abfahren kann; direkt und steil die durch den 600 Meter tiefen Steiltobel des Schindlerkares, eine grandiose Herausforderung für jeden leistungsbewußten Pistenpiloten. Anspruchsvoll und steil auch die nicht präparierte und wegen Lawinengefahr hin und wieder gesperrte Mattun-Abfahrt, die – je nach Schneelage – eine beinharte Buckelpiste, ein herrliches Tiefschnee-Erlebnis oder im Frühling eine unvergeßliche Firnabfahrt sein kann. Im Steißbachtal treffen sich dann alle wieder zur gemeinsamen,

St. Anton (links und oben) hat sich zu einem wohnlichen Platz ›zurückentwikkelt‹. Hier findet der Gast Gemütlichkeit auf ›Tiroler Art‹ und ein Unterkunftsangebot, das allen Ansprüchen gerecht wird.

doch immer noch variantenreichen Talfahrt. Diese läßt sich leicht verlängern, wenn man mit der Zammermoosbahn oder dem Feldherrnhügellift einen Zwischenaufstieg zum Galzig einlegt und von da zum Beispiel den steilen Osthang unter die Bretter nimmt.

Variationen und Alternativen

Eine andere Möglichkeit: Man wechselt am Ende des Steißbachtales mit Hilfe des Mattunsessellifts zu den mittelschweren Pisten von Gampen und Kapall hinüber. Dort lösen sich Buckelpisten mit weiten, problemlosen Hängen und schnellen Gleitstrecken ab. Vom Kapall führt im übrigen auch die Abfahrtsstrecke des berühmten Arlberg-Kandahar-Rennens ins Tal, das alle drei Jahre im Wechsel mit Chamonix und Garmisch-Partenkirchen in St. Anton ausgetragen wird.

Das Rendlgebiet auf der anderen Talseite ist eine echte Alternative zum Skigebiet rund um Kapall, Galzig und Valluga. An den gelben Sechser-Gondeln im Tal gibt es nie Wartezeiten. Und der sich anschließende Gampberg-Schlepper sowie die Sessellifte der Riffelbahn erschließen rund um den Gampberg weite, baumfreie Hänge bis in über 2600 Meter Höhe hinauf. Neben den Pisten gibt es im Rendl-Gebiet zahlreiche Varianten abseits der präparierten Strecken. Den Tiefschnee-Fans bietet der Gampberg auf seinem breiten Buckel viele Möglichkeiten; man kann aber auch über den Gampberg-Grat ins hintere Rendlgebiet oder nach einem kurzen Fußmarsch in Richtung Roßfallscharte ins Moostal bzw. auf der anderen Seite ins Malfontal bis nach Pettneu abfahren. Auch die Rendlpisten werden nach größerem Schneefall kontrolliert,

potentielle Lawinenhänge werden durch Sprengung entladen. Im Spätwinter lockt das Gebiet mit Traum-Firnhängen. Im Zentrum des Ganzen: ein freundliches Bergrestaurant!
Seit dem Winter 1991/92 gilt der Arlberg Skipaß auch im Klostertal für den Sonnenkopf.
Die Arlberger sagen gern, bei ihnen sei das Skifahren »erfunden« worden. Ein bißchen übertrieben, gewiß. Aber ein traditionsreicheres Gebiet gibt es wohl nicht in den Alpen. Und die Skischule von Arlberg in St. Anton, die sich dieser Tradition verpflichtet weiß, ist mit bis zu 300 Skilehrern eine der allergrößten.
Auch für Spezialisten wie Monoskier, Snowboarder, Telemarker und Firngleiter ist gesorgt; letztere haben hier sogar schon ihre Weltmeisterschaften ausgetragen.
In und um St. Anton werden über 40 Kilometer Langlaufstrecke präpariert, darunter die 2,5 Kilometer lange Höhenloipe bei St. Christoph und die landschaftlich besonders reizvolle Skiwanderroute ins Verwalltal. Pferdeschlittenfahrten führen zum Rasthaus Verwalltal.

In St. Christoph wurde um die Jahrhundertwende der erste Skiclub gegründet.

St. Christoph

St. Christoph stellt sich gern als elitäre Enklave dar: rings von Schnee und nichts als Schnee umgeben! Hier sind um die Jahrhundertwende der erste Skiclub gegründet, der erste Skikurs veranstaltet, das erste Abfahrtsrennen ausgetragen worden. Heute ist der winzige Ort Ausbildungszentrum der österreichischen Skilehrer und dank seiner Höhenlage (1800 m) ein konditionsfördernder Geheimtip für Eingeweihte. Das Skigebiet ist praktisch identisch mit dem von St. Anton. Nur einen eigenen »Eingang« leistet man sich: die Christophbahn und die Maiensee-Schlepplifte zum Galzig.

Stuben

Ein Fall für sich ist das bezaubernde Skidorf Stuben (1407 m) am Westhang des Arlbergpasses, ein Schneeloch selbst in solchen ungeliebten Wintern, in denen das weiße Gold rar ist.
Monatelang versteckt es sich unter einer Schneedecke, von der außen herumführenden Paßstraße aus kaum zu sehen. Während Anfänger sich an den beiden sonnseitigen Übungsliften vergnügen können, schweben die anderen nordseitig mittels der beiden Sesselbahnen über eine Mittelstation (1840 m) zur Albona (2400 m) hinauf.
Die sehr schattige Auffahrt hat ihre gute Kehrseite: An der Albona ist der Schnee fast immer gut! Auf der Südseite, am Albonagrat-Sessellift, wedelt man sich dann für die lange Talfahrt warm. Von der Albona-Mittelstation führt eine Querabfahrt zur Alpe Rauz an der Paßstraße, wo ein Zubringerlift den Anschluß an die Valfagehrbahn und damit ans Pistenrevier von St. Anton herstellt.
Auch der Rückweg nach Stuben – und dort in der Regel bis vor die Haustür – kann auf Skiern zurückgelegt werden.
Und die Wartezeiten? Stuben hat ca. 600 Gästebetten, die Lifte im Albona-Gebiet haben eine stündliche Transportkapazität von über 4000 Personen! Es soll also keiner darauf hoffen, sich einmal in einer Liftschlange die verdiente Ruhepause gönnen zu dürfen.
Arlberg: Lech und Zürs siehe Seite 76.
Klostertal siehe Seite 65.

Auf einen Blick

Skigebiet 1304–2811 m

Einwohner: 3340 **Gästebetten:** 10180
Saison: Dezember bis April/Anfang Mai

Wichtige Telefonnummern
Schneetelefon 05446/2565
Lawinenwarndienst Tirol 0512/1587
Straßenzustandsbericht St. Anton 05446/19, Tirol 0512/1586
Landesvorwahlnummer siehe Seite 608.

Ski alpin Testnote ✻✻✻✻✻

Skigebiet Arlberg gesamt
(St. Anton, St. Christoph, Stuben, Lech, Zürs, Klösterle/Sonnenkopf)
260 km präparierte Abfahrten:
78 km schwierig, 104 km mittel, 78 km leicht
200 km nichtpräparierte Abfahrten
Liftkapazität: 108500 Pers./Std.
44 33 1 9
1

Skigebiet St. Anton, St. Christoph, Stuben
110 km präparierte Abfahrten:
33 km schwer, 44 km mittel, 33 km leicht
100 km nichtpräparierte Abfahrten
Längste Abfahrt: Valluga – Ulmer Hütte – St. Anton, 8,5 km Länge, 1350 m Höhenunterschied, mittel
Snowboard-Halfpipe (oberhalb der Rendlbahn-Bergstation; 70 m lang, entspricht Weltcup-Anforderungen; gratis)
Liftkapazität: 64000 Pers./Std.
26 12 1 4
1 nur im Ortsbereich St. Anton, St. Jakob
Skipaß-Preise siehe Beilage
Tiefschneereviere St. Anton: Hinterer Rendl, Albona – Maroi, Albona – Langen, Valluga – Schindlerkar, Valluga – Mattun, Kapall – Schöngraben, Galzig Nordseite
Skischulen: 2 mit über 250 Skilehrern

Langlauf Testnote ✻✻✻

St. Anton mit Stuben Insgesamt 43 Loipenkilometer
St. Anton 40 km (mittel); längste Loipe: Stanzertal (1300 m), 22 km lang; Höhenloipe: St. Christoph (1800 m), 2,5 km lang; Langlaufunterricht
Stuben 3 km (leicht); kein Langlaufunterricht

Weitere Sportmöglichkeiten

Après-Ski
DISCO KINO

Sportliche Veranstaltungen
Isospeed Tennistrophy (13.–18. Dez. 93), Weltcuprennen Damen (18./19. Dez. 93), Weltcup Tiefschneefahren (24.–29. Jan. 94), Stammgastwoche (9.–16. April 94)

Anreise

Bregenz, Feldkirch, Bludenz, Arlbergpaß oder Arlbergtunnel oder München, Fernpaß, Landeck, Arlbergroute. Bahnstationen sind St. Anton und Langen. Taxiflüge von München und Zürich nach St. Anton.
Entfernungen von KA: 378 km, S: 310 km, UL: 210 km, M: 194 km

Hotelempfehlungen: Seite 541–585

BESONDERS SCHNEESICHER

Tages-Skipässe: Bei sehr großem Andrang im gesamten Skigebiet kann der Gültigkeitsbereich der Tageskarten auf das Rendl-Skigebiet beschränkt werden. Informationen bei den Bergbahnen, Tel. 05446/2352-0.
Snowboard-Halfpipe: Oberhalb der Rendlbahn-Bergstation lädt eine Halfpipe mit 70 Metern Länge, zwei Metern Wandhöhe und zehn Metern Breite an der Sohle die Snowboarder ein. Die Benutzung ist kostenlos.

St. Anton am Arlberg

PLZ: A-6580 **Ortsvorwahl:** 05446
Verkehrsbüro: Tel. 22690, Telefax 2532 (gilt auch für St. Jakob und Nasserein)
Einwohner: 2300 **Gästebetten:** 8000

Skischulen: Skischule Arlberg (Richard Walter als Nachfolger von Harald Rofner), Tel. 2306 (ca. 250 Skilehrer) mit Zweigstellen in St. Christoph, Tel. 2151, und Nasserein, Tel. 2738; Skischule St. Anton (Franz Klimmer), Tel. 3563 (ca. 20 Skilehrer)
Kinder: Gästekindergarten ab 2½ Jahre (im Jugendcenter, Tel. 2526; ca. öS 260/Tag inkl. Mittagessen, ca. öS 1000/6 Tage inkl. Mittagessen); Skischule ab 5 Jahre (eigenes Übungsgelände auf dem Gampen; ca. öS 2100/6 Tage inkl. Mittagessen); alle Preise gelten nur für Gäste mit Gästekarte
Après-Ski: eine kleine Auswahl: *Disco* Stanton, Tel. 20050; Drop in, Tel. 3131; Chic-Bar, Tel. 2244-606
Piano-Bar Underground, Tel. 2000
5-Uhr-Tee mit Tanz Postkeller, Tel. 2213
Treffpunkt Krazy Kanguruh, Tel. 2633; Piccadilly, Tel. 2213
Kino im Vallugasaal im Arlberghaus (Verkehrsbüro)
Skimuseum im Arlberg-Kandahar-Haus, Tel. 2475

Eislauf: Eislaufplatz neben der Tennishalle, Tel. 2625
Tennis und Squash: Tenniscenter, Tel. 2625
Schwimmen: öffentliches Hallenbad im Sporthotel St. Anton, Tel. 3111; öffentliches Hallenbad in Pettneu

St. Christoph

PLZ: A-6580 **Ortsvorwahl:** 05446
Verkehrsbüro: über Verkehrsbüro St. Anton, Tel. 22690, Telefax 2532
Einwohner: 40 **Gästebetten:** 500

Skischule: Skischule Arlberg, Zweigstelle St. Christoph (Herbert Klimmer), Tel. 2151
Kinder: Kinderbetreuung in St. Anton
Après-Ski: *Disco* in den Hotels Arlberg-Hospiz, Tel. 26110, Club Aldiana, Tel. 2621; St. Christoph, Tel. 3666
5-Uhr-Tee mit Tanz in den Hotels und Hospiz-Alm, Tel. 3625

Schwimmen: Öffentliche Hotelhallenbäder im Arlberg-Hospiz, Tel. 26110, und im Club Aldiana, Tel. 2621

Stuben/Arlberg

PLZ: A-6762 **Ortsvorwahl:** 05582
Verkehrsbüro: Tel. 761, Telefax 7626
Einwohner: 100 **Gästebetten:** 630

Skischule: Willi Mathies, Tel. 217
Kinder: kein Gästekindergarten; Skischule ab 5 Jahre (ca. öS 1350/Woche ohne Mittagessen)
Après-Ski: *Disco* Tenne, Hotel Albona, Tel. 712
Treffpunkt Murmele, Tel. 288, Willis Pilsstube, Tel. 717, Postbar, Tel. 761, Mondscheinbar Tel. 511

Pettneu am Arlberg

PLZ: A-6574 **Ortsvorwahl:** 05448
Verkehrsbüro: Tel. 221, Telefax 560
Einwohner: 1200 **Gästebetten:** 1650

Skischule: R. Falch, Tel. 234 oder 511
Kinder: kein Gästekindergarten; Skischule ab 4 Jahre (ca. öS 1350/6 Tage à 4 Std. ohne Mittagessen)
Après-Ski:
Treffpunkt Fredl's Stadl, Tel. 467; Popcorn Pub, Tel. 253
Bauerntheater Heimatbühne Pettneu, Tel. 201
Tennis: Sportranch Otzenbach, Tel. 352
Schwimmen: Aktivzentrum Pettneu, Tel. 370

Die Stammgäste feiern wieder. Das große Dorffest in St. Anton steigt in der Woche vom 9. bis 16. April 1994.
Kunststücke: Wer den spektakulären Turns und Aerials und Jumps der Snowboarder in der Weltcup-wettkampfgerecht ausgestatteten halbrunden Schneeröhre, der Halfpipe, zuschauen möchte, hat von der Sonnenterrasse der »Rendl-Beach« gute Aussichten.
Pistenengel: So werden die Fahrer genannt, die mit ihren Pistenraupen die Abfahrten in Schuß halten – des nachts und, bei Bedarf, auch tagsüber.
Gegen Muskelkater nach dem ersten Skitag hilft ein warmes Bad. Das Aktivzentrum in Pettneu mit großem Hallenbad verfügt auch über Sauna, Solarium, Billard und Kegelbahn (Tel. 05448/370).
Nur mit Berechtigungsschein vom Vermieter erhalten Gäste, die im Arlberggebiet in St. Anton, St. Jakob, St. Christoph, Stuben, Zürs und Lech (Pettneu zählt nicht dazu) wohnen, den ermäßigten Skipaß »Arlberg Spezial« ab 6 Tage Gültigkeitsdauer.
Im Anfängerskigebiet Nasserein (mit einem Schlepplift) kann die Übungspiste maschinell beschneit werden.

Am Westhang des Arlbergpasses liegt das Skidorf Stuben (1407 m) – ein ausgesprochen schneesicherer Wintersportort.

Das Tannheimer Tal

Fünf Gemeinden haben sich im Tannheimer Tal zur gleichnamigen Wintersport-Region zusammengeschlossen. Den Urlauber erwarten bäuerliche Ortschaften, schneesichere Skihänge und dazu ein recht reichhaltiges Freizeitprogramm.

Immer noch gibt es in diesem 12 km langen Hochtal, das sich in rund 1100 m Höhe vom grenznahen **Schattwald** über **Zöblen** fast eben bis zum Hauptort **Tannheim** und weiter über **Grän-Haldensee** und **Nesselwängle** erstreckt, kein Hochhaus, keinen »Skizirkus«. Jedes der zwischen den Allgäuer und den zerklüfteten Lechtaler Alpen eingenisteten Dörfer hat sein Gesicht gewahrt.

Mögen auch überall neue Hotels und Pensionen im so beliebten Tiroler Baustil nur so aus dem Boden geschossen sein, das »Tannheimer« ist noch immer eines der schönsten Hochtäler Österreichs.

Außerdem gehört es zu den klimatisch begünstigten Regionen mit nachweisbar wohltuendem Einfluß auf Herz und Kreislauf.

Die west-ostgerichtete Hochmulde zwischen Oberjoch- und Gaichtpaß war früher – zumindest für die mehr schlecht als recht von der Viehzucht lebenden Bauern – alles andere als ein Paradies: Vom Westen her fällt die Mulde gleich hinter Oberjoch über 100 m tief ins Vilstal ab, nach Osten zu, hinterm »Gaicht«, stürzt sie noch gut 100 m tiefer ins Lechtal ab – unzugänglicher und weltabgeschiedener konnte ein solcher Talzug kaum liegen.

Heute sind die Verkehrsverbindungen gut ausgebaut und bringen dadurch Leben und wirtschaftliches Wohlergehen ins Tiroler Außerfern.

Der Ort, der dem Tal den Namen gab: Tannheim, dahinter die Rote-Flüh-Südwand, überragt vom Gimpel (2176 m).

Tannheimer Tal, 1058–1147 m
Schattwald, Zöblen, Tannheim, Grän-Haldensee, Nesselwängle

Skigebiet: 1100–1883 m
2300 Einwohner, 7100 Gästebetten
Saison: Mitte Dezember bis Mitte April

Anreise Ulm, Kempten, Wertach, Oberjoch, Tannheimer Tal bzw. Kempten, Pfronten-Ried, Grän (Grenzübergang von 22 bis 6 Uhr geschlossen). Oder München, Garmisch-Partenkirchen, Reutte, Tannheimer Tal. Bahnstationen sind Sonthofen und Reutte, von dort Busverbindungen. Entfernungen von KA: 296 km, S: 228 km, UL: 138 km, M: 135 km

Information
Tourismusgemeinschaft Tannheimer Tal, A-6675 Tannheim, Tel. 05675/62530
Telefax 05675/6649
Schneetelefon 05675/6303
Landesvorwahlnummer siehe Seite 608.

Kinder Gästekindergarten ab 4 Jahre (ca. öS 125/Tag mit Mittagessen; Hotel Rot-Fluh, A-6673 Haldensee 5, Tel. 05675/6431); Skischule ab 4 Jahre (ca. öS 1580/5 Tage mit Mittagessen)

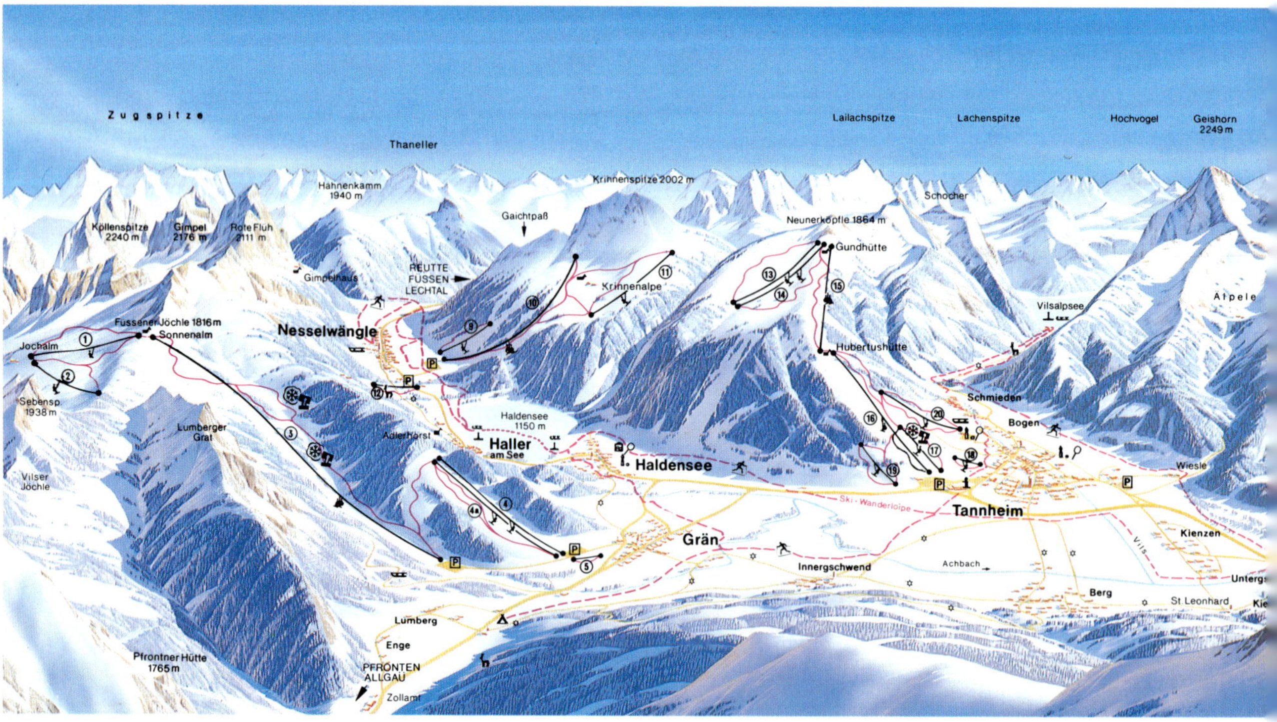

Rückblickond kann man sagen: es war nicht zum Nachteil für das Tannheimer Tal, daß es so lange unerschlossen und dadurch auch vor den sonst üblichen Bau- und Entwicklungssünden bewahrt blieb. Davon profitiert heute vor allem der Wintergast, der auf »Große Welt« verzichten kann. Was wiederum nicht heißt, daß etwa der Skifahrer zu kurz kommt. Zwar gibt es hier keinen Pistenzirkus, aber immerhin fünf separate Skigebiete. Die Talstationen ihrer Lifte liegen im Schnitt kaum mehr als zwei Kilometer auseinander.
Nur zwischen Schattwald und Zöblen sind die Abfahrten um Wannenjoch- und Rhonenlift durch den Stuibenlift im dazwischengelegenen Stuibental

Hier ist der sportliche Läufer gefordert: Die Loipe durchs Tannheimer Tal ist sehr anspruchsvoll.

Ski alpin Testnote ❄❄❄

Skigebiet Schattwald
6 km präparierte Abfahrten
mittel bis leicht
Liftkapazität: 2200 Pers./Std.
2

Skigebiet Zöblen
10 km präparierte Abfahrten:
2 km schwer, 5 km mittel, 3 km leicht
Liftkapazität: 3000 Pers./Std.
3

Skigebiet Tannheim-Neunerköpfle
8,5 km präparierte Abfahrten
mittel bis leicht
Liftkapazität: 6668 Pers./Std.
6 2

Skigebiet Grän-Haldensee
7,5 km präparierte Abfahrten:
4,5 km mittel, 3 km leicht
Liftkapazität: 5600 Pers./Std.
5 1

Längste Abfahrt: Füssener Jöchle – Grän, 3,5 km Länge, 680 m Höhenunterschied, leicht

Skigebiet Nesselwängle
6 km präparierte Abfahrten
mit mittlerem Schwierigkeitsgrad
Liftkapazität: 4550 Pers./Std.
3 1

Skipaß-Preise siehe Beilage

Tiefschneereviere: Mittelstation (Windblässe) – Tannheim, Pontentalabfahrt und Rohnenabfahrt (Zöblen)
4 Skischulen mit 120 Skilehrern

Langlauf Testnote ❄❄❄

Rundkurs (1080–1147 m) über 60 km (10 km mittel, 50 km leicht); Verbund mit der Loipe Unterjoch/Oberjoch, 16 km Länge; Skateloipen über 30 km Länge; Langlaufunterricht

Weitere Sportmöglichkeiten

Après-Ski

Sportliche Veranstaltungen

Pferderennen (Febr. 94), IVV-Fit-Winterwanderung (Mitte Febr. 94), Bildscheibenschießen (Tannheim, 26./27. März 94)

Computerfreaks finden in Tannheim ein Angebot an Kursen und Spielen. Informationen im Verkehrsbüro.
Après-Tip: Ein Besuch in der Tannheimer St.-Nikolaus-Kirche, die über ein vollständiges Löffler-Geläute verfügt.

Hotelempfehlungen: Seite 541–585

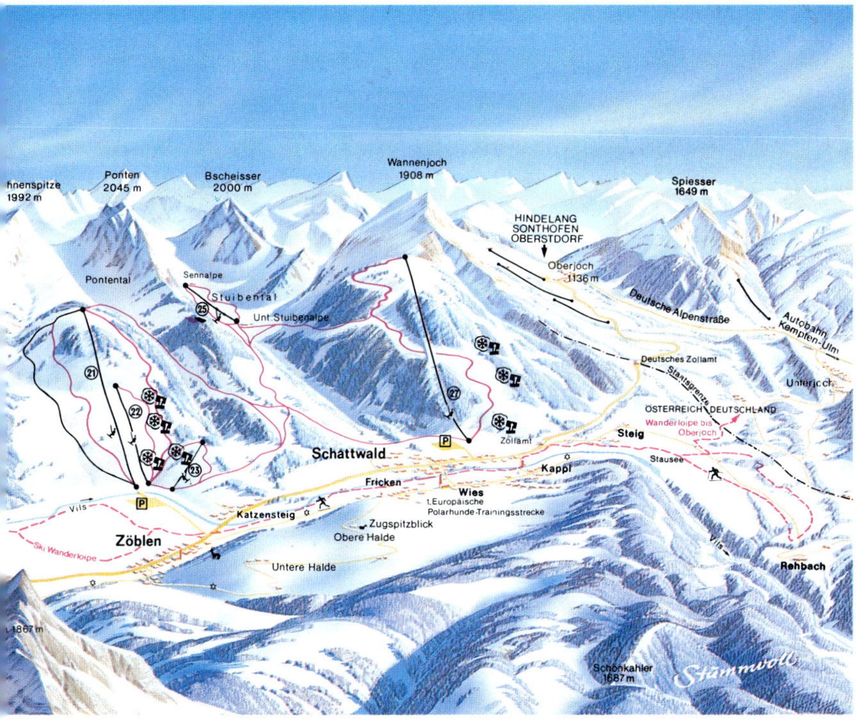

kombinierbar. Von Tannheim aufs Neunerköpfle (1864 m) – von dem auch die Drachenflieger starten –, von Grän-Haldensee aufs Füssener Jöchle (1816 m) und von Nesselwängle auf die Pisten zu Füßen der Krinnenspitze (2002 m) heißt es immer wieder: Start vom Talboden aus. Wartezeiten sind selten.
Langläufer schwärmen vor allem von dem Rundkurs von Nesselwängle mitten durchs topfebene Tal bis zur deutsch-österreichischen Grenze und zurück.
Ein Wintererlebnis sollte man sich allerdings nicht entgehen lassen: nämlich den Abstecher von Tannheim (zu Fuß, auf der Loipe oder mit Pferdeschlitten) zum Vilsalpsee (1168 m) mit der großartigen dolomitenhaften Gebirgsszenerie von der Schochen- und Rotspitze bis zum Kugel-, Rau- und Gaißhorn.
Der Umwelt zuliebe ist die Straße in dieses Naturschutzgebiet für den privaten Autoverkehr gesperrt worden. Ein Linienbus verkehrt von Tannheim zum Vilsalpsee.

Reutte

Außerfern heißt die Region um Reutte, weil sie früher – fern vom Mutterland Tirol – nur über den Fernpaß erreichbar war. Heute ist Reutte aus allen vier Richtungen leicht erreichbar. Das Skigebiet ist vor allem für Familien ideal.

Reutte, der Hauptort des Außerfern, ist eine Marktgemeinde, die bereits 1489 von Erzherzog Sigmund von Tirol zum Markt erklärt wurde.
Der fast ein wenig städtische Charakter Reuttes, der nicht immer Urlaubsstimmung vermittelt, bringt andererseits einige Einrichtungen und Möglichkeiten mit sich, die den Wintersportgästen zugute kommen.
Gegenüber dem betriebsamen, verkehrsreichen Reutte wirken die Anrainerorte Höfen, Wängle, Breitenwang, Lechaschau, Ehenbichl, Vils, Musau, Pflach, Pinswang und Weissenbach wie kleine romantische Bilderbuchorte, die entlang des Lechufers »Spalier stehen«.
Der Skiberg der Ferienregion Reutte ist der 1940 m hohe Hahnenkamm (er darf nicht verwechselt werden mit dem gleichnamigen Berg bei Kitzbühel).
Die Talstationen der Bahnen befinden sich etwa vier Kilometer außerhalb des Ortskerns von Reutte, gleich hinter Wängle. Eine 38 Personen fassende Gondelbahn und eine Doppelsesselbahn befördern die Skifahrer direkt ins Skigebiet auf der Höfener Alm und erschließen die Abfahrten. Die leichten bis mittelschweren Pisten liegen bereits so hoch, daß sie von Dezember bis April als schneesicher gelten.
Ein Leckerbissen für gute Skifahrer ist die 3,5 km lange Hauptabfahrt ins Tal, die eine Reihe von Schwierigkeiten aufweist.

Noch größer als für den Alpinskifahrer ist das Angebot für Langläufer; die langen, doppelspurig angelegten Loipen verlaufen größtenteils am Lech entlang. Sie sind sehr abwechslungsreich und führen durch landschaftlich reizvolles Terrain.
Die Bergwelt um Reutte ist ein beliebtes Ziel für Variantenfahrer und Tourengeher.
Über mangelnden Bekanntheitsgrad brauchte sich diese Ferienregion noch nie zu beklagen.
Mit seinen attraktiven Skipisten, einem riesigen Loipenangebot und seiner landschaftlich reizvollen Lage im Lechtal war dieses Gebiet seit jeher Ziel von Ausflüglern und Urlaubsgästen.

Reutte, 854 m

Skigebiet: 854–1940 m
5200 Einwohner, 2800 Gästebetten
Saison: Dezember bis Ende April

Anreise Ulm, Kempten, Pfronten, Reutte bzw. München, Garmisch-Partenkirchen, Reutte (Bahnstation)
Entfernungen von KA: 301 km, S: 233 km, UL: 143 km, M: 136 km

Information
Tourismusverband Reutte und Umgebung, A-6600 Reutte, Tel. 05672/2336, 2041
Telefax 05672/5422
Schneetelefon: 05672/3011
Landesvorwahlnummer siehe Seite 608.

Kinder kein Gästekindergarten; Skischule ab 4 Jahre
(ca. öS 2000/Woche mit Mittagessen inkl. Betreuung)

Ski alpin Testnote ❄❄

13 km präparierte Abfahrten:
6,7 km mittel, 6,3 km leicht
Längste Abfahrt: Reuttener Hahnenkamm-Abfahrt, 3,5 km Länge, 1000 m Höhenunterschied, mittel
Die Piste am Sintenbichllift (Breitenwang, 1 km lang, leicht) ist mittwochs und samstags bis 21 Uhr beleuchtet
Liftkapazität: 8500 Pers./Std.

13 1 1

Skipaß-Preise siehe Beilage
Skischule mit 25 Skilehrern

Langlauf Testnote ❄❄❄

10 Loipen über 50 km (6 km schwer, 24 km mittel, 20 km leicht); Loipenverbund mit Vils/Lechtal/Heiterwang, 90 km Länge; Höhenloipe: Klausenwaldloipe (1000 m), 6 km Länge, schwer; geführte Skiwanderungen; Langlaufunterricht

Weitere Sportmöglichkeiten

Gleitschirmfliegen, Schneereifenwandern

Après-Ski

Heimatmuseum, Galerie, Bücherei

Sportliche Veranstaltungen
Publikums-Eislaufmarathon auf dem Plansee (Februar 94); Juniorenweltmeisterschaft Nord. Kombination (25.–30. Jan. 94)

Für Langläufer liegt ein Loipenplan mit ausführlichen Loipenbeschreibungen im Verkehrsamt bereit.

Hotelempfehlungen: Seite 541–585

Schneearena Tiroler Zugspitze

Vier Skigebiete haben sich zur Schneearena Tiroler Zugspitze zusammengeschlossen. Das Angebot reicht von »rasant« über »sportlich« bis zu »gemütlich« und spricht vor allem Familien an.

»Herr, wen Du lieb hast, laß fallen in dieses Land«. – Solch euphorische Worte schrieb Ludwig Ganghofer über seine Wahlheimat, das Tiroler Zugspitzgebiet. Zwischen 1906 und 1918 kam Ganghofer Jahr für Jahr nach Ehrwald, mietete sich in der Gemischtwarenhandlung Leitner ein und schrieb hier, wenn er nicht gerade von seiner Jagdhütte aus – oben im Gaistal – auf die Pirsch ging, an so manchem seiner Bergromane.
Wer einmal an einem sonnigen Wintertag den Panoramaweg von Lermoos nach Ehrwald gegangen ist, kennt die ganze Pracht dieser gigantischen Arena und versteht auch Ganghofer in seiner Euphorie. Das riesige Moor im pottebenen Talgrund, durchfurcht von einer Reihe vorzüglich gespurter Loipen, ist umgeben von aufragenden Bergriesen: allen voran die Zugspitze über Ehrwald, die Sonnenspitze bei Biberwier und, schon etwas sanfter, gefälliger, der Grubigstein über Lermoos.
Bis das Tiroler Zugspitzgebiet, an der Sonnenseite der Zugspitze gelegen, zur gefragten »Oase in Weiß« (Prospekt) für Alpinskifahrer und Langläufer, Rodler und Skibobfahrer, Eisläufer und landschaftshungrige Spaziergänger wurde, hat es einige Zeit gedauert. Die ersten, die hier auf Ski standen, dürften die Knappen des Silberbergwerkes beim Seebensee Anfang dieses Jahrhunderts gewesen sein. Die gestandenen Ehrwalder Burschen, das ist überliefert, haben die Brettl-Künste bei ihrem Einsatz im 1. Weltkrieg erlernt, und Österreichs erster Skilehrer, der Reinhard Spielmann aus Ehrwald, hatte es wohl besonders gut gelernt. Er war der Skilehrer Kaiser Karls I. und dessen Familie und gab den Anstoß zur Gründung der 1. Ehrwalder Skischule.
Heute ist die »Schneearena Tiroler Zugspitze« ein voll ausgebautes Wintersportrevier; die Infrastruktur, wie man so sagt, stimmt: Betten, Bahnen, Pisten genug, dazu warten mit ihren Tiroler Spezialitäten (Tiroler Speckknödel, Gamsschlegel, Bauernguglhupf) Restaurants auf Gäste und Discos auf Tänzer. Natürlich dürfen im Après-Programm Jodler- und Zitherabende nicht fehlen.
Vorher aber kommt das Skifahren.

Schneearena Tiroler Zugspitze

Die von Ehrwald aus startende Tiroler Zugspitzbahn mit Kabinen für je hundert Personen vor der Einfahrt in die Bergstation. Im Tal die Orte Ehrwald und Lermoos.

Das freundliche Skidorf Berwang strahlt noch die Behaglichkeit einer »Winterfrische« aus.

Da ist zunächst **Ehrwald** mit seiner Zugspitzbahn, mit der man in 25 Minuten auf den Zugspitzgletscher, dem »Platt«, gelangt. Das Skigebiet eignet sich für Skifahrer aller Könnensstufen. Die drei weiteren Ehrwalder Skigebiete – Wettersteinlift, Sonnenhang und Ehrwalder Alm – bieten Anfängern und Geübten der »Mittelklasse« schöne Pisten. An der Ehrwalder Alm (1500 m) beginnt auch die 15 km lange Höhenloipe, schneesicher bis in den März hinein, eine weitere Höhenloipe gibt es bei Lermoos.

Langläufern, die von den Loipen im Tal und von den beiden Höhenloipen nicht völlig geschafft sind, sei ein reizvoller Ausflug empfohlen: von der Ehrwalder Alm durch das idyllische Gaistal in die Leutasch, wo ein weiteres Langlaufparadies wartet. **Biberwier**, zwei Kilometer weiter, am Fuß des Fernpasses, hat den Marienberg (1840 m) zu bieten. Die unteren Hänge sind ein idealer Tummelplatz für Anfänger, die oberen Regionen für Buckelspezialisten. Als Geheimtip in Biberwier gilt der romantische Waldspaziergang zu den Loisachquellen.

Der Paradeberg von **Lermoos** heißt Grubigstein. Weniger sichere Fahrer sollten unterhalb der Mittelstation bleiben, hier finden sie »ihre« Bedingungen. Für Könner zu empfehlen ist die Direttissima durchs Kanonenrohr, Normalfahrer sollten unbedingt auf der Standardabfahrt bleiben.

Zur Schneearena gehören noch – neben Rinnen und Heiterwang – die beiden kleinen Orte Berwang und Bichlbach.

In **Berwang** kann man noch geruhsam über die Straße gehen! Das freundliche Skidorf hat sich weniger auf Pistenbolzer und Konditionskanonen eingestellt als auf Gäste, die problemlos brettlrutschen und die Annehmlichkeiten einer verkehrsberuhigten Winterfrische genießen wollen.

Letzteres ist vor allem der Tatsache zu verdanken, daß Tagesgäste ihre Autos in **Bichelbach** stehenlassen und mit Hilfe einer kleinen Skischaukel über den Sattel bei der Heiterwanger Hochalm (1604 m) in den weiten Berwanger Talkessel hineinschweben und -schwingen können. In Berwang selbst ist das Pistenrevier vom Ortsrand, allerdings nicht von einem zentralen Punkt aus, mit Sessel- und Schlepppliften erschlossen:

Nordhänge gibt's unter dem Hönig, sudseitige Abfahrten locken unter dem Thaneller; steilere Strecken sind etwas abseits am Rastkopf zu finden, dem mit 1640 m höchsten Pistenpunkt im Revier. Die abwechslungsreichste Piste, mit 3,5 km Länge und 575 m Höhenunterschied, führt von der Heiterwanger Hochalm nach Bichlbach, das außerdem noch Schlepplifte und Babylifte, vor allem aber sehr schöne Loipen zu bieten hat.

Der Schwerpunkt des Wintervergnügens in Berwang/Bichlbach liegt zweifellos auf den gut gepflegten, teils leichten, teils mittelschweren Pisten. Doch für Abwechslung ist gesorgt. Bei den Drachenfliegern und Paragleitern sind Rastkopf, Hönig und Thaneller (nach schweißtreibendem Aufstieg) beliebte Startplätze. Für Langläufer werden sowohl in Bichlbach als auch in Berwang Loipen präpariert. Auf Eisläufer und Eisstockschützen wartet ein Natureisplatz.

Wer faulenzen will, kann mit dem Sessellift zum Rastkopf hinaufschweben und sich oben von der Sonne bräunen oder im Berggasthaus verwöhnen lassen.

Mit dem Sessellift erreicht man die fünf Kilometer lange Grubiglift-Abfahrt.

Schneearena Tiroler Zugspitze
Ehrwald, 1000 m, **Biberwier,** 1000 m, **Lermoos,** 1004 m, **Bichlbach,** 1079 m, **Berwang,** 1336 m

Skigebiet: 1000–2900 m
Ehrwald 2350 Einwohner, 4000 Gästebetten Biberwier 558 E., 659 G. Lermoos 945 E., 3013 G. Berwang 530 E., 2200 G. Bichlbach 520 E., 1000 G.
Saison: Mitte Dezember bis eine Woche nach Ostern; auf dem Zugspitzplatt von Oktober bis 31. Mai

Anreise Füssen, Reutte oder München, Garmisch-Partenkirchen. Bahnstationen sind Bichlbach, Lermoos, Ehrwald

Entfernungen von KA: 326 km, S: 258 km, UL: 168 km, M: 125 km

Information
Tourismusverbände
A-6632 Ehrwald, Tel. 05673/2395
Telefax 05673/3314
A-6633 Biberwier, Tel. 05673/2922
Telefax 05673/3494
A-6631 Lermoos, Tel. 05673/2401
Telefax 05673/2694
A-6622 Berwang, Tel. 05674/8268
Telefax 05674/8436
A-6621 Bichlbach, Tel. 05674/5354
Schneetelefon für Ehrwald, Biberwier, Lermoos 05673/3329, für Berwang und Bichlbach 05674/8122
Landesvorwahlnummer siehe Seite 608.

Kinder Ehrwald Gästekindergarten ab 3 Jahre (ca. öS 240/Ganztag inkl. Mittagessen); Skischule ab 3 Jahre (ca. öS 1050/6 Tage ohne M.) Biberwier kein G.; Skischule ab 3 Jahre (ca. öS 980/5 Tage ohne M.) Lermoos G. ab 4 Jahre (ca. öS 110/Tag ohne M.); Skischule ab 4 Jahre (ca. öS 1080/6 Tage ohne M.) Berwang G. ab 2 Jahre (ca. öS 100/Halbtag nur nachmittags); Skischule ab 4 Jahre (ca. öS 1090/5 Tage ohne M.) Bichlbach G. ab 3 Jahre (ca. öS 495/Ganztag ohne M.); Skischule ab 6 Jahre (ca. öS 820/5 Halbtage ohne M.)

Ski alpin Testnote ❄❄❄

Tiroler Zugspitzgebiet gesamt
93 km präparierte Abfahrten:
23 km schwer, 60 km mittel, 10 km leicht
Liftkapazität: 45143 Pers./Std.
26 12 1 1

Längste Abfahrt: Grubiglift-Abfahrt, 5 km Länge, 1000 m Höhenunterschied, mittel

Skigebiet Ehrwald – Zugspitze
25 km präparierte Abfahrten:
2,5 km schwer, 15 km mittel, 7,5 km leicht
Liftkapazität: 11080 Pers./Std.
8 1 1 1

Skigebiet Lermoos/Grubigstein
20 km präparierte Abfahrten:
3 km schwer, 11 km mittel, 6 km leicht
Liftkapazität: 11663 Pers./Std.
4 5

Skigebiet Biberwier/Marienbergjoch
8 km präparierte Abfahrten:
1 km schwer, 5 km mittel, 2 km leicht
Liftkapazität: 7400 Pers./Std.
5 2

Skigebiet Berwang-Bichlbach
40 km präparierte Abfahrten:
8 km schwer, 32 km mittel/leicht
Liftkapazität: 15000 Pers./Std.
9 4

Skipaß-Preise siehe Beilage
Tiefschneereviere: Grubigläcke, Schläglе- und Gatterlabfahrt, Heberjoch und Bleispitze
Skischulen mit 200 Skilehrern

Langlauf Testnote ❄❄❄❄

Über 100 Loipenkilometer im gesamten Gebiet Ehrwald 25 km (5 km schwierig, 10 km mittel, 10 km leicht); längste Loipe: Moosloipe (1000 m), 15 km lang, leicht/mittel; Hochloipe Ehrwalder Alm (1600 m), 5 km lang, mittel; die Loipe unterhalb des Hallenbads (1000 m, 3 km lang, leicht) ist donnerstags von 20 bis 22 Uhr beleuchtet; Langlaufunterricht Biberwier 15 km (5 km schwierig, 2 km mittel, 8 km leicht); Höhenloipe Weißensee (1000 bis 1200 m), 5 km lang, mittel/schwierig; kein Langlaufunterricht Lermoos 65 km (27 km schwierig, 21 km mittel, 17 km leicht); längste Loipe: Europa-Loipe (1000 m), 10 km lang, leicht; Skiwanderwege nach Leutasch (schwierig, nur auf eigene Gefahr), 20 km lang; Langlaufunterricht Berwang 15 km (4 km schwierig, 11 km mittel); höchste Loipe: Bärenbad (1300–1380 m), 4 km lang, schwierig; Langlaufunterricht Bichlbach 25 Loipenkilometer (15 km mittel, 10 km leicht); die Hinterbichl-Loipe ist täglich von 17 bis 21.30 Uhr beleuchtet; Langlaufunterricht

Weitere Sportmöglichkeiten
Gleitschirmfliegen

Après-Ski

Neu in Berwang sind der Vierersessellift Sonnalmbahn zur Hochalm und der Biliglift-Schlepplift vom Egghof zum Thanellerkar.

Hotelempfehlungen: Seite 541–585

Ischgl

Die Silvretta-Skiarena ist in kurzer Zeit zu einem der größten Skireviere Österreichs geworden, perfekt erschlossen, mit Anschluß ans Schweizer Zollfreigebiet Samnaun. Ischgl haut – mit viel Erfolg – auf die Ski- und Après-Ski-Pauke.

Kein Zweifel: Ischgl hat sich einen festen Platz unter den gefragtesten Skirevieren Österreichs erkämpft: Auslauf ohne Ende bietet man hier. Daß das Publikum in Ischgl deshalb auch international ist, verwundert nicht: Ischgls Ruf ist längst bis nach Schweden, Dänemark und sogar bis nach Amerika gedrungen – was auch aufs Après-Leben abfärbt.

Die steile Karriere von **Ischgl** als Wintersportort ist in Österreich einzigartig. Noch bis in die sechziger Jahre war das Dorf im Tiroler Paznauntal vorwiegend Skibergsteigern ein Begriff als Start- oder Endpunkt der klassischen Silvretta-Durchquerung. 1963 wurde die erste Seilbahn zur Idalp in Betrieb genommen, 1973 die Gondelbahn zum Pardatschgrat, 1977 die Fimbabahn, die ebenfalls zur Idalp führt – drei Bahnen vom Tal ins Höhenskigebiet. Damals warb die neu entstandene »Silvretta-Skiregion« noch mit drei Seilbahnen und zehn Schleppliften, heute sind es mit dem lückenlos zusammenhängenden Skirevier von Samnaun in der Schweiz beträchtlich mehr.

Ischgl liegt auf einem Schuttkegel in einem ziemlich engen Talboden. Man hat einige Schwierigkeiten sich vorzustellen, daß sich 500 oder 1000 Meter höher ein Gelände auftut, das wie geschaffen ist fürs Skivergnügen. Weite baumlose Hänge, breite Täler, Mulden, Joche, schneeweiße Gipfel und zackige Felsspitzen. Nichts ist hier von beklemmender Enge oder hochalpiner Steilheit.

Die Idalp (2311 m) gilt als die Drehscheibe des Skiverkehrs und hat mit einer Alm nur noch wenig gemeinsam. Hier kreuzen sich die Schneeautobahnen, strömen die Ski-Menschen aus den Seil-Bahnhöfen, steigen in die »Anschlußzüge« um, drängen sich im Rasthaus (Restaurant plus Selbstbedienung) zum Mittagsbuffet. Hier treffen sich die kleinen und die großen Skischüler, hier toben Kinder, wetzen Snowboardfahrer über die Pisten und erleben (skilose) Sonnenanbeter, was der zeitgenössische Skirummel so alles auf die Beine bringt.

Wer Tempo liebt und gefordert sein will, steuert über den Pardatschgrat die Talfahrt an, eine der wenigen »schwarzen« Pisten. Immer gut besetzt sind die Dreiersessel zum Idjoch (2760 m), dem Übergang ins Schweizerische. Die Zöllner auf der Paßhöhe haben natürlich ein waches Auge auf allzu umfängliche Mitbringsel aus dem Zollfreigebiet Samnaun, doch besteht ihre Haupttätigkeit darin, die »U 34«-Formulare abzustempeln. Mit ihrer Hilfe kann man sich als Nicht-Österreicher am unkompliziertesten die österreichische Mehrwertsteuer zurückholen.

Hinein ins Höllenkar, das brave Pisten und faszinierende Tiefschneehänge hat, und hinauf zum höchsten Punkt in der Arena, dem Palinkopf (2864 m). Auch hier sind Übergänge ins schweizerische Samnaun für eine Rundtour, aber vor allem geht's über traumhaft schöne und auch steilere Hänge im Pulverschnee oder Firn ins Fimbatal, wo Aufzüge an der Gampenalp (Vierersessel) und Bodenalp Wiederholungs- und Variantenabfahrten ermöglichen.

Bei der Erschließung dieser Skiarena waren keine Kleinkrämer am Werk, man hatte zuvor französische Erfahrungen gesammelt, wie man ein Skigelände en gros aufbereitet. Die Pistenpflege ist einwandfrei, aber auch Buckelspezialisten finden einige Hänge, und für Tiefschnee-Freaks ist ebenfalls noch eine Menge Platz. Für die Abfahrt ins Tal stehen mehrere Möglichkeiten zur Verfügung, und die Mittelstationen der drei Gondelbahnen bewähren sich besonders, wenn »ganz unten« der Schnee noch oder schon wieder mager verteilt ist.

Das Dorf Ischgl hat sich im Skiboom natürlich stark verändert. Nur noch um die Kirche mit ihrem Spitzturm stehen ein paar alte Häuser, fast alles andere sind stattliche, schmucke Fremdenherbergen aller Art. Auch das kleine Nachbardorf Mathon (4 km entfernt) ist ins Angebot miteinbezogen worden. Im Ortskern herrscht Parkverbot, aber es gibt eine Tiefgarage für 600 Autos und große Parkplätze an den Seilbahn-Talstationen.

Für Langläufer werden am Ufer der Trisanna Loipen bis nach Galtür präpariert, Pferdeschlittenfahrten und Ausflüge mit Raupenfahrzeugen zur Heidelberger Hütte des Deutschen Alpenvereins stehen auf dem Programm; zu den Après- oder Schlechtwettertreffpunkten gehört das »Silvretta-Center«. Und es fehlt natürlich nicht an Discos, Weinstuben, Tiroler Heimatabenden, Bars, Pizzerias, Cafés und einem Pub. Müde Skifahrerbeine kennt man in Ischgl nicht.

Samnaun siehe Seite 350.

In der Weitläufigkeit des Geländes kommen Genußskifahrer voll auf ihre Kosten. Vorne das Zeblasjoch mit Zollhütte, im Hintergrund der Aufstieg zur Furcla Val Gronda; dahinter Piz Tasna (3179 m).

BESONDERS SCHNEESICHER

Ischgl, 1400 m

Skigebiet: 1400–2871 m
1280 Einwohner, 7730 Gästebetten
Saison: Anfang Dezember bis Anfang Mai

Anreise Bregenz, Feldkirch, Arlberg, Ischgl oder Garmisch-Partenkirchen, Fernpaß, Landeck bzw. Innsbruck, Landeck, Ischgl. Bahnstation ist Landeck, Busverbindungen Entfernungen von KA: 405/424 km, S: 337/356 km, UL: 247/266 km, M: 195/214 km

Information
Tourismusverband
A-6561 Ischgl, Tel. 05444/5266
Telefax 05444/5636
Schneetelefon 05444/5478
Landesvorwahlnummer siehe Seite 608.

Kinder Gästekindergarten ab 2–3 (keine Windeln mehr) Jahre (ca. öS 80/Halbtag, 220/Ganztag inkl. Mittagessen); Skischule ab 4 Jahre (ca. öS 1650/Woche inkl. Mittagessen)

Ski alpin Testnote ❄❄❄❄
Ischgl/Samnaun

Skischaukel Ischgl und Samnaun
200 km präparierte Abfahrten:
40 km schwer, 130 km mittel, 30 km leicht
Längste Abfahrt: Palinkopf – Ischgl, 9 km Länge, 1500 m Höhenunterschied, mittel permanente Snowboard-Halfpipe auf der Idalp
Liftkapazität: 40000 Pers./Std.
27 7 3 1

Skipaß-Preise siehe Beilage

Ischgl
Tiefschneereviere: Vesiltal, Val Gronda, Nordhänge Pardatschgrat
Skischule: 100 Skilehrer

Langlauf Testnote ❄❄

24 Loipenkilometer: Westloipe (ist die höchste Loipe auf 1580–1684 m), 8 km, mittel; Ostloipe (1580–1590 m) mit 9 km die längste Loipe, leicht; Silvrettaloipe mit 7 km, leicht; Langlaufunterricht

Weitere Sportmöglichkeiten

Kegeln, Gleitschirmfliegen, Snowboard-Halfpipe

Après-Ski

KINO

Live-Shows, Sport- und Kongreßzentrum

Sportliche Veranstaltungen
Ski-Opening (4. Dez. 93), Snowboard-Pro Tour (Dez. 93), 5. Intern. Frühlingsschneefest Ischgl/Samnaun (29. April – 1. Mai 94)

Neu ist der Vierersessellift mit Haube von der Idalp zum Flimjoch. Er ist 1800 Meter lang und befördert bis zu 2400 Personen pro Stunde. Einweihung im Dezember 1993.

Hotelempfehlungen: Seite 541–585

Das Paznauntal

Sprechen Skifahrer vom Paznauntal, meinen sie in erster Linie Ischgl und seine Skiarena nach Samnaun hinüber. Die wenigsten wissen jedoch, daß das Tal eine ganze Reihe weiterer guter Quartier- und Pistenmöglichkeiten bietet.

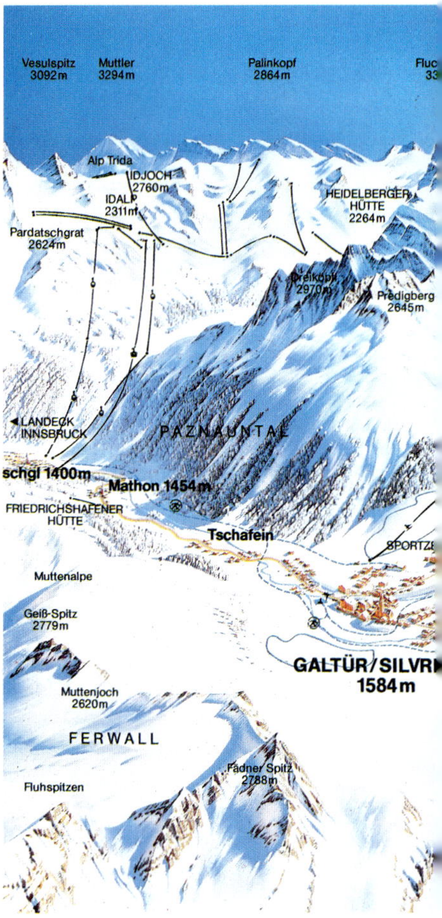

Rund 40 km lang zieht sich das Paznauntal von Pians, kurz hinter Landeck, bis nach Galtür. Eingerahmt von den Bergen der Verwall-, Silvretta- und Samnaungruppe, wurde es früher im Winter nur von Rucksacktouristen besucht, die die beliebte Silvretta-Skidurchquerung planten – bis die Ischgler es leid waren, noch länger mit karger Gast- und Landwirtschaft ihr Dasein zu fristen, und auf ihren Almen einen Liftzirkus aufzogen, den sie entsprechend der Lage und Dimension »Silvretta-Skiarena« tauften. Ein ungeheurer Touristen-Boom setzte ein, der das ganze Tal – von See bis Galtür – aus seinem Dornröschenschlaf gerissen hat.

Die anderen Paznaun-Orte fahren im Schlepptau von Ischgl nicht schlecht und profitieren vom dortigen Ski- und Freizeitangebot (gemeinsamer Skipaß). Mancher Gast hat zudem erkannt, daß er abseits des Ischgler Pisten- und Discorummels den Geldbeutel und auch seine Nerven schont. Jeder der Orte hat sein eigenes Skigebiet und führt durchaus ein Eigenleben.

See, auf 1050 m Höhe gelegen, zieht sich vorwiegend an der Hauptstraße entlang. Früher gab es hier tatsächlich einmal einen See, den die Gletscher auf ihrer Wanderschaft allerdings wieder zugeschüttet haben. Der 2568 m hohe Medrigkopf mit seinen Almen kann sich als Skiberg, auf dem das Pistenvergnügen jenseits der Baumgrenze beginnt, durchaus sehen lassen.

Kappl ist flächenmäßig der größte Ort im Tal. Und doch übersieht man ihn leicht, wenn man die Autostraße entlang braust, denn Kappl klebt am Hang in 1258 m Höhe (Ketten einpakken!) – allerdings nicht kompakt wie

ein Schwalbennest, sondern über ein paar Kilometer weit verstreuen sich die Weiler und Bauernhöfe.

Das Skigebiet erreicht man ohne verkehrstechnische Probleme, denn die Talstationen der Aufstiegshilfen liegen direkt an der Durchfahrtstraße im Tal. Um zurück zum Parkplatz zu kommen, sollte man jedoch Kurzschwingen oder Pflugfahren beherrschen. Aber auf der Disalpe, dem eigentlichen Skigebiet von Kappl, steht einem unbeschwerten Pisten- und Tiefschneevergnügen nichts im Weg.

Auf der Drehscheibe in 1830 m Höhe warten zudem reichlich Jausenstationen auf hungrige Skifahrer. Auch der anspruchsvolle Fahrer kommt auf der Diasalpe auf seine Kosten. Wenn er hinauf zu den 2720 m hohen Alblittköpfen fährt, liegt vor ihm eine Tourenabfahrt, die Technik und Kondition verlangt.

Tourengeher steigen hier auf Felle um und gehen noch ein Stückchen höher.

Wir machen einen großen Sprung über das Skizentrum Ischgl hinweg und landen in **Galtür**, wo das Paznauntal kurz hinter dem Ort zu Ende und mit Eis und Schnee versperrt ist (die Silvretta-Hochalpenstraße bleibt im Winter geschlossen). Seit die Zufahrt ausgebaut ist und etliche Lifte angelegt wurden, floriert auch in Galtür der Wintersport.

Lange bevor sich der Skisport um Lift- und Pistenkarussells drehte, kamen die Skitouristen schon nach Galtür, um mit Fell und Rucksack die Jamspitze oder den Piz Buin zu stürmen oder sich einen der anderen Dreitausender (rund 25 im Umkreis!) vorzunehmen.

Ischgl siehe Seite 94.

Paznauntal, 1050 m–1584 m
See, Kappl, Galtür

Skigebiete: 1050–2690 m
See 1100 Einwohner, 1400 Betten
Kappl 2400 Einwohner, 4000 Betten
Galtür 700 Einwohner, 3364 Betten

Saison: Dezember bis nach Ostern

Anreise Bregenz, Arlberg, Pians oder Kempten bzw. Garmisch-Partenkirchen, Fernpaß, Landeck (Bahnstation mit Busverbindungen)
Entfernungen von KA: 396 km, S: 328 km, UL: 238 km, M: 186 km

Information
Tourismusverbände
A-6553 See-Paznaun, Tel. 05441/296, 285
Telefax 05441/285-16
A-6555 Kappl, Tel. 05445/6243, 6411
Telefax 05445/6163
Schneetelefon 05445/6691
A-6563 Galtür, Tel. 05443/521
Telefax 05443/521-76
Schneetelefon 05443/52177
Landesvorwahlnummer siehe Seite 608

Kinder See Gästekindergarten ab 3 Jahre (im Restaurant der Madreigalm, gratis); Skischule ab 4 Jahre (ca. öS 1180/6 Tage ohne Mittagessen) Kappl Gästekindergarten ab 3 Jahre (Bergrestaurant Dias, Tel. 05445/6411; gratis); Skischule ab 4 Jahre (ca. öS 1130/6 Tage ohne Mittagessen) Galtür Gästekindergarten ab 3 Jahre (ca. öS 170/Tag mit Gästekarte, inkl. Mittagessen) Skischule ab 3½–4 Jahre (ca. öS 1300/Woche ohne Mittagessen)

Ski alpin Testnote ❄❄❄
jedes Gebiet

Skigebiet von See
40 km präparierte Abfahrten:
10 km schwer, 20 km mittel, 10 km leicht
Liftkapazität: 6000 Pers./Std.
2 2 1

Skigebiet von Kappl
50 km präparierte Abfahrten:
10 km schwer, 20 km mittel, 20 km leicht
Längste Abfahrt: Lattenjochabfahrt, 8 km Länge, 1400 m Höhenunterschied, mittel
Liftkapazität: 9000 Pers./Std.
5 2 1

Skigebiet von Galtür
40 km präparierte Abfahrten:
12 km schwer, 24 km mittel, 4 km leicht
Liftkapazität: 15000 Pers./Std.
9 2

Skipaß-Preise siehe Beilage

Tiefschneereviere und Skirouten: Panorama – Ascherhütte (See), Planka- und Lattegebiet (Kappl), Ballunspitze, Zeinisroute, Kopser Jöchl, Grenz-Route (Galtür)
Skischule mit je 20 Skilehrern in See und Kappl, 45 Skilehrer in Galtür

Langlauf Testnote
See ❄❄❄
Kappl ❄
Galtür ❄❄❄

See 12 Loipenkilometer (je 4 km schwierig, mittel, leicht); höchste und längste Loipe: Trisanna (1034 bis 1068 m), 6 km lang, mittel
Kappl 7 (leichte) km Galtür 45 km (10 km schwierig, 20 km mittel, 15 km leicht); längste Loipe: Standard-Loipe (1454–1635 m), 16 km lang, leicht; höchste Loipe: Skiwanderweg Vermunt (1584–2032 m), 10 km lang, mittel bis schwierig.
In allen drei Orten Langlaufunterricht

Weitere Sportmöglichkeiten

Gleitschirmfliegen, Freizeitzentrum

Après-Ski

Rodelabende: Dienstags und donnerstags macht die Dias-Bahn (Kappl) Sonderfahrten von 19.30 bis 20.30 Uhr. Die sechs Kilometer lange Naturrodelbahn ab der Bergstation der Dias-Bahn ist bis ca. 1 Uhr beleuchtet. Ein Leihschlitten kostet ca. öS 60, die Bergfahrt ca. öS 80.

Hotelempfehlungen: Seite 541–585

Serfaus

Bekannt wurde vor allem das attraktive Skigebiet auf der Komperdell-Alpe. Serfaus schließt mit seinem Pistenrevier an das Skigebiet von Fiss/Ladis an.

Serfaus ist übrigens Österreichs erster autofreier Wintersportort. Dieser Status wird noch durch eine ultramoderne Luftkissenbahn untermauert, mit der die Skifahrer vom Parkplatz am Ortsrand bis zu den Talstationen der Komperdell- und der Alpkopf-Liftanlagen befördert werden – gratis. Diese unterirdische Dorfbahn ging am 14. Dezember 1985 in Betrieb.
Als Skiort genießt Serfaus einen ausgesprochen guten Ruf. Grund dafür ist die geglückte Kombination von Seilbahnen, Liften und Pisten, die von der Komperdell-Talstation aus die Haus-Skigebiete erschließen. Das sind der Lazid, Alpkopf und das Masner-Skigebiet am Zanders- (2745 m), Minders- (2649 m) und Arrezjoch (2587 m).
Die schönste Abfahrt ist zweifellos die blau markierte, 2,3 km lange Strecke, die vom Arrezjoch aus durch das Trogtal zur Mooshütte zieht.
Auch die vom Kölnerhaus (Lazid) mit Schlepplift aufs Plansegg (2377 m) erreichbare Zanbodenabfahrt ist, wie die beiden Mittel- und Südabfahrten nach Serfaus, als leicht markiert.
Wer partout auf »schwarz« steht, prüft seine Schwungkünste auf der rasanten Lazid-Nordabfahrt.

Besonders schneesicher

Serfaus, 1427 m

Skigebiet: 1427–2684 m
930 Einwohner, 4600 Gästebetten
Saison: Anfang Dezember bis Ende April

Anreise München, Fernpaß, Landeck (Bahnstation), Ried, Serfaus (Fahrverbot)
Entfernungen von KA: 403 km, S: 335 km, UL: 245 km, M: 193 km

Information
Tourismusverband Serfaus,
A-6534 Serfaus, Tel. 05476/6239
Telefax 05476/6813 und 05476/6239-77
Landesvorwahlnummer siehe Seite 608.

Kinder Schneealm (auf der Komperdell) für alle Kinder bis 15 Jahre (gratis, ohne Betreuung); Kinderhort auf der Schneealm ab 3–4 Jahre (Nichtskifahrer, mit Betreuung, ca. öS 170/Tag inkl. Essen und Getränke); Gästekindergarten in Serfaus ab 2–3 Jahre (ca. öS 170/Tag inkl. Essen und Getränke); Skischule ab 3 Jahre (ca. öS 1300/Woche inkl. Mittagessen)

Ski alpin Testnote ❄❄❄

80 km präparierte Abfahrten:
10 km schwer, 30 km mittel, 40 km leicht
Längste Abfahrt: Südabfahrt 5 km Länge, 430 m Höhenunterschied, leicht
Liftkapazität: 27 000 Pers./Std.

16 (Schlepplifte) 1 (Sessellift) 2 (Gondelbahnen) 1 (Seilbahn) (Skibus)

Skipaß-Preise siehe Beilage

Skischule mit 130 Skilehrern

Langlauf Testnote ❄❄❄❄

7 Loipen über insgesamt 60 km (je 20 km schwierig, mittel, leicht); Höhenloipen auf der Komperdell (1950 bis 2100 m) über 20 km, leicht bis schwierig; Loipenverbund mit Fiss – Ladis; Langlaufunterricht

Weitere Sportmöglichkeiten

Après-Ski

Mit dem Masmer-Express können sich Nichtskifahrer in das Skigebiet Masmer bringen lassen. Das kostet ungefähr soviel wie eine Skipaß-Tageskarte.

Hotelempfehlungen: Seite 541–585

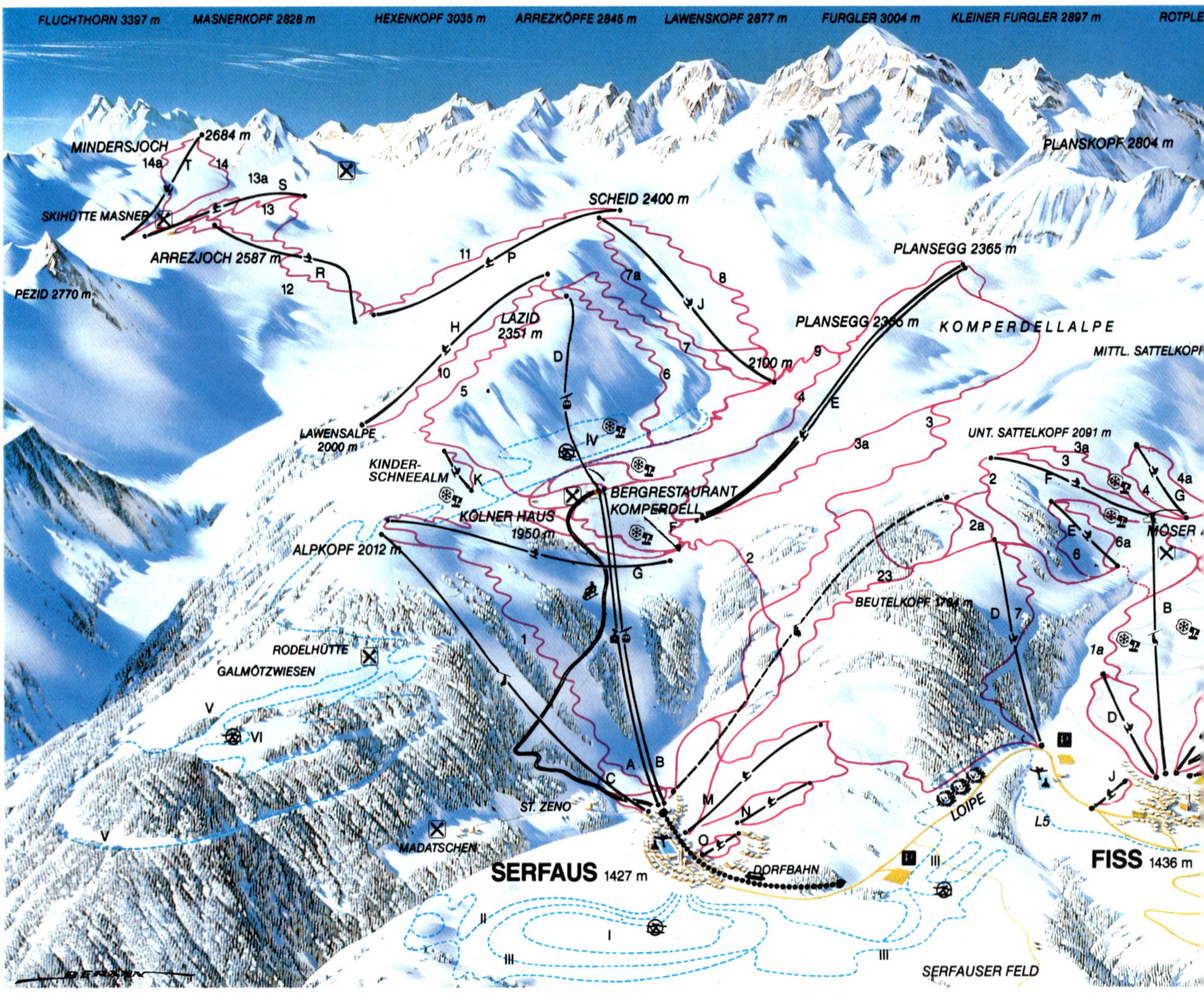

Fiss/Ladis

Auf einer sonnigen Hochfläche über dem Oberinntal liegen Fiss und Ladis, zwei unverfälschte, rätoromanisch geprägte Tiroler Orte, die an den Flanken der nördlichen Samnaungruppe gute Möglichkeiten für den Wintersport offerieren.

Von Ried (877 m) im Oberinntal führt die Zufahrt über die Innbrücke, dann rechts hinauf nach Ladis (1180 m), auf eine der weiträumigsten und schönsten Sonnenterrassen Tirols. Die Liebhaber unverfälschter Tiroler Idylle erreichen angesichts der 600jährigen Burgruine Laudeck ihr Ziel. Hauptanziehungspunkt für die Skifahrer ist die »Sesselbahn Ladis-Fiss«. Fast 3 km lang zieht sich die Bahn von 1200 bis 1510 m über sanft geneigte Almwiesen zur Mittelstation oberhalb des Nachbarortes Fiss. Links die Zacken und Abstürze des Kaunergrates, rechts das Panorama der »Hausberge«, vom Zwölferkopf bis zum Sattel- und Planskopf (2804 m).
Weiter reicht der Blick bis zur über 3000 m hoch aufragenden Pyramide des Furgler.
Die leichten Abfahrten von der Mittelstation zur Talstation Fiss bzw. zurück nach Ladis riskieren auch Familien ohne Herzklopfen. Was dann freilich von der Fisser Talstation aus die Skifahrer sonst noch alles erwartet, läßt die Herzen der sportlich ambitionierten Pistenfans höher schlagen: Bis auf 2426 m hinauf geht es von der Fisser Talstation dann in zwei Sektionen mit der Schönjochbahn bis aufs Fisser Joch.
Hier kann man sich für die sonnigen Firnabfahrten auf der Südseite oder für Pulverschnee auf der Nordseite entscheiden.
Die vier Lifte auf der Nordseite eröffnen auch hier Abfahrten bis zu 3 km Länge und 700 m Höhenunterschied. Die Schönjochabfahrt nach Fiss verlangt bei 950 m Höhenunterschied und 6 km Länge schon beachtliche Kondition.
Genießer wählen jedoch als Finale die Frommes-Abfahrt nach Osten, die zwar als Skiroute ausgewiesen ist, jedoch meist präpariert wird und mit ca. 10 km Länge und 1300 m Höhenunterschied nach Ladis bzw. 1000 m nach Fiss ihresgleichen weit um sucht.
Ein weiteres Skigebiet eröffnet die Sesselbahn zur Möseralm, wo insgesamt 5 Schlepplifte in einer Höhenlage von 1800–2100 m Abfahrten aller Schwierigkeitsgrade erschließen.
Alles in allem sind die weiten, meist baumfreien Pisten durchweg mittelschwer und erfordern daher schon ein gewisses Schwungvermögen.

Fiss, 1436 m
Ladis, 1180 m

Skigebiet: 1200–2540 m
Fiss 760 Einwohner, 2900 Betten
Ladis 400 Einwohner, 1000 Betten
Saison: Weihnachten bis nach Ostern

Anreise Bregenz, Feldkirch, Landeck, oder München, Garmisch-Partenkirchen, Fernpaß, Landeck (Bahnstation, Busverbindung)
Entfernungen von KA: 396 km, S: 328 km, UL: 238 km, M: 186 km

Information
Tourismusverbände
A-6533 Fiss, Tel. 05476/6441, 6641
Telefax 05476/6824
A-6531 Ladis, Tel. 05472/6601
Telefax 05472/2277
Landesvorwahlnummer siehe Seite 608.

Kinder Gästekindergarten nur in Fiss ab 2 Jahre (ca. öS 200/Halbtag, 480/Ganztag inkl. Mittagessen); Skischule ab 3 Jahre (Fiss ca. öS 1740, Ladis ca. öS 1620 jeweils pro Woche inkl. Mittagessen)

Ski alpin Testnote ❄❄❄

75 km präparierte Abfahrten:
10 km schwer, 57 km mittel, 8 km leicht
Längste Abfahrt: Frommes-Abfahrt, 10 km Länge, 1300 m Höhenunterschied, mittel
Liftkapazität: 17500 Pers./Std.
12 3 2

Skipaß-Preise siehe Beilage
Tiefschneereviere: Sattelkopf-Nord, Urgabfahrt, Naggalunabfahrt, Niedergallmigg- und Frommesabfahrt
3 Skischulen mit 100 Skilehrern

Langlauf Testnote ❄❄❄

Fiss insgesamt 37 km (21 km schwierig, 14 km mittel, 2 km leicht); längste Loipe: Wanderloipe Fisser Alm (1436 bis 1800 m), 13 km lang, schwierig; Höhenloipen: Schönjöchl (im Frühjahr; 2493 m), 3 km lang, mittel; Steinegg (im Frühjahr; 1920 m), 2 km lang, mittel Ladis 10 km (6 km schwierig, 4 km mittel); Loipenverbund Ladis – Fiss – Serfaus mit 100 km Länge; in beiden Orten Langlaufunterricht

Weitere Sportmöglichkeiten

Après-Ski

Samstags ab 14.30 Uhr für Erwachsene und Kinder: Gratis-Schnupperskipaß.
30. Januar 94: Fisser »Blochziehen« – ein Fastnachtsbrauch, der alle vier Jahre stattfindet.

Hotelempfehlungen: Seite 541–585

Nauders

Nauders, gleich nördlich der Reschenpaß-Höhe gelegen, bietet als beachtlicher Wintersportort eine schneesichere Höhenlage, einen gut durchdachten Liftzirkus und flotte Pisten.

In Nauders befördern zahlreiche Aufstiegshilfen die Skifahrer zwischen dem strahlenden Weiß der Ötztaler Gletscher und des Ortlers bis aufs 2700 m hohe Tscheyeck. Ein Skitag könnte mit der Auffahrt ins Bergkastel-Skigebiet beginnen.
Soll man sich nun oben auf den firnigen Gipfelpisten erst in Schwung bringen? Oder gleich die Westabfahrt bis zur Talstation antreten? Wer sich als Anfänger für die Abfahrt entscheidet, sollte die 4 km lange »Standard«-Strecke wählen, sie ist leichter und genußreicher. Doch: Warum »glei zruck«, wie die Nauderer fragen. Warum nicht zur Goldseehütte (1910 m) hinabschwingen und das Nauderer Skischaukeln mit der Doppelsesselbahn aufs Tscheyeck fortsetzen? 9 km geht's von dort aus in einem Stück bis ins Tal. Oder man schaukelt vom Tscheyeck über die Geißlochlifte zurück zum Bergkastel.
Loipen sind in der idealen Höhe von 1500 m rund um den Reschen gespurt. Eine längere Variante der Reschenloipe passiert die italienische Grenze (Ausweise nicht vergessen!) und verläuft mitten über den im Winter meist zugefrorenen See, vorbei an dem gespenstisch aus dem Eis ragenden Kirchturm des hier im Stauwasser versunkenen Dorfes Altgraun. Mit der Haiderloipe (12 km) läßt sich dieses Erlebnis über die Malser Heide mit phantastischen Ortler-Ausblicken fortsetzen. Absoluter Höhepunkt ist die Engadiner Loipe (26 km) von Martina nach Scuol durchs Unterengadin (Busanschluß ab Nauders und zurück).
Als zentral gelegener Standort eignet sich der gemütliche Ort **Pfunds** auf halbem Weg zwischen Nauders und Landeck. Von hier aus sind mehrere Skigebiete bequem zu erreichen: 18 km sind es bis nach Samnaun (Einstieg in den Skizirkus mit Ischgl), 29 km ins schweizerische Bad Scuol, 20 bzw. 24 km nach Fiss/Ladis bzw. Serfaus und 13 km (mit Gratis-Skibus) nach Nauders.

Nauders, 1365 m

Skigebiet: 1400–2820 m
1488 Einwohner, 3800 Gästebetten
Saison: Mitte Dezember bis Ende April

Anreise Landeck (Bahnstation, Busverbindungen), Richtung Reschenpaß bis Nauders.
Entfernungen von KA: 420 km, S: 352 km, UL: 262 km, M: 210 km

Information
Tourismusverband
A-6543 Nauders, Tel. 054 73/220
Telefax 054 73/627
Schneetelefon 054 73/771
A-6542 Pfunds,, Tel. 054 74/52 29
Landesvorwahlnummer siehe Seite 608.

Kinder Gästekindergarten ab 2 Jahre (ca. öS 180/Halbtag, 500/Ganztag inkl. Mittagessen); Skischule ab 4 Jahre (ca. öS 1800/Woche inkl. Mittagessen)

Ski alpin Testnote ❄❄❄

55 km präparierte Abfahrten:
2 km schwer, 30 km mittel, 23 km leicht
Längste Abfahrt: Tscheyeck – Talstation Bergkastel, 9 km Länge, 1300 m Höhenunterschied, mittel
Liftkapazität: 16 000 Pers./Std.
12 3 1

Skipaß-Preise siehe Beilage
2 Skischulen mit 60 Skilehrern

Langlauf Testnote ❄❄❄

5 Loipen über 40 km Länge (12 km schwierig, 20 km mittel, 8 km leicht); Höhenloipe: hochalpine Loipe Schwarzer See – Mutzkopf (1800 m), 10 km lang, schwierig; Loipenverbund Reschenloipe – Haiderloipe, 28 km lang; Langlaufunterricht

Weitere Sportmöglichkeiten

Après-Ski

Eine Gratis-Schnupperfahrt samstags um 15 Uhr mit der Bergkastel-Seilbahn wird den neu angekommenen Gästen spendiert (Gästekarte ist vorzulegen).

Hotelempfehlungen: Seite 541–585

Landeck/Zams und Imst

Landeck, Zams und Imst sind für viele nur Durchgangsstationen auf dem Weg zum Reschen, ins Ötz-, Pitz- oder Kaunertal. Dabei läßt sich's rund um den Venetberg ausgezeichnet skifahren.

In dem vom Durchgangsverkehr bedrängten Oberinntal entstand nach und nach ein feines Pistenrevier auf den Nordhängen des Krabergs (2212 m), dem Vorgipfel des Venetberges. Auf der Südseite geht es mit dem Sessellift Venet-Süd wieder zurück zum Gipfel.

Vor allem **Zams** und **Landeck** (3 km weiter innabwärts gelegen) profitieren von diesem Skizirkus.

Dritter im Bunde ist **Fließ**. Mit neun Weilern erstreckt sich das Bergdorf mit seinen beiden Wahrzeichen, Schloß Bidenegg und der St.-Barbara-Kirche, auf schöner Terrassenanlage weit über beide Inntalufer.

Ist man erst beim Bergrestaurant angekommen, liegen einem auch schon mit der Nord-, Weinberg- und Westabfahrt (letztere »schwarz« markiert) und nicht zuletzt mit der ebenfalls mittelschweren Gesamtabfahrt über die Zamser Hütte bis zur Talstation (780 m) die schönsten Pisten zu Füßen. Hinauf geht's wieder mit der 3455 m langen Venetseilbahn, von deren Zwischenstation bei Stütze 3 noch eine Rodelbahn nach Zams und eine Skiwanderstrecke in Richtung Fließ bis Spils (Bus-Zwischenstation) gespurt sind.

Die Landecker Gäste bringt der Stadtbus zur Talstation der Venetseilbahn in Zams, und der Bus-Anschluß an den Skibus von Fließ zur Sesselbahn ist auch kein Problem.

Der Thial-Sessellift (800–1400 m) auf der anderen Talseite ist dank sanfter Skiwiesen sehr familienfreundlich.

Im Höhenluftkurort **Imst** (830 m) ist man auf den Skibus angewiesen, um das von 1030 m bis auf 2100 m gut ausgebaute Skigebiet Hoch-Imst zu erreichen. In Imst selbst gibt es übrigens alle vier Jahre (in den Schaltjahren) die »große Fasnacht« mit dem berühmten »Schemenlaufen«. Imst ist wegen seiner Kunstrodelbahn auch als Rodel-Hochburg bekannt.

Landeck, 816 m, **Zams,** 775 m, **Imst,** 830 m

Skigebiet: 780–2212 m
Landeck 7500 Einwohner, 1580 Gästebetten
Zams 3200 E., 1000 G. Imst 7500 E., 1800 G.
Saison: Dezember bis Ende April

Anreise Bregenz, Feldkirch, Arlberg, Landeck (Bahnstation) oder München, Garmisch-Partenkirchen, Fernpaß, Imst.
Entfernungen von KA: 376 km, S: 308 km, UL: 218 km, M: 166 km

Information
Tourismusverbände:
A-6500 Landeck, Tel. 05442/62344
Telefax 05442/67830
A-6511 Zams, Tel. 05442/63395
Schneetelefon 05442/62663
A-6460 Imst, Tel. 05412/24190
Telefax 05412/4783
Landesvorwahlnummer siehe Seite 608.

Kinder keine Gästekindergärten; Skischulen ab 4–5 Jahre (ca. öS 1150/Woche ohne Mittagessen; Imst 5-Tage-Gratisskikurse bis 6 Jahre vom 11. bis 18.12.93 und vom 8. bis 29.1.94)

Ski alpin Testnote ❄❄
Landeck/Zams

Skigebiet Landeck/Zams
33 km präparierte Abfahrten:
7 km schwer, 20 km mittel, 6 km leicht
Längste Abfahrt: Westabfahrt, 7 km Länge, 1384 m Höhenunterschied, schwer
Snowboard-Halfpipe
Liftkapazität: 4400 Pers./Std.
4 1 1

Skigebiet Imst
9 km präparierte Abfahrten:
3 km schwer, 2 km mittel, 4 km leicht
Liftkapazität: 4000 Pers./Std.
5 1

Skipaß-Preise siehe Beilage
1 Skischule Landeck/Zams/Fließ mit 15 Skilehrern
1 Skischule Imst mit 10 Skilehrern

Langlauf Testnote ❄❄
Landeck/Zams

Zams 20 Loipenkilometer (2 km mittel, 18 km leicht); längste Loipe: Patscheid (780 bis 800 m), 18 km lang, leicht; Höhenloipe Rifenal–Trams (1000 m), 2 km lang, mittel Imst 40 Loipenkilometer (8 km schwierig, je 16 km mittel und leicht); längste Loipe: Gurgltalloipe (820 m), 25 km lang, leicht/mittel; höchste Loipe: Teilwiesenloipe (1100 m), 6 km lang, mittel/schwierig Landeck 10 Loipenkilometer (leicht), Höhenloipe wie bei Zams.
In Imst und Zams Langlaufunterricht

Weitere Sportmöglichkeiten

Après-Ski

Zum Ausprobieren: Tandem-Flüge mit dem Paragleiter ab der Bergstation der Venetseilbahn nach Zams.

Hotelempfehlungen: Seite 541–585

Das Kaunertal

Für viele Skifahrer beginnt das Vergnügen erst, wenn die Sonne so richtig scheint. Und eines der österreichischen Sommerskigebiete, in das es die Skiläufer und Snowboarder dann zieht, ist die vergletscherte Weißseespitze im Kaunertal.

Für Bergsteiger und Tourengeher ist die Region rund um den Gepatsch-Ferner, den zweitgrößten Gletscher der Ostalpen, schon lange kein Geheimtip mehr. Seit 1981 aber, als die erste Ausbaustufe zum Sommerskigebiet vollendet war, lockt das Kaunertal auch verstärkt die Pisten-Skifahrer an.

Die Anfahrt selbst bereitet keine Probleme. Im Inntal kommt man über Landeck bei Prutz an die Abzweigung ins Kaunertal. Die gut 12 km von Prutz nach **Feichten**, dem Hauptort der »Sammelgemeinde« Kaunertal, über Kaunerberg, Kauns, Kaltenbrunn, Nufels, Platz, Vergötschen, Unterhäuser und Grasse machen einem schnell klar, daß hier der »große Tourismus« noch in keiner seiner Formen eingezogen ist.

Die Dörfer haben ihren Charakter bewahrt. Feichten selbst, ein gemütliches Dorf, ist Ausgangspunkt für die letzte Etappe; bis zum Gletscher-Parkplatz (auf 2750 m, für rund 700 Autos) sind es nochmals gut 20 km Anfahrt. Und darin liegt ein Problem: Da Feichten die nächstgelegene Quartiermöglichkeit bietet, sind es täglich runde 40 km zum Gletscher und zurück. Entschädigt wird der Autofahrer allerdings durch eine der schönsten Hochgebirgsstraßen der Alpen (sehr gut ausgebaut): Der Ferner ist eingesäumt von Dreitausendern, vom imposanten Panorama der Weißseespitze (3535 m), des Falginjochs (3110 m) und der Karlesspitze (3231 m). Die Maut (im Skipaß inklusive) wird kurz nach der Ortschaft

Bis zum Gipfel ist die Weißseespitze vergletschert. Im Vordergrund das Bergrestaurant auf 2730 Meter Höhe.

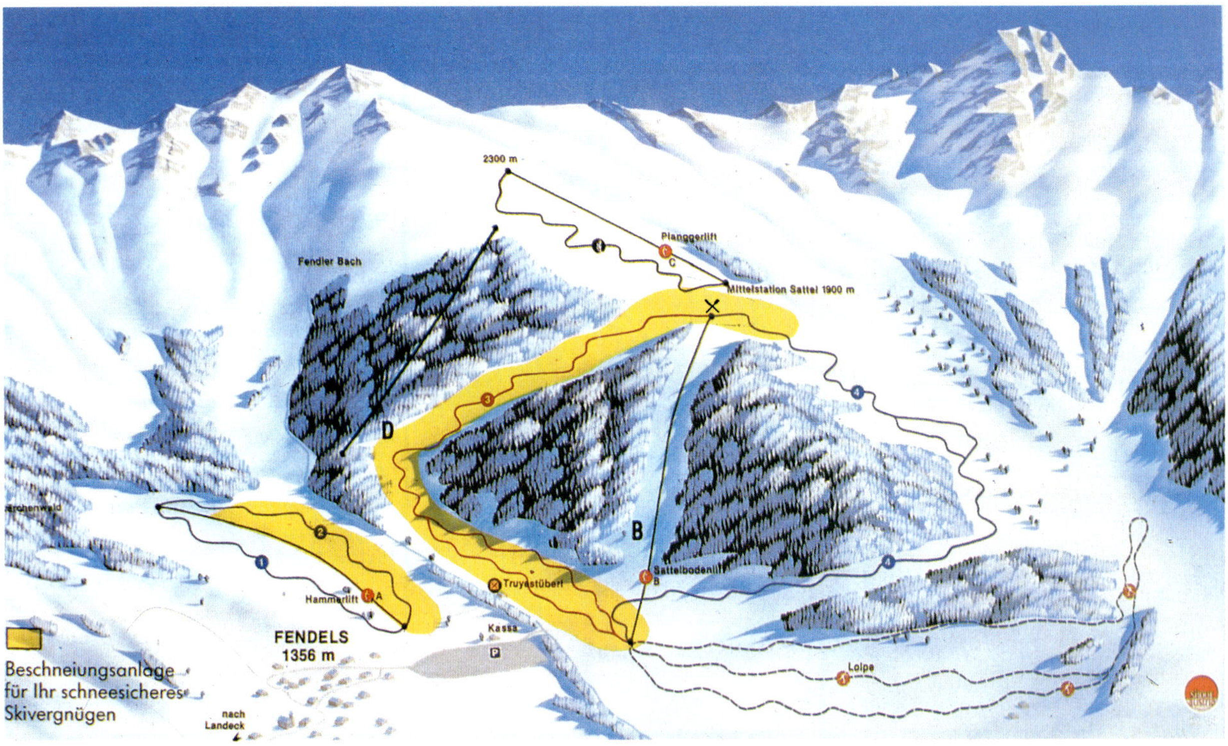

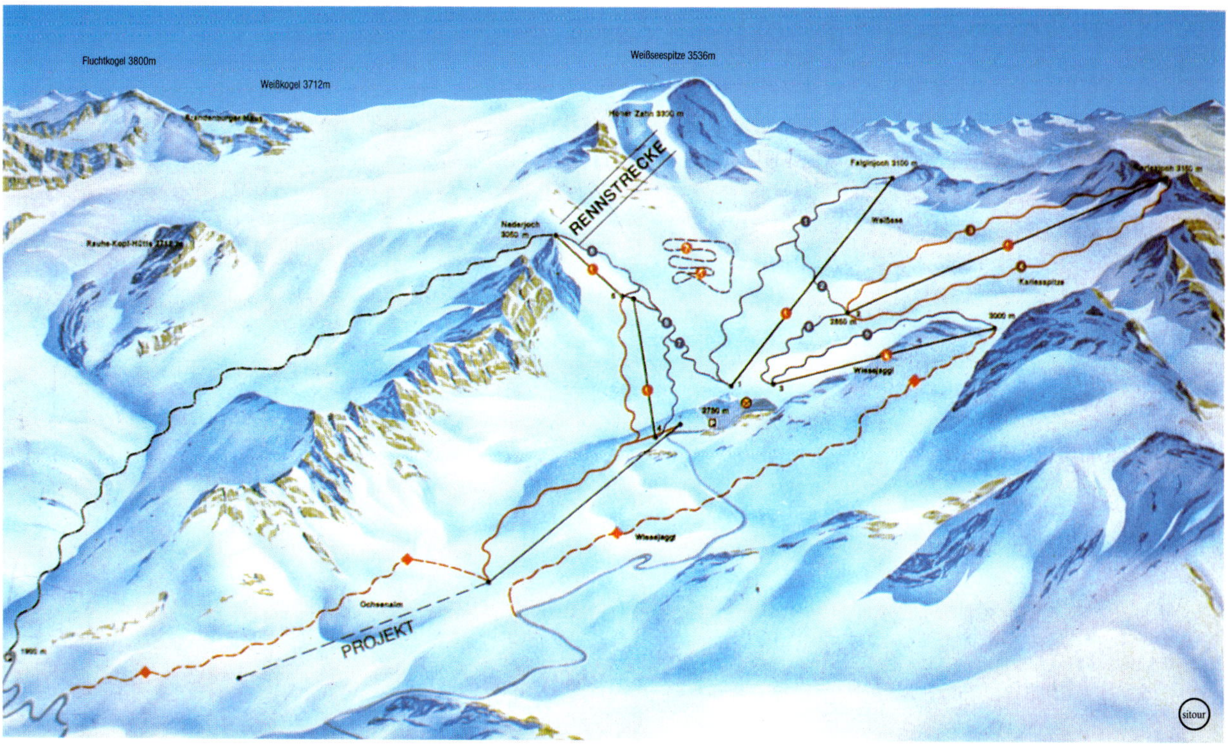

Feichten an der großzügig angelegten Mautstation kassiert, die Straße windet sich hinauf über die Baumgrenze, ins ewige Eis.
Die Liftanlagen erschließen die gesamte Gletschermulde mit Pisten für jeden Geschmack und jede Könnensstufe. Eine besonders schöne Tourenabfahrt hinunter zur Ochsenalm eröffnet die Wiesejagglsesselbahn. Nach einem kurzen Aufstieg von der Bergstation über den Wiesejagglgrat beginnt ein reines Genußschwingen, meist auf herrlichem Pulver, vorbei an Fels- und Eisabbrüchen. Doch sollte man diese Tour nur mit einem Skilehrer machen (der dann übrigens auch den Rücktransport zur Liftstation organisiert); denn es gibt auch Gletscherspalten und uneinsehbare Eisabbrüche.
Zu steileren Hängen führt der Karlesspitzelift. Der Doppelschlepper surrt auf 3160 Meter und überwindet rund 360 Höhenmeter. Seine Talstation erreicht man am besten, wenn man sich an der Bergstation des Weißseelifts links hält.
Der Ochsenalmlift erleichtert den Zugang zur FIS-homologierten »Rennstrecke«.
Snowboarder finden im Kaunertaler Gletscherskigebiet ein wahres Eldorado. Hier trifft sich die Snowboard-Szene mit Cracks und Profis und allen, die dazugehören möchten.
Am Nachmittag, wenn der Schnee in der Wärme sulzig-weich wird, gönnt man sich ein Sonnenbad auf der Terrasse des Gletscherrestaurants. Wer sich anschließend ins Tal zurückschlängelt, läßt es zwangsläufig etwas geruhsamer angehen. Für ein paar abschließende Runden im Feichtener Hallenbad genügt der Skipaß als Eintrittskarte.
Neben dem Gletscher bietet das Kaunertal am Talanfang das Skigebiet Fendels für den normalen Winterbetrieb von Dezember bis April.

Kaunertal
Feichten, 1273 m

Skigebiet: 2350–3160 m
1300 Einwohner, 2000 Gästebetten
Saison: Kaunertaler Gletscher Ganzjahresskigebiet Fendels Dez. bis April

Anreise Bregenz, Feldkirch, Arlbergtunnel, Landeck bzw. München, Garmisch-Partenkirchen, Fernpaß, Landeck (Bahnstation)
Entfernungen von KA: 401 km, S: 333 km, UL: 243 km, M: 191 km

Information
Tourismusverband Kaunertal – Kauns – Kaunerberg
A-6524 Feichten, Tel. 05475/308
Telefax 05475/469
Kaunertaler Gletscherbahnen,
A-6524 Feichten/Kaunertal, Tel. 05475/227
Schneetelefon 05475/340
Landesvorwahlnummer siehe Seite 608.

Kinder kein Gästekindergarten; Skischule ab 4–5 Jahre (ca. öS 1100/5 Tage ohne Mittagessen)

Ski alpin Testnote ❄❄

Skigebiet Gletscher
20 km präparierte Abfahrten:
3 km schwer, 6 km mittel, 11 km leicht
Längste Abfahrt: Nörderjochabfahrt. 5 km Länge, 800 m Höhenunterschied, schwer/mittel
Snowboard-Wettkampfhalfpipe
Liftkapazität: 9200 Pers./Std.
4 2

Skigebiet Fendels
10 km präparierte Abfahrten:
2 km schwer, 2,5 km mittel, 5,5 km leicht
Längste Abfahrt: Plangger-Abfahrt, 5 km Länge, 900 m Höhenunterschied, schwer/mittel

Liftkapazität: 5800 Pers./Std.
3 1

Skipaß-Preise siehe Beilage

Tiefschneereviere: Gletscher Weißseeferner, Fanergrieß Fendels Planggerlift-Bereich
Skischule, Skilehrer nach Bedarf

Langlauf Testnote ❄❄

Insgesamt 30 Loipenkilometer
Kaunertal 20 km Gletscher 5 km Fendels 5 km (alle mittel); längste Loipe: Kaunertal (1240–1275 m), 20 km lang; höchste Loipe: Gletscher (2800 bis 2860 m), 5 km lang; Langlaufunterricht

Weitere Sportmöglichkeiten

Après-Ski

Sportliche Veranstaltungen
Gletscherfest (Sept. 93), Snowboard-Opening International (Okt. 93), Intern. Ski-Tests (Okt. und Nov. 93), Internationale Deutsche Hochschulmeisterschaften (FIS, 29. Nov. bis 1. Dez. 93)

Die Sektion I der Vierersessel-Ochsenalmbahn (als Projekt im Panorama S. 103 eingezeichnet) wird voraussichtlich im Herbst 1994 in Betrieb gehen.

Hotelempfehlungen: Seite 541–585

Das Pitztal

Die Attraktion im Pitztal ist das Ganzjahresskigebiet nördlich der Wildspitze auf dem Gletscher. Aber auch die Skigebiete Rifflsee und Hochzeiger halten abwechslungsreiche Pisten bereit. Das Pitztal zählt zu den beliebtesten Familienurlaubszielen in Tirol.

Von der Inntal-Bundesstraße 171 bei Imst geleiten Orte mit seltsam klingenden Namen wie Arzl, Wenns, Jerzens ins etwa 40 km lange Pitztal. Die merkwürdigen Namen, die ähnlich auch im Inntal und in Südtirol vorkommen, stammen aus dem Rätoromanischen und sind damit urtirolerisch. Bei Ausgrabungen am Taleingang fanden Archäologen übrigens Reste von Ansiedlungen aus der Zeit zwischen 1800 und 800 v. Chr.

Schon lange zählt dieser einst ärmste Talraum zu den beliebtesten Familien-Urlaubs-Zielen Tirols. Ein wichtiger Anziehungspunkt für neue Wintergäste ist das im Dezember 1983 eröffnete Gletscherskigebiet nördlich der Wildspitze (3772 m). Eine Tunnelbahn, der »Pitzexpress«, führt von der Talstation in **Mittelberg** (1740 m) in nur sieben Minuten in das 2800 m hoch gelegene Skigebiet des Mittelbergferners, neben den Ganzjahresskigebieten im Tuxertal, Stubaital, Ötztal und dem Sommerskigebiet Kaunertal das fünfte und jüngste Gletscherskigebiet Tirols.
Doppelsesselbahn, Schlepplifte und die Pitz-Panoramabahn auf den Hinteren Brunnenkogel (3440 m) erschließen den Gletscher mit leichten und anspruchsvolleren Pisten in wunderschöner Umgebung.
Eine ausgesprochen abenteuerliche Tourenabfahrt beginnt beim Mittelbergjoch und führt über die Braunschweiger Hütte (2759 m) hinunter nach Mittelberg. Der Ausflug über die Gletscherzunge erfordert sicheres Stehvermögen und sollte nur in Begleitung einheimischer Führer gewagt werden. Trotz neuzeitlicher Technik bleibt im neuen Gletscherskigebiet genügend Freiraum für leichte und schwere Skitouren im Schatten der »weißen Riesen«.
Wer aber nicht so hoch hinaus will, findet genügend Möglichkeiten in **Wenns, Piller** und **Jerzens**, mit ihren Familien-Pisten-Angeboten.
Jerzens ist ein idealer Ausgangspunkt für die Alpinwedler, die Rodler und Langläufer. Das Hochzeiger-Skigebiet, das mit seinen Liften bis auf 2450 m hinaufreicht, ist traumhaft schön. Man ahnt an der Talstation (1450 m) gar nicht, welche Abfahrtsschlenker auf diesen baumlosen, vorbildlich präparierten Hängen möglich sind.
Den ABC-Schützen des Alpinsports genügen zunächst die sanften Hügel rund um den Liß-Lift. Könner und solche, die es werden wollen, zieht es jedoch zur 2000 m hoch gelegenen Mittelstation, wo nicht nur eine leichte Abfahrt lockt, sondern auch die Tanzalm, die ihrem Namen alle Ehre macht.
»Man« trifft sich dort, nicht nur zur Jause und dem Jagertee, sondern auch zur Rodelgaudi, die hier beginnt und auf unzähligen Kurven die Stimmung und die Kufen anheizt.
Die Landschaft im Hochzeiger-Gebiet (auch im Januar Sonne bis nach 16 Uhr) ist viel zu schön, um pausenlos auf den Brettern zu stehen. Der Panoramablick wandert von der Zugspitze zu den Lechtaler Alpen und weiter über die Samnaungruppe bis zum Kaunergrat und den Ötztaler Alpen. Weitere Ski-Abwechslung bieten die Reviere im Innerpitztal/ **St. Leonhard.**
Neben dem Mittelbergferner konzentriert sich das Skivergnügen vor allem auf das Gebiet rund um den Rifflsee, unterhalb des Seekogl (3358 m). Der Rifflsee-Sessellift führt von **Mandarfen** in zwei Sektionen bis zur Rifflsee-Hütte auf 2293 Meter. Auf den weiten Almwiesen kommt jeder auf seine Kosten.
Schwenkt man ab der Bergstation nach rechts hinunter, gelangt man zum Hüttenlift, der wieder den Anschluß zum Rifflsee herstellt.
Hier noch drei besondere Après-Tips: Wer Interesse für sakrale Kunst hat, sollte der Pfarrkirche in Arzl mit der sehenswerten Kirchenkrippe von J. Schnegg einen Besuch abstatten. In St. Leonhard hat J. G. Winter im 18. Jahrhundert wundervolle Altarplastiken für die dortige Pfarrkirche geschaffen. Und in der Josefskirche des Nachbarortes Zaunhof kann man u. a. moderne Deckenfresken von W. Köberl (1978) bewundern.

Pitztal, 809–1740 m
Arzl, Wenns, Jerzens, St. Leonhard – Innerpitztal

Skigebiet: 1500–3440 m
Wenns 1980 Einwohner, 1400 Gästebetten
Arzl 2500 E., 1600 G., Jerzens 912 E., 1936 G.
St. Leonhard 1450 E., 3200 G.
Saison: Dezember bis April, Ganzjahres-Skilauf auf dem Gletscher (außer Juni)

Anreise Bregenz, Feldkirch, Arlberg, Imst; München, Garmisch-Partenkirchen, Fernpaß oder Garmisch-Partenkirchen, Seefeld, Zirl, Imst. Bahnstation ist Imst-Pitztal; von dort Busverbindungen ins Skigebiet.
Entfernungen von KA: 384 km, S: 316 km, UL: 226 km, M: 174 km

Information
Pitztal Touristik, Hauptstr. 78 d
A-6471 Arzl, Tel. 054 12/615 11
Telefax 054 12/615 12
Tourismusverbände
A-6471 Arzl, Tel. 054 12/33 00
Telefax 054 12/54 88
A-6473 Wenns-Piller, Tel. 054 14/263
Telefax 054 14/83 46
A-6474 Jerzens, Tel. 054 14/300
Telefax 054 14/83 45
A-6481 St. Leonhard, Tel. 054 13/82 16, 83 10
Telefax 054 13/83 49
Schneetelefon Gletscher 054 13/82 02, Hochzeiger 054 14/534 77, Rifflsee 054 13/829 713
Landesvorwahlnummer siehe Seite 608.

Kinder Wenns kein Gästekindergarten; Skischule ab 5 Jahre (ca. öS 2250/Woche inkl. Mittagessen) Jerzens Gästekindergarten ab 2 Jahre (ca. öS 300/Tag inkl. Mittagessen); Skischule ab 5 Jahre (ca. öS 1730/Woche inkl. Mittagessen) St. Leonhard kein Gästekindergarten; Skischule ab 4 Jahre (ca. öS 1720/6 Tage inkl. Mittagessen)

Ski alpin Testnote ❄❄❄❄

Skigebiet Gletscher
29 km präparierte Abfahrten:
4 km schwer, 5 km mittel, 20 km leicht
Snowboard-Halfpipe
Liftkapazität: 7600 Pers./Std.
(plus Pitzexpress 1600 Pers./Std.)
4 1 1 1

Skigebiet Hochzeiger
40 km präparierte Abfahrten:
8 km schwer, 20 km mittel, 12 km leicht
Längste Abfahrt: Familien-Abfahrt (Hochzeiger), 7 km Länge, 1000 m Höhenunterschied, mittel
Liftkapazität: 11 500 Pers./Std.
3 4 1

Skigebiet Rifflsee
10 km präparierte Abfahrten:
2 km schwer, 5 km mittel, 3 km leicht
Die Piste am Lift Plangeroß ist mittwochs von 20 bis 22 Uhr beleuchtet
Liftkapazität: 2600 Pers./Std.
3 1

Skipaß-Preise siehe Beilage
Tiefschneereviere und Skirouten: Mittelbergferner, Taschachferner, Sechszeiger, Rotmoosgebiet
Mehrere Skischulen mit ca. 50 Skilehrern

Langlauf Testnote ❄❄

BESONDERS GLETSCHER SCHNEESICHER

Innerpitztal 50 Loipenkilometer (20 km mittel, 30 km leicht); längste Loipe: Talloipe (1274–1735 m), 25 km, mittel/leicht; Höhenloipe: Gletscherloipe (2600 m), bis 15 km, mittel/leicht; die Langläufer-Lifttageskarte kostet ca. öS 220 (Kinder 140); Höhenloipe am Rifflsee (2200 m), 10 km lang, leicht; die Langläufer-Liftkarte kostet ca. öS 105 (Kinder 65); Langlaufunterricht

Weitere Sportmöglichkeiten

Après-Ski

Sportliche Veranstaltungen
Skiopening mit Radio 7 Ulm (mit Disco, Modenschau; Hochzeiger, 27. Nov. 93)

Neu ist die Achtergondelbahn im Skigebiet Hochzeiger. Einweihung: Dezember 1993.
Auf die Snowland-Academy gehen Kinder der Skischule St. Leonhard, wenn sie schon ein bißchen mit den Brettern vertraut sind. Preis für einen 6-Tage-Wochenkurs inklusive Mittagsbetreuung: ca. öS 1720 (Tel. 054 13/83 11).
Den Bambini-Freipaß für alle Lifte gibt es für Kinder unter 10 Jahren in Begleitung ihrer Eltern (Ausweispflicht).

Hotelempfehlungen: Seite 541–585

Das Ötztal

Die zur Ötztal-Arena zusammengeschlossenen Orte Sölden, Hochsölden, Zwieselstein, Vent und die drei Gurgls Unter-, Ober- und Hochgurgl zählen zu den abwechslungsreichsten Schneerevieren Österreichs – einen gemeinsamen Skipaß besitzen sie jedoch nicht.

Die cleveren Touristiker im Inner-Ötztal, dem Skigebiet innerhalb des gesamten Ötztals, wissen selbst dieses Manko als positives Ergebnis langer Für- und Wider-Diskussionen zu verkaufen. »Unsere Gäste wollen gar nicht beim Nachbarn skifahren«, argumentieren die Söldener und die Venter und die Gurgler selbstbewußt. Mag sein, daß die meisten Skifans am liebsten nahe ihrer Ferienquartiere in die Bindung steigen, doch so mancher Urlauber würde gern wenigstens einmal auf Ski durch den gesamten »Großraum« pendeln, ohne dafür extra bezahlen zu müssen.

Dreigeteilte Ötztal-Arena

Immerhin handelt es sich bei der dreigeteilten Ötztal-Arena um ausgesprochen attraktive Pisten- und Tourenareale. Einen gemeinsamen Skipaß in diese Bergwelt gibt es jeweils für Sölden-Hochsölden-Zwieselstein, für das kleine Bergsteigerdorf Vent und für die drei Gurgls. Die sieben Ferienorte, die als Skigebiete getrennt um ihre Gäste werben, sind allerdings kommunalpolitisch eine »große Familie« mit einem gemeinsamen Bürgermeister: Sölden ist mit 468 Quadratkilometern flächenmäßig die größte Gemeinde Österreichs (größer als Wien). Es ist kaum zu glauben, wenn man die Urlaubsdörfer sieht: Nur ein einziger Quadratkilometer von diesen 468 soll angeblich verbautes Gebiet sein, der Rest sind Gletscher, Berge, Wälder, Wiesen ...
Die Ötztal-Arena präsentiert sich gern als »Skiparadies der Superlative« – und davon kann jeder Einheimische so an die zwei Dutzend aufzählen. So ist die Gemeinde umgeben von den meisten Dreitausendern – etwa 90 – der Ostalpen; der höchste Berg Tirols, die Wildspitze, gehört dazu. Außerdem verzeichnet die stärkste Fremdenverkehrsgemeinde

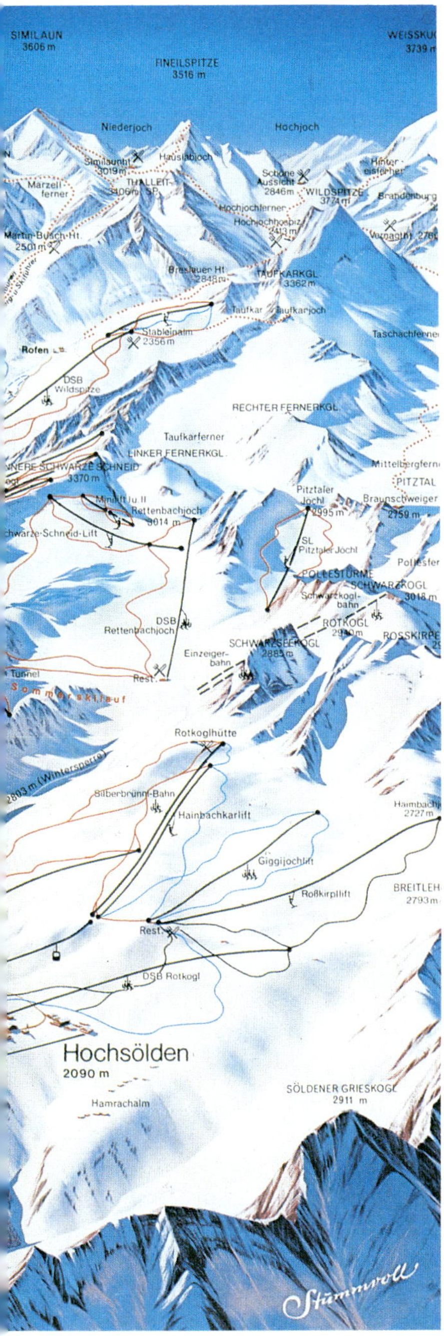

Sölden: Traumhaft sind die Tiefschnee-Abfahrten oberhalb von Sölden. Auf Wunsch begleiten Führer die Touren.

Tirols am Ende des mit 67 Kilometer längsten Seitentales dieses Bundeslandes die längste – wissenschaftlich ermittelte – Sonnenscheindauer Österreichs.

Bei der Entdeckung des Wintersports waren die Ötztaler, im Vergleich zu anderen bekannten Skizentren, eher spät dran. Erst nach 1945 begann man sich in den Sommerfrischen für Wintergäste zu interessieren. Lifte wurden gebaut, und bereits zehn Jahre später hatte der Wintertourismus den sommerlichen Fremdenverkehr überholt. Heute werden die Gästebetten, davon 80 Prozent der gehobenen Klassen, überwiegend von Skifahrern gebucht. Langlauf hat dagegen keine besondere Bedeutung.

Die einzelnen Ferienplätze haben sich als Winterorte mit anspruchsvoller Infrastruktur und gepflegten, mit dem Gütesiegel ausgezeichneten Pisten einen guten Namen gemacht – wenn auch für eine recht unterschiedliche Klientel.

Sölden

Sölden (1377 m) ist der größte und quirligste Ort im Brettlrevier mit den meisten Pisten, interessanten Variantenabfahrten, als Spielplatz für Alternative vom Drachenflieger bis zum Swingbogleiter, mit den schönsten Hütten, den zahlreichsten Restaurants und Kneipen und dem abwechslungsreichsten Après-Programm.

Sölden hat allerdings auch den meisten Verkehr mit lästigen Staus auf der einzigen Durchgangsstraße und die wenigsten Parkplätze für die vielen Autos. Zu viele Gäste benutzen lieber den eigenen Wagen, statt in den kostenlosen Skibus einzusteigen.

Wer in Sölden ein idyllisches Bergdorf erwartet, hat falsch gebucht: Hier pulsiert touristisches Leben bis in die Nacht hinein. Vor allem die jüngeren Jahrgänge wissen das zu schätzen.

Wer mit seiner Kondition nicht zufrieden ist und wen der Muskelkater plagt, dem empfiehlt sich das Hallenbad im Sportzentrum Freizeit-Arena: Neben Schwimmen oder Sauna bieten sich allein in der Turnhalle etwa 30 verschiedene Sportarten an, dazu gibt es Tennis, Kegeln und Bodystyling im Kraftraum.

Hochsölden

Die ruhigere zweite Etage von Sölden auf 2000 Meter ist eine Hotelsiedlung, die per Lift, Gondelbahn oder über die sieben Kilometer lange Panoramastraße erreicht wird. Der Vorteil: Hier schnallt man die Brettl vor der Haustür an, das Auto kann während des Urlaubs stehen bleiben.

Per Gondel auf 3058 Meter Höhe

Der Skizirkus von Sölden-Hochsölden bildet eine Einheit. Der Skipaß (mit Zwieselstein) eröffnet ein weiträumiges Pistenareal inklusive der beiden Gletscher für Skifahrer aller Könnensstufen und mit zahlreichen Abseitsvarianten.

Idealer Einsteig ins Skigebiet ist die Kabinenbahn am Giggijoch mit sanften Schneeteppichen beiderseits der Sessellifte. Wer es rasanter liebt: Vom Rotkogljoch führt eine schnelle Route für flotte Pistenjäger zur Silberbrünndl-Bahn. Oben an der Rotkoglhütte beginnt die lange »Elfer«-Abfahrt rüber zur Stabele-Bahn – ein Wedelfest für Tempobolzer ebenso wie für Genußfahrer.

Höhepunkt in jeder Hinsicht ist der Gaislachkogl: Da ist zum einen seit 1989 die Gaislachkoglbahn, die auf 3058 Meter führt und deren 38 Kabinen à 24 Personen auch den stärksten Ansturm bewältigen. Zweites Highlight, auch für Nichtskifahrer, die eindrucksvolle Gipfelkulisse von der Sonnenterrasse aus. Und drittens: Die Abfahrten, sechs Kilometer ins Tal. Die mittelschwere »Standard« ist eine Jedermannstrecke für halbwegs Standfeste. Top-Skifahrer wählen die steile Buckelpiste (Vorsicht, bei wenig Schnee viele Steine!). Extreme Cracks wagen sich in die steile Rinne direkt in der Fallinie. Nur Experten sollten sich (wenn keine Lawinengefahr besteht) über die »Wilde Abfahrt« talwärts schwingen – die Route ist wirklich wild.

Auf den weiteren Schneewegen Richtung Sölden gibt es zahlreiche Möglichkeiten zum Erholen. Hütten und Almen – uralte, gemütlich-verwitterte – laden mit Schneebars und Liegestühlen, Tiroler Musi und defti-

Obergurgl, das ›höchstgelegene Kirchdorf Europas‹.

gem Schmaus zum Verweilen. Jagatee und Glühwein sind bei Minusgraden noch immer die beliebtesten Aufwärmer.

Im Frühjahr oder bei Schneemangel sollte man sich das unterste Stück runter ins Tal für die letzte Abfahrt aufheben. Trotz eifriger Kunstschneeberieselung wird dieses Stück schnell matschig.

Zu den Gletscherliften auf 2800 Meter Höhe führt die höchste Panoramastraße Europas. Zum Tiefenbachferner mußte außerdem ein 1700 Meter langer Tunnel gebohrt werden.

Schneemangel ist in Sölden eigentlich kein Thema. Schließlich wirbt der Ort mit der nicht zu übertreffenden Offerte »365 Tage mit Schneegarantie«. Von März bis zum Saisonstart im November oder Dezember surren die Lifte auf der Gletscher-Skischaukel Rettenbach- und Tiefenbachferner.

Vor allem der Rettenbach-Gletscher mit seinen steilen Abfahrten und Buckelpisten gilt bei Brettlenthusiasten als besonders attraktiv.

Längste Abfahrt ist der Run von der Schwarzen Schneid, abwechslungsreich ist auch der Seiterjöchl-Hang zum Gletscher-Restaurant. Flacher und für schwächere Fahrer geeignet sind die Abfahrten am Tiefenbach-Ferner.

Ein Ärgernis ist es, daß die Tiefenbach-Seite der Skischaukel geschlossen bleibt, wenn zu wenig Skifahrer im Gletscherterrain vom Liftpersonal gezählt werden. Zwischen Juni und August beschränkt sich das weiß-kalte Vergnügen ohnehin nur auf die Vormittagsstunden, danach wird der Schnee zu weich.

Wenn die Lifte stillstehen, stiefelt das Brettlvolk zu den bekannten Après-Treffs: Die Skikursler und die Jugend, Singles und Paare – sie alle haben ihre speziellen »Anlaufstellen«, wo Verabredungen für den weiteren Abend getroffen werden. Bars und Discos, nächtliche Rodelgaudi, Fakkelabfahrten mit Ski, Hüttenzauber oder schick essen gehen (unbedingt vorher Tisch bestellen!) stehen zur Debatte.

Zwieselstein

Zum Skipaßverbund von Sölden gehört das vier Kilometer entfernte Bauerndorf Zwieselstein. Der Ort, ohne Lift, mit kostenloser Skibusverbindung, gilt als preiswerte, ruhige Dependance – auch für Gäste, die ihren Skiurlaub aufteilen: Ein paar Tage Sölden, Zwei- oder Dreitagespaß in Gurgl und vielleicht noch ein Tag in Vent.

Vent

Vent, dieses hoch gelegene Bergsteigerdorf, verdankt seinen touristischen Aufschwung einem Kirchenmann. Der »Gletscherpfarrer« Franz

Das Ötztal

Senn setzte sich vor hundert Jahren für die Förderung des Alpinismus in Vent ein.
Heute hat das Ski- und Bergdorf sein Stammpublikum: Urlauber, die kaum wegen der Lifte und der Pistenkilometer ins gemütliche Dorf mit der imposanten Zwiebelturmkirche kommen. Auch die Loipenkilometer sind kaum ein Grund.
Die Hauptpiste, beginnend auf 2680 Meter, ist zwar recht abwechslungsreich und für jeden mittleren Brettlfan mühelos zu bewältigen; schöner sind jedoch die diversen Firn- und Tiefschnee-Varianten. Eine führt Richtung Rofenhöfe (2014 m), das sind die höchstgelegenen, ständig bewohnten Bergbauernhöfe Österreichs, die man seit 1416 kennt. Von hier aus gibt es auch nächtliche Rodelpartien.
In Vent treffen sich vor allem die Tourengeher, die sich unter sachkundiger Bergführer-Leitung (Venter Bergführer gelten als die besten Ostalpen-Kenner) zur Ötztaler Skirundtour oder zur Similaunhütte, zum Ramoljoch oder zur Wildspitze – um nur einige zu nennen – aufmachen. Kilometerlange Firn- und Pulver- (manchmal auch Harsch-)Abfahrten sind garantiert.
Wieder zurück im Dorf, gibt's dann viel zu erzählen und zu plaudern in gemütlichen Wirtsstuben. Für viele Venter Urlauber ist dies die schönste Form von Après-Ski.

Untergurgl

Die drei Gurgls, am Ende des Ötztals gelegen, ebenfalls mit einem eigenen gemeinsamen Skipaß für ihre Pistenkilometer, verbindet bäuerliche Idylle in Untergurgl und moderne Urlauber-Infrastruktur in Ober- und Hochgurgl. Mit der Höhe steigen die Preise. So ist das 1793 Meter hoch gelegene Untergurgl ein preiswerter »Vorort« der beiden mondäneren Wintersportdörfer. Ein Doppelsessellift verbindet das ruhige Dorf mit der Hotelsiedlung Hochgurgl.
Hier ist auch die einzige Beschneiungsanlage für etwas mehr als einen Pistenkilometer im ansonsten schneesicheren Gurgl.

Obergurgl

Nicht seinem anspruchsvollen Skigebiet und seiner erstklassigen Hotellerie verdankt Obergurgl, mit 1930 Meter das »höchstgelegene Kirchdorf Europas«, seine Berühmtheit: Professor Auguste Piccard, Höhenflieger und Tiefseeforscher, war

Auf einen Blick

BESONDERS GLETSCHER SCHNEESICHER

Skigebiet 1377–3260 m
Sölden, Hochsölden, Zwieselstein, Vent

Einwohner: 2267 **Gästebetten:** 8996
Saison: Mitte November bis Ende April, am Rettenbach- und Tiefenbachgletscher von Mai bis Dezember, bei Schneemangel auch in den Wintermonaten
Wichtige Telefonnummern
Schneetelefon 05254/266618
Lawinenwarndienst und Straßenzustandsbericht 0512/3161 und 0512/44521
Landesvorwahlnummer siehe Seite 608

Ski alpin Testnote ❄❄❄❄

Skigebiet Hochsölden/Giggijoch
36 km präparierte Abfahrten:
4 km schwer, 16 km mittel, 16 km leicht
Liftkapazität: 13610 Pers./Std.
1 7 1

Skigebiet Sölden/Gaislachkogl
36 km präparierte Abfahrten:
8 km schwer, 18 km mittel, 10 km leicht
Längste Abfahrt: Gaislachkogl – Sölden, 8 km Länge, 1675 m Höhenunterschied, mittel (Dez.–Febr.)
Liftkapazität: 14315 Pers./Std.
2 6 2

Skigebiet Tiefenbachgletscher
18 km präparierte Abfahrten:
1 km schwer, 4 km mittel, 13 km leicht
permanente Snowboard-Halfpipe (je nach Schneelage nur im Herbst)
Liftkapazität: 8230 Pers./Std.
4 2

Skigebiet Rettenbachgletscher
11 km präparierte Abfahrten:
2 km schwer, 4 km mittel, 5 km leicht
Längste Abfahrt: nach Sölden, 14 km Länge, 1820 m Höhenunterschied, mittel (März/April)
Liftkapazität: 7160 Pers./Std.
3 1

Skigebiet Vent
15 km präparierte Abfahrten:
10 km mittel, 5 km leicht
Liftkapazität: 3450 Pers./Std.
3 1

Skipaß-Preise siehe Beilage
Tiefschneereviere: Rettenbach – Neder, Hochsölden – Weidach, Gamper Mader, Gaislachkogl – Seeabfahrt, Tiefenbachgletscher – Ventertal, Pollestal
5 Skischulen mit ca. 180 Skilehrern

Langlauf Testnote ❄❄

Sölden 10 Loipenkilometer (7 km mittel, 3 km leicht), längste Loipe: Sölden – Rechenau – Kaiser (1377 m), 5 km lang, mittel bis schwierig; Gratisbusverbindung ins Langlaufzentrum Längenfeld mit 40 Loipenkilometern; Langlaufunterricht Zwieselstein 8 Loipenkilometer (1400–1580 m, mittel); Langlaufunterricht Vent 3 Loipenkilometer leicht bis schwierig, ½ km sehr leichte Übungsloipe, alle Loipen liegen über 1900 m; Langlaufunterricht

Weitere Sportmöglichkeiten
Sportzentrum Freizeit-Arena (Sölden)

Après-Ski

Anreise
Autobahnausfahrt Ötztal (zwischen Innsbruck und Imst), Bundesstraße 186, Bahnstationen sind Ötztal und Innsbruck, von dort Busverbindungen
Entfernungen von KA: 405 km, S: 337 km, UL: 247 km, M: 197 km

Hotelempfehlungen: Seite 541–585

Sölden
PLZ: A-6450 **Ortsvorwahl:** 05254
Tourismusbüro: Tel. 2212-0, Telefax 3131
Einwohner: 1720 **Gästebetten:** 8102

Skischulen: Sölden/Hochsölden: Gstrein Martin, Tel. 2364, Vacancia Veider Robert, Tel. 3100
Kinder: Skikindergarten ab 3 Jahre (ca. öS 490/Ganztag inkl. Mittagessen, 1590/6 Tage inkl. Mittagessen); Skischule ab 8 Jahre (ca. öS 1290/6 Tage ohne Mittagessen)
Après-Ski: Après Ski Club, Tel. 2451, Philips Kaminstub'n, Tel. 2351, Nanu-Nachtcafé, Tel. 2062,
Treffpunkt Bierhimml, Tel. 2224-20, Eisbar Bla-Bla, Tel. 2646, Jacobs Weinfassl, Tel. 2317
Kino Freizeit-Arena, Tel. 2514
Eislauf: Eislaufplatz, Tel. 2632
Tennis und Schwimmen: Freizeit-Arena, Sportzentrum, Tel. 2514

Hochsölden
PLZ: A-6452 **Ortsvorwahl:** 05254
Tourismusbüro: siehe Sölden
Einwohner: 28 **Gästebetten:** 539

Skischule: siehe Sölden
Kinder: Kinderskiareal auf dem Giggijoch; Angaben zu Skikindergarten und Skischule siehe Sölden
Après-Ski: *Disco* Schihaserlkeller, Tel. 2229; Sporthotel-Bar, Tel. 2403
Treffpunkt Sonnblick Scene, Tel. 2215

Zwieselstein
PLZ: A-6450 **Ortsvorwahl:** 05254
Tourismusbüro: siehe Sölden
Einwohner: 170 **Gästebetten:** 348

Après-Ski: *Treffpunkt* Hotel Neue Post, Tel. 2910; Gasthof Zwieselstein, Tel. 2769

Vent
PLZ: A-6458 **Ortsvorwahl:** 05254
Verkehrsbüro: Tel. 8193, Telefax 8174
Einwohner: 160 **Gästebetten:** 950

Skischule: Kleon, Tel. 8123
Kinder: kein Gästekindergarten; Skischule ab 5 Jahre (ca. öS 1090/6 Tage ohne Mittagessen)
Après-Ski: *Disco* Flohbar im Alpin-Sport-Club-Hotel Vent, Tel. 8102
Treffpunkt Ski-Pub Iglu, Tel. 8104

es, der am 27. Mai 1931 nach einem Rekordversuch mit seinem Ballon auf dem Gurgler Gletscher notlanden mußte. Das brachte das kleine Bergbauerndorf weltweit in die Schlagzeilen.
Seit 1991 ist Obergurgl verkehrsberuhigt, nachts herrscht strenges Fahrverbot.
Obergurgl gilt als Unesco-Modellort für »Forschungen über die Entwicklung im Alpenraum«. Viel bauen will man im engen Talschluß ohnehin nicht mehr. Selbst der uralte Einersessellift zur Hohen Mut steht nicht auf der Renovierungsliste, weil sich auf die steile Buckelpiste ohnehin nur wenige Gäste wagen.
Lifte und Pisten im Revier sollen in ihrer Kapazität kaum mehr erweitert werden. Dies ist auch mit ein Grund, weshalb die Touristiker in Gurgl so wenig Wert auf einen gemeinsamen Skipaß legen. Da kämen dann vielleicht Tagesgäste aus Sölden, und dann hätte man Wartezeiten an den Liften. »Wir wollen, daß unsere Gäste es schön haben«, heißt es.

Pisten für Genußskifahrer

Das überwiegend gut betuchte Publikum weiß dies zu schätzen, ebenso, daß die Skipisten bis vor die Hoteltür reichen. Nicht etwa die rasanten Skiasse wedeln hier über die sorgfältig präparierten Hänge. Das Gros der Skifahrer ist von der nicht so ganz schnellen Truppe, dagegen schwingen erstaunlich viele Gäste stilistisch exakt hinter ihrem Privatskilehrer her.
Verfahren kann man sich auch alleine kaum, die Pisten sind gut beschildert. Anfänger üben am Gaisberghang/Steinmann ihre Pflugbogen. Am Festkogel kann der Skifreund oben entscheiden, ob er über die schwierige, mittlere oder sanfte Variante talwärts kurvt.

Hochgurgl

Der höchste Wintersportort Österreichs (2150 m) ist eine «Skistation aus der Retorte«, geplant am Reißbrett, gebaut auf Almwiesen. Nobles Ambiente herrscht in den First-Class-Herbergen vor – das zahlungskräftige Publikum, darunter viele Stammgäste, liebt dieses Flair.
Die schönste und längste Abfahrt führt vom 3082 Meter hoch gelegenen Wurmkogel achteinhalb Kilometer lang bis Untergurgl. 1280 Höhenmeter sind zu bewältigen, vorher stärkt sich der Pistenfreund in der Gipfelhütte. Die grandiose Aussicht auf die Bergriesen ist im Obstlerpreis inbegriffen.
Könner tanzen über steile Buckel und Hänge am Vorderen Wurmkogel; Variantenfahrer mit Lawinenerfahrung weichen auf traumhafte Tiefschneerouten aus.

Auf einen Blick

Skigebiet 1793–3082 m
Untergurgl, Obergurgl, Hochgurgl

Einwohner: 400 **Gästebetten:** 3600
Saison: November bis Mai

Wichtige Telefonnummern
Schneetelefon Obergurgl Verkehrsamt 05256/469
Lawinenwarndienst und Straßenzustandsbericht 05256/305 und 05254/2466
Landesvorwahlnummer siehe Seite 608.

Ski alpin Testnote ❄❄❄❄

Skigebiet gesamt
110 km präparierte Abfahrten:
20 km schwer, 55 km mittel und 35 km leicht
Längste Abfahrt: Wurmkogl – Untergurgl, 8,5 km Länge, 1280 m Höhenunterschied, alle Schwierigkeitsgrade
Liftkapazität: 22 000 Pers./Std.
13 9 1

Skigebiet Hochgurgl
55 km präparierte Abfahrten:
8 km schwer, 25 km mittel, 22 km leicht
Liftkapazität: 11 000 Pers./Std.
5 4

Skipaß-Preise siehe Beilage
Tiefschneereviere: Festkogl – Ferwall, Hohe Mut und Vorderer Wurmkogl; das Ferwalljoch und das Rotmoosjoch nur mit Führer
Skischule: mit 95 Skilehrern

Langlauf Testnote ❄❄

13 Loipenkilometer (7 km mittel, 6 km leicht); längste Loipe: Untergurgl (1797 bis 1800 m), 7 km, mittel; Höhenloipe: Hochgurgl (2150 m), 2 km, leicht; Langlaufunterricht

Weitere Sportmöglichkeiten

Après-Ski
Bibliothek

Sportliche Veranstaltungen
»Winterouvertüre« (27. Nov. bis 12. Dez. 93), Gurgler Skitag (März 94), Österr. Skilehrermeisterschaft (Hochgurgl, Ende Apr. 94)

Anreise
Autobahnausfahrt Ötztal (zwischen Innsbruck und Imst), Bundesstraße 181, Bahnstationen sind Ötztal und Innsbruck, von dort Busverbindungen
Entfernungen von KA: 405 km, S: 337 km, UL: 247 km, M: 197 km

Hotelempfehlungen: Seite 541–585

Untergurgl

PLZ: A-6456 **Ortsvorwahl:** 05256
Verkehrsbüro: siehe Obergurgl
Einwohner aller drei Gurgls: 400
Gästebetten: 250

Obergurgl

PLZ: A-6456 **Ortsvorwahl:** 05256
Verkehrsbüro: für alle drei Gurgls: Tel. 258 oder 353, Telefax 35377
Einwohner aller drei Gurgls: 400
Gästebetten: 2710

Skischule: Giacomelli, Tel. 305
Kinder: Gästekindergarten ab 2 Jahre, (ca. öS 640/Ganztag inkl. Mittagessen); Skischule ab 5 Jahre (ca. öS 2340/6 Tage inkl. Mittagessen)
Après-Ski: *Disco* Edelweiß-Bar im Hotel Edelweiß, Tel. 223;
Skihaserl-Keller im Hotel Fender, Tel. 226, Austria-Keller im Hotel Austria, Tel. 282
5-Uhr-Tee mit Tanz Hotel Josl, Tel. 205
Treffpunkt Krumpn's Stadl, Tel. 236;
Nederhütte, Tel. 425
Eislauf: Natureisbahn
Auskunft im Verkehrsbüro

Hochgurgl

PLZ: A-6456 **Ortsvorwahl:** 05256
Verkehrsbüro: siehe Obergurgl
Einwohner aller drei Gurgls: 400
Gästebetten: 640

Skischule: Scheiber, Tel. 265
Kinder: kein Gästekindergarten; Skischule ab 5 Jahre (ca. öS 1320/5 Tage ohne Mittagessen)
Après-Ski: *Disco* Top, Tel. 265
Treffpunkt Toni's Almhütte im Hotel Olymp, Tel. 491
Squash: im Hotel Riml, Tel. 261

Mit der Top-Wurmkogel-Bahn erreicht man den Startpunkt zur Familienabfahrt vom Wurmkogel im Skigebiet Hochgurgl.

Seefeld mit Leutaschtal

Eine Region, in der die Langläufer ausnahmsweise mal die erste Geige spielen, sind Seefeld und das benachbarte Leutaschtal. Seefelder Flair wird allerdings nicht allein vom Skisport bestimmt, das Rahmenprogramm ist ebenso wichtig.

Als zweifacher Olympiaort, in dem während der Olympischen Spiele in Innsbruck (1964 und 1976) die Nordischen Skiwettbewerbe ausgetragen wurden, ist der Ruhm von **Seefeld** als Loipenparadies längst gefestigt. Da hätte es gar nicht noch der Nordischen Skiweltmeisterschaft bedurft, der ersten in den Alpen, die 1985 auf dem Seefelder Hochplateau (1200 m) ausgetragen wurde.

Daß sich der mondäne Tiroler Wintersportort aber auch vor den alpinen Skisportlern nicht zu verstecken braucht, ist weniger bekannt. Dafür genießt das Après-Leben, das sich zwischen Roulette, Zithermusik und Schlagermusik-Abenden abspielt, auch jenseits der Landesgrenzen einen guten Ruf.

Wer sich jedoch auf den Weg zum Sport- und Kongreßzentrum macht, das der Architekt so bildschön in die Landschaft gebettet hat, bekommt sogleich einen Hauch des sportlichen Elans zu spüren: Da kämpfen die Eisstockschützen; Kinder und auch ältere Damen und Herren üben Pirouetten auf dem Eis, als wollten sie für ein Engagement bei Holiday on Ice antreten.

Hier, im Sport- und Kongreßzentrum (mit Hallenbad in einer Badelandschaft), ist der »Hauptbahnhof«, in dem die Langläufer eintreffen, wenn sie die passende Ausrüstung suchen, Unterricht wünschen, die Brettl wachsen und deponieren oder sich duschen und umziehen möchten.

Über die Vielfalt der sportlichen Strecken vor einem herrlichen Gebirgspanorama geraten selbst abgebrühte »Renner« ins Schwärmen. Im Zuge der WM-Vorbereitungen wurde das Loipennetz noch verbessert, und mit den zwei Verbindungen über Wildmoos konnten die Langlaufstrecken von Leutasch mit Seefeld zusammengeschlossen werden. So kommt man auf die fast fünffache Marathonstrecke von 200 gespurten Kilometern. Für Spaziergänger werden noch einmal 100 km Wanderwege geräumt.

Auch für die alpinen Skifahrer ist, wie gesagt, in Seefeld mit einer Reihe von Liften und Bahnen gut gesorgt. Kilometerfresser und Steilhangfreaks kommen in Seefeld zwar kaum auf ihre Kosten, wohl aber Genießer, die sich zwischen den Schwüngen eine Pause im Liegestuhl gönnen.

Am Geigenbühel, der Spielwiese für Anfänger, wird eifrig geübt. Und schon im Pflug ist auch der Gschwandtkopf (1495 m) gut zu schaffen. Mehr Höhenmeter geben das Seefelder Joch (2060 m) und der Härmelekopf (2024 m) her. Nur an den Starthängen kostet es den weniger Geübten etwas Überwindung, dann folgen überwiegend problemlose Skiautobahnen. Kenner und Könner lieben die Tiefschneeabfahrten im Reither Kar, Insider die unberührten Hänge ins Eppzirler Tal nach Gießenbach.

Wer das Kontrastprogramm zum betriebsamen, chicen Seefeld sucht, findet es im **Leutaschtal** gleich nebenan. Zwar haben die Tourismusmanager das einst verträumte Hochtal (1130 m) am Fuße der Kletterwände des Wettersteins längst aus seinem Dornröschenschlaf gerissen und zu einem der größten Langlaufzentren in den Alpen gemacht. Aber

Die alten, mit Lüftlmalerei verzierten Bauernhöfe und die mit Steinen beschwerten Schindeldächer werden gehegt und gepflegt; die riesigen Weideflächen, die sich als ideales Übungsgelände für Loipen-Greenhorns anbieten (natürlich finden auch »Aufsteiger« ihr Lieblingsgelände) wurden nicht mit Bettenburgen verbaut. Privatquartiere über der Bauernstube oder in modernen Ferienwohnungen sind preiswert. Außerdem gibt es einen wintersicheren Campingplatz. Schnee liegt meist soviel, daß man ihn gelegentlich werbewirksam an tiefergelegene Nachbarn verkauft. – Wer in das Loipendorado die Alpin-Brettl mitnimmt, kann sie an den passablen aber nicht berauschenden Skibergen einsetzen. Die längste Piste von der fast 1600 m hoch gelegenen Rauthütte erschließt der Munde-Sessellift. Auch am Katzenkopf kann man es rauschen lassen. Anfänger üben an den Schlepppliften in Oberleutasch, Weidach und an der Straße nach Seefeld.

In Seefeld kommen die Eissportler auf dem Eislaufplatz mit dem Olympia-Sport- und Kongreßzentrum zu ihrem Vergnügen. Im Hintergrund (v.l.n.r.) Seefelder Spitze, Härmelekopf und Reitherspitze.

»die Leutasch«, wie die Einheimischen das 16 km lange Tal mit seinen 20 verstreuten Weilern nennen, hat von ihrem rustikalen Charme wenig eingebüßt.

Seefeld, 1200 m
Leutasch, 1130 m

Skigebiet Seefeld: 1200–2060 m
Skigebiet Leutasch: 1130–1600 m
Seefeld 2800 Einwohner, 9000 Betten
Leutasch 1700 Einwohner, 5300 Betten

Saison: Dezember bis April

Anreise München, Garmisch-Partenkirchen, Mittenwald bzw. Inntal-Autobahn (Ausfahrt Zirl-Ost), Seefeld (Bahnstation)
Entfernungen von KA: 383 km, S: 315 km, UL: 234 km, M: 126 km

Information
Tourismusverbände
A-6100 Seefeld, Tel. 05212/2313, 2316
Telefax 05212/3355
Schneetelefon 05212/3790
A-6105 Leutasch, Tel. 05214/6207/6303
Telefax 05214/6965
Schneetelefon 05214/6207
Landesvorwahlnummer siehe Seite 608.

Kinder kein Gästekindergarten; Skischule ab 4 Jahre (Seefeld ca. öS 1570, Leutasch ca. öS 1520, jeweils pro Woche inkl. Mittagessen)

Ski alpin Testnote
Seefeld ❄❄
Leutasch ❄

Seefeld
25 km präparierte Abfahrten:
6,5 km schwer, 8,5 km mittel, 10 km leicht
Längste Abfahrt: Seefelder Joch – Seefeld, 5 km Länge, 870 m Höhenunterschied, mittel
Liftkapazität: 16000 Pers./Std.
13 3 2 1

Leutasch
15 km präparierte Abfahrten
mittlerer und leichter Schwierigkeitsgrade
Liftkapazität: 10000 Pers./Std.
5 2

Skipaß-Preise siehe Beilage

Tiefschneereviere Seefeld: Epzirler und Reither Kar
Seefeld Skischule mit 100 Skilehrern
Leutasch Skischule mit 30 Skilehrern

Langlauf Testnote ❄❄❄❄❄

200 Loipenkilometer (40 km schwierig, 40 km mittel, 120 km leicht), längste und höchste Loipe: Olympia (1200 bis 1350 m), 25 km lang, schwierig; weitere Höhenloipe: Panoramaloipe (1250 m), 5 km lang; Skatingloipen: Staffel, 10 km, und Wildmoos, 7 km lang;
Loipengebühr für Tagesbesucher (ohne Gästekarte) ca. öS 35; in beiden Orten Langlaufunterricht

Weitere Sportmöglichkeiten

Après-Ski

Kongreßzentrum

Sportliche Veranstaltungen
Seefeld Neujahrsspringen auf der Olympiaschanze (1. 1. 94), Europ. Hallentennismeisterschaften für Seniorinnen und Senioren (9.–23. Jan. 94), 13. Schneefest (29. Jan. 94) Leutasch Ganghoferlauf (intern. Langlaufrennen über 42 km Freistil und 25 km klassisch, 19. Dez. 93)

Kindernachmittag ist sonntags von 13 bis 15 Uhr im Alpenbad Leutasch. Mitgebracht werden dürfen Gummitier, Luftmatratze, Schlauchboot: alles, was Spaß macht.

Hotelempfehlungen: Seite 541–585

Das Kühtai

Kühtai heißt eine Paßhöhe mit Hotels und Aufstiegshilfen, die baumfreie, gut präparierte Skiabfahrten erschließen. Als besondere »Schmankerl« werden ringsum ausgezeichnete Tourenmöglichkeiten geboten.

Das Kühtai bietet Skifahren für Genießer in mehrfacher Hinsicht.
Da ist zunächst einmal das weite, völlig baumlose Gelände. Anfänger tummeln sich ohne Angststreß auf den Pisten, und Geübte finden reichlich Abwechslung; denn abseits der Pisten bleibt genügend Platz für schöne Tiefschneeabenteuer, und für Firnfans wird dank der Sonneneinstrahlung die ersehnte zischende Unterlage geschaffen.
Kühtai garantiert wegen seiner Höhenlage (2020–2520 m) Schneesicherheit. Die Straße (15 km von Ötz, 35 km von Innsbruck) führt steil hinauf und hat es in sich (unbedingt Ketten mitnehmen). Hat aber der Autofahrer Kühtai erst einmal erreicht, kann er seinen fahrbaren Untersatz völlig vergessen. Alle Lifte, die die Pisten erschließen, sind von jedem Punkt im Ort in wenigen Minuten zu Fuß erreichbar.
Interessant ist Kühtai auch für die Skibergsteiger. Die Sellrainer Skigipfel – Sulzkogel, Kraspes-Spitze und Zwieselbacher Roßkogel – sind von Kühtai und den Nachbarorten aus zu erreichen. Und wer eine Tour mit einem der Kühtaier Skilehrer unternimmt, wird mit einem »Orden« ausgezeichnet. Aber der Panoramablick über die Stubaier und Ötztaler Alpen sowie die Tiefschneeabfahrt ins Tal sind Lohn genug für den Aufstieg.
Von Kühtai aus sollte man unbedingt das **Sellraintal** erkunden. Als skifahrerische Abwechslung bietet sich Praxmar an. Für den Rodelausflug seien die Gleirschalm über St. Sigmund oder die Sattelalm empfohlen.

Kühtai, 2020 m

Skigebiet: 2000–2520 m
Kühtai kaum ständige Einwohner, 1191 Gästebetten Gries 550 Einwohner, 800 Gästebetten St. Sigmund 160 Einwohner, 268 Gästebetten
Saison: Dezember bis Mai

Anreise Inntal-Autobahn (Ausfahrt Zirl-Ost), Sellraintal oder Autobahnausfahrt Ötztal, Kühtai, Sellraintal. Bahnstationen sind Innsbruck, Kematen, Zirl und Ötztal, von dort Busverbindungen
Entfernungen von KA: 391 km, S: 323 km, UL: 233 km, M: 163 km

Information
Tourismusverbände
A-6183 Kühtai, Tel. 05239/222
Telefax 05239/255
A-6181 Sellrain, Tel. 05230/244
A-6182 Gries/Sellrain, Tel. 05236/224
Telefax 05236/505
A-6182 St. Sigmund, Tel. 05236/8247
Telefax 05236/8186
Landesvorwahlnummer siehe Seite 608.

Kinder keine Gästekindergärten; Skischule ab 4 Jahre (Kühtai ca. öS 1160/Woche, Gries ca. öS 1050/Woche, jeweils ohne Mittagessen)

Ski alpin Testnote ❄❄

Skigebiet Kühtai
50 km präparierte Abfahrten:
2 km schwer, 28 km mittel, 20 km leicht, 3 km Tiefschneeabfahrten
Längste Abfahrt: Hochalter, 3 km Länge, 500 m Höhenunterschied, mittel
Die Piste am Übungslift (200 m lang, leicht) ist mittwochs von 20 bis 22 Uhr beleuchtet (Liftbenutzung gratis)
Liftkapazität: 12000 Pers./Std.
8 2

Skigebiet Praxmar
1,8 km präparierte Abfahrten
mittel bis leicht
Liftkapazität: 1500 Pers./Std.
2

Skipaß-Preise siehe Beilage
Tiefschneereviere: östlich vom Gaiskogellift, westlich vom Sonnenlift
Skischule: bis zu 50 Lehrer

Langlauf Testnote ❄❄❄

Kühtai Eine Rundloipe (2000 m) mit 20 km Länge, mittel bis leicht St. Sigmund 2 Loipen in Haggen (1646 m) und St. Sigmund (1513 m) mit je 2 km Länge, mittel bis leicht Gries 10 Loipenkilometer (1200 m), leicht Praxmar 18 Loipenkilometer (1600–1700 m), 4 km schwierig, Rest leicht; in Kühtai und Gries Langlaufunterricht

Weitere Sportmöglichkeiten

Après-Ski

Sportliche Veranstaltungen
Alpenclub-König Rennen (für alle Skiclub-Meister, Termin im Verkehrsamt Kühtai)

Schlechtwettertip: Kraftwerksbesichtigung mittwochs 14 Uhr (Eintritt frei).

Hotelempfehlungen: Seite 541–585

Der Skigroßraum Innsbruck

Zweimal hat die Tiroler Landeshauptstadt Olympische Winterspiele ausgerichtet. Bezieht sich die Selbsternennung zum »größten Wintersportort der Welt« auch auf die skisportlichen Möglichkeiten?

Als zweifacher Austragungsort der Olympischen Spiele (1964 und 1976) hat **Innsbruck** seine Spitzenklasse als Wintersport-Stadt bewiesen. Aber kann man in einer Stadt, die ca. 120000 Einwohner zählt, Urlaub machen und sich erholen? Man kann, und das sehr gut. Denn Innsbruck ist keine Stadt herkömmlichen Gepräges. Da fällt keiner auf, wenn er im Skidreß durch die Straßen flaniert, die Einheimischen tun es genauso.
Der besondere Reiz der Tiroler Landeshauptstadt liegt in der Kombination von Sport und Kultur, von Ski und Theater, von Schneebar und Architektur. Kaiser Maximilian I. liebte die Stadt am grünen Inn so sehr, daß er sie zur prunkvollen Residenz ausbauen ließ und nicht nur die Gemächer in der Hofburg. In der prächtigen Hofkirche ließ er aus Marmor ein imposantes Grabmal errichten, flankiert von 28 überlebensgroßen Bronzestatuen. Ein Kuriosum: Sie bewachen ein leeres Grab. Der Monarch, der sich zeitlebens in Innsbruck so wohl gefühlt hat, liegt in seinem Geburtsort Wiener Neustadt begraben.
Innsbrucks Altstadt mit ihren mittelalterlichen Häusern und Innenhöfen, dem »Goldenen Dachl« mit genau 2714 vergoldeten Kupferschindeln (dem wohl meistfotografierten Dach der Welt) ist eine Fundgrube für Amateurhistoriker. Im »Dachl«-Haus ist übrigens auch das Olympia-Museum untergebracht.
Das Skigebiet ist unübersehbar. Fünf Haupt-Skigebiete, für die ein gemeinsamer Skipaß gilt, gehören zum Skigroßraum Innsbruck: Hungerburg-Seegrube, Igls-Patscherkofel, Tulfes-Glungezer, Mutters-Mutereralm und Axamer Lizum. Freilich: Die Bahnen und Lifte beginnen in Innsbruck nicht – wie in vielen anderen Wintersportplätzen – gleich vor der Haustür. Wer in Innsbruck Winterurlaub macht, wohnt in einer der schönsten Städte Europas, muß aber zum Skilaufen mit Auto oder Bus einige Kilometer fahren (die Busse, die zwischen Hotels, Liften, Loipen und Wanderwegen pendeln, sind kostenlos).
Auf dem **Hungerburg**-Plateau – der Endstation der gleichnamigen Standseilbahn – in rund 900 m Höhe besteigt man die Nordkettenbahn zum Hafelekar und schwebt zunächst ins Skigebiet der Seegrube (ein weißer Kessel in 1900 m Höhe) und weiter zur Bergstation auf 2269 m. Die Buckelpisten der gesamten Abfahrt (1500 m Höhendifferenz) gelten als Härtetest für Könner.
Gegenüber – auf dem sanften Höhenzug des sogenannten Mittelgebirges am anderen Innufer – liegt **Igls** (900 m) und darüber der Patscherkofel (2247 m). Auf der Olympia-Abfahrtsstrecke (4 km lang) holte sich Franz Klammer 1976 unter dem Jubel der österreichischen Nation Gold.
Tulfes (922 m) mit seinem Hausberg, dem Glungezer (2677 m), liegt 12 km entfernt auf dem Weg nach Hall. Sessel- und Schlepplifte erschließen Pisten für jedes Können. In 2300 m Höhe (Schartenkogelsessellift) enden die mechanischen Aufstiegshilfen – der Gipfel des Glungezer muß noch zu Fuß erkämpft werden. Herrliche Tiefschneeabfahrten ringsum ergänzen das Angebot. Von der Tulferhütte zur Rinneralm wurde in 1400 m Höhe eine Loipe angelegt.
Die Muttereralm oberhalb **Mutters** an der Brennerstraße mit ihren sanft geneigten Almhängen gilt als Familienskigebiet.
14 km westlich von Innsbruck liegt **Oberperfuß** mit dem Rangger Köpfl, einem Skiberg, der fest in einheimischer Hand ist und von Gästen,

An den steilen Flanken des Karwendelgebirges liegen die gefürchteten Pisten am Hafelekar (hier an der Mittelstation Seegrube der Nordkettenbahn).

Der Skigroßraum Innsbruck

Das Inntal bei Zirl. Hier zweigen die Straßen nach Seefeld sowie nach Axams und ins Sellrain ab.

die sich auskennen, als Geheimtip gehandelt wird. Denn der Skipaß ist preiswert; die gut präparierten Pisten zwischen 800 und 2000 m Höhe sind auch für Anfänger geeignet.
Weitere Möglichkeiten für sportliche Aktivitäten: Das Gebiet des Roßkogels (2649 m) über dem **Sellraintal** ist als Skitouren-Gelände beliebt.
Axamer Lizum siehe Seite 118.

Großraum Innsbruck, Innsbruck, 575 m

Skigebiet: 900–2340 m
Innsbruck 127000 Einwohner, 7180 Gästebetten Igls 2000 E., 1510 G. Oberperfuß 2300 E., 650 G.
Saison: Mitte Dezember bis Anfang April

Anreise Autobahn München, Inntaldreieck oder Garmisch-Partenkirchen, Scharnitz bzw. Bregenz, Arlberg, Landeck
Entfernungen von KA: 406 km, S: 338 km, UL: 248 km, M: 149 km

Information
Tourismusverband Innsbruck-Igls, A-6021 Innsbruck, Tel. 0512/59850, Telefax 0512/59850-7
Schneetelefon 0512/1585
A-6173 Oberperfuß, Tel. 05232/81489
Telefax 05232/8131315
Landesvorwahlnummer siehe Seite 608.

Kinder Innsbruck kein Gästekindergarten; Skischule ab 4 Jahre (ca. öS 1900/Woche inkl. Mittagessen) Igls Gästekindergarten ab 2 Jahre (Tel. 78908, ca. öS 200/5 Stunden ohne Essen); Skischule ab 4 Jahre (ca. öS 1680/Woche inkl. Mittagessen) Oberperfuß kein Gästekindergarten; Skischule ab 3 Jahre (ca. öS 730/Woche ohne Mittagessen)

Ski alpin Testnote ❄❄❄❄

Skigebiet Innsbruck gesamt
(inkl. Axamer Lizum, s. S. 118, ohne Skigebiet Oberperfuß)
75,3 km präparierte Abfahrten:
9 km schwer, 39,3 km mittel, 27 km leicht
Längste Abfahrt: Glungezer – Tulfes, 7 km Länge, 1800 m Höhenunterschied, mittel
Liftkapazität: 30350 Pers./Std.

17 11 1 3 1

Skigebiet Seegrube – Hafelekar
12 km präparierte Abfahrten:
1 km schwer, 10,6 km mittel, 400 m leicht
Liftkapazität: 2150 Pers./Std.

2 2

Skigebiet Igls – Patscherkofel
12,5 km präparierte Abfahrten:
4,7 km mittel, 7,8 km leicht
Liftkapazität: 3700 Pers./Std.

4 1 1

Skigebiet Tulfes – Glungezer
11 km präparierte Abfahrten:
3 km mittel, 8 km leicht
Liftkapazität: 7200 Pers./Std.

6 2

Skigebiet Mutters – Mutterer Alm
7,5 km präparierte Abfahrten:
4 km mittel, 3,5 km leicht
Liftkapazität: 5300 Pers./Std.

3 1 1

Skigebiet Oberperfuß: Rangger Köpfl
9,6 km präparierte Abfahrten:
1,6 km schwer, 3,2 km mittel, 4,8 km leicht
Liftkapazität: 1100 Pers./Std.

3 1

Skipaß-Preise siehe Beilage

Tiefschneereviere: Axamer Lizum, Seegrube
Skischulen Innsbruck-Igls 4, Oberperfuß
1 Skischule mit insgesamt ca. 200 Skilehrern

Langlauf Testnote ❄❄❄

Igls 2 Loipen (900–1000 m) à 10 km (eine leicht, eine mittel); Langlaufunterricht Oberperfuß 17 Loipenkilometer mit der Höhenloipe Stieglreith (leicht) auf 1450 m; Langlaufunterricht Innsbruck ca. 200 Loipenkilometer in der Umgebung (Rinn, Natters, Pertisau, Seefeld-Leutasch (= gebührenpflichtig), Gnadenwald); für Gäste mit Gästekarte (ab 3 Tagen) kostenloser Bustransport, Startpunkt vor dem Landestheater

Weitere Sportmöglichkeiten

Après-Ski

Museen, Ausstellungen, Opernaufführungen, Spielcasino

Sportliche Veranstaltungen

Intersport-Springertournee (4. Jan. 94)

Lady's Day: Alle Innsbrucker Skischulen bieten Damen einen Tag lang Gruppenunterricht zum halben Preis. Informationen im Verkehrsbüro und in der Olympic Skischule, Innsbruck.

Hotelempfehlungen: Seite 541–585

Die Axamer Lizum

Rosi Mittermaier hamsterte in der Axamer Lizum ihre olympischen Goldmedaillen – »Normal«-Skifahrer finden in der Lizum ein herrlich abwechslungsreiches Skigebiet vor, das Anfänger und Könner gleichermaßen begeistert.

Die beiden Olympischen Winterspiele von Innsbruck haben den Tiroler Ort Axams und sein schneesicheres Skigebiet, die Axamer Lizum (1583–2340 m), bekannt gemacht. Wo »Gold-Rosi« Mittermaier 1976 drei Medaillen gewonnen hat, lassen es sich viele Bundesbürger nicht nehmen, auf den Olympia-Pisten ihr Schwung- und Standvermögen zu testen. Aber die Gäste kommen auch aus Holland, Schweden, den USA und sogar aus Südafrika.
Trotz internationalem Publikum blieb Axams ein Tiroler Bauerndorf, in dem, wie es sich gehört, neben der (sehenswerten) Kirche gleich das Wirtshaus (Neuwirt) steht und Gastronomen und Vermieter bei vernünftigen Preisen blieben.
Axams liegt in einem sonnigen Hochtal südlich des Inns, von wo aus man zwar nicht ins nur 9 km entfernte Innsbruck hinüberschauen kann, wohl aber einen herrlichen Blick auf die Nordkette hat, an deren Fuß die Tiroler Landeshauptstadt liegt.
Die Gäste schätzen die Nähe der Stadt für einen gelegentlichen Bummel zum »Goldenen Dachl«, zum Shopping, Konzert- oder Theaterbesuch. Aber die meisten Urlauber kommen doch wegen der Ski-Arena in der Lizum, die 8 km oberhalb von Axams auf 1600 m Höhe in einem schneesicheren Talkessel im Schatten der malerischen Kalkkögel liegt. Man erreicht die Lizum entweder mit dem Pkw oder per Pendelbus (halbstündlich).
Dort, auf der »hochgelegenen Viehweide« (das bedeutet das Wort »Lizum«, sagen die Einheimischen), erschließen Standseilbahn, Sessel- und Schlepplifte vom Talboden aus zwei anspruchsvolle Skiberge: das Birgitzköpfl und den Hoadl mit dem Pleisen als Hinterland. Beide Gipfel werden übrigens auch von Nur-Sonnenhungrigen, die es sich im Liegestuhl vor den Restaurants gemütlich machen, besucht.
Obwohl sich vor allem gute Skifahrer auf den Olympia-Pisten tummeln, können sich auch mittelmäßige Brettlrutscher auf die Pisten vom Hoadl wagen. Sie müssen nur ein paar Schwünge mehr einlegen, oder sie pendeln mit dem Schlepplift am Schönboden auf und ab. Am Pleisen findet man neben Buckeln auch manch herrliche Tiefschneeabfahrt (Vorsicht bei Lawinengefahr!).
Schwieriger wird es auf der gegen-

Schwimmen und Schwitzen nach dem Pistenstreß – sogar ein Freibad im Schnee gibt's im Freizeit-Zentrum von Axams.

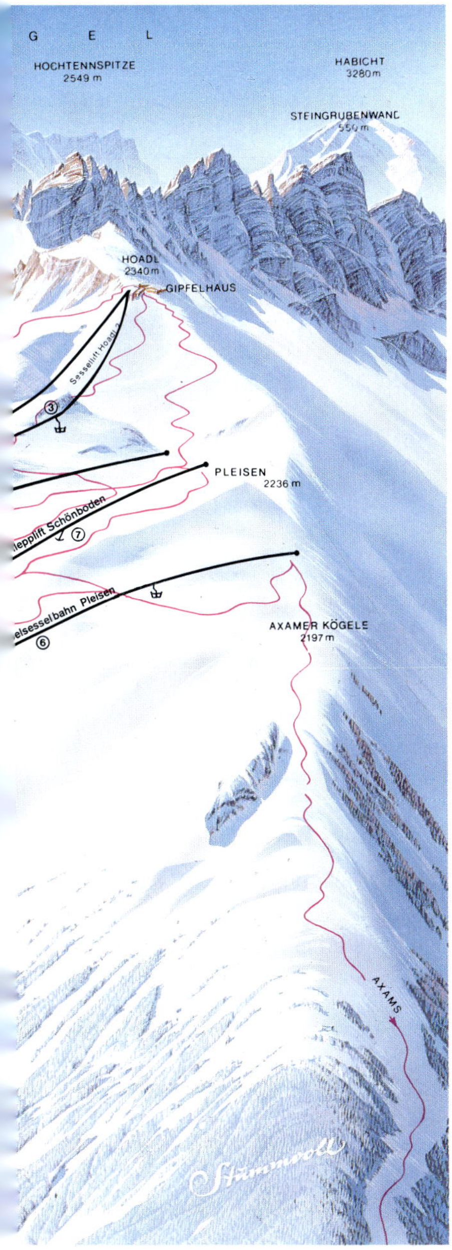

überliegenden Seite des Talkessels, auf den Hängen des Birgitzköpfls, wo der Kampf gegen die Buckel (die Hänge sind für Pistenwalzen zu steil) selbst »Konditionsbolzen« zu schaffen macht. Auch die Abfahrt vom Birgitzköpfl nach Götzens sollte man ausprobieren – selbst wenn am Ende ein Taxi nötig ist, um wieder nach Axams zu kommen. Anfänger finden an der Talstation des Birgitzköpfls zwei Übungslifte für ihre ersten Fahrversuche.

Unter zwölf verschiedenen Abfahrten und neun Skirouten findet jeder, was er sucht. Seitdem die Standseilbahn in Betrieb ist, die in sechs Minuten bis zu 120 Personen zum Hoadl-Gipfel baggert, werden Unermüdliche kaum mehr in der Warteschlange zu längeren Verschnaufpausen gezwungen. Nur an schönen Wochenenden können Innsbruck und das 173 km entfernte München eine Erklärung dafür sein, daß es auf den Pisten der Axamer Lizum eng wird.

Die Axamer haben sich nicht auf ihrem olympischen Lorbeer ausgeruht, sondern weitergeplant, um nicht nur bei den alpinen Skifans anzukommen: Auf der Höhenterrasse des sogenannten Mittelgebirges um Axams werden Loipen gespurt. Langstreckler haben die Möglichkeit, über 11 km bis nach Natters zu pirschen, wo sie Anschluß an ein weiteres Loipennetz finden. Nach dem schweißtreibenden Sport können die Läufer im Axamer Langlaufzentrum gleich unter die Dusche gehen, ins Freiluft-Heißwasserbecken, das zum Hallenbad gehört, springen oder gleich in der Sauna weiterschwitzen. Schlittschuhläufer und Eisstockschützen finden im Freizeitzentrum auch einen Eisplatz. Spaß macht eine Rodelpartie auf der 8 km langen Naturbahn, die von der Lizum nach Axams führt (alle Sportgeräte können ausgeliehen werden).

Disco-Scheinwerferlicht und heiße Rhythmen finden Anhänger dieser »Sportart« in der Axamer Klause, die 280 Personen faßt. Gemütlicher sitzt man bei Speck und Tiroler Rotem in einer der Zirbelstuben.

BESONDERS SCHNEESICHER

Axams, 874 m
Axamer Lizum, 1583 m

Skigebiet: 1583–2343 m
4200 Einwohner, 1900 Gästebetten
Saison: Anfang Dezember bis Ende April

Anreise Inntal-Autobahn (Ausfahrten Innsbruck-Kranebitten oder Knoten-Zirl), Axams. Bahnstation ist Innsbruck-Hbf., von dort Busverbindungen nach Axams
Entfernungen von KA: 401 km, S: 333 km, UL: 243 km, M: 173 km

Information
Tourismusverband
Axams/Axamer Lizum,
A-6094 Axams, Tel. 05234/8178
Telefax 05234/7158
Schneetelefon 05234/82400
Landesvorwahlnummer siehe Seite 608

Kinder Gästekindergarten ab 4 Jahre (Club Olymp, Tel. 05234/8262, ca. öS 150/Ganztag inkl. Mittagessen); Skischule ab 3 Jahre (ca. öS 1880/Woche inkl. Mittagessen)

Ski alpin Testnote ❄❄❄

32,3 km präparierte Abfahrten:
8 km schwer, 17 km mittel, 7,3 km leicht
Längste Abfahrt: Axamer Abfahrt, 6,5 km Länge, 1330 m Höhenunterschied, schwer
Liftkapazität: 12000 Pers./Std.

4 5 1

Skipaß-Preise siehe Beilage

Tiefschneereviere: Pleisen
3 Skischulen mit 50 Skilehrern

Langlauf Testnote ❄❄

30 Loipenkilometer (12 km schwierig, 10 km mittel, 8 km leicht); Anschluß an die Gebietsloipe bis Mutters und Natters mit insgesamt 55 km; Langlaufunterricht

Weitere Sportmöglichkeiten

Après-Ski

5-Uhr-Tee, Bibliothek

Buckelpistenfans können sich austoben auf der steilen Piste vom Birgitzköpfl. Vom Sessellift läßt sich gut zuschauen.

Hotelempfehlungen: Seite 541–585

Das Stubaital

Stubai – für den Skifahrer sind das die weitläufigen vier Gletscher an der Schaufelspitze (3333 m) mit ihrem Ganzjahres-Betrieb.
Aber auch die »Schlick« oberhalb von Fulpmes, der »Elfer« bei Neustift und Serles bei Mieders gehören zum Stubaier Skiangebot.

Als das größte Ganzjahresskigebiet Österreichs ist der Gletscher das Aushängeschild des Stubaitals, dem die fünf Gemeinden ihren Aufschwung zu verdanken haben.
Von der Talstation Mutterbergalm gelangt man mit zwei anfangs parallel verlaufenden Gondelbahnen ohne Umsteigen zum Eisgrat oder zum Eissee.
Erschlossen ist ein Skigebiet von 12 qkm Größe, in dem vom Stemmbogenfahrer bis zum Buckel- und

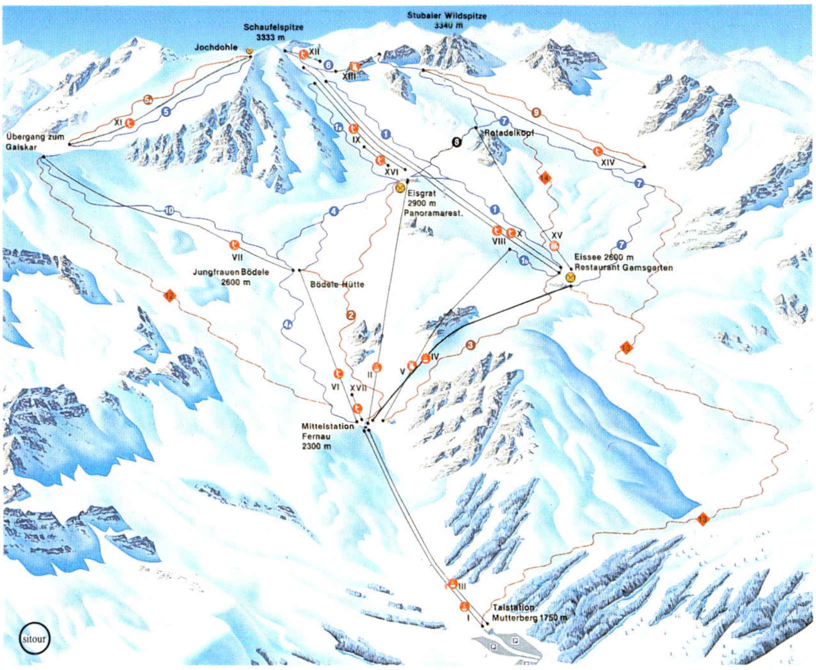

Tiefschneespezialisten jeder seinen Hang findet. Immerhin hat man vier Ferner (wie in Tirol die Gletscher heißen) zu bieten, dazwischen Kare und Couloirs, die auch den Könner fordern, und Skirouten, die alpine Erfahrung verlangen, wie etwa die entlang der Fernau-Mauer oder jene durch die Wilde Gruben.

Der höchste Pistenstart liegt am 3200 m hohen Eisjoch; auf 2900 m lädt das Panorama-Restaurant am Eisgrat ein – eine alpine »Raumstation«. Hier gibt es Selbstbedienungs-»Straßen«, aber auch eine extra Stube, in der das mitgebrachte Lunchpaket ausgepackt werden darf; ein Sportgeschäft verleiht Ski; eine Boutique verkauft den letzten Gletscher-Schrei; Kinder werden in einem Hort betreut, und wer sich einen der bereitstehenden Liegestühle greift, läuft Gefahr, daß er auch ohne Drink an der Eisbar leicht »berauscht« wird – vom Anblick der gleißenden Firnfelder.

Bis vor die Haustür kann man vom Gletscher gewöhnlich nicht abfahren – es sei denn, man ergattert ein Zimmer auf der Dresdner Hütte oder in den Hotels an der Talstation. In der Regel wird in einem der fünf Talorte Quartier bezogen.

Am Taleingang, in **Schönberg** und **Mieders**, wo die Berge niedriger sind, haben die Lifte und Abfahrten bescheidene Dimensionen. In Mieders sind Mittelklasseläufer mit den Serlesliften (1650 m) gut bedient und können in der Loipe oder auf dem Schlitten Ausgleichssport betreiben.

Ein recht attraktives Skigebiet haben **Fulpmes** und **Telfes** mit der Schlick zu bieten. In der großen Schneeschüssel der Schlicker Alm (1600–2260 m) trainieren im Vorwinter auch gerne die Nationalmannschaften. Sie schätzen die schneesichere Lage vor der Kulisse der Kalkkögel und die rasanten Pisten am Sennesjoch, abseits des frühwinterlichen Trubels auf den Gletschern. Rund um die Schlicker Alm wird eine 4 km lange Höhenloipe gespurt.

Den Rest des Tals nimmt die Gemeinde **Neustift** ein, die sich mit ihren acht Weilern über 15 km hinzieht. Der Skisport wird in Neustift außer auf dem Gletscher und an einigen Übungsliften im Tal auf einem eigenen Skiberg, dem »Elfer«, gepflegt, wo am Haushang der »Elferhütte« auch die Nachwuchselite trainiert.

Stubaital, 937–1039 m
Schönberg, Mieders, Telfes, Fulpmes, Neustift

Skigebiet: 970–3200 m
Schönberg 1000 Einwohner, 521 Gästebetten Mieders 1160 E., 1070 G. Telfes 1200 E., 1300 G. Fulpmes 3000 E., 3350 G. Neustift 3800 E., 7200 G.
Saison: November bis April, ganzjährig auf dem Stubaier Gletscher

Anreise Brenner-Autobahn (Ausfahrt Schönberg/Stubai. Die Zufahrt über die Autobahn ist mautpflichtig). Bahnstation ist Innsbruck-Hbf., ab dort Busverbindungen
Entfernungen von KA: 425 km, S: 357 km, UL: 267 km, M: 183 km

Information
Tourismusverbände
A-6141 Schönberg, Tel. 05225/2567
Telefax 05225/4450
A-6142 Mieders, Tel. 05225/2530, 2150
Telefax 05225/4185
A-6165 Telfes, Tel. 05225/2750, 3735
Telefax 05225/4171
A-6166 Fulpmes, Tel. 05225/2235, 2892
Telefax 05225/3843
A-6167 Neustift, Tel. 05226/2228
Telefax 05226/2529
Schneetelefon Gletscher 05226/8151, 2117
Skipaß-Vorverkauf Gletscher (in Neustift an der Zufahrtsstraße zur Gletscherbahn, gegenüber der Aral-Tankstelle) 05226/2789
Landesvorwahlnummer siehe Seite 608.

Kinder Schönberg kein Gästekindergarten; keine Skischule für Kinder Telfes kein Gästekindergarten; Skischule ab 3–4 Jahre (ca. öS 1500/Woche inkl. Mittagessen) Fulpmes kein Gästekindergarten; Skischule ab 4 Jahre (ca. öS 1500/6 Tage inkl. M.) Neustift Gästekindergarten ab 3 Jahre (ca. öS 50/Halbtag, 100/Ganztag inkl. M.); Skischule ab 3 Jahre (ca.. öS 1450/5 Tage inkl. M.)

Ski alpin Testnote ✻✻✻✻

Skigebiet Gletscher
45 km präparierte Abfahrten:
10 km schwer, 10 km mittel, 25 km leicht
Längste Abfahrt: Wilde Grube, 10 km Länge, 1500 m Höhenunterschied, schwer/mittel
Liftkapazität: 18700 Pers./Std.
11 3 4

Skigebiet Elfer
7 km präparierte Abfahrten:
3 km schwer, 2 km mittel, 2 km leicht
Liftkapazität: 3600 Pers./Std.
3 2

Skigebiet Serles
4 km präparierte Abfahrten:
500 m schwer, 2 km mittel, 1,5 km leicht
Liftkapazität: 2015 Pers./Std.
3 1

Skigebiet Schlick 2000
25 km präparierte Abfahrten:
5 km schwer, 15 km mittel, 5 km leicht
Liftkapazität: 11250 Pers./Std.
6 3 1

Skipaß-Preise siehe Beilage

Tiefschneereviere und Skirouten: Wilde Gruben, Fernau-Mauer, Gaches Eck, Route Kreuzjoch – Schlick, Route Froneben – Fulpmes
7 Skischulen mit ca. 120 Skilehrern

Langlauf Testnote ✻✻✻✻✻

BESONDERS SCHNEESICHER

130 Loipenkilometer insgesamt (5 km schwierig, 40 km mittel, 85 km leicht)
Mieders 30 Loipenkilometer im Tal; höchste Loipe: Kaserloipe (1580–1770 m), 10 km lang, Anstieg 300 Meter schwierig, Rest mittel Telfes 13 Loipenkilometer (2 km schwierig, 11 km leicht); höchste Loipe: Skiwanderloipe Schlick 2000 (1643 m), 5 km lang, leicht Fulpmes 18 Loipenkilometer (10 km mittel, 8 km leicht); Teilstrecke der Talloipe Fulpmes – Kampl (960–1000 m), 4 km lang, mittel; höchste Loipe: Schlick 2000, siehe bei Telfes Neustift 60 Loipenkilometer; Höhenloipe auf dem Gletscher (gespurt im Frühjahr und im Herbst; 2600 m), 2,5 km lang, mittel.
In allen Orten Langlaufunterricht

Weitere Sportmöglichkeiten

Après-Ski

Sportliche Veranstaltungen
7. Intern. Para-Cup Wettbewerb (Fulpmes, Jan. 94)

Neu ist die Sechsergondelbahn im Skigebiet Schlick 2000 von Froneben zum Kreuzjoch mit einer Beförderungskapazität von 2000 Pers./Std. Einweihung: Dezember 1993.

Hotelempfehlungen: Seite 541–585

Das Wipptal

Unmittelbar an der Brennerautobahn liegen Steinach und Gries mit einem sehr respektablen Wintersportangebot, das vor allem Stammgäste schätzen.

Dort, wo die Brennerautobahn auf hohen Stelzen über das Gschnitztal hinwegführt, laufen parallel zueinander zwei Sessellifte unter der Autobahnbrücke bergwärts, kaum von den Autolenkern bemerkt.
So ist es das Schicksal von Steinach, jenem hübschen Tiroler Ort zwischen Innsbruck und Brenner, daß der große Touristenstrom im »ersten Stock« vorbeirauscht, nicht ahnend, welch Schmankerl man da buchstäblich links liegen läßt.
In **Steinach** am Brenner, dem Mittelpunkt eines durchaus attraktiven Skigebietes, kann man es schon ein paar Urlaubstage lang aushalten. **Gries** gehört noch dazu, näher zum Brenner hin gelegen, mit seinem Skigebiet am Sattelberg, sowie **Trins** und **Gschnitz**, die beiden Orte im Gschnitztal, das bei Steinach vom Wipptal abzweigt.
Steinach bildet dabei nicht nur geographisch das Zentrum der Region, sondern auch von der Ausdehnung seines Skigebietes her.
Gleich neben dem Ortszentrum von Gries am Brenner befindet sich die Talstation der Doppelsesselbahn auf den Grieser Skiberg – den Sattelberg.
Gschnitz und Trins im Gschnitztal bieten eher ein Revier für weniger Geübte.

Wipptal, 1050–1250 m
Steinach, Gries, Trins, Gschnitz

Skigebiet: 1050–2200 m
Steinach 3200 Einwohner, 1200 Gästebetten Gries 1400 E., 640 G.
Saison: Weihnachten bis Ostern

Anreise Brenner-Autobahn Ausfahrt Matrei/Steinach bzw. Nößlach/Gries. Bahnstationen sind Steinach und Gries

Entfernungen von KA: 428 km, S: 360 km, UL: 270 km, M: 186 km

Information
Tourismusverbände
A-6150 Steinach, Tel. 05272/6270
Telefax 05272/2110
A-6156 Gries am Brenner, Tel. 05274/254
Landesvorwahlnummer siehe Seite 608.

Kinder keine Gästekindergärten; Skischule ab 4 Jahre (Steinach ca. öS 1050, Gries ca. öS 990 jeweils pro 5 Tage ohne Mittagessen)

Ski alpin Testnote ❄❄

Skigebiet von Steinach
(Bergeralm und Nößlach)
16 km präparierte Abfahrten:
2 km schwer, 9 km mittel, 5 km leicht
Längste Abfahrt: Steinach – Nößlachjoch – Talstation Bergeralm, 6 km Länge, 950 m Höhenunterschied, mittel
Liftkapazität: 5200 Pers./Std.
4 3

Skigebiet von Gries
(Sattelalm und Sattelberg)
8 km präparierte Abfahrten:
3 km schwer, 4 km mittel, 1 km leicht
Längste Abfahrt: vom Sattelberggipfel zur Talstation, 7 km Länge, 456 m Höhenunterschied, mittel bis (die ersten 3 km) schwer
Liftkapazität: 4440 Pers./Std.
3 1

Skipaß-Preise siehe Beilage

Tiefschneereviere: Nösslach, Sattelberg
3 Skischulen mit ca. 50 Skilehrern

Langlauf Testnote ❄❄❄

Steinach 60 Loipenkilometer, davon 6 km schwierig; längste Loipe: Gschnitztalloipe (1050–1200 m) 36 km lang, mittel; Höhenloipe auf 1550–1650 m, 12 km lang; Langlaufunterricht
Gries 10 Loipenkilometer leicht bis mittel; längste und höchste Loipe: Sattelalmloipe (1645 m), 4 km lang, mittel; Langlaufunterricht nur auf Anfrage

Weitere Sportmöglichkeiten

Après-Ski

Sportliche Veranstaltungen
Hessische Skimeisterschaften (Termin im Verkehrsbüro Steinach)

Winterwanderromantik läßt sich auf jedem der zahlreichen Winterwanderwege erleben. Wegebeschreibungen liegen in den Verkehrsbüros aus.

Hotelempfehlungen: Seite 541–585

Kramsach

Dieses Skigebiet im Unterinntal lassen die meisten Autofahrer links liegen. Ein Vorteil für das Stammpublikum, denn lange Liftschlangen sind unbekannt. Außerdem: Der Autobahnanschluß liegt nahe der Talstation.

Knapp 30 Kilometer hinter Kufstein zweigt die Ausfahrt nach **Kramsach** ab – ein weitflächiges Tiroler Dorf mit schönen Bauernhöfen, wie sie auch in der weiteren Umgebung noch zu sehen sind.

Die Talstation der Bahn zum Sonnwendjoch liegt in der Nähe der Brandenberger Ache. Nach zwölf Minuten Auffahrt ist die Mittelstation auf der 1200 m hoch gelegenen Klosteralpe erreicht; hier steigt man auf die zweite Sektion der Bahn um, die bis ans Sonnwendjoch auf 1800 m Höhe führt.

Wer den relativ steilen Buckelhang unter der Gipfelstation scheut, hat die Möglichkeit, auf halber Strecke auszusteigen – Zwischenstation Hochalm (1480 m) – und auf gleicher Höhe mit einem Doppelschlepplift über die sanften Hänge der Hochalm zurück zur Mittelstation zu pendeln.

Dort liegt auch eine urige Jausenstation mit Sonnenterrasse. Es empfiehlt sich allerdings, nicht nur »Kurvenwasser« zu »tanken«, sondern irgendein Tiroler Schmankerl zu sich zu nehmen. Die Abfahrt ins Tal ist immerhin sechs Kilometer lang.

Die breite Waldschneise bietet zwei Varianten: einen Steilhang für Könner und eine gut ausgeholzte Ski-Autobahn für gemächliche Schwünge.

Kramsach bietet jedoch noch andere Möglichkeiten, um sportlichen Ehrgeiz zu befriedigen. Etwa auf der fünf Kilometer langen Natur-Rodelbahn von der Mittelstation der Sonnwendjoch-Bergbahn hinunter nach Mariatal in Kramsach oder auf einer der Loipen durch das landschaftlich reizvolle Kramsacher Seengebiet. Hier räumt die Gemeinde auch Spazierwege. Die Tennishalle hat drei Plätze, gleich daneben liegt der Eislaufplatz. Wer wie die Einheimischen auf den Seen Eisstockschießen möchte, muß den Schnee schon selber zur Seite schieben; der Fremdenverkehrsverein räumt nicht, da er damit auch die Haftung übernehmen müßte. Für Erwärmung von innen und außen ist übrigens gesorgt: Am Reintaler See, dem größten der Seen, gibt es Gasthäuser.

Bei Kramsach mündet die Brandenberger Ache. Auf dem wildromantischen Talboden wird eine Loipe gespurt. Oberhalb der Ache – in 922 m Höhe – liegt **Brandenberg**, etwa 10 km nordöstlich von Kramsach. Alpines Skifahren ist hier eher Nebensache. Vornehmlich Anfänger vergnügen sich an einem Übungslift. Eine Spezialität des Tales ist ein hervorragender Baumkuchen, im Volksmund »Prügeltorte« genannt.

Kramsach, 513 m

Skigebiet: 600–1800 m
3700 Einwohner, 2600 Gästebetten
Saison: Dezember bis April

Anreise Inntal-Autobahn (Ausfahrt Kramsach). Bahnstation ist Brixlegg, von dort Busverbindungen
Entfernungen von KA: 423 km, S: 355 km, UL: 274 km, M: 119 km

Information
Tourismusverbände
A-6233 Kramsach, Tel. 05337/2209, 2710 (05337/62209)
Telefax 05337/4788 (05337/64788)
A-6240 Rattenberg, Tel. 05337/3321
A-6234 Brandenberg, Tel. 05331/5203
Landesvorwahlnummer siehe Seite 608.

Kinder kein Gästekindergarten; Skischule ab 4 Jahre (ca. öS 1730/Woche inkl. Mittagessen)

Ski alpin Testnote ❄❄

21 km präparierte Abfahrten:
3 km schwer, 4 km mittel, 14 km leicht
Längste Abfahrt: Sonnwendjoch, 9 km
Länge, 1200 m Höhenunterschied, mittel
Liftkapazität: 6100 Pers./Std.

5 3

Skipaß-Preise siehe Beilage

Tiefschneereviere: Roßkopf – Zireimersee, Kreuzeimalm; Latschenkopf – Ludoialm
1 Skischule mit ca. 50 Skilehrern

Langlauf Testnote ❄❄

17 Loipenkilometer (12 km mittel, 5 km leicht); längste und höchste Loipe: Seenloipe (550 bis 580 m), 14 km lang, mittel; Langlaufunterricht

Weitere Sportmöglichkeiten

Gleitschirmfliegen

Après-Ski

Skianzug vergessen? Kein Problem, die Skischule Kramsach hält Leihanzüge bereit (Tel. 05337/4850).
Skiguiding: Ein Skilehrer führt Gruppen ab fünf Personen durch die Skigebiete (Kramsach, Zillertal) – ohne Unterricht (Tel. 05337/4850).

Hotelempfehlungen: Seite 541–585

Das Achental

Die Orte am Achensee kann man mit Recht als »Winterfrischen« bezeichnen. Neben der Gemütlichkeit kommen aber Spaß und Sport nicht zu kurz. Und all dies noch zu passablen Preisen.

Rotspitz- und Rofanabfahrt heißen die alpinen Herausforderungen oberhalb von Maurach im Rofangebirge.

Unumstrittener Mittelpunkt des schönen Hochtals zwischen Achenpaß, an dem die bayerisch-österreichische Grenze verläuft, und dem Inntal ist der Achensee. Tief unter den Skipisten sieht man ihn liegen – 9 km lang, eingeschnitten wie ein Fjord zwischen Karwendel- und Rofangebirge. Da das Hochtal fast genau in Nord-Süd-Richtung verläuft, ist es auch im Winter ein echtes »Sonnenloch«.

Der Achensee ist der größte See Tirols und wird von vielen Kennern als der schönste See der Alpen betrachtet. Erstaunlich ist im Bereich des Achensees der Verlauf der Wasserscheide zwischen Isar und Inn. Man sollte meinen, der See würde zum nahe vorbeifließenden Inn entwässert. Doch weit gefehlt! Das Achenseewasser gelangt über den Achenbach zur viel weiter nördlich dahinfließenden Isar!

Die Orte im Achental geben sich erkennbar viel Mühe, um ihren Wintergästen den Aufenthalt so angenehm wie möglich zu machen. Dabei unterscheiden sie sich durchaus in ihrem Skiangebot. So hat Achenkirch dem alpinen Skifahrer am meisten zu bieten, Pertisau wiederum entwickelte sich zu einem beachtlichen Langlaufzentrum, und in Maurach kommen zu Pisten noch gute Möglichkeiten für Skitouren hinzu.

Achenkirch war bis vor gar nicht langer Zeit ein kleines Tiroler Dorf, das man auf der Fahrt vom Tegernsee zum Achensee an der breiten Umgehungsstraße liegen sah, dessen Bekanntschaft man bestenfalls bei einer Brotzeit (oder »Jause«, wie die Tiroler sagen) gemacht hat.

Heute hat sich das langgezogene Dorf am Nordende des Sees zu einem kleinen Wintersportparadies gemausert: Auf der Ostseite des Tales verfügt Achenkirch über eine Reihe von Schneehängen mit kleineren Aufzügen: Sonnberg-, Alm- und Weinhauslift, vorwiegend ein Revier für Anfänger.

Das eigentliche Skigebiet ist die Christlum. Gut angelegte Sessel- und Schlepplifte erschließen zwischen 950 m und 1780 m einen Berg, der den Skifans Spaß macht. Sie schwingen und wedeln auf gut gepflegtem Schneeteppich, wobei die Waldschneisen mindestens 40 bis 50 m breit sind. Könner stürzen sich in Buckelpisten und Tiefschneehänge. Die schmucke Christlum-Alm, ein beliebter Rastplatz, sorgt für gute Jausen.

Die Münchner Brettlrutscher wählen die Christlum gerne als Tagesziel.

In **Maurach**, am Südende des Sees, bringt die Rofanseilbahn die unterschiedlichsten Skifreunde zur Bergstation bei der Erfurter Hütte (1834 m). Anfänger vergnügen sich

Achental, 896–958 m
Achenkirch, Pertisau, Maurach

Skigebiet: 950–2000 m
Achenkirch 1910 Einwohner, 2700 Gästebetten Maurach 1900 E., 2900 G.
Pertisau 460 E., 2800 G.
Saison: Dezember bis April

Anreise Autobahn München – Salzburg (Ausfahrt Holzkirchen), Bad Tölz oder Tegernsee, Achenpaß bzw. Inntal-Autobahn (Ausfahrt Wiesing).
Bahnstation ist Jenbach, von dort Busverbindungen ins Achental
Entfernungen von KA: 391 km, S: 323 km, UL: 242 km, M: 87 km

Information
Tourismusverbände
A-6215 Achenkirch, Tel. 05246/6270
Telefax 05246/6780
A-6212 Maurach, Tel. 05243/5340, 5355
Telefax 05243/5297
A-6213 Pertisau, Tel. 05243/5260
Telefax 05243/5939
Landesvorwahlnummer siehe Seite 608.

Kinder Pertisau Gästekindergarten ab 2½ Jahre (ca. öS 250/Tag inkl. Mittagessen); Skischule ab 5 Jahre (ITS-Skischule, ca. öS 1100/6 Tage à 4 Std.) und ab 4 Jahre (Skischule Achensee, ca. öS 1300/6 Tage à 2½ Std., jeweils ohne Mittagessen) Achenkirch kein Gästekindergarten; Skischule ab 4 Jahre (ca. öS 1450/6 Tage ohne Mittagessen) Maurach kein Gästekindergarten; Skischule ab 5 Jahre (ca. öS 950/5 Tage ohne Mittagessen)

Ski alpin Testnote ❄❄❄

Skigebiet gesamt
55 km präparierte Abfahrten:
10 km schwer, 20 km mittel, 25 km leicht
Längste Abfahrt: Rofanabfahrt, 6 km Länge, 940 m Höhenunterschied, mittel (Maurach)
Liftkapazität: 18000 Pers./Std.
22 6 1 1

Skigebiet Christlum
18 km präparierte Abfahrten:
3 km schwer, 8 km mittel, 7 km leicht
Snowboard-Halfpipe
Liftkapazität: 9000 Pers./Std.
5 2

Skigebiet Rofan
8 km präparierte Abfahrten:
1 km schwer, 2 km mittel, 5 km leicht
Liftkapazität: 3540 Pers./Std.
3 2 1

Skigebiet Zwölferkopf
15 km präparierte Abfahrten:
5 km schwer, 5 km mittel, 5 km leicht
Liftkapazität: 2400 Pers./Std.
7 1 1

Skipaß-Preise siehe Beilage
Tiefschneereviere: Rofanspitze, Juifen, Stanser Joch
6 Skischulen mit ca. 120 Skilehrern

Langlauf Testnote ❄❄❄❄❄

Achenkirch 58 Loipenkilometer (24 km mittel, 34 km leicht), Loipenverbund nur noch mit Steinberg (keine Loipenverbindung mehr nach Maurach und Pertisau wegen Lawinengefahr), längste Loipe: Guffertloipe (940–1070 m), 24 km lang, mittel Maurach 35 Loipenkilometer (10 km mittel, 25 km leicht), höchste Loipe: Maurach – Buchau (950 m), 15 km lang, leicht Pertisau 75 Loipenkilometer (21 km schwierig, 27 km mittel, 27 km leicht), längste und höchste Loipe: Falzthurn-Gramai-Loipe (950–1260 m), 18 km lang, leicht. Im gesamten Gebiet Loipengebühr ca. öS 35/Tag, 400/Saison (für Gäste mit Gästekarte von Pertisau und Maurach keine Gebühr). In allen drei Orten Langlaufunterricht

Weitere Sportmöglichkeiten

Therapie-Stationen für Steinöl-Fossil-Bäder, Schneeschuhwandern, Gleitschirmfliegen

Après-Ski

Sportliche Veranstaltungen
19. Achenseer 3-Täler-Marathon (42 km) und 19. Achenseer Volkslanglauf (15 km, beide Anfang März 94)

Wegen Lawinengefahr mußte die Verbindungsloipe von Pertisau und Maurach nach Achenkirch aufgegeben werden. Die Loipen von Achenkirch sind von Pertisau und Maurach per Skibus (mit Gästekarte gratis) erreichbar.
Geplant ist im Skigebiet Zwölferkopf der Bau einer Sesselbahn. Vorgesehene Eröffnung: Dezember 1994 oder 1995.

Hotelempfehlungen: Seite 541–585

auf dem sonnigen Plateau, ganze Familien rauschen mit Spaß die (entschärfte) Rofan-Abfahrt hinunter. Im übrigen finden Tourengeher im Rofan ein gutes Gebiet. Eine der schönsten Touren führt zur Rofanspitze (2259 m) mit herrlicher Tiefschneeabfahrt ins Inntal nach Wiesing. 1700 Höhenmeter liegen zwischen Gipfel und Tal.
Eine Spezialität von Maurach sind übrigens die Steinöl-Fossil-Kuren. Sie sollen beispielsweise bei Rheuma, Gicht und Durchblutungsstörungen heilsam sein.
In **Pertisau,** das zwischen dem Seeufer und den Felszacken des Karwendels liegt, spielt der alpine Skilauf eine Nebenrolle, wenngleich am Zwölferkopf (1483 m) Lifte für Pistenbetrieb auf steilen und auch flacheren Hängen sorgen.
Das Langlaufangebot im Achental ist groß: Der Loipenverbund zieht sich von Pertisau über Maurach und Achenkirch bis nach Steinberg hin.
Eine Loipe ist besonders erwähnenswert: die Panoramaloipe zwischen Maurach und Pertisau mit mittlerem Schwierigkeitsgrad.
Reizvoll sind auch die Abstecher in die Karwendeltäler hinein, fünf oder zehn Kilometer weit, ja sogar 18 Kilometer (Falzthurn-Gramai von Pertisau aus), bis zu zünftigen Gasthöfen. Zurück geht's dann sanft bergab.
Für geübte Langläufer empfiehlt sich die elf Kilometer lange Dristenauloipe (von Pertisau), die als einzige Loipe auch für Siitonenläufer (mit Schlittschuhschritt) erlaubt ist.

Das Alpbachtal

Das »Tiroler Pisten-Gütesiegel« ist nur das äußere Zeichen für eine rundum wohlpräparierte Schneelandschaft. Hier paßt alles zusammen: vom guten Sportangebot über das intakte Dorfbild bis hin zum stilvollen Quartier.

Mit Superlativen sollte man sparsam umgehen. Aber daß **Alpbach** das schönste Bergdorf Tirols, vielleicht sogar Österreichs sein soll, haben nicht nur Umfragen ergeben, das kann man sich auch vorstellen. Ein »echtes« Dorf allerdings ist es nicht mehr. Zwar gibt es im Tal noch zahlreiche Bauern (und keine vom Fremdenverkehrsamt bezahlten Landschaftspfleger), die auf echten Höfen sitzen, echte Kühe im Stall haben und echte Wiesen mähen, doch der Tourismus hat auch hier die gewachsenen Strukturen schon kräftig verändert.

Nur: in Alpbach hatte man eine glücklichere Hand als anderswo. Nie sind seine Bewohner in den Rausch von Gigantomanie und Goldgräberstimmung verfallen; von Anfang an haben sie sich weise Beschränkungen auferlegt. So kommt der Urlaubsgast in einen Ort, dessen dörflicher Charakter zumindest optisch erhalten blieb: keine Betonsilos, keine Hochhäuser, keine Riesenparkplätze. Selbst bei den gut dimensionierten größeren Hotels präsentiert sich die traditionelle, landschaftsgemäße Bauweise. – Übrigens entstand Alpbach aus einer mittelalterlichen Knappensiedlung: Im Schatzberg grub man im Auftrag der Fugger in Augsburg nach Gold und Silber.

Angenehm auch, daß kein Durchgangsverkehr die Ruhe im Dorf stört; da sich das Hauptskigebiet von Alp-

Für viele ist Alpbach das schönste Tiroler Bergdorf – nicht ganz zu unrecht (linkes Bild).

Winteridyll und ein sportliches Pistenangebot, beides bietet das Alpbachtal seinen Gästen (Bild oben).

bach auf der gegenüberliegenden Talseite am Wiedersberger Horn befindet, kommen Tagesgäste mit ihren Autos gar nicht erst in den Ort hinein. Auf der sonnigen Dorfseite

surren nur fünf kleine Lifte, an denen vor allem Kinder üben.
Wer zum Wiedersberger Horn hinauf will, muß schon einigermaßen fest auf den Brettern stehen. Am »Horn« erschließen eine Gondelbahn, mehrere Sessellifte und Schlepplifte ein weitläufiges und abwechslungsreiches Pistenrevier, das dank seiner nord-ostseitigen Lage als schneesicher bis in den April gilt. Bis zu 800 Höhenmeter kann man es abwärts »rauschen« lassen, wobei die »schwarze« FIS-Abfahrt bis zur Kriegalm schon hohe Anforderungen an Technik und Standvermögen stellt.
Übrigens: Auf dem Wiedersberger Horn in 2128 m Höhe begann früher eine der beliebtesten und längsten Tourenabfahrten Tirols. Nach der Erschließung des Reviers braucht man heute von der Bergstation nur noch ein Stündchen aufzusteigen, um dann eine großartige Tiefschnee-Abfahrt zu erleben, die erst in Reith am Taleingang (657 m) endet – nach 1500 Höhenmetern!
Im Talschluß, beim Ortsteil **Inneralpbach**, beginnen die Alpbacher Skiwanderloipen, insgesamt 17 km. Ein Pendelbusverkehr – für Skipaßbesitzer zum Nulltarif – stellt die Verbindung zwischen Alpbach, der Talstation Wiedersberger Horn und Inneralpbach her.
Alpbach ist kein Platz nur für Pistenfanatiker. Deshalb wurden auch die wintersportlichen Alternativen hier stets gepflegt. 30 km Spazierwege werden geräumt, es gibt Rodelmöglichkeiten und Pferdeschlittenfahrten, einen kleinen Eislaufplatz mit Eisstockbahn sowie ein Hallenbad mit Sauna und Solarium. Abends aber wird nach dem Motto: »Die Tiroler sind lustig« kräftig gefeiert, in der Disco oder auch bei heimatlicher Folklore …
Reith (657 m) und **Brixlegg** (543 m) heißen die beiden Ferienorte am Eingang zum Alpbachtal. Wenn die Schneelage es zuläßt, führen sie durchaus ihr wintersportliches Eigenleben, sind darüber hinaus aber durch den Ski-Bus mit dem inneren Alpbachtal verbunden.

Alpbachtal, 534–1000 m
Brixlegg, Reith, Alpbach

Skigebiet: 640–2025 m
Brixlegg 2600 Einwohner, 650 Gästebetten
Reith 2500 E., 2400 G. Alpbach 2200 E., 2400 G.
Saison: Dezember bis April

Anreise Inntal-Autobahn (Ausfahrt Kramsach), Alpbachtal. Bahnstation ist Brixlegg, von dort Busverbindungen
Entfernungen von KA: 434 km, S: 366 km, UL: 285 km, M: 130 km

Information
Tourismusverbände
A-6230 Brixlegg, Tel. 05337/2581
Telefax 05337/3882
A-6235 Reith, Tel. 05337/2674 (62674), 3319 (63319), 2473 (62473)
Telefax 05337/4733 (64733)
( ) = ab Oktober 1993
A-6236 Alpbach, Tel. 05336/5211-0
Telefax 05336/5012
Schneetelefon 05336/5234-25
Landesvorwahlnummer siehe Seite 608.

Kinder Gästekindergarten ab 3 Jahre (nur in Alpbach; ca. öS 75/Halbtag, 200/Ganztag inkl. Mittagessen); Skischule in Reith ab 3 Jahre (ca. öS 1630/Woche inkl. Mittagessen) und in Alpbach ab 4 Jahre (ca. öS 1800/Woche inkl. Mittagessen)

Ski alpin Testnote ❄❄❄

Skigebiet Alpbachtal gesamt
40 km präparierte Abfahrten:
6 km schwer, 20 km mittel, 14 km leicht
Liftkapazität: 19000 Pers./Std.
16 5 1

Skigebiet Wiedersberger Horn
34 km präparierte Abfahrten:
1,5 km schwer, 20 km mittel, 12,5 km leicht
Längste Abfahrt: Kafner-Abfahrt, 4 km Länge, 900 m Höhenunterschied, mittel
Liftkapazität: 14000 Pers./Std.
11 4 1

Skigebiet Reither Kogel
6 km präparierte Abfahrten:
4,5 km schwer 1,5 km leicht
Liftkapazität: 5000 Pers./Std.
5 1

Skipaß-Preise siehe Beilage
Tiefschneerevier: beim »Hornlift 2000«
3 Skischulen mit 80 Skilehrern

Langlauf Testnote ❄❄

Reith 10 Loipenkilometer (3 km mittel, 7 km leicht); längste Loipe: Ried (640 m), 3 km lang, leicht; höchste Loipe am Reitherkogel (1110–1250 m), 2 km lang, mittel; Alpbach 17 Loipenkilometer (9 km schwierig, 6,5 km mittel, 1,5 km leicht); längste Loipe: Süd-Greitergraben (1000–1260 m), 9 km lang, schwierig; in beiden Orten Langlaufunterricht

Weitere Sportmöglichkeiten

Après-Ski

Handgeschnitzte Kerzen und weitere Wachskunst kann man bestaunen in Brixlegg bei Donabauer. Informationen im Verkehrsbüro Brixlegg.

Hotelempfehlungen: Seite 541–585

Zillertal

Mit zehn verschiedenen Gebieten, in denen mit dem Superskipaß geliftelt werden kann, zählt das Zillertal zu den größten Skiregionen.

Der Fremdenverkehr hat im vielbesungenen Zillertal Tradition. Nach den Sommerfrischlern, Bergsteigern und Tourenfans schlagen seit geraumer Zeit Wintersportler aus allen Herren Ländern – allen voran die Bundesrepublikaner, Niederländer und Engländer – ihr Urlaubsquartier

in dem vielseitigen Tiroler Bergtal auf.

Kenner schreiben die gern zitierte lustige Lebensart und die Aufgeschlossenheit der Bevölkerung der geographischen Beschaffenheit des Zillertals zu, das offen und großzügig von Natur aus angelegt ist und dessen fruchtbarer Boden den Bauern immer ein gutes Auskommen gab. Die Landwirtschaft ernährt auch heute noch ihren Mann, wenngleich nicht selten im Nebenerwerb. So kommt es, daß nicht jede Weide in Bauland umgewandelt und mit Appartement-Silos zugemauert wurde und in vielen Kuhställen noch immer das Vieh steht.

Erst im Oberlauf des Zillers, wo der Gebirgsbach noch wild sprudelt, wird die Landschaft hochalpin, ragen die berühmten Eisriesen in den Himmel. Am Fuße des Olperers im Hinteren Tuxer Tal, einem Anhängsel des

Zillertals, wurde schon frühzeitig ein Gletscherskigebiet erschlossen. Dort surrt an der Gefrorenen Wand der höchste Lift bis auf 3260 m Höhe.
Und weil die Zillertaler nun einmal (bauern-)schlau sind, haben sie sich zusammengerauft, alle talüblichen Streitereien vergessen und gemeinsame Liftabonnements (mit und ohne Gletscher) aufgelegt, die in zehn Skigebieten mit rund 400 Pistenkilometern gelten. So wurde eine der attraktivsten Skiregionen in den österreichischen Alpen geschaffen. Ein (mit dem Zillertaler Superskipaß) kostenloser Bus- und Zillertalbahnverkehr sorgen dafür, daß die Abo-Besitzer von einem Skizirkus zum anderen pendeln und ihr Auto umweltbewußt stehen lassen können.
Trotz ihres Expansionsdrangs sind die Zillertaler bodenständig und traditionsbewußt geblieben. Das gilt nicht zuletzt für die Preise, die meist vernünftig kalkuliert sind; und weil zudem für die Kleinen viele Sonderaktionen veranstaltet werden, kann man das Zillertal guten Gewissens als familienfreundlich bezeichnen.

Fügen

Am Eingang des 54 km langen Tals, nur 8 km von der Inntal-Autobahn entfernt, liegt Fügen (545 m). Vom Hausberg, dem Spieljoch (1920 m), führt eine 7,5 km lange Abfahrt ins Tal, die immerhin 1500 Höhenmeter bringt, wenn man an der Endstation des Onkeljoch-Lifts startet. Der Super-Run über natürlich coupierte Almwiesen im unteren Teil ist in voller Länge meist nur im Hochwinter, wenn die Schneedecke ausreicht, ein Hochgenuß.
In der Regel spielt sich der Skibetrieb in Höhenlagen zwischen 1500 und 2050 m an den abwechslungsreichen Hängen (für Anfänger und Fortgeschrittene geeignet) um das Onkeljoch, die Geolsalm und die Skihütte ab. Nachdem die Abfahrt ausgebaut und die Kapazität der Spieljoch-Einseilumlaufbahn gesteigert wurde, lassen es die Pistenflitzer auch gerne bis zur Mittelstation durchlaufen und können dabei mehr als 850 Höhenmeter mit einer Abfahrt sammeln. Auch ohne Brettl wird Sportliches im Dorf geboten: in der Loipe, auf der Rodelbahn und auf dem Eis. Bei der Festhalle und im Ortsteil Kleinboden werden das Schlittschuhlaufen und Eisstockschießen gepflegt. Letztere Sportart brachte den Fügenern vor dem Zweiten Weltkrieg eine Goldmedaille ein – eine Ruhmestat, die zum Leidwesen der Einheimischen noch weniger bekannt ist als eine kulturelle Leistung: Die örtlichen »Rainer-Sänger« waren es nämlich, die das Weihnachtslied »Stille Nacht« in aller Welt verbreiteten. Die Discos im Ort und preiswerte Quartiere in den umliegenden dörflichen Gemeinden ziehen viel Jungvolk an.

Hochfügen

Wer nur Skifahren im Sinn hat, sollte den eine Etage höher gelegenen Ortsteil der Gemeinde Fügenberg, Hochfügen, ansteuern. Zwischen 1500 und 2400 Metern Höhe hat sich ein Lift- und Pistenzirkus etabliert, der als Schneeloch bekannt ist und erst am 1. Mai mit dem traditionellen Seilrennen Sommerpause macht.
Für die 12 Kilometer lange Zufahrtsstraße, auf der an einigen Stellen die Busse mit den Tagesausflüglern nur mühsam passieren können, sollte man sicherheitshalber Schneeketten einpacken.
Auf der sonnigen Holzalm und den gegenüberliegenden Pisten am Pfaffenbühel und an der Lamarkalm geht Cracks nur selten der Atem aus. Nach Luft ringen müssen Schwachbrüstige nur in den Buckeln auf den unpräparierten Hängen neben dem Lamarklift, die absichtlich nicht gewalzt werden, um den Variantenfans auch im Pistenbereich Interessantes bieten zu können. Ein riesiger Parkplatz, vollgestopft mit Autos, hat übrigens noch lange keine Wartezeiten an den Liften zur Folge, weil Doppelsessel- und Schleppanlagen mit enormem Tempo die Skifahrer auf die Pisten verteilen.

Skizentrum Hochzillertal

Von Fügen sieben Kilometer taleinwärts gibt es ein weites baumloses Schneeareal oberhalb der Waldgrenze, auf das die Wintersportmanager schon lange ein Auge geworfen hatten. Anfang der achtziger Jahre war es dann so weit: Die ersten Skifahrer konnten sich mit Aufzügen zu den weißen Hängen unterhalb des Gedrechters (2217 m) hieven lassen. Zugleich fiel den Werbestrategen ein moderner, zugkräftiger Name ein: »Skizentrum Hochzillertal« tauften sie das 70 Hektar große Skigebiet.
Der Einstieg liegt in Kaltenbach, wo eine Einseilumlaufbahn startet, die über zwei Sektionen stündlich 1600 Brettl- und Bräunungsfans zu ihrem Lieblingstreff bringt. Dieser liegt zwischen 1750 und 2300 Meter Höhe auf einer Sonnenterrasse mit grandiosem Panoramablick und ist mit ei-

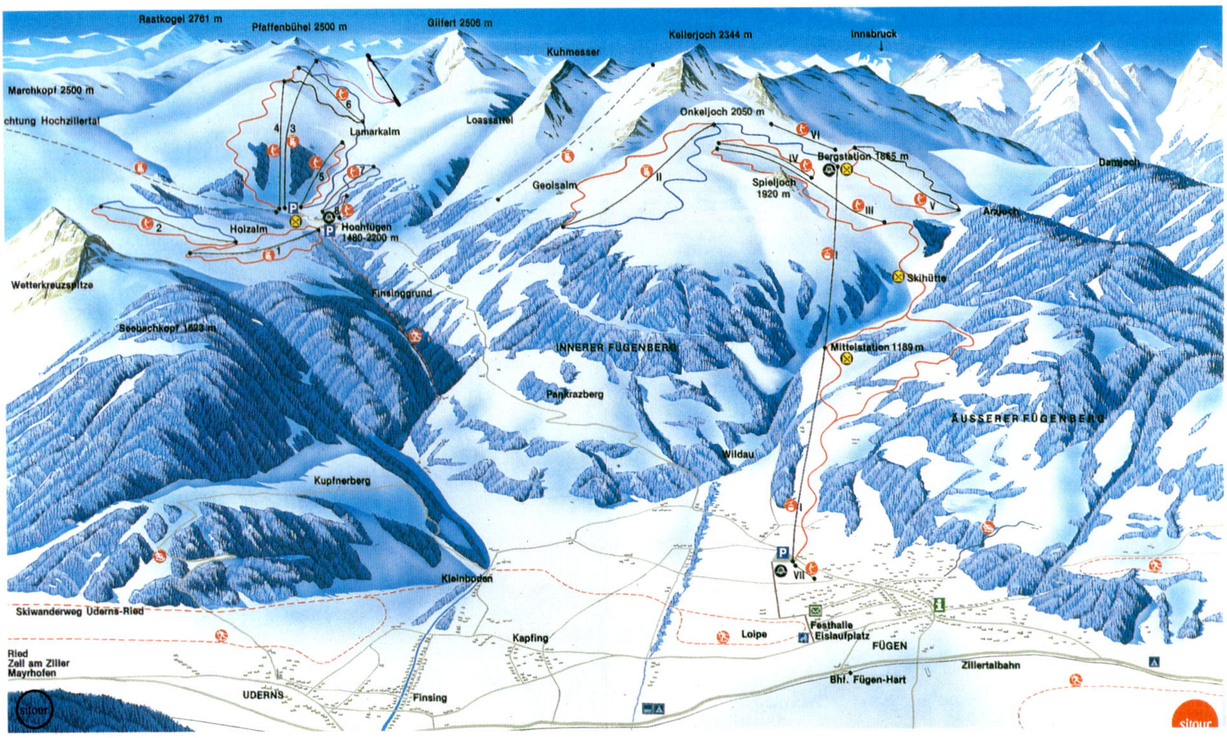

nem dichten Netz von Pisten und Liften bestückt. Da das Gelände für jede Könnensstufe etwas bietet, fällt es in die Kategorie der Familienskigebiete.
Die längste Abfahrt wird mit 12 Kilometer angegeben – wenn die Schneedecke bis ins Tal reicht. Bisher vergeblich streckten die Kaltenbacher ihre Fühler aus, ob die Nachbarn nicht mit ihnen zusammenspielen möchten: Allzu gerne würde man eine Skischaukel hinüber nach Hochfügen bei den Baubehörden durchboxen.
Langläufer spuren auf der Höhenloipe oder im Tal.

Zell am Ziller

So ziemlich in der Mitte des Zillertals, 24 Kilometer von der Autobahnausfahrt entfernt, liegt Zell am Ziller. Als Sitz des Bezirksgerichts und der ältesten Brauerei Tirols (seit dem 15. Jahrhundert wird der edle Gerstensaft hergestellt) kommt dem fast 4000 Einwohner zählenden Ort eine besondere Bedeutung zu – nicht zuletzt auch wegen seiner Lage an der Einmündung des Gerlostals, der direktesten Verbindung ins Salzburger Land.
In den letzten Jahren hat sich der Ort immer mehr zu einem Zentrum der Brettlsportler entwickelt, das sich kurz und bündig »Ski-Zell« nennt. Das Skigebiet in Zahlen: 2 Berge mit Seilbahnen, Sessel-, Schlepp- und Übungsliften, 40 Kilometer Pisten und reichlich Tiefschneehängen, drei Rennstrecken mit elektronischer Zeitmessung (Münzeinwurf).
Zell am Ziller zählt nicht nur aufgrund des Skigeländes zu den familienfreundlichen Wintersportorten, sondern auch wegen der preisgünstigen Unterkunftsmöglichkeiten. Die meisten Gästebetten stehen in Privatquartieren. Auch das Sport- und Unterhaltungsprogramm ist eine bunte Mischung für Jung und Alt: Gleitschirmfliegen und Pferdeschlittenfahrten werden geboten; vom Schlittenstadl führt eine Rodelbahn nach Hainzenberg; 25 Kilometer Loipen werden gespurt.

Kreuzjoch

Das Skirevier am Kreuzjoch mit seinem höchsten Punkt in 2400 m Höhe zeichnet sich durch sanfte, mittelschwere Hänge aus, die außer der schwarzen Abfahrt von der Karspitze (die wohl wegen eines attraktiven Allround-Angebots in die schwere Kategorie eingeordnet wurde) sowie zwei Skiwegen alle jenseits der Baumgrenze liegen. Mittendrin in 1744 m Höhe das Bergrestaurant Rosenalm und Simons Skistadl, beliebtes Drehkreuz für Jausen- und Sonnenhungrige. Der letzte Einkehrschwung wird im allgemeinen vor der Wiesenalm (1300 m) oder der Gründlalm (1023 m) gemacht. Eine Piste ins Tal gibt es vor allem wegen einer Bergstraße nicht, die man bei der Abfahrt zweimal kreuzen müßte. Zurück zur Talstation geht's deshalb mit der Kreuzjochbahngondel. Die Liftunternehmer möchten indes auf der Rückseite des Kreuzjochs ans Skigebiet von Gerlos anschließen – Pläne, gegen welche die Liebhaber des Tourenreviers der »Wilden Krimml« heftig protestieren.

Gerlosstein

Der zweite Zeller Skiberg ist der Gerlosstein (1830 m), den man nach vier Kilometern auf der Bergstraße zum Gerlospaß (u. U. Kettenpflicht) von Hainzenberg erreicht. Dort wurde die altersschwache Bergbahn gegen ein modernes technisches Unikum ausgetauscht – die erste Tandem-Seilbahn der Welt: zwei hintereinander gehängte Kabinen, in denen insgesamt 54 Skifahrer Platz haben.
Auf den Pisten zu Füßen der eindrucksvollen Felswand des Gerlossteins – am Arbiskogel- und Lärchkopflift – kommen auch Anfänger gut zurecht. Auf den Talabfahrten werden sie jedoch Schwierigkeiten haben. Eine mittelschwere Piste ist vom Arbiskogel (1830 m) zur Sonnalm (1350 m) angelegt. Von dort aus führen eine eher schwierige Abfahrt und ein leichter Skiweg zur Talstation in Hainzenberg. Von der Sonnalm kann man auch mit dem Ramsberglift ins Tal gelangen, hier ist wegen der meist zu geringen Schneelage eine Abfahrt nach Ramsau kaum möglich.

Gemütliches, familienfreundliches Skigebiet

Die Skiabfahrt nach Ramsau ist mangels Schneemasse selten möglich; bergab (und auch aufwärts) geht es

Die aus zwei aneinandergekoppelten Gondeln bestehende Tandem-Seilbahn führt von Hainzenberg auf den Gerlosstein.

mit dem gemütlichen Ramsberglift im Einersessel.

Mayrhofen

Bekanntester und größter Ort des Zillertals ist Mayrhofen, das am Talschluß (630 m) liegt, dort, wo sich das Zillertal in vier Seitentäler – Gründe genannt – aufteilt.
Seit mehr als 100 Jahren ist Mayrhofen weit über die Landesgrenzen hinaus als Bergsteiger- und Wanderzentrum bekannt. Auch der Wintertourismus hat Tradition. Tourengeher schlagen noch heute gerne ihr »Basislager« in einem der gemütlichen Gasthöfe im Ort auf. Nicht von ungefähr ist der berühmte Bergsteiger und Everestbezwinger Peter Habeler in Mayrhofen daheim, ist Leiter einer Skischule und führt als Leiter der Alpinschule Zillertal auch persönlich seine Gäste. Eine andere Sportprominenz ist die Familie Spieß, deren Sproß Uli, einst erfolgreicher Rennläufer, eine Skischule übernommen hat.
Wen wundert's, daß solch alpiner Glanz das (Ski-)Volk anzieht. Aus allen Herren Ländern kommen sie angereist, auch viele junge Leute, weil in Mayrhofen Tag und Nacht »action« angesagt ist. Dabei haben die Fremdenverkehrsmanager auch ein großes Herz für Kinder und sich für die Kleinen viele Spezialprogramme ausgedacht. Dank einer Schnellstraße, die an Mayrhofen vorbeiführt, können die Gäste im Ortszentrum ungestört den Schaufenster- und Aprèsbummel genießen.
Das Besondere für Skifahrer: Beide Seiten des Tals sind mit Liftanlagen erschlossen – auf der einen Seite der Ahorn, gegenüber Penken, Horberg und Gerent.
Mit einer Kabinenbahn erreicht man das ideale Übungsgelände am Ahorn, das nach dem Ausbau des Penken etwas in der Publikumsgunst verloren hat. Wenn genügend Schnee liegt, ist die Große Filzenabfahrt mit 1350 Meter Höhenunterschied nicht zu verachten.
Vis-à-vis der Penken, Mayrhofens Hausberg, das zentrale Skirevier. Von drei Seiten werden die Brettlsportler und Sonnenfans auf die rund 2100 Meter hohe Schneekuppel gebaggert: mit einer Kabinenbahn direkt aus der Ortsmitte und mit zwei Umlaufgondelanlagen (der Finkenberg- und der Horbergbahn). Dicht geknüpft spannt sich das Netz der Pisten und Lifttrassen um das Halbrund des glatzköpfigen Skibergs. Das flache Schneeplateau zwischen Gschößberg und Penkenjoch ist eine herrliche Spielwiese für Anfänger.
Die Hänge beim Knorren- und Lärchenwaldlift, die im Horbergtal münden, sind ideal für die Mittelklasse. Der schattige Nordhang mit seinen oft pulvrigen Buckeln ist eine Freude für Skiartisten.
Der gegenüberliegende Gerent ist äußerst rassig. Von der 2250 Meter hohen Bergstation des Schafskopf-Doppelsessellifts kann man sich durch eine rabenschwarze Buckelpiste kämpfen, die viele auf einem Skiweg umfahren. Meist bleibt nichts anderes übrig, als von der Bergstation (1650 m) mit der Horbergbahn nach Schwendau abzufahren, denn die markierte Sikiroute ins Tal ist nicht jedermanns Sache; sie führt durch den Wald, der wie ein »haariger« Kranz die blanken Schneeköpfe des Skireviers umsäumt und ein natürliches Hindernis für talwärts steuernde Skipiloten bildet.

Finkenberg

Rund 200 Höhenmeter trennen Mayrhofen von Finkenberg, das – wenn man den Tuxerbach als Richtschnur nimmt – eigentlich zum Tuxertal gehört, aber gerne mit Mayrhofen in einem Atemzug genannt wird. Das liegt nicht zuletzt daran, daß man sich mit den Nachbarn im Parterre das Skigebiet auf dem Penken teilt. Selbst von drunten im Tal kommen sie, um mit den Vierergondeln der Finkenberger Almbahn mit Volldampf und ohne Stau an der Talstation die Skihänge anzusteuern. Weil im Dorf, das sich entlang der Straße an den Berg schlängelt, kein Platz für die vielen Autos ist, hat man für sie eine Tiefgarage gebaut, in der die Blechlawine verschwindet.
Die Abfahrten, auf denen Leonhard Stock, Olympiasieger von Lake Placid und heute Hotelier, die ersten Bogerl übte, sind zwar kein Kinderspiel. Aber mehr als die »mittlere Reife«

Wo das Zillertal sich in vier Täler teilt: Mayrhofen vor dem Hintergrund der Zillertaler Alpen.

wird auf der Piste entlang dem Katzenmooslift und auf den Hängen unter der Doppelsesselanlage, die in 1750 Meter Höhe startet, auch nicht verlangt. Der Ziehweg zurück zur Talstation ist mühsam und nur bei genügend Schnee zu empfehlen.

Tuxer Tal

Das Tuxer Tal, quasi der Wurmfortsatz des Zillertals, der sich von Vorderlanersbach (1300 m) zehn Kilometer bis nach Hintertux (1500 m) hinzieht, ist ein Hochtal. Schnee finden die Skifahrer deshalb nicht nur in der mit Liften erschlossenen Gletscherregion, sondern meist auch reichlich vor der Hoteltür. Das hat für Kinder und Anfänger den Vorteil, daß sie sich nicht lange auf den Berg hieven lassen müssen, sondern an den Babyliften im Tal üben können.
Das Wintersportgebiet blieb weitgehend von Hektik und Skirummel verschont und konnte viel von seinem älplerischen Charme und seiner Gemütlichkeit bewahren. Weder häßliche Betonklötze noch Appartementsilos verschandeln die Landschaft. Die alten Bauernhäuser wurden unter Denkmalschutz gestellt. Die Preise sind nicht übertrieben, so daß das Urlaubsbudget für die ganze Familie reicht.
Ein Ortsschild mit dem Namen Tux sucht der Gast vergeblich. Aber hat er nicht gelesen, daß die »Gemeinde Tux« mehr als 1700 Einwohner hat und im Winter rund 4000 Fremdenbetten, davon 1000 in Privatquartieren, vermietet? Des Rätsels Lösung: Tux ist der Verwaltungsname der Gemeinde, zu der sich die fünf Weiler im Tal – Vorderlanersbach, Lanersbach, Juns, Madseit und Hintertux – zusammengeschlossen haben.

Eggalm

Vom Hauptort Lanersbach erreicht man mit einem Doppelsessellift das Familienskigebiet der Eggalm (1970 m) mit weiten, baumlosen Hängen. Wer Buckel sucht, tobt sich am Nordhang der Eggalm aus.

Lämmerbichl

Im zweiten Skigebiet, dem Lämmerbichl (2150 m), bricht Anfängern auf den relativ flachen, sonnenüberfluteten Hängen unterhalb des Rastkogels nicht der Angstschweiß aus. Einen Haken hat der Lämmerbichl: Es gibt keine direkte Abfahrt nach Vorderlanersbach. Der Weg ins Tal führt nur über die Skischaukel der Eggalm. Wer gern Felle unter die Brettl klebt, kann grandiose Skigipfel stürmen.

Hintertuxer Gletscher

Schwindelige Höhen erreichen die Berggipfel am Ende des Tals, wo Olperer (3476 m) und Gefrorene-Wand-Spitze (3286 m) eine gigantische Kulisse aus ewigem Eis und Schnee bilden. Davor liegt auf dem Tuxer Ferner eins der abwechslungsreichsten Gletscherskireviere, das mit schnellen Schußstücken und Steilhängen auch Trainingsgebiet zahlreicher Ski-Nationalmannschaften ist, wo aber auch zaghafte Brettlrutscher den richtigen Bogen rasch raushaben.

Vorteilhaft umsteigen

Der höchste Punkt in 3250 Meter Höhe wird von Hintertux erreicht. Mit zwei Umlaufseilbahnen und einigen Sessel- und Schleppliften werden die Skifans in vier Etappen mit dreimaligem Umsteigen in das Schneerevier transportiert. Dreimal Umsteigen erscheint zwar etwas kompliziert, hat aber den Vorteil, daß sich die Skifahrer besser verteilen.
Neuerdings können die Gletscherflitzer auch auf der sonnigen Rückseite Richtung Schlegeistal hinunterwedeln. An den beiden Kaserer-Liften und an der Lärmstange ist ein Skigelände erschlossen, in dem auch Buckelfreaks zum Zuge kommen. Das Paradestück aber ist die Abfahrt von der Endstation des Gefrorene-Wand-Lifts (3250 m) bis ins Tal – mit zwölf Kilometer Länge und 1750 Meter Höhenunterschied.
Wem die Höhenluft auf dem Gletscher zu dünn ist, steigt bereits an der Sommerbergalm aus (Bergrestaurant) und hat den Anschluß zu den Liften aufs Tuxer Joch (2313 m) mit einem Skigelände, das auch Brettlneulinge vor keine Probleme stellt. Standfest sollte man für die enge Talabfahrt sein. ▶

Zillertal auf einen Blick

Skigebiete 550–3286 m

Einwohner: 28 000
Gästebetten: 42 800

Saison: Anfang Dezember bis Ende April
Ganzjahresskigebiet Tuxer Gletscher

Wichtige Telefonnummern
Schneetelefon Hochfügen 05280/204;
Spieljoch 05288/2991;
Kaltenbach/Hochzillertal 05283/3232;
Zell am Ziller Kreuzjoch 05282/716626;
Hippach 05282/2720;
Mayrhofen 05285/2373;
Finkenberg 05285/3891;
Vorderlanersbach, Lanersbach, Hintertux 05287/207
Lawinenwarndienst 0512/1587
Straßenzustandsbericht von Tirol 05282/19
Landesvorwahlnummer siehe Seite 608

Ski alpin Testnote ✻✻✻✻✻

Zillertaler Skigebiete gesamt
355 km präparierte Abfahrten
Längste Abfahrt: Talabfahrt Gefrorene Wand II nach Hintertux, 12 km Länge, 1750 m Höhenunterschied, schwer/mittel
Liftkapazität: 161 150 Pers./Std.
114 Aufstiegsanlagen
plus 9 Übungslifte im Tal

Gültigkeitsbereich Zillertaler Superskipaß (Zillertal, Kramsach, Gerlos-Königsleiten)
428 km präparierte Abfahrten
Liftkapazität: 192 750 Pers./Std.
154 Aufstiegsanlagen (inkl. der 9 Übungslifte im Zillertal)

Skigebiet Spieljoch (mit Onkeljoch), Fügen
21 km präparierte Abfahrten:
19 km mittel, 2 km leicht
Liftkapazität: 11 000 Pers./Std.
4 2 2

Skigebiet Hochfügen, Fügen
24 km präparierte Abfahrten:
17 km mittel, 7 km leicht
Liftkapazität: 11 000 Pers./Std.
8 2

Skigebiet Hochzillertal, Kaltenbach
59 km präparierte Abfahrten:
9 km schwer, 30 km mittel, 20 km leicht
Snowboard-Halfpipe
Liftkapazität: 18 000 Pers./Std.
9 3 2

Skigebiet Ski Zell, Zell am Ziller (Kreuzjoch, Gerlosstein, Sonnalm)
45 km präparierte Abfahrten:
3 km schwer, 37 km mittel, 5 km leicht
Liftkapazität: 21 000 Pers./Std.
13 6 2 1

Skigebiet Penken (mit Horberg und Gerent), Mayrhofen
50 km präparierte Abfahrten:
10 km schwer, 27 km mittel, 13 km leicht
Liftkapazität: 25 000 Pers./Std.
12 6 2 1

Skigebiet Penken, Finkenberg
26 km präparierte Abfahrten:
22 km mittel, 4 km leicht
Liftkapazität: 7850 Pers./Std.
4 3 1

Skigebiet Ahorn, Mayrhofen
15 km präparierte Abfahrten:
5 km schwer, 3 km mittel, 7 km leicht
Längste Abfahrt: Filzen-Abfahrt, 5 km Länge, 1300 m Höhenunterschied, schwer
Liftkapazität: 5800 Pers./Std.
5 1 1

Skigebiet Lämmerbichl, Vorderlanersbach (Rastkogelbahnen)
14 km präparierte Abfahrten:
5 km mittel, 9 km leicht
Liftkapazität: 6100 Pers./Std.
1 2 1

Skigebiet Eggalm, Lanersbach
19 km präparierte Abfahrten:
13 km mittel, 6 km leicht
Liftkapazität: 9000 Pers./Std.
5 2 1

Skigebiet Sommerbergalm, Hintertux
7 km präparierte Abfahrten:
5 km mittel, 2 km leicht
Liftkapazität: 2500 Pers./Std.
2 2

Skigebiet Tuxer Gletscher, Hintertux
75 km präparierte Abfahrten:
7 km schwer, 44 km mittel, 24 km leicht
Snowboard-Halfpipe
Liftkapazität: 19 500 Pers./Std.
7 7 2

Skipaß-Preise siehe Beilage

Tiefschneeabfahrten und Skirouten:
Hintertux Schwarze Pfanne, Lärmstange
Vorderlanersbach Wangl-Lämmerbichl
Lanersbach Grüblspitze-Juns
Mayrhofen Skiroute Schafskopf
Skischulen: 18 mit ca. 700 Skilehrern

Langlauf Testnote ✻✻✻

ca. 150 Loipenkilometer; Loipenverbund Mayrhofen – Hippach – Zell/Zillertal, 56 km Fügen Loipen nach Ried 10 km, nach Schlitters 10 km, Höhenloipe (1480–1700 m, Hochfügen), 9 km Fügenberg 6 km Hintertux keine Loipen Lanersbach Höhenloipe Tuxertal (1300–1450 m) 18 km Mayrhofen 20 km (leicht); die Birnerloipe (630 m, 1,5 km) ist täglich bis 22 Uhr beleuchtet Hippach 21 km (je 7 km schwierig, mittel, leicht), höchste Loipe: Schwendau (600–630 m), 5,5 km, mittel; die Loipe Bühel (600 m, 1,5 km) ist täglich nachts beleuchtet Zell a. Z. 20 km (leicht); Regionalloipe Zell – Mayrhofen – Zell (580–680 m), 16 km Ried 5 km Kaltenbach 15 km (4 km schwierig, 4 km mittel, 7 km leicht); Loipe nach Aschau (650 m), 6 km; höchste Loipe im Skigebiet Hochzillertal (1850 m), 5 km Finkenberg keine Loipen.
In allen Orten Langlaufunterricht

Weitere Sportmöglichkeiten

Après-Ski

Sportliche Veranstaltungen
Stefanie Nachtskispringen (Mayrhofen, 26. Dez. 93), Franz Aschenwald Gedenkspringen (Mayrhofen, 3. März 94), Intern. FIS-Skitage (Zell a. Z., Anfang April 94), Seilrennen (Hochfügen, jedes Jahr am 1. Mai)

Anreise

Inntal-Autobahn (Ausfahrt Wiesing/Zillertal) oder München, Bad Tölz bzw. Tegernsee, Achenpaß. Bahnstation ist Jenbach, von dort Bus- oder Zillertalbahnverbindungen bis Mayrhofen, weiter mit Postautolinie bis Hintertux.
Entfernungen von KA: 453 km, S: 385 km, UL: 304 km, M: 149 km

Hotelempfehlungen: Seite 541–585

Direkt auf den Penken führt ab der Wintersaison 1994/95 eine Achtergondel-Zweiseilumlaufbahn von Mayrhofen aus (Start hinter dem Zillertalbahn-Bahnhof). Länge: 3920 Meter, Höhendifferenz: 1370 Meter, Geschwindigkeit: 6 Meter pro Sekunde, Fahrzeit: 13 Minuten.
Spezial-Rennkurse geben Andreas und Ferdinand (ehemalige Rennläufer) nur nach Voranmeldung in der Skischule Lechner (Zell a. Z., Tel. 05282/3164, Fax 4374).
Komfortverbesserungen gibt es in den Skigebieten Lanersbach und Hintertux: Zur Eggalm fährt eine neue Vier-Personen-Gondelbahn (mit 1515 Metern Länge), auf die Lattenalm ein neuer Doppelsessellift (mit 1065 Meter Länge) und zum Tuxerjoch eine neue Vierersesselbahn (mit 1295 Meter Länge). Die beiden letzten Bahnen (mit geräuscharmem Unterflurantrieb wie die Gondelbahn) sind ein Ersatz für bisherige veraltete Anlagen.

Fügen/Fügenberg

PLZ: A-6263 **Ortsvorwahl:** 05288
Verkehrsbüro: Dorfplatz 300, Tel. 2262, Telefax 3070
Einwohner: 3700 **Gästebetten:** 4700

Skischule: Kostenzer, Hochfügener Str. 417, Tel. 3385; Total, Peter Posch, Hochfügener Str. 309, Tel. 2233
Kinder: Gästekindergarten ab 3 Jahre (ca. öS 510/Tag inkl. Mittagessen); Skischule ab 4 Jahre (ca. öS 1780/Woche inkl. Mittagessen)
Après-Ski: *Disco* Badwandl, Fügen 306, Tel. 2397; Palette, Fügen 108, Tel. 2022, Zillertal Tenne, Fügen 411, Tel. 3011
5-Uhr-Tee mit Tanz in den Hotels Kohlerhof, Tel. 2962; Elisabeth, Tel. 2972; Spieljoch, Tel. 3365
Heimatmuseum bei der Pfarrkirche, montags von 16.30 bis 18 Uhr geöffnet

Hochfügen

PLZ: A-6263 **Ortsvorwahl:** 05280
Verkehrsbüro: in Fügen, siehe Fügen/Fügenberg
Einwohner: keine ständigen Einwohner
Gästebetten: im Winter 500
Skischule: Kostenzer, Hochfügen 1, Tel. 211; Total, Peter Posch, siehe Fügen/Fügenberg
Kinder: kein Gästekindergarten; Skischule ab 4 Jahre (siehe Fügen/Fügenberg)
Après-Ski: *Disco* Alexander im Hotel Lamark, Haus Nr. 5, Tel. 225
Schwimmen: öffentliches Hallenbad im Hotel Lamark, Haus Nr. 5, Tel. 225

Ried

PLZ: A-6272 **Ortsvorwahl:** 05283
Verkehrsbüro: Tel. 2307, Fax 3260
Einwohner: 850 **Gästebetten:** 1558

Kinder: siehe Kaltenbach

Schwimmen: öffentliches Hallenbad im Hotel Almhof, Tel. 2374

Kaltenbach

PLZ: A-6272 **Ortsvorwahl:** 05283
Verkehrsbüro: Tel. 2218, Fax 2885
Einwohner: 1010 **Gästebetten:** 1144

Skischulen: Hochzillertal, Tel. 2822; Optimal, Tel. 2069
Kinder: kein Gästekindergarten; Skischule ab 3–4 Jahre (ca. öS 1720/6 Tage inkl. Mittagessen)
Après-Ski: *Disco* Finale, Tel. 2121; Evergreen-Bar, Tel. 2121; Lift Marie, Tel. 2223; Trend-Pub, Tel. 2219, Pavillon, Tel. 3343; Country-Bar und Vis-à-Vis-Bar, Tel. 2121

Eislauf: bei der Tennishalle, Tel. 2218
Tennis und Squash: Tel. 2111
Schwimmen: öffentliches Hallenbad im Hotel Seetal, Tel. 2713

Zell am Ziller

PLZ: A-6280 **Ortsvorwahl:** 05282
Verkehrsbüro: Dorfplatz 3, Tel. 2281, Telefax 2281-80
Einwohner: 3500 **Gästebetten:** 5000

Skischule: Lechner, Gerlosstr. 7, Tel. 3164 oder 2689; Pro Zell Zillertal, Unterdorf 5, Tel. 3516
Kinder: Kinderbetreuung ab Baby (Tel. 3516, ca. öS 150/Halbtag); Gästekindergarten ab 3 Jahre (ca. öS 180/Halbtag, 330/Ganztag inkl. Mittagessen); Skischule ab 3–4 Jahre (ca. öS 1890/Woche inkl. Mittagessen)
Après-Ski: *Disco* Toni-Keller, Tel. 2286; Weinlokal »Reblaus«, Tel. 2227
Club 6280, Tel. 3003;
Après-Ski-Tanz im Café Reiter, Tel. 2289
Eislauf: Natureisplatz, Auskünfte im Verkehrsbüro, Tel. 2281
Schwimmen: öffentliches Hallenbad im Hotel Zapfenhof, Zellbergeben 38, Tel. 2349, Pension Aufeld, Tel. 7123
Reiten: Neuner, Tel. 3660

Hainzenberg

PLZ: A-6280 **Ortsvorwahl:** 05282
Verkehrsbüro: Tel. 2279
Einwohner: 520 **Gästebetten:** 700

Skischule: Fleidl, Jörglerhof, Tel. 3429

Rodeln: Happy-Rodeln (mit Autoreifen) beim Jörglerhof, Tel. 3429

Mayrhofen

PLZ: A-6290 **Ortsvorwahl:** 05285
Verkehrsbüro: Durster Str. 225, Tel. 2305
Telefax 4116-33
Einwohner: 3600 **Gästebetten:** 8125

Skischulen: Uli Spieß, Hauptstraße 477, gegenüber der Penken-Bahn, Tel. 2795; Gager (Leiter: Peter Habeler), Hauptstr. 471 a, Tel. 3800; Mayrhofen Total, Max Rahm, Hauptstr. 455, Tel. 3939
Kinder: Gästekindergarten mit Baby-Krippe ab 3 Monate (Wuppy's Kinderland, Waldbadstr. 539, Tel. 3612; ca. öS 150/Halbtag, 350/Ganztag inkl. Mittagessen); Skischule ab 4 Jahre (ca. öS 1900/6 Tage inkl. Mittagessen)
Après-Ski: *5-Uhr-Tee mit Tanz* Hotel Neue Post, Tel. 2131
Treffpunkt Schlüssel-Dancing, Tel. 2232; Movie-Bar, Tel. 2203-311; Scotland-Yard, Tel. 2339; Siglu-Pub, Tel. 2929-666; Berghof-Disco, Tel. 2254
Veranstaltungszentrum Europahaus, Tel. 2950 (wöchentlicher Veranstaltungskalender beim Fremdenverkehrsbüro, Tel. 2305)
Kino Neuhaus-Lichtspiele, Am Marktplatz 201, Tel. 2222

Eislauf: Eislaufplatz, Waldbadstr. 556, Tel. 2606-20
Tennis und Squash: Hotel Berghof, Durster Str. 220, Tel. 2254; Sporthotel Strass, Tel. 2828 oder 2205 (nur Squash)
Schwimmen: Erlebnisbad, Waldbadstr., Tel. 2559
Reiten: Reitstall Wechselberger, Rauchenwald 660, Tel. 3350

Finkenberg

PLZ: A-6292 **Ortsvorwahl:** 05285
Verkehrsbüro: Tel. 2673, Telefax 2962
Einwohner: 1450 **Gästebetten:** 2470

Skischulen: Klaus Kröll, Talstation der Almbahn, Tel. 3954 oder 3493; Sunny, Franz Stock, Tel. 2671 oder 2101
Kinder: kein Gästekindergarten; Skischule ab 4 Jahre (ca. öS 1900/6 Tage inkl. Mittagessen)
Après-Ski: *Disco* Fink'n, Tel. 2039-12; Laternd'l Pub, Tel. 3772; Café-Bar Moskito, Tel. 3052
Volksbühne Finkenberg, Termine und Programm beim Verkehrsbüro, Tel. 2673

Eislauf: Natureislaufplatz, Ortsteil Dorf, Tel. 2081

Hippach

PLZ: A-6283 **Ortsvorwahl:** 05282
Verkehrsbüro: Tel. 3630 oder 2593, Telefax 259310
Einwohner: 1300 **Gästebetten:** 2120

Skischule: Fankhauser, Augasse 5, Tel. 3386
Kinder: Gästekindergarten ab 4 Jahre (ca. öS 570/Tag inkl. Mittagessen); Skischule ab 4 Jahre (ca. öS 1900/Woche inkl. Mittagessen)
Après-Ski: *Disco* Treff, Tel. 3614; Fuchslöchl, Tel. 05285/2519

Eislauf: Eislaufplatz, Lindenstraße, Tel. 3154
Schwimmen: öffentliches Hallenbad im Gasthof Ramsauerhof, Ramsau 67, Tel. 3663
Reiten: Kiendlerhof, Schormis 100, Tel. 3660

Blick von der Lämmerbichlalm ins Tuxertal mit Lanersbach und zum Tuxer Gletscher.

Lanersbach

PLZ: A-6293 **Ortsvorwahl:** 05287
Verkehrsbüro: Tourismusverband Tux, Tel. 606, Telefax 624
Einwohner: 1800 **Gästebetten:** 4900

Skischule: Wechselberger, Haus Nr. 342, Tel. 240
Kinder: Gästekindergarten ab 2 Jahre (ca. öS 160/Halbtag, 240/Ganztag inkl. Mittagessen); Skischule ab 4 Jahre (ca. öS 1790/Woche inkl. Mittagessen)
Après-Ski: *Disco* Almbar Unterwirt, Haus Nr. 373, Tel. 655; Lodn-Walk-Keller, Haus Nr. 363, Tel. 263; Taverne, Vorderlanersbach Nr. 224, Tel. 431
5-Uhr-Tee mit Tanz Dorfstube, Haus Nr. 331, Tel. 704;
Treffpunkt Schirmbar, Haus Nr. 185, Tel. 211; Pfiff, Haus Nr. 185, Tel. 211; Joggls Einkehr, Haus Nr. 357, Tel. 234
Museum auf der Höllensteinhütte (1700 m hoch, eine Stunde Fußweg, Rückweg auch per Rodel auf der 5 km langen Rodelstrekke), Tel. 238
Eislauf: Natureislaufplatz, Haus Nr. 278, Tel. 385
Schwimmen: öffentliche Hallenbäder im Gasthof Forelle, Haus Nr. 217, Tel. 214

Hintertux

PLZ: A-6294 **Ortsvorwahl:** 05287
Verkehrsbüro: Tourismusverband Tux, Tel. 606, Telefax 624
Einwohner: 250 **Gästebetten:** 1300

Skischule: Pichlsberger, Haus Nr. 578, Tel. 363
Kinder: kein Gästekindergarten; Skischule ab 4 Jahre (ca. öS 1670/5 Tage inkl. Mittagessen)
Après-Ski: *Disco* Almbar, Haus Nr. 594, Tel. 501; Batzenkeller, Haus Nr. 568, Tel. 312
5-Uhr-Tee mit Tanz Café Kaiserbründl, Haus Nr. 588, Tel. 318;
Café Tuxerstübl, Haus Nr. 578, Tel. 363

Gerlos

Der kleine Ort in einem Seitenarm des Zillertals kann sich glücklich schätzen. Wegen der Höhenlage von rund 1250 Metern gibt es kaum Schneeprobleme.

Die Schneeketten gehören auf jeden Fall in den Kofferraum, wenn man nach **Gerlos** fährt. Sonst kann es passieren, daß man unterwegs liegen bleibt – ganz gleich, ob man aus dem Zillertal oder über den Paß Thurn und Mittersill anreist. Doch das mühsame Kurvenfahren lohnt sich.
Das Skirevier mit besonders familienfreundlichen Abfahrten liegt an den Südflanken des Ißkogel. Es ist bei Eltern und Kindern vor allem wegen seiner sanften, weiten, baumfreien Abfahrten beliebt. Von der Terrasse des Selbstbedienungsrestaurants an der Mittelstation hat man an sonnigen Tagen einen einmaligen Blick auf die Zillertaler Alpen sowie auf das schräg gegenüber auf der anderen Talseite liegende zweite Skigebiet von Gerlos Fürstalm unterhalb des Arbiskogel. Die Talstation etwa einen Kilometer westlich des Ortes erreicht man mit einem kostenlosen Skibus. Zur Mittelstation, wo ein Bergrestaurant steht, geht es per Doppelsesselbahn; von dort transportieren zwei Schlepper die Skifahrer weiter hinauf in Richtung Arbiskogel und Kirchenspitze. Die weiten, nahezu baumfreien Hänge sind ebenfalls in erster Linie für Familien wie geschaffen. Anspruchsvoller und schwieriger ist lediglich die Talabfahrt durch den Bergwald. Dank der guten Pistenpflege läßt sie sich aber auch von schwächeren Fahrern problemlos meistern, so daß niemand mit dem Sessellift hinunterschweben muß. Eine weitere Abfahrt in diesem Skigebiet ins Tal nach Gerlos ist im Gespräch: vom Arbiskogel in Ostrichtung durch das Schönachtal bis zum Ortsrand. Durch eine Unterführung soll dann der Anschluß an das Gebiet des Ißkogel auf der anderen Straßenseite hergestellt werden. Doch dies ist noch Zukunftsmusik. Realität hingegen ist die Verbindung des Skigebiets am Ißkogel mit Königsleiten. Zwei Schlepplifte und eine Sesselbahn verbinden das bereits auf Salzburger Seite liegende **Königsleiten** mit Gerlos in Tirol, so daß man mit Recht von einer »Zweiländer-Skischaukel« sprechen kann.
Gegenüber von Königsleiten präsentiert sich ein weiteres schneesicheres Skigebiet, die Gerlosplatte. Der Name drückt allerdings keine Zugehörigkeit zu Gerlos aus: Die Gerlosplatte gehört zum Skigebiet Hochkrimml und ist auch im Gerloser Skipaßbereich nicht enthalten. Aber ein Abstecher lohnt sich allemal: Dort erschließen in rund 2000 Meter Höhe auf einem riesigen Schneebuckel mehrere Lifte anfängerfreundliche Abfahrten. Der Gag: auf einer Gleitstrecke der in Mittersill ansässigen Skifirma Blizzard kann man sein Gleitvermögen testen und – wenn man Glück hat – mit den dort oben an rennfreien Tagen häufig ebenfalls übenden Weltcup-Assen vergleichen.
Nicht nur Alpinskifahrer kommen rund um Gerlos und Königsleiten auf ihre Kosten. Auch für die Langläufer ist gesorgt – was an Kilometern fehlt, wird an Landschaft wettgemacht.
Im Krummbachtal kann man auf einer fast zwei Kilometer langen Rodelbahn zu Tal sausen.

Königsleiten und Hochkrimml siehe Seite 166.

Gerlos, 1246 m

Skigebiet: 1250–2300 m
750 Einwohner, 3200 Gästebetten
Saison: Anfang Dezember bis Ostern

Anreise Inntal-Autobahn (Ausfahrt Wiesing/Zillertal), Zell am Ziller bzw. München, Achenpaß, Zell am Ziller, Gerlos. Bahnstation ist Jenbach, Busverbindung bzw. Zillertalbahn bis Zell am Ziller (Busanschluß)

Entfernungen von KA: 469 km, S: 401 km, UL: 320 km, M: 165 km

Information
Tourismusverband Gerlos,
A-6281 Gerlos, Tel. 05284/5244-0
Telefax 05284/5244-24
Landesvorwahlnummer siehe Seite 608.

Kinder Gästekindergarten ab 2 Jahre (ca. öS 300/Halbtag, 450/Ganztag inkl. Mittagessen); Skischule ab 4 Jahre (ca. öS 1390/6 Tage ohne Mittagessen)

Ski alpin Testnote ❄❄❄

Skigebiet Ißkogel
30 km präparierte Abfahrten:
5 km schwer, 15 km mittel, 10 km leicht
Liftkapazität: 8420 Pers./Std.

6 2

Skigebiet Fürstalm
10 km präparierte Abfahrten:
4 km schwer, 5 km mittel, 1 km leicht
Längste Abfahrt: Talabfahrt, 4 km Länge, 500 m Höhenunterschied, schwer
Liftkapazität: 4500 Pers./Std.

3 1

Skipaß-Preise siehe Beilage

Tiefschneereviere: Arbiskogel, Schönachtal
2 Skischulen mit 80 Skilehrern

Langlauf Testnote ❄❄

5 Loipen (Rundkurse) über 25 km Länge (5 km mittel, 20 km leicht); höchste und gleichzeitig längste Loipe: Gerlosplatte (1655 m), 10 km lang, mittel; Nachtloipe beim Sporthotel Alpina (1250 m), 2 km lang, leicht, täglich bis 22 Uhr beleuchtet; Langlaufunterricht

Weitere Sportmöglichkeiten

Gleitschirmfliegen

Après-Ski

Stand-by Schnuppertag: Ab 11 Uhr (für maximal zwei Personen ca. öS 1480, jede weitere Person ca. öS 380; Skischule Gerlos Total, neben Sport Engelbert, Tel. 05284/5429).

Hotelempfehlungen: Seite 541–585

Der Kaiserwinkl

Langläufern ist der Kaiserwinkl schon lange ein Begriff, und das nicht nur wegen des »Koasa-Laufes«. Wohl fühlen sich aber auch »Alpine« und Drachenflieger.

Kössen, Schwendt und **Walchsee**, die drei Gemeinden des Kaiserwinkls, hatten selbst in schneearmen Wintern ausreichend Schnee. Seinen Namen verdankt er übrigens den beiden gewaltigen Bergstöcken des Wilden und des Zahmen Kaisers, deren beeindruckendes Panorama praktisch von jedem Winkel des Gebietes aus zu sehen ist.

Mit den Aufstiegshilfen – vom Babylift bis zu langen Doppelsesselliften auf das Unterberghorn – bietet der Kaiserwinkl viel sportliche Abwechslung für Alpin-Skifahrer.

Trotz der reichhaltigen Pistenauswahl gründet sich das sportliche Renommée des Kaiserwinkls in erster Linie auf seinen Ruf als Langlauf-Zentrum mit seinen kleinen Rundkursen bis hin zu den Mammut-Strecken für Rennlauf-Ambitionierte in einer landschaftlich reizvollen Umgebung. Denjenigen, die es erst einmal versuchen wollen, stehen mehrere Verleihstationen für Ausrüstung zur Verfügung. Ebenso selbstverständlich sind Einrichtungen wie Sauna, Wachs- und Umkleideräume sowie Erfrischungsstüberl an der Loipe.

Höhepunkt der Langlauf-Saison ist alljährlich am 2. Sonntag im Februar der berühmte »Koasa-Lauf« von Kitzbühel nach Kössen mit rund 3000 Teilnehmern. (»Koasa« ist Tiroler Dialekt und bedeutet »Kaiser«).

Weitaus mehr Nervenkitzel als Ski- oder Skilanglauf verspricht allerdings eine Sportart, die hier im »Winkl« europaweit salonfähig wurde: Drachenfliegen.

Kaiserwinkl, 589–702 m
Kössen, Walchsee, Schwendt

Skigebiete: 600–1700 m
Kössen 3400 Einwohner, 3400 Gästebetten
Walchsee 1798 E., 3511 G. Schwendt 670 E., 700 G.
Saison: Dezember bis Ende März
Anreise Inntal-Autobahn (Ausfahrt Oberaudorf), Kössen oder Autobahn Salzburg (Ausfahrt Bernau). Bahnstationen: Kufstein und St. Johann, von dort Busverbindungen
Entfernungen von KA: 406 km, S: 338 km, UL: 257 km, M: 102 km
Information
Tourismusverbände
A-6345 Kössen, Tel. 05375/6287
Telefax 05375/6989
A-6344 Walchsee, Tel. 05374/5223, 5775
Telefax 05374/5135
A-6345 Schwendt, Tel. 05375/6816
Landesvorwahlnummer siehe Seite 608.

Kinder keine Gästekindergärten; Skischule ab 3–4 Jahre (Walchsee ca. öS 1000, Kössen ca. öS 1200, Schwendt ca. öS 1400 jeweils pro Woche ohne Mittagessen)

Ski alpin Testnote ❄❄
Kössen

Skigebiet gesamt
28 km präparierte Abfahrten:
2,5 km schwer, 10,5 km mittel, 15 km leicht
Liftkapazität: 12 000 Pers./Std.
13 5

Skigebiet Kössen
16 km präparierte Abfahrten:
2,5 km schwer, 5 km mittel, 8,5 km leicht
Längste Abfahrt: Unterberghorn-Abfahrt, 5 km Länge, 1000 m Höhenunterschied, mittel bis leicht
Liftkapazität: 5000 Pers./Std.
4 3

Skipaß-Preise siehe Beilage
3 Skischulen mit ca. 50 Skilehrern

Langlauf Testnote ❄❄❄❄

152 Loipenkilometer insgesamt
Kössen 74 km (17 km schwierig, 38 km mittel, 19 km leicht), längste Loipe: Kaiserwinklloipe (600 m), 20 km lang, mittel bis schwierig; Loipengebühr für Gäste ohne Gästekarte geplant
Walchsee 59 km (23 km schwierig, 22 km mittel, 14 km leicht); längste Loipe Miesberg (668 m), 15 km lang, schwierig
Schwendt 19 km (leicht); längste Loipe: Griesenau Loipe (650–690 m), 13 km lang.
In allen Orten Langlaufunterricht

Weitere Sportmöglichkeiten
Schneeschuhwandern, Gleitschirmfliegen, Biathlon-, Eisstock- und Bildscheibenschießen; Indoor-Golfanlage (Kössen)

Après-Ski

Sportliche Veranstaltungen
Kössen Intern. Schlittenhunderennen (15./16. 1. 94), Intern. Pferdesportwoche (25.–31. 1. 94), Trabrennen (6. 2. 94), Intern. Tiroler Koasalauf (20. 2. 94), Nordik-Ski-Spektakel (6. 3. 94) Walchsee 20. Tiroler Skimarathon (Jan. 94), Biathlon Europacup (Jan. 94)

Für Snowboarder kostet eine Stunde Praxisunterricht inklusive Leihboard für den Tag ca. öS 350 (Snowboard-Schule in Kössen).

Hotelempfehlungen: Seite 541–585

Die Wildschönau

Die Kitzbüheler Alpen zählen sicherlich zu den schönsten Skigebieten. Doch was tun, wenn einem Kitzbühel zu versnobt ist oder überfüllt? – Ganz einfach: ausweichen in die benachbarte Wildschönau.

Zwischen Zell am Ziller und Zell am See erstreckt sich der Großraum der Kitzbüheler Alpen mit Höhen bis knapp über 2500 m. Die Bergformationen dieser traditionsreichsten Tiroler Skiregion muten eher sanft an als schroff und abschreckend. Zwischen den Felsbastionen des Wilden Kaisers und den schrundig aufzahnenden Großen Rettenstein prägen wohlgerundete Kuppen das Bild der Landschaft, Almwiesen dominieren.
Für den Skifahrer also ein ideales Gebiet. Die Tourenfans wissen es schon seit vielen Jahrzehnten. Hier finden sie noch Refugien, die nicht von Lift-Girlanden erschlossen sind, Gipfel, die sich nur zu Fuß oder per Ski erreichen lassen. Feldalpenhorn und Schwaiberghorn seien da genannt, Joel, Salzachgeier, Schafsiedel und Lodron, Berge, bei denen Tourenfans mit der Zunge schnalzen, Berge, die von Mitte Februar bis Mitte April je nach Hangrichtung die herrlichsten Pulver- und Firnfreuden vermitteln.
Ausgangspunkte bilden zwei Seitentäler zwischen Wörgl und Brixental: die Wildschönau mit ihren Hauptorten Niederau, Oberau und Auffach sowie das hinter Hopfgarten abzweigende Kelchsauer Tal. Beide Täler gehören eher zu den stillen im Lande, während ein paar Kilometer weiter, im Einzugsgebiet der prominenten Skiorte Kitzbühel und Kirchberg, allerhand an Pisten- und Après-Rummel geboten wird.
Aber auch die Stillen im Lande sind nicht »ohne«. Das Hochtal der Wildschönau beispielsweise, von Wörgl aus über ein recht gutes Nebensträßchen zu erreichen – Winterreifen sind jedoch unbedingt nötig, die Ketten sollten auf jeden Fall im Kofferraum griffbereit liegen! – bietet dem Langläufer, dem Alpinskifahrer und auch dem beschaulichen Nur-Urlauber viele Möglichkeiten.
Die ersten Lifte sieht der Skifahrer schon von der Autobahn aus: Der langgestreckte, waldige Rücken des Markbachjochs wird von Sesselliften und einigen kleineren Schleppern von **Niederau** aus erschlossen. Von **Oberau** aus ziehen eine Reihe kleinerer Schlepplifte bergwärts und eröffnen ein eher als Übungsgelände zu bezeichnendes Areal. Am Markbachjoch dagegen und am anschließenden Lanerkopf dürfen die durch Waldschneisen abziehenden Pisten durchaus als anspruchsvoll bezeichnet werden, wobei »Märchenwiese« und »Sixtwiese« leider gelegentlich zum Ausapern neigen. Immerhin bieten Markbachjoch (1500 m) und Lanerkopf (1600 m) doch recht

Auffach im hintersten Winkel der Wildschönau bietet mit den Pisten am Schatzberg die wohl schönsten Abfahrten der Region.

akzeptable Höhenunterschiede hinab nach Niederau (826 m).
Den bestimmt schönsten Pistenzirkus der Wildschönau aber findet man am Schatzberg bei **Auffach.** Die Kabinenbahn hinauf zur Schatzbergalm und die weiteren Schlepplifte im Schatzbergskigebiet surren über baumfreie, weite und attraktiv geneigte Hänge, die auch dem verwöhnten Alpin-Skifahrer genügend Gelegenheit zu staubend-rasanten Schwüngen geben. Schatzbergalm und Koglmoosalm bieten zudem preiswerte Brotzeiten.
Für alle, die Lunchpakete zum Mittagessen dabeihaben, gibt es an der Mittelstation der Schatzbergbahn einen separaten Aufenthaltsraum mit 80 Sitzplätzen.
Blicken wir kurz hinüber ins Kelchsauer Tal, das am Ortsende von Hopfgarten abzweigt oder von Niederau aus über den »Grafenweg« – kurvig, schmal und steil! – per Auto erreicht werden kann.
Tourenfreunde kennen **Kelchsau,** den viele hundert Jahre alten Ort mit seinen herrlichen alten Bauernhäusern im Zentrum, schon lange. Seit wenigen Jahren nun gibt es auch eine sehr attraktive Ski-Abfahrt herunter vom Haager Joch über die Hofstätt.

Wildschönau, 828–1175 m
Niederau, Oberau-Mühltal, Auffach, Thierbach

Skigebiet: 828–1903 m
3600 Einwohner, 8400 Gästebetten
Saison: Dezember bis Ostern

Anreise Inntal-Autobahn über Knoten Wörgl und Ausfahrt Wörgl-Ost zur Abzweigung »Wildschönau«. Bahnstation ist Wörgl, von dort Busverbindungen in die Skiorte
Entfernungen von KA: 420 km, S: 352 km, UL: 271 km, M: 116 km

Information
Tourismusverband Wildschönau,
A-6311 Wildschönau-Oberau
Tel. 05339/8255-0
Telefax 05339/2433
Schneetelefon 05339/8255-19
Landesvorwahlnummer siehe Seite 608.

Kinder Gästekindergarten ab 2 Jahre (in Niederau; ca. öS 100/Halbtag, 280/Ganztag inkl. Mittagessen); Skischule ab 4 Jahre (ca. öS 1760/Woche inkl. Mittagessen; Skischule Wildschönau in Niederau: Schnupperkarte ab 4 bis inkl. 5 Jahre, ca. öS 250)

Ski alpin Testnote ❄❄❄

Skigebiet Schatzberg
(inkl. Thierbach)
22 km präparierte Abfahrten:
2 km schwer, 14 km mittel, 6 km leicht
Längste Abfahrt: Schatzberg-Abfahrt nach Auffach, 10 km Länge, 1050 m Höhenunterschied, mittel
Liftkapazität: 14160 Pers./Std.
14 1

Skigebiet Markbachjoch
(inkl. Lanerköpfl, Oberau)
27 km präparierte Abfahrten:
2 km schwer, 15 km mittel, 10 km leicht

Die Pisten am Stenzerlift (Niederau), Schießhüttllift und Riedmannlift (beide Oberau) können für Gruppen von 19 bis 21 Uhr beleuchtet werden; diejenige am Riedmannlift ist zusätzlich täglich von 19 bis 21 Uhr beleuchtet.
Liftkapazität: 17062 Pers./Std.
20 2

Skigebiet Kelchsau: Haager Joch
17 km präparierte Abfahrten:
6 km schwer, 5 km mittel, 6 km leicht
Liftkapazität: 3500 Pers./Std.
3 1

Skipaß-Preise siehe Beilage
Tiefschneereviere: Feldalphorn, Grosser Beil, Sonnjoch, Joel, Breiteck Gern
Skischule mit ca. 70 Skilehrern

Langlauf Testnote ❄❄

6 Loipen über insgesamt 35 km; Höhenloipe: Schönangeralm (1180 m), 7 km lang, mittel bis leicht; Loipenverbund Penning-Roggenboden (1100–1180 m), 18 km Länge; Langlaufunterricht

Weitere Sportmöglichkeiten
Gleitschirmfliegen

Après-Ski

Ausflugstip: Zum Wildschönauer Erlebnisbergwerk in Thierbach, kombiniert mit einer Pferdeschlittenfahrt. Informationen und Anmeldung im Verkehrsbüro.

Hotelempfehlungen: Seite 541–585

Ski-Welt Wilder Kaiser/Brixental

Der eindrucksvolle Kegel der Hohen Salve grüßt schon von weitem zur Inntalautobahn hin. Der Pistenzirkus rund um diesen Idealberg wird von acht Talorten aus erschlossen. Man bietet Ski total zu vernünftigen Preisen.

Schon vor bald hundert Jahren lockten die Dörfer rund um die Hohe Salve ihre Gäste mit schönen Sprüchen: »Seid gegrüßt ihr Nachbarn – kommt zu schauen auf dem Berg Tyrols ...«. Und die Fremden kamen; die meisten allerdings zur Sommerfrische oder zur Kur nach Brixen, um sich in einem primitiven Badezuber mit mineralienhaltigem Wasser abschrubben zu lassen.

Einige gaben sich jedoch schon damals sportlich: Sie stampften im Winter mit Fellen unter ihren Holzbrettln zum 1829 m hohen Salve-Gipfel hinauf.

Heute kommen die »Nachbarn« in Scharen ganz bequem auf den »Berg Tyrols«. Die Hohe Salve hat im Laufe der Jahre sicher einiges von ihrer einstigen Schönheit verloren, seit man sie mit Liften verdrahtet hat. Dafür hat der »schönste Aussichtsberg Tirols«, wie ihn die Einheimischen selbstbewußt nennen, viele Skifreunde angezogen. Bis 1978 dauerte es allerdings, bis sich die Talgemeinden rund um die Hohe Salve mit den sieben Orten **Going, Ellmau, Scheffau, Söll, Itter, Hopfgarten** und **Brixen im Thale** touristisch einig wurden und zur Ski-Welt Wilder Kaiser/Brixental zusammenschlossen. 1985 konnte sich dann auch **Westendorf** entschließen, dem Verbund beizutreten. Heute gilt für das 12 km^2 große Skirevier mit seinen vielen Aufstiegshilfen und Abfahrten ein gemeinsamer Skipaß.

Von jedem Talort aus (Westendorf ist durch einen Skibus mit Brixen verbunden) kann der Brettlfan in den Skizirkus ein- und aussteigen. Über 100000 Personen können die Bergaufzüge stündlich befördern, dennoch kommt es an einigen Wochenenden und während der Schulferien an den Tal-»Haupteinstiegen« ins Pistenkarussell gelegentlich zu Wartezeiten. Im weitläufigen Pistennetz oben driften dann die Brettlrutscher auseinander.

Der Skigroßraum empfiehlt sich als »Non-Stop-Brettlvergnügen«: Mit Ausnahme der Hartkaser-Standseilbahn von Ellmau und der Busverbin-

Wilder Kaiser/Brixental, 621–804 m
Brixen, Westendorf, Itter, Söll, Hopfgarten, Scheffau, Ellmau, Going

Skigebiet: 620–1865 m
Brixen 2200 Einwohner, 2700 Gästebetten
Hopfgarten 5100 E., 2250 G. Itter 910 E., 850 G. Söll 3000 E., 4200 G. Scheffau 1000 E., 1800 G. Ellmau 2100 E., 5000 G. Going 1200 E., 2900 G. Westendorf 3000 E., 4300 G.
Saison: Dezember bis April

Anreise Inntal-Autobahn (Ausfahrt Kufstein), Bahnstationen: Hopfgarten, Brixen im Thale, St. Johann, Kufstein, Westendorf
Entfernungen von KA: 418 km, S: 350 km, UL: 269 km, M: 114 km

Information Tourismusverbände:
A-6364 Brixen, Tel. 05334/8433
Telefax 05334/8332
A-6361 Hopfgarten, Tel. 05335/2322
Telefax 05335/2630
Schneetelefon 05335/2238
A-6300 Itter, Tel. 05335/2670
Telefax 05335/3028
A-6306 Söll, Tel. 05333/5216
Telefax 05333/6180
Schneetelefon 05333/526015
A-6351 Scheffau, Tel. 05358/8137
Telefax 05358/8539
Schneetelefon 05358/8153-28
A-6352 Ellmau, Tel. 05358/2301, 2050
Telefax 05358/3443
Schneetelefon 05358/232055
A-6353 Going, Tel. 05358/2438
Telefax 05358/3501
Schneetelefon 05358/2442
A-6363 Westendorf, Tel. 05334/6230, 6550
Telefax 05334/2390
Landesvorwahlnummer siehe Seite 608.

Kinder Brixen kein Gästekindergarten; Skischule ab 4 Jahre (ca. öS 1740/Woche inkl. Mittagessen) Hopfgarten Gästekindergarten ab 3 Jahre (ca. öS 350/Tag inkl. M.); Skischule ab 4 Jahre (ca. öS 1700/Woche inkl. M.) Söll kein Gästekindergarten; Skischule ab 5 Jahre (ca. öS 1760/Woche inkl. M.) Scheffau Gästekindergarten ab 6 Monate (ca. öS 50/Std.); Skischule ab 4 Jahre (ca. öS 1510/5 Tage inkl. M.) Ellmau kein Gästekindergarten; Skischule ab 4 Jahre (ca. öS 1640/Woche inkl. M.) Going kein Gästekindergarten; Skischule ab 3½–4 Jahre (ca. öS 1660/Woche inkl. M.) Westendorf Gästekindergarten ab 2 Jahre (ca. öS 310/Tag inkl. M.); Skischule ab 4 Jahre (ca. öS 1710/6 Tage inkl. M.)

Ski alpin Testnote ❄❄❄❄

Skigebiet gesamt
250 km präparierte Abfahrten:
20 km schwer, 122 km mittel, 108 km leicht
Längste Abfahrt: Hohe Salve – Hopfgarten, 10 km Länge, 1200 m Höhenunterschied, mittel
Liftkapazität: 110 000 Pers./Std.
60 22 6 1
1

Skigebiet Astberg
16,5 km präparierte Abfahrten:
9,5 km mittel, 7 km leicht
Liftkapazität: 3400 Pers./Std.
5 1

Skigebiet Hartkaser
35 km präparierte Abfahrten:
1 km schwer, 17 km mittel, 17 km leicht
Liftkapazität: 14 460 Pers./Std.
11 1 1

Skigebiet Brandstadl
45 km präparierte Abfahrten:
5 km schwer, 25 km mittel, 15 km leicht
Liftkapazität: 19 000 Pers./Std.
10 4 1

Skigebiet Hohe Salve
(Söll)
27 km präparierte Abfahrten:
5,5 km schwer, 12 km mittel, 9,5 km leicht
Liftkapazität: 15 000 Pers./Std.
6 4 1 1

Skigebiet Hohe Salve
(Hopfgarten – Itter – Kelchsau)
45 km präparierte Abfahrten:
2 km schwer, 25 km mittel, 18 km leicht
Liftkapazität: 17 500 Pers./Std.
10 7 1

Skigebiet Brixen
41,5 km präparierte Abfahrten:
2 km schwer, 20 km mittel, 19,5 km leicht
Snowboard-Halfpipe
Liftkapazität: 18 500 Pers./Std.
10 1 1

Skigebiet Westendorf
(ohne Kandleralm)
40 km präparierte Abfahrten:
3 km schwer, 19 km mittel, 18 km leicht
Liftkapazität: 17 640 Pers./Std.
8 4 2

Skipaß-Preise siehe Beilage
Tiefschneereviere: Hohe Salve Ost- und Nordhang (Söll), Moderer Route (Scheffau) Salvista-Abfahrt (Itter)
Mehrere Skischulen mit 530 Skilehrern

Langlauf Testnote ❄❄❄

Insgesamt 110 Loipenkilometer Brixen 13 km (mittel); Höhenloipe (1300 m), 4 km, Anschluß an die Loipe nach Kirchberg, Kitzbühel Hopfgarten 30 km (18 km mittel, 12 km leicht); längste Loipe: Penninger Loipe (864–938 m), 18 km lang, mittel, Anschluß an die Loipe nach Wildschönau, 18 km Itter 12 km Söll 30 km (mittel); längste Loipe: Schattseitloipe (700–850 m), 16 km lang Scheffau 5 km Ellmau 10 km (1 km schwierig, 3 km mittel, 6 km leicht) Going 25 km (20 km mittel, 5 km leicht); Anschluß an die »Koasalauf-Loipe«, 70 km Westendorf 7 km (leicht); Anschluß an die Loipe nach Brixen, Kirchberg, Kitzbühel, 23 km. In allen Orten Langlaufunterricht

Weitere Sportmöglichkeiten

Après-Ski

Sportliche Veranstaltungen
Ellmau Hornschlittenrennen (Jan. 94), »Die wilden Kaiser« (2. Schwergewichtsmeisterschaft Ski alpin, 21.–23. Jan. 94), Pferdesporttag (März 94) Going Intern. Nacht-Torlauf um die Kaiser-Trophy (11. Febr. 94) Westendorf Intern. Alpenrose FIS Torlauf (14. Jan. 94), Pferderennen (13. Febr. 94) Söll – Scheffau 2. Söller Salven-Marathon (nur mit Kurzski, 8,5 km lange Rennstrecke, März 94)

Show und Wettkampf sind beim Salvenmarathon (siehe unter Sportliche Veranstaltungen) kombiniert. Die Teilnehmer dürfen nur mit Kurzski (Big Foot), Sturzhelm und zwei Skistöcken antreten. Teilnehmen kann jeder. Informationen unter WSV Söll, Postfach 60 Marathon, A-6306 Söll.

Hotelempfehlungen: Seite 541–585

dung Brixen – Westendorf kann ein Skifahrer das gesamte Terrain abfahren, ohne einmal aus der Bindung zu steigen.
Oben an der Hohen Salve beginnt für Könner eine der schönsten und längsten Abfahrten: die schwarz markierte Nordhang-Route nach Söll, dem größten Fremdenverkehrsort der Winter-»Ski-Welt«.
Weitere Varianten im Skizirkus: Vom Salve-Gipfel über Zinsberg, Eiberg, Brandstadl bis Scheffau; oder vom Hartkaser nach Ellmau, dann hoch zum Astenberg und hinunter nach Going; oder von der Salve direkt nach Hopfgarten, lauter leichte bis mittelschwere Abfahrten.
Unterwegs trifft der Skifahrer überall auf »Sonnen-Fallen« zum Hängenbleiben.
Eine der schönsten Loipen führt über 5 km von Brixen aus nach Westendorf, das abseits der Durchgangsstraße auf der anderen Talseite liegt.
Auch den Anhängern von Snowboard, Swingbo und Monoski werden viele Möglichkeiten geboten.
Brixental und Sölland mit den vorzugsweise auf Familien und sportliche jüngere Gäste zugeschnittenen Ferienprogrammen haben dem internationalen Flair ihrer Nachbarn Kitzbühel/Kirchberg viele Aktivitäten entgegenzusetzen.

Kitzbühel und Kirchberg

Kitzbühel gehört zweifellos zu den »Großen Zehn«, wenn es um die prominentesten und exklusivsten Skiorte der Alpen geht. Kirchberg, früher die preiswerte Dependance von Kitzbühel, hat sich aus dessen Schatten gelöst.

In **Kitzbühel** – oder, wie der Insider sagt – in »Kitz« trifft »man« sich nicht nur zum Skifahren, hier ist das Après mindestens genauso wichtig, für viele Wintergäste vielleicht noch wichtiger. Hier zeigt man sich, wird gesehen, bekommt jenes Feeling, »in« zu sein.

Entsprechend setzt sich das Kitzbüheler Publikum zusammen: Schickeria, echte und Talmi-Prominenz und natürlich auch wahre Sportfans, die sich austoben wollen in den wirklich famosen Pistenrevieren.

Das alles eskaliert natürlich an jenem Januar-Wochenende, an dem Kitzbühel zum Mittelpunkt der Skiwelt wird, dem Hahnenkamm-Wochenende. Dann erlebt der Tiroler Ort seine Sternstunde, dann darf gezittert und gejubelt werden mit den Matadoren der »Streif«. Und wenn dann auch noch ein Österreicher die Skispitzen vorne gehabt hat, wird »Kitz« zum Tollhaus. Dann platzen die »In«-Lokale aus allen Nähten.

Bei all diesem Après-Betrieb aber kann man in Kitzbühel auch unvergleichlich gut und sportlich skifahren. In das Hahnenkamm-Skigebiet gelangt man von Kitzbühel aus mit der Hahnenkamm-Kabinenbahn oder mit dem Sessellift. Schneller geht es von Klausen (zwischen Kitzbühel und Kirchberg) aus mit der modernen Fleckalm-Bahn zur Ehrenbachhöhe. Die Gondeln schaffen 2100 Personen pro Stunde. Und dann findet man an Steinbergkogel und Pengelstein absolute Traumpisten vor, seien es nun die steilen buckligen Abfahrten in den Ehrenbachgraben oder die gemäßigter abziehenden Pisten von »Pengelstein-Nord« in Richtung Kirchberger Maierl-Lifte oder die »Pengelstein-Süd« (unpräparierte Tourenabfahrt nach Jochberg).

Auf der Ostseite von Kitzbühel schweben Großkabinen auf das Kitzbüheler Horn. Hier findet der alpine Fahrer etwas sanftere Hänge als die der Streif. Auf der Rückseite des Horns kann man ins Raintal abfahren, ein Sessellift bringt den Skifahrer wieder zurück.

Über die Dächer von Kitzbühel und den Turm der Katharinenkirche hinweg: Blick zum Hahnenkamm mit »der Streif«.

So findet der Winterurlauber in Kitzbühel ein nahezu makelloses Revier, das jeden Vergleich aushalten kann, aber auch mit einem Nachteil leben muß: Aufgrund der geringen Höhenlage (zwischen 762 m und knapp 2000 m) apern die Talabfahrten, speziell die Steilpassagen der berühmten »Streif«, doch oft sehr frühzeitig aus. Zum Glück gehört das schneesichere Skigebiet von Mittersill zum Skipaßgebiet von Kitzbühel dazu.

Am Kitzbüheler Superskigebiet hat sich **Kirchberg,** der Nachbarort im Brixental, kräftig emporgearbeitet. Früher als preiswerte Dependance von »Kitz« geltend, hat sich der Ort sowohl von den Preisen als auch von der Hotellerie her absolut angepaßt, wenngleich das »Flair« hier doch normaler blieb als drüben.

Von Kirchberg aus schwebt man über die Maierl-Lifte ins Hahnenkamm-Gebiet und ist dann voll dabei im Ski-Großraum Kitzbühel mit seinem grandiosen Angebot an sportlichen und gastronomischen »Highlights«. Als kleines Ausweichrevier bietet Kirchberg noch den Gaisberg mit hübschen Pisten an.

Mittersill siehe Seite 166.

Kitzbühel, 800 m
Kirchberg in Tirol, 838 m

Skigebiet: 800–2000 m
Kitzbühel 8100 Einwohner, 7400 Betten
Kirchberg 4000 Einwohner, 8500 Betten
Saison: Anfang Dezember bis Ende April

Anreise Inntal-Autobahn (Ausfahrt Kufstein-Süd), Kitzbühel bzw. Inntal-Autobahn (Ausfahrt Wörgl-Ost), Brixental, Kirchberg und Kitzbühel (Bahnstationen)
Entfernungen von KA: 433 km, S: 365 km, UL: 284 km, M: 129 km

Information
Tourismusverbände
A-6370 Kitzbühel, Tel. 05356/2155, 2272
Telefax 05356/2307
Schneetelefon 05356/181 (deutschsprachig; 182 für engl., franz. und ital.)
A-6365 Kirchberg, Tel. 05357/2309, 2688
Telefax 05357/3732
Schneetelefon 05356/181 (deutschsprachig; 182 für engl., franz. und ital.)
Landesvorwahlnummer siehe Seite 608.

Kinder Kitzbühel kein Gästekindergarten; Skischule je nach Schule ab 3 oder 4 oder 5 Jahre (je nach Skischule ca. öS von 1530 bis 2280, jeweils pro Woche inkl. Mittagessen) Kirchberg Gästekindergarten ab 2 Jahre (Krabbelstube, Tel. 4255: ca. öS 220/Halbtag inkl. Essen; ca. öS 440/Ganztag inkl. Mittagessen; Hotel Happy Kirchberg, Tel. 2842: ca. öS 180/Ganztag inkl. Mittagessen); Skischule ab 4 Jahre (ca. öS 1710/6 Tage inkl. Mittagessen)

Ski alpin Testnote ✻✻✻✻

Skigroßraum Kitzbühel/Paß Thurn/Mittersill
159 km präparierte Abfahrten:
15 km schwer, 66 km mittel, 78 km leicht
Längste Abfahrt: Pengelstein Süd, 6,8 km Länge, 1055 m Höhendifferenz, mittel
Die Rennstrecke Streif ist keine offizielle Piste; die 4,5 km lange Familienabfahrt Streif (mittel) umfährt die schweren Stellen
Liftkapazität: 74650 Pers./Std.
33 26 3 2

Skipaß-Preise siehe Beilage

Tiefschneereviere: Hochsaukaser/Pengelstein, Blaufeld/Hahnenkamm/Steinbergkogel, Stickelberg/Bichlalmgebiet, Resterhöhe/Zweitausender
Skischulen: Kitzbühel 4 mit 300 Skilehrern
Kirchberg 2 mit 140 Skilehrern

Langlauf Testnote ✻✻✻✻

Insgesamt über 200 Loipenkilometer
Kitzbühel 6 Loipen über insgesamt 41 km (11 km schwierig, 3 km mittel, 27 km leicht); längste Loipe: Kitzbühel – Aurach (850 m), 16 km lang, leicht bis mittel; Höhenloipe: Panorama Sportloipe Trattalmmulde am Kitzsteinhorn (1600 m), 7 km lang, mittel; die Loipe am Sportplatz Langau, 250 m lang, leicht, ist täglich bis 22 Uhr beleuchtet Kirchberg 40 km (7 km mittel, 33 km leicht), längste Loipe: Brixental (800–860 m), 30 km lang, mittel; höchste Loipe in Aschau (1000 m), 7 km lang, mittel.
In beiden Orten Langlaufunterricht

Weitere Sportmöglichkeiten
Eishockey, Fitneßcenter, Paragleiten

Après-Ski
DISCO KINO

Sportliche Veranstaltungen
Kitzbühel Dreikönigs-Pferdeschlittenrennen (6. Jan. 94), Intern. Hahnenkammrennen (15./16. Jan. 94)
Kirchberg Brixentaler Dreidörferlauf (Langlaufwettbewerb durch Kirchberg, Brixen, Westendorf, 19. Dez. 93), Gaisbergrennen (FIS Riesentorlauf Herren, 13. Jan. 94), Pferderennen auf Schnee (Jan. 94)

Skigeschichte: Das Kitzbüheler Bergbahnmuseum in der Bergstation der Hahnenkammbahn zeigt 100 Jahre Ski- und Bergbahngeschichte.

Hotelempfehlungen: Seite 541–585

St. Johann i. T., Fieberbrunn, Pillerseetal, Waidring

»Der Schneewinkel Tirols« heißt in der Sprache der Werbung diese Region – und dafür gibt's auch einen gemeinsamen Skipaß, gültig für mehr als 50 Aufzüge.

St. Johann in Tirol hat sich in jüngster Zeit zu einem sehr lebhaften und vielseitigen Wintersportplatz entwickelt. Der Ort liegt in einem weiten, sonnigen Talkessel am Fuß des Kitzbüheler Horns. Trotz der geringen Höhenlage von 660 m erweist sich St. Johann immer wieder als erstaunlich schneesicher, von Dezember bis Ende März. Und obwohl der Ort nur zehn Kilometer von Kitzbühel entfernt ist, führt er – genauso wie der ebenfalls zum Skigebiet gehörige Nachbarort **Oberndorf** – ein selbstbewußtes Eigenleben auf seine Art. Das von bewaldeten Mulden durchzogene Almgelände an der Nordflanke des Kitzbüheler Horns wurde so geschickt erschlossen, daß schwache wie anspruchsvolle Skifahrer gleichermaßen ihre Freude haben können. Mittel- und Höhepunkt ist der Harschbichl (1700 m).

Fieberbrunn zählt zu jenen Tiroler Dörfern mit einer steilen Winter-sport-Karriere, aber es blieb ein »Aufstieg« in Grenzen. Junge Leute und junge Familien wissen das zu schätzen, ebenso die Schneesicherheit des Ortes.

Das Skigelände reicht von Übungswiesen und leichten Abfahrten bis zu flotten Pisten. Streuböden (1250 m), Lärchfilzkogel (1655 m) und Reckmoos (1870 m) sind die Höhenstationen eines gut funktionierenden Verbunds von Liften und zahlreichen Pisten. Zum Verschnaufen und Jausen ist die Lärchfilzhochalm ein zünftiger Platz. Vom Ortsteil Rosenegg aus wurden die sanften Hänge des Hochkogels (1065 m) erschlossen.

St. Jakob in Haus und **St. Ulrich am Pillersee** heißen die beiden ruhigen Orte, die sich im weiten sonnigen Hochtal zwischen Fieberbrunn und Waidring zusammengefunden haben. Das Skigebiet liegt auf der Buchensteinwand (1552 m).

Die Pisten kann man bereits bei der Auffahrt vom Sessellift aus studieren: Unmittelbar unter dem Lift zieht die »schwarze« Variante der Buchensteinabfahrt zu Tale, ziemlich steil im oberen Teil, dann zieht sie sich breit durch den Bergwald. Wen das »schwarz« schreckt, der kann sich auch für mehrere rot (mittelschwer) gekennzeichnete Strecken entscheiden.

Abwechslung bieten die Pistenreviere von **Waidring**, nur 15 km entfernt. Von St. Jakob aus fährt man über St. Ulrich, an der Teufelsklamm vorbei, durch Waidring die mautfreie Bergstraße hinauf zum Alpengasthof Steinplatte. Von hier aus ziehen mehrere Lifte in das Skigebiet von Steinplatte bzw. Kammerköhr und ermöglichen sogar Verbindungen zur Winklmoosalm oberhalb von Reit im Winkl! Die Pisten auf Kammerköhr und Steinplatte sind ideal für Genuß-Skifahrer, die flotte, aber nicht allzu steile Hänge lieben.

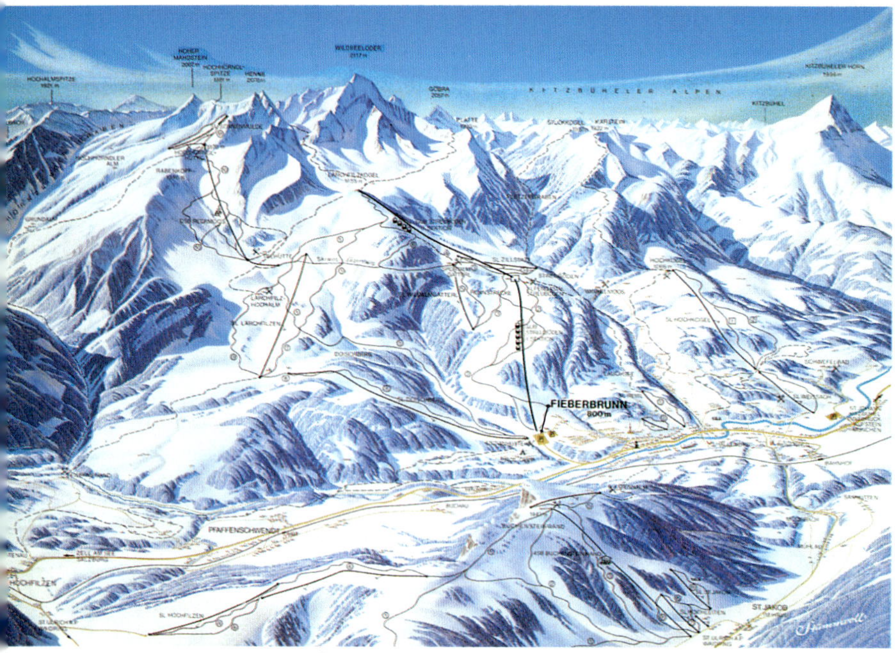

St. Johann in Tirol, 660 m

Skigebiet: 660–1700 m
7000 Einwohner, 6000 Gästebetten
Saison: Dezember bis Ostern

Anreise Inntal-Autobahn (Ausfahrt Kufstein-Süd). Bahnstation ist St. Johann in Tirol
Entfernungen von KA: 424 km, S: 356 km, UL: 275 km, M: 120 km

Information
Tourismusverband
A-6380 St. Johann in Tirol,
Tel. 05352/2218, 3335
Telefax 05352/5200
Schneetelefon 05352/4358
Landesvorwahlnummer siehe Seite 608.

Kinder Gästekindergarten ab 2 Jahre (ca. öS 120/Halbtag, 290/Ganztag inkl. Mittagessen); Skischule ab 4 Jahre (ca. öS 1740/Woche inkl. Mittagessen)

Ski alpin Testnote ❄❄❄

60 km präparierte Abfahrten:
5 km schwer, 30 km mittel, 25 km leicht
Längste Abfahrt: Pointenabfahrt, 7 km Länge, 1000 m Höhenunterschied, leicht bis schwer
Liftkapazität: 19000 Pers./Std.

10 6 2

Skipaß-Preise siehe Beilage

Tiefschneereviere: Stanglalm, Klöpflalm
2 Skischulen mit ca. 130 Skilehreren

Langlauf Testnote ❄❄❄❄

75 Loipenkilometer (davon 32 km schwierig: Tiroler und Hinterkaiserloipe (663–730 m) mit je 16 km Länge); Loipenverbund mit Oberndorf, Going-Ellmau, Kirchdorf-Erpfendorf-Waidring über 200 km Länge; Unterricht

Weitere Sportmöglichkeiten

Après-Ski

Sportliche Veranstaltungen
Koasalauf (Langlauf Freestyle und Klassik auf getrennten Bahnen, jeweils über 42 km, ca. 20. Febr. 94)

Ski-Universität: Sicherheitstraining und Perfektionskurse stehen auf dem Programm der Skischule (Tel. 4777). Für die Halbtags-Uni-Kurse muß man mit ca. öS 600, für einen Intensiv-Uni-Kurs (vier Tage) ca. öS 1090 rechnen.

Hotelempfehlungen: Seite 541–585

Pillerseetal, 835–855 m
Fieberbrunn, 800 m, **Waidring,** 780 m

Skigebiet: 800–1870 m
Fieberbrunn 4000 Einwohner, 3800 Gästebetten St. Ulrich 1190 E., 1850 G. Waidring 1600 E., 2200 G.
Saison: Ende November bis Mitte April

Anreise Inntal-Autobahn (Ausfahrt Kufstein-Süd). Bahnstation ist Fieberbrunn
Entfernungen von KA: 380 km, S: 365 km, UL: 285 km, M: 130 km

Information
Tourismusverbände
A-6391 Fieberbrunn, Tel. 05354/6305, 6304
Telefax 05354/2606
Schneetelefon 05354/6222
A-6391 St. Jakob i. H., Tel. 05354/88159
Telefax 05354/88728
A-6393 St. Ulrich a. P., Tel. 05354/88192
Telefax 05354/88727
A-6384 Waidring, Tel. 05353/5931, 5242
Telefax 05353/5242-4
Schneetelefon 05353/5842
Landesvorwahlnummer siehe Seite 608.

Kinder Fieberbrunn Ski-Kindergarten ab 4 Jahre (ca. öS 500/Tag inkl. Mittagessen); Skischule ab 5 Jahre (ca. öS 1780/6 Tage inkl. M.) St. Ulrich kein Gästekindergarten; Skischule ab 4 Jahre (ca. öS 1800/Woche inkl. M.) Waidring Gästekindergarten ab 2 Jahre (ca. öS 300/Tag inkl. M.); Skischule ab 3 Jahre (ca. öS 1630/Woche inkl. M.)

Ski alpin Testnote ❄❄
(jedes Gebiet)

Skigebiet Fieberbrunn
40 km präparierte Abfahrten:
2,5 km schwer, 27,5 km mittel, 10 km leicht
Längste Abfahrt: Lärchfilzkogel bis Talstation Streuböden, 5 km Länge, 800 m Höhenunterschied, mittel
Liftkapazität: 10500 Pers./Std.

10 1 2

Skigebiet St. Ulrich
22 km präparierte Abfahrten:
2 km schwer, 9 km mittel, 11 km leicht
Liftkapazität: 10000 Pers./Std.

9 1

Skigebiet Waidring
25 km präparierte Abfahrten:
1,2 km schwer, 10,8 km mittel, 13 km leicht
Liftkapazität: 12000 Pers./Std.

8 4

Skipaß-Preise siehe Beilage

4 Skischulen mit ca. 100 Skilehrern

Langlauf Testnote
Fieberbrunn ❄❄
St. Ulrich ❄❄❄
Waidring ❄❄❄

Fieberbrunn 35 Loipenkilometer (26 km mittel, 9 km leicht), Verbindungsloipe Hochfilzen (800–1000 m), 10 km lang, mittel; Skating-Loipe am Lauchsee, 5 km, mittel
St. Ulrich 27 km (5 km schwierig, 12 km mittel, 10 km leicht); höchste und längste Loipe: Weißleiten (830–950 m), 8 km lang, mittel
Waidring 40 km (24 km schwierig, 11 km mittel, 5 km leicht); längste Loipe: Blachholzloipe (780 m), 12 km lang, schwierig; Höhenloipe (1200 m), 12 km lang, schwierig. In allen drei Orten Langlaufunterricht

Weitere Sportmöglichkeiten

Après-Ski

Sportliche Veranstaltungen
Snowboard World Cup (Fieberbrunn, Jan. 94)

Das Kindertaxi: (»Herbie« heißt es in Waidring) bringt die Skizwergerl sicher zur Skischule und zurück (auch in Fieberbrunn).

Hotelempfehlungen: Seite 541–585

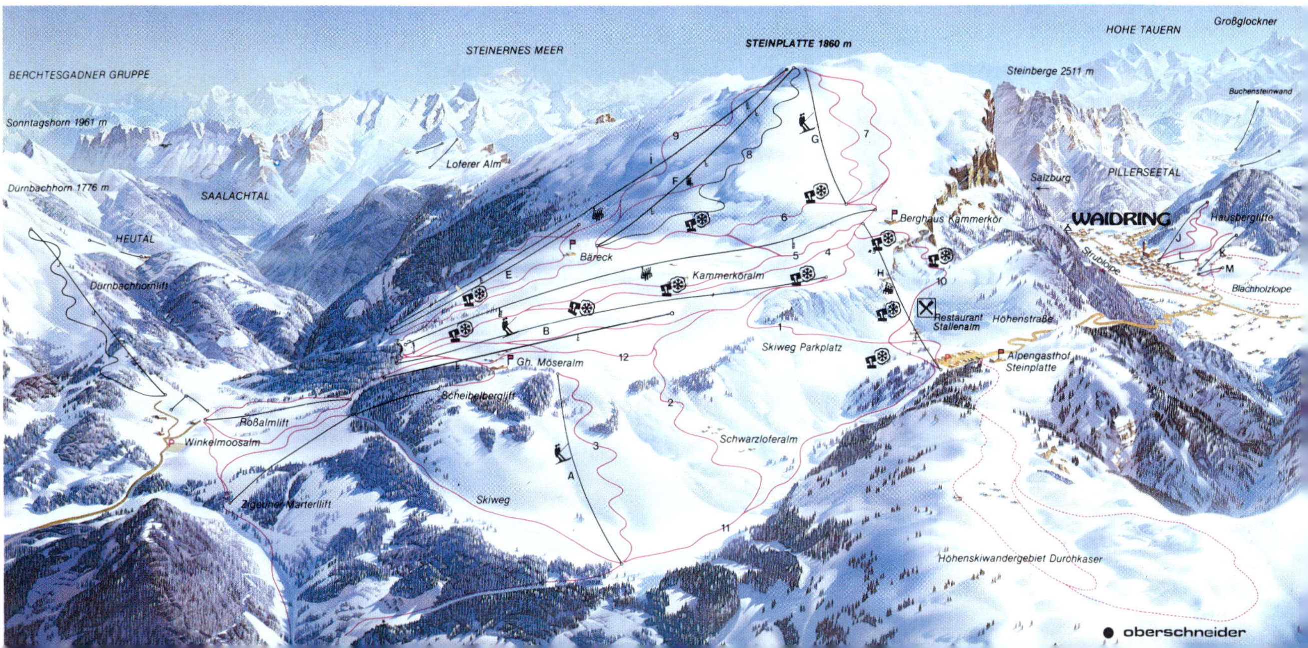

Ferienregion Hohe Tauern Süd

In Osttirol südlich der Felbertauern liegt die Ferienregion Hohe Tauern Süd, die sich gezielt dem sanften Skitourismus verschrieben hat. Matrei mit dem Goldried-Gebiet, Kals, das Virgental und Prägraten – berühmt wegen seiner Hundeschlittenrennen – sind dabei nur 200 Kilometer von München entfernt und auf der Felbertauernstraße leicht zu erreichen.

Der erste Wintersportort an der Alpensüdseite nach Passieren des Felbertauerntunnels heißt **Matrei**. Der fast 1000 m hoch am Übergang des Tauerntals ins Iseltal gelegene Ort ist Zentrum der Ferienregion Hohe Tauern Süd und wurde bereits 1903 für seine Bemühungen auf touristischem Gebiet ausgezeichnet.

Das Matreier Goldried-Gebiet hat sich nicht zuletzt auch wegen seines großartigen Panoramas vom Großvenediger bis zum Großglockner in wenigen Jahren internationalen Ruf erworben. Trotzdem sind die mit maximal 30 Grad Neigung abfallenden Hochweiden zwischen Mittel- und Bergstation der Goldried-Doppelsesselbahnen auch für weniger geübte Skifahrer ein geeignetes und dazu lawinensicheres Tummelfeld in Höhen zwischen 1700 und 2150 m.

Interessant für Skischaukelfreunde ist die Verbindung zum Skigebiet von Kals über die Cimaroßbahn.

Die Osttiroler Wintersportreviere, hier das schneesichere Goldried-Skigebiet bei Matrei, gelten immer noch als Geheimtip.

Erfahrene Alpinisten schätzen die nicht präparierten Tourenabfahrten auf dem Runachboden.

Der Alpengasthof »Matreier Tauernhaus« ist Ausgangspunkt für die Skihochtouren Hochgasser (2922 m) und Großvenediger (3674 m).

Programme über weitere Skitouren-Abenteuer halten die Matreier Skilehrer bereit. Denn Matrei mit seinen

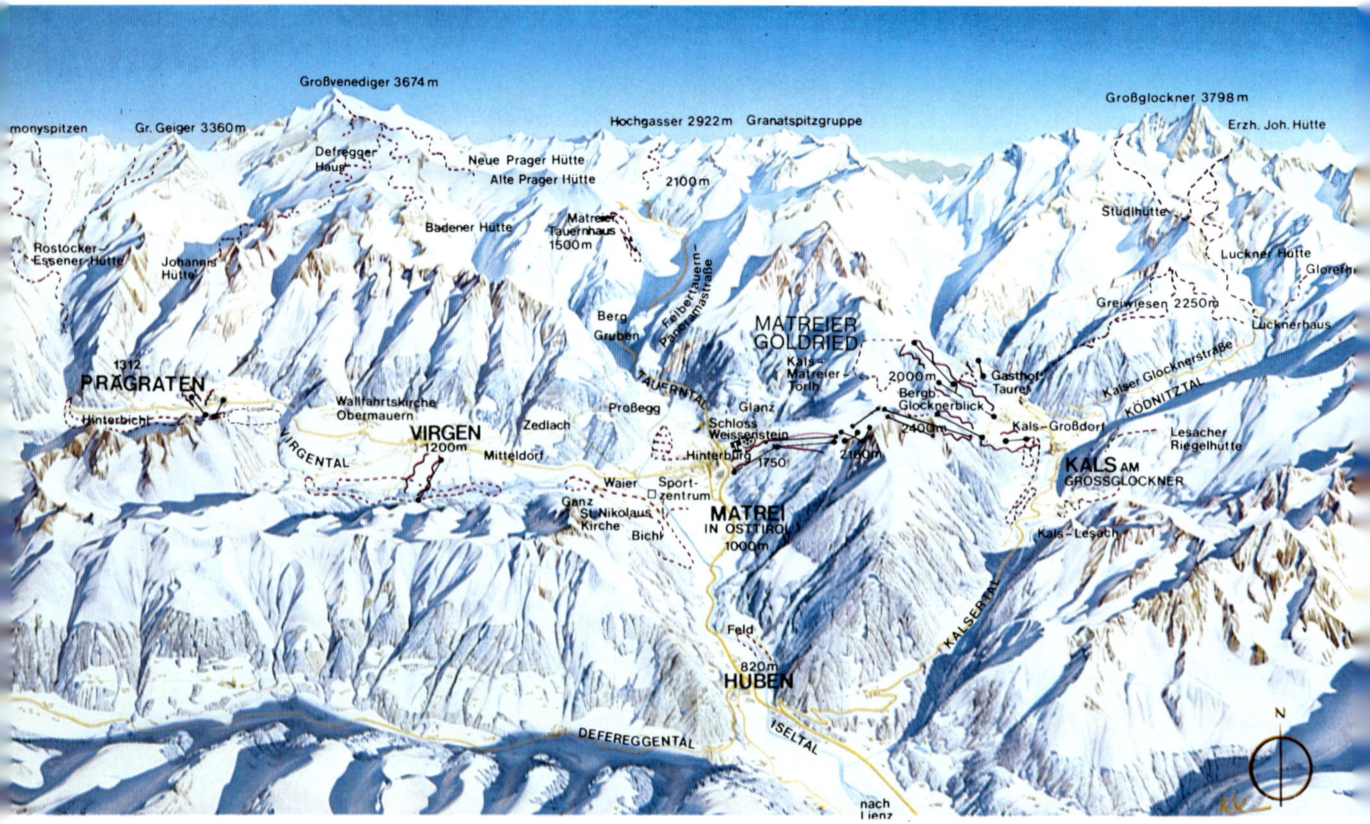

278 Quadratkilometern vorwiegend hochalpiner (Nationalpark-Kernzonen-)Fläche allein im Gemeindegebiet bietet vielfältige Möglichkeiten zu Hochtouren.
Wer in Matrei einen Winterurlaub verbringt, sollte nicht versäumen, die St. Nikolaus-Kirche zu besuchen, in der u. a. auch gut erhaltene Fresken aus dem 12. Jahrhundert zu bestaunen sind.
Matrei ist auch Ausgangspunkt für das in westlicher Richtung zwischen Lasörling- und Venediger-Gruppe abzweigende **Virgental**. Hier, wie in **Prägraten** (1310 m), ist im Winter vor allem Langlauf in wunderschöner Landschaft angesagt. Prägraten selbst ist für zahlreiche Tourengeher Ausgangsort, um mit geprüften Bergführern auf die umliegenden Dreitausender zu gehen.
Darüber hinaus verbreiten die Polarhundeschlittenrennen in Prägraten Abenteuer- und Pioniergeist, gemixt mit einem Schuß Alaskastimmung – beeindruckend für die ganze Familie.
Das bei Huben (zwischen Matrei und Lienz) nordostwärts vom Iseltal nach **Kals** (1325 m) abzweigende Kalsertal gehört ebenfalls zur Ferienregion Hohe Tauern Süd. – »Glocknerblick« wurde im Kalsertal die Bergbahn-Gipfelstation (1970 m) mit dem imposanten Panoramablick von der Granatspitze bis zur Schobergruppe getauft. Vom Skigebiet Kals aus ist der Anschluß an das Skigebiet Goldried gewährleistet durch eine Gondelbahn.
Für Tourenskifahrer geht es schon Ende Februar los: Tagestouren zur Stüdlhütte (2802 m) und zum Bösen Weibele (3121 m). Oder auch zweitägige Touren mit Übernachtung auf der Lesach-Alm-Hütte (1812 m). Von der Erzherzog-Johann-Hütte (3454 m) aus sind es »nur« noch genau 343 m bis auf Österreichs höchsten Gipfel, den 3797 m hohen Großglockner (2-Tages-Tour). Etwas unterhalb der »Adlersruhe« können dann die Brettln zum Finale hinab zum Lucknerhaus wieder angeschnallt werden.

Ferienregion Hohe Tauern Süd
Matrei in Osttirol, 1000 m
Virgen, 1200 m,
Prägraten, 1312 m
Kals am Großglockner, 1325 m

Skigebiet: 1000–2400 m
Matrei 4800 Einwohner, 2000 Betten
Kals 1350 Einwohner, 1700 Betten
Virgental 3200 Einwohner, 2400 Betten
Saison: Mitte Dezember bis April

Anreise Inntal-Autobahn (Ausfahrt Kufstein-Süd), Kitzbühel, Mittersill, Felbertauernstraße. Bahnstationen sind Lienz und Kufstein, von dort Busverbindungen
Entfernungen von KA: 510 km, S: 440 km, UL: 360 km, M: 210 km

Information
Tourismusverbände
A-9971 Matrei/Osttirol, Tel. 04875/6527
Telefax 04875/6527-40
A-9981 Kals/Großglockner, Tel. 04876/211
A-9972 Virgen, Tel. 04874/5210
Telefax 04874/5630
A-9974 Prägraten, Tel. 04877/5217
Telefax 04877/5478
Landesvorwahlnummer siehe Seite 608.

Kinder Matrei Gästekindergarten ab 1 Monat (Hotel Goldried, Tel. 6113; ca. öS 80/Std.); Skischule ab 5 Jahre (ca. öS 990/Woche ohne Mittagessen)
Prägraten kein Gästekindergarten; Skischule ab 3 Jahre (ca. öS 800/Woche ohne Mittagessen)

Ski alpin Testnote ❄❄
jedes Gebiet

Skigebiet Matrei
30 km präparierte Abfahrten:
5 km schwer, 20 km mittel, 5 km leicht
Längste Abfahrt: Bergstation »Cimaroß« – Talstation Matrei, 11,3 km Länge, 1400 m Höhenunterschied, mittel bis schwer.
Liftkapazität: 8000 Pers./Std.
3 3

Skigebiet Kals
12 km präparierte Abfahrten mittleren Schwierigkeitsgrades
Liftkapazität: 3000 Pers./Std.
3 1 1

Skigebiet Virgental
3 km präparierte, leichte Abfahrten
Liftkapazität: 2000 Pers./Std.
1

Skigebiet Prägraten
3 km präparierte Abfahrten:
1 km mittel, 2 km leicht
Liftkapazität: 1260 Pers./Std.
2

Skipaß-Preise siehe Beilage
Skischule: Matrei bis zu 30 Skilehrer, Kals 10 Skilehrer, Virgen/Prägraten 10 Skilehrer

Langlauf Testnote
Matrei ❄❄
Kals ❄
Virgental ❄

Matrei 24 Loipenkilometer (4 km schwierig, 12 km mittel, 8 km leicht); längste Loipe »Bichl« (950–1000 m), 12 km, mittel; Höhenloipe »Tauern« (1450–1500 m), 6 km, mittel; Langlaufunterricht Kals 18 Loipenkilometer
Prägraten 30 Loipenkilometer (5 km schwierig, 20 km mittel, 5 km leicht); längste Loipe: Hinterbichl (1400 m), 7,5 km lang, mittel bis leicht; Langlaufunterricht

Weitere Sportmöglichkeiten

Après-Ski

Sportliche Veranstaltungen
FIS-Riesentorläufe (Matrei, Jan./Febr. 94), Osttirol Championat für Schlittenhunde (2 Rennen in Prägraten, 1 Rennen in Sillian, Ende Jan. 94), Snowboard-Rennen (Matrei, Mitte Febr. 94)

Drei-Halbtages-Skikurse bietet die Skischule Matrei (Tel. 6080) an. Da bleibt viel Zeit für anderes ...

Hotelempfehlungen: Seite 541–585

Das Defereggental

Tagesausflügler verirren sich eher selten in das Osttiroler Tal. Das gut präparierte Pisten- und Loipenangebot sowie die günstige Ost-West-Lage, die das Defereggental zu einem »Schneeloch« machen, genießen vor allem Stammgäste.

Fährt man entlang der Schwarzach ins Tal hinein, merkt man schnell, daß es keine eigentlichen Zentren gibt, die Urlauber verteilen sich auf die einzelnen Dörfer. Gemütlichkeit rangiert vor Ski-total. So zum Beispiel in **Hopfgarten**, das seinen Gästen einen eigenen Anfänger-Schlepplift, Skischule, zehn Kilometer Loipe und zwei Rodelbahnen bietet.
Vorbei an Weilern, uralten hölzernen Osttiroler Bauernhöfen, links das Defereggengebirge, rechts die Zwei- und Dreitausender der Lasörling-Gruppe, geht es entweder rechts nach **St. Veit** auf 1500 Meter Höhe oder geradeaus weiter zum fast 1400 Meter hoch gelegenen Hauptort **St. Jakob.**
Hauptanziehungspunkt für die Alpinen ist das Skirevier auf der Brunnalm unterhalb des Kleinen und Großen Lepples Kofl (2483 bzw. 2820 m). Als Ausweichmöglichkeit bietet sich das Skigebiet am Staller Sattel an – die Straße über die Paßhöhe stellt im Sommer die Verbindung zum Südtiroler Antholzer Tal dar.
Zurück zur Brunnalm: Ab der Mittelstation der Brunnalmbahn erschließen weitere Lifte vor allem baumfreie Idealhänge. Die beiden Mooserberg-Schlepper und -Sessellift ziehen zur Ochsenlacke (2350 m) hinauf, im Südwesten schleppen Weißspitzlift und Almspitzlift bis auf 2500 m.
Die schönste Abfahrt: Ab Bergstation Brunnalm über zwei Sektionen mit dem Schlepper in Richtung Kleiner Lepples Kofl, dann rund zwei Kilometer Genußschwingen hinüber zur Bruggeralm und mit dem Sessellift hinauf zum Großen Lepples Kofl. Von nun an geht es runde sechs Kilometer zurück ins Tal, abwechslungsreich über Bruggeralm, Mooserberg und, im letzten Drittel, durch Lärchen- und Zirbenwälder zur Talstation des Brunnalmliftes. Gerade die richtige Mischung zwischen langgezogenen Schwüngen und zügigen Waldpassagen. Am Stück absolviert, fordert diese Variante übrigens auch anspruchsvolle Fahrer.
Die familienfreundliche Version dieser Abfahrt führt von der Höhe Bruggeralm in einem weiten Bogen auf einer problemlosen Pistenautobahn zurück.

St. Jakob in Defereggen, 1389 m

Skigebiet: 1400–2500 m
1020 Einwohner, 2500 Gästebetten
Saison: Mitte Dezember bis Ende April

Anreise Inntal-Autobahn (Ausfahrt Kufstein-Süd) oder über Knoten Wörgl, Kitzbühel, Paß Thurn, Felbertauerntunnel, Defereggental. Bahnstation ist Lienz, von dort Busverbindungen ins Skigebiet
Entfernungen von KA: 532 km, S: 464 km, UL: 383 km, M: 228 km

Information
Tourismusverband St. Jakob,
A-9963 St. Jakob in Defereggen,
Tel. 04873/5484
Telefax 04873/5265
Landesvorwahlnummer siehe Seite 608.

Kinder Gästekindergarten ab 4 Jahre (ca. öS 485/Ganztag inkl. Mittagessen); Skischule ab 4 Jahre (ca. öS 1535/Woche inkl. Mittagessen)

Ski alpin Testnote ❄❄❄

Skigebiet Brunnalm
25 km präparierte Abfahrten:
1 km schwer, 17 km mittel, 7 km leicht
längste Abfahrt vom Weißspitzlift zur Talstation, 5,5 km Länge, 1150 m Höhenunterschied, mittel
Liftkapazität: 10000 Pers./Std.
6 1 1

Skigebiet Staller Sattel
9 km präparierte Abfahrten:
5 km mittel, 4 km leicht
Liftkapazität: 2800 Pers./Std.
3

Skipaß-Preise siehe Beilage
Tiefschneereviere: Staller Sattel, Rote Wand, Zinsental, Bruggeralm
Skischule mit bis zu 50 Skilehrern

Langlauf Testnote ❄❄❄

7 Loipen über 30 km Länge (6 km mittel, 24 km leicht), Höhenloipe: Staller Sattel (2000 m), 5 km lang, leicht; Skateloipe: Alpenhof-Rundkurs, 2,5 km Länge; längste Loipe: Defereggental-Loipe (1250–1400 m), 25 km Länge, mittel; Langlaufunterricht

Weitere Sportmöglichkeiten

Après-Ski

Sportliche Veranstaltungen
Intern. Schwarzachlanglauf (St. Veit, Anfang März 94)

Après-Tip: Ein Besuch bei einem der vielen Holzschnitzer, die es in praktisch jedem Ort im Defereggental gibt. Informationen im Verkehrsbüro.

Hotelempfehlungen: Seite 541–585

Lienzer Dolomiten

So mancher Autofahrer kennt Lienz bereits von einer Reise in den Süden, sei es nach Italien oder Slowenien. Zunehmend kommen aber auch Wintersportler, vor allem jene, die auf die Kombination von Skiurlaub und Stadt setzen.

Das 673 Meter hoch gelegene, über 700 Jahre alte Städtchen, überragt von den wildzerrissenen Felsen der Lienzer Dolomiten, bietet Skigebiete, die den unterschiedlichsten Ansprüchen gerecht werden:
Das Zettersfeld, ein südlicher Ausläufer der Schobergruppe, wartet mit leichten bis mittelschweren Abfahrten und einer Höhendifferenz von 1100 Höhenmetern auf. Eine Gondelbahn schwebt vom Ortsteil Gaimberg auf die 1812 m hoch gelegene Bergstation Zettersfeld.
Eine sehr schöne leichte Abfahrt führt von der Bergstation des höchsten Lifts zur 1662 m hoch gelegenen Faschingalm hinunter.
Sie ist auch das Ziel vieler Winterfrischler, die mit ihrem eigenen Pkw die gut geräumte Bergstraße hinauffahren (im Kofferraum sollten für alle Fälle Ketten bereitliegen!).
Die Hänge rund um die Faschingalm sind in der Regel kinderfreundlich und beliebter Tummelplatz der Skischulen. Zum Genuß wird die lange Abfahrt zur Talstation mit ihren Ausblicken auf die Stadt und den gegenüberliegenden Hochstein.
Nur wenige Meter neben den vorbildlich präparierten Pisten finden Tiefschneefans ein unberührtes, weites Schneeparadies. Einziges Minus: Man muß die kleine Straße, die zur Faschingalm hinaufführt, öfters überqueren.
Einen ganz anderen Charakter hat das Skigebiet am Hochstein (2057 m), westlich der Stadt oberhalb vom Isel- und Drautal. Es wird vor allem von ambitionierteren Läufern aufgesucht.

Lienz, 673 m

Skigebiet: 720–2278 m
13000 Einwohner, 3000 Gästebetten
Saison: November bis Ostern

Anreise Inntal-Autobahn (Ausfahrt Kufstein-Süd), Kitzbühel, Felbertauerntunnel, Lienz oder Salzburg, Tauern-Autobahn, Lienz (Bahnstation)
Entfernungen von KA: 530 km, S: 462 km, UL: 381 km, M: 226 km

Information
Tourismusverband
Lienzer Dolomiten,
A-9900 Lienz, Tel. 04852/65265
Telefax 04852/652652
Landesvorwahlnummer siehe Seite 608.

Kinder Betreuung durch den Verein Mobiler Betreuungsdienst Osttirol (in Lienz, Tel. 04852/68418); Skischule ab 4 Jahre (oder ab 3 Jahre ab 100 cm Körperlänge; ca. öS 1520/5 Tage inkl. Mittagessen)

Ski alpin Testnote ❄❄❄

Skigebiet Zettersfeld
50 km präparierte Abfahrten:
7 km schwer, 25 km mittel, 18 km leicht
Liftkapazität: 8000 Pers./Std.
6 1 1

Skigebiet Hochstein
12 km präparierte Abfahrten:
5 km schwer, 5 km mittel, 2 km leicht
Längste Abfahrt: »H-2000«, 7,2 km Länge, 1300 m Höhenunterschied, schwer bis mittel
Liftkapazität: 4700 Pers./Std.
2 2

Skipaß-Preise siehe Beilage
Tiefschneereviere: Schobergruppe, Hochstein- und Dolomitenhütte
Skischule mit 25 Skilehrern

Langlauf Testnote ❄❄❄

7 Loipen über insgesamt 75 km (10 km mittel, 65 km leicht); längste Loipe: Lienz – Mittewald und retour (Teil der Dolomitenloipe, 673–920 m), 36 km lang, leicht bis mittel; Anschluß an die 4-Länder-Loipe (Venetien – Südtirol – Osttirol – Kärnten, 500–1500 m), ca. 200 km lang; Langlaufunterricht

Weitere Sportmöglichkeiten
Paragleiten

Après-Ski

Sportliche Veranstaltungen
12. Laserzlauf (Extrembewerb für Tourenskilauf, 6. Jan. 94), 7. Alpirod Hundeschlittenrennen (15./16. Jan. 94), 23. Intern. Dolomitenlauf (Dolomitenloipe, 25 und 60 km, 23. Jan. 94)

Leih-Snowboards zum Ausprobieren gibt's bei Surf-Equipment, Christian Zanon, Zwergergasse 1 in Lienz, Tel. 04852/61400.

Hotelempfehlungen: Seite 541–585

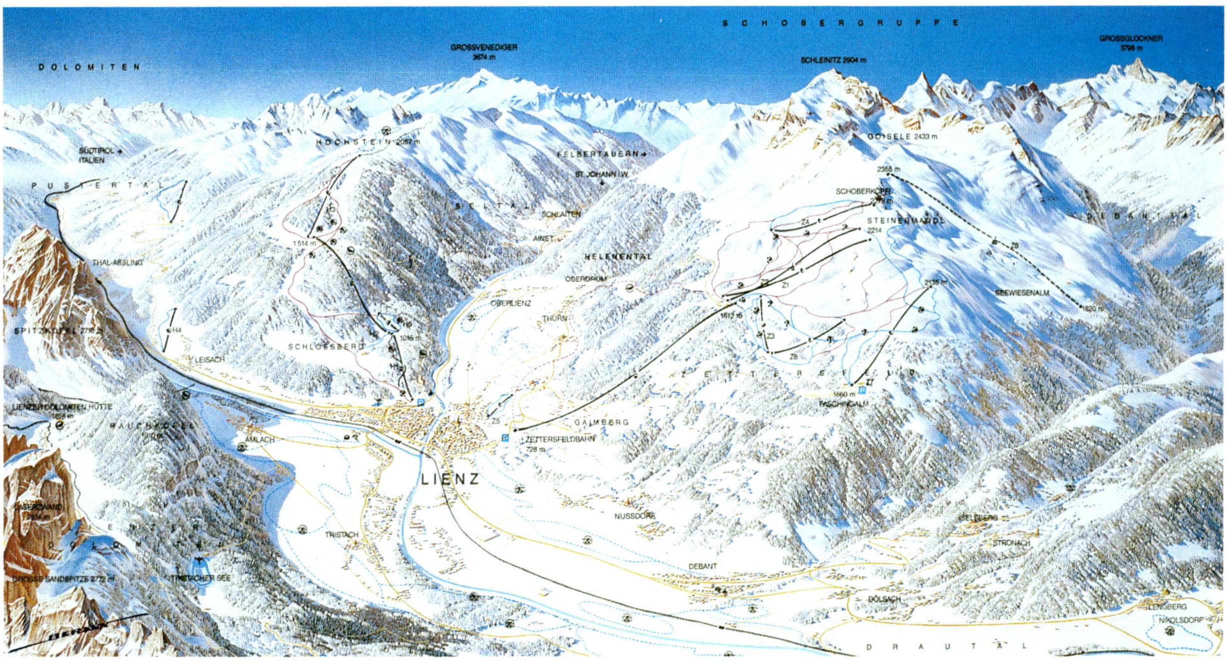

Das Hochpustertal (Osttirol)

Wer unverbaute Landschaft, übersichtliche Familien-Skigebiete, gemütliche Unterkünfte und günstige Preise mehr schätzt als vornehm-gediegene Atmosphäre, der kann sich hier wohlfühlen: Ski und Langlauf im hintersten Winkel Tirols mit grandioser Dolomiten-Kulisse.

Wenn es so etwas wie einen Geheimtip in den Alpen überhaupt noch gibt – die osttiroler Seite der Region Hochpustertal ist einer: Denn kaum irgendwo ist die Gastfreundschaft so echt wie im Grenzgebiet zu Südtirol. Die Menschen im Tiroler Gailtal und im Villgratental sind noch weit tourismus-unverdorbener als anderswo.
Kein Wunder: Denn aufgrund der abgeschiedenen Lage hat der Fremdenverkehr in Osttirol erst viel später als in Nord- oder Südtirol begonnen.
Das bringt es mit sich, daß das Angebot für Skifahrer auch nicht so umfangreich ist wie in vielen anderen Regionen. Seit dem Bau der Sechsergondelbahn auf den 2400 Meter hohen Thurntaler im Jahr 1989 ist im Hochpustertal **Sillian** der für Wintersportler bedeutendste Ort.
Von vielen Stammgästen stets aufs neue bestaunt wird das überdurchschnittlich schöne Panorama am Thurntaler: Der Blick reicht vom Großglockner über den Großvenediger bis zu den imposanten Dolomiten-Zacken und den Karnischen Alpen. Und wenn die Schneeauflage reichlich genug ist, weist er die längste Skiabfahrt Osttirols auf.
Sichere Variantenfahrer haben auf dem im oberen Teil baumfreien Thurntaler gute Möglichkeiten.
Während die Thurntaler-Erschließung für Sillian einen kräftigen Entwicklungsschub bedeutet hat, ist davon im Villgratental nur wenig zu spüren: **Außervillgraten** bietet weiterhin überwiegend Ferien auf dem Bauernhof sowie Privatzimmer: Hotel- und Gasthausbetten sind nur wenige vorhanden.
Anders dagegen der Nachbarort **Innervillgraten**, 1400 Meter hoch in einer sonnigen, breiten Talmulde des Villgratentals gelegen: Obwohl man bis auf einen Babylift und eine sporadische Skibus-Verbindung nach Sillian dem Skifahrer nichts bieten kann, haben die Gasthäuser ein bemerkenswertes Niveau erreicht.
Angesichts der Sillianer Entwicklung hat **Obertilliach** im Gailtal ein wenig an Bedeutung verloren: Das im Grunde sehr schöne Skigebiet am 2300 Meter hohen Golzentipp wird vom Thurntaler deutlich übertroffen.
Dafür ist die »Grenzlandloipe«, die 50 Kilometer durchs Gailtal führt, ein Super-Pluspunkt auch für die Nachbarorte **Untertilliach** und **Kartitsch**: Route und Panorama könnten aus dem Lehrbuch für Langlaufloipen stammen.
Für Pistenflitzer sind diese Orte nicht so gut geeignet: Die Lifte und Pisten

Landschaftlich reizvoll und sportlich interessant: die 50 Kilometer lange »Tiroler Gailtal-Loipe«, die die Orte Kartitsch, Ober- und Untertilliach verbindet. Im Hintergrund der Karnische Kamm.

sprechen eher Anfänger und mäßig Fortgeschrittene an.

Das gilt auch für **St. Oswald**, gleich am Beginn des Gailtales gelegen: Das kleine Skigebiet kann nur wenig Abwechslung bieten. Am schönsten ist hier die Skirouten-Verbindung, die vom Golzentipp über den Bergrükken des Dorfberges herüberführt.

Noch einige Highlights der Region Hochpustertal in Kürze: Die »Punbrugge« (17. Jahrhundert) in Heinfels unterhalb der Burgruine, die Rodelpartien vom Bauernhof »Glinze« nach Außervillgraten und von der Leckfeldalm nach Sillian sowie die Vier-Länder-Loipe, die über 200 Kilometer von Cortina d'Ampezzo (Venetien) über Toblach (Südtirol), Sillian und Lienz (Osttirol) bis Villach (Kärnten) führt.

Hochpustertal Südtirol siehe Seite 380.

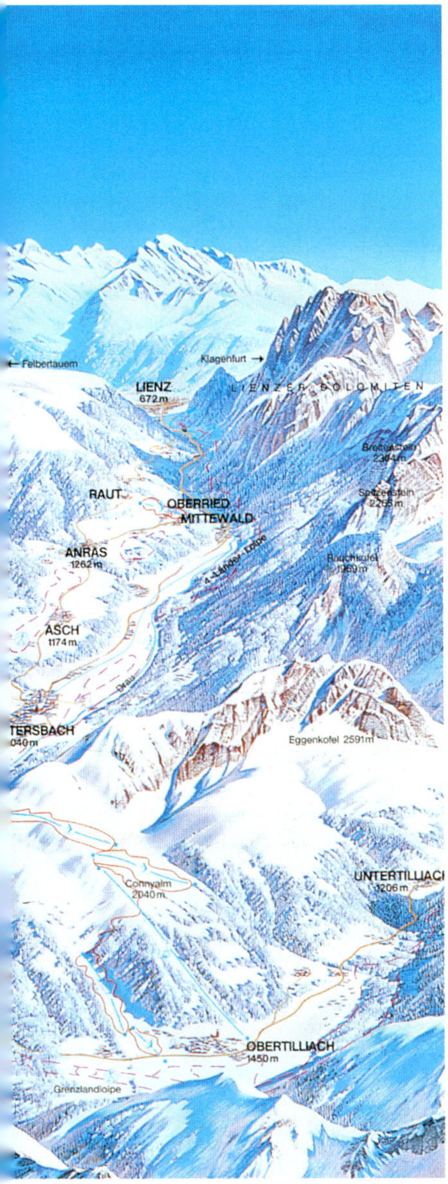

Hochpustertal, 982–1450 m
Anras, Abfaltersbach, Strassen, Panzendorf-Heinfels, Außervillgraten, Innervillgraten, Sillian, Kartitsch, Obertilliach, Untertilliach

Skigebiet: 950–2400 m
9900 Einwohner, 4000 Gästebetten
Sillian 2000 Einwohner, 1100 Gästebetten Außervillgraten 1026 E., 400 G. Obertilliach 800 E., 900 G.
Saison: Dezember bis April

Anreise Inntal-Autobahn (Ausfahrt Kufstein-Süd), Kitzbühel, Felberntauernstraße, Lienz, Hochpustertal bzw. Innsbruck, Brenner, Bruneck, Hochpustertal. Bahnstationen sind Mittewald/Drau, Abfaltersbach, Tassenbach und Sillian, von dort Busverbindungen
Entfernungen von KA: 560 km, S: 492 km, UL: 411 km, M: 256 km

Information
Ferienregion Hochpustertal,
A-9920 Sillian, Tel. 04842/6280
Telefax 04842/6858
Tourismusverbände
A-9913 Anras, Tel. 04846/6205
A-9913 Abfaltersbach, Tel. 04846/6550
A-9920 Strassen, Tel. 04846/6336
A-9920 Panzendorf-Heinfels,
Tel. 04842/6262
A-9931 Außervillgraten, Tel. 04843/5333
Telefax 04843/552215
A-9932 Innervillgraten, Tel. 04843/5194
Telefax 04843/5136
A-9941 Kartitsch, Tel. 04848/5216
Telefax 04848/5429
A-9942 Obertilliach, Tel. 04847/5255
Telefax 04847/5210
Landesvorwahlnummer siehe Seite 608.

Kinder Sillian Gästekindergarten ab 3 Jahre (ca. öS 200/Ganztag ohne Mittagessen, 1100/Woche ohne Mittagessen); Skischule ab 5 Jahre (ca. öS 1450/Woche inkl. Mittagessen)
Obertilliach kein Gästekindergarten; Skischule ab 4 Jahre (ca. öS 820/5 Tage ohne Mittagessen)

Ski alpin Testnote ❄❄

Skigebiet Thurntaler
45 km präparierte Abfahrten:
8 km schwer, 33 km mittel, 4 km leicht
Längste Abfahrt: Thurntaler – Sillian, 11 km Länge, 1400 m Höhenunterschied, mittel
Liftkapazität: 10000 Pers./Std.
3 1 1

Skigebiet Obertilliach
16 km präparierte Abfahrten:
3 km schwer, 11 km mittel, 2 km leicht
Liftkapazität: 4200 Pers./Std.
4 1

Skipaß-Preise siehe Beilage
Tiefschneereviere: Kaseralm, Laba, Ralsabfahrt
Mehrere Skischulen mit 50 Skilehrern

Langlauf Testnote ❄❄❄❄

97 Loipenkilometer (mittel bis schwierig); Loipe Pustertal (Sillian – Abfaltersbach), 35 km; Grenzlandloipe Tiroler Gailtal (1200–1530 m), 50 km; Anschluß an die 4-Länder-Loipe Kärnten – Osttirol – Südtirol – Venetien (500–1500 m), ca. 200 km lang
Sillian 27 Loipenkilometer (6 km schwierig, 12 km mittel, 9 km leicht); Langlaufunterricht
Außervillgraten 12 Loipenkilometer Obertilliach 60 Loipenkilometer (4 km schwierig, 25 km mittel, 31 km leicht), evtl. Loipengebühr ca. öS 120/Woche; Langlaufunterricht

Weitere Sportmöglichkeiten
Gleitschirmfliegen, Alpinschule Kartitsch

Après-Ski

Schmuggeltouren veranstaltet das Verkehrsbüro Sillian. Mit Sturmlaternen geht es durch Nacht und Wald zur Jagd auf Schmuggler und Wilderer. Anmeldungen sind erforderlich.

Hotelempfehlungen: Seite 541–585

Salzburger Land

Die weltberühmte Stadt hat ihren Namen auch einem der neun österreichischen Bundesländer gegeben. Mit etwas Phantasie läßt sich auch erkennen, daß dieses Salzburger Land die Form eines Herzens hat. Und so sagen die Bewohner gern, sie seien das »Herz Österreichs«. Jedenfalls liegt das Land so ziemlich in der Mitte der Alpenrepublik.

Nun denken viele bei dem Namen Salzburg nicht unbedingt an hohe Berge oder gar an großzügige Skigefilde. Doch stattliche Gebirgsgruppen gehören zum Salzburger Land oder bilden im Grenzbereich zu den Nachbarländern Bayern, Steiermark, Kärnten und Tirol eine imposante Kulisse: das Steinerne Meer, die Loferer und Leoganger Steinberge, das Tennengebirge, die Dachstein-Gruppe und im Süden die Hohen Tauern mit der Venediger-Gruppe (Großvenediger 3674 m) und der Glockner-Gruppe. (Der Gipfel des Großglockner, 3797 m, liegt allerdings auf Kärntner/Osttiroler Territorium.) So kann das Salzburger Land mit einer Fels- und Gletscher-Szenerie aufwarten. Und zwischendrin liegen viele schöne Skireviere – im Pinzgau, Pongau, Lungau, Tennengau, Lammertal, Gasteiner Tal und Salzkammergut. Für mobile Skifahrer gibt es im übrigen »Großraum-Skipässe«, die zum Teil auch über Bezirks- und Landesgrenzen hinausreichen.

Es gibt im Salzburger Land ein paar herausragende, in ihrem Stil aber wiederum recht unterschiedliche Wintersportplätze. Das **Gasteiner Tal** kann Allround-Ansprüchen gerecht werden, seien sie nun skifahrerischer oder sonstwie sportlicher, vergnüglicher oder gesundheitsbewußter Art. Auch das gesellschaftliche Leben, sozusagen »a bißl Schikkeria«, spielt beispielsweise im winterlichen Badgastein eine Rolle.

In **Saalbach-Hinterglemm** wird sich wohlfühlen, wer sich bei genußvollem Wedeln nur so weit strapaziert, daß er das vielfältige Après-Angebot auch noch in voller Aktivität genießen kann. Ähnliches gilt für **Obertauern**, das durch seine Höhenlage natürlich den Vorzug einer schneesicheren Skisaison hat.

Ein Unikum ist die »Europa Sportregion«. **Zell am See** und **Kaprun**, die unter diesem Namen firmieren, hat das Bestreben zusammengeführt, ein jahreszeitlich unabhängiges Sportangebot offerieren zu können, das vom Gletscherskilauf bis hin zum Windsurfen (im Winter: Eissegeln) reicht. Es wählen aber nicht nur Supersportler diese Region als Ferienplatz, Genußskifahrer kommen ebenfalls auf ihre Kosten.

Eine Ski-Spezialität ist hierzulande die »Skischaukel«. Das Wort klingt gut und bedeutet nichts anderes, als daß zwei Orte, die in Nachbartälern liegen, via Lifte und Pisten eine Verbindung hergestellt haben. Den Anfang mit diesem Verbund machten Dorfgastein und Großarl. Inzwischen gibt es zahlreiche Skischaukeln, die Täler über Berge hinweg miteinander verbinden. Die »Drei-Täler-Skischaukel« Flachau–Wagrain–St. Johann im Pongau gehört mit den Wintersportrevieren Kleinarl, Eben, Altenmarkt-Zauchensee, Radstadt und Filzmoos zur großen Region **»Salzburger Sportwelt Amadé«,** den Radstädter Tauern.

Wer die Stadt Salzburg in seine Wintersportpläne mit einbeziehen will, wählt am besten die eher familiären Skigebiete im **Salzkammergut**, so zum Beispiel rings um den Wolfgangsee. Das **Lammertal** wiederum hat sich auf Langlauf spezialisiert, im **Lungau** zeigt man sich besonders familienfreundlich.

Skigebiete auf einen Blick

- Dachstein-West (8)/172
- Europa-Sportregion (4)/162
- Gasteiner Tal (11)/176
- Großarltal (11)/180
- Hochkönig-Skischaukel (3)/156
- Lammertal (8)/172
- Leogang (2)/159
- Lofer (1)/154
- Lungau (14)/190
- Oberpinzgau (5)/166
- Obertauern (13)/181
- Rauris (10)/169
- Saalbach-Hinterglemm (2)/160
- Saalfelden (2)/158
- Salzburger Sportwelt Amadé (12)/182
- Salzkammergut (7)/174
- Ski Maria Alm (3)/156
- Uttendorf (6)/168
- Weißsee (6)/168
- Werfen (9)/170
- Werfenweng (9)/170

Saalbach, der beliebte Ski- und Après-Skiort im Salzburger Land.

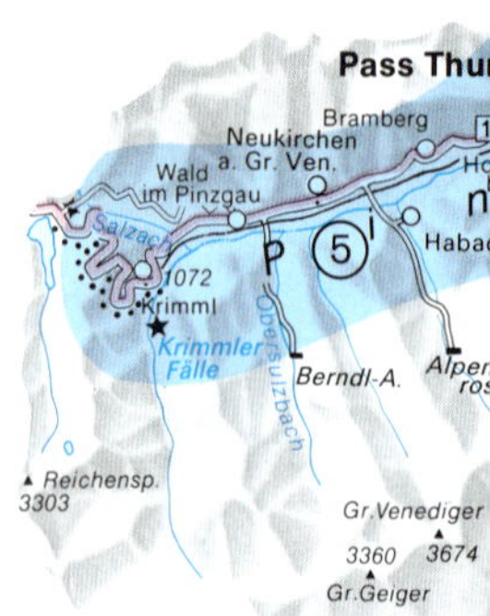

Von der Schmittenhöhe hat man einen herrlichen Blick in die Hohen Tauern mit dem Kitzsteinhorn (3203 m) in der Bildmitte.

Alphabetisches Register der Skiorte ab Seite 601

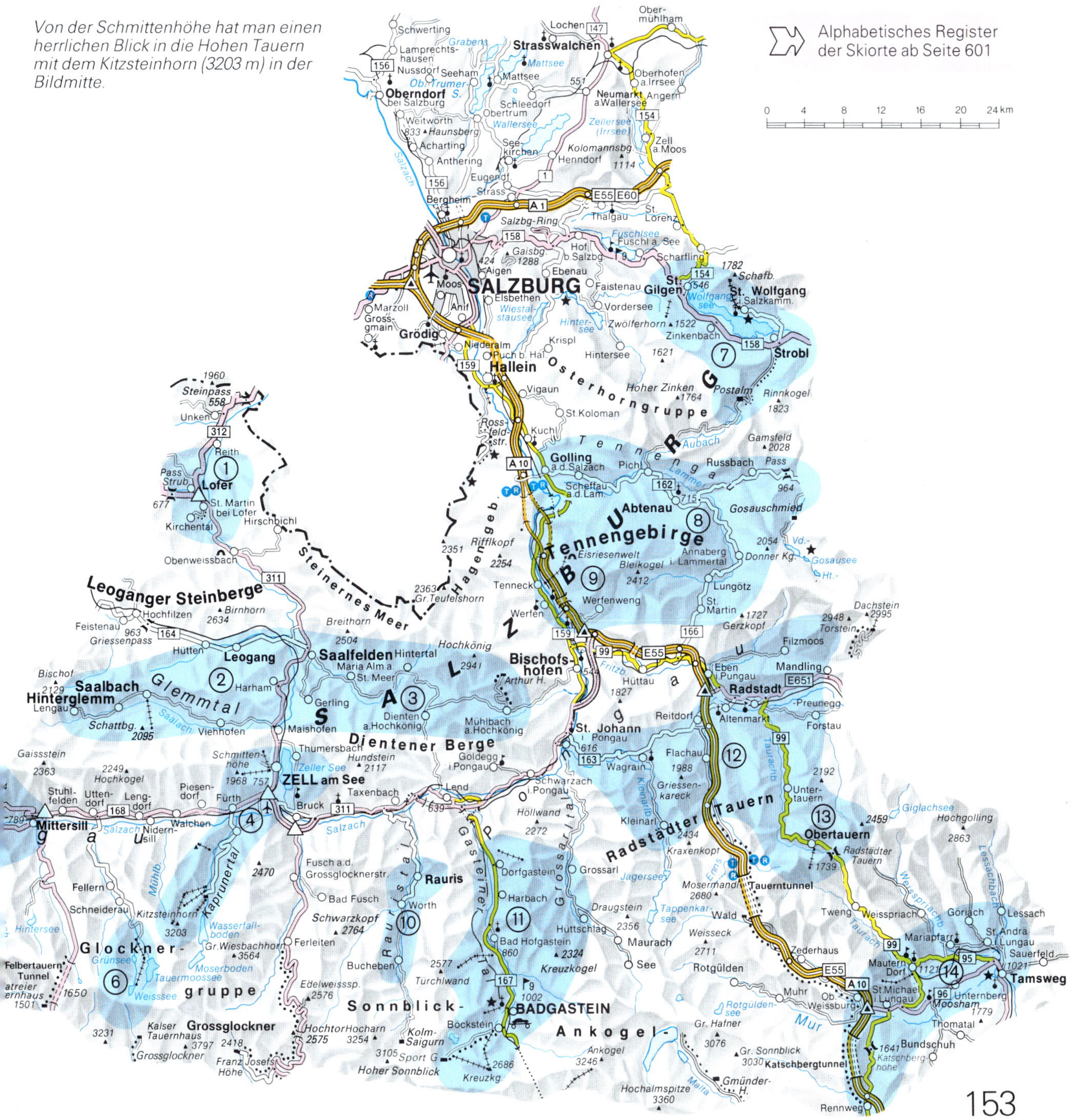

Lofer

Lofer ist keine Großraum-Skiregion moderner Prägung, vielmehr ein überschaubares Skigebiet, in dem Gemütlichkeit Trumpf ist. Dazu gibt es eine Menge ausgezeichneter Wintersportmöglichkeiten.

Die Kulisse ist schon imposant: Im Schatten der mächtig aufzinnenden Loferer Steinberge mit dem wuchtigen Ochsenhorn als höchster Erhebung liegen **Lofer** und der kleine Nachbarort **St. Martin** kurz hinter der bayerischen Grenze. Hier empfangen den Urlauber noch keine Hotelsilos und riesige Apartment-Bauten, hier heißen die Geschäfte noch nicht »shops« und die »Restaurants« meist noch »Gastwirtschaft«.
Mit der Gondelbahn schwebt der Skifahrer in acht Minuten hinauf zum Loderbichl, wo er sich zur Postalm oder in den Nachbar-Alm-Lift einbügelt. Oder er zieht es vor, im Doppelsessellift entlang der Flanke des Grubhörndls ins Loferer-Alm-Skigebiet zu entschweben.
Hier oben, auf den weiten, offenen und fast baumfreien Hängen, ist die Sonne daheim! Weshalb man nicht nur Skifahrer, sondern auch Sonnenanbeter in großen Scharen trifft.
Die Brettl-Fans können zwischen einer ganzen Reihe von Aufstiegshilfen wählen, die die Hänge zwischen Schönbühel und dem Grubhörndl bis in eine Höhe von etwa 1700 m erschließen. Dabei werden sich die Könner wohl dem Grubhörndl zuwenden, das einige recht anspruchsvolle Varianten der Talabfahrt anbietet. Auf jeden Fall verdienen Loferer-Alm- und Postalm-Skigebiet das Prädikat »familienfreundlich«. Grauslige Buckelpisten gibt's hier nirgends, Steilpassagen sind bequem zu umfahren, und die Pistenpflege kann sich wirklich sehen lassen.
Dieses Loferer Angebot kommt sichtlich an. Mit Stolz wird darauf verwiesen, daß das Publikum überwiegend aus Stammgästen besteht, die zum einen die vernünftige Preispolitik, zum anderen auch die recht heimelige Atmosphäre schätzen.
Wer in Lofer auf die schmalen Lauf-Bretter steigt, findet ein ausgedehntes und gut gespurtes Netz vor. Diese Region gilt bis in den Mai hinein als schneesicher.
Kein Mangel auch an anderen mehr oder weniger sportiven Möglichkeiten, den Urlaub zu genießen: Schlittschuhläufer finden eine Natur-Eisbahn, Eisstockschützen kommen ebenso zu ihrem Recht wie Wasserratten oder Sauna-Fans. Gerodelt wird von der Loferer Alm herunter bis in den Ort, und vom bekannten Wallfahrtsort Maria Kirchenthal nach St. Martin sowie auf der beleuchteten Bahn vom Knappenstadl. Spaziergänger können mehr als die Marathon-Distanz zurücklegen oder sich per Pferdeschlitten durch die Landschaft und zur Wildfütterung kutschieren lassen.
Lohnend ist auch ein Skiausflug ins 8 km entfernte Unken-Heutal mit seinem kleinen Skigebiet.
Von Deutschland aus erreicht man Lofer am besten über die Inntal-Autobahn bis Kufstein und dann weiter über St. Johann und Waidring. Die Straße ist gut, auf jeden Fall weniger von Witterungsunbilden gefährdet als die Anreise von Bad Reichenhall bzw. Inzell über den Steinpaß, obwohl die Straße ab Unken mittlerweile ordentlich ausgebaut wurde. Winterausrüstung sei jedoch auf jeden Fall dringend empfohlen.

Wie eine Erinnerung aus Kindertagen: das familienfreundliche Skidorf Lofer zu Füßen der mächtig aufragenden Steinberge. Kein Wunder, daß es die Tourengeher hinaufzieht.

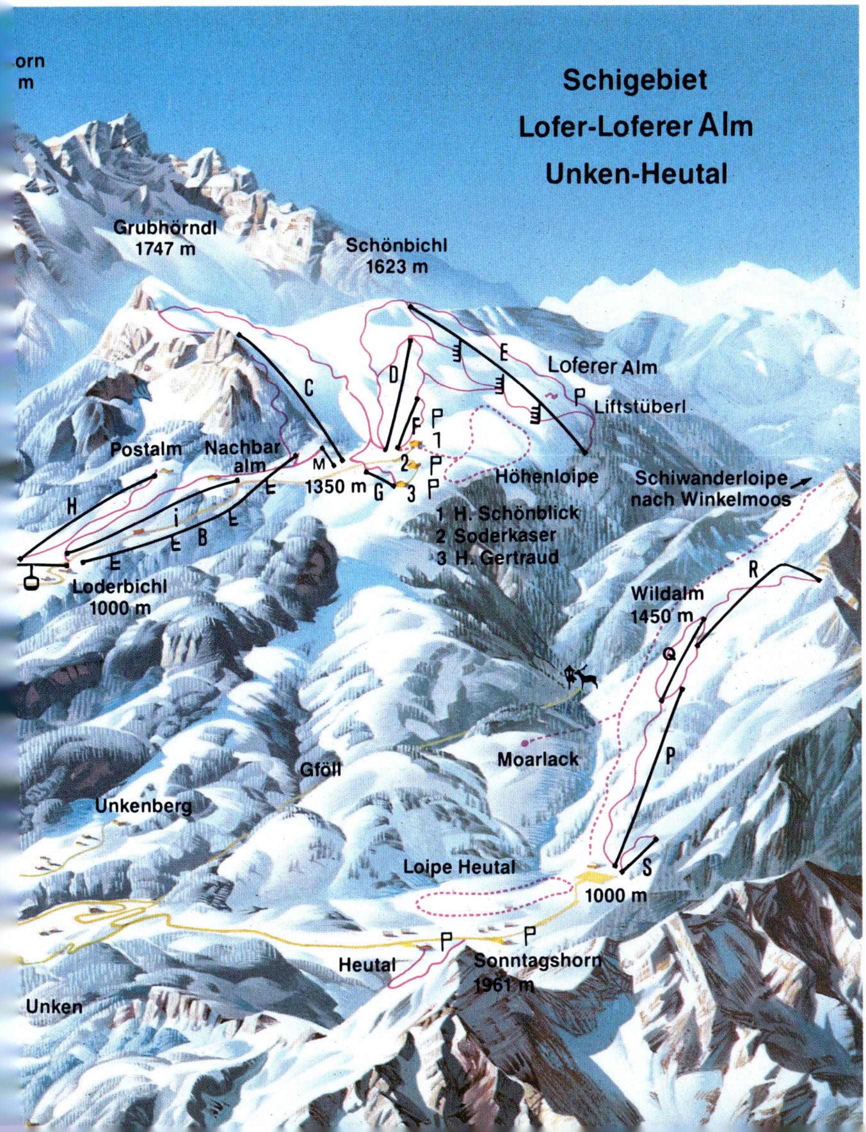

Lofer, 640 m
St. Martin bei Lofer, 634 m

Skigebiet: 640–1747 m
Lofer 1700 Einwohner, 2600 Gästebetten
St Martin bei Lofer 1020 E., 1100 G.
Saison: Weihnachten bis Ostern

Anreise Salzburger Autobahn (Ausfahrt Traunstein/Siegsdorf), Inzell, Lofer/St. Martin. Oder Inntal-Autobahn (Ausfahrt Kufstein-Süd), St. Johann/Tirol, Lofer/St. Martin. Bahnstationen: Bad Reichenhall, Salzburg bzw. St. Johann/Tirol (Busverbindungen). Entfernungen von KA: 451 km, S: 383 km, UL: 302 km, M: 147 km

Information
Fremdenverkehrsverbände:
A-5090 Lofer, Tel. 06588/321-0
Telefax 06588/7464
A-5092 St. Martin bei Lofer,
Tel. 06588/520
Telefax 06588/7345
Landesvorwahlnummer siehe Seite 608.

Kinder Lofer kein Gästekindergarten; Skischule ab 3 Jahre (ca. öS 1900/Woche inkl. Mittagessen St. Martin bei Lofer kein Gästekindergarten; Skischule ab 3 Jahre (ca. öS 1900/6 Tage inkl. Mittagessen)

Ski alpin Testnote ❄❄❄

Skigebiet Lofer
35 km präparierte Abfahrten:
10 km schwer, 15 km mittel, 10 km leicht
Längste Abfahrt: Loferer-Alm-Abfahrt, 8 km Länge, 1100 m Höhenunterschied, mittel
Liftkapazität: ca. 11 000 Pers./Std.

11 2 1

Skigebiet Unken-Heutal
12 km präparierte Abfahrten:
8 km mittel, 4 km leicht
längste Abfahrt: Wildalmlift – Heutal, 4 km Länge, 500 m Höhenunterschied, mittel
Liftkapazität: 1600 Pers./Std.

4

Skipaß-Preise siehe Beilage

3 Skischulen mit 40 Skilehrern

Langlauf Testnote ❄❄❄

50 Loipenkilometer (15 km mittel, 35 km leicht); längste Loipen: St. Martin – Weißbach (640 m), 16 km lang, mittel; bei Lofer die Loipe Au (640–617 m), 10 km, mittel; Höhenloipe Loferer Alm (1450–1500 m), 6 km, mittel; in Unken-Heutal 30 Loipenkilometer; in beiden Orten Langlaufunterricht

Weitere Sportmöglichkeiten

Après-Ski

Sportliche Veranstaltungen
Holländische Jugendskimeisterschaften (26. Febr. – 5. März 94)

Das dritte und jedes weitere zur Familie gehörende Kind (Ausweispflicht) fährt bei den Mehrtagespässen (ab drei bis 21 Tage) gratis.

Hotelempfehlungen: Seite 541 – 585

Die Hochkönig-Skischaukel/ Ski Maria Alm

Die Wintersportregion rings um den Hochkönig (2941 m) mit den Orten Mühlbach, Dienten und Maria Alm überrascht durch eine inzwischen recht selten gewordene Kombination aus anspruchsvollem Pistenrevier und gemütlichen Dörfern mit urigen Quartieren.

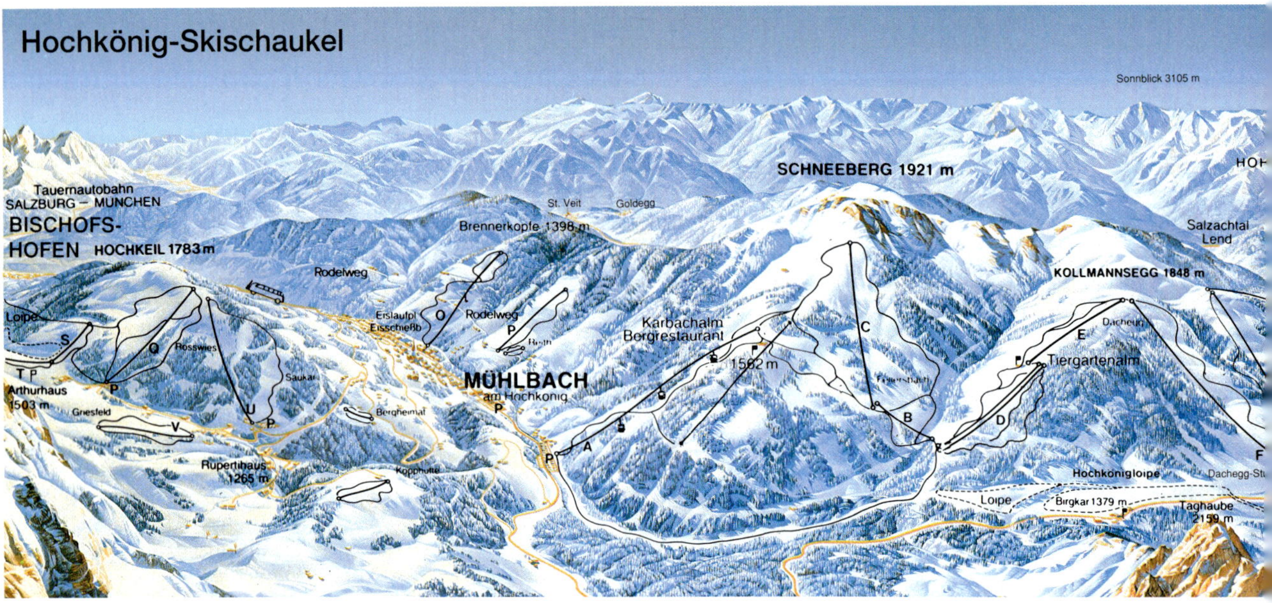

Als »Schirmherr« und Namenspatron überragt der markante Fast-Dreitausender Hochkönig das gleichnamige Skischaukel-Gebiet. Der Hochkönig selbst ist jedoch nicht in Liftseilen gefesselt. Wer den 2941 m hohen Gebirgsstock bezwingen will, muß dies schon auf eigenen Beinen tun mit Tourenski, Fellen und guter Kondition für den rund sechsstündigen Aufstieg. Bevor der Brettlindividualist dann zur 16 Kilometer langen Touren-Abfahrt startet, wird er nach einer Stärkung aus dem Rucksack (das Matras-Gipfelhaus ist nur im Sommer geöffnet) einen Blick auf die einzigartige Bergkulisse werfen: auf die bizarr gezackten Mandlwände, auf Dachstein und Hohe Tauern, auf Großglockner und Großvenediger.

Unterhalb des Hochkönig-Gipfels, wo sich die Pistenfahrer tummeln, liegt eine der jüngsten Skischaukeln des Salzburger Landes: Von Mühlbach über Dienten bis nach Hinterthal/Maria Alm reicht die Liftverbindung zwischen Salzach und Saalach. Der Hochkönig-Skischaukel wurde auch Saalfelden angeschlossen.

Eine interessante Geschichte hat **Mühlbach**. Denn hier wurden, wie die sprichwörtlichen Eulen nach Athen, dereinst Ski nach Österreich getragen. Und zwar von norwegischen Bergbauspezialisten, die dort um die Jahrhundertwende begannen, Kupfer abzubauen (1976 wurden die letzten Stollen geschlossen). Angespornt durch die skifahrenden Nordlichter gründeten die Mühlbacher im Jahre 1908 einen eigenen Skiclub, den ältesten im Salzburger Land. 1922 errichteten sie dann die erste Sprungschanze. Sie ist verbunden mit einer Mühlbacher Berühmtheit, dem verstorbenen Skispringer Sepp Bradl, der 1936 als erster Mensch (in Planica) die 100-m-Marke übersprang.

Mühlbach besitzt neben dem Liftver-

bund nach Dienten und Hinterthal noch einen Sessellift mitten im Ortszentrum – ideal für Skischüler und Kinder – sowie ein Skigebiet am Hochkeil.
Das Schaukelvergnügen beginnt mit dem Doppelsessel zur Karbachalm. Hier ist der Startplatz zur einzigen »schwarzen« Abfahrt der Hochkönig-Skiarena. Oben stellen dann Schlep-

Dienten am Hochkönig ist ein gemütliches Dorf, dessen anspruchsvolles Skigebiet Anschluß hat an eine der jüngsten Skischaukeln des Salzburger Landes.

per über den 1921 m hohen Schneeberg und das Kollmannsegg die Verbindung nach **Dienten** her. Zwischen Dachegglift und Gabühel bringen zwei Lifte skifahrende Gäste zum nächsten Hang. Die »Rennstrecke« vom Gabühel herunter zur »Endstation« **Hinterthal** reizt zum Weiterwedeln in das Skigebiet von **Maria Alm** mit Natrun, Aberg/Langeck, Hintermoos und Hinterthal – alles noch mit derselben Liftkarte zu befahren. Den Natrun erreicht man direkt von der Dorfmitte Maria Alms. Vom Natrun-Gipfel kommt man über die Abfahrt Nr. 9 zu den Talstationen der Lifte zum Aberg.
Doch Vorsicht! Selbst für rasante Pistenflitzer kann die Zeit knapp werden zum Zurückschaukeln an den Ausgangspunkt. Und die gemütlichen Almhütten an Pisten und Bergstationen sind mehr zum Einkehren als zum Übernachten eingerichtet.
Saalfelden siehe Seite 158.

Hochkönig-Skischaukel/
Ski Maria Alm
Mühlbach, 859 m, **Dienten,** 1071 m, **Maria Alm,** 800 m

Skigebiet: 800–2000 m
Mühlbach 1670 Einwohner, 2508 Gästebetten Dienten 840 E., 1300 G.
Maria Alm 1990 E., 4600 G.
Saison: Anfang Dezember bis Ende April

Anreise München, Salzburg, Tauernautobahn (A 10), Bischofshofen bzw. Ausfahrt Siegsdorf, Lofer, Skigebiet. Bahnstationen: Bischofshofen, Saalfelden, Schwarzach
Entfernungen von KA: 484 km, S: 416 km, UL: 335 km, M: 180 km

Information
Fremdenverkehrsverbände
A-5505 Mühlbach a. H., Tel. 06467/7235
Telefax 06467/7811
Schneetelefon 06467/7213
A-5652 Dienten a. H., Tel. 06461/263
Telefax 06461/317
A-5761 Maria Alm, Tel. 06584/7816
Telefax 06584/7600
Schneetelefon 06584/7661
Landesvorwahlnummer siehe Seite 608.

Kinder Mühlbach Gästekindergarten ab 2½ Jahre (Tel. 7209; ca. öS 80/Halbtag, 400/Woche halbtags); Skischule ab 4 Jahre (ca. öS 1300/Woche ohne Mittagessen)
Dienten Gästekindergarten ab 3 Jahre (ca. öS 60/Halbtag, 300/Woche halbtags); Skischule ab 4 Jahre (ca. öS 1200/Woche ohne Mittagessen)

Ski alpin Testnote ✽✽✽✽

Skigebiet Hochkönig-Skischaukel (inkl. Hochkeil und Ski Maria Alm)
160 km präparierte Abfahrten:
20 km schwer, 75 km mittel, 65 km leicht
Längste Abfahrt: Langeck – Hintermoos, 9 km, 1100 m Höhenunterschied, mittel
Die Piste am Reithlift (Mühlbach, mittel) ist montags bis sonntags bis 22 Uhr beleuchtet
Snowboard-Halfpipe an der Reithpiste (Mühlbach)

Liftkapazität: 40 000 Pers./Std.
39 8 1

Skigebiet Aberg/Langeck
26 km präparierte Abfahrten:
5 km schwer, 15 km mittel, 6 km leicht
Liftkkapazität: 12 000 Pers./Std.
7 3

Skipaß-Preise siehe Beilage
5 Skischulen mit 130 Skilehrern

Langlauf Testnote ✽✽✽

8 Loipen über insgesamt 47 km Länge
Maria Alm 30 km (8 km schwierig, 16 km mittel, 6 km leicht); längste Loipe: Krallerwinklloipe (800–950 m), 12 km, mittel/schwierig, mit Anschluß nach Saalfelden 28 km; höchste Loipe: Hinterthal (1000 bis 1150 m), 4 km, mittel; die Schattbergloipe (800 bis 850 m, 2 km, leicht) ist täglich bis 22 Uhr beleuchtet Dienten 7 km (leicht), höchste Loipen: Hochkönig-Loipe (1300 bis 1400 m), 7 km lang, leicht, und Arthurhaus (1520 m), 1,4 km, leicht Mühlbach 10 km (nach Dienten); Langlaufunterricht

Weitere Sportmöglichkeiten

Après-Ski

Sportliche Veranstaltungen
Vierschanzentournee Abschlußspringen (Bischofshofen, 6. Jan. 94), 11. Sepp-Bradl-Gedächtnis-Riesentorlauf (Mühlbach, Jan. 94)

Die neue Doppelsesselbahn auf den Gabühel stellt die Verbindung Dienten – Hinterthal her.

Hotelempfehlungen: Seite 541–585

Saalfelden

Eine breite, sonnendurchflutete Schneeschüssel, im Norden die Felszacken des Steinernen Meeres, im Süden die Hohen Tauern: Saalfelden lädt Abfahrts- und Langläufer zum Winterurlaub ein.

Angesichts der Idylle des weiten Talgrundes käme der flüchtige Betrachter kaum auf die Idee, daß sich an den Rändern dieser »Schüssel« Pistenreviere verbergen, die den Vergleich mit weit bekannteren Regionen nicht zu scheuen brauchen. Und doch scheint der Alpinrummel in Saalfelden eher nebensächlich zu sein, prägen nicht wie in anderen Orten morgens und abends die Skiläufer das Straßenbild, die zum Lift oder zum Hotel streben. Häufiger sind schon die leichtbeschuhten Langläufer anzutreffen, die gutdurchwärmt von einer der vielen Loipen rundum kommen.

Der Skiberg von Saalfelden, das zum Tarifverbund Hochkönig-Skischaukel gehört, heißt Biberg und liegt am südwestlichen Rand des Talbeckens. Eine Doppelsesselbahn schwebt bis zur Mittelstation Huggenbergalm, wo dann ein Schlepplift den Weitertransport übernimmt bis zur Schultersbachhöhe auf knapp 1500 Metern. Der Skifahrer hat hier die Wahl zwischen einer schwarzen, einer roten und einer blauen Abfahrt zurück ins Tal.

Das zumeist aus langjährigen Stammgästen bestehende Publikum schätzt das Alpinangebot am Biberg als Alternative zu Langlauf, Spazierengehen, Eislauf und Eisstockschießen, Tennis, Squash und Reiten.

Besonders stolz sind die Saalfeldener auf ihr mustergültig gepflegtes Loipennetz, das an mehreren Punkten auch Dusch-, Umkleide- und Wachsmöglichkeiten bietet.

Hochkönig-Skischaukel siehe Seite 156.

Saalfelden, 744 m

Skigebiet: 750–1473 m
12300 Einwohner, 3000 Gästebetten
Saison: Mitte Dezember bis Ende März

Anreise BAB Salzburg (Ausfahrt Traunstein), Steinpaß, Lofer, bzw. Inntal-Autobahn (Ausfahrt Kufstein), Saalfelden (Bahnstation)
Entfernungen von KA: 463 km, S: 395 km, UL: 314 km, M: 159 km

Information
Verkehrsverband
A-5760 Saalfelden, Tel. 06582/2513, 3195
Telefax 06582/5398
Landesvorwahlnummer siehe Seite 608.

Kinder kein Gästekindergarten; Skischule ab 4 Jahre (ca. öS 950/6 halbe Tage)

Ski alpin Testnote ❄❄

13 km präparierte Abfahrten:
2,5 km schwer, 3,5 km mittel, 7 km leicht
Längste Abfahrt: Familienabfahrt, 3,5 km Länge, 800 m Höhenunterschied, mittel/leicht
Liftkapazität: 9400 Pers./Std.

8 1

Skipaß-Preise siehe Beilage

Skischule mit 8 Skilehrern

Langlauf Testnote ❄❄❄❄

80 Loipenkilometer (15 km schwierig, 30 km mittel, 35 km leicht) mit Anschluß an die Saalachtaler Loipen (150 km Länge); längste Loipe Kollingwald – Haid (740–790 m), 15 km lang, mittel; höchste Loipe: WM-Rennloipe Ritzensee (760–820 m), 15 km lang, 2 km davon maschinell beschneibar, schwierig; Skateloipen über 12 km Länge; Hundeloipe: Pabing – Marzon – Lenzing, 10 km lang, mittel; Langlaufunterricht

Weitere Sportmöglichkeiten

Après-Ski

Sportliche Veranstaltungen

Weltcup Nord. Kombination (22. und 23. Jan. 94); Europacup Skispringen im Rahmen der 5. Alpen-Adria-Tournee (19. Febr. 94); Intern. FIS-Masters Cup, Senioren RTL (27. Febr. 94)

Après-Tip: Besuch im Pinzgauer Heimatmuseum in Schloß Ritzen am Ritzensee. Mittwochs, samstags und sonntags von 14–16 Uhr geöffnet. Eintritt ca. öS 30, Kinder 15. (Tel. 2759)

Hotelempfehlungen: Seite 541–585

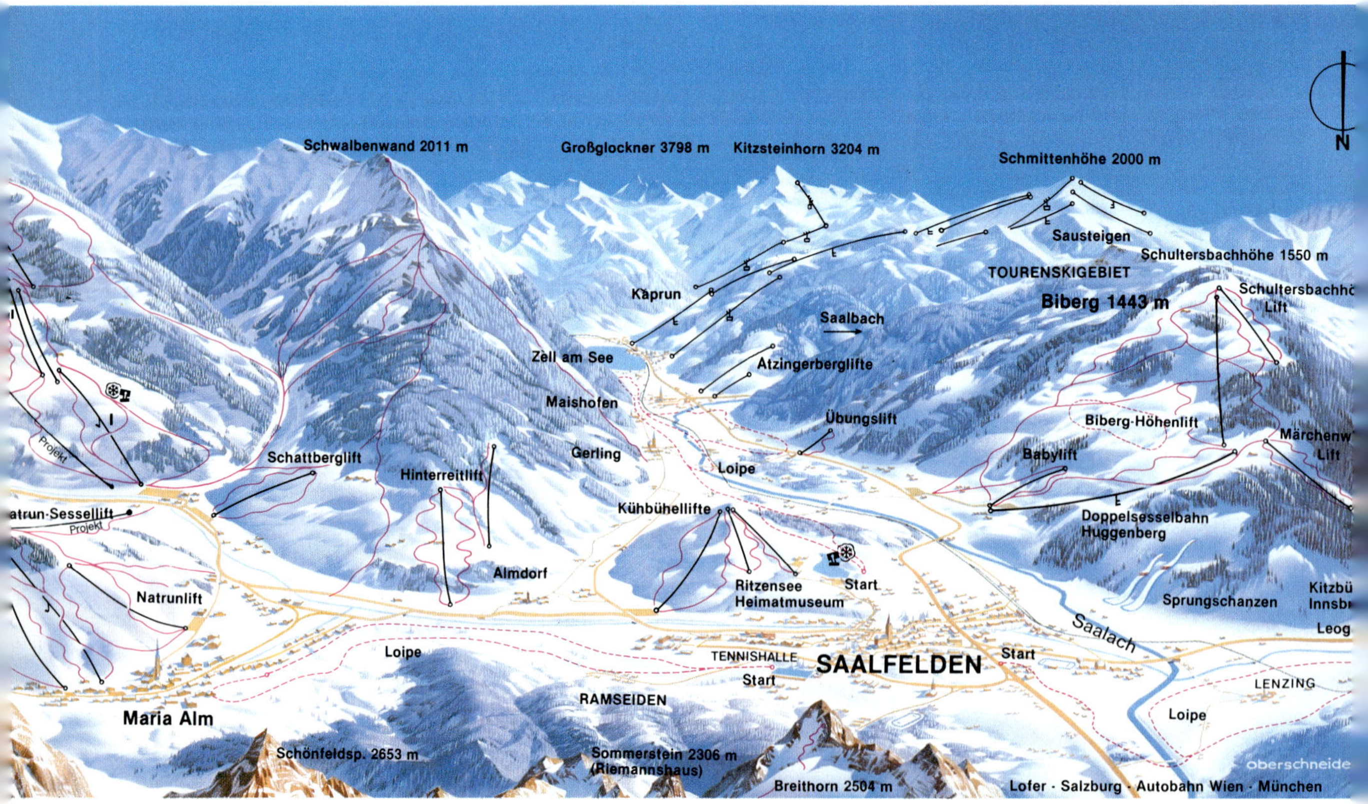

Leogang

Nur wenige Kilometer von Saalfelden liegt Leogang. Im Norden überragt von den schroffen Wänden der gleichnamigen Steinberge, im Süden umgeben von den sanfteren Grasbergen des Asitzkogel-Massivs, das einen Teil der riesigen Skischaukel von Leogang-Saalbach-Hinterglemm bildet.

Wer tagsüber alle Freuden des Winters auskosten, in der Nacht aber seine Ruhe haben möchte, der ist in Leogang gut aufgehoben. Das Dorf ist sozusagen das Hinterstübchen des gewaltigen Pisten- und auch sonstigen Rummelplatzes von Saalbach-Hinterglemm, zu dem von Leogang aus per Skischaukel und gemeinsamen Skipaß die Türe immer offensteht.

Die Asitz-Achtergondelbahn mit einer Unterflur-Mittelstation, d. h. einer in den Berg hineingebauten Aus- und Zusteigestation, bringt den pistenhungrigen Urlauber auf den Asitz, dem Zugang zur Skischaukel Saalbach – Hinterglemm.
Doch auch die eigenen Schneereviere können sich sehen lassen. Rund tausend Höhenmeter geht die rauschende Abfahrt vom Großen Asitz bis zur Talstation hinunter, eine endlose Folge nordseitiger Hänge, auf denen der Schnee – nicht zuletzt dank der ständigen Pflege – bis weit ins Frühjahr hinein liegenbleibt. Und wer sich lieber in der Höhensonne tummelt, bleibt einfach oben bei den langen Schleppliften in der Asitzmulde, die auch einen grandiosen Rundblick von den Leoganger Steinbergen über das Steinerne Meer, den Hochkönig und den Dachstein bis zu den Hohen Tauern bietet.
Für Variantenfahrer gibt es genügend Tiefschneehänge, und auch die Freunde schmaler Bretter kommen nicht zu kurz.
Und abends zurück ins beschauliche Dorfleben von Leogang mit seinen gemütlichen Gasthöfen und Pensionen, in denen das Essen und das Wohnen auch für Familienväter noch bezahlbar ist und kein Disco-Lärm den verdienten Schlaf stört.
Saalbach-Hinterglemm siehe Seite 160.

Leogang – Skischaukel mit Saalbach-Hinterglemm, 797 m

Skigebiet: 800–1914 m
3000 Einwohner, 3500 Gästebetten
Saison: Mitte Dezember bis Mitte April

Anreise Autobahn München – Salzburg, Steinpaß, Lofer, Leogang (Bahnstation)
Entfernungen von KA: 454 km, S: 386 km, UL: 305 km, M: 150 km

Information
Fremdenverkehrsverband Leogang, A-5771 Leogang, Tel. 06583/234, 7178
Telefax 06583/7302
Schneetelefon 06583/7282-22
Landesvorwahlnummer siehe Seite 608.

Kinder Gästekindergarten ab 2 Jahre (ca. öS 570/Ganztag inkl. Mittagessen); Skischule ab 4 Jahre (ca. öS 2100/Woche inkl. Mittagessen)

Ski alpin Testnote ✻✻✻✻
ges. Skischaukel

Skischaukel
200 km präparierte Abfahrten:
10,7 km schwer, 97,3 km mittel, 92 km leicht
Längste Abfahrt: Schattberg-West-Abfahrt, 7 km Länge, 1020 m Höhenunterschied, mittel
Liftkapazität: 62 000 Pers./Std.
39 13 4 1

Skigebiet Leogang
50 km präparierte Abfahrten:
5 km schwer, 15 km mittel, 30 km leicht
Die Abfahrt am Krallerlift (leicht) ist mittwochs von 18 bis 22 Uhr beleuchtet
Liftkapazität: 14 000 Pers./Std.
10 1 1

Skipaß-Preise siehe Beilage
2 Skischulen mit 60 Skilehrern

Langlauf Testnote ✻✻✻✻

38 Loipenkilometer (5 km schwierig, 27 km mittel, 6 km leicht); Höhenloipe: Grießen (1000 m), 10 km, mittel; Anschluß an das Loipennetz Saalfelden (150 km), den Loipenverbund Hochfilzen-Fieberbrunn (40 km); evtl. Loipengebühr; Langlaufunterricht

Weitere Sportmöglichkeiten

Après-Ski

Ausflugstip: Eine Wanderung von Hütten aus zur Forsthofalm. Zurück mit dem Schlitten auf der für den Verkehr gesperrten, nachts beleuchteten Rodelbahn.

Hotelempfehlungen: Seite 541–585

Saalbach-Hinterglemm

Bestens präparierte Pisten und zahlreiche Aufstiegshilfen machen den Skizirkus Saalbach-Hinterglemm – Leogang skiläuferisch zu einem Endlos-Gebiet – ganztägiger Pistenspaß, ohne einen Lift zweimal zu benutzen.

Wenn's darum geht, wer das beste und schönste Skigebiet weit und breit hat, dann klingt das in den einzelnen Wintersportzentren meist ziemlich unisono: Jeder nimmt die Superlative für sich in Anspruch. Doch bei all den Spitzenskigebieten zwischen Kärnten und Kitzbühel, zwischen Zell und Zürs könnte man fast ein Ski-Zentrum im Salzburger Land, nur etwa 2½ Autostunden von München entfernt (über Inzell und Lofer erreichbar), übersehen: Saalbach-Hinterglemm heißt der Ort in einem rund 1000 m hoch gelegenen Ost-West-Tal zwischen Saalfelden und Zell am See.
Vielen Skifahrern ist er ein Begriff, den Bekanntheitsgrad des Arlbergs zum Beispiel hat er aber nicht erreicht. Dabei wäre dieser Vergleich mit der »Wiege des Skilaufs« gar nicht so abwegig, denn das Skigebiet von Saalbach-Hinterglemm (inklusive Leogang) kann sich durchaus mit mancher Skistation mit größerem Namen messen.
Ein perfekter, lückenloser Skizirkus sorgt dafür, daß die Urlauber jeden Tag zu einer interessanten und abwechslungsreichen Skirundreise starten können.
Neben den vielen gemütlichen und recht sonnigen Abfahrten auf den Südhängen des Tales (Reiterkogel, Bernkogel und Kohlmaiskopf mit Anschluß an den Skizirkus Schönleiten-Leogang im Nachbartal) hat das Skigebiet von Saalbach-Hinterglemm drei besonders attraktive Abfahrten aufzuweisen: die rassige, eigentlich nur sportlichen Skifahrern besonders zu empfehlende Nordabfahrt vom Schattberg (zurück nach Saalbach), die Westabfahrt (nach Hinterglemm) und die gemütliche Jausernabfahrt für Familien, die genau an der Talstation der Schönleiten-Bahn endet. Mit dieser Seilbahn geht es dann wieder auf der anderen Talseite zurück ins (Kohlmais-)Skigebiet von Saalbach.
Eine besondere Attraktion für skibegeisterte Winterurlauber ist die Gästerennstrecke Unterschwarzach-Lift Hinterglemm. Hier können Amateur-Rennläufer an Slalom-, Riesenslalom- und Parallelslalomwettbewerben teilnehmen. Elektronische Zeitmessung, Video-Aufzeichnungen

Reste dörflichen Idylls und modernes Management, dazu in Spitzenzeiten ein geradezu städtischer Betrieb – der Wintersportort Saalbach-Hinterglemm hat einen enormen Aufschwung genommen.

und fachkundige Beratung gehören hier zum Service. Pulverschnee-Spezialisten können sich auch abseits der Pisten austoben.
Leichte Skitouren führen auf die Schönhoferwand (Lifte bis zum Seekar, Abfahrt zum Forsthaus), auf den Stemmerkogel (Lifte bis zum Schattberg-Westgipfel, Abfahrt nach Hinterglemm), auf den Hohen Penhab (Lift bis zum Zwölferkogel, Abfahrt nach Hinterglemm), auf den Staffkogel oder Schusterkogel (mit dem Auto bis Mitterlengau, 3 km in Richtung Talschluß, dann Anstieg mit Fellen).
Aber nicht nur die Freunde der alpinen Disziplinen kommen in Saalbach-Hinterglemm auf ihre Kosten. Langläufer finden gespurte und gepflegte Loipen vor, Langlaufunterricht und geführte Skiwanderungen werden angeboten, die sich steigungs- und gefällearm im Talboden hinziehen.
Den Eisstockschützen sowie großen und kleinen Eiskunstläufern bietet sich die große Eisbahn in Hinterglemm an. Und wer es ganz geruhsam angehen lassen möchte, läßt sich im Pferdeschlitten durch die weiße Pracht kutschieren – vielleicht über Mitterlengau zur Lindlingalm.
Ein österreichisches Skigebiet wäre unvollständig, wenn nicht überall direkt neben den Pisten gemütliche Berggasthäuser und Hütten im Gelände »verteilt« wären. Besonders beliebte Treffpunkte im Schnee sind die »Thurner-Alm« im Kohlmaisgebiet, die »Pfeffer-Alm« am Reiterkogel in Hinterglemm und – zum 5-Uhr-Tee – die Hinterhag-Alm am Turm-Lift im Kohlmaisgebiet.
Und damit wäre man schon bei einem weiteren wesentlichen Bestandteil eines Winterurlaubs in Saalbach: Après-Ski.
Ein großer Teil des überwiegend jugendlichen Publikums ist bis weit nach Mitternacht auf den Beinen. Während der Betrieb auf den Straßen Saalbachs in den Hochsaisonzeiten fast schon städtischen Charakter annimmt, geht's in Hinterglemm, Richtung Talende, noch etwas gemütlicher zu: Da stehen die Hotels, Gasthäuser und Pensionen nicht so eng.
In Hinterglemm treffen sich aber auch gerne die Anhänger des nordischen Skisports, die Langläufer. Zwar haben auch die Saalbacher eine Loipe (Richtung Jausern), doch landschaftlich wesentlich reizvoller, abwechslungsreicher und anspruchsvoller ist die Strecke, die von Hinterglemm bis zum Talende führt.
Leogang siehe Seite 159.

Saalbach-Hinterglemm, 1003 m

Skigebiet: 1003–2100 m
2770 Einwohner, 20000 Gästebetten
Saison: Mitte Dezember bis Ostern

Anreise Autobahn München – Salzburg, Inzell, Lofer, Saalfelden, Saalbach-Hinterglemm. Bahnstation ist Maishofen bzw. Zell am See, von dort Busverbindung
Entfernungen von KA: 489 km, S: 425 km, UL: 340 km, M: 185 km

Information
Fremdenverkehrsverband
A-5753 Saalbach, Tel. 06541/7272
Telefax 06541/7900
Schneetelefon 06541/7007
Landesvorwahlnummer siehe Seite 608.

Kinder Babysitting ab 2 Jahre in Hotels möglich; Gästekindergarten 2 Jahre (ca. öS 300/Halbtag, 450/Ganztag inkl. Mittagessen); Skischule ab 4 Jahre (ca. öS 1350/Woche inkl. Mittagessen)

Ski alpin Testnote ❄❄❄❄

Saalbach – Hinterglemm – Leogang
200 km präparierte Abfahrten:
10,7 km schwer, 97,3 km mittel, 92 km leicht
Längste Abfahrt: Schattberg-West-Abfahrt, 7 km Länge, 1020 m Höhenunterschied, mittel
Schwere Abfahrten: Schattberg-Nord, 4 km Länge, 1097 m Höhenunterschied; Zwölferkogel-Nord, 3 km Länge, 884 m Höhenunterschied
Liftkapazität: 62000 Pers./Std.
39 13 4 1

Skipaß-Preise siehe Beilage

Tiefschneereviere (nicht kontrollierte Gebiete, nur mit Alpinerfahrung): Ansel (Bernkogel), Zwölferkogel-West, Schattberg-West
8 Skischulen mit 200 Skilehrern

Langlauf Testnote ❄

18 Loipenkilometer (mittel); Höhenloipe: Hinterglemm – Talschluß (1100 m), 10 km lang; mit dem Skibus Anschluß an das Loipennetz in Maishofen; Langlaufunterricht

Weitere Sportmöglichkeiten

Après-Ski

Kostenlos ist der Skipaß für Kinder unter 15 Jahren, wenn mindestens ein Elternteil einen Skipaß ab 6 Tage kauft. Das gilt in der Zeit vom 19. März 94 bis zum 17. April 94.
15 Prozent Ermäßigung auf den Skipaß für Kinder unter 15 Jahren gibt's in der Zeit von 23. Dez. 93 bis 7. Jan. 94, wenn mindestens ein Elternteil einen Skipaß ab 6 Tage kauft.
Neu ist die Achtergondelbahn auf den Zwölferkogel (Hinterglemm), die zwei Einersessel- und zwei Doppelsessellifte ersetzt. Wegen der Fahrzeit von 15 Minuten wurden die Kabinen mit Sitzplätzen ausgestattet. Einweihung im Dezember 1993.

Hotelempfehlungen: Seite 541–585

Die Europa-Sportregion

Sport total ist die Losung dieser Region mit den Hauptorten Zell am See und Kaprun. Die Schmittenhöhe und das Kitzsteinhorn mit seinem Ganzjahres-Skigebiet sind die Tummelplätze der Skifahrer, die hier ein grandioses Revier finden.

Der Name klingt gigantisch: Europa-Sportregion. Zwei Ferienorte im Bundesland Salzburg – Zell am See und Kaprun – haben sich zu dieser schlagkräftigen Werbe- und Planungsgemeinschaft zusammengeschlossen.

Und wer die Übernachtungsstatistik kennt, weiß auch, warum man den Beinamen »Europa« gewählt hat: Zwischen Kitzsteinhorn und Schmittenhöhe trifft sich ganz Europa, die Bundesrepublik Deutschland an der Spitze. Mit den Gästen aus Holland, Großbritannien, Schweden, Dänemark, Frankreich und den österreichischen Landsleuten ist das »Vereinigte Europa« in Kleinformat fast komplett.

Was die Europa-Sportregion so attraktiv macht, haben die Tourismusstrategen in dem Werbeslogan »See und Schnee das ganze Jahr« zusammengefaßt. Die Gletscherregion am Kitzsteinhorn als Skigebiet im Winter wie auch im Sommer und der Zeller See, der im Sommer als Wassersportrevier und im Winter als Tummelplatz für Schlittschuhläufer und Eissegler dient, machen es möglich. Drehscheibe der Europa-Sportre-

gion ist **Zell am See**, dreimal so groß wie Kaprun. Die herrliche Lage des Ortes auf einer Halbinsel im See hat allerdings zwei Schönheitsfehler: die Eisenbahnlinie, die das Städtchen vom Seeufer abschneidet, und die Hauptverkehrsstraße, die mitten durch den Ort führt.

Wer sich von Autolärm und Abgasen belästigt fühlt, kann sich nach Wahl in einer Reihe nobler oder auch preiswerter Unterkünfte außerhalb des Zentrums einquartieren. Aus der sehenswerten Altstadt zwischen altem Gemäuer, winkeligen Gassen, einem Turm und einer romanisch-gotischen Kirche wurde der Autoverkehr verbannt.

Traditionelles Skirevier von Zell am See ist die Schmittenhöhe (2000 m). Als vielseitig und schneesicher bekannt (70 Prozent der Pisten liegen über 1400 m hoch, die Hänge sind vorwiegend in östlicher Richtung geneigt), ist der Zeller Hausberg auch bei Tagesausflüglern aus der Nachbarschaft sehr beliebt. Deshalb kann es zu Stoßzeiten, vor allem an Feiertagen und Wochenenden, zu Wartezeiten kommen – trotz der Liftanlagen, die das Gebiet erschließen.

Vier »Wege« führen zur Schmittenhöhe: Direkt zum Berghotel am Gipfel kommt man mit der Kabine der Schmittenhöhe-Bahn. Die zweite Möglichkeit gleich nebenan: Mit der Sonnenalmbahn wird der Gipfel mit dreimaligem Umsteigen (über Sonnkogellift, Sonnengrat- und Gipfelbahn) erreicht. Die dritte Variante führt vom Zeller Ortszentrum via Zeller Bergbahn, Hirschkogel- und Breiteckbahn nach oben. Schließlich kann man auch noch vom Ortsteil Schüttdorf mit der Areitgondelbahn über die Glocknerbahn und die Hirschkogel- und Breiteckbahn zur Schmittenhöhe gelangen. Die vielen Umsteigestationen haben einen großen Vorteil. Wenn im Tal noch kein Schnee oder keiner mehr liegt, wird auf halber Höhe (in der Regel von Anfang Dezember bis in den April hinein) noch skigefahren.

Auf den Pisten kommen nicht nur Stemmbogen-Eleven zum Zug, sondern auch gute Fahrer. Sie finden zwei berühmt-berüchtigte Abfahrten mit über 1000 m Höhenunterschied – die »Traß« und die »Standard« (Weltcupstrecke) mit Schneekanonen bestückt – auf denen auch Skikanonen vom Kanteneinsatz auf den Steilhängen und zwischen den Buckeln leicht über Knieschnackler jammern.

Passionierte Pistenaussteiger, die sich den Pulverschnee bis zur Nasenspitze stäuben lassen, bekommen mit den Förstern Schwierigkeiten, die um die Jungwaldschonung fürchten.

Wer in Ruhe ein paar Schwünge hinlegen will, findet am anderen Seeufer ein gemütliches Familienskigebiet: Der Ronachkopf (1326 m) bei Thumersbach ist mit fünf Liftanlagen erschlossen.

7 km südlich von Zell am See, am Fuße des Tauernhauptkamms, liegt **Kaprun**, ein sauberer, hübscher Ort mit zahlreichen guten Hotels, gemütlichen Gasthöfen und einer »Optimum« genannten Super-Bade-Anlage. Nur noch 6 km sind es dann zur Talstation der Kapruner Gletscherbahnen in Richtung Tauernkraftwerk mit den beiden Staumauern am Wasserfall- und Mooserboden. (Besuch der Stauseen ist nur im Sommer möglich.) Die Skifahrer haben dem Werk die Bahnen zu verdanken.

Die besonders ergiebigen Niederschläge in der nördlichen Glocknergruppe hatten übrigens bereits 1924 zu ersten Studien zur Ausnutzung der Wasserkräfte geführt, doch erst im Jahre 1956 konnte das gigantische Kraftwerk in Betrieb genommen werden. Es war damals fast ein Mythos – man sah es noch ganz von der Faszination der technischen Machbarkeit her und kaum mit dem heute ausgeprägten Umweltbewußtsein.

»Kaprun, bezähmte Gewalten« – dieser Buchtitel eines österreichischen Autors war wie ein Programm.

Das Kraftwerk kann übrigens jährlich bis zu 1200 Millionen Kilowattstunden erzeugen; dabei werden durch Überleitungsstollen auch benachbarte Wasserläufe angezapft.

Doch zurück zum Wintersport, zur Standseilbahn (180 Personen), mit der man durch einen über 3 Kilometer langen Tunnel am schnellsten in die Region des ewigen Schnees gelangt. Eine Ausweichmöglichkeit bietet die Gondelbahn zum Langwiedboden, von dort kann man mit dem Vierersessellift weiterfahren bis zum Alpincenter. Und weil es sich inzwischen herumgesprochen hat, daß

Die Europa-Sportregion

man sich in der luftigen Höhe im Januar zwar warm verpacken muß, dafür aber nicht selten herrlichen »Pulver« vorfindet, hat neben dem Sommerskilauf auch die Wintersaison voll eingeschlagen.
Wer sich nur auf den leichten bis mittelschweren Hängen der zweiten Etage der Skistation bewegt, fährt auch mit Stemmbogen sicher. Hier, rund um das Alpincenter (2452 m), bereiten sich im Sommer internationale Skistars auf die Weltcup-Saison vor. Wer annähernd mithalten will, kann bei der Skischule einen Trainingskurs buchen.
Höhere Ansprüche stellt die Abfahrt über die Salzburger Hütte bis zur Mittelstation Breitriesenalpe (1670 m), die der Skifahrer nur erreicht, wenn er die letzten 650 m im Bahnstollen, wo die Bretter auf einer Kunststoffmatte rutschen, auf Tauchstation geht.
Eine präparierte und gesicherte Abfahrt ins Tal gibt es nicht. Nur unter Leitung eines ortskundigen Führers sollte man diese Fahrt ins Tal fortsetzen. Am sichersten – wenn auch nicht immer am schnellsten, weil es kurz vor Betriebsschluß nicht selten zu einem »Verkehrsstau« kommt – erreicht man mit der Bahn das Tal. Weniger anspruchsvolle Brettlrutscher finden Ausweichmöglichkeiten auf den ortsnahen Pisten am Maiskogel südwestlich von Kaprun. Skibabies üben am Lechnerberg – im Volksmund »Holländergletscher« genannt. Wer im Besitz des Regional-Skipasses ist, pendelt zwischen Kaprun und Zell am See hin und her.
Das alpine Skivergnügen in der Europa-Sportregion ist zwar nicht ganz billig, dafür aber große Klasse, ebenso wie das Rahmenprogramm. Ob-

Die Europa-Sportregion mit ihren Hauptschauplätzen: auf einer Halbinsel Zell am See, darüber die Schmittenhöhe, links im Hintergrund das Kitzsteinhorn; am Taleingang liegt, hier nicht sichtbar, Kaprun.

wohl das Sportangebot in der ganzen Region wirklich üppig ist, kommt das Après nicht zu kurz – falls die Kondition noch mitspielt.
Von der Auszehrung, die das Après-Leben vielerorts befallen hat, spürt man in Kaprun und Zell am See noch nichts.
Für historisch interessierte Skifahrer: Zell am See entwickelte sich aus einer um 740 auf dem Schwemmkegel des Schmittenbaches gegründeten kleinen Klostersiedlung »Cella in Bisonzio« und zählt zu den ältesten bajuwarischen Siedlungen des Pinzgaus.
Kaprun ist urkundlich zum ersten Mal 931 erwähnt unter dem Namen »Chataprunin in pisoncia«, dessen Bedeutung von »bei den Brunnen« über »Kriegshügel« bis zu »gefährlicher Bach« reicht.

Traditionelles Skirevier von Zell am See ist die sonnige Schmittenhöhe (2000 m) – sowohl bei Urlaubern als auch bei Tagesausflüglern aus der Nachbarschaft beliebt.

Europa-Sportregion
Zell am See, 757 m; **Kaprun,** 786 m

Skigebiet: 757–3203 m
Zell 9731 Einwohner, 9400 Gästebetten
Kaprun 3000 Einwohner, 5200 Gästebetten
Saison: Anfang Dezember bis Ende April
Ganzjahrsskigebiet am Kitzsteinhorn

Anreise München, Salzburg, Bischofshofen, Zell am See/Kaprun oder Autobahn München – Salzburg (Ausfahrt Siegsdorf), Lofer. Bahnstation ist Zell am See (Busverbindungen).

Entfernungen von KA: 476 km, S: 408 km, UL: 327 km, M: 172 km

Information
Kurverwaltung,
A-5700 Zell am See,
Tel. 06542/2600-0, 2601-0
Telefax 06542/2032
Schneetelefon 06542/3694
Fremdenverkehrsverband Kaprun,
A-5710 Kaprun, Tel. 06547/8643-0, 8644-0
Telefax 06547/8192
Schneetelefon 06547/8444
Landesvorwahlnummer siehe Seite 608.

Kinder Zell Krabbelstube für Kleinkinder (Stadtplatz 3, Tel. 2510); 2 Gästekindergärten: ab 1 Jahr (Tel. 2531 und 76853; ca. öS 100/Vormittag, 300/Ganztag inkl. Mittagessen); Skischule ab 3–4 Jahre (ca. öS 1260/Woche ohne Mittagessen)
Kaprun Gästekindergarten ab 2 Jahre (ca. öS 200/Halbtag, 400/Ganztag inkl. Mittagessen); Skischule ab 4 Jahre (ca. öS 1260/Woche ohne Mittagessen)

Ski alpin Testnote ✻✻✻✻

Europa-Sportregion gesamt
130 km präparierte Abfahrten:
15 km schwer, 65 km mittel, 50 km leicht
Liftkapazität: 60590 Pers./Std.
35 10 3 4 2

Skigebiet Schmittenhöhe
70 km präparierte Abfahrten:
15 km schwer, 35 km mittel, 20 km leicht
Längste Abfahrt: Schütt-Abfahrt, 6,2 km Länge, 1190 m Höhenunterschied, mittel
Liftkapazität: 32630 Pers./Std.
15 6 2 2

Skigebiet Kitzsteinhorn
35 km präparierte Abfahrten:
15 km mittel, 20 km leicht
Snowboard-Halfpipe
Liftkapazität: 18460 Pers./Std.
8 3 1 1 2

Skigebiet Maiskogel
15 km präparierte Abfahrten:
5 km mittel, 10 km leicht
Liftkapazität: 7000 Pers./Std.
8 1 (von Kaprun)

Skigebiet Ronachkopf
6 km präparierte Abfahrten:
3,5 km mittel, 2,5 km leicht
Liftkapazität: 2500 Pers./Std.
4 1

Skipaß-Preise siehe Beilage
Tiefschneereviere und Skirouten: Maurerkogel, Schwalbenwand
8 Skischulen mit 300 Skilehrern

Langlauf Testnote ✻✻✻✻✻
inkl. Pinzga-Loipe

Ausgangspunkt der Pinzga-Loipe (750 bis 900 m), 200 km lang (80 km mittel, 120 km leicht); Anschluß an die Loipen des Saalachtals (150 km); Höhenloipe Zeller Berg (1200 m), 2 km; Gletscherloipe (2800 m), 3 km, mittel; Skateloipe: Teile der Pinzga-Loipe; die 4 km lange Loipe beim Gasthof Auhof in Kaprun (800 m, leicht) ist täglich bis 22 Uhr beleuchtet; Langlaufunterricht

Weitere Sportmöglichkeiten
»Kaprun-Optimum« und Kur- und Sportcenter (Zell)

Après-Ski
KINO

Sportliche Veranstaltungen
20. Intern. Pinzga-Lauf, Ausgangspunkt Kaprun (über 20, 30 und 50 km, 30. Jan 94), Intern. Hundeschlittenrennen auf dem Zeller See (Ende Jan./Anfang Febr. 94)

Für Snowboarder hält Fuzzy Garhammer ab Anfang November 93 auf dem Kitzsteinhorn Wochenendkurse (ca. DM 100, Kinder erst ab 12 Jahre ca. DM 90) und Wochenkurse (ca. DM 750) ab. Anmeldungen in D-81825 München, Sonnenspitzstr. 23, Tel. 089/4300935, Fax 089/4392199.
Freestyler müssen für einen Wochenkurs im Funcamp von Ernst Garhammer mit DM 750 rechnen. Anmeldungen in Grunertshofen bei Fürstenfeldbruck, Tel. (Deutschland) 08146/1556, Fax 08146/7393.
Jubiläum: 20 Jahre Pinzga-Lauf.

Hotelempfehlungen: Seite 541–585

Der Oberpinzgau

Im Oberpinzgau, im Tal der Salzach zwischen Krimml und Zell am See, liegen ein paar idyllische Orte, die auch noch günstige Quartiere bieten und von den attraktiven Skigebieten der Nachbarn profitieren.

Von Dezember bis in den April hinein finden Pistenfahrer, Langläufer und Skiwanderer in der Gebirgsregion zwischen dem Kapruner Tal und der Krimmler Ache mit den Kitzbüheler Alpen als nördlichem Gegenüber gute Voraussetzungen für ihren Sport. Mehr als ein Dutzend Orte offerieren sportlich interessanten Winterspaß, selbst im Sommer. Dann allerdings auf den Gletscherfeldern des Kitzsteinhorns und am Weißsee im Stubachtal.
Das Zentrum des Oberpinzgaus ist **Mittersill.** Bequem erreichbar liegt der Ort am Nordrand des Nationalparks Hohe Tauern. Trotz steigender Beliebtheit bei den Skifahrern hat sich der malerische Ort seinen ruhigen Charakter bewahrt.
Das Skigebiet von Mittersill, das zum Kitzbüheler Ski- und Skipaßgebiet zählt, liegt am schneesicheren Paß Thurn im Gebiet der Resterhöhe.
Eine der schönsten Abfahrten ist die Strecke von der Bergstation des Hangl-Alm-Schleppliftes (in knapp 1900 m Höhe) bis hinunter auf 1300 Meter.
Den Langläufern werden von Dezember bis Saisonende Loipen gespurt, die allen Anforderungen gerecht werden. Empfehlenswert: der Höhenrundkurs am Paß Thurn (beim Gasthaus Tauernblick).
Nächstgrößerer Ort im Oberpinzgau: **Neukirchen** am gewaltigen Großvenediger-Massiv. Der idyllische Ort, vor 30 Jahren noch kaum bekannt, ist heute ein Treffpunkt internationalen Skivolkes.
Das Ortsbild, typisch für diesen Teil Österreichs, lädt zu Spaziergängen durch die Gassen ein.
Alpine Skifahrer treffen sich vor allem im Großraumskigebiet Wildkogel. Top-Hit der Pisten ist die 8000 m lange Route von der Bergstation zum Alpengasthof Stockenbaum (Höhendifferenz: 900 m). Wie im gesamten Oberpinzgau wurde auch in Neukirchen ein Großteil der Pisten für Durchschnittsfahrer angelegt.
Im Westen des Oberpinzgaus bieten drei weitere Gebiete alpinen wie nordischen Skilauf an: **Wald** mit dem Skidorf **Königsleiten** (1598 m) sowie **Krimml/Hochkrimml.** Nordwestlich der »größten Wasserfälle Europas« – bis zu 40000 Liter fallen pro Sekunde in drei Stufen fast 400 m tief über mächtige Felsen hinab – offeriert das Krimmler Ski- und Sonnenplateau Hochkrimml mit dem Plattenkogel (2040 m) manchmal bis in den Mai hinein gepflegte Pisten.
Mit der »Zwei-Länder-Skischaukel« (Salzburg – Tirol) zwischen Königsleiten und Gerlos hat sich das Angebot an Liften und Pisten mehr als verdoppelt.

Oberpinzgau, Mittersill, 789 m

Skigebiet: 789–2005 m
5500 Einwohner, 3200 Gästebetten
Saison: Dezember bis April

Anreise Inntal-Autobahn (Ausfahrt Kufstein-Süd oder Wörgl), Kitzbühel, Mittersill (Bahnstation)
Entfernungen von KA: 483 km, S: 415 km, UL: 334 km, M: 179 km

Information
Verkehrsverband Mittersill, A-5730 Mittersill, Tel. 06562/4292
Telefax 06562/5007
Schneetelefon Mittersill 06562/4292, Kitzbühel 05356/181
Landesvorwahlnummer siehe Seite 608.

Kinder kein Gästekindergarten; Skischule ab 4 Jahre (ca. öS 1100/Woche ohne Mittagessen)

Ski alpin Testnote ❄❄❄❄
Skigroßraum

Skigroßraum Kitzbühel/Pass Thurn/Mittersill
159 km präparierte Abfahrten: 15 km schwer, 66 km mittel, 78 km leicht
Längste Abfahrt: Resterhöhe – Paß Thurn, 3 km Länge, 600 m Höhenunterschied, mittel
Liftkapazität: 70400 Pers./Std.
33 26 3 2

Kitzbühel siehe Seite 142.
Gerlos siehe Seite 136.
Kitzsteinhorn siehe Seite 162.
Stubachtal siehe Seite 168.

Skipaß-Preise siehe Beilage
Tiefschneereviere und Tourengebiete: Pinzgauer Grasberge, Hoher Herd, Bräu-Asten, Schellenberg
2 Skischulen mit 30 Skilehrern

Langlauf Testnote ✻✻✻✻✻
inkl. Pinzga-Loipe

49 Loipenkilometer (4 km schwierig, 8 km mittel, 37 km leicht); höchste Loipe: Hochmoorloipe (am Paß Thurn, 1000–1200 m), 16 km lang, leicht/mittel/schwierig; die Blizzard-Loipe (800 m, 3 km lang, leicht) ist täglich von 19 bis 21 Uhr beleuchtet; Anschluß an die Pinzga-Loipe (200 km Länge); Langlaufunterricht

Weitere Sportmöglichkeiten

Après-Ski

Sportliche Veranstaltungen
Intern. Nationalparktrail (Schlittenhunderennen, Jan. 94)

Après-Tip: Eine Schlittenpartie von der Jausenstation Jong auf dem drei Kilometer langen Rodelweg (täglich von 18 bis 23.30 Uhr beleuchtet).

Hotelempfehlungen: Seite 541–585

Blick vom Schloß Hohen Neukirchen auf den Ort Neukirchen a. Gr. und ins Habachtal im Nationalpark Hohe Tauern.

Oberpinzgau
Neukirchen am Großvenediger, 856 m,
Wald/Königsleiten, 884/1600 m,
Krimml/Hochkrimml, 1076/2040 m

Skigebiet: 860–2300 m
Neukirchen a. Gr. 2500 Einwohner, 3000 Gästebetten Wald 1020 E., 1100 G. Königsleiten 35 E., 3200 G. Krimml 850 E., 1760 G.
Saison: Dezember bis April

Anreise Inntal-Autobahn (Ausfahrt Kufstein-Süd oder Zillertal), Kitzbühel, Mittersill oder Autobahn-Ausfahrt Zillertal, Zell a. Ziller, Gerlos. Bahnstationen sind Neukirchen, Wald und Krimml, von dort Busverbindungen
Entfernungen von KA: 483 km, S: 415 km, UL: 334 km, M: 179 km

Information
Fremdenverkehrsverbände:
A-5741 Neukirchen a. G., Tel. 06565/6256
Telefax 06565/6550-74
Schneetelefon Wildkogel 06565/6205
A-5742 Wald, Tel. 06565/8243
Telefax 06565/8445
A-5742 Königsleiten, Tel. 06564/8224
Telefax 06564/8430
Schneetelefon 06564/8280
A-5743 Krimml, Tel. 06564/239
Telefax 06564/550
Schneetelefon 06564/8275-5
Landesvorwahlnummer siehe Seite 608.

Kinder Neukirchen Gästekindergarten ab 2 Jahre (ca. öS 435/Ganztag inkl. Mittagessen); Skischule ab 4 Jahre (ca. öS 1760 6 Tage inkl. Mittagessen) Wald kein Gästekindergarten; Skischule ab 4 Jahre (ca. öS 1250/Woche ohne Mittagessen) Königsleiten kein Gästekindergarten; Skischule ab 4 Jahre (ca. öS 1250/Woche ohne Mittagessen Krimml kein Gästekindergarten; Skischule ab 4 Jahre (ca. öS 1200/Woche ohne Mittagessen)

Ski alpin Testnote
Neukirchen ✻✻✻
Wald/Königsleiten ✻✻✻
Krimml/Hochkrimml ✻✻

Skigebiet Neukirchen/Wildkogel
50 km präparierte Abfahrten aller Schwierigkeitsgrade
Liftkapazität: 14000 Pers./Std.
12 2 1

BESONDERS HOCHKRIMML SCHNEESICHER

Skigebiet Wald/Königsleiten
(inkl. Gerlos)
52 km präparierte Abfahrten:
8 km schwer, 32 km mittel, 12 km leicht
Liftkapazität: 25500 Pers./Std.
20 6

Skigebiet Krimml/Hochkrimml
30 km präparierte Abfahrten:
700 m schwer, 24 km mittel, 5,3 km leicht
Längste Abfahrt: Plattenkogelabfahrt (Hochkrimml), 4 km lang, 400 m Höhenunterschied, mittel
Liftkapazität: 10000 Pers./Std.
8 1

Skipaß-Preise siehe Beilage
Tiefschneereviere: Wildkogelgebiet
Skischulen mit ca. 100 Skilehrern

Langlauf Testnote ✻✻✻✻✻
inkl. Pinzga-Loipe

Neukirchen 30 Loipenkilometer (7 km schwierig, 3 km mittel, 20 km leicht); Langlaufunterricht Wald 22 km (leicht); Langlaufunterricht Königsleiten 8 km (entlang dem Stausee Durlaßboden zum Rasthaus Finkau, mittel); kein Langlaufunterricht Krimml 50 km (davon 10 km schwierig); 18 km Höhenloipen in Hochkrimml (1640–1670 m), leicht bis mittel; Langlaufunterricht; Anschluß an die Pinzga-Loipe (200 km)

Weitere Sportmöglichkeiten

Après-Ski

Souvenirtip: Landestypisches Kunstgewerbe aus dem Tauriska-Heimatmuseum im Kammerlanderstall in Neukirchen a. Gr.

Hotelempfehlungen: Seite 541–585

Uttendorf/Weißsee

Das Skigebiet oberhalb des Enzingerbodens am Ende des Stubachtals blieb bisher vom lauten Skirummel verschont. Hier treffen sich Pistenfahrer und Tourengeher, die dies zu schätzen wissen.

Pistenfahrer und Tourengeher haben an sich wenig gemeinsam. Auf der Rudolfshütte in den Hohen Tauern, oberhalb von **Enzingerboden** im hintersten Stubachtal, vermischen sich die Grenzen. Da wird der Pistenfreak zum begeisterten Winterbergsteiger und umgekehrt.
Die Rudolfshütte (2315 m), mit offizieller Bezeichnung »Alpinzentrum Uttendorf-Weißsee«, ist seit 1979 Ausbildungszentrum des Österreichischen Alpenvereins und gleichzeitig ein Komforthotel mit Hüttenatmosphäre: 200 Betten, Matratzenlager, Fitnessraum und Sauna, hinzu kommen eine 12 m hohe Kletterwand für »Trockenübungen«, Lehrsäle und Forschungslabors. Neben der »Hütte« liegt die Bergstation der Gondelbahn vom Enzingerboden herauf. Sie ist Ausgangspunkt für Ski- und Klettertouren auf die umliegenden Dreitausender. Abgerundet wird das Angebot hier oben durch einen Doppelsessellift, der schneesichere Pisten bis auf 2600 m erschließt. Ständig werden Bergsteigerkurse und geführte Touren angeboten. Die Ausrüstung gibt es zu leihen.
Kurzer Aufstieg und lange Abfahrten sind die besonderen Reize der Bergwelt oberhalb der Rudolfshütte, denn auf kaum einen der umliegenden Dreitausendergipfel steigt man mit Fellen länger als drei Stunden auf. Anschließend locken Abfahrten durch Pulverschnee oder über Firn mit 10 bzw. 15 km Länge und bis zu 2000 m Höhenunterschied. Immerhin 8 km mißt auch die Pistenabfahrt vom Medelz (2600 m) bis zum Enzingerboden hinab (1468 m).
Wer die 17 km lange (sehr kurvenreiche!) Straße von **Uttendorf** am Taleingang bis zum Parkplatz an der Gondelbahn scheut, benützt den kostenlosen Skibus. Die meisten Skifahrer ziehen es ohnehin vor, in Uttendorf (804 m) zu wohnen.

BESONDERS SCHNEESICHER

Uttendorf/Weißsee, 804 m

Skigebiet: 1480–2600 m
2670 Einwohner, 2000 Gästebetten
Saison: Dezember bis Anfang Mai

Anreise Tauern-Autobahn (Ausfahrt Werfen), Zell am See – Inntal-Autobahn (Ausfahrt Kufstein, Bahnstation, Busverbindungen)
Entfernungen von KA: 487 km, S: 419 km, UL: 338 km, M: 183 km

Information
Fremdenverkehrsverband Uttendorf/Weißsee,
A-5723 Uttendorf, Tel. 06563/8279
Telefax 06563/8585
Schneetelefon 06563/8807
Landesvorwahlnummer siehe Seite 608.

Kinder Gästekindergarten ab 3 Jahre (ca. öS 530/Ganztag inkl. Mittagessen); Skischule ab 3 Jahre (ca. öS 1260/Woche ohne, ca. öS 1800 mit Mittagessen)

Ski alpin Testnote ❄❄

12 km präparierte Abfahrten mittleren Schwierigkeitsgrades
Längste Abfahrt: Medelz – Enzingerboden, 8 km, 1130 m Höhenunterschied, mittel
Liftkapazität: 7700 Pers./Std.
4 1 1

Skipaß-Preise siehe Beilage

Tiefschneereviere: Granatspitze, Sonnblick, Hochfurlegg (nur mit Tourenski)
Skischule mit 10 Skilehrern

Langlauf Testnote
Uttendorf ❄❄
Pinzga-Loipe ❄❄❄❄❄

25 Loipenkilometer (10 km mittel, 15 km leicht); längste Loipe: Schwarzenbachloipe (800 m), 15 km lang, mittel bis leicht; Höhenloipe: Weißseeloipe (2200 m, sie wird nur gespurt, wenn im Tal kein Schnee mehr liegt), 1,5 km lang, leicht; die Seeloipe (3 km lang) ist täglich von 17 bis 21 Uhr beleuchtet; Anschluß an die Pinzga-Loipe mit 200 km Länge; Langlaufunterricht

Weitere Sportmöglichkeiten

Après-Ski

Sportliche Veranstaltungen

Intern. Volkslauf Nachtbiathlon Seeloipe (11. Febr. 94), Riesentorlauf »Stern vom Weißsee« (27. März 94)

Gletscherkunde und Wissenswertes über das Naturreservat Wiegenwald vermittelt die Dauerausstellung Stubachtal im Nationalpark-Informationshaus in Uttendorf (geöffnet montags bis freitags von 10 bis 12 Uhr).

Hotelempfehlungen: Seite 541–585

Rauris

Das ehemalige Goldgräberdorf hat heute andere »glänzende« Eigenschaften zu bieten: ein abwechslungsreiches Skigebiet, ein hübsches Ortsbild sowie eine gemütliche Atmosphäre.

Die Fürstbischöfe von Salzburg hätten bei der verschwenderischen Ausstattung ihrer Schlösser und Kirchen um einiges zurückstecken müssen, hätten sie nicht auf das Gold aus dem Urgestein der Hohen Tauern rund ums Gasteiner und Rauriser Tal zurückgreifen können. Tauerngold wurde schon von den Römern zu Münzen geschlagen, und auch noch heute, so sagen die Einheimischen, könne man vom Goldwaschen in der Rauriser Ache leben – wenn auch nur bescheiden.

Als Touristenattraktion ist das Goldwaschen in den letzten Jahren übrigens wieder aufgelebt. Von Juni bis Oktober kann man gegen Gebühr mit Leihgerät in der Ache nach dem edlen Erz schürfen, soweit es die Goldberggruppe am Talschluß heute noch hergibt.

Es liegt nicht nur am gesunden Klima des Hochtales, daß man sich hier wohlfühlt. Für den Skifahrer, ob er nun leidenschaftlicher Pistenfeger, Loipenfan oder Tiefschneefreak ist, hält Rauris etliche attraktive Angebote bereit.

Vom Talboden (950 m) reichen die Lifte bis in den hochalpinen Bereich (2200 m) an der Schwarzwand und erschließen immerhin mehr als 1200 Höhenmeter rauschendes Pistenvergnügen. Schwingt man an der Bergstation rechts ab, warten nahezu endlose Tiefschneehänge. Die letzten Schwünge enden dann wieder am Ortsrand von Wörth im Inneren des Tales.

Ein Skibus, der auch die Langläufer zu ihren Loipen transportiert, bringt die müden Skifahrer wieder nach Rauris zurück.

Rauris, 948 m

Skigebiet: 950–2200 m
2900 Einwohner, 3200 Gästebetten
Saison: Mitte Dezember bis Mitte April

Anreise München, Salzburg, Bischofshofen. Bahnstationen: Zell am See, Schwarzach, Taxenbach/Rauris; Busverbindungen
Entfernungen von KA: 528 km, S: 460 km, UL: 355 km, M: 200 km

Information
Verkehrsverband Rauris,
A-5661 Rauris, Tel. 06544/6237
Telefax 06544/7049
Landesvorwahlnummer siehe Seite 608.

Kinder Babysitting möglich; Skischule ab 3 ½ Jahre (ca. öS 1800/Woche ohne Mittagessen)

Ski alpin Testnote ❄❄

30 km präparierte Abfahrten:
5 km schwer, 20 km mittel, 5 km leicht
Längste Abfahrt: Wetterkreuz – Talstation Hochalm, 4 km Länge, 1250 m Höhenunterschied, mittel/leicht
Liftkapazität: 9000 Pers./Std.
8 1 1

Skipaß-Preise siehe Beilage
2 Skischulen mit ca. 40 Skilehrern

Langlauf Testnote ❄❄

5 Loipen über insgesamt 42 km (950–1100 m, leicht bis mittel); längste Loipe: Hüttwinklloipe (970–1180 m), 20 km lang, mittel; Höhenloipe: Sonnenloipe – Bodenhaus (1200 m), 3 km lang; Langlaufunterricht

Weitere Sportmöglichkeiten

Après-Ski

Rauriser Literaturtage

Sportliche Veranstaltungen

Intern. Schlittenhunderennen (15. und 16. Jan. 94); Intern. Judo Länderturnier (23. Jan. 94)

Komfortverbesserung: Ersetzt worden ist der Kreuzboden-Einersessel- durch einen Doppelsessellift und der Hochalm-Doppelsessellift durch eine Sechsergondelbahn mit verlängerter Trasse.

Hotelempfehlungen: Seite 541–585

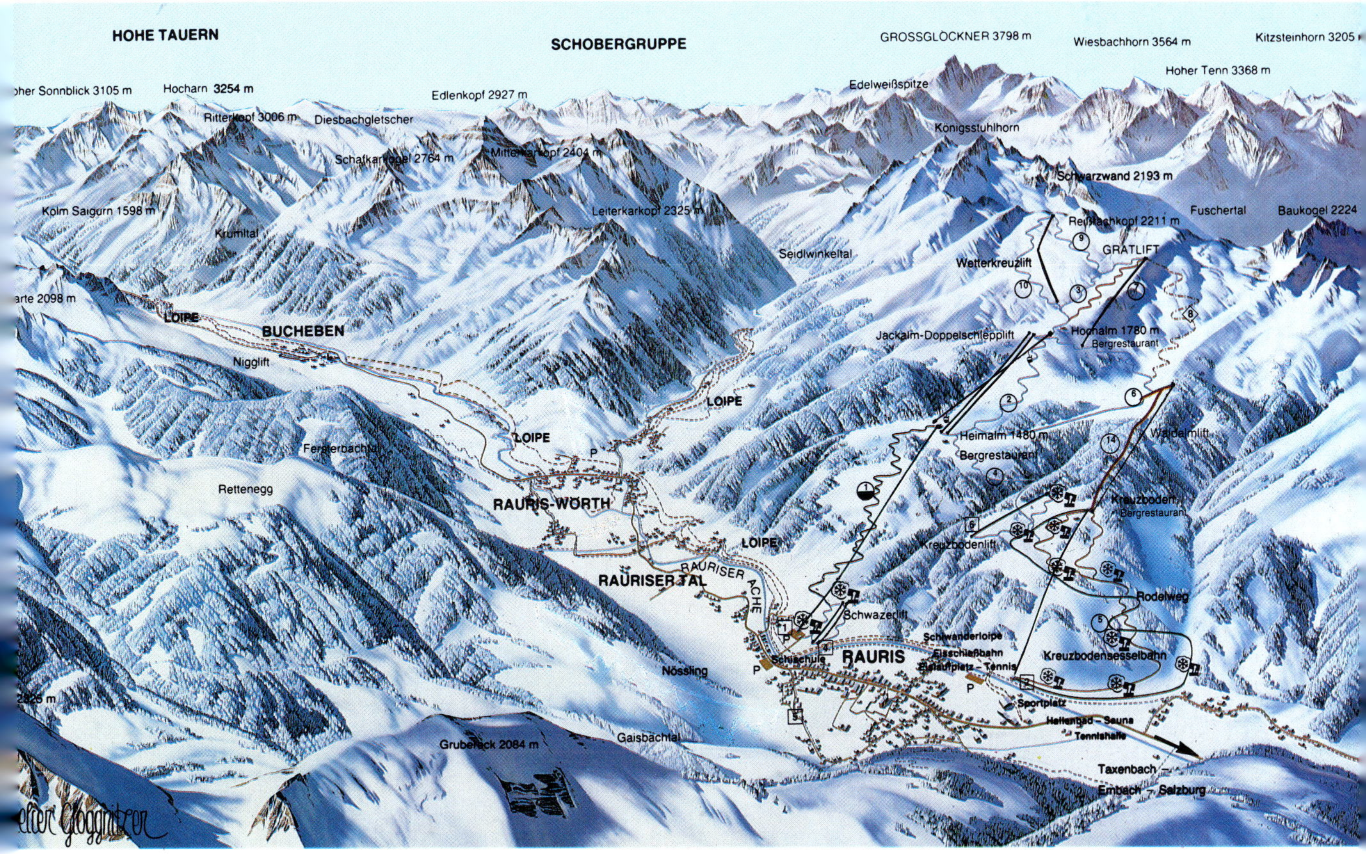

Werfenweng/Werfen

Das Wort Geheimtip sollte eigentlich mit Vorsicht benutzt werden. Aber wer kennt schon Werfenweng nahe der Tauern-Autobahn? Dabei kann sich die Gegend sehen lassen: Vor der imposanten Kulisse der »Salzburger Dolomiten« erstreckt sich ein Skigebiet für alle Ansprüche, nebelfrei und dazu ohne Durchgangsverkehr.

Viel komfortabler geht es kaum: Auf der Tauern-Autobahn fährt man fast bis vor die Haustür. Von München aus läßt sich **Werfenweng** im Schatten des Tennengebirges über Salzburg in knapp zwei Stunden erreichen, wenn die Umstände nur halbwegs günstig sind. Sieht man erst einmal das wuchtige Schloß Tenneck rechts von der Autobahn aufragen, ist man praktisch am Ziel. Von der Ausfahrt Werfen sind es nur noch ein paar Kilometer hinauf nach Werfenweng, einem Wintersportort, der immer noch im Verborgenen blüht.

Wer hierher fährt, weiß warum. Denn die Tennengebirgsbahn, die in zwei Sektionen auf die über 1800 m hohe Bischlinghöhe hinaufzieht, erschließt ein Skigebiet, das auch den Könner voll zufriedenstellt. Positiv schon der Eindruck bei der Ankunft an der Talstation des Doppelsessellifts im Ortsteil Zaglau: Der Parkplatz ist weiträumig genug, um auch mit größerem Andrang, als hier normalerweise herrscht, fertig zu werden. Der Lift sorgt für eine rasche Beförderung in Richtung Strussingalm. Die »Sportalm Strussing« wird locker mit dem Andrang hungriger Skifahrer fertig; wer's eilig hat, stellt sich am Selbstbedienungsbuffet an, wer gerne stilvoller speisen möchte, nimmt Platz im Hotelrestaurant.

Skifahren in Werfenweng ist im Prinzip eine gemütliche Sache, der »Einkehrschwung« eine der wichtigsten Skitechniken. Überall im Gebiet sind gemütliche Jausenstationen verteilt, ob nun auf der Bischlinghöhe an der Gipfelstation des zweiten Sesselliftes oder am Ladenberglift das Prokschhaus, eine Alpin-Unterkunft, auch Ausgangspunkt zu herrlichen Skitouren.

Auch das sonstige Angebot kann sich sehen lassen: Wasserratten plantschen im neuen Hallenbad, Rodler finden mehrere Bahnen, und auch die Langläufer fühlen sich hier wohl. An Start und Ziel stehen übrigens vorbildliche Umkleidekabinen mit sanitären Anlagen zur Verfügung. Natürlich partizipiert auch der größere Nachbarort **Werfen** im Salzachtal von den Sportanlagen Werfenwengs, da die Werfener Skipisten sich auf zwei kleinere Übungslifte und den etwas längeren Söllberglift beschränken. Empfehlenswert ist Werfen wegen seiner gemütlichen und preiswerten Gasthöfe. Zehn Minuten fährt man mit dem Auto oder Skibus nach Werfenweng.

Auch in Werfenweng selbst läßt sich die Quartierfrage sehr preiswert lösen. Natürlich geht's auch teurer, im Sporthotel Werfenweng beispielsweise (mit eigenem Schwimmbad), im Wenger-Alpenhof oder im Alpenhotel Steinberghof mit dem anderen hoteleigenen Schwimmbad von Werfenweng. Insgesamt gesehen jedoch bleibt der Eindruck, daß die Werfenwenger mit ihrer Politik der Familienfreundlichkeit und der ver-

Langlauf im Talgrund unter den beeindruckenden Felsschrunden des Tennengebirges.

nünftigen Preise eine erfreuliche Erscheinung im großen Angebot der Winterurlaubsorte darstellen.
Als die schönste Piste gilt hier die Talabfahrt von der Bischlinghöhe hinab nach Werfenweng, die sich bei einer Streckenlänge von 4,5 km über etwa 800 Höhenmeter hinabzieht. Drei Viertel der Strecke verlaufen recht rasant, der Auslauf führt eher flach in Richtung Parkplatz Zaglau.
Besonders stolz sind die Werfenwenger auf das »Ski-Rondell«, eine lokale Skischaukel, die die Wengerau mit Ladenberg und Zaglau verbindet und damit auch das einst eher bescheidene Wengerau-Revier um hundert Prozent aufwertet.

Werfenweng, 1000 m

Skigebiet: 1000–1836 m

Werfenweng 600 Einwohner, 2000 Gästebetten Werfen 3200 E., 800 G. Pfarrwerfen 2015 E., 800 G.

Saison: Dezember bis Mitte April

Anreise Autobahn München, Salzburg, Tauernautobahn (Ausfahrt Werfen), Werfenweng. Bahnstationen: Bischofshofen, Werfen und Pfarrwerfen (Busverbindungen)
Entfernungen von KA: 488 km, S: 420 km, UL: 339 km, M: 184 km

Information
Fremdenverkehrsverbände:
A-5453 Werfenweng, Tel. 06466/420
Telefax 06466/581-72
A-5450 Werfen, Tel. 06468/388
Telefax 06468/7562
A-5452 Pfarrwerfen, Tel. 06468/390
Telefax 06468/410-15
Landesvorwahlnummer siehe Seite 608.

Kinder in allen drei Orten: keine Gästekindergärten; Skischule ab 3½ Jahre (ca. öS 1260/Woche ohne Mittagessen)

Ski alpin Testnote ❄❄

Skigebiet von Werfenweng
30 km präparierte Abfahrten
mit mittlerem Schwierigkeitsgrad
Längste Abfahrt: Bischlinghöhe – Talstation, 4,5 km, 836 m Höhenunterschied, mittel bis schwer (mit Umfahrung)
Liftkapazität: 10900 Pers./Std.

10 4

Skigebiet von Werfen und Pfarrwerfen
5 km präparierte Abfahrten
mit mittlerem Schwierigkeitsgrad
Liftkapazität: 150 Pers./Std.

2

Skipaß-Preise siehe Beilage

Tiefschneereviere: Tourengebiet Tauernscharte im Tennengebirge
Skischule mit ca. 30 Skilehrern

Langlauf Testnote ❄❄❄

Werfenweng 36 Loipenkilometer (26 km mittel, 10 km leicht); längste Loipe: Eulersbergloipe (870–1000 m), 15 km, mittel; Höhenloipe: Wengerauloipe (1000–1100 m), 10 km, leicht bis mittel; Langlaufunterricht
Pfarrwerfen 7 Loipenkilometer (780–820 m, leicht bis mittel); kein Langlaufunterricht

Weitere Sportmöglichkeiten

Paragleiten

Après-Ski

Eine Loipengebühr muß der Langläufer (noch) nicht entrichten, aber dankbar ist man für den Kauf der Tennengebirgsloipen-Fördernadel (ca. öS 50), mit der die Loipenpflege finanziell unterstützt wird.

Hotelempfehlungen: Seite 541–585

Dachstein-West und das Lammertal

Die »feine« Skiwelt läßt die Skiregion Dachstein-West und das Lammertal buchstäblich links liegen. Denn dieses Revier für Loipenfüchse und Normalskifahrer verspricht keine Jet-Set-Atmosphäre, sondern »nur« gemütlich-familiären Winterspaß.

Alpine Superlative sucht man im Lammertal, das knapp 30 km südlich von Salzburg – bei Golling – beginnt, vergeblich. Weder Abfahrtskilometer noch Höhendifferenzen (und schon gar nicht die Preise) reichen an das von renommierten Skiorten her gewohnte hohe Niveau heran. Hier gibt es noch viel unverfälschte Natur und einen Lebensrhythmus, der ebenso gemächlich dahinfließt wie das Gebirgsflüßchen, dem das 43 km lange Tal seinen Namen verdankt.
So ganz stimmt es allerdings nicht mit der Vorstellung von der zahmen Lammer: Sieben Kilometer westlich von Abtenau kochen ihre Wasser wild in den sogenannten Lammeröfen (was nichts mit einem Herd zu tun hat, sondern sich vom Keltischen »of« = Schlucht, Abgrund herleitet). Im Sommer ist diese Klamm auf einem gesicherten Fußweg begehbar und vor allem ein anspruchsvolles Revier für Wildwasserfahrer.

In **Golling, Scheffau** und vor allem in **Abtenau** genießt der Langlauf absolute Priorität. Nahezu ein Drittel der Loipen des Lammertales schlängeln sich rund um Abtenau am Fuße der schroffen Felswände des Tennengebirges.
Den Alpinfahrern bietet Abtenau, der Hauptort des Lammertals und Heimat des einstigen Olympia- und Weltcupsiegers im Slalom, David Zwilling, ein mit Sessel- und mehreren Schleppliften erschlossenes Skigebiet am Karkogel (1250 m). Die 3 km lange Abfahrt überwindet immerhin 500 Höhenmeter. Wem das zu wenig ist, der fährt eine Viertelstunde mit dem Auto oder dem (mit Gästekarte kostenlosen) Skibus weiter ins Lammertal hinein.
Rußbach und **Annaberg** bilden zusammen mit **Gosau** die »Skiregion Dachstein West«. Hier surren zwischen 800 und 1600 m Höhe die Liftanlagen, die mit dem Skipaß Dachstein-West und dem regionalen Tennengau-Skipaß (der auch in Abtenau gilt) benützt werden können. Buckelpistenfreaks kommen hier allerdings nicht zum Zuge, denn alle Abfahrten werden ständig gewalzt und präpariert.
Kernstück der Region ist die Zwieselalm, ein leichtes, von einzelnen Baumgruppen aufgelockertes, weites Gelände, über das man mit Hilfe von zahlreichen Aufstiegshilfen zwischen Annaberg und Rußbach sowie Gosau hin- und herschaukelt. Etwas rasanter sind die etwa 4–5 km langen, breiten Waldschneisen nach Rußbach, Gosau und zum Vorderen Gosausee hinab.
Die Bezeichnung »familienfreundlich« gilt für die Dachsteinregion West zu Recht, in der sich auch Anfänger wohl fühlen. Eilig darf man es natürlich nicht haben, denn so eine »Schaukelei« dauert schon etwa zwei Stunden in jede Richtung. Doch dafür wird man, während des gemächlichen Dahingleitens im Schlepplift, mit einem faszinierenden Blick auf das Tennengebirge, den wildgezackten Gosaukamm mit der Bischofsmütze (2459 m) und auf den knapp 3000 m hohen Dachstein belohnt.
Wem hier noch zu viel »Betrieb« herrscht, der nimmt sein Quartier noch weiter hinten im Lammertal, in **Lungötz** oder **St. Martin**. Jedes dieser beiden Dörfer hat ein eigenes kleines Skigebiet nebst ausgedehn-

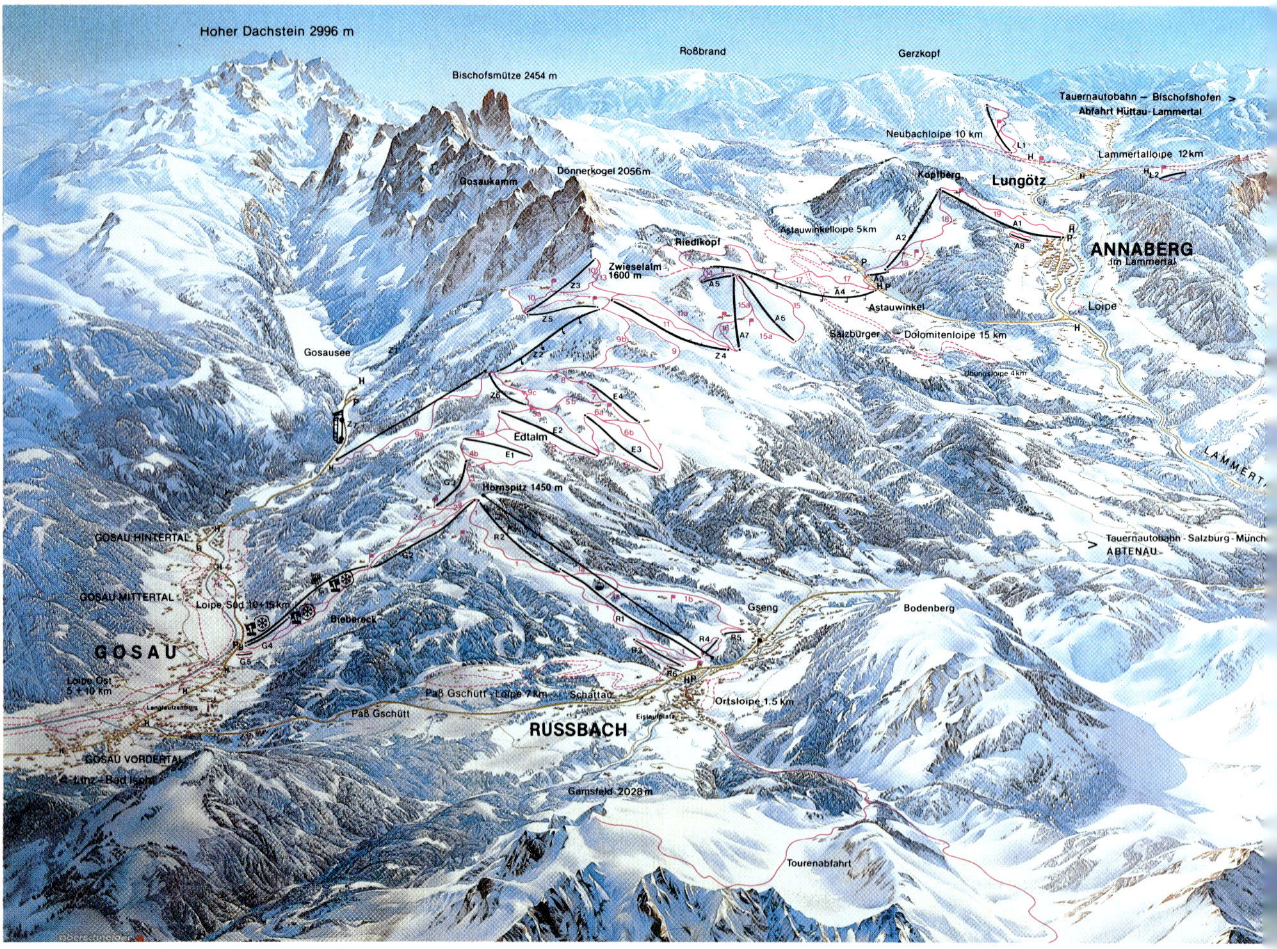

tem Loipennetz. Nahezu unbegrenzt sind die Möglichkeiten, sich seine Spur abseits der Pisten im tiefen Schnee selber zu suchen, wobei es für jeden Bergfreund selbstverständlich sein dürfte, nicht gerade durch Jungwald oder in die Nähe der zahlreichen Wildfütterungsstellen zu fahren. Ein größeres Skigebiet des Tennengaus sollte noch erwähnt werden: Im Westen der Region erreicht man von **Bad Dürrnberg** aus den Zinkenkogel mit seinen Liften. Vom Osthang aus kann man sogar grenzüberschreitend durch einen Wald nach Deutschland über Oberau (von dort mit dem Bus) zu den Schleppliften am Roßfeld gelangen. Der Tagesskipaß schließt auch die Benutzung der Anlagen im Berchtesgadener Land (Oberau, Roßfeld) mit ein.

Dachstein-West/Lammertal, 480–950 m
Golling, Scheffau, Abtenau, Annaberg, Lungötz, Rußbach, Gosau, St. Martin am Tennengebirge

Skigebiet: 480–1600 m
15 000 Einwohner, 12 000 Gästebetten
Gosau 1850 Einwohner, 2000 Gästebetten Rußbach 808 E., 850 G.

Anreise Salzburg, Tauern-Autobahn (Ausfahrt Golling-Abtenau oder Hüttau-Lammertal). Bahnstation ist Golling-Abtenau (Busverbindungen)
Entfernungen von KA: 496 km, S: 428 km, UL: 347 km, M: 192 km

Information
Fremdenverkehrsverbände:
Tennengau,
A-5400 Hallein, Tel. 06245/4259-0
Telefax 06245/4259-14
A-5441 Abtenau, Tel. 06243/22930
Telefax 06243/229320
Schneetelefon 06243/229316
A-5524 Annaberg, Tel. 06463/8125
Telefax 06463/8118-85
A-5523 Lungötz, Tel. 06463/212-0
Telefax 06463/212-13
A-5442 Rußbach, Tel. 06242/206
Telefax 06242/244
A-4824 Gosau, Tel. 06136/8295
Telefax 06136/8255
Schneetelefon 06136/8503
Landesvorwahlnummer siehe Seite 608

Kinder Rußbach kein Gästekindergarten; Skischule ab 4 Jahre (ca. öS 990/Woche ohne Mittagessen) Gosau kein Gästekindergarten; Skischule ab 4 Jahre (ca. öS 1000/5 Tage ohne Mittagessen)

Ski alpin Testnote ❄❄❄
Dachstein-West

Skigebiet Dachstein-West
60 km präparierte Abfahrten:
3 km schwer, 23 km mittel, 34 km leicht
Längste Abfahrt: Zwieselalm-Abfahrt, 5 km Länge, 1200 m Höhenunterschied, mittel
Liftkapazität: 35 000 Pers./Std.

29 Schlepplifte, 5 Sessellifte, 1 Seilbahn

Skigebiet Lammertal: Karkogel
10 km präparierte Abfahrten:
7 km mittel, 3 km leicht
Liftkapazität: 6000 Pers./Std.

7 Schlepplifte, 1 Sessellift

Skipaß-Preise siehe Beilage

Tiefschneereviere: Hornspitz, Edtalm, Zwieselalm
6 Skischulen mit ca. 60 Skilehrern

Langlauf Testnote ❄❄❄❄

264 Loipenkilometer im Tennengau insgesamt Hallein 5 km, leicht Abtenau 70 km, leicht bis schwierig; Höhenloipe: Postalm Europaloipe (1165–1380 m, Gebühr ca. öS 20/Tag) 15 km, mittel Annaberg 15 km, leicht/mittel Lungötz 26 km, leicht bis schwierig Rußbach 9 km, leicht bis schwierig Gosau 38 km, leicht bis schwierig, Loipengebühr ca. öS 30/Tag. Langlaufunterricht

Weitere Sportmöglichkeiten

Gleitschirmfliegen, Schneeschuhwandern

Après-Ski

KINO Bücherei

Eine Kakao-Party in der Weinstube, Bastelstunden und Spielenachmittage sind Bestandteile des Kinderprogramms von Rußbach. Informationen im Verkehrsbüro.

Hotelempfehlungen: Seite 541–585

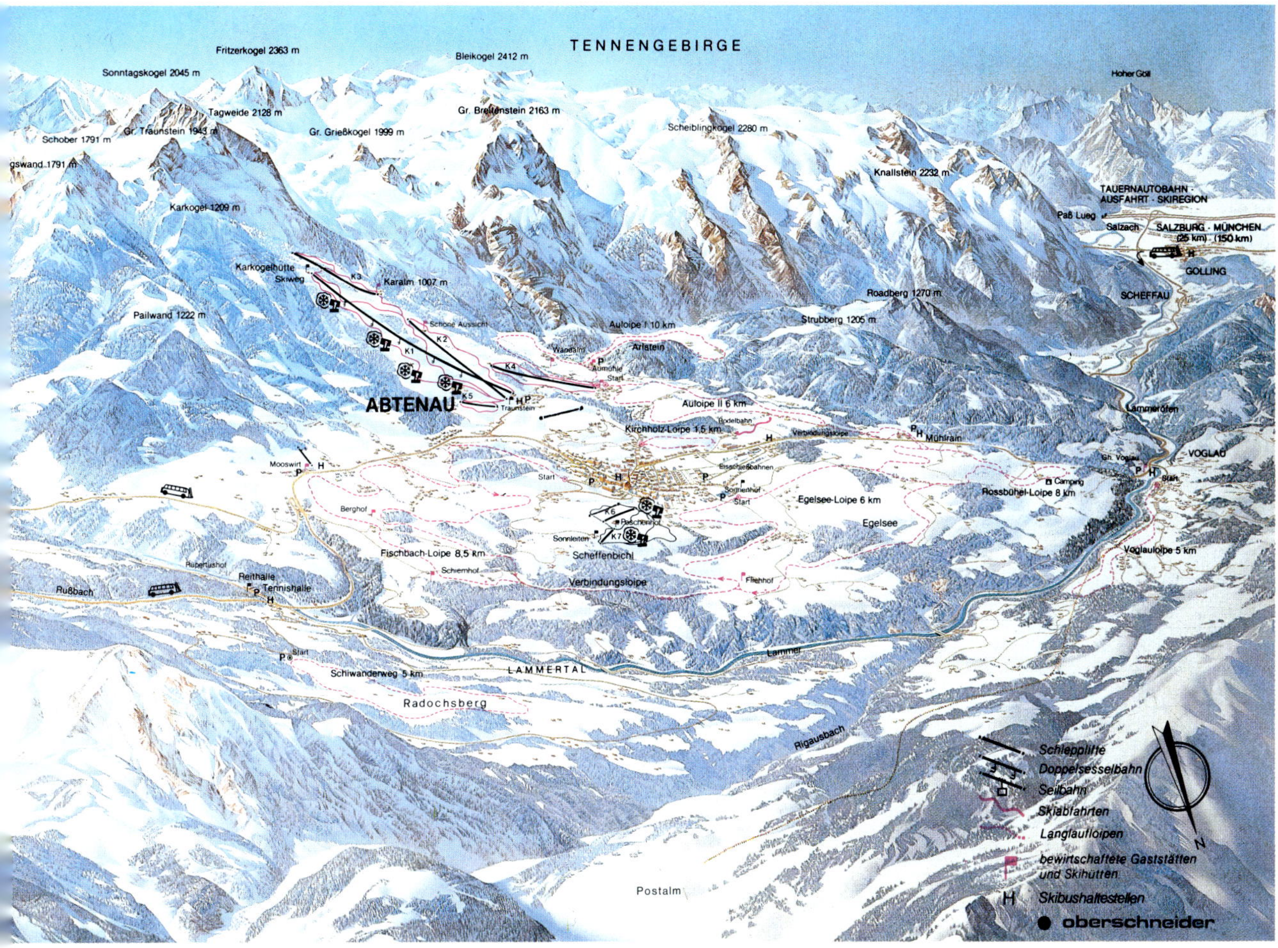

Das Salzkammergut

Aus Operetten ist die Region um St. Wolfgang und Bad Ischl den meisten Leuten bekannter als durch seine Wintersport-Qualitäten. Aber Zwölferhorn und Postalm-Gebiet sind immerhin erwähnenswert, vor allem für Loipenfans.

Salzkammergut, 469–549 m
Bad Ischl, St. Wolfgang, Strobl

Krispl-Gaißau, Faistenau, Hintersee, St. Gilgen

Skigebiet: 544–1522 m
Bad Ischl 13000 Einwohner, 3300 Gästebetten Krispl-Gaißau 820 E., 211 G. Hintersee 400 E., 300 G. St. Gilgen 3100 E., 4000 G. Strobl 2850 E., 2900 G.
Saison: Dezember bis März/April

Anreise Autobahn München – Wien (Ausfahrt Thalgau oder Hallein).
Bahnstationen sind Salzburg und Bad Ischl (Busverbindungen)
Entfernungen von KA: 508 km, S: 440 km, UL: 359 km, M: 204 km

Information
Tourismusregion Salzkammergut
A-4820 Bad Ischl, Kaltenbachstr. 36
Tel. 06132/26909, Fax 06132/26909-14
mit den dazugehörenden Tourismusverbänden
A-5360 St. Wolfgang, Tel. 06138/2239
Telefax 06138/2239-81
A-5350 Strobl, Tel. 06137/255
Telefax 06137/5958
Kurdirektion Bad Ischl
A-4820 Bad Ischl, Bahnhofstr. 6
Tel. 06132/27757, Fax 06132/27757-77

St. Wolfgang. Links neben Schloß Eibenstein die Pfarrkirche mit dem berühmten Pacher-Altar.

Im Salzkammergut kann man nicht nur lustig sein, sondern auch skifahren. Dieses Gebiet, das sich die Bundesländer Oberösterreich, Steiermark und Salzburg teilen, läßt zwar weniger die Herzen der »Alpinisten« hochschlagen, eignet sich aber sehr gut für Familienurlaub, für Langläufer, Durchschnittsfahrer und Anfänger. Was aber wiederum nicht heißt, daß Anspruchsvollere sich unbedingt langweilen müssen.
Insgesamt gibt es im Salzkammergut 20 Skigebiete, die den Wintersport trotz teilweise recht beträchtlicher Entfernungen durch einen einheitlichen Ski-Paß sehr vereinfachen. Die überwiegende Zahl der Pisten kann man als leicht bis mittelschwer bezeichnen.
Zu den beliebtesten Plätzen gehören Bad Ischl sowie St. Wolfgang, St. Gilgen und Strobl im Salzburger Salzkammergut. Familienfreundlichkeit haben sich sowohl Tourismusverbände als auch die Gastronomie auf ihre Fahnen geschrieben.
Hoch über dem südlichen Ende des Wolfgangsees liegt das Skigebiet Postalm. Das inzwischen »Skicenter« genannte Almengebiet gilt in seiner Art als das größte Hochplateau in Österreich. Von **Strobl** aus gelangt man über eine 12 km lange Straße auf die Postalm. Die Straße wird zwar regelmäßig geräumt, aber dennoch sind bei Steigungen bis zu neun Prozent Winterreifen und sogar Schneeketten empfehlenswert (ausreichend Parkplätze stehen an der Talstation der Lifte zur Verfügung).
Die Abfahrten des Postalm-Skicenters gelten von Anfang Dezember bis Mitte April als schneesicher.
Am anderen Ende des Wolfgangsees, über **St. Gilgen**, erhebt sich das Zwölferhorn (1522 m). Auch dieses Skigebiet läßt sich kaum mit den Wintersportmöglichkeiten anderer Schneegebiete der Alpen messen;

Fremdenverkehrsverbände im Flachgau:
A-5421 Krispl-Gaißau, Tel. 06240/414
Telefax 06240/213
A-5324 Faistenau, Tel. 06228/314
Telefax 06228/698
A-5324 Hintersee, Tel. 06224/2143
Telefax 06224/217
A-5340 St.Gilgen, Tel. 06227/348
Telefax 06227/72679
Landesvorwahlnummer siehe Seite 608.

Kinder Krispl-Gaißau Kinderbetreuung ab 3 Jahre (ca. öS 80/Std.); Skischule ab 3 Jahre (Kindererlebnisland im Skigelände; ca. öS 1150/5 Tage ohne Mittagessen) Hinteersee kein Gästekindergarten; Skischule ab 4 Jahre (ca. öS 1260/Woche ohne Mittagessen) St. Gilgen Gästekindergarten ab 3 Jahre (ca. öS 40/Halbtag, 70/Ganztag inkl. Mittagessen); Skischule ab 4 Jahre (ca. öS 1260/Woche ohne Mittagessen)

Ski alpin Testnote ❄❄❄
Gesamtes Gebiet

Skigebiet Postalm
12 km präparierte Abfahrten:
1 km schwer, 11 km leicht
Liftkapazität: 6000 Pers./Std.
11

Skigebiet Zwölferhorn
10 km präparierte Abfahrten:
500 m schwer, 5 km mittel, 4,5 km leicht
Längste Abfahrt: zur Talstation, 7 km
Länge, 1000 m Höhenunterschied, mittel
Liftkapazität: 2800 Pers./Std.
2 1 1

Skigebiet Katrin
2,5 km präparierte Abfahrten mit mittlerem Schwierigkeitsgrad
Snowboard-Halfpipe
Liftkapazität: 2000 Pers./Std.
1 1 1

Skigebiet Spielbergalm
40 km präparierte Abfahrten:
4 km schwer, 28 km mittel, 8 km leicht
Liftkapazität: 8500 Pers./Std.
6 2

Skipaß-Preise siehe Beilage
Mehrere Skischulen mit 30 Skilehrern

Langlauf Testnote ❄❄❄❄

200 Loipenkilometer insgesamt Bad Ischl 40 Loipenkilometer (5 km schwierig, 10 km mittel, 25 km leicht), Rundloipe Bad Ischl – Strobl – Bad Ischl (480–520 m), 20 km, mittel; höchste Loipe auf der Rettenbachalm (600 m), 10 km lang, mittel, Langlaufunterricht Strobl 15 km (5 km mittel, 10 km leicht), Höhenloipe Postalm (1165–1380 m, Gebühr ca. öS 25/Tag), 15 km, mittel St. Gilgen 2 km Mühlbachs Au (590 m), leicht; Langlaufunterricht Faistenau 60 km (10 km schwierig, 7 km mittel, 43 km leicht), Loipengebühr ca. öS 25/Tag Krispl-Gaißau 14 km (7 km mittel, 7 km leicht); höchste Loipe auf 800–860 m, 7 km lang, mittel; Langlaufunterricht Hintersee 20 km (mittel); Langlaufunterricht

Weitere Sportmöglichkeiten
Gleitschirmfliegen

Après-Ski

Wikingeressen ohne Besteck für Kinder – geschminkt und verkleidet – hat Krispl-Gaißau im Gästeprogramm. Informationen im Verkehrsbüro.

Hotelempfehlungen: Seite 541–585

trotzdem fühlen sich bessere Fahrer hier mehr gefordert als auf der Postalm, da die Hänge steiler sind.
Von St. Gilgen aus führt eine Kabinenseilbahn bis zur 1477 m hoch gelegenen Bergstation. Die Abfahrt von dort oben ist 6,5 km lang, überwindet eine Höhendifferenz von fast 1000 m und stellt durchaus einige Anforderungen. Allerdings findet man auf dem Zwölferhorn oft nur im oberen Teil genügend Schnee zum Wedeln.
Bad Ischl lebt vor allem vom sommerlichen Massentourismus. Wintergäste schätzen neben dem relativ bescheidenen Pistenangebot andere Sportarten wie Schwimmen, Winterwanderungen, Langlauf und Eislauf. Für das Wohlbefinden der Gäste sorgen die Heilbäder (Sole, Schwefel und Schlamm).

Das größte Betätigungsfeld finden alpine Skiläufer im Katrin-Gebiet auf 1460 m Höhe. Den Aufstieg erleichtern eine 2,5 km lange Gondelbahn mit 50 Vier-Personen-Kabinen und ein Sessellift (800 m). Wem dies nicht reicht, der weicht mit den Skibussen zu den Pisten der Dachstein Skiregion West oder zur Postalm aus. Zentral gelegene Unterkunftsmöglichkeiten (zu den Skigebieten Postalm, Katrin, Gosau oder Krippenstein) hat auch **Bad Goisern** (Oberösterreich) anzubieten.
Das Angebot für Langläufer ist vielfältiger. Auf einer der Routen findet alljährlich der Salzkammergut-Marathonlauf statt.
St. Wolfgang (Oberösterreich) hat ebenso wie Bad Ischl im Sommer Hauptsaison. Der durch das »Weiße Rößl« weltbekannte Luftkurort mit seinem malerischen Straßenbild und seiner herrlichen Lage verfügt zwar über kein nennenswertes eigenes Skigebiet, eignet sich aber gut als Feriendomizil, und zum Skigebiet am Zwölferhorn bei St. Gilgen oder zum »Skicenter« an der Postalm, dem Revier von Strobl, ist es nicht sehr weit.
Ein weiteres für Familien geeignetes Skigebiet ist die Skischaukel Spielbergalm, zu der man von den gemütlich-urigen Orten mit typisch österreichischem Flair **Faistenau** oder **Hintersee** aus mit einem Dreiersessellift, von **Krispl-Gaißau** aus mit einer Doppelsesselbahn gelangt.
Steirisches Salzkammergut siehe Seite 200.
Dachstein-West siehe Seite 172.

Das Gasteiner Tal

Das Gasteiner Tal hat eine Spitzenposition innerhalb der Wintersportplätze Österreichs. Es bietet – im Verbund mit Großarl – außer den vielen Pistenkilometern zwei Besonderheiten, die im Alpenraum in diesem Umfang sonst kaum anzutreffen sind: den Sprung »von der Piste ins Thermalbad« und ein Quartierangebot vom Bauernhof bis zum Luxushotel.

Es ist ein strahlend schönes, weites Tal, das da fast haargenau in Nord-Süd-Richtung verläuft, überragt von skifreundlichen Bergen. Badgastein war schon zu Kaiser Franz Josephs Zeiten ein weltberühmter Kurort. Aber ein Skiort? – Die Alpinen Weltmeisterschaften 1958 setzten einen Markstein, Toni Sailer holte sich damals Gold am Graukogel. Und von da an ging's im Winter aufwärts, das ganze Tal zog mit, erst langsam, dann schneller. Doch es dauerte viele Jahre, bis das Skivergnügen in diesem Tal (fast) perfekt wurde.

Jetzt kann man tagelang auf Brettern unterwegs sein, ohne eine Piste zweimal befahren zu müssen; manche Abfahrten sind freilich so schön – und auch so gut präpariert –, daß man sie gerne mehrmals wiederholt. Die informative Skischein-Panoramakarte sollte jeder in der Tasche haben, zumal auch ein paar Schlepplifte »schwarz« markiert sind, also ganz schön steil bergwärts führen.

Die Orte, einschließlich Großarl, das im Nachbartal liegt, arbeiten offensichtlich gut zusammen. Denn sie ergänzen sich – trotz aller Konkurrenz – gut durch ihren unterschiedlichen Charakter. Da ist das »klassische« Badgastein, das »moderne« Bad Hofgastein, das »bäuerliche« Dorfgastein, das »dörfliche« Großarl und das »projektierte« Sportgastein.

Dorfgastein (830 m) am Taleingang ist ländlich geblieben, wiewohl der Bauboom und Veränderungen im Ortsbild unverkennbar sind.

Aber in Dorfgastein wird auch »geschaukelt«, eine Spezialität im Salzburger Land. Hier entstand eine der ersten Skischaukeln. Über Fulseck und Kreuzkogel, beide etwas über 2000 m hoch, geht es ins Nachbartal nach Großarl – lückenlos hinauf, hinunter und zurück. Eine Skischaukel mit vielen Aufstiegshilfen, sehr schönen hindernislosen Schneehängen und ein paar Jausenstationen.

Dann ist da der nächste Ort, **Bad Hofgastein** (858 m), mit Kurzentrum, großzügigem »Thermentempel«, mit Fußgängerzone, stattlichen Hotels und schmucken Landhäusern, aber auch mit großen Appartementbauten. – »Dem Glücklichen schlägt in Bad Hofgastein nun tatsächlich keine Stunde«, verkünde-

Die Vierersesselbahn auf die »Kleine Scharte« im Schloßalm-Gebiet erschließt weite Hänge für genußvolle Schwünge.

te der Kurdirektor, als er den Entschluß des Pfarrers bekanntgab, im Interesse der Gäste in den Nacht- und Morgenstunden das Schlagwerk der Kirchturmuhr abzustellen. Ein Urlaubsort also auch für die Langschläfer ...

Bad Hofgastein hat im Gebiet um Kitzstein (Standseilbahn), Schloßalm (Seilbahn) und Hohe Scharte einen trefflichen Skizirkus, ausgestattet mit über einem Dutzend Aufzügen (und etlichen Gaststätten). Weite Hänge für genußvolle Schwünge und Pflugbögen, die Pisten leicht bis mittelschwer. Ein Hochgenuß ist die Nordabfahrt von der Hohen Scharte bis ins Tal – stolze 8 km. Und seitdem das Hofgasteiner Gebiet mit dem benachbarten Stubnerkogel (2246 m), dem Hausberg von Badgastein, via Lift und Piste verbunden ist, gilt das Gasteiner Skivergnügen als optimal.

In **Badgastein** (1002 m) treffen Pelz- und Pudel-Urlauber, Wiener Haute Volée, Münchner Schickeria, ganz normale Skifahrer und Ski-Freaks aus aller Welt zusammen. Sie vertragen sich hier ganz vorzüglich und geben dem Ortsbild eine interessante Note.

Schön oder ski-ideal ist Badgastein gewiß nicht, aber es hat eben seine ganz spezielle Atmosphäre aus Disco-Sound und Wiener Walzer, Smoking und Jeans. Die große Schar der Skifahrer strebt mit der sechssitzigen Stubnerkogel-Gondelbahn, mit der 2100 Pers./Std. ohne nennenswerte Wartezeiten befördert werden können, hinauf zum Stubnerkogel. Oben ist High Life: hindernislose Hänge, die zu diversen Liftstationen führen, wo es dann wieder bergauf geht, wobei im Gebiet der Jungeralm einer der ersten Vierersessellifte dafür sorgt, daß sich keine Warteschlangen bilden.

Krönender Abschluß am Stubnerkogel ist die Angertalabfahrt.

Da ist dann im Tal die Frage: Jagatee-Fete (was weiteres Skifahren für diesen Tag ausschließt) oder Rückkehr mit der Bahn nach Badgastein – zur Party im Felsenbad bei 34 Grad Wassertemperatur. Eigentlich muß man beides mitmachen!

Badgastein hat aber auch noch den Graukogel (oberste Liftstation auf 2000 m). Er ist weniger besucht, weil viele nicht wissen, daß neben der schnellen FIS-Rennstrecke auch eine Familienabfahrt existiert.

Schließlich gibt's **Sportgastein**, 10 km von Badgastein entfernt und ins Bus-Netz eingeschlossen. Hier sollte in 1600 m Höhe eigentlich eine Top-Skistation entstehen. Aber aus den hochfliegenden Plänen ist bisher nicht allzu viel geworden. Immerhin hat Sportgastein durch seine Höhenlage in schlechten Wintern zur Vor- und Nachsaison eine besondere Funktion als sicherer Schneeplatz. Eine Gondelbahn führt bis Schideck (2165 m), einem Platz auch zum Jausen und Sonnen, und, in der zweiten Sektion, bis ganz hinauf auf den Kreuzkogel. Da ist man dann stattliche 2686 m hoch: großartiger

Das Gasteiner Tal

Rundblick übers Gipfelmeer und fürs Skischwingvergnügen schöne, weite Hänge.

Die vier Abfahrten sind, von einem Stück Buckelpiste abgesehen, leicht und genußvoll. Ein Schmankerl für Tiefschneefans ist die Nordabfahrt vom Kreuzkogel zur Mautstelle Sportgastein – 8 km Schneespaß, 1500 m Höhenunterschied. Zumindest im oberen Teil des Kreuzkogels ist Skisaison von Anfang Dezember bis Ende April.

Daß Langläufer und Skiwanderer im Gasteiner Tal nicht zu kurz kommen, versteht sich fast von selbst. Man sieht sie überall im ganzen Tal laufen und rasten. Denn die Loipen liegen verlockend schön in der Sonne. Das Loipenangebot von Bad Hofgastein, Badgastein, Sportgastein und Dorfgastein bietet Anfängern, Fortge-

Links: Blick vom Brandebengut auf Bad Hofgastein. Rechts: Im Skigebiet Sportgastein; im Hintergrund die Hohe Geisel (2974 m), rechts das Schareck-Massiv (3122 m), rechts unten ein kleiner Teil des Talbodens von Sportgastein. Unten: Die weite Ski-Arena der Schloßalm.

schrittenen und Könnern Abwechslung und sportliche Herausforderung.
Ehrgeizige jagen der »Gasteiner Loipennadel« nach – ein Leistungsabzeichen, das auf »vielfachen Wunsch unserer Gäste« eingeführt wurde. Da gibt es an den Loipen Kontrollstempel-Stellen; wer 75 km geschafft hat, bekommt die Nadel in Bronze und kann sich natürlich noch steigern bis 1000 LL-Kilometer, dann winkt Gold mit Brillant! Anfängern sei angeraten, zunächst eine der Langlaufschulen zu besuchen.
Für Sport, Spiel und Zeitvertreib bieten sich im übrigen viele weitere Möglichkeiten: Tennis, Eisstockschießen und Kegeln, Rodeln, Reiten und Modeschauen, Spielkasino, Pferdeschlittenfahrten und Konzerte, 5-Uhr-Tanz auf der Bellevue-Alm, Zimmergewehrschießen, Jodler- und Rock'n-Roll-Abend.
Eines ist sicher: ob man nun die Pisten mit insgesamt 16000 Höhenmetern absolviert oder die Loipen oder/und die Tanzböden – das Gasteiner Thermalwasser tut den Wadeln und Schenkeln der Wintersportler allemal sehr gut.

Gasteiner Tal, 830–1600 m
Dorfgastein, Bad Hofgastein, Badgastein, Sportgastein

Skigebiet: 830–2686 m
Bad Hofgastein 6000 Einwohner, 8000 Gästebetten Badgastein 5680 E., 7850 G. Dorfgastein 1500 E., 1808 G.
Saison: Anfang Dezember bis Ende April

Anreise Salzburg, Tauern-Autobahn (Ausfahrt Bischofshofen), Gasteiner Tal (Bahnstationen)
Entfernungen von KA: 536 km, S: 468 km, UL: 387 km, M: 232 km

Information
Kur- und Fremdenverkehrsverbände:
A-5630 Bad Hofgastein, Tel. 06432/7110-0
Schneetelefon: 06432/645510
A-5640 Badgastein, Tel. 06434/2531-0
Telefax 06434/2531-37
Schneetelefon 06434/2474
Fremdenverkehrsverband Dorfgastein,
A-5632 Dorfgastein, Tel. 06433/277
Telefax 06433/637
Schneetelefon 06433/666
Landesvorwahlnummer siehe Seite 608.

Kinder Bad Hofgastein Gästekindergarten ab 3 Jahre (ca. öS 215/Halbtag, 530/Ganztag inkl. Mittagessen); Skischule ab 4 Jahre (ca. öS 2000/Woche inkl. Mittagessen) Badgastein Gästekindergarten ab 2 Jahre (Miniclub im Hotel Grüner Baum, Tel. 25160, ca. öS 100/Halbtag, 200/Ganztag inkl. Mittagessen); Skischule ab 5 Jahre (ca. öS 2000/Woche inkl. Mittagessen) Dorfgastein Gästekindergarten ab 3 Jahre (ca. öS 210/Halbtag, 480/Ganztag inkl. Mittagessen); Skischule ab 4 Jahre (ca. öS 2000/Woche inkl. Mittagessen)

Ski alpin Testnote ❄❄❄❄

Gasteiner Tal gesamt
170 km präparierte Abfahrten:
13 km schwer, 104 km mittel, 53 km leicht
Längste Abfahrt: Angertalabfahrt, 8 km Länge, 1136 m Höhenunterschied, mittel
Liftkapazität: 65520 Pers./Std.
31 15 5 1
1

Skigebiet Schloßalm
mit Skischaukel ins Skizentrum Angertal (Verbindung zum Stubnerkogel)
51 km präparierte Abfahrten:
3 km schwer, 29 km mittel, 19 km leicht
Liftkapazität: 18393 Pers./Std.
7 5 1
1

Skigebiet Stubnerkogel
mit Skischaukel ins Skizentrum Angertal (Verbindung zur Schloßalm)
39 km präparierte Abfahrten:
2 km schwer, 29 km mittel, 8 km leicht
Liftkapazität: 15826 Pers./Std.
7 2 2

Skigebiet Graukogel
14 km präparierte Abfahrten:
4 km schwer, 7 km mittel, 3 km leicht
Liftkapazität: 2980 Pers./Std.
1 2

Skigebiet Schideck und Kreuzkogel (Sportgastein)
12 km präparierte Abfahrten:
7 km mittel, 5 km leicht
Liftkapazität: 2321 Pers./Std.
1 1

Skigebiet Dorfgastein-Großarl (Wengeralm, Fulseck, Kreuzkogel, Kreuzhöhe/Großarl)
54 km präparierte Abfahrten:
4 km schwer, 42 km mittel, 8 km leicht
Die Piste am Brandsteinlift (Dorfgastein, 1 km lang, mittel) ist donnerstags bis 22 Uhr beleuchtet
Liftkapazität: 26000 Pers./Std.
15 5 3

Skipaß-Preise siehe Beilage
Tiefschneereviere: Nordabfahrt in Sportgastein, Graukogel
5 Skischulen mit 150 Skilehrern

Langlauf Testnote ❄❄❄❄

Insgesamt über 90 Loipenkilometer
Bad Hofgastein 33 km (15 km mittel, 18 km leicht), höchste Loipe: Angertal (1200 bis 1250 m), 7 km lang, mittel; Anschluß an die Achenloipe (850–870 m), 8 km lang, mittel
Badgastein 30 km (7 km schwierig, 12 km mittel, 11 km leicht); Verbindungsloipe nach Bad Hofgastein (850 m), 10,5 km, mittel
Sportgastein (1600 m), 13 km gesamt, mittel/schwierig Dorfgastein 15 km (auf 830 m, 8 km mittel, 7 km leicht). In allen Orten Langlaufunterricht

Weitere Sportmöglichkeiten
Thermalhallenbäder, Gleitschirmfliegen

Après-Ski
KINO
Spielkasino (Badgastein)

Sportliche Veranstaltungen
Biathlon Weltcup (Badgastein, 7. bis 12. Dez. 93), Intern. Stephani-Lauf (26. Dez. 93)

Neu im Skigebiet Sportgastein ist die 8-Personen-Gondelbahn, die den bisherigen Sessellift (unten vom Parkplatz aus) ersetzt und in zwei Sektionen bis zum Gipfel des Kreuzkogels führt. Das bisher steile Endstück des Schleppliftes wurde abgebaut. Einweihung im Dezember 1993.

Hotelempfehlungen: Seite 541–585

Das Großarltal

Die Prominenz sitzt in der Nachbarschaft: im Westen das weltberühmte Gasteiner Tal mit seiner hochentwickelten touristischen Infrastruktur, im Norden die Drei-Täler-Skischaukel Flachau – Wagrain – St. Johann. Und in Großarl – herrliche Ruhe.

Im Großarltal schlängelt sich ein bescheidenes Sträßchen durch enge Schluchten, führt an steilen Bergflanken über der Lichtensteinklamm entlang und dringt schließlich in ein erweitertes, locker besiedeltes Hochtal ein.
An der Ostseite des Tales breitet sich Großarl aus, ein stattlicher Ort mit einer stattlichen Kirche und ein paar schönen alten Häusern.
Hier sammelt ein Bus das Skivolk ein und fährt es auf die gegenüberliegende Talseite.
In vier Etappen schwingt man sich aufwärts zum Kreuzkogel (2027 m), dem Liftübergang der Skischaukel Großarltal – Gasteiner Tal.
Von dort erschließt sich eine Reihe nord- und ostseitiger, also sehr schneesicherer Abfahrten ohne nennenswerte Schwierigkeiten.
Die beiden Hauptstraßen des Abfahrtsvergnügens: die FIS-Abfahrt von der Kreuzhöhe, zu der man per Gondelbahn in zwei Sektionen gelangt, zur Talstation, 5 km lang, 900 m Höhenunterschied, und die Familienabfahrt vom Kreuzkogel zur Talstation mit 7 Kilometer Länge.
Von der Höhe des Kreuzkogels schaut man westwärts ins Gasteiner Tal hinunter. Wer »schaukeln« will, rutscht auf dem Kammweg nach Norden und steht unversehens auf einer Dorfgasteiner Piste.
Die Abfahrten auf dieser Seite sind denen von Großarl ähnlich. Will man vom Gasteiner Tal nach Großarl zurück, fährt man zum Fulseck (2030 m) hinauf und drüben zur Talstation des Kreuzkogellifts hinunter.
Am Fulseck beginnt auch die schönste Tourenabfahrt im Revier: zum Berglandhaus und weiter zur Alpentaverne. Doch Achtung vor Lawinengefahr! Die Warntafeln an bestimmten Stellen haben ihre berechtigten Gründe.
Gasteiner Tal siehe Seite 176.

Großarltal, 924 m

Skigebiet: 920–2100 m
3400 Einwohner, 3150 Gästebetten
Saison: Anfang Dezember bis Mitte April

Anreise Salzburg, Tauern-Autobahn (Ausfahrt Bischofshofen), St. Johann im Pongau (Bahnstation, Busverbindungen), Großarltal
Entfernungen von KA: 510 km, S: 442 km, UL: 361 km, M: 206 km

Information
Fremdenverkehrsverband
A-5611 Großarl, Tel. 06414/281, 625
Telefax 06414/8193
Landesvorwahlnummer siehe Seite 608.

Kinder Betreuung möglich ab 6 Monate (in der »Kinderalm« im Skigebiet, ca. öS 100/Std., Voranmeldung nötig); Skischule ab 3½–4 Jahre (ca. öS 1680/Woche inkl. Mittagessen)

Ski alpin Testnote ❄❄❄

Skigebiet Großarl – Dorfgastein (Wengeralm, Fulseck, Kreuzkogel, Kreuzhöhe/Großarl)
54 km präparierte Abfahrten:
4 km schwer, 42 km mittel, 8 km leicht
Längste Abfahrt: Kreuzkogel – Talstation, 7 km Länge, 1200 m Höhenunterschied, mittel
Liftkapazität: 26000 Pers./Std.

15 5 3

Skipaß-Preise siehe Beilage

Tiefschneereviere: Bergland, Himmelreich
3 Skischulen mit je 25 Skilehrern

Langlauf Testnote ❄

Großarl: 40 Loipenkilometer (1 km schwer, 29 km mittel, 10 km leicht); höchste und längste Loipe: Rundwanderloipe Großarl – Hüttschlag (860–1020 m), 32 km lang, mittel; Loipengebühr ca. öS 20 (Kinder 10) pro Tag; 100 (50) pro Woche; Langlaufunterricht

Weitere Sportmöglichkeiten

Après-Ski

Eine automatische Zeitmeßanlage befindet sich an der Hochbrandabfahrt.

Hotelempfehlungen: Seite 541–585

Obertauern

Obertauern präsentiert seinen »Fixstern am Skihimmel« als Kugelpanorama. Das bedeutet: Überall kann der Urlauber in den Skizirkus einsteigen.

In drei Varianten läßt sich das sportliche Schneedorf zwischen 1740 und 2350 Meter Höhe umrunden: Auf Alpinski im oder gegen den Uhrzeigersinn, auf Langlaufbrettl oder zu Fuß. Familienfreundlich breit ausgewalzt sind die Paradehänge rund um die Seekarspitze. Rasantere Skipiloten bevorzugen die Abfahrt vom Hundskogel oder wedeln an der alten Panoramalift-Trasse über Buckel und durch Tiefschnee.

Eine interessante Tourenabfahrt führt vom Seekareck über 1100 Höhenmeter hinunter nach Untertauern.

Eine echte Herausforderung für Steilhang- und Buckelpistenenthusiasten ist die sehr schwierige Gamsleiten 2 (937 m lang, 362 m Höhenunterschied).

Obertauern, 1740–2350 m

Skigebiet: 1740–2350 m
400 Einwohner, 5300 Gästebetten
Saison: Anfang Dezember bis Anfang Mai
Anreise Salzburg, Tauern-Autobahn, Radstadt (Bahnstation, Busverbindung)
Entfernungen von KA: 506 km, S: 438 km, UL: 357 km, M: 202 km
Information
Fremdenverkehrsverband
A-5562 Obertauern, Tel. 06456/252, 320
Telefax 06456/515;
Schneetelefon 06456/386
Landesvorwahlnummer siehe Seite 608.

Kinder Gästekindergarten ab 2 Jahre (Tel. 462, ca. öS 150/Halbtag ohne Mittagessen); Skischule ab 3 Jahre (ca. öS 2000/Woche inkl. Mittagessen)

Ski alpin Testnote ❄❄❄❄

140 km präparierte Abfahrten:
50 km schwer, 60 km mittel, 30 km leicht
Liftkapazität: 32 750 Pers./Std.
15 9 1

Obertauernrunde im Uhrzeigersinn
(gegen den Uhrzeigersinn)
10 (12) km präparierte Abfahrten: 2 (–) km schwer, 5 (10) km mittel, 3 (2) km leicht
Liftkapazität: 8900 (8800) Pers./Std.
2 (1) 4 (4) – (1)

Skipaß-Preise siehe Beilage
Skischulen mit ca. 50 Skilehrern

Langlauf Testnote ❄❄❄

16 km Höhenloipen: Felseralmloipe (1660–1740 m), 10 km (3 km schwierig, 7 km mittel); Hundsfeldloipe (1740–1797 m), 6 km (1 km schwierig, 3 km mittel, 2 km leicht); Langlaufunterricht

Weitere Sportmöglichkeiten
Sportzentrum

Après-Ski

4. bis 6. Dezember 1993: Skicountdown mit Feuerwerk, Riesenschneebar und Open-Air-Disco.

Hotelempfehlungen: Seite 541–585

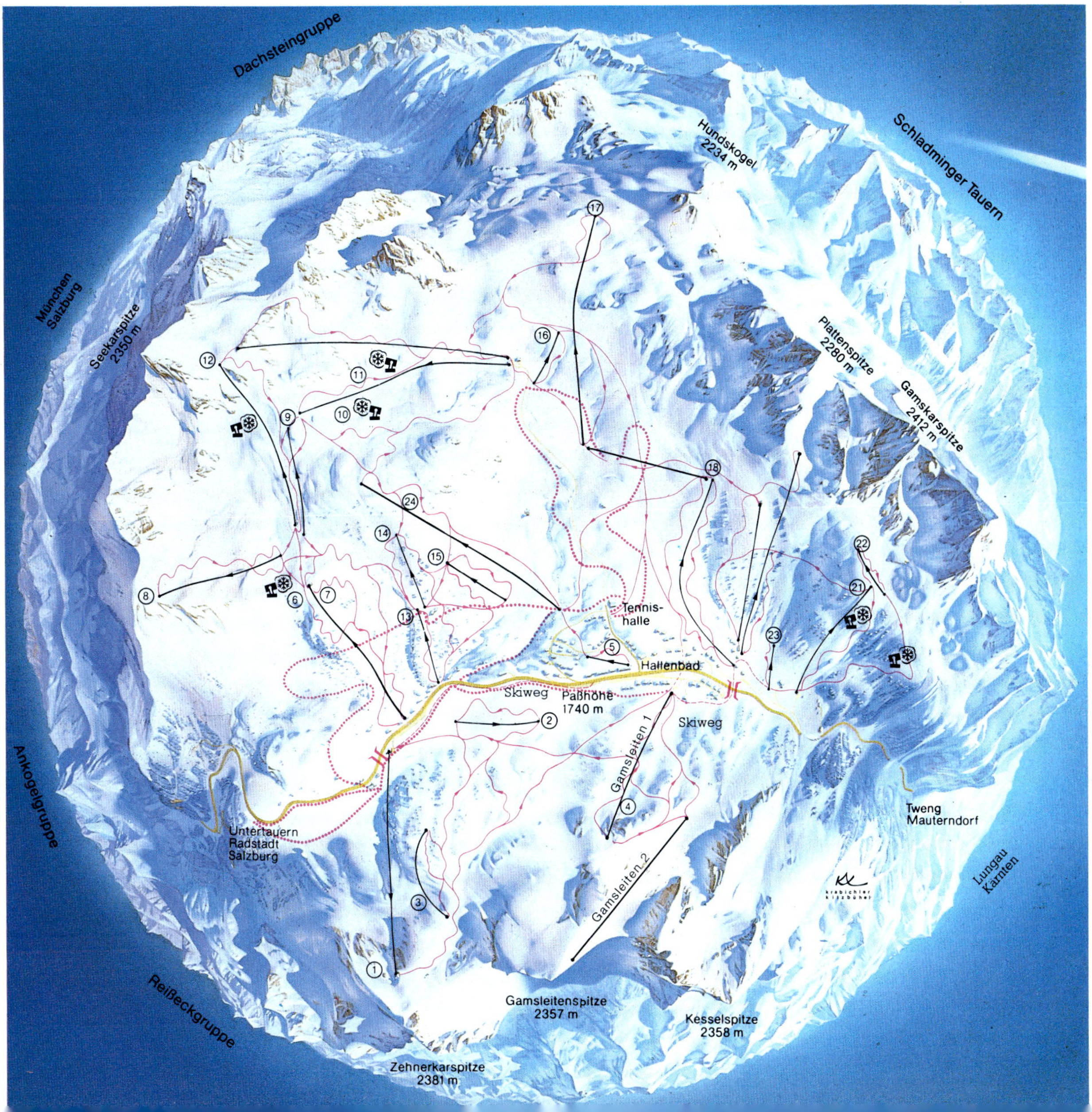

Salzburger Sportwelt Amadé

Das Wintersportrevier in den Radstädter Tauern hat sich nicht nur einen klingenden Namen zugelegt – es lockt auch mit einem attraktiven Lifteverbund: Ein einziger Skipaß öffnet den Zugang zu einem riesigen Pistenareal.

Schon lange, bevor Bergbahnen und Lifte im gemeinsamen »Sportwelt«-Arrangement rotierten, waren die einzelnen Skischaukelarenen im Salzburger Land den Pistenfans ein Begriff. Vor Jahren bereits hatten sich im Pongau nach und nach das Drei-Täler-Trio Flachau – Wagrain – St. Johann, die Schneezentren von Radstadt, Altenmarkt/Zauchensee und Kleinarl, Filzmoos-Neuberg und das Skidorf Eben dem »Wintersport-Großraum Radstädter Tauern« zusammengeschlossen – auch Obertauern gehörte dazu.
Die »Schneeschüssel« am Tauernpaß hat sich allerdings wieder selbständig gemacht und wirbt solo um Wintergäste.
Die kollektive Skischaukelei kostet – ein Plus dieses Verbundes – kaum mehr als die früheren regionalen Liftkarten. Der Skipaß gewährt dem Brettlenthusiasten freie Fahrt auf allen Bergbahnen, Sessel- und Schleppliften und erschließt ihm weit über 300 Kilometer Pisten. Sofern er ein Auto besitzt.

Skigebiete nicht miteinander verbunden

Die Salzburger Sportwelt Amadé ist nämlich keineswegs lückenlos miteinander verbunden. Mehr oder weniger nahtlos geschaukelt wird nur innerhalb der einzelnen Skigebiete. Zwischen den Skiarenen von Radstadt – Altenmarkt und Zauchensee – Flachauwinkel – Kleinarl gibt es ebensowenig direkte Pisten- und Liftverbindungen wie von dort zu den drei Tälern oder nach Eben oder Filzmoos. Wer mit dem gemeinsamen Skipaß heute hier und morgen dort wedeln will, muß sich um das Transportmittel selbst kümmern. Der Skibus pendelt nicht zwischen allen »Sportwelt«-Revieren.

Drei-Täler-Skischaukel

Das »Drei-Täler-Skischaukelland Flachau – Wagrain – St. Johann« ist das weitläufigste Pistenterrain in der »Sportwelt«. Auf den sorgfältig planierten, bei Bedarf mit Kunstschnee berieselten Schneeteppichen schwingen Könner wie Beginner durchs abwechslungsreiche Gelände zwischen Gernkogel und Grafenberg, zwischen Saukarkopf und Grießenkareck. Wo immer man unten ankommt, wartet mindestens eine von den Aufstiegshilfen.
Hier kann ein flotter Pistenjäger einen ganzen Tag lang zwischen den drei Orten – etwa 20 Kilometer Luftlinie – schaukeln, ohne eine einzige Abfahrt zweimal hinunterschwingen zu müssen. Leicht bis mittelschwer sind die Wedelwiesen, wie etwa am Grießenkar – mit sechs Kilometer Länge und 1000 Meter Höhenunterschied die längste Piste im Gebiet.
Einer der wenigen rasanteren Hänge im familienfreundlichen Dorado ist der Saukarkopf.
Wer rüberschwingt zum Hirschkogel und weiter zur Stegbachalm, findet ein paar anspruchsvolle Abstecher.
Bei aller Begeisterung, die sich beim Wedeln über glattgebügelte Paradehänge, schnelle Schußstrecken, kurze Steilstücke oder gelegentliche Abstecher ins unverspurte Weiß einstellt, sollte man nur nicht vergessen, daß die ganze Schaukelstrecke wieder zurückgespult werden muß, bevor das Liftpersonal Feierabend macht.
Für die gesamte Strecke zwischen Flachau und St. Johann plus Rück-

fahrt benötigt ein geübter Pistenroutinier etwa vier Stunden, ohne Pausen. Doch es sind nicht nur die Abfahrten, die zwischen den einzelnen Tälern hinuntergeschwungen und hochgeliftet werden müssen. Wie Fallen locken überall Liegestuhlterrassen und Schneebars vor gemütlichen Hütten, die allerdings nicht zum Übernachten eingerichtet sind. Gelegentlich sollte man auch einen Stop zum Schauen einlegen – bei klarem Wetter bietet sich eine faszinierende Aussicht auf Dachstein und Tennengebirge, Niedere und Hohe Tauern – um nur wenige der markanten Bergketten zu nennen.

St. Johann i. P. – mit dem weithin sichtbaren Pongauer Dom – vermittelt städtisches Flair.
Der Hahnbaumdoppelsessellift (links im Bild) führt auf den 1200 m hohen Hahnbaum, dem »Hausberg« von St. Johann.

Erhebliche Summen haben die Liftgesellschaften in ihre Bergbagger investiert. So schweben von Flachau aus die Skifahrer mit der schnellen Gondelbahn »Achter Jet« zum Grießenkar. Am Berghof in Wagrain startet eine Zwölf-Personen-Gondel hinauf zur Koglalm. Vom Alpendorf bei St. Johann aus zum Gernkogel spart man mit der schnellen Gondel wertvolle »Gleit«zeit, ebenso mit einem Vierersessel über den Gernkogel, der Engpässe beim abendlichen Nachhauseschaukeln überwindet.
Wer zwischendurch gerne wissen will, wie schnell er durch gesteckte Tore flitzen kann: Am Hirschkogel in St. Johann, an der Sonnalm in Wagrain und in Flachau gibt es elektronische Zeitmeßstrecken.

Flachau

1955 gründeten die Flachauer einen Verkehrsverein und bauten für ihre Skigäste den ersten Lift: ein abenteuerlicher »Schrägschleppliftschlitten« zog die Sportsfreunde auf einen Bukkel namens Hundsdorfberg.
Der Ort im sonnigen Enns-Talbecken hat über die nahe Tauernautobahn Zugang zu zwei weiteren Skischaukeln: Fünf Auto- bzw. Skibusminuten von Flachau entfernt starten an der Autobahn-Skistation Flachauwinkel die Gondelbahn Richtung Zauchensee und der Sessellift nach Kleinarl. Die Ski-Abfahrten führen allerdings nicht nach Flachau.
Reichlich »Auslauf« auf gespurten und geräumten Wegen finden Langläufer, Skiwanderer und Spaziergän-

ger. Im Ortsteil Reitdorf stehen Pferde bereit – für Abenteuerausritte im Schnee und für gemächliche Kutschfahrten. Wer abends noch immer nicht genug hat von weißen Hängen, der kann bis 22 Uhr seinen Wedel-Nachholbedarf auf der einzigen Flutlichtpiste der Region stillen.
Das Après-Programm reicht von Disco bis zum Kerzenabend im Dorfwirtshaus. Zur Wahl stehen in verschiedenen Weinstuben und Hotelrestaurants Live-Musik mit Tanz oder Alleinunterhalter, Salzburger Abende oder Galadiners – die Après-Vorschläge sind in den einzelnen Ferienorten austauschbar.
Überall gibt es Eisplätze, Hotelhallenbäder und Saunen, in der Umgebung auch Tennishalle und Squashkäfige.
Und lustige Rodelpartien. Eine der originellsten im Gebiet beginnt mit einem feuchtfröhlichen Abend beim »Sattelbauern«: Hier wurden schon 1935 »Rodelwettläufe« ausgetragen, als Flachau noch ein »verträumtes Dorf« war.

Wagrain

In der Mitte der drei Orte gelegen, hat Wagrain für Skischaukler den Vorteil, daß sie mal zur Flachauer Seite, mal Richtung St. Johann das Spinnennetz der Abfahrten erkunden können, ohne die ganze Strecke auf einmal bewältigen zu müssen.
In Wagrain – mit den Ortsteilen Hof, Markt und Kirchboden – ist alles auf den Urlaubsgast eingestellt. Da treffen sich die Skikursler in zünftigen Einkehrstüberln; auf Almen, in Berg- und Dorfgasthäusern wird bis in die Nacht hinein gejodelt und Zither gespielt, Naturburschen aus dem Salzburger Land zeigen bodenständige Folklore. Im größten Vergnügungsstadel des schmuck herausgeputzten Ortes, der »Pongauer Tenne« ist allabendlich Treff für Gäste, die Rummel lieben.
Für sportliche Nachtlichter wird die Drei-Kilometer-Rodelbahn von der Edelweißalm ins Tal beleuchtet.

St. Johann im Pongau

Wer städtisches Flair liebt, der ist in diesem Marktflecken mit dem weithin sichtbaren »Pongauer Dom« gut aufgehoben. Mitten im Ort starten die Lifte zum Hahnbaum, dem 1200 Meter hohen Hausberg, mit zahmer Familienpiste, Zeitmeßstrecke und einem steilen FIS-Hang.

Neben dem Eisplatz haben die Drachenflieger ihr Übungs- und Flugzentrum – mit Startrampe, Landeplatz und Flugschule.
Mehr Ferienstimmung als das geschäftige Städtchen vermittelt »Alpendorf«, der »Satellit« von St. Johann, direkt am Einstieg zur Skischaukel.
Das als familienfreundlich geltende Retortendorf bietet den sportlichen Kombinierern neben den üblichen Freizeitofferten wie Kegel- oder Eisstockbahnen auch späte Rodelrennen auf der Flutlichtbahn.

Eben im Pongau

Das Dorf zu Füßen des Dachstein-Massivs strahlt noch ländliche Behaglichkeit aus. Der Wintersportort ist ideal für Gäste, deren Urlaubsvergnügen nicht allein der Brettlsport ist.
Eben hat keinen Ski-Schaukel-Anschluß. Doppelsessel- und Schlepplifte erschließen abwechslungsreiche Wedelwiesen auf dem Reitlehen (1612 m). Die Abfahrtsvarianten der gepflegten Pisten sind sowohl für vorsichtige Stemmbogenbeginner als auch für geübte Skifahrer ein Ge-

Das Wagrainer Haus (1750 m) lädt zum Einkehrschwung ein. Weiter geht es dann mit dem Muldenlift auf 2040 m Höhe.

nuß. Zu den sportlichen Alternativen zählen hier u. a. eine Reithalle und die vier Kilometer lange Naturrodelstrecke vom Höllberg.

Skischaukel Radstadt-Altenmarkt

Von zwei Seiten, von Altenmarkt und von Radstadt aus, surren Lifte zur 1770 Meter hohen Kemathöhe hoch. Hier rotiert ein hübscher kleiner Skizirkus mit sanften Hängen zum Schneepflugüben und mittelschweren Wedelwiesen für flotte Pistenfüchse. Rechts und links der breit gewalzten Paradehänge finden Tiefschneefreaks noch zahlreiche Möglichkeiten, durchs unverspurte Gelände zu wedeln. Das abwechslungsreiche, übersichtliche Schaukelterrain schätzen vor allem Ski-Familien mit unterschiedlichem Fahrkönnen.

Radstadt

Das 700 Jahre alte Tauerndorf auf einer sonnigen Felsterrasse des oberen Ennstales liegt abseits der Touristenströme. Ein ruhiger Ferienort mit – hervorragend restaurierten – mittelalterlichen Befestigungsanlagen, sehenswerter Klosterkirche und zwei Schlössern. Sportliche Alternativen zum Skifahren bieten Tennishalle und ein Hallenbad. Die höchste Langlaufstrecke der Region (bis auf 1000 Meter) beginnt in Radstadt: Die 23 Kilometer lange Rennloipe nach Untertauern.

Altenmarkt/ Zauchensee

Der jahrhundertealte Marktflecken orientiert sich als Wintersportort mehr am zehn Kilometer entfernten Ortsteil Zauchensee als an seinem Skischaukel-Partner Radstadt. In Altenmarkt fühlen sich auch Gäste wohl, die mit Skifahren nichts oder nur wenig im Sinn haben. Eine hervorragende Gastronomie, hübsche Cafés, stilvolle Bauernstuben und Geschäfte zum Einkaufsbummeln lassen den Aufenthalt nicht langweilig werden. Abends stehen Tanzveranstaltungen, Brauchtums- und Dorfabende auf den Programmen.

Zum Freizeitangebot in Altenmarkt zählt auch die ganze Palette sportiver Offerten von Reiten über Eislauf bis Tennis.

Die schneesichere Hotelsiedlung Zauchensee, per Skibus mit Altenmarkt verbunden, wurde Mitte der

Salzburger Sportwelt Amadé

Sechziger Jahre auf den Almwiesen des 1372 Meter hoch gelegenen Talkessels am Zauchensee hochgezogen. Das Feriendorf vom Reißbrett ist mit seinen holzverschalten Gebäuden und den kunstvoll geschnitzten Balkonen recht ansehnlich geraten. Die Pisten von Zauchensee sind die vielseitigsten und anspruchsvollsten in der Salzburger Sportwelt.
Sportlich sind auch die Gäste, die hier Quartier beziehen: Sie fahren alle Ski, die meisten sogar recht gut. Manchen dieser Brettlkünstler mag man besonders gerne zuschauen: den Trickski-Fahrern. Für sie wurde neben der Schwarzwandbahn-Talstation ein permanentes Trickskigelände angelegt mit Balletthang, Buckelpisten und Sprungschanzen, die nur von lizensierten Tricklern benutzt werden dürfen. Hier trifft sich einmal jährlich die Trickski-Elite zu ihren Meisterschaften.
Gesellige Hüttennachmittage und -abende werden in Altenmarkt/Zauchensee besonders intensiv gepflegt. Knorrig-verwitterte Almhütten oder gemütliche neue Berghäuser werden zu jeder Tageszeit und zu spätabendlicher Stunde angepeilt.

Vorteil des Standortes Zauchensee: Alle Pisten, ebenso wie die nächtlichen Fackel-Skiabfahrten und die Rodelwege, enden direkt vor den Hotels.

Skiparadies Zauchensee – Flachauwinkel – Kleinarl

Hier können sich Steilhangfreaks und Buckelpistentänzer, Tiefschneefahrer und rasante Pistenfüchse so richtig austoben: Der weite Talkessel von Zauchensee ist bei Routiniers auf Brettln das beliebteste Wedelziel.
Schnelle Sechsergondeln der Schwarzwandbahn schweben zum 2188 Meter hohen Gamskogel hoch: Auf der mit sechs Kilometer längsten Piste im Skigebiet, einer FIS-Strecke, werden regelmäßig Weltcuprennen ausgetragen. Ebenso auf der gut drei Kilometer langen Tauernabfahrt.
Buckelpistenfans springen gern über die Mugel am Roßkopf. Schwierigste Abfahrt ist die »schwarze Piste« vom 1890 Meter hohen Rauchkopf auf der gegenüberliegenden Seite. Ein »Schmankerl« für Tourenfahrer führt vom Rauchkopf über die Gnadenalm hinunter nach Untertauern, fünf Kilometer lang. Am Ziel sollte allerdings ein bestellter Wagen warten.
Schwingt man vom Roßkopf aus hinunter Richtung Flachauwinkel, fährt von dort mit der »Ski-Eisenbahn« rüber zum Mooskopf-Lift, schaukelt auf der Gegenseite per Doppelsessel und mehreren Schleppern zum Mooskopf (1980 m) und kurvt über gepflegte breite Skibahnen talwärts, so erreicht man Kleinarl, die Heimatgemeinde der Olympiasiegerin (Lake Placid 1980) und sechsfachen Gewinnerin des Gesamtweltcups, Annemarie Moser-Pröll.
Das kann allerdings einige Zeit dauern. Nicht, daß dort die Pisten so schwer zu bewältigen oder die Lift-Wartezeiten so lang wären – unterwegs laden etliche besonders hübsche Hütten zum Rasten ein.

Kleinarl

In dem kleinen Dörfchen unterhalb des mächtigen Bergstocks Ennskraxn dreht sich heute noch vieles um den einstigen Skistar Moser-Pröll. Ganze Busladungen mit Tagesgästen machen Station im Café Annemarie.

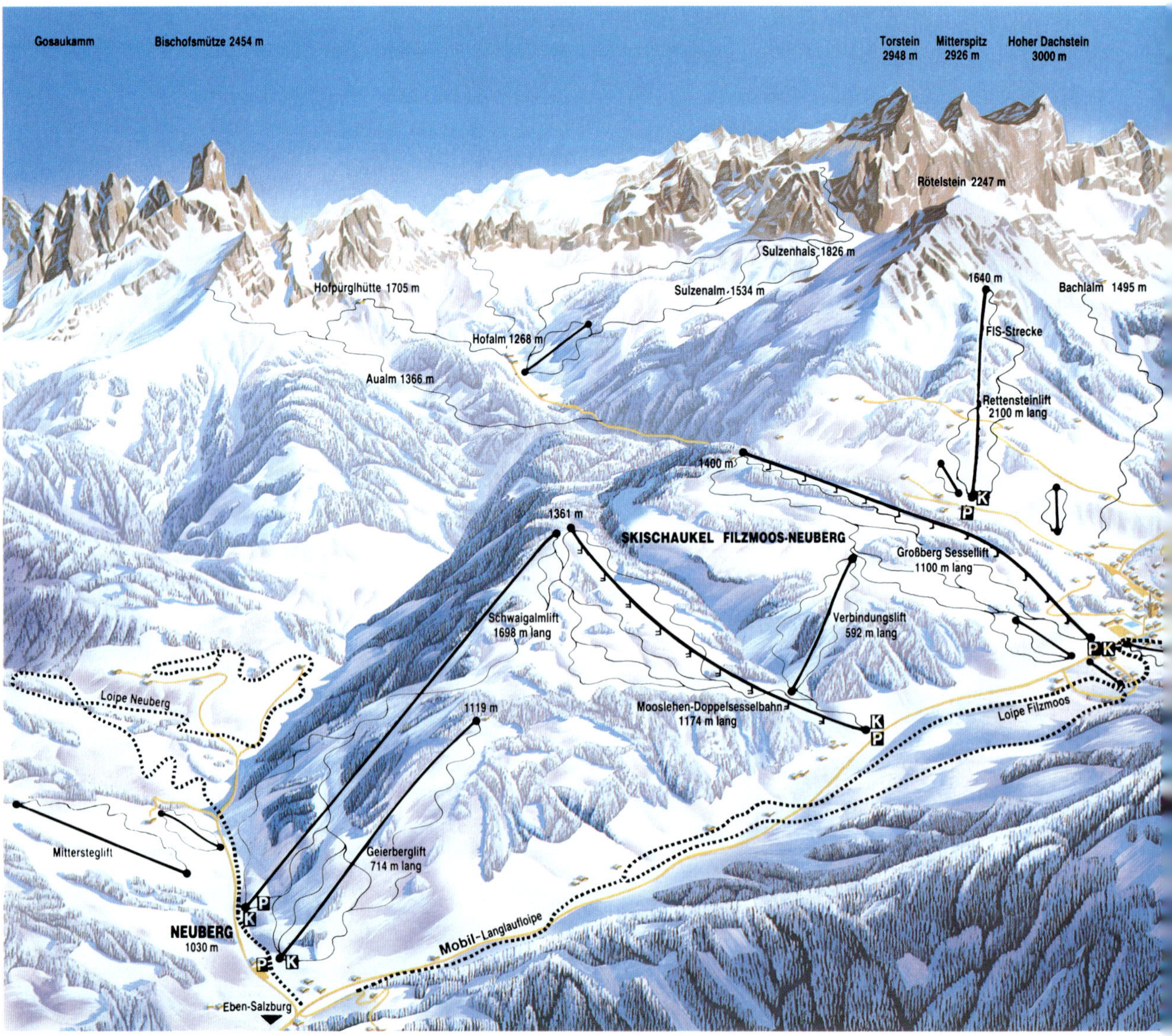

Kurzurlauber und Tagesgäste schätzen besonders die speziell für Skifahrer geschaffene Ausfahrt »Flachauwinkel« an der Tauern-Autobahn. Vom Parkplatz aus braucht der Pistengast nur noch seine Brettl vom Autodach zu hieven und ein paar Meter weiter in den Lift zu steigen. Vorher muß er lediglich entscheiden, ob er Richtung Kleinarl oder Zauchensee hochschweben will.
Das 1014 Meter hoch gelegene Dorf besitzt neben seinem schneesicheren Pistenareal einen landschaftlich besonders schönen, 12 Kilometer langen Skiwanderweg ins Naturschutzgebiet am Jägersee.
Kleinarl ist ein preiswerter Ferienplatz, besonders geeignet für Familien und für Gäste, die Ruhe suchen.

Skischaukel Filzmoos – Neuberg

Filzmoos (1057 m) gilt als besonders schneesicher. Im kleinen Skizirkus – über die Mooslehen-Sesselbahn in Filzmoos und den Schwaigalmlift von Neuberg aus miteinander verbunden – besitzen Skikurse einen besonderen Stellenwert.
Besonders Ambitionierte buchen einen »Spezial-Rennkurs« an der fürs Publikum gesperrten permanenten Rennstrecke am Rettensteinlift.
Bei den Experten unter den Skipiloten rangiert das Pistenareal am Roßbrand mit seiner 3-km-FIS-Strecke auf dem ersten Platz. Schöne Schuß- und Wedelstrecken ziehen sich auch über den 1640 Meter hohen Rettenstein. Anfänger bevorzugen den Großberg (1420 m).
Das Skischaukelrevier unterhalb des 3000 Meter hohen Dachstein und der zackigen Bischofsmütze (2454 m) ist mit seinen Kilometern sicher kein Areal für Pistenkilometerfresser: Viele Stammgäste gehen lieber mit Berg- und Skiführern auf Tour zu einem der zahlreichen Gipfel.

Mit dem Achter Jet geht es ins Skigebiet von Flachau. Im Hintergrund das Dachstein-Massiv.

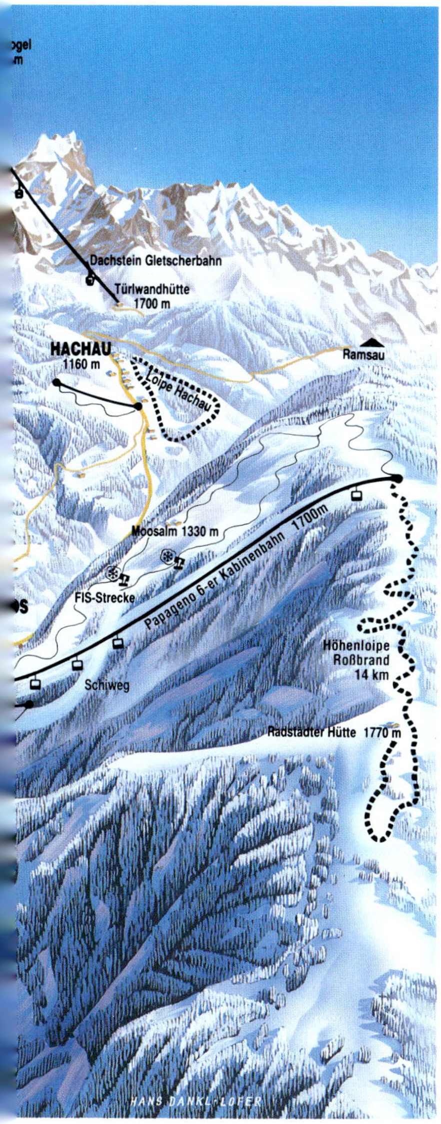

Filzmoos

Wer heute nach Filzmoos kommt, ist überrascht: Ein ausgesprochen hübsches Urlaubsdorf ist hier entstanden, mit schmucken Hotels und einer gepflegten Gastronomie, ein Ort, der sich bei aller touristischen Expansion seinen urwüchsig-rustikalen Charme bewahrt hat.
Abheben vom Alltag – das wünschen vor allem jene Gäste, die seit 1979 jedes Jahr in der zweiten Januarwoche nach Filzmoos kommen: Die Ballonfahrer.
Zwischen 60 und 70 bunte Heißluftballons mit rund 500 Gästen aus elf Nationen starten während dieser »Internationalen Heißluftballonwoche Filzmoos«.
Das Besondere bei diesem Ballonfahrerfest: Auch Gäste können ein Ticket fürs luftige Vergnügen kaufen und mitfahren.
Vielseitig ist auch das übrige Angebot für Wintergäste. Das Loipennetz erstreckt sich über 35 Kilometer von Neuberg durch Filzmoos bis zur Hofalm, auf 1268 Meter. Hier endet auch die Fußgängerzone, die von Filzmoos aus für Spaziergänger, Rodler und Pferdeschlitten freigehalten wird. 50 Kilometer Wanderwege werden rund um Filzmoos geräumt.

Loipen und Wanderwege

Über 220 Kilometer erstreckt sich das – meist mehrspurig angelegte – Loipennetz in der Salzburger Sportwelt. Überwiegend sind es leichte Routen für gemächliche Loipenstapfer, dazwischen gibt es schnelle Spurtstrekken für sportliche Rundenzähler und – bei Flachau – eine permanente Zeitmeßstrecke. Ein übersichtlicher Loipenplan gibt Aufschluß über Länge und Schwierigkeitsgrad der einzelnen Rundkurse. Jeder Ort spurt seine eigenen Loipen, zum Teil auch speziell für Skater, sowie breite Skiwanderwege.
Sportlichste Langlaufroute der Region ist die 50-Kilometer-Tauernloipe zwischen Wagrain und Radstadt. Alljährlich im Januar starten hier Hunderte von konditionsstarken Loipensportlern zum traditionellen Tauernlauf.
Für passionierte Fußgänger räumen die Ferienorte Wanderwege – zum Teil wunderschön gelegen. Mehr als 200 Kilometer sind es im gesamten Sportwelt-Areal.
Wer nun in der Salzburger Sportwelt Amadé partout keinen Bezug zu Mozart finden kann, der sollte vielleicht als Après-Variante einen Ausflug ins nahe Salzburg einplanen. Dort erlebt er »Amadé« aus einer ganz anderen Perspektive. ▶

Salzburger Sportwelt Amadé auf einen Blick

Skigebiet 650–2300 m

Einwohner: 24 130 **Gästebetten:** 30 450
Saison: Anfang Dezember bis Ende April

Wichtige Telefonnummern
Schneetelefon 064 57/28 00
Lawinenwarndienst 0662/15 88
Straßenzustandsbericht 0662/15 27
Landesvorwahlnummer siehe Seite 608

Ski alpin Testnote ✱✱✱✱✱

Salzburger Sportwelt Amadé gesamt
314 km präparierte Abfahrten:
42 km schwer, 166 km mittel, 106 km leicht
Liftkapazität: 112 000 Pers./Std.
84 · 27 · 6 · 1

Drei-Täler-Skischaukel
Flachau – Wagrain – St. Johann
172 km präparierte Abfahrten:
12 km schwer, 97 km mittel, 63 km leicht
Längste Abfahrt: Grießenkar-Abfahrt, 6 km Länge, 1000 m Höhenunterschied, mittel
Die 1,2 km lange Abfahrt Unterberghang (Flachau, an der Gondelbahn »Achter-Jet«) ist täglich von 18 bis 21.45 Uhr beleuchtet
Liftkapazität: 56 000 Pers./Std.
43 · 14 · 3 · 1

Skiparadies Zauchensee – Flachauwinkel – Kleinarl
88 km präparierte Abfahrten:
22 km schwer, 45 km mittel, 21 km leicht
Liftkapazität: 27 000 Pers./Std.
17 · 8 · 2

Radstadt-Altenmarkt
20 km präparierte Abfahrten:
12 km mittel, 8 km leicht
Liftkapazität: 12 000 Pers./Std.
8 · 2

Filzmoos-Neuberg
30 km präparierte Abfahrten:
8 km schwer, 12 km mittel, 10 km leicht
Liftkapazität: 12 000 Pers./Std.
12 · 2 · 1

Skigebiet Eben
4 km präparierte Abfahrten:
2 km mittel, 2 km leicht
Liftkapazität: 5000 Pers./Std.
4 · 1

Skipaß-Preise siehe Beilage
Tiefschneereviere: im gesamten Skigebiet
Skischulen: mit ca. 300 Skilehrern

Langlauf Testnote ✱✱✱✱✱

Ca. 260 Loipenkilometer; Tauernloipe (850–1110 m) 60 km, leicht bis schwierig Flachau 40 km (20 km schwierig, 10 km mittel, 10 km leicht); höchste Loipe: Gasthofalmloipe (900–1205 m), 5 km, schwierig/mittel Radstadt 65 km (23 km schwierig, 12 km mittel, 30 km leicht); höchste Loipe: Rennloipe Radstadt-Untertauern (850 bis 1020 m), 23 km, schwierig; höchste Loipe: Gnadenalm-Loipe (1400–1450 m), 13 km lang, leicht Filzmoos 35 km (5 km schwierig, 20 km mittel, 10 km leicht); höchste Loipe: Höhenloipe Roßbrand (1650–1750 m), 14 km, mittel Altenmarkt-Zauchensee 26 km; höchste Loipe: Zauchenseeloipe (850–1350 m), 24 km, schwierig; die Urbis-Loipe (856 m), 2 km, ist täglich ab 18 Uhr beleuchtet Wagrain 30 Loipenkilometer (5 km schwierig, 5 km mittel, 20 km leicht) St. Johann i. P. 32 km (je 10 km schwierig, mittel, 12 km leicht), Höhenloipe Obergaßalm (1550–1700 m), 5 km, schwierig Alpendorf 11 Loipenkilometer (6 km schwierig, 5 km mittel, auf 900–940 m Höhe) Kleinarl 20 Loipenkilometer (Rundwanderloipe Kleinarl – Jägersee – Wagrain, 950–1100 m, leicht) Eben 10 km (leicht), Anschluß an die Tauernloipe.
Überall: evtl. Loipengebühr; Langlaufunterricht

Weitere Sportmöglichkeiten

Eisspeedway-Stadion (St. Johann), Gleitschirmfliegen

Après-Ski

Sportliche Veranstaltungen

19. Intern. Tauernlauf (Langlauf über 30 und 60 km, 9./10. Jan. 94) Altenmarkt-Zauchensee Weltcup Damen Slalom und Super-G (8./9. Jan. 94), Tauern-Skate (Langlauf über 20 km, 15. Jan. 94), Mini-Tauernlauf (Langlauf, 3 km, 16. Jan. 94), 19. Intern. Tauern Grand Prix und Derby (Langlauf, 16. Jan. 94) Filzmoos Intern. Heißluft-Ballonwoche (15.–22. Jan. 94), 3. Papageno-Höhenloipenlauf (4. April 94) Wagrain 8. Intern. Senioren-Sportwoche (19.–26. März 94) St. Johann Eisspeedway-WM-Lauf (16. Jan. 94) Alpendorf Riesen-Schneefest (30. Jan. 94) Flachau Weltcup-Rennen Super G Damen (21. Dez. 93), Intern. Niederländ. Meisterschaften (11.–15. Jan. 94)

Anreise

Salzburg, Tauern-Autobahn, Bahnstationen: St. Johann i. P., Radstadt, Eben i. P., Altenmarkt i. P. Busverbindung
Entfernungen von KA: 506 km, S: 438 km, UL: 357 km, M: 202 km

Hotelempfehlungen: Seite 541–585

Geplant für 1993/94 oder 1994/95 ist der Umbau des Unterbergschleppliftes (Zauchensee, Nr. 11 im Panorama S. 183) in eine Vierersesselbahn.
Die Gamskogelgondel von Zauchensee aus befördert keine Nichtskifahrer (sie befördert auch keine Skifahrer zurück ins Tal). Die Aussicht ist zwar grandios, aber es gibt oben kein Restaurant, kein WC, keine Sonnenterrasse.

Abheben vom Alltag: Auch Gäste können das luftige Vergnügen des Ballonfahrens während der Internationalen Heißluftballonwoche in Filzmoos alljährlich im Januar genießen. Im Hintergrund ragen die Gipfel von (v. l. n. r.) Bischofsmütze (2454 m), Armkarwand (2348 m), Steiglkogel (2205 m) und Mitterkogel (2122 m) auf.

Flachau

PLZ: A-5542 **Ortsvorwahl:** 064 57
Verkehrsbüro: Tel. 22 14, Telefax 25 36
Einwohner: 2300 **Gästebetten:** 7000

Skischulen: Nagl, Hofgasse 103, Tel. 22 39; Schörghofer, Wastlgasse 232, Tel. 27 59; Maier, Flachauwinkel, Tel. 28 12; Schwarzenbacher, Flachau-Unterberg, Tel. 20 90
Kinder: Kinderbetreuung ab Baby bei Appartementanlage Sonnberg, Tel. 27 51, möglich; Gästekindergarten ab 3 Jahre (ca. öS 200/Halbtag, 400/Ganztag ohne Mittagessen); Skischule ab 3 Jahre (ca. öS 1960/Woche inkl. Mittagessen)
Après-Ski: *Disco* Kakadu, Hotel Tauernhof, Tel. 231 10; Kitz Bar, Hotel Flachauerhof, Tel. 22 25
5-Uhr-Tee mit Tanz Alter Jagdhof, Tel. 22 28
Treffpunkt K & K Pub, Tel. 28 05; Yeti, Tel. 23 79

Reiten: Scheikgut, Gemeindestr. 10, Tel. 22 63; Reithalle, Tel. 23 42

Kleinarl

PLZ: A-5602 **Ortsvorwahl:** 064 18
Verkehrsbüro: Tel. 206, Telefax 364
Einwohner: 730 **Gästebetten:** 1800

Skischule: Steinbichler, Haus Nr. 181, Tel. 285
Kinder: kein Gästekindergarten; Skischule ab 4 Jahre (ca. öS 1850/5 Tage inkl. Mittagessen)
Après-Ski: Pub Sowieso, Gasthof Botenwirt, Haus Nr. 28, Tel. 261
Treffpunkt Café Annemarie, Haus Nr. 92, Tel. 230; Star-Treff, Haus Nr. 92, Tel. 230

St.Johann im Pongau

PLZ: A-5600 **Ortsvorwahl:** 06412
Verkehrsbüro: Tel. 6036
Telefax 6036-74
Einwohner: 8000 **Gästebetten:** 3450

Skischulen: Sint-Kreidenhuber, Tel. 6743 oder 6008; Toni, Tel. 7927; Pfeifhofer und Kerschbaumer, Tel. 6352 oder 8455
Kinder: St. Johann Gästekindergarten ab 1 Jahr (ca. öS 200/Halbtag, 370/Ganztag inkl. Mittagessen); Skischule ab 3 Jahre (ca. öS 1560/Woche inkl. Mittagessen) Alpendorf Gästekindergarten und Skischule wie St. Johann
Après-Ski: *Studio 31*, Disco Hotel Alpenland, Tel. 70200
5-Uhr-Tee mit Tanz Oberforsthofalm, Alpendorf 12, Tel: 6396
Treffpunkt Amadeus, Hauptstr. 99; Baradox, Hauptstr., Tel. 7531; TAO, Hauptstr. 69, Tel. 7975
Eislauf: Natureislaufplatz Hahnbaum (Nähe Talstation), Tel. 7672
Tennis und Squash: Sporthotel Prem, Premweg 7, Tel. 6315; Alpina, Alpendorf 8, Tel. 6183-39
Schwimmen: öffentliches Hallenbad im Sporthotel Alpenland, Hans-Kappacher-Str. 7–9, Tel. 70200

Eben im Pongau

PLZ: A-5531 **Ortsvorwahl:** 06464
Verkehrsbüro: Tel. 8194
Einwohner: 1700 **Gästebetten:** 1400

Skischule: Schwaiger, Tel. 8175
Telefax 8595
Kinder: kein Gästekindergarten; Skischule ab 4 Jahre (ca. öS 1860/Woche inkl. Mittagessen)
Après-Ski: *Treffpunkt* Steiners Pavillion, Tel. 8398
Reiten: Tel. 7275

Altenmarkt/ Zauchensee

PLZ: A-5541 **Ortsvorwahl:** 06452
Verkehrsbüro: Sportplatzstraße, Tel. 5511 oder 5611, Telefax 6066
Einwohner: 3000 **Gästebetten:** 4000

Skischulen: Hanselmann, Zauchenseestr. 313, Tel. 6070; Happy, R. Maier, Tel. 315; Top-Alpin, Tel. 6916 oder 8212; Tauern-Langlauf-Schule, Sportzentrum, Sieder, Tel. 7205
Kinder: Altenmarkt Gästekindergarten ab 3 Jahre (Tel. 7331, ca. öS 70/Halbtag); Skischule ab 4 Jahre (ca. öS 1800/Woche inkl. Mittagessen) Zauchensee kein Gästekindergarten; Skischule wie in Altenmarkt
Après-Ski: *Disco* Tauernstubn, Oberndorfer Straße, Tel. 307;
Arche Noah, Oberndorfer Straße, Tel. 297
Heimatmuseum Brunnbauerngasse, Tel. 7373

Tennis und Squash: Baumgartner, Sportplatzstraße, Tel. 7455 (Tennis- und Squashcenter)
Schwimmen: Hallenbad, Schwimmbadgasse, Tel. 6061
Reiten: Zauchtalerhof, Hornerweg P 131, Tel. 7153; Reitstall Handlechner, Müllergasse, Tel. 7210

Wagrain

PLZ: A-5602 **Ortsvorwahl:** 06413
Verkehrsbüro: Markt 30, Tel. 8448
Telefax 8449
Einwohner: 3000 **Gästebetten:** 5000

Skischulen: *Alpin* Moser, Hofmarkt, Tel. 8777 oder 8349; Huber, Tel. 7100; *Langlauf* Sport Obermoser, Tel. 8237
Kinder: Gästekindergarten ab 3 Jahre (ca. öS 240/Halbtag); Skischule ab 3–4 Jahre (ca. öS 1900/Woche inkl. Mittagessen)
Après-Ski: *Disco* Tenne, Tel. 8215; Wagrainerhof, Tel. 8204
Treffpunkt California, Tel. 8829; Grafen-Pub, Tel. 8230

Ein Riesen-Schneefest steigt am 30. Januar ab 12 Uhr in Alpendorf.
Lebendig wird Geschichte im Heimatmuseum von Radstadt: Kelten, Römer, Bauernkriege, Auswanderung der Protestanten, Handwerk und sakrale Kunst. Schloß Lerchen, Öffnungszeiten täglich von 10 bis 11 und von 15 bis 16 Uhr.
Für die Rennstrecke in Flachau (siehe Panorama) hat der Schwede Ingemar Stenmark die Zeit vorgegeben: Für die 800 Meter lange Strecke benötigte er 32,48 Sekunden. Jeder kann die elektronische Zeitmessung mit einer Zehn-Schilling-Münze in Gang setzen.
»Flying Mozart« heißt die neue, in zwei Sektionen zum Grießkareck (Wagrain) führende 10-Personen-Gondelbahn mit einer Länge von 3300 Metern. Einweihung: Dezember 1993.

Radstadt

PLZ: A-5550 **Ortsvorwahl:** 06452
Verkehrsbüro: Tel. 305 oder 7472
Telefax 6702
Einwohner: 4200 **Gästebetten:** 4000

Skischule: Pichler, Talstation Königslehenlift, Tel. 7382
Langlaufzentrum Taxerweg 13, Tel. 7494
Kinder: kein Gästekindergarten; Skischule ab 4 Jahre (ca. öS 1750/Woche inkl. Mittagessen)
Après-Ski: *Disco* jeden Montag im Sporthotel Radstadt (16–18 Uhr) Tel. 5590; Sonnegg, Tel. 7484; Nachtfalter, Tel. 7264; *Treffpunkt* 3-P-Pub, Tel. 7666 Barletta, Tel. 7551; Hubertuskeller, Tel. 226, Hofhaimer-Café, Tel. 6735, After Eight, Tel. 7017
Heimatmuseum Schloßstr., Tel. 6374

Eislauf: Sportzentrum, Schloßstr. 30, Tel. 7564
Tennis: Weissenhof, Weissenhof 6, Tel. 7485 oder 7001
Reiten: Reitstall mit Reithalle Sonnegg, Tel. 7484

Filzmoos

PLZ: A-5532 **Ortsvorwahl:** 06453
Verkehrsbüro: Tel. 235 oder 500, Telefax 685
Einwohner: 1200 **Gästebetten:** 3800

Skischulen: Schörghofer, Tel. 370; Bögei, Tel. 444
Kinder: Gästekindergarten ab 3 Jahre (ca. öS 270/Tag inkl. Mittagessen); Skischule ab 4 Jahre (ca. öS 1760/Woche inkl. Mittagessen)
Après-Ski: *Disco* Mühlradl Bar, Tel. 686; Almbar im Hotel Hubertus, Tel. 204
5-Uhr-Tee mit Tanz Hüttenbar im Sporthotel Filzmooserhof, Tel. 232
Treffpunkt Fiakerstüberl, Tel. 209; Happy Filzmoos, Tel. 548; Apaco, Tel. 420
Schwimmen: Hallenbad, Tel. 287

Lungau

Natürliche Gastfreundschaft der Bewohner und die Sonne der Alpensüdseite, hübsche Dörfer, in denen Kirche und Gasthaus noch den Mittelpunkt bilden, ein riesiges Loipennetz und überschaubare Skigebiete – das ist der Lungau.

Auf der Tauernautobahn braust der Urlauber in weniger als drei Stunden bis zur Ausfahrt **St. Michael,** das westliche Einfallstor zu dem 1000 Meter hoch liegenden weiten Talbecken, das umrahmt ist von den südlichen Ausläufern der Radstädter Tauern.

Das Pistenrevier von St. Michael ist ein kleiner Skizirkus an Speiereck (2411 m) und Großeck (2066 m), der auch anspruchsvolleren Wedelkünstlern gerecht wird und die Verbindung zum Nachbarort Mauterndorf herstellt. Nur wenige Kilometer weiter östlich bietet **St. Margarethen** den Einstieg in die Skischaukel vom Aineck (2210 m) zur Katschberghöhe. Eine Staffette von Schleppliften führt hinauf, eine künstlich angelegte Serpentinenpiste zur Paßhöhe hinab. Anfänger sollten stattdessen aber lieber den Sessellift nehmen. Vom Gipfelplateau des Ainecks führen dagegen problemlose Abfahrten zurück ins Tal. Die längste mißt 9,5 Kilometer. Die **Katschberghöhe,** zum Teil schon auf Kärntner Gebiet, ist Einschnitt und Verbindungsstelle zwischen Aineck und Tschaneck. Die Pisten beginnen praktisch »vor der Haustür«.

Während Gamskogel- und Sonnalmlift von den Anfängern benutzt werden, zieht es die geübteren Skifahrer hinauf auf das Tschaneck (2020 m). Auch Tiefschneefahrer und Tourengeher lockt das weite Waldgelände am Katschberg. So ist zum Beispiel das familienfreundliche **Rennweg** (1042 m) am Katschberg Ausgangspunkt für die Tour über Lausnitz und die Bonner Hütte zum Theuerlnock.

Wer nicht über die Autobahn, sondern den Radstädter Tauern-Paß her-

Oben: Vom Hang des Ainecks oberhalb von St. Margarethen gesehen: das Loipenrevier des Lungaus, im Hintergrund die Niederen Tauern.

Beim Après-Bummel durch Mauterndorf entdeckt: Sonnenuhr mit Madonna aus dem Revolutionsjahr an der alten Taurach-Mühle.

unterkommt (das Skizentrum Obertauern ist nur 20 Kilometer entfernt), der sieht als erstes das Schloß von **Mauterndorf**, einst Zollstelle des Erzbistums Salzburg, später Besitz des Hermann Göring und jetzt ein Museum mit Schloßschänke.
Wichtigster Skiberg ist das Großeck (2066 m), mit Anschluß an die Speiereckbahnen von St. Michael.
Der schlanke spitze Turm der Wallfahrtskirche ist das Wahrzeichen von **Mariapfarr** (1121 m), das auf einer Terrasse hoch über der Taurach die Sonnenstrahlen einfängt. Erfreulich vielseitig ist das Pistenangebot am Fanningberg (1500–2050 m). Beliebt sind auch die Wanderungen und Pferdeschlittenfahrten ins Lessach- und ins Weißpriachtal.
Die Wiener Zentralanstalt für Meteorologie und Geodynamik hat ausgerechnet, daß Mariapfarr der sonnenreichste Ort Österreichs ist. Davon profitieren natürlich auch die Nachbarorte Mauterndorf und Tamsweg.
Die »Metropole« des Lungau ist das Städtchen **Tamsweg** – gut für einen Einkaufsbummel und eine ruhige Winterfrische. Besonders sehenswert: die Wallfahrtskirche St. Leonhard mit ihren schönen Tafelbildern und Fresken.

Lungau, 1024–1641 m

Skigebiet: 1020–2360 m
14 000 Einwohner, 10 000 Gästebetten
Mauterndorf 1675 Einwohner, 2300 Gästebetten Mariapfarr 2290 E., 2000 G. Tamsweg 5800 E., 970 G. Katschberghöhe 53 E., 2000 G.
Saison: Dezember bis Ende April

Anreise Salzburg, Tauern-Autobahn (Ausfahrt St. Michael). Bahnstationen: Salzburg, Spittal, Radstadt (40 km). Von Salzburg täglich Busabholdienst, von Wien an den Wochenenden
Entfernungen von KA: 555 km, S: 485 km, UL: 405 km, M: 250 km

Information
Verkehrsbüros:
A-5582 St. Michael im Lungau, Tel. 06477/342, Telefax 06477/309
A-5582 St. Margarethen, Tel. 06476/290
A-5570 Mauterndorf, Tel. 06472/7279
Telefax 06472/7657
Schneetelefon 06472/7407
A-5571 Mariapfarr, Tel. 06473/8278
Telefax 06473/7347
A-5580 Tamsweg, Tel. 06474/416
Telefax 06474/7434
A-9863 Katschberg-Rennweg, Tel. 04734/630, Telefax 04734/753
Landesvorwahlnummer siehe Seite 608.

Kinder Mauterndorf kein Gästekindergarten; Skischule ab 4 Jahre (ca. öS 1260/Woche ohne Mittagessen) Mariapfarr kein Gästekindergarten; Skischule ab 3 Jahre (ca. öS 1260/Woche ohne M.) Tamsweg kein Gästekindergarten; keine Skischul-Kinderkurse St. Michael kein Gästekindergarten; Skischule ab 4 Jahre (ca. öS 1100/Woche ohne M.) Katschberghöhe Kinderbetreuung im Hotelpreis enthalten; Skischule ab 3 Jahre (ca. öS 1200/Woche ohne M.)

Ski alpin Testnote ✻✻✻

Skigebiet gesamt
200 km präparierte Abfahrten:
30 km schwer, 130 km mittel, 40 km leicht
Längste Abfahrt: Tschaneck – St. Michael, 10 km Länge, 950 m Höhenunterschied, mittel
Liftkapazität: 50 000 Pers./Std.
34 7

Skigebiet St. Michael: Speiereck-Großeck
40 km präparierte Abfahrten:
7 km schwer, 20 km mittel, 13 km leicht
Die Piste am Petrusbründllift (900 m lang, mittel) ist donnerstags von 19 bis 21 Uhr beleuchtet
Liftkapazität: 8500 Pers./Std.
5 3

Skigebiet Katschberghöhe (inkl. Aineck, Tschaneck)
60 km präparierte Abfahrten aller Schwierigkeitsgrade
Liftkapazität: 18 000 Pers./Std.
13 1

Skigebiet Mauterndorf: Großeck
40 km präparierte Abfahrten:
7 km schwer, 20 km mittel, 13 km leicht
Liftkapazität: 8500 Pers./Std.
5 3

Skigebiet Mariapfarr: Fanningberg
50 km präparierte Abfahrten:
6 km schwer, 34 km mittel, 10 km leicht
Liftkapazität: 6000 Pers./Std.
8

Skipaß-Preise siehe Beilage
Tiefschneereviere und Skirouten: Lungauer Nockgebiet, Aineck, Moserkopf, Katschberg, Fanningberg, Preber
5 Skischulen mit ca. 100 Skilehrern

Langlauf Testnote ✻✻✻✻

228 Loipenkilometer insgesamt (58 km schwierig, 70 km mittel, 100 km leicht); höchste Loipe: Schönfeld (Nähe von St. Margarethen, 1730 bis 2060 m), 20 km, schwierig; Mariapfarr 80 km (20 km schwierig, 30 km mittel, 30 km leicht); höchste Loipe: Lignitzloipe (1330–1360 m), 5 km lang, mittel; längste Loipe: Panoramaloipe (1130–1360 m), 17 km lang, mittel bis schwierig; Langlaufunterricht Mauterndorf 23 km, davon 5 km schwierig (Anschluß an die Lanschfeldloipe); Langlaufunterricht St. Michael 65 km (10 km schwierig, 25 km mittel, 30 km leicht); höchste Loipe: Waldloipe (1020–1124 m), 7 km lang, schwierig; Langlaufunterricht Tamsweg 40 km (mittel bis leicht); Prebersee Höhenloipe (1115–1150 m), 8 km lang; Langlaufunterricht St. Michael und St. Margarethen und Tamsweg Murtalloipe (1021 bis 1250 m), 50 km; im Lungau Loipengebühr erwünscht (ca. öS 50/Saison)
Katschberghöhe 20 km in Rennweg (15 km mittel, 5 km leicht), Höhenloipe bei der Bonner Hütte/Lausnitzalm (1850–2000 m), 4 km lang; Langlaufunterricht

Weitere Sportmöglichkeiten

Sportzentrum, Gleitschirmfliegen

Après-Ski

DISCO KINO

Sportliche Veranstaltungen
Pferdeschlittenrennen (Mauterndorf, 2. Jan. 94), Schlittenhunderennen (Mauterndorf, 6./7. Jan. 94), Intern. Lungauer Samson-Rennen (Mariapfarr, 28–30. Jan. 94), Lungauer Sternlanglauftag (13. Febr. 94), Preberfex (3-Mann-Staffellauf Radfahrer, Langläufer, Ski alpin-Fahrer, Tamsweg, 24. April 94)

Könner sind auf der neuen Bannwaldpiste am Aineck (Katschberg) gefragt, die als besonders schwer ausgewiesen ist.

Hotelempfehlungen: Seite 541–585

Ober- und Niederösterreich

Ober- und Niederösterreich – da denkt man zunächst einmal an den Sommer, an Badeseen, Wanderurlaub. Doch haben sich hier zwei Regionen zu ganz passablen Wintersportangeboten herausgebildet: das oberösterreichische Pyhrn-Priel-Gebiet und das niederösterreichische Ötscherland.

Beginnen wir im Westen, mit »Austria Superior« oder »Österreich ob der Enns«, wie **Oberösterreich** bis 1918 noch als Erzherzogtum hieß.
Die Donau, die Oberösterreich in einem zum Teil engen Tal von West nach Ost durchschneidet, trennt im Norden das Mühlviertel ab. Die sanfte, dicht bewaldete, kuppige Hügellandschaft steigt bis auf rund 1300 m gegen den Böhmerwald hin an und ist im Winter vor allem ein Dorado für Langläufer.
Südlich der Donau liegen die anderen drei Viertel, das Innviertel, das Hausruck- und Traunviertel. Inn- und Hausruckviertel sind ebenfalls bevorzugte Regionen der Winterfrischler und Loipenwanderer. Das Traungebiet reicht weit nach Süden und erreicht im Dachstein und Toten Gebirge seine höchsten Erhebungen.
Stellt der Dachstein mit der Dachstein-Tauernregion einen Schwerpunkt des steiermärkischen Wintersports, ist im benachbarten Oberösterreich das **Pyhrn-Priel-Gebiet** der Anziehungspunkt für Pistenflitzer und Loipenrenner.
Die Anreise ist von München aus unproblematisch. Die einfachste Verbindung führt über die Autobahn Salzburg in Richtung Wien. Von der Ausfahrt Vorchdorf sind es nach Süden, bis Windischgarsten, dem Hauptort des Pyhrn-Priel-Gebietes, rund 55 Kilometer. Im Umkreis von fünfzehn Kilometern liegen dann Spital am Pyhrn, Vorderstoder und Hinterstoder, die sich mit Windischgarsten zu dieser Wintersportregion zusammengeschlossen haben. Charakteristisch für das Gebiet, das seinen Namen von den Bergen Großer und Kleiner Priel sowie vom Pyhrnpaß hat, sind die bewaldeten Skiberge, die nur im obersten Teil unzugänglichen Fels zeigen.
Zentren für die Alpinen sind die Pisten unterhalb des Warscheneckmassivs, das bis zu 2387 m aufragt. Von Spital aus werden unter anderem die vorgelagerten Reviere Wurzeralm (1427 m) und Frauenkar (1863 m) erschlossen, von Hinterstoder aus erreicht man die Hutterer Böden (1399 m) und die Hutterer Höss (1853 m). Zusammen mit Windischgarsten und Spital bilden die Orte im Stodertal ein insgesamt recht ansehnliches Wintersportangebot. Wobei Windischgarsten sich eher als Zentrum für Langläufer empfiehlt.
Ergänzt wird das oberösterreichische Wintersportangebot durch eine ganze Reihe kleinerer Orte. So zum Beispiel durch Gosau und Obertraun, die den Einstieg in die Dachsteinregion ermöglichen, oder auch durch Bad Goisern, Grünau, Ebensee/Feuerkogel und Bad Ischl, die über ein kleines, eigenes Angebot verfügen.
Alles in allem ist Oberösterreich ein Wintersportrevier für geruhsame Familienurlauber, die auf ausgiebiges Après-Ski und den Jet-Set verzichten.

Dies gilt auch für das östlich angrenzende **Niederösterreich** mit seinem Skigebiet, dem **Ötscherland.** Auch hier haben sich, nach dem Motto: »vereint geht's besser«, sieben Orte von Göstling an der Ybbs im Westen bis Annaberg im Osten zu einem gemeinsamen Fremdenverkehrsverbund zusammengetan. Namensgeber ist der Große Ötscher, der mit 1894 m zwar die magische 2000-Meter-Marke nicht erreicht, an seinen nördlichen Ausläufern aber dennoch schneesicheres Pistenvergnügen ermöglicht.

Das hügelige und waldreiche »Hausskigebiet« der Wiener ist ein zwar auseinandergezogenes, aber deshalb nicht minder attraktives Wintersportrevier. Da sich das Skifahrervolk auf mehrere Orte verteilt, hat sich die Region ihre Ursprünglichkeit und Gemütlichkeit weitgehend bewahren können.

Auch ins Ötscherland erfolgt die Anreise von München aus über die Autobahn Salzburg und weiter in Richtung Wien. Am besten nimmt man die Ausfahrt Ybbs/Ötscherland; von dort sind es 34 km über Purgstall und Neubruck nach Gaming oder 38 km nach Puchenstuben.

Die Skihänge am Großen Ötscher (1894 m) bei Lackenhof haben alle Nordlage und zeichnen sich durch leichte bis mittelschwere Abfahrten aus.

Alphabetisches Register der Skiorte ab Seite 601

Skigebiete auf einen Blick

Das Pyhrn-Priel-Gebiet

Ein Skigebiet nicht ohne Reiz verbirgt sich hinter dem Doppelnamen »Pyhrn-Priel«. Obwohl die Pisten gut und die Preise niedrig sind, ist dieses oberösterreichische Revier noch ein Geheimtip.

Hauptort ist **Windischgarsten**. Stolz sind die 1800 Einwohner nicht nur auf ihr Prädikat »Luftkurort«, sondern auch auf ihre Geschichte. In dem sonnigen Talbecken fühlten sich schon Kelten wohl, später Römer und schließlich die Windische – aus dem Süden eingedrungene Wenden (Slawen), daher auch der Ortsname »Windischgarsten«.

Nur einen Steinwurf von der Kirche (1714–1740) und dem Marienbrunnen am Marktplatz entfernt, führt der Sessellift hinauf zum Wurbauerkogel (858 m), einem idealen Hang für Stemmbogenübende und Skizwergerl.

Anspruchsvolleres Skivolk zieht es ein paar Kilometer weiter, in den von hohen Bergen umgebenen Skiort **Spital am Pyhrn**, berühmt auch wegen seines Barockdoms und wegen seines einzigartigen Felsbildermuseums (im Winter geschlossen). Nur drei Kilometer vom Ortskern entfernt bringt eine Standseilbahn die Pistenfüchse auf die Wurzeralm (1427 m) und mit weiteren Aufstiegshilfen auf das Frauenkar (1863 m).

Kurz hinter Windischgarsten schlängelt sich eine Stichstraße hinein ins Stodertal, in dem zwei weitere romantische Winterdörfer, Vorderstoder und Hinterstoder, liegen.

Vorderstoder besitzt mit seinen Schleppliften ein kleines Skigebiet mit relativ kurzen Abfahrten.

Vorderstoder liegt recht zentral zu den beiden größeren Skigebieten Hutterer Höss (Hinterstoder) und Wurzeralm (Spital am Pyhrn) und ist mit diesen Gebieten durch einen Skibus verbunden.

Hinterstoder liegt am »reinsten Gebirgswasser Österreichs«, der Steyr.

Ein Plus der Gemeinde am Talschluß ist die Abgeschiedenheit, die auch schon der Komponist Anton Bruckner zu schätzen wußte. In der kleinen Bergkirche soll er Orgel gespielt haben.

Mehrere Liftanlagen befördern die Skifahrer zum Hutterer Höss auf 1858 m Höhe.

Ein weiteres Skigebiet, die Bärenalm, befindet sich am Talschluß in 1200 m Höhe.

Der Luftkurort Windischgarsten präsentiert sich im sonnigen Talkessel. Im Hintergrund ragt der Pyhrgas auf.

Skiregion Pyhrn-Priel, 585–808 m
Windischgarsten, Spital am Pyhrn, Vorderstoder, Hinterstoder

Skigebiet: 585–1886 m
Windischgarsten 2000 Einwohner, 2000 Gästebetten Spital a. P. 2250 E., 1500 G. Vorderstoder 740 E., 550 G. Hinterstoder 1200 E., 1700 G.
Saison: Dezember bis April

Anreise Autobahn München – Salzburg, Richtung Wien (Ausfahrt Voralpenkreuz A 9 Richtung Graz) oder Regensburg, Passau, Wels, Voralpenkreuz, Graz. Bahnstationen sind Windischgarsten, Spital am Pyhrn und Hinterstoder
Entfernungen von KA: 585 km, S: 517 km, UL: 436 km, M: 281 km

Information
Tourismusverband Pyhrn-Eisenwurzen
A-4560 Kirchdorf an der Krems
Tel. 07582/2450, Telefax 07582/4907
Verkehrsämter:
A-4580 Windischgarsten, Tel. 07562/266
Telefax 07562/7101
A-4582 Spital am Pyhrn, Tel. 07563/249, 7007; Telefax 07563/25583
Schneetelefon 07563/7000
A-4574 Vorderstoder, Tel. 07564/8255
Telefax 07564/8255-20
A-4573 Hinterstoder, Tel. 07564/5263
Telefax 07564/5544
Schneetelefon 07564/5500
Landesvorwahlnummer siehe Seite 608.

Kinder keine Gästekindergärten; Skischule ab 4 Jahre (Windischgarsten ca. öS 850/5 Tage; Spital und Hinterstoder jeweils ca. öS 1000/Woche; Preise jeweils ohne Mittagessen; Vorderstoder keine Skischule für Kinder)

Ski alpin Testnote ❄❄❄

Skigebiet Wurzeralm-Frauenkar
18 km präparierte Abfahrten:
13 km mittel, 5 km leicht
Längste Abfahrt: Frauenkar – Talstation über Gameringabfahrt, 9 km Länge, 1079 m Höhenunterschied, mittel
Liftkapazität: 5000 Pers./Std.
7 2 1

Skigebiet Hutterer Höss
35 km präparierte Abfahrten:
5 km schwer, 25 km mittel, 5 km leicht
Liftkapazität: 17000 Pers./Std.
10 4 1

Skigebiet Bärenalm
10 km präparierte Abfahrten:
5 km mittel, 5 km leicht
Liftkapazität: 3000 Pers./Std.
2 1

Skigebiet Wurbauerkogel (Windischgarsten)
2,5 km präparierte Abfahrten:
1 km mittel, 1,5 km leicht
Liftkapazität: 3000 Pers./Std.
2 1

Skipaß-Preise siehe Beilage
Tiefschneereviere: Wurzeralm, Frauenkar, Gebiet Hinterstoder
3 Skischulen mit ca. 60 Skilehrern

Langlauf Testnote ❄❄❄❄

Insgesamt über 260 Loipenkilometer (350–1400 m) Windischgarsten 58 km (8 km schwierig, 30 km mittel, 20 km leicht); längste Loipe: Pyhrn-Loipe, 17 km lang, mittel; höchste Loipe: Wurzeralm (1400 m), 6 km lang, mittel Spital a. P. 35 Loipenkilometer (10 km mittel, 25 km leicht); längste Loipe Pyhrnloipe (600–650 m), 17 km lang, höchste Loipe: Wurzeralm-Loipe (1400 m), 5 km lang Vorderstoder 13 km (10 km mittel, 3 km leicht), längste und höchste Loipe: Huttererloipe (900 m), 10 km lang, mittel Hinterstoder 16 Loipenkilometer (2 km schwierig, 14 km mittel), eine Höhenloipe (1400 m), 16 km lang, mittel. In allen Orten außer Vorderstoder Langlaufunterricht

Weitere Sportmöglichkeiten
Drachen- und Paraflugkurse

Après-Ski
Wildpark, Heimat- und Felsbildermuseum

Sportliche Veranstaltungen
Intern. Hundeschlittenrennen (Windischgarsten, Ende Dez. 93), Weltcup Riesentorlauf Herren (Hinterstoder, Bärenalm, 11. Jan. 94)

Für Kinder von 5 bis 15 Jahre gibt es eine eigene Schlittenhunde-Schule in Spital am Pyhrn. Informationen und Anmeldung im Tourismusverband.

Hotelempfehlungen: Seite 541–585

Das Ötscherland

Wer eine ruhige, familienfreundliche Atmosphäre sucht, wenig Wert auf hektische Freizeitaktivitäten legt und sich beim Plausch am blankgescheuerten Biertisch wohlfühlt, der liegt mit seinem Urlaubsziel Ötscherland völlig richtig.

Das sonst so sanfte Hügelland Niederösterreichs, das bis hin zum waldreichen Voralpenland reicht, wartet immerhin mit drei Achtzehnhundertern auf: Ötscher, Dürrenstein und Hochkar. 17 Gemeinden dieses Gebietes haben sich zum Fremdenverkehrsverband Ötscherland zusammengeschlossen – vom kleinsten Dorf, Puchenstuben mit 430 Einwohnern, bis zum 4500-Seelen-Städtchen Scheibbs, das sehenswerte alte Bürgerhäuser, Türme, Stadtmauern und eine schöne Pfarrkirche vorzuweisen hat.
Hier werden von den insgesamt 17 Gemeinden diejenigen vorgestellt, die ein erwähnenswertes Wintersportangebot machen können.
Die kleinen, überschaubaren Dorfgemeinschaften überwiegen, Gemütlichkeit und freundlicher Umgang miteinander haben Vorrang.
Spektakuläres sucht man hier vergebens – weder was die alpinen Abfahrten angeht noch was das Nachtleben betrifft.
In **Puchenstuben** liegt der Schwerpunkt auf Übungswiesen und Familienabfahrten. Mit den Turmkogel- und Flurkogelliften geht es auf 1200 m, zwei mittelschwere Pisten führen wieder talwärts. Ein Hotelschwimmbad (im Ortsteil Gösing) sorgt für sportlichen Ausgleich.
Kaum größer ist **Mitterbach am Erlaufsee** mit seinem Hausberg, der Gemeindealpe (1623 m). Mitterbach ist Ausgangspunkt für alpines Skifahren über die Feldwiesalm zum Hinterötscher oder Zellerrain. Die Abfahrten sind etwas rasanter als in Puchenstuben, eine schöne Loipe finden Langläufer direkt am See.

Die nächste Steigerung heißt dann **Lackenhof** (Gemeinde Gaming) mit dem Großen Ötscher (1893 m). Die Skihänge haben alle Nordlage, die Liftanlagen führen zu leichten bis mittelschweren Abfahrten. Wegen der günstigen Seitentallage gibt es keinen Durchgangsverkehr, alle Wege zu den Liften sind relativ kurz und zu Fuß bequem zu schaffen. Vom Ortszentrum aus startet man per Sessellift zum Ötscher-Schutzhaus (1420 m), das zugleich Ausgangspunkt für Skitouren in Richtung Großer und Kleiner Ötscher ist, zur Feldwiesalm und Gemeindealpe. Lackenhof hat eine moderne Jugendherberge, es gibt eine Drachenflugschule, und man verfügt, zusammen mit **Gaming**, über zwei Hallenbäder. 21 km Loipe warten auf die Langläufer.
Für Kunstinteressierte: Gaming beherbergt die größte Kartause (Kartäuserkloster) Mitteleuropas – schöne Fresken schmücken den Bibliothekssaal – und eine Pfarrkirche aus dem 16. Jahrhundert.
Göstling an der Ybbs wirbt mit dem Hochkar als dem größten und schneesichersten Skigebiet der niederösterreichischen Voralpen. Auf dem Hochkar-Boden, einem waldrei-

chen Gebiet in 1400–1800 m Höhe, laden die Abfahrten mit ihren Liften vor allem Anfänger und »Mittelklasse-Abfahrer« ein. Aber auch Buckelpistenfans kommen auf ihre Kosten.

Die Hochkar-Alpenstraße führt von Lassing (8 km südlich von Göstling) direkt zur Talstation des Skigebiets (1700 Parkplätze für Pkw und Busse). Göstling bietet seinen Gästen ein Winterpauschalarrangement mit Bustransfer zum Hochkar an.

Rund 30 km Spazierwege und ein schönes Hallenbad komplettieren das Angebot.

Ötscherland, 250–1893 m
Göstling/Ybbs, Gaming-Lackenhof, Puchenstuben, Annaberg, Mitterbach am Erlaufsee

Skigebiet: 430–1800 m
40 000 Einwohner, 7600 Gästebetten
Göstling 2200 Einwohner, 1200 Gästebetten Lackenhof 300 E., 1200 G.
Puchenstuben 366 E., 180 G.
Saison: Ende November bis Mitte April

Anreise Autobahn Salzburg – Wien (Ausfahrt Ybbs), Richtung Göstling/Ybbs oder Mitterbach/Erlaufsee. Bahnstationen sind Gaming, Göstling/Ybbs, Puchenstuben, Annaberg, Mitterbach/Erlaufsee
Entfernungen von KA: 704 km, S: 636 km, UL: 555 km, M: 400 km

Information
Fremdenverkehrsverband Ötscherland, A-3250 Wieselburg, Tel. 07416/52692
Telefax 07416/53087
Mitgliedsgemeinden:
A-3345 Göstling, Tel. 07484/220419
Telefax 07484/220418
A-3292 Gaming, Tel. 07485/308-0
Telefax 07485/8509-19
A-3295 Lackenhof, Tel. 07480/286
Telefax 07480/242
A-3214 Puchenstuben, Tel. 02726/238
Telefax 02726/2384
A-3222 Annaberg, Tel. 02728/8245
Telefax 02728/8229-9
A-3224 Mitterbach, Tel. 03882/2126, 4211
Telefax 03882/3292
Schneetelefon Hochkar 07484/7222, Ötscher 07480/228
Landesvorwahlnummer siehe Seite 608.

Kinder Göstling kein Gästekindergarten; Skischule ab 4 Jahre (ca. öS 850/5 Tage ohne Mittagessen) Lackenhof kein Gästekindergarten; Skischule ab 3 Jahre (ca. öS 780/Woche ohne Mittagessen)

Ski alpin Testnote ❄❄
Lackenhof

Skigebiet Puchenstuben
4,2 km präparierte Abfahrten:
1,8 km schwer, 1,9 km mittel, 500 m leicht
Liftkapazität: 3500 Pers./Std.
6

Skigebiet Gemeindealpe
14 km präparierte Abfahrten:
3,7 km schwer, 5 km mittel, 5,3 km leicht
Längste Abfahrt: Standardabfahrt, 5,2 km Länge, 800 m Höhenunterschied, mittel
Liftkapazität: 7000 Pers./Std.
4 2

Skigebiet Ötscher
12 km präparierte Abfahrten:
2,6 km schwer, 4,3 km mittel, 5,1 km leicht
Liftkapazität: 9000 Pers./Std.
7 2

Skigebiet Hochkar
17 km präparierte Abfahrten:
3 km schwer, 6 km mittel, 8 km leicht
Liftkapazität: 13 000 Pers./Std.
7 4

Skipaß-Preise siehe Beilage
Mehrere Skischulen mit ca. 70 Skilehrern

Langlauf Testnote ❄❄❄

150 Loipenkilometer insgesamt
Göstling 15 km (leicht, 1 km mittel), höchste Loipe: Lassing (680 m) 7,5 km, mittel Lackenhof 21 km (4 km schwierig, 6 km mittel, 11 km leicht), höchste Loipe: Steingrabenkreuz-Loipe (810–1020 m, 20% Gefälle, nur in der angegebenen Richtung befahrbar), 4 km, schwierig; Langlaufunterricht Puchenstuben 13 km (1050–1160 m; 1 km schwierig, 7 km mittel, 5 km leicht); Langlaufunterricht

Weitere Sportmöglichkeiten
Gleitschirmfliegen

Après-Ski
Wildfütterungen

Sportliche Veranstaltungen
Intern. Schlittenhunderennen (Lackenhof, Termin bitte im Verkehrsbüro erfragen)

Ski Trekking lohnt sich, wenn man die Skigebiete der Ötscherregion kennenlernen möchte. Für einen Tag muß man mit ca. öS 500 (ab vier Personen) rechnen (Skischule Lackenhof, Tel. 07480/235).

Hotelempfehlungen: Seite 541–585

Die Steiermark

In der Steiermark hat Skifahren seit über hundert Jahren Tradition: 1891 wurde das Stuhleck als erster Alpengipfel mit Ski bezwungen, 1893 fand in Mürzzuschlag ein »Erstes Internationales Skiwettlaufen« statt, und 1973 schließlich erreichte der Sieger des Abfahrtsrennens auf der Planai den damals sensationellen Durchschnitt von 111 Kilometern pro Stunde.

Heute sind die Weltcup-Rennstrekken der Dachstein-Tauern-Region um Schladming/Rohrmoos mit den Skizentren Planai, Hauser Kaibling und Stoderzinken die bekanntesten Skireviere der Steiermark. Das heißt aber nicht, daß sich dort nur Brettlartisten wohlfühlen können. Die Stärke dieser Abfahrtsberge liegt vielmehr in der familienfreundlich durchmischten Vielfalt ihres Pistenangebots, das besonders Anfängern und mittleren Fahrern eine Menge Abwechslung bietet. Auf einigen Abfahrten der Planai und am Hauser Kaibling wird aber auch Könnern einiges Stehvermögen abverlangt.

Zünftige Ski-Individualisten treffen in der Steiermark auch attraktive Möglichkeiten für Hochtouren und Tiefschneeabfahrten an. Die Dachstein-Tauern-Region, die Tauplitzalm, die Donnersbacher Tauern oder Kreischberg/Frauenalpe sind neben ihrem gut präparierten Abfahrtsangebot auch gute Ausgangspunkte für Tiefschneefans, die für ein solches Erlebnis anstelle des Pistenbaggers schon mal mit Steigfellen vorlieb nehmen. Langläufer kommen in dem großzügig ausgelegten Loipenrevier der Ramsau, einem sonnigen Hochplateau am Südrand des Dachsteins, zum Zug.

Familienfreundlich geben sich auch die anderen Brettl-Berge der Steiermark. Ob zwischen Altaussee mit der Ski-Schaukel von Sandling/Loser und Tauplitz mit der Tauplitzalm, ob im Lachtaler Skirevier, in den Seetaler Alpen, ob auf der Planner Alm südwestlich von Liezen oder auf der Turracher Höhe an der Grenze zu Kärnten, überall bietet man entspanntes Skivergnügen ohne Liftstreß und Abfahrtstrubel. Hier dominieren maximal mittlere Schwierigkeitsgrade.

Frauenalpe/Kreischberg macht auch dynamischen Skitalenten ein ansprechendes Angebot.

Die Urlaubsplätze am Rande der Pisten strahlen in der Regel ländliche Gemütlichkeit aus. Dem entspricht

auch die Unterkunftspalette, die vorwiegend Gasthöfe, Pensionen, Privatquartiere, Ferienwohnungen und Urlaub auf dem Bauernhof bietet. Bad Aussee mit den Indikationen für Magen-, Darm-, Leber-, Kreislauf- und Atemwegserkrankungen oder Bad Mitterndorf (Rheuma, Bandscheibenschäden) ermöglichen zudem die konditionsfördernde Kombination von Kur und Wintersport.
Zu den geruhsameren Winteraktivitäten »vor Ort« gehören Eislaufen und Eisstockschießen, Rodeln oder Pferdeschlittenfahrten, zu denen die meisten Urlaubsplätze einladen. Öffentliches Hallenbad und Hallentennis sind Angebote der größeren Ferienplätze wie Bad Aussee, Bad Mitterndorf, Ramsau oder auch Schladming.

Die steirischen Skigebiete sind ab Salzburg durchweg gut zu erreichen: Das Steirische Salzkammergut über Bad Ischl und die Bundesstraße 145,

Skigebiete auf einen Blick

die Dachstein-Tauern-Region über die Tauernautobahn (Ausfahrt Radstadt) und weiter über die Bundesstraße 308. Murau mit Frauenalpe/Kreischberg und das Lachtal liegen entlang der Bundesstraße 96 bzw. 97. Dazu fährt man auf der Tauernautobahn bis zur Ausfahrt Mautstelle St. Michael, folgt der B 96 in östlicher Richtung bis Tamsweg und fährt dann weiter auf der B 95 und der B 97 nach Murau (hier mündet die schmalere und kurvenreichere B 96 wieder ein). Weiter in östlicher Richtung zweigt man bei Niederwölz ins Lachtal ab. Die Ostseite der Seetaler Alpen schließlich erreicht man über die Bundesstraße 96 nach Judenburg und weiter über die Bundesstraßen 77 und 78 in Richtung Obdach.

Alphabetisches Register der Skiorte ab Seite 601

Das Steirische Salzkammergut

Kuren und skifahren – im Steirischen Salzkammergut läßt sich beides hervorragend verbinden. Darüber hinaus gilt die Region um Altaussee, Bad Aussee, Bad Mitterndorf und Tauplitz als beliebtes Familienferienziel.

Zwischen Altaussee und Tauplitz tummeln sich Pisten- und Loipenfans, die Brettlspaß und Erholung leger miteinander verknüpfen. Ist der steirische Teil des Salzkammergutes doch für seinen harmonischen Dreiklang bekannt: Muntere Abfahrten – vorwiegend im Familien-Takt, behagliche Ferienorte und nicht zuletzt die Möglichkeit, Wintersport und Kur auf einen Nenner zu bringen.

Bad Aussee, der Hauptort des Steirischen Salzkammergutes, und **Bad Mitterndorf** sind Bäder mit einem Therapie-Angebot, das vom Heilschlamm über Kneippanwendungen bis zu Trink- und Thermalbadekuren reicht. Die Orte liegen zwischen den beiden Polen des Pistengeschehens: **Altaussee** mit der Ski-Schaukel von Sandling und Loser im Westen sowie **Tauplitz** mit dem Ski-Zirkus Tauplitzalm im Osten. Im Toten Gebirge bieten sich Hochtourengehern und Tiefschneefahrern an unberührten Hängen zudem reizvolle Möglichkeiten.

Will man das Ski-Karussell der Region mit höheren Drehzahlen bewegen, sollte man den Wagen dabei haben; es verkehren aber auch Ski-Busse zwischen den Talstationen. Die Jünger der schmalen Bretter finden im Steirischen Salzkammergut ein Netz von insgesamt mehr als 100 km Loipen und Wanderwegen.

Bad Aussee kann mit solehaltigen Quellen und vielfältigen Kureinrichtungen dienen, während Altaussee dem Sandling-Loser Skigebiet am nächsten liegt. Aber hier wie dort muß man per Pkw oder Skibus zu den Liftanlagen an der mautpflichtigen Loser-Panoramastraße fahren.

Bis auf über 1800 m Höhe reichen die Pistenreviere am Loser, von dem sich ein schöner Blick nach Süden in Richtung Dachstein-Gruppe bietet.

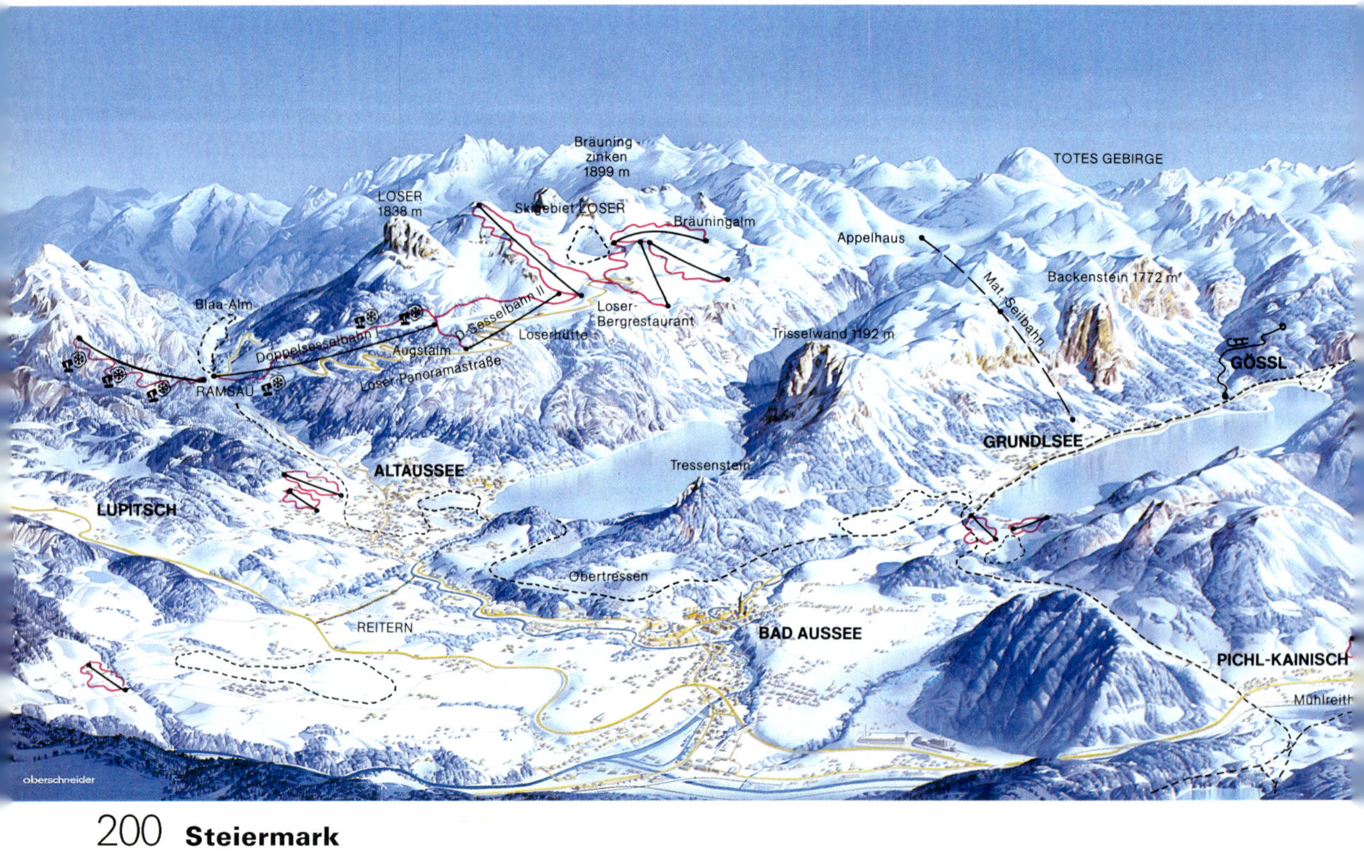

BESONDERS SCHNEESICHER TAUPLITZALM

Steirisches Salzkammergut,
659–1650 m
Altaussee, Bad Aussee, Grundlsee, Pichl-Kainisch, Bad Mitterndorf, Tauplitz/Tauplitzalm

Skigebiet: 700–1965 m
Altaussee 1987 Einwohner, 1300 Gästebetten Bad Aussee 5058 E., 2000 G. Grundlsee 1300 E., 1000 G. Pichl-Kainisch 718 E., 287 G. Bad Mitterndorf 3059 E., 3226 G. Tauplitz 1100 E., 1848 G.
Saison: Dezember bis Ende April

Anreise München, Salzburg, Thalgau, Bad Ischl, Bad Aussee. Bahnstationen sind Bad Aussee, Pichl-Kainisch, Bad Mitterndorf, Tauplitz (Busverbindungen)
Entfernungen von KA: 547 km, S: 479 km, UL: 398 km, M: 243 km

Information
Tourismusverband
Salzkammergut/Steiermark
A-8990 Bad Aussee, Tel. 03622/54873
Telefax 03622/54890
Landesvorwahlnummer siehe Seite 608

Kinder im gesamten Skigebiet
Gästekindergarten ab 3 Jahre (ca. öS 180/Halbtag, 440/Ganztag inkl. Mittagessen); Skischule ab 3 Jahre (ca. öS 1400/Woche inkl. Mittagessen)

Ski alpin Testnote ❄❄
Tauplitzalm

Skigebiet Tauplitzalm
25 km präparierte Abfahrten:
2 km schwer, 12 km mittel, 11 km leicht
Die Kragl-Piste (bei Bad Mitterndorf, 1,7 km lang, schwer) ist mittwochs und samstags von 18–21 Uhr beleuchtet
Liftkapazität: 20848 Pers./Std.
14 3

Skigebiet Sandling – Loser
12 km präparierte Abfahrten:
2 km schwer, 6 km mittel, 4 km leicht
Längste Abfahrt: Loserfenster-Talabfahrt – Altaussee, 6 km Länge, 1000 m Höhenunterschied, mittel
Liftkapazität: 8000 Pers./Std.
6 2

Skipaß-Preise siehe Beilage
Tiefschneereviere: Rosskogel, Tragl, Ödern-tal-Geisterwald (Tauplitzalm), Loser Hochplateau
5 Skischulen mit ca. 170 Skilehrern

Langlauf Testnote ❄❄❄❄

Altaussee 20 Loipenkilometer (3 km schwierig, 10 km mittel, 7 km leicht), längste Loipe: Blaa-Alm-Loipe (720–900 m), 14 km lang, leicht bis schwierig; höchste Loipe: Augstseeloipe (1600 m), 1 km lang, leicht Bad Aussee 18 Loipenkilometer (12 km schwierig, 6 km leicht), längste Loipe: Große Teichterloipe, 12 km lang, schwierig Grundlsee 10 Loipenkilometer (davon 5 km schwierig) Pichl-Kainisch 20 Loipenkilometer (15 km mittel, 5 km leicht) Bad Mitterndorf 55 doppelt gespurte Loipenkilometer (25 km mittel, 30 km leicht), längste Loipe: Ödensee-Loipe (812 m), 21 km lang, mittel; Höhenloipe Tauplitzalm Tauplitz 80 Loipenkilometer (40 km mittel, 40 km leicht), längste Loipe: Salzkammergut-Loipe, 50 km lang, leicht bis mittel; höchste Loipe: Tauplitzalm (1650 m), 15 km lang, leicht bis mittel. In allen Orten außer Grundlsee und Pichl-Kainisch Langlaufunterricht

Weitere Sportmöglichkeiten
Thermalhallenbad (Bad Mitterndorf), Sole-Mineral-Hallenbad (Bad Aussee)

Après-Ski

Sportliche Veranstaltungen
Skigebiet Sandling-Loser Intern. Steiralauf (50 km, Ziel Altaussee, 7. Febr. 94), Steir. Landescup (Riesenslalom, 27. Febr. 94), Steir. Schülermeisterschaften (Slalom und Riesenslalom, 5.–7. März 94), FIS Alpin Herren (Riesenslalom, 13. März 94), FIS Alpin Herren (Slalom, 14. März 94)
Bad Mitterndorf Steiralauf (Febr. 94), Hundeschlittenrennen (Febr. 94)

Urlaubstip: Einen Gesundheitstag einlegen. Zum Beispiel nach sportlicher Betätigung ins Tepidarium (römisches Bad) in Pichl-Kainisch oder ins Sole-Mineral-Hallenbad in Bad Aussee oder in die Therme von Bad Mitterndorf gehen. Informationen in den Verkehrsämtern.

Hotelempfehlungen: Seite 541–585

Knapp vor der Blaa-Alm zieht ein 1200 m langer Schlepplift mit 2 Kurven auf 1290 m, zum Start der Europacup-Piste, auf den Sandling. Gegenüber schwingt sich eine 1800 m lange Doppelsesselbahn zur FIS-Abfahrt und im Anschluß eine weitere Doppelsesselbahn auf das sonnige Hochplateau des Losers, wo Schlepplifte und Pisten den Skizirkus vervollständigen.
Bad Mitterndorf und Tauplitz/Tauplitzalm: Das Dreigestirn dieser Ferien-, Kur- und Wintersportstationen hat während der weißen Saison einen eindeutigen Schwerpunkt: die Tauplitzalm (1650 m). Von Bad Mitterndorf führt die Tauplitzalm-Mautstraße, von Tauplitz aus der Berglift in das mit Sesselbahn und Schleppliften bestückte Skirevier.

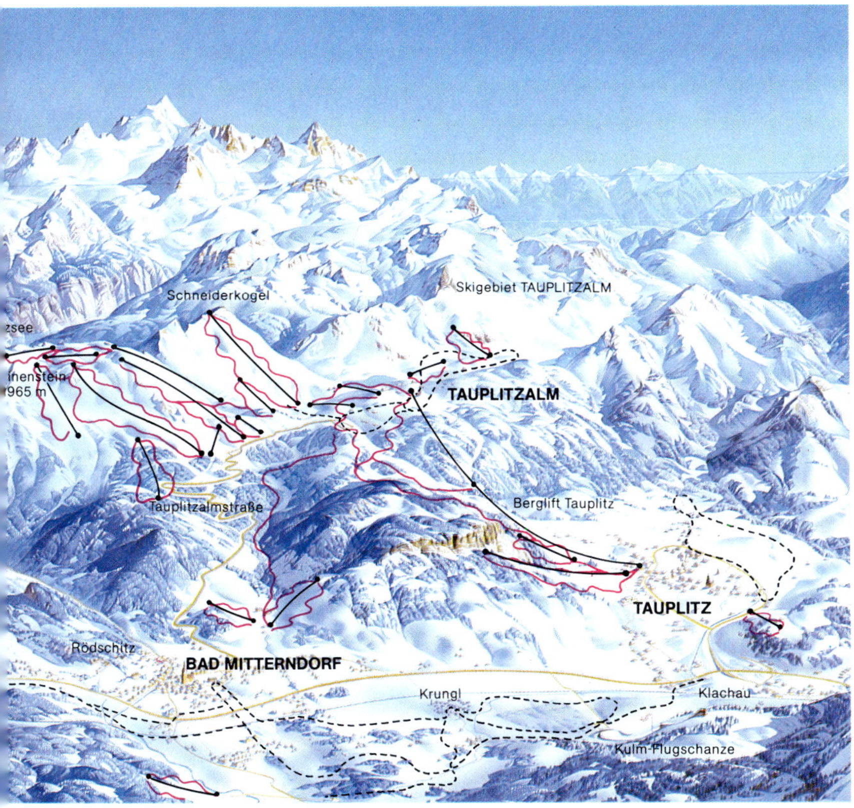

Unter Skifahrern hat die Tauplitzalm einen guten Ruf, denn ihre Pisten lassen kaum Wünsche offen und sind überdies sehr schneesicher. So finden anspruchsvollere Skifahrer auf den Abfahrten auch höhere Schwierigkeitsgrade mit zahlreichen Varianten vor. Zwei 6-km-Strecken führen von der Tauplitzalm und vom fast 2000 m aufragenden Lawinenstein bis vor die Tore von Bad Mitterndorf. Die Tauplitzalm ist auch ein idealer Ausgangspunkt für Tourenskigänger und Tiefschneefahrer. Denn trotz aller Liftanlagen sind die schönsten und höchsten Berge der näheren Umgebung noch nicht erschlossen. Interessante Touren in das Tote Gebirge und das Dachsteingebiet bieten die örtlichen Skischulen an.
Wer neben dem Skivergnügen auf der Tauplitzalm auch noch weitere Alternativen sucht bzw. anderen Interessen nachgehen will, der sollte lieber in den »unteren Rängen« Quartier nehmen. Der Thermalkurort Bad Mitterndorf mit Pichl-Kainisch bietet Loipen und Eisstockbahnen. In Bad Mitterndorf wird das Angebot mit Eislaufen, Rodeln, Pferdeschlittenfahren, Baden, Tennis und Reiten abgerundet. Ebenfalls am Ort: ein gut ausgestatteter Winter-Campingplatz. Für den »Talbewohner« ist es auch einfacher, die Pisten am Krippenstein bei Obertraun (ca. 30 km) oder die Weltmeisterschaftsabfahrt von der Planai bei Schladming (ca. 45 km) zu testen.

Dachstein-Tauern-Region

Acht steirische Wintersportreviere beiderseits der Enns haben sich zum »Skiparadies Dachstein-Tauern-Region« zusammengeschlossen. Jede der Gemeinden hat ihren eigenen Charakter und profiliert sich mit einem jeweils ganz speziellen Angebot für die unterschiedlichen Ambitionen der Gäste.

Die Region nahe dem Salzburger Land hat sich zwar erst seit den Alpinen Weltmeisterschaften 1982 international ihren Ruf als Wintersport-Areal der Spitzenklasse erworben. Doch die Ennstaler sind uralte Ski-Enthusiasten. Schon 1909, so beschreibt es die Chronik, fuhren die ersten »Sportzüge« von Wien aus durch das Ennstal. An der Krummholzhütte auf dem Hauser Kaibling startete im Februar 1914 der erste alpine Abfahrtslauf. Damals mußten die Renn-Asse noch fast fünf Stunden zum Startplatz hochsteigen. Der erste Lift wurde 1953 zur Schladminger Hütte gebaut. Zwanzig Jahre später kam mit der Planai-Seilbahn der große Durchbruch. 1973 galt die »Planai«-Abfahrt als die schnellste Abfahrt der Welt, als bei einem Weltcup-Rennen die Durchschnittsgeschwindigkeit von 111 km/h erreicht wurde.

»Wie ein Goldregen« wirkte sich die WM auf die Region aus. Nicht nur die bekannten Winterorte Schladming, Rohrmoos-Untertal, Haus im Ennstal und die Ramsau profitierten von dem sportlichen Großereignis. Auch kleinere Orte der Umgebung wie Pichl-Mandling, Gröbming, Mitterberg, Aich-Assach, Pruggern oder die Dörfer am Naturpark Sölktäler haben mit ihren Offerten ihre Klientel gefunden.

Riesiges Pistenangebot

Heute zählt der »Winterspiel- und Sportplatz« Dachstein-Tauern zu den bedeutendsten Schneeregionen Österreichs. Zahlreiche Seilbahnen und Liftanlagen erschließen dem Skifahrervolk auf den Skibergen Planai, Hochwurzen, Hauser Kaibling, Reiteralm (alle mit dem Pistengüte-

siegel ausgezeichnet), Ramsau/Dachstein, Dachsteingletscher, Galsterbergalm und Stoderzinken Pisten für jeden Geschmack – von der anfänger-freundlich planierten Schneewiese bis zur rassig-steilen Herausforderung. Dazu kommen noch zahlreiche Abseits-Varianten für Tourengeher mit traumhaft schönen Tiefschnee- und Firnabfahrten.
Sesam-öffne-dich für dieses Skifahrerparadies ist der Skipaß »Skiparadies Dachstein-Tauern-Region«, der auch die Skibusse zwischen den einzelnen Orten einschließt.
Freunde des nordischen Sports zählen das abwechslungsreiche Loipenrevier am Dachstein zu den besten der Alpen. Spitzenreiter im steirischen Langlauf-Dorado ist die Ramsau. Aber auch die anderen Rundkurse der Region können sich sehen las-

Mitten in den Ort führt die berühmte Planai-Rennstrecke von Schladming.

sen. Insgesamt werden jeden Winter die Loipenkilometer auf drei Etagen – die höchste auf 2700 Meter oben am Dachsteingletscher – doppelt gespurt und markiert. Unter dem Motto »Jeden Tag ein neues Langlaufgebiet« bietet die Dachstein-Tauern-Region Safaris für Liebhaber der schmalen Latten an: Neben der Ramsau die Ennstal-Loipe von Schladming über Haus/Ennstal – Aich – Pruggern – Stein und Öblarn, das Langlaufzentrum Gröbming und Mitterberg sowie im Naturpark Sölktäler.

Nicht nur für Skifahrer und Langläufer

Doch das »Ski- und Langlaufparadies« will nicht nur auf das sportliche Image setzen. Mit dem Slogan »Winterspiele« sind keineswegs weltmeisterliche Qualifikationen gemeint. Das Angebot richtet sich auch an weniger sportliche Gäste bzw. Nichtskifahrer, die ebenfalls zur Stammkundschaft der Ferienorte zählen.
100 Kilometer geräumte Wanderwege bieten Alternativen. Fast 60 Pferdeschlittengespanne klingeln überall durch die winterliche Landschaft, es gibt geführte Schneeschuhwanderungen und Wettbewerbe im Eisstockschießen. Tag- und Nacht-Rodelbahnen machen nicht nur dem Nachwuchs Spaß, in Hallenbädern und Tennishallen wird Ausgleichssport betrieben. Wer Wert auf abwechslungsreiches Après legt – am meisten ist in Schladming los –, sollte sich sein Domizil genau aussuchen, wenn er Autofahrten zu später Stunde vermeiden will.
Die Ortswahl ist nicht nur für die abendliche Unterhaltung entscheidend. Die einzelnen Ferienplätze haben, verschieden wie sie durch ihre geographische Lage, ihre Größe und Infrastruktur sind, Schwerpunkte gesetzt, mit denen sie sich deutlich vom touristisch-sportlichen Angebot der Nachbarn unterscheiden.

Schladming

Mittelpunkt der sportlichen Region ist die Stadt Schladming. Der quirlige Urlaubsort mit dem gepflegten Stadtbild gilt heute als die »steirische Skimetropole«. Dem Abbau von Silber, Kupfer, Blei und Nickel verdankte das Bergwerksstädtchen im Mittelalter seine erste Blüte. Heute liegt im Winter das »weiße Gold« vor der Tür. Paradeabfahrt im Dachstein-Tauern-Gebiet ist die Planai: Sie ist eine von Steilhängen und Schußstrecken durchsetzte Herausforderung.
Schwächere Fahrer oder Genießer, denen der Rummel auf der Rennstrecke zu groß ist, können auf zahmeren Varianten, z. B. mit der leichten Weitmoos- und der mittelschwierigen Streicherabfahrt, die schnelle Piste umgehen. Buckelfans tummeln sich an der Mitterhausalm.
Für Möchtegern-Rennfahrer, die zeigen wollen, daß auch sie ganz rasante Brettlasse sind, gibt es auf der Planai eine permanente Rennstrecke für jedermann. Der schnelle Kurs, als Riesentorlauf gesteckt, beginnt unweit der Planai Mittelstation und ist 1200 Meter lang. Im Ziel erscheint die elektronisch gestoppte Zeit auf einer großen Anzeigetafel, zum Vergleich leuchtet auch das Ergebnis eines österreichischen Weltklassefahrers auf.
Nicht nur die Pisten machen die Planai zu einem beliebten Skifahrertreff. Regelrechte »Fallen« rechts und links der Abfahrten sind die gemütlichen Hütten, wo es bei schönem Wetter schon von weitem nach Gegrilltem, nach Glühwein oder Jagatee duftet.

Die Dachstein-Tauern-Region zählt mit ihren Skigebieten zu den bedeutendsten Wintersportregionen Österreichs: Hochwurzen (rechts), Reiteralm (unten) und Hauser Kaibling (unten rechts).

Rohrmoos-Untertal

Mit dem Nachbarskigebiet Rohrmoos-Hochwurzen ist die Planai durch eine Skischaukel verbunden – bisher die einzige in der Region. Verbunden sind die beiden Skigebiete durch einen Sessellift, der durch einen Tunnel geführt werden mußte und der von beiden Seiten benutzt werden muß, wenn man »schaukeln« will.

In der weit auseinandergezogenen Siedlung Rohrmoos-Untertal liegen die Pisten direkt vor den Haustüren der meisten Gästeherbergen. Das vor allem von Familien bevorzugte Rohrmooser Plateau mit seinen flachen Schneehängen ist ein ideales Übungsgelände für Anfänger und Kinder. Skibahnen aller Schwierigkeitsgrade werden auf der Hochwurzen sorgfältig planiert. Auch hier können schnelle Pistenjäger ihr Tempo elektronisch stoppen lassen.

Längste Piste der Region

Rohrmoos besitzt die längste Piste im Dachstein-Tauerngebiet. Die Abfahrt ist auch für Durchschnittsfahrer mühelos zu bewältigen. Wer es etwas steiler liebt, schwingt über die beiden FIS-Abfahrten ins Tal. Um die

»Rohrmoos - Hochwurzen - Trophäe« geht es beim wöchentlichen Gästeskirennen.
Mondscheingerodelt wird fast überall. Besonders zünftig sind jedoch die Rodelpartien auf der beleuchteten, sieben Kilometer langen Hochwurzen-Naturrodelbahn.

Pichl

Die Reiteralm bei Pichl ist das Brettlparadies für Genießer. Auf leichten bis mittelschweren Wedelwiesen finden gemächliche Hangbügler ebenso ihren Spaß wie schnelle Tempobolzer. Am rasantesten ist die Holzerabfahrt. Oben auf der 2000 Meter hohen Gasselhöhe tauchen Variantenfans in pulvrige Tiefschneehänge ein. Doch nicht nur der Abfahrten wegen ist diese Skiarena so beliebt. Hier tummeln sich gern auch jene Pistenfreunde, denen an manchen Hochsaisontagen der Trubel beim Nachbarn Planai-Hochwurzen zu groß ist.
Das Besondere: Dieser Berg ist mit den meisten Hütten der geselligste der Region. Immer wieder lockt ein Berghaus, von uraltverwittert bis rustikal-modern, mit Sonnenterrassen und Schneebars die Skifahrer von der Piste. Hier findet man – z. B. in der Eiskarhütte – auch positive Beispiele dafür, daß neue Hütten nicht in stillosem »Pflegeleicht-Interieur« gestaltet sein müssen.
Pichl mit den Ortsteilen Mandling, Gleiming, Vorberg und Preunegg ist ein Ferienplatz für Gäste, die beschaulich-ländliche Atmosphäre in gepflegten Dörfern suchen.

Haus im Ennstal

Haus im Ennstal mit dem Hauser Kaibling wurde schon mehrmals zum »schönsten Marktflecken des Landes« gekürt. Diese älteste Siedlung des oberen Ennstales (urkundlich seit 928) mit sehenswerter Pfarrkirche und schönen alten Gebäuden spricht vor allem jene Urlauber an, denen gemütliches Ambiente und gepflegte Gastlichkeit wichtiger sind als Action und High Life. Da trifft man sich in der »Remise«, einem umgebauten alten Troad-(Getreide-)Speicher zum Plaudern beim Bier oder im Schloßcafé.

Anspruchsvoller Skiberg

Zwei Seilbahnen – eine vom Ortszentrum aus – schweben auf den 2100 Meter hohen Hauser Kaibling, dem anspruchsvollsten Skiberg der Region. Hier wurden 1982 die Damen-Wettbewerbe der alpinen Ski-WM ausgetragen. Problematisch wird es allerdings an so manchen Hochsaison-Tagen: Dann sind die beiden Seilbahn-Anlagen etwas überlastet, mit einer halben Stunde Wartezeit muß man im ungünstigsten Falle rechnen.
Zu den rasanten Pisten zählt vor allem die Damen-Abfahrtsstrecke unterhalb der Ennslingalm. Zu den anspruchsvollen Abfahrten gehört aber auch der Gipfelhang, den man allerdings erst nach einer langwierigen Fahrt mit dem Kaltenbrunn- und dem Gipfellift erreicht.
Lohnenswert ist ein Abstecher vom Hauser Kaibling ins kleine Kaiblingalm-Skigebiet mit der Kaiblingalmhütte. Ein leicht abfallender Ziehweg von ungefähr zwei Kilometern Länge führt von der Krummholzhütte zu dem für Kinder idealen Übungsgelände; zurück läßt man sich dann am Schleppseil von der Pistenraupe ziehen.
Kinderfreundlich sind sie alle, die Ferienorte im Skiparadies. Eine besonders nette Idee realisieren allerdings

Gröbming, der Luftkurort am Fuße des Stoderzinken (oben).

Reizvoll sind die Tourenmöglichkeiten am Dachstein – mit Bergführer auch von weniger versierten Skifahrern zu bewältigen (rechts).

die beiden Skischulen und der Verkehrsverein von Haus: Jeweils einmal wöchentlich laden sie die kleinen Gäste zur Hüttenrallye und zum Kinder-Après-Ski (gratis) – wie bei den Großen mit Tanz und Soft-Drinks an der Hopsi-Bar.

Aich-Assach

Aich-Assach, ein ländlich-ruhiges Dorf mit heimeligen Gaststuben, ist mit dem Nachbar-Skizentrum Hauser Kaibling und den anderen Skigebieten per Pendelbus verbunden. Rund um den Ort ist ein 20-Kilometer-Rundkurs gespurt; die Ennstal-Sonnenloipe ist eine landschaftliche Genußstrecke. Hier finden auch Nicht-Skifahrer Abwechslung: Beim Eisstockschießen auf dem Freizeitsee, beim Schlittenfahren auf der 15 Kilometer langen Naturrodelbahn, bei Frühschoppen- und Platzkonzerten oder beim fröhlichen Dorfabend.

Pruggern

Pruggern, ein ruhiges, gemütliches Gebirgsdorf und fast ein »Geheimtip« für Familien und Genußskifahrer, besitzt mit der hochalpinen Galsterbergalm ein schneesicheres Skirevier.
Es ist zwar pistenkilometermäßig gesehen ein kleines Skigebiet, aber immerhin: Die längste Abfahrt zählt zu den Marathonstrecken im Dachstein-Tauern-Skidorado, und über die schwarz markierte FIS-Vorderkar-Piste brettern die Alpinfans gern auch mehrmals hintereinander.
Auch für Kinder ist auf der Galsterbergalm gut gesorgt: Im separaten Gelände, im Galstiland, können sie ungestört ihren wilden Winterspielen nachgehen.

Gröbming

Gröbming ist nicht nur heilklimatischer Kurort mit liebevoll restaurierten Häusern, sondern empfiehlt sich vor allem durch seine Freizeitschule mit einem vielfältigen Programm. Die Angebotspalette reicht von gesundheitsbewußten Informationsveranstaltungen über Schneeschuhwanderungen und Indoorgolf bis hin zur Videowerkstatt, in der die eigenen Skierlebnisse unter fachmännischer Beratung vorführreif gemacht werden können.
Gröbming liegt am Fuße des Stoderzinken, einem der markantesten Aussichtsberge der Region. Eine steile Mautstraße (Skibus) führt ins »Ski-Erholungszentrum«, ein familienfreundlicher kleiner Skizirkus. Mit seinen Liften bis auf 2045 Meter, den mittelschweren Abfahrten und etlichen Abseits-Varianten ist das Skifahrerareal nicht gerade aufregend.
Wer es abenteuerlicher haben möchte, kann es mal mit Snow-Rafting versuchen. Von der Brünnerhütte auf dem Stoderzinken geht es im zweckentfremdeten Schlauchboot, vom erfahrenen Bootsführer gelenkt und abgebremst, in einer eigenen, naturgeschaffenen Rinne bergab über Stock und Stein, über Buckel und durch Mulden, durch Tiefschnee und über kleine Sprungschanzen. Bis zu einem Tempo von 25 Stundenkilometer kann das Schneeboot erreichen. Ein durchschüttelndes Urlaubserlebnis.

Mitterberg

Auf dem Hochplateau von Mitterberg im Osten der Region kann man auf den teilweise beleuchteten »Märchenloipen« zehn Kilometer weit durch eine reizvolle Wald- und Schneewiesen-Landschaft ziehen. Beleuchtet ist auch die Rodelbahn. Mit preiswerten Urlaubspauschalen wendet sich Mitterberg in erster Linie an nichtskifahrende Wintererholer.

Ramsau am Dachstein

Die steirische Fremdenverkehrsgemeinde Ramsau ist eine 18 Kilometer lange und vier Kilometer breite Streusiedlung auf einem sonnigen Hochplateau über dem Ennstal. Wintersport auf drei Etagen von 1000 bis 2700 Meter heißt die Devise, wobei der Langlauf eindeutig Priorität hat: 80 Prozent der Urlauber sind Loipengeher und Schneewanderer.
Landschaftlich besonders schön mit

In Ramsau am Dachstein hat der Langlauf eindeutig Priorität.

gemütlichen »Glühweinstops« sind drei- bis vierstündige Wanderungen auf der »Kulmberg-«, der »Leiten-« und der »Panoramarunde«. ▶

Dachstein-Tauern-Region auf einen Blick

Skigebiet 800–2700 m

Einwohner: 20400 **Gästebetten:** 22300

Saison: November bis April; Ganzjahresskigebiet Dachsteingletscher

Wichtige Telefonnummern
Aktuelle Schnee- und Skibetriebs-information für
gesamte Region 03687/23050
Planai 03687/23742
Gletscher 03687/81315
Lawinenwarndienst Steiermark 0316/1549
Straßenzustandsbericht 03687/22250
Informationen über das Gesamtskigebiet beim Gebietsverband, Bahnhofstr. 425, A-8970 Schladming, Tel. 03687/23310, Fax 23232
Landesvorwahlnummer siehe Seite 608.

Ski alpin Testnote *****

Dachstein-Tauern-Region gesamt
140 km präparierte Abfahrten:
15 km schwer, 85 km mittel, 40 km leicht
Liftkapazität: 79800 Pers./Std.
58 13 5 2

Skigebiet Galsterbergalm
16 km präparierte Abfahrten:
2 km schwer, 9 km mittel, 5 km leicht
Längste Abfahrt: Talabfahrt nach Pruggern, 6,4 km Länge, 1296 m Höhenunterschied, mittel
Liftkapazität: 3500 Pers./Std.
4 1

Skigebiet Hauser-Kaibling
25 km präparierte Abfahrten:
5 km schwer, 14 km mittel, 6 km leicht
Snowboard-Halfpipe
separater Snowboard-Übungshang
Liftkapazität: 15800 Pers./Std.
10 1 1 1

Skigebiet Planai
32 km präparierte Abfahrten:
5 km schwer, 21 km mittel, 6 km leicht
Schwere Abfahrt: Planai-FIS-Abfahrt (im unteren Teil schwer), 4,6 km Länge, 1100 m Höhenunterschied
Snowboard-Halfpipe
Liftkapazität: 16500 Pers./Std.
9 5 1

Skigebiet Hochwurzen
20 km präparierte Abfahrten:
14 km mittel, 6 km leicht
Längste Abfahrt: nach Rohrmoos, 7,7 km Länge, 1100 m Höhenunterschied, mittel
Liftkapazität: 11000 Pers./Std.
6 3 1

Skigebiet Reiteralm
22 km präparierte Abfahrten:
1 km schwer, 17 km mittel, 4 km leicht
Liftkapazität: 14000 Pers./Std.
6 3 1

Skigebiet Ramsau
16 km präparierte Abfahrten:
6 km mittel, 10 km leicht
Liftkapazität: 12900 Pers./Std.
17

Skigebiet Stoderzinken
5 km präparierte Abfahrten:
1 km schwer, 3 km mittel, 1 km leicht
(Die Snowrafting-Strecke beginnt bei der Brünnerhütte)
Liftkapazität: 2000 Pers./Std.
3

Skigebiet Gletscher
4 km präparierte Abfahrten:
1 km schwer, 1 km mittel, 2 km leicht
Liftkapazität: 4100 Pers./Std.
3 1 1

Skipaß-Preise siehe Beilage

Tiefschneereviere: im gesamten Skigebiet, z. B. Planai: Mittershausalm, Hauser-Kaibling: Gipfel-Skiroute, Galsterbergalm: Vorderkar, Stoderzinken: Steilhang

Skischulen: 10 mit ca. 200 Skilehrern

Langlauf Testnote *****

350 Loipenkilometer insgesamt (100 km schwierig, 150 km mittel, 100 km leicht), höchste Loipe: Dachsteingletscherloipe (2700 m), 5 bis 10 km Gröbming 16 km, Höhenloipe Stoderzinken (1800 m), 4 km, mittel, Märchenloipe am Mitterberg, 5 km Pruggern 8 km, mittel (Anteil an der 28 km langen Ennstalloipe), und 3 km Höhenloipe Pirkl auf der Galsterbergalm (1100–1300 m, mittel) Aich-Assach 11 km (9 km mittel, 2 km leicht); höchste Loipe siehe Pruggern Haus i. E. Ennstalloipe (750 m), 28 km, mittel Schladming 28 km (6 km schwierig, 6 km mittel, 16 km leicht) Rohrmoos 60 km (50 km mittel, 10 km leicht); höchste Loipe: Rohrmoos-Loipe (1000–1200 m), 10 km, leicht Pichl-Mandling 16 km (2 km schwierig, 14 km mittel); alle Loipen haben Anschluß an das Ramsauer Loipennetz Ramsau Ramsauer Loipennetz (1100–1400 m), 150 km (50 km schwierig, 70 km mittel, 30 km leicht); höchste Loipe: Dachsteingletscher (siehe oben); evtl. Loipengebühr. In allen Orten Langlaufunterricht

Weitere Sportmöglichkeiten

Skijöring, Paragliding, Snowrafting

Après-Ski

KINO

Sportliche Veranstaltungen

Reiteralm-Trophäe FIS Damen (Mitte Dez. 93), 16. Europameisterschaft Rennrodeln (auf Naturbahnen in Stein an der Enns, Jan./Febr. 94), Weltcup Ski alpin Herren (Planai, Termin im Verkehrsbüro Schladming), »Seppen«-Meisterschaft (für alle, die Josef bzw. Sepp heißen nach dem Landesschutzpatron der Steiermark, Reiteralm, am 19. März 94)

Anreise

Tauern-Autobahn, Ausfahrt Knoten/Ennstal-Radstadt, Schladming, Gröbming (Bahnstationen, Busverbindungen in die einzelnen Skiorte)
Entfernungen von KA: 521 km, S: 453 km, UL: 372 km, M: 217 km

Hotelempfehlungen: Seite 541–585

Cardiofit-Touren bietet das Verkehrsamt Rohrmoos seinen Langläufern an, die ihre körperliche Leistungsfähigkeit messen lassen möchten.
Planai-Busserl heißt der kleine Verführer zum Aufwärmen (Eierlikör mit Sahnehäubchen, serviert im Schokowaffelbecherchen).
Eine Snowrafting-Fahrt vom Stoderzinken (Gröbming) ist im Skipaß ab sechs Tage Gültigkeitsdauer enthalten.
Ausflugstip: Von der Talstation der Gletscherseilbahn geht ein ca. halbstündiger Spazierweg zur Austriahütte mit einem sehenswerten, liebevoll eingerichteten kleinen Alpinmuseum.
Spezialschlitten mit breiteren Kufen (verbesserte Sicherheit, keine Rennschlitten) werden für die Rodelpartie auf der Hochwurzen-Naturrodelbahn ausgeliehen. Leihgebühr ca. öS 60 plus ca. öS 100 als Pfand.
Zirbenschnaps sollte man in der Kaiblingalmhütte probieren.

Schladming

PLZ: A-8970 **Ortsvorwahl:** 03687
Verkehrsbüro: Tel. 22268, Telefax 2226821
Einwohner: 4000 **Gästebetten:** 3500

Skischule: Keinprecht & Kahr, Coburgstr. 626, Tel. 23062 und 23544
Kinder: Gästekindergarten ab 1 Jahr (Hubertas Spiel-Eck, Tel. 23827, ca. öS 35/Std.); Skischule ab 4 Jahre (ca. öS 1450/Woche inkl. Mittagessen)
Après-Ski: *Disco* Sonderbar, Tel. 23150; Siglu, Tel. 22300; Bermuda-Dreieck, Tel. 22063 und 23462
Treffpunkt Planai Stub'n, Tel. 23544
Show sonntags ab 20 Uhr im Planai-Zielstadion

Eislauf: Natureislaufplatz in der Berggasse
Tennis und Squash: Tennishalle im Sporthotel Royer, Europaplatz, Tel. 23240
Schwimmen: Badezentrum, Europaplatz, Tel. 23271
Reiten: Gerhardter, Schiliftgasse, Tel. 23759

Rohrmoos

PLZ: A-8970 **Ortsvorwahl:** 03687
Verkehrsbüro: Tel. 61147, Telefax 6114713
Einwohner: 1300 **Gästebetten:** 3500

Skischule: Tritscher, Tel. 61142; Hoppl, Tel. 61525
Kinder: Gästekindergarten ab 1 ½ Jahre (Miniclub, Tel. 61301, ca. öS 190/Halbtag, 370/Ganztag inkl. Mittagessen); Skischule ab 4 Jahre (ca. öS 1600/Woche inkl. Mittagessen)
Après-Ski: Rohrmooser Taverne, Tel. 61671
Disco Tauernalm, Tel. 61672
Treffpunkt Café Otti, Tel. 61334; Rohrmooser Erlebniswelt, Tel. 61301

Eislauf: Natureislaufplatz, Obertal 2, Seiterhof; Waldhäuslalm im Untertal

Pruggern

PLZ: A-8965 **Ortsvorwahl:** 03685
Verkehrsbüro: Tel. 22204 und 22590, Fax 23170
Einwohner: 638 **Gästebetten:** 600

Skischule: Berger/Frühwirth, Tel. 22245
Kinder: Winterspielplatz Galstiland auf der Galsterbergalm, gratis; auf Wunsch Kinderbetreuung (Tel. 23660, ca. öS 100/Std.); Skischule ab 4 Jahre (ca. öS 1650/Woche inkl. Mittagessen)
Après-Ski: *Treffpunkt* Bottinghaus, Tel. 23660

Eislauf: Eislaufplatz, Tel. 22204

Haus im Ennstal

PLZ: A-8967 **Ortsvorwahl:** 03686
Verkehrsbüro: Tel. 2234 oder 2235, Fax 2430
Einwohner: 2470 **Gästebetten:** 2540

Skischule: Brandner, Tel. 2260; WM Skischule Haus, Tel. 2177
Kinder: kein Gästekindergarten; Skischule ab 4 Jahre (ca. öS 194/6 Tage inkl. Mittagessen)
Après-Ski: *Treffpunkt* Remise, Tel. 2216, Schloßcafé, Tel. 2345; Dorfcafé, Tel. 4210; Traubenkeller Sonnenschein, Tel. 4524

Eislauf: Natureislaufplatz in der Junghansstraße

Aich-Assach

PLZ: A-8966 **Ortsvorwahl:** 03686
Verkehrsbüro: Tel. 4292
Einwohner: 700 **Gästebetten:** 500

Kinder: kein Gästekindergarten; nächste Skischule in Haus i. E.

Eislauf: Aicher Freizeitsee, Tel. 4292

Pichl-Mandling

PLZ: A-8973 **Ortsvorwahl:** 06454
Verkehrsbüro: Tel. 380, Fax 523
Einwohner: 890 **Gästebetten:** 1600

Skischule: Kargl, 8973 Pichl, Tel. 256
Kinder: kein Gästekindergarten; Skischule ab 4 Jahre (ca. öS 1550/Woche inkl. Mittagessen)
Après Ski: Freizeitstüberl Freizeitpark Pichl, Tel. 515

Tennis und Squash: Sporting-Center, Hotel Pichlmayrgut, Tel. 305 oder 306

Gröbming

PLZ: A-8962 **Ortsvorwahl:** 03685
Verkehrsbüro: Tel. 22131, Fax 22304
Einwohner: 2150 **Gästebetten:** 750

Skischule: Kornberger, Tel. 22172
Kinder: Betreuung durch Tagesmütter möglich, Anmeldung über die Freizeitschule, Tel. 22131; kein Gästekindergarten; Skischule ab 4 Jahre (ca. öS 1500/Woche inkl. Mittagessen)
Après-Ski: Freizeitschule, Tel. 22131
Disco Steirer Diele, Tel. 22166
Treffpunkt Tom's Bierklinik, Tel. 22296
Kino Dirninger, Tel. 22166

Eislauf: Eislaufplatz Fischbacher, Tel. 22743
Schwimmen: Hotelhallenbad Seebacher, Moosheim, Tel. 22316
Reiten: Haiger, Tel. 22238; Moser, Tel. 22357

Ramsau/Dachstein

PLZ: A-8972 **Ortsvorwahl:** 03687
Verkehrsbüro: Tel. 81925 oder 81833 Telefax 810853
Einwohner: 2500 **Gästebetten:** 7000

Skischule: Royer, Tel. 81969; Pitzer, Tel. 81716; Ramsau West, Tel. 81430; Langlauf-Zentrum Dachstein, Tel. 81424 oder 81282
Kinder: Gästekindergarten ab 3 Jahre (ca. öS 200/Halbtag, 350/Ganztag inkl. Mittagessen); Skischule ab 4 Jahre (ca. öS 1580/5 Tage inkl. Mittagessen)
Après-Ski: *Disco* Kupferkanne, Tel. 81993, Sportalm, Tel. 81104
Treffpunkt Bierkeller, Tel. 81732
Museum Heimatmuseum beim Grahhof, Auskünfte über das Gemeindeamt, Tel. 81812; Alpin-Museum in der Austriahütte, Tel. 81522
Kino in Ramsau-Kulm, Tel. 81708

Tennis: Halle, Tel. 81721
Schwimmen: Ozon-Hallenbad, Tel. 81824
Reiten: Reiterhof Brandstätter, Tel. 81796; Weberhäusl, Tel. 81458

Ramsau zu Füßen des Dachstein-Massivs bietet Langläufern und Wanderern ideale Möglichkeiten.

Abseits gespurter Pfade treffen sich die Schneeschuhwanderer zu geführten Exkursionen.
Das Skigebiet auf dem Ramsauer Sonnenbalkon ist ideal für Anfänger und ganz gemächliche Stemmbogenrutscher. Wer ein bißchen flotter fährt, zieht seine Schwünge lieber am Rittisberg, wo vor allem die Nordabfahrt geübte Brettlfans anspricht.
Tradition haben in der Ramsau die Seniorenkurse für Ski und Langlauf. Das Durchschnittsalter der Gäste liegt hier wesentlich höher als in den anderen Orten. Mit Ski-Fit-Safaris quer durchs WM-Gebiet, Kursen für die Alternativ-Sportarten, Gletscherüberquerungen und anderen Ideen will man auch die jüngere Klientel ansprechen.
Was wäre Loipenspaß in der Ramsau ohne seine Einkehrstationen! Heimelige Gasthöfe, urige Almen wie die Speckalm, eines der beliebtesten Anlaufziele, machen mit Kaiserschmarrn und Apfelstrudel, Specktellern und Kasnocken, Obstler oder einem Viertel Roten den kräftezehrenden Sport erst schön.
Häufigstes Ausflugsziel an einem skifreien Nachmittag ist übrigens die älteste österreichische Lodenwalke in Ramsau-Rössing. In dem Betrieb aus dem 15. Jahrhundert wird immer noch gearbeitet.

Dachstein-gletscher

Von der Türlwand (Ramsau) aus schwebt die Großkabinenbahn in atemberaubenden acht Minuten an der Dachsteinsüdwand in die Gletscherregion hoch. Oben am Hunerkogel auf 2700 Meter rotieren im Ganzjahresbetrieb Doppelsessel- und Schlepplifte. Für Skiprofis ist hier eigentlich nur die Abfahrt rechts der Sesselbahn Mitterstein interessant. Vor allem reizen hier oben die Tourenmöglichkeiten, die mit Bergführer meist auch von weniger versierten Skifahrern zu bewältigen sind.
Eines der schönsten Erlebnisse für schwindelfreie Pulver- und Firnfreaks ist die Edelgrieß-Abfahrt nach Ramsau: Nach 15minütigem Aufstieg zu einem Felstunnel erreicht man traumhafte Schneehänge.

Wohin am Abend?

Disco oder Stub'n-Musi, gepflegtes Dinner oder Remmidemmi auf der Hütt'n, Foxtrott oder Volkstanz? Möglich ist alles. Hüttenzauber wird überall geboten, wo gemeinsame nächtliche Rodel-, Pferdeschlitten-, Ski- oder Langlauf-Fêten angesagt sind.
In fast allen Orten finden mindestens einmal pro Woche Steirische oder Brauchtumsabende mit Volkstanz statt. Zitherspieler und Stub'n-Musikanten werden häufig von Hotel- und Gasthofbesitzern engagiert.

Die Donnersbacher Tauern

Gut zehn Kilometer südwestlich von Liezen, am Nordrand der Wölzer Tauern, betreibt man den weißen Sport noch als urwüchsiges Freizeitvergnügen. Ein ruhiges Revier für »Alpine«, Tourengeher und Loipenläufer.

Beim Schwingen geht es hier gelassen zu, denn auf der Planneralm (1600–1980 m) neigen sich die baumlosen Pisten nur sanft. Ein Paradies für unkomplizierten Brettlspaß, abseits von Liftgedränge und Leistungsstreß.
Donnersbach, Donnersbachwald, Aigen am Putterersee und Irdning sind die Namen der Ferienorte.
Donnersbach liegt dem Skigebiet Planneralm zufahrtsmäßig gesehen am nächsten. Eine mautfreie Straße, die bis zu 9% Steigung aufweist, führt über rund 11 km zur Talstation der Lifte. Bei Lawinengefahr muß man jedoch zeitweise mit Sperrung der Straße rechnen.
Donnersbachwald, etwa 11 km südlich von Donnersbach, bietet eine weitere Möglichkeit für einen gemütlichen Familienurlaub. Riesneralm/Riesner Krispen (1920 m) heißt das Skigebiet oberhalb der weitverstreuten Bergsiedlung.
Aigen im Ennstal liegt am Putterersee, dem im Sommer angeblich wärmsten Badesee der Steiermark, und hat an »alpinem« Skipotential nur einen Schlepplift anzubieten.
Irdning ist wegen seiner zentralen Lage inmitten zahlreicher Skiparadiese ein geradezu idealer Ort, um hier Winterurlaub zu machen: 5 bzw. 15 km fährt man zu den Skigebieten Donnersbach und Donnersbachwald; die Tauplitzalm ist ebenfalls nur knapp 10 km entfernt, und auch die Dachstein-Tauern-Region ist in kurzer Zeit zu erreichen (ca. 40 km bis Schladming). Irdning selbst hat nur leichte Übungshänge.

Donnersbacher Tauern, 646–976 m
Aigen, Irdning, Donnersbach-Planneralm, Donnersbachwald

Skigebiet: 700–2200 m
Donnersbach 1177 Einwohner, 960 Gästebetten Donnersbachwald 340 Einwohner, 757 Gästebetten
Saison: Mitte Dezember bis Mitte April

Anreise Salzburg, Tauern-Autobahn (Ausfahrt Radstadt), Schladming, Irdning. Bahnstation ist Stainach-Irdning, von dort Busverbindungen in alle Orte des Skigebietes
Entfernungen von KA: 569 km, S: 501 km, UL: 420 km, M: 265 km

Information
Verkehrsvereine:
A-8943 Aigen, Tel. 03682/23540
A-8952 Irdning, Tel. 03682/23243
A-8953 Donnersbach, Tel. 03683/2206
Telefax 03683/2210
A-8953 Donnersbachwald, Tel. 03680/201
Telefax 03680/255
Landesvorwahlnummer siehe Seite 608

Kinder Donnersbach, Donnersbachwald keine Gästekindergärten; Skischule ab 4 Jahre (ca. öS 1000/5 Ganztage ohne Mittagessen)

Ski alpin Testnote ❄❄

Skigebiet von Donnersbach
10,8 km präparierte Abfahrten:
2 km schwer, 3,8 km mittel, 5 km leicht
Liftkapazität: 3800 Pers./Std.
5 Schlepplifte

Skigebiet von Donnersbachwald
24 km präparierte Abfahrten:
2,5 km schwer, 7,5 km mittel, 14 km leicht
Längste Abfahrt: Riesneralm-Nordabfahrt, 6,7 km Länge, 870 m Höhenunterschied, mittel
Liftkapazität: 3500 Pers./Std.
5 Schlepplifte, 1 Sessellift

Skipaß-Preise siehe Beilage

Tiefschneereviere: Mörsbachalm, Planneralm, Premalm
Skischule mit 40 Skilehrern

Langlauf Testnote ❄❄❄

120 Loipenkilometer (14 km schwierig, 8 km mittel, 98 km leicht) in der »Heimat am Grimming«; Donnersbach 16 km (mittel) Donnersbachwald Wildparkloipe (980 bis 1000 m), 9 km, mittel bis schwierig; Perweinloipe, 8 km; Höhenloipe Mörsbachalm (1300–1400 m), 5 km, mittel bis schwierig; Langlaufunterricht

Weitere Sportmöglichkeiten

Après-Ski
Leihbücherei, Wildfütterung, Wildpark

Erholungstip: Sich in einem Pferdeschlitten – warm verpackt – durch die Winterlandschaft gemütlich kutschieren zu lassen, z. B. von Donnersbachwald aus (Tel. 03680/230).

Hotelempfehlungen: Seite 541–585

Murau

Hinter den Schladminger Tauern liegt die »Sonnenregion« Murau mit Kreischberg und Frauenalpe, ein Geheimtip für Skifahrer. Gemütlichkeit und Freundlichkeit sind noch Trumpf, auf Rummel wird verzichtet.

In den Nockbergen um Murau – einer der schönsten Zirbenregionen Mitteleuropas – liegen einige reizvolle Skigipfel, die Pisten- und Tourenfahrern gleichermaßen Freude machen. Neben der Frauenalpe (2004 m), dem »Hausberg« besonders der lokalen Brettltalente, entstand »gegenüber« das Skigebiet Kreischberg (2130 m). Das am nördlichen Ufer der Mur gelegene Städtchen **Murau** gibt mit Resten der mittelalterlichen Stadtmauer, mit ansehnlichen Bürgerhäusern und einem stattlichen Schloß noch einen schönen Einblick in seine Vergangenheit als Handelsplatz. Mit den Nachbardörfern St. Georgen und St. Lorenzen ob Murau ist Murau zugleich Startbasis zu den beiden Skiregionen Frauenalpe/Kreischberg. Die Frauenalpe ist aber nur per Pkw oder Bus erreichbar (6 km Anfahrt bis zur Murauer Hütte auf 1583 m).

Von St. Lorenzen aus erschließt eine Gondelbahn die kahle Kuppe des Kreischberges.

Von der Bergstation der Rieglerhütte auf 1770 Meter geht es mit Schleppliften weiter hinein in das bis ins Frühjahr hinein schneesichere Revier Kreischberg auf über 2000 Höhenmeter. Ein weiterer Schlepplift, etwas südlich gelegen, erschließt zusätzlich auch den Rosenkranzboden (2130 m). Etwa 10 Kilometer südlich von Murau liegt das kleine Skigebiet Grebenzen.

Murau, 832 m

Skigebiet: 832–2140 m
Murau 2500 Einwohner, 500 Gästebetten
St. Georgen/St. Lorenzen 1500 Einwohner, 1200 Gästebetten
Saison: Anfang Dezember bis April

Anreise Salzburg, Tauern-Autobahn (Ausfahrt St. Michael), Murau. Bahnstationen sind Murau und Radstadt
Entfernungen von KA: 603 km, S: 535 km, UL: 454 km, M: 299 km

Information
Urlaubsregion Murau
A-8850 Murau, Tel. 035 32/27 20
Telefax 035 32/22 31-22
Landesvorwahlnummer siehe Seite 608.

Kinder kein Gästekindergarten; Skischule ab 3 Jahre (ca. öS 1500/Woche inkl. Mittagessen)

Ski alpin Testnote ❄❄

Frauenalpe
16 km präparierte Abfahrten:
13 km mittel, 3 km leicht
Längste Abfahrt: Frauenalpe – Murau, 7,5 km Länge, 650 m Höhenunterschied, schwer
Liftkapazität: 3300 Pers./Std.
5

Kreischberg
22 km präparierte Abfahrten:
6 km schwer, 4 km mittel, 12 km leicht
Liftkapazität: 6900 Pers./Std.
4 1 1

Skigebiet Grebenzen
20 km präparierte Abfahrten:
5 km schwer, 1 km mittel, 14 km leicht
Liftkapazität: 4200 Pers./Std.
5

Skipaß-Preise siehe Beilage
Skischule mit 10 Skilehrern

Langlauf Testnote ❄❄❄❄

Insgesamt ca. 100 Loipenkilometer (19 km schwierig, 74 km mittel, 7 km leicht); längste Loipen: im Naturpark Grebenzen (1000 m) 50 km, mittel, und die Murtalloipe (832–880 m), 45 km lang, mittel; Höhenloipe: Buckelhubenloipe (900–950 m), 5 km lang, schwierig; Anschluß an die Loipen im Oberen Murtal über ca. 300 km; Langlaufunterricht

Weitere Sportmöglichkeiten

Après-Ski

Seinen 100. Geburtstag feiert 1994 der Wintersportverein Murau. Damit soll er der älteste Wintersportverein Österreichs sein.

Hotelempfehlungen: Seite 541–585

Das Steirische Lachtal

Das steirische Lachtal gehört mit seinem Hauptort Oberwölz zu den gemütlichen Wintersportregionen. Das gilt sowohl für die noch weitgehend ursprünglichen Orte wie auch für den Pistenbetrieb.

Wölzer Tauern heißt der Mittelabschnitt der Niederen Tauern. Wer Glanz und Superlative der Super-Ski-Stationen missen kann, fährt an ihrer Südseite im Lachtaler Skirevier.

Auf einer Hochalm hat man oberhalb der Baumgrenze Lifte und Pisten zu einem kleinen Skizirkus unterhalb des Hohen Zinken (2212 m) verbunden. Mehrere Schlepplifte und die Pisten (ab 400 m Länge) bieten den Abfahrern ein gut kombinierbares Skivergnügen vornehmlich leichterer Art. Doch finden sportlichere Naturen auch anspruchsvolle Varianten.

Westlich des Lachtalhauses (Parkplatz) gehört das Tourengebiet rund um die Rossalpe (1894 m) zu den Schmankerln für »Geher« mit guter Kondition. Die längste Tourenabfahrt (auf der Nordseite des Hohen Zinken) führt über die Steinbachalm ins Nachbartal, nach Pusterwald.

Das Unterkunftsangebot ist als überwiegend ländlich zu charakterisieren. Der Alpengasthof im Lachtal, dazu diverse Gasthöfe und Pensionen, einige Ferienwohnungen und Privatzimmer (auch auf dem Bauernhof) in **Schönberg**, liegen den Liften am nächsten. Hat man sein Quartier im noch recht ursprünglichen, gemütlichen Städtchen **Oberwölz** gewählt, muß man mit dem Wagen oder per Gratis-Skibus die paar Kilometer Anfahrt zum Lachtalhaus, dem Ausgangspunkt der Liftketten unterhalb des Zinken, in Kauf nehmen. Doch dafür kann man noch in Gasthöfen innerhalb der mittelalterlichen Stadtmauern wohnen. Oberwölz gilt nämlich mit seinen 900 Einwohnern nicht nur als kleinste, sondern auch als eine der ältesten Städte der Steiermark. Zudem hält das Städtchen auch eine kleine Auswahl an sportlicher Abwechslung und Unterhaltung bereit: Rodelpartien und Eislauf gehören ebenso dazu wie Tanz- und Folkloreveranstaltungen.

Wer zusätzliche alpine Abwechslung sucht, kann sich auf den Pisten der Umgebung versuchen: Rund 30 km südwestlich liegt das Städtchen Murau mit dem Skigebiet Frauenalpe/Kreischberg. Zu den Pistenrevieren von der Turracher Höhe und von Falkertsee fährt man über die Bundesstraßen 97 und 95 noch einmal rund 40 km.

Murau siehe Seite 211.
Falkertsee siehe Seite 217.

Lachtal, 814–1600 m
Oberwölz

Skigebiet: 1600–2250 m
3540 Einwohner, 500 Gästebetten
Saison: Anfang Dezember bis Mitte April

Anreise Salzburg, Tauern-Autobahn (Ausfahrt St. Michael), Murau Oberwölz. Bahnstationen sind Trieben, Unzmarkt und Scheifling, von dort Taxi oder Hausbusse
Entfernungen von KA: 628 km, S: 560 km, UL: 479 km, M: 324 km

Information
Fremdenverkehrsverbände:
A-8832 Oberwölz, Tel. 03581/420
A-8831 Schönberg/Lachtal,
Tel. 03587/203, 211
Telefax 03587/250
Landesvorwahlnummer siehe Seite 608.

Kinder kein Gästekindergarten; Skischule ab 3 Jahre
(ca. öS 1050/Woche ohne Mittagessen)

Ski alpin Testnote ❄❄

25 km präparierte Abfahrten:
4 km schwer, 14 km mittel, 7 km leicht
Längste Abfahrt: Abfahrt vom Hohen Zinken, 5 km Länge, 650 m Höhenunterschied, leicht

Liftkapazität: 7300 Pers./Std.
8

Skipaß-Preise siehe Beilage
Tiefschneereviere und Skirouten: Turnabfahrten, Abfahrten vom Zinken, Pusterwald und im Großen Lachtal
Skischule mit 10 Skilehrern

Langlauf Testnote ❄❄

45 Loipenkilometer (mittel bis leicht); Höhenloipe: Lachtalloipe (1600 m), 4,5 km lang, mittel; kein Langlaufunterricht

Weitere Sportmöglichkeiten

Après-Ski
Heimatmuseum, Bücherei

Für den letzten Schliff reicht vielleicht ein Ein-Tages-Skikurs. Für den 4-Stunden-Tag muß man mit ca. öS 400 rechnen.

Hotelempfehlungen: Seite 541–585

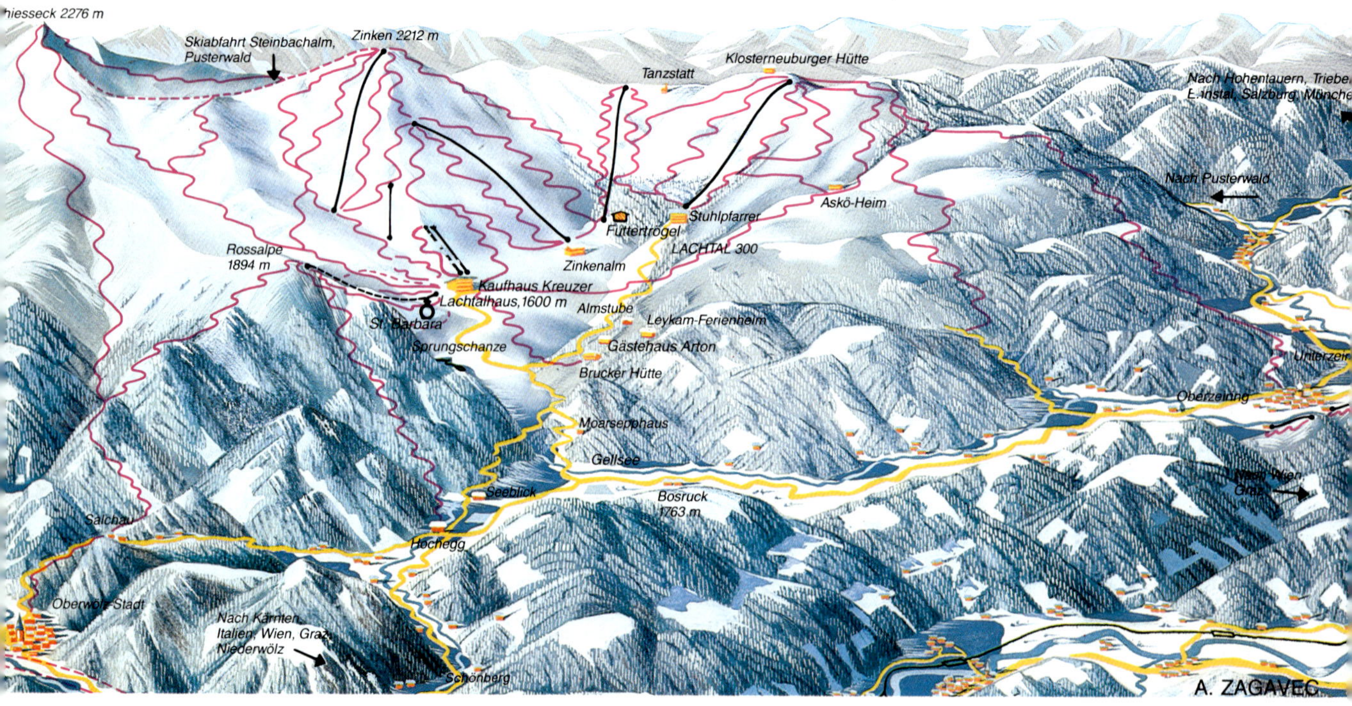

Turracher Höhe

In den runden, sanften Kuppen der Nockberge trifft der Wintergast auf ein Skigebiet, das Schneesicherheit, Sonne und viel unberührte Landschaft zu bieten hat.

Wer 23 Kilometer vor Murau, in Predlitz, rechts abbiegt, erreicht, an der Grenze zwischen Steiermark und Kärnten, ein weiteres landschaftlich reizvolles Pistenparadies, das speziell Freunde zwangloser Wintersport-Aktivitäten anspricht. Es reicht von **Turrach** (1269 m) bis hin zur **Turracher Höhe** (1763 m), inmitten eines alpinen Seengebiets, umrahmt von den sanften Kuppen der Nockberge. Das sonnig milde Gebirgsklima und das hochgelegene Skigebiet (Turracher Höhe 1763 Meter) garantieren Schneesicherheit bis weit in das Frühjahr. Überraschend ist auch das weiträumige Revier; Wartezeiten an den Liftstationen sind so gut wie unbekannt.

Die Aufstiegshilfen eröffnen allen Skifahrern und Snowboardern zahlreiche Abfahrtskilometer, vorwiegend mittlerer Schwierigkeitsgrade. Tiefschneeanhänger finden ihr Gebiet, wenn sie z. B. mit dem Sessellift zur »Silbermine« fahren – wo bis zur Jahrhundertwende Quecksilber abgebaut wurde – und von dort an der Panoramahütte und der Almstube vorbei ins Tal schwingen.

Turrach selbst, die einstige Bergwerkssiedlung, hat sich als Ferienplatz im Winter etabliert. Lifte und leichte Übungshänge liegen unmittelbar am Ortsrand. Den Turracher See hat man nicht allein für Eisläufer und Eisstockschützen präpariert, auch Langläufer finden hier einen gemütlichen Rundkurs in der Turracher See-Loipe auf 1763 Meter Höhe. Besondere Ansprüche stellt die Turracher Drei-Seen-Loipe (Turracher See, Schwarzsee und Grünsee), deren Verbindungsstrecken zwischen den Seen zum Teil durch schwieriges Gelände führen. Spitzensportler benutzen diese Loipe gerne zum leistungsfördernden Höhentraining. Die abwechselnd auf Steiermärkischem und Kärntner Gebiet verlaufende Strecke wird von Kennern gerne als eine der schönsten Loipen der Alpen bezeichnet.

Turracher Höhe, 1763 m

Skigebiet: 1400–2200 m
50 Einwohner, 1000 Gästebetten
Saison: Dezember bis April
Anreise Salzburg, Tauern-Autobahn (Ausfahrt St. Michael), Tamsweg, Predlitz, bzw. Tauern-Autobahn, Knoten Lieserhofen, Seeboden, Bad Kleinkirchheim. Bahnstation ist Spittal/Millstättersee (Busverbindungen).
Entfernungen von KA: 624 km, S: 556 km, UL: 475 km, M: 320 km
Information
Tourismusverein
A-8864 Turracher Höhe, Tel. 04275/8216
Telefax 04275/8363
Landesvorwahlnummer siehe Seite 608.
Kinder kein Gästekindergarten; Skischule ab 3 Jahre (ca. öS 1730/Woche inkl. Mittagessen)

Ski alpin Testnote ❄❄

40 km präparierte Abfahrten, vorwiegend mittlere Schwierigkeitsgrade
Längste Abfahrt: Eisenhut, 3 km Länge, 500 m Höhenunterschied, leicht
Liftkapazität: 7500 Pers./Std.
8 2
Skipaß-Preise siehe Beilage
Skischule mit 15 Skilehrern

Langlauf Testnote ❄❄

BESONDERS SCHNEESICHER

Rundloipe über 30 km Länge (4 km schwierig, 18 km mittel, 8 km leicht); am längsten ist der Abschnitt Sonnenloipe (1763 m) mit 10 km Länge, mittel; am höchsten liegt der Abschnitt Weitentalloipe (1763–1884 m) mit 6,5 km Länge, mittel; Loipengebühr erwünscht: ca. öS 30/Tag, 100/Woche, 150/2 Wochen, 350/Saison; Langlaufunterricht

Weitere Sportmöglichkeiten

Gleitschirmfliegen

Après-Ski

Mineralienmuseum

Ponyschlittenfahrten: Für Kinder ein besonderes Erlebnis. Für einen einstündigen Ausflug (Selbstfahrer, maximal zwei Erwachsene und ein Kind) muß man mit ca. öS 75 rechnen. Anmeldung im Hotel Seewirt, Tel. 04275/82342-15.

Hotelempfehlungen: Seite 541–585

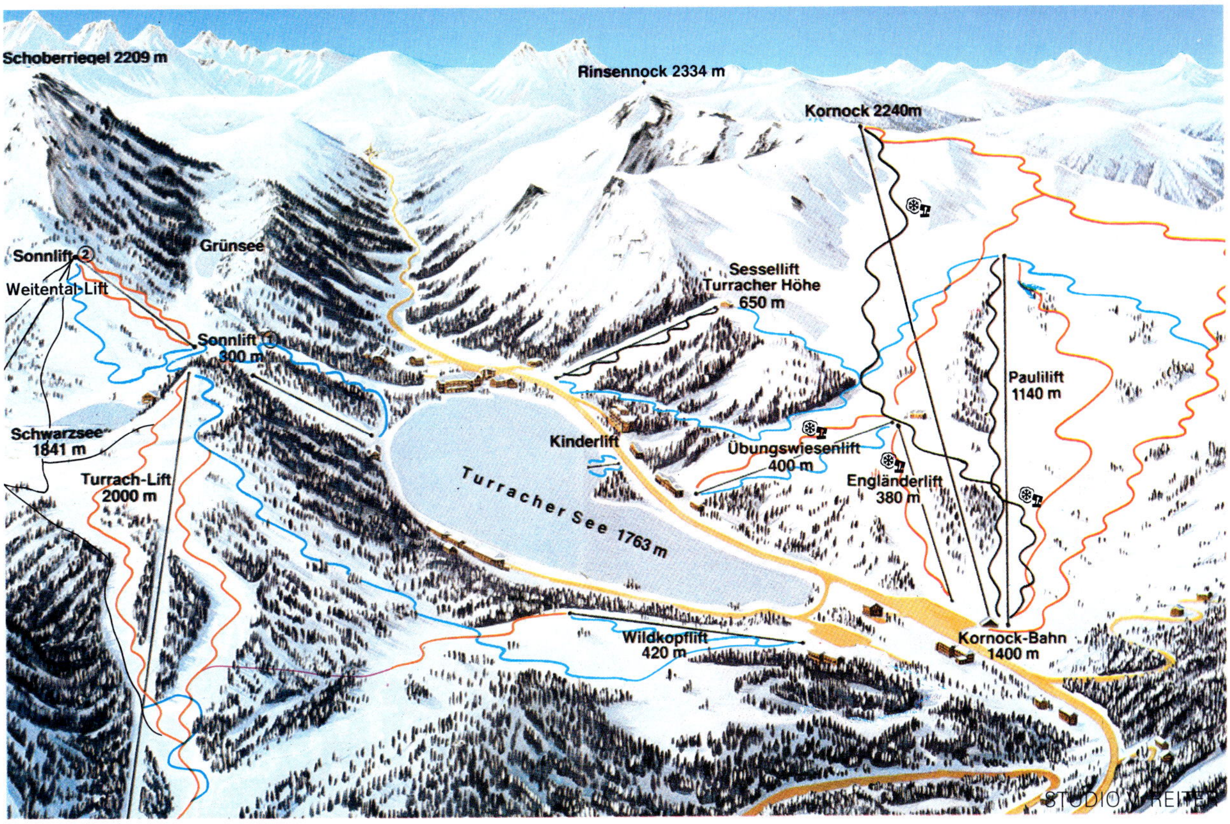

Kärnten

An Bergen fehlt es nicht, und auch Sonne gibt's genug: Kärnten liegt an der Südseite des Alpenhauptkamms, und stattliche Gebirgszüge wie die Hohen Tauern, Karnischen Alpen und Karawanken umrahmen und durchziehen das Land.

In den Skiorten Kärntens werden vorwiegend Pisten von leichten bis zu mittleren Schwierigkeitsgraden präpariert. Wer sich durch dieses Angebot nicht ausgelastet fühlt, findet zum Beispiel im Nockgebiet um Bad Kleinkirchheim, auf dem karnischen Naßfeld oder der Villacher Alpe auch anspruchsvolle Pisten.
Das weitverzweigte Skigebiet von **Bad Kleinkirchheim** und St. Oswald ist eine gute Adresse für unermüdliche Skiläufer. Wer den Verbund der Lifte nutzt, wird durch die gebotenen Abfahrtsmöglichkeiten sicher zufriedengestellt. 1989 hat sich Falkertsee per Liftverbund an Bad Kleinkirchheim angeschlossen.
Auch die Wintersportregion um das Thermalbad **Villach** verfügt mit Villacher Alpe, Kanzelhöhe, Verditz und Arnoldstein über ein beachtliches Pistenangebot, das von der zahmen Familienabfahrt bis zur rasanten FIS-Piste reicht.
Das dritte Revier der mit Schwierigkeitsgraden aller Kategorien gut durchmischten Skigebiete ist die **Karnische Skiregion** mit der Sonnenalpe Naßfeld. Hier stellt ebenfalls weites, meist baumloses Abfahrtsgelände, unter anderem mit der Nordabfahrt vom Gartnerkofel und der Kanonenrohrabfahrt vom Madritschgupf, anspruchsvolle Abfahrer zufrieden.
Winteridylle und Pistenspaß verbinden sich in **Heiligenblut/Döllach**, am Fuß des Großglockners. In Heiligenblut, das gerne als »schönstes Gebirgsdorf Österreichs« bezeichnet wird, und in dem benachbarten ehemaligen Goldgräberdorf Döllach finden die Winterurlauber eine Reihe familienfreundlicher, vorwiegend sanfter Abfahrten vor. Auf den rasanten 6000-Meter-Kurs von der Schareck-Bergstation nach Heiligenblut und die großzügig ausgebaute 3000-Meter-Strecke vom Schareck nach Roßbach sei besonders hingewiesen.
Auch Mallnitz, der Ski- und Luftkurort an der Grenze zwischen Kärnten und dem Salzburger Land, bietet auf dem Ankogel sanft geneigte, baumfreie Abfahrtshänge und mit der Ankogel-Südabfahrt darüber hinaus eine gut zu bewältigende Piste von beachtlichen 9 km Länge. Vor Mallnitz geht es im **Mölltal** von Flattach aus auf das seit der Sommersaison 1987 eröffnete Gletscherskigebiet auf dem Wurtenkees.
Spittal an der Drau steuert mit seinen Liften am Goldeck ein überschaubares und familienfreundliches Skigebiet bei.
In **Innerkrems** mit dem Grünleitennock sind auch der Anfänger und weniger geübte Skifahrer nicht überfordert. Ähnlich im **Lavanttal**; hier liegen die Skigebiete gleichfalls im Rahmen mittlerer Schwierigkeitsgrade.
Auch Tiefschneefahrern und Touren-

Skigebiete auf einen Blick

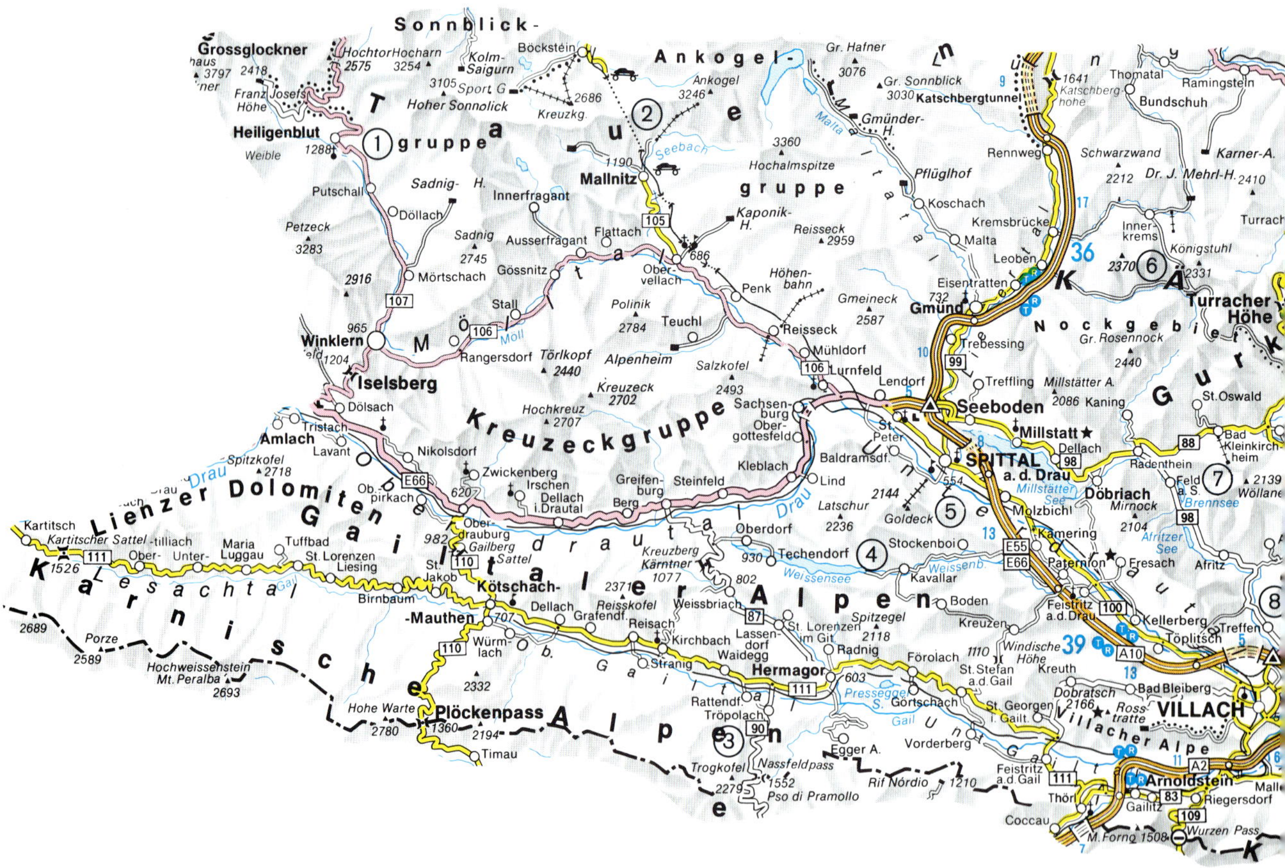

gehern bieten sich in Kärnten zahlreiche Möglichkeiten. Da ist die bucklige Welt der wegen ihrer kugeligen Kuppen so genannten »Nockberge« um Innerkrems und Bad Kleinkirchheim. Die unberührten Flanken von Schareck und Fleißalm bei Heiligenblut, der Ankogel bei Mallnitz, die Karnische Skiregion oder das Lavanttal sind für zünftige Touren abseits der Pisten zu empfehlen. Einige Oberkärntner Ferienorte bieten Tiefschneefans jeweils ab Mitte März geführte Hochtouren und auch Firnwochen an.

Gute Kondition fordert eine geführte Alpenüberquerung von Heiligenblut über die Hohen Tauern bis ins salzburgische Rauris.

Langläufer und Skiwanderer finden überall gespurte Rundkurse. Für besonders anspruchsvolle Freunde der schmalen Bretter ist einmal das Loipengebiet am **Weißensee**, in Höhen um die 1000-Meter-Marke, von besonderem Interesse. Zum zweiten sind da die weit hingezogenen Loipen im oberen **Gailtal**, südlich von Hermagor, am Fuß der Karnischen Alpen.

Dem ländlichen Charakter der Ferienorte entspricht auch die abendliche Unterhaltungsofferte. Wer auch nach dem Abfahren noch ein bißchen »swingen« möchte, der verbringt seinen Winterurlaub am besten in Bad Kleinkirchheim. Dort gibt es Bars, Tanzlokale und Diskos.

Heiligenblut erreicht man, da im Winter die Großglockner-Hochalpenstraße gesperrt ist, nur über die Felbertauern-Straße, die Tauernautobahn oder via Badgastein mit Autoverladung durch den Tauerntunnel. Spittal, Villach und die Karnische Skiregion liegen verkehrsgünstig am Südende der Tauernautobahn. In die Lavanttaler Skigebiete gelangt man, wenn man von Judenburg im Murtal aus über die Bundesstraßen 77 und 78 südostwärts in Richtung Wolfsberg fährt.

Ein Sonnentag im Skigebiet von Bad Kleinkirchheim – südlich des Alpenhauptkamms sind die Sonnenstunden reichlicher.

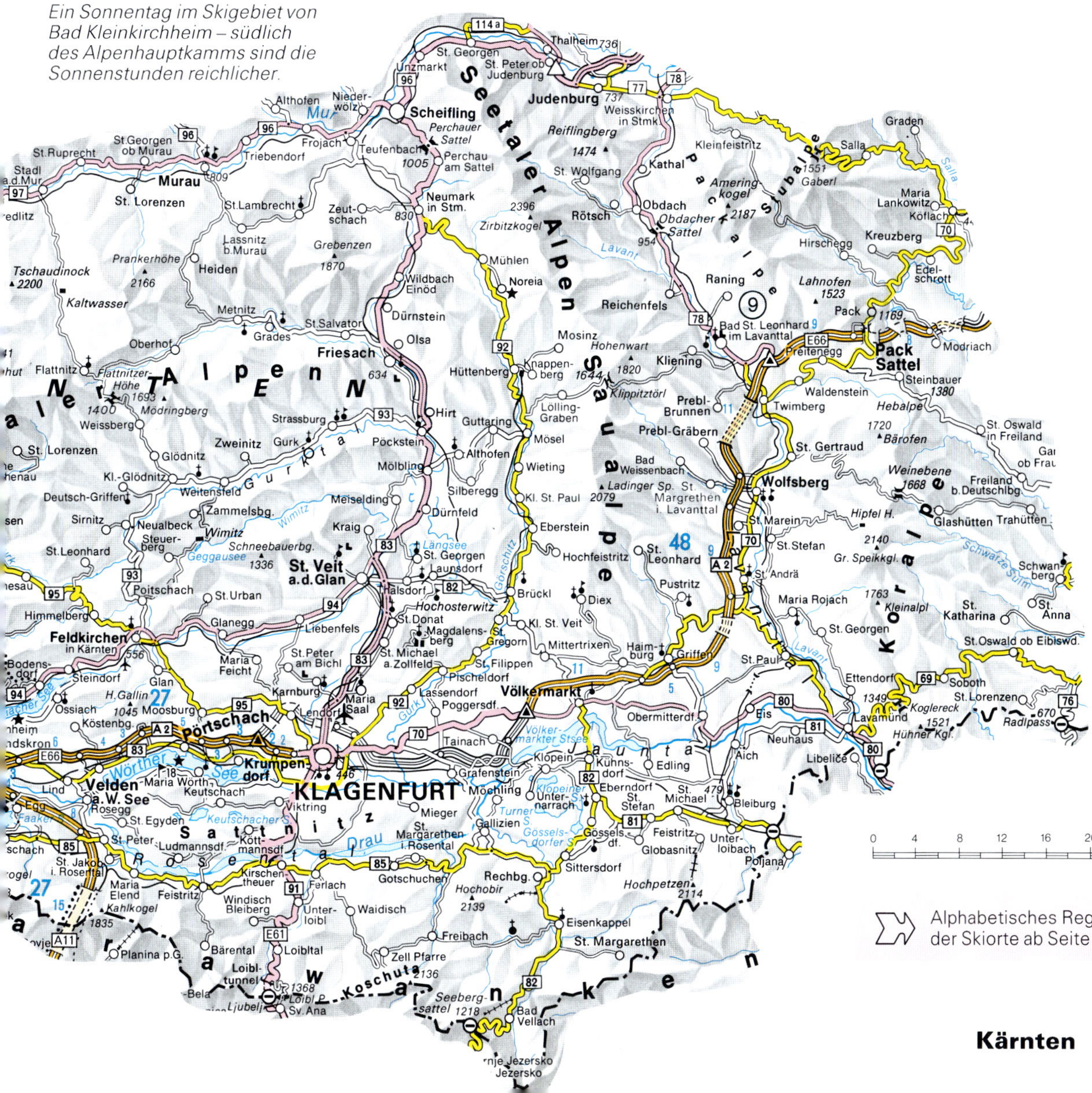

Alphabetisches Register der Skiorte ab Seite 601

Bad Kleinkirchheim

Eine steile Karriere hat der Kärntner Ort Bad Kleinkirchheim in den letzten Jahren gemacht. Die attraktive Verbindung heilkräftiger Thermalquellen mit einem gut erschlossenen Skigebiet verspricht einen erholsamen Winterurlaub.

Bad Kleinkirchheim wartet während der weißen Saison mit etwas Besonderem auf. »Von der Piste in die Therme« heißt der Slogan des auch als Kurbad renommierten Kärntner Wintersportzentrums. Wer sich tagsüber im weiten Pistennetz der Skiberge oberhalb von Bad Kleinkirchheim und des benachbarten St. Oswald müde gefahren hat, entspannt sich anschließend in der auch architektonisch anspruchsvoll gestalteten Thermal-Badeszene im heilkräftigen Wasser des »Römerbades« oder der »St. Kathrein-Therme«. Die radonhaltige Katharinenquelle bekämpft bei abgestuft wählbaren Temperaturen zwischen 26 und 33 Grad Celsius wirksam die beim weißen Sport erschlaffte Muskulatur.

Besonders Fahrer mit mittleren Ambitionen finden hier ein großes Angebot. Nur die Rennstrecke an der Kaiserburg verlangt professionelles Stehvermögen: die »FIS K 70 Franz Klammer«. Es verbleiben rund zwei Dutzend leichter bis mittelschwerer Pisten. Pflege und Markierung der Strecken hat man mit dem Kärntner Pistengütesiegel ausgezeichnet.

Der abwechslungsreiche Skizirkus wird von der Kabinenbahn auf die Nockalm im Skigebiet Wiesernock (1974 m)/Priedröf (1963 m) und der Sesselbahn zur Brunnachhöhe (1910 m) bei St. Oswald sowie von den Sesselbahnen zu Strohsack (1910 m) und Kaiserburg (2055 m)

Links: Blick auf die Kirche St. Ulrich. Rechts: »Von der Piste in die Therme«: Nicht weit ist es von der Talstation der Kaiserburgbahn zum Römerbad. Im Hintergrund die Kirche St. Ulrich.

und den beiden Sonnwiesensesselbahnen zusammen mit den Schleppliften in Schwung gehalten. Skibusse verbinden kostenlos die Talstationen.

Wer die Kleinkirchheimer Skischaukel richtig abschwingen möchte, hat Abwechslung für einen ganzen Urlaub. Man kann es sanft angehen, beginnt am Übungslift von St. Oswald, steigert sich an den leichten Abfahrten von Spitzegg bzw. Brunnachhöhe und versucht sich dann an den mittleren Anforderungen der Priedröf-, Wiesernock- und Strohsack-Abfahrten. Die Rennpisten an der Kaiserburg könnten ein krönender Abschluß sein. Vorausgesetzt natürlich, man ist mit Franz Klammers »FIS K 70« nicht ein wenig überfordert.

Loipenrundkurse werden sowohl in Bad Kleinkirchheim (1100 m) als auch in St. Oswald (1350 m) präpariert. Die landschaftlich sehr reizvolle Panoramaloipe »Nockalm« liegt auf 1950 m Höhe. Rodelbahnen führen vom Strohsack nach Bad Kleinkirchheim und vom Falkerthaus nach St. Oswald. Am Thermalzentrum gibt es einen Natureisplatz. Auch Eisstockschützen finden hier sowie im Ortsteil Zirkitzen und in St. Oswald präparierte Bahnen.

In Bad Kleinkirchheim hat man weniger auf Beton als auf rustikale Gemütlichkeit gesetzt. So bietet der Ort seinen Gästen ein freundlich-aufgelokkertes Bild; seine Häuser sind weit über das Tiefenbachtal verstreut, so daß allen Gästen rund um die Ferienwohnungen, Pensionen und Hotels genügend Freiraum verbleibt und man am Morgen beim Aufstehen nicht in das Fenster des Nachbarn sieht. Das Unterkunftsangebot erfüllt die verschiedenartigsten Ansprüche an Komfort und Urlaubsgestaltung.

Die besondere Attraktion unter den Après-Ski-Offerten bildet das großzügig ausgebaute Thermal-Badezentrum (insgesamt 1400 m² Wasserfläche) mit zwei Hallenbädern (33 und 29 Grad Wassertemperatur), Freibad (26 Grad) und Thermal-Römerbad mit »Hallen-Schwimmlandschaft« (28–33 Grad). Wildbachströmung, Gegenstromanlagen und Massagedüsen bringen den Kreislauf in Schwung. Daneben gibt es noch einiges mehr für die Gesundheit: Thermal-Wannenbäder, Unterwasser- und Heilmassagen, Schönheitsfarm, Solarium, Sauna, Fitneßraum etc.

Der erste Kurgast soll – so geht die Geschichte – Pfalzgraf Poto gewesen sein, der sich im Jahre 1055 auf seiner Flucht im Kirchheimer Tal versteckte. Beim Baden im frischen Quellwasser verspürte er die heilende Kraft des Thermalwassers für seine Wunden. Von da bis zur heutigen Badekultur war es ein langer Weg.

Wer ausgesprochene Ruhe sucht, wird im Skigebiet **Falkertsee** ein paar Kilometer nördlich von Bad Kleinkirchheim auf seine Kosten kommen.

Das Gebiet liegt zwischen 1720 und 2300 Meter; da es nur über eine Bergstraße zu erreichen ist, sind Schneeketten empfehlenswert. Die Höhe garantiert Schneesicherheit bis weit in das Frühjahr. Zwar gibt es nur wenige Aufstiegshilfen, aber die über zehn Abfahrten unterschiedlicher Schwierigkeiten bieten dennoch viel Abwechslung. Die längste Piste erstreckt sich über 3000 Meter und erfordert durchaus Standvermögen. 1989 hat man sich mit Bad Kleinkirchheim zu einem Liftverbund zusammengeschlossen.

Bad Kleinkirchheim, 1100 m

Skigebiet: 1100–2055 m
1900 Einwohner, 7000 Gästebetten
Saison: November bis April

Anreise Salzburg, Tauern-Autobahn, Knoten Lieserhofen, Millstätter See, Bad Kleinkirchheim. Bahnstationen sind Spittal und Villach (Busverbindungen)
Entfernungen von KA: 610 km, S: 542 km, UL: 461 km, M: 306 km

Information
Tourismusverband,
A-9546 Bad Kleinkirchheim, Tel. 04240/8212
Telefax 04240/8537
Schneetelefon 04240/8222
Landesvorwahlnummer siehe Seite 608.

Kinder Gästekindergarten ab 3 Jahre (ca. öS 300/Halbtag, 450/Ganztag inkl. Mittagessen); Skischule ab 5 Jahre (ca. öS 1900/Woche inkl. Mittagessen)

Ski alpin Testnote ❄❄❄

Skigebiet Bad Kleinkirchheim
85 km präparierte Abfahrten:
10 km schwer, 40 km mittel, 35 km leicht
Längste Abfahrt: FIS K 70 Franz Klammer, 4,2 km, 920 m Höhenunterschied, schwer
Liftkapazität: 30000 Pers./Std.
20 6 3

Skipaß-Preise siehe Beilage
Tiefschneereviere: Bereich Mulden- und Hirschsprunglift, Lärchegg
3 Skischulen mit 90 Skilehrern

BESONDERS SCHNEESICHER

Langlauf Testnote ❄❄❄

16 Loipenkilometer (leicht) mit Anschluß an die Gurktalloipe, 40 km; Höhenloipen: Panoramaloipe (1950 m), 5 km lang, mittel bis leicht; Loipe St. Oswald (1350 m), 3 km langer Rundkurs; längste Loipe: Römerloipe (1050–1180 m), 8 km lang, mittel bis leicht; Langlaufunterricht

Weitere Sportmöglichkeiten
Thermalhallen- und -freibäder, Dampfbad, Kneipp-Einrichtungen, Indoor-Golf

Après-Ski
DISCO KINO
Bücherei, Mineralienmuseum, Modelleisenbahn
Kostenloser Après-Ski-Shuttlebus von 18.30 bis 2 Uhr

Sportliche Veranstaltungen
Alpiner Skiweltcup Herren (Dez. 93), 8. Römerlauf (intern. Volksskilauf über 42 und 20 km in der Region Bad Kleinkirchheim – Reichenau – Gnesau, Ziel Bad Kleinkirchheim) und 2. Mini-Römerlauf (über 5 km, beide im Febr. 94)

Zum Eisstockschießen bieten sich gleich drei Möglichkeiten an: Eispark, Eisstockbahn Bach und Eisstockbahn St. Oswald. Für die Miete eines Eisstocks muß man mit ca. öS 35 rechnen.

Hotelempfehlungen: Seite 541–585

Heiligenblut

Als Zentrum des Nationalparks Hohe Tauern – vor der eisstarrenden Kulisse des Großglockners – ist Heiligenblut vor allem im Sommer ein vielbesuchter Touristenort. Ganz anders im Winter, da geht's im Skidorf eher gemütlich zu.

Im Zentrum, nur einen Steinwurf vom Kirchenportal entfernt, liegt die Talstation der Schareckbahn, die in zwei Sektionen bis auf 2604 m hinaufführt und rund 1300 Höhenmeter überwindet.
Ab der Mittelstation Roßbachhöhe (1750 m) verteilt sich das Skifahrervolk auf weitere Lifte.
Führt die erste Sektion der Roßbachgondel noch durch Nadelwald, öffnet sich ab der Roßbachhöhe ein weithin baumfreies Skirevier mit vorwiegend leichten bis mittelschweren Pisten. Die Direttissima vom Schareckhaus (2604 m) zum Fallbichl (2200 m) fordert dagegen auch Könner heraus und ist mit Recht »schwarz« ausgezeichnet. Der Sessellift Viehbühel (vom Fallbichl) erschließt dann wieder leichte Hänge, auch mit Anschluß zum Wallackhaus (2307 m). Doch zurück zum Schareck. Von hier aus führt auch die längste und rasanteste Abfahrtsstrecke hinunter zur Talstation Heiligenblut.
Weit gemütlicher und durchaus familienfreundlich ist die Abfahrt vom Schareck über die Sonnalm und Seppenalm zurück zur Roßbachhöhe, die in einem weiten Bogen (insgesamt 6 km) über den Tauernberglift ausholt. Der Tauernberglift eröffnet zudem einen schönen Blick auf die rechts gelegene Gjaidtroghöhe (2989 m).
Die Verbindung zum darunter gelegenen Fleißalm-Skirevier eröffnet eine 1600 Meter lange Tunnelbahn (gratis für Skipaßbesitzer).

BESONDERS SCHNEESICHER

Heiligenblut, 1301 m

Skigebiet: 1301–2902 m
1250 Einwohner, 1980 Gästebetten
Saison: Dezember bis April

Anreise Inntal-Autobahn (Ausfahrt Kufstein-Süd), Kitzbühel, Felbertauerntunnel, Lienz, Skigebiet. Oder Salzburg, Badgastein, Böckstein (Bahnverladung bis Mallnitz) oder Tauern-Autobahn, Mölltal. Bahnstation ist Mallnitz, von dort Busverbindungen
Entfernungen von KA: 568 km, S: 500 km, UL: 419 km, M: 264 km

Information
Tourismusverband
A-9844 Heiligenblut, Tel. 04824/2001-21
Telefax 04824/2001-43
Schneetelefon 04824/228833
Landesvorwahlnummer siehe Seite 608.

Kinder Gästekindergarten ab 3 Jahre (ca. öS 400/Ganztag inkl. Mittagessen); Skischule ab 5 Jahre (ca. öS 1200/5 Tage ohne, 1700/5 Tage mit Mittagessen)

Ski alpin Testnote ❄❄❄

Skigebiet Schareck
28 km präparierte Abfahrten:
5 km schwer, 23 km mittel
Längste Abfahrt: nach Heiligenblut, 9 km Länge, 1300 m Höhenunterschied, mittel
Liftkapazität: 9200 Pers./Std.
3 2

Skigebiet Fleißalm
20 km präparierte Abfahrten:
5 km schwer, 14 km mittel, 1 km leicht
Liftkapazität: 2800 Pers./Std.
3 1

Skigebiet Fallbichl
7 km präparierte Abfahrten:
2 km schwer, 5 km leicht
Liftkapazität: 1650 Pers./Std.
2 1

Skipaß-Preise siehe Beilage

Tiefschneereviere: Fleißalm, Kasereck, Hochtor, Schareck
2 Skischulen mit 40 Skilehrern

Langlauf Testnote ❄❄

13 Loipenkilometer (8 km schwierig, 5 km mittel); längste Loipe: Glocknerloipe (1200–1300 m), 5 km lang, mittel; Höhenloipe Wallackhaus (2200–223 m), 5 km lang, leicht, sie wird nur gespurt, wenn unten zu wenig Schnee liegt; Langlaufunterricht auf Anfrage

Weitere Sportmöglichkeiten

Gleitschirmfliegen, Snowrafting

Après-Ski

DISCO

Skischul-Privatstunden lohnen sich außerhalb der normalen Kurszeiten (ca. öS 380/Stunde).

Hotelempfehlungen: Seite 541–585

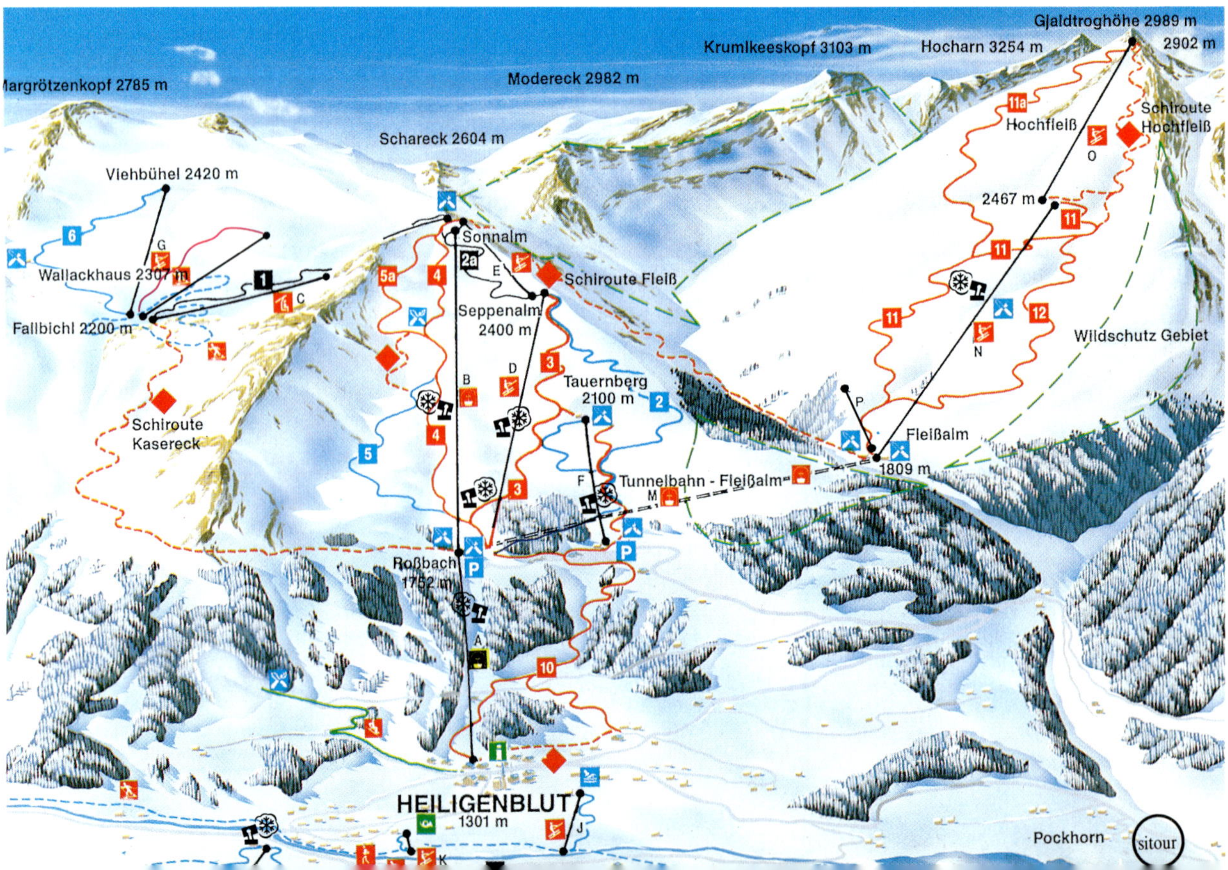

Innerkrems

Im Gebiet der Kärntner Nockberge liegt das Skirevier von Innerkrems; Quartiere werden auch in Eisentratten, Kremsbrücke und Leoben angeboten. Beschaulicher Skibetrieb dominiert rund um den Grünleitennock.

Innerkrems liegt auf der Südseite des Tauernhauptkammes, ca. 10 km östlich der Südrampe der Tauernautobahn zum Katschbergtunnel. Zwar wird das Tal der Lieser, am Westsaum der Kremser Region, von den hohen Stelzen der Tauernautobahntrasse überragt. Doch das tut der malerischen Landschaftskulisse von Innerkrems und den umliegenden Nockbergen keinen Abbruch; hier will man die Natur bewahren und hat dies auch weitgehend geschafft.
Krems, das ist ein Gemeindeverband von insgesamt 32 Orten. Einen Ort dieses Namens gibt es nicht, auch wenn man ihn auf manchen Karten findet. Vielmehr ist **Eisentratten** Sitz der Kremser Fremdenverkehrsgemeinde. Nur vier der hier zusammengeschlossenen Gebirgsdörfer sind von touristischer Bedeutung. Eisentratten, **Kremsbrücke** und **Leoben** liegen vom eigentlichen Skigebiet von Innerkrems etwa 10 bis 15 km entfernt, an der Katschberg-Bundesstraße 99.
Wer die unmittelbare Nähe der Pisten sucht, nimmt natürlich am besten in **Innerkrems** (1480 m) Quartier. Der gemütliche Ort, in dem bis vor 100 Jahren Eisenerz abgebaut wurde, ist für den Wintersport erst richtig erschlossen worden, nachdem die Tauern-Autobahn durch den Katschberg fertiggestellt war (ab 1975) und er damit besser erreichbar wurde.
Grünleitennock (2160 m) heißt der zentrale Skiberg der Region. Hier wurde übrigens 1983 die Skibob-Weltmeisterschaft ausgetragen.

Das Kärntner Pistensiegel bietet die Gewähr, daß Skiurlauber hier stets mit gut gepflegten Abfahrten rechnen können.
Ein Sessellift führt zu den Pulver- und Firnstrecken an und über der 2000-Meter-Marke.
Die Familienabfahrt senkt sich von der Bergstation des Sessellifts (2128 m) über 6000 m Länge auf die 1500 m des Talgrundes von Innerkrems ab.
Die 35 km lange Nockalm-Panoramastraße ist nur im Sommer geöffnet. Im Winter wird ihr unterer Abschnitt auf 2000 m Länge für die Rodler präpariert. Da diese Strecke mit Flutlicht ausgestattet ist, trifft man sich hier auch gerne zum sportlichen »Après«.
Reizvoll ist die Nockberge-Region auch für Tourenfahrer. Rund 30 verschiedene Möglichkeiten bieten sich für Ski-Individualisten an. Wer sichergehen will, vertraut sich am besten der Führung eines Skilehrers an.
Ein weiteres Skigebiet, zu Innerkrems gehörend, ist die Blutige Alm, benannt nach den im Sommer tiefrot blühenden Kohlröschen.
Langläufer finden eine abwechslungsreiche Wanderloipe durch reizvolle Winterlandschaft. Wer eine Alternative zum Angebot der einstigen Bergknappen-Siedlung Innerkrems und ihren Nachbardörfern sucht, findet unter anderem im sechs Kilometer entfernten Dörfchen Schönfeld, das schon zum Salzburger Land gehört, ein vielfältiges Netz von Rundloipen, das auch weniger geübten Spurengängern nicht zuviel abverlangt. Ein kostenloser »Loipenbus« verkehrt dreimal täglich zwischen Innerkrems und Schönfeld.
Auch mit dem idyllischen Maltatal und dem Ferienort gleichen Namens haben Langläufer und Skiwanderer ein urwüchsiges Schneeparadies ganz in der Nähe.
Vom Après-Ski-Angebot sollte man in Innerkrems nicht zuviel erwarten. Der Abend klingt in der Regel ganz geruhsam aus.

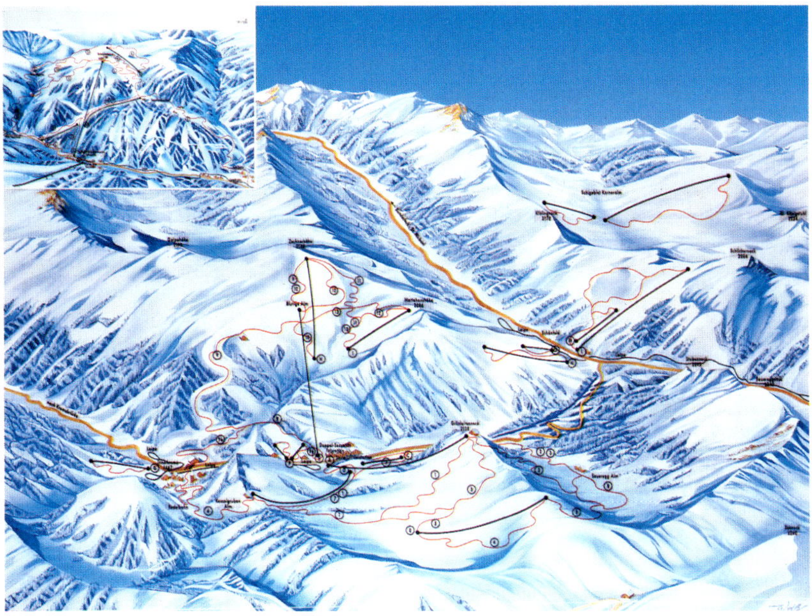

Innerkrems, 1480 m

Skigebiet: 1480–2128 m
Innerkrems 80 Einwohner, 800 Gästebetten
Eisentratten 1060 E., 300 G. Kremsbrücke 750 E., 100 G. Leoben 450 E., 110 G.
Saison: Mitte Dezember bis Ende April

Anreise Salzburg, Tauern-Autobahn (Ausfahrt Rennweg) oder Inntal-Autobahn (Ausfahrt Kufstein), Kitzbühel, Felbertauerntunnel, Lienz, Spittal, Innerkrems
Bahnstation ist Spittal/Millstättersee.

Entfernungen von KA: 574 km, S: 506 km, UL: 425 km, M: 270 km

Information
Touristikbüro Innerkrems-Eisentratten, A-9862 Kremsbrücke 23
Tel. 04735/515, Fax 04735/517
Landesvorwahlnummer siehe Seite 608.

Kinder Innerkrems kein Gästekindergarten; Skischule ab 3½ Jahre (ca. öS 1550/5 Tage inkl. Mittagessen)

Ski alpin Testnote ❄❄

Skigebiet Grünleitennock
22 km präparierte Abfahrten: 15 km mittel, 7 km leicht
Längste Abfahrt: Kesselgrubenabfahrt, 6 km Länge, 600 m Höhenunterschied, leicht
Liftkapazität: 4155 Pers./Std.
4 1

Skigebiet Blutige Alm
13 km präparierte Abfahrten: 7 km mittel, 6 km leicht
Liftkapazität: 4300 Pers./Std.
4 1

Skipaß-Preise siehe Beilage

Skirouten: Saueregg – Straßeralm und Heiligenbach – Innerkrems
Skischule mit 10 Skilehrern

Langlauf Testnote ❄❄

Insgesamt 26 Loipenkilometer (2 km schwierig, 14 km mittel, 10 km leicht) Innerkrems 8 Loipenkilometer Schönfeld 18 Loipenkilometer (1720–1900 m, höchste und längste Loipe), mittel; Langlaufunterricht

Weitere Sportmöglichkeiten

Après-Ski

Der ganz andere Pistenspaß: Auf Big Foot hinunterwedeln. Die Leihgebühr beträgt ca. öS 80/Tag (Skischule Schiffer, Innerkrems).

Hotelempfehlungen: Seite 541–585

Spittal und Weißensee

Spittal hat zwar mit dem Goldeck sein eigenes Skirevier. Doch auch im näheren Umkreis des historischen Städtchens finden sich eine ganze Reihe attraktiver Skigebiete, etwa am benachbarten Weißensee.

Die Oberkärntner Bezirkshauptstadt **Spittal an der Drau**, direkt an der Tauern-Autobahn Salzburg – Villach, bietet mobilen Winterurlaubern die Vorteile einer geographisch wie verkehrstechnisch zentralen Lage. Da wäre zunächst das südwestlich angrenzende Haus-Skigebiet auf dem Goldeck mit einem großzügigen Angebot an Abfahrten vorwiegend mittlerer Schwierigkeitsgrade. Weiter südwestlich gibt es auf der Sonnenalpe Naßfeld bzw. auf der Villacher Alpe mit Kanzelhöhe und Gerlitzen gepflegte Pisten von leicht bis schwer. Im Nordosten erreicht man die kahlen Kugelköpfe der Nockberge mit den nicht allzu strapaziösen Abfahrten des Wintersportzentrums Innerkrems. Mallnitz schließlich, nordwestlich von Spittal, steuert mit dem Skiberg Ankogel und der Häusler-Alm gleichfalls mittelschwere Abfahrten bei. Die Gebiete sind übrigens von Spittal aus zwischen 25 und 70 km entfernt.

Auch Anhänger des nordischen Skisports finden den gewünschten »Auslauf«: Zum Beispiel im Norden das Maltatal oder Rennweg mit großzügigen Loipenkursen.

Das historische Marktstädtchen Spittal an der Drau selbst kann seinen Wintergästen, wie gesagt, als Skiberg das Goldeck (2142 m) anbieten. Eine Großkabinenbahn erschließt auf der ersten Etage (Krendlmaralm 1650 m) nach acht Minuten Fahrzeit ein leichtes Übungsgelände mit Anschlußlift; im Obergeschoß, nach weiteren vier Minuten, auf 2050 m ein variantenreiches Skigebiet mit zusammen rund 40 km Pisten leichter bis mittlerer Kategorien. (Ein weiterer Einstieg ist über die Goldeck-Panoramastraße vom Süden her möglich; Spittal – Seetalparkplatz ca. 30 km.) Die meist baumlosen Wedelstrecken machen auch weniger sicheren Pistenpiloten das Abschwingen nicht allzu schwer. Für rasante Fahrer sind ein paar »Rennstrecken« dabei.

Sehenswert in Spittal ist das Schloß Porcia aus dem 16. Jahrhundert mit seinem schönen Arkadenhof. Man zählt es zu den bedeutendsten Renaissance-Schlössern in Österreich. Das Unterkunftsangebot des gemütlichen Marktfleckens ist wohlsortiert. Aber auch das Après-Ski kommt hier nicht zu kurz.

Techendorf, rund 45 km südwestlich von Spittal (über Greifenburg), ist der Hauptort im Natur- und Landschaftsschutzgebiet **Weißensee**. Das gemütliche Dorf hat seinen Gästen ein kleines, aber feines Skigebiet an der Naggler Alm (1324 m) erschlossen.

Hier findet man neben leichten Übungshängen auch Abfahrtsvarianten höherer Schwierigkeitsgrade. Rund zehn Minuten dauert die Fahrt mit der Doppelsesselbahn in das mit Schleppliften ausgestattete Schneerevier. Wettkampfatmosphäre re verbreitet hier der alljährliche FIS-Herren-Slalom mit dem klangvollen Namen »Silberne Seerose vom Weißensee«.

Langläufer sind auf der Höhenloipe Naggler Alm gleichfalls gut aufgehoben. Sie profitieren, genauso wie die Abfahrer, von der Schneesicherheit dieses Gebietes bis in den März hinein. Die Rodelbahn von der Naggler Alm fordert mit fünf Abfahrts-Kilometern gutes Sitzfleisch und ist in Techendorf ein sehr beliebtes Après-Vergnügen.

Der Weißensee ist auch im Winter ein besonderer Anziehungspunkt.

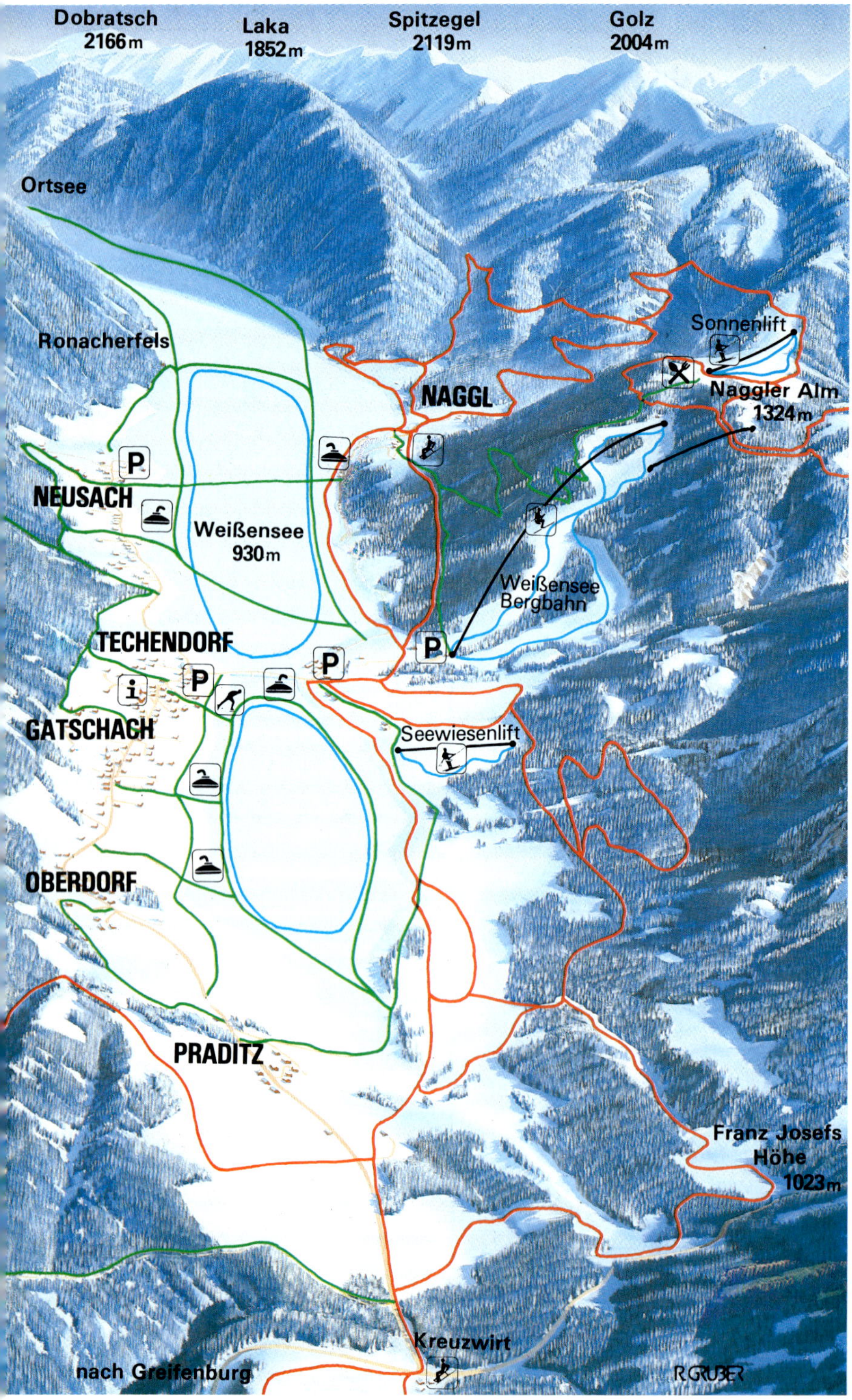

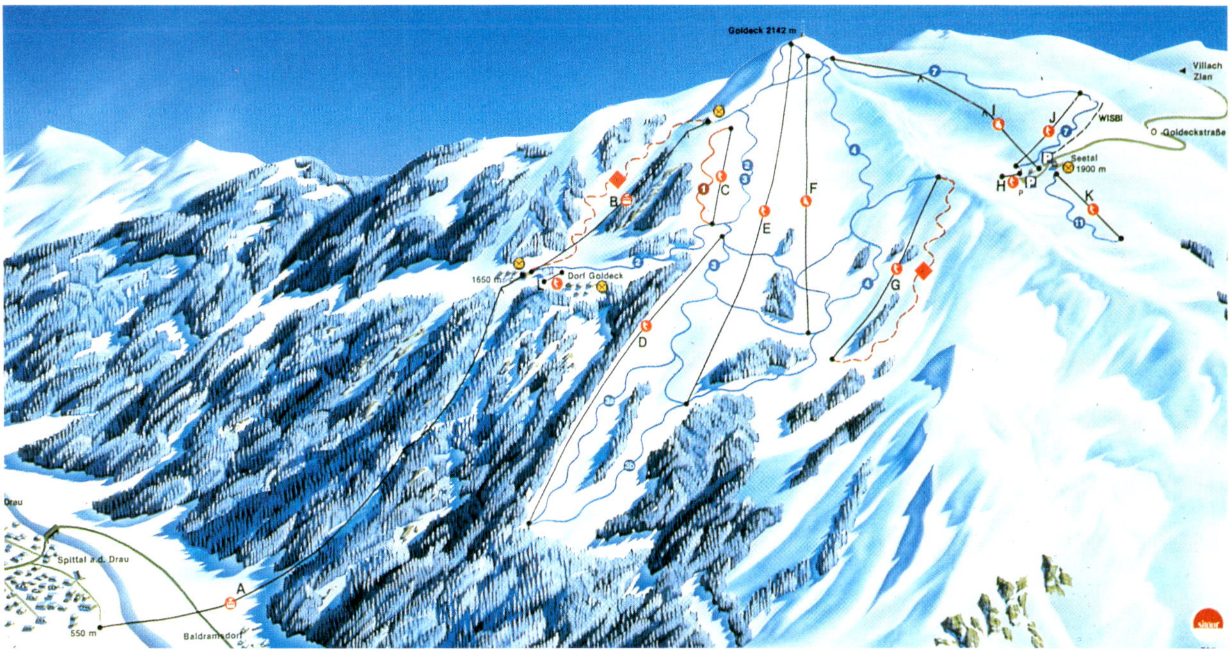

Spittal an der Drau, 556 m

Skigebiet: 556–2142 m
15000 Einwohner, 1015 Gästebetten
Saison: Mitte Dezember bis Ende März

Anreise Salzburg, Tauern-Autobahn, Spittal/Drau (Bahnstation)
Entfernungen von KA: 587 km, S: 519 km, UL: 438 km, M: 283 km

Information
Tourismusbüro Spittal,
A-9800 Spittal a. d. D., Tel. 04762/3420,
Telefax 04762/3237
Schneetelefon 04762/5335
Landesvorwahlnummer siehe Seite 608.

Kinder kein Gästekindergarten; Skischule ab 3 oder 4 Jahre (ca. öS 820/5 Tage ohne Mittagessen)

Ski alpin Testnote ❄❄

Skigebiet Goldeck
22 km präparierte Abfahrten:
3 km schwer, 1 km mittel, 18 km leicht
Längste Abfahrt: Abfahrt Gipfellift Berg – Bärnbiß Tal, 3,5 km Länge, 500 m Höhenunterschied, leicht
Liftkapazität: 7000 Pers./Std.

7 2 1

Skipaß-Preise siehe Beilage

2 Skischulen mit ca. 12 Skilehrern

Langlauf Testnote ❄❄

6 Loipen über insgesamt 50 km Länge (leicht); längste Loipe: übers Land – Rothenthurn (556 m), 9 km lang; 4-Länder-Loipe Kärnten – Osttirol – Südtirol – Venetien (500–1500 m), ca. 200 km lang; Langlaufunterricht

Weitere Sportmöglichkeiten

Gleitschirmfliegen

Après-Ski

Familienrabatt: Kinder bis zum 15. Lebensjahr und in Begleitung ihrer Eltern erhalten beim Kauf von Skipässen mit gleicher Laufzeit einen Nachlaß von ca. 50 Prozent.
Après-Tip: Dart (im Café-Restaurant Rondo in Spittal, Neuer Platz 23, Tel. 04762/2725).

Hotelempfehlungen: Seite 541–585

Der knapp 100 m tiefe See hat in der Regel eine sicher tragende Eisdecke bis zu einem halben Meter Dicke: ein idealer Tummelplatz für Eisläufer und Eisstockschützen. Auch Langläufer finden im Hochwinter auf dem See gespurte Verbindungsstrecken zwischen den angrenzenden Seegemeinden.
Da man im Landschaftsschutzgebiet nur wenig Eingriffe in die Natur vorgenommen hat, stört auch kein Autoverkehr das Idyll in diesem für Familien besonders gut geeigneten Urlaubsort.

Karnische Skiregion siehe Seite 222.
Mölltal siehe Seite 227.

Weißensee, 930 m

Skigebiet: 930–1400 m
730 Einwohner, 2800 Gästebetten
Saison: Dezember bis März

Anreise Salzburg, Tauern-Autobahn, Knoten Lieserhofen, S 40 und B 100 bis Greifenburg, Weißensee. Bahnstation ist Greifenburg/Weißensee
Entfernungen von KA: 626 km, S: 558 km, UL: 477 km, M: 322 km

Information
Verkehrsamt Weißensee,
A-9762 Weißensee 250
Tel. 04713/222013, Telefax 04713/2220-44
Schneetelefon 04713/2269
Landesvorwahlnummer siehe Seite 608.

Kinder kein Gästekindergarten; Skischule ab 3 Jahre (ca. öS 1000/Woche ohne Mittagessen)

Ski alpin Testnote ❄

5 präparierte Abfahrten (mittlerer Schwierigkeitsgrad) über 6 km Länge
Längste Abfahrt: 2,5 km Länge, 400 m Höhenunterschied, mittel
Liftkapazität: 2000 Pers./Std.

3 1

Skipaß-Preise siehe Beilage

Skischule mit 10 Skilehrern

Langlauf Testnote ❄❄❄❄

13 Loipen über insgesamt 70 km Länge (20 km schwierig, 29 km mittel, 21 km leicht); längste Loipen mit je 10 km Länge: Franz-Josephs-Höhe (935 bis 1030 m), mittel, und Alpl-Loipe (930–1200 m), schwierig; Höhenloipe: Panoramaloipe (1200–1350 m), 5 km lang, mittel; Langlaufunterricht

Weitere Sportmöglichkeiten

Ski-Trekking mit Schlittenhunden

Après-Ski

Sportliche Veranstaltungen

Eisschnellaufmarathon (50, 100, 200 km, Ende Jan. 94), Wintertriathlon (12 km Laufen, 20 km Langlauf, 50 km Eisschnelllauf, Ende Jan. 94), Schlumberger Eisgolfturnier (18.–20. Febr. 94), Intern. Eislauf-Wandertag (13. Febr. 94), Intern. FIS Riesentorlauf Herren (Silberne Rose vom Weißensee, Anfang März 94), Intern. Eiskristall-Lauf (Volkslanglauf über 6, 10, 30 km, Ende Febr. 94)

Spezialität: Eislaufen. Wer es besonders schnell möchte, nimmt Unterricht bei einem Profi in den Trainingswochen im Dezember 93 und Februar 94. Informationen im Verkehrsbüro.

Hotelempfehlungen: Seite 541–585

Die Karnische Skiregion

Kernstück der Karnischen Skiregion mit den Skigebieten Sonnenalpe Naßfeld, Kötschach – Mauthen, Weißbriach und Weißensee ist die Sonnenalpe Naßfeld. Langläufer haben im Gailtal, westlich von Hermagor, ihren Spaß.

Ob alpin oder nordisch – Urlaub in der Karnischen Skiregion bedeutet Wintersport in zwei Etagen: So bietet die **Sonnenalpe Naßfeld** insgesamt 100 km Pisten aller Schwierigkeitsgrade im Bereich über 1500 m Höhe an. Auf der »Alpe« dürften sich übrigens auch Pistenkönner in ihrem Element fühlen. Und unten im Gailtal, bei Tröpolach, finden die Langläufer ein präpariertes Loipennetz von 200 km Länge; Auslauf genug also für Skiwanderer wie auch für ambitionierte Langläufer in teilweise recht anspruchsvollem Gelände.

Mit der Paßsiedlung Sonnenalpe Naßfeld entstand zwischen Trogkofel (2279 m) und Gartnerkofel (2198 m) ein Skigebiet, dessen Lifte zu vorwiegend mittelschweren Pisten führen. Weites, zumeist baumloses Terrain charakterisiert diese Abfahrtsstrecken, deren längste, auch für Anfänger geeignet, sich von der Bergstation des Zweikofelliftes (1720 m) leicht geneigt und breit über zwölf Kilometer bis ins Tal zum Parkplatz von Tröpolach (600 m) absenkt. Für den Rücktransport vom Talgrund (ohne Liftanschluß) zur Sonnenalpe zurück sorgt ein kostenloser Skibus. Der Transfer dauert auf der Naßfeld-Bundesstraße rund 15 Minuten.

Wer sich auch schwierige Passagen zutraut, findet zum Beispiel auf der Nordabfahrt vom Gartnerkofel (FIS-Abfahrtsstrecke), auf der »Kanonenrohr«-Abfahrt vom Madritschen (1919 m) oder von der Tressdorfer Höhe (1875 m) seine alpine Herausforderung. Diese zügigen Abfahrten, zwischen 1300 und 2400 m lang, haben Höhenunterschiede von 300 bis knapp 500 Meter.

An der Paßhöhe wie an der Tressdorferalm werden zwei Höhenloipen gespurt, die oft bis Mitte April Rundspurts über 11 km ermöglichen.

Hermagor, rund acht Kilometer von Tröpolach entfernt, ist das Bezirksstädtchen im Tal zwischen den Karnischen und Gailtaler Alpen und zugleich Mittelpunkt der etwa 30 Orte und Weiler. In Hermagor-Vellach gibt es zwei Ganzjahres-Campingplätze. Der fünf Kilometer von Hermagor entfernte Pressegger See wird im Winter zur idyllischen Eislaufbahn.

Für Pisten- wie Loipenfans ist das Städtchen ein gleichermaßen zentraler Ausgangspunkt. Für Inhaber von Skipässen verkehren Gratis-Zubringerdienste zum Ortsteil Tröpolach. Von hier fährt dann ein kostenloser Skibus zum Naßfeld hinauf.

Das regionale Langlaufparadies sind die Loipen im **Oberen Gailtal**. Sie sind mit den Loipen der Karnischen Skiregion verbunden und ziehen sich flußaufwärts über Kirchbach und weiter in westlicher Richtung bis Kötschach-Mauthen hin. Hier spurt man Rundkurse aller Schwierigkeitsgrade, allen voran die 60 km lange Panoramaloipe, auf der auch der Obergailtaler Ski-Marathon gelaufen wird. Zwischen Kirchbach und Mauthen führt die Loipe durch leichtes bis mittelschweres Gelände, mit mehreren Umkehrmöglichkeiten auf der gesamten Strecke.

Besonders ehrgeizige Läufer versu-

Hermagor, das Bezirksstädtchen im Gailtal, bietet insbesondere »Kombinierern« ein zentrales Quartier: Zu Pisten und Loipen sind es jeweils nur ein paar Minuten mit dem Skibus oder dem Auto.

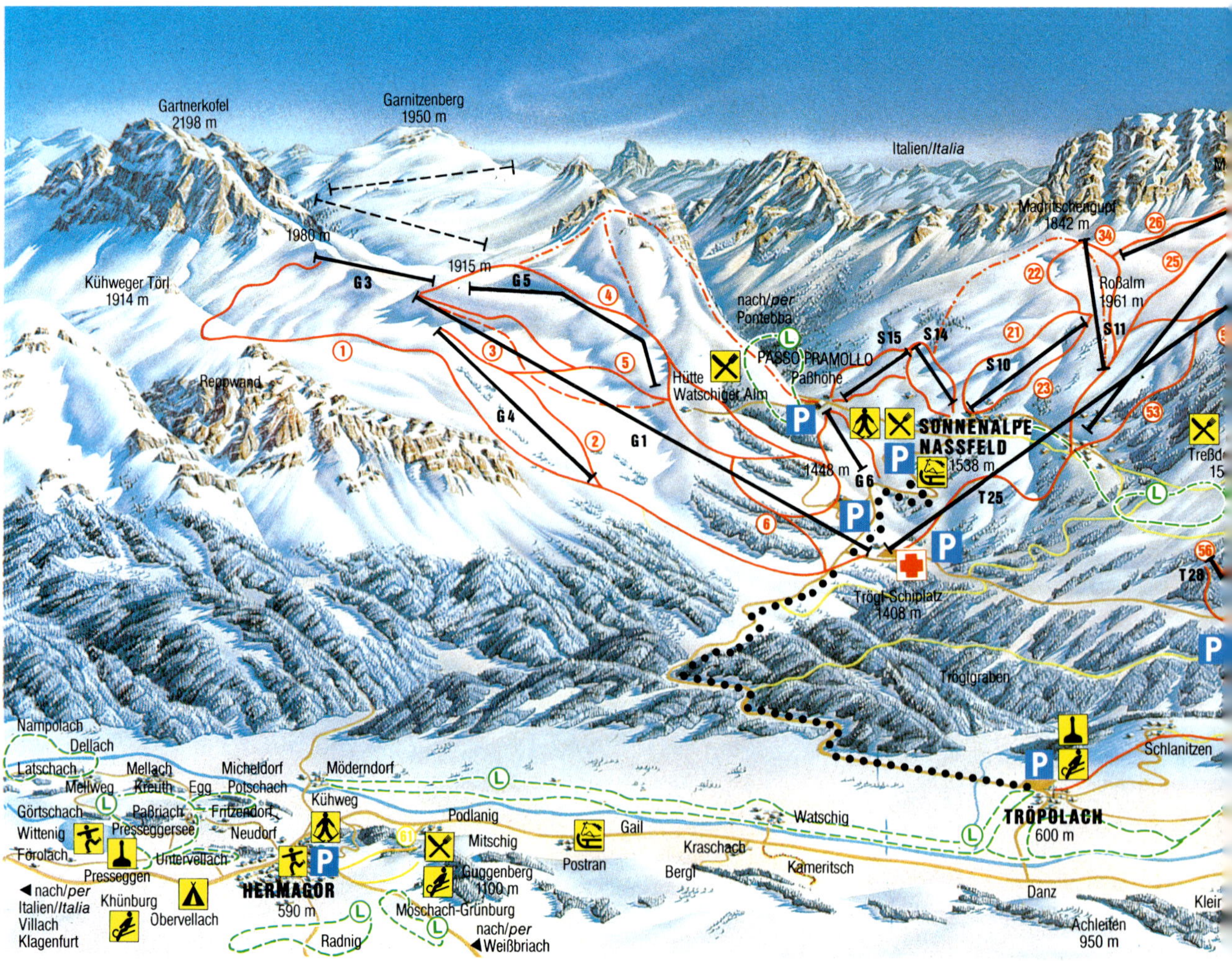

chen sich an den Schikanen der »Sonnenloipe Kötschach« (4 km) mit steilen Anstiegen oder im extremen Gelände der Missoria-Alm-Loipe (6 km).

Bei Schneeproblemen im Tal wird in luftiger Höhe die Plöckenloipe/Angerbachtal mit dem Einstieg Plöckenhaus als Ersatz präpariert.
Weißensee siehe Seite 220.

BESONDERS SCHNEESICHER

Karnische Skiregion,
589–1530 m
Hermagor/Sonnenalpe Naßfeld

Skigebiet: 600–2000 m
7400 Einwohner, 6000 Gästebetten (Sonnenalpe-Naßfeld 100 Einwohner, 3000 Gästebetten)
Saison: Ende November bis Ende April

Anreise Inntal-Autobahn, Ausfahrt Kufstein-Süd, Kitzbühel, Felbertauerntunnel, Lienz, Oberdrauburg, Kötschach, Gailtal Richtung Hermagor bis Rattendorf, dann zum Naßfeld. Oder Salzburg, Tauern-Autobahn bis Arnoldstein, Ausfahrt Hermagor – Gailtal. Hermagor ist Bahnstation

Entfernungen von KA: 598 km, S: 530 km, UL: 449 km, M: 294 km

Information
Verkehrsämter:
A-9620 Hermagor, Tel. 04282/2043
Telefax 04282/2043-50
A-9620 Sonnenalpe Naßfeld,
Tel. 04285/8241, Telefax 04285/8242
Landesvorwahlnummer siehe Seite 608

Kinder Babysitting möglich (Inform. im Verkehrsamt); keine Gästekindergärten; Skischule im Bambiniclub ab 4 Jahre (ca. öS 1700/5 Tage inkl. Mittagessen; Schnupperkurs am Sonntag von 13–15 Uhr, ca. öS 200)

Ski alpin Testnote ***

Skigebiet Sonnenalpe-Naßfeld
85 km präparierte Abfahrten:
10 km schwer, 60 km mittel, 15 km leicht

Längste Abfahrt: Zweikofel – Tröpolach, 12,6 km Länge, 1120 m Höhenunterschied, mittel/leicht
Snowboard-Piste (für Skifahrer gesperrt), 1 km lang, mit Halfpipe und Obstacle Kurs
Liftkapazität: 28600 Pers./Std.

20 3

Skipaß-Preise siehe Beilage

Skirouten: Zuckerlhütel-Abfahrt, Rudnigsattel-Abfahrten

Skischule mit 30 Skilehrern

Langlauf Testnote ****
(inkl. Gailtal)

Gesamt 80 Loipenkilometer (20 km mittel, 60 km leicht) im Gailtal, mit Anschluß an die Loipen Oberes Gailtal insgesamt 200 Loipenkilometer; permanente Rennstrecke in Tröpolach, 3 km lang (mittel, Richtzeit 8. 2. 92 vom Biathleten Ernst Reiter, D: 9 min. 53 sek. 20 Hundertstel); 2 Höhenloipen (1530 m) mit 4 km (auf italienischem Gebiet, Ausweis mitnehmen) und 7 km; Sonnenalpe-Naßfeld 11 Loipenkilometer (mittel bis leicht, 1535 m Höhe). Langlaufunterricht

Weitere Sportmöglichkeiten

Après-Ski

Sportliche Veranstaltungen
3. Alpe-Adria Journalisten Cup (26.–28. Nov. 93), Obergailtaler Langlaufmarathon (Jan. 94), 47. Gartnerkofel-FIS-Rennen (März 94)

Ein Snowboard-Treff befindet sich am Ende der Snowboard-Piste mit Discomusik und alkoholfreien Getränken.

Hotelempfehlungen: Seite 541–585

Wintersportregion Villach

Neben ansprechenden Skirevieren Villacher Alpe, Kanzelhöhe/Gerlitzen, Verditz/Afritz, Arnoldstein und Faaker See in der Nachbarschaft lockt Villach auch mit Thermalbädern und städtischem Flair.

Das renommierte Thermalbad Villach ist für Brettlfreunde aller Kategorien ein zentraler Ausgangspunkt mit fünf verschiedenen Skigebieten.
Da ist zunächst, im Westen der Stadt, die **Villacher Alpe**, Haus- und Aussichtsberg von Villach, mit dem Dobratsch (2166 m) als höchstem Gipfel.
Die Villacher Alpe wird bis zur Roßtratte (1732 m) von einer 16 km langen, ganzjährig befahrbaren Straße erschlossen. (Die Maut wird beim Lösen einer Liftkarte erlassen.) Ab hier sorgen Schlepper und Sessellift für die Weiterfahrt auf den Höhenrain (1957 m).
Hauptattraktion ist die FIS-Abfahrt »V 73«, eine rassige Strecke, die auch ehrgeizigen Pistenpiloten Können abverlangt, eine Ski-Autobahn von 120 m Breite mit einem Gefälle zwischen 18 und respektablen 45 Prozent. Sie senkt sich ins Tal bis nach Heiligengeist hinab. Für den Rücktransport zum Startplatz Höhenrain sorgen ab Heiligengeist Großschlepplift-Anlagen und Sessellift.

Wintersportregion Villach,
500–2167 m
Therme-Villach-Warmbad, Villacher Alpe/Dobratsch, Kanzelhöhe/Gerlitzen Alpe, Verditz, Ossiacher See, Dreiländereck Arnoldstein, Bad Bleiberg, Langlaufparadies Faaker See

Skigebiet: 900–2000 m
74 000 Einwohner, ca. 5200 Betten
Saison: Dezember bis Anfang April

Anreise Salzburg, Tauern-Autobahn, Spittal/Drau, Villach (Bahnstation, von dort Busverbindungen)
Entfernungen von KA: 625 km, S: 557 km, UL: 476 km, M: 321 km

Information Wintersportregion Villach, Fremdenverkehrsamt (»Schneebärenbüro«) A-9500 Villach, Tel. 04242/24444-0 Telefax 04242/24444-17
Landesvorwahlnummer siehe Seite 608.

Kinder kein Gästekindergarten; Windel-Skischule (Hotel Schönblick, A-9580 Drobollach am Faakersee, Tel. 04254/2334-0, Fax 04254/2334-8; ca. öS 220/Schnuppertag, 900/5 Tage); Skischule ab 4 Jahre (ca. öS 1500/5 Tage à 3 oder 4 Stunden je nach Skischule, jeweils inkl. Mittagessen)

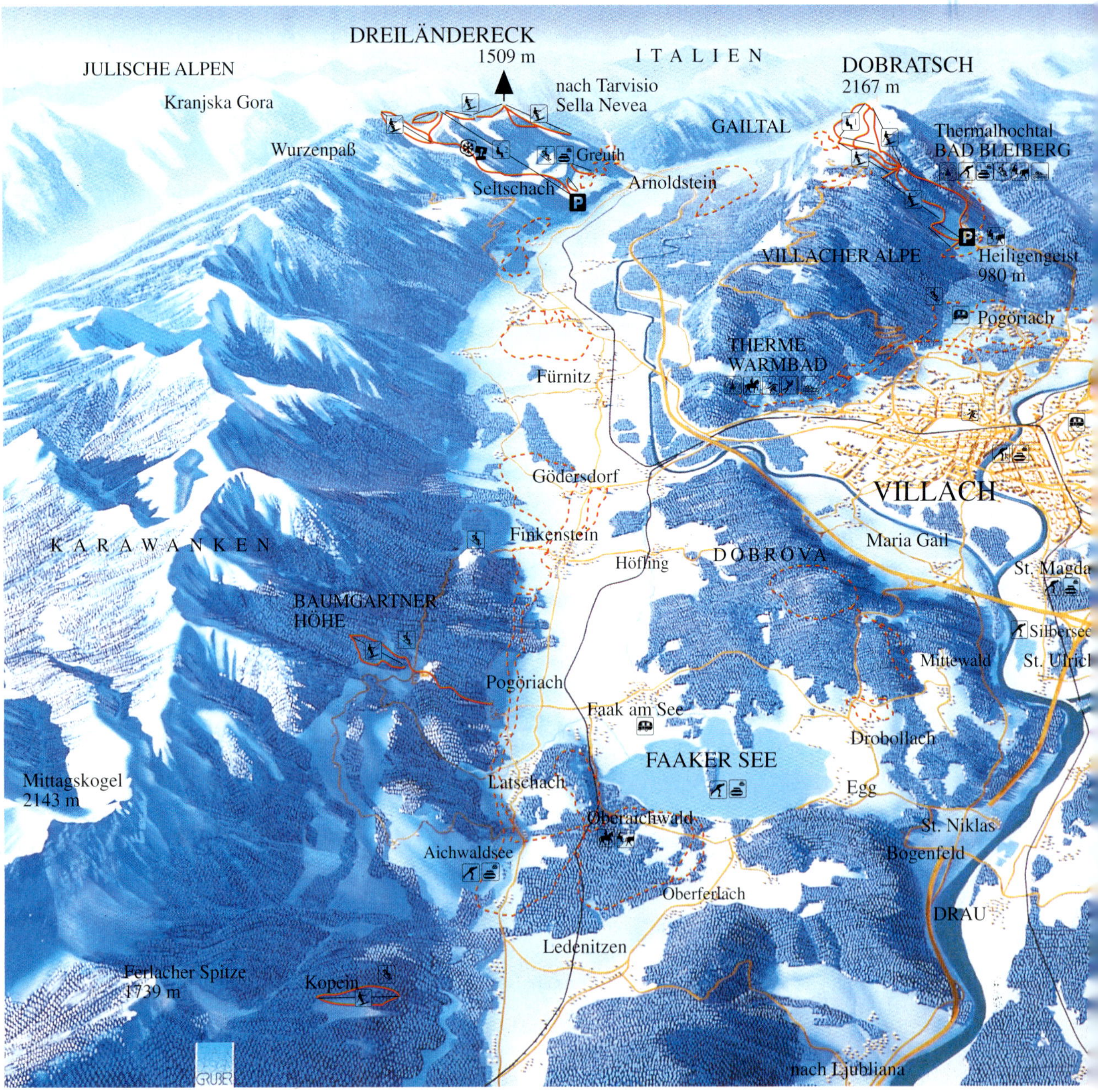

Ski alpin Testnote ❄❄❄

Skigebiet Villacher Alpe
12 km präparierte Abfahrten:
2 km schwer, 7 km mittel, 3 km leicht
Liftkapazität: 7200 Pers./Std.

7 1

Skigebiet Kanzelhöhe/Gerlitzen
22 km präparierte Abfahrten:
13 km mittel, 9 km leicht
Liftkapazität: 19500 Pers./Std.

6 6 1

Skigebiet Verditz/Afritz
16 km präparierte Abfahrten:
1,5 km schwer, 14,5 km leicht
Längste Abfahrt: Verditz, 8 km Länge, 1300 m Höhenunterschied, leicht
Liftkapazität: 3000 Pers./Std.

3 3

Skigebiet Arnoldstein
9 km präparierte Abfahrten:
1 km schwer, 5 km mittel, 3 km leicht
Liftkapazität: 4500 Pers./Std.

6 1

Skigebiet Faaker See
1 km präparierte Abfahrten
leicht bis mittel
Liftkapazität: 900 Pers./Std.

2

Skipaß-Preise siehe Beilage
5 Skischulen mit ca. 60 Skilehrern

Langlauf Testnote ❄❄❄❄

30 Loipen über insgesamt 234 km Länge (33,5 km schwierig, 107,5 km mittel, 93 km leicht); längste Loipe: Dreiländereck-Loipe (750 m), 15 km lang, mittel; Höhenloipe: Schwarzsee-Panorama-Loipe (Verditz, 1850 m), 6 km lang, mittel; z. T. Loipengebühr ca. öS 15; 70 Loipenkilometer am und rund um den Faaker See; 4-Länder-Loipe Kärnten – Osttirol – Südtirol – Venetien (500–1500 m), ca. 200 km lang; Langlaufunterricht

Weitere Sportmöglichkeiten

Thermalbäder

Après-Ski

Sportliche Veranstaltungen

Ski-Tour 3 – Intern. Skiwanderung: Start Kranjska Gora über Tarvis nach Seltschach bei Arnoldstein (Slowenien – Italien – Österreich, 13. Febr. 94), Europacup Riesentorlauf (Villacher Alpe, Febr. 94).

Eissportfreunde kommen auf dem an durchschnittlich 35 Tagen dick zugefrorenen Ossiacher See voll auf ihre Kosten bei Eislauf, Eisstockschießen (mit dem »Kärntner Stock«), Eissurfen, Eissegeln und Eishockey.
Langlauf-Tip: Ein geführter Nachtlanglauf mit Stirnlampen auf den Loipen im Langlaufgebiet Faaker See. Anmeldung in der Langlaufschule Karl Aichholzer, 9582 Latschach, Tel. 04254/2764.

Hotelempfehlungen: Seite 541–585

Mehrere Lifte bewegen das Ski-Karussell mit Abfahrtsmöglichkeiten bis Villach-Pogöriach. Auch mittlere und wenig geübte Fahrer finden Genuß-Strecken nach ihrem Geschmack sowie Übungslifte mit passenden Hängen auf der Roßtratte, in Heiligengeist und Pogöriach.
Kanzelhöhe/Gerlitzen heißt die zweite Adresse für den Wintersport, im Nordosten von Villach oberhalb des Ossiacher Sees gelegen. Man erreicht die Kanzelhöhe entweder per Seilbahn ab Annenheim oder mit dem Wagen (mautpflichtig ab dem oberen Ortsende von Treffen).
Die 7000-Meter-Strecke Gerlitzen – Bodensdorf hat FIS-Standard und ist die wohl attraktivste Abfahrt der Region.
In **Verditz/Afritz**, etwa acht Kilometer weiter nordwestlich von Treffen, hat man gleichfalls skisportliche Ambitionen. Im Schatten des Mirnocks (2104 m), östlich vom Millstättersee, gibt es leichte bis mittelschwere Pisten in Höhen bis zu 1600 m. Die längste erfüllt FIS-Normen.
Knapp 20 Straßenkilometer südwestlich von Villach liegt, oberhalb von **Arnoldstein**, das Dreiländereck, wo Österreich, Slowenien und Italien aneinanderstoßen und wo Grenzlinien zugleich die Überlagerung und Vermischung von germanischen, slawischen und romanischen Einflüssen signalisieren, die Villach seinen besonderen Charakter verleihen.
Am **Faaker See** liegt ein kleines Skigebiet auf der Baumgartner Höhe (ca. 1000 m).
Villach selbst schätzen viele Wintersportler trotz der täglichen Anfahrten zu den umliegenden Skigebieten wegen seiner städtischen Atmosphäre und der Möglichkeit, Pistenspaß mit Badespaß im Thermalbad zu kombinieren.

Das Lavanttal

Die Lavanttaler Skigebiete sind zwar nicht durch einen Skizirkus miteinander verbunden, für automobile Wintersportler sind die abwechslungsreichen Reviere jedoch vom Hauptort Wolfsberg aus binnen weniger Autominuten zu erreichen.

Eine reiche Auswahl an Loipen und Pisten bietet das Lavanttal um die alte Kärntner Stadt Wolfsberg.

Die Berg- und Feriendörfer mit familiengerechten Skigebieten verteilen sich auf die umliegenden Skiberge, die in Höhen bis zu 2000 m reichen: Klippitzthörl und Reichenfels im Nordwesten, Rieding/Koralpe und Weinebene im Osten von Wolfsberg. Der gemeinsame Skipaß »Südautobahn« verbindet diese Skigebiete zusammen mit Hebalm, Hirschegg und Salzstiegel über die Grenze Kärntens zur Steiermark hin.
Auf den Pisten der Lavanttaler Skigebiete sind vor allem Anfänger und mittlere Fahrer gut aufgehoben. Denn nur zwei Abfahrten im Lavanttal sind als schwer zu bezeichnen. Das ist zum einen die Erlenloch-Abfahrt auf der Koralpe, zum anderen die Piste unterhalb des Kuhgrabenliftes am Klippitzthörl.
Zu den Skirevieren im einzelnen: Im Skigebiet **Koralpe** (2050 m) bedienen die Lifte die vorwiegend mittelschweren bis leichten Pisten. Zudem werden Loipen gespurt, und auch eine Rodelbahn wird präpariert.
Am **Klippitzthörl** werden die Skifahrer mit Schleppliften hinauf befördert auf 1818 m.
Speziell Langläufern hat man Abwechslung zu bieten. Da ist einmal eine sehr schöne Panorama-Höhenloipe über 12 km, ein markierter Skiwanderweg über rund 20 km und schließlich eine landschaftlich besonders reizvolle Skiwanderabfahrt. Sie windet sich gemächlich über Wiesen und Waldschneisen von 1660 m auf 700 m abwärts nach Bad St. Leonhard.
Eine weitere, durch schöne und abwechslungsreiche Landschaft führende Loipe befindet sich ungefähr 14 km südlich des Klippitzthörl auf der Saualpe (erreichbar über Reisberg, südwestlich von Wolfsberg). Hier wird auch der sogenannte »Saualpe-Langlauf-Wettbewerb« ausgetragen. Rund 120 Teilnehmer starten bei diesem Gästerennen.
Das Skigebiet **Weinebene**, rund um den Moschkogel (1916 m), offeriert den Brettlfans mit den Schleppliften präpariertes Pistenvergnügen. Drei Langlaufloipen mit zusammen über 24 km Länge und eine Rodelbahn gehören zum weiteren Wintersportangebot.
Reichenfels liegt an der Grenze zwischen Kärnten und Steiermark. Hier ermöglichen Sesselbahn und Schlepplifte den Einstieg in die Pistenkilometer. Die Loipenrundkurse führen über anspruchslose zehn Kilometer. Dazu gibt es eine Rodelbahn und einen Eislaufplatz.
Wolfsberg eignet sich für Abwechslung suchende Skifahrer als Standort am besten, da es verkehrstechnisch am günstigsten zu Füßen der Skiberge des Lavanttales liegt.

Lavanttal, 348–1500 m
Koralpe, Klippitzthörl, Weinebene, Reichenfels, Hebalm, Salzstiegel, Hirschegg, Wolfsberg

Skigebiet: 800–2050 m
56000 Einwohner, 4000 Gästebetten
Saison: Dezember bis April

Anreise Salzburg, Tauern-Autobahn, Villach, Klagenfurt, Wolfsberg. Bahnstationen sind St. Wolfsberg, Bad St. Leonhard und Reichenfels-St. Peter
Entfernungen von KA: 705 km, S: 637 km, UL: 556 km, M: 401 km

Information
Tourismusverband Lavanttal,
A-9400 Wolfsberg, Tel. 04352/2878
Telefax 04352/52032
Schneetelefon 04352/2878
Landesvorwahlnummer siehe Seite 608.

Kinder Gästekindergarten ab 3 Jahre (Koralpe, ca. öS 150/Halbtag, 350/Ganztag inkl. Mittagessen); Skischule ab 3 Jahre (ein Wochenkurs ohne Mittagessen kostet ca. öS 980 Koralpe, 900 Klippitzthörl, 950 Weinebene)

Ski alpin Testnote ❄❄
Koralpe

Skigebiet Koralpe
25 km präparierte Abfahrten:
3 km schwer, 15 km mittel, 7 km leicht
Längste Abfahrt: Gipfellift Wasserhang – Parkplatz Hipfhütte, 3,5 km Länge, 430 m Höhenunterschied, leicht
Liftkapazität: 9500 Pers./Std.
11

Skigebiet Klippitzthörl
20 km präparierte Abfahrten:
1 km schwer, 7 km mittel, 12 km leicht
Die Flutlichtpiste (200 m lang, leicht) ist mittwochs und samstags von 18 bis 24 Uhr beleuchtet
Liftkapazität: 4800 Pers./Std.
6

Skigebiet Weinebene
12 km präparierte Abfahrten:
9 km mittel, 3 km leicht
Liftkapazität: 4800 Pers./Std.
6

Skigebiet Reichenfels
8 km präparierte Abfahrten:
4 km mittel, 4 km leicht
Flutlichtpiste am Sessellift
Liftkapazität: 2500 Pers./Std.
3 1

Skigebiet Hebalm
10 km präparierte Abfahrten:
3 km mittel, 7 km leicht
Die Abfahrt am Gamslift (mittel) ist täglich bis 21 Uhr beleuchtet
Liftkapazität: 4500 Pers./Std.
5

Skipaß-Preise siehe Beilage
Tiefschneereviere: Abfahrten in allen Gebieten
7 Skischulen mit 20 Skilehrern

Langlauf Testnote ❄❄❄

20 Loipen über insgesamt 90 km (10 km schwierig, 40 km mittel, 40 km leicht);
Höhen- und längste Loipe: von Weinebene zur Hebalm (1500–1600 m), 25 km Länge, mittel; Loipengebühr erwünscht (ca. öS 35);
Langlaufunterricht

Weitere Sportmöglichkeiten

Après-Ski

Rennstrecken mit elektronischer Zeitmessung gibt es in jedem Skigebiet.

Hotelempfehlungen: Seite 541–585

Das Mölltal

Obwohl der Reiseweg durchs Mölltal zu den ältesten der Alpen gehört, lag das Gebiet um Flattach und Mallnitz bisher für Skifahrer arg abseits. Jetzt ist die Kärntner Seite der Hohen Tauern bis in die Gletscherregionen erschlossen.

Durch den Bau von Tauernautobahn und Felbertauernstraße kehrte in Mallnitz und Umgebung Stille ein. Erst das 1987 eröffnete Sommerskigebiet »Mölltaler Gletscher« auf dem Wurtenkees unter dem 3122 Meter hohen Schareck brachte den touristischen Aufschwung.
Es ist freilich ein langer Weg, bis die Skifahrer mitten in den Hohen Tauern auf dem Gletscher ihre Bögerl ziehen dürfen – 27 Kilometer kurviger Bergstraße sind vom 700 Meter hoch gelegenen Talort Flattach aus zu absolvieren. Die Auffahrt ist in schneereichen Wintern wegen Lawinengefahr gesperrt; der Skibetrieb am Mölltaler Gletscher beginnt dann erst um die Osterzeit.
Oben angekommen, gibt's eine Gondelbahn hinauf zum ewigen Eis. Im Frühjahr schwingt man zwischen 2200 und 3100 Meter, später erst oberhalb von 2700 Metern. Die Pisten sind durchweg mild. Um so aufregender ist der Panoramablick auf Dolomiten, Großglockner, Großvenediger …
Quasi »ums Eck rum«, im Mallnitzer Tal, gibt's zwei Skigebiete, die mit dem Gletscher gemeinsame Sache machen: Sowohl an der Häusler Alm (1200 bis 1900 m) wie auch am Ankogel (1200 bis 2630 m) gilt die regionale Liftkarte. Die beiden Skigebiete haben unterschiedliche Charaktere: Während die Häusler-Alm-Pisten im Waldbereich verlaufen, bietet der Ankogel oberhalb der Mittelstation eine sonnige, weite Mulde.
Ein Dorado ist das Ankogel-Gebiet seit Jahrzehnten für Skitourengeher und Variantenfahrer: Über den Elschesattel hinweg findet man stets zahlreiche Skispuren nach Norden. Die 16 km lange Tourenabfahrt ins Gasteinertal ist ein Schmankerl der Extraklasse. Zurück kommt man mit dem Zug durch den Tauerntunnel.

Mölltal, 699–1200 m
Mallnitz, Obervellach, Flattach, Stall, Rangersdorf

Skigebiet: 1200–3160 m
Mallnitz 1014 Einwohner, 2035 Gästebetten Obervellach 2715 E., 500 G.
Flattach 1347 E., 669 G.
Saison: Mitte Dez. bis Mitte April
Gletscherskilauf von Ende Juni bis Mitte Mai

Anreise München, Salzburg, Bad Gastein, Tauernschleuse, Mallnitz; oder Kufstein, Wörgl, Felbertauern, Lienz, Flattach; oder Salzburg, Tauernautobahn, Obervellach; Bahnstation ist Mallnitz-Obervellach
Entfernungen von KA: 537 km, S: 480 km, UL: 390 km, M: 250 km

Information
Kurverwaltung Mallnitz
A-9822 Mallnitz
Tel. 04784/290 oder 522, Telefax 04784/635
Tourismusgemeinschaft Mölltaler Gletscher
A-9831 Flattach
Tel. 04785/615, Telefax 04785/617
Landesvorwahlnummer siehe Seite 608.

Kinder Mallnitz kein Gästekindergarten; Skischule ab 4 Jahre (ca. öS 1000/5 Tage ohne Mittagessen) Obervellach kein Gästekindergarten; Skischule ab 6 Jahre (ca. öS 900/5 Tage ohne Mittagessen)

Ski alpin Testnote ❄❄❄

Skigebiet Ankogel
15 km präparierte Abfahrten:
2,5 km mittel, 12,5 km leicht
Liftkapazität: 4400 Pers./Std.
2 2

Skigebiet Häusler Alm
6 km präparierte Abfahrten:
1 km schwer, 3 km mittel, 2 km leicht
Liftkapazität: 3500 Pers./Std.
8 1

Skigebiet Mölltaler Gletscher
12 km präparierte Abfahrten:
6 km mittel, 6 km leicht
Liftkapazität: 3300 Pers./Std.
2 1

Längste Abfahrt: Wurtenkees (vom Gletscher), 3,5 km Länge, 700 m Höhenunterschied, mittel

Skipaß-Preise siehe Beilage

4 Skischulen mit 45 Skilehrern

Langlauf Testnote ❄❄❄

95 Loipenkilometer (55 km mittel, 40 km leicht); längste Loipe: Stall – Rangersdorf (800 m), 20 km lang, leicht bis mittel; Höhenloipe Jamnigalm/Mallnitz (1757 m), 4 km lang, mittel; Langlaufunterricht

Weitere Sportmöglichkeiten

Après-Ski

Single-Wochen: In den beiden Wochen vom 8. bis 15. und vom 15. bis 22. Januar 1994 kümmert sich Mallnitz ganz besonders um Singles mit Hüttenabenden, Nachtwanderungen, Tanzveranstaltungen und vielem mehr.
Informationen in der Kurverwaltung.

Hotelempfehlungen: Seite 541–585

SCHWEIZ

Skiland Schweiz

Die Schweiz, Musterland mitten in Europa, hat auch als Skiland einen guten Ruf: Die alpine Szenerie wie die Pisten, die man darauf präpariert, verdienen Bestnoten, und in puncto Hotellerie und Gastronomie ist Qualitätsbewußtsein Teil des gesunden Geschäftssinns.

Zwar fand das erste Abfahrtsskirennen mit internationaler Beteiligung in Mitteleuropa nachweislich bereits anno 1893 im steiermärkischen Mürzzuschlag statt, der Durchbruch aber zu internationaler Beachtung des alpinen Rennsports passierte wohl in der Schweiz.
Schon 1911 fand in Montana im Wallis – noch ganz im Zeichen der Engländer – zum ersten Mal das später so traditionsreiche Kandahar-Rennen statt, 1922 in Mürren die erste Slalomkonkurrenz und 1931, ebenfalls in Mürren, die ersten Weltmeisterschaftsläufe in Abfahrt und Slalom. Die dreißiger Jahre brachten dann eine erste, noch bescheidene Blüte des Wintertourismus moderner Spielart, der aber bald durch den Ausbruch des Zweiten Weltkrieges zum Erliegen kam. Die Olympischen Winterspiele 1948 in St. Moritz setzten dann nach dem Krieg ein neues Signal. Jetzt begann sich der moderne Skitourismus fast lawinenartig zu entwickeln, und bisher stille Berggegenden wurden fast über Nacht von einem schnee- und sonnenhungrigen, meist städtischen Publikum in Besitz genommen.

Umweltbewußter Ausbau

Der Rest der Geschichte ist bekannt, er verlief in allen Alpenländern mehr oder weniger nach dem gleichen Muster. Die fünfziger und zum Teil auch die sechziger Jahre waren von einem zügellosen Bauboom gekennzeichnet, dem niemand Einhalt gebieten mochte oder konnte, da die gesetzlichen Grundlagen dazu noch fehlten. In der Schweiz war das ein langer und schmerzhafter Prozeß, und wenn man heute in Sachen Ausbau zurückhaltender geworden ist, so ist das eher unter dem Druck einer umweltbewußten Klientel denn aus Respekt vor Gesetz und Verordnungen geschehen und weil man – je nach Landesgegend in unterschiedlichem Maße – selbst eingesehen hat, daß ohne eine intakte Landschaft sich auf die Dauer auch kein Geschäft machen läßt.
Die Schweiz liegt sehr zentral im Herzen Europas und der Alpen, die hier ihre höchsten Erhebungen aufweisen. Darum reichen viele Skigebiete bis über 3000 Meter oder ritzen gar die 4000-Meter-Grenze.
Der Vorteil liegt darin, daß die meisten Gebiete recht schneesicher sind. Auf Gletscherpisten ist das Sommerskifahren von der Exklusivität zur Selbstverständlichkeit geworden. Und wo der Naturschnee nicht ausreicht, sind Beschneiungsanlagen eingerichtet worden, die allerdings seit dem 1. Januar 1989 auf ihre Umweltverträglichkeit geprüft werden müssen.

Die Höhenlage erfordert Anpassung

Nachteile der Höhenlage: Der Urlauber aus dem Flachland muß eine gewisse Angewöhnungszeit einberechnen und seine Ski-Kleidung so wählen, daß sie auch einem gelegentlich eisigen Fahrtwind trotzt. Auf der anderen Seite werden selbst von der Bergstation des Klein Matterhorns (3885 m), wo eigens eine SOS-Sanitätsstelle eingerichtet wurde mit Atemhilfsgeräten, kaum Zwischenfälle gemeldet.
Wer aber dennoch etwas höher hinaus will und es auch vertragen kann, der ist in der Schweiz am richtigen Platz, ganz besonders, wenn er ein Liebhaber schöner Landschaften ist. Vom Genfer- bis zum Bodensee, von den nördlichen Voralpen bis zum Alpensüdfuß besitzt die Schweiz einige der schönsten Skilandschaften der Welt, sowohl was die Qualität betrifft – man denke etwa an Davos –, als auch im Hinblick auf die grandiose Szenerie: Zermatt unter dem Matterhorn etwa, Saas Fee in seinem einmaligen Talschluß oder die Jungfrau-Region mit ihren Bergriesen und dem gewaltigen Aletschgletscher.
Zum sportlichen Vergnügen kommt also immer auch die Freude an der Landschaft. Um so mehr als hier die meist hervorragend präparierten und unterhaltenen Abfahrtspisten mit Gefühl und Rücksichtnahme auf die Gegebenheiten der Landschaft in die Hänge hinein gelegt sind. Brutale Eingriffe in die Landschaft, große Planierungen und Rodungen sind selten.
Die meisten Skigebiete der Schweiz verfügen heute über eine Vielzahl mechanischer Aufstiegshilfen, vom guten alten Bügellift über alle Arten von Schienen- und Luftseilbahnen bis hin zur superschnellen »Alpenmetro« im Innern des Berges (Zermatt-Sunnegga). Das alles ist in technisch sehr gutem Zustand und typisch schweizerisch solide, was man sich, in einer schaukelnden Kabine hoch über weißen Abgründen schwebend, nicht ungern in Erinnerung ruft.

Abfahrt über den Theodulgletscher. Im Hintergrund das Matterhorn.

Tradition vermittelt Geborgenheit

Die Schweiz besitzt in allen Alpenregionen eine große Zahl gewachsener, traditionsreicher Skiorte, die sich trotz ihrer starken Ausdehnung in den letzten Jahren etwas von ihrem einstigen Charakter als Bergdorf bewahrt haben. Man muß es erlebt haben, das Gefühl der Geborgenheit, wenn am Abend die Berge in kaltem Glanz in den Himmel ragen und in der Dorfstraße die Lichter angehen.
Die Schweiz gilt als relativ teuer. Sicher, Billigurlaub kann man in der Schweiz gerade nicht machen, aber dafür kriegt man im allgemeinen für sein Geld auch einen guten Gegenwert. Hotels aller Komfortkategorien

und Pensionen bieten stilvolle Behaglichkeit, und der Ruf der Schweizer Küche kommt auch nicht von ungefähr.
Außerdem gibt es in den Schweizer Ferienorten ein sehr großes Angebot an familiengeeigneten Ferienapartments und Chalets aller Preiskategorien. Wer sich also nicht daran stört, selber einzukaufen und zu kochen, der kann hier schon einiges einsparen. Hingegen kennt man in der Schweiz die in anderen Ländern, besonders in Deutschland und Österreich beliebte, im allgemeinen preiswerte Unterkunftsmöglichkeit in privaten Gästezimmern kaum.
Bis in die sechziger Jahre wurde in der Schweiz – neben einigen anderen traditionsreichen Wintersportarten wie Eislauf, Curling, Rodeln – fast ausschließlich alpiner Skilauf betrieben. Langlauf wurde praktisch nur als Wettkampfsport ausgeübt. Heute hat sich das gründlich geändert. Langlauf und Skiwandern sind fast ebenso populär geworden wie der Abfahrtssport. Und so trifft man denn heute in beinahe allen Skizentren der Alpen (wie z. B. im Schweizer Jura, im Engadin und im Goms) auf ein gut unterhaltenes Netz von Skiwanderwegen und Langlaufloipen.

Informationen für Winterurlauber

Wenn Sie telefonieren wollen

Vorwahl von D in die CH	0041
Vorwahl aus der CH nach D	0049

Notrufnummern

ADAC-Notrufzentrale (München, 0.00–24.00 Uhr)	0049/89/222222
ADAC-Ambulanzdienst (München, 0.00–24.00 Uhr)	0049/89/767676
Pannenhilfe des TCS (0.00–24.00 Uhr)	140
Polizeinotruf	117

Besondere Verkehrsbestimmungen

- Tempolimits (in km/h): Innerorts alle Kfz 50. Pkw, Wohnmobile, Motorräder und Pkw mit Anhänger bis 1 t Gewicht: außerorts 80. Pkw mit Anhänger über 1 t Gewicht: außerorts 60. Pkw, Wohnmobile bis 3,5 t, Motorräder: auf Autobahnen 120. Wohnmobile über 3,5 t und Gespanne: auf Autobahnen 80.
- Kfz dürfen in zweispurigen Tunnels höchstens 80, in vierspurigen Tunnels höchstens 100 fahren; es muß Abblendlicht eingeschaltet werden.
- Auf engen Bergstraßen hat das aufwärtsfahrende Fahrzeug Vorfahrt, das abwärtsfahrende muß anhalten.
- Promillegrenze 0,8.

Wichtig für Eltern sind die Angaben zur Kinderbetreuung bei den einzelnen Skigebieten. Angegeben sind jeweils die Hochsaisonpreise (meist die vom Winter 1992/93), die einen Anhaltspunkt geben sollen für die eigene Urlaubs-Budgetplanung.
Kein Lifttransport für Skifahrer, die ein Baby auf dem Rücken tragen – das beschlossen die Skilift-Betreiber. Das Unfallrisiko ist zu groß, außerdem können die Kinder Erfrierungen erleiden.
Informationen zu Schweizer Skigebieten kann man telefonisch rund um die Uhr anfordern
unter Tel. (Deutschland) 069/239666.
Die SkiSwiss Wochen finden diesmal vom 4. bis zum 18. Dezember 1993 in Zermatt (siehe Seite 282) statt. Jeder Skifahrer – egal welcher Könnensstufe – kann an den Fortbildungskursen der Schweizer Berufsskilehrer teilnehmen. Informationen beim Schweizer Skischulverband in CH-7526 Cinuos-chel, Tel. 082/70777.

Telefonische Auskünfte

Straßenzustand	(1) 163

Weitere wichtige Telefonnummern und Adressen siehe Seite 608.

Skiland Schweiz

Die Regionen

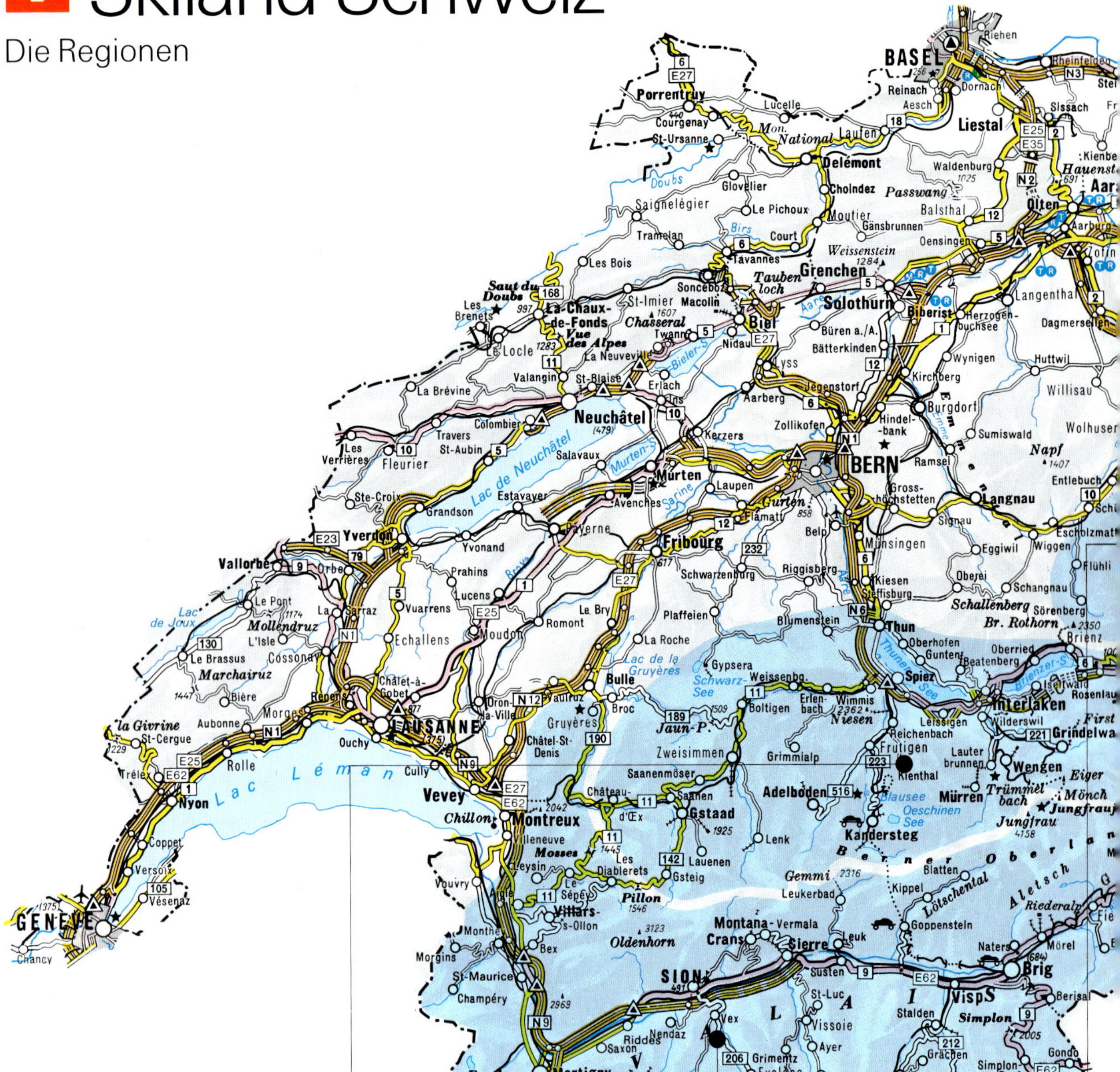

Berner Oberland

Schon um die Jahrhundertwende von den Engländern für den Skisport entdeckt, gehört das Berner Oberland zu den traditionsreichsten und beliebtesten Skiregionen der Schweiz.
Hier findet man Landschaften sehr unterschiedlichen Charakters: im östlichen Teil die imposante Hochgebirgslandschaft des Jungfraugebiets, dominiert vom klassischen Dreigestirn Eiger, Mönch und Jungfrau, im westlichen Teil die weiträumige, liebliche »Gstaad Super Ski Region« an Simme und Saane.
Entsprechend findet der Skifahrer im Jungfraugebiet (Grindelwald, Wengen, Mürren) ein größeres Angebot an interessanten mittelschweren bis schwierigen Abfahrten, während die »Gstaad Super Ski Region« eine Vielzahl leichterer bis mittelschwerer Abfahrtsmöglichkeiten anzubieten hat.
Vielseitige und schöne Pisten bieten auch die zwischen diesen beiden Regionen gelegenen, miteinander verbundenen Skigebiete von Adelboden und Lenk. (Ab Seite 234)

Wallis und Westschweizer Alpen

Verkehrsmäßig liegt diese Region für den Besucher aus dem Norden etwas ungünstig. Dafür ist die Chance, schönes Wetter und gute Schneeverhältnisse anzutreffen, größer als nördlich dieses Alpenkamms.
Südlich des Rhonetals erheben sich die meisten Viertausender der gesamten Alpen (34) und – neben dem Oberengadin – sind hier die höchstgelegenen Skigebiete anzutreffen. Sportliche Fahrer und Hochgebirgsliebhaber kommen hier voll auf ihre Rechnung. Im oberen Teil des Wallis spricht man deutsch. (Ab Seite 254)

Zentralschweiz

Die Skistationen im Herzen der Schweiz bieten interessante und abwechslungsreiche Skimöglichkeiten für alle Ansprüche, wenn man nicht gerade darauf aus ist, seinen Urlaub in einem besonders eleganten oder gar mondänen Ferienort zu verbringen, wie man sie im Berner Oberland, im Wallis und im Engadin findet.
Die traditionsreichsten Orte sind Engelberg und Andermatt. Auf dem Titlis (3239 m), dem Haus-Skiberg der Engelberger, ist sogar Sommerskilauf möglich. (Ab Seite 296)

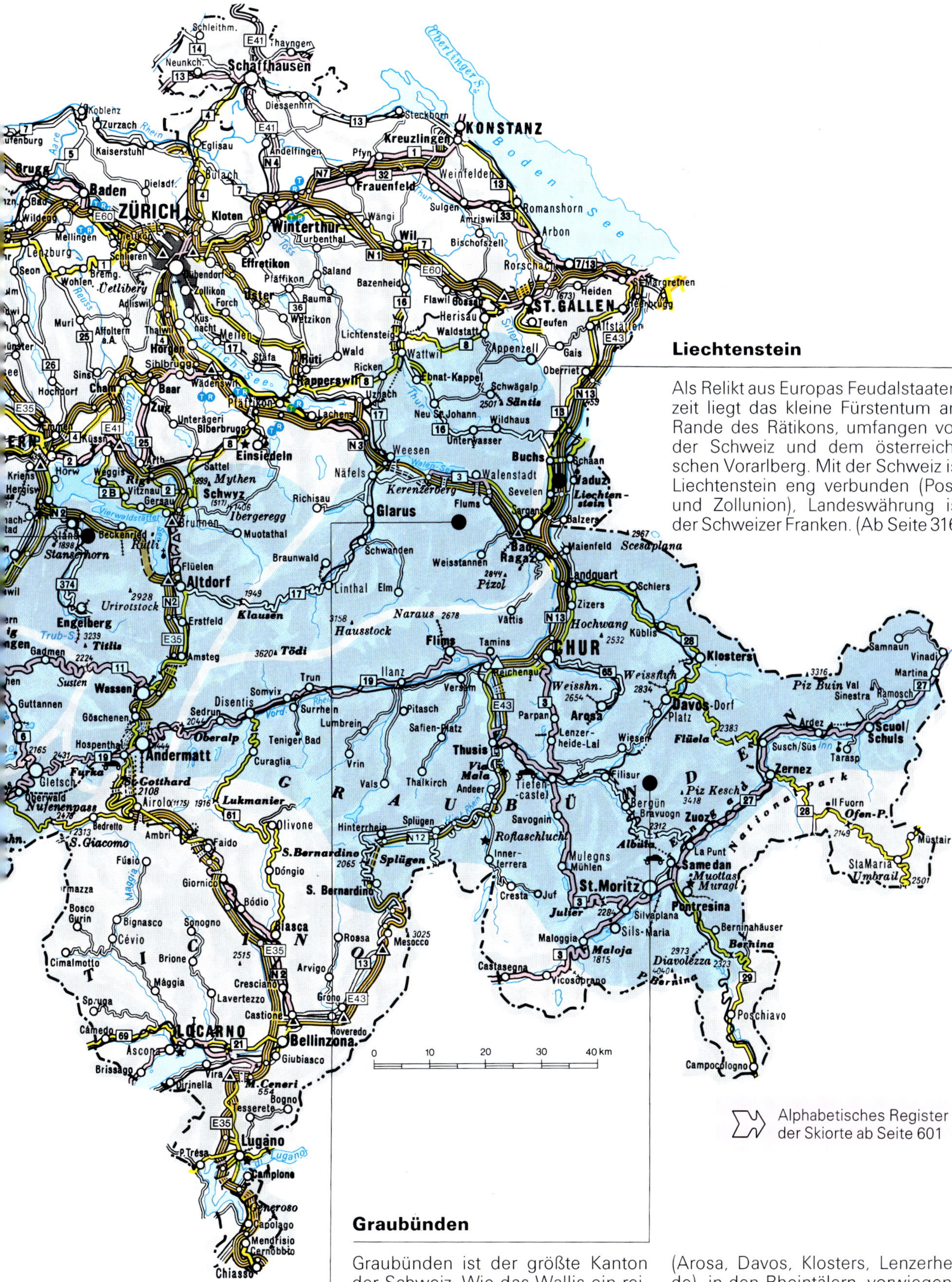

Liechtenstein

Als Relikt aus Europas Feudalstaatenzeit liegt das kleine Fürstentum am Rande des Rätikons, umfangen von der Schweiz und dem österreichischen Vorarlberg. Mit der Schweiz ist Liechtenstein eng verbunden (Post- und Zollunion), Landeswährung ist der Schweizer Franken. (Ab Seite 316)

Alphabetisches Register der Skiorte ab Seite 601

Ostschweiz

Wer der Versuchung widersteht, auf den (an Wochenenden nicht selten arg verstopften) Autobahnen vom Bodensee und von Zürich her bis nach Graubünden durchzufahren, findet in der Ostschweiz, westlich des Rheintals zwischen Walensee und Bodensee, ein reizvolles voralpines Skigelände (wie in Obertoggenburg mit Wildhaus, Unterwasser und Alt St. Johann). (Ab Seite 306)

Graubünden

Graubünden ist der größte Kanton der Schweiz. Wie das Wallis ein reines Gebirgsland, erstreckt sich das Bündnerland über den Alpenkamm hinüber auf die Südabdachung der Alpen.
Das von zahllosen großen und kleinen Tälern stark gegliederte Land besitzt eine reiche Geschichte und große kulturelle Vielfalt. Hier werden heute noch drei Sprachen gesprochen: Bündnerdeutsch, Rätoromanisch und, in den südlichen Tälern, Italienisch.
Die wichtigsten Skigebiete, die in der Regel alles bieten, was das Skifahrerherz begehrt, liegen in Mittelbünden (Arosa, Davos, Klosters, Lenzerheide), in den Rheintälern, vorwiegend im Vorderrheintal (Flims-Laax, Disentis, Sedrun), natürlich im Oberengadin (St. Moritz, Pontresina, Silvaplana) und im Unterengadin (Scuol und Samnaun). Zweifellos ist Graubünden eine der schönsten und von ihren Natur- wie Kulturschätzen her auch reichsten Gebirgslandschaften der Alpen. (Ab Seite 318)

Das Berner Oberland

Das Berner Oberland umfaßt den ganzen südlichen Teil des Kantons Bern, vom Thuner- und Brienzersee bis zum nördlichen Alpenkamm. Eine klar zu umgrenzende Landschaft, und dennoch meint, wer Berner Oberland sagt, nicht unbedingt das gleiche.

Der östliche Teil nämlich, vom Dreigestirn Eiger, Mönch und Jungfrau und vom Blümlisalpmassiv beherrscht, trägt eindeutig hochalpinen Charakter: mächtige Gebirgsbastionen aus Fels und ewigem Eis und tief eingeschnittene Täler. Der westliche Teil dagegen ist viel weiträumiger und sanfter. Das Saanenland, das sich zwischen Zweisimmen und Château-d'Oex an Simme und Saane entlangzieht, ist eine liebliche Voralpenlandschaft, in der zwar hohe Berge und da und dort auch schroffe Felsgipfel keineswegs fehlen, sie sind jedoch nicht mehr so landschaftsbestimmend wie im Jungfraugebiet. Die Grenze wird ungefähr von Engstligen- und Kandertal markiert.

Man muß sich entscheiden, was man lieber mag. Manchem Flachländer, wenn er ehrlich ist, sind Wetterhorn und Eiger bei **Grindelwald** eigentlich etwas zu nah. Man kann sich sehr wohl von den steilen Wänden bedrängt oder gar erdrückt fühlen. Andere mögen den hautnahen Kontakt

Skigebiete auf einen Blick

Adelboden ③/244
Diemtigtal ①/243
Grindelwald ④/246
Gstaad Super Ski Region ②/236
Jungfrau-Top-Ski-Region ④/246
Lenk ③/245
Meiringen-Hasliberg ⑤/252
Mürren ④/246
Niedersimmental ①/243
Wengen ④/246

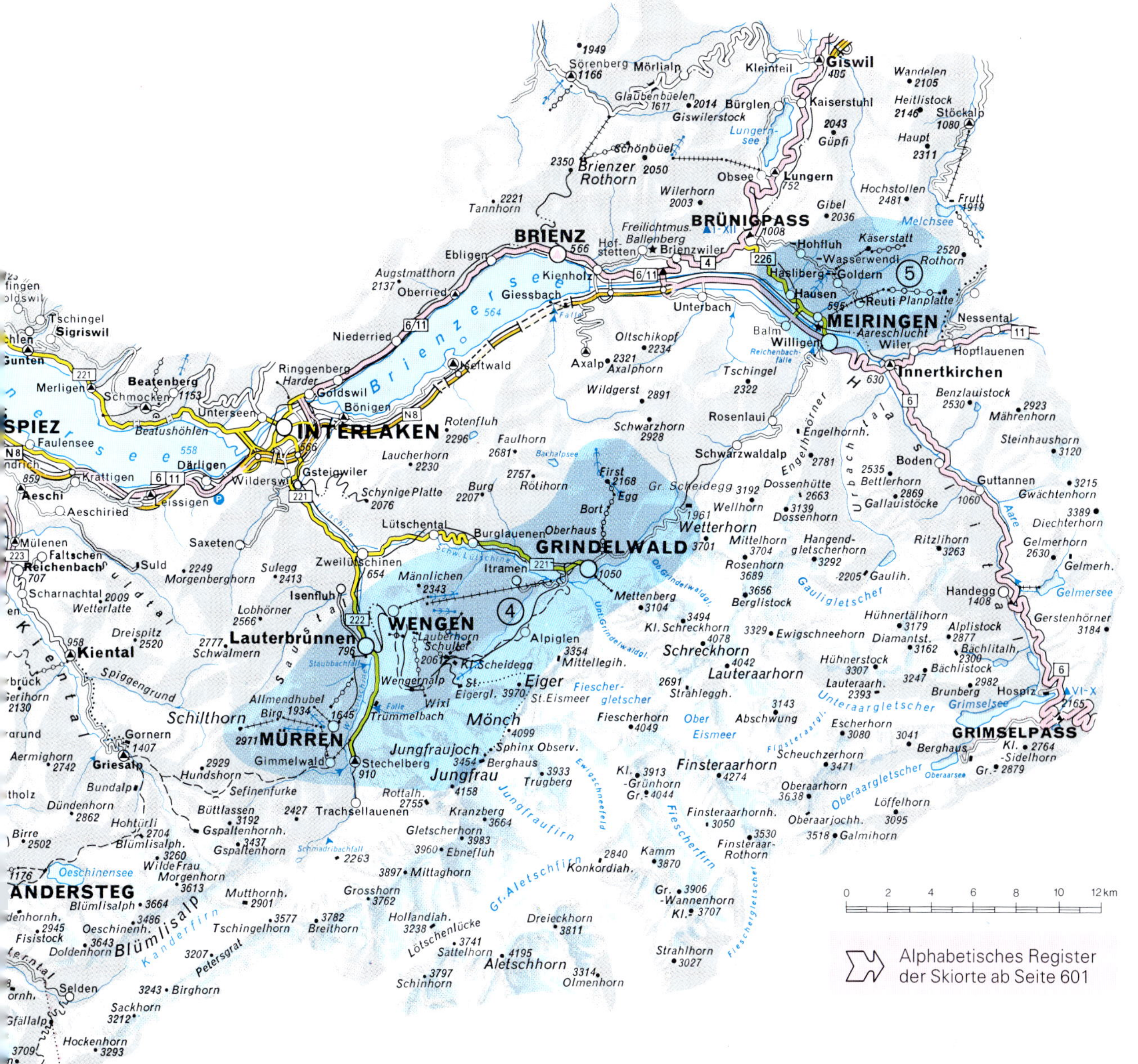

Alphabetisches Register der Skiorte ab Seite 601

mit der Hochgebirgswelt gerade besonders gerne. Wenn sie dazu auch gute Skifahrer sind, so sind sie hier sicher am richtigen Platz.

Man soll nun aber nicht glauben, es gebe hier nur steile und schwierige Abfahrten. Den weniger geübten Skifahrern bieten sich in Grindelwald und **Wengen** durchaus zu bewältigende Pisten, während **Mürren** vielleicht am ehesten dem guten Skifahrer vorbehalten bleibt.

Mürren und Wengen haben im Berner Oberland bleifreie Luft zu bieten, denn Autos werden hier nicht geduldet. Man stellt sie in Lauterbrunnen in einer Einstellhalle oder in Stechelberg bei der Talstation der Schilthornbahn ab (nur für Mürren).

Lauterbrunnen liegt übrigens zu Füßen des berühmten 300 Meter hohen Staubbachfalls, den Goethe in seinem Gedicht »Gesang der Geister über den Wassern« verewigt hat.

Im westlichen Berner Oberland ist die Palette fast noch größer. Hier gibt es eine ganze Reihe attraktiver, zum Teil untereinander verbundener Skigebiete von internationalem Rang. Die bedeutendsten, zwischen Zweisimmen und Château-d'Oex, werden heute unter dem Namen **»Gstaad Super Ski Region«** zusammengefaßt. Es gehören dazu so klangvolle Namen wie Saanenmöser, Schönried, das mondäne Gstaad und die bereits zum französischsprachigen Waadtland gehörenden Orte Rougemont und Château-d'Oex. Ein ausgedehntes Skiparadies, das für jeden Geschmack und jedes Können eine Vielzahl von Möglichkeiten bereit hält. Allerdings: Wer alle auskosten will, kann aufs Auto nicht ganz verzichten.

Eigentlich auch nicht mehr zum Berner Oberland, sondern schon zu den Westschweizer Alpen gehört das Diablerets-Massiv, das – neben hochalpinen Abfahrten – auf seinen weiten Gletscherhochflächen ein Sommerskigebiet vorzuweisen hat.

Klimatisch gehört die »Gstaad Super Ski Region« bereits ein wenig zur Westschweiz und profitiert von seiner Nähe zum Wallis. Dank seiner Offenheit ist es hier oft sonniger und milder als im Jungfraugebiet.

Im Talschluß des Obersimmentals liegt der Kurort **Lenk**. Etwas weniger exklusiv als die Skistationen der »Gstaad Super Ski Region« ist Lenk, zu Füßen des großartigen Wildstrubelmassivs, sozusagen eine Welt für sich. Sein Skigebiet hängt mit der Skiarena von **Adelboden** zusammen.

Lenk verfügt übrigens über moderne Kureinrichtungen. Seine Schwefelquellen zählen zu den stärksten des ganzen Alpenraumes.

Gern besuchte Gebiete im Berner Oberland sind – auch wenn sie dem Vergleich mit den berühmten Stationen des Jungfraugebiets oder der »Gstaad Super Ski Region« nicht standhalten können – das **Diemtigtal**, ein Seitental des Nieder-Simmentals, weiter das am Südhang des Niederhorns über dem Thunersee gelegene, ausgesprochen sonnige Beatenberg und das im Tal der jungen Aare, östlich von Brienz gelegene **Meiringen-Hasliberg**.

Für Abfahrtsfans und Sonnenhungrige etwas weniger zu empfehlen, dafür ein echter Geheimtip für Langläufer ist das genau in der Mitte des Berner Oberlandes gelegene Skigebiet von Kandersteg.

Die Gstaad Super Ski Region

Vieles ist im Saanenland rund um das weltberühmte Chaletdorf Gstaad tatsächlich »super«: Die bis auf 3000 Meter hinaufführenden Aufstiegshilfen. Die wirklich familienfreundlichen Tarife. Und auch das reizvolle Nebeneinander von deutsch und französisch.

Das Saanenland ist ein Grenzgebiet zwischen der deutschen und der französischen Schweiz und wird als Brücke bezeichnet, welche die Romands mit den Alemannen verbindet. Dies eröffnet beispielsweise die Möglichkeit, in ein und derselben Region sowohl alemannische Gastwirtschafts- als auch westschweizerisch-französische Bistro-Atmosphäre zu schnuppern.
Zur Gstaad Super Ski Region gehören die Orte Gstaad, Gsteig, Lauenen, Saanen, Schönried, Saanenmöser, Zweisimmen, St. Stephan, Rougemont und Château-d'Oex.

Das Angebot an Bahnen und Liften

Drei Talschaften gehören zur Gstaad Super Ski Region: Das Saanenland, ein Teil des Obersimmentals und das waadtländische Pays d'Enhaut. Dank dieser landschaftlichen Vielfalt kann die Gstaad Super Ski Region den Alpinskifahrern in Höhenlagen zwischen 1000 und 3000 Metern Süd-, Ost-, Nordost-, Nord- und Westhänge aller Schwierigkeitsgrade anbieten.
Im Gegensatz zu anderen Wintersportorten gibt es in der Gstaad Super Ski Region keine Abfahrtsstrecke, welche als einmaliges Glanzstück zu bezeichnen ist. Könner unter den Alpinfahrern werden vor allem am Wasserngrat, auf der Diableretsabfahrt und am Gandlouenengrat auf ihre Kosten kommen. Doch weitere schwarze Pisten gibt es an fast allen Anlagen der ganzen Region.
Im Winter 1988/89 hat Château-d'Oex auf Monts-Chevreuil und La Braye die Meisterschaften der Schweizer Alpinen durchgeführt, 1985 fanden sie in Schönried statt – sicher zwei zusätzliche Gütezeichen für die Gstaad Super Ski Region.
Für Rennfans wird im Januar oder Februar am Wasserngrat (Gstaad) auf dem Tiger-Run-Steilhang eine Geschwindigkeitsmeßstrecke installiert, auf der die erreichte Höchstgeschwindigkeit gemessen werden kann. Der bisherige Rekord liegt bei ca. 120 km/h. Messen lassen kann sich jeder, und da die Strecke nicht schwer ist, können sich auch Kinder wie Profis tollkühn in die Tiefe stürzen.
Eine permanente Zeitmeßanlage ist auch beim Skilift Huble am Eggli (von Gstaad-Saanen aus) installiert.
Für Anfänger besonders gut geeignete Pisten gibt es am Saanerslochgrat und am Hornberg in Saanenmöser, am Horneggli und am Rellerli in Schönried, auf Wispile, in Gsteig und Lauenen sowie auf La Braye und Monts-Chevreuil.
Trotz der zahlreichen Liftanlagen, welche dem regionalen Abonnementsverbund angeschlossen sind, kann die Gstaad Super Ski Region nicht als »Skikarussell« oder »Skischaukel« bezeichnet werden. Denn »schaukeln« läßt sich's bei weitem nicht durch alle Gebiete. Die größten Möglichkeiten eröffnen in dieser Hinsicht die Ausgangspunkte Saanenmöser, Schönried und St. Stephan (überhaupt ein guter Einsteigeort in die Super Ski Region!), von denen aus ein großer Teil der Aufstiegshilfen erreichbar und – über das Hühnerspiel – sogar die Talfahrt nach Gstaad möglich ist.
Einen etwas kleineren Skizirkus gibt es auch westlich von Gstaad: vom Eggli gelangt man problemlos in die Gebiete von Pra Cluen und Videmanette. ▶

Gstaad – Hauptort und touristisches Zentrum des Saanenlandes – mit dem wohl berühmtesten Hotel der Gegend im Hintergrund. In den Wintermonaten finden hier Konzerte unter der Leitung bekannter Dirigenten statt.

Oldenhorn
3126 m
Glacier des Diablerets
3000 m
Cabane
Mont Blanc 4810 m
Dents du Midi 3263 m
Oldenegg
Col du Pillon
Reusch
Col des Mosses
Rocher du Midi
Monts Chevreuils
Gummfluh
Pra Cluen
La Videmanette
La Braye
La Montagnette
Eggli
Rublo
Chalberhöni
Le Rubli
Les Moulins
Gérignoz
CHÂTEAU-D'OEX
ROUGEMONT
MOB
Flendruz
Pisten/pistes/slopes:
leicht/faciles/easy
mittel/moyennes/medium
schwer/difficiles/difficult

Gstaad Super Ski Region

Weil die Benutzung der Montreux-Oberland-Bahn MOB, der Ski- und Postbusse sowie der lokalen Buslinien im Skipaß enthalten ist, ist man in der ganzen Region nicht auf das eigene Auto angewiesen – im Gegenteil: Wer die zahlreichen öffentlichen Verkehrsmittel benützt, hat weder Parkplatzsorgen noch den Zwang, am Abend unbedingt an den morgendlichen Ausgangspunkt zurückkehren zu müssen.
Um abseits der markierten Pisten in größerem Stil dem freien Variantenskifahren zu huldigen, bleibt eigentlich nur der Gang zu einer der zahlreichen Skischulen. In den von Bahnen und Liften erschlossenen Geländezonen gibt es zwar einzelne Tiefschneehänge, wer aber längere Abfahrten über unberührte Hänge unternehmen will, kommt (schon aus Sicherheitsgründen) nicht um die Inanspruchnahme eines ortskundigen Skilehrers oder Bergführers herum.
Die Angebotspalette für weitere Sportarten reicht von Paragliding über Snowboarden, auf das sich alle Skischulen eingestellt haben, bis hin zu Eislauf, Curling und Schlitteln – ganz abgesehen von den zahlreichen Fitnessprogrammen der einzelnen Hotels.

Gstaad inmitten seiner Skigebiete Eggli, Wispile und Wasserngrat (oben).

Schon im Vorfeld von Gstaad, aber auf dem Boden geblieben: Saanen in seiner weiten Talmulde (unten).

Abendliche Fondue- und Grillparties in Berggasthäusern mit anschließender Fackelabfahrt werden von den meisten Skischulen wöchentlich oder vierzehntäglich durchgeführt.

Super-Langlaufmöglichkeiten

Gstaad und seine Umgebung erfreuen sich in erster Linie als alpine Skiregion eines ausgezeichneten Rufes. Weniger bekannt ist das überdurchschnittliche Langlaufangebot: Zwischen Gsteig und Château-d'Oex gibt es eine der wilden Saane entlang verlaufende, zusammenhängende Loipe von 26 Kilometer Länge. Auf der sonnigen Hochebene zwischen Schönried und Saanenmöser sind eine einfachere und eine anspruchsvolle Spur angelegt. Oberhalb von Zweisimmen ist Sparenmoos (1600 m) das eigentliche Langlaufzentrum mit 30 Kilometer Loipen und Skiwanderwegen und den dazugehörigen Umkleide- und Duschräumen. Im Simmental werden zwischen Zweisimmen und Lenk weitere Loipen-Kilometer gespurt. Die höchstgelegene Langlaufspur findet sich auf dem Diablerets-Gletscher (3000 m).
Die beliebteste Rodelstrecke der Gstaad Super Ski Region führt vom Sparenmoos auf 7 Kilometer Länge hinunter nach Zweisimmen. Ein Bus transportiert Gäste und Schlitten fahrplanmäßig zur 1600 Meter hohen Ebene hinauf. Wochentags ist die stark frequentierte Schlittelbahn abends jeweils beleuchtet. Schlitten werden mietweise abgegeben. Viele Rodelfreunde verbinden die abendliche Plauschfahrt mit einem leckeren Fondueschmaus im Berggasthaus Sparenmoos. ▶

Auf einen Blick

Skigebiet 1100–3000 m

Einwohner: 6000 **Gästebetten:** 15000

Saison: Dezember bis Ende April
Ganzjährig im Sommerskigebiet Glacier des Diablerets

Wichtige Telefonnummern
Schneetelefon 030/46600
Lawinenwarndienst Schweiz 120
Straßenzustandsbericht Schweiz 163
Informationen Gesamtskiregion 030/45353
Landesvorwahlnummer siehe Seite 608.

Ski alpin Testnote ❄❄❄❄

250 km präparierte Abfahrten:
40 km schwer, 90 km mittel, 120 km leicht
Längste Abfahrt: Diablerets-Gletscher – Oldensattel – Reusch, 14 km Länge, 1700 m Höhenunterschied, schwer
Schwere Abfahrten: Tiger Run (Wasserngrat) 2 km Länge, 500 m Höhenunterschied; Rellerli, 2,5 km Länge, 500 m Höhenunterschied
Die Piste Huble (Saanen, 100 m lang, mittel) ist dienstags, mittwochs und freitags von 19 bis 22 Uhr beleuchtet

Liftkapazität: 50000 Pers./Std.
40 14 10 5

Sommerskigebiet Les Diablerets siehe Seite 264

Skipaß-Preise siehe Beilage

Tiefschneereviere und Skirouten: Anfragen im Bergbahnenbüro (VBG), Tel. 030/45353, Telefax 030/46212

Skischulen: 7 mit 350 Skilehrern

Langlauf Testnote ❄❄❄❄

140 Loipenkilometer (50 km schwierig, 35 km mittel, 55 km leicht); längste Loipe: Gsteig-Gstaad-Rougemont-Château-d'Oex (920–1200 m), 26 km; Höhenloipe: Gletscher Les Diablerets (2800 m), 5 km, leicht
Château-d'Oex 31 km (6 km schwierig, 8 km mittel, 17 km leicht), Nachtloipe (1000 m), 4 km, täglich bis 22 Uhr beleuchtet Gsteig Rundloipe nach Feutersoey 6 km Schönried 17 km (10 km schwierig, 5 km mittel, 2 km leicht); höchste und längste Loipe: Loipe Schwarz (1230–1500 m), 10 km, schwierig Saanenmöser 25 km (18 km schwierig, 5 km mittel, 2 km leicht); Rundloipe nach Schönried (1200–1500 m), 18 km St. Stephan 18 km (leicht); Nachtloipe Moos (Selbsteinschalten der Beleuchtung), 1 km, leicht Rougemont 15 km (7 km mittel, 8 km leicht), Nachtloipe (1100 m, 1 km lang) freitags von 18 bis 21.30 Uhr beleuchtet Zweisimmen 38 km (je 19 km schwierig und leicht), Langlaufzentrum in Sparenmoos (1600–1800 m), 25 km Saanen ca. 35 km (5 km schwierig, 30 km mittel); längste Loipe: Chlösterli – Saanen (970–1080 m), 8 km lang, leicht Lauenen 15 km (1250 m, 5 km mittel, 10 km leicht) Gstaad 20 km (4 km mittel, 16 km leicht); höchste Loipe: Hohe Wispile (1800 bis 2000 m), 5 km lang, mittel
Überall: Loipengebühr erwünscht (Schweizer Loipenpaß ca. sfr 5/Tag, 30/Saison); in allen Orten Langlaufunterricht

Weitere Sportmöglichkeiten

Eishockey, Heißluftballonfahrten, Taxiflüge, Gletscherflüge, Skijöring, Gleitschirmfliegen

Après-Ski

Fondue-Parties in den Berghütten mit Fackelabfahrt.

Sportliche Veranstaltungen
16. Intern. Heißluft-Ballonwoche (Château-d'Oex, 22.–30. Jan. 94), Weltmeisterschaft für lenkbare Luftschiffe (Château-d'Oex, 2.–6. Febr. 94), 22. Coupe vom Weißen Hochland (Langlaufwettbewerb über 4 und 15 km, Gstaad – Château-d'Oex, 5. Febr. 94), Open Air Curlingturnier (Charles Heidsieck Masters, Gstaad, 5./6. Febr. 94), 20. Chlösterli Volkslanglauf (Gstaad – Chlösterli, über 4,5 bis 13,5 km, 16. Febr. 94), 4. Swiss Para Triathlon (Gstaad, 19./20. März 94)

Anreise

Autobahn Bern – Wimmis oder Bern – Bulle. Bahnstationen in fast allen Orten der Gstaad Super-Ski Region
Entfernungen von KA: 377 km, S: 442 km, UL: 455 km, M: 522 km

Hotelempfehlungen: Seite 586–592

Unvergeßlich wird ein Rundflug über den Mont-Blanc sein (ca. sfr 195) oder über das Saanenland (ca. sfr 45). Informationen Flugplatz Saanen, Tel. 030/44025, Fax 030/47257.
Skitouren für Anfänger: Fast jede Skischule bietet Skitouren an, an denen auch fortgeschrittene Anfänger teilnehmen können. Die Skischule Zweisimmen hat sogar Tourenwochen für Anfänger im Programm (Tel. 030/21133).
Einen Willkommensgruß entbietet Zweisimmen jeden Sonntag seinen neuen Gästen mit einer Dia-Schau über Land und Leute (20 Uhr, Hotel Krone, gratis).

Gstaad

PLZ: CH-3780 **Ortsvorwahl:** 030
Verkehrsbüro: Tel. 47171, Telefax 45620
Einwohner: 3000 **Gästebetten:** 4500

Skischule: Schweizer Skischule Alpin und Langlauf, Tel. 41865
Kinder: Gästekindergarten ab 2 Jahre (Junior-Club, ca. sfr 22/Halbtag, 52/Ganztag inkl. Mittagessen); Skischule ab 3–4 Jahre (ca. sfr 223/Woche inkl. Mittagessen)
Après-Ski: *Disco* Greengo Night im Hotel Palace, Tel. 83131; *Treffpunkt* Café Pernet – Richi's Pub, Tel. 45787, Rialto-Bar, Tel. 43474, Chesery Bar, Tel. 42451
Kino Ciné – Theatre, Tel. 41474

Eislauf: Natureisbahn, Tel. 42571; überdachtes Eisfeld im 1. Stock der Curlinghalle, Tel. 44368
Tennis: Tennishalle, Tel. 41090
Schwimmen: Sportzentrum, Tel. 44416
Reiten: Reitzentrum, Tel. 42460

Gsteig

PLZ: CH-3785 **Ortsvorwahl:** 030
Verkehrsbüro: Tel. 51231, Fax 51558
Einwohner: 900 **Gästebetten:** 470

Skischule: Langlauf Hanspeter Walker, 3784 Gsteig-Feutersoey, Tel. 51032
Kinder: kein Gästekindergarten; Skischule siehe Gstaad

Lauenen

PLZ: CH-3782 **Ortsvorwahl:** 030
Verkehrsbüro: Tel. 53330, Fax 53313
Einwohner: 760 **Gästebetten:** 83

Schönried

PLZ: CH-3778 **Ortsvorwahl:** 030
Verkehrsbüro: Tel. 48888, Telefax 46470
Einwohner: 450 **Gästebetten:** 2600

Skischule: Schweizer Skischule, Tel. 43665
Kinder: kein Gästekindergarten; Skischule ab 3 Jahre (ca. sfr 235/Woche inkl. Mittagessen)
Après-Ski *Disco* Grotte im Hotel Alpin nova, Tel. 83311; Down Town Bar (Jazz-Bar) im Hotel Ermitage-Golf, Tel. 42727, Sammy's Bar im Hotel Alpenrose, Tel. 46767

Eislauf: Natureisbahn, Auskünfte beim Verkehrsamt, Tel. 48888
Squash: Squashhalle im Hotel Ermitage-Golf, Tel. 42727
Schwimmen: öffentliches Hallenbad im Hotel Alpin nova, Tel. 83311 und im Hotel Ermitage-Golf (Solebad), Tel. 42727

Saanen

PLZ: CH-3792 **Ortsvorwahl:** 030
Verkehrsbüro: Tel. 42597, Telefax 46182
Einwohner: 1800 **Gästebetten:** 2000

Skischule: Schweizer Skischule, Chalet Clou, Tel. 44438
Kinder: Gästekindergarten ab 3 Jahre (ca. sfr 23/Halbtag); Skischule ab 3 Jahre (ca. sfr 97/5 Halbtage)
Après-Ski:
Treffpunkt The Pub, Tel. 41441

Saanenmöser

PLZ: CH-3777 **Ortsvorwahl:** 030
Verkehrsbüro: Tel. 42222, Fax 49351
Einwohner: 180 **Gästebetten:** 763

Skischule: Schweizer Skischule, im Verkehrsbüro, Tel. 42222
Kinder: kein Gästekindergarten; Skischule ab 4 Jahre (ca. sfr 95/5 Halbtage)
Après-Ski: *Pianobar* Golfhotel, Tel. 83232

Eislauf: Natureisbahn, Auskünfte beim Verkehrsamt, Tel. 42222

Zweisimmen

PLZ: CH-3770 **Ortsvorwahl:** 030
Verkehrsbüro: Tel. 21133, Telefax 22585
Einwohner: 3000 **Gästebetten:** 1800

Gstaad Super Ski Region

Skischule: Schweizer Skischule, Tel. 21133
Kinder: Gästekindergarten ab Kleinkind (ca. sfr 25/Halbtag); Skischule ab 4 Jahre (ca. sfr 110/6 Halbtage)
Après-Ski: *Disco* Dancing Forellensee, Tel. 21882, *Bar* Dancing im Sportmotel, Tel. 21431, *Treffpunkt* Pub Bar im Hotel Résidence, Tel. 21715

Eislauf: Natureisbahn oberhalb der reformierten Kirche, abends beleuchtet

St. Stephan

PLZ: CH-3772 **Ortsvorwahl:** 030
Verkehrsbüro: Tel. 21951, Fax 24400
Einwohner: 1300 **Gästebetten:** 400

Skischule: Skischulbüro Zweisimmen Kurt Müller, Tel. 21133
Kinder: siehe Zweisimmen
Après-Ski: Angebote in den Nachbarorten Lenk und Zweisimmen

Rougemont

PLZ: CH-1838 **Ortsvorwahl:** 029
Verkehrsbüro: Tel. 48333, Fax 48967
Einwohner: 850 **Gästebetten:** 800

Skischule: Schweizer Skischule, Tel. 48275
Kinder: kein Gästekindergarten; Skischule ab 4–5 Jahre (ca. sfr 110/6 Halbtage)

Als Souvenir vom unvergeßlichen Urlaub können die Videofilme mit nach Hause genommen werden, die während des Skikurses gemacht worden sind. Außerdem sind sie gut anzuschauen vor dem nächsten Winterurlaub: Sie zeigen, wie's ging und was man schon mal konnte ... (Skischule Urs Schwenter, Schönried, Tel. 030/43665).
Tourentip: Aufs Wistätthore (2362 m). Von St. Stephan aus Fahrt mit Sessellift und Schleppliften zum Parwengsattel, dann eine Stunde Aufstieg zur Lasenberghütte, von dort eine weitere Stunde zum Gipfel.

Château-d'Oex

PLZ: CH-1837 **Ortsvorwahl:** 029
Verkehrsbüro: Tel. 47788, Fax 45958
Einwohner: 3000 **Gästebetten:** 4000

Skischule: Schweizer Skischule, Tel. 46848
Kinder: Gästekindergarten ohne Altersbeschränkung (ca. sfr 30/Halbtag); Skischule ab 3 Jahre (ca. sfr 100/5 Halbtage)
Après-Ski: *Disco* La Bamba im Hotel Richemont, Tel. 45252, Le Ranch im Hotel Les Bouquetins, Tel. 45704
Treffpunkt Le Castel im Hôtel de Ville, Tel. 47477; My Love im Hotel La Rocaille, Tel. 46215; Cellar Bar, im Hotel Bon-Accueil, Tel. 46320
Kino Eden, Tel. 46368
Museum vom alten Pays-d'Enhaut, Tel. 46391; Alpkaserei, Tel. 46677

Eislauf: Kunsteisbahn im Parc des Sports, Tel. 46700
Reiten: Reitschule, Tel. 46212

Schlittelwege werden auch am Eggli in Gstaad (4 km), in Gsteig, im Saanewald oberhalb von Saanenmöser und in Rougemont hergerichtet.

Fahrten im Heißluftballon

Winterferien sind bekanntlich Gesundheitsferien – nicht nur für Pistenfahrer und Langläufer. Jede Art Bewegung in der frischen Winterluft hat positive Auswirkungen auf den ganzen Körper.
Die Region von Gstaad hat diesbezüglich ideale Voraussetzungen: Die Höhenlage der Dörfer (zwischen 950 und 1230 m) kann von jedermann problemlos ertragen werden, so daß niemand auf die Begleitung von skifahrenden oder langlaufenden Familienmitgliedern zu verzichten braucht. Und das Angebot an Winter-Wanderwegen, Curlingrinks, Eisbahnen, Hallenbädern oder Pferdeschlittenfahrten ist dermaßen groß, daß keinerlei Langeweile aufkommen kann.
Château-d'Oex ist ein internationales Zentrum der Heißluftballonfahrer – ein preisgünstiger Schnupperaufstieg in 80 bis 100 Meter Höhe im Fesselballon oder eine richtige (und entsprechend kostspieligere) Ballonfahrt über die Märchenlandschaft der verschneiten Dörfer und Berge ist schon für viele Gstaader Gäste zum unvergeßlichen Urlaubshöhepunkt geworden.
Auch eine Fahrt im Panoramic-Express der Montreux-Oberland-Bahn in die berühmten Weingebiete am Genfersee darf guten Gewissens empfohlen werden.
Wer Lust, genügend Freunde und überdies das notwendige Kleingeld dazu hat, kann bei der MOB den nostalgischen, tiptop renovierten Salonwagen »Belle Epoque« für eine kürzere oder längere Fahrt auf dem 75 Kilometer langen Meterspur-Netz zwischen Lenk und Montreux mieten.

Gstaad

Gstaad – Hauptort und touristisches Zentrum des Saanenlandes – ist ein Ferienort, der insbesondere zur Winterzeit sehr häufig in den Klatschspalten von Zeitungen und Zeitschriften auftaucht – als bevorzugter Ort von Jetset und der High Society. Ehemalige und »aktive« Monarchen, Diplomaten, Film- und andere Stars genießen hier ihren Urlaub – einige mehr, andere weniger auf Publicity bedacht. Doch Gstaad ist auch Mittelpunkt eines der bekanntesten schweizerischen Erholungs- und Sportgebiete, weshalb die überwiegende Mehrzahl der Gstaader Gäste durchaus der Spezies »Herr und Frau Jedermann« zuzuordnen ist ...
Und anders als andere Prominentenorte ist Gstaad keine »Stadt in den Bergen« geworden – es ist ein Dorf geblieben und dank strenger, den Chaletstil bewahrender Bauvorschriften auch von der Art der Bebauung her.
Gstaad ist, ebenso wie St. Moritz, unzweifelhaft zu einem Schweizer Markenzeichen geworden.
Allerdings: Ganz selbstverständlich ist es nicht, daß der Ort heute eine solche Rolle spielen kann. Denn beinahe hätte er den Anschluß an die moderne Zeit verpaßt: Die ursprünglichen Pläne hatten nämlich vorgesehen, Gstaad zu Beginn dieses Jahrhunderts beim Bau der Montreux-

Eine Attraktion sind die über 50 bunten Ballone während der Heißluftballonwoche in Château-d'Oex. Passagierfahrten sind das ganze Jahr über möglich.

Gstaad Super Ski Region

Oberland bernois-Bahn MOB links liegen zu lassen. Doch 1904 erhielt Gstaad seinen Bahnhof und damit die wichtige Verbindung zu Montreux und der internationalen Bahnlinie London – Paris.

Gsteig

Auf halbem Weg zwischen Gstaad und der Paßhöhe des Col du Pillon (von wo aus die eine der beiden Luftseilbahnen ins Gletschergebiet von Les Diablerets führt) liegt das Dörfchen Gsteig. Mehrere Hotels und Restaurants deuten an, daß der Ort ebenfalls einen Teil des »Fremdenverkehrskuchens« für sich abzuschneiden vermag.

Lauenen

Gleiches läßt sich von Lauenen sagen, dessen zweihundertjährige Holzhäuser mit geschnitzter und bemalter Fassade und die spätgotische Pfarrkiche St. Petrus (1520) ein idyllisches Dorfbild abgeben. Gäste finden in kleinen Hotels sowie in einigen Ferienwohnungen preisgünstige Unterkünfte.

Saanen

Das Dorfzentrum liegt im breiten Tal des Flusses, welcher der Gegend den Namen gegeben hat, doch auch der am nordöstlichen Sonnenhang im Chaletstil entstandene Hotelbau gehört noch zu dieser flächenmäßig großen Gemeinde.

In der das Dorf dominierenden St. Mauritius-Kirche (1447 geweiht, 1940 innen ausgebrannt, danach originalgetreu wieder aufgebaut) finden im August jeweils die Konzerte des Yehudi-Menuhin-Festivals und im Winter Gastkonzerte von verschiedenen namhaften Künstlern statt.
Saanen befindet sich im Herzen der Gstaad Super Ski Region – nicht nur sein Hausberg Eggli, sondern auch die Videmanette und die Anlagen von Schönried sind innerhalb weniger Minuten zu erreichen.
Der berühmteste Saaner ist der Saanenkäse – den darf man sich keinesfalls entgehen lassen.

Schönried

Einwohnermäßig zählt das an der Strecke Saanen – Zweisimmen liegende Schönried zu den kleineren Orten – an der Zahl der Touristenbetten gemessen, nimmt es aber hinter Gstaad und Château-d'Oex den dritten Platz ein.
Wohltuend – auch für müde Skifahrerbeine – ist ein Bad im Solbad mit seinem 35 Grad warmen Wasser; es befindet sich im Hotel Ermitage-Golf, steht aber der Öffentlichkeit zur Verfügung.
In Anbetracht der zu beiden Talseiten am Horneggli und am Rellerli bestehenden Möglichkeiten zum alpinen Skifahren ist das touristische Angebot nicht erstaunlich – Schönried ist außerdem beliebter Standort für Jugendgruppen-Lager. Der Familienferienort bietet denn auch alles, was zu einem angenehmen und abwechslungsreichen Winterurlaub gehört.

Sehenswürdigkeiten in Rougemont: St-Nicolas-Kirche (11. Jh.), Schloß (16. Jh.) und Mineralienmuseum.

Saanenmöser

Ähnlich wie in Schönried kann man auch von Saanenmöser aus direkt in die Gstaad Super Ski Region einsteigen: Das Skigebiet Saanerslochgrat/Hornberg liegt hier direkt vor der Haustür.

Zweisimmen

Für alle diejenigen, welche aus der Region Bern ins Simmental und ins Saanenland zum Skilaufen fahren, ist Zweisimmen das Tor zur Gstaad Super Ski Region. Der Ort verfügt über ein Dutzend Mittelklassehotels und zahlreiche Gruppenunterkünfte, ist folglich als eigentlicher Familienort zu bezeichnen.

St. Stephan

Nichts Mondänes gibt es im langgezogenen Ort St. Stephan, auf halbem Weg zwischen Zweisimmen und Lenk. Seine Hotels sind einfach und deshalb sehr preisgünstig, abendliche Unterhaltungsmöglichkeiten fehlen, von einzelnen Konzert- und Theaterabenden der Dorfvereine abgesehen, fast gänzlich.

Rougemont

Am Fuße der Videmanette gelegen, ist das kleine Dorf Rougemont der erste (oder letzte, je nach Fahrtrichtung) französischsprachige Ort der Gstaad Super Ski Region. Neben der dreischiffigen St-Nicolas-Kirche (11. Jahrhundert) und dem Schloß aus dem 16. Jahrhundert ist das Mineralienmuseum die wichtigste Sehenswürdigkeit. Die Gäste, die Rougemont zu beherbergen vermag, müssen sich in die Nachbarorte begeben, wenn sie viel Après-Ski erleben wollen.

Château-d'Oex

Die westlichste Ortschaft der Skiregion ist ein stattlicher, keineswegs versnobter Wintersportort. Sehenswert sind das Käsereizentrum und das Kunsthandwerkmuseum mit den für Saanenland und Pays d'Enhaut typischen Scherenschnitten.
Eine Attraktion sind die bunten Heißluftballone, welche während des ganzen Winters von Château-d'Oex aufsteigen – Gästefahrten im Fessel- oder im Freiballon zählen neben dem Skifahren auf La Braye zu den beliebten Urlaubsvergnügen.

Diemtigtal und Niedersimmental

Am Wiriehorn im Diemtigtal sind die Berner sozusagen unter sich. Dies ist zweifellos kein schlechtes Zeichen für ein Skigebiet ohne großen Namen. Erlenbach im Simmental und sein Stockhorngebiet sollten nur gute Skifahrer (und Langläufer) in Erwägung ziehen.

Ebenso verhält es sich im Diemtigtal und ganz besonders im Dorf Diemtigen selbst: 1986 ist es vom Schweizerischen Heimatschutz mit dem renommierten Wakker-Preis ausgezeichnet worden, ein Preis, der für die Erhaltung von Dorf- oder Städtebildern verliehen wird.
Auch in anderen Dörfern sind Zeugen des Wohlstands auszumachen, der von der Viehzucht (Simmentaler Kühe!) und vom Holzhandel herrührte. Ein wahres Juwel sind aber die gotischen Wandmalereien in der romanischen Kirche von Erlenbach.

Das **Diemtigtal** beginnt 5 Kilometer nach der Autobahnausfahrt Wimmis. Bei den Talstationen der Wiriehorn-Sportbahnen ist die große Zahl von Parkplätzen ein Indiz für die Tatsache, daß viele Gäste tageweise in dieses Skigebiet kommen. Wenn man weiß, daß dieser Skiberg lediglich etwas mehr als eine halbe Autofahrstunde von der Schweizer Bundeshauptstadt Bern entfernt ist, vermag dies nicht zu verwundern. Das Bettenangebot im Diemtigtal würde zur Auslastung der Kapazität von Sesselbahn und Skiliften auch gar nicht ausreichen.
Das Wiriehorn, dessen 2304 m. ü. M. liegende Spitze (noch) nicht von einem Skilift erschlossen ist, haben vor allem Familien in ihr Herz geschlossen. Gut trainierte Fahrer können sich von der anspruchsvollen, auch für Europacupabfahrten abgenommenen Piste Hohmad-Riedli herausfordern lassen, nicht so Wagemutige kosten die leichteren Pisten am Schwarzenberg und auf Türbelfärich aus. Treffpunkt können zwischendurch das große Berggasthaus Nüegg oder die Skilift-Talstation sein.
Weitere Diemtigtaler Skilifte befinden sich beim Talende in Grimmialp und oberhalb von Horboden am Springenboden.
Im Talboden ist zwischen Riedli und Schwenden (die Ebene vor Grimmialp) eine Loipe angelegt, an die allerdings keine höheren Ansprüche gestellt werden dürfen; immerhin: landschaftlich ist sie reizvoll.
Wer statt ins Diemtigtal abzuzweigen im **Niedersimmental** bleibt, kommt bald ins schmucke Dorf Erlenbach. Am Dorfausgang befindet sich die Luftseilbahn aufs Stockhorn. Die untere Sektion überwindet bis Chrindi mehr als 900 Höhenmeter, und bis auf den Stockhorngipfel (2190 m. ü. M.) stehen weitere 500 Meter Höhendifferenz bevor. 1400 Meter Höhenunterschied auf eine Schrägdistanz von vier Kilometern, das heißt »schwierige Abfahrt«.
Statt aufs Stockhorn kann man von Chrindi aus per Skilift die Höhe des Lasenbergs (2019 m) erreichen – doch auch diese Abfahrt sei nur Könnern empfohlen.
Obschon das Simmental vor allem an Sonntagabenden in einer Autolawine zu ersticken droht – seine Dörfer sind recht ursprünglich geblieben.

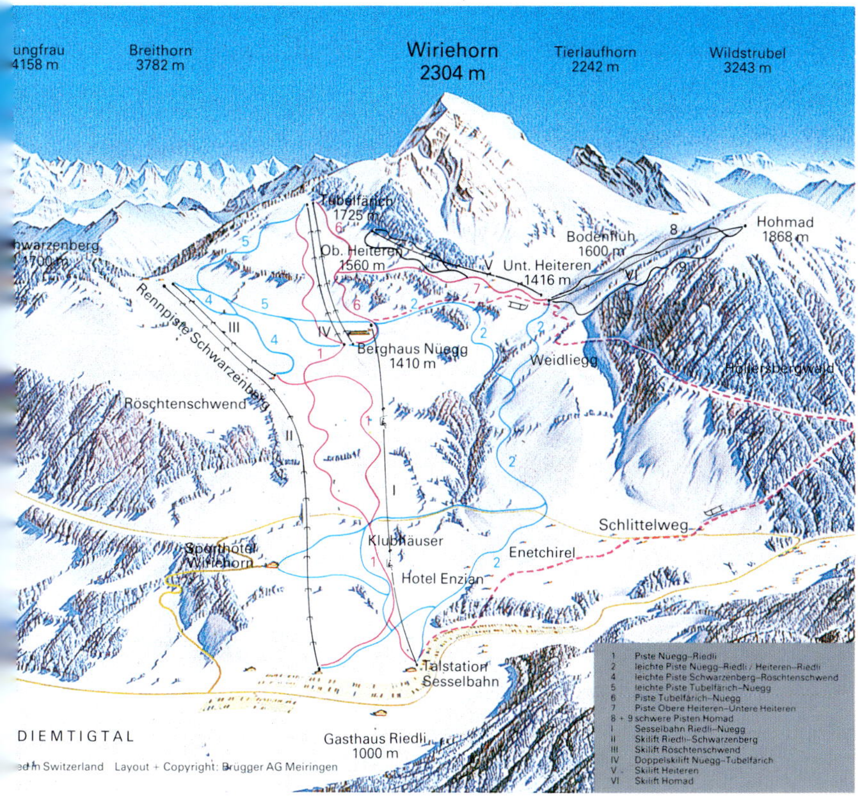

Diemtigtal, 700–1214 m

Skigebiet: 1000–1868 m
Ca. 2000 Einwohner,
1440 Gästebetten
Saison: Dezember bis Mitte April

Anreise Autobahn Bern, Thun, Ausfahrt Wimmis, Oey. Bahnstation ist Oey-Diemtigen, von dort Busverbindungen

Entfernungen von KA: 348 km, S: 413 km, UL: 426 km, M: 493 km

Information
Verkehrsverein Niedersimmental-Diemtigtal,
CH-3753 Oey, Tel. 033/81 28 80
Telefax 033/81 29 08
Schneetelefon: 033/84 13 23
Landesvorwahlnummer siehe Seite 608.

Kinder kein Gästekindergarten;
Skischule ab 4 Jahre
(ca. sfr 170/Woche ohne Mittagessen)

Ski alpin Testnote ❄❄

Skigebiet Diemtigtal/Wiriehorn
30 km präparierte Abfahrten:
8 km schwer, 14 km mittel, 8 km leicht

Längste Abfahrt: Wiriehorn-Abfahrt (Hohmad – Riedli), 3,5 km Länge, 870 m Höhenunterschied, mittel

Liftkapazität: 9000 Pers./Std.

11 1

Skipaß-Preise siehe Beilage

2 Skischulen mit 4 bis 10 Skilehrern

Langlauf Testnote ❄❄

40 Loipenkilometer (30 km mittel, 10 km leicht), Höhenloipe: Springenboden (1300–1400 m), 8 km, mittel; die Loipe Gutschnil (1066–1110 m, 8 km lang, mittel) kann per Lichtschalter beleuchtet werden; Schweizer Loipenpaß erwünscht; Langlaufunterricht

Weitere Sportmöglichkeiten

Gleitschirmfliegen

Après-Ski

Im Berghaus Nüegg gibt es sonntags nachmittags volkstümliche Unterhaltung.

Hotelempfehlungen: Seite 586–592

Adelboden

Adelboden gehört zusammen mit dem Nachbarort Lenk zu den größten Skigebieten des Berner Oberlandes. Die Wedelparadiese rundum sind familienfreundlich angelegt.

Die Skigebiete wurden so erschlossen, daß jeder das Richtige findet. In Ortsnähe surren vom Talboden weg zwei lange Lifte aufs Fleckli (1862 m) und aufs Höchsthorn (1903 m), das Revier für sportliche Fahrer.
Gemütlicher geht es in dem per Gondel erreichbaren Skigebiet Silleren zu mit breiten Skiautobahnen, die auch für Anfänger problemlos zu bewältigen sind. Von dort erreicht man auf leichten Pisten das Hahnenmoos-Skigebiet mit Anschluß an die Skischaukel Lenk (Abfahrt über 900 Höhenmeter) sowie den Ausgangspunkt langer Tiefschneerouten zurück nach Adelboden.
Hauptzugang zum Skizirkus Adelboden – Lenk ist die Silleren-Gondelbahn. Man kann aber auch – je nach Andrang – mit der Gondel zum Schwandfeldspitz fahren und dann über die Mittelstation der Sillerenbahn weiterkommen. Oder man fährt zunächst aufs Kuonisbergli und von dort zur Mittelstation.
Am südlichen Talende der Engstligen schwebt eine Kabinenbahn zur Engstligenalp empor, wo in 1964 m schneesicherer Höhe eine Loipe (4,5 km) bis in den Mai hinein Langlauftraining möglich macht. Einige Schlepplifte reichen hier bis 2330 m, und Tourengeher lockt beispielsweise der Wildstrubel (3243 m). Weitgehend schneesicher ist auch das direkt vom Ortsrand aus erreichbare Tschentenalpgebiet mit seinen nordostseitigen Hängen.
Der Pool-Skipaß Adelboden – Lenk gilt auch im Skigebiet von Frutigen.

Adelboden, 1353 m

Skigebiet: 1350–2330 m
3500 Einwohner, 10000 Gästebetten
Saison: Anfang Dezember bis Ende April

Anreise Bern, Thun, Ausfahrt Spiez, Adelboden. Bahnstation ist Frutigen
Entfernungen von KA: 358 km, S: 423 km, UL: 436 km, M: 503 km

Information
Verkehrsbüro Adelboden,
CH-3715 Adelboden, Tel. 033/73 22 52
Telefax 033/73 42 52
Schneetelefon 033/73 29 29
Landesvorwahlnummer siehe Seite 608.

Kinder Gästekindergarten ab 2 Jahre (Tel. 73 34 89; ca. sfr 10/Halbtag, 30/Ganztag inkl. Mittagessen);
Skischule ab 4 Jahre
(ca. sfr 240/Woche inkl. Mittagessen)

Ski alpin Testnote ❄❄❄

Skigebiet Adelboden
120 km präparierte Abfahrten: 10 km schwer, 65 km mittel, 45 km leicht
Längste Abfahrt: Lavey – Adelboden, 6 km Länge, 920 m Höhenunterschied, mittel
Die Abfahrten beim Aebilift (mittel) und beim Krodylift (leicht) sind montags, dienstags und donnerstags bis 22 Uhr beleuchtet
Snowboard-Halfpipe auf Tschentenalp
Liftkapazität: 30 000 Pers./Std.

21 Schlepplifte, 4 Sessellifte, 2 Gondelbahnen, 1 Kabinenbahn

Skigebiet Frutigen
20 km präparierte Abfahrten mittleren Schwierigkeitsgrades
Liftkapazität: 5050 Pers./Std.

6 Schlepplifte, 1 Kabinenbahn

Skipaß-Preise siehe Beilage
Tiefschneereviere: Engstligenalp, Bonderalp, Bütschi, Bärenlaub/Lavey
Skischule mit 50 Skilehrern

Langlauf Testnote ❄❄❄

5 Loipen mit insgesamt 25 km Länge (5 km schwierig, 15 km mittel, 5 km leicht); längste Loipe: Boden-Loipe (1300–1420 m), 9 km lang, mittel; Höhenloipe: Engstligenalp (2000 m), 4,5 km lang, schwierig/mittel; Skateloipe: Boden, 5 km Länge; Loipengebühr erwünscht (ca. sfr 5/Tag, mit Gästekarte 3); Unterricht

Weitere Sportmöglichkeiten
Snowboard-Halfpipe

Après-Ski

Sportliche Veranstaltungen
Intern. Adelbodener Skitag (18. Jan. 94), Intern. Parlamentarier Skimeisterschaft (März 94)

Abenteuer-Tip: Snowrafting im Hahnenmoos-Gebiet. Informationen und Anmeldung im Verkehrsbüro oder bei Stefan Grunder, Tel. 73 42 73.

Hotelempfehlungen: Seite 586–592

Lenk

Sagt man Adelboden, meint man auch immer Lenk. Dabei handelt es sich keineswegs um einen Doppelort, denn Lenk liegt, durch einen mächtigen Gebirgsstock von Adelboden getrennt, in einem Nachbartal.

Lenk und Adelboden sind durch eine »Skischaukel« über den Hahnenmooskamm hinweg und einen gemeinsamen Skipaß verbunden. Nimmersatten Pistenfans eröffnet sich damit eine gewaltige Doppelarena. Unbestrittener Hausberg ist hier der Betelberg, dessen Gipfelstation einen Meter über der Zweitausender-Grenze liegt. Erreicht wird die Station vom westlichen Ortsrand Lenks aus mit einer Gondelbahn, die sich in zwei Etappen hinaufschwingt. Stehen unten einmal längere Menschenschlangen an, dann gibt es eine Ausweichmöglichkeit im Ortsteil Mauren: Der Sessellift erreicht den Leiterli von Nordosten her. Kondition für die Abfahrten in den Ort ist bei fast 1000 m Höhenunterschied schon angesagt.

Auf der gegenüberliegenden Seite locken die sanfter geneigten Schneewiesen am Metschstand (2098 m) und am Hahnenmoos (1957 m). Von Lenk zur Metschberg-Kabinenbahn verkehrt ein kostenloser Skibus, und von der Mittelstation aus baggern Schlepplifte die Skifahrer weiter nach oben.

In Lenk kann man Skiurlaub aufs Angenehmste mit einer Badekur verbinden, verfügt doch der Ort über Schwefelquellen, die schon im 17. Jh. gefaßt und genutzt wurden und die zu den stärksten im ganzen Alpenraum gehören.

Lenk, 1068 m

Skigebiet: 1075–2200 m
2290 Einwohner, 7000 Gästebetten
Saison: Mitte Dezember bis Mitte April

Anreise Basel, Bern, Thun (Ausfahrt Wimmis), Zweisimmen, Lenk (Bahnstation)
Entfernungen von KA: 376 km, S: 441 km, UL: 454 km, M: 521 km

Information
Verkehrsbüro Lenk, CH-3775 Lenk,
Tel. 030/31595
Telefax 030/32027
Schneetelefon 030/31019
Landesvorwahlnummer siehe Seite 608.

Kinder Gästekindergarten kein Mindestalter (Tel. 030/63161, ca. sfr 18/Halbtag mit Zwischenverpflegung, 150/5 Ganztage inkl. Mittagessen);
Skischule kein Mindestalter (ca. sfr 180/Woche ohne Mittagessen)

Ski alpin Testnote ❄❄❄

65 km präparierte Abfahrten:
5 km schwer, 30 km mittel, 30 km leicht
Längste Abfahrt: Tschuggen, 5,6 km Länge, 900 m Höhenunterschied, mittel
Liftkapazität: 17700 Pers./Std.
11 2 2 1

Skipaß-Preise siehe Beilage
Skischule mit 46 Skilehrern

Langlauf Testnote ❄❄❄

42 Loipenkilometer (4 km schwierig, 15 km mittel, 23 km leicht); längste Loipe Lenk – Simmenfälle (1070–1150 m), 13 km lang, mittel; Höhenloipe Haslerberg (1900–2000 m), 6 km lang, mittel; Skatingloipe; Gebühr erwünscht (sfr 5/Tag); Langlaufunterricht

Weitere Sportmöglichkeiten

Gleitschirmfliegen

Après-Ski

DISCO KINO

Sportliche Veranstaltungen

Intern. Schlittenhunderennen (8./9. Jan. 94), Biathlon Europacup (Jan 94), Schweizer Winter Zwei-Tage-Gebirgsskilauf (5./6. März 94)

Après-Tip: Ein Besuch im »Kultur-Egge« in Matten, einem kleinen Dorf ungefähr fünf Kilometer vor Lenk, mit kunsthandwerklichen Arbeiten (geöffnet außer sonntags von 15 bis 21 Uhr).

Hotelempfehlungen: Seite 586–592

Die Jungfrau-Top-Ski-Region

Überragt von Eiger, Mönch und Jungfrau bieten die Skireviere um Grindelwald, Wengen und Mürren fast 200 Abfahrtskilometer. In welchem der drei Orte man dann sein Quartier aufschlägt, ist nur noch Geschmackssache.

»In Grindelwald, den Gletschern by, da cha mu gäbig läben« (In Grindelwald, zwischen den Gletschern, da kann man bestens leben).
Dieses Zitat aus einem alten Heimatlied wurde zum Werbeslogan des be-

kannten, weit auseinandergezogenen Dorfes.
Und **Grindelwald** liegt tatsächlich weniger ausgesetzt an schroffen Felsen als andere Orte der Jungfrauregion. Der Osthang zum Männlichen und der Kleinen Scheidegg mit Eigergletscher, aber auch der Westhang zur First und dem Oberjoch, geben sich eher sanft und erlauben einen freieren Blick auf die Bergwelt im Hintergrund mit den Riesen Wetterhorn, Fiescherhörnern mit der eindrucksvollen Fiescherwand und Eiger, von dem die Ostwand und die berühmt-berüchtigte Nordwand direkt sichtbar sind.
Auf die Attraktivität der alpinen Anlagen haben die etwas flacher anmutenden Hänge keinen Einfluß. Wenn auf der »First-Seite« auch die leichten und mittleren Abfahrten vorherrschen, schwere gibt es auch: Die fast genau unterhalb des Doppelsessellifts verlaufende Strecke erfordert erhebliches Brettl-Können.
Ähnlich ist die Situation auf der anderen Seite. Hier kann das Jungfraugebiet bis nach Wengen hinüber »erobert« werden. Wer mit der Bahn auf

Die Jungfrau-Top-Ski-Region

die Kleine Scheidegg (2061 m) fährt, hat ein Abfahrts-Paradies vor sich. Er kann nach Grindelwald abfahren. Die Skilifte bieten einige Varianten zum (teilweisen) Wiederaufstieg. Er kann aber auch die traditionelle »Lauberhorn-Abfahrt« nach Wengen wählen. Von dort geht der »Rundkurs« dann mit der Gondel zum »Männlichen« weiter, von dem aus wieder eine herrliche Abfahrt bis Grindelwald führt, wohl eine der schönsten der Region. Eine weitere Variante bietet die Bahnfahrt zum Eigergletscher auf 2320 m, von dort aus werden dann wieder Lauberhorn und Kleine Scheidegg erreicht.
Ideal ist die Bergbahn, die Grindelwald und Wengen über die Kleine Scheidegg verbindet: Skifahrer wie Sonnenhungrige treffen sich dann in einem der drei Bergrestaurants (Kleine Scheidegg, Eigergletscher, Wengernalp) zur Zwischenverpflegung oder auch zu opulentem Mittagsmahl. Die Bahnfahrt durch die meterhohen Schneemassen mit Aussicht auf die Riesen des Berner Oberlandes ist allein den Preis wert.
Etwas teurer allerdings wird es für diejenigen, die mit der Bergbahn von der Kleinen Scheidegg zum Jungfraujoch möchten – auch dort wartet ein Bergrestaurant und natürlich vor allem ein grandioses Berg- und Gletscherpanorama. Ein Besuch dieser zwischen 1896–1912 unter härtesten Bedingungen errichteten hochalpinen Station auf 3454 m lohnt sich, setzt jedoch der Höhe wegen (dünne Luft) eine gute Konstitution voraus.

Auch das Schilthorn auf der anderen Talseite, mit Auto oder Bahn bis Lauterbrunnen und von dort mit Bahn und Gondelbahn zu erreichen, ist einen Ausflug wert.
Ein Hauptspaß in Grindelwald sind die »Gemmelrennen«. Auf Holzfahr»rädern« mit Kufen, die gefahrlose »Abfahrten« ermöglichen, messen Einheimische und Gäste ihre Kräfte.

Wer das Skigebiet von der anderen Seite her angehen möchte, sieht sich vor ein kleines Problem gestellt. Denn im Gegensatz zu Grindelwald sind Wengen und Mürren nicht direkt mit dem Auto anzufahren. Da heißt es dann: auf die Bahn umsteigen!
Auch **Wengen**, der zweitgrößte Wintersportort des Berner Oberlandes, bietet seinen Gästen alles, was man von einem prominenten Wintersportort erwarten darf. Der große Anziehungspunkt heißt Lauberhorn. Kein Wunder: Wenn im Fernsehen

die Abfahrer-Prominenz das Lauberhorn hinunterjagen, möchte natürlich auch so mancher Skifahrer einmal sein Können auf dieser Abfahrt testen. Doch bitte Vorsicht: Die Haare werden sich Ihnen sträuben, wenn Sie oben am Haneggschuß stehen, wohlverstanden, während die »Formel-1-Asse« hier bereits mit mehr als 100 km/h heranbrausen.
Aber Wengen hat ein alpines Skigelände für jedermanns Geschmack. Und außerdem: Das Lauberhorn können auch mittlere Skifahrer

Der Eiger mit seiner berüchtigten Nordwand, Mönch und Jungfrau bilden die Kulisse für die Pisten von Wengen und Grindelwald (oben).

Das grandiose Bild der steil abbrechenden Nord-Flanke des Wetterhorns bietet sich bei der Auffahrt zum Männlichen.

durchaus bewältigen, man braucht ja nicht unbedingt in »Eiform« und Renntempo hinabzurasen. Zudem hat Wengen – nicht zuletzt in Zusammenarbeit mit Grindelwald – ein reichhaltiges Angebot an Skiliften, Bahnen und Abfahrten. Zur Lauberhorn-Abfahrt muß noch etwas ergänzt werden: Die Schlußhänge der Touristen-Strecke sind nicht besonders attraktiv, lange Schrägfahrten führen hinaus nach Wengen, während die Rennfahrer steil hinunterstechen zum Ziel in Innerwengen, ca. 20 Gehminuten von Wengen entfernt. Der Männlichen, von Wengen mit der Gondel erreichbar, offeriert eine ganze Reihe sehr attraktiver Abfahrten mittlerer und schwerer Prägung, die allerdings nach Grindelwald führen. Aber das ist ja auch ein Vorteil des Jungfraugebietes: Mit der Bergbahn von Lauterbrunnen über Wengen, Wasserstation, Kleine Scheidegg und Grindelwald sind alle Abfahrten oder Anschlüsse an die diversen Skilifte gewährleistet.
Die Reise mit dieser Bahn durch das winterliche Skigebiet der Kleinen Scheidegg ist übrigens auch ohne Ski erstrebenswert. Und über der Kleinen Scheidegg wird es erst richtig interessant. Von der Station Eigergletscher kann die Rückkehr auch per Ski angetreten werden. Dann fährt die Zahnradbahn unterirdisch durch die berüchtigte Eiger-Nordwand mit zwei Stationen im Berg: Eigerwand und Eismeer. Durch »Fenster«, die man in den Fels geschlagen hat, genießt man hinreißend schöne Ausblicke. Die Fahrt endet auf dem Jungfraujoch in fast dreieinhalbtausend Meter Höhe. Die Sonne ist hier am intensivsten, die Luft am dünnsten und der Ausblick »grandissimo«. Neben dem Restaurant gibt es noch ein winziges Sommerskigebiet mit einem kurzen Schlepplift für diejenigen, die es gar nicht lassen können (Skiausrüstung kann man hier leihen). Dies jedoch Skifahren zu nennen, wäre eine starke Übertreibung.
Das nordische Angebot kann mit den alpinen Anlagen nicht mithalten. Wohl gibt es in Wengen eine Loipe, die wegen der bergigen Lage des Kurortes allerdings anstrengend ist. Als Alternative bleibt das Lauterbrunnental, jedoch eine halbe Bahnstunde entfernt und weniger attraktiv.
Weiter bietet Wengen ein großes, ausgebautes Wandergelände. Der Ort profitiert vom Autoverbot. So kann Wengen von Lauterbrunnen aus nur mit dem Zug erreicht werden. Die gute Luft im Kurort ist damit zwar gesichert, aber das Verladen der Koffer bringt doch manche Schwierigkeiten mit sich. Lauterbrunnen hat einige Parkhäuser, in denen die Autos abgestellt werden können (zu horrenden Preisen allerdings!).
Nur per »Ross« geht es aber auch in Wengen nicht. Hotels und Geschäfte erledigen ihre Transporte mit elektrisch angetriebenen Spezialwagen. Pferde sind trotzdem »aktiv«: Von Zeit zu Zeit zieht ein Bauer mit seinem Gespann durch Wengens gemütliche Sträßchen, die aber ansonsten den Touristen vorbehalten sind.
Aber auch echt Wengerisches gibt es zumindest von Zeit zu Zeit: Theaterabende im Dialekt. Für Hochdeutschsprechende zwar unverständlich, aber vielleicht gerade deswegen amüsant.
Wer **Mürren**, den Namen des Wengen gegenüberliegenden Skidorfes noch nicht gehört hat, kennt vielleicht das Drehrestaurant auf dem Schilthorn: »Piz Gloria«, in dem vor vielen Jahren der James-Bond-Film »Im Geheimdienst ihrer Majestät« gedreht wurde und wo noch heute Erinnerungen an dieses «Weltereignis« wachgehalten werden.
Sonst aber gilt der Sport hier immer noch mehr als die Show. Denn (d)er hat in Mürren Tradition. Hier wurde zum Beispiel der erste Skilift im Berner Oberland gebaut. Die Engländer waren es dann, die Mürren nicht nur entdeckten, sondern ihm auch den sportlichen Charakter gaben. Dies beweist das noch heute durchgeführte »Inferno-Rennen«, das in den drei ersten Austragungsjahren (1928–1930) auch von Engländern gewonnen wurde.
Dieses größte Amateurrennen der Welt steht auch heute noch den Gästen offen. Allerdings gilt es zu beachten, daß die »Abfahrt« über 15 Minuten (für die Schnellsten!) dauert, daß neben Abfahrten auch Steigungen zu bewältigen sind und daß schließlich jedes Jahr Tausende abgewiesen werden müssen, weil die Teilnehmerzahl auf 1400 beschränkt ist. Wer sich also stark genug fühlt: Ein früher Anmeldetermin ist wichtig.
Das Schilthorn bietet, speziell guten Fahrern, anspruchsvolle Pisten, wenn auch ganz oben viele unattraktive Traversen gefahren werden müssen. Für weniger begabte Skifahrer bieten die Gimmeln- und Schiltgrat-Abfahrten attraktive, dafür aber auch direkter gesteckte Pisten. Auch die Winteregg-Abfahrt kann mit der Mürrenbahn leicht erreicht werden. Sie bietet mittlere und leichte Varianten.
So positiv das Angebot im alpinen Sektor ist, so negativ zeigt es sich im nordischen. Beim Ort selbst gibt es eine kurze (2 km), sehr einfach präparierte Loipe. Anspruchsvollere müssen schon ins Lauterbrunnental hinunter. Es hat leider den Nachteil, erstens nicht sehr schneesicher zu sein und zweitens kaum von der Sonne beschienen zu werden, da auf der Mürren- wie auf der Wengenseite die Felswände schroff in die Höhe ragen. Dafür hat Mürren, an einem Westhang gelegen und deshalb sehr sonnig, andere Vorteile – die sich für

Die Jungfrau-Top-Ski-Region

schwerbepackte Touristen allerdings auch als Nachteil auswirken können: Der Ort ist autofrei. Nur Transporter von Hotels und Geschäften fahren auf den schmalen Dorfwegen.
Mürren kann daher nur mit der Mürrenbahn von Lauterbrunnen aus erreicht werden oder mit der Gondelbahn von Stechelberg aus, das mit dem Auto angefahren werden kann.
Diese etwas komplizierten Anfahrtswege machen leider auch Ausflüge etwas beschwerlicher: Zum direkt auf dem Felsplateau gegenüber liegenden Wengen geht's per Bahn über Lauterbrunnen. Nach Grindelwald fährt man per Bahn über Wengen und die Kleine Scheidegg oder mit dem Auto über Zweilütschinen.
Aber Mürren bietet ja selbst viel. Die einmalige Fahrt auf das Schilthorn ist zwar nicht billig (das Abo für Skifahrer ist günstiger), aber die Aussicht lohnt (bei schönem Wetter!) die Ausgabe. Wer sich nicht auf der luftigen Terrasse bewegen mag, kann dieses Bild im Drehrestaurant bei einem gemütlichen Essen genießen. In eineinhalb Stunden dreht sich der Gast mit seinem Tisch geruhsam einmal im Kreise.
Der Renommier-Ort Mürren hat zwar seinen Preis, bietet aber auch viel. Wer mit seinem Urlaubs-Etat haushalten muß, findet im südlich benachbarten Gimmelwald eine Alternative. Das rustikal gebliebene Dorf vermietet Chalets zu günstigeren Preisen – und Mürren ist per Gondelbahn nur zehn Minuten entfernt.

Vom Männlichen sieht man Wengen auf seiner Sonnenterrasse über dem Lauterbrunnen-Tal, das noch eine Etage tiefer im Schatten liegt.

Eine Tiefschnee-Abfahrt vor hochalpiner Kulisse: Zwischen Eiger (links, nur teilweise sichtbar) und Mönch strömt der Eiergletscher hervor.

Grindelwald, 1050 m

Skigebiet: 1050–2472 m
3850 Einwohner, 10000 Gästebetten
Saison: Anfang Dezember bis Mitte/Ende April

Anreise Interlaken, Zweilütschinen, Grindelwald. Von Interlaken führt eine Schmalspurbahn nach Grindelwald
Entfernungen von KA: 365 km, S: 430 km, UL: 397 km, M: 464 km

Information
Verkehrsbüro Grindelwald,
CH-3818 Grindelwald, Tel. 036/531212
Telefax 036/533088
Schneetelefon: 036/532692 und 036/554433
Landesvorwahlnummer siehe Seite 608.

Kinder Gästekindergarten ab 3 Jahre (Kinderclub, Tel. 036/533969; ca. sfr 10 vormittags, 35/Ganztag);
Skischule ab 3 Jahre (ca. sfr 180/5 Tage ohne Mittagessen, Betreuung und Essen über Mittag im Kinderclub ca. sfr 15/Tag)

Ski alpin Testnote ❄❄❄❄
gesamtes Gebiet

Jungfrau-Top-Ski-Region
183 km präparierte Abfahrten:
35 km schwer, 103 km mittel, 45 km leicht
Liftkapazität: 50800 Pers./Std.
47 Anlagen

Grindelwald
148 km präparierte Abfahrten:
25 km schwer, 88 km mittel, 35 km leicht
Längste Abfahrt: Lauberhorn – Grindelwald-Grund, 10 km Länge, 1450 m Höhenunterschied, mittel
Die Abfahrt am Skilift Aspen (1 km lang, mittel) ist donnerstags und samstags von 19 bis 21.30 Uhr beleuchtet
Liftkapazität: 24000 Pers./Std.
13 7 2 3

Skipaß-Preise siehe Beilage

Tiefschneereviere: First, Eigergletscher, Lauberhorn, Männlichen
Skischule mit 80 Skilehrern

Langlauf Testnote ❄❄❄

35 Loipenkilometer (8 km schwierig, 12 km mittel, 15 km leicht); längste Loipe: Grund-Burglauenen (896–960 m), 12 km, mittel; höchste Loipe: Bussalp (1800 m), 3 km, mittel; Langlaufunterricht

Weitere Sportmöglichkeiten
Gleitschirmfliegen

Après-Ski
KINO
Spielsalon, Museum

Sportliche Veranstaltungen
12. World Snow Festival (16.–22. Jan. 94), Militärmeisterschaften, Intern. Curling-Meisterschaften (Termine beim Verkehrsamt)

Beim World Snow Festival (vom 16. bis 22. Januar 1994) formen Bildhauerteams aus bis zu zehn Ländern aus Schnee Kunst – zu bestaunen sind dann die Meisterwerke, solange sie der Sonne standhalten.
Geplant für den Winter 1994/95 ist eine Vierer-Sesselbahn vom First zum Oberjoch.

Hotelempfehlungen: Seite 586–592

Wengen, 1274 m

Skigebiet: 1300–2970 m
1000 Einwohner, 5000 Gästebetten
Saison: Dezember bis April

Anreise Interlaken, Lauterbrunnen, von dort mit der Bahn nach Wengen (autofrei!). Von Interlaken (Bahnstation) führt eine Schmalspurbahn über Lauterbrunnen nach Wengen
Entfernungen von KA: 365 km, S: 430 km, UL: 397 km, M: 464 km

Information
Verkehrsbüro Wengen,
CH-3823 Wengen, Tel. 036/551414
Telefax 036/553060
Schneetelefon: 036/554433
Landesvorwahlnummer siehe Seite 608.

Kinder Betreuung möglich ab 6 Monate; Gästekindergarten ab 3 Jahre (ca. sfr 4/ Stunde; 25/Ganztag inkl. Mittagessen); Skischule ab 4 Jahre (ca. sfr 216/6 Tage ohne Mittagessen)

Ski alpin Testnote ❄❄❄❄
gesamtes Gebiet

Jungfrau-Top-Ski-Region
183 km präparierte Abfahrten:
35 km schwer, 103 km mittel, 45 km leicht
Liftkapazität: 50800 Pers./Std.
47 Anlagen

Wengen
98 km präparierte Abfahrten:
20 km schwer, 58 km mittel, 20 km leicht
Liftkapazität: 20000 Pers./Std.
9 8 1 1 4

Skipaß-Preise siehe Beilage

Tiefschneereviere: Eigergletscher, Lauberhorn, Männlichen
Skischule mit ca. 40 Skilehrern

Langlauf Testnote ❄

In Wengen gibt es keine Loipen;
17,5 Loipenkilometer im Lauterbrunnental;
Langlaufunterricht

Weitere Sportmöglichkeiten
Gleitschirmfliegen

Après-Ski
KINO

Sportliche Veranstaltungen
64. Intern. Lauberhorn-Rennen Weltcup (22./23. Jan. 94)

Neu ist der Aktiv-Paß für die gesamte Region nur für Nichtskifahrer. Er kostet ca. sfr 150 (Kinder 75), gilt an fünf aufeinanderfolgenden Tagen und berechtigt zu beliebig vielen Fahrten auf fast allen Bergbahnen; für den Eigergletscher und für das Schilthorn gibt es 50 Prozent Ermäßigung.
Après-Tip: Eislaufen. Donnerstags ist die Kunsteisbahn von 20 bis 22 Uhr geöffnet. Eintritt (mit Kurkarte) ca. sfr. 5 (Kinder 3); Schlittschuhe werden in den Sportgeschäften ausgeliehen (ca. sfr 7 für einen Tag).

Hotelempfehlungen: Seite 586–592

Mürren, 1645 m

BESONDERS SCHNEESICHER MÜRREN

Skigebiet: 1650–2970 m
330 Einwohner, 2000 Gästebetten
Saison: Dezember bis April

Anreise Interlaken, Lauterbrunnen, von dort mit der Bahn nach Mürren oder von Stechelberg mit der Luftseilbahn nach Mürren (autofrei!). Bahnstation ist Interlaken, von dort führt eine Schmalspurbahn über Lauterbrunnen nach Mürren
Entfernungen von KA: 365 km, S: 430 km, UL: 397 km, M: 464 km

Information
Kur- und Verkehrsverein Mürren,
CH-3825 Mürren, Tel. 036/551616
Telefax 036/553769
Schneetelefon 036/552655
Anmeldung zum Inferno-Rennen (jeweils bis zum 1. Oktober): Sekretariat, CH-3825 Mürren, Tel. 036/553706, Fax 036/553053
Landesvorwahlnummer siehe Seite 608.

Kinder Gästekindergarten ab 2 Jahre (ca. sfr 15/Vormittag) und ab 3 Jahre (ca. sfr 15/Vormittag, 20/Nachmittag, 30/Ganztag inkl. Mittagessen, jeweils mit Gästekarte); Skischule ab 4 Jahre (ca. sfr 102/Woche halbtags ohne Mittagessen)

Ski alpin Testnote ❄❄❄❄
gesamtes Gebiet

Jungfrau-Top-Ski-Region
183 km präparierte Abfahrten:
35 km schwer, 103 km mittel, 45 km leicht
Liftkapazität: 50800 Pers./Std.
47 Anlagen

Mürren
35 km präparierte Abfahrten:
5 km schwer, 15 km mittel, 15 km leicht
Längste Abfahrt: Schilthorn – Lauterbrunnen (Infernostrecke), 16 km, 2170 m Höhenunterschied, schwer
Liftkapazität: 7000 Pers./Std.
6 1 4 3

Skipaß-Preise siehe Beilage

Tiefschneereviere: Schilthorn/Engetal, Schiltgrat
Skischule mit 25 Skilehrern

Langlauf Testnote ❄

14 Loipenkilometer; Höhenloipe: Sonnenberg (1850 m), 2 km; Loipenverbund Lauterbrunnen – Stechelberg, 12 km Länge; nur Privatlanglaufunterricht

Weitere Sportmöglichkeiten

Après-Ski

Sportliche Veranstaltungen
51. Intern. Inferno-Rennen (12.–15. Jan. 94), Curling-Turniere (Jan./Febr. 94)

Im Skigebiet Birg – Schilthorn gehen zu Beginn der Wintersaison 1993/94 zwei neue Sessellifte in Betrieb; im Winter 1994/95 kommt dann noch eine 100-Personen-Kabinenbahn hinzu.
Das Parken in Stechelberg (neben der Station der Schilthornbahn) ist gratis; in Lauterbrunnen kostet es im Parkhaus ca. sfr 64/Woche.

Hotelempfehlungen: Seite 586–592

Meiringen-Hasliberg

Meiringen und die Ortsteile der »ersten Etage«, unter dem gemeinsamen Namen Hasliberg, liegen am Aufstieg zum Susten- und Grimselpaß in einer einzigartigen Gletscherwelt. Sowohl für Wintersportler als auch für Winterfrischler hält man ein vielfältiges Angebot bereit.

Um eine Attraktion gleich vorwegzunehmen: Das Schweizerische Freilichtmuseum in Ballenberg östlich von Brienz, nur etwa acht Kilometer von Meiringen entfernt, präsentiert auf einem parkartigen Gelände von 50 Hektar die wichtigsten Haus- und Siedlungsformen der Schweiz (in Originalgröße!). 1978 wurde Ballenberg erstellt, und fast jedes Jahr wird die Gruppe von Siedlungen aus den verschiedensten Teilen der Schweiz erweitert. Nicht etwa nur Bauern- und Wohnhäuser aus früheren Zeiten sind zu sehen, sondern auch deren Einrichtungen. Und dies alles in einem naturgetreuen Umfeld mit Ställen und Gärten.

Ganz so stilecht ist Meiringen selbst nicht geblieben, höchstens noch entlang der Kapellenstraße mit sehr schönen alten Holzhäusern im Stil des Berner Oberlandes. Das Dorf an der Aare hat die touristische Entwicklung in Bezug auf neue Hotels und Gasthöfe mitgemacht. Und ebenso das ein wenig oberhalb gelegene eigentliche Skizentrum Hasliberg. Diese auf 1100 m gelegene Ortsgruppe (Wasserwendi, Goldern, Reuti) unter dem gemeinsamen Namen Hasliberg ist sowohl per Auto als auch mit der Luftseilbahn von Meiringen aus bequem zu erreichen.

In dieses Gebiet kommen verstärkt Wanderer (mit und ohne Ski), und immer wieder locken entlang der Wege noch echt einheimische »Beizli«, in denen »Währschaftes« gegessen und getrunken wird.

Eine der schönsten Touren führt von Meiringen (600 m) über Hohfluh (1051 m), Wasserwendi (1160 m), Bidmi (1423 m) bis auf die Mägisalp (1708 m). Diese Variante fordert schon einige Kondition. Wer es gemütlicher möchte, dem nimmt die Bergbahn einige Teilstrecken ab.

Überhaupt bilden »Spezialausflüge« in die nähere Umgebung das »Sonderangebot« Meiringens. So gelangen Wanderer auch problemlos ins bereits beschriebene Ballenberg.

Aber auch die Abfahrer kommen nicht zu kurz. Meiringen-Hasliberg hat schon als Weltcuport für Schlagzeilen gesorgt. 1976 fand auf der FIS-Abfahrt von der Planplatten (2245 m), durch Sessel- und Schlepplift gut erschlossen, nach Bidmi (1423 m) hinab der inzwischen legendäre Abfahrts-Zweikampf zwischen Brigitte Totschnigg und Bernadette Zurbriggen statt.

Hier werden die breiten baumlosen Ski-Autobahnen präpariert – zum Vergnügen der weniger Geübten.

Vor der Kulisse der Gletscherwelt über dem Haslital: beschauliche Auffahrt über sanfte Schneematten nach Hasliberg.

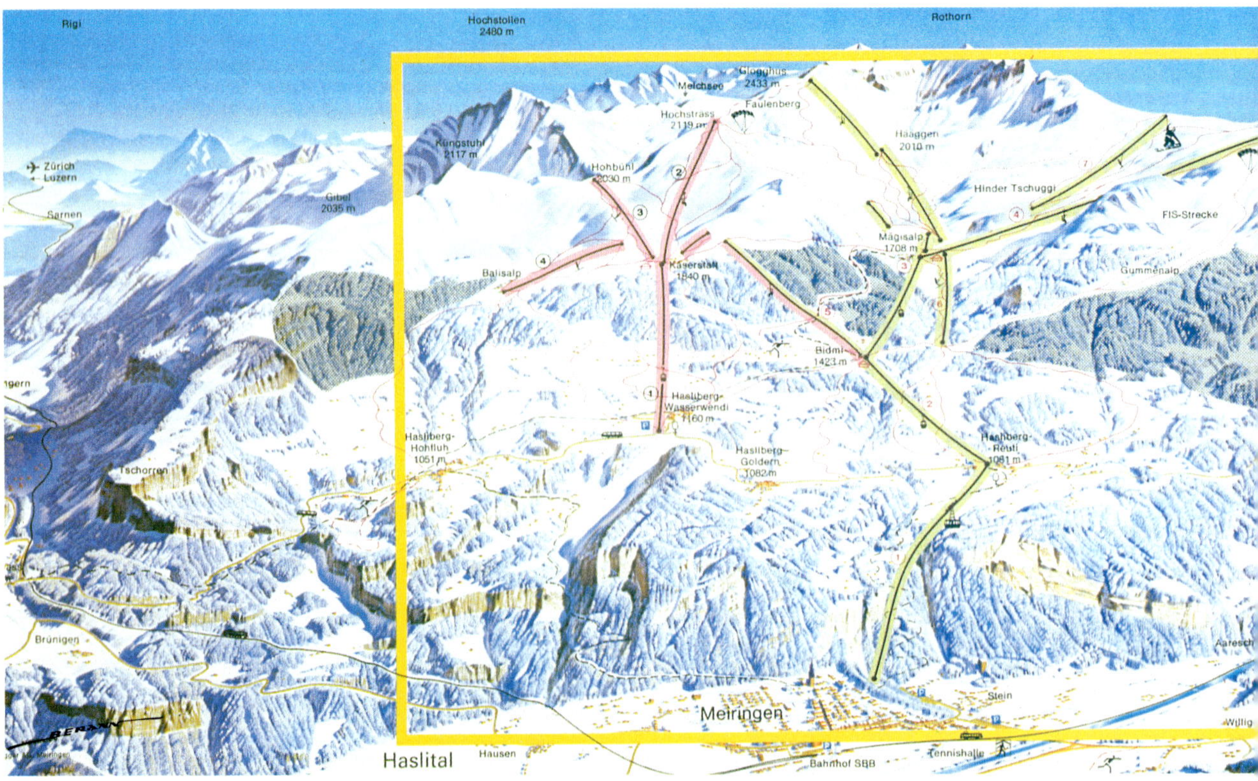

Heute ist die Planplatten-Abfahrt vor allem Schauplatz nationaler Rennen. Die fünf Kilometer lange Abfahrt hat 1185 Meter Höhenunterschied und will »am Stück« auch von guten Skifahrern erst einmal bewältigt sein. Der untere Teil dieser Abfahrt – über Bidmi bis nach Hasliberg-Reuti auf 1061 m hinunter, gleichzeitig Bergstation der Gondel aus Meiringen – ermöglicht genußvolles Skifahren. Eine Abfahrt bis nach Meiringen hinunter gibt es nicht. Die sehr steil abfallenden, dichtbewaldeten und zum Teil felsigen Abhänge sind mit Ski nicht zu befahren.

Von Reuti aus ermöglichen dann eine weitere Gondelbahn nach Bidmi hinauf und ein Sessellift zur Käserstatt (1840 m) den Anschluß an den zweiten Alpin-Höhepunkt des Reviers, an die Pisten unterhalb der Hohsträss (2119 m) und des Hohbühl (2030 m). Wer zur Planplatten zurück will, der nimmt vom Dreh- und Angelpunkt Bidmi aus die Gondel zur Mägisalp und dann den Gipfelsessellift. Insgesamt sind die im oberen Teil weithin baumfreien Pistenautobahnen gut präpariert und als leicht bis mittelschwer einzustufen.

Noch ein Wort zu den weiteren Möglichkeiten: Für Langläufer wurden in allen Höhenlagen des Gebietes Loipen gespurt. In Meiringen auf 600 m, in Hasliberg-Hohfluh (leicht wellig) auf 1051 m und auf Bidmi in 1423 m mit leicht kupierten und flachen Abschnitten.

Meiringen ist Hauptort des Haslitals, das von der Grimsel her in fast genau süd-nördlicher Richtung von 2100 auf 600 Meter hinabfällt, ein idealer Windkanal für den berühmt-berüchtigten Föhn, der hier buchstäblich Geschichte geschrieben hat. Mehrmals im Laufe der Jahrhunderte ist das Dorf ganz oder teilweise bis auf die Grundmauern abgebrannt. So ist es nicht weiter verwunderlich, daß der Föhn auch heute noch manche Verhaltensregel des Alltags prägt.

Wem mehr am Après gelegen ist, der dürfte in Meiringen-Hasliberg am falschen Platz sein. Hier überwiegt die Schweizer Gastlichkeit: Man sitzt abends in einem gemütlichen Lokal bei Raclette oder Fondue und läßt mit einem Glas Wein den Tag in geselliger Runde geruhsam ausklingen.

Meiringen-Hasliberg, 595–1160 m

Skigebiet: 1000–2433 m
5300 Einwohner, 8000 Gästebetten
Saison: Dezember bis Mitte April

Anreise Autobahn Luzern, N 2/N 8 Sarnen, Brünigpaß, Hasliberg bzw. Meiringen oder Bern, Thun, Interlaken, Brienz, Meiringen (Bahnstation)
Entfernungen von KA: 345 km, S: 410 km, UL: 357 km, M: 424 km

Information
Verkehrsverein Meiringen-Haslital, CH-3860 Meiringen, Tel. 036/71 43 22
Telefax 036/71 49 55
Landesvorwahlnummer siehe Seite 608.

Kinder Gästekindergarten ab ca. 4 Jahre (ca. sfr 20/Halbtag, 32/Ganztag ohne Mittagessen); im Spiel- und Lerngelände Skihäsliland (mit Häslizimmer für schlechtes Wetter) auf der Bidmi ist Spielen im Schnee für alle Kinder gratis (ohne Betreuung); Skischule ab ca. 5 Jahre (ca. sfr 110/Woche ohne Mittagessen)

Ski alpin Testnote ❄❄❄

60 km präparierte Abfahrten:
10 km schwer, 25 km mittel, 25 km leicht
Längste Abfahrt: Panoramaabfahrt Glogghus – Hohsträss, Käserstatt – Balisalp – Hohfluh, 10 km Länge, 1450 m Höhenunterschied, mittel
Liftkapazität: 11 200 Pers./Std.
6 5 3 1

Skipaß-Preise siehe Beilage

Tiefschneereviere: Planplatten – Gummen, Hohbühl – Balisalp, Hohsträss – Mägisalp, Planplatten – Mägisalp
Skischule mit 30 Skilehrern

Langlauf Testnote ❄❄

4 Loipen über 40 km Länge; Höhenloipe: Bidmi (1400–1450 m) 5 km Länge, leicht bis mittel; längste Loipe: Hohfluh (950–1050 m), 14 km lang, leicht bis mittel; Nachtloipen: Gadmen, 5 km lang, dienstags bis freitags von 18.30 bis 21 Uhr beleuchtet, und Hohfluh auf 3 km Länge täglich von 19 bis 21.30 Uhr beleuchtet; Hundeloipen: die genannten drei; Loipengebühr fakultativ ca. sfr 5/Tag, 30/Saison; Langlaufunterricht

Weitere Sportmöglichkeiten
Gleitschirmfliegen

Après-Ski
DISCO KINO

Ein Igludorf und der Abenteuerturm und das Märlihus und Lifte wie bei den Großen gibt es im Kinderwinterspielgelände »Skihäsliland« auf der Bidmialm.

Hotelempfehlungen: Seite 586–592

Das Wallis und die Westschweiz

Auf den Gipfeln gleißt der Schnee und nährt die gigantischen, behäbig strömenden Gletscher, die hier und da in wilden Abbrüchen zu Tal stürzen. Als Krönung des Ganzen ragt, Inbegriff des Wallis, der König der Berge, das Matterhorn, in herrlichem Aufschwung in die klare Luft.

Die riesigen pleistozänen Gletscher schürften im Laufe von vielen Tausend Jahren mitten in die Ketten der Alpen ein tiefes Tal, wie es bereits in dem Namen Wallis (von lat. vallis = Tal) zum Ausdruck kommt, das vor Wind und Wetter ausgezeichnet geschützt ist. Im wesentlichen Ost-West orientiert und von schroffen Gipfeln eingefaßt, die oft die 4000-m-Grenze übersteigen, blieb das obere Tal der Rhône, die oberhalb von Brig deutsch Rotten heißt, sehr lange abseits der verschiedenen Zivilisationsströmungen. Noch in moderner Zeit war diese besondere Lage ein Hemmschuh für die industrielle und touristische Entwicklung. Dabei genießt dieses Tal, das die Form eines Rückgrates mit zahlreichen, umfangreichen Verzweigungen hat, besondere Vorzüge. Es ist einerseits genügend bewässert, so daß sich alle Arten von Landbau stark ausbreiten konnten, und andererseits sehr sonnig – man findet hier die Orte mit der höchsten Anzahl von

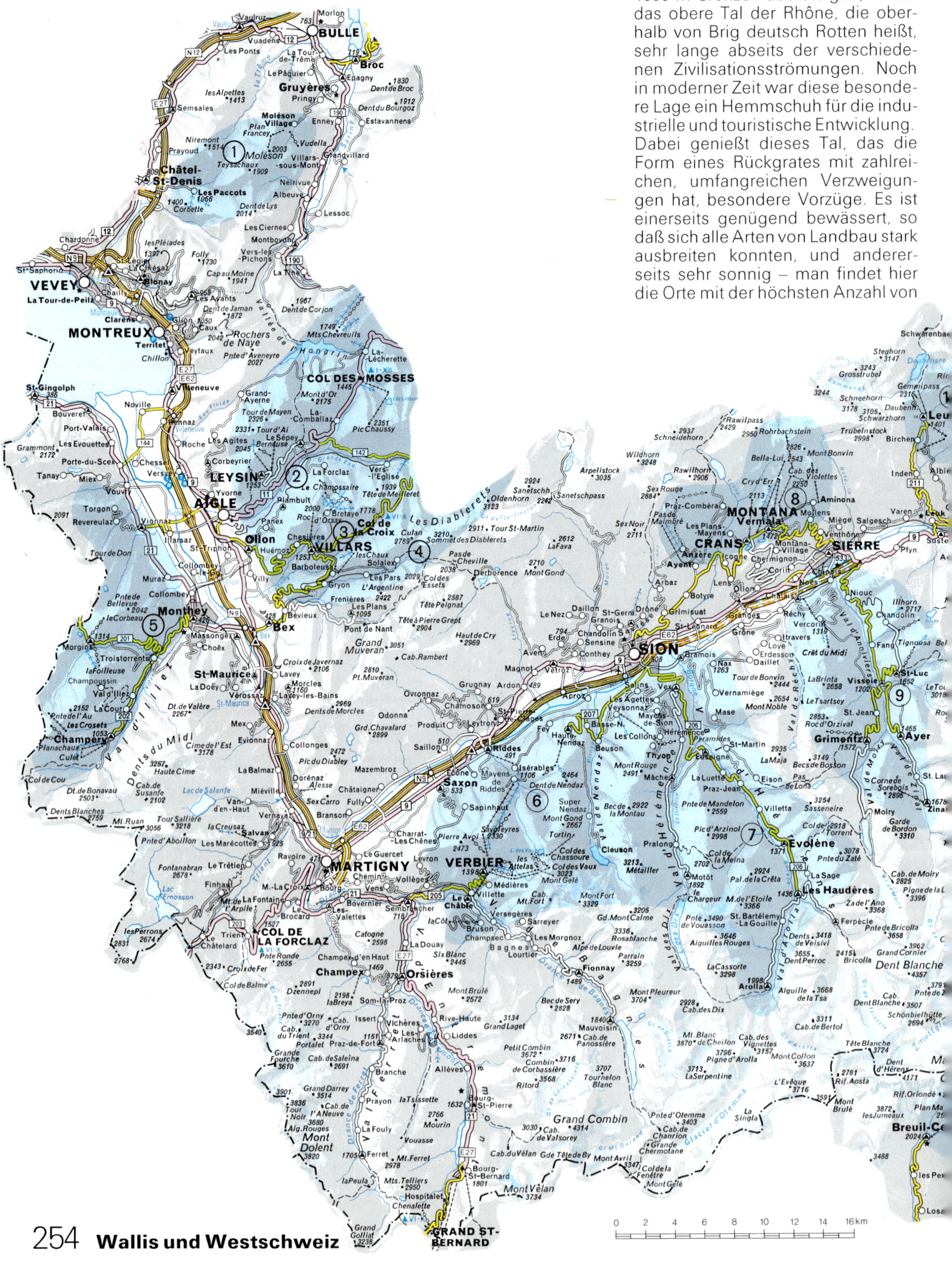

jährlichen Sonnenscheinstunden in der ganzen Schweiz.
Die Alpentunnel-Durchstiche am Simplon, Lötschberg und Furka sowie die Nationalstraße N 9 auf Teilstrecken öffneten das Tor zu dieser herrlichen Landschaft.
Im Skisport wurden schon 1907 auf dem Hochplateau von Montana die ersten Wettkämpfe durchgeführt. Die Entwicklung der Sportszene ging im Wallis mit der wachsenden Begeisterung des Publikums für diesen phantastischen Sport Hand in Hand. In der Folgezeit entstanden zwischen dem Goms (so heißt die Tallandschaft des Rottentales) und Martigny zu beiden Seiten der Rhône eine Reihe der schönsten Skiarenen der Alpen, so das Aletschgebiet, Saas

Skigebiete auf einen Blick

Alphabetisches Register der Skiorte ab Seite 601

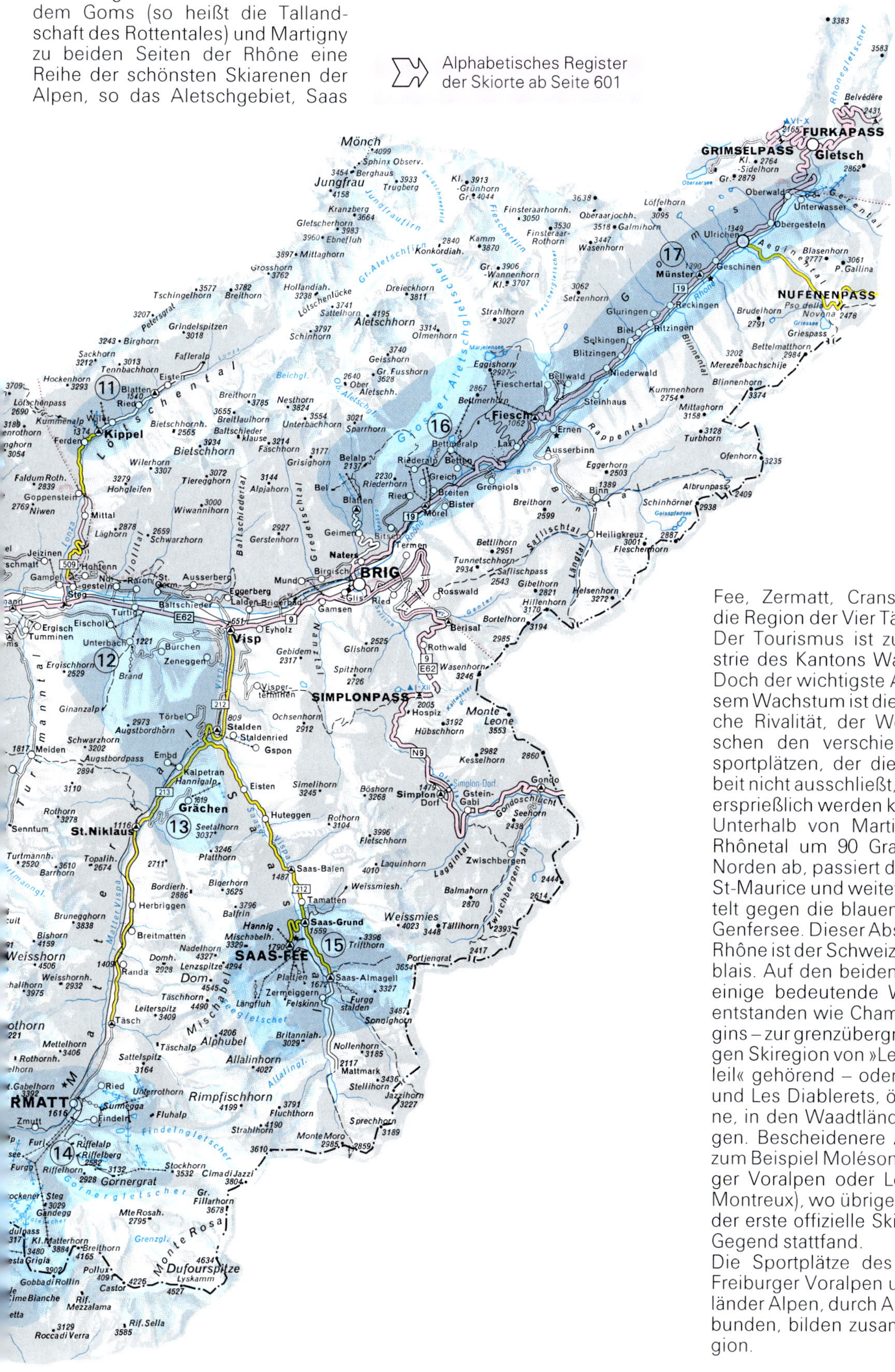

Fee, Zermatt, Crans-Montana und die Region der Vier Täler.
Der Tourismus ist zur Spitzenindustrie des Kantons Wallis geworden. Doch der wichtigste Ansporn zu diesem Wachstum ist die freundschaftliche Rivalität, der Wettbewerb zwischen den verschiedenen Wintersportplätzen, der die Zusammenarbeit nicht ausschließt, weil sie für alle ersprießlich werden kann.
Unterhalb von Martigny biegt das Rhônetal um 90 Grad scharf nach Norden ab, passiert den Engpaß von St-Maurice und weitet sich unvermittelt gegen die blauen Rebberge am Genfersee. Dieser Abschnitt links der Rhône ist der Schweizer Teil des Chablais. Auf den beiden Talseiten sind einige bedeutende Wintersportorte entstanden wie Champéry und Morgins – zur grenzübergreifenden, riesigen Skiregion von »Les Portes du Soleil« gehörend – oder Villars, Leysin und Les Diablerets, östlich der Rhône, in den Waadtländer Alpen gelegen. Bescheidenere Angebote sind zum Beispiel Moléson in den Freiburger Voralpen oder Les Avants (bei Montreux), wo übrigens bereits 1903 der erste offizielle Skiwettkampf der Gegend stattfand.
Die Sportplätze des Chablais, der Freiburger Voralpen und der Waadtländer Alpen, durch Autobahnen verbunden, bilden zusammen eine Region.

Les Portes du Soleil

Der Name Les Portes du Soleil, »Tore zur Sonne«, bezieht sich eigentlich auf einen kleinen Paß, einen Übergang zwischen Morgins und dem Val d'Illiez. Heute ist damit das größte internationale Skigebiet Europas gemeint, das im schweizerisch-französischen Grenzgebiet, dem Chablais, fast 700 Pistenkilometer mit einem einzigen Skipaß zugänglich macht.

Alles im Bereich der Portes du Soleil ist ein wenig größer, weitläufiger und beeindruckender als anderswo. Aber die Vielzahl von Namen und vor allem die beeindruckende Beförderungskapazität aller Aufstiegshilfen pro Stunde täuscht einen Gigantismus vor, den es in Wahrheit gar nicht gibt. Denn das riesige Areal im französisch-schweizerischen Grenzland zerfällt in viele Talschaften und mehr als ein Dutzend Ortschaften in den Bergen südlich des Genfersees, deren Skigebiete einfach miteinander verknüpft sind.

In dieser Vielfalt und in diesem Abwechslungsreichtum liegt ein schöner Teil der Anziehungskraft der Portes du Soleil. Gänzlich ohne Grenzen jedoch kommt auch das grenzenlose Skifahren im Reich der Sonnentore nicht aus. Einmal sind Zoll- und Personenkontrollen jederzeit möglich – vor allem, seit einmal die Piste als Schmuggelpfad mißbraucht wurde, über den heiße Ware von einem Land ins andere verschoben wurde. Ein Ausweis ist also mitzuführen, denn für die Zöllner ist auch der Dienst an der »weißen Grenze« eben Dienst.

Zum Gebiet von Portes du Soleil gehören auf schweizerischer Seite Torgon, Morgins, Champoussin, Les Crosets, Champéry und schließlich auch noch Val d'Illiez, dessen 34 Grad warme Quellen im nostalgischen Thermalbad nicht nur Rheuma und Arthrose lindern, sondern auch Après-Ski-Vergnügen bieten.
Auf französischer Seite sind es neben kleineren Ortschaften so bekannte Namen wie Avoriaz und Morzine mit ihren rasanten Abfahrten, die sogar Austragungsort für Welt-Cup-Rennen sind.

Dem Besucher fällt zuerst einmal auf, daß das Illiez-Tal weniger schroff und die Höhen lieblicher sind als in andern Regionen des Wallis. Die Weiden und Wälder sind üppiger und nicht vergleichbar mit jenen fast schon mediterran anmutenden Trokkengebieten oberhalb des Rhôneknies von Martinach. Tatsächlich herrscht hier ein feuchteres Klima, das für gewöhnlich auch noch auf Höhenlagen ausgiebige Schneefälle bringt, die sonst für den Wintersport gerade bei den in der Schweiz meist gegebenen, hochalpinen Verhältnissen ungeeignet scheinen.
Das Skigebiet der Portes du Soleil auf schweizerischer Seite liegt zwischen 1050 und 2300 Meter und ist damit just für Skifahrer geeignet, die extreme Höhenlagen nicht verkraften.
Auf schweizerischer Seite der Portes du Soleil hat man neben einem jungen und sportlichen Publikum, das vor allem von den spektakulären Abfahrten im nahen Frankreich angezogen wird, auch den Familientourismus im Auge. Für Kinder bis 16 Jahre werden darum auch beachtliche Reduzierungen auf den Preis der Skipässe gewährt.

Ski-Safaris, ein besonderer Leckerbissen

Die Pisten sind für alle Fahrerkategorien und Ansprüche ausgerichtet und von einer erstaunlichen Vielfalt. Mit Ski-Safaris, bei denen Gruppen unter Führung von Skilehrern jeden Tag die besonderen skitechnischen Lekkerbissen eines anderen Gebietes unter die Ski nehmen, nützt Les Portes du Soleil diesen Umstand aus. Die Schnee-Safaris werden im Januar und im März unternommen und wenden sich angesichts des einwöchigen und forcierten Fahrpensums selbstverständlich an den guten oder besser noch sehr guten Skifahrer mit guter körperlicher Verfassung.
Schon bei verhältnismäßig geringen Schneehöhen ist im Bereich der Portes du Soleil ungetrübtes Skivergnügen möglich, weil die Pisten nicht im steinigen Gelände des Hochgebirges angelegt sind, sondern fast ausschließlich auf Alpwiesen.

Torgon

Torgon (1100 m) liegt auf einer Sonnenterrasse hoch über dem Rhônetal und hat sich von einem kleinen Skiort zu einer Wintersportstation von beachtlicher Größe entwickelt. Die Zufahrt erfolgt ab der Autobahn-Abfahrt von Villeneuve und der Ortschaft Vionnaz direkt vom Rhônetal aus.
Dank der Nordlage der Skigebiete kann bis ins Frühjahr hinein und bis zur Station hinunter mit guten Schneeverhältnissen gerechnet werden. Über Plan-du-Croix (2000 m) ist der Anschluß an den französischen Teil des Skigebietes sowohl über

Les Portes du Soleil

Châtel als auch über La Chapelle d'Abondance gegeben.
Eine der schönsten Pisten des internationalen Skigebietes, die Linga-Piste von Châtel, befindet sich damit in der unmittelbaren Nachbarschaft von Torgon.

Morgins

Morgins (1400 m) ist ein Winter- und Sommersportort mit einer vollständigen touristischen Infrastruktur. Die Anfahrt erfolgt über Troistorrents weiter auswärts im Tal.
Morgins ist heute nicht mehr sosehr französischen Châtel fahren kann. Selbstverständlich ist auch Morgins mit seinen teils sicher leichten, teils aber wieder anspruchsvollen Pisten direkt mit dem riesigen Angebot der Portes du Soleil verbunden.
Zwei Sesselbahnen führen über den Bec du Corbeau (2000 m), den Rabenschnabel, von Morgins ins Gebiet von Châtel.
Familien mit Anfängern und Kindern werden sich in Morgins wohlfühlen. Tiefschneefahrten sind vor allem in der Gegend von Foilleuse, dann aber auch an den Nordhängen von Bochasses und an der Au-Spitze möglich. Diese Nordhänge führen hinunter ins kleine Vièze-Tal.

Torgon – bis ins Frühjahr hinein schneesicher – liegt auf einer kleinen, sonnigen Hangterrasse über dem Rhônetal.

Typisch für das Gebiet beiderseits der Grenze zwischen Frankreich und der Schweiz ist das offene, weitläufige Gelände. Rechts eine Piste in Les Crosets.

wegen seiner eisenhaltigen Quellen beliebt wie zu Zeiten, da der Tourismus in der Region noch in den Kinderschuhen steckte, sondern vielmehr wegen seiner zwar lebhaften, aber nicht überreizten Atmosphäre.
Morgins ist neben Champéry der Skiort, der am gleichmäßigsten gewachsen ist. Dazu kommt, daß der Ort vielleicht gerade wegen seiner langen touristischen Tradition seine Unverfälschtheit und eine gewisse Atmosphäre ausstrahlt, die man in einigen der Reißbrettstationen des angrenzenden Frankreichs vergeblich sucht.

Direkt mit Portes du Soleil verbunden

Morgins liegt zwar in einem Talgrund, doch öffnet er sich einmal gegen Süden, dann aber auch zum Westen hin, wo man über den Pas de Morgins, eine ganzjährig befahrbare kleine Paßstraße, hinüber nach dem

Champoussin

Champoussin hat sich von einem kleinen Skiort mit bescheidenen Beförderungsanlagen und fast ausschließlich sehr leichten Abfahrten zu einer mittelgroßen Station mit einem vollständigen Angebot entwikkelt.
Die Förderanlagen eröffnen auch anspruchsvolleren Fahrern interessante Möglichkeiten. Immerhin galten schon vor diesem Ausbau die reizvollen Abfahrten von der Pointe de l'Au herunter als mittelschwer und damit nicht ganz anspruchslos.

Les Crosets

Les Crosets erreicht man ebenso wie Champoussin über eine gut beschilderte Abzweigung von der Talstraße bei Val d'Illiez.
Les Crosets ist die einzige Retortenstation auf der schweizerischen Seite, die ähnlich wie zahlreiche französische Alpenstationen erst in den letzten Jahrzehnten in einem Zuge aus dem Boden gestampft wurden. In Les Crosets finden sich aber auch die vielseitigsten, anspruchsvollsten und abwechslungsreichsten Ski-Möglichkeiten des schweizerischen Teils der Portes du Soleil. Der Standort des Skiortes ist schließlich praktisch nur aus skitechnischen Gesichtspunkten heraus gewählt worden. Von sanftgeneigten Hängen bis zu rassigen Steilpassagen findet sich

hier auf verhältnismäßig engem Raum alles, was das Skifahren ausmacht.

Ein Blick nach drüben

Über den Pas de Chavanette (2146 m) querend sticht man hinunter auf Avoriaz/Morzine und befindet sich schon im Herzen des französischen Abschnitts der Portes du Soleil. Skifahrern, die auf der schweizerischen Seite nicht so recht auf ihre Kosten kommen, weil sie rassigeres Skigelände vorziehen, kann jetzt geholfen werden. Einmal bietet sich die Chavanette-Piste als schwierigste des Abschnitts zur Probe auf's Exempel skifahrerischen Könnens an. Und wem das noch nicht reicht, mag auf der Piste des Intrets in Avoriaz seinen Mut kühlen, wo immerhin Weltcup-Abfahrten zur Austragung gelangen.

Champéry

Champéry ist der traditionsreichste Wintersportort der Portes du Soleil. Mehr als 130 Jahre Tourismus haben hier ihre Spuren hinterlassen, aber mittlerweile prägen nicht mehr so sehr die Zöglinge der verschiedenen Privatschulen und Institute das Bild des Ortes, sondern eine recht vielschichtige Besucherschaft.
Ob mit dem Sessellift oder mit der 125-Personen-Kabinenbahn – immer ist das Ziel von Champéry aus das Hochplateau von Planachaud, von wo aus die Skigebiete von Crosets und Avoriaz nur einen Katzensprung entfernt sind. Die Rückfahrt nach Champéry ist zumindest in Jahren mit genügend Schnee ohne weiteres möglich.
Der Ort selber mit seinem Bahnhof und seinem historischen Dorfteil wirkt schon sehr französisch, was sich nicht nur im Baustil und in der Geisteshaltung der Bewohner, sondern auch in der regionalen Küche niederschlägt, die von mehreren Gaststätten mit einer gewissen Originalität geführt wird.
Im Skigebiet selber schwankt das kulinarische Angebot zwischen der gängigen Kantinenkost in Selbstbedienungs-Restaurants und beachtenswerten Anstrengungen, an alte kulinarische Überlieferungen anzuknüpfen. So wird beispielsweise eine Fleischbrühe mit Käse, Brot und anderen Beigaben auf das Feuer gestellt, die selbst einer gestandenen Bauersfrau zur Ehre gereichte und die nach schwungvollen Abfahrten eine ideale Stärkung darstellt. Zusammen mit einem guten Schluck Walliser Rot- oder Weißwein kann bei dieser regionalen Spezialität den Anhängern von deftiger Hausmannskost die ganze Nouvelle Cuisine gestohlen bleiben.
Das Sportzentrum von Champéry bietet neben Eisflächen für Curling und Eislauf ein Schwimmbad und vor allem auch ein Fitneß-Center mit Kraftraum und angeschlossener Physiotherapie an. Solcher Art erholt kann sich der Gast nach einem erlesenen Nachtmahl in einem der gepflegten Speiserestaurants – wenn ihm der Sinn danach steht – in ein recht lebhaftes Nachtleben stürzen, das in Discos und Dancings so lange dauern kann, bis man anderntags eher Lust auf einen Besuch im Thermalbad von Val d'Illiez verspürt als auf irgendwelche skisportlichen Herausforderungen.
Auch der Langlaufgast kommt nicht zu kurz. An gespurten Loipen werden insgesamt weit über 100 Kilometer angeboten, verteilt natürlich auf die verschiedenen Stationen in der Schweiz und in Frankreich.
Höhenloipen in Champoussin und Morgins, eine Nachtloipe in Champéry, dazu vielfältige Skiwandermöglichkeiten im ganzen Gebiet runden das Langlauf-Angebot ab.

Dicht besiedelt ist der Talboden von Champéry, dem ältesten Wintersportort der Region.

Bequeme Anreise mit dem »Tonkin-Expreß«

Die Region der Portes du Soleil ist auf Schweizer Seite vom Genfer Flughafen mit einmaligem Umsteigen in Aigle auch mit der Eisenbahn erreichbar. Dank bequemer und zuverlässiger Gepäckbeförderung gestaltet sich die Reise mit der Schweizerischen Bundesbahn (SBB) und der Aigle-Ollon-Monthey-Champéry Bahn (AOMC), die von den Einheimischen liebevoll »Tonkin-Expreß« genannt wird, angenehm und erstaunlich zügig. Die Zufahrt mit dem Bus oder dem Personenwagen gibt ab der Autobahn Bern–Vevey–Aigle ebensowenig Probleme auf. Über die Ausfahrt St. Triphon/Portes du Soleil erreicht man Monthey, und von dort aus kommt man über eine gutausgebaute und sorgfältig unterhaltene Bergstraße in einer knappen Viertelstunde nach Val d'Illiez, den Hauptort des gleichnamigen Tales.

Les Portes du Soleil in Frankreich siehe Seite 440. ▶

Les Portes du Soleil auf einen Blick

Skigebiet 950–2300 m

Einwohner: 5000 **Gästebetten:** 55 000

Saison: Mitte Dezember bis Mitte April

Wichtige Telefonnummern
Schneetelefon 025/79 12 27, 79 14 23
Lawinenwarndienst 028/1 20
Straßenzustandsbericht 028/1 63
Landesvorwahlnummer siehe Seite 608.

Ski alpin Testnote ❄❄❄❄❄

Portes du Soleil gesamt (Schweiz und Frankreich)
650 km präparierte Abfahrten:
100 km schwer, 380 km mittel, 170 km leicht
Längste Abfahrt: Chamossière (Morzine), 11,5 km, 1000 m Höhenunterschied, mittel

Liftkapazität: 230 000 Pers./Std.
134 78 11 4

Skipaß-Preise siehe Beilage

Tiefschneereviere: Tronchey, Ripailles, Douane de Morgins

Skischulen: mit 650 Skilehrern

Langlauf Testnote ❄❄❄❄❄

Ca. 240 Loipenkilometer gesamt in den Portes du Soleil (Ch und F)
Torgon 6 km (1200–1300 m, 3 km mittel, 3 km leicht)
Morgins 20 km (8 km schwierig, 9 km mittel, 3 km leicht); längste und höchste Loipe: Virée de savolaire (1699 m), 9 km lang, mittel; die Loipe Piste du Lac (1400 m, 3 km lang) ist dienstags, donnerstags und samstags von 18.30 bis 22 Uhr beleuchtet; Langlaufunterricht
Champéry 7 km (mittel bis leicht); die Loipe Grand Paradis (1050–1150 m, 1 km lang, leicht) ist von 17 bis 22 Uhr beleuchtet; Langlaufunterricht

Weitere Sportmöglichkeiten

Gleitschirmfliegen

Après-Ski

Sportliche Veranstaltungen

Acro-Bosses (Jan. 94), 7. Raid des Portes du Soleil, Eishockey-Spiele (genaue Termine bitte im Verkehrsbüro Champéry erfragen)

Anreise

Autobahn Bern – Vevey (N 12), N 9 bis Ausfahrt St. Triphon-Monthey, Morgins, Chatel usw. Oder Autobahn Bern–Genf (N 12, N 9, N 1), weiter über die A 40 bis Ausfahrt Cluses, Bahnstation ist Cluses, von dort Busverbindungen in die einzelnen Orte des Skigebietes.
Entfernungen von KA: 461 km, S: 526 km, UL: 539 km, M: 606 km

Hotelempfehlungen: Seite 586–592

Snowboarder finden im Geschäft Snowline (Morgins, Tel. 025/77 29 06) nicht nur all das, was ihr Herz begehrt, sondern auch die Snowboard-Schule.
Renn-Trainingswochen: Dafür bieten die Skigebiete in Les Portes du Soleil mit ihren anspruchsvollen Pisten genau die richtige Voraussetzung. Für eine Woche muß man mit ca. sfr 250 rechnen. Information und Anmeldung in der Schweizer Skischule Champéry, Tel. 025/79 16 15.

Torgon

PLZ: CH-1899 **Ortsvorwahl:** 025
Verkehrsbüro: Tel. 81 31 31
Telefax 81 46 20
Einwohner: 100 **Gästebetten:** 3125 (inkl. Torgon-Station)

Skischule: Schweizer Skischule, La Jorette, Tel. 81 25 56
Kinder: Gästekindergarten ab 6 Monate (Tel. 81 24 14; ca. sfr 20/Halbtag, 40/Ganztag inkl. Mittagessen); Skischule ab 3 Jahre (ca. sfr 95/Woche ohne Mittagessen)
Après-Ski: *Disco* Le Dravers, Tel. 81 29 43

Eislauf: Eislaufhalle, Tel. 81 24 14

Morgins

PLZ: CH-1875 **Ortsvorwahl:** 025
Verkehrsbüro: Tel. 77 23 61, Telefax 77 37 08
Einwohner: 380 **Gästebetten:** 5500

Skischule: Schweizer Skischule, das Büro befindet sich im Verkehrsamt
Kinder: Babyclub ab 15 Monate (Tel. 77 37 50); Skischule ab 4 Jahre (ca. sfr 110/7 Halbtage ohne Mittagessen)
Après-Ski: *Disco* Le Saf im Hotel Bellevue, Tel. 77 32 22

Eislauf: Natureislaufplatz
Tennis: Tennishalle, Tel. 77 19 92

Val d'Illiez – Les Crosets – Champoussin

PLZ: CH-1873 **Ortsvorwahl:** 025
Verkehrsbüro: in Val d'Illiez Tel. 77 20 77, (Fax 77 37 73), in Les Crosets Tel. 79 14 24 (Fax 79 16 49), in Champoussin Tel. 77 27 27 (Fax 77 26 96)
Val d'Illiez, Les Crosets und Champoussin bilden eine Gemeinde, deren Hauptort Val d'Illiez ist. Die beiden anderen sind reine Skistationen
Einwohner: 1300 **Gästebetten:** 4000

Skischule: in Les Crosets, Tel. 79 14 01 und 77 24 29; in Champoussin Tel. 77 27 27
Kinder: keine Gästekindergärten; Skischule ab 5 Jahre (ca. sfr 95/6 Halbtage ohne Mittagessen)

Après-Ski: *Disco* in Les Crosets, Sun Dance Saloon, Tel. 79 17 71, und in Champoussin im Hotel Alpage, Tel. 77 27 11

Schwimmen: in Val d'Illiez im Thermalbad, Tel. 77 20 92, und in Champoussin im Hotel Alpage, Tel. 77 27 11

Champéry

PLZ: CH-1874 **Ortsvorwahl:** 025
Verkehrsbüro: Tel. 79 11 41, Telefax 79 18 47
Einwohner: 1050 **Gästebetten:** 7400

Skischule: Schweizer Skischule, Tel. 79 16 15
Kinder: Gästekindergarten Snoopy ab 6 Monate (Tel. 79 19 69; ca. sfr 20/Halbtag, 35/Ganztag inkl. Mittagessen), Skischule ab 4 Jahre (ca. sfr 130/Halbtagwoche, 230/5 Tage inkl. Mittagessen.
Après-Ski: *Disco* Le Farinet, Tel. 79 13 34; Le Pub, Tel. 79 15 32; *5-Uhr-Tee mit Tanz* Le Levant, Tel. 79 12 72; Vieux Chalet, Tel. 79 19 74

Eislauf und Schwimmen: Sportzentrum, Tel. 79 15 11

Die meisten Pisten von Champéry – hier mit Blick zum Dent du Midi – sind südlich orientiert und daher sehr sonnig.

Moléson

Moléson-Village, nordöstlich des Genfersees in den Freiburger Alpen gelegen, wurde als Wintersportplatz in den Jahren 1962–64 geplant und gebaut. Trotz der relativ niedrigen Lage findet man im allgemeinen ausreichend Schnee.

Der charakteristische Kalksteinberg Moléson, auf dessen Gipfel (2002 m) die Kabinenbahn führt, ist mit seinen steilen Flanken das weithin sichtbare Wahrzeichen der Region. Vom Gipfel genießt man – gutes Wetter vorausgesetzt – eine herrliche Rundsicht auf die Alpen und das Schweizer Mittelland. Eine interessante Abfahrt führt vom Gipfel hinunter zur Mittelstation, wo das Hauptskigebiet liegt.
Auf der Anreise per Auto lohnt sich der kleine Umweg von einem Kilometer, um das Städtchen Greyerz (Gruyères) mit seinem mittelalterlichen Stadtbild zu besichtigen.
Die fetten Wiesen dieser Gegend sind seit Jahrhunderten Grundlage einer besonders ertragreichen Milchwirtschaft, wovon der heute fast überall in der Welt verkaufte oder nachgeahmte würzig-aromatische Greyerzer Käse zeugt. Châtel-St-Denis (800 m) und, fünf Kilometer weiter, Les Paccots (1060 m), liegen nur wenig westlich der Bergkette, die vom Moléson über die Dent de Lys (2014 m) bis zum Cape au Moine (1941 m) reicht, sind aber mit dem Skigebiet von Moléson nicht verbunden.

Moléson-Village, 1132 m

Skigebiet: 1100–2002 m
80 Einwohner, 1500 Gästebetten
Saison: Mitte Dezember bis Mitte April

Anreise Bern, Fribourg, Bulle, Gruyères (Bahnstation, Busverbindungen), der Ort ist autofrei
Entfernungen von KA: 361 km, S: 426 km, UL: 439 km, M: 506 km

Information
Office du Tourisme,
CH-1662 Moléson-sur-Gruyères,
Tel. 029/62434, Telefax 029/62600
Schneetelefon 029/61036
Landesvorwahlnummer siehe Seite 608.

Kinder Gästekindergarten ab 2 Jahre (ca. sfr 25/Halbtag, 46/Ganztag inkl. Mittagessen);
Skischule ab 4 Jahre (ca. sfr 89/4 Nachmittage inkl. einer kleinen Mahlzeit)

Ski alpin Testnote ❄❄

30 km präparierte Abfahrten:
20 km mittel, 10 km leicht
Längste Abfahrt: Piste du Moléson, 3100 m Länge, 730 m Höhenunterschied, mittel
Liftkapazität: 5000 Pers./Std.
5 1 1

Das Skigebiet La Vadulla (mit 1) ist z. Zt. geschlossen.

Skipaß-Preise siehe Beilage

Tiefschneereviere: La Vudalla – Le Moléson
Skischule mit 40 Skilehrern

Langlauf Testnote ❄

Eine Loipe über 2 km Länge; in Mont des Riaz (10 km entfernt) Loipen über 100 km Länge; Skateloipe: Riaz, 15 km Länge; kein Langlaufunterricht

Weitere Sportmöglichkeiten

Après-Ski

Das Parken in der Tiefgarage kostet ca. sfr 10/Tag, 50/Woche.

Hotelempfehlungen: Seite 586–592

Leysin/Les Mosses

Zu Beginn unseres Jahrhunderts war Leysin als Heilkurort bekannt. Nach 1945 wurden seine Sanatorien zu modernen Hotels für sportbegeisterte Gäste umgebaut, die auch in Les Mosses ihr Wintersportrevier finden.

Von dem heilsamen Höhenklima und der besonders im Winter ungewöhnlich intensiven Sonneneinstrahlung, die **Leysin** einst als Heilkurort berühmt gemacht haben, profitiert heute der moderne Tourismus.
Die Errichtung verschiedener Seilbahnen und Skilifte im Gebiet der Berneuse (2040 m) trug in hohem Maß zu der schnellen Entwicklung und zum Aufschwung des Skisports in der ganzen Region bei.
Das vorwiegend junge Publikum verdankt Leysin vor allem seinen Schulen und Instituten von internationalem Rang.

Mit den Aufstiegshilfen in Richtung der Crête-de-Fer, östlich unterhalb der Tour de Mayen (2326 m) erschließt sich eine reiche Auswahl an Abfahrten, wenn auch nur wenige schneesichere Nordhänge darunter sind.
Von der Bergstation des Chaux-de Mont-Skilifts (2200 m) aus kann man über Les Agites und Luan nach Corbeyrier (920 m) abfahren.
Der aufstrebende Wintersportort **Les Mosses** (1450 m) auf dem gleichnamigen Paß bietet Unterkunft in Chalets und Hotels. Gute Skifahrer werden sich vom gegenüberliegenden Pic Chaussy (2350 m) angezogen fühlen, auf den eine Gondelbahn führt. Diese Abfahrt geht über 4 km Länge (Höhenunterschied: 850 m).

Leysin, 1253 m/**Les Mosses,** 1445 m

Leysin Skigebiet: 1253–2200 m
2000 Einwohner, 8000 Gästebetten
Les Mosses Skigebiet: 1445–1850 m
180 Einwohner, 2320 Gästebetten
Saison: Dezember bis April

Anreise Bern, Bulle, Montreux, Aigle, Leysin bzw. Château-d'Oex, Col des Mosses, Leysin (Bahnstation)
Entfernungen von KA: 403 km, S: 468 km, UL: 481 km, M: 548 km

Information
Office du Tourisme Leysin,
CH-1854 Leysin, Tel. 025/34 22 44
Telefax 025/34 16 16
Schneetelefon 025/34 13 01
Office du Tourisme Les Mosses,
CH-1862 Les Mosses, Tel. 025/55 14 66
Telefax 025/55 10 24
Schneetelefon 025/55 11 11
Landesvorwahlnummer siehe Seite 608.

Kinder Leysin kein Gästekindergarten; Skischule ab 4 Jahre (ca. sfr 21/Halbtag ohne Essen) Les Mosses kein Gästekindergarten; Skischule ab 4 Jahre (ca. sfr 20/Halbtag ohne Essen)

Ski alpin Testnote ✻✻✻

Skigebiet Leysin
60 km präparierte Abfahrten: 10 km schwer, 25 km mittel, 25 km leicht
Längste Abfahrt: Chaux-de-Mont – Leysin, 7 km Länge, 900 m Höhenunterschied, mittel/schwer
Liftkapazität: 12 400 Pers./Std.
10 7 2

Skigebiet Les Mosses
50 km präparierte Abfahrten: 40 km mittel, 10 km leicht
Längste Abfahrt: Parchets 1, 1,9 km Länge, 480 m Höhenunterschied, mittel
Die Abfahrt am Skilift Bébert (600 m lang, mittel) ist freitags und samstags von 20–22 Uhr beleuchtet (nur mit Extra-Ticket befahrbar)
Liftkapazität: 9500 Pers./Std.
12 1 (Bahn z. Zt. geschlossen)

Die Gondel auf den Pic Chaussy ist zur Zeit nicht in Betrieb; die dazugehörigen Abfahrten sind in den angegebenen Pistenkilometern nicht enthalten.

Skipaß-Preise siehe Beilage
Leysin 1 Skischule mit 50 Skilehrern
Les Mosses 1 Skischule mit 5 Skilehrern

Langlauf Testnote ✻✻
Leysin

Rundkurs Leysin – Les Mosses (1400 bis 1800 m), 34 km lang, mittel bis schwierig
Leysin 15 Loipenkilometer; höchste Loipe (nur gespurt, wenn im Ort zu wenig Schnee liegt): Lac de Mayen (2000 m), 1,5 km lang, leicht bis mittel; Langlaufunterricht Les Mosses 24 km; höchste Loipe: Praz Cornet (1600–1680 m), 6 km lang, mittel; längste Loipe: Fond de L'Hongrin nach Praz Cornet (1448–1680 m), 18 km lang, mittel bis schwierig; Langlaufunterricht.
Im gesamten Gebiet Langlaufgebühr erwünscht (Schweizer Loipenpaß)

Weitere Sportmöglichkeiten

Après-Ski

KINO (Leysin)

Sportliche Veranstaltungen
Leysin Weltcup Alpin Damen (10.–12. Dez. 93), Europacup Alpin Damen (14./15. Dez. 93)

Skirennen organisiert profihaft die Schweizer Skischule in Les Mosses (Tel. 025/55 17 63).

Hotelempfehlungen: Seite 586–592

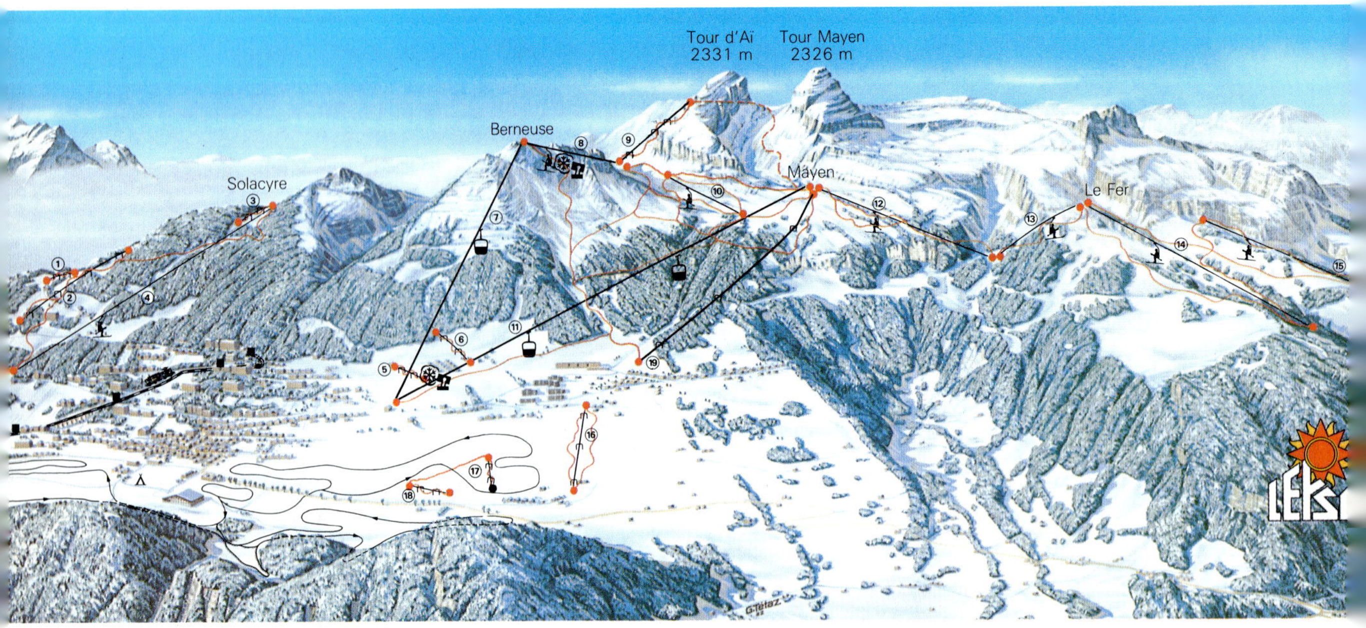

Villars-sur-Ollon

Es gibt in der französischsprachigen Schweiz eine ganze Reihe von Orten mit dem Namen Villars, aber keiner von ihnen kann sich von der Lage her mit Villars-sur-Ollon in den Waadtländer Alpen vergleichen.

Zusammen mit dem wesentlich kleineren und ruhigeren Nachbarort **Chesières** liegt **Villars** auf einer weiten, geschützten Sonnenterrasse am Südhang des unteren Rhônetales, von der man eine wundervolle Aussicht auf einen Teil der Waadtländer Alpen, auf die Walliser und Savoyer Berge genießt.
Der höchste Punkt dieser Gegend, der Grand Chamossaire (2120 m), verfügt über eine große Zahl von Liften, die eine Auswahl verschiedenster Pisten eröffnen.
Über die Abfahrten »La Rasse« und »Sodoleuvre« kann man mit dem gleichen Skipaß leicht die Skifelder von Barboleusaz und Les Chaux erreichen. Dort kommen auch anspruchsvollere Skifahrer auf ihre Kosten. Es ist auch möglich, nach Les Diablerets hinüberzuwechseln, indem man die Skilifte des Meilleret benützt.
Für Liebhaber von Skiwanderungen abseits der Pisten sei hier auf die sehr schöne Abfahrt vom Petit-Chamossaire (2034 m) hingewiesen, die über »Les Luès« nach La Forclaz (1260 m) führt. Wer Lust hat, setzt diese Fahrt bei guten Schneeverhältnissen bis zur Brücke von Les Planches (940 m) im Tal von Ormont fort; von dort kann man mit der Bahn wieder nach Villars zurückfahren. Für diese großartige Tour auf die schöne Alp von Bovonne, auf 1670 m Höhe, über Gryon-Les Pars oder, noch weiter, bis zum herrlichen Plateau von Anzeindaz, wo Gelegenheit zum Übernachten besteht, benötigt man Felle. Von hier ist ein Aufstieg zum Col des Chamois (2656 m) auf dem Paneirosse-Gletscher möglich.
Für die Langläufer seien hier zwei reizvolle Loipen hervorgehoben: die eine im Vallon de la Gryonne, mit Ausgangspunkt in Villars oder Barboleusaz, die andere – ebenfalls von Barboleusaz aus – ins Tal des Avançon, die bis zum Plateau von Solalex (1460 m) am Fuß der mächtigen Wand des Miroir d'Argentine führt.
Les Diablerets siehe Seite 264.

Villars-sur-Ollon, 1253 m

Skigebiet: 1250–2120 m
2900 Einwohner, 8600 Gästebetten
Saison: Dezember bis Mitte April
Sommerski auf dem »Glacier des Diablerets« von Juli bis November

Anreise Autobahn Bern, Vevey, Ausfahrt Aigle (Bahnstation, Busverbindungen)
Entfernungen von KA: 411 km, S: 476 km, UL: 489 km, M: 556 km

Information
Office du Tourisme Villars-sur-Ollon, CH-1884 Villars-sur-Ollon, Tel. 025/35 32 32
Telefax 025/35 27 94
Schneetelefon 025/35 33 33
Landesvorwahlnummer siehe Seite 608.

Kinder Gästekindergarten ab 2 ½ Jahre (ca. sfr 15/Halbtag, 210/Woche ohne Mittagessen); Skischule ab 3 Jahre (ca. sfr 275/Woche inkl. Mittagessen)

Ski alpin Testnote ❄❄❄

60 km präparierte Abfahrten:
13 km schwer, 20 km mittel, 27 km leicht
(120 km präp. Abfahrten inkl. Les Diablerets)
Längste Abfahrt: Bouquetins-Abfahrt, 4,3 km Länge, 780 m Höhenunterschied, mittel
Liftkapazität: 16 000 Pers./Std.
(28 000 Pers./Std. inkl. Les Diablerets)
15 5 2 1
(46 Lifte inkl. Les Diablerets)
Skipaß-Preise siehe Beilage
2 Skischulen mit 60 Skilehrern

Langlauf Testnote ❄❄

44 Loipenkilometer (6 km schwierig, 10 km mittel, 28 km leicht); längste Loipe: Villars-Coufin-Gryon (1300–1400 m), 11,2 km lang, leicht; Höhenloipe: Col de la Croix (1500–1700 m), 6 km lang, schwierig; Loipengebühr erwünscht (ca. sfr 5/Tag); Langlaufunterricht

Weitere Sportmöglichkeiten

Après-Ski
DISCO KINO

Spezialität: Quiche. Im Restaurant Lac des Chavonnes auf 1800 m Höhe im Skigebiet von Bretaye.

Hotelempfehlungen: Seite 586–592

Les Diablerets

Les Diablerets, am Westrand des Berner Oberlandes zu Füßen des gleichnamigen Bergmassivs mit den »Teufelshörnern« gelegen, war schon vor dem Zweiten Weltkrieg als Kurort bekannt.

Der große Aufschwung zum vielbesuchten Wintersportplatz trat aber, wie bei so vielen anderen Bergkurorten, erst in den sechziger Jahren ein, als mit dem wachsenden Wohlstand der Skisport zum Massenvergnügen wurde. Damals entstanden die Beförderungsanlagen im Gebiet von Isenau, dann die Luftseilbahnen auf den Diablerets-Gletscher und schließlich die Anlagen in der Region des Meilleret, von Vers-l'Eglise aus erreichbar.
Zum alten Dorf gehört eine Vielzahl von weit über den Sonnenhang verstreuten Ferienhäusern und Hotels. Da aber größere Häuser in der Minderzahl sind, blieb jedenfalls in baulicher Hinsicht die dörfliche Atmosphäre einigermaßen erhalten.
Eingebettet in den Einschnitt des reizvollen Tales von Ormont-Dessus und auf allen Seiten durch die Berge geschützt, zeichnet den Ort ein angenehmes, fast windfreies Klima aus. Die Diablerets-Kette türmt vor den bewundernden Blicken der Gäste ihre 2000 Meter hohen düsterstrengen Wände auf, kaum unterbrochen von ein paar Schneebändern und gleißenden Gletscherterrassen. Manchmal donnern vom Felsrund von Creux de Champ die Lawinen herab und verstärken dadurch noch den Eindruck des Wuchtigen und Gewaltigen, den man hier von der Hochgebirgswelt empfängt.
Von jeher waren die jungen Leute von Diablerets gute Skifahrer, und fast in jeder Generation findet man welche, die einmal der Schweizer Nationalmannschaft angehörten. Ihnen ist es wohl zu danken, daß auf den Hängen des Meilleret Wettkämpfe von internationaler Bedeutung durchgeführt werden. Die Abfahrten führen hier über längere Strecken durch Wald und sind oft recht steil. Für Fahrer mittleren Könnens sind sie aber durchaus zu bewältigen.
Wer weniger schnelle Pisten vorzieht, findet sein Vergnügen auf den weiten sonnigen Schneefeldern von Isenau gegenüber.
Ein hochalpines Skigelände liegt südlich über dem Pillon-Paß (1546 m). Von hier führen Seilbahnen zum Gipfel-Plateau des Diablerets-Gletschers bis auf 3000 Meter Höhe. Die erste Etappe führt vom Col du Pillon nach Pierres-Pointes, die zweite nach Cabane-des-Diablerets und die letzte an den Rand des Gletschers. Recht eindrucksvoll ist die zweite Teilstrecke, ganz nah an der senkrechten Felswand entlang.
Von der ersten Zwischenstation führen steile Tiefschneeabfahrten zum Pillon-Paß zurück. Von der zweiten Station, die auch von Reusch – jenseits des Col du Pillon – mit zwei Seil-

In den 60er Jahren entstand in drei Sektionen die Seilbahn auf den Diablerets-Gletscher. Dominierend im Blickfeld das Oldenhorn.

Les Diablerets liegt zu Füßen des gleichnamigen Bergmassivs im reizvollen Tal von Ormont-Dessus.

bahnen erreichbar ist, und von der dritten Station am Sex Rouge kann man per Ski nur nach Reusch abfahren. Dafür ist die Combe-d'Audon-Abfahrt vom Gletscherrand bis nach Reusch eine der schönsten und längsten Pisten in dieser Region.
Die Gletscherlifte ermöglichen Skifahren auf dem Glacier de Tsanfleuron das ganze Jahr hindurch. Sommers allerdings empfehlen sich nur die Morgenstunden, weil der Schnee ab 11 Uhr naß wird.
Für Tiefschneeabfahrten in einsamen Gefilden steht eine ganze Auswahl von Routen zur Verfügung. Die beiden schönsten sind zweifellos diejenigen vom obersten Skilift von Isenau in nördlicher Richtung nach L'Etivaz (ca. 8 km) oder gen Osten nach Feutersoey (ca. 9 km) am Arnensee vorbei.
Die Abfahrt vom »Ski«-Gipfel der Diablerets (3016 m) über den Prapio-Gletscher, die Klubhütte Pierredar (2278 m) und das Becken von Creux de Champ sollte angesichts der Gletscherspalten und der verschiedenen Felsbarrieren, die die Strecke unterbrechen, nur in Begleitung eines Führers unternommen werden.
Die Abfahrt über den Tsanfleuron-Gletscher zum 2242 m hohen Sanetsch-Paß und weiter bis ins Dorf Daillon (900 m), ca. 10 km nördlich vom Rhônetal, ist sicher die längste und abwechslungsreichste Skitour, die man von der Bergstation der Gletscher-Seilbahn aus unternehmen kann. Dabei muß man allerdings einen Rückweg von rund 80 km per Bus oder Bahn durch das Untere Rhônetal in Kauf nehmen.
Villars-sur-Ollon siehe Seite 263.

Les Diablerets, 1162 m

Skigebiet: 1200–3000 m
1200 Einwohner, 3500 Gästebetten
Saison: Dezember bis April.
Sommerski auf dem »Glacier des Diablerets« von Juli bis November

Anreise Autobahn Bern, Fribourg, Bulle, Aigle, Les Diablerets (Bahnstation)
Entfernungen von KA: 407 km, S: 472 km, UL: 485 km, M: 552 km

Information
Office du Tourisme Les Diablerets, CH-1865 Les Diablerets, Tel. 025/531358
Telefax 025/532348
Schneetelefon 025/531559
Landesvorwahlnummer siehe Seite 608.

Kinder Gästekindergarten ab 3 Jahre (Tel. 025/532126; ca. sfr 19/Halbtag, 44/Ganztag inkl. Mittagessen); Skischule ab 4 Jahre (ca. sfr 87/6 Halbtage)

Ski alpin Testnote ❄❄❄

Skigebiet Les Diablerets gesamt
60 km präparierte Abfahrten:
7 km schwer, 45 km mittel, 8 km leicht
(120 km präparierte Abfahrten inkl. Villars)
Längste Abfahrt: La Combe d'Audon vom Scex Rouge nach Oldenegg, 14 km Länge, 1520 m Höhenunterschied, mittel
Liftkapazität: 12000 Pers./Std.
(28000 Pers./Std. inkl. Villars-sur-Ollon)

14 3 2 4

(46 Lifte inkl. Villars)

nur Skigebiet auf dem Gletscher
ca. 10 km präparierte Abfahrten
leicht bis mittelschwer
Liftkapazität: 2600 Pers./Std.

2 1

Skigebiet Meilleret
18 km präparierte Abfahrten:
2 km schwer, 15 km mittel, 1 km leicht
Liftkapazität: 5000 Pers./Std.

5 1

Skigebiet Isenau
18 km präparierte Abfahrten
mittleren Schwierigkeitsgrades
Liftkapazität: 4200 Pers./Std.

4 1

Skipaß-Preise siehe Beilage

Tiefschneereviere: Pierres-Pointes, Combe d'Audon, Pointe Arpille
Skischule mit 25 Skilehrern

Langlauf Testnote ❄❄❄

7 Loipen über insgesamt 38 km (5 km schwierig, 7 km mittel, 26 km leicht); längste Loipe: Aigue-Noire, Les Aviolats (im Ort), 27 km lang, leicht; höchste Loipe: auf dem Gletscher Les Diablerets (2970 m), 5 km lang, leicht; die Loipe Rosex (3 km lang, mittel) ist täglich bis 22 Uhr beleuchtet; Langlaufunterricht

Weitere Sportmöglichkeiten

Skijöring

Après-Ski

DISCO KINO

Neu im Skigebiet Isenau ist der Schlepplift Ayerne, der den alten und kürzeren Les Crêtes ersetzt.

Hotelempfehlungen: Seite 586–592

Les Quatre Vallées

Unter dem Sammelbegriff der Quatre Vallées, der Vier Täler, haben sich Verbier, Bruson, La Tzoumaz/Mayens-de-Riddes, Haute-Nendaz/Siviez, Veysonnaz und Thyon 2000 auf der linken Flanke des Rhônetales zwischen Martigny und Sion oder zwischen dem Val d'Hérens und dem Val de Bagnes zu einem regionalen Skigebiet zusammengeschlossen.

Les Quatre Vallées bieten vielfältige und faszinierende Möglichkeiten selbst für den anspruchsvollsten Skifahrer. Weil die Regionen der Vier Täler zusammenhängen und jeweils ohne Rückkehr ins Tal (aber da und dort um den Preis etwas langer, eintöniger Traversierfahrten) untereinander erreichbar sind, bewerten einheimische Kenner diesen Teil des skisportlichen Wallis ebenso hoch wie beispielsweise Saas-Fee oder gar Zermatt. Darüber hinaus gilt der Skipaß auch noch für die kleineren, weiter südlich gegen das italienische Grenzgebiet gelegenen Wintersportstationen Champex-Lac, Vichères, La Fouly und Super-St-Bernard, die von den Ortschaften der Vier Täler aus in kurzer Zeit erreichbar sind.

Ein Besuch dieser Randgebiete der Quatre Vallées ist natürlich für den besonders reizvoll, der gerne kleine und unscheinbare Ferienorte außerhalb bekannter Namen und gängiger Begriffe entdeckt. Ausgangspunkt für Thyon 2000, Veysonnaz und Haute-Nendaz/Siviez ist Sion, La Tzoumaz/Mayens de Riddes erreicht man über die Ortschaft Riddes und Verbier/Bruson über Martigny. Alle Ausgangspunkte zu den Quatre Val-

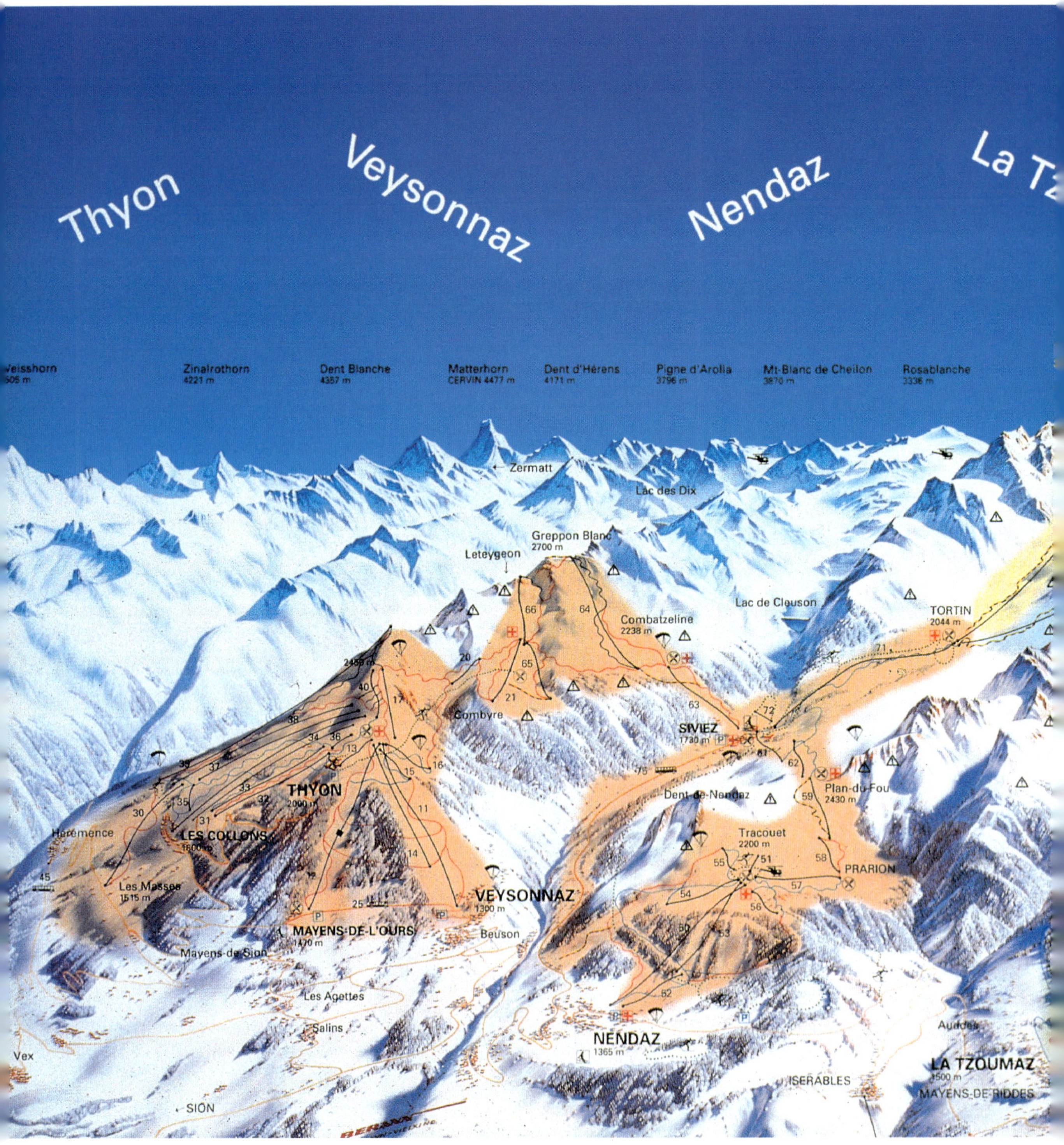

lés liegen direkt an der Autobahn Bern – Fribourg – Vevey-Sion und an den gleichnamigen Bahnstationen.

Mont-Fort als Kronjuwel

Kulminationspunkt und skifahrerisches Kronjuwel der Vier Täler ist der Mont-Fort (3330 m). Sein teils sehr anspruchsvolles Skigebiet, die Länge der Abfahrten (bei guten Schneeverhältnissen ist eine der längsten der Alpen dabei bis hinunter nach Le Châble auf 821 m), aber auch die Sicht, die weit in die Runde bis zum Mont Blanc im Südwesten, zum Matterhorn im Osten und zum Eiger im Berner Oberland reicht, rechtfertigen den Stolz der Einheimischen auf diese Erschließung.
Einige der Abfahrten lassen allerdings keinen Seitenblick auf das Panorama zu. Selbst der geübte Skiläufer muß sich einen kleinen Ruck geben und tief Atem holen, bevor er in die Steilhänge sticht, die aber wegen ihrer meist sehr weiten Ausläufe – unter dem Sicherheitsaspekt betrachtet – unproblematisch sind. In jedem Fall hat der Skiläufer leichtere Abfahrtsrouten zur Auswahl.
Tagesbesucher der Skigebiete der Quatre Vallées fahren am besten mit dem Auto von der Kantonshauptstadt Sion (Sitten für die deutschsprachigen Walliser) in Richtung Nendaz. Bei der kleinen Ortschaft Salins, wenige Minuten nach Sion, weist ein diskretes Schild mit der Aufschrift »Piste de l'Ours« den Weg. Da dieser Zugang keine große Station im Rücken hat, ergeben sich selbst zur Hauptsaison kaum Wartezeiten. Mit Ausnahme der Retortenstation Siviez liegen die Ortschaften ausnahmslos auf sanft geneigten Terrassen mit Ausblick ins Tal.

Verbier

Verbier, der Hauptort der Vier Täler, ist in eine windgeschützte, terrassenartige Mulde eingebettet, die sich zwischen 1400 und 1700 Meter hinzieht, die früher einzig aus Alpweiden bestand, welche für die damalige Agrarwirtschaft von zentraler Bedeutung waren. Nach einem spektakulären Niedergang in den sechziger und siebziger Jahren, als Verbier sehr rasch wuchs, erholt sich jetzt die Berglandwirtschaft wieder.
Der Ort hat trotz seiner Größe ein gewisses Flair, einen Hauch von dörfli-

Les Quatre Vallées

cher Atmosphäre bewahrt, auch wenn der Autoverkehr zeitweise eher an eine Großstadt erinnert. Verbier hat auf den Bau von vielstöckigen Wohnsilos verzichtet, die andernorts wie gestrandete Schiffe in der Alpenlandschaft liegen. Viele Bauten sind mit Holz verkleidet, wie dies das örtliche Baureglement vorschreibt. Eigentlich ist Verbier eine kleine Chalet-Stadt geworden.

Das Ski-Eldorado

Verbier ist in erster Linie ein Skisport-Eldorado, das sich bei der Gilde der Anspruchsvollen einen Namen gemacht hat. Die Aufstiegshilfen des vielfältigen Pistenangebots sind nicht nur großzügig dimensioniert, sondern auch durchdacht und sinnvoll vernetzt. Ein Gratis-Ski-Bus bedient die Talstationen.

Der Mont-Fort wird nun direkt von Verbier aus über Les Ruinettes (2200 m) und die 150-Personen-Kabinenbahn, den Mont-Fort-Jumbo, zwischen La Chaux (2260 m) und dem Col des Gentianes (2950 m) erreicht. Die Anlagen des Mont-Fort bis hinunter ins Gebiet von Tortin (2044 m), aber auch von Chassoure (2740 m) und Les Attelas (2727 m) lassen keinen Wunsch offen.

Kurse für Tiefschneefahren tragen den natürlichen Voraussetzungen für den »ski sauvage« Rechnung, dem Fahren abseits der Pisten. Abfahrten durch Waldgebiete abseits der Pisten müssen aber aus Gründen der Wald- und Wilderhaltung oder schlicht und einfach wegen drohender Lawinen- und Schneebrettgefahr unterbleiben. Wer Tiefschneefahrten weit abseits gebahnter Pisten ohne Gefahr genießen will – und dabei vielleicht sogar einen der genau bezeichneten Gebirgslandeplätze mit dem Helikopter anfliegen möchte –, vertraut sich am besten einem Berg- und Skiführer an. Diese Leute sind nämlich ortskundig und wissen auch, welche Abfahrt bei welchen Verhältnissen den höchsten Fahrspaß verspricht.

Den Pistenmarkierungen ist im ganzen Skigebiet besonders dort strikt zu folgen, wo sie Sperrungen wegen Lawinengefahr anzeigen.

Verbier lebt vom und mit dem Skisport. So führen breite Zufahrten direkt bis ins Dorfzentrum zurück.

Ein Skitag in Verbier

Ein Skitag in Verbier kann mit einigen Fahrten in der Morgensonne auf den angenehmen, leichten bis mittelschweren Hängen von Savoleyres (2354 m) beginnen.

Am späteren Vormittag ist ein Wechsel ins Gebiet von Les Ruinettes und La Chaux fällig, und am Nachmittag lockt der Mont-Fort mit der abendlichen Rückfahrt nach Verbier. Weitere Erkundungsfahrten in die Vier Täler verschiebt man besser auf die nächsten Tage.

Für das weitläufige Gebiet der Quatre Vallées gilt allgemein: am späteren Nachmittag auf die Fahrpläne achten, damit die Rückkehr zum Ausgangspunkt mit Bahnen und Liften noch zu schaffen ist.

Wer Alternativen zum Skisport sucht, findet sie im Sportzentrum, wo Schlittschuhlaufen, Eisstockschießen, aber auch Schwimmen im Hallenbad und Squash dem Fitneßbewußten Abwechslung bringen.

Ausgesprochene Anhänger des dolce far niente erholen sich tagsüber auf den zahlreichen Sonnenterrassen der Restaurants, flanieren auf geräumten Wanderwegen oder genießen das beachtliche kulinarische Angebot, das unbestritten vom »Rosalp« angeführt wird, einem der führenden Gastro-Tempel der Schweiz!

Wenn es nicht gleich so exklusiv sein muß, wären viele gepflegte Spezialitätenrestaurants, Pizzerias und Grillrooms einen Besuch wert. Discos, Bars und Nachtclubs bieten sich für den späteren Abend an. Verbier ist ein junger, ein lebhafter Wintersportort, wo der Skitag nicht mit dem Abschnallen der Bretter aufhört.

Verbier hat sich rasch zum Mekka des Gleitschirmfliegens entwickelt. Para-Gliding läßt sich herrlich mit Skifahren und auch mit sommerlichen Ausflügen verbinden und erfährt eine erstaunliche Breitenentwicklung. An Schönwettertagen kann man Dutzende dieser bunten Schirme am Himmel sehen, an denen die Para-Glider in ruhigem, kreisendem Flug zu Boden schweben.

Der Gast erreicht Verbier mit dem Auto oder mit der Bahn vom Haupttal aus über Martigny und die Straße zum Großen St-Bernard, die man bei

Von La Chaux (2260 m) aus fährt die 150-Personen-Kabinenbahn (»Jumbo«) zum Col des Gentianes (auf 2950 m, Skipaßbereich Secteur Général oder Zusatzkarte).

Sembrancher verläßt, um nach Le Châble weiterzufahren. Während dem Dauergast im Kurort selber von den Hotels und Vermietern Parkplätze bereitgestellt werden, tut der Tagesbesucher gut daran, sein Auto auf dem großen Parkplatz von Le Châble zu lassen. Eine Gondelbahn oder das Postauto bringen ihn nach Verbier.

Mayens-de-Riddes/ La Tzoumaz

Mayens-de Riddes und La Tzoumaz sind mit ihren ostwärts ausgerichteten Hängen der Morgensonne zugewandt und über Savoleyres mit dem Skigebiet von Verbier verbunden. Während die Savoleyres-Pisten gegen Verbier hinab im offenen Gelände voll der Sonne ausgesetzt sind, verlaufen die Pisten von Mayens-de-Riddes/La Tzoumaz teils im Wald.
Dank der Ostausrichtung bleibt der Schnee auch bei Wärmeeinbrüchen pulvrig, während er auf der Seite von Verbier schon in Sulz übergeht. Im Frühjahr kann man nach einigen Fahrten auf einer gerade noch gut tragenden Sulzschicht hinüber ins Gebiet von Mayens-de-Riddes wechseln, wenn die Sonne an den Westhängen zu stark einstrahlt.
Die Strecke von Les Attelas herunter über den Lac des Vaux, das Vallon d'Arby nach Mayens-de-Riddes ist bei guten Bedingungen sehr reizvoll, aber fordert wie alle langen Abfahrten eine gute Grundkondition und dazu eine gewisse Ortskenntnis. Abfahrtssperrungen wegen Lawinengefahr sind unbedingt zu beachten!

Haute-Nendaz/ Siviez

Haute-Nendaz und Siviez muten im Vergleich zu den anderen Ortschaften des Vier-Täler-Gebietes französisch an. Moderne Wohnsilos, die mehr als nur eine Spur zu groß geraten sind, wollen sich nicht so recht in die reizvolle Landschaft einfügen. Dafür ist die Sicht auf die gegenüberliegende Alpenkette einmalig.
Haute-Nendaz und vor allem Siviez sind im Herzen des Gebietes der Quatre Vallés gelegen. Während die Pisten von Tracuet und Prarion eher als mittelschwer einzustufen sind, sind die Skifelder von Plan-du-Fou (2340 m) schwieriger und damit guten Skiläufern zu empfehlen. Die Rückfahrten sind im Frühjahr gelegentlich hart oder gar vereist.
Siviez liegt im Gegensatz zu den anderen Ortschaften in einem schattigen Talgrund, wo die Sonne vor allem im Hochwinter nur ein kurzes Gastspiel gibt. Aber dafür liegt das rassige Tortin- und Mont-Fort-Gebiet praktisch vor der Haustüre. Der Skifahrer kann hier in kurzer Zeit auf Hänge aller Schwierigkeitsgrade und verschiedenster Schneebeschaffenheiten wechseln.
Auf dem Tortin-Gletscher und am Mont-Fort ist Sommerskifahren möglich. Die besondere Beschaffenheit des Geländes und auch seine Steilheit locken mit einiger Regelmäßigkeit auch die Schweizerische Damen-Ski-Nationalmannschaft zum Training an. Von Siviez führt der Vierer-Sessellift, der Mont-Fort-Express, nach Tortin als Anfahrt zum Mont-Fort. Über Tortin gelangt man mit der Gondelbahn ins Gebiet der rassigen Steilhänge von Chassoure, Les Attelas, des Mont Gelé und des Gentianes-Passes. Diese Pisten sollten nur von guten oder sehr

guten Skifahrern befahren werden. Ihnen erschließt sich hier aber eine Welt schier unbegrenzten Skivergnügens. Wer nicht ein Generalabonnement gelöst hat, muß einen Tageszuschlag für die Anlagen des Mont-Fort entrichten.

Veysonnaz

Veysonnaz entspricht am ehesten den Vorstellungen des kleinen, romantischen Winterskiortes, wo im alten Dorfteil die Zeit stehen zu bleiben scheint, während das touristische Quartier von Magrappé bei der Talstation der Kabinenbahn hinauf nach Thyon 2000 liegt. Die Pisten von Veysonnaz und dem nahegelegenen Skigebiet von Mayens-de-l'Ours haben alle Schwierigkeitsgrade und gelten als schneesicher, gleichwohl aber sonnig. Die Piste de l'Ours kann übrigens auf ihrer ganzen Länge künstlich beschneit werden.

Thyon 2000/ Les Collons

1972 wurde diese Retorten-Station aus dem Boden gestampft, auf einer schön gelegenen Terrasse oberhalb von Sion in 2000 Meter Höhe. Seit der Wintersaison 1991/92 gehört sie zum Gebietsverband der Vier Täler.
Thyon 2000 überblickt nicht nur das Rhônetal, sondern die Sicht ist rundherum frei, so daß man von einem 860-Grad-Panorama sprechen kann. Dadurch ergeben sich auch eine maximale Besonnung und ein ausgezeichnetes Klima.
Die nach Les Collons hinunterführenden Skipisten sind sehr breit und leicht zu befahren. Fortgeschrittene finden mittelschwere und eine schwierige Abfahrt von den Crêtes de Thyon (2418 m) nach Thyon. Die schönsten Abfahrten führen von Thyon hinunter nach Mayens-de-l'Ours und nach Veysonnaz.
Les Collons, etwas unterhalb von Thyon 2000 gelegen, umfaßt eine Anzahl Apartmenthäuser und sehr wenige Chalets. Der Ort ist nach Osten ausgerichtet, so daß sich der Schnee die ganze Saison über gut halten kann. Die Skipisten sind dieselben wie die von Thyon 2000.
Man erreicht Les Collons von Sion über Mayens-de-Sion und landet dann in den unterirdischen Garagen von Thyon 2000, von wo Lifte in die Wohnungsetagen oder zu den öffentlichen – autofreien – Teilen der Station führen.

Haute-Nendaz mutet im Vergleich zu den anderen Ortschaften des Vier-Täler-Gebietes französisch an. Wunderschön ist die Sicht auf die Alpenkette.

Bruson/Mayens-de-Bruson

Bruson und das Gebiet von Mayens-de-Bruson liegen auf der linken Talseite von Le Châble, gegenüber Verbier. Das alte Walliser Dorf ist noch weitgehend intakt, nur wenige Appartementhäuser und Chalets wurden in den letzten Jahren gebaut. Noch ist das Skigebiet erst rudimentär mit bescheidenen Förderanlagen versehen. Demnächst sollen Bruson und das Gebiet des Six Blanc mit einer Luftseilbahn erschlossen werden. Federführend bei diesem Projekt ist – wie im ganzen Gebiet von Verbier – die Téléverbier SA, die seit Jahrzehnten den Auf- und Ausbau des regionalen Transportsystems betreibt und in der ganzen Region tonangebend ist. Anfang der neunzi-

ger Jahre wird dort in leichtem bis mittelschwerem Gelände ein neues Skigebiet entstehen, dessen Hänge nördlicher oder östlicher Lage bis tief ins Frühjahr hinein gute Schneeverhältnisse garantieren. Offenbar hat man aus der zeitweise in Verbier herrschenden Verkehrsmisere gelernt, denn Bruson soll autofrei bleiben.

Oben: Verbier hat seine dörfliche Atmosphäre bewahren können. Im Hintergrund die Region Les Ruinettes, rechts das Massiv des Combins.

Unten: In neuzeitlicher Alpen-Architektur – so präsentiert sich Les Collons mit dem Skigebiet Thyon 2000 im Winter.

Das Angebot für Langläufer

Dem Langlaufgast stehen Höhenloipen offen, die aber eher für Skiwanderungen und Skitouren geeignet sind. Loipen finden sich im Bereich der Vier Täler einmal in der Nähe der Stationen, dann aber auch zwischen Sembrancher und Fionnay unten im Grund des Val de Bagnes, wo bei guten Schneeverhältnissen Rundkurse von rund 25 Kilometer angeboten werden.
Dieses Langlaufgebiet genügt selbst wettkämpferisch ambitionierten Läufern und findet auch guten Anklang bei den Einheimischen, die sich dem nordischen Skisport verschrieben haben. ▶

Les Quatre Vallées auf einen Blick

Skigebiet 821–3330 m

Einwohner: 4500 **Gästebetten:** 45000

Saison: November bis Anfang Mai. Sommerski von Juni bis August – Glacier Tortin/Mont-Fort und Col des Gentianes.

Wichtige Telefonnummern
Schneetelefon 026/31 30 00
Lawinenwarndienst 028/1 20
Straßenzustandsbericht 028/1 63
Landesvorwahlnummer siehe Seite 608.

Ski alpin Testnote ✻✻✻✻✻

400 km präparierte Abfahrten:
25 km schwer, 170 km mittel, 127 km leicht, 78 km markierte Tourenabfahrten
Längste Abfahrt: Mont-Fort – Le Châble, 15 km Länge, 2510 m Höhenunterschied, mittel/schwer
Schwere Abfahrten: Mont Fort – Tortin, 5 km Länge, 1280 m Höhenunterschied (von 3330 auf 2050 m); Chassoure – Tortin, 2,5 km Länge, 700 m Höhenunterschied (von 2740 auf 2040 m)
Snowboard-Halfpipe im Skigebiet La Chaux
Liftkapazität: 79140 Pers./Std.
47 33 12 7

Skipaß-Preise siehe Beilage
Tiefschneereviere: Creblet, La Marlenaz, Cleuson, Champ Ferret, Col des Mines, Vallon d'Arbi (alle nur mit Führer)
Skischule: mit 300 Skilehrern

Langlauf Testnote ✻✻✻

Insgesamt 72 Loipenkilometer
Verbier 9 km (leicht); längste und höchste Loipe: Ruinettes – La Chaux (2200–2260 m), 5 km lang La Tzoumas Rundkurs Mayens-de-Riddes (1650–1700 m), 4,5 km
Nendaz Nendaz-Siviez-Tortin-Nendaz 18 km (leicht) Veysonnaz Höhenloipe Thyon – Combyre (2100–2300 m), 5 km, Loipengebühr ca. sfr 14/Tag
Les Collons 1 km (1900 m, leicht)
Thyon 1 km (2100 m, leicht) Bruson Sembrancher-Le Châble-Versegères-Champsec-Lourtier 30 km.
Langlaufunterricht

Weitere Sportmöglichkeiten
Gleitschirmfliegen, Eisklettern

Après-Ski
Ausstellungen

Sportliche Veranstaltungen
Patrouille des Glaciers (22.–24. April 94, siehe dazu Zermatt, S. 287)

Anreise

Autobahn Bern, Fribourg, Martigny, Sion, Les 4 Vallées. Bahnstationen sind Martigny, Riddes und Sion, von dort Busverbindungen
Entfernungen von KA: 483 km, S: 441 km, UL: 401 km, M: 468 km

Hotelempfehlungen: Seite 586–592

Mütter mit Kindern sind willkommen im »Jardin des neiges« auf dem La Chaux (2260 m). Eine Tageskarte (Auffahrt und Eintritt) kostet für Kinder von 4 bis 6 Jahre ca. sfr 14, für die Begleitperson (ohne Ski) ca. sfr 16, für Kinder ab 6 Jahre mit Skipaß ca. sfr 5.
Eisklettern: Zuschauen oder mitklettern kann man an der künstlichen, 20 Meter hohen Eiskletterwand mit fünf bis sechs Schwierigkeitsgraden beim Sessellift von Médran. Donnerstags bis samstags steht sie der Allgemeinheit von 18 bis 20 Uhr zur Verfügung. Informationen bei Alpine Adventures (Tel. 026/31 23 12).
Die Parkgebühren in der Tiefgarage in Les Collons belaufen sich auf ca. sfr 60 pro Woche. Empfehlenswert ist es, schon bei der Urlaubsbuchung einen Parkplatz zu reservieren.

Verbier

PLZ: CH-1936 **Ortsvorwahl:** 026
Verkehrsbüro: Tel. 31 62 22, Telefax 31 32 72
Einwohner: 1800 **Gästebetten:** 25000

Skischule: Schweizer Skischule, Tel. 31 68 25; Skischule Fantastique, Tel. 31 64 22
Kinder: Gästekindergarten Chez les Schtroumpfs ab 1 Monat (Tel. 31 65 85 oder 31 45 12; ca. sfr 25/Halbtag, 45/Ganztag inkl. Mittagessen);
Skischule ab 3 Jahre (Mini Champion Club, Tel. 31 68 25, ca. sfr 100/6 Halbtage ohne Mittagessen)
Après-Ski: *Disco* Farm-Club, Tel. 31 61 21; Marshal's Club, Tel. 31 35 72; Le Scotch, Tel. 31 16 56; *5-Uhr-Tee mit Tanz* Piano-Bar im Hotel Vanessa, Tel. 31 61 41; *Treffpunkt* Mont-Fort Pub, Tel. 31 48 98; New Club, Tel. 31 22 67; *Kino* Tel. 31 24 35

Eislauf: im Sportzentrum, gedeckte Kunsteisbahn, Tel. 31 66 01
Squash, Schwimmen: im Sportzentrum

Mayens-de-Riddes

PLZ: CH-1918 **Ortsvorwahl:** 027
Verkehrsbüro: Tel. 86 18 51, Telefax 86 64 93
Einwohner: 150 **Gästebetten:** 5500

Skischule: Schweizer Skischule, Tel. 86 52 72
Kinder: Gästekindergarten ab 2 Jahre (La Tzoumaz, Tel. 86 18 51, ca. sfr 30/Halbtag); Skischule ab 4 Jahre (ca. sfr 130/5 Vormittage)
Après-Ski: *Disco* Lee Paradiso, Tel. 86 52 12
Treffpunkt Bar Le Pub, Tel. 86 55 59; Bar Les Trappeurs, Tel. 86 49 63

Eislauf: Eislaufplatz La Tzoumaz, Tel. 86 54 66
Schwimmen: Hallenbad La Tzoumaz, Tel. 86 31 08

Nendaz

PLZ: CH-1997 **Ortsvorwahl:** 027
Verkehrsbüro: Tel. 88 14 44, Fax 88 39 00
Einwohner: 6500 **Gästebetten:** 16500
Skischule: Schweizerische Ski- und Langlaufschule, Tel. 88 29 75; Neige aventure, Les Chevreuils, Tel. 88 31 31
Kinder: Gästekindergarten bis 5 Jahre (ca. sfr 7/Std., 21/Halbtag, 52/Ganztag inkl. Mittagessen); Skischule ab 5 Jahre (ca. sfr 134/5 Vormittage, 91/5 Nachmittage)
Après-Ski: *Disco* Les Flambeaux, Tel. 88 29 59; Le Privé, Tel. 88 23 14, La Chamade, Tel. 88 17 77
5-Uhr-Tee Le Billard, Tel. 88 25 07; Piano-Bar Tchin-Tchin, Tel. 88 34 34

Eislauf: im Sport-Zentrum, Tel. 88 16 87 oder 88 14 44
Squash: Fitneß-Zentrum, Tel. 88 17 88

Schwimmen: Hallenbad in Siviez, Tel. 88 13 37 oder 88 14 44

Veysonnaz

PLZ: CH-1993 **Ortsvorwahl:** 027
Verkehrsbüro: Tel. 27 10 53, Telefax 27 14 09
Einwohner: 500 **Gästebetten:** 3500

Skischule: Schweizer Skischule, Tel. 27 10 53, Fax 27 14 09
Kinder: Gästekindergarten ab 2 Jahre; Skischule ab 4 Jahre (ca. sfr 130/5 Halbtage)
Après-Ski: *Disco* Vague à l'âme, Tel. 27 18 40
Treffpunkt Café Magrappé, Tel. 27 18 17; Café Tanière, Tel. 27 16 33; Café Bouton d'Or, Tel. 27 18 28, Café Le Pub, Tel. 27 18 80

Schwimmen: Hallenbad, Tel. 27 14 00

Von La Tzoumaz aus führt die Kabinenbahn auf 2354 Meter Höhe.

Les Collons-Thyon

PLZ: CH-1988 **Ortsvorwahl:** 027
Verkehrsbüro: Tel. 81 27 27, Telefax 81 27 83
Einwohner: 80 **Gästebetten:** 4500

Skischule: Schweizer Skischule, Tel. 81 27 38 (in Thyon 2000: 81 24 70)
Kinder: Gästekindergarten ab 1 Jahr (Thyon, Tel. 81 37 37; ca. sfr 28/Halbtag, 50/Ganztag inkl. Mittagessen); Skischule ab 3 Jahre (in Thyon, Extra-Skibus für Kinder von/nach Les Collons; ca. sfr 200/5 Ganztage inkl. Mittagessen)
Après-Ski: *Disco* L'Ours, Tel. 81 11 31; Le Sporting, Tel. 81 20 22

Schwimmen: Hallenbad in Thyon 2000, Tel. 81 16 08
Reiten: in Thyon 2000, Tel. 81 11 57

Das Val d'Hérens

In dem schmalen Seitental links der Rhône bei Sion findet man eine Reihe schmucker Walliser Dörfer mit überschaubaren Skigebieten. Ein Geheimtip für Skiurlauber, die ein bescheidenes Angebot und unverfälschte Natur der technisch perfekten Erschließung vorziehen.

Gleich am Taleingang liegt auf einem sonnigen Plateau, mit Blick ins Rhône-Tal, **Nax** auf 1263 Meter Höhe. Ein Sessellift und drei Schlepplifte eröffnen dem Skifahrer ein am Nordhang des Mont Noble gelegenes Gelände zwischen 1400 und 2400 Meter.

Flußaufwärts, am Beginn des oberen Talabschnitts, liegt der Hauptort **Evolène** (1371 m), wo noch zum Dorfbild die Walliser Tracht nicht nur an Feiertagen gehört. Auf der gegenüberliegenden Talseite wurde ein Skigebiet erschlossen. Von Lana (1407 m) aus gelangt man in die Region zwischen dem Col de la Meina und dem Pic d'Arzinol (2998 m). Tiefschneefahrer finden ihr Revier in der nach Norden abfallenden Combetta. Das Haupttal steigt ab Evolène auf den fast vier Kilometern bis **Les Haudères** (1452 m) kaum an. Hier teilt sich das Val d'Hérens in die zwei kleinen Täler von Ferpècle und Arolla. Oberhalb von Les Haudères finden sich auf einer langen Talschulter die drei sonnigen Bergdörfer Villa, La Sage und La Forclaz. Zwischen La Sage und La Forclaz führt der Skilift von Zaté auf 2210 Meter.

Arolla, auf fast 2000 Meter Höhe gelegen, versteckt sich im Talgrund. Die Lifte erschließen eine Reihe von Pisten, die gegen Süden und Osten liegen.

Val d'Hérens
Evolène, 1371 m, **Arolla,** 1998 m

Skigebiet: 1370–2900 m
Evolène 760 Einwohner, 2000 Gästebetten Arolla 40 E., 1200 G.
Saison: Mitte Dezember bis Mitte April

Anreise Basel, Bern, Vevey, Sion (Bahnstation, Busverbindungen ins Skigebiet); Busverbindung zwischen Evolène und Arolla
Entfernungen von KA: 492 km, S: 450 km, UL: 410 km, M: 477 km

Information
Office du Tourisme
CH-1983 Evolène, Tel. 027/83 12 35
Telefax 027/83 22 58
CH-1986 Arolla, Tel. 027/83 10 83
Telefax 027/83 22 70
Landesvorwahlnummer siehe Seite 608.

Kinder Evolène kein Gästekindergarten; Skischule ab 4 Jahre (ca. sfr 85/6 Halbtage ohne Mittagessen)
Arolla kein Gästekindergarten; Skischule ab 6 Jahre (ca. sfr 120/Woche ohne Mittagessen)

Ski alpin Testnote
Evolène ❄❄❄
Arolla ❄❄

Skigebiet Evolène
50 km präparierte Abfahrten
leicht bis mittelschwer
Liftkapazität: 6000 Pers./Std.
7 1

Skigebiet Arolla
47 km präparierte Abfahrten:
6 km schwer, 22 km mittel, 19 km leicht
Längste Abfahrt: La Bleue des Fontanesses, 6 km Länge, 1000 m Höhenunterschied, leicht
Liftkapazität: 2925 Pers./Std.
5

Skipaß-Preise siehe Beilage

Skischule mit 30 (Evolène) und mit 15 (Arolla) Skilehrern

Langlauf Testnote
Evolène ❄
Arolla ❄❄

Evolène 15 Loipenkilometer auf 1380 bis 1450 Meter Höhe, mittel; Loipengebühr erwünscht; Langlaufunterricht Arolla 18 Loipenkilometer (8 km mittel, 10 km leicht); längste Loipe: Piste de Satarma (1793–1960 m), 10 km lang, mittel; höchste Loipe: Piste du Glacier (2120–1970 m), 5 km lang, leicht; Langlaufunterricht

Weitere Sportmöglichkeiten

Après-Ski
DISCO KINO

Sportliche Veranstaltungen
Patrouille des Glaciers (siehe Zermatt S. 287, 22.–24. April 94)

Zum halben Preis Skifahren: in Arolla vom 10. Januar 1994 bis zum 5. Februar 1994.

Hotelempfehlungen: Seite 586–592

Das Hochplateau von Crans-Montana

Rund 1500 Meter über dem Meer und 1000 Meter über dem Rhônetal – das Hochplateau von Crans-Montana ist ein unvergleichlicher, lichter Balkon, von dem aus man die sonnigste Ecke des Wallis überblickt.

Der Doppelort **Crans-Montana** ist zu einer Stadt zusammengewachsen, die alles bietet, worauf eingefleischte Stadtmenschen auch im Urlaub nicht verzichten mögen: elegante Läden und originelle Boutiquen, ausgezeichnete Restaurants und Cafés, attraktive Dancings und Bars.

Auf der gegenüberliegenden Seite des meist unter leichten Dunstschleiern liegenden Rhônetals treten die Walliser Bergriesen zu einem einzigartigen Panorama zusammen; von der Mischabel-Gruppe oberhalb Saas-Fee bis zum Mont Blanc reiht sich eine Gipfelberühmtheit an die andere, unterbrochen nur von den in der Sonne gleißenden Gletschern.

Die weite, leicht geneigte Terrasse von Crans-Montana stößt bergseits gegen dunkle Wälder, die die Hänge bis oberhalb Vermala und bis gegen Les Plans-Mayens bedecken. Ein ausgedehntes Netz von Transportanlagen überzieht die weite Gegend von Chetseron über Cry d'Err, Bella Lui, Les Violettes und die Pointe de la Plaine Morte (3000 m) bis zum Gipfel des Petit Mont Bonvin (2383 m).

Oberhalb der Waldgrenze sind die Pisten breit und offen. Unterhalb, im Walde, werden sie naturgemäß schmaler und im untersten Teil sind einige recht höckerig. Die rassige

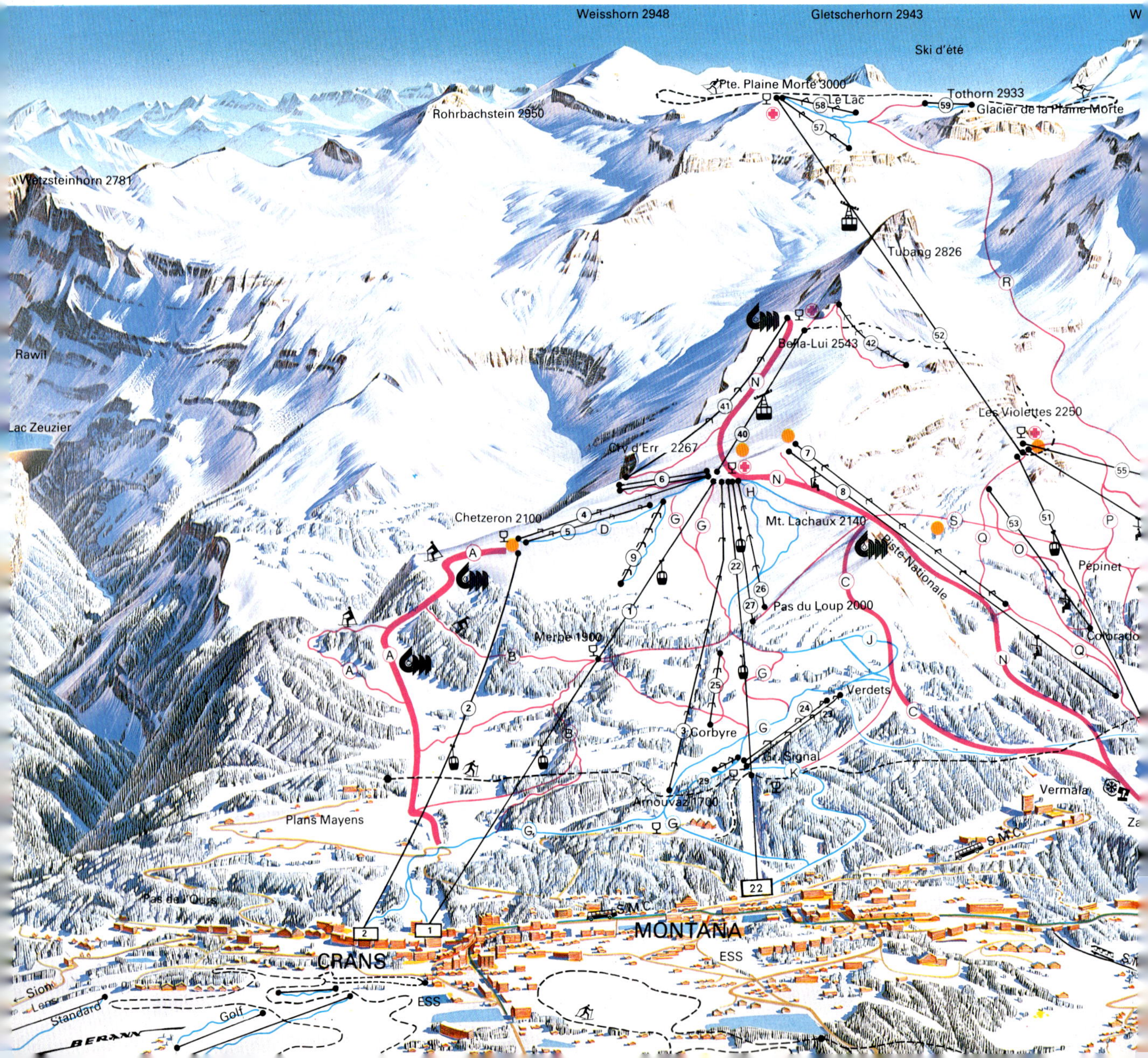

Crans-Montana, 1500 m
Anzère, 1500 m

Skigebiet
Crans-Montana 1500–3000 m
ca. 6000 Einwohner, 40 000 Gästebetten
Saison: Anfang Dezember bis Ende April.
Sommerskilauf auf dem Plaine-Morte-Gletscher von Mitte Juni bis Mitte Oktober
Anzère 1500–2462 m
ca. 450 Einwohner, 7500 Gästebetten
Saison: Anfang Dezember bis Ende April

Anreise Bern, Thun, Kandersteg, Lötschbergtunnel, Goppenstein, Sierre oder Zürich, Luzern, Interlaken, Kandersteg bzw. Bern, Fribourg, Vevey, Martigny, Sion, Sierre (Bahnstation)
Entfernungen von KA: 470 km, S: 428 km, UL: 388 km, M: 455 km

Information
Verkehrsbüros:
CH-3962 Montana, Tel. 027/41 30 41, 41 30 42
Telefax 027/41 74 60 und 41 17 94
CH-3963 Crans, Tel. 027/41 21 32, 41 21 33
Telefax 027/41 17 94
CH-1972 Anzère, Tel. 027/38 25 19, 38 34 22
Telefax 027/38 18 66
Landesvorwahlnummer siehe Seite 608.

Kinder Crans-Montana Betreuung möglich ab 2 Monate; Gästekindergarten ab 2 Jahre (ca. sfr 32/3 Vormittagsstunden); Skischule ab 3 Jahre (ca. sfr 290/Woche inkl. Mittagessen)
Anzère kein Gästekindergarten;
Skischule ab 3 Jahre (ca. sfr 120/5 Tage ohne Mittagessen)

Ski alpin Testnote

Crans-Montana ❄❄❄❄
Anzère ❄❄

Crans Montana
160 km präparierte Abfahrten:
40 km schwer, 80 km mittel, 40 km leicht
Längste Abfahrt: Plaine Morte, 3,2 km Länge, 1500 m Höhenunterschied, mittel
Snowboard-Halfpipe auf Cry d'Err und in Aminona
Liftkapazität: 38 000 Pers./Std.
26 7 5 2
1

Anzère
40 km präparierte Abfahrten:
3,5 km schwer, 32 km mittel, 4,5 km leicht
Liftkapazität: 9100 Pers./Std.
6 4 1

Skipaß-Preise siehe Beilage

Tiefschneereviere: Plaine Morte, Aminona, Col de Pochet
Skischule mit ca. 200 Skilehrern

Langlauf Testnote ❄❄❄

Crans-Montana 50 Loipenkilometer (8 km schwierig, 25 km mittel, 17 km leicht); längste Loipe: Plans-Mayens – Plumachit – Aminona (1650–1850 m), 15 km lang, schwierig-mittel; Höhenloipe: Plaine Morte (3000 m), 12 km lang, leicht; Langlaufunterricht
Anzère 15 Loipenkilometer (12 km mittel, 3 km leicht); Höhenloipe: Le Go (1550 m), 1,5 km lang, leicht; Loipengebühr erwünscht (Loipenpaß), Langlaufunterricht

BESONDERS SCHNEESICHER

Weitere Sportmöglichkeiten

Après-Ski
Spielcasino

Sportliche Veranstaltungen
Crans-Montana Musikwochen »Hommage à l'Italie« (Ende Dez. 93), 14. Int. Heißluftballontreffen (4.–6. Febr. 94), 28. Intern. Bridge-Woche (März 94)

Keine Wartezeiten mehr: Im Dezember 1995 geht die neue Violettes-Plaine-Morte-Bahn mit 30 Kabinen à 30 Personen (Beförderungskapazität 2500 Personen pro Stunde) in Betrieb als Ersatz für die bisherige 80-Personen-Kabinenbahn (Beförderungskapazität 500 Personen pro Stunde).
Erst eine Ballonfahrt bringt den richtigen Überblick. Für eine Fahrt muß man mit ca. sfr 600 für zwei Personen rechnen (Tel. 027/41 21 32).

Hotelempfehlungen: Seite 586–592

»Piste nationale« ist mehr gegen Osten orientiert, alle anderen gegen Süden. Das heißt Skifahren an sonnigen Hängen. Die Schneequalität kann allerdings darunter leiden. Die schönsten unberührtesten Schneefelder findet man auf dem Gletscher der Plaine Morte.
Dabei darf allerdings die Gefahr des Verirrens nicht zu gering eingeschätzt werden. Mehr als einmal endeten Traumabfahrten in oder oberhalb von unpassierbaren Felsen. Um solche Abenteuer zu vermeiden, sollte man einen Bergführer engagieren.
Die Loipen auf dem Plaine-Morte-Gletscher (3000 m) dienen als Trainingsgebiet für die Nationalmannschaften aus ganz Europa. Von Mitte Juni bis August ist auf dem Gletscher Sommerskilauf möglich.
Aminona, auf 1500 Meter gelegen, ist sozusagen ein kleiner Satellitenort von Crans-Montana mit großen Turm-Apartmenthäusern und einzelnen Ferienhäusern.
Die Seilbahn auf den Petit Bonvin erschließt dem Skifahrer das recht anspruchsvolle Skigebiet von Aminona. Von hier aus erreicht man über La Tza und La Barma die Violettes und hat damit Anschluß an die Pisten von Crans-Montana.
Westlich von Crans-Montana, in einer Entfernung von fünf Kilometer Luftlinie, auf der gleichen, südorientierten Talseite über dem Rhônetal, liegt die Höhenstation **Anzère.** Die Skigebiete der beiden Orte sind allerdings durch das schluchtartige Tal der Liène getrennt. Dank der unterirdischen Garagen bleibt der zentrale Platz der Siedlung von geparkten Autos frei.

Das Val d'Anniviers

Das Val d'Anniviers zweigt bei Sierre vom Rhonetal nach Süden ab. Die ursprünglich kleinen Bergdörfer Vercorin, Chandolin, St-Luc, Grimentz und Zinal haben sich auf den Skitourismus gut eingerichtet.

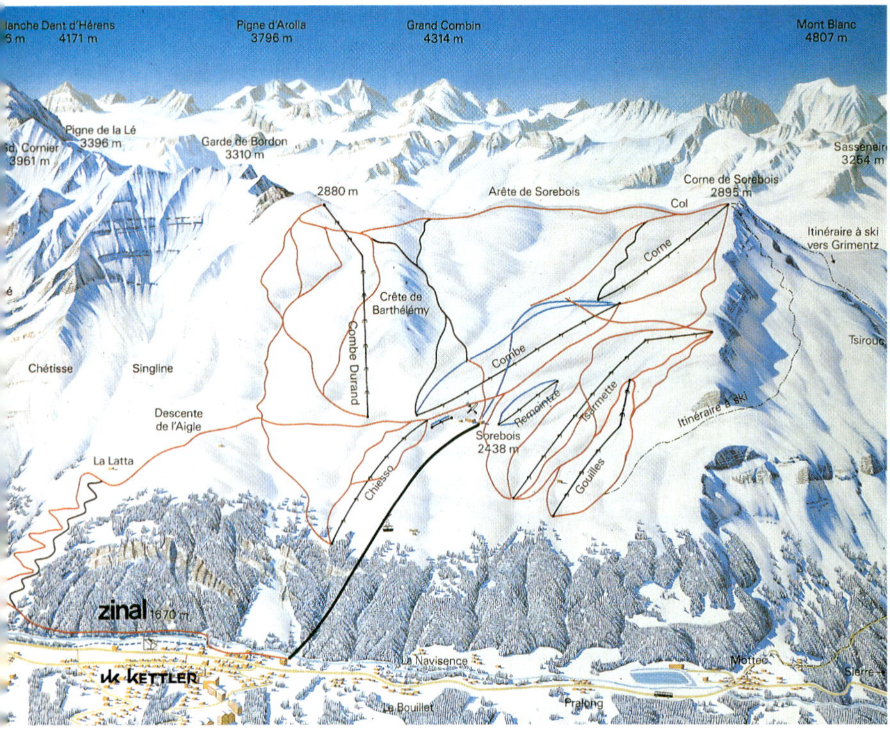

Auf einem luftigen Balkon an der steilen Ostflanke des tiefeingeschnittenen Tales liegt **Chandolin** hoch über dem Flüßchen Navisence. Es besteht aus einem alten Bergdorf und einem neuen Teil mit Apartmenthäusern und Chalets. 1961 begann man mit dem Bau des ersten Liftes, weitere folgten. Ein Sessellift ermöglicht ein Überwechseln zu den Skihängen von St. Luc und umgekehrt.
Die Pisten an den Südwest-Hängen bleiben während der ganzen Saison gut, vor allem natürlich wegen der großen Höhen zwischen 2000 und 2700 Metern.
Im Süden schweift der Blick von den Mischabel-Gipfeln über Matterhorn und Dent Blanche bis zum Mont Blanc.
Im Norden erschreckt der 2000 Meter tiefe Absturz des Illgrabens, der weit unten in das Rhone-Haupttal mündet. Von dessen Nordseite blickt die Kette der Berner Alpen herüber.
In **St-Luc** (1652 m) begann die Entwicklung zum Skiort 1965. Rund um den alten Dorfkern gruppieren sich große moderne Bauten, die dem Bergbauerndorf jedoch seine warme Atmosphäre nicht nehmen konnten.
Der Dorfkern blieb Anziehungspunkt und Zentrum, durch dessen enge Gäßchen man gerne streift.
Das Netz der Ski- und Sessellifte erschließt ein ausgedehntes Skigebiet, das bis auf 3000 Meter steigt. In der

Hauptsache ist es gegen Westen orientiert. Über 2200 Meter sind die Hänge breit, offen und sehr abwechslungsreich. Die ins Dorf hinunterführenden Pisten dagegen sind schmaler und weniger angenehm.
Nicht vergessen werden darf das isoliert auf 2337 Metern liegende Hotel Weisshorn. Dieses alpine Berghaus ist einfach, aber sehr sympathisch und gemütlich. Man erreicht es mit Ski und einem anschließenden 20-Minuten-Fußmarsch. Das Gepäck wird mit dem »Ratrac« (Schneefahrzeug zur Pistenbearbeitung) transportiert.
Hier oben wird intensiv Langlauf praktiziert. Außerdem kann man von hier aus Ausflüge und Aufstiege mit den Fellen unternehmen, z. B. auf den Toûnot (3018 m), die Pointe de Tourtemagne (3080 m) oder die Forcletta (2874 m).
Zinal (1675 m) im Talgrund der östlichen Verlängerung des Val d'Anniviers, dem Val de Zinal, war bis 1966 nur als kleiner Sommerkurort bekannt. Das änderte sich mit dem Bau der Seilbahn nach Sorebois. Außerhalb des Dorfkerns wurden ein paar ältere Berghotels modernisiert, eine Handvoll moderner Großbauten und einige Ferienchalets entstanden. Die ganze Landschaft ist wild und großartig; im Hochwinter allerdings ist der Talgrund, wo die Langläufer ihre Loipen finden, nicht sehr sonnig. Die Pisten von Sorebois sind von der Morgensonne beschienen.
Erfahrene Tourengänger können von Zinal schöne ein- oder mehrtägige Touren unternehmen.

Val d'Anniviers, 1322–1934 m

Skigebiet: 1340–3000 m
1800 Einwohner, 14 800 Gästebetten
Saison: Anfang Dezember bis Ende April

Anreise Bern, Fribourg, Bulle, Martigny, Sierre (Bahnstation, Busverbindungen)
Entfernungen von KA: 472 km, S: 430 km, UL: 390 km, M: 457 km

Information
Office du Tourisme:
CH-3961 Chandolin, Tel. 027/65 18 38
Telefax 027/65 46 60
CH-3961 St-Luc, Tel. 027/65 14 12
Telefax 027/65 22 37
CH-3961 Zinal, Tel. 027/65 13 70, 65 32 63
Telefax 027/65 29 77
CH-3961 Grimentz, Tel. 027/65 14 93
Telefax 027/65 28 91
CH-3967 Vercorin, Tel. 027/55 26 81
Telefax 027/55 87 20
Landesvorwahlnummer siehe Seite 608.

Kinder Grimentz Gästekindergarten ab 2 Jahre (ca. sfr 18/Halbtag); Skischule ab 4 Jahre (ca. sfr 86/6 Halbtage) St-Luc kein Gästekindergarten; Skischule ab 6 Jahre (ca. sfr 85/6 Halbtage) Zinal Gästekindergarten ab 4 Jahre (ca. sfr 20/Halbtag); Skischule ab 6 Jahre (ca. sfr 85/6 Halbtage)

Ski alpin Testnote ❄❄❄
Grimentz

Skigebiet von St. Luc – Chandolin
75 km präparierte Abfahrten:
10 km schwer, 35 km mittel, 30 km leicht
Liftkapazität 9500 Pers./Std.

11 3

Skigebiet von Zinal
70 km präparierte Abfahrten:
15 km schwer, 45 km mittel, 10 km leicht
Längste Abfahrt: Piste de L'Aigle (La Corne – Zinal), 7 km Länge, 1200 m Höhenunterschied, schwer
Liftkapazität: 6200 Pers./Std.

8 1

Skigebiet von Grimentz
50 km präparierte Abfahrten:
15 km schwer, 20 km mittel, 15 km leicht
Liftkapazität: 8720 Pers./Std.

9 1 1

Skigebiet von Vercorin
35 km präparierte Abfahrten:
20 km mittel, 15 km leicht
Liftkapazität: 6000 Pers./Std.

7 1

Skipaß-Preise siehe Beilage
Skischulen mit 50 Skilehrern

Langlauf Testnote ❄❄

Chandolin 3 Loipenkilometer (2000–2500 m), mittel St. Luc 15 km (1650–2500 m), mittel Zinal 15 km (10 km mittel, 5 km leicht); höchste Loipe: Les Plats de la Lé (1670–1800 m), 10 km, mittel; täglich bis 21 Uhr beleuchtete leichte, 1,5 km lange Loipe Grimentz 22 km (4 km mittel, 18 km leicht); höchste Loipe Bendolla (2100 m), 3 km, leicht; Verbindungsloipe nach Vercorin (1570 m), 15 km, leicht Vercorin 7 km (mittel); höchste Loipe: Piste de la route du Ban (1450–1475 m), 4 km; Langlaufunterricht

Weitere Sportmöglichkeiten
Gleitschirmfliegen

Après-Ski

Erlebnis-Tip: Gleitschirmflug im Doppelsitzer. Auskunft
Alain Reymond, Tel. 027/65 49 26.

Hotelempfehlungen: Seite 586–592

Den westlichen Ast des Val d'Anniviers, des Val de Moiry, durchfließt die Gougra, die zum großen Lac de Moiry gestaut wurde. Am westlichen Hang des untersten Teils dieses Seitentales liegt **Grimentz**, ein Bergdorf mit charakteristischen und gut erhaltenen Holzhäusern.
Das Netz der Lifte erschließt eine schöne Ski-Region, die bis auf 2900 Meter reicht. Die Pisten liegen überwiegend an Nordost-Hängen.
In naher Zukunft ist geplant, eine Verbindung herzustellen von Grimentz nach **Vercorin**, das am Eingang zum Val d'Anniviers auf 1319 Metern in einer weiten Einsattelung liegt. Erreichbar ist es mit einer Seilbahn von Chalais aus oder per Auto.
Die Skigebiete liegen vor allem im Gebiet von Crêt du Midi (2230 m) und um Tracui. Die gegen Norden und Osten geneigten, leichten bis mittelschweren Pisten auf den waldreichen Hängen haben ausgezeichnete Schneeverhältnisse während der ganzen Saison.

Leukerbad

Leukerbad, am Ende eines engen Seitentals der Rhône gelegen, war schon im Mittelalter als Heilbad bekannt. Heute erfreut sich das Walliser Bergdorf auch recht großer Beliebtheit als Wintersportort.

Leukerbad besitzt eine ganz eigene Atmosphäre, denn hier mischt sich das burschikos-sportliche Element des Skifahrerpublikums mit dem des stilleren, Genesung suchenden Kurgastes. Manche Besucher verbinden auch die Freuden des Wintersportes mit den entspannenden Wirkungen des warmen Badewassers im dampfenden Freibecken.

Seine Lage im hintersten Talgrund zu Füßen hoher, schroffer Felswände, die das Talende halbkreisförmig abschließen, schützt Leukerbad vor den kalten Nord- und Westwinden. So kommt zu den Heilquellen noch ein günstiges Klima.

Leukerbad kann mit Skipisten für jedes Können aufwarten. Mit einer Großkabinenbahn gelangt man zur Rinderhütte und von dort mit verschiedenen Schleppliften bis zum Torrenthorn-Sattel. Die Länge der Abfahrten kann man, seiner Kondition entsprechend, jeweils selbst bestimmen.

Autofahrer müssen beachten: im Ort Höchstgeschwindigkeit 40 km/h; Parkverbot; Nachtfahrverbot auf bestimmten Straßen von 22 bis 6 Uhr.

Als Ausweichquartier, allerdings mit einer beschränkten Bettenanzahl, könnte **Albinen** (mit einem kleinen Übungslift) dienen.

Das kleine, alte Walserdorf mit den typischen dunklen, wettergegerbten Holzhäusern hat seinen besonderen Reiz. Auf 1274 Metern Höhe liegt es einige Kilometer oberhalb von Leuk.

Von hier aus kann man leicht zur Talstation (bei Albinenleitern) der Kabinenbahn auf die Torrentalp gelangen.

Leukerbad, 1411 m

Skigebiet: 1411–2700 m
1500 Einwohner, 8000 Gästebetten
Saison: Mitte Dezember bis Mitte April

Anreise Basel, Bern, Kandersteg (Autoverladung), Susten bzw. Lausanne, Sion, Susten od. Chur, Andermatt, Realp (Autoverladung), Brig, Leuk (Bahnstation, Busverbindung)
Entfernungen von KA: 462 km, S: 420 km, UL: 380 km, M: 447 km

Information
Verkehrsbüro Leukerbad,
CH-3954 Leukerbad, Tel. 027/621111
Telefax 027/61 13 15
Schneetelefon 027/61 16 16
Landesvorwahlnummer siehe Seite 608.

Kinder Gästekindergarten ab 2 Jahre (ca. sfr 16/Halbtag ohne Mittagessen; Anmeldung Sport-Arena, Tel. 027/61 1037); Skischule ab 4 Jahre (ca. sfr 85/Woche halbtags ohne Mittagessen)

Ski alpin Testnote ❄❄❄

40 km präparierte Abfahrten
5 km schwer, 20 km mittel, 15 km leicht
Längste Abfahrt: Torrenthorn – Flaschen, 6 km; 1600 m Höhenunterschied, mittel
Liftkapazität: 11 000 Pers./Std.

8 2 2 1

Skipaß-Preise siehe Beilage
Skischule: 15 bis 20 Skilehrer

Langlauf Testnote ❄❄❄

23 Loipenkilometer (7 km mittel, 16 km leicht; längste und höchste Loipe: Daubensee-Lämmerboden (2250–2300 m), 16 km lang, leicht, dort Gratis-Zeitmessung; Skateloipe am Gemmipaß, 8 km lang; Langlaufunterricht

Weitere Sportmöglichkeiten

Gleitschirmfliegen

Après-Ski

Kulturzentrum

Sportliche Veranstaltungen

Intern. Torrenthorn-Derby (FIS Slalom, Termin im Verkehrsbüro); Curling Europameisterschaften (6.–11. Dez. 93, Europameisterschaften nord. und alpin der Vereinigung sporttreibender Eisenbahner (23.–29. Jan. 94)

Neu ist die »Alpentherme«, das Erlebnisbad mit u. a. einem römisch-irischen Bad, einer Ladenstraße, mit Dancing und Bistro. Eröffnung ist am 26. November 1993.

Hotelempfehlungen: Seite 586–592

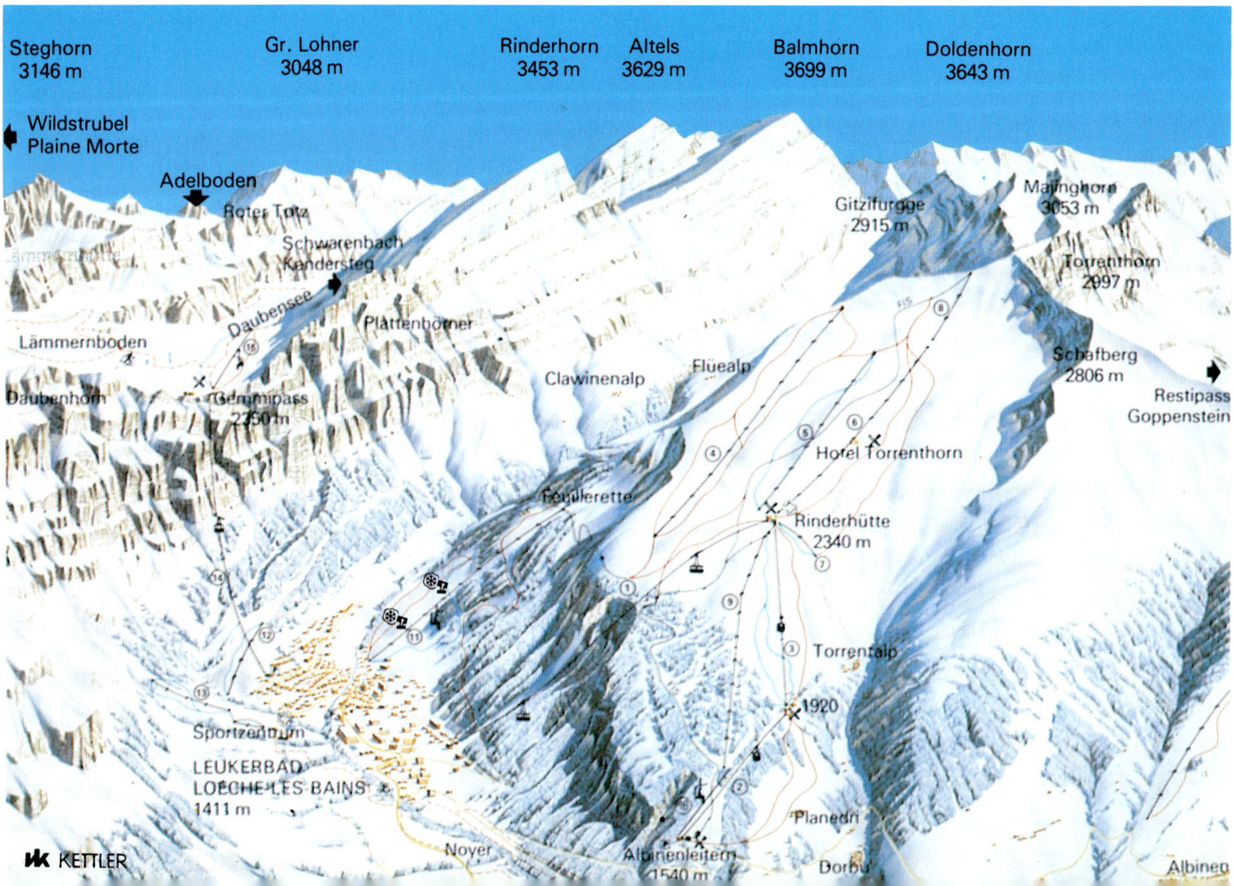

Das Lötschental

Ende der siebziger Jahre öffnete sich das Lötschental den Skifahrern. Wintersportler, die kleine gemütliche Dörfer und ein abwechslungsreiches Skigebiet schätzen, kommen hier auf ihre Kosten.

Einst waren die typischen Walliser Dörfer Ferden, Kippel, Wiler und Blatten mit jedem Winterbeginn für mehrere Wochen von der übrigen Welt abgeschnitten. Dank einer modernen Straße, deren lawinengefährdete Stellen mit Tunnels oder Galerien geschützt wurden, ist der Verkehr im Tal heute nicht mehr jahreszeitlich eingeschränkt. Zwischen Gampel und Goppenstein sorgt nun der 2,4 km lange Mittal-Straßentunnel für eine problemlose Zufahrt zur Lötschberg-Autoverladestation.
Zwischen Kippel und Wiler liegt die Talstation der Seilbahn, und von hier führen Sesselbahnen und Skilifte bis nach Märwig-Gandegg auf 2700 Meter. Neben mittelschweren Pisten gibt es auch einige Steilhänge für Könner.
Die Landschaft des Lötschentals, weltweit bekannt durch unzählige Kalenderbilder, ist von strenger und urwüchsiger Schönheit. Die beiden Talwände steigen aus den Wiesen steil auf. Den gewaltigen Hauptakzent bildet die wilde und markante Pyramide des Bietschhorns (3934 m), das, von der Lauchernalp aus betrachtet, mit der Form und der Wucht des Matterhorns konkurrieren kann. Seine landschaftlichen Reize machen das Lötschental zum Ausgangspunkt für eine ganze Reihe zünftiger Skitouren.
Die Lauchernalp ist auch ein beliebter Startpunkt für Gleitschirmflieger (Flugcenter in Kandersteg).
Trotz der touristischen Erschließung haben die Dörfer noch weitgehend ihren ursprünglichen Charakter bewahrt. Für das leibliche Wohl sorgen einfache Gasthöfe, kleine Wirtsstuben und Cafés. Nachtleben findet nicht statt. Dafür pflegen aber die Lötschentaler viele alte Bräuche, die sich, bedingt durch die winterliche Abgeschiedenheit, erhalten haben.

Lötschental, 636–1788 m
Ferden, Kippel, Lauchernalp, Wiler, Blatten

Skigebiet: 1374–2700 m
1400 Einwohner, 2250 Gästebetten
Saison: Dezember bis Ende April

Anreise Basel, Bern, Spiez, Kandersteg (Autoverladung), Goppenstein, Lötschental oder Zürich, Luzern, Kandersteg, Goppenstein (Bahnstation, Busverbindungen)
Entfernungen von KA: 455 km, S: 413 km, UL: 373 km, M: 440 km

Information
Verkehrsbüro Lötschental,
CH-3918 Wiler, Tel. 028/49 13 88,
Telefax 028/49 19 88
Schneetelefon 028/49 16 07
Landesvorwahlnummer siehe Seite 608.

Kinder kein Gästekindergarten; Skischule ab 4 Jahre (nur von 10 bis 12 Uhr; ca. sfr 95/Woche ohne Mittagessen)

Ski alpin Testnote ❄❄

30 km präparierte Abfahrten:
5 km schwer, 20 km mittel, 5 km leicht
Liftkapazität: 5000 Pers./Std.
3 2 1

Skipaß-Preise siehe Beilage

Skischule mit 10 Skilehrern

Langlauf Testnote ❄❄

30 Loipenkilometer (10 km schwierig, 15 km mittel, 5 km leicht); Höhenloipe: Blatten – Fafleralp (1540–1787 m), 10 km lang, schwierig; Skateloipen: 5 km; Nachtloipe in Kippel (1376 m–1396 m), 2 km lang, leicht, dienstags, donnerstags und freitags bis 21 Uhr beleuchtet; Loipengebühr fakultativ sfr 40/Saison; Langlaufunterricht

Weitere Sportmöglichkeiten

Après-Ski

Sportliche Veranstaltungen
Damen-Schweizermeisterschaften Ski alpin (Lauchernalp; März 94)

Rodelspaß gibt's auf der 3 Kilometer langen Rodelbahn Lauchernalp-Wiler. Ein Leihschlitten kostet ca. sfr 6 pro Tag, 10 für 2 Tage.

Hotelempfehlungen: Seite 586–592

Die Augstbord-Region

Auf einer Sonnenterrasse über dem Rhônetal verbergen sich fünf kleine, gemütliche Skidörfer: Ein Geheimtip mit Abfahrten und Loipen in prächtiger Aussichtslage sowie den großen Walliser Skigebieten in der näheren Umgebung.

Zwischen Matter- und Turtmanntal liegen auf einer weiten Terrasse oberhalb des Rhônetals die fünf Skidörfer **Bürchen, Unterbäch** und **Eischoll, Zeneggen** und **Törbel**. Im Süden wird das Plateau überragt vom Augstbordhorn, das der Region seinen Namen gab.
Die hauptsächlich gegen Norden gelegenen Pisten garantieren gute Schneeverhältnisse bis ans Ende der Saison. Die Abfahrten führen in ihrem mittleren Teil durch Wald.
Die schönste Loipe führt von der Brandalp über Ronalp oberhalb Bürchen bis nach Zeneggen, einem alten sympathischen Walliser-Dorf auf 1400 Metern.

Bürchen, Unterbäch und Zeneggen erreicht man auf der Straße von Visp her, nach Törbel gelangt man durchs Vispertal und über Stalden, nach Eischoll führt eine Straße über Turtmann. Eischoll und Unterbäch sind zudem mit je einer Kabinenbahn erreichbar, und zwar von der Bahnstation Raron-Turtig im Talgrund aus.
Im alten Stadtkern vom nahen Visp sind das Haus Zuber aus dem 15. Jh. und die barocke Burgerkirche mit ihrem romanischen Turm besondere Kleinodien. Am »Mannenmittwoch« (letzter Mittwoch vor Weihnachten) feiern die Visper ihren glanzvollen Sieg über die Savoyer (1388).

Augstbord-Region, 1200–1500 m
Bürchen, Unterbäch, Eischoll, Zeneggen, Törbel

Skigebiet: 1220–2540 m
Bürchen 670 Einwohner, 4000 Gästebetten Unterbäch 420 E., 2700 G.
Eischoll 580 E., 1000 G.
Saison: Mitte Dezember bis Ostern
Anreise Basel, Bern (bzw. Zürich, Luzern), Kandersteg (Autoverladung), Goppenstein, Visp oder Zürich bzw. Chur, Sedrun (Autoverladung), Andermatt, Realp, Furkatunnel (Autoverladung), Visp (Bahnstation)
Entfernungen von KA: 437 km, S: 395 km, UL: 355 km, M: 422 km
Information
Verkehrsbüros
CH-3935 Bürchen, Tel. 028/44 17 16
Telefax 028/44 35 16
CH-3944 Unterbäch, Tel. 028/44 10 85
Telefax 028/44 33 66
CH-3943 Eischoll, Tel. 028/44 24 43
Telefax 028/44 33 39
CH-3934 Zeneggen, Tel. 028/46 36 08
CH-3123 Törbel, Tel. 028/52 22 27, 52 12 51
Landesvorwahlnummer siehe Seite 608.

Kinder Bürchen kein Gästekindergarten; Skischule ab 3 Jahre (ca. sfr 80/5 Halbtage ohne Mittagessen) Unterbäch kein Gästekindergarten; Skischule ab 4 Jahre (ca. sfr 70/5 Halbtage) Eischoll kein Gästekindergarten; Skischule ab 3 Jahre (ca. sfr 75/5 Halbtage ohne Mittagessen)

Ski alpin Testnote ❄❄❄

Skigebiet gesamt
Ca. 50 km präparierte Abfahrten:
12 km schwer, 25 km mittel, 13 km leicht
Liftkapazität: 10 000 Pers./Std.
14 2 1

Skigebiet von Bürchen
25 km präparierte Abfahrten:
8 km schwer, 8 km mittel, 9 km leicht
Liftkapazität: 4800 Pers./Std.
7

Skigebiet von Eischoll
20 km präparierte Abfahrten:
4 km schwer, 10 km mittel, 6 km leicht
Liftkapazität: 1600 Pers./Std.
3 1 1

Skipaß-Preise siehe Beilage
Tiefschneerevier: Moosalp (Bürchen)
Skischulen in allen Orten der Region

Langlauf Testnote ❄❄

36 Loipenkilometer insgesamt Bürchen 25 km (leicht); höchste Loipe: Moosalp (1700–1800 m), 10 km Unterbäch 5 km (mittel) Eischoll 6 km (1560–1650 m, leicht)

Weitere Sportmöglichkeiten

Après-Ski

Ausflugstip: Mit der Luftseilbahn von Eischoll nach Raron und Besuch der Felsenkirche, der Burgkirche und der Grabstätte von Rainer Maria Rilke.

Hotelempfehlungen: Seite 586–592

Grächen

Vor 20 Jahren war Grächen – trotz seiner landschaftlichen Schönheiten – noch weitgehend unbekannt. Inzwischen hat das stille Bergdorf mit seinen Walliser Holzhäusern als Wintersportort Karriere gemacht.

Das Dorf Grächen und die umliegenden hübschen kleinen Weiler sind über eine weite, voll der Nachmittagssonne zugewandte Terrasse verstreut. Nach Süden blickt man auf ein Hochgebirgspanorama, das vom mächtigen Weisshorn und dem Barrhorn dominiert wird.
Trotz zahlreicher neuer Bauten konnte Grächen zum Teil den Charakter eines Bergdorfes bewahren. Es wurde viel in Holz und meist im angestammten Chaletstil gebaut, so daß erfreulicherweise die kleine Dorfkirche von all dem Neuen nicht erdrückt wird.
Bei guten Wetter- und Schneeverhältnissen können Skitouren bis aufs Platthorn (3246 m) unternommen werden. Von hier führt eine ungespurte Abfahrt über die Färichlücke durch das steile und wilde Balfrin-Tal bis nach Huteggen im Saastal, fast 2000 Meter tiefer.
Wer Ausdauer und Bergerfahrung mitbringt, kann auch mit den Ski bis zur Bordier-Hütte (2886 m) aufsteigen. Sie ist Ausgangspunkt für Touren auf das Ulrichshorn (3925 m) oder das Nadelhorn (4327 m).
Wanderer und Langläufer finden Wege und Loipen bis Gasenried oder Ried am Fuß des gleichnamigen Gletschers.
Besonders familienfreundlich zeigt sich Grächen mit dem für Große und Kleine kostenlosen, 4000 m² großen »Schnöös Kinderparadies« auf der Hannigalp, das mit allem ausgestattet ist, was ein Kinderherz höherschlagen läßt.

Grächen, 1617 m

Skigebiet: 1600–2920 m
1300 Einwohner, ca. 5000 Gästebetten
Saison: Mitte Dezember bis Mitte April

Anreise Basel, Bern (bzw. Zürich, Luzern), Kandersteg (Autoverladung), Goppenstein, Visp oder Chur, Sedrun (Autoverladung), Andermatt, Furkatunnel (Autoverladung). Der Ortskern ist weitgehend autofrei. Bahnstation: St. Niklaus (Busverbindungen) Entfernungen von KA: 408 km, S: 408 km, UL: 368 km, M: 435 km

Information
Verkehrsbüro Grächen,
CH-3925 Grächen, Tel. 028/56 27 27
Telefax 028/56 11 10
Schneetelefon 028/56 26 40
Landesvorwahlnummer siehe Seite 608.

Kinder Schnöö's Kinderparadies: ohne Betreuung gratis für Kinder jeden Alters; mit Betreuung im »Blockhaus« für Kinder von 2–7 Jahren (ca. sfr 5/Stunde, gratis bei Buchung eines Pauschalangebots außerhalb der Hochsaison); Skischule ab 4 Jahre (ca. sfr 195/5 Tage ohne Mittagessen)

Ski alpin Testnote ❄❄❄

44 km präparierte Abfahrten:
5 km schwer, 20 km mittel, 19 km leicht
Längste Abfahrt: Seetalhorn – Hannigalp – Grächen, 7,5 km Länge, 1270 m Höhenunterschied, mittel
Liftkapazität: 10 800 Pers./Std.
10 2 2

Skipaß-Preise siehe Beilage

Tiefschneereviere: Gabelhorn, Wannihorn
Skischule mit 40 Skilehrern

Langlauf Testnote ❄❄

BESONDERS SCHNEESICHER

Insgesamt 12 Loipenkilometer (10,5 km mittel, 1,5 km leicht); Höhenloipe auf der Hannigalp (2100 m), 6 km, mittel; Langlaufunterricht

Weitere Sportmöglichkeiten

Sportzentrum

Après-Ski

Sportliche Veranstaltungen
Intern. FIS-Damen-Rennen (Mitte Dez. 93)

Erlebnis-Tip: ein Sonnenaufgangs-Frühstück in der Seetalhorn-Gondelbahn. Für Fahrt und Frühstück muß man mit ca. sfr 28 rechnen.

Hotelempfehlungen: Seite 586–592

Zermatt

Der eigenwilligsten Gesteinsaufschichtung der Alpen, dem Matterhorn, verdankt Zermatt fast alles. Aber auch die hochklassige, traditionsbewußte Hotellerie und vor allem ein weitläufiges und sehr abwechslungsreiches Skigebiet begründen das internationale Renommée.

Zermatt hat trotz einer rasanten Entwicklung und viel Chic über allem Beton einen Hauch von Charme bewahrt. Auffällig ist eine Eigenart, die beim Bummel durch die Bahnhofstraße oder im alten Dorfteil auffällt: die einerseits mondäne, andererseits doch wieder bergdörfliche Atmosphäre.

Zermatt aber steht vor allem und zuerst für zwar nicht überbetont sportliches, dafür aber äußerst genußreiches, vielseitiges und abwechs-

lungsreiches Skifahren in einer großartigen Landschaft. Das Angebot ist großzügig und vielgestaltig wie kaum anderswo. Aber bereits nach wenigen Tagen findet sich der Skigast mühelos zurecht. Neben der sorgfältigen und übersichtlichen Pistenmarkierung erleichtert auch der Umstand die Orientierung, daß das weiße Hinterland von Zermatt in drei große, unter sich getrennte Skigebiete zerfällt: Gornergrat/Stockhorn, Schwarzsee-Trockener Steg/Klein Matterhorn und Sunnegga-Blauherd/Unterrothorn.

Überraschend vielseitig

Der Gornergrat ist das älteste Zermatter Skigebiet. Die gleichnamige Bahn – damals von Spöttern und Zweiflern als Wahnwitz kritisiert – nahm am 20. August 1898 den Betrieb auf. Die Abfahrten vom Gornergrat herunter sind auch heute noch atemberaubend – aber weniger wegen ihres Schwierigkeitsgrades, der sich im mittleren und unteren Abschnitt in Grenzen hält, sondern vielmehr wegen der großartigen Landschaftskulisse: Aug in Aug mit dem eratisch und solitär aus dem Heer der Zermatter Viertausender herausragenden »Berg der Berge«, zur linken Hand den riesigen, erstarrten Eisstrom des Gornergletschers mit seinen Katarakten, Türmen, dem blaugrün schimmernden Spalten-Laby-

rinth – und über all dem ein Kranz von Viertausendern: das Breithorn, dann Castor und Pollux und schließlich der Monte Rosa mit der Dufourspitze, dem höchsten Gipfel ganz auf Schweizer Boden, bis hin zum Lyskamm mit seinem imposanten Hängegletscher und den riesigen, kammartigen Gipfelwächten.

Das Gornergratgebiet zieht bei unsicherem oder sehr kaltem Wetter Skifahrer an, die es schätzen, die Bergfahrten jeweils geschützt und in geheizten Zügen hinter sich zu bringen.

Vom Gornergrat aus führt eine Luftseilbahn hinauf zum Hohtälligrat (3286 m). Die Pisten, die sich auf der Nordseite gegen den Findelengletscher hinabziehen, bilden einen grellen Kontrast zu den harmonisch-sanften Abfahrten vom Gornergrat bis nach Zermatt.

Im Hohtälli-Stockhorngebiet fahren einem auf Buckelpisten die Ski-Freaks so unbändig um die Ohren, daß dem betulichen Schneegleiter schon Hören und Sehen vergehen. Wer mit bescheidenen bis mittelprächtigen skitechnischen Gaben gesegnet ist, überläßt dieses spektakuläre, wilde Ski-Ballett lieber den Kennern und Könnern.

Im Reich der Viertausender

Die Seilbahn hinauf zum Trockenen Steg (2939 m) und weiter hinauf zum Klein Matterhorn (3885 m) bringt den Skifahrer ins Reich der Viertausender und damit in eines der größten Gletscherskigebiete Europas. Hier stiebt noch im Hochsommer nach Wetterumstürzen als reizvolle Abwechslung zum sommerlichen Sulz Pulverschnee unter schnellen Latten. Der Anblick des übermächtigen Matterhorns geht unter die Netzhaut.

Doch sollte sich von dieser grandiosen Kulisse auch der größte Tiefschnee-Fan nicht dazu hinreißen lassen, die markierten und deutlich sichtbar eingegrenzten Gletscherpisten zu verlassen. Da kennen die sonst eher als Freunde und Helfer auftretenden Pisten-Polizisten von Zermatt (es sind Seilbahn-Angestellte mit besonderer Ausbildung) kein Pardon. Mit gutem Grund! Einer ersten Spur außerhalb der Pisten folgen bald weitere Skifahrer, die sich immer weiter von der kontrollierten und spaltenfreien Abfahrt entfernen könnten in ihrem Tiefschneerausch. Wer andere durch seine Fahrweise auf Gletscherpisten und anderswo gefährdet, wird beim Wickel genommen. Selbst den Fahrausweisentzug in schwereren Fällen nehmen sich die Ordnungshüter als Abschrekkung gelegentlich schon heraus.

Der Trip ins Reich der Viertausender gehört – mit seinem großräumigen Sommerskigebiet – zu den Zermatter Exklusivitäten. Die Abfahrt vom Klein Matterhorn zum Trockenen Steg führt zuerst über recht steiles, dann weites und sanftes, aber nicht allzu zahmes Gelände, das keinerlei technische Probleme aufgibt. Die leichten, breiten Pisten verlocken bei guten Verhältnissen sogar Vorsichtige zur einen oder anderen Schußfahrt und wiegen ihn schwingend in den schönen Traum, ein paar Klassen besser zu fahren.

Im Hochwinter allerdings kann das Thermometer auf beeindruckende Werte sinken. Aber moderne Thermo-Bekleidung, Handschuhe, Brille und Ohrenschutz trotzen auch dem eisigsten Fahrtwind. Die SOS-Sanitätsstube in der Bergstation der Klein Matterhorn Bahn mit ihren Sauerstoffgeräten wird übrigens nur selten beansprucht. Dazu trägt auch der Umstand bei, daß die Klein Matterhorn Bahn den Gewaltsprung von immerhin respektablen 2265 Höhenmetern nicht in einem einzigen Anlauf, sondern etappenweise über Furi und Trockener Steg überwindet.

Abstecher nach Italien: Breuil-Cervinia

Ein Abstecher auf die italienische Seite, nach Breuil-Cervinia, ist vom Klein Matterhorn- und Theodulgebiet nur ein Katzensprung und unbedingt

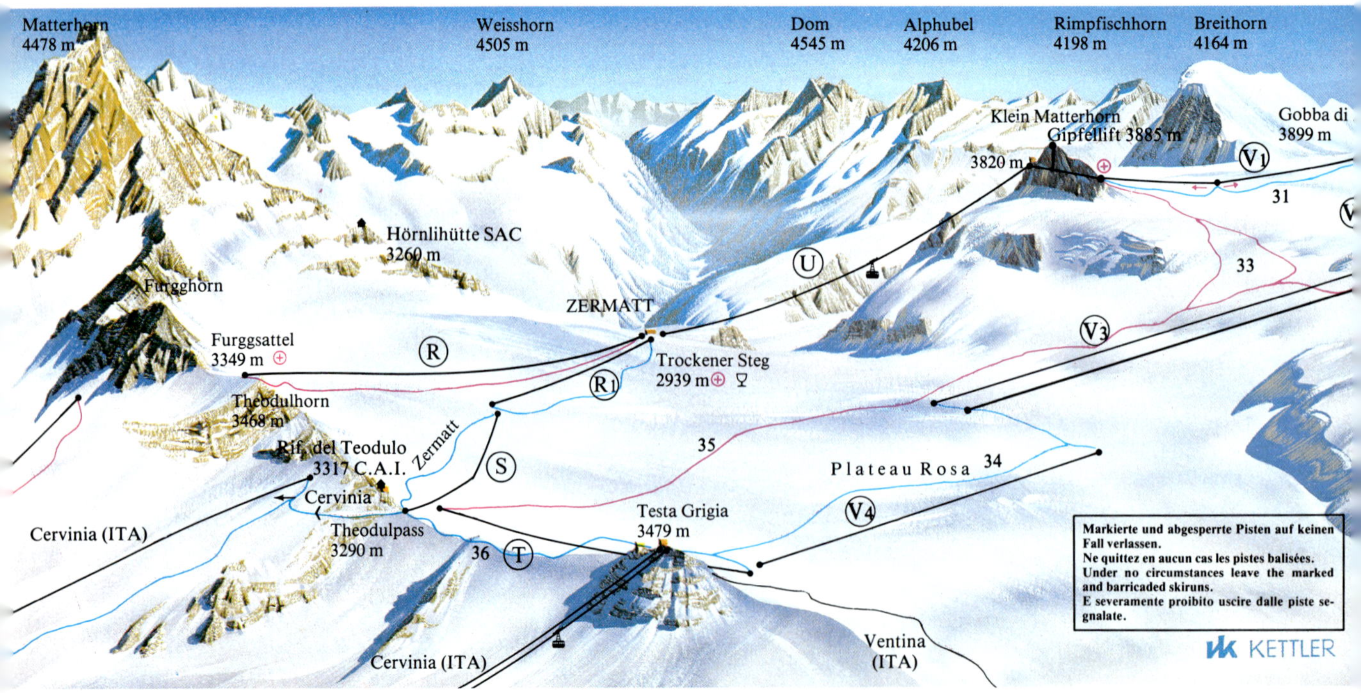

zu empfehlen. Die Abfahrten über die südexponierten Hänge sind genußreich. Eine Zusatzkarte für die Anlagen auf der italienischen Seite kann gleichzeitig mit dem Skipaß in Zermatt gelöst werden. Wer bis hinunter in die Dorfschaften abfährt, kann sich übrigens preiswerte Spirituosen erstehen, die in kleinen Mengen (eine Flasche pro Nase als Faustregel) ohne Zollzuschlag eingeführt werden dürfen. Schweizer Franken nimmt man auf der italienischen Seite ohne Probleme an als Zahlmittel, wer aber auf einen vorteilhaften Wechselkurs

Zermatt – hier mit dem Matterhorn im Hintergrund – ist ein Paradies für Tiefschneefahrer. Die Gletscherabfahrten erfordern besondere Ortskenntnisse, Umsicht und Erfahrung. Es ist daher ratsam, sich einem Führer anzuvertrauen.

achtet, wechselt auf Schweizer Gebiet vom Franken auf Lira.

Natürlich wird auch noch im Zeitalter des vereinigten Europas diesseits und jenseits des Theodulpasses gelegentlich eine stichprobenartige Zollkontrolle aufgezogen, seit Gerüchte davon erzählen, daß über der »weißen Grenze« nicht nur schneegleitende Menschen, sondern auch Schmuck oder vor allem Drogen verschoben würden. Darum gilt auch für den harmlosen Touristen: den Personalausweis nicht vergessen!

Die Luftseilbahnen Breuil – Plan Maison und weiter zum Plateau Rosa bringen den Italien-Fahrer über Trokkenen Steg und Furgg zurück auf Schweizer Boden. Die Abfahrt von Furgg hinunter nach Zermatt ist verbessert worden, so daß man sie auch bei prekären Schnee- oder Witterungsverhältnissen empfehlen kann. Beschneiungsanlagen spielen Lükkenbüßer, wenn ergiebige Schneefälle ausbleiben. Ist das Gegenteil der Fall, werden Lawinen und Schneebretter wie in anderen Gebieten auch mit Sprengungen ausgelöst, »abgeschossen«, wie das im Fachjargon der Pistenleute heißt.

Wer dieser Route trotzdem nicht traut, kann immer noch über Schwarzsee abfahren oder dann – einfach die Bahn nehmen, die ihn in ein paar Minuten sicher zu Tal bringt.

Als besonderer Leckerbissen gilt die Gartenpiste nahe am Fuße des Hörnligrates des Matterhorns. Sie ist mit ihren zahlreichen und unterschiedlich steilen Mulden und Flanken die landschaftlich reizvollste Abfahrt des Gebietes.

Sonnig und sanft

Das dritte Skigebiet Zermatts liegt an den Hängen von Sunnegga-Blauherd-Unterrothorn (3103 m). Vom Dorf hinauf nach Sunnegga überwindet die »Felsen-Metro«, eine unterirdische Drahtseilbahn, die 700 Meter Höhendifferenz im Sauseschritt, denn die Fahrzeit beträgt nur knapp über drei Minuten. Das Gebiet gilt als besonders sonnig, und wer hier skifährt, will auch technisch weniger hoch hinaus als die Stammgäste am Klein Matterhorn oder an den Nordhängen des Hohtälli-Stockhorns.

Die Abfahrten dieses Skigebiets sind leicht bis mittelschwer, dafür aber den ganzen Tag über besonnt und einigermaßen windgeschützt. Von seinen Pisten, aber auch vom Erlebniswert her ist das Sunegga-Unterrothorngebiet sicher mit Abstand das familienfreundlichste Zermatts.

Ausgerechnet die Pisten zwischen Unterrothorn und Sunegga (2290 m) erweisen sich als besonders schneesicher. Das ist kein Naturwunder, denn eine aufwendige Beschneiungsanlage sorgt für gleichmäßig gute Schneeverhältnisse auf der ganzen Länge. Im Sommer dient die Anlage übrigens zur Bewässerung der trotz des Skitourismus besonders üppigen Alpweiden.

Die Rückfahrt aus dem Sunnegga-Gebiet bis nach Zermatt ist nur in schneereichen Wintern anzuraten. Bei prekären Schneeverhältnissen wird sie geschlossen, und die abendliche Rückkehr wickelt sich wieder über den Schrägstollen der Drahtseilbahn ab.

Zermatt ist auch ein Paradies für Tiefschneefahrer. Aber da Gletscherabfahrten außerhalb der Pisten liegen, über felsiges und kupiertes Gelände gehen und überdies dazu die Tücken der hochalpinen Meterologie besondere Ortskenntnisse, Umsicht und Erfahrung erfordern, sollte man sich die Dienste eines Bergführers sichern.

Will der Gast die schmalen Latten richtig laufen lassen, fährt er hinaus nach Täsch zu der 20-Kilometer-Loipe, auf der regelmäßig nationale und internationale Wettbewerbe abgehalten werden.

Zermatt hat viele Gesichter

Zermatt hat viele Gesichter – im Skigebiet und beim Après-Ski! Ganz so, wie sich in den Bars und Dancings

Zermatt

und Discos je nach Trend die Generationen und die Neigungen scheiden, diktieren persönlicher Geschmack und individuelle Präferenzen die Richtung der kulinarischen Entdekkungsreisen. Dabei gilt nicht einzig unten im Dorf, sondern sogar oben im Skigebiet der Grundsatz, nach dem der Unterschied den besonderen Reiz ausmacht. In etwa 30 Gaststätten des Zermatter Skigebietes sind gerade die oft in alten Alphütten angelegten Kleinrestaurants gut für mancherlei kulinarische Überraschungen. Während in der einen Hütte ein einfaches, aber nahrhaftes Mahl für ein paar Franken aufgetragen wird, das sich in seiner Speisefolge eng an die einfachen Lebens- und damit auch Ernährungsgewohnheiten der alten Zermatter anlehnt, darf es in der nächsten Hütte gar ein Menue gastronomique sein, dessen Subtilitäten in ihrer Erlesenheit nur noch mit einem wetteifern: mit dem Stolz des Preises!
In Zermatt selber wartet ein noch vielfältigeres Angebot auf den Genießer. In den Fünf-Sterne-Hotels, wo sich Größen aus Film, Politik, Wirtschaft, Kunst und Wissenschaften dank verschwörerisch von Hoteliers wie vom Kur- und Verkehrsverein gewahrter Diskretion wie gewöhnliche Bürger die Türklinke in die Hand geben, kommt auch der verwöhnteste Gaumen zu seinem Recht.

Bergstation der Gornergratbahn, der höchsten, frei im Gelände angelegten Bergbahn Europas. Bereits auf der Fahrt dorthin präsentiert sich ein einmaliges Panorama.

Mit dem Pferdeschlitten durch die Stadt

Als die ersten Naturforscher und Alpinisten in Zermatt aufkreuzten, sind sie keineswegs mit offenen Armen empfangen worden. Die biederen Einheimischen, damals Selbstversorger auf kargem Boden, hatten Wichtigeres zu tun, als sich um die vereinzelten Fremdlinge zu kümmern, die mit seltsamen Gerätschaften und noch krauseren Ideen auf den verrückten Einfall gekommen waren, auf den unzähligen Gipfeln der Umgebung herumzukraxeln.

Aber dann kamen die Zermatter bei der in Franken und Rappen abgegoltenen Gastfreundschaft auf den Geschmack.

Heute, rund 200 Jahre, nachdem sich der Mont-Blanc-Bezwinger und Naturwissenschaftler Horace-Bénédict de Saussure über den eher kühlen und zurückhaltenden Empfang im Matterhorndorf beklagt hatte, findet der Ankömmling eine völlig veränderte Szenerie vor.

Am Bahnhof, in der Bahnhofstraße, auf dem Dorfplatz pulsiert das Leben. Pferdeschlitten und die allgegenwärtigen, hupenden und klingelnden Elektromobile zwingen den flanierenden Gast schon einmal zu einem unfreiwilligen Zwischenspurt. Sogar das autofreie Zermatt hat also seine Verkehrsprobleme!

So fehlt es immer noch an einem leistungsfähigen, gleichzeitig aber umweltfreundlichen »Nahverkehrsmittel«, das den mit der Bahn oder mit dem Taxi von Täsch herkommenden Gast zu den Hotels und Ferienwohnungen und vom Dorf zu den Talstationen der teils recht weit auseinanderliegenden Bahnen brächte. In schwerfälligem, für Fußmärsche denkbar ungeeigneten Skischuhwerk wird der viertel- bis halbstündige Fußweg zur lästigen, schweißtreibenden und gelegentlich sogar blasenbildenden Tortur.

Eine öffentliche Straßenverbindung und gleichzeitig die Öffnung des Kurorts für den motorisierten Individual-Verkehr haben die Einwohner glücklicherweise mehrmals und deutlich abgelehnt. Zum Transport der Wintersportler verkehren Elektro-Skibusse, in denen es meist recht drangvoll zugeht.

Der eigene Wagen bleibt am besten auf dem gebührenpflichtigen, überwachten Parkplatz in Täsch. Man fährt dann entweder mit der Bahn innerhalb weniger Minuten nach Zermatt oder nimmt sich in Täsch ein Taxi. Die Bahn fährt ins Zentrum von Zermatt; die Taxis müssen am Ortseingang anhalten, und das Gepäck wird für die Fahrt ins Herz der Station auf die Elektromobile umgeladen.

Gratisparkplätze findet der Automobilist draußen im Haupttal, in Visp, wo die Grig-Visp-Zermatt-Bahn (BVZ) den Reisenden übernimmt und in etwas mehr als einstündiger Fahrt nach Zermatt befördert.

Breuil-Cervinia siehe Seite 424.

Auf einen Blick

BESONDERS SCHNEESICHER

Skigebiet 1620–3889 m

Einwohner: 4950 **Gästebetten:** 11 000

Saison: Ende November bis Anfang Mai; das Skigebiet auf dem Theodulgletscher/Kleinmatterhorn ist ganzjährig geöffnet

Wichtige Telefonnummern
Schneetelefon Verkehrsamt 028/66 11 81
Lawinenwarndienst (in der Schweiz ohne Vorwahl) 1 20
Straßenzustandsbericht (in der Schweiz ohne Vorwahl) 1 63
Landesvorwahlnummer siehe Seite 608.

Ski alpin Testnote ✻✻✻✻✻
inkl. Breuil Cervinia

Zermatt inkl. Breuil-Cervinia
230 km präparierte Abfahrten:
60 km schwer, 110 km mittel, 60 km leicht
Längste Abfahrt: Klein Matterhorn – Zermatt, 17 km; 2200 m Höhenunterschied, mittel

Liftkapazität: 61 195 Pers./Std.
35 14 7 18
2

Skigebiet Sunnegga-Blauherd-Unterrothorn
40,5 km präparierte Abfahrten:
15,5 km schwer, 13,7 km mittel, 11,3 km leicht
Liftkapazität: 12 020 Pers./Std.
2 3 2 1
1

Skigebiet Stockhorn-Gornergrat-Riffelberg
48,5 km präparierte Abfahrten:
15 km schwer, 13,5 km mittel, 20 km leicht
Liftkapazität: 6145 Pers./Std.
3 3 1

Skigebiet Kleinmatterhorn
(inkl. Trockener Steg, Schwarzsee, Theodul-Gletscher)
61 km präparierte Abfahrten:
13,6 km schwer, 35,3 km mittel, 12,1 km leicht
Liftkapazität: 19 210 Pers./Std.
13 1 2 6

Sommerskigebiet Theodul-Gletscher
25 km präparierte Abfahrten:
3 km schwer, 14 km mittel, 8 km leicht
Liftkapazität: 8600 Pers./Std.
9 2

Skipaß-Preise siehe Beilage

Tiefschnee-Reviere: Unterrothorn/Blauherd, Stockhorn/Hohtälli, Theodul/Schwarzsee, einige Gletscher

Skischule: mit 175 Skilehrern

Langlauf Testnote ✻

7 Loipenkilometer (1 km schwierig, 5 km mittel, 1 km leicht); Höhenloipe: Furi-Schweigmatten (1864 m), 4,5 km lang, mittel, Langlaufunterricht

Weitere Sportmöglichkeiten

Gleitschirmfliegen

Après-Ski

DISCO KINO

Sportliche Veranstaltungen
Patrouille des Glaciers (22.–24. April 94; siehe Kasten)

Anreise

Basel, Bern (bzw. Zürich, Luzern, Brünigpaß, Interlaken), Kandersteg (Autoverladung), Visp, Täsch oder Zürich, Andermatt, Furkatunnel (Autoverladung), Brig, Visp, Täsch bzw. Chur, Sedrun (Autoverladung) Visp, Täsch (bewachte Parkplätze und Parkhäuser), Pendelverkehr mit der Bahn oder mit Taxis ins autofreie Zermatt (Bahnstation)
Entfernungen von KA: 420 km, S: 420 km, UL: 380 km, M: 447 km

Hotelempfehlungen: Seite 586–592

Die Patrouille des Glaciers, entstanden aus einem früheren militärischen Wettkampf, ist ein hochalpiner Lauf über 52 Kilometer; eine »Patrouille« besteht aus einer Seilschaft von drei Personen; die Route führt von Zermatt über Tête Blanche, Col de Bertol, Arolla, Col de Riedmatten, Pas du Chat, La Barma-Rosablanche, Col de la Chaux und Les Ruinettes bis nach Verbier. Sie findet alle 2 Jahre statt. Deutsche können teilnehmen. Eine frühzeitige Anmeldung wird empfohlen, da die Teilnehmerzahl auf 1000 beschränkt ist. Anmeldung von Januar bis März 94 an Kdo Geb Div (Kommando der Gebirgs-Division) 10, CH-1890 St. Maurice.

Zermatt

PLZ: CH-3920 **Ortsvorwahl:** 028
Verkehrsbüro: Bahnhofsplatz, Tel. 66 11 81, Telefax 66 11 85
Einwohner: 4950 **Gästebetten:** 11 000

Skischule: *Alpin und Langlauf* Tel. 67 54 44
Kinder: Gästekindergärten: Hotel Nicoletta (Tel. 028/66 11 51; von 2–8 Jahre, ca. sfr 14/Halbtag, 22/Ganztag inkl. Mittagessen), Mini-Club (Tel. 028/67 40 87, von 2½–6 Jahre, ca. 25/Halbtag, 55/Ganztag inkl. Mittagessen); Pumuckel/Hotel La Ginabelle (Tel. 028/67 45 35, von 2–6 Jahre mit Skischule, ca. sfr 45/Halbtag, 85/Ganztag inkl. Mittagessen; normale Skischule ab 6 Jahre (ca. sfr 225/Woche inkl. Mittagessen)
Après-Ski: *Disco* Mont Cervin, Tel. 66 11 22; Pollux, Tel. 67 19 46; Simi, Tel. 67 46 56; Zermatt Yacht Club, Tel. 67 42 42; Zermatterhof, Tel. 66 11 00
5-Uhr-Tee mit Tanz Schwyzer Stübli, Tel. 67 44 13
Museum Alpines Museum, Tel. 67 41 00
Kino Sportfilmhalle Tel. 67 13 23, Perren-Barberini, Bahnhofstr., Tel. 67 38 02, Vernissage, Tel. 67 66 36

Eislauf: Natur- und Kunsteisbahn, Obere Matte, Tel. 67 36 73 (Eintritt ca. sfr 4, Kinder 2)
Tennis: Hotel Tennisstar/Club, Tel. 67 13 64; Hotel Alex, Tel. 67 17 26 (auch Squash)
Squash: Papperla Pub, Tel. 67 40 40, Alex, Tel. 67 17 26
Schwimmen: öffentliche Hallenbäder in den Hotels, z. B. Parkhotel Beau-Site, Tel. 67 12 71, Biner, Tel. 67 26 67, Schweizerhof, Tel. 66 11 55, Christiania, Tel. 67 35 66 und im Arca Solebad, Tel. 67 15 44

Saas-Fee mit Saas-Grund und Saas-Almagell

Saas-Fee liegt auf rund 1800 Metern Höhe in einem Seitentälchen des Saasertales, umschlossen von einem Halbrund leuchtender Gletscher. Der Werbeslogan »Perle der Alpen«, mit dem sich der Ort schmückt, ist da jedenfalls im Hinblick auf die Lage nicht so ganz falsch.

Das Panorama von **Saas-Fee** ist für jeden Besucher überwältigend. Der riesige Feegletscher wird durch den Felskopf der Längfluh und die Moräne des Spielbodens in zwei Teile geteilt. Die Eismassen fallen wie ein erstarrter Strom über die Felsen und bilden über den Abbrüchen ein grünes, manchmal auch tiefblaues Spaltengewirr. Darüber steigen die Wände der Mischabelgruppe in fast »hi-

malajischen« Dimensionen auf. Die Gipfelkette der Viertausender erreicht mit dem Dom die Höhe von 4545 m. Er ist der höchste, ganz in der Schweiz gelegene Gipfel.
Das Dorf Saas-Fee ist autofrei. Bis 1951 konnte man nur zu Fuß oder auf dem Rücken eines Maultiers hierher gelangen. Heute fährt man mit dem Auto bis an den Rand der Ortschaft. Nur Elektro-Taxis und -Transportgefährte besorgen den Transport von Personen und Gepäck zu den Quartieren.
Saas-Fee hat vier verschiedene Skigebiete mit Pisten aller Schwierigkeitsgrade. Angenehm ist, daß alle Abfahrten am Dorfrand enden.

Der Alpin-Express mit der Mischabelkette im Hintergrund.

Ein unterirdischer Stollen wurde von der Station Felskinn bis auf den Mittelallalin (3500 m) getrieben, durch den seit Winter 1984/85 eine Standseilbahn verkehrt. Es ist dies die dritthöchste Bahnstation der Schweiz und die höchste Metro der gesamten Alpen.
Auf der gegenüberliegenden Talseite liegt Plattjen (2567 m). Eine Gondelbahn und ein Sessellift bringen die Skiläufer auf die Nordhänge, die bis weit in den Frühling gute Schneeverhältnisse aufweisen. Die schönsten Pisten führen von der Längfluh (2870 m) über dem Spielboden und vom Felskinn (3000 m) durch das »Kanonenrohr« ins Dorf hinunter.
Auf den Gletschern um Saas-Fee kann man während des ganzen Jahres skifahren. Der höchstgelegene Lift befindet sich auf 3600 Meter Höhe.
Anspruchsvolle Skitouren zu Fuß und mit Fellen führen bis auf die Gipfel des Strahlhorns (4190 m) und des Alphubels (4206 m). Von hier aus fährt man, mit einem Führer, nach Saas-Fee hinunter oder auf die andere Seite ins Mattertal bis nach Täsch (1450 m).
Das alte Bergdorf **Saas-Grund** bestand früher aus verstreuten kleinen und enggescharten Weilern mit ihren charakteristischen schwarzbraunen Holzhäusern. Die kleine Talebene, die nur einige hundert Meter in der Breite und ungefähr 2,5 Kilometer in der Länge mißt, diente noch bis vor einer Generation nur der Landwirtschaft.
Den Reiz des Ortes machen seine Wälder und seine sonnige Lage aus. Da Saas-Grund tiefer als Saas-Fee liegt, sind die wilden Gletscher und die majestätische Schroffheit des Hochgebirges weniger nah.
Die Lifte und Bahnen bringen den Skifahrer bis auf Hohsaas (3200 m), am Fuß des Lagginhornes und des Weissmies, beides 4000er Gipfel.
Die Aussicht von der jetzigen Endstation Hohsaas oder vom Kreuzboden auf Saas-Fee hinüber, das umgeben ist von der weißen Kette der Mischa-

Saas-Fee mit Saas-Grund und Saas-Almagell

belgipfel, ist von hier aus am eindrucksvollsten. Hinter dem Betrachter steigen die steilen Wände und Gletscher bis zum Fletschhorn und Weissmies auf.
Sehenswert ist der Weiler von Trift,

Saas-Fee, 1800 m

Skigebiet: 1800–3600 m
1300 Einwohner, 8500 Gästebetten
Saison: November bis Ende April
Sommerskilauf am Felskinn und am Mittelallalin von Juni bis Oktober

Anreise Autobahn Basel, Bern, Ausfahrt Spiezwiler, Kandersteg (Autoverladung Lötschbergtunnel), Visp, Saas-Fee bzw. Furkatunnel (Autoverladung), Visp, Saas-Grund. Bahnstationen sind Visp und Stalden, von dort Busverbindungen
Entfernungen von KA: 411 km, S: 411 km, UL: 371 km, M: 438 km

Information
Verkehrsbüro Saas-Fee,
CH-3906 Saas-Fee, Tel. 028/57 14 57
Direktreservation 028/59 11 11
Telefax 028/57 18 60
Schneetelefon 028/57 12 72
Landesvorwahlnummer siehe Seite 608.

Kinder Gästekindergarten ab 1 Monat (Glückskäfer, Tel. 81 10 94; ca. sfr 65/(Wochen-)Tag inkl. Mittagessen); Skischule ab 5 Jahre (ca. sfr 255/Woche inkl. Mittagessen)

Ski alpin Testnote ❄❄❄❄

Skigebiet gesamt
(inkl. Hannig)
80 km präparierte Abfahrten:
29 km schwer, 35 km mittel, 16 km leicht
Längste Abfahrt: Mittelallalin – Felskinn – Saas-Fee, 14 km Länge, 1778 m Höhenunterschied, mittel

Liftkapazität: 23 600 Pers./Std.
17 2 3 3 1

Skigebiet Plattjen
10 km präparierte Abfahrten: 2 km schwer, 3 km mittel, 5 km leicht
Liftkapazität: 1100 Pers./Std.
1 1

Skigebiet Egginerjoch/Hinterallalin
9 km präparierte Abfahrten:
7 km schwer, 2 km mittel
Liftkapazität: 1700 Pers./Std.
2

Skigebiet Mittelallalin/Felskinn
45 km präparierte Abfahrten:
8 km schwer, 25 km mittel, 12 km leicht
Liftkapazität: 13 400 Pers./Std.
9 2 1

Skigebiet Spielboden-Langfluh
10 km präparierte Abfahrten:
6 km schwer, 4 km mittel
Liftkapazität: 3780 Pers./Std.
1 1 1 1

Hannig und Staffelwald
Hannig ist kein Skigebiet; die Gondelbahn bringt nur Nichtskifahrer und Rodler hinauf. Im unteren Bereich Staffelwald befinden sich 3 Schlepplifte, deren Abfahrten maschinell beschneit werden können.

Skipaß-Preise siehe Beilage
Skischule mit ca. 100 Skilehrern

BESONDERS SCHNEESICHER

Langlauf Testnote ❄

8 Loipenkilometer (Rundkurs, mittel) und 26 Loipenkilometer im Saas-Tal (1400 bis 1871 m), mittel; Schweizer Loipenpaß erwünscht (ca. sfr 5/Tag, 30/Saison); Langlaufunterricht

Weitere Sportmöglichkeiten

Eishockey, Gleitschirmfliegen

Après-Ski

DISCO KINO

Sportliche Veranstaltungen
12. Mittelallalin-Volksabfahrtslauf (15. und 16. April 94)

Geplant für den Winter 1994/95 sind der weitere Ausbau des Alpin-Express vom Mast 4 bis zur Felskinnstation und der Ersatz der Fee-Chatzen auf dem Gletscher durch einen Schlepplift.

Hotelempfehlungen: Seite 586–592

ein malerischer Winkel, der sich in einem kleinen Tal an den Waldrand schmiegt. Ebenso ist die Rundkirche von Saas-Balen eine besondere Sehenswürdigkeit. Man sollte aber auch den alten Weg von Saas-Grund nach Saas-Fee entlang gehen, auf dem die Gläubigen bis zur großen Kapelle an der Hohen Stiege pilgerten.
Die Skiabfahrten von Saas-Grund sind mittel bis schwierig. Im Gebiet von Kreuzboden gibt es kleinere Lifte mit leichten Pisten. Lagebedingt bleibt der Schnee während der Saison auf vielen Pisten recht gut.
Wie die anderen Orte im Saastal ist auch **Saas-Almagell** erst in den letzten zwanzig Jahren zu seiner heu-

Saas-Grund, 1559 m
Saas-Almagell, 1672 m

Skigebiet: 1560–3100 m
Saas-Grund 1000 Einwohner, 4500 Betten
Saas-Almagell 400 Einwohner, 2000 Betten
Saison: Mitte Dezember bis Ende April

Anreise Autobahn Basel, Bern (Ausfahrt Spiezwiler), Kandersteg (Autoverladung Lötschbergtunnel), Goppenstein, Visp, Furkatunnel (Autoverladung), Brig, Visp. Bahnstationen sind Stalden und Brig (Busverbindungen mit den Skiorten)

Entfernungen von KA: 411 km, S: 411 km, UL: 371 km, M: 438 km

Information
Kur- und Verkehrsvereine:
CH-3910 Saas-Grund, Tel. 028/57 24 03
Telefax 028/57 11 43
Schneetelefon 028/57 20 03
CH-3905 Saas-Almagell, Tel. 028/57 26 53
Telefax 028/57 14 64
Landesvorwahlnummer siehe Seite 608.

Kinder Saas-Grund kein Gästekindergarten; Skischule ab 4–5 Jahre (Pipo-Club, ca. sfr 120/5 Tage à 3 Std. ohne Mittagessen)
Saas-Almagell kein Gästekindergarten; Skischule ab 5 Jahre (ca. sfr 130/5 Tage ohne Mittagessen)

Ski alpin Testnote
Saas-Grund ❄❄❄
Saas-Almagell ❄❄

Skigebiet Saas-Grund
35 km präparierte Abfahrten:
5 km schwer, 20 km mittel, 10 km leicht
Längste Abfahrt: Hohsaas – Saas-Grund, 10 km, 1540 m Höhenunterschied, mittel
Die 300 m lange leichte Piste in Saas-Balen ist dienstags und donnerstags von 19.30 bis 22 Uhr beleuchtet
Liftkapazität: 6000 Pers./Std.
7 1 2

Skigebiet Saas-Almagell
10 km präparierte Abfahrten:
1 km schwer, 5 km mittel, 4 km leicht
Liftkapazität: 4000 Pers./Std.
5 1

Skipaß-Preise siehe Beilage
Tiefschneereviere: Hohsaas, Triftgebiet, Laquinjoch-Hohsaas
2 Skischulen mit je 30 Skilehrern

Langlauf Testnote ❄❄❄

BESONDERS ESICHER

Saastal-Loipe über 26 km (1400–1871 m; 3 km schwierig, 19 km mittel, 4 km leicht); Loipengebühr erwünscht (Schweizer Loipenpaß ca. sfr 5/Tag, 30/Saison); in beiden Orten Langlaufunterricht

Weitere Sportmöglichkeiten
Gleitschirmfliegen

Après-Ski

Q for you steht für Qualität im Tourismus, gültig im gesamten Saastal. Dieses Qualitätsgütesiegel, basierend auf strengen spezifischen Kriterien, erhalten nur die Betriebe – angefangen vom Verkehrsverein über die Liftgesellschaften und Skischulen bis zu Taxiunternehmungen, Postämtern, Läden, Restaurants, Hotels und Ferienwohnungen –, die sich zur Topqualität ihrer Leistungen gegenüber dem Gast verpflichten.
Schlittelparty: Mittwochs um 13.30 Uhr beginnt der gemütliche Aufstieg zum Startplatz oberhalb von Saas-Balen. Schlitten sind in den Sportgeschäften zu leihen (ca. sfr 6/Tag). Anmeldung in den Verkehrsbüros.

Hotelempfehlungen: Seite 586–592

tigen Größe gewachsen, liegt im Grund einer kleinen Talerweiterung und bietet nicht die Aussicht der Schwesterstationen. Aber der kleine bescheidene Ort hat auch Pluspunkte, unter anderem seine familiäre Atmosphäre.

Vor atemberaubender Kulisse: Transport der Skifahrer mit der Fee-Chatze zum Skigebiet Mittelallalin (Saas-Fee).

Das Aletschgebiet

Die Orte rechts der Rhône zwischen Brig und Fiesch gehören zum Aletschgebiet. Einige von ihnen liegen ganz in der Nähe des gewaltigen Aletschgletschers, des größten Gletschers der Alpen. Die Skiregion Aletsch gibt sich sportlich und modern.

Wer das Rhône-Haupttal bei Brig in nördlicher Richtung verläßt, gelangt auf einem kurvenreichen Sträßchen nach **Blatten**. Mit der Großkabinenbahn erreicht man den Aussichtsbalkon Belalp auf über 2000 Meter Höhe. Von hier steigen Skilifte bis auf 3100 Meter hinauf.

Blatten besteht aus einem sehenswerten alten Dorfkern und dem neueren, immer weiter ausufernden Teil mit zahlreichen Ferienchalets.

Auf **Belalp** finden sich weitere Ferienchalets und Hotels, darunter das berühmte Hotel Belalp in 2137 m Höhe an der Ostkante dieser Hochterrasse. Seine Berühmtheit erlangte dieses Hotel, das allerdings im Winter geschlossen ist, schon im letzten Jahrhundert durch Aufenthalte des bekannten englischen Alpinisten John Tyndall, dem z. B. 1861 die Erstbesteigung des Weißhorns gelang und 1868 die erste Matterhorn-Überschreitung von Breuil-Cervinia nach Zermatt. Den Kampf ums Matterhorn konnte er allerdings nicht für sich entscheiden.

Auf halber Höhe zwischen Blatten und Belalp wurde das moderne Feriendorf Tschuggen mit zahlreichen, architektonisch gelungenen Chalets errichtet; die allzu regelmäßige Anordnung vermag allerdings nicht zu überzeugen.

Die Skipisten um Belalp bieten alle Schwierigkeitsgrade. Die weiten, offenen und hindernislosen Skifelder sind gegen Süden orientiert. Die Abfahrten von Belalp nach Blatten hinunter sind steil und führen teilweise durch Wald, vor allem im oberen Teil. Anfänger und mittlere Fahrer können aber auf leichtere Pisten am Sparrhorn und Schönbiel ausweichen. Die längste Abfahrt beginnt an der Bergstation des Hohstock-Lifts auf 3100 m, führt durch einen 150 m langen beleuchteten Tunnel und endet in Blatten.

Fährt man vom historischen Städtchen Brig mit seinem großartigen Stockalper-Palast das Rhônetal hinauf, gelangt man nach **Mörel**. Hier liegen die Talstationen der Seilbahnen zur Riederalp. Drei Kilometer außerhalb von Mörel, an der Hauptstraße, ganz in der Nähe der Eisenbahnstation Betten, befindet sich die Talstation der Seilbahn zur Bettmeralp. In Mörel selbst findet man auch Hotels sowie Lifte und einige kleine Pisten auf der linken Talseite.

Die Zwillingsstationen **Riederalp** (1925 m) und **Bettmeralp** (1940 m) bleiben aber die »Juwele« der Region. Diese Orte liegen auf einer langgezogenen, sonnigen und offenen Terrasse, die sich nach Nordosten bis Kühboden, Bergstation der Kabinenbahn aus Fiesch hinzieht.

Die Ski kann man meist schon vor der Haustür anschnallen, bis zum nächsten Lift ist es nicht weit. Zwischen Riederfurka, Bettmerhorn und Eggishorn bieten die Pisten für jeden – ob Könner oder Anfänger – etwas. Aber man sollte sich nicht gleich in die Tiefe stürzen, sondern erst die großartige Aussicht z. B. vom Panorama-Balkon des Eggishorn auf 2870 m genießen. Die eindrucksvollste Abfahrt ist sicher jene vom Grat unterhalb des Bettmerhorns. Zur Rechten zieht sich der mächtigste Eisstrom Europas, der Aletschgletscher, hin, überragt von den Eisriesen der Berner Alpen. Linkerhand, unter der Terrasse der Rieder- und Bettmeralp, erkennt man die tiefe Furche des Rhônetals, und jenseits davon erheben sich die vielen Viertausender des Wallis, allen voran das Matterhorn.

Die Pisten in diesem Teil des Aletschgebietes sind leicht bis mittelschwer. Durch ihre Südlage sind sie sehr sonnig, dafür muß man in bezug auf die Schneequalität die üblichen Einbußen in Kauf nehmen.

Die Hänge hinunter ins Haupttal sind steiler, weniger offen und zum Teil bewaldet. Für mittelmäßige Skifahrer können diese Abfahrten leicht problematisch werden.

Im Raum Jungfraujoch/Ebnefluh und Aletschgletscher werden mit Schwerpunkt im Frühjahr Hochtouren durchgeführt. Die 20 km lan-

In Bettmeralp stehen noch alte Walliser Holzhäuser. Im Hintergrund das Skigebiet Bettmerhorn.

Das Aletschgebiet

Neuschnee am Riederhorn – ein Dorado für Tiefschneefahrer.

ge Aletsch-Gletscher-Abfahrt vom Jungfraujoch nach Süden verlangt gute Kondition, skifahrerisches Können und Erfahrung. Diese Tour ist nur mit einem Bergführer möglich.

Breiten ist ein Ganzjahreskurort mit eigenem Ski-Clubhaus im Zentrum der Riederalp. Sein zweites, für Familien sehr geeignetes Skigebiet ist die Tunetsch-Alp (auf der linken Rhôneseite), zu der eine Kabinenbahn führt.

Von **Fiesch** erschließt eine Luftseilbahn das Skigebiet auf der Fiescheralp mit einigen Aufstiegshilfen auf 1700 bis 2580 m Höhe.

Zwischen dem Fiescher- und dem Rhônetal liegt auf 1560 Metern das kleine Dorf **Bellwald**. Seine alten wettergegerbten Holzhäuser begeistern immer wieder die Besucher. Bellwald besitzt eine gastliche Atmosphäre. Der Ort ist mit dem Auto erreichbar oder aber mit der Eisenbahn, die bis Fürgangen fährt, von wo eine Kabinenbahn hinaufführt. Sessel- und Skilifte eröffnen dem Skifahrer leichte Pisten zwischen 1500 und 2500 Metern. Die Abfahrten sind gegen Süden offen; das bedeutet viel Sonne und ein schönes Panorama.

BESONDERS SCHNEESICHER

Aletschgebiet, 759–2137 m
Blatten-Belalp, Mörel, Breiten, Riederalp, Bettmeralp, Fiesch

Skigebiet: 759–3100 m
Ca. 3000 Einwohner, 15 000 Gästebetten
Saison: Anfang Dezember bis Ende April

Anreise Autobahn Basel, Bern, Thun (Ausfahrt Spiezwiler), Kandersteg, Lötschbergtunnel (Autoverladung), Brig. Autobahn Basel oder Zürich (Gotthard-Ausfahrt), Göschenen, Andermatt, Furkatunnel (Autoverladung). Bahnstationen: Brig, Mörel, Betten, Lax, Fiesch und Fürgangen. Von Brig Busverbindung nach Blatten und Luftseilbahn nach Belalp. Furka-Oberalp-Bahn von Brig nach Mörel-Betten-FO und mit der Luftseilbahn nach Riederalp bzw. Bettmeralp Bettmeralp und Riederalp sind autofrei Entfernungen von KA: 401 km, S: 367 km, UL: 327 km, M: 394 km

Information
Verkehrsbüros:
CH-3914 Blatten-Belalp, Tel. 028/23 13 85
Telefax 028/24 36 78
CH-3983 Mörel, Tel. 028/27 10 02
Telefax 028/27 30 15
CH-3983 Breiten, Tel. 028/27 13 45
Telefax 028/27 30 15
CH-3987 Riederalp, Tel. 028/27 13 65
Telefax 028/27 33 13
Schneetelefon 028/27 31 25
CH-3992 Bettmeralp, Tel. 028/27 12 91
Telefax 028/27 33 45
Schneetelefon 028/27 35 35
CH-3984 Fiesch, Tel. 028/71 14 66
Telefax 028/71 23 73
Landesvorwahlnummer siehe Seite 608.

Kinder Blatten-Belalp kein Gästekindergarten; Skischule ab 4 Jahre (ca. sfr 120/5 Tage à 3 Std.)
Riederalp z. Zt. kein Gästekindergarten; Skischule ab 3½–4 Jahre (ca. sfr 120/5 Tage à 3 Std.) Bettmeralp Gästekindergarten ab 1 Jahr (ca. sfr 12/Halbtag); Skischule ab 4 Jahre (ca. sfr 120/5 Tage à 3 Std.)

Ski alpin Testnote ❄❄❄❄

Skigebiet gesamt
150 km präparierte Abfahrten:
30 km schwer, 60 km mittel, 60 km leicht
Längste Abfahrt: Belalp-Hexenabfahrt, 12 km Länge, 1800 m Höhenunterschied, mittel.
Die Piste Alpenrose (Riederalp, 200 m lang, leicht) ist dienstags und donnerstags von 19 bis 21 Uhr beleuchtet
Liftkapazität: 30 000 Pers./Std.
27 4 2 5

Skigebiet Belalp – Schönbiel – Sparrhorn – Hohstock
60 km präparierte Abfahrten:
20 km schwer, 20 km mittel, 20 km leicht
Längste Abfahrt: Hohstock – Blatten, 12 km Länge, 1778 m Höhenunterschied, mittel
Liftkapazität: 7000 Pers./Std.
7 1

Skigebiet Bettmeralp
30 km präparierte Abfahrten:
5 km schwer, 15 km mittel, 10 km leicht
Die Abfahrt Schönebodu (1 km lang, leicht) ist dienstags und donnerstags von 18 bis 21 Uhr beleuchtet
Liftkapazität: 8900 Pers./Std.
6 1 1

Skigebiet von Fiesch: Fiescheralp
45 km präparierte Abfahrten:
13 km schwer, 17 km mittel, 15 km leicht
Längste Abfahrt: Bergstation Eggishorn – Dorf Lax (bei Fiesch), 12 km Länge, 1825 m Höhenunterschied, mittel – schwer
Liftkapazität: 8900 Pers./Std.
7 3

Skipaß-Preise siehe Beilage
Tiefschneerevier: Hochstock, Riederhorn
5 Skischulen mit 120 Skilehrern

Langlauf Testnote ❄❄❄

Insgesamt 21 Loipenkilometer Blatten – Belalp 5 km Höhenloipe (2100 m, 2,5 km schwierig, 2,5 km mittel) Riederalp 1 km Höhenloipe Bux (1920–1940 m), leicht Bettmeralp 5 km Höhenloipe Bettmersee (1950–2100 m, 1 km schwierig, 4 km mittel) Fiesch 10 km (3 km mittel, 7 km leicht); Höhenloipe: Fiescheralp/Laxeralp (2180 bis 2190 m), 3 km, leicht; längste Loipe Fiesch – Fieschertal – Fiesch (1060–1100 m), 7 km, leicht; Langlaufunterricht (in Riederalp nur als Privatunterricht)

Weitere Sportmöglichkeiten

Thermalbad in Breiten, Gleitschirmfliegen

Après-Ski

Sportliche Veranstaltungen
12. Int. Belalp-Hexenabfahrt (22./23. Jan. 94)

Fast schon Stammgästetreffen kann man die Riederalp-Skiwochen nennen. Die Termine, zu denen die Sonderangebote gelten: 12. bis 19. Dezember 93, 9. Jan. bis 6. Februar 94, 13. bis 20. März 94 und 10. bis 17. April 94.

Hotelempfehlungen: Seite 586–592

Das Goms

Das Goms ist der obere Teil des Rhônetals. Die Eingangspforte in dieses etwa 20 Kilometer lange, fast ebene Tal, das zu den schönsten Langlaufgebieten der Schweiz zählt, liegt beim Engpaß zwischen Fürgangen und Niederwald.

Die touristisch bedeutendsten Orte sind Reckingen, Münster, Ulrichen und Oberwald.

Münster ist der Hauptort des Goms. Neben kleinen Skiliften, die es auch in den benachbarten Dörfern gibt, bietet sich hier vor allem die Gelegenheit zu einer Skitour zur Galmilücke auf 3293 Metern, um von hier aus lange Tiefschneeabfahrten zurück ins Tal zu genießen.

Die schönsten Pisten des Tals befinden sich am Hungerberg bei Oberwald. Für Langläufer führt eine 42 Kilometer lange Loipe von Oberwald nach Niederwald und zurück, fast immer der linken Talseite entlang. Die zwölf Ortschaften des Goms liegen am rechten Talrand, und man kann bei Wetterumschlag, Hunger oder Müdigkeit jederzeit von der präparierten Loipe weg in eines der Dörfer oder zu einer Bahnstation hinüberwechseln. Zwischen den beiden Endpunkten der Loipe liegen nur 100 Meter Höhendifferenz. Weite ebene Strecken, unterbrochen von ein paar Steigungen, führen durch die einzigartige Landschaft im Hochtal der Rhône.

Das Gefühl der Zivilisationsferne wird nun sehr deutlich, nicht zuletzt verursacht durch die klare, lichte Atmosphäre und die typischen, in sich geschlossenen Dörfer mit ihren tiefbraunen, mehrstöckigen Holzhäusern. Die kleinen Orte verstecken sich in sanften Geländefalten und werden von der Straße her erst kurz vor der Einfahrt voll sichtbar.

Goms, 1251–1368 m
Niederwald bis Oberwald

Skigebiet: 1300–2100 m
2100 Einwohner, ca. 4000 Betten
Saison: Ende November bis April

Anreise Autobahn Basel, Bern (Ausfahrt Spiez), Kandersteg (Autoverladung), Goppenstein, Brig bzw. Basel, Luzern, Göschenen, Realp, Furkatunnel (Autoverladung). Bahnstationen sind Oberwald, Ulrichen, Münster, Reckingen und Niederwald
Entfernungen von KA: 384 km, S: 342 km, UL: 302 km, M: 369 km

Information
Vereinigte Verkehrsvereine Obergoms, CH-3985 Münster, Tel. 028/732254
Telefax 028/732497
Landesvorwahlnummer siehe Seite 608.

Kinder kein Gästekindergarten; Skischule ab 4 Jahre (ca. sfr 80/6 Halbtage ohne Mittagessen)

Ski alpin Testnote ❄

25 km präparierte, vorwiegend leichte Abfahrten
Längste Abfahrt: Hungerberg – Oberwald, 2,2 km Länge, 730 m Höhenunterschied, mittel
Liftkapazität: 5400 Pers./Std.
8 1

Skipaß-Preise siehe Beilage
4 Skischulen mit 15 Skilehrern

Langlauf Testnote ❄❄❄❄

85 Loipenkilometer (klassisch und Skating; 15 km schwierig, 35 km mittel, 35 km leicht) auf 1251–1368 m Höhe; die Nachtloipe Ulrichen – Obergesteln (1346 bis 1360 m) mit 5 km Länge ist täglich bis 22 Uhr beleuchtet; die Benutzung der Loipen ist gebührenpflichtig: ca. sfr 5/Tag; Langlaufunterricht

Weitere Sportmöglichkeiten

Après-Ski

Sportliche Veranstaltungen
22. Gommerlauf über 21 km Länge (Halbmarathon, 6. März 94)

Den »Obergommer Talisman« gibt es als Quittung für die bezahlte Langlaufgebühr.

Hotelempfehlungen: Seite 586–592

Die Skigebiete in der Zentralschweiz

Die Skiregionen im Herzen der Zentralschweiz sind zwar relativ klein, aber so unterschiedlich und vielgestaltig wie nur wenige Skiregionen der Alpen. Dies ist allein schon von der Landschaftsgestalt her gegeben: Der Rahmen reicht vom voralpin-sanften Hügelland bis zur hochalpin-wilden Fels- und Eisgebirgsszenerie.

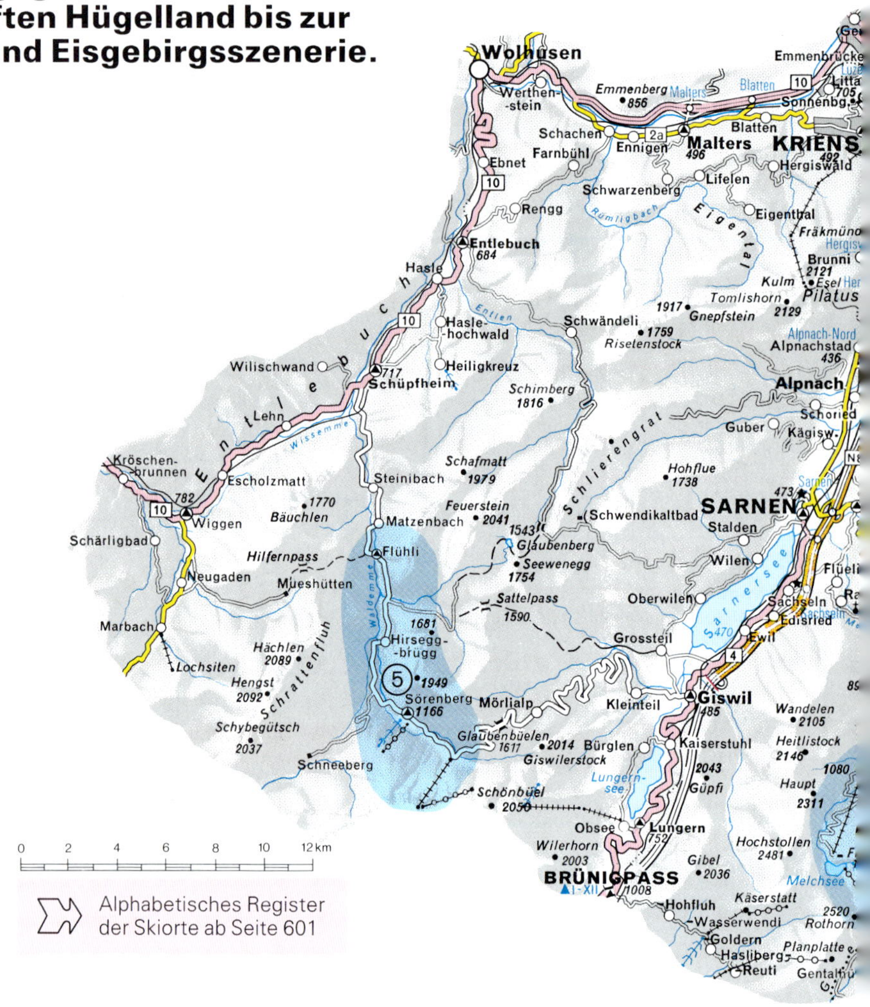

Alphabetisches Register der Skiorte ab Seite 601

Über fünf Kantone rund um den malerisch-romantischen Vierwaldstätter See verteilen sich einige Dutzend vorwiegend kleinere und eine Handvoll mittlere bis größere Skiorte. Das Angebot ist auf Qualität zu reellen Preisen angelegt. Extravaganzen gibt es keine, weder im sportlichen noch im gesellschaftlichen Bereich. Mondäne Orte, wie es sie im Engadin, im Berner Oberland oder im Wallis gibt, kennt die Innerschweiz nicht.
Vier Schwerpunktgebiete lassen sich erkennen: Von West nach Ost sind es die Gebiete von Sörenberg/Flühli, Engelberg/Melchsee-Frutt, Hoch-Ybrig/Stoos – Rigi/Klewenalp und Andermatt/Hospental.
Am Nordrand der Voralpen, an den östlichen Teil des Vierwaldstätter Sees sich anschließend, liegen die Gebiete von **Hoch-Ybrig, Stoos, Rigi** und **Klewenalp**. All diese Gebiete liegen im schweizerischen Voralpengebiet und sind dank der Autobahnen von den Städten und Ballungszentren des östlichen und zentralen Mittellandes sehr schnell erreichbar. Dafür zählen sie zu ausgesprochenen Wochenendstationen und sind mit allen damit verbundenen Vor- und Nachteilen behaftet.
Bei genauerem Hinsehen überwiegen eigentlich die Vorteile: Die Kapazitäten, sowohl was Unterkunft wie auch Transportanlagen, Größe und Qualität der Skigebiete anbelangt, sind hier auf die Wochenendspitzen ausgelegt. Für Feriengäste bedeutet das relativ ruhige Wochentage, an denen man voll von dem großen Angebot profitieren kann. Am Wochenende muß man sich halt vielleicht einmal zu einem Kontrastprogramm – Langlauf, Skiwandern, Spaziergang, Schwimmen oder auch Stadtbummel im nahegelegenen Luzern – entschließen, um dem Ansturm zu entgehen.
Das Wintersportkarussell, das sich im Kanton Schwyz, am Hoch-Ybrig, dreht, ist ein beliebtes Wochenendausflugsziel der Zürcher. Basisorte sind Unter- und Oberiberg, von denen letzterer zu den ältesten Wintersportorten der Schweiz gehört: Schon vor dem Zweiten Weltkrieg, gegen Ende der dreißiger Jahre, gab es hier einen Skilift und eine Skischule. Hoch-Ybrig ist ein Skirevier, das vom sportlichen Angebot und von der Erschließung her immerhin so interessant ist, daß es vor wenigen Jahren als möglicher Austragungsort olympischer Winterspiele im Gespräch war.
In unmittelbarer Nähe davon liegt die autofreie Terrasse des Stoos am Fronalpstock, die man per Standseilbahn erreicht. Und etwas weiter westlich erhebt sich mit der Rigi, einem der bekanntesten und beliebtesten Aussichtsberge der Innerschweiz, auch ein schöner Skiberg. Die Pisten sind überwiegend leicht und mögen für gute Fahrer nicht gerade eine Herausforderung darstellen, aber sonniger als auf Rigi-Kaltbad oder Kulm kann man in keiner Wintersportstation der Zentralschweiz wohnen, und das hier sehr häufig zu sehende berühmte Nebelmeer ist allein schon eine Reise wert.
Von der Rigi geht der Blick hinüber zu den anderen Skibergen der Zentralschweiz. Gleich gegenüber auf der anderen Seite des Vierwaldstätter Sees liegt, am Nordhang des Klewenstockes (1748 m), das Klewenalpgebiet, ein schönes, ruhiges Gebiet für beschauliche Fahrer und Skiwanderer.
Etwas weiter in südlicher Richtung erhebt sich der Titlis, Hausberg und Wahrzeichen von **Engelberg**, dem Klosterdorf und weltbekannten Wintersportort. Mit dem Titlis (3239 m) besitzt Engelberg den berühmtesten Skiberg der Innerschweiz und mit der Luftseilbahn auf den Kleintitlis (3020 m) die höchste Bergbahn der Region. Engelberg ist zweifellos der bedeutendste und in jeder Hinsicht bestausgestattete Skiort der Zentralschweiz und bekannt für seine sportliche Atmosphäre.
Ganz im Süden verstellt das Gotthardmassiv mit dem bekannten Skiort **Andermatt** – der freilich von der Rigi aus unsichtbar bleibt – den Blick. Hier ist dann schon wirklich alpines Skifahren möglich, mit abwechslungsreichen Pisten, die zum

Skigebiete auf einen Blick

Teil bis nahe an die 3000er Grenze hinaufreichen.
Ein Stück weiter nordwestwärts liegt am Nordfuß des Brienzer Rothorns (2350 m) das vierte bedeutende Skirevier der Zentralschweiz, **Sörenberg**: ein landschaftlich reizvolles, stark gegliedertes Gebiet, wie es für das Entlebuch typisch ist, mit entsprechend abwechslungsreichen Abfahrten, darunter auch steile und anspruchsvolle auf Eisee am Nordosthang des Brienzer Rothorns, wo man bis weit in den Frühling hinein Skifahren kann.

Region Ybrig, Stoos, Rigi, Klewenalp

Früher fast nur den Tourenfreunden bekannt, hat sich die Hesisbol-Alp auf Hoch-Ybrig auch zu einem gut erschlossenen Pisten-Skigebiet entwickelt. – Stoos, Rigi und Klewenalp sind schon seit langem beliebte Innerschweizer Skiorte im Umfeld des Vierwaldstätter Sees.

Da **Hoch-Ybrig** selber keine Dauerbewohner hat und nur Touristenlager sowie ein paar Ferienwohnungen anbietet, wohnen die Feriengäste der Skiregion meist in Unter- oder Oberiberg. In unmittelbarer Ortsnähe von **Oberiberg** liegen die Skipisten am Roggenstock (1777 m) und am Laucherenstöckli (1753 m).

Unteriberg ist Ausgangspunkt der Langlaufloipen Richtung Studen und hinauf nach Weglosen.

Dort befindet sich auch die Talstation der Großkabinenbahn. Die Bahn, zu der übrigens ein Parkhaus gehört, bringt die Passagiere auf Seebli (1465 m). Hier beginnt man den Skitag am besten mit der Fahrt auf den Chli Sternen (1856 m), von hier quer über die Alpweiden, zu den Liften Hesisbol und Chüeband hinunter und mit der Sesselbahn auf den Spirstock (1771 m), den westlichsten Aussichtspunkt im Hoch-Ybrig-Gebiet. Die Rückkehr auf dem gleichen Weg findet für mittlere bis gute Fahrer den Abschluß in der nicht präparierten Abfahrt vom Chli Sternen übers Trittli-Nieschplänggli (das leichter zu fahren als auszusprechen ist) durch den Lawinentunnel zurück nach Weglosen.

Eine ganz besondere Attraktion bietet Hoch-Ybrig alljährlich Mitte Februar mit dem schweizerischen Schneeskulpturenwettbewerb.

Schon 1852 stand auf dem heute noch autofreien Hochplateau des **Stoos**, einige Kilometer südwestlich

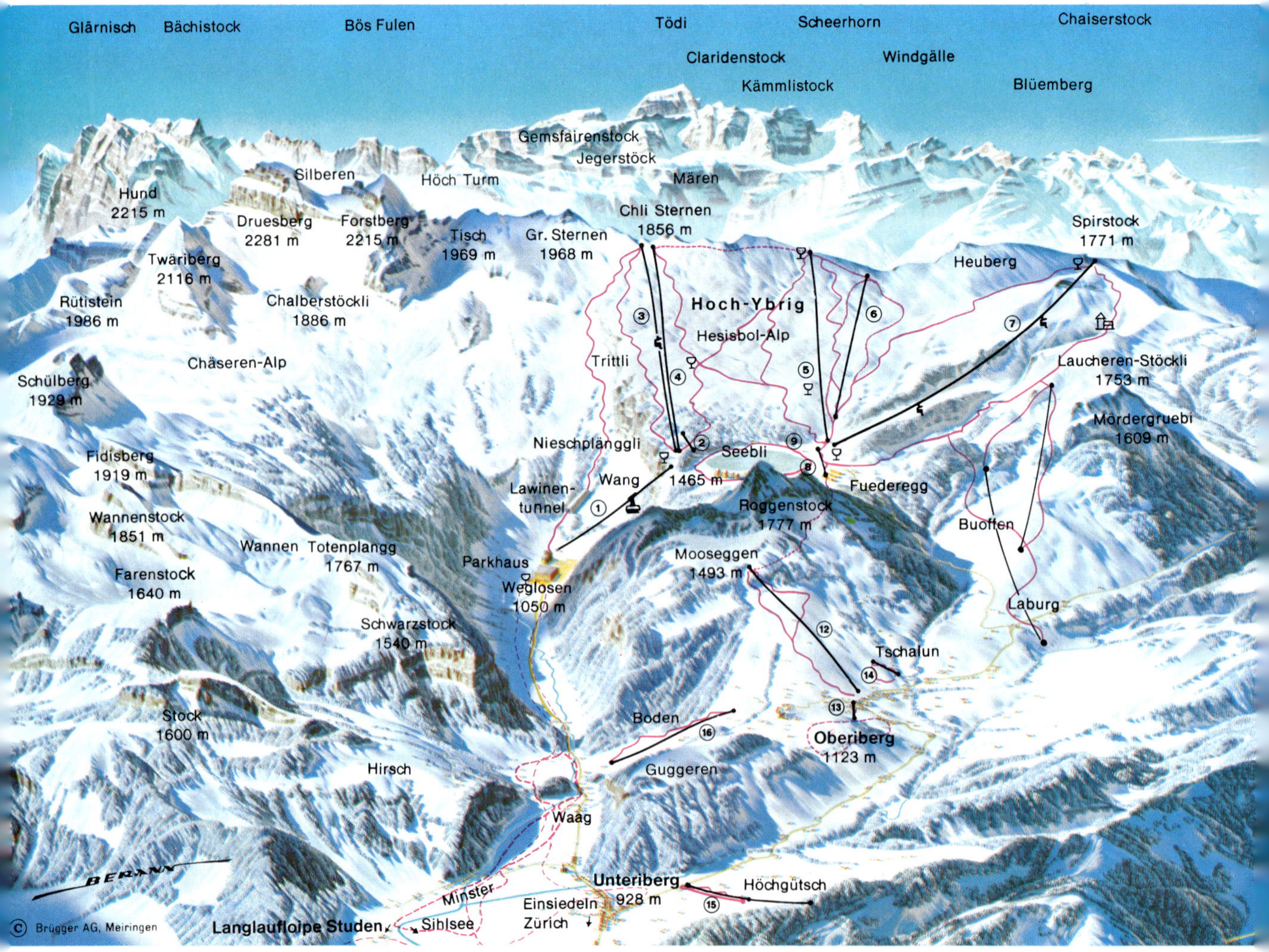

des Hoch-Ybrig, das erste Kurhaus. Der Kurort wurde in der Folge vor allem für seine Molkenkuren weithin bekannt.

Die Skigebiete liegen südwestwärts am Fronalpstock (1922 m) und südwärts am Klingenstock (1936 m).

Vom Fronalpstock sieht man hinüber zur Rigi und überblickt weite Teile des Vierwaldstättersees.

Die **Rigi** mit ihrer inselähnlichen Lage zwischen Vierwaldstätter-, Zuger- und Lauerzersee ist einer der schönsten Aussichtsberge der Zentralschweiz.

Mit dem Bau der ersten Bergbahn Europas, von Vitznau zur Staffelhöhe (1869–71), kam man in den Genuß dieses Panoramablicks. Im Laufe der Jahre erschlossen weitere Transportanlagen von verschiedenen Ausgangspunkten her die Rigi.

Auf der Südseite des Vierwaldstättersees liegt die Skiregion **Klewenalp-Stockhütte.** Von Beckenried – direkt an der Gotthardautobahn – führt eine 80-Personen-Gondelbahn von 450 auf 1600 Meter Höhe zur Klewenalp; zur Stockhütte (1279 m) gelangt man von Emmetten aus per Vierer-Gondelbahn. Der Chälen-Skilift erreicht immerhin stolze 1938 Höhenmeter. Das ganze Gebiet ist auch bei Tourengehern beliebt.

Ybrig, 900–1465 m
Rigi, 1200–1800 m
Klewenalp-Stockhütte, 450–1938 m

Skigebiete: 930–1856 m
2400 Einwohner, 850 Gästebetten
Saison: Dezember bis April

Anreise Zürich, Einsiedeln (Bahnstation, Busverbindungen nach Oberiberg und Weglosen), Unteriberg, Oberiberg
Anreise Rigi: Mit Zahnradbahn ab Vitznau oder Goldau (Gratisparkplätze gegenüber Hotel Waldheim, 200 m von Talstation entfernt, oder Parkhaus Klemenz, Tel. 041/83 13 46) oder mit Luftseilbahn ab Weggis (Gratisparkplätze an Talstation)
Anreise Stoos: von Schwyz aus Richtung Muotathal zur Talstation der Stoosbahn in Schlattl (Parkplatzreservierung Tel. 043/21 13 44) oder von Brunnen nach Morschach zur Talstation der Luftseilbahn (Parkplatzreservierung Tel. 043/21 66 22)
Rigi-Kaltbad und Stoos sind autofrei
Entfernungen von KA: 335 km, S: 274 km, UL: 285 km, M: 352 km

Information
Region Ybrig: Verkehrsbüros
CH-8843 Oberiberg, Tel. 055/56 26 26
Telefax 055/56 21 41
Schneetelefon 055/56 16 60
CH-8842 Hoch-Ybrig, Tel. 055/56 17 17
Schneetelefon 055/56 17 56
CH-6433 Stoos, Tel. 043/21 15 50
Telefax 043/21 84 30
Schneetelefon 043/21 40 80
Region Rigi: Verkehrsbüro
CH-6356 Rigi-Kaltbad, Tel. 041/83 11 28
Telefax 041/83 19 82,
Schneetelefon Rigi-Kaltbad 041/83 17 00, Rigi-Staffel 041/83 21 15
Region Klewenalp-Stockhütte: Verkehrsbüros
CH-6476 Emmetten, Tel. 041/64 30 30
Schneetelefon 041/64 44 22
CH-6375 Beckenried, Tel. 041/64 62 62
Telefax 041/64 33 33
Schneetelefon 041/64 64 64
Landesvorwahlnummer siehe Seite 608.

Kinder Oberiberg Gästekindergarten (nur zeitweise) ab 3 Jahre (ca. sfr 4/Std., 29/Ganztag inkl. Mittagessen); Skischule ab 4 Jahre (ca. sfr 120/Woche ohne Mittagessen) Rigi Kaltbad kein Gästekindergarten; Skischule ab 4 Jahre (ca. sfr 130/Woche ohne Mittagessen) Stoos Gästekindergarten ohne Altersbegrenzung (ca. sfr 20/Halbtag); Skischule ab 4 Jahre (ca. sfr 100/6 Halbtage

Ski alpin Testnote ❄❄❄
Region Ybrig

Skigebiet Region Ybrig
50 km präparierte Abfahrten:
10 km schwer, 22 km mittel, 18 km leicht
Liftkapazität: 12 000 Pers./Std.
11 3 1

Skigebiet Stoos: Klingenstock
7 km präparierte Abfahrten
mittleren Schwierigkeitsgrades
Liftkapazität: 6200 Pers./Std.
3 1 1

Skigebiet Stoos: Fronalpstock
8 km präparierte Abfahrten
mittleren Schwierigkeitsgrades
Liftkapazität: 2740 Pers./Std.
3 1

Skigebiet Rigi
30 km präparierte Abfahrten:
4 km schwer, 16 km mittel, 10 km leicht
Längste Abfahrt: Klösterli – Goldau, 6 km Länge, 744 m Höhenunterschied, mittel
Liftkapazität: 3000 Pers./Std.
5 1 2

Skigebiet Klewenalp-Stockhütte
35 km präparierte Abfahrten:
7 km schwer, 13 km mittel, 15 km leicht
Liftkapazität: 9000 Pers./Std.
9 1 1 1

Skipaß-Preise siehe Beilage
Tiefschneereviere: Weglosen-, Birchplangg-abfahrt, Magerrain (Region Ybrig)
Skischulen in jeder Region

Langlauf Testnote ❄❄❄

Ybrig 30 Loipenkilometer (je 10 km schwierig, mittel, leicht) Höhenloipe: Fuederegg (1465 m), 1,5 km lang, leicht Stoos 10 km (1300–1700 m, mittel – schwierig) Rigi 14 km (4 km mittel, 10 km leicht); längste Loipe: Rigi-Kaltbad – Rigi-Scheidegg (1450 bis 1650 m), 14 km, leicht/mittel.
Langlaufunterricht

Weitere Sportmöglichkeiten

Après-Ski

Sportliche Veranstaltungen
Schlittenhunderennen in Studen (Febr. 94), Ybriger Volksskilauf (Jan. 94)

Cervelats braten heißt es mittwochs ab 16 Uhr nach dem Skikurs der Skischule Rigi (Tel. 041/83 14 18). Unkostenbeitrag ca. sfr 2.

Hotelempfehlungen: Seite 586–592

Engelberg und Melchsee-Frutt

Einstmals stilles Klosterdorf in einem »firnbeglänzten Alpental«, hat sich Engelberg zum Ganzjahres-Touristen-Mekka gewandelt. – Der autofreie Skiort Melchsee-Frutt bietet mit sprichwörtlicher Schneesicherheit beachtliche Wintersportmöglichkeiten.

Engelberg hat zwei getrennte Skigebiete: auf der nördlichen Talseite die Hänge an der Brunni und das weitläufige Gelände von Gerschnialp-Trübsee mit dem Titlis (Bergstation 3020 m, Gipfel 3239 m) im Süden. Auf dieser Seite gibt es die anspruchsvolleren Abfahrtsmöglichkeiten. Eine Sechsergondelbahn bringt den Skifahrer über Geschnialp direkt nach Trübsee auf 1800 Meter Höhe. Hier kann man sich für den Jochpaß und Jochstock (2563 m) mit seinem Skigebiet zur Engstlenalp entscheiden, mit ihrem Wechsel zwischen Buckelpisten und flacheren Abschnitten, oder für die Hauptattraktion Engelbergs, den Titlis.
Die Seilbahn führt in zwei Sektionen hinauf zum Titlis – mit einem unvergeßlichen Rundumblick aus den drehbaren Kabinen der »Rotair« im zweiten Abschnitt Stand – Titlis.
Die Abfahrt vom Titlis nach Stand teilt sich in zwei unterschiedliche Skigebiete auf: der erste Skihang mit dem Gletscherlift bietet dem mittleren Skifahrer keine Probleme. Der zweite Teil hat es aber in sich. Er bleibt geübten und verantwortungsbewußten Skifahrern vorbehalten, die sich strikt an die Markierungen halten, denn hier herrschen hochalpine Verhältnisse, und die Fahrt führt über einen Gletscher, mit Spalten, steilen Hängen und oft vereisten Pisten. Wer sich für den Titlis nicht sicher genug fühlt, hat die Möglichkeit, bei der Umsteigestation Stand auf

2450 m auszusteigen und die einladenden, gefahrlosen Steilhänge nach Trübsee hinunter zu testen.
Die Luftseilbahn Engelberg – Ristis und weitere Schlepplifte erschließen leichtere Pisten an den sonnigen Hängen an der Brunni. Von Schonegg auf 2040 m bis nach Engelberg können immerhin 1000 m Höhenunterschied schwungvoll unter die Skier genommen werden.
Spaziergänger können auf die Fürenalp (kein Skigebiet) oder auf den Titlis auf 3020 Meter Höhe fahren.

Melchsee-Frutt ist mit Winterausrüstung über eine Bergstraße erreichbar, die über Kerns und Stöckalp führt, wo Gratisparkplätze im Freien und Mietgaragen zur Verfügung stehen. Bahnreisende bringt der Postautodienst von Sarnen nach Stöckalp, der Talstation der Gondelbahn ins autofreie Melchsee-Frutt (1920 m).

Der familienfreundliche Skiplatz hat an den Nordhängen des Balmeregghorns (2255 m) und den süd- und westwärts orientierten Pisten am Bonistock (2255 m) ein abwechslungsreiches Skigebiet. Anspruchsvoll ist die Abfahrt Bonistock – Stöckalp, die im oberen Teil offene Steilhänge überwindet, um dann in den unteren Partien nach der Bettenalp mit engeren Passagen die Anforderungen zu steigern.

Engelberg, 1050 m

Skigebiet: 1050–3020 m
3300 Einwohner, 8500 Gästebetten
Saison: Dezember bis Anfang Mai, auf dem Titlis bis Anfang Juni

Anreise Zürich, Luzern oder Gotthard-Autobahn N 2 Basel, Luzern (Ausfahrt Stans-Süd), Engelberg (Bahnstation)
Entfernungen von KA: 329 km, S: 312 km, UL: 342 km, M: 409 km

Information
Verkehrsbüro Engelberg,
CH-6390 Engelberg, Tel. 041/94 11 61
Telefax 041/94 41 56
Hotelreservierung direkt Tel. 041/94 22 20
Schneetelefon 041/94 01 01
Landesvorwahlnummer siehe Seite 608.

Kinder Gästekindergarten ab 2–3 Jahre (ca. sfr 10–27/Halbtag); Skischule ab 3 Jahre (im Pinocchio-Club, Schweizer Skischule, Tel. 041/94 10 74, ca. sfr 227/Woche inkl. Mittagessen, im Schlumpf-Club auf dem Brunni, Neue Skischule, Tel. 041/94 30 40, ca. sfr 263/Woche inkl. Mittagessen)

Ski alpin Testnote ❄❄❄

Skigebiet gesamt
50 km präparierte Abfahrten:
1,5 km schwer, 41,5 km mittel, 7 km leicht
Liftkapazität: 23 600 Pers./Std.
12 5 3 4 1

Skigebiet Brunni
6 km präparierte Abfahrten:
2,5 km mittel, 3,5 km leicht
Liftkapazität: 2740 Pers./Std.
1 1 1

Skigebiet Trübsee – Titlis – Jochpass – Engstlenalp
44 km präparierte Abfahrten:
1,5 km schwer, 39 km mittel, 3,5 km leicht
Längste Abfahrt: Titlis – Engelberg, 12 km Länge, 2000 m Höhenunterschied, mittel bis schwer
Liftkapazität: 20 780 Pers./Std.
9 4 2 3 1

Skipaß-Preise siehe Beilage
2 Skischulen mit 80 bis 100 Skilehrern

Langlauf Testnote ❄❄❄

5 Loipen über insgesamt 35 km Länge (10 km schwierig, 17 km mittel, 8 km leicht); längste Loipe: Engelberg – Herrenruti (1050–1150 m), 12 km lang, mittel; Höhenloipen: Trübsee (1800 m), 4 km lang, leicht; Führenalp (1840 m), 4 km lang, mittel; die Rundloipe beim Sportcenter (1,2 km lang) ist donnerstags von 20 bis 22 Uhr beleuchtet; Langlaufunterricht

Weitere Sportmöglichkeiten
Eishockey, Gleitschirmfliegen, Skisegeln, Snowrafting

Après-Ski
KINO

Sportliche Veranstaltungen
Intern. Oldtimer Eishockey Turnier (14. bis 17. April 94)

Neu ist die Dreiersesselbahn im Skigebiet Brunni als Ersatz für einen alten Schlepplift.

Hotelempfehlungen: Seite 586–592

Melchsee-Frutt, 1920 m

Skigebiet: 1080–2255 m
Keine ständigen Einwohner;
2000 Gästebetten
Saison: Mitte Dezember bis Mitte April

Anreise Zürich, Luzern oder Basel, Luzern, Sarnen, Kerns, Stöckalp. Bahnstation ist Sarnen, von dort Busverbindung nach Stöckalp
Entfernungen von KA: 329 km, S: 312 km, UL: 342 km, M: 409 km

Information
Verkehrsverein
Melchsee-Frutt/Melchtal/Kerns,
CH-6064 Kerns, Tel. 041/66 70 70 (Kerns; Melchsee-Frutt direkt: 67 12 10)
Telefax 041/66 71 75 Kerns,
041/67 14 09 Melchsee-Frutt
Schneetelefon 041/67 14 14
Landesvorwahlnummer siehe Seite 608.

Kinder Gästekindergarten ab 3 Jahre (Hotel Glogghus, Tel. 041/67 14 67; ca. sfr 8/10–12 Uhr, 10/14–17 Uhr); Skikindergarten ab 4 Jahre (nur vormittags, ca. sfr 21/Halbtag); Skischule ab 5 Jahre (ca. sfr 120/Woche ohne Mittagessen)

Ski alpin Testnote ❄❄

32 km präparierte Abfahrten:
9 km schwer, 11 km mittel, 12 km leicht
Längste Abfahrt: Bonistock – Stöckalp, 10 km Länge, 1080 m Höhenunterschied, schwer

BESONDERS SCHNEESICHER

Die Abfahrt am Skilift Stöckalp ist montags bis freitags von 19 bis 22 Uhr beleuchtet.
Liftkapazität: 4900 Pers./Std.
6 1 1

Skipaß-Preise siehe Beilage
Tiefschneereviere: Bonistock – Balmeregg
Skischule mit 20 Skilehrern

Langlauf Testnote ❄❄❄

19 Loipenkilometer (16 km mittel, 3 km leicht), längste und höchste Loipe: Rundkurs Melchsee-Frutt – Tannalp (1920–1974 m), 16 km lang, mittel; die Stöckalp-Loipe (1080 m), 1 km lang, leicht, ist montags bis freitags bis 22 Uhr beleuchtet; Loipengebühr erwünscht (ca. sfr 5/Tag); Unterricht

Weitere Sportmöglichkeiten

Après-Ski

Fackelabfahrten werden von der Schweizer Skischule (Tel. 041/67 11 77) organisiert, wenn mindestens 10 Skifahrer mitmachen.

Hotelempfehlungen: Seite 586–592

Sörenberg mit Flühli

Sörenberg, größter Wintersportplatz im Kanton Luzern, verdankt seine Entwicklung zum Kurort den Schwefelquellen im »Chragen« Flühli und auf »Salwideli«, oberhalb des Dorfes. Trotz seines vielseitigen Winterangebots hat es den Charakter eines intakten Dorfes mit eigenständigem Dorfleben bewahrt.

Mit dem Auto ist Sörenberg auf guten Straßen leicht erreichbar: Autobahn Basel, Richtung Luzern, bis zur Ausfahrt Dagmersellen, Willisau, bis Wolhusen, nach abwechslungsreicher Fahrt durch das hübsche, bäuerliche Entlebuch biegt man kurz nach Schüpfheim nach Süden ab. Winterausrüstung ist bis ins Frühjahr hinein angezeigt, werden doch die Straßen in der Zentralschweiz kaum mehr schwarz geräumt. An die 5000 Gratisparkplätze stehen den motorisierten Gästen in Sörenberg zur Verfügung. Für Wintercamper ist sowohl in Flühli wie auch in Sörenberg genügend Platz reserviert.
Der am Fuß des Brienzer Rothorns sich hinziehende Ort Sörenberg kann mit der Infrastruktur eines gewachsenen Dorfes, gut geführten Hotels, Pensionen und einer großen Zahl Ferienwohnungen, Chalets wie auch Touristenlagern aufwarten.
An den Nord-Ost-Hängen des Hochtals unter der Hinteren Schwarzenegg haben die Planer eine variantenreiche Zickzack-Skischaukel aufgebaut. Die zahlreichen Lifte enden, ganz gleich wo man einsteigt, mit Umsteigen und Abfahrten zwischendurch, am Hundsknubel (1678 m) oder auf Hinter Schwarzenegg (1675 m). Die Abfahrten, teils in offenem Gelände, teils auf baumbestandenen Hängen, variieren von sehr leicht bis schwer.

Sörenberg – kein Platz für den Jet-Set: hier findet die Familie Unterkunft und auch Abfahrten, die über die »Familien-Abfahrt« hinausgehen.

Wer gerne anspruchsvollere Pisten bewältigt, wird sicher an der Abfahrt Brienzer Rothorn – Eisee Gefallen finden. Zum einen genießt man den Ausblick auf die Viertausender des Berner Oberlandes und auf Brienzer- und Thunersee mit dem Ferienort Interlaken, der sich auf der Landbrücke dazwischen ausbreitet. Zum anderen lassen sich über dem Eisee Schnee und Sonne bis weit in den Frühling hinein intensiv genießen. Im Hochwinter fordern Buckel und Länge der 2500 m langen Alpinpiste bei rund 1100 m Höhendifferenz von der Bergstation bis ins Tal gute Kondition und solides Können. Die Techniker sind hier allerdings weitgehend unter sich, kein Ungeübter stört ihre Schwünge.

Auf dem Hochplateau des Salwideli führt eine der Langlaufloipen, als Rundkurs gespurt, durch Wälder und Felder. Sportliche Läufer werden da ganz schön gefordert.
Genießer, die ihr Tempo entsprechend dosieren, werden sich auf dieser Wanderung ebenfalls wohl fühlen.
Eine weitere nordische Möglichkeit besteht im Tal: Von Sörenberg-Platz aus ein Rundkurs in Richtung Luftseilbahn Sörenberg-Rothorn.
Von 10.00–16.00 Uhr ist die 2,5 Kilometer lange Schlittenbahn von Schwand nach Sörenberg-Platz geöffnet, wo man sich auch als Nichtskifahrer den Wind um die Ohren pfeifen lassen kann. Für beschauliche Winterspaziergänge sind Wege geräumt.
Aufregender geht es an schönen Tagen am Brienzer Rothorn zu, wo die Drachenflieger-Elite startet. Weniger Routinierte versuchen es am Hundsknubel.

Tiefschnee-Lust und ihre Gefahren: Fußfehler links, Lawinenstrich rechts.

Sörenberg, 1166 m
Flühli, 894 m

Skigebiet: 900–2350 m
Sörenberg 520 Einwohner, 5500 Betten
Flühli 1550 Einwohner, 280 Gästebetten
Saison: Anfang Dezember bis Ende April

Anreise Autobahn Basel, Richtung Luzern (Ausfahrt Dagmersellen), Schüpfheim (Bahnstation, Busverbindungen), Flühli, Sörenberg
Entfernungen von KA: 315 km, S: 332 km, UL: 362 km, M: 429 km

Information
Verkehrsvereine
CH-6174 Sörenberg, Tel. 041/781185
Telefax 041/782485
Schneetelefon 041/781613
CH-6173 Flühli, Tel. 041/781166
Schneetelefon: 041/781613
Landesvorwahlnummer siehe Seite 608.

Kinder Betreuung ohne Altersbegrenzung im Panorama-Sporthotel (Tel. 041/781666, ca. sfr. 10/Stunde); Skischule ab ca. 3 Jahre (ca. sfr 110/Woche ohne Mittagessen)

Ski alpin Testnote ✻✻✻

Skigebiet gesamt
30 präp. Abfahrten über 50 km Länge: 10 km schwer, 20 km mittel, 20 km leicht
Die Ochsenweidpiste (800 m lang, mittel) ist mittwochs, donnerstags und freitags von 19 bis 21.30 Uhr beleuchtet
Liftkapazität: 19200 Pers./Std.
17 1 1 1

Skigebiet Brienzer Rothorn
(Schönenboden-Eisee-Brienzer Rothorn)
8 km präparierte Abfahrten:
4 km schwer, 3 km mittel, 1 km leicht
Längste Abfahrt: Talabfahrt Rothorn – Schönenboden, 4 km Länge, 630 m Höhenunterschied, schwer
Liftkapazität: 2500 Pers./Std.
1 1 1

Skipaß-Preise siehe Beilage

Tiefschneereviere: Brienzer Rothorn – Eisee, Gebiete Schrattenfluh, Hundsknubel
Skischule mit ca. 60 Skilehrern

Langlauf Testnote ✻✻✻

35 Loipenkilometer (10 km schwierig, 15 km mittel, 10 km leicht); Höhen- und längste Loipe: Große Salwideli (1350–1500 m), 15 km lang, mittel, extra gebührenpflichtig: ca. sfr 10; die Flühli-Loipe (840–890 m, 4,5 km lang, leicht) ist dienstags und freitags von 19 bis 21 Uhr beleuchtet; Loipengebühr erwünscht (Loipenpaß); Langlaufunterricht

Weitere Sportmöglichkeiten

Après-Ski

Sportliche Veranstaltungen
Intern. FIS Slalom Herren (29. und 30. Dez. 93), Nationales Familienskirennen (6. März 94), Nationaler Super-G (13. März 94)

Skikurse für Rollstuhlfahrer bietet die Skischule Sörenberg an (Tel. 041/781510).

Hotelempfehlungen: Seite 586–592

Andermatt

Andermatt liegt geographisch im Herzen der Schweiz. Von seinem Hausberg, dem Gemsstock (2961 m), aus sieht man in allen vier Himmelsrichtungen mehr als 600 Alpengipfel. Schon vor Bernhard Russi, der hier das Skifahren lernte, war der Ort am Gotthardpaß ein Geheimtip für Ski-Enthusiasten.

Andermatt erreicht man über die Gotthard-Autobahn bis Göschenen und durch die mit einer Lawinengalerie geschützte Schöllenenschlucht, vorbei an der berühmten Teufelsbrücke. Winterausrüstung ist erforderlich, denn auch im Paßdorf werden die Straßen nicht mehr schwarz geräumt. Wer ungünstigen Straßenverhältnissen ausweichen will, verlädt, aus Richtung Chur kommend, seinen Wagen in Sedrun (im Vorderrheintal, 24 km nordöstlich von Andermatt) oder, aus Richtung Brig kommend, in Oberwald (im Rotten-/Rhônetal, 37 km südwestlich von Andermatt) auf die Furka-Oberalpbahn (Reservierung vorgeschrieben). Das Dorf duckt sich im Schutz des Bannwaldes. Die schmalen Gassen sind noch so verwinkelt wie zur Zeit der Postkutschen, als Andermatt ein wichtiger Umschlagplatz für die Gotthardpost war. Heute entlasten Parkplätze am Rand des Ortes und eine Umfahrungsstraße das Dorf vom Durchgangsverkehr. Die Talstationen der Bahnen sind zentral gelegen und können zu Fuß erreicht werden. Die Furka-Oberalpbahn, mit Zahnradantrieb, befördert Skifahrer, Schlittenfahrer und Wanderer in einer Art Panoramafahrt auf der Sonnseite zum Nätschen (1842 m) hinauf. Ein Sessellift mit einer Förderleistung von 1100 Personen stündlich sorgt für eine zusätzliche Aufstiegsmöglichkeit. Der Südhang, gegen das Stöckli (2364 m) hinauf, wird von weiteren Skiliften bedient, deren erster schon 1937 für etwas Skitourismus sorgte. Die weiten Pisten am Gütsch eignen sich gleichermaßen für Anfänger und mittlere Fahrer. Die Abfahrt ins Dorf, quer über Alpweiden oder auf der von Fußgängern und Rodlern mitbenutzten breiten, autofreien Oberalpstraße verursacht keinerlei Schwierigkeiten.

Das holzgetäfelte Berghaus auf dem Nätschen ist ein Selbstbedienungsrestaurant mit Sonnenterrasse.

Unmittelbar gegenüber dem Nätschen türmt sich ein Superskigebiet am Gemsstock auf. Eine Luftseilbahn hievt in zwei Sektionen die besseren Skifahrer über Gurschen (2212 m) zum Gemsstock (2963 m) hinauf. Ab der Mittelstation gelangt man zu leichteren Pisten auf Gurschenalp

Andermatt, 1444 m

Skigebiet: 1444–2963 m
1500 Einwohner, 2000 Gästebetten
Saison: Dezember bis April

Anreise Basel, Luzern, Gotthard-Autobahn, Andermatt bzw. Chur, Sedrun oder Andermatt (Bahnverladung: Platzreservierung zwingend vorgeschrieben: Sedrun Tel. 086/9 11 37, Andermatt Tel. 044/6 72 20); Andermatt Bahnstation
Entfernungen von KA: 368 km, S: 339 km, UL: 286 km, M: 353 km

Information
Verkehrsbüro Andermatt
CH-6490 Andermatt/Uri, Tel. 044/6 74 54, Telefax 044/6 81 85
Schneetelefon 044/6 81 81
Landesvorwahlnummer siehe Seite 608.

Kinder kein Gästekindergarten; Skischule ab 4 Jahre (ca. sfr 145/Woche ohne Mittagessen)

Ski alpin Testnote ❄❄❄

Skigebiet gesamt
53 km präparierte Abfahrten:
22,7 km schwer, 24 km mittel, 6,3 km leicht
Längste Abfahrt: Gemsstock – Andermatt, 8,5 km Länge, 1724 m Höhenunterschied, schwer

Die Piste am Skilift Realp (1 km lang, leicht) kann beleuchtet werden (Anfrage im Verkehrsbüro)
Liftkapazität: 10 560 Pers./Std.
6 3 2

Skigebiet Nätschen
(mit Stöckli und Gütsch)
16 km präparierte Abfahrten:
5 km schwer, 9 km mittel, 2 km leicht
Liftkapazität: 3850 Pers./Std.
3 1

Skigebiet Gemsstock
(mit Gurschen und Lutersee)
23 km präparierte Abfahrten:
13 km schwer, 10 km mittel
Liftkapazität: 4210 Pers./Std.
2 1 2

Skigebiet Winterhorn
(mit Lückli)
13 km präparierte Abfahrten:
4,4 km schwer, 6,1 km mittel, 2,5 km leicht
Liftkapazität: 1800 Pers/Std.
1 1

Skipaß-Preise siehe Beilage
Tiefschneereviere: Guspistal, Unteralptal, Felsental

Skischule mit 20 Skilehrern sowie 4 Bergsteigerschulen

Langlauf Testnote ❄❄❄

20 Loipenkilometer (Rundkurs, 8 km schwierig, 8 km mittel, 4 km leicht) in 1444–1538 m Höhe; Loipengebühr erwünscht (ca. sfr 5/Tag, 30/Saison); Langlaufunterricht

Weitere Sportmöglichkeiten
Bergsteigerschulen, Gleitschirmfliegen

Après-Ski

Zum Tiefschnee-Latein geraten manche Erlebnisse, die nach einer Skitour abends erzählt werden. Aber trotzdem: Es könnte doch etwas dran sein an den überstandenen Abenteuern im Andermatter »Bermuda-Dreieck« oder im »Skisprung« …

Hotelempfehlungen: Seite 586–592

»Oldtimers« mit Automatik: Wo es bei der Streckenführung nicht ohne Kurven abgeht, werden auch heute noch gern die etwas altmodisch anmutenden Tellerlifte (hier: Nätschen – Stöckli) eingesetzt, die nach dem Selbstbedienungsprinzip funktionieren.

und am Lutersee, die so angelegt sind, daß das Restaurant auf Gurschen ohne Mühe wieder angefahren werden kann. Die Sonnenpisten und steilen Gletscherabfahrten nach Gurschen machen nur dem wirklich Spaß, der über eine sichere Skitechnik verfügt. Aber dann kommt er auch voll auf seine Rechnung.
Vom Gemsstock aus wird auch zur Abfahrt ins Felsental, und Guspis abseits von präparierten Pisten gestartet, doch sollten diese nicht immer einfachen Varianten mit einem ortskundigen Skilehrer angegangen werden. Erst dann werden diese Fahrten zum Erlebnis ohne unnötiges Risiko. Die Bergsteigerschulen von Andermatt führen zudem in qualifizierten Kursen in die Geheimnisse des Touren- und Variantenfahrens ein.

Skigebiete in der Ostschweiz und in Liechtenstein

Einem offenen Bilderbuch gleich liegt die winterliche Ostschweiz mit den Kantonen St. Gallen, Appenzell und Glarus für die Skifahrer, die das Rheintal heraufkommen, da.

Vom Bodensee her sieht man durchs Alpenrheintal hinauf bis zum Pizol. In noch kürzerer Distanz türmt sich, gleich hinter St. Gallen, der heimlichen Hauptstadt der Ostschweiz, das mächtige Massiv des Alpsteins mit dem Säntis auf, und südwärts verlieren sich im Dunst die Gipfel der Glarner Alpen.

Östlich des Rheins kündigt eine Burg auf steilem Fels schon von weitem das Fürstentum Liechtenstein an, dessen alpiner Teil sich hinter steil ansteigenden Vorbergen versteckt. Vom Bodensee, 396 Meter über dem Meer, schwingt sich die voralpine Landschaft über sanfte Hügelketten hoch zu den alpinen Gipfelfeldern des Säntis auf 2502 Metern. Der Absturz ins quer liegende Tal des Obertoggenburg ist mit einem Höhenunterschied von 1600 Metern beträchtlich. Die Churfirsten, zwischen dem Obertoggenburg und dem Walensee, bringen es wieder auf über 2300 Meter und fallen gegen den See hin recht schroff ab.

Aus dem Tal der Seez, einem Zufluß des Walensees, der nur knapp über Bodenseehöhe liegt, steigen die Wiesen des St. Galler Oberlandes in Stufen bis zum Piz Sardona (3053 m) hinauf, wo die Ostschweiz und Graubünden aneinander grenzen.

Gegen Westen geht das St. Galler Oberland topografisch nahtlos ins Glarnerland über. Das von hohen Bergketten eingefaßte Tal der Linth verläuft in Süd-Nordrichtung und ist als ausgesprochenes Föhntal bekannt, mit milden, mitunter auch stürmischen, warmen Winden, die dem Schnee manchmal heftig zusetzen. Andererseits sorgen Föhnlagen für nebelfreie, klare und blaue Postkartenwintertage. Die Glarner Berge im Westen bilden die Grenze zur Zentralschweiz. Im Osten begrenzt und ergänzt (die Liechtensteiner mögen die regionale Vereinfachung verzeihen!) das Fürstentum die Skiregion Ostschweiz.

Die Zufahrten zu den Wintersportorten in der Ostschweiz und in Liechtenstein sind unproblematisch und führen, sowohl vom Rheintal wie auch von Zürich her, zum großen Teil über Autobahnen.

Die Skiregion Ostschweiz weist ihre Eigenheiten auf, die man kennen muß. Die Sportdörfer im **Obertoggenburg**, Alt St. Johann, Unterwasser und Wildhaus sind Winterferienstationen mit Tradition. Auch ist die Auswahl an Pisten an den Abhängen der Churfirsten in jeder Beziehung abwechslungsreich und vielseitig.

St. Gallen sorgt für Abwechslung. Weltbekannt sind insbesondere die Barockkathedrale und die Stiftsbibliothek, umgeben von einer mit viel Liebe restaurierten und herausgeputzten Altstadt, die auch an kalten Wintertagen zu bezaubern vermag.

Bei **Bad Ragaz, Wangs-Pizol** und **Flumserberg** im St. Galler Oberland dominieren schon die sich gegen Süden hin mächtiger aufbauenden Bergmassive. Die Skipisten der drei Gebiete erfüllen jeden Anspruch. Während Ragaz seine Gäste vorwiegend im Thermalbaddorf im Tal beherbergt, befinden sich am Pizol oberhalb Wangs einige komfortable Hotels und Unterkünfte mitten im Skigebiet. – Flumserberg, hoch über dem Tal auf 1300 Metern gelegen, ist ein umfassend ausgebauter Ferienplatz mit allen Annehmlichkeiten.

Der kleine Bergkanton Glarus weist mit **Elm** im Sernftal und **Braunwald**, oberhalb von Linthal, nur zwei eigentliche Ferienplätze auf. Ist Elm eher ein Ort für sportliche Fahrer, so fühlen sich auf der Terrasse von Braunwald vor allem Familien mit Kindern wohl.

Die Dreitausender der Glarner und Bündner Alpen bilden den hochalpinen Rahmen zu einer Landschaft, die trotz des engen Tals viel Lieblichkeit ausstrahlt. Im Glarnerland finden am Clariden beim Klausenpaß, im Naturschutzgebiet nördlich von Schwanden oder am Schild oberhalb von Glarus (mit Abfahrt zum Walensee hinunter), auch Tourengänger herrliche Naturerlebnisse und unvergeßliche Skitage.

Die Kur- und Ferienorte der Ostschweiz sind eher ruhig, ohne Hektik und anstrengendes Gesellschaftsleben. Man zahlt Preise, die für Schweizer Verhältnisse günstig zu nennen sind.

Der an den Wochenenden zu erwartende Ansturm der Skifahrer aus den umliegenden Städten im Flachland läßt sich erfahrungsgemäß recht gut einplanen, indem man ihn erträgt mit der Aussicht auf eine ungestörte Woche oder einfach mal eine Pistenpause einlegt und etwas anderes unternimmt.

Malbun, das Zentrum des Wintersports in **Liechtenstein**, liegt ganz hinten in einem kleinen Seitental der Samina, in der Südost-Ecke des Fürstentums. In seiner Art fügt sich der Winterferienort nahtlos in die Reihe der Ostschweizer Nachbar-Skiorte ein: gemütlich, familienfreundlich und nicht zu teuer.

Langläufer in Wildhaus. Die Ostschweizer Landschaft eignet sich besonders gut, um auch mal auf schmale Bretter umzusteigen.

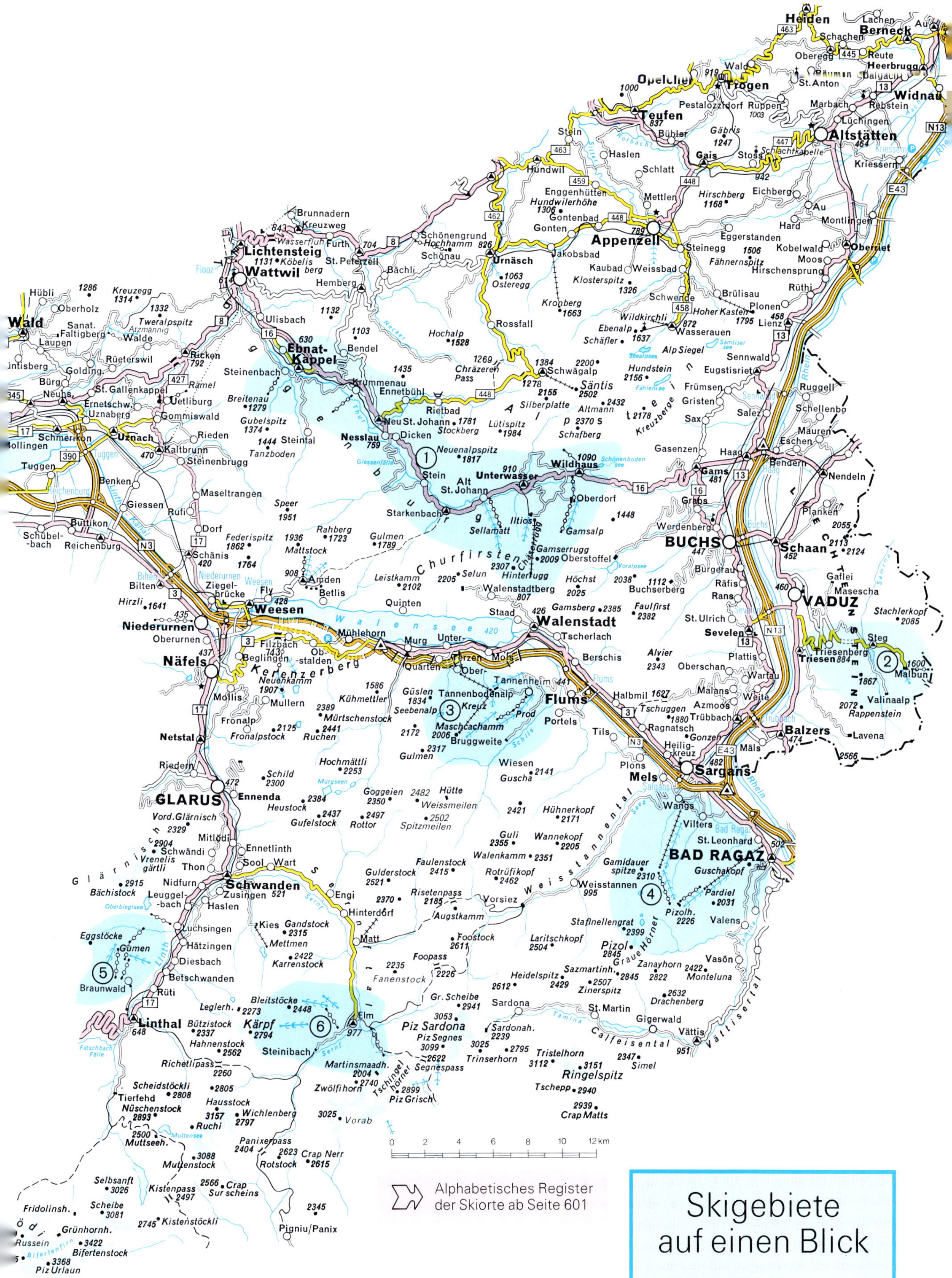

Alphabetisches Register der Skiorte ab Seite 601

Skigebiete auf einen Blick

Obertoggenburg

Dem Bergtal des Obertoggenburgs mit den »Drei Sportdörfern ohne Allüren« – Alt St. Johann, Unterwasser, Wildhaus, dem Churfirsten-Paradies – blieb der ländliche Charakter, trotz moderner Errungenschaften, weitgehend erhalten.

Wer sich von Wil her dem Obertoggenburg nähert, sei es per Bahn oder im Auto, passiert Ebnat-Kappel, wo am Girlen Weltcuprennen stattfinden. Für den gemütlichen Skifahrer sind aber auch einfachere Pisten auf dem Tanzboden zu finden. Nach der Schlucht bei der Burg Starkenstein, dem westlichen Riegel zum Obertoggenburg, öffnet sich das Bergtal, und von Starkenbach über Alt St. Johann bis hinauf nach Unterwasser und Wildhaus ist der Talboden von schönen, langen Loipen durchzogen.

In **Alt St. Johann** stehen den Gästen Hotels und Pensionen mit kleinen Bettenzahlen und liebenswürdiger Betreuung zur Verfügung. Bei der Talstation der Sesselbahn befindet sich noch ein Winter-Campingplatz.

Die Auffahrt im Sessellift zur Selamatt (1390 m) durch den teilweise geschlossenen Wald ist Balsam für gestreßte Nerven. Von der Selamatt führen über den höhergelegenen Zinggen schöne Langlaufloipen durch das Gebiet der Alp Selamatt bis zum Thurthalerstofel zu Füßen der Churfirsten Schibenstoll, Zuestollen und Brisi.

Pistenfahrer schleppt ein Lift von der Selamatt zum Zinggen, von wo ein weiterer Lift zum Ruestel auf 1620 m hinaufzieht. Der Paradehang am Ruestel ist Start zur Abfahrt durch den recht steilen Herrenwald zurück nach Alt St. Johann. Weiter westlich im Gluristal am Hinterrugg findet der Tourenfreund seine Welt.

Unterwasser ist durch eine Standseilbahn mit Iltios (1350 m) verbunden, der sonnigen Drehscheibe (mit Restaurant und großer Terrasse) für den Skibetrieb am Chäserrugg. Der Chäserrugg (2262 m) wird erschlossen durch eine Luftseilbahn. Von der

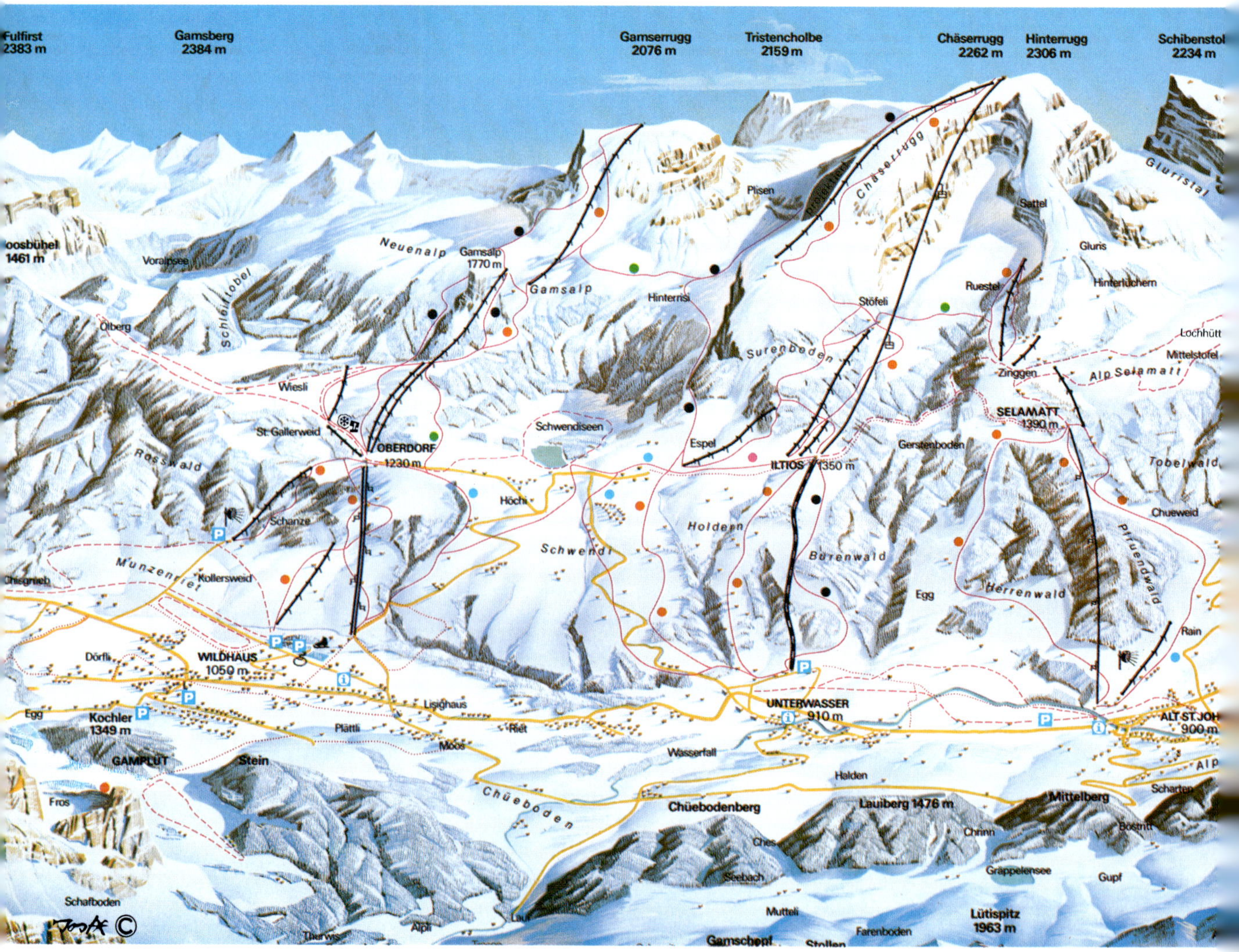

Die Obertoggenburg ist eine liebliche Gegend. Die Pisten der Skigebiete von Wildhaus, Unterwasser und Alt St. Johann sind nicht sehr schwierig.

Bergstation eröffnet sich dem Betrachter das Panorama der Bündner, St. Galler und Glarner Alpen.
Der Gipfellift auf dem Chäserrugg sowie zwei tiefergelegene Lifte ermöglichen etliche Pistenvarianten. Für die Abfahrt vom Chäserrugg ins Tal (7 km, Höhenunterschied rund 1300 m) gibt es zwei Möglichkeiten: die schwarz bewertete Ostabfahrt (mit schmaleren Schräghängen) und die mittelschwere Abfahrt über die Mittelstation Iltios.
Wie die Nachbarorte bietet auch Unterwasser eine gute Palette von Übernachtungsmöglichkeiten sowie einen Winter-Campingplatz.
Wildhaus, wo das Geburtshaus des Schweizer Reformators Huldrych Zwingli steht, ist das bedeutendste der drei Obertoggenburger Sportdörfer. Das Angebot an Hotels und Ferienwohnungen ist denn auch am vielfältigsten; ebenso verfügt es über eine gute Auswahl an Restaurants und Geschäften für den täglichen Bedarf sowie über eine Curlinghalle und eine Kunsteisbahn.
Das Wildhauser Skigebiet Oberdorf (1230 m), mit Doppelsesselbahn erreichbar, ist Ausgangspunkt für Alpin- und Langläufer. Vom Restaurant Oberdorf und seiner Terrasse blickt man zum Kinder- und Anfängerhügel sowie hinüber zum auskuppelbaren Dreiersessellift, der zur Gamsalp auf 1770 m hinaufführt und selbst Senioren beim Zu- und Aussteigen keinerlei Schwierigkeiten bereitet.
Ein weiterer Lift bringt den Skifahrer von der Gamsalp hinauf zum Gamserrugg (2076 m), wo er zwischen einfacheren und anspruchsvolleren Abfahrten wählen kann. Tiefschneehänge gehören auch dazu, doch gilt es, die Schutzzonen für Wald und Wild zu beachten.

Obertoggenburg, 900–1050 m
Wildhaus, 1050 m, **Unterwasser,** 910 m,
Alt St. Johann, 900 m

Skigebiet: 900–2262 m
Wildhaus 1300 Einwohner, 2300 Gästebetten Unterwasser 800 E., 780 G.
Alt St. Johann 600 E., 620 G.
Saison: Dezember bis Mitte April

Anreise Lindau, Feldkirch, Haag, Wildhaus, Skigebiet bzw. Autobahn Basel, Zürich, Wattwil, Obertoggenburg. Bahnstationen sind Nesslau und Buchs, von dort regelmäßige Busverbindungen ins Skigebiet
Entfernungen von KA: 345 km, S: 277 km, UL: 185 km, M: 252 km

Information
Verkehrsbüros
CH-9658 Wildhaus, Tel. 074/52727
Telefax 074/52929
CH-9657 Unterwasser, Tel. 074/51923
Telefax 074/52085
CH-9656 Alt St. Johann, Tel. 074/51888
Telefax 074/51833
Schneetelefon 040/6711 91
Landesvorwahlnummer siehe Seite 608

Kinder Wildhaus Gästekindergarten ab 2 Jahre (ca. sfr 60/12 Std.); Skischule ab 4 Jahre (ca. sfr 125/Woche ohne Mittagessen) Unterwasser kein Gästekindergarten; Skischule ab 3 Jahre (ca. sfr 125/Woche ohne Mittagessen); Alt St. Johann kein Gästekindergarten; Skischule ab 4 Jahre (ca. sfr 105/Woche ohne Mittagessen)

Ski alpin Testnote ❄❄❄

Skigebiet von Alt St. Johann
8 km präparierte Abfahrten:
6 km mittel, 2 km leicht
Liftkapazität: 3100 Pers./Std.
4 1

Skigebiet von Unterwasser
20 km präparierte Abfahrten:
5 km schwer, 11 km mittel, 4 km leicht
Längste Abfahrt: Chäserrugg – Unterwasser, 7 km Länge, 1350 m Höhenunterschied, schwer bis mittel
Liftkapazität: 5000 Pers./Std.
4 1 1

Skigebiet von Wildhaus: Oberdorf
25 km präparierte Abfahrten:
5 km schwer, 18 km mittel, 2 km leicht
Längste Abfahrt: Standard Gamsalp – Wildhaus, 7 km Länge, 1080 m Höhenunterschied, mittel
Die Abfahrt Kollersweid (800 m lang, mittel) ist mittwochs und samstags bis 22 Uhr beleuchtet
Liftkapazität: 8200 Pers./Std.
6 3

Das Skigebiet Wildhaus Gamplüt/Alp Fros ist zur Zeit geschlossen.

Skipaß-Preise siehe Beilage

Tiefschneereviere: Säntisabfahrt, Schleiftobel, Galfer, Gluristal
Skischulen mit 70 Skilehrern

Langlauf Testnote ❄❄

8 Loipen über insgesamt 45 km Länge (leicht bis mittel); längste und höchste Loipe: Alp Selamatt (1400–1500 m), 15 km lang, mittel; die Loipe Alt St. Johann – Unterwasser (2 km lang, 900 m, leicht) ist dienstags und freitags bis 22 Uhr beleuchtet; Loipengebühr erwünscht; Langlaufunterricht

Weitere Sportmöglichkeiten

Gleitschirmfliegen

Après-Ski

Curling-Schnupperkurse: Wer einmal wissen möchte, wie Curling »geht«, ist herzlich zum Schnuppern donnerstags von 20 bis 22 Uhr (in Wildhaus, Tel. 51611, ca. sfr 11 mit Gästekarte) eingeladen.

Hotelempfehlungen: Seite 586–592

Flumserberg

Die Flumserberge liegen in dem schneereichen Gebiet des St. Galler Oberlandes, wo die Saison meist bis Mitte April dauert. Als eines der ältesten Skigebiete der Alpen zeichnet es sich vor allem durch ein weitsichtig geplantes Pistenangebot für alle Schwierigkeitsstufen aus.

Flums und seine Skigebiete Kleinberg und Flumserberg liegen im St. Galler Seeztal, nur wenige Kilometer vom Walensee entfernt, auf einer sonnigen Bergterrasse. Die Rücken des Kleinbergs und des Flumserbergs lehnen sich breit an die Voralpenkette der Bündner Berge und der St. Galler Gipfel vom Spitzmeilen bis zum Heustock an. Zu Beginn dieses Jahrhunderts war die Gegend für ihre Molkekuren in Maiensäßen und Alphütten bekannt. Auch Lenin soll sich hier im Jahr 1916 zu einer Kur aufgehalten haben.

Flums wird erstmals 765 erwähnt. Aus dieser Zeit sind bis heute interessante historische Stätten erhalten geblieben, wie Schloß Gräpplang, St.-Jakobs- und St.-Georgs-Kapelle, St.-Justus-Kirche und das um 1300 als Predigerhaus erbaute sogenannte Alemannenhaus. Flums ist auch reich an Brauchtum. Die Fasnacht mit den faszinierend häßlichen Holzmasken der »Butzi« hat hier noch urwüchsigen Charakter. Die Flumser Holzmasken und das Larvenschnitzerhandwerk sind in der ganzen Schweiz bekannt.

Man erreicht Kleinberg auf einer kurvenreichen Straße oder per Gondelbahn ab Saxli. Dieses Skigebiet ist wie geschaffen für Individualisten. Die Kurhäuser Sässliwies und Schönhalden verfügen beide über einen eigenen Skilift. Entlang der Gondelbahn führen abwechslungsreiche Pisten der mittleren Schwierigkeitsgrade zu Tal. Die Hänge am Hochfinsler (2421 m) sind auch anspruchs-

vollen Tourengängern zu empfehlen. Zum Flumserberg hinauf führt eine elf Kilometer lange, gut ausgebaute Bergstraße mit Postbusverkehr ab der SBB-Station Flums. Im gesamten Gebiet bieten gemütliche Hotels, kleine Pensionen und viele Ferienhäuser Unterkunftsmöglichkeiten. Langläufer und Skiwanderer finden gepflegte, markierte Loipen und Strecken auf Madils, Prodalp und auf Panüol. Die gut präparierten Abfahrtspisten am Prodkamm führen durch weites, offenes Gelände und sind als mittelschwer einzustufen.
Tannenbodenalp läßt sich auch ab Unterterzen mit einer Luftseilbahn erreichen. Die Kabinenbahn zum Maschgenkamm öffnet mehrere Möglichkeiten, sei es hinüber zur Sesselbahn am Leist mit einem weiten, baumfreien Buckelhang, der einen Teil der zehn Kilometer langen Terza-Abfahrt nach Unterterzen bildet, oder zur Seebenalp unterhalb des 2196 m hohen Sächsmoor. Von dort bringt der Skilift Stelli die Skifahrer wieder hinauf zum Übergang ins Maschgenkammgebiet. Die Schwierigkeitsgrade der durch viele Lifte erschlossenen Abfahrten reichen von leicht bis mittelschwer (schwer am Leist und anspruchsvoll die Terza). Die Pisten sind gut gepflegt und in der Regel schneesicher bis zum Mai.
Für Kinder eignen sich besonders das Übungsgelände im Raum Prodalp und eine zweite Piste nahe der Langlaufloipe in Madils.
Als Alternative zum Pistenfahren bietet sich genug Gelegenheit zum Tiefschneefahren (zum Beispiel vom Spitzmeilen ins Schilstal oder zum Maschgenkamm) oder für leichte bis schwere Hochtouren. Führer werden durch die Skischule vermittelt. Den Nichtskifahrer laden Wanderwege zu Spaziergängen durch die prachtvolle Natur ein, denn Flumserberg bietet landschaftlich viel Abwechslung. Im Norden beeindrucken die Churfirsten, auf der anderen Talseite der Alvier mit dem Sichelkamm.

Flumserberg, 1000–1400 m

Skigebiet: 1000–2222 m
790 Einwohner, 7200 Gästebetten
Saison: Anfang Dezember bis Ende April

Anreise Basel, Zürich, Flums oder Bregenz, Buchs, Sargans, Flums (Bahnstation, Busverbindungen; von der Bahnstation Unterterzen führt eine Seilbahn ins Skigebiet)
Entfernungen von KA: 371 km, S: 303 km, UL: 211 km, M: 278 km

Information
Verkehrsbüro Flumserberg,
CH-8898 Flumserberg, Tel. 081/7333232,
Telefax 081/7333237
Schneetelefon 081/7332555, 7331070, 7332757
Landesvorwahlnummer siehe Seite 608.

Kinder Gästekindergarten ab 3 Jahre (ca. sfr 20/Halbtag, 60/Ganztag inkl. Mittagessen); Skischule ab 3 Jahre (ca. sfr 255/Woche inkl. Mittagessen)

Ski alpin Testnote ❄❄❄

30 präparierte Abfahrten über 50 km Länge: 10 km schwer, 30 km mittel, 10 km leicht
Längste Abfahrt: Terza-Abfahrt, 10 km Länge, 1550 m Höhenunterschied, schwer
Die Abfahrt Mittenwald (mittel) ist dienstags von 19.30 bis 22 Uhr auf Anfrage von Gruppen ab 30 Pers. beleuchtet
Liftkapazität: 19600 Pers./Std.
7 7 2 2

Skipaß-Preise siehe Beilage

Tiefschneereviere: Leist – Panüol, Seebenalp – Oberterzen
Skischule mit 60 Skilehrern

Langlauf Testnote ❄❄❄

4 Loipen über insgesamt 20 km Länge (mittel bis schwierig), bei extremen Witterungsverhältnissen werden nur die Loipen von Madils gespurt; Höhenloipen: Prodalp/Plattis (1600/1800 m), über 3,5 und 14 km Länge; Loipengebühr erwünscht (Schweizer Loipenpaß); Langlaufunterricht

Weitere Sportmöglichkeiten
Eishockey

Après-Ski

Entschärft wurde durch die neue Zwölfergondel von Tannenheim zur Prodalp die Situation auf der Piste, auf der sich früher Skifahrer, Schlepplifftfahrer und Loipengänger kreuzten.

Hotelempfehlungen: Seite 586–592

Der Pizol

Das Skidreieck am Pizol, dem traditionsreichen Skiberg im St. Galler Oberland, ist zumal für Wochenenden eine großartige Sache: Von Zürich her und aus dem Bodenseeraum sehr schnell erreichbar, bietet es doch schon alpines Skivergnügen mit Varianten für jedes Können.

Wangs war früher, als es noch kaum Bahnen und Lifte gab, jahrelang Ausgangspunkt für Touren auf den Pizol. Heute hat Wangs den Bergrücken zu Füßen der Schwarzen Hörner mit Gondelbahn und Skiliften erschlossen und damit im Winter zu einem attraktiven und vielbesuchten Skigebiet werden lassen.
Das kleine Wangs hat als Schauplatz des ehemals berühmten Pizolderbys und Austragungsort von Schweizer Meisterschaften und Weltcuprennen eine lange Skitradition. Trotzdem ist es nicht eigentlich ein Skiferienort, es gibt nur wenige Hotels im Ort selbst, und die meisten Gäste ziehen es vor, auf Maienberg, Furt, Gaffia und auf der Pizolhütte (2227 m) zu wohnen, wo man mehr Bergluft atmet.
Von Wangs aus geht es zunächst mit der Gondelbahn nach Furt, mitten hinein ins Skigebiet. Der ganze Bergrücken ist praktisch eine einzige Piste, schön breit präpariert und gut markiert. Allerdings empfiehlt es sich, in diesem weiträumigen Gelände ohne auffallende Orientierungspunkte, sich auch an die Markierungen zu halten – die ostwärts gelegenen Felsabstürze ins Valeis könnten, obwohl gesichert, bei Nebel oder Schneetreiben leicht zur Falle werden.
Im Gegensatz zu Wangs verfügt der andere Talort, **Bad Ragaz**, über eine große Zahl von Hotels aller Kategorien. Aber auch Bad Ragaz ist nicht in erster Linie Skistation, sondern ein alter, berühmter Thermalkurort. Im Jahr 1038 wurde in der Taminaschlucht eine warme Quelle entdeckt. Die medizinische Abteilung der Thermalbäder verfügt heute über modernste Therapieanlagen. Hier bietet es sich an, den Skiurlaub mit einer Badekur zu verbinden, denn für beides sind in Bad Ragaz gute Voraussetzungen gegeben.
Wie von Wangs aus, gelangt man auch von der Ragazer Seite mit Gondelbahn und Skiliften zum Scheitelpunkt der Pizolhütte, einer ehemali-

Hoch über dem Rheintal mit der Autobahn (vorne die Verzweigung Sargans): das Skigebiet von Bad Ragaz am Pizol.

gen SAC-Hütte auf 2227 Meter, hinauf. Der Lift auf Prodboden ist für mittlere Fahrer zu empfehlen, während jener am Schwamm eine rote Piste und eine mögliche Variante für die Rückfahrt über Haldenberg ins Tal öffnet. Der über zwei Kilometer lange Lift Pardiel, der von 1633 m bis Laufböden auf 2226 m zieht, erschließt wundervolle, mittelschwere Abfahrten auf sehr gut präparierten Schneefeldern. Der ganze obere Teil zieht sich über der Baumgrenze hin und bietet eine eindrucksvolle Aussicht auf Churfirsten, Alvier sowie die Liechtensteiner und Bündner Berge.
Von Laufböden aus gibt es auch eine Verbindungspiste zum Gaffia. Allerdings ist sie nur je nach Wetterlage geöffnet (Hinweistafeln beachten).
Von Laufböden aus führt eine lohnende Tour über Wildseeluggen – Pizolgletscher auf den Pizol. Ab Laufböden, am Beginn der markierten, aber nicht präparierten Strecke, finden Könner eine Tiefschneeabfahrt nach Vilterseralp-Vilters, von wo ein Bus den Rücktransport nach Bad Ragaz übernimmt.
Bleibt man im Gebiet von Pardiel, so kann man alles in allem rund 18 km Pisten genießen. Über Wildboden, wo die meisten Skifahrer die Rückfahrt per Gondel antreten, kann man, gute Schneeverhältnisse vorausgesetzt, den Skitag mit einer amüsanten Abfahrt ins Dorf beenden.

Unten: Im Gebiet von Laufböden führen die Abfahrten von der Pizolhütte nach Bad Ragaz über weite baumlose Hänge. Nach einem ausgiebigen Skitag sollte man sich mit einem Thermalbad verwöhnen.

Wangs, 530 m
Bad Ragaz, 510 m

Skigebiete: 515–2227 m

Wangs 2000 Einwohner, 900 Gästebetten
Bad Ragaz 4648 Einw., 2900 Gästebetten

Saison: Dezember bis April

Anreise Basel, Zürich, Sargans oder Lindau, Bregenz, Sargans. Bahnstationen sind Bad Ragaz und Sargans
Entfernungen von KA: 354 km, S: 286 km, UL: 194 km, M: 261 km

Information
Verkehrsbüro Wangs
CH-7323 Wangs, Tel. 081/7233391
Schneetelefon 081/7231892
Verkehrsbüro Bad Ragaz
CH-7310 Bad Ragaz, Tel. 081/3021061
Telefax 081/3026290
Schneetelefon 081/3021810
Landesvorwahlnummer siehe Seite 608

Kinder Bad Ragaz kein Gästekindergarten; Skischule ab 3 Jahre (ca. sfr 110/6 Halbtage ohne Mittagessen) Wangs kein Gästekindergarten; Skischule ab 5 Jahre (ca. sfr 85/ 5 Halbtage ohne Mittagessen)

Ski alpin Testnote ✱✱
jedes Gebiet

Skigebiet Wangs
24 km präparierte Abfahrten
mittleren Schwierigkeitsgrades

Längste Abfahrt: Pizolhütte – Wangs, 8 km Länge, 1700 m Höhenunterschied, mittel
Liftkapazität: 3400 Pers./Std.

2 2 1

Skigebiet Bad Ragaz
28 km präparierte Abfahrten
mittleren Schwierigkeitsgrades
Längste Abfahrt: Laufböden – Pardiel – Bad Ragaz, 12 km Länge, 1700 m Höhenunterschied, mittel
Liftkapazität: 3000 Pers./Std.

3 1

Skipaß-Preise siehe Beilage
Tiefschneereviere: Laufböden – Vilters
2 Skischulen mit ca. 20 Lehrern

Langlauf Testnote ✱
jedes Gebiet

Wangs 5 Loipenkilometer (leicht) Bad Ragaz 7 Loipenkilometer (leicht); in beiden Orten kein Langlaufunterricht

Weitere Sportmöglichkeiten

Gleitschirmfliegen (Wangs)

Après-Ski

Kursaal-Casino

Profi-Training: Die Skischule Wangs (Tel. 081/7234449) bietet Wettkampfunterricht in Slalom und Riesenslalom auf Anfrage an.

Hotelempfehlungen: Seite 586–592

Braunwald

Auf einer sonnigen Terrasse über dem Linthal liegt Braunwald. Es ist keine Skimetropole (und will es auch nicht werden), dafür ist hier noch ein Stückchen heile Welt erhalten geblieben.

Seit 1907 ist **Braunwald** durch eine Standseilbahn mit Linthal, am Fuß der Klausenpaß-Straße, verbunden. Der Bahnhof der Schweizerischen Bundesbahnen in Linthal gewährleistet mühelosen Anschluß. Große Parkflächen und ein Parkhaus stehen den Autofahrern zur Verfügung.

Braunwald mit seinen locker über die sonnige Hochebene verstreuten Häusern hat sich zum Familienferienort entwickelt; in seinen Straßen können Kinder auch mal unbeaufsichtigt bleiben, denn Autoverkehr gibt es hier nicht. An ihrer Stelle benützt man den romantischen Pferdeschlitten.

An sportlichen Betätigungsmöglichkeiten für Nichtskifahrer fehlt es nicht, und etwa 20 km geräumte Spazierwege erlauben ausgedehnte Wanderungen auch im Winter.

Dem Skifahrer eröffnen sich ab dem Berghaus Gumen (1910 m) und dem Seblengrat (1905 m) – beide mit Gondel- und Sesselbahnen erreichbar – attraktive Abfahrten verschiedener Schwierigkeitsgrade, großzügig über das Hochplateau verteilt. Von überall kann man bis vor die Haustüre abfahren. Die Hänge vom Seblengrat durchs Bächital sind landschaftlich am reizvollsten und durch ihre Nordlage schneesicher.

Für Touren- und Tiefschneefahrer empfiehlt sich die Gegend des Ortstockhauses, das man von Gumen aus, nach einer Querfahrt unterhalb der Felswände der Eckstöcke, erreicht. Langläufer finden im Grotzenbüel eine Loipe, die wegen ihrer geringen Höhendifferenzen keine großen Anforderungen stellt. In der Bergstation der Gondelbahn gibt es einen Umkleideraum mit Dusche.

Abends gibt es Musik, Tanz und Unterhaltung in Bars und Discos. Man kann aber auch in gemütlichen »Beizlis« Kontakt und Gespräch mit den Einheimischen suchen.

Braunwald ist autofrei. Notwendige Transporte erfolgen durch Elektroautos und mit Pferdefuhrwerken.

Gäste, die mit dem Auto kommen, fahren an der Talstation in Linthal zum Haupteingang, geben dort ihr Gepäck zum Weitertransport ab, stellen dann ihren Wagen im Parkhaus oder auf einem Parkplatz ab und fahren mit der Braunwaldbahn nach oben, wo sie vom vorher verständigten Transportunternehmen abgeholt werden.

Braunwald, 1300 m

Skigebiet: 1300–1910 m
500 Einwohner, 2000 Gästebetten
Saison: Dezember bis April

Anreise Bis Schwanden gleiche Anfahrt wie unter »Elm«, dann Linthal (Bahnstation), von dort Standseilbahn nach Braunwald (Braunwald ist autofrei)
Entfernungen von KA: 366 km, S: 309 km, UL: 251 km, M: 318 km

Information
Kur- und Verkehrsverein Braunwald, CH-8784 Braunwald, Tel. 058/84 11 08
Telefax 058/84 25 74
Schneetelefon: 058/84 35 35
Landesvorwahlnummer siehe Seite 608.

Kinder kein Gästekindergarten; Skischule ab 3 ½ Jahre (ca. sfr 134/Woche ohne Mittagessen)

Ski alpin Testnote ❄❄

8 präparierte Abfahrten leichter und mittlerer Schwierigkeitsgrade über 25 km Länge
Längste Abfahrt: Seblengrat – Talstation, 4 km Länge, 650 m Höhenunterschied, mittel/leicht
Liftkapazität: 5700 Pers./Std.
2 3 2 1

Skipaß-Preise siehe Beilage
Tiefschneereviere: Bächital, Ortsstockhaus
2 Skischulen mit 20 Skilehrern

Langlauf Testnote ❄

Höhenloipe: Grotzenbüel (1500 m), 8 km Länge, mittelschwer; Langlaufunterricht

Weitere Sportmöglichkeiten

Gleitschirmfliegen

Après-Ski

DISCO KINO

Tontaubenschießen

Sportliche Veranstaltungen

8. Hornschlittenrennen (für jedermann/frau ab 16 Jahre auf der 2 km langen Sportschlittelbahn; Gebühr ca. sfr 50; 13. Febr. 94)

Après-Tip: Rodelpartie. Die zwei Kilometer lange Grotzenbüel-Sportschlittelbahn ist dienstags von 18.30 bis 22.30 Uhr beleuchtet. Ein Leihschlitten kostet ca. sfr 7.

Hotelempfehlungen: Seite 586–592

Elm

Elm im Sernftal hat seine reizvolle Umgebung als Skigebiet mit weiten, waldfreien Hängen erschlossen und gleichzeitig sein intaktes Dorfbild zu erhalten gewußt.

Braunwalds Nachbar im Osten, auf der anderen Seite des Kärpf (2794 m), ist **Elm**. Der stolze Gipfelkranz verleiht dem Ort den Glanz eines echten Gebirgsdorfes.
Berühmt sind die Glarner Tschingelhörner mit dem Martinsloch, einem rund 20 Meter hohen Felsdurchbruch, durch das jedes Jahr am 12./13. März und 1./2. Oktober ein Sonnenstrahl genau auf die Turmspitze der gotischen Kirche von Elm trifft. Ein Naturschauspiel, das sich seit vielen Jahrhunderten wiederholt und bei freiem Himmel beobachtet werden kann.

Das herrliche Wandergebiet der Freiberge – sie sind das älteste Tierschutzreservat der Schweiz – wandelt sich im Winter unterhalb der Wildmad mit ihren weiten, offenen Alphängen zu einem erstaunlich abwechslungsreichen und schneesicheren Wintersportgebiet.
Ausgangspunkt der Aufstiegshilfen ist Obmoos. Gleich neben der Talstation des Sessellifts befindet sich ein Übungslift für Anfänger, die sich hier einfahren können. Der Sessellift bringt die Fortgeschritteneren nach Unter-Empächli (1480 m). Von hier führen mehrere gemütliche Abfahrten durch weites baumbestandenes Gelände zurück ins Tal.
Wer höher hinaus will, gelangt mit dem 1600 m langen Schabell-Schlepplift auf eine Höhe von 2036 m ü. d. M. Von hier aus kann man zur Sesselbahn Ober-Empächli – Steinböden oder zum Skilift auf die Bischofalp abfahren. Auf hervorragend gepflegten und breiten Pisten mit roter und blauer Schwierigkeitsmarkierung können die schönen Hänge voll ausgefahren werden. Auf einigen schwarzen Abfahrten, zum Beispiel vom Gerstboden oder von der Bischofalp über Steinibach ins Sernftal, die wohl markiert, aber nicht besonders hergerichtet sind, legt jeder Skifahrer seine eigene Spur. Auf Bischofalp ist eine ständig unterhaltene, mit Zeitmessung ausgerüstete Piste für Slalom- und Riesenslalomtraining reserviert. Elm ist Austragungsort von FIS-, Europa- und Weltcuprennen, was auch einiges über die Qualität des Pistenangebotes aussagt.
Von Empächli aus läßt sich übrigens auf einer speziell präparierten Schlittenbahn rasant zu Tal fahren.
Die Langlauffreunde finden Loipen in Elm, Engi und Matt.
In Elm hat man auf bodenständiges Dorfleben gesetzt. Auch ohne Jet-Set fühlt man sich dort wohl. Und im Dorf selbst liegt alles so nahe beisammen, daß man auf Verkehrsmittel verzichten kann.

Das gemütliche Elm im Sernftal bietet ein abwechslungsreiches und schneesicheres Wintersportgebiet.

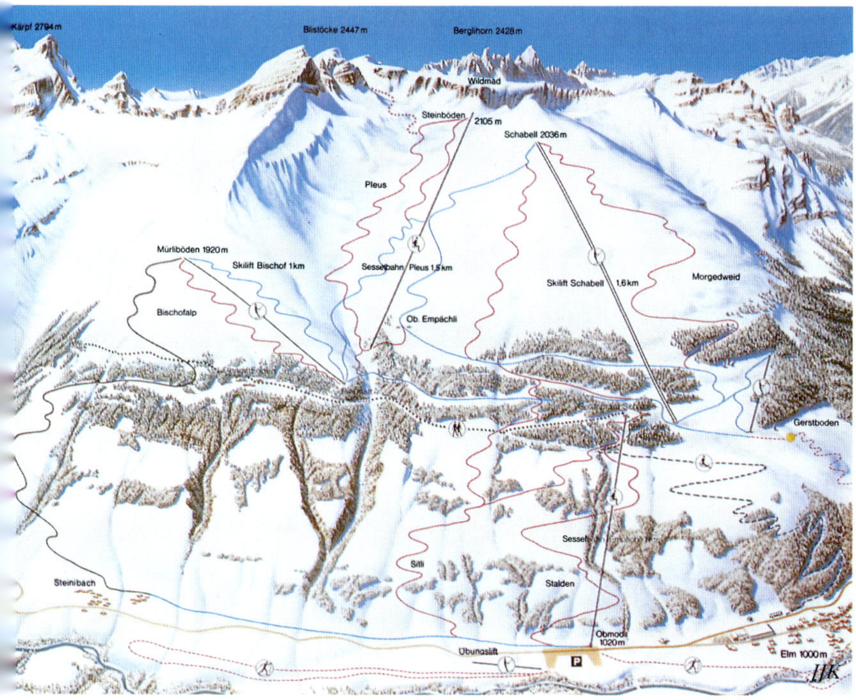

Elm, 1000 m

Skigebiet: 1000–2105 m
800 Einwohner, 1500 Gästebetten
Saison: Dezember bis April

Anreise Basel, Zürich N 3 (Ausfahrt Niederurnen), Glarus, Schwanden, Elm oder Bregenz, St. Gallen, Wattwil, Glarus. Bahnstation ist Schwanden (Busverbindungen)
Entfernungen von KA: 369 km, S: 312 km, UL: 254 km, M: 321 km

Information
Verkehrsbüro Elm, CH-8767 Elm,
Tel. 058/86 17 27
Telefax 058/86 23 15
Schneetelefon: 058/86 19 19
Landesvorwahlnummer siehe Seite 608.

Kinder kein Gästekindergarten; Skischule ab 4 Jahre (ca. sfr 140/Woche ohne Mittagessen)

Ski alpin Testnote ❄❄

40 km präparierte Abfahrten:
5 km schwer, 20 km mittel, 15 km leicht
Längste Abfahrt: Steinibach, 5 km Länge, 920 m Höhenunterschied, schwer
Liftkapazität: 6580 Pers./Std.

5 2

Skipaß-Preise siehe Beilage

Tiefschneereviere: Gerstboden
Skischule mit 20 Skilehrern

Langlauf Testnote ❄

1 Rundkurs Elm – Steinibach – Elm (950 bis 1050 m) über 10 km Länge (8 km mittel, 2 km leicht); die Loipe Unterbach – Bärentritt (1000 m, 1,5 km lang, mittel) ist montags und donnerstags bis 22 Uhr beleuchtet; Langlaufgebühr fakultativ ca. sfr 30/Saison; Langlaufunterricht

Weitere Sportmöglichkeiten

Gleitschirmfliegen

Après-Ski

Souvenirtip: Ein Sweat- oder T-Shirt, auf dem das Naturereignis abgebildet ist, bei dem ein Sonnenstrahl durch das Martinsloch genau auf den Kirchturm von Elm trifft (Genaueres dazu im Text oben).

Hotelempfehlungen: Seite 586–592

Malbun–Steg (Fürstentum Liechtenstein)

Von Mitte Dezember bis Mitte April ist Malbun ein recht belebter Platz. Trotz der Lage des Ortes auf einem ziemlich engen Talboden, umgeben von einem Bergkranz, fühlt sich der Besucher nicht eingeengt, und die Nähe der Bergwelt beeindruckt immer wieder.

Die Doppelsesselbahn schwebt an zum Teil baumbestandenen Hängen in die Höhe, und wer vom Sareiserjoch auf 2000 Metern in die Runde schaut, genießt den Ausblick zur Zimba-Spitze (2643 m) im Osten, dem mächtigen Grenzmassiv der Schesaplana (2965 m) im Südosten, den Bündner Bergen und dem Gebiet des Pizol im Süden sowie den Gipfeln um den Alvier und zum Säntis im Westen.

Mehrere Varianten an gut präparierten Pisten, aber auch Tiefschneeabfahrten, darunter eine beachtlich steile, stehen zur Verfügung.

Die Nordhänge werden durch die Tälisesselbahn und den Hochecklift erschlossen. Auch auf dieser Seite sind die Pisten recht vielseitig, zumindest ausreichend anspruchsvoll, um dem weltbekannten Skiteam Liechtensteins als Trainingsgebiet zu dienen.

Allerdings darf man in Malbun nicht unbedingt lange Abfahrtsstrecken erwarten. Die längste Strecke vom Sareiserjoch nach Malbun mißt 2,5 km mit einem Höhenunterschied von 400 m.

Der Schneefluchtlift am Eingang zum Skiort dient vor allem den Anfängern im Skischulunterricht, während der Pradamélift als Zubringer vom untersten Parkplatz dient und jene Gäste befördert, die westwärts des Tals abfahren. Inmitten von Hotels zieht ein Babylift die Kleinen hoch, und an jenem Hügelchen können sie sich, auch ohne direkte Aufsicht, herrlich tummeln.

Die Talstationen der verschiedenen Lifte sind so plaziert, daß ein Abschnallen der Ski nicht notwendig ist.

In Steg (1303 m), unmittelbar vor Malbun, befindet sich das zweite Wintersportzentrum Liechtensteins. Im nordisch anmutenden Gelände des Valünatals sind Loipen gespurt. Für die anspruchsvollen Langläufer wurde eigens eine Skating-Strecke (6 km) angelegt.

Malbun ist per Postauto oder im eigenen Auto über eine sehr gut aus-

Verzaubert vom Winterlicht: ein Ortsteil von Malbun, wo die Pisten bis vor die Haustür führen.

Auf 1303 m Höhe wird die Rundwanderloipe im Langlaufzentrum »Valüna-Lopp« bei Steg gespurt.

gebaute Bergstraße via Vaduz – Triesenberg – Steg anzufahren. Außerhalb des Weilers stehen Parkplätze zur Verfügung.
Die Lage Triesenbergs, gewissermaßen auf dem Balkon des Fürstentums Liechtenstein, öffnet dem Betrachter eine einmalige Aussicht übers St. Galler Rheintal und auf die gegenüberliegenden Berge. In Triesenberg lohnt ein Besuch im hochinteressanten Heimatmuseum.
Der nahe gelegene Hauptort Vaduz ist reich an Sehenswürdigkeiten. Das auf hohem Felsen thronende Schloß, Sitz Seiner Durchlaucht, des Fürsten von Liechtenstein, ist nicht öffentlich zu besichtigen. Die Fürstliche Gemäldegalerie und die Staatliche Kunstsammlung, das Landesmuseum, das Briefmarkenmuseum, das Theater am Kirchplatz oder das Restaurant Torkel, in dem die sieben Weine und der Sekt aus der Hofkellerei des regierenden Fürsten von Liechtenstein zur Degustation angeboten werden, gehören jedoch zu den besonderen Erlebnissen eines Skiaufenthaltes in Malbun.
Einige Liechtensteiner Spezialgerichte erhält man oft nur auf Vorbestellung, so der »Törkarebl«, eine Maisspeise. Ein weiteres Nationalgericht, »Käsknöpfli«, wird in einigen Restaurants regelmäßig serviert.

BESONDERS SCHNEESICHER

Liechtenstein
Malbun/Steg, 1600/1303 m

Skigebiet: 1303–2000 m
2405 Einwohner (Gemeinde Triesenberg)
570 Gästebetten
Saison: Mitte Dezember bis Mitte April

Anreise Lindau, Feldkirch, Vaduz oder Basel, Zürich, Sargans, Vaduz. Parkplätze am Ortsbeginn von Malbun. Gepäcktransporte zu den Ferienhäusern übernimmt die Malbun-Bahn AG, Tel. 075/2632808. Bahnstation ist Schaan-Vaduz bzw. Buchs und Sargans; von dort Busverbindungen
Entfernungen von KA: 348 km, S: 280 km, UL: 188 km, M: 255 km

Information
Liechtensteinische Fremdenverkehrszentrale, FL-9490 Vaduz, Tel. 075/2321443
Telefax 075/2320806
Verkehrsbüro Malbun, FL-9497 Triesenberg, Tel. 075/2636577
Schneetelefon 075/2638080
jeweils mit Schweizer Landesvorwahlnummer
Landesvorwahlnummer siehe Seite 608.

Kinder kein Gästekindergarten; Skischule ab 4 Jahre (ca. sfr 100/Woche ohne Mittagessen)

Ski alpin Testnote ❄❄

21 km präparierte Abfahrten: 3 km schwer, 10 km mittel, 8 km leicht
Längste Abfahrt: Sareiser-Joch, 2,5 km Länge, 400 m Höhenunterschied, mittel
Die Abfahrt am Skilift Schneeflucht (Malbun, 600 m lang, leicht) ist freitags (Januar und Februar) von 19–21.30 Uhr beleuchtet
Liftkapazität: 7900 Pers./Std.
5 2

Skipaß-Preise siehe Beilage
2 Skischulen mit 15 Skilehrern

Langlauf Testnote ❄❄

Rundwanderloipe mit insgesamt 19 km Länge (in Steg, 1300–1400 m, leicht); längster Abschnitt: Valünalopp, 10 km lang; die Loipe Grund (1300 m, 1,7 km lang, leicht) ist täglich bis 21.15 Uhr beleuchtet; Loipengebühr (Schweizer Loipenpaß) erwünscht; Langlaufunterricht

Weitere Sportmöglichkeiten

Après-Ski

Museen in Vaduz und in Triesenberg

Après-Tip: Eine Degustation der fürstlichen Weine in der Hofkellerei des Fürsten von Liechtenstein (Informationen im Verkehrsbüro).

Hotelempfehlungen: Seite 586–592

Skigebiete in Graubünden

Mit über 7100 Quadratkilometer Fläche ist Graubünden der größte Kanton der Schweiz. Das »Land der tausend Täler« zählt zu den vielseitigsten und traditionsreichsten Wintersportregionen der Schweiz und der gesamten Alpen.

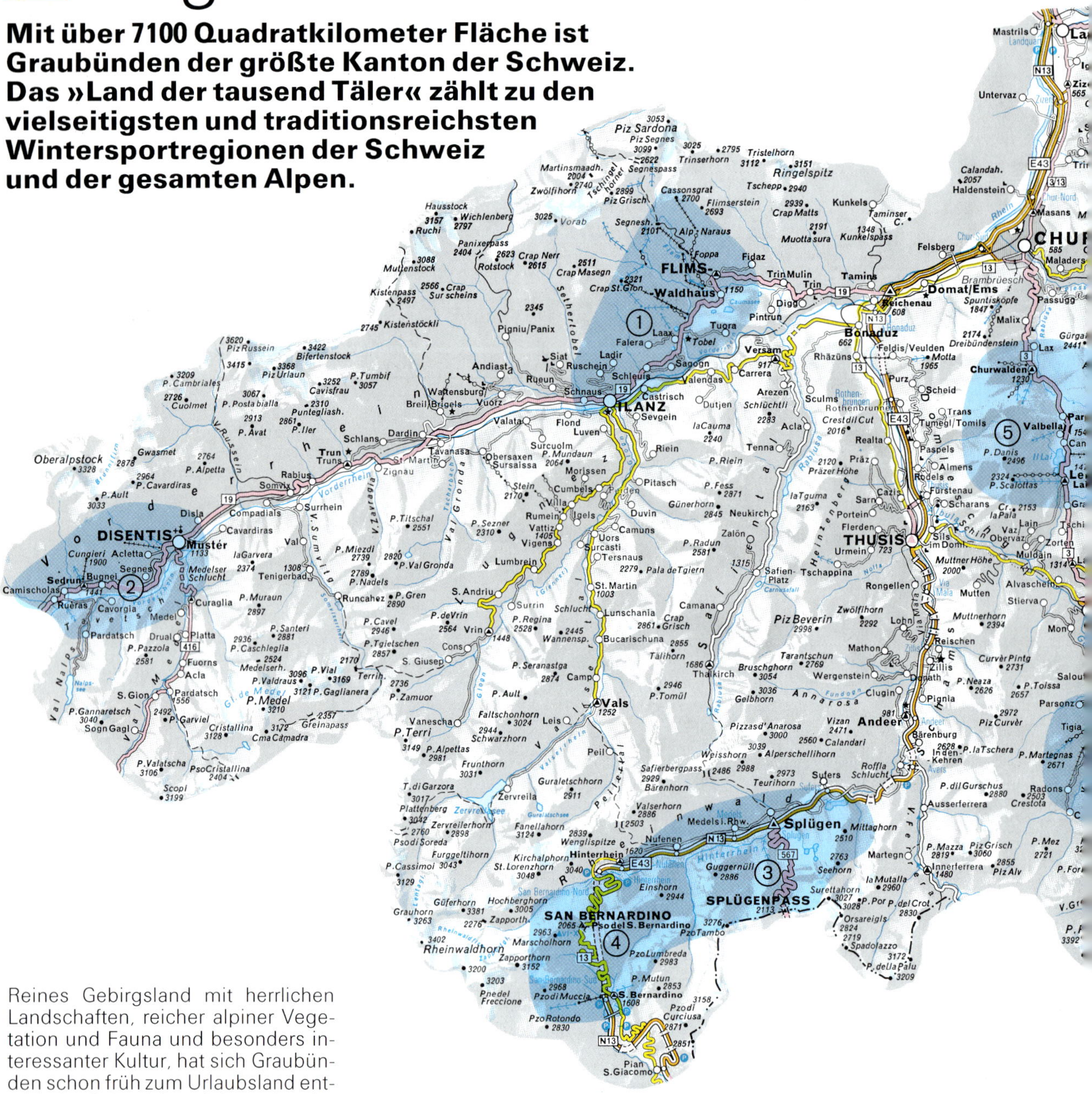

Reines Gebirgsland mit herrlichen Landschaften, reicher alpiner Vegetation und Fauna und besonders interessanter Kultur, hat sich Graubünden schon früh zum Urlaubsland entwickelt. Seit vielen Jahren ist der Fremdenverkehr der volkswirtschaftlich wichtigste Erwerbszweig.

Topographisch baut sich Graubünden von 500 Metern Höhe im Norden, bei Landquart am Rhein, auf über 4000 m im Berninagebiet gegen Italien hin auf und fällt dann im Puschlav, Bergell und Misox, den drei auf die Alpensüdseite übergreifenden Täler, bis auf 700 bzw. 300 m ab. Im Westen durch die Tessiner und die Urner Alpen, im Norden durch die Glarner und die St. Galler Alpen begrenzt, stößt Graubünden mit mehr als der Hälfte seiner Grenze an Österreich und Italien.

Seine besondere geographische Lage machte Graubünden schon in alter Zeit als Paß- und Durchgangsland interessant und bestimmte weitgehend den Lauf seiner äußerst bewegten und wechselvollen Geschichte. Diese spiegelt sich auch in der reichen Kultur Graubündens wider, so in der sprachlichen Vielfalt. Drei Sprachen werden in Graubünden gesprochen: Deutsch in verschiedenen alemannischen Dialekten von 60% der Bevölkerung (vorwiegend in Mittelbünden), Rätoromanisch von 22% (im Vorder- und Hinterrheintal, im Albulatal, im Engadin und im Münstertal/Val Müstair), Italienisch in den drei südlichen Tälern.

Skigebiete auf einen Blick

Wichtigstes Eingangstor zum Bündner Land ist der Hauptort Chur (mit Skigebiet Brambrüesch) im Norden. Die Autobahn südlich des Walensees erleichtert die Anfahrt aus dem südwestdeutschen Raum über Zürich. Von hier erreicht man, entlang dem jungen Rhein über gute, aber

Alphabetisches Register
der Skiorte ab Seite 601

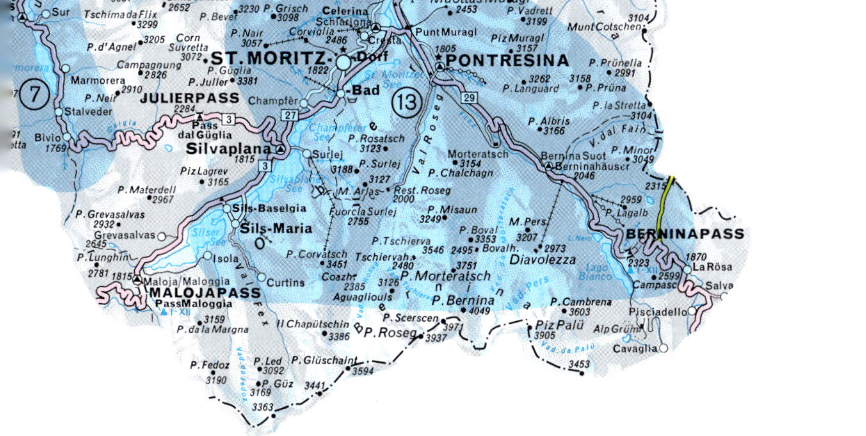

kurvenreiche Straßen, die »Weisse Arena« mit Laax, Flims und Falera. Auf mächtigen Terrassen über dem **Vorderrheintal** gelegen, bieten sich großflächig erschlossene Skihänge aller Schwierigkeitsgrade. Am Vorabgletscher, auf 3000 Metern Höhe, setzt auch der Sommer dem Spaß auf Brettern kein Ende. Auf der südlichen Talseite bei Ilanz bietet Obersaxen schönes offenes Skigelände an den Hängen des Piz Mundaun. Disentis und Sedrun, weiter hinten im Tal, Richtung Oberalp, sind ausgesprochene Familien-Ferienorte, die auf eine große und treue Stammkundschaft zählen können. Wochenendausflügler gibt es hier kaum.

Auch im **Hinterrheintal** hat der Wintersport Einzug gehalten. An der sehr gut ausgebauten Straße zum San Bernardino-Straßentunnel sind zwei Ferienorte mit einem kleineren Wintersportangebot entstanden: Splügen auf der Nordseite des Tunnels, San Bernardino auf seiner Südseite. Der Alpenkamm bildet hier eine Wetterscheide, von der die Gäste profitieren können. Je nach dem, wo die Sonne scheint, fährt man nach Splügen oder San Bernardino zum Skifahren.

Am Übergang zwischen Chur und Tiefencastel, in **Mittelbünden**, liegt zu beiden Seiten einer weiten Hochfläche das Skigebiet von Lenzerheide-Valbella, das zusammen mit den Gebieten Klosters – Davos (mit der weltbekannten Parsennabfahrt), Chur und Arosa zu den berühmten Stationen dieser Region zählt.

Etwas weiter südlich hat sich auch das Oberhalbstein mit dem sehr aktiven Savognin und dem sich bescheidener gebenden, aber schneesicheren Bivio, das auch Ausgangspunkt vieler besonders schöner Skitouren ist, einen Namen gemacht.

Über den Julierpaß, aber auch über den Flüelapaß oder von Landeck in Österreich erreicht man im Auto das **Engadin**, das mit Tannen und Lärchen bestandene Hochtal zwischen 1000 und 1800 m Höhe. Die Rhätische Bahn sorgt ihrerseits für wintersichere Zufahrt ab Chur.

Das beinahe 100 Kilometer lange, südwest-nordostwärts verlaufende Hochtal des Unter- und Oberengadins wird im Norden und Süden durch mächtige Bergketten geschützt, die in der berühmten Berninagruppe gipfeln. Größter und berühmtester Treffpunkt in der Seenlandschaft des Oberengadins ist die mondäne Skistadt St. Moritz.

Besonders schneesicher ist interessanterweise das tiefer gelegene Unterengadin mit Scuol – Tarasp – Vulpera als touristischem und geographischem Mittelpunkt. Im äußersten nordöstlichen Winkel von Graubünden liegt das Skigebiet Samnaun, verbunden mit dem im österreichischen Tirol liegenden Ischgl.

Disentis/Sedrun

Die beiden Gemeinden Sedrun und Disentis liegen im obersten Abschnitt des Vorderrheintales an der Oberalp-Paßstraße. Seit den frühen siebziger Jahren haben sich die traditionellen Sommerfrischen auch zu gern besuchten Wintersportorten entwickelt.

Seit der legendären Klostergründung durch den fränkischen Mönch Sigisbert im 8. Jh. sind **Disentis** und das ganze Tal bis zum Oberalppaß von der berühmten Benediktiner Abtei geprägt und beherrscht, die schon im 11. Jahrhundert die Reichsunmittelbarkeit erhielt und deren Äbte zu Reichsfürsten erhoben wurden. Noch heute wird das Dorf- und Talbild von der imposanten Klosteranlage aus dem 17. und 18. (Kirche) Jahrhundert beherrscht.
Die Entdeckung der angeblich stärksten radioaktiven Eisenquelle der Schweiz 1909 und die Eröffnung der Strecke Ilanz – Disentis der Rhätischen Bahn gaben Disentis als Fremdenort starken Auftrieb. 1926 wurde Disentis auch an die Furka-Oberalpbahn angeschlossen, womit diese um eine der schönsten Teilstrecken bereichert wurde.

auch während der genußreichen Abfahrt zurück nach Caischavedra genießt man einen herrlichen Blick auf die Medelgruppe, die schon die Grenze zum Tessin markieren.
Die Abfahrten über die zwischen 2000 und 3000 Metern Höhe liegenden Hänge sind breit und bestens präpariert, so daß sie auch für Kinder und schwächere Fahrer leicht zu bewältigen sind. Wer die etwas rassigeren Waldschneisen nicht scheut, kann bis ins Tal hinunter fahren; das ergibt vom Péz Ault her immerhin eine Strecke von respektablen 12 km. Den etwas weiter westlich gegen den Péz Strem (2876 m) hin gelegenen Skihang von Dadens mit seinen Tiefschneehängen erreicht man auf einer leichten Zubringerpiste. Überhaupt sind die Tiefschneemöglichkeiten großartig – direkt von der Piste ins Val Gronda, Val Acletta, Val Se-

Das Skigebiet von Disentis liegt an den sonnigen Hängen des Péz Ault (3027 m). Mit der Seilbahn gelangt man von dem Dorfteil Acletta aus zunächst zur Hauptterrasse nach Caischavedra, von dort mit drei Schleppliften bis auf knapp 2900 Meter. Von hier oben und eigentlich

gnas oder nach kurzen Anstiegen vom Lift aus ins Val Strem. Es sind herrliche Pulver- (im Hochwinter) und Firnhänge (im Frühjahr), die aber wegen der Lawinengefahr alpine Erfahrung voraussetzen.
Knappe 15 Autominuten von Disentis entfernt Richtung Oberalppaß liegt

Sedrun, Hauptort der Gemeinde Tavetsch, die aus einer ganzen Reihe von einzelnen Dorfschaften und Hofsiedlungen besteht.
Sedrun ist ein gemütlicher, anheimelnder Ort, der sich einer großen Schar treuer, jedes Jahr wiederkehrender Stammgäste rühmen kann.

Lustvolle Bewegung auf den Wogen des Buckelmeeres im Skigebiet von Disentis an den sonnigen Hängen des Péz Ault. Es gibt aber auch breite, gut präparierte Pisten für Skifahrer, die noch nicht so sicher auf den Brettern stehen.

Der oberste Talabschnitt ist sehr föhnarm, so daß die Schneeverhältnisse hier im allgemeinen recht gut sind. Die Abfahrten sind, wie die von Disentis, überwiegend problemlos. Beim Skischulplatz Valtgeva, gleich über dem Dorf, treffen sich vor allem die Skinovizen und Sonnenanbeter für die Auffahrt nach Cungieri. Das ungleich ausgedehntere und anspruchsvollere Skigelände bietet Sedrun jedoch auf Milez/Cuolm Val an den weiten, offenen Hängen des Crispalt (3076 m).

Eine interessante Einstiegsmöglichkeit in dieses Gebiet ist die Fahrt mit der Furka-Oberalpbahn zum Oberalppaß (2044 m) und von da mit dem Lift zum Calmut (2310 m), an dessen Flanken einige rote Pisten, aber auch Tiefschneehänge zu finden sind. Von hier gelangt man durch eine breite Rinne ins Val-Val, weiter nach Cuolm Val (2300 m) und zu den stark befahrenen Skifeldern um Milez.
Die Gegend um den Oberalpstock ist ein vielbegangenes Tourengebiet. Die Skischulen organisieren geführte Touren, die bei guter Vorbereitung und Kondition zum unvergeßlichen Erlebnis werden.

Disentis, 1150 m
Sedrun, 1400 m

Skigebiet: 1150–3000 m
Disentis 2500 Einwohner, 4520 Gästebetten Sedrun 1650 E., 5000 G.
Saison: Anfang Dezember bis Mitte April

Anreise Bregenz, N 13 Chur, Skigebiete oder Autobahn Basel, Luzern, Andermatt, Oberalppaß (Autoverladung Andermatt – Sedrun; Reservierung nötig), Skigebiete. Bahnstationen sind Disentis und Sedrun
Entfernungen von KA: 377/368 km, S: 348/339 km, UL: 277/286 km, M: 344/353 km

Information
Verkehrsbüro Disentis:
CH-7180 Disentis/Mustér, Tel. 081/9475822
Telefax 081/9474937
Schneetelefon 081/9475677
Kur- und Verkehrsverein Sedrun:
CH-7188 Sedrun, Tel. 081/9491515
Telefax 081/9491076
Schneetelefon 081/9491744
Landesvorwahlnummer siehe Seite 608.

Kinder in beiden Orten Betreuung möglich ab Babyalter (ca. sfr 12–18/Halbtag, 30–56/Ganztag inkl. Mittagessen); Skischule ab 4 Jahre (ca. sfr 150/Woche ohne Mittagessen)

Ski alpin Testnote ❄❄❄
jedes Gebiet

Skigebiet Disentis
60 km präparierte Abfahrten:
14 km schwer, 33 km mittel, 13 km leicht
Längste Abfahrt: Péz Ault – Disentis/Mustér, 12 km Länge, 1688 m Höhenunterschied, mittel
Liftkapazität: 9600 Pers./Std.
7 1 1

Skigebiet Sedrun
50 km präparierte Abfahrten:
10 km schwer, 30 km mittel, 10 km leicht
Längste Abfahrt: Cuolm Val – Dieni, 6 km Länge, 800 m Höhenunterschied, mittel
Die Valtgeva-Abfahrt (leicht) ist mittwochs von 19 bis 21 Uhr beleuchtet
Liftkapazität: 14000 Pers./Std.
10 3

Skipaß-Preise siehe Beilage
Tiefschneereviere Disentis Oberalpstock, Val Gronda, Val Pintga, Val Strem, Val Russein
3 Skischulen mit ca. 70 Skilehrern

Langlauf Testnote ❄❄
jedes Gebiet

Disentis 27 Loipenkilometer (6 km schwierig, 14 km mittel, 7 km leicht); längste Loipe: Cadi (860–1150 m), 17 km lang, leicht bis schwierig; höchste Loipe: Marias (Hundeloipe, 1300 m), 4 km lang, leicht bis schwierig; Nachtloipe: Salaplauna (1100 m), 2 km lang, leicht bis mittel, dienstags und donnerstags von 19 bis 21 Uhr beleuchtet
Sedrun eine 15 km lange Rundloipe (1400 m, leicht bis schwierig).
In beiden Orten: Langlaufgebühr erwünscht (ca. sfr 5/Tag, 30/Saison); Langlaufunterricht

Weitere Sportmöglichkeiten
Gleitschirmfliegen

Après-Ski
DISCO KINO
Museen

Sportliche Veranstaltungen
Surselva-Marathon 42 km (Freistil; Jan. 94)

Gleitschirmfliegen – auch für Passagiere oder für Schnupperer – hat die Flugschule in Disentis (Tel. 081/9474373) im Programm.
Das Dorfmuseum La Truaisch in Sedrun beherbergt eine wertvolle Mineraliensammlung und informiert über das frühere Leben der Tujetscher Bevölkerung.

Hotelempfehlungen: Seite 586–592

San Bernardino und Splügen

Splügen und San Bernardino sind sozusagen Geheimtips für Leute, die zum Skilaufen nicht unbedingt in die großen Zentren mit klangvollen Namen fahren wollen. Beide Dörfer haben eine interessante Geschichte als Paßorte.

Der Gebirgskurort **San Bernardino** mit seinen schönen alten, z. T. im italienischen Stil erbauten Häusern bleibt vom Durchreiseverkehr dank am Ort vorbeiziehender Autostraße und Straßentunnel verschont. Gleich beim Tunnelausgang befindet sich die Talstation der Gondelbahn Fracch-Confin. Einmal auf 2525 Metern angelangt, verteilen sich die Skifahrer im windgeschützten Pulverschneegelände zwischen Pizzo di Mucia (2968 m) und Pizzo Rotondo (2830 m). Die einfachen Pisten auf Confin eignen sich in erster Linie für Kinder, während die Abfahrten zurück nach Fracch schon höhere Anforderungen an die Skitechnik stellen.

In San Bernardino beginnt die Tessiner Haute Route. Die achttägige Skitour für Könner führt über das Rheinwaldhorn (3402 m) nach Airolo (an der Südseite des Gotthardpasses) und Ossasco/Val Bedretto im We-

San Bernardino
1626 m

Skigebiet: 1650–2525 m
150 Einwohner, 4000 Gästebetten
Saison: Ende November bis Ende April

Anreise Zürich, Chur bzw. Bregenz, Chur, San-Bernardino-Route (N 13/E 61). Bahnstationen sind Chur, Thusis, Bellinzona. Regionale Busverbindung Thusis, Splügen, San Bernardino, Bellinzona
Entfernungen von KA: 440 km, S: 372 km, UL: 280 km, M: 347 km

Information
Ufficio Turistico Pro San Bernardino, CH-6565 San Bernardino, Tel. 092/94 12 14
Telefax 092/94 11 55
Schneetelefon 092/94 12 42, 94 18 81
Landesvorwahlnummer siehe Seite 608.

Kinder Gästekindergarten ab 4 Jahre (ca. sfr 3/Std., 18/Ganztag inkl. Mittagessen); Skischule ab 4 Jahre (ca. sfr 170/Woche ohne Mittagessen)

Ski alpin Testnote

36 km präparierte Abfahrten:
5 km schwer, 11 km mittel, 20 km leicht
Längste Abfahrt: Tre Omen – Alpe Fracch, 7 km Länge, 900 m Höhenunterschied, mittel
Liftkapazität: 5450 Pers./Std.

6 1 1

Skipaß-Preise siehe Beilage
Skischule mit 20 bis 40 Skilehrern

Langlauf Testnote

24 Loipenkilometer (21 km mittel, 3 km leicht); längste Loipe: San Bernardino – Forcola (1626 m), 8 km lang, mittel; der Rundkurs Lago Dosso (1626 m, 2 km lang, mittel) ist dienstags und freitags von 18 bis 21 Uhr beleuchtet; Loipengebühr erwünscht (ca. sfr 5/Tag); Langlaufunterricht

Weitere Sportmöglichkeiten
Gleitschirmfliegen

Après-Ski

Überlegenswert: Einen »Halbprivatunterricht« bei der Schweizer Skischule San Bernardino zu buchen (Tel. 092/94 13 44). In einer kleinen Gruppe von mindestens drei und maximal sechs Personen lernt man mehr.

Hotelempfehlungen: Seite 586–592

sten, dann über den Passo di Naret (2438 m) und den Passo di Redorta (2181 m) nach Sonogno und Locarno im Süden.
Durch maßvolle Anpassung an die touristischen Gegebenheiten ist das ehemalige Walserdorf **Splügen** im Hinterrheintal noch nicht verbaut. Die steinbedachten Susten (öffentliche Rast- und Lagerhäuser) und die alten Patrizierhäuser von Splügen zählen, zusammen mit den typischen Walser Bauernsiedlungen Sufers, Medels, Nufenen und Hinterrhein, zu den Sehenswürdigkeiten an der Nord-Süd-Verbindung aus Graubünden in das Tessin. Splügen ist ein Skiort mit solidem Angebot für alle, die eine Alternative zum herkömmlichen Urlaub suchen. Schon die »höchstgelegene Rheinpromenade Europas« ist eine Attraktion für Spaziergänger.
Splügen ist ein Langlaufzentrum von beachtlichem Niveau. Das abwechslungsreiche Loipennetz verläuft den Hinterrhein entlang, wo man ab und zu Spitzenläufern beim Training begegnet. Der Einstieg ins Loipennetz ist auch bei den Dörfern Hinterrhein, Medels oder Nufenen möglich.
Gleich auf der anderen Talseite von Splügen, bei der Talstation des Skiliftes Blaktenboden, der das Skigebiet auf der Danatzhöhe am Tambo erschließt, liegen die Hänge für die Kinder- und Anfängerklassen mit einfachen bis mittelschweren Pisten.
Die ganze Terrasse auf der Tamboalp/Danatzalp (2215 m), mit dem majestätischen Tambohorn (3276 m) im Süden, bietet eine Fülle unerwarteter Pistenkombinationen. Gegen den Splügenpaß hin stehen den Tiefschneespezialisten anspruchsvolle Hänge zur Verfügung, die den Könner fordern. Splügen ist auch Ausgangspunkt vieler lohnender Skitouren, vorwiegend im Frühling. Zu nennen wären die Hochtour zum Rheinwaldhorn (3402 m) im Westen oder leichtere Routen zum Guggernüll (2886 m) im Südwesten und zum Mittaghorn (2561 m) im Südosten.

Splügen, 1457 m

Skigebiet: 1480–2215 m
430 Einwohner, 1000 Gästebetten
Saison: Dezember bis April

Anreise Zürich, Chur bzw. Bregenz, Chur, San-Bernardino-Route (N 13/E 61). Bahnstationen sind Chur, Thusis, Bellinzona; Regionale Busverbindung Thusis, Splügen, San Bernardino, Bellinzona; transalpine Buslinie Chur, Splügen, Bellinzona
Entfernungen von KA: 423 km, S: 355 km, UL: 263 km, M: 330 km

Information
Verkehrsverein Splügen/Rheinwald, CH-7435 Splügen, Tel. 081/62 13 32, Telefax 081/62 18 26
Schneetelefon 081/62 12 12
Landesvorwahlnummer siehe Seite 608.

Kinder Gästekindergarten ab 3 Jahre (ca. sfr 25/Halbtag);
Skischule ab 4 Jahre
(ca. sfr 160/Woche ohne Mittagessen)

Ski alpin Testnote ❄❄

30 km präparierte Abfahrten:
4,5 km schwer, 7,5 km mittel, 18 km leicht
Längste Abfahrt: Bergstation Lift 5 – Talstation Lift 1, 6,5 km Länge, 700 m Höhenunterschied, mittel
Liftkapazität: 8250 Pers./Std.
5 1

Skipaß-Preise siehe Beilage
Tiefschneereviere: Gebiet Splügenpaß
Skischule mit ca. 7 Skilehrern

Langlauf Testnote ❄❄❄

45 Loipenkilometer (13 km schwierig, 8 km mittel, 24 km leicht); längste Loipe: Wanderloipe Splügen – Hinterrhein (1460–1620 m), 20 km lang, leicht; höchste Loipe: Nufenen – Hinterrhein (1570–1620 m), 7 km lang, leicht; Loipengebühr erwünscht (ca. sfr 5 Tag); Langlaufunterricht

Weitere Sportmöglichkeiten

Après-Ski

Alternativtip: Schneeschuhwandern. Für diese Spaziergänge durch die verschneite Winterwelt am Hinterrhein braucht man ein bißchen Kondition, um wirklich Spaß zu haben an den bis zu fünf Stunden dauernden Führungen. Informationen und Anmeldung im Verkehrsbüro.

Hotelempfehlungen: Seite 586–592

Laax, Flims, Falera

Dieses Skigebiet – auch »Weisse Arena« genannt – ist in seinen Dimensionen selbst für Graubünden einmalig: 140 Quadratkilometer Hänge – zwischen dem Bündner Vorab und dem Cassonsgrat – sind von Laax, Flims und Falera aus zusammenhängend erschlossen.

Vor zwanzig Jahren waren die Skihänge am Crap Sogn Gion (2228 m) über **Laax** (1020 m) nur einem relativ kleinen Kreis von Kennern ein Begriff. Heute ist die »Weisse Arena« das großzügigste Skigebiet des Bündner Oberlandes.
Man darf sagen, daß sich die Laaxer Tourismusplaner Bedarf und Anordnung des Pistennetzes sehr genau überlegten, bevor sie ans Bauen gingen, so daß dieses ausgesprochen modern wirkende Skigebiet heute einen Skizirkus bieten kann, der so überzeugend und organisch wirkt, wie wenige andere in der Schweiz.
Achse ist die Bahn Murschetg – Crap Sogn Gion – Crap Masegn, von wo aus alle übrigen Stationen über mittlere bis schwere Pisten anzufahren sind.
Wer will, braucht an einem Tag die gleiche Strecke nicht mehr als einmal zu befahren, so groß ist die Zahl der Abfahrtsmöglichkeiten.
Wartezeiten an der Talstation der Zwölfergondelbahn gibt es kaum. Wer es einrichten kann, geht früher oder später als die große Masse hin. Wer früher da ist, hat die Chance, auf dem Parkplatz einen Platz für sein Auto zu finden. Wer erst ab 12.15 Uhr kommt, profitiert von der preislich günstigeren Halbtageskarte. An Sonntagen ist der Parkplatz auch über Mittag jedoch meist voll besetzt, und es empfiehlt sich, den Regionalbus zu benutzen.
Ausweichmöglichkeiten bieten die Gondelbahn über Larnags – Curnius mit einem anschließenden Sessellift nach Crap Sogn Gion sowie der Sessellift von Falera (1220 m) nach Curnius.
Einmal oben, verteilen sich die Skifahrer schnell. Auf den breiten und gut markierten Pisten fühlt man sich nie in seiner freien Beweglichkeit gestört oder eingeschränkt.
Die Skigebiete am Crap Sogn Gion bis hinauf zum Crap Masegn und zum Vorabgletscher und auch am gegenüberliegenden Cassons Grat sind wohltuend offen mit Blick auf einen Kranz majestätischer Berggipfel.
Der späteiszeitliche Felssturz, dessen Abbruchnische heute noch an dem als Skiberg beliebten Cassonsgrat in 1700 m Höhe zu erkennen ist, hätte für die spätere Entwicklung von **Flims** als Winter- und Sommerkurort kaum günstigere Voraussetzungen schaffen können. Denn durch dieses Naturereignis wurde die Landschaft reizvoll terrassiert, es entstanden die landschaftlichen Schönheiten der Flimser Schlucht, des Cauma- und des Crestasees.
Flims ist auf wintersicherer Zufahrt leicht erreichbar. Ein Parkhaus (700 Abstellplätze) und weitere Parkflächen sorgen dafür, daß das Dorfbild nicht ganz von Autos beherrscht wird.
An Wochenenden allerdings ist meist jeder Quadratmeter in dem noch zum Naherholungsgebiet von

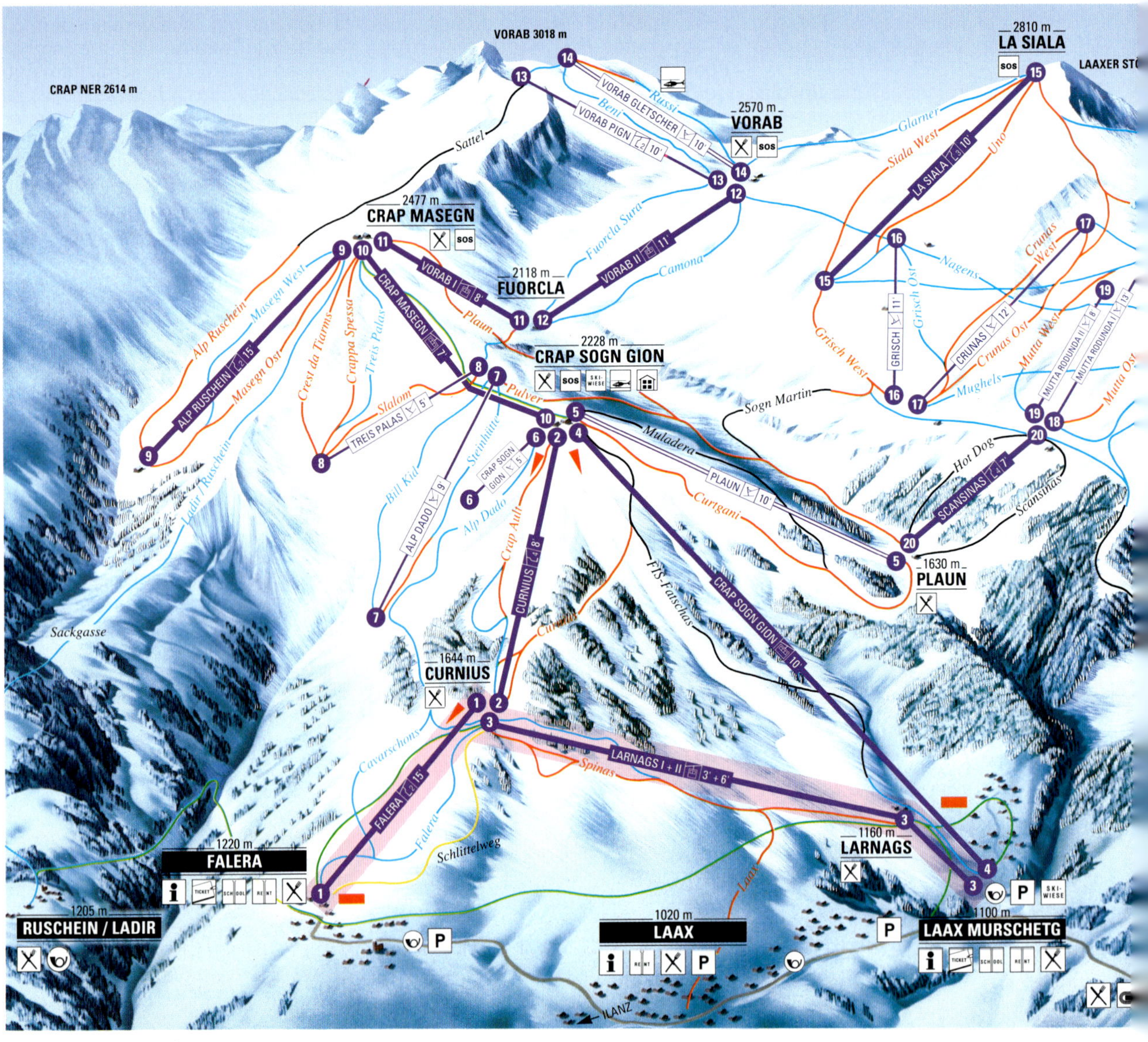

Laax, 1020 m, **Flims,** 1100 m, **Falera,** 1220 m

Skigebiet: 1000–3000 m
Laax 1386 Einwohner, 7500 Gästebetten
Flims 2494 E., 9390 G. Falera 430 E., 2250 G

Saison im Skigebiet: Anfang Dezember bis nach Ostern, Gletscherlifte in Betrieb von Ende Oktober bis Anfang Mai

Anreise Bregenz, Chur, Flims oder Autobahn Basel, Zürich, Chur, Flims. Bahnstationen sind Reichenau und Chur, von dort regelmäßige Busverbindungen nach Flims
Entfernungen von KA: 399 km, S: 331 km, UL: 239 km, M: 306 km

Information
Verkehrsverein Laax,
CH-7031 Laax, Tel. 081/921 43 43
Telefax 081/921 65 65
Schneetelefon 081/3901 10
Kur- und Verkehrsverein Flims,
CH-7018 Flims-Waldhaus, Tel. 081/39 10 22
Telefax 081/39 43 08
Schneetelefon: 081/39 28 22
Verkehrsbüro Falera,
CH-7131 Falera, Tel. 081/921 30 30
Telefax 081/921 48 30
Landesvorwahlnummer siehe Seite 608.

Kinder Gästekindergarten nur in Laax ab 1 ½–2 Jahre (Tel. 081/921 64 65, ca. sfr 25/Halbtag ohne Mittagessen, 50/Ganztag inkl. Mittagessen); Skischule in allen Orten ab 4 Jahre (ca. sfr 160/5 Tage ohne Mittagessen)

Ski alpin Testnote ✻✻✻✻

Skigebiet »Weisse Arena« gesamt (inkl. Gletscher)
220 km präparierte Abfahrten:
40 km schwer, 110 km mittel, 70 km leicht
Längste Abfahrt: »Der Weiße Schuß«, Vorab – Flims, 14 km Länge, 1900 m Höhenunterschied, leicht bis schwer

Liftkapazität: 34 000 Pers./Std.

14 9 5 4

Skigebiet Gletscher Vorab 3000
7 km präparierte Abfahrten, mittel bis leicht
Liftkapazität: 2600 Pers./Std.

2 1

Skipaß-Preise siehe Beilage

Tiefschneereviere: Alp Ruschein, Cassonsgrat

4 Skischulen mit ca. 200 Skilehrern

Langlauf Testnote ✻✻✻✻

96 km doppelspurige Loipen (15 km schwierig, 40 km mittel, 41 km leicht); Loipenverbund Flims – Laax – Trin (800–1100 m), 33 km lang, leicht bis schwierig; Sagogn (750 m), 20 km leicht bis mittel, Höhenloipe: Vorab 3000, 6 km Länge; Skateloipe: Flims, 8 km Länge; Trin 9,5 km, Sagogn 5 km; die Skating Nachtloipe Ner (1000 m), 3 km lang, leicht, ist dienstags, donnerstags und freitags von 19 bis 21.30 Uhr beleuchtet; Hundeloipe: Larisch, 3 km Länge; Loipengebühr erwünscht (ca. sfr 30/Saison); Langlaufunterricht

Weitere Sportmöglichkeiten

Sprudelbad, Fitneßcenter, Gleitschirmfliegen, Paraskiing, Heißluftballonfahrten

Après-Ski

Sportliche Veranstaltungen
Volksabfahrt Vorab – Flims »Der Weiße Schuß« (29./30. Jan. 94), Intern. Super-G für jedermann auf dem Vorab (März 94)

Schnupperskitouren für Einsteiger gibt's im Programm von Johny's & Thomy's Ski- und Bergabenteuer (Postfach 59, CH-7017 Flims-Dorf, Tel. 081/39 13 84, Fax 081/39 20 19).
Eine kulinarische Kutschfahrt führt (zu festen Zeiten) von Flims nach Conn und wieder zurück (ca. sfr 28 Rückfahrticket). Das Kulinarische ist die Polenta im Restaurant Conn (Tel. 081/39 12 31).

Hotelempfehlungen: Seite 586–592

Chur gehörenden Dorf von parkenden Autos besetzt.
Flims-Dorf, mit der Berggemeinde Fidaz und Flims-Waldhaus in den Wäldern in Richtung Laax erbaut, hat seinen bündnerischen Charakter nicht nur zu bewahren verstanden, sondern ihn durch viele Bauten im sogenannten Bündner Stil in neuerer Zeit sogar noch verstärkt: Es sind eher ältere Häuser, die heute aus dem ortstypischen Rahmen fallen.
Die bewaldete Terrasse am Cresta- und Caumasee ist von schönen, gepflegten Langlaufloipen durchzogen.
Seit 1945 erschließt eine der ersten Sesselbahnen Europas die Sonnenhänge von Foppa-Naraus. Sie sprechen vor allem mittlere Skifahrer an.
Sehr gute Fahrer finden vom Cassonsgrat (2675 m) über Alp Cassons windgeschützte Abfahrten, die je nach Schneeverhältnissen zur Herausforderung werden.
Einen weiteren Direkteinstieg in die »Weisse Arena« schafft die Fahrt zum Grauberg (Piz Grisch, 2228 m), von wo aus die südostwärts gerichteten Alpweiden von Nagens hinauf bis zur Siala (2810 m) mit mittelschweren Abfahrten über weite, lange Pisten viel Skispaß bieten. Etwas höhere Anforderungen stellen die beiden Strecken nach Plaun mit Anschluß zur Laaxer Seite.
Falera, mit deutschem Namen Fellers, ist ein kleines Bauerndorf, westlich von Laax auf prächtiger Aussichtsterrasse gelegen, mit einer schönen alten Kirche aus dem 15. Jahrhundert.
Über die Sessellifte auf Curnius und Crap Sogn Gion hängt der Ort mit dem Skizirkus Laax/Flims zusammen.

Lenzerheide mit Valbella und Parpan

Seit über 100 Jahren sind Lenzerheide und Valbella als Urlaubsorte bekannt. 1936 hielt der »mechanisierte« Skilauf im Gebiet des Val Sporz mit dem ersten Schlitten-Funi als Vorläufer der Ski- und Sessellifte Einzug. Die Vorzüge des Skigebiets liegen in seiner Weitläufigkeit und in der Schönheit seiner parkähnlichen Landschaft.

Die Lage von Lenzerheide am Heidsee, an der Durchgangsstraße von Chur zum Julier und ins Engadin, heute wegen der Verkehrsbelastung ein Manko, erwies sich damals als so günstig, daß die Entwicklung zu einem der modernsten Skigebiete selbst in den Kriegsjahren kaum einen Stillstand erlitt. 1941/42 begann man mit dem Bau von zwei Skiliften bei Tgantieni (sprich Tschantieni) und am Piz Scalottas mit der Erweiterung des Wintersportangebotes, das heute, zusammen mit den Anlagen im Dorf, sowohl sportlich aktiven wie auch geruhsamen Urlaub ermöglicht.

In Lenzerheide und Valbella, heute fast zusammengewachsen, gibt es – Reminiszenz an die »Dorfzeit« – in bescheidenem Maß noch immer Land- und Forstwirtschaft, doch überwiegt die Bedeutung des Fremdenverkehrs bei weitem. Wer die Lenzerheide noch vor zwanzig Jahren kannte, den schmerzt es zu sehen, welch großartige Landschaft – der Name Valbella deutet es schon an – hier zerstört wurde, um die touristischen Möglichkeiten voll ausschöpfen zu können.

Doch nun zum Wintersportangebot. In den Zirkus der Transportanlagen kann man einsteigen, wo immer es einem gerade beliebt. Das Auto läßt man am besten »zu Hause« und benutzt den für Skipaßinhaber kostenlosen Skibus, um zur gewünschten Talstation zu gelangen. Wer mit der Sonne fahren will, wählt am Morgen die Osthänge: Vom Piz Scalottas (2328 m) zum Piz Danis (2497 m) und zum Stätzerhorn (2574 m) und weiter bis zum Windegga/Pradaschier (2230 m) oberhalb von Churwalden (dessen Sessel- und Skilifte ebenfalls im großen Skipaß eingeschlossen sind) liegen die oberen Pistenpartien alle auf baumfreien Alpweiden.

Tiefschneefreaks können vom Parpaner Rothorn über die Alpe Sanaspans nach Lenzerheide herunterschwingen oder sogar über das Schafälpli nach Arosa (umständliche Rückreise). Wer Buckelpisten liebt, kommt bei der Abfahrt vom Stätzerhorn auf seine Kosten.

Nach dem Mittagessen, zum Beispiel auf Alp Stätz, wechselt man zu den Transportanlagen der Westhänge hinüber. Von Parpan hinauf nach Heimberg findet man über verschiedene Lifte den Anschluß zum Parpaner Schwarzhorn (2683 m) und Weißhorn (2824 m), wo eine schwarze Piste geübte Fahrer lockt. Auf Scharmoin (1900 m) gibt es zwei Kinderskilifte. Eine Kabinenbahn trägt die Skifahrer zum Parpaner Rothorn (2866 m), von hier führt eine mittelschwere Abfahrt über den Heimberg nach Valbella oder über die Scharmoin nach Lenzerheide. Man kann auch die sehr lohnende, aber nicht kontrollierte Variante über die Alp Sanaspans bis nach Lenzerheide

Dem Parpaner Rothorn gegenüber, das durch diese Kabinenbahn vom Heidsee her erschlossen wird, liegen die herrlichen Skifelder unter dem Piz Danis.

wählen. Die Rückkehr von der Alp Scharmoin erfolgt auf roten und blauen Pisten durch Waldpartien oder mit der Luftseilbahn.
Übrigens: Falls die Ski eine Beschädigung an Belag oder Kante erleiden sollten, bei der Mittelstation Scharmoin, auf dem Rothorn-Gipfel und an der Bergstation Piz Scalottas gibt es Werkzeug zur Reparatur im Self-Service.
Von Sporz nach Obervaz und von der Mittelstation der Rothornbahn auf Scharmoin zur Talstation sind Schlittelwege reserviert. Das großzügig eingerichtete Sportzentrum Dieschen bietet außer dem Hallenbad auch Kinderbecken, Sprudelbad, Sauna, Solarium und Fitneßraum.
Wer im Urlaub gern einheimische Spezialitäten genießt, hat hier die beste Gelegenheit dazu. Zwischen Chur und Valbella liegt eines der vielen Produktionsgebiete des beliebten Bündner Fleisches.

Lenzerheide mit Valbella und Parpan, 1480–1540 m

Skigebiet: 1480–2865 m
2500 Einwohner, 14 500 Gästebetten
Saison: Anfang Dezember bis April

Anreise Basel, Zürich, Ausfahrt Chur-Süd, Lenzerheide bzw. Bregenz, A 14, Feldkirch, Anschluß Haag, N 13 bis Ausfahrt Chur-Süd, Lenzerheide. Bahnstation ist Chur, Busverbindung nach Lenzerheide

Entfernungen von KA: 394 km, S: 326 km, UL: 234 km, M: 301 km

Information
Kur- und Verkehrsverein Lenzerheide-Valbella,
CH-7078 Lenzerheide, Tel. 081/34 34 34
Telefax 081/34 53 83
Schneetelefon 081/34 64 64
Landesvorwahlnummer siehe Seite 608.

Kinder Betreuung möglich ab 2 Jahre; Gästekindergarten (Hotel Valbella, Hotel Schweizerhof) ab 3 Jahre
(ca. sfr 18/Halbtag, 36/Ganztag ohne Mittagessen);
Skischule ab 4 Jahre
(ca. sfr 300/Woche inkl. Mittagessen)

Ski alpin Testnote ❄❄❄❄

155 km präparierte Abfahrten:
55 km schwer, 80 km mittel, 20 km leicht
Längste Abfahrt: Rothorngipfel – Lenzerheide Dorf, 11 km Länge, 1385 m Höhenunterschied, mittel
Die Abfahrt Fastatsch (Valbella, 1 km lang, leicht) ist donnerstags von 19 bis 22 Uhr beleuchtet
Liftkapazität: 33 000 Pers./Std.

28 8 1 1

Skipaß-Preise siehe Beilage

Tiefschneereviere: Rothorn – Alp Sanaspans – Lenzerheide; Piz Danis – Cumascheals; Heimberg »Schluacht« – Parpan; Rothorn – Arosa – Hörnli – Tschiertschen – Parpan – Lenzerheide (Tagestour)
3 Skischulen mit 140 Skilehrern

Langlauf Testnote ❄❄❄

13 Loipen über insgesamt 43 km (5 km schwierig, 24 km mittel, 14 km leicht); längste Loipe: Mittelberg (1500–1512 m), 7 km lang, leicht; Höhenloipe: Capfeders (1512–1550 m), 5 km lang, mittel; die Loipe auf der Luziuswiese (kleiner Heidsee, 1500 m, 1 km lang, leicht) ist montags, mittwochs und freitags bis 21.30 Uhr beleuchtet; Loipengebühr erwünscht (ca. sfr 30/Saison); Langlaufunterricht

Weitere Sportmöglichkeiten

Gleitschirmfliegen

Après-Ski

KINO

Sportliche Veranstaltungen

9. Planoiras 30 km Volksskilauf (Januar 94)

Après-Tip: Eisstockschießen. Auf dem Natureisplatz in Lenzerheide stehen zwei Eisstockbahnen zur Verfügung.

Hotelempfehlungen: Seite 586–592

Savognin und Bivio

Savognin liegt im bündnerischen Oberhalbstein. Es ist ein ausgesprochener Familienferienort. Hier können sich groß und klein tummeln, während im 570 m höher gelegenen Bivio vor allem Tourenfahrer ihr Revier finden.

Die weiten Skigebiete von **Savognin** am Piz Cartas (2713 m) und am Piz Martegnas (2670 m), im Vorgelände der Tourenberge um den Piz Grisch (3060 m), lassen sich durch das Val Nandro über Radons (1890 m) bzw. über Tigignas-Somtgant erreichen. Diese Abfahrten sind fast alle nach Südost orientiert. Nach Norden liegen die Pisten von Laritg.
Während es die Erwachsenen zur »Traumpiste« vom Piz Martegnas nach Naladas im Val Nandro zieht, schwärmen die kleinen Skifahrer, die meist im »Pinocchio-Club« fahren, von der »Heidipiste«, vom Piz Cartas nach Radons. Die sogenannte Traumpiste stellt die Verbindung her zwischen den Skigebieten von Cartas und Martegnas, so daß sich dank gut plazierter Lifte und Bahnen ein Gebiet von beachtlicher Ausdehnung nutzen läßt.
Im Talgrund, entlang der Gelgia (Julia), in Richtung Tinizong, findet der Langläufer seine Loipen.

Im Talgrund der Gelgia und auch eine Etage höher findet der Langläufer im Oberhalbstein seine Loipen.

Der italienische Name **Bivio**, was soviel wie »zwei Wege« heißt (Bivio liegt an der Gabelung zweier Paßstraßen, zum Julier und zum früher bedeutenden Septimer) hat den rätoromanischen Namen Stalla verdrängt. Zur Römerzeit und im Mittelalter war Stalla/Bivio letzte Station vor dem Julier und Septimer. Drei Sprachen werden in dem kleinen Dorf gesprochen: Deutsch ist Verhandlungsspra-

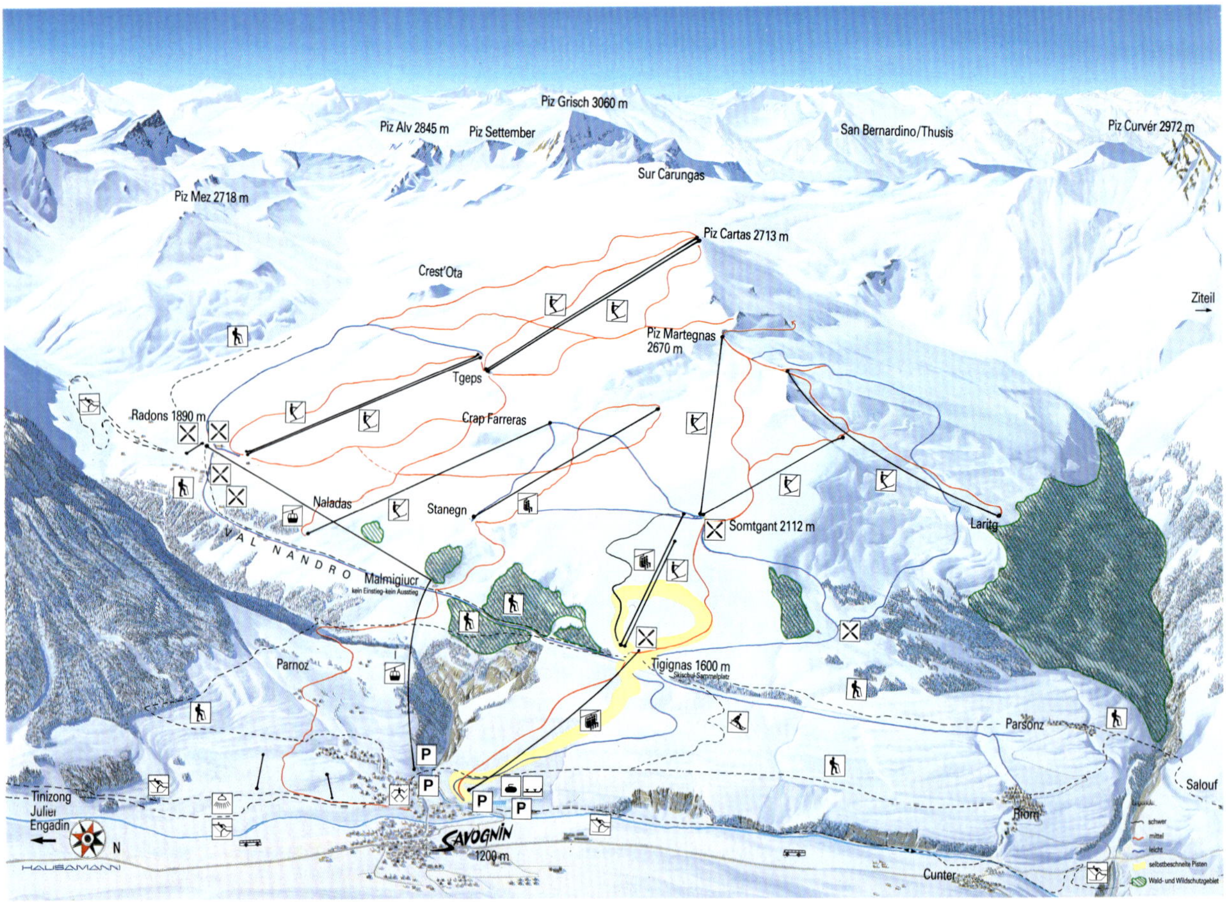

che, das amtliche Gemeinderatsprotokoll jedoch wird traditionell in italienisch abgefaßt. Umgangssprachen sind Surmiramromanisch (eine Dialektform der rätoromanischen Sprache) und Deutsch.
Westlich des Dorfes am Motta Scalotta wurde mit den Skiliften ein prächtiges Skigebiet erschlossen, mit technisch zwar anspruchslosen, dafür aber wahrhaften Panorama-Abfahrten.
Bivio darf sich auch als Skitouren-Ausgangsort sehen lassen. Wer sich nicht scheut, wieder einmal die Felle unter die Ski zu nehmen, kann sich in den Monaten März und April einer geführten Gruppe anschließen.

Savognin, 1173 m

Skigebiet: 1173–2713 m
1000 Einwohner, 3700 Gästebetten
Saison: Mitte Dezember 93 bis 17. April 94

Anreise Zürich, Chur, Thusis, Tiefencastel (Bahnstation, Busverbindungen), Savognin
Entfernungen von KA: 416 km, S: 348 km, UL: 256 km, M: 323 km

Information
Kur- und Verkehrsverein Savognin, CH-7460 Savognin, Tel. 081/74 22 22, Telefax 081/74 28 21
Schneetelefon 081/74 15 00, 51 18 66
Landesvorwahlnummer siehe Seite 608.

Kinder Gästekindergarten ab 2 ½ Jahre im Pinocchio-Club (ca. sfr 21/Halbtag, 47/Ganztag inkl. Mittagessen);
Skischule ab 3 Jahre im Pinocchio-Skiland (ca. sfr 137/5 Halbtage, 210/Woche inkl. Mittagessen; vor, zwischen und nach dem Skiunterricht Gratisbetreuung im Pinocchio-Club)

Ski alpin Testnote ❄❄❄

Skigebiet gesamt
83 km präparierte Abfahrten: 3 km schwer, 48 km mittel, 32 km leicht
Längste Abfahrt: Traumpiste Martegnas – Radons – Tigignas – Savognin, 12 km Länge, 1500 m Höhenunterschied, mittel
Liftkapazität: 16 140 Pers./Std.
12 3 2

Skigebiet Piz Martegnas
44 km präparierte Abfahrten:
3 km schwer, 19 km mittel, 22 km leicht
Liftkapazität: 9240 Pers./Std.
5 3

BESONDERS SCHNEESICHER

Skipaß-Preise siehe Beilage
Skischule mit 50 Skilehrern

Langlauf Testnote ❄❄❄

40 Loipenkilometer (6 km schwierig, 20 km mittel, 14 km leicht); längste Loipe Rona – Hohebene – Mulegns (1200–1890 m), 12 km lang, mittel; Höhenloipe Radons (1866–1890 m), 2 km lang, mittel; Nachtloipe Savognin – La Nars (1200 m), 2 km lang, leicht, täglich von 18 bis 22 Uhr beleuchtet; Langlaufunterricht

Weitere Sportmöglichkeiten

Après-Ski

Sportliche Veranstaltungen
5. Ski- and Country Weeks mit George Hug and Steaks & Beans und Craig Carter, The Singing Cowboy from Texas (15.–30. Jan. 94)

Spiele kann man ausleihen in der Ludothek (Verkehrsbüro). Die Leihgebühr beträgt pro Spiel ca. sfr 3.

Hotelempfehlungen: Seite 586–592

Bivio, 1776 m

BESONDERS SCHNEESICHER

Skigebiet: 1776–2560 m
250 Einwohner, 1220 Gästebetten
Saison: Dezember bis Ende April

Anreise Zürich, Chur, Thusis, Tiefencastel (Bahnstation, Busverbindung), Bivio
Entfernungen von KA: 432 km, S: 364 km, UL: 272 km, M: 339 km

Information
Verkehrsbüro Bivio, CH-7457 Bivio, Tel. 081/75 13 23
Schneetelefon 081/75 14 00
Landesvorwahlnummer siehe Seite 608.

Kinder kein Gästekindergarten;
Skischule ab 4 Jahre
(ca. sfr 94/Woche halbtags, 110/Woche ganztags ohne Mittagessen)

Ski alpin Testnote ❄❄

35 km präparierte Abfahrten, mittlere Schwierigkeitsgrade
Längste Abfahrt: Culmanettpiste, 4 km Länge, 800 m Höhenunterschied, mittel
Liftkapazität: 2500 Pers./Std.
4

Skipaß-Preise siehe Beilage
Skischule mit 9 Skilehrern

Langlauf Testnote ❄

Rundloipe über 7 km Länge mit schwierigen Waldstücken; das 1 km lange Teilstück Gravella (1769 m, leicht) ist täglich bis 22 Uhr beleuchtet; Langlaufunterricht

Weitere Sportmöglichkeiten
Paragleiten

Après-Ski

Spezialkurse für Tiefschneefahren oder Parallelschwung oder Tourenfahren bietet die Skischule an. Informationen unter Tel. 081/75 11 32.

Hotelempfehlungen: Seite 586–592

Arosa

Arosa gehört zu den vielseitigen und »feinen«, aber nicht zu den ausgesprochen sportlichen Schweizer Wintersportorten. Der in rund 1800 m ü. d. M. gelegene, sehr sonnige und auch schneesichere Ort hat ein Stammpublikum, das den Schwerpunkt auf geruhsame Erholung legt.

Dem Wunsch der erholungssuchenden Gäste kommt in Arosa manches entgegen. Etwa die vielen geräumten Spazier- und Wanderwege in seiner Umgebung – die teilweise mitten durchs Skigebiet und sogar bis auf den Hörnligrat (2493 m) und den Weisshorngipfel (2639 m) führen. Oder auch das nächtliche Fahrverbot, das freilich fast eine Formsache ist, denn Arosa liegt am Talende und hat ohnehin keinen Durchgangsverkehr. »Arosa ist ein Wildnus oder Thalgeländ sich gegen Schanfik erstrekend, Jurisdiction halber aber auf Davos gehörend. Die Häuser allda sind zerstreüet.« So steht es in einem alten Dokument. Mit der Wildnis ist es inzwischen längst vorbei, doch von der Natur ist erstaunlich viel erhalten geblieben. Die Aroser haben es verstanden, sie durch eine Reihe von Bauvorschriften rechtzeitig mit Grün- und Skischutzzonen vor der wuchernden Überbauung zu schützen. Auch Arosa hat zwar sein Dorfbild modernisiert, aber maßvoll und so, daß es nicht störend wirkt. Manche Hotels stammen noch aus der Kurortzeit und waren ursprünglich Sanatorien, die zweckmäßig umfunktioniert und erweitert wurden. Überdies rahmen die Bergwälder, die die Hügel oberhalb von Unter- und Obersee bis Innerarosa überziehen, den Ort reizvoll ein.

Die Aroser Verkehrsbetriebe haben in den fünfzig Jahren ihres Bestehens die Hänge vom Hörnli (2512 m) bis zum Brüggerhorn (2447 m) spinnwebartig mit Bahnen überzogen, die eine nahezu lückenlose Erschließung des Geländes bei relativ kurzen Wartezeiten gewährleisten.

Das heißt, daß Arosa auch künftig eher die Domäne der mittleren bis guten Skifahrer bleiben und Fahrer mit extremeren Wünschen oder ausgesprochene »Kilometerfresser« kaum anziehen wird.

Mit den vorhandenen Aufstiegshilfen steht allerdings ein Angebot zur Verfügung, das dem größten Teil der Skifahrer mehr als genügen dürfte, eröffnet sich doch damit ein Netz bestpräparierter, breiter Pisten in baumlosem Gelände.

Gut und in kurzen Abständen gesetzte Markierstangen führen sicher ins Dorf, auch im Schneetreiben oder Nebel.

Wer nicht im betriebsamen Arosa übernachten will, trotzdem aber die Vorzüge des Ortes genießen möchte, kann nach Litzirüti (5 km) oder auch

Skifahrer im Revier von Arosa: Es ist nicht immer die Rasanz, die diesen Sport so faszinierend macht.

Ein Kranz von Hörnern – Weißhorn, Hörnli, Rothorn usw. – Skirevier und Schutzwall zugleich – umgibt Arosa im Talschluß der Plessur.

nach Langwies (9 km) ausweichen. Dort gibt es preiswertere Übernachtungsmöglichkeiten.
In Arosa besteht eine Ladenstraße mit exklusiven Geschäften. Kaum ein Wunsch, der sich hier nicht erfüllen läßt.
Ganz groß wird der Pferdesport in Arosa geschrieben. Für die Gäste gibt es eine ausreichende Zahl von Reitpferden; auf Wunsch wird auch Reitunterricht erteilt. Eine besondere Attraktion sind jedes Jahr die an zwei Sonntagen im Januar stattfindenden Pferderennen auf Schnee.

Wer sich für Sehenswürdigkeiten interessiert, sollte das Bergkirchli mit seiner sehens- und hörenswerten Hausorgel ebenso wie das Steinmännli vom Gründjitobel (Langwies) auf sein Programm setzen.
Oberhalb Arosa gibt es in 2073 Meter Höhe die alte Arve – letzter noch erhaltener Zeuge des einstigen Arvenwald-Bestandes.
Wer Spaß am Après-Ski und am Nachtleben hat, wird in Arosa ebenfalls auf seine Kosten kommen – was man durchaus auch wortwörtlich nehmen darf.

BESONDERS SCHNEESICHER

Arosa, 1800 m

Skigebiet: 1750–2650 m
2400 Einwohner, 12 000 Gästebetten
Saison: Anfang Dezember bis Ende April

Anreise Basel, Zürich, Chur bzw. Bregenz, Feldkirch, Chur; von Chur nach Arosa auf ca. 30 km 1180 m Steigung (Ketten je nach Witterung). Int. Schnellzüge bis Chur, von dort mit der Rhätischen Bahn nach Arosa
Entfernungen von KA: 406 km, S: 338 km, UL: 246 km, M: 313 km

Information
Kurverein Arosa,
CH-7050 Arosa, Tel. 081/31 1621,
Telefax 081/31 31 35
Schneetelefon 081/31 1830
Landesvorwahlnummer siehe Seite 608.

Kinder Betreuung ab 2 Jahre in einigen Hotels (ca. sfr 30–45/Ganztag inkl. Mittagessen); Skischule ab 4 Jahre (ca. sfr 155/Woche ohne Mittagessen)

Ski alpin Testnote ❄❄❄

70 km präparierte Abfahrten:
2 km schwer, 48 km mittel, 20 km leicht
Längste Abfahrt: Weisshorngipfel – Prätschli-Talstation Tschuggen-Lift, 5 km, 910 m Höhenunterschied, schwer/mittel
Liftkapazität: 21 700 Pers./Std.
7 6 1 2

Skipaß-Preise siehe Beilage

Tiefschneereviere: zahlreiche Abfahrtsmöglichkeiten (nicht markiert!)
Skischule mit ca. 110 Skilehrern

Langlauf Testnote ❄❄❄

25 Loipenkilometer (hauptsächlich schwierig); längste Loipe: Panoramaloipe Prätschalp-Ochsenalp (1770–1936 m), 14 km lang, als Höhenloipe gilt das 8 km lange Teilstück Prätschalp; die Loipe Maran (1620 m, 2 km lang, mittel) ist montags, mittwochs und freitags bis 21 Uhr beleuchtet; Langlaufunterricht

Weitere Sportmöglichkeiten

Eishockey, Gleitschirmfliegen, Indoor-Golfanlage, Schneeschuhwandern

Après-Ski

DISCO KINO

Sportliche Veranstaltungen

2. Aroser Humorfestival (9.–13. Dez. 93), 4. Winterfußball-Turnier auf dem Obersee (9. Jan. 94), Windhundrennen (16. Jan. 94), Pferderennen auf Schnee (23. und 30. Jan. 94), Tour de Sol Alpin (5./6. Febr. 94), 8. Winter-Golf-Turnier (19./20. Febr. 94), 28. Aroser Volkslanglauf (Febr./März 94), 7. Eisstock-Woche für jedermann (März 94), evtl.: Intern. Eisstockturnier »Kristall Cup« (April 94)

Après-Tip: Einen Schnupperkurs für Eislauf mitzumachen. Vielleicht entdeckt man dabei ganz neue Talente ... (Informationen im Verkehrsbüro).

Hotelempfehlungen: Seite 586–592

Klosters

Wer unter Wintersport auch Gemütlichkeit und eine gewisse Ursprünglichkeit seines Ferienortes versteht, liegt in Klosters richtig. Der Ort im Prättigau bietet Pisten und Loipen für alle Ansprüche. Durch eine leistungsfähige Seilbahn ist Klosters an das Davoser Skigebiet Parsenn angeschlossen.

Klosters hat seinen dörflichen Charakter weitgehend bewahrt, topmoderne Tourismus-Architektur und Flachdachhäuser fehlen fast völlig, kurz – es ist ein Ort, in dem das ganze Jahr über gelebt wird. Neben dem Tourismus sind Handwerk, Baugewerbe und Landwirtschaft wichtige Erwerbszweige.
Auch Klosters hat eine sportlich geprägte Vergangenheit. So wurde der Skiclub bereits 1905 gegründet. In den dreißiger Jahren setzte die Gemeinde dann auf den Tourismus als wichtigen Wirtschaftszweig.
Unter dem starken Durchgangsverkehr leiden heute allerdings die Häuser entlang der Hauptstraße. Für den Personentransport innerhalb des weitverzweigten, ständig wachsenden Orts (zur politischen Gemeinde gehören Klosters Platz, Klosters Dorf, Selfranga, Aeuja, Monbiel, Serneus und Mezzaselva) wurde deshalb ein umweltfreundliches Transportmittel

geschaffen: der Ortsbus. Ein dichtes Netz von Haltestellen und das Fahren in kurzen Abständen machen den Bus attraktiv. Inhaber von Gästekarten und Skipässen fahren gratis.
Freundlich ist man in Klosters auch gegenüber dem skifahrenden Nachwuchs. Seit dem Winter 1988/89 gewähren die Bergbahnen Kindern unter 16 Jahren einen Rabatt von 40% (bisher 25%) auf Tageskarten und Skipässe.
Neben der Möglichkeit, gratis mit dem Ortsbus zu fahren, ist für Skipaß-Besitzer auch die Benützung der drei Tal-Skilifte kostenlos. Eine ideale Möglichkeit, bei schlechtem Wetter doch etwas skizufahren oder Kinder in die Kunst des Fahrens auf den zwei Brettern einzuweihen. Einer dieser Tal-Skilifte ist an zwei Abenden in der Woche beleuchtet.

Madrisa, der Sonnenberg von Klosters

Madrisa ist das Skigebiet für die ganze Familie. Weite, sanfte Hänge bieten vor allem jenen Skifahrern zahlreiche genußvolle Pisten, die es leicht bis mittelschwer mögen. Die lange Abfahrt durch das Schlappintal kann einen schönen Skitag auf Madrisa beenden.
Im zentral gelegenen Bergrestaurant (mit Kinderhort und weiteren Attraktionen für kleine Gäste) bietet der Wirt selbstgebackenes Brot und Süßwaren an. Neben den präparierten Pisten finden Tiefschneefreunde auf der Route Rätschenjoch ihre Reviere.
Dem Skifahren abseits der Piste mißt man wachsende Bedeutung zu; allerdings ist damit der Konflikt zwischen Skifahrern und Naturschützern vorprogrammiert. Klosters hat hier beispielgebend für beide Seiten einen Kompromiß gefunden: Es wurden reine Wald-Wild-Schonzonen ausgewiesen, die von den Tiefschneefreaks und Variantenfahrern respektiert werden. Die Sache funktioniert auf freiwilliger Basis, doch das Experiment scheint erfolgreich zu sein. ▶

Klosters

Grenzenloses Skifahren bedeutet in Klosters, daß die hiesigen Skipässe auch »drüben« im österreichischen Gargellen gültig sind. Patentierte Bergführer begleiten guttrainierte Tiefschneefahrer dorthin oder auf andere Skitouren in die Gebiete von Madrisa, Vereina und Silvretta. Für die meisten dieser zum Teil mehrtägigen Touren (mit Übernachtung in einer Berghütte) sind allerdings gute Kondition und skifahrerisches Können notwendig.

Gotschna – die Verbindung nach Parsenn

Auf der linken Talseite befördern die großen Kabinen der Gotschnagratbahn ihre Fahrgäste ohne Wartezeiten ins Skigebiet Gotschna-Parsenn, wo das Angebot durch die Luftseilbahn Parsennhütte-Weissfluhjoch und der Schiferbahn noch vergrößert wird. Das Skipaß-Generalabonnement beinhaltet die Benützung aller Anlagen in Klosters und Davos, inklusive der Rhätischen Bahn. Wer lange Talabfahrten liebt, kann vom Skigebiet Gotschna-Parsenn aus hinunter nach Küblis, Conters, Serneus, Klosters, Cavadürli oder auf den Wolfgang fahren und dort mit der Eisen-

Ein Skihimmel reiht sich an den andern: Der Skilift Kreuzweg – Parsennfurgga stellt eine Verbindung mit dem Davoser Parsenngebiet her.

Klosters hat seinen dörflichen Charakter mit eigenem Ambiente bewahrt.

bahn wieder nach Klosters oder Davos zurückkehren. Den je nach Fahrplan erzwungenen Aufenthalt kann man durch vorheriges Planen (jedes Verkehrsbüro informiert) vermeiden. Anspruchsvolle Skifahrer und Liebhaber steiler Abfahrten nehmen sich das Drostobel vor, das vom Gotschnagrat direkt nach Klosters führt, allerdings oft wegen Lawinengefahr gesperrt ist.

Weitere Wintersportmöglichkeiten

Was die Länge der Loipen für die Langläufer anbelangt, kann sich Klosters zwar nicht mit dem benachbarten Davos messen, doch kleiner heißt nicht weniger fein. Die gut präparierten Spuren atmen nordischen Charakter; sie führen in kupiertem Gelände den stimmungsvollen Bach entlang zur romantisch gelegenen Alp Novai.
Auf Alp Garfiun lädt ein kleines Restaurant zum Verschnaufen ein, eine Nachtlanglaufspur nimmt ihren Anfang bei der Brücke in Klosters-Aeuja. Eine zweite Loipenanlage führt talauswärts bis nach Serneus. In Serneus, einem Dorf, das politisch noch zu Klosters gehört, befindet sich im Kurhotel ein altes Schwefelbad, wo noch heute Heilkuren unter ärztlicher Aufsicht möglich sind.

Spazieren, schlendern, shopping

Wer's gemütlicher mag, genießt die Bergluft und ein eindrucksvolles Panorama auf die Berge der nahen Umgebung auf einem der vielen, gut präparierten Winter-Wanderwege, die es im Tal und in den Skigebieten gibt. Und ist er genügend weit gewandert, besteigt der Gast den Ortsbus oder die Bergbahn, die ihn wieder an seinen Ausgangspunkt oder ins Hotel zurückbringen.
Den Start zum längsten, präparierten Schlittelweg, Gotschnaboden, erreicht man mit der Luftseilbahn. Natureisbahnen (Möglichkeit für Eislauf, Eishockey, Eisstockschießen und Curling) sind aus dem touristischen Angebot ebenso nicht mehr wegzudenken wie Schwimmbad, Tennishallen und Restaurants, die feine Bündnerplatten servieren. Ein unvergeßliches Erlebnis ist die Fahrt in einem Pferdeschlitten hinein in die Bergwelt rund um Klosters.
Und auch Klosters hat seine Einkaufsstraße, die sich nicht so schick und exklusiv präsentiert wie andernorts, aber dafür erhält man hier noch einheimisches Handwerk, das sich gut als Mitbringsel eignet und das sich wohltuend von anderen Souvenirs abhebt.
Auf einem eigenen TV-Kanal kann sich der Gast über das gesamte touristische Angebot in der Sportregion Klosters/Davos informieren.
Davos siehe Seite 336.

Auf einen Blick

Skigebiet 1200–2844 m

Einwohner: 3700 **Gästebetten:** 8500
Saison: Mitte Dezember bis Mitte April
Wichtige Telefonnummern
Schneetelefon
Klosters und Davos 081/436904;
Lawinenwarndienst 081/187;
Straßenzustand Flüela 082/21191
Landesvorwahlnummer siehe Seite 608.

Ski alpin Testnote *****

Skigebiete Gotschna/Parsenn und Madrisa
170 km präparierte Abfahrten:
34 km schwer, 117 km mittel, 19 km leicht
(315 km präparierte Pisten inkl. Davos)
Längste Abfahrt: Weissfluhgipfel – Küblis, 12 km Länge, 2030 m Höhenunterschied, mittel
Die Piste am Skilift Selfranga (im Tal, 744 m Länge, mittel) ist montags und freitags von 20 bis 22 Uhr beleuchtet
Snowboard-Halfpipe bei der Bergstation Gotschnagrat
Liftkapazität: 16200 Pers./Std.
(53000 Pers./Std. inkl. Davos)
19 1 3 6
(55 Anlagen Klosters und Davos einschl. Parsenngebiet)
Skigebiet Madrisa
50 km präparierte Abfahrten:
10 km schwer, 30 km mittel, 10 km leicht
Längste Abfahrt: Saas, 8,5 km Länge, 900 m Höhenunterschied, mittel
Liftkapazität: 6500 Pers./Std.
6 1
Skipaß-Preise siehe Beilage
Tiefschneereviere: Chüecalanda/Madrisa, Drostobel, Chalbersäss, Messböden
2 Skischulen mit 100 Skilehrern

Langlauf Testnote ***

40 Loipenkilometer für klassisch (15 km schwierig, 15 km mittel, 10 km leicht), 12 km für Skating; längste und höchste Loipe: Klosters – Novai – Garfiun – Klosters (1200–1373 m), 15 km Länge, mittel/schwierig; die Loipe ab Aeujer Brücke (3 km lang) ist dienstags und donnerstags von 18 bis 21 Uhr beleuchtet; Hundeloipe: 7 km Länge, Loipengebühr erwünscht (ca. sfr 5/Tag, 30/Saison); Langlaufunterricht

Weitere Sportmöglichkeiten
Gleitschirmfliegen

Après-Ski

Anreise

»Rheintal« A 14, N 13 bis Ausfahrt Landquart bzw. Autobahn Basel, Zürich, Bad Ragaz, Klosters (Bahnstation)
Entfernungen von KA: 392 km, S: 324 km, UL: 232 km, M: 299 km

Hotelempfehlungen: Seite 586–592

Klosters

PLZ: CH-7250 **Ortsvorwahl:** 081
Verkehrsbüro: Klosters Platz
Tel. 691877, Telefax 694906 (Klosters Dorf Tel. 691978, Telefax 693753; Serneus Tel. 694810)
Einwohner: 3700 **Gästebetten:** 8500

Skischule: *Alpin* Schweizer Skischule Klosters beim Verkehrsbüro, Tel. 691380; Ski- und Snowboardschule Saas, Klosters-Dorf, Tel. 693134; *Langlauf* im Verkehrsbüro, Tel. 691877
Kinder: Gästekindergarten im Hotel Vereina ab 2 Jahre (Tel. 696191, ca. sfr 29/Halbtag, 44/Ganztag jeweils mit Mittagessen); Gästekindergarten an der Madrisa-Bergstation ab 3 Jahre (Tel. 692333, ca. sfr 4/Std., 15/Tag ohne Mittagessen); Skischule ab 4 Jahre (Tel. 691380, ca. sfr 218/Woche inkl. Mittagessen, 110/Woche halbtags ohne Mittagessen)
Après-Ski: *Disco* Casa Antica, Tel. 691621; Kir Royal, Tel. 696121; Madrisa (Klosters Dorf), Tel. 691462; Rufinis (Klosters Dorf), Tel. 694140

Snowboard Schnupperkurse finden montags und freitags abends statt. Für einen richtigen Drei-Tage-Kurs muß man mit ca. sfr 160 rechnen. Information und Anmeldung in der Snowboardschule, Alte Bahnhofstraße, Tel. 691380. Auf dem Gotschnagrat gibt's eine Halfpipe.
Altes Vergnügen, neu entdeckt: Schlittschuhlaufen. Abendeislauf ist mittwochs von 19.30–21.30 Uhr. Man kann Schlittschuhe ausleihen.
Verwöhn-Tip vor dem Après-Ski: Eine Kosmetikbehandlung im Beauty-Center Alpina, Tel. 693515.

Eislauf: Natureisbahn am Sportplatz, Tel. 692022
Squash: Squash- und Fitnesscenter, Tel. 691230
Schwimmen: öffentliche Hallenbäder in den Hotels Pardenn, Tel. 691141; Silvretta Park, Tel. 696121; Sport, Tel. 692921; Bad Serneus (Serneus), Tel. 691444

Der wehrhafte romanische Kirchturm stammt noch aus jener Zeit, als hier Mönche den Wald rodeten und ein Kloster bauten. Daraus wurde Klosters.

Davos

Davos ist Parsenn, denkt sich der Skisportler, und er hat natürlich recht. Doch erst die Gesamtheit aller Ski- und Wintersportmöglichkeiten rechtfertigen den Werbeslogan »Davos – famos«. Davos bietet nämlich unter anderem auch gutes Eishockey am Spengler-Cup, Weltklasse-Langlauf und – ganz neu – Paragliding.

1989 feierte man im Landwassertal das Jubiläum »700 Jahre Walser in Davos«. Diese Feiern erinnern an die Besiedlung des Hochtals durch die Walser, ein arbeitsamer Menschenschlag, der auch in den unwirtlicheren Bergregionen seine Heimat fand. Die von den meisten Gästen geschätzte Verbindung von Tradition und Moderne hat Davos seine heutige Stellung als Tourismusregion gebracht.

Aus dem Bergdorf ist ein geschäftiger, zur Hauptferienzeit beinahe städtisch anmutender Ort mit feinen Hotels, Dancings und Kinos geworden. Man findet in den Einkaufspromenaden alles, was das Herz begehrt; das Bauerngewerbe allerdings ist selten geworden. Die lange Davoser Promenadenstraße, zwischen Dorf und Platz, braucht keinen Vergleich mit anderen großen Urlaubsorten zu scheuen.

Ruhe und Abgeschiedenheit findet der gestreßte Städter bei Spaziergängen in den benachbarten Dörfern Laret, Glaris, Monstein, Frauenkirch oder einem der wildromantischen Seitentäler. Ein Besuch, der sich unbedingt lohnt (Bus- und Postautobetrieb).

Zuoberst im touristischen Angebot stehen die fünf Skigebiete Schatzalp/Strela, Parsenn, Pischa, Rinerhorn und Jakobshorn mit ihren präparierten Pisten – einem der größten Pistenangebote der Schweiz. Die Skigebiete Pischa im Flüelatal und Rinerhorn in Davos-Glaris bieten leichte bis mittelschwere Pisten. Sie sind mit dem Auto oder auch mit einem kostenlosen Skibus erreichbar, was sich wegen der rasch überfüllten Parkplätze empfiehlt.

Eine interessante Kombination ist es, am Morgen auf Pischa, einem Südhang, wo die Sonne schon früh scheint, Ski zu fahren und am Nachmittag nach Parsenn hinüberzuwechseln und den Tag mit der Parsenn-Abfahrt nach Küblis zu krönen. Eine kombinierte Tageskarte hierfür ist erhältlich. Mit ihren wechselnden landschaftlichen Eindrücken, dem großen Höhenunterschied von gut 2000 Metern und der Länge von 12 Kilometern ist die Abfahrt vom Weissfluhgipfel nach Küblis nach wie vor sozusagen die Rosine im ganzen Kuchen.

Schwierig sind die Abfahrten vom Höhenweg nach Davos und vom Weissfluhjoch zum Wolfgangpaß. Erfahrene Variantenfahrer und Ski-

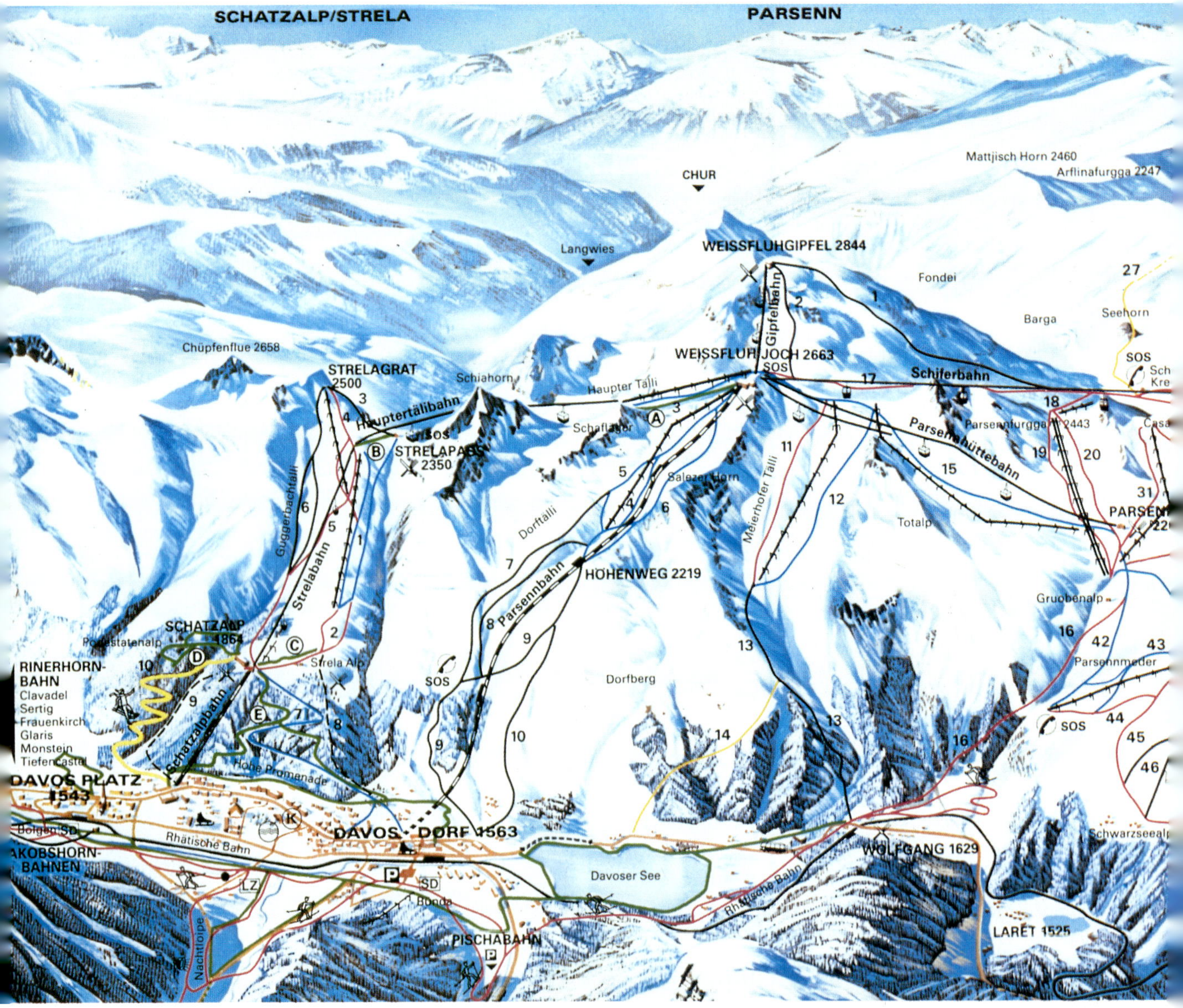

Ob mit Schnaps, Musik und Hallo oder nur von Glockengeläut begleitet: Fahrten im Pferdeschlitten machen allemal Spaß.

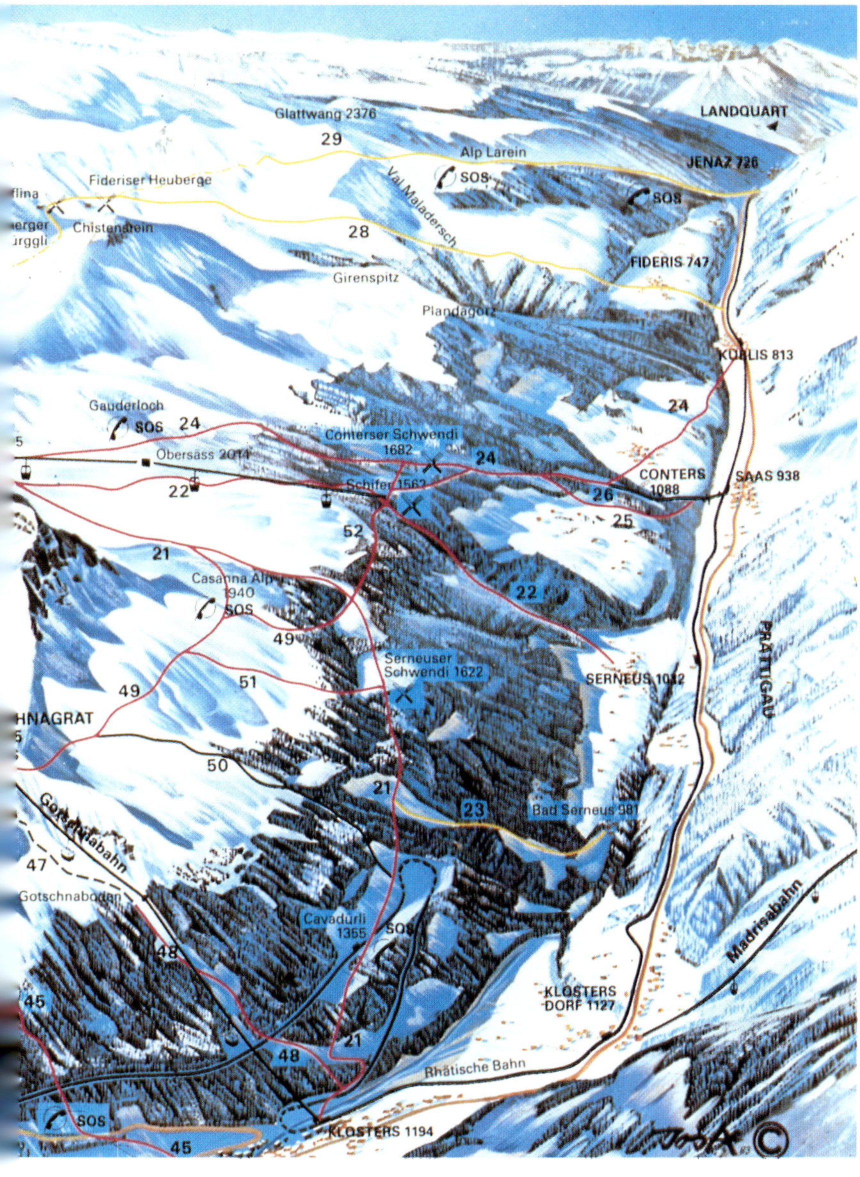

touristen nehmen den zweistündigen Aufstieg ab der Bergstation der Pischabahn zum Gipfel des Pischahorns unter die Bretter (Steigfelle erforderlich) und genießen dann eine lange und anspruchsvolle Abfahrt im Tiefschnee ins Vereinatal und nach Klosters.

Das Skigebiet Brämabüel-Jakobshorn ist mit einer Luftseilbahn von Davos-Platz aus zu erreichen. Es bietet ebenfalls eine große Anzahl leichter und mittelschwerer Pisten an. Die Haupttertälibahn schafft den Anschluß des Gebiets Schatzalp/Strela ans Weissfluhjoch und an das Parsenngebiet.

Schneeforschung und Skitourismus

Auf dem Weissfluhjoch liegt das renommierte Eidgenössische Institut für Schnee- und Lawinenforschung. Seit 1936 untersuchen hier die Wissenschaftler das weiße Naturelement Schnee. Auch der Parsenn-Rettungsdienst hat durch seine erfolgreiche Tätigkeit über die Grenzen hinaus einen guten Namen erlangt.

Auf dem Weissfluhgipfel lohnt es sich, einen Moment innezuhalten und die Aussicht ins Gipfelmeer rundherum auf sich wirken zu lassen. Der Blick reicht von den Bergen Graubündens bis ins Berner Oberland, in die Zentralschweiz und in östlicher Richtung ins Tirol sowie auf die Berninagruppe mit dem Piz Bernina, dem höchsten Berg Graubündens.

Dem Skifahrer bieten sich vom Weissfluhjoch aus zahllose Pisten aller Schwierigkeitsgrade an, darunter auch das Paradestück, die klassische Parsennabfahrt bis nach Küblis im Prättigau. Hier hinunter führt auch der Parcours des Parsenn-Derby, eines langen und anspruchsvollen Abfahrtsrennens, das 1924 zum ersten Mal ausgetragen wurde.

Bei den Talabfahrten von Parsenn nach Küblis, Serneus, Saas, Klosters oder Wolfgang bringt die Eisenbahn schnell und bequem wieder an den Ausgangspunkt zurück. Entsprechende Fahrpläne und Skipässe sind an den Bahnhöfen erhältlich. Für Besitzer des Regionalen Sportabonnements ist alles ganz besonders einfach: Ihr Abo ist auf Bergbahnen, Rhätischer Bahn und für die Ortsbusse gültig. Auch in Davos erhalten Kinder unter 16 Jahren einen Rabatt von 40% auf Ein- und Mehrtageskarten.

Persönlichkeiten aus der ganzen Welt, Vertreter international führender Unternehmen und Staatschefs aus aller Herren Länder geben sich jeweils im Februar im Davoser Kongreßhaus die Türklinke in die Hand. Das Davoser Weltwirtschaftsforum ist eine etablierte Veranstaltung geworden und unterstreicht den Ruf

Davos

des Ortes als Kongreßzentrum. Prominente Eishockeymannschaften finden alljährlich zwischen Stefanstag (26. Dezember) und Silvester den Weg ins Landwassertal. Das 1923 zum ersten Mal ausgetragene Klubturnier um den von Dr. Carl Spengler gestifteten Pokal bietet attraktiven Spitzensport.

Das Pistenangebot von Davos/Klosters ist mit seiner Gesamtlänge eines der größten und schneesichersten in der Schweiz.

Wintersport im Schnee, auf dem Eis, in der Luft

Die Eisbahnen (Natur- und Kunsteis) stehen nicht nur den Cracks, sondern allen Davoser Gästen zur Verfügung. Ebenso reichhaltig wie das alpine ist das nordische Angebot. Die Loipen in die Seitentäler Flüela, Dischma und Sertig warten mit zum Teil beträchtlichen Steigungen auf, belohnen dafür auf dem Rückweg mit spannenden Abfahrten. Eine andere Loipe verläuft durch das ganze Land-

Auf einen Blick

Skigebiet 813–2844 m

Einwohner: ca. 13 000
Gästebetten: 22 000
Saison: Dezember bis April
Wichtige Telefonnummern
Schneetelefon Davos und Klosters 081/43 69 04; Loipentelefon 081/46 55 05; Straßenzustand Flüela Tel. 082/2 11 91
Landesvorwahlnummer siehe Seite 608.

Ski alpin Testnote ✻✻✻✻✻

Skigebiet gesamt
63 präparierte Pisten über 232 km Länge: 60 km schwer, 120 km mittel, 52 km leicht (315 km präparierte Pisten inkl. Klosters)
Längste Abfahrt: Parsennabfahrt, 12 km Länge, 2030 m Höhenunterschied, mittel
Liftkapazität: 36 500 Pers./Std. (53 000 Pers./Std. inkl. Klosters)
23 1 4 8
3
(55 Anlagen Davos und Klosters einschließl. Parsenngebiet)

Skigebiet Schatzalp/Strela
15 km präparierte Abfahrten: 4 km schwer, 6 km mittel, 5 km leicht
Liftkapazität: 3400 Pers./Std.
2 1 1 1

Skigebiet Parsenn
89 km präparierte Abfahrten: 22 km schwer, 53 km mittel, 14 km leicht
Liftkapazität: 13 200 Pers./Std.
5 2 3 2

Skigebiet Pischa
17 km präparierte Abfahrten: 3,5 km schwer, 7,5 km mittel, 6 km leicht
Liftkapazität: 4000 Pers./Std.
3 1

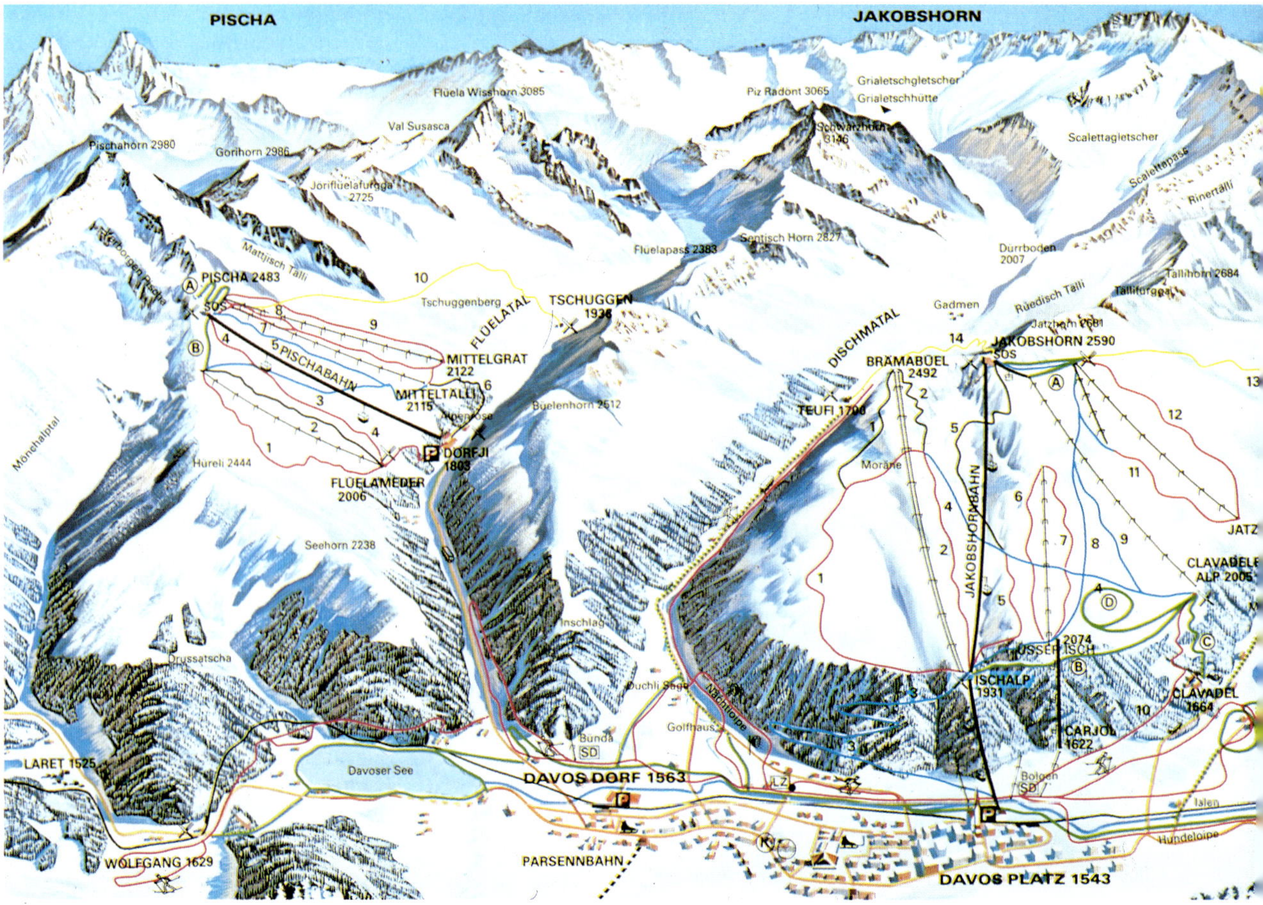

Skigebiet Rinerhorn
36 km präparierte Abfahrten
12 km schwer, 12 km mittel, 12 km leicht
Liftkapazität: 7200 Pers./Std.

Skigebiet Jakobshorn
30 km präparierte Abfahrten:
5 km schwer, 20 km mittel, 5 km leicht
Die Abfahrt am Bolgen-Lift (300 m lang, mittel) ist freitags von 19 bis 22 Uhr beleuchtet
Liftkapazität: 8700 Pers./Std.

Skipaß-Preise siehe Beilage
Tiefschneereviere: Jakobshorn: Teufi; Pischa: Tschuggen; Parsenn: Meierhofer Tälli – Davos – Wolfgang; Strela/Schatzalp: Strelagrat, Guggenbachtälli, Podestatenalp; Rinerhorn: Nullisch Grat – Davos Glaris
Skischule: mit 150 Skilehrern

Langlauf Testnote ❄❄❄❄

75 Loipenkilometer (20 km schwierig, 30 km mittel, 25 km leicht); längste und höchste Loipe: Davos – Mühle – Sertig (1560 bis 1861 m), 24 km lang, mittel; die Loipe im Langlaufzentrum (2,5 km lang, mittel) ist montags bis freitags von 18 bis 21.30 Uhr beleuchtet; Langlaufunterricht

Weitere Sportmöglichkeiten

Gleitschirmfliegen

Après-Ski

Kongreßzentrum

Sportliche Veranstaltungen

20. Intern. Langlauftage/Alpencup (18./19. Dez. 93); 67. Intern. Eishockey-Turnier um den Spengler Cup (26.–31. Dez. 93); Englisch-Schweizerisches Parlamentarier-Skirennen (Jan. 94), Eisschnellauf Weltcup Damen (15./16. Jan. 94); Volks-Super-G um die »Parsennstein-Trophy« (Febr. 94), Volksskirennen Parsenn-Derby (März 94)

Anreise

Autobahn Basel, Zürich (Ausfahrt Landquart), Klosters oder München, Landeck, Flüelapaß (Achtung: von 21 bis 7 Uhr kein Winterdienst unterwegs), Davos (Bahnstation)
Entfernungen von KA: 402 km, S: 334 km, UL: 242 km, M: 273 km

Hotelempfehlungen: Seite 586–592

Snowboard Schnupperkurse finden freitags von 19 bis 22 Uhr und sonntags von 13 bis 16 Uhr statt, es gibt Einsteigerkurse (3 Halbtage) und Wochenkurse (5 Halbtage). Snowboardschule Bolgen, Tel. 437374, nach 20 Uhr 721830.
Das neue Ludwig-Kirchner-Museum (Eröffnung war am 4. September 1992) ist täglich außer montags von 14 bis 18 Uhr geöffnet. Eintritt ca. sfr 7 (Kinder ca. sfr 4).
Der »Zauberberg« von Thomas Mann wird wieder lebendig im Jugendstil-Berghotel Schatzalp, direkt an der Bergstation der Schatzalpbahn – ein »must« im Davoser Sightseeing-Programm.

Davos

PLZ: CH-7270 **Ortsvorwahl:** 081
Verkehrsbüro Promenade 67 (Davos Platz), Tel. 452121, Telefax 452100
Einwohner: 13000 **Gästebetten:** 22000
Skischule: Promenade 83 (Davos Platz), Tel. 437171

Kinder: Gästekindergarten Pinocchio, Bünda/Davos Dorf, ab 2½ Jahre (Tel. 465969, ca. sfr 19/Halbtag, 66/Ganztag inkl. Mittagessen); Skischule ab 4 Jahre (Tel. 437171, ca. sfr 189/Woche inkl. Mittagessen)

Après-Ski: *Disco* Cabanna Club, Promenade 63, Tel. 431530; Pöstli-Club, Tel. 441161; Dischmabar (Davos-Dorf), Tel. 463323
5-Uhr-Tee mit Tanz Morosani Posthotel, Tel. 441161
Treffpunkt Express-Bar und Scala Café, Promenade 63, Tel. 435645; Carlos, Promenade 58, Tel. 431722
Kino Arkaden, Promenade 63, Tel. 431543
Museum Heimatmuseum, Museumstr. 1 (Davos Dorf), Tel. 461782; Ernst-Ludwig-Kirchner-Museum, Ernst-Ludwig-Kirchner-Platz, Davos Platz, Tel. 432202

Eislauf: Eislaufzentrum mit Kunsteisbahn, Natureisbahn und Eishalle in Davos Platz, Tel. 437354; Natureisbahn in Davos Dorf, Tel. 462979

Tennis und Squash: Clavadelerstr., Tel. 433131

Schwimmen: öffentliches Hallenbad, Promenade 92, Tel. 436463

Reiten: Reithalle Flüela, Mühlestr. 1, Davos Dorf, Tel. 463888, 462368

wassertal von Wolfgang bis nach Glaris. An dieser Spur liegt auch das Langlauf-Zentrum mit den entsprechenden Anlagen und Räumlichkeiten. Die Nachtloipe liegt in Davos Platz am Golfplatz, wo sich auch ein Langlaufzentrum befindet.
Schlittler fahren mit der Bergbahn zur Schatzalp und rodeln auf präpariertem Weg nach Davos Platz hinunter. Auf dieser Bahn (zweieinhalb Kilometer lang) fanden schon in den touristischen Anfängen Rennen mit den »Davoser-Schlitten« statt.
Skisportlern, die gerne in die Luft gehen möchten, bieten zwei Flugschulen eine seriöse Ausbildung zum lizensierten Gleitschirmpiloten an. Die bunten Nylonschirme, mit denen bei guten Windverhältnissen leicht per Ski gestartet werden kann, verschönern den Himmel vieler Wintersportorte.
Die örtliche Davoser Skischule organisiert Skitouren in die vom Pistenbetrieb unberührte Bergwelt der Davoser Umgebung, so etwa auf das Weisshorn, das Flüela-Schwarzhorn oder auf den Gletscher-Ducan. Wer sich einige Stunden Aufstieg mit den Fellen zutraut und auch das Skifahren im Tiefschnee einigermaßen beherrscht, wird von diesen Touren, die von patentierten Bergführern geleitet werden, begeistert sein. Dies ganz besonders im Frühling, wenn beim Aufstieg frühmorgens der Schnee noch hart, bei der Abfahrt aber sulzig geworden ist.

Kulturell ist einiges los

Neben dem sportlichen läßt sich auch der kulturelle Veranstaltungskalender von Davos sehen.
Im Kirchner-Museum sind Bilder des Expressionisten Ernst Ludwig Kirchner zu sehen, der mit einem von kraftvollen Farben und Formen geprägten Stil während seiner »Davoser Jahre« zwischen 1917 und 1938 (bis zu seinem Tod) die Berge, Täler und Dörfer im Landwassertal festgehalten hat.
Das Heimatmuseum zeigt Ausstellungsstücke aus der Vergangenheit der Talschaft. In den Kirchen finden Orgelkonzerte statt, und im Kongreßzentrum geht die ganze Palette musikalischer Darbietungen von klassischen Konzerten über Theateraufführungen und Ballett bis zu Rock- und Jazzkonzerten über die Bühne.
Auf einem eigenen TV-Kanal kann sich der Gast über das gesamte touristische Angebot in der Sportregion Klosters/Davos informieren.
Klosters siehe Seite 332.

St. Moritz/Oberengadin

Das Oberengadin steht für totalen Wintersport. Die Orte St. Moritz, Celerina, Silvaplana, Sils und Pontresina bieten mit hervorragend erschlossenen Skigebieten alles, was das Herz begehrt. Außerdem profitiert das Engadin von Hochgebirgsklima und südlicher Sonne.

Es sind vor allem die landschaftlichen Kontraste, die das Engadin so anziehend, so besonders machen und so berühmt werden ließen. Eis- und schneebedeckte Berggipfel spiegeln sich hier im kristallklaren Wasser der Seen. Die einzigartige Oberengadiner Seenlandschaft wurde, um eine ausreichende und naturnahe Erhaltung zu erreichen, unter nationalen Schutz gestellt. Das Tal setzt sich im Norden gegen das Unterengadin fort und fällt in südlicher Richtung mit dem Malojapaß steil ins Bergell ab.
Dieser Paß, der eigentlich gar keiner ist, markiert auch eine Sprachgrenze: Im Bergell wird italienisch, im Engadin noch romanisch gesprochen.
Das Klima ist vom nahen Hochgebirge geprägt. Geringe Bewölkung, intensive Sonnenstrahlung und weitgehende Nebelfreiheit sind die Merkmale.
In den hochgelegenen Skigebieten über 3000 Metern kann es mitunter empfindlich kalt sein. Der Winter ist zwar im allgemeinen lang und sehr schneereich, doch wenn die Sonne scheint, verbreitet sie südliches Klima. Schon die Kelten sollen sich am Quellwasser aus der Gegend von St. Moritz Heilung versprochen haben, und an die Präsenz der Römer erinnern zwei Steinsäulen auf der Paßhöhe des Julierpasses. »Erholungssuchende« waren auch die ersten Touristen im auf 1800 Metern gelegenen Tal. Mitte des letzten Jahrhunderts hielt dann der Skisport Einzug und erlebte einen enormen Aufschwung.
Die Dorfbilder des Oberengadins werden einerseits durch Hotels verschiedener Baustile, andererseits aber auch durch schöne alte Engadiner Häuser mit der traditionellen Fassadenmalerei, dem Sgraffito, geprägt. Alte, zum Teil in romanischem

Stil erbaute Kirchen wie in Sils, Silvaplana, St. Moritz (Schiefer Turm) oder Celerina (San Gian) werden den Kulturfreund interessieren.

St. Moritz

Die Wintersportmöglichkeiten im berühmtesten aller Wintersportorte sind beinahe grenzenlos, und zwar sowohl für den, der sich Sport von der Zuschauertribüne aus anschauen will, als auch für den Aktiven. St. Moritz war schließlich bereits zweimal Austragungsort Olympischer Winterspiele: 1928 und 1948.
Vor der Beschreibung der Skipisten-Vielfalt von St. Moritz sei auf eine Tatsache eingegangen, die St. Moritz in seiner Werbung besonders betont: Skifahrer und Nicht-Skifahrer finden hier durchschnittlich 322 Sonnentage im Jahr, was auch für die Schweizer Alpen ganz sicher eine besonders große Zahl darstellt.

Die weiten Hänge der Corviglia bieten Skifahrern aller Könnensstufen Genuß. Auch Snowboard- und Monoskifahrer finden hier ihr Revier.

Nun aber zu den Pisten und Aufstiegshilfen. Direkt ab St. Moritz-Bad hebt die Seilbahn auf das Signal ab, die über einen großen Parkplatz und die entsprechende Förderkapazität verfügt. Anschließend stehen eine Vielzahl von Skiliften sowie die Seilbahn Corviglia – Piz Nair bereit.

Corviglia

Die weiten Hänge der Corviglia mit ihrer imposanten Aussicht auf das direkt unterhalb gelegene St. Moritz bieten den Skifahrern aller Könnensstufen Genuß. Auch Familien mit Kindern dürfen sich problemlos hierhin wagen. Der Piz Nair sieht von unten zwar unnahbar aus, aber die Abfahrten gegen Norden können auch von Skifahrern normaler Könnensstufe bewältigt werden.
Auf dem Gipfel lohnt sich ein Blick auf das Panorama der umliegenden Berge. Besonders imposant präsentiert sich der südlich gelegene Piz Julier mit seinen 3380 Metern Höhe. Nördlich davon liegt das Skitourengebiet um die Jenatschhütte des Schweizer Alpen-Clubs.
Vom Piz Nair hinab durch das Val Schlattain und vom Piz Grisch nach Marguns hinunter (Station der von Celerina kommenden Gondelbahn) findet der Liebhaber sehr steiler Abfahrten auch Buckelpisten vor.
Den Ansturm St. Moritzer Skifans aufnehmen hilft ebenfalls die Standseilbahn Chantarella – Corviglia.
Gepflegte Pisten, die erwähnten Zubringer und weitere Skilifte, das ist das Skigebiet St. Moritz.
Das i-Tüpfelchen eines St. Moritzer Skitages bildet die Talabfahrt, die bei guter Schneelage trotz südseitiger

St. Moritz/Oberengadin

Exposition bis zum Parkplatz oder zur Busstation hinunter führt.
Im Gebiet um die Bahnstation Corviglia sorgen zahlreiche Schneekanonen für den richtigen Untergrund zum Skifahren. Im Frühling locken oftmals gute Sulzschnee-Verhältnisse. Die Möglichkeit des Oberengadiner Ski-Abonnements sowie kombinierter Tageskarten, die einem vom lästigen Beachten verschiedener Tarifgrenzen befreien, erlaubt einen ungetrübten Skigenuß, sei es auf »normalen« Pisten oder auf den klassischen Weltmeisterschafts-Abfahrten bis hinunter nach Marguns-Celerina.
Über 10000 Langläufer nehmen jedes Jahr jeweils am zweiten Sonntag im März die 42 Kilometer lange Strecke von Maloja nach Zuoz, den Engadin Skimarathon unter die Bretter und bestehen dabei einen »Kampf« gegen die Stoppuhr, aber vor allem auch gegen sich selber. Der Skimarathon ist ein Anlaß, der dem Engadin rund das Fünffache an zusätzlichen Logiernächten bringt, denn der Skimarathon ist auch für Zuschauer ein Ereignis.
Das Langlaufzentrum in St. Moritz-Bad bietet eine hervorragend ausgebaute Infrastruktur für Volks- und Wettkampfläufer.
Die zahlreichen Restaurants, von der Alphütte bis zum »Höhen-Gourmet-Tempel«, und Sonnenterrassen im Skigebiet ziehen nicht nur aktive Skifahrer an, sondern auch Spaziergänger, die einen Tag in Schnee und Sonne erleben wollen. Gepfadete und präparierte Höhen-Wanderwege verlaufen zwischen Chantarella, Salastrains und Suvretta.
Eine der berühmtesten Mutproben von St. Moritz ist der Cresta-(Skeleton-)Run. Der Cresta-Kurs ist ein 1212 Meter langer Eiskanal, den man auf einem Schlitten bäuchlings, den Kopf voran, mit ca. 140 Stundenkilometern hinunterdonnert, versehen mit Spezialanzug, Knieschützern, Lederpolstern, Handschuhen und Spezialschuhen. Der niedrige Schlitten, der weder Bremsen noch Steuer hat, kann nur durch Gewichtsverlagerung gesteuert werden. Den Geschwin-

Golfen auf dem gefrorenen See gehört wie das Langlaufen zu dem reichhaltigen Wintersportangebot von St. Moritz.

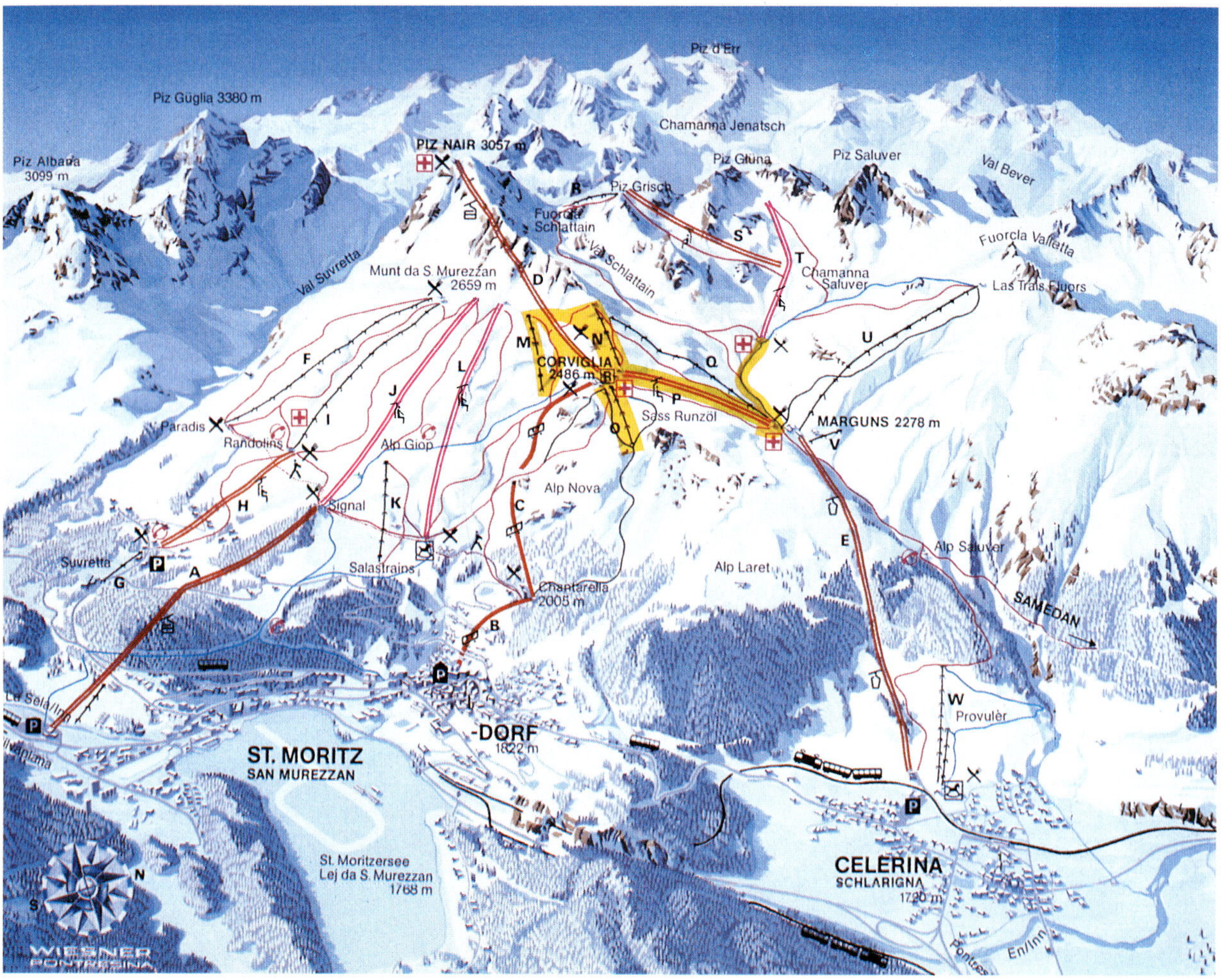

digkeitsrekord hält zur Zeit der Schweizer Christian Bertschinger mit 50.41 Sekunden (23. Februar 1992). Normalerweise sind für diesen Run nur Männer zugelassen; aber am letzten Tag der offiziellen Wintersaison dürfen auch Damen es wagen, allerdings ohne Messung der Geschwindigkeit.

Ein weiterer Nervenkitzel ist es, einmal als Passagier die 1585 Meter lange St. Moritzer Bobbahn zu erleben. Gefahren wird in einem Viererbob, vorne ist der Pilot, dahinter sitzen zwei Passagiere, der vierte Mann ist der Bremser.

Weitere Attraktionen finden auf dem gefrorenen See statt: Pferde- und Windhundrennen, Polo- und Golfturniere. Auf den Eisbahnen gibt es Curling oder Eishockey, auf den Pisten Skirennen und auf der Schanze Skispringen.

Der Veranstaltungskalender führt auch im nicht-sportlichen Bereich ein gedrängtes Programm auf, zu dem unter anderem ein Besuch im Mu-

seum des Malers Giovanni Segantini gehört, der in eindrucksvollen Bildern die besonderen Stimmungen der Oberengadiner Landschaft gemalt hat. Das Engadiner Museum zeigt, wie man in früheren Jahren hier gelebt hat. In Diavorträgen und in Filmen stellen einheimische Fotografen das Engadin im Sommer und im Winter vor, und auch Freunde klassischer Konzerte, Ballette oder Schauspiele brauchen in ihrem Urlaub nicht kürzer zu treten.
Ein Datum sei hier noch besonders erwähnt. Am 1. März feiert die Engadiner Jugend den Chalandamarz und vertreibt mit Getöse und klingenden Glocken den Winter. Es ist ein alter Brauch, der hier vielerorts noch aktiv ausgeübt wird.

Celerina

Celerina setzt neben das beinahe städtisch anmutende St. Moritz den dörflichen Akzent. Wer die Ruhe liebt und echte Engadiner Dorfatmosphäre erleben möchte, ohne freilich auf die Möglichkeiten der ganzen Tourismusregion verzichten zu müssen, der liegt in Celerina richtig.
Eine Sechser-Gondelbahn führt direkt vom Dorf in das Skigebiet Marguns. Mit einem Skilift und einer Sesselbahn ist das Gebiet von Celerina mit den Anlagen auf Corviglia verbunden. Die Pisten von Trais Fluors und dem Val Saluver eignen sich für die ganze Familie. Man kann problemlos die beiden Skigebiete wechseln, dafür ist auch eine gemeinsame Tageskarte erhältlich (abgesehen vom Oberengadiner Generalabonnement).
Und auch in Celerina bietet der Kurverein präparierte Wanderwege, Kutschenfahrten, Ski- und Langlaufkurse sowie Curling an.

Silvaplana

Den Schneegipfel des 3300 Meter hohen Piz Corvatsch sieht man vom Julierpaß her als einen der ersten Engadiner Gipfel. Das Dorf Silvaplana liegt am Ende der Julierstrecke und hat deswegen ein bedeutendes Verkehrsaufkommen zu bewältigen.

Pontresina ist Ausgangspunkt für viele erlebnisreiche Skitouren. Von hier aus steigt man durchs Val Roseg in die Hochgebirgsregionen der Berninagruppe auf.

Die Seilbahn von Surlej (im Gebiet von Silvaplana) erschließt über die Mittelstation Murtél den Berg.

Corvatsch

Corvatsch ist auch so ein Wort, das die Skifahrer magisch anzuziehen scheint, und entsprechend lang kann die Warteschlange an der Talstation sein.
Der Tiefblick auf die Oberengadiner Seenlandschaft, auf eng zusammengedrängte Dörfer oder auf die Berge der Bernina- und Sellagruppe ist atemberaubend. Das Gipfelrestaurant erlaubt den Rundblick in alle Himmelsrichtungen, und wer sich auskennt, erspäht bei guter Sicht ganz im Westen den Mont Blanc, den höchsten Berg der Alpen.
Verläßt man – oben angekommen – Bahnkabine oder Gipfelrestaurant, steht dem Skigenuß nichts mehr im Weg: 1500 Höhenmeter, von 3300 auf 1800 Meter, führen die Pisten. Ein Vergnügen, das nicht so rasch endet, und die Meereshöhe kann schon bewirken, daß man etwas früher außer Atem gerät als in tieferen Regionen.
Verschiedene Skilifte erschließen ein Netz von Pisten aller Schwierigkeiten, und der erfahrene und gute Skifahrer findet auch Varianten im Tiefschnee.
Das Gletschereis am Gipfel bewirkt, daß der Schnee dort fast während des ganzen Jahres leicht und locker bleibt. Die sechs Kilometer lange Piste über den Hahnensee nach St. Moritz-Bad zählt zu den besonderen Abfahrten. Unterhalb der Waldgrenze empfiehlt es sich, auf den markierten Pisten zu bleiben, denn dort wurden zum Schutz der Wildtiere Ruhezonen ausgewiesen.
Unterhalb der Bergstation starten am Piz Corvatsch die Gleitschirmflieger mit ihren bunten Matratzen. Schulen bieten die Ausbildung bis zum lizenzierten Piloten im Engadin an.
Auf der Julierseite wird im Winter eine Schlittelbahn präpariert, die bei guten Schneeverhältnissen bis nach Silvaplana hinabführt. Pferdeschlittenfahrten gehören im Winter ebenfalls zum Programm fast jeden Kurvereins.

Sils ist ein ruhiger Urlaubsort mit einer hübschen Kirche im Ortsteil Sils-Maria.

Sils

Der Philosoph Friedrich Nietzsche schrieb 1879 den Satz: »In mancher Natur-Gegend entdecken wir uns selber wieder, mit angenehmen Grausen... hier, wo Italien und Finnland zum Bunde zusammengekommen sind und die Heimat aller silbernen Farbentöne der Natur zu sein scheint...« Und diese Worte treffen auf die Gegend hier perfekt zu.
Sils liegt in verschiedene Fraktionen aufgeteilt einerseits am Fuß hoher Berge, andererseits am Seeufer und zudem am Eingang zum Fextal. Die Bestrebungen zum Schutz dieses Tales sind sehr weitreichend, so daß dort zum Beispiel keine Stromleitung mehr das Auge stört. Es ist eine Gegend »angenehmer Kontraste«, wie der Werbeprospekt aussagt.
In Sils wird sich derjenige Urlauber ein Quartier suchen, der die Ruhe schätzt und nicht Tag und Nacht auf ein umfassendes touristisches Angebot im Ort angewiesen ist. Spazierwege und Loipen fügen sich nahtlos ins Netz der übrigen Oberengadiner Orte ein.
Das Skigebiet Furtschellas eignet sich vorzüglich für Familien und geruhsamere Skifahrer. Eine Luftseilbahn und Skilifte erschließen ein Gebiet mit ausgedehnten Möglichkeiten. Über einen Skilift kann man ins Gebiet Corvatsch wechseln (Tarifgrenze; ein kombiniertes Abonnement ist notwendig).
Rennbegeisterte Skifahrer haben auf Furtschellas Gelegenheit, auf einem speziell präparierten Slalomhang ihre Fähigkeiten zu testen.

Pontresina

Pontresina, am Anfang der Straße zum Berninapaß gelegen, ist das klassische Engadiner Bergsteigerdorf. Von hier aus steigt man durchs Val Rosegg oder über Morteratsch in die Hochgebirgsregion der Berninaberge auf.
Bergsteigen hat hier Tradition: Schon 1850 brachen drei einheimische Alpinisten, darunter Oberforstinspektor Johann Coaz, auf, um den 4047 Meter hohen Piz Bernina, den höchsten Berg Graubündens, zum ersten Mal zu besteigen. Die Bergsteigerschule im Ort führt auch heute noch Touristen dort hin.
Doch auch der Anblick eisüberzogener Berge von unten ist ein Erlebnis. Eine Wanderung zu Fuß oder auf Langlaufski in eines der genannten

St. Moritz/Oberengadin

Bis zu 12000 Läufer nehmen alljährlich teil am Engadin Skimarathon. Start ist in Maloja, Ziel zwischen Zuoz und S-chanf.

Seitentäler vermittelt unauslöschliche Erinnerungen. Strenge Landschaftsschutzbestimmungen garantieren heute, daß im Val Rosegg Ruhe und ursprüngliche Natur herrschen.
Unter dem Motto »Ski Randonnée« vermittelt die Langlauf-Schule während einer Woche Ausflüge abseits der Loipen in unbekannte Täler.
Pontresina, das einst kleine Dorf, hat sich verändert. Große Hotelbauten aus der Belle Epoque kontrastieren zu typischen Engadiner Häusern, deren Fassaden mit Sgraffito-Malereien verziert sind. Dancings und ein Hallenbad gehören heute ebenso dazu wie feine Speiserestaurants.

Lagalb

Die beiden Skigebiete Lagalb und Diavolezza liegen 15 Kilometer hinter dem Ort in Richtung Berninapaß. Bei der Talstation stehen große Parkplätze zur Verfügung, sie sind aber auch mit einem speziellen Bus oder mit der Eisenbahn zu erreichen.
Lagalb bietet die ganze Palette skifahrerischer Möglichkeiten – vom Steilhang bis zur weitausholenden Abfahrt. Den steilen und meist harten Nordhang nehmen sich die guten Skifahrer vor, während die übrigen Pisten Fahrern aller Stärkeklassen Skigenuß bieten.
Imposant ist vor allem der Tiefblick vom fast 3000 Meter hohen Gipfel ins meist grüne Tal von Poschiavo, das unten an Italien grenzt.
Unvergeßlich ist ein Sonnenaufgang auf dem Piz Lagalb. Die Bahn bietet dafür Extrafahrten an.
Die Luft in dieser Höhe ist rein und klar, während sogar auf dieser Höhe die Mittagssonne schon südliche Kraft hat.

Vor dem Piz Lagalb ragt übrigens die Fels-Pyramide des Piz Albris auf, wo nach dem Aussterben der Steinböcke diese Tiere erstmals wieder im Kanton Graubünden eingesetzt worden waren. Heute lebt eine große Kolonie dieser stolzen Tiere – Wappentiere des Kantons Graubünden – am Piz Albris.

Diavolezza

Ein anderes Pontresiner Skigebiet, Diavolezza, führt im Signet einen Teufel, Nomen est omen... Keineswegs teuflisch sind die Skierlebnisse: Der Ausblick vom Bergrestaurant führt uns ins Herz der Berninaberge. Ein Hauch von Hochgebirge geht von den Nordpfeilern des Piz Palü aus, die Skibergsteiger, die sich ihren Weg durch die Cambrena-Eisbrüche suchen, sind winzig klein. Rechts dominiert der Piz Bernina, der höchste Berg des Kantons Graubünden und der östlichste Viertausender der Alpen. Die Pisten, inklusive der Talabfahrt zur Seilbahnstation, sind leicht bis mittelschwer.
Der Skilift auf dem kleinen Gletscher erschließt eine Piste, die sogar im Sommer das Skifahren zuläßt. Bei sicheren Verhältnissen im Frühling ist von der Diavolezza aus die Abfahrt über die Isla Persa und den Morteratschgletscher nach Morteratsch geöffnet. Die Route ist markiert und wird kontrolliert, aber nicht präpariert.
Eine gewisse Gebirgserfahrung empfiehlt sich, obwohl hier in der Saison täglich Hunderte die zehn Kilometer lange Route abfahren. Man erlebt eine fremde Welt grünblau schimmernder Eisabbrüche und spaltenzerrissener Labyrinthe, während über allem die Gipfel im Sonnenlicht glänzen. Hin und wieder münden von oben kommend Skispuren in die Route. Es sind Spuren von Skibergsteigern, die einen der Gipfel bestiegen haben.
Unten in Morteratsch trägt uns die Bahn wieder zur Talstation der Diavolezzabahn und zum Parkplatz hoch.

Muottas Muragl

Das etwas kleinere, aber sehr aussichtsreiche und sonnige Skigebiet Muottas Muragl ist mit einer Drahtseilbahn erreichbar. Skilifte und weit ausladende Pisten bieten allen Skifahrern Spaß, die ohne Streß ihrem Hobby frönen wollen. Spazierwege laden auch Fußgänger ein, nach Muottas Muragl hochzufahren, und das Feinschmecker-Bergrestaurant hat am Abend bis 23 Uhr geöffnet.
Selbstverständlich fährt solange auch die Bahn. Im sonnigen Gebiet Alp Languard (Sessel- und Skilifte) erteilt die Skischule Pontresina ebenfalls Unterricht.

Auf einen Blick

Skigebiet 1720–3303 m
Oberengadin

Einwohner: 15851
Gästebetten: 39127
Saison: Ende November bis Ende April
Sommerskilauf auf dem Corvatsch und auf der Diavolezza von Juni bis Oktober.

Wichtige Telefonnummern
Oberengadiner Bergbahnen 082/38888
Schneetelefon 082/23141
Lawinenwarndienst 081/463264
Straßenzustandsbericht Engadin 082/21191
Landesvorwahlnummer siehe Seite 608.

Ski alpin Testnote ✻✻✻✻✻

350 km präparierte Abfahrten:
35 km schwer, 245 km mittel, 70 km leicht
Längste Abfahrt: Morteratsch (Diavolezza – Morteratsch), 9 km Länge, 1083 m Höhenunterschied, schwer (Route markiert und gesichert, aber nicht präpariert)
Schwere Abfahrten: Minor, Bernina Lagalb, 3,2 km, 852 m Höhenunterschied; Olympia, Corviglia, 2,1 km, 481 m Höhenunterschied; Trais Fluors, Marguns, 1,8 km Länge
Die Abfahrt Survih (Samedan, 615 m lang, mittel) ist mittwochs von 20 bis 22 Uhr beleuchtet
Snowboard-Halfpipe (90 m lang) im Skigebiet Corviglia
Liftkapazität: 67480 Pers./Std.
39 10 1 7 3

Skigebiet Corviglia
(inkl. Piz Nair, Marguns)
80 km präparierte Abfahrten:
18 km schwer, 46 km mittel, 16 km leicht
Liftkapazität: 35040 Pers./Std.
13 5 1 2 2

Skigebiet Corvatsch/Furtschellas
65 km präparierte Abfahrten:
12 km schwer, 41 km mittel, 12 km leicht
Liftkapazität: 14450 Pers./Std.
10 2 3

Skigebiet Muottas Muragl
8 km präparierte Abfahrten:
2 km schwer, 6 km mittel
Liftkapazität: 2420 Pers./Std.
3 1

Skigebiet Diavolezza
49 km präparierte Abfahrten:
3 km schwer, 23 km mittel, 23 km leicht
Liftkapazität: 4710 Pers./Std.
7 1 1

Skigebiet Lagalb
29 km präparierte Abfahrten:
3 km schwer, 20 km mittel, 6 km leicht
Liftkapazität: 1540 Pers./Std.
1

Skipaß-Preise siehe Beilage
Tiefschneereviere: Chüderun, Furtschellas; Teile der Talabfahrt Furtschellas – Sils – Maria (Tschuppag); Fuorcla – Run, Corvatsch; Standard, Corviglia/Paradies – Val Suvretta (nur mit Skilehrer); Nair – Pitschen, Marguns/Olympia – Alp Laret (nur mit Skilehrer); Valletta, Diavolezza
Skischulen: mit über 400 Skilehrern

BESONDERS SCHNEESICHER

Langlauf **Testnote** ❄❄❄❄❄

Ca. 150 Loipenkilometer insgesamt (30 km schwierig, 75 km mittel, 45 km leicht); längste Loipen: Loipenverbund Maloja – Zuoz – S-chanf – Zernez, 61 km; Engadin Marathon-Strecke, 42 km St. Moritz Rundloipe St. Moritz – Pontresina – Samedan (1768–1790 m), 2 km, mittel, täglich von 17.30 bis 21 Uhr beleuchtet; höchste Loipe: Rundloipe Bernina-Paß (2093–2223 m), 10 km, mittel Celerina 25 km (5 km schwierig, je 10 km mittel und leicht); höchste Loipe: Diavolezza-Rundloipe (2092 m), 6 km, leicht Sils 30 km (8 km schwierig, 8 km mittel, 14 km leicht), höchste Loipe: Sils – Fextal (1800–2170 m), 10 km, schwierig Maloja 14 km (6 km schwierig, je 4 km mittel und leicht); höchste Loipe: Lej da Cavloc (1815 bis 1907 m), 4 km, schwierig Pontresina 44 km (9 km schwierig, 23 km mittel, 12 km leicht) höchste Loipe Diavolezza – Alp Bondo (2093 m), 10 km, mittel; die Loipe Tolais (1800 m, 1,5 km lang, mittel/schwierig) ist täglich von 18–21 Uhr beleuchtet Silvaplana 30 km (5 km mittel, 25 km leicht); höchste Loipe: Palü Lungia (1815–1900 m), 5 km lang, mittel
Überall: Loipengebühr erwünscht (Schweizer Loipenpaß ca. sfr 5/Tag, 30/Saison); Langlaufunterricht

Weitere Sportmöglichkeiten

Bobbahn, Skeletonbahn

Après-Ski

Sportliche Veranstaltungen

26. Engadin Skimarathon (42 km, 13. März 94); Chalanda Marz (jedes Jahr am 1. März) St. Moritz 82. Intern. Weihnachtsskispringen Europa Cup (26. Dez. 93); Concours Hippique auf Schnee (Springreiten, 16.–23. Jan. 94); 16. Intern. Wintergolf-Turnier (22./23. Jan. 94); 10. Revlon Polo World Cup (28. bis 30. Jan. 94); Intern. Pferderennen auf dem St. Moritzersee White Turf (6., 13., 20. Febr. 94); Windhunderennen auf dem St. Moritzersee (27. Febr. 94) Sils – Silvaplana 18. Intern. Schlittenhunderennen (4. bis 6. Febr. 94); Passlung tres Segl (Langlauf Nachtaméricaine mit den Favoriten des Engadin Skimarathons, 11. März 94); Maloja 8. Hornusser Treffen auf Schnee (19. März 94) Pontresina Roseg-Veteranen-Langlauf (10 km, 29. Jan. 94); Master Langlauf für Senioren (10 und 15 km, Rosegtal, 10. März 94)

Anreise

Autobahn Bregenz, N 13 bzw. Zürich, Chur, Julierpaß (gelegentlich Wintersperre) oder Landeck, Zernez, Skigebiete. Bahnstationen sind Bever, Samedan, Celerina, St. Moritz und Pontresina.
Entfernungen je nach Skigebiet von KA: 405-454 km, S: 337-386 km, UL: 245-294, M: 248-297 km

Hotelempfehlungen: Seite 586–592

Klassik auf 3303 Meter Höhe: Am Samstag, dem 26. März 1994, findet das 7. Silvana Moonlight Concert auf dem Corvatsch statt.
Ausflugstip: Eine Fahrt im nostalgischen Speisewagen der Rhätischen Bahn durch die verschneite Winterlandschaft, zum Beispiel nach Scuol. Obligatorische Platzreservierung in Chur, Tel. 081/22 14 25. Programme und Fahrpläne liegen im Hotel oder am Bahnschalter St. Moritz auf.
Gratis-Guide führt durch einzelne Skigebiete. Informationen bei den Verkehrsbüros, den Oberengadiner Bergbahnen und in den Hotels.

St. Moritz

PLZ: CH-7500 **Ortsvorwahl:** 082
Verkehrsbüro: Tel. 331 47, Telefax 329 52
Einwohner: 6000 **Gästebetten:** 12 500

Skischule: Schweizer Skischule, Via Maistra 12, Tel. 380 90; Suvretta Skischule, Hotel Suvretta-House, Tel. 344 90; Schweizer Langlaufschule, Parkhotel Kurhaus, Tel. 362 33
Kinder: Gästekindergarten ab 3 Jahre (in den Hotels Carlton, Tel. 211 41, Kurhaus, Tel. 221 11, Schweizerhof, Tel. 221 71, ca. sfr 15/Halbtag, 34/Ganztag inkl. Mittagessen); Skischule ab 4 Jahre (ca. sfr 200/Woche ohne Mittagessen)
Après-Ski: eine kleine Auswahl: *Disco* Absolut, Plazza Mauritius, St. Moritz-Dorf, Tel. 366 57; Vivai-Disco, Via Somplaz 1, St. Moritz-Dorf, Tel. 369 39
5-Uhr-Tee mit Tanz Suvretta-House, Suvretta-Gebiet, Tel. 211 21, Chesa Veglia, Via Veglia 2, St. Moritz-Dorf, Tel. 335 96
Treffpunkt Bobby's Pub, Galleria Caspar Badrutt, St. Moritz-Dorf, Tel. 347 67
Kino Cinema Scala, Via Maistra 29, St. Moritz-Dorf, Tel. 331 55

Eislauf: Kunsteisbahn Ludains, Via Ludains, Tel. 350 30; Kulm-Natureisbahn, Hotel Kulm, Tel. 310 90
Tennis und Squash: Corviglia Tennis Center, Tel. 315 00
Schwimmen: Hallenschwimmbad, Via Mezdi, Tel. 360 25
Reiten: Reithalle, Via Ludains, Tel. 357 33

Celerina

PLZ: CH-7505 **Ortsvorwahl:** 082
Verkehrsbüro: Tel. 339 66, Telefax 386 66
Einwohner: 1000 **Gästebetten:** 3000

Skischule: Schweizer Skischule Celerina-Marguns, Tel. 345 90; Langlaufschule, Tel. 310 77
Kinder: kein Gästekindergarten; Skischule ab 3 Jahre (ca. sfr 165/5 Tage ohne Mittagessen)

Silvaplana

PLZ: CH-7513 **Ortsvorwahl:** 082
Verkehrsbüro: Tel. 481 51, Telefax 483 80
Einwohner: 800 **Gästebetten:** 6000

Skischule: Silvaplana/Corvatsch, Tel. 486 84; Nordic Ski Camp, Sportzentrum Mulets, Tel. 493 62
Kinder: kein Gästekindergarten; Skischule ab 4 Jahre (ca. sfr 160/6 Tage ohne Mittagessen)
Eislauf: Sportzentrum Mulets, mit Flutlichtanlage, Tel. 493 62

Sils/Segl Engiadina

PLZ: CH-7514 **Ortsvorwahl:** 082
Verkehrsbüro: Tel. 451 40, Telefax 459 60
Einwohner: 500 **Gästebetten:** 3000

Skischule: Schweizer Skischule und Langlaufschule, Tel. 453 02 und 451 40
Kinder: kein Gästekindergarten; Skischule ab 4 Jahre (ca. sfr 160/5 Tage ohne Mittagessen)
Après-Ski: *Disco* Prasüra, Sils-Maria, Tel. 455 75
Museum Nietzsche-Museum, Sils-Maria, Tel. 453 69, Biblioteca Engiadinaisa, Sils-Baselgia, Tel. 453 77

Eislauf: Naturplatz Sils-Maria, Tel. 452 84
Tennis: Tennishalle Hotel Waldhaus, Sils-Maria, Tel. 453 31
Schwimmen: öffentliche Hallenbäder im Hotel Schweizerhof, Sils-Maria, Tel. 457 57; und im Hotel Waldhaus, Sils-Maria, Tel. 453 31

Maloja

PLZ: CH-7516 **Ortsvorwahl:** 082
Verkehrsbüro: Tel. 431 88, Telefax 436 37
Einwohner: 290 **Gästebetten:** 630

Skischule: Schweizer Skischule und Langlaufschule, Tel. 431 88
Kinder: kein Gästekindergarten; Skischule ab 4 Jahre (ca. sfr 126/Woche ohne Mittagessen)
Après-Ski: *Museum* Atelier des Malers Giovanni Segantini (1858–1899)

Eislauf: Naturlaufplatz am Maloja-Palace

Pontresina

PLZ: CH-7504 **Ortsvorwahl:** 082
Verkehrsbüro: Tel. 664 88, Telefax 679 96
Einwohner: 1715 **Gästebetten:** 6200

Skischule: Schweizer Skischule, Tel. 676 10; Langlaufschule, Tel. 668 44
Kinder: Gästekindergarten ab 3 Jahre (Hotel Atlas, Tel. 663 21, ca. sfr 8/Std.); Skischule ab 3 Jahre (ca. sfr 180/Woche ohne Mittagessen)
Après-Ski: *Disco* Sarazena, Hauptstr., Tel. 663 53 oder 667 95
Treffpunkt Postkeller, Via Maistra, Tel. 663 18
Kino Cinema Rex, Tel. 663 89
Museum Museum Alpin, Tel. 664 88

Eislauf: Natureislaufplatz, Tel. 682 57
Schwimmen: Hallenbad, Tel. 673 41

Scuol

Wie verschiedene andere Ferienorte auch, war Scuol-Tarasp-Vulpera zunächst bekannt als Bade- und Kurort. Inzwischen sind Scuol und Bad Tarasp-Vulpera unabhängig voneinander auch für den Wintersport gerüstet und bieten heute die ideale Kombination von Kur und Skiurlaub.

Sehr zur Freude der Stammgäste ist Scuol, zu Deutsch Schuls, keine Skistation der Superlative. Das Dorf liegt im Unterengadin, dem östlichsten Zipfel der Schweiz.
Das besonders angenehme Klima und die alkalischen Glaubersalzquellen, deren Wasser man auch direkt vom Dorfbrunnen genießen kann, haben seinerzeit den Ruf von Scuol als Badeort begründet.
Der alte Dorfkern am Kirchhügel war schon um 1500 v. Chr. besiedelt. Die liebevoll restaurierten Bündnerhäuser am Dorfplatz mit den kunstvollen Sgraffiti sind ebenso sehenswert wie das Heimatmuseum, das mit seinen vielen Zeugen aus alter Zeit die Tatsache belegt, daß Scuol in frühen Jahrhunderten ein beachtliches Kulturzentrum war. Auch alte Bräuche leben jedes Jahr wieder auf, wie z. B. der »L'hom strom« am ersten Samstag im Februar, an dem der Winter in Form einer Strohpuppe verbrannt wird.
Vor 1978 waren auch die Orte Tarasp und Vulpera, am rechten Ufer des Inns gelegen, im Kurbetrieb mit Scuol vereinigt. Jetzt ist Tarasp mit seinen vier Quellen als **Bad Tarasp-Vulpera** selbständig; das einst reizvolle und romantische Vulpera hat sich zu einer Hotel- und Apartmentkolonie gewandelt.
Motta Naluns, Drehscheibe im Skigebiet von Scuol, erreicht man, dank zwei parallel verlaufenden Vierer-

Der Dorfkern am Kirchhügel, schon um 1500 v. Chr. besiedelt, zeigt liebevoll restaurierte Engadiner Häuser mit ihren Rundbogenportalen, Erkern, Sgrafitti und den tief eingelassenen Fenstern.

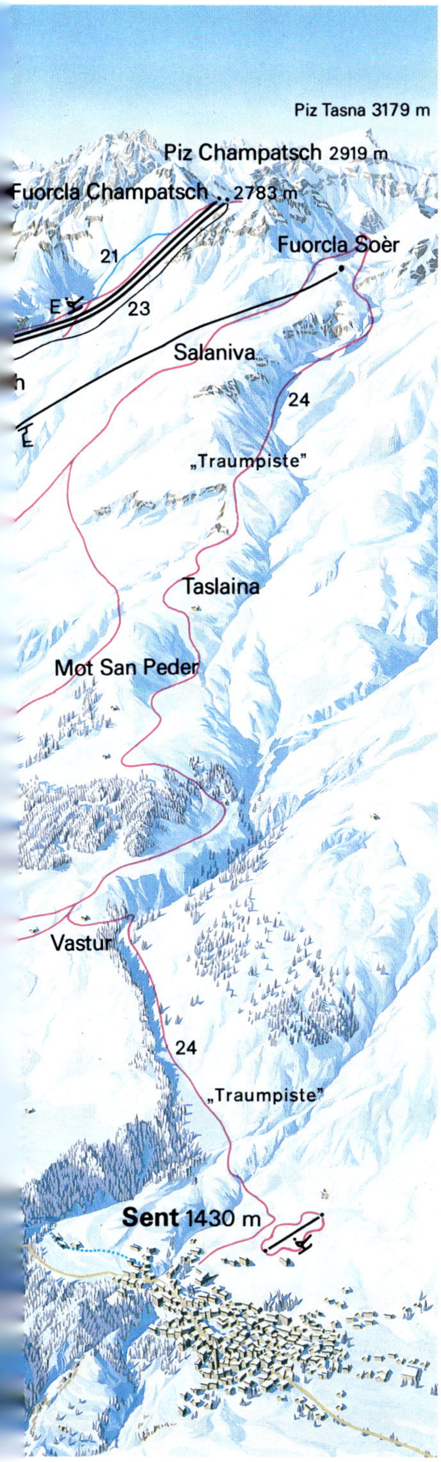

Gondelbahnen, meist ohne Wartezeiten. Drei parallel nebeneinander geführte Schlepplifte von Motta Naluns nach Chamanna Naluns (2391 m) eröffnen ein weites vielfältiges Skigebiet. Einfachere Pisten führen durch prächtige Lärchenwälder nach Prui und Ftan (1600 m), während die über baumlose Hänge am Piz Clünas und Champatsch führenden Abfahrten zwischen breiten, anspruchslosen Strecken und rassigen Buckelpisten, die auch gute Fahrer fordern, abwechseln. Die verschiedenen Möglichkeiten der Talfahrt ab Motta Naluns verlangen über längere Steilpassagen hinweg solides Können.
Unvergleichlich schön präsentiert sich die gut zehn Kilometer lange sogenannte Traumpiste vom Champatsch bis nach Scuol oder bis nach Sent. Sie ist so großzügig angelegt und landschaftlich so reizvoll und abwechslungsreich, daß sie ihren Namen wirklich verdient.
Besonders lohnend ist die Kombination dieser Abfahrt mit einer kleinen kunsthistorischen Exkursion: Das 700-Seelen-Dorf Sent, auf einem Hochplateau gelegen, ist sehenswert wegen seines einmaligen Dorfbildes und der alten Engadiner Häuser mit den barock geschwungenen sogenannten Senter-Giebeln.
Und noch ein Tip für Tourenfahrer: Mit den hochalpinen Bedingungen vertraute Führer leiten Skitouren zum Piz Tasna (3179 m), zur Heidelberger Hütte oder zum Muttler (3294 m) mit beeindruckenden Rundsichten und langen Tiefschneeabfahrten.
Langläufer finden neben anderen Loipen am Inn entlang eine vierfach gespurte Strecke bis nach Martina, auf der auch der jährliche Volkslauf »Passlung«, der als Generalprobe für den Engadin Skimarathon gilt, ausgetragen wird.
Sehenswert ist die Klosterkirche St. Johann/Val Müstair mit den größten zusammenhängenden karolingischen und romanischen Wandmalereien (Unesco-Weltkulturgut).
Trotz aller Betriebsamkeit, die in einem Wintersportort herrscht, ist immer noch die Atmosphäre eines alpinen Heilbades vorhanden. Seine 25 Mineralquellen, 1369 erstmals erwähnt, sprudeln, einige davon verheißen Linderung bei Rheuma, Kreislaufstörungen oder Erkrankungen der Nieren und Harnwege.

Scuol, 1250 m

Skigebiet: 1250–2800 m
1900 Einwohner, 3050 Gästebetten
Saison: Mitte Dezember bis Ende April

Anreise Autobahn Zürich (Ausfahrt Landquart), Davos, Flüelapaß, Scuol bzw. Autobahnen A 14/N 13 (Ausfahrt Landquart), Davos, Flüelapaß, Scuol oder München, Garmisch-Partenkirchen, Landeck, Scuol. Bahnstation ist Scuol-Tarasp
Entfernungen von KA: 436 km, S: 368 km, UL: 278 km, M: 226 km

Information
Kurverein Scuol
CH-7550 Scuol, Tel. 081/8649494
Telefax 081/8649939
Schneetelefon 081/8641818
Landesvorwahlnummer siehe Seite 608.

Kinder Gästekindergarten ab 1 Jahr (ca. sfr. 22/Halbtag, 45/Ganztag inkl. Mittagessen); Skischule ab 3 Jahre (ca. sfr 130/6 Tage ohne Mittagessen)

Ski alpin Testnote ✱✱✱

80 km präparierte Abfahrten:
15 km schwer, 30 km mittel, 35 km leicht
Längste Abfahrt: Traumpiste, 11 km Länge, 1550 m Höhenunterschied, mittel
Liftkapazität: 15500 Pers./Std.
12 2 2

Skipaß-Preise siehe Beilage
Tiefschneereviere: Champatsch – Costèra, Clünas – Mot da Ri, Salaniva, Schlivera – Ftan
2 Skischulen mit 60 Skilehrern

Langlauf Testnote ✱✱✱✱

56 Loipenkilometer (6 km mittel, 50 km leicht); längste Loipe: Scuol – Martina – Scuol, 45 km lang, leicht; Höhenloipe: Motta Naluns (2150 m), 6 km lang, leicht; die Loipe Runà (1200 m, 2 km lang, leicht) ist täglich bis 22 Uhr beleuchtet; Loipengebühr erwünscht; Langlaufunterricht

Weitere Sportmöglichkeiten

Gleitschirmfliegen, Eishockey, Erlebnisbad Bogn Engiadina

Après-Ski

DISCO KINO

Sportliche Veranstaltungen

Intern. Curlingwoche (22.–30. Jan. 94, evtl. Terminänderg.); Volkslanglauf »Passlung« (3. Febr. 94), Super G Champatsch Volksskirennen (6. März 94)

Après-Tip: Unbedingt dem neuen Erlebnisbad »Bogn Engiadina« einen Besuch abstatten. Eintrittspreise z. B. für das Bewegungsbad ca. sfr. 17 (2 Stunden), für das Römisch-Irische Bad (ohne Zeitbegrenzung) ca. sfr 45.

Hotelempfehlungen: Seite 586–592

Samnaun

Duty free im Schnee. Vor rund hundert Jahren erhielt das Hochtal von Samnaun vom Schweizer Bundesrat den Status der Zollfreiheit zugesprochen. Heute ist Samnaun ein Kuriosum in der Skigeographie der Alpen: Einkaufsparadies mit idealem Skirevier.

Inzwischen hat Samnauns Beliebtheit rapide zugenommen – und in demselben Maße stieg die Wartezeit an der Seilbahn-Talstation. Um die Ortsgäste gegenüber den Tagesausflüglern zu bevorzugen, sind morgens die ersten Gondeln für die Samnauner Gäste reserviert. Über die endgültige Lösung diskutiert man in Samnaun noch: Baut man eine zweite Seilbahn parallel zur bestehenden oder fällt die Entscheidung

Samnaun im Unterengadin besteht – auf eine Distanz von vier Kilometern verteilt – aus fünf Orten, die alle einen Doppelnamen führen dürfen: Samnaun-Compatsch (1700 m) mit Kirche, Schule und Gemeinde, Samnaun-Laret, -Plan, -Ravaisch und Samnaun-Dorf (1840 m), wo es am lebhaftesten zugeht. Denn hier sind die meisten der Zollfreiläden, die meisten Zollfrei-Tankstellen, die Hälfte der Gästebetten; hier endet eine der Skiabfahrten und endet die Straße, es gibt keinen Durchgangsverkehr. Und hier ist ein Ex-Weltmeister zu Hause, Martin Hangl aus der »Post«, Sieger im Super G, Vail (USA) 1989.

Unter Skifahrern war das Samnaun lange Zeit eigentlich nur jenen bekannt, die schöne Skitouren machen wollten. Als die Tourenfahrer aber immer weniger wurden, ging's mit dem Wintertourismus in dem Hochtal bergab, und junge Einheimische kehrten ihm den Rücken – bis zum Jahr 1978. Da nämlich wurden die Seilbahn von Samnaun-Ravaisch zum Alp Trida Sattel (2488 m) und die Lifte im Bereich der Alp Trida eröffnet. Von da an wird die Entwicklung Samnauns als »steil aufwärts« bezeichnet. Den Anstoß und eine Kapitalspritze zum Bergbahnbau hatten die Schweizer von ihren Tiroler Nachbarn in Ischgl im Paznaun erhalten.

zugunsten einer Untergrundbahn, die am talinneren Ende des Ortes startet. Solange heißt es entweder früh aufstehen oder Geduld zeigen.
Aber wie dem auch sei: auf dem Alp Trida Sattel öffnet sich ein ideales, vom Tal aus nie vermutetes Skirevier. Makellose weiße Hänge, eine riesige Schneewanne, in der sich die zwei Alp Tridas sonnen, die jahrzehntealte Hütte aus Naturstein und das neue Berghaus mit großer Terrasse und Spezialitätenrestaurant. Nach drei Seiten ziehen lange Schlepper hoch, die wiederum links und rechts von breiten Pisten eingefaßt sind. Und zwischendrin jede Menge Girlanden von Tiefschneewedlern. Über Alp Bella führt die Abfahrt zurück ins Tal nach Samnaun-Laret.
Das Skirevier von Samnaun darf man freilich nicht in schweizerischen Grenzen sehen. Es ist sozusagen grenzenlos, und es gibt ja auch nur Skipässe (ohne Foto!) für die »Internationale Silvretta Skiarena Samnaun/Ischgl«.
Und diese Skiarena hat's wahrlich in sich: Jenseits des Grenzübergangs – die österreichischen Zöllner haben natürlich ein wachsames Auge auf allzu üppige Mitbringsel aus dem Zollfrei-Paradies – warten die beinahe unendlich scheinenden Pisten des Ischgler Skizirkus. Nur von der Ischgler Seite aus erreicht man auch den Startpunkt zur sechs Kilometer langen und auch sehr abwechslungsreichen Zeblas-Abfahrt: Vom 2864 Meter hohen Palinkopf führt sie direkt an den Ortsrand von Samnaun-Dorf. Wer wieder zur Seilbahn will, kann sie auf Ski oder per Skibus erreichen.
Ein Skidorf mit ungewöhnlicher Atmosphäre. Ein Einkaufsparadies. Alle internationalen Nobelmarken und Topfirmen sind vertreten. Schwierig wird es nur, eine gute Flasche Schweizer Wein kaufen zu wollen. Auch ist das gastronomische Angebot zwar von gewohnt schweizerischer Güte, aber mehr österreichisch, eine »Mischküche«.
Für Kinder hat die Skischule einen Ganztagsservice im Tal und im Restaurant auf dem Alp Trida Sattel. Die Skibusse – wichtig angesichts der Entfernungen zwischen den Ortsteilen – verkehren pünktlich im 15-Minuten-Takt.
Das große Problem: Die Seilbahn, einziger Zubringer ins wunderschöne Skigelände, schafft es mit 800 Personen pro Stunde nicht mehr. Also: anstehen, auch mal eine Stunde lang. Denn die Schneesicherheit Samnauns lockt auch Tagesgäste an. Samnaun erhielt 1892 die Zollfreiheit, weil nur Bergpfade in das Hochtal führten. Heute hat es gleich zwei Zufahrten aus dem oberen Inntal, die »Schweizer Straße« ab Vinadi (mit ein paar schmalen Felstunnels, aber sonst gut ausgebaut) und die erst seit 1980 bestehende Straße von Pfunds in Tirol, streckenweise steiler und holpriger. Beim Tanken in Samnaun freut sich allemal der Geldbeutel.
Ischgl siehe Seite 94.

»Weisse Arena« nennt sich der grandiose Silvretta-Skizirkus zwischen Tirol und Graubünden.

BESONDERS SCHNEESICHER

Samnaun, 1840 m

Skigebiet: 1700–2900 m
Samnaun: 700 Einwohner, 2061 Betten
Saison: Ende November bis Anfang Mai

Anreise Bregenz, Feldkirch, Arlberg, Landeck oder Garmisch-Partenkirchen, Fernpaß, Landeck bzw. Innsbruck, Landeck, Samnaun. Bahnstation ist Landeck, Busverbindungen
Entfernungen von KA: 405/424 km, S: 337/356 km, UL: 247/266 km, M: 195/214 km

Information
Touristikverein Samnaun,
CH-7563 Samnaun, Tel. 081/8685858
Telefax 081/8685652
Schneetelefon 081/8685484
Landesvorwahlnummer siehe Seite 608.

Kinder Gästekindergarten ab 2 Jahre (ca. sfr 14/Halbtag, 27/Ganztag inkl. Mittagessen); Skischule ab 4 Jahre (ca. sfr 180/5 Tage inkl. Mittagessen)

Ski alpin Testnote ✻✻✻✻
Samnaun/Ischgl

Skischaukel Samnaun und Ischgl
200 km präparierte Abfahrten:
40 km schwer, 130 km mittel, 30 km leicht
Längste Abfahrt: Palinkopf – Samnaun, 6 km Länge, 1000 m Höhenunterschied, mittel
Die Abfahrt beim Musella-Lift im Tal (Samnaun, 400 m lang, mittel) ist mittwochs von 20–22 Uhr beleuchtet
Bis 9.30 Uhr ist die Auffahrt mit der Seilbahn für Samnauner Ortsgäste reserviert.
Liftkapazität: 40000 Pers./Std.

27 7 3 1

Skipaß-Preise siehe Beilage
Tiefschneeabfahrten Samnaun Alp Bella/Zanderstal Piz Val Gronda/Vesiltal
2 Skischulen mit 30 Skilehrern

Langlauf Testnote ✻✻

2 Loipen über insgesamt 8 km Länge (7 km mittel, 1 km leicht); längste Loipe: Talloipe Samnaun (1700 bis 1840 m), 7 km lang, mittel; Höhenloipe in Samnaun-Dorf (1840 m), 1 km lang, leicht; Langlaufunterricht

Weitere Sportmöglichkeiten

Après-Ski
Live-Shows

Sportliche Veranstaltungen
6. Intern. Frühlingsschneefest Samnaun/Ischgl (29. April – 1. Mai 94)

Das große Ski-Opening-Fest findet am 4. Dezember 1993 statt. Informationen im Verkehrsbüro.

Hotelempfehlungen: Seite 586–592

ITALIEN

Skiland Italien

Skiland Italien? Wir haben uns daran gewöhnt, es als Land der Sonne zu sehen. Doch sein Anteil am Alpenbogen ist riesig, die Vielfalt seiner Skiplätze überraschend.

Daß Italien fast notgedrungen zu einem Skiland werden mußte, liegt auf der Hand. Sicher, der Skilauf stammt aus den nordischen Ländern, die Technik des alpinen Skilaufs wurde anderswo, am Arlberg beispielsweise, entwickelt und verfeinert, aber die Italiener haben sie begeistert aufgenommen, gelernt und aus ihren Bergen eine beachtliche Wintersportlandschaft gemacht.
Die Stationen im Westen, im Piemont und im Aostatal, nehmen jeden Vergleich mit den berühmten französischen Retorten-Ski-Stationen auf, und eindrucksvollere Naturkulissen als die Dolomiten-Felsklötze im östlichen Oberitalien wird man anderswo schwerlich finden. Dazu kommen weitere Pluspunkte: die italienische Gastlichkeit und das typisch italienische Fluidum, jene Mischung aus Frohsinn, Lässigkeit, Sportivität und Temperament, die der südländischen Mentalität entspringt und gerade den Nordländer oft fasziniert.
In den italienischsprachigen Regionen, dem Piemont, dem Aostatal, in der Lombardei, dem Trentino, in Friaul und Venetien kommt diese Mischung deutlich zum Tragen. Der Italiener inszeniert seinen Skitag als Drama (giocoso, natürlich!), mit viel Show, mit viel »Drumherum«, modisch chic selbstverständlich, immer heiter, gelöst. Nicht die perfekte Beherrschung der Technik, nicht die Imitation eines Ski-Idols ist wichtig, vielmehr der »Spaß an der Freud«.
Selbst am kleinsten Übungslift dominiert diese Einstellung. Erlaubt ist, was gefällt. Der blutigste Anfänger präsentiert sich ohne Hemmungen im schneidigsten Renn-Look, kommentiert seine meist horizontal endenden Bemühungen mit strahlender Fröhlichkeit.
Italiens Skibetrieb kennt nicht jene Verbissenheit, die man im nördlicheren Alpenbereich immer wieder feststellen kann. Natürlich, am Lift wird genauso gedrängelt wie bei uns, aber man nimmt es gelassen hin – eher wie ein heiteres Spiel, in dem der Geschickteste letztendlich stolz als erster bergwärts schwebt. Hier heißt es, gute Miene zum italienischen Spiel zu machen.
Wie man sieht, wird Italien also auch als Skiland vom Gefühl beherrscht. Der Italiener betreibt eben, was er gerne tut, mit Leidenschaft, also auch die Skifahrerei. Dazu gehört aber neben dem Skifahren die geruhsame Siesta in der Mittagssonne, der Espresso, der Grappa, der kleine Vino in der Hütte, das Palaver mit Bekannten. Man treibt Sport, sieht, will gesehen werden.
Italiens Wintersportorte leben gut von dieser Mentalität. Die Italiener gehen gerne ins Hotel, genießen ganz selbstverständlich das gepflegte Ambiente. Der deutsche Skiurlauber in Italien wird, falls er in einem gepflegten Hotel zu logieren beabsichtigt, gut daran tun, sich ein paar feine Hemden und fesche Pullis einzupacken.
Zur gekonnten Rolle als Gast und Gastgeber kommt die positive Einstellung zur Familie. Wer mit Kindern urlauben möchte, dem kann Italien wirklich empfohlen werden. Kinder

Ein Paradies für »Ski-Touristen« (hier in den Brenta-Dolomiten bei Madonna di Campiglio) sind Italiens Berge.

Oben: Als »Weiße Königin der Dolomiten« wird die Marmolada bezeichnet. Blick von der Bergstation der Marmolada-Seilbahn nach Süden zum felsigen Obretta-Kamm und (im Hintergrund) zur Pala-Gruppe.

sind gerne gesehen, gleichberechtigte Gäste, werden nicht – wie häufig bei uns – nur mürrisch geduldet.
Ansonsten bietet Italien als Skiland alles, was die Nachbarländer auch haben: Gut erschlossene Skigebiete, Nobelorte und preiswerte Reviere für den kleineren Geldbeutel, Sommer- und Gletscherskigebiete, Loipen für den Langlauf-Fan, traumhafte, unerschlossene Regionen für den Liebhaber der Hochtour.
Sicher gibt es auch das eine oder andere, was nicht unserer Mentalität entspricht, vielleicht nicht mit deutscher Gründlichkeit und Perfektion organisiert ist oder erledigt wird. Wer aber darüber lächelnd hinwegsehen kann, sich ein wenig anpaßt, die deutsche Küche nicht für die einzig Wahre hält, der wird sich im Skiland Italien rundherum wohlfühlen.

Informationen für Winterurlauber

Wenn Sie telefonieren wollen

Vorwahl von D nach I	0039
Vorwahl von I nach D	0049

Notrufnummern

ADAC-Notrufzentrale (München, 0.00–24.00 Uhr)	0049/89/222222
ADAC-Ambulanzdienst (München, 0.00–24.00 Uhr)	0049/89/767676
Pannenhilfe des ACI (0.00–24.00 Uhr, ohne Vorwahl)	116
Rat und Hilfe vom ACI (0.00–24.00 Uhr, ohne Vorw.)	4212
Polizeinotruf und Unfallrettung	113

Besondere Verkehrsbestimmungen

- Tempolimits (in km/h): Innerorts für PKW, Motorräder und Gespanne (PKW mit Wohn- oder Gepäckanhänger) 50, außerorts für PKW und Motorräder 90, für Gespanne 80; auf Schnellstraßen für PKW und Motorräder 110, für Gespanne 80; auf Autobahnen für PKW und Motorräder 130, für Gespanne 100.
- Privates Abschleppen auf der Autobahn ist verboten.
- Promillegrenze 0,8.
- Parken in Landschaftsschutzgebieten ist untersagt.

Wichtig für Eltern sind die Angaben zur Kinderbetreuung bei den einzelnen Skigebieten. Angegeben sind jeweils die Hochsaisonpreise (meist die vom Winter 1992/93), die einen Anhaltspunkt geben sollen für die eigene Urlaubs-Budget-planung.
Dolce far niente auch im Skikurs: Die Skischulkurse dauern meist nur zwei Stunden – da bleibt Zeit zum Üben oder – genußvoller – zum süßen Nichtstun.
Den Skipaß Dolomiti superski gibt es nur im »ufficio skipaß«, nicht bei den Talstationen der Bergbahnen und nicht im Verkehrsbüro.

Telefonische Auskünfte

Straßenzustand	06/4212

Weitere wichtige Telefonnummern und Adressen siehe Seite 608.

Skiland Italien

Die Regionen

Piemont und Aostatal

Im Westen und Nordwesten, gegen Frankreich und die Schweiz hin, liegen das Piemont (Land »am Fuß der Berge«) und die Autonome Region Aostatal. Mit ihren Hochregionen partizipieren sie an den Renommier-Gipfeln der Nachbarn, am Mont Blanc etwa, mit 4807 m Europas höchster Gipfel; Courmayeur nimmt hier die dem französischen Chamonix entsprechende Position zu Füßen des Riesen ein; und was den Schweizern ihr Matterhorn oberhalb von Zermatt, ist den Italienern der Monte Cervino oberhalb von Breuil-Cervinia.

Etwas abseits der beiden anderen großen Skiregionen liegt Limone Piemonte, der sportlich-mondäne Skiort, am südwestlichen Ende des Alpenbogens, an der Grenze nach Frankreich und Ligurien.

Fast alle Wintersportzentren haben Schneesicherheit bis weit ins Frühjahr hinein, da schon die Talorte relativ hoch liegen. Liftkarussells ermöglichen in sonnigen Hochlagen herrliches Skivergnügen.

Generell herrscht hier typisch italienisches Flair; »Gemütlichkeit« im Sinne der Skidörfer in den Nord- und Zentralalpen darf man hier allerdings nicht erwarten. Die Skigäste kommen zumeist aus den großen norditalienischen Städten oder auch aus Frankreich herüber. (Ab Seite 418)

Trentino und Lombardei

Von der Brenner-Autobahn aus gut anzufahren sind die Skigebiete im Trentino. Kurz vor Trient (Ausfahrt San Michele/Mezzocorona) gelangt man in westlicher Richtung in die herrlichen Reviere von Molveno/Àndalo, zwischen Brentagruppe und Etschtal gelegen, in die »Sonnentäler« (Val di Sole, Val di Rabbi, Val di Pejo) mit eher temperamentvollem Wintersportbetrieb, und nach Madonna di Campiglio, der »mondänen

Primadonna«. An der Grenze zur Lombardei, am Passo Tonale, kann man auch im Sommer skilaufen. Noch weiter westlich, kurz vor dem Abfall ins Veltlin, befindet sich Aprica, ein noch junger Retortenskiort. Von hier aus ließen sich auch in Richtung Norden Bormio und Livigno ansteuern, aber für die Skifans aus dem deutschsprachigen Raum lassen sie sich kürzer und zeitsparender durch den Munt-la-Schera-Tunnel in der Ostecke von Graubünden erreichen. In der Lombardei und im Trentino herrschen die italienischen Akzente vor. Die Küche bietet viele regionale Spezialitäten. (Die Trentiner Skigebiete östlich der Etsch – in den südwestlichen Dolomiten – werden der Einheit wegen im »Dolomitenblock« unter Südtirol – Venetien – Friaul beschrieben.) (Ab Seite 404)

Alphabetisches Register der Skiorte ab Seite 601

Südtirol, Venetien, Friaul

Das dem deutschen Skiurlauber am nächsten gelegene und sicher auch beliebteste Gebiet ist naturgemäß Südtirol, vom Reschenpaß bis zu den Trentiner und Belluneser Dolomiten. Im Osten schließen sich die Friauler Skiorte an.

In Südtirol erwartet den Ski-Urlauber ein ausgedehnter Ski-Zirkus, speziell natürlich in der Region des »Dolomiti-Superski«, jenes Skipasses, der das ganze Gebiet zwischen Brixen und Innichen, Cortina und Cavalese einschließt.

Diese Region der Superlative ist per Auto gut zu erreichen. Ob man über das Pustertal von Norden her, über das Grödner- oder Eggental von Westen her oder über Auer südlich von Bozen in den großen Dolomiten-Skizirkus einsteigt, stets erfolgt die Anfahrt über gut ausgebaute Straßen und erst im letzten Abschnitt über steilere Paßstrecken. Wer sich die ganz hohen Dolomiten-Pässe im Herzen der Region, Sella- und Pordoi-Joch oder den Falzarego, vorgenommen hat, wird ohne Ketten nicht auskommen (falls die Pässe überhaupt offen sind). Im Frühjahr aber wird eine Fahrt über die Große Dolomitenstraße mit ihrem grandiosen Panorama zu einem traumhaften Erlebnis. (Der südwestliche Teil der Dolomiten gehört zwar zum Trentino, wird aber der Zusammengehörigkeit halber in diesem Teil beschrieben.) (Ab Seite 358)

Südtirol, Venetien, Friaul

Vor allem Südtirol steht hoch in der Gunst der Skifahrer aus Deutschland und Österreich. Die sprachliche Verbundenheit, der Zauber der Landschaft, die günstige Verkehrslage sind nur einige Argumente für dieses Land.

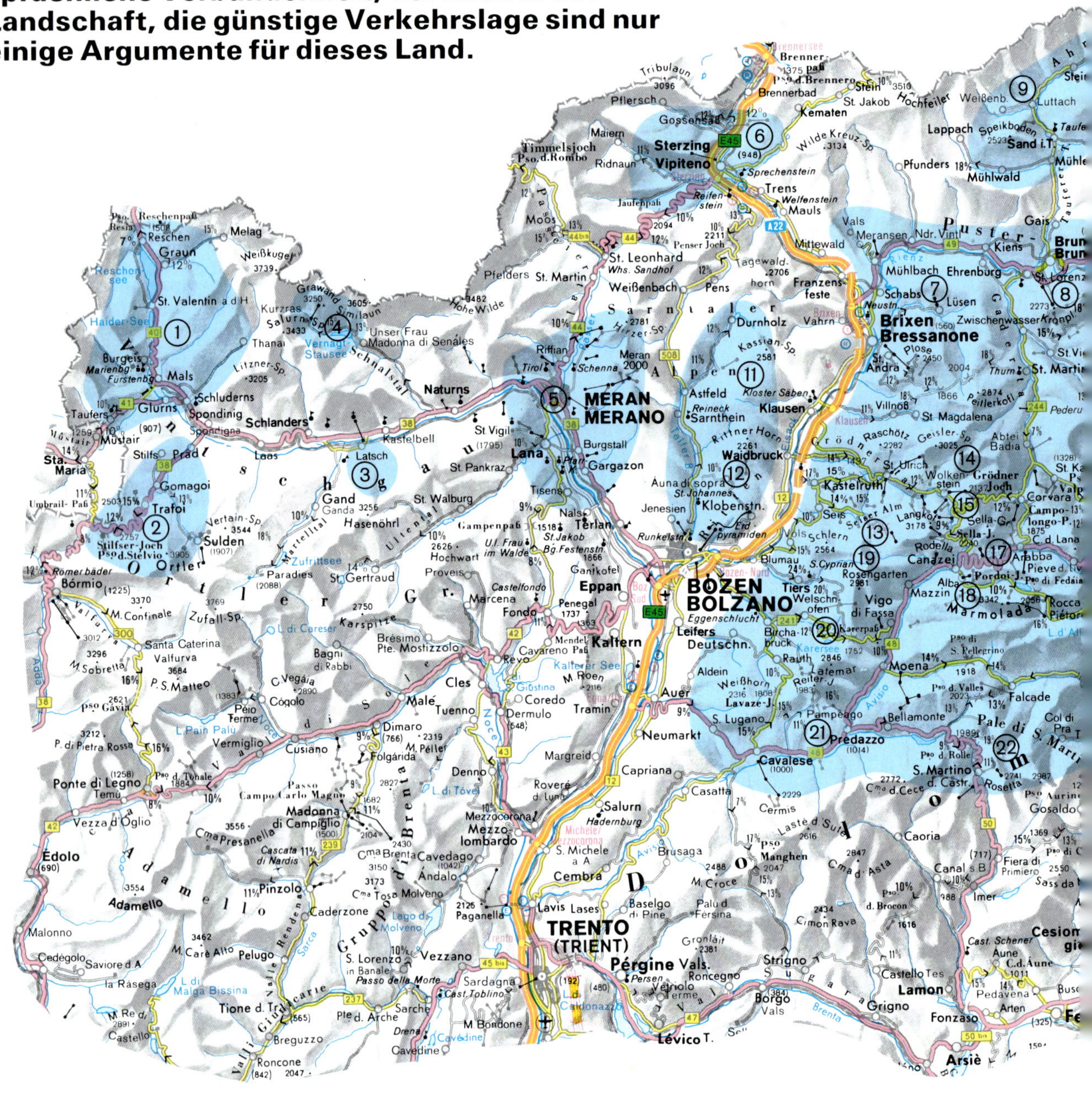

Südtirol hat eigentlich rund ums Jahr Saison: Im Frühjahr, Sommer und Herbst kommen die Gäste zum Wandern und Bergsteigen, im Herbst lockt außerdem das Törggelen, und im Winter ziehen die schneebedeckten Berge die Skifahrer an. Ist es also vermessen, hier von einer der beliebtesten europäischen Urlaubsdestinationen zu sprechen? Wer nicht gerade für den grenzenlosen Horizont des Meeres schwärmt, wird wohl kaum irgendwo ein solches Nebeneinander lieblicher und schroffer Landschaftsformen finden.

Daß die Südtiroler Bevölkerung zweisprachig (in den ladinischen Tälern zum Teil sogar dreisprachig) ist, wirkt sich auf den Tourismus natürlich nur vorteilhaft aus. Urlauber aus dem deutschsprachigen Raum fühlen sich wohl, weil sie keine Sprachprobleme haben, und dasselbe gilt natürlich auch für die italienischen Feriengäste. Viele Wege führen hinein in dieses Paradies zwischen Ortler und Dolomiten mit dem Brenner als Hauptverkehrsschlagader der nord-südlichen Alpenübergänge. Gleichgültig, wo man von den rot-weiß-roten österreichischen zu den grün-weiß-roten italienischen Grenzpfählen hinüberwechselt, man kommt zwischen Dezember und März in ein grandioses Skigebiet.

Gleich hinter dem Reschenpaß laufen die Lifte von Reschen, Graun, St. Valentin, signalisieren die Eispanzer des Ortlers über dem Vinschgau Firnfreuden, verheißt das Stilfser Joch sommerlichen Skibetrieb. 365 Tage Skifahren im Jahr verspricht das Schnalstal, das bei Naturns im Vinschgau nördlich in die Ötztaler Eisriesenwelt von Similaun und Weißkugel einschneidet.

Vom Martelltal vis-à-vis finden Tourengeher Zugang ins Ortler-Gebiet. Meran proklamiert dank seines günstigen Klimas »Pulverschnee und Palmen«. Nördlich von Meran liegen die Ski-Reviere des Passeiertales, von dem aus einst Andreas Hofer zu seinen Tiroler Befreiungszügen aufbrach. Südlich zweigt das Ultental ab, das skifahrerisch gesehen nicht »das Letzte« ist …

Die Straße von Meran nach Bozen erinnert an eine Weinkarte: Vilpian, Nals, Terlan, Andrian, Eppan liest man auf den Straßenschildern, ehe man bei Bozen auf die Brenner-Autobahn stößt. Gleich südlich des Brenners liegen die Skigebiete um Gossensaß, Sterzing und Brixen, östlich von Eisack- und Etschtal dann, mit

Skigebiete auf einen Blick

Alphabetisches Register der Skiorte ab Seite 601

dem Pustertal im Norden beginnend, die ausgedehnten Reviere des großen Dolomiten-Skizirkus, dessen Herz das Sella-Joch ist.
Wer südlich von Bozen auf der Autobahn bleibt, wird von den Hinweisschildern Kaltern, Tramin, Auer, Neumarkt – oberhalb in Pinzon und Mazon wachsen die besten Südtiroler Blauburgunder – auch eher an gute Tropfen als an Skifreuden erinnert.
Via Auer lassen sich durchs Fleims- und Fassatal die Dolomiten-Skireviere auch von hinten »aufrollen«. Die »Große Dolomiten-Straße« führt bis nach Cortina d'Ampezzo im nördlichen »Pfannenstil« des Veneto, wo sich Blut- und Geldadel ein Stelldichein geben. Dazwischen liegt eine Landschaft der Gegensätze. Schöne, sanfte Hänge wechseln ab mit der wilden Romantik der fast senkrecht aufragenden Dolomiten-Felswände. Daß all dies ein »Skigebiet« ist, und zwar perfekt erschlossen und auch noch mit einem einzigen Skipaß, dem »Dolomiti Superski« zu befahren, man kann es auf den ersten Blick kaum glauben. Nicht zu diesem Skipaß gehören nur die Skigebiete von Alleghe/Rocca Piètore und Falcade/Caviola, die die Marmolada-Region von Osten bzw. Süden erschließen.
Abseits dieser Region, schon im Friaul, liegen die beiden noch jungen Skigebiete von Piancavallo am Fuße des Cavallo-Massivs und Sella Nevea in den Julischen Alpen.
Wer in Südtirol und den angrenzenden Gebieten skifahren möchte, wird üblicherweise die Anreise mit dem Auto wählen, was im Winter gelegentlich mit Komplikationen verbunden sein kann. Bei starken Schneefällen werden die Dolomiten-Skizentren hin und wieder zu unnahbaren Festungen, weil die Zufahrtsstraßen über teilweise sehr hohe Pässe führen. Pordoi-, Sella- und Grödner Joch, Karer- und Falzárego-Paß können so manchem Autofahrer, der sich mühsam mit seinem Auto – trotz Ketten – hinauf oder herunter quält, ganz schön zu schaffen machen.
Für die Gebiete im Fleims- und Fassatal empfiehlt sich sogar der »Schlupf« von hinten per Brenner-Autobahn über Auer ins Skigebiet, weil hier nur die niedrigste Paßhöhe (knapp 1100 m) bei San Lugano bewältigt werden muß. Piancavallo und Sella Nevea fährt man am besten über Tarvis an.

Das Vinschgauer Oberland

Mehr österreichischen als italienischen Charakter haben die Orte auf italienischer Seite des Reschenpasses. Reschen, das Langtauferer Tal, Graun, St. Valentin und Watles bieten ihrem Stammpublikum abwechslungsreiche Pisten und Loipen, dazu preiswerte Quartiere.

Unmittelbar hinter der Grenze Reschenpaß–Nauders (Österreich) bietet sich ein äußerst merkwürdiges Bild: Mitten aus dem gefrorenen Stausee bei **Graun** ragt die Spitze eines Kirchturmes in den Himmel. Ein ganzes Dorf stand hier einst, bevor sich kühne Planer an der Natur vergriffen. Zum Glück wurden die Häuser der neu entstandenen Siedlung im alpenländischen Stil errichtet.

Wer sich das Land um den See und am Gebirgskamm auf Brettern erwandert, kann hier noch ins bäuerliche Milieu eintauchen, mit uralten Bauernhäusern, Misthaufen, Holzstapeln und gackernden Hühnern.

In Graun zweigt, kommt man von Reschen herunter, links die neu ausgebaute Straße in das **Langtauferer Tal** ab. Das sogenannte Skicenter Masseben Langtaufers wird durch ein paar Aufstiegshilfen bis auf 2500 m erschlossen. Die Abfahrten gehören nicht gerade zu den längsten und schwierigsten, aber wenn man schon einmal in der Gegend ist, lassen sich auch diese Abfahrten mitnehmen.

Nur wenige Autominuten von den anderen Orten entfernt liegt das Skizentrum **Schöneben/Rojen**. Das sanfte, weitläufige und sonnenreiche Gebiet (1900–2500 m) hat autobahnähnliche Abfahrten, die als leicht bis mittelschwer einzustufen sind. Die Lifte und Restaurants garantieren nahezu reibungslosen Betrieb, die verräucherte Florentiner-Hütte abseits der Pisten hautenge Gemütlichkeit bei Williamsbirne und Glühwein. Für gute Fahrer gibt es eine bucklige Abfahrt ins Rojental (eigener Lift) und für alle einen lohnenden kurzen Anstieg zur Rojen-Kapelle, einem freskengeschmückten Kleinod aus dem 15. Jahrhundert.

Reschen selbst hat einen Hausberg direkt vor der Tür, ein paar Lifte mit Übungshang bzw. mittelschweren Abfahrten und einer (Kinder-)Rodelbahn. Doch der »Heimvorteil« wird von Touristen kaum genutzt. Offenbar stört es niemand, täglich zur »Skiautobahn« zu fahren. Wer auf den öffentlichen Bus angewiesen ist, muß gelegentliche Drängeleien in Kauf nehmen. Ins Skigebiet Schöneben führt eine Kabinenbahn, zu der man per Zubringerdienst von Reschen gelangt.

Südlich von Graun, in **St. Valentin auf der Haide**, geht es mit dem Sessellift auf die Haider Alm. Hier oben sind die Abfahrten steiler, kommen Buckelpistenfahrer auf ihre Kosten, scheint die Sonne im engen Talkessel intensiver zu brennen. Die Liftanlagen unterhalb der Seebödenspitze, auf knapp 2500 m Höhe, lassen selbst bei Hochbetrieb kaum nennenswerte Wartezeiten aufkommen. Hier gibt es die einzige »schwarze« Piste des gesamten Gebietes, das auch Tiefschnee-Abfahrten und Hochtouren zuläßt.

Insgesamt reichen die vorhandenen Aufstiegshilfen aus, stehen Förderleistung und Bettenkapazität im vernünftigen Verhältnis. Rustikale Wirtshäuser und Cafés bestimmen den Skifeierabend. Spaghetti, Vino und Espresso lassen einen Hauch von Italien aufkommen. Aber Österreichs Küche und Mentalität dominieren.

Fährt man weiter in den oberen Vinschgau hinein, kommt als nächste Skistation **Watles** (1702–2557 m) am gleichnamigen Berg oberhalb **Burgeis**. Von Mals (an der Reschenstraße), über Burgeis sind es knapp 10 km zur Talstation der Doppelsesselbahn. Aber nur, wer zeitig genug kommt, findet noch einen Parkplatz. Auf den Omnibuszubringer kann man sich nicht immer verlassen, man muß sich nach den genauen Termi-

Von der Bergstation der Höferalm, genauer gesagt Plantapatschhütte, führt übrigens eine fast 5 km lange Rodelbahn in weiten Kurven zu Tal, ebenfalls zum Parkplatz (Rodelverleih). In der unteren Etage dieses Skigebietes, im Schlinigertal, wird eine Skiwanderloipe gespurt, die von 1700 m auf 1900 m steigt und gut ausgebaut wurde.

St. Valentin a. d. Haide, ein schlichtes Skidorf zwischen Reschen- und Haider See, hat sein Hauptskigebiet unter der Seebödenspitze.

nen erkundigen. An Sonn- und Feiertagen kommt es an der Sesselbahn auch schon mal zu Wartezeiten. Weiter geht's dann von der Mittelstation auf die Höferalm (2066 m), auf über 2500 m. Diesen weiten, baumfreien Sonnenhang erschließen einige Schlepplifte und eröffnen schöne Abfahrtsvarianten.

Vinschgauer Oberland, 1470–2700 m
Reschen, Graun, St. Valentin, Langtaufers, Burgeis, Mals

Skigebiet: 1500–2700 m
Graun: 2330 Einwohner, 2400 Gästebetten
Mals: 5000 Einwohner, 2200 Gästebetten
Saison: Anfang Dezember bis Ende April

Anreise München, Garmisch-Partenkirchen, Landeck, Reschenpaß. Bahnstation ist Landeck (Busverbindungen)
Entfernungen von KA: 448 km, S: 380 km, UL: 290 km, M: 238 km

Information
Übergemeindliche Koordination:
Mosaik-Tour Ortler-Obervinschgau
I-39024 Mals, St. Benediktstr. 1
Tel. 0473/80600, Fax 0473/80601
Verkehrsamt Vinschgauer Oberland,
I-39027 Reschen, Tel. 0473/633101
Telefax 0473/633140
I-39020 St. Valentin, Tel. 0473/634603
Telefax 0473/634713
Verkehrsverband der Gemeinde Mals,
I-39024 Mals, Tel. 0473/81190
Telefax 0473/81901
Zweigstelle Burgeis,
I-39024 Burgeis, Tel. 0473/81422
Telefax 0473/81690
Landesvorwahlnummer siehe Seite 608.

Kinder Graun kein Gästekindergarten; Skischule ab 4 Jahre (ca. Lit 135000/Woche mit Mittagessen) Mals kein Gästekindergarten; Skischule ab 3–4 Jahre (ca. Lit 140000/Woche mit Mittagessen)

Ski alpin Testnote ***

Skigebiet Masseben Langtaufers
6 km präparierte Abfahrten, mittel
Liftkapazität: 1000 Pers./Std.
1 1

Skigebiet Schöneben/Rojen
28 km präparierte Abfahrten, leicht bis mittel
Liftkapazität: 8700 Pers./Std.
7 1

Skigebiet Haider Alm
20 km präparierte Abfahrten:
8 km schwer, 10 km mittel, 2 km leicht
Längste Abfahrt: Seebodenlift – St. Valentin, 9 km Länge, 1200 m Höhenunterschied, mittel
Liftkapazität: 5500 Pers./Std.
4 2

Skigebiet Watles
15,5 km präparierte Abfahrten:
12,5 km mittel, 3 km leicht
Liftkapazität: 3200 Pers./Std.
3 1

Skipaß-Preise siehe Beilage
Tiefschneereviere: Rojental, Seebodenlift
4 Skischulen mit 25 Skilehrern

Langlauf Testnote ****

50 Loipenkilometer (13 km schwierig, 6 km mittel, 31 km leicht); längste Loipe: Waldloipe (1470–1500 m), 9 km, leicht/schwierig; Höhenloipen (alle leicht): Schöneben (2100 m), 3 km; Weißkugelloipe (1900 m), 5 km; Dreiländerloipe über 30 km; Mals Almenpfad – Schlinig (1900 m), 10 km lang (3 km mittel, 7 km leicht); in beiden Orten Langlaufunterricht

Weitere Sportmöglichkeiten
Gleitschirmfliegen

Après-Ski

»Sonne, Schnee, Kultur« nennt sich der Urlaubsberater, der über Land und Leute berichtet und viele Informationen enthält. Es gibt ihn in den Verkehrsämtern.

Hotelempfehlungen: Seite 593–597

Die Ortler-Region

Skifahren im Banne des Ortler – mit 3902 m der zweithöchste Berg der Ostalpen – hat einen ganz eigenen Reiz. Sulden und Trafoi empfangen bis weit ins Frühjahr hinein Skigäste, und am Stilfser Joch laufen gar erst Ende Mai die Lifte an.

365 Tage im Jahr skifahren – mit einem solchen Angebot kann nicht jede Wintersport-Region aufwarten. Für die Orte, die unterhalb des Ortler liegen, ist es kein leeres Versprechen. Denn wenn im Juni auch auf den Schneefeldern am Madritschjoch oberhalb von Sulden in puncto Skifahren endgültig nichts mehr läuft, dann geht es auf den Dreitausender-Gipfeln am Stilfser Joch erst richtig los.

Die »Einflugschneise« in dieses Sportzentrum ist recht unkompliziert: Entweder fährt man über den Reschenpaß an und biegt in Spondinig von der Etschtalstraße ab, oder man kurvt von Meran aus den Vinschgau hoch und dann ebenfalls via Spondinig in Richtung Prad.

Von jetzt an geht's bergauf: Bis Gomagoi führt die Straße, schmal, aber gut ausgebaut, entlang dem wildromantisch durch den Talgrund schäumenden Suldenbach bergwärts.

In Gomagoi, einem Ort mit einem alten österreichischen Sperrfort aus dem Ersten Weltkrieg, gibt es zwei Möglichkeiten: Nach links zieht die Straße schmal und steil – manchmal auch lawinengefährdet! – ins Suldental hinauf bis zum fast 1900 m hoch gelegenen Kirchdorf Sulden. Geradeaus geht es weiter, immer am Hang entlang, bis Trafoi (1600 m).

Sulden und Trafoi sind die »regulären« Wintersportorte, die von November bis in den Mai als schneesicher gelten. Sulden, ein sehr altes Dorf, hat sich zu einem Wintersportplatz von Rang entwickelt. Längst sind die Zeiten vorbei, da eine Innsbrucker Zeitung (im vorigen Jahrhundert) noch vom »Sibirien Tirols« lästerte, »wo die Bauern mit Bären aus einer Schüssel essen und die Kinder auf Wölfen daherreiten ...«

Der überaus reizvoll gelegene Ort verfügt über drei Skigebiete: Unmittelbar unter dem Ortler liegen die Pisten um die Langensteinhütte; die zweite Region erstreckt sich um Schaubach-Hütte und Madritschjoch, und schließlich gibt es die Abfahrten von der Kanzel – alles Pisten, die den Könner befriedigen.

Man findet hier aber auch sanftere Varianten für weniger geübte Fahrer. Sulden spielt heute die erste Geige in dieser Region, aber **Trafoi**, in Richtung Stilfser Joch gelegen, steht Sulden nur wenig nach.

Es liegt entlang einer Kehre der Stilfser-Joch-Straße.

Ein grandioses Panorama erschließt sich von der Furkelhütte. Die gewaltigen Hängegletscher von »König Ort-

ler«, die ganze Flanke entlang bis zum **Stilfser Joch**, schimmern in ein paar Kilometern Luftlinie vis-á-vis.

Im Winter wird Trafoi zur Endstation diesseits des Stilfser Jochs; denn die Straße über die Paßhöhe bleibt von November bis Mai gesperrt. In dieser Zeit herrscht auch oben auf der Paßhöhe Stille. Die Hotels sind geschlossen, kein Lift läuft. Erst wenn die Straße wieder befahrbar wird, geht der Rummel los.

Vor dem Skivergnügen im Bereich von Monte Livrio, Geisterspitze und Naglerspitze aber kommen noch die 48 Kehren der berühmt-berüchtigten Stilfser-Joch-Straße, die atemberaubend kühn über den beängstigend steilen Hang der Nordrampe zum Paß in 2757 m Höhe führt.

Auf der Paßhöhe selbst geht es dann weiter ins Skigebiet: mit der Kabinenbahn zunächst zur Mittelstation »Trincerone«, wo auch das futuristische Hotel »Thöni 3000« mit Europas höchstem Hallenbad steht.

Von hier aus geht es entweder per Schlepper zur Naglerspitze oder weiter in Richtung Livrio- und Geisterspitze mit ihren problemlosen Pisten.

Ortlergebiet, 913–3150 m,
Prad, Stilfs, Gomagoi, Sulden, Trafoi, Stilfser Joch

Skigebiet: 1600–3450 m
Ca. 1400 Einwohner, 3800 Gästebetten
Saison: November bis Mai
Sommerskilauf am Stilfser Joch von Ende Mai bis Ende Oktober

Anreise Landeck, Nauders, Reschenpaß, Spondinig, Prad, Gomagoi, Sulden bzw. Trafoi. Bahnstation: Landeck oder Meran (Busverbindungen)
Entfernungen von KA: 478 km, S: 410 km, UL: 320 km, M: 268 km

Information
Übergemeindliche Koordination:
Mosaik-Tour Ortler-Obervinschgau
I-39024 Mals, St. Benediktstr. 1
Tel. 0473/80600, Fax 0473/80601
Fremdenverkehrsamt für das Ortlergebiet
I-39029 Sulden am Ortler, Tel. 0473/613015
Telefax 0473/613182
Schneetelefon 0473/613014
Verkehrsbüro Trafoi
I-39020 Trafoi, Tel. 0473/611677
Schneetelefon: 0471/993812
Informationsbüro Stilfser Joch
(Mai–Oktober) über Trafoi und
Tel. 0342/903030, Fax 0342/903236
Landesvorwahlnummer siehe Seite 608.

Kinder Sulden kein Gästekindergarten; Skischule ab 4 Jahre
(ca. Lit 170000/5 Tage inkl. Mittagessen)

Ski alpin Testnote ✻✻✻
Sulden

Skigebiet von Sulden
25 km präparierte Abfahrten aller Schwierigkeitsgrade
Längste Abfahrt: Madritsch, 10,5 km Länge, 1250 m Höhenunterschied, mittel
Die Abfahrt am Sonnenhang (Übungshang, leicht) ist dienstags bis 22 Uhr beleuchtet
Liftkapazität: 10700 Pers./Std.

7 3 1

Skigebiet von Trafoi
10 km präparierte Abfahrten aller Schwierigkeitsgrade
Liftkapazität: 2500 Pers./Std.

3 1

Skigebiet Stilfser Joch
20 km präparierte Abfahrten, vorwiegend leicht
Liftkapazität: 9250 Pers./Std.

11 1 1

BESONDERS SCHNEESICHER SULDEN

Skipaß-Preise siehe Beilage

Tiefschneereviere Sulden Langenstein, Madritsch, Cevedale, Kanzel, Angelus, Rosim Trafoi Praderalm
3 Skischulen mit 40 Skilehrern,
10 Sommerskischulen mit 150 Skilehrern am Stilfser Joch

Langlauf Testnote ✻

20 Loipenkilometer (mittel); Höhenloipe: Stilfserjoch (2760 m), 3 km Länge; längste Loipe: Sulden (1850–1906 m), 12 km Länge, leicht; Langlaufunterricht in Sulden

Weitere Sportmöglichkeiten

Après-Ski

Wer den Stemmbogen kann und ein bißchen Kondition hat, sollte sich ans Tourengehen wagen. Für eine Grundkurswoche muß man mit ca. Lit 940000 (Hotel, Ausrüstung, Führung) rechnen.
Informationen in der Alpinschule Ortler, Sulden, Tel. 0473/613004.

Hotelempfehlungen: Seite 593–597

Das Schnalstal

Selbst durch die Erschließung des Schnalstaler Gletschers zum Ganzjahres-Skigebiet hat das Tal nichts von seiner Urwüchsigkeit verloren. Daran konnte auch ein moderner Hotel- und Appartement-Komplex nichts ändern.

Jahrhundertelang hielt der Winter das Tal unter Verschluß. Da mußten sogar die Toten, kühl auf dem Dachboden gelagert, die Schneeschmelze abwarten, ehe der einzige Ausgang über das Tascheljöchl zum Friedhof nach Schlanders wieder frei war. Denn bis vor 100 Jahren riegelte eine gruselig enge Schlucht, überragt vom Schloß Juval (Burgherr ist der Alpin-Superstar Reinhold Messner!) die »Vordertür« zum Vinschgau ab.

Heute fährt man die 24 km von Naturns nach Kurzras problemlos auf asphaltierter Straße hinauf. Von der Witterung dunkel gebeizte Holzhäuser, bis zu 400 Jahre alt und oft schwindelerregend an die Steilhänge »geklebt«, zeugen von einer noch halbwegs heil gebliebenen Bergbauernwelt.

Davon wäre allerdings wohl längst nichts mehr übrig, hätte nicht der Bau der Gletscherbahn auf den Hochjochferner (Einweihung 1975) den Skitourismus in das aussterbende Tal gebracht. Den Geburtswehen der Gründerjahre folgte ein bescheidener Aufschwung. Heute findet ein sportlich-familiäres Publikum (hauptsächlich Deutsche und Italiener) im unverdorbenen Schnalstal den gewünschten Ferienfrieden ohne viel Trubel.

Alle Dörfer der Talgemeinde (Katharinaberg, Karthaus, Unser Frau, Vernagt) verfügen über billige Privatquartiere, preiswerte Gastbetriebe und solide Mittelklasse-Hotels. Die Wirte besinnen sich auch allmählich wieder auf die bodenständige Küche: Den »Schöpsenbraten« (Hammel), die Schnalser Nudeln, Schlutzkrapfen und »Schneemilch« (eine Senner-Nachspeise aus Brot, Pinienkernen, Feigen, Arrak und frischen Rahm) sollte man unbedingt kosten.

Statt pulsierendem Nachtleben (das »Sporthotel Kurzras« hat eine Disco) spürt man den bedächtigen Pulsschlag einer tausendjährigen Bergbauernkultur – in der Wallfahrtskirche von Unser Frau, hinter den Klostermauern von Karthaus oder beim Glasl Grauvernatsch an einem der gemauerten Vinschgauer Öfen in den Zirbelstuben der abgelegenen Höfe.

Wer es weniger beschaulich mag und die tägliche Anfahrt (Winterreifen!) scheut, wohnt – teuer, aber komfortabel – im »Sportdorf Kurzras« direkt an der Gletscherbahn. Der furistische Komplex vereint alles unter einem Dach: Bars, Restaurants, Supermarkt, Hallenbad (öffentlich!), Sauna, Solarium, Spiel und Spaß. Hier tummelt sich ganzjährig ein fröhlich-dynamisches Ski-Völkchen, trainieren Nationalkader, schlagen Tricksler ihre Camps auf.

Besonders sportive Gruppen sind ganz oben am besten aufgehoben: Die Bergstation der Bahn hat neben dem guten SB-Restaurant (phantastische Rundsicht!) 130 Hotelbetten. Übrigens: Wer die Schnellspeisung umgehen möchte, nimmt die zehn Minuten Aufstieg vom Gletscher zur Bellavista-Hütte in Kauf. Sie heißt nicht umsonst »Schöne Aussicht«...

Die Schnalstaler Gletscherbahn überwindet mit ihren Großkabinen in wenigen Minuten eine Höhendiffe-

Auch Langläufer finden auf dem sanft geneigten Hochjoch-Gletscher eine ständig gespurte Rundloipe.

In gut 5 Minuten schwebt die Schnalstaler Gletscherbahn vom Talende in Kurzras zur Hochjoch-Bergstation auf 3212 m (Bild unten rechts).

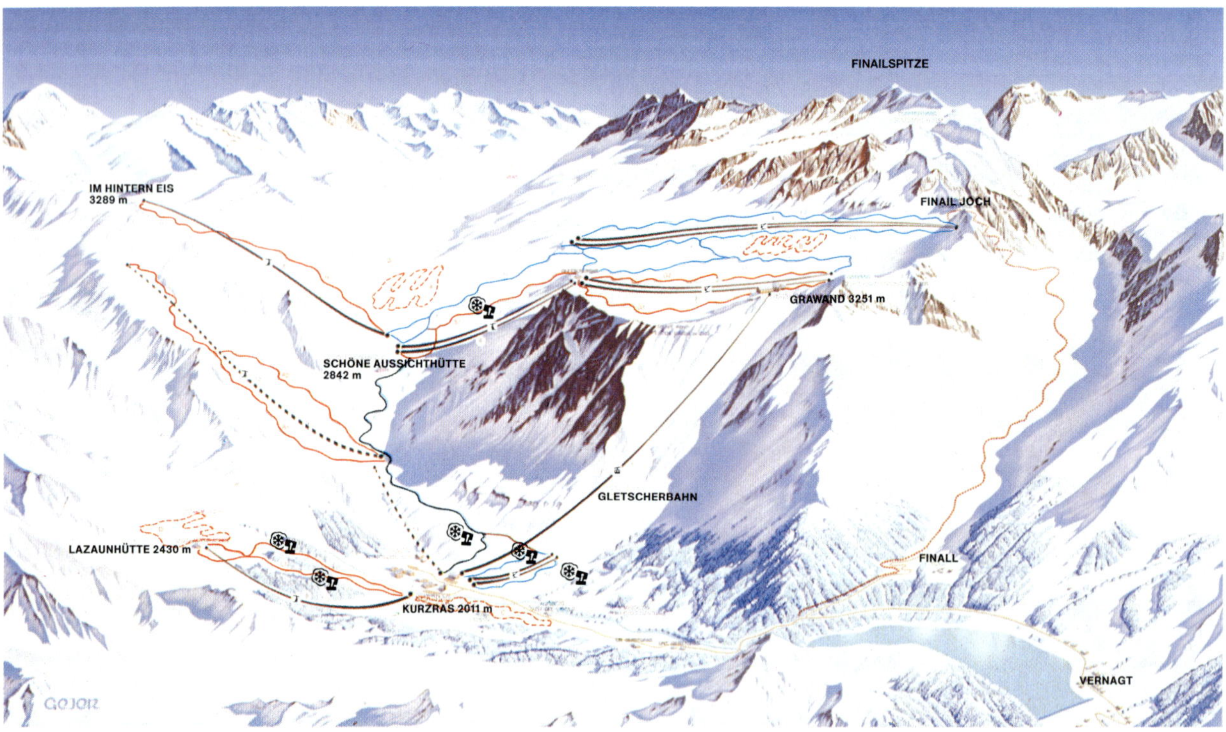

renz von 1200 Metern und erschließt ein ganzjährig befahrbares Skigebiet auf dem Hochjochferner in über 3000 m Höhe. Es ist mit seinen langen und steilen Hängen (mit kinderleichten Varianten) durchwegs interessant. Sehr schön, aber schwer ist die 8-km-Abfahrt ins Tal (Kurzras). Wer sich traut, kürzt durch die extrem steile »Schmugglerrinne« ab, durch die einst die illegalen Grenzgänger den weniger mutigen »Finanzern« entkamen ...
Stets unterschätzt, weil von unten nicht einsehbar, wird der sehr empfehlenswerte Lazaun-Sessellift gegenüber der Seilbahn-Talstation, der zwei lohnende Waldabfahrten erschließt. – Für Steigfell-Gerüstete ist Kurzras ein idealer Ausgangspunkt für ein- und mehrtägige Hochtouren, etwa zur Weißkugel (3739 m) oder zur Similaun-Hütte (3019 m, bewirtschaftet ab Ende Februar), beide am Grenzkamm zu Österreich gelegen. Loipen gibt es in Unser Frau (7 km, leicht), in Kurzras (7 km, leicht), sowie der Bergstation des Sessellifts »Lazaun« (3 km, mittel).
Als besondere Attraktion gibt es auf dem Gletscher eine Sprungschanze, die Sprünge bis zu 80 m Weite zuläßt. Sie ist bislang die einzige Gletscher-Skischanze Europas. Firn-Freaks fahren im Frühjahr über die Finailrinne (ab Finaillift) vom Gletscher ab. Nach getaner Schnee-Arbeit (und vor dem halbstündigen »Hatsch« nach Vernagt) winkt auf dem Finailhof dann eine Marend' (Brettljause). Die Rückfahrt ab Vernagt muß rechtzeitig organisiert werden.

BESONDERS SCHNEESICHER

Schnalstal, 1245–2011 m

Skigebiet: 2000–3258 m
1350 Einwohner, 2350 Gästebetten
Saison: November bis April, ganzjährig auf dem Hochjochgletscher (außer Mai)

Anreise Brenner-Autobahn (Ausfahrt Bozen-Süd), Meran, Naturns oder Reschenpaß, Mals, Schnalstal. Bahnstationen: Naturns und Meran (Busverbindungen)
Entfernungen von KA: 514 km, S: 446 km, UL: 356 km, M: 304 km

Information
Tourismusverein Schnals, I-39020 Schnalstal, Tel. 04 73/891 48
Telefax 04 73/891 77
Schnalstaler Gletscherbahn I-39020 Schnalstal, Tel. 04 73/875 51
Telefax 04 73/881 00
Informationsbüro in Kurzras und Schneetelefon Tel. 04 73/662177
Landesvorwahlnummer siehe Seite 608

Kinder Gästekindergarten ab 4 Jahre (ca. Lit 16 000/Halbtag, 34 000/Ganztag inkl. Mittagessen); Skikindergarten Pinocchio Club (ca. Lit 170 000/5 Tage inkl. Mittagessen); Skischule ab 4 Jahre (ca. Lit 100 000/5 Tage ohne Mittagessen)

Ski alpin Testnote ❄❄❄

Skigebiet gesamt
23 km präparierte Abfahrten:
8 km schwer, 8 km mittel, 7 km leicht

Längste Abfahrt: Schmugglerabfahrt, 8 km Länge, 1200 m Höhenunterschied, schwer
Liftkapazität: 11 000 Pers./Std.
6 4 1

Skigebiet Gletscher/Hochjochferner
8,5 km präparierte Abfahrten:
3 km mittel, 5,5 km leicht
Beleuchtet ist die Glockenpiste (300 m lang, leicht) donnerstags von 20.30–22 Uhr
Liftkapazität: 6454 Pers./Std.
4 2 1

Skipaß-Preise siehe Beilage

Tiefschneereviere: Finailabfahrt (9,5 km Länge, 1500 m Höhenunterschied)
Skischule: 15 Skilehrer, Sommerskischule

Langlauf Testnote ❄❄

25 Loipenkilometer (15 km mittel, 10 km leicht); längste Loipe: Gletscherloipe Hochjoch I (2750–2850 m), 10 km, mittel; höchste Loipe: Gletscherloipe Hochjoch II (3000–3050 m), 5 km, mittel; Langlaufunterricht

Weitere Sportmöglichkeiten

Gleitschirmfliegen

Après-Ski

Sportliche Veranstaltungen
Riesentorlauf (auf der Hintereispiste, Saisonabschlußrennen für jedermann, Anfang Mai 94)

Snowboard-Unterricht gibt's in der Skischule Schnals/Kurzras, Tel. 04 73/66 21 70. Für fünf Tage Boardmiete und zwei Stunden Unterricht pro Tag muß man mit ca. Lit 150 000 rechnen.

Hotelempfehlungen: Seite 593–597

Latsch mit Tarscher Alm

Bislang war der Untere Vinschgau vor allem als Land der Burgen und Obstgärten bekannt. Das hat sich geändert. In den letzten Jahren entstand ein Skigebiet, mit dem vor allem geruhsame Familienurlauber zufrieden sein werden.

Südtirols noch junges Skigebiet liegt rund 40 Kilometer östlich von Mals oder gut 25 Kilometer westlich von Meran. Vom Reschenpaß herunter sind es etwa 60 Kilometer. Also Fuß vom Gaspedal, wenn das Ortsschild »Latsch« auftaucht.
Oberhalb von **Latsch,** diesem riesigen Obstgarten, dessen Apfelbaumäste bizarr in den Winterhimmel ragen, wurde das Skigebiet Tarscher Alm (1250–2250 m) ausgebaut, das auch gerne als »Sonnenbalkon des Vinschgaus« bezeichnet wird.
Im oberen Teil ermöglicht das weitläufige Almengebiet größtenteils baumfreies Genußskifahren auf gut präparierter Unterlage. Da es kaum Felsbrocken oder extreme Steilhänge gibt, genügt schon eine relativ geringe Schneedecke, um bis in den April hinein dem Brettlvergnügen zu frönen.
Standfesten Naturen sei dann noch die Talabfahrt empfohlen, die im unteren Teil durch Waldschneisen zur Talstation führt.
Insgesamt ist das mit Schlepp- und Sesselliften erschlossene Skigebiet für Familien mit Kindern geeignet. Da es aber kaum Wartezeiten gibt – alle umliegenden, größeren Orte haben ihre eigenen Skigebiete –, kann sich hier auch ein guter Skifahrer durchaus ein paar Tage richtig austoben.
Auch mit einem guten »Rundumservice« kann der Gast rechnen: vom Skiverleih bis zum Bindungseinstellen reicht das Angebot. Für das leibliche Wohl sorgt das Selbstbedienungsrestaurant, und auf sonnenhungrige Skifahrer wartet eine gemütliche Terrasse.

Dazu kommen der Eisplatz im Latscher Sportzentrum sowie gemütliche Gasthäuser in Latsch, Tarsch und den Nachbarorten Goldrain, Morter und Schlanders, die auch Quartier anbieten.
Oberhalb der Talstation zur Tarscher Alm liegt übrigens auch eine Rodelbahn. Schlitten gibt's an der Talstation auszuleihen.
Für weitere Abwechslung sorgen noch einige sehr schöne Tourenmöglichkeiten, so zum Beispiel zur Tufer-Spitze (3092 m) oder zum Hasenöhrl (3256 m).

Latsch, 639 m
Tarscher Alm, 1940 m

Skigebiet: 1250–2250 m
4100 Einwohner, 2600 Gästebetten
Saison: Dezember bis April

Anreise Brenner-Autobahn (Ausfahrt Bozen-Süd), Meran, Naturns oder Landeck, Reschenpaß, Mals.
Bahnstationen: Meran und Landeck (Busverbindungen)
Entfernungen von KA: 479 km, S: 411 km, UL: 321 km, M: 269 km

Information
Verkehrsverband Latsch,
I-39021 Latsch, Tel. 0473/623109, 623322
Telefax 0473/622042
Schneetelefon Verkehrsmeldezentrale Bozen 0471/978577
Landesvorwahlnummer siehe Seite 608.

Kinder kein Gästekindergarten;
Skischule ab 4 Jahre (ca. Lit 65000/5 Tage ohne Mittagessen).
Für Kinder unter 1,20 m Länge sind die Skipässe gratis

Ski alpin Testnote ❄❄
10 km präparierte Abfahrten
leicht bis mittel

BESONDERS SCHNEESICHER

Längste Abfahrt: Tarscher Alm – Talstation, 7 km, 1000 m Höhenunterschied, mittel
Liftkapazität: 4000 Pers./Std.
2 Schlepplifte, 2 Sessellifte

Skipaß-Preise siehe Beilage
Skischule mit 5 Skilehrern

Langlauf Testnote ❄
3 Loipen auf ca. 1550 m Höhe zwischen 4 und 8 km Länge im Martelltal, ca. 15 km von Latsch entfernt; dort auch Langlaufunterricht

Weitere Sportmöglichkeiten
Gleitschirmfliegen

Après-Ski

Achtung: Eventuell bleibt das Skigebiet Tarscher Alm im Winter 1993/94 geschlossen. Bitte informieren Sie sich im Verkehrsbüro.

Hotelempfehlungen: Seite 593–597

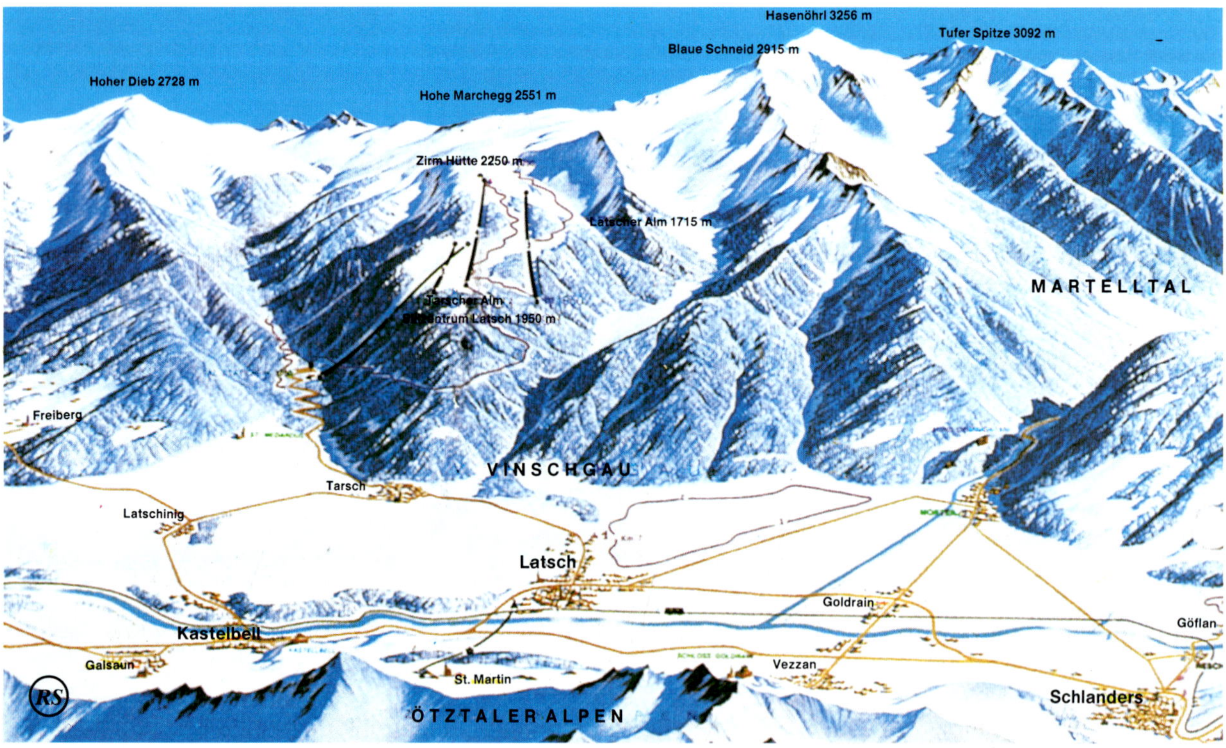

Meran 2000

Schnee und Palmen – dieses Erlebnis bleibt Meraner Winterurlaubern vorbehalten: Im milden Klima des Südtiroler Kurortes blühen exotische Gewächse im Tal, während eine Etage höher, in Meran 2000, noch Pulverschnee glitzert.

Nur 15 Bergbahnminuten trennen in Meran zwei Jahreszeiten. Im 325 m hoch gelegenen Kurort kommt der Winter selten so recht zum Zuge. Bereits im Januar blühen manchmal schon die Forsythien, im Februar kommen die ersten Veilchen, und ab März kann der Urlauber zwischen Oleander, Frühblühern und Palmen in der warmen Mittagssonne sitzen. Eine Etage höher, im Skigebiet »Meran 2000«, trägt die Natur dann noch üppiges Weiß.

»Meran 2000« wird als eines der landschaftlich schönsten Südtiroler Skigebiete gepriesen; ein leichtes bis mittelschweres Areal mit gepflegten, baumlosen Pisten, ein ideales Brettlterrain für gemächliche Skifahrer und Familien. Steilhangfans suchen in diesem Pistennetz, das bis auf 2400 m hinaufreicht, ihre Hänge vergebens. Sie werden sich mit einigen Tiefschnee- und Firnhängen, mit gemütlichen Berghütten, Sonnenterrassen, einem grandiosen Panorama und verschiedenen Gaumengenüssen begnügen müssen.

Trotz dieses einmaligen Schneebalkons über dem »subtropischen Parterre«: Ein »Wintersportort« ist Meran nicht, er wird es auch kaum werden. Der Name dieser Stadt erinnert eher an Traubenkuren und Törggelen, an Fangopackungen und Thermalbäder. Für die Gäste der Stadt an Etsch und Passer wird auch viel anderes Freizeitvergnügen geboten, etwa auf Tennisplätzen und auf der Kunsteisbahn, in beheizten Schwimmbädern, beim Pferdesport (die gutmütigen Haflinger sind weltberühmt), auf schönen Wanderrouten, bei kulturellen Veranstaltungen oder in gemütlichen Restaurants und Weinstuben der Altstadt. Auch einen Einkaufsbummel unter den Lauben (das sind offene Bogengänge, die Schutz vor Sonne und Regen bieten) kann man durchaus zum Freizeit-Vergnügen im Urlaub rechnen.

Eine gut ausgebaute Straße führt von Meran nach Hafling mit Anschluß zum Skigebiet Meran 2000, das früher einmal als »moderne Retortenskistation« mit riesigem »Wohnturm« und allem infrastrukturellem Drum und Dran geplant war. Heute ist man froh, daß diese Naturverschandelung von den Behörden nicht genehmigt wurde.

Doch läuft andererseits ohne Bettenburgen auf Höhe 2000 das Skigeschäft während der Woche zäh; die Skifahrer – vor allem Gäste, die ihren Kur-Urlaub in Maßen mit Wintersport kombinieren wollen – brauchen sich in diesen sonnig-schönen Gebieten nicht über Wartezeiten zu ärgern. Attraktivste Abfahrt für Könner ist der Nordhang der 2360 m hohen Kuhleiten. Weniger geübte und mittlere Skifahrer gleiten über die Wedelwiesen vom 2300 m hohen Kesselwandjoch oder vom 2305 m hohen Mittager.

Meran 2000
Hafling, 1290 m

Skigebiet: 1250–2400 m
Hafling 600 Einwohner, 770 Gästebetten
Meran 34000 Einwohner, 8250 Gästebetten
Saison: Dezember bis April

Anreise Brenner-Autobahn (Ausfahrt Bozen-Süd), Meran (Bahnstation, von dort Busverbindungen nach Hafling)
Entfernungen von KA: 505 km, S: 437 km, UL: 347 km, M: 295 km

Information
Tourismusverein Hafling,
I-39010 Hafling, Tel. 0473/99457
Telefax 0473/99540
Kurverwaltung Meran,
I-39012 Meran, Tel. 0473/235223
Telefax 0473/235524
Landesvorwahlnummer siehe Seite 608.

Kinder Hafling kein Gästekindergarten; Skischule ab 4 Jahre
(ca. Lit 90000/6 Tage à 2 Stunden)

Ski alpin Testnote ❄❄

40 km präparierte Abfahrten:
15 km mittel, 25 km leicht
Längste Abfahrt: Piffing – Falzeben, 3,5 km Länge, 215 m Höhenunterschied, mittel
Liftkapazität: 7000 Pers./Std.
1 5 1

Skipaß-Preise siehe Beilage
Skischule mit 16 Skilehrern

Langlauf Testnote ❄

Eine Loipe (Falzeben, 1680 m) mit 5 km Länge, mittel; Langlaufunterricht nur in Hafling

Weitere Sportmöglichkeiten
Meran 2000
Meran
Sport-Center

Après-Ski
Im Skigebiet selbst kaum ein Angebot;
Meran

Die Skischule Meran 2000 bietet nur Kurse à zwei Stunden pro Tag (für drei oder für sechs Tage) an. Erwachsene und Kinder zahlen denselben Preis (ca. Lit 90000 für sechs, 70000 für drei Tage).

Hotelempfehlungen: Seite 593–597

Das Wipptal

Südlich des Brenner liegt eine Reihe von Orten, die die meisten Skifahrer nur von der Durchreise kennen. Gossensaß und Sterzing warten mit guten Ski- und Quartiermöglichkeiten auf – ebenso Ratschings am Jaufen-Paß.

Nicht die Autobahn, sondern die alte Brennerstraße ist der richtige Anreiseweg für alle, die ihren Brettln im Pistenrevier von Gossensaß Auslauf verschaffen wollen.

Gossensaß, nur 10 km hinter der Brennergrenze, liegt unterhalb der früher so gefürchteten Steilrampe von Pontiggl, die aber inzwischen sehr gut ausgebaut und fast völlig entschärft wurde.

Gossensaß war nicht nur eine reiche Stadt durch den Silberbergbau – manchen Häusern sieht man das noch an – sondern auch Etappe auf dem Weg in den Süden, nach Rom. Deshalb heißt die Brennerstraße, die als Hauptstraße durch den Ort führt, auch heute noch Via Roma. Seit die Fuggerschen Silberminen stillgelegt sind, beziehen die Einheimischen ihr Silber aus dem Tourismus.

Nicht unwesentlich trug zu dieser Entwicklung in unseren Tagen das Skigebiet unterhalb der 2749 m hohen Amthor-Spitze, am sogenannten Hühnerspiel, bei. Ein Sessellift führt in zwei Sektionen hinauf.

Wipptal, 948–1309 m
Brennerbad, Gossensaß, Pflersch, Sterzing, Ratschings

Skigebiet: 1100–2706 m
Ca. 17 000 Einwohner, 5400 Gästebetten
Saison: November bis April

Anreise Innsbruck, Brenner-Autobahn (Ausfahrten Brennersee bzw. Sterzing). Bahnstationen: Brenner, Gossensaß, Sterzing; von dort Busverbindungen
Entfernungen von KA: 452 km, S: 384 km, UL: 294 km, M: 210 km

Information
Touristikkomitee Wipptal,
I-39049 Sterzing, Tel. 04 72/76 53 25
Telefax 04 72/76 54 41

Kurverwaltung
I-39040 Gossensaß, Tel. 04 72/6 23 72
Telefax 04 72/6 25 80

Verkehrsverein Ratschings
I-39040 Stange/Ratschings,
Tel. 04 72/75 66 66
Telefax 04 72/75 68 89

Landesvorwahlnummer siehe Seite 608.

Kinder Sterzing kein Gästekindergarten; Skischule ab 4 Jahre (ca. Lit 160 000/6 Tage à 4 Std. ohne Mittagessen) Gossensaß kein Gästekindergarten; Skischule ab 4 Jahre (ca. Lit 160 000/6 Tage à 4 Std. ohne Mittagessen)

Ski alpin Testnote ❄❄

Skigebiet Gossensaß/Ladurns
8,7 km präparierte Abfahrten:
1,3 km schwer, 3,4 km mittel, 4 km leicht
Längste Abfahrt: ins Tal, 3,6 km Länge, 830 m Höhenunterschied, mittel/leicht
Liftkapazität: 2417 Pers./Std.
3 1

Skigebiet Gossensaß/Hühnerspiel
8,5 km präparierte Abfahrten:
4,4 km schwer, 4,1 km mittel
Liftkapazität: 1200 Pers./Std.
1 2

Skigebiet Sterzing/Roßkopf
15 km präparierte Abfahrten:
14 km mittel, 1 km leicht
Liftkapazität: 9500 Pers./Std.
3 2 1

Skigebiet Ratschings/Jaufen/Kalch
25 km präparierte Abfahrten:
24 km mittel, 1 km leicht
Liftkapazität: 10 800 Pers./Std.
7 3

Skipaß-Preise siehe Beilage

Tiefschneereviere: Mareiter-Stein, Zunderspitze, Einachtspitze, Kreuzspitzen, Zinseler, am Hühnerspiel und in Ladurns
3 Skischulen mit 48 Skilehrern

Langlauf Testnote ❄❄❄

90 Loipenkilometer insgesamt Gossensaß 17 (meist leichte) km; Silbertalloipe Gossensaß – St. Anton, 17 km; Langlaufunterricht Ratschings 46 (16 mittel, 30 leicht) km Sterzing 6,5 km: Höhenloipe am Roßkopf (1830–1910 m, 1,5 km schwierig, Rest leicht bis mittel); Langlaufunterricht

Weitere Sportmöglichkeiten

Après-Ski

KINO Museum

Das Skigebiet Hühnerspiel (Gossensaß) bleibt u. U. auch im Winter 1993/94 geschlossen. Informationen im Verkehrsbüro.

Hotelempfehlungen: Seite 593–597

In gut 4 km Entfernung hat Gossensaß im Pflerschtal noch ein zweites, durch einen Bus angebundenes Skigebiet: die weiße Hochfläche rund um die Ladurns-Alm mit dem höchsten Punkt bei der Edelweißhütte in knapp 2000 m. Besonders attraktiv und durch die Nordlage auch recht schneesicher ist die Talfahrt.

Zu den Wipptaler Skiorten gehört natürlich auch **Sterzing** (5200 Einwohner). Der alte Südtiroler Ort hat den Charakter einer mittelalterlichen Stadt bewahrt. Sterzing – zur Römerzeit Vipitenum – gab übrigens dem Wipptal (zwischen Innsbruck und Franzensfeste) den Namen: Um 1000 heißt es Vallis Vipitena, um 1200 taucht schon der deutsche Name »Wiptal« auf.

Von Sterzing aus gelangt man zu Fuß direkt zur Talstation der Kabinenbahn ins Skigebiet am Roßkopf (2189 m). Vom Roßkopf führt die sportivste Strecke, in der unteren Hälfte durch die Waldzone, ins Tal hinunter.

Wen es nach mehr skifahrerischer Abwechslung gelüstet, der wechselt in das Skigebiet von **Ratschings** am Jaufenpaß hinüber; es ist das größte der Wipptaler Skireviere und von Sterzing nur 12 Kilometer entfernt (Winterausrüstung!)

Bei dem kleinen Weiler Bichl befindet sich die Talstation des Skigebiets; es liegt zwischen 1300 und 2100 Meter Höhe auf jener Nordflanke, auf deren östlichem Teil sich die im Winter gesperrte Jaufenpaßstraße emporwindet.

Mit den Aufstiegshilfen geht es über rund 500 Höhenmeter zur Baumgrenze hinauf, von der aus weitere Lifte und – etwas weiter westlich – ein Sessellift bis zum Jaufenkamm weiterführen. Von dort blickt man ins südseitige Passeiertal.

An der Waldgrenze auf der Rinnalm verlocken Restaurant und Sonnenterrasse zum Einkehrschwung.

Für Langläufer gibt es im ganzen Wipptal gut gespurte Loipen.

Das Tauferer-Ahrntal

Neben den zwei Skigebieten Speikboden und Klausberg offeriert das Tauferer-Ahrntal ein überraschend gutes Loipenrevier – gerade recht für »Kombinierer«. Für Familienurlaub sprechen die preiswerten Quartiere dieser Region.

Südtirols nördlichste Skireviere liegen im Ahrn- und Taufererertal. Genauer nennt es sich nun das Tauferer-Ahrntal; denn es handelt sich hier nicht um zwei getrennte Täler, sondern um einen durchgehenden, vom Ahrnbach durchflossenen Talzug. Er ist jedoch unterschiedlich strukturiert: Während der vordere Teil, zwischen Bruneck (835 m) und Sand in Taufers, breit und ausladend ist (Taufererertal), trägt das Ahrntal, wie der Talzug ab der Talenge kurz hinter Sand heißt, etwa von Steinhaus (1052 m) an, hochalpine Züge. Es ist ein landschaftlich äußerst eindrucksvolles Tal mit fast intakter bäuerlicher Idylle. Linker Hand ragen mächtig die Zillertaler Alpen auf, rechter Hand liegen die Rieserferner-Gruppe, die Defregger Alpen und dahinter die Hohen Tauern. Insgesamt kommen an die 80 Dreitausender nach und nach ins Blickfeld, wenn man weiter in Richtung Talschluß an der Birnlücke (2667 m) fährt oder wandert. Die Straße führt zwar bis Trinkstein (1671 m), ist jedoch vorläufig nur bis Kasern (1595 m) geöffnet.

Die beiden Hauptskigebiete stellen **Sand in Taufers** mit der Michlreiseralm, unterhalb des Speikbodens (2517 m), und Steinhaus mit dem Klausberg (1600 m). Sand in Taufers bietet mit seinen Nachbarorten Luttach, St. Johann, Weißenbach und Mühlen rund 4000 Gästebetten an, vornehmlich in preiswerten Gasthöfen und Privatquartieren; daneben gibt es noch einige Hotels für gehobenere Ansprüche. Der »große« Tourismus hat hier allerdings noch nicht Fuß gefaßt.

Das ist sicherlich auch auf die Lage zurückzuführen: Das Tal ist eine »Sackgasse«, hat keinen Durchgangsverkehr und somit auch keine »Laufkundschaft«; das Tauferer-Ahrntal muß man schon gezielt anfahren. Vor allem die Stammgäste, die hier in einer weitgehend bäuerlich gebliebenen Umgebung Pistenbetrieb ohne Hektik suchen, wissen das zu schätzen.

Die Talstation der Sesselbahn, die in zwei Sektionen auf die Michlreiser Alm in 2000 Meter Höhe hinaufzieht, liegt gegenüber der Burg Taufers, am Übergang vom Tauferer- zum Ahrntal. Mehrere Schlepplifte besorgen von der Bergstation aus dann den Weitertransport über die weiten, baumfreien Idealhänge, unterhalb vom Speikboden.

Die längste von allen Pistenvarianten zieht aus 2200 Metern Höhe über im-

merhin rund sechs Kilometer zur Talstation zurück. Die Abfahrten eignen sich überwiegend für fortgeschrittene Skifahrer, doch finden auch Anfänger wie Cracks Alternativen für eine bedächtige oder eine rasante Abfahrt. Viele bleiben tagsüber ohnehin im oberen Abschnitt, zumal für Brotzeiten und Fleckerl zum Sonnen gesorgt ist.
Schlängelt man sich von **Luttach** über St. Johann ins Ahrntal hinein, erreicht man zehn Kilometer nördlich von Sand den Weiler **Steinhaus** mit dem Klausbergrevier. Mit seinen verstreut liegenden Häusern wirkt Steinhaus eigentlich noch ursprünglicher als Sand.
Erschlossen wird der Klausberg von einem Doppelsessellift. Von der Bergstation aus schwingt man am besten rechts in die weiße Mulde, unterhalb des Klaus-Sees (2162 m) hinüber, oder nimmt den Anschlußlift zur Breite Rast (2098 m). Nur diese beiden oberen Lifte erschließen breite Hänge, vor allem für Genußskifahrer. Die Talabfahrt zieht sich in weiten Waldschneisen relativ unattraktiv hinunter. Die Übungslifte, rechts der Talstation, sind lediglich für absolute Skibabies geeignet.

Als guter Tip gilt das Tauferer Ahrntal besonders für Langläufer, die hier rund 100 Kilometer wohl präparierte Loipen vorfinden. Ein wirkliches Schmankerl für Läufer mit guter Kondition ist zum Beispiel die Ahrntalloipe, die von Luttach abwechslungsreich über St. Johann und Steinhaus nach St. Peter, kurz vor Prettau, führt. Verschiedene Spuren erschließen, in Abschnitten von drei bis 20 Kilometern, das gesamte Tal und ermöglichen sowohl dem Anfänger wie auch dem anspruchsvollen Sprinter schier endlosen Auslauf.
Eine Attraktion für Rodler ist die Bahn oberhalb von Kematen, das am Fuße der Wasserfall-Spitze, gegenüber von Sand in Taufers liegt. Die Bahn wird abends beleuchtet und führt in den Ortsteil Winkelbad hinunter.
Mit ihrem »Nachtleben« können die Ahrn- und Tauferertaler sicherlich kaum jemand aus den gemütlichen Gasthöfen herauslocken. Die Discos sind eher Ausweichquartier für die Jugend.
So bleibt man dann abends auch lieber nach Speckknödel und Graukäs' etwas länger sitzen und genehmigt sich noch ein zusätzliches Viertel Südtiroler Roten.

Tauferer-Ahrntal
Steinhaus, 1052 m
Prettau, 1476 m

Skigebiet Speikboden 900–2350 m
Klausberg 1054–2050 m
10000 Einwohner, ca. 10000 Betten
Saison: Dezember bis Mitte April

Anreise Brenner-Autobahn bis Anschlußstelle Brixen, Pustertal, dann über Bruneck nach Sand in Taufers (der Ortskern ist autofrei). Bahnstation ist Bruneck, von dort Busverbindungen
Entfernungen von KA: 522 km, S: 454 km, UL: 364 km, M: 280 km

Information
Tourismusvereine
I-39032 Sand in Taufers
Tel. 0474/678076, Fax 678922
I-39030 Luttach/Ahrntal
Tel. 0474/671136, Fax 671666
I-39030 Steinhaus/Ahrntal
Tel. 0474/652198, Fax 0474/652491
Schneetelefon 0474/679101
Landesvorwahlnummer siehe Seite 608.

Kinder Sand i. T. Gästekindergarten ab 1 ½ Jahre (ca. Lit 40000/Halbtag); Skischule ab 3 Jahre (ca. Lit 95000/5 Tage à 2 Std.)
Steinhaus Gästekindergarten ab 1 ½ Jahre (ca. Lit 25000/Halbtag); Skischule ab 4 Jahre (ca. Lit 78000/5 Tage à 2 Std.)

Ski alpin Testnote ❄❄

Skigebiet Speikboden
9 km präparierte Abfahrten:
1,7 km schwer, 6,1 km mittel, 1,2 km leicht
Längste Abfahrt: Speikboden – Talstation Michlreis, 6 km Länge, 1200 m Höhenunterschied, mittel/leicht
Liftkapazität: 11900 Pers./Std.
3 4

Skigebiet Klausberg
(inkl. Rein)
8 km präparierte Abfahrten
mittel bis leicht (Rein 1,2 km mittel)
Liftkapazität: 9000 Pers./Std.
(inkl. Rein mit 1400 Pers./Std.)
4 (Rein 2) 3

Skipaß-Preise siehe Beilage
Tiefschneereviere: Kasern, Weissenbach, Rain
3 Skischulen mit 40 Skilehrern

Langlauf Testnote ❄❄❄❄

Insgesamt ca. 100 Loipenkilometer; Ahrntaler Höhenloipe (970–1366 m), 20 km mittel bis schwierig Steinhaus 16 km (mittel); Höhenloipe Kasern (1595–1671 m), 12 km

Weitere Sportmöglichkeiten
Gleitschirmfliegen

Après-Ski

Mit dem Kopfhörer kann man die Anweisungen des Skilehrers empfangen – beim Privatunterricht der Skischule Speikboden (Tel. 0474/678526). Eine Stunde kostet ca. Lit 35000 plus Kopfhörergebühr ca. Lit 5000.

Hotelempfehlungen: Seite 593–597

Ritten

Dem Rittner Horn haben die benachbarten Dolomiten nichts vererbt. Statt schroffer Felsen weist es sanfte Matten auf, die im Winter ein gemütliches Skifahren unter südlicher Sonne ermöglichen. Und das zu zivilen Preisen.

Der einzige Sessellift am Ritten führt von Pemmern (1530 m) auf die Schwarzseespitze.

Oben am Ritten war es, wo die Sommerfrische »erfunden« wurde. Betuchte Bozener bauten schon vor ein paar hundert Jahren in Oberbozen und Klobenstein ihre »Frischhäuser«, in denen sie sich mit Kind und Kegel einquartierten, wenn es unten im Talkessel zu heiß wurde. Im Winter war dort oben nicht viel los. Das hat sich seit 1975 allerdings geändert. In dem Jahr wurden die Lifte zur Schwarzseespitze bzw. zum Rittner Horn in Betrieb genommen, und die anfangs kümmerlichen Übernachtungszahlen sind kräftig in die Höhe geschnellt.
Zum Ski-Panorama: Im Gebiet des Rittner Horns sind einige Aufstiegshilfen installiert. Die Pisten am Horn sind als vorwiegend leicht einzuschätzen.
Mit mondänem Wintersportbetrieb hat die obere Etage von Bozen, über eine breit ausgebaute Straße und auch per Seilbahn bequem zu erreichen, nichts gemeinsam. Alles spielt sich familiär ab. Wer es nicht weit zur Talstation der Sesselbahn haben will, hat zum Wohnen, direkt im Skigebiet, nur wenige Gasthäuser zur Auswahl.
Ansonsten heißt es, ein paar Kilometer mit dem Auto zu fahren. Aber das ist nicht weiter schlimm, da der Ritten durch seine Südlage meist trockene Straßen hat. Deshalb sollte man sich auch vor seinem Urlaub vergewissern, ob ausreichend Schnee liegt.
An Jausenstationen herrscht kein Mangel am Ritten, aber nicht alle haben in den Wintermonaten geöffnet. Auch da, wo Bahnen bzw. Lifte beginnen oder enden, erwarten die Brettljünger jeweils gut ausgerüstete Brotzeitstationen, teils zur Selbstbedienung.
Wer von den Brettln wieder einmal auf die Schlittschuhe umsteigen möchte, findet in Klobenstein eine feine Adresse. Hier haben die Rittner von Natureis auf Kunsteis umgestellt und offerieren neben einem allgemeinen Eislaufplatz die erste 400 Meter Eisschnellaufbahn Südtirols mit Kunsteis.
Dazu noch eine nostalgische Rarität: Zwischen Klobenstein und Oberbozen rollt eine elektrische Bahn, Baujahr 1907, deren renovierten Wagen man deutlich die K.u.K.-Zeit ansieht. Es ist ein Vergnügen, mit diesem Bähnchen die Landschaft des Rittens zu erleben.

Klobenstein: Rittner Horn, 2260 m

Skigebiet: 1500–2260 m
6000 Einwohner, 1500 Gästebetten
Saison: Mitte Dezember bis Mitte April

Anreise Brenner-Autobahn (Ausfahrt Bozen-Nord). Bahnstation ist Bozen, von dort Busverbindung nach Klobenstein. Seilbahn von Bozen nach Oberbozen, Anschluß mit der Rittnerbahn nach Klobenstein.
Entfernungen von KA: 531 km, S: 463 km, UL: 373 km, M: 289 km

Information
Verkehrsamt Ritten,
I-39054 Klobenstein-Ritten,
Tel. 0471/356100
Telefax 0471/356799
Landesvorwahlnummer siehe Seite 608.

Kinder kein Gästekindergarten; Skischule ab 6 Jahre
(ca. Lit 100000/5 Tage à 2,5 Std.)

Ski alpin Testnote ❄❄

10 km vorwiegend leichte Pisten
Längste Abfahrt: Rittner Horn – Talstation, 5,5 km Länge, 690 m Höhenunterschied, leicht
Liftkapazität: 3200 Pers./Std.
3 1

Skipaß-Preise siehe Beilage
Skischule mit 8 Skilehrern

Langlauf Testnote ❄❄

30 Loipenkilometer (mittel bis leicht); Höhenloipe: Rittner Horn (2080–2230 m, erst ab März gespurt; nur mit dem Sessellift erreichbar), 6 km, leicht; längste Loipe: Loden-Loipe (1526–1632 m), 10 km, mittel; Langlaufunterricht

Weitere Sportmöglichkeiten

Après-Ski

DISCO

Sportliche Veranstaltungen
Intern. Eisschnellaufrennen auf dem Eislaufring (Klobenstein, Jan. und Febr. 94)

Von der Seilbahn aus zu sehen: Die zehn bis 15 Meter hohen Rittner Erdpyramiden, die sich aus späteiszeitlichem Moränenlehm vor langer Zeit gebildet haben.

Hotelempfehlungen: Seite 593–597

Sarntal

Im Sarntal freut man sich über die Skifahrer, ohne groß die Werbetrommel rühren zu wollen. Die Sarner pflegen ein eher kleines Skigebiet, das dennoch vielen Ansprüchen genügt.

Wenn sich über dem Sarntal ein blauer Himmel spannt, dem die nahe Adria ein bißchen Farbe geliehen hat, dann wirkt das Panorama mit den weißen Berggipfeln und glitzernden Hängen fast unecht. Zu den großen Skigebieten zählt das Sarntal allerdings nicht. Wer sich aber mit kürzeren Abfahrten zufrieden gibt und vielleicht auf zwei Paar Skifüßen steht, nämlich auf alpin- und loipenfesten, wird nicht enttäuscht. Eine preiswerte Gastronomie und kaum Anstehzeiten an den Liften belohnen den Entschluß, das Sarntal für den Winterurlaub ausgesucht zu haben.
Ähnlich wie die benachbarten Rittner haben auch die Sarner erst 1975 eine richtige weiße Saison bekommen. In dem Jahr fingen im Skigebiet Reinswald die Lifte zu surren an. Unmittelbar oberhalb des kleinen Dorfes Reinswald hievt ein Doppelsessel die Skifahrer von 1570 auf 2150 Meter Höhe. Den Anschluß auf 2350 Meter stellt ein Schlepplift her. Und wer sich das alles noch nicht zutraut, findet an der Talstation einen Übungslift.
Für die Bozner ist das Skigebiet Reinswald noch ein Tip, der hinter vorgehaltener Hand gegeben wird. »Wenig Touristen, beschaulicher Betrieb«, sagen sie, die städtischen Nachbarn. Und die müssen es ja wissen, denn das von Bozen aus nur 31 Kilometer entfernte Skigebiet ist leicht in einer halben Stunde zu erreichen, mit dem Auto versteht sich.
Langläufer schwärmen von der Loipe rund um den Durnholzer See. Würde man Loipen nach landschaftlicher Schönheit bewerten, läge die von Durnholz ziemlich weit vorne. Aber auch die anderen maschinell gespurten Loipen in Sarnthein, Pens, Weißenbach und Rabenstein können mithalten.
Zurück zu den Alpinen, denn von den Pisten war noch gar nicht die Rede. Sie sind nicht aufregend, für Anfänger bis Fortgeschrittene aber durchaus geeignet. Ob Plankenhorn oder Pfnatschabfahrt, beide sind leicht zu bewältigen, während die Pisten »Schöneben« und »Morgenrast« als mittelschwer eingestuft werden. So richtig schwierige Abfahrten gibt es in ganz Reinswald nicht. Genauso wenig in Pens, Rabenstein, Weißenbach und Unterreinswald, wo weitere Schlepplifte installiert sind.

Oberhalb des kleinen Dorfes Reinswald (1494 m) befindet sich die Talstation des Sesselliftes für das Skigebiet Reinswald (1570–2460 m).

Sarntal mit Reinswald, Penser- und Durnholzertal, 961–1492 m

Skigebiete: 1570–2460 m
6300 Einwohner, 1500 Gästebetten
Saison: Dezember bis April

Anreise Innsbruck, Brenner-Autobahn (Ausfahrt Bozen-Nord). Bahnstation ist Bozen, von dort Busverbindungen
Entfernungen von KA: 542 km, S: 474 km, UL: 384 km, M: 300 km

Information
Tourismusverein Sarntal,
I-39058 Sarnthein, Tel. 0471/623091
Telefax 0471/622350
Landesvorwahlnummer siehe Seite 608.

Kinder kein Gästekindergarten; Skischule ab 3 Jahre (ca. Lit 67 000/6 Tage à 2 Std.)

Ski alpin Testnote ❄❄

15 km präparierte Abfahrten:
3 km schwer, 9 km mittel, 3 km leicht
Längste Abfahrt: Pichlberg, 4 km Länge, 960 m Höhenunterschied, mittel
Liftkapazität: 3540 Pers./Std.
3 (Schlepplifte) 1 (Sessellift)

Skipaß-Preise siehe Beilage
Tiefschneereviere: Durnholz, Reinswald, Pens, Sarnthein
Skischule mit 15 Skilehrern

Langlauf Testnote ❄❄

40 Loipenkilometer (8 km schwierig, 24 km mittel, 8 km leicht); längste Loipe: Pensertal (1154–1485 m), 28,4 km lang, leicht bis schwierig; Höhenloipe Reinswald (1550 bis 1720 m), 5 km lang, mittel; Langlaufunterricht

Weitere Sportmöglichkeiten
Gleitschirmfliegen

Après-Ski

Nur in der Hochsaison fährt ein kostenloser Skibus vier Mal am Tag von Sarnthein nach Reinswald und zurück.

Hotelempfehlungen: Seite 593–597

Dolomiti Superski

Die Dolomiten und der Dolomiti Superski – das sind zwei Begriffe, die das Herz eines jeden Skifahrers höherschlagen lassen. Raffinierte Elektronik macht es dem Skifahrer leicht, die notwendigen Kontrollen zu passieren.

Für jeden Skifahrer ist ein Winterurlaub in den Dolomiten immer noch etwas Besonderes. Die mächtige bleiche Gebirgskulisse ist beeindrukkend wie eh und je, nichts hat sich an der atemberaubenden Herrlichkeit der Bergwelt geändert – trotz aller technischen Entwicklungen und »Verdrahtungen« mit Aufstiegshilfen. Immer noch zählen die Dolomiten zu den schönsten Wintersportgebieten der Welt.

Gemeinsame Eintrittskarte zu den einzelnen Skigebieten, die keineswegs lückenlos zusammenhängen, ist der Skipaß Dolomiti Superski. Zunächst waren es sechs Talschaften, die sich zur Wintersaison 1974/75 zu einem Liftverbund mit einem gemeinsamen Skipaß zusammenschlossen. Das System funktionierte so gut, daß sich immer mehr Gemeinden daran beteiligten.

Die Erstausstattung an Elektronik – damals eine aufsehenerregende Infrastruktur mit dem berühmten »Piepston« beim Durchziehen der Liftkarte durch den Kontrollschlitz – ist verfeinert und immer weiter modernisiert worden. Das ehemals starre Skipaßsystem wurde dank der Computerchipentwicklung erweitert, ist benutzerfreundlich und reicht von der (überregionalen) Punktekarte über Tages- und (überregionale) Wochenpässe bis zum Saisonpaß – mit Ermäßigungen für Kinder, Senioren und in der Vor- und Nachsaison.

Der Dolomiti Superski-Skipaß sieht aus wie eine Scheckkarte. Es ist entweder – je nach Gültigkeitsdauer – eine Magnetkarte zum Einstecken in das Kontrollgerät oder eine Chipkarte (»keycard«), deren (beim Kauf eingespeicherte) Daten berührungslos vom Lesegerät erfaßt werden. Bestimmte Lichtsignale geben dem Kontrollpersonal Auskunft über Art des Skipasses und ob er zum Träger »paßt«, damit ein Erwachsener nicht z. B. mit einem reduzierten Kinderskipaß durch die Sperre geht.

In folgenden Skigebieten gilt der Dolomiti Superski:

Eisacktal, das »Skirevier an der Brenner-Autobahn«, mit den Gebie-

ten Brixen/Plose und Meransen/Gitschberg und der längsten Abfahrt Südtirols,
Kronplatz, das Revier am Nordrand vor dem Hintergrund der Dolomiten, mit dem Hauptort Bruneck und einer ganzen Reihe größerer und kleinerer Skidörfer,
Hochpustertal, an der Grenze zu Osttirol, mit den Skigebieten im Vorfeld des Defereggengebietes und der Sextener Dolomiten,
Gröden/Seiser Alm, eindrucksvoll flankiert von Geislerspitzen, Sellagruppe, Langkofel und Schlern, mit Wolkenstein, St. Christina, St. Ulrich und Kastelruth als dominierenden Orten; Gröden bietet direkten Anschluß an das berühmte Skikarussell der »Sella Ronda«;
Alta Badia/Hochabteital, die »ladinische Zone« mit Corvara, Colfuschg, Stern/La Villa, St. Kassian und Pedratsches, auch mit direktem Anschluß an die »Sella Ronda«,
Cortina d'Ampezzo, das Pisten- und Loipenrevier der Olympischen Winterspiele 1956, zu Füßen von Tofana und Cristallo, mit seinen Nachbarorten,
Arabba, im Zentrum der Dolomitenpässe Falzárego, Pordoijoch, Campolongo und Fedáia, mit Anschluß an die Sella Ronda und die Marmolada (die Marmolada ist nicht im Dolomiti Superski enthalten),
Fleimstal/Obereggen, mit dem Ski-Center am Latemar, östlich von Obereggen, und dem Tal zwischen Cavalese und Predazzo, dem Loipengelände der Marcialonga,
Fassatal/Karersee, mit Canazei als Hauptort und den Skigebieten am Sella- und Karerpaß. Über den San Pellegrino hat man den Anschluß an den Skizirkus
Tre Valli mit seinen Skigebieten Moena, Lusia, San Pellegrino und Falcade,
San Martino/Rolle-Paß, ein Skigebiet beiderseits des Passes sowie, 500 Meter tiefer, an den Hängen des Dolomiten-Massivs der Pale di San Martino und der gegenüberliegenden Alpe Tognola und Malga Ces, und das
Civetta Skigebiet mit Alleghe, Valfiorentina, Selva di Cadore und Valzoldana – Palafavera mit der herrlichen Aussicht auf Civetta- und Pelmo-Gebirge.
Insgesamt gesehen umfaßt der Dolomiti Superski

**464 Aufstiegshilfen,
eine Liftkapazität von
491 000 Pers./Std. und
1170 Pistenkilometer,
von denen 451 Kilometer
maschinell beschneibar
sind.**

Mit der Saisonkarte Dolomiti Superski kann man ca. zehn Tage lang auch in fünf Skigebieten Österreichs, in denen die Golden Skicard gilt, skifahren (und umgekehrt): Skiregion Dachstein West, Skigebiet Dachstein Krippenstein, Skigroßraum Gasteinertal, Skiparadies Dachstein-Tauern-Region und die Europa Sportregion.
Der Dolomiti Superski gilt allerdings nicht für Busverbindungen zwischen den einzelnen Tälern, wohl aber in den meisten Skiorten.

Brixen, Meransen, Vals

Wo Südtirols Weinberge beginnen, ragen auch die Skiberge Plose, Gitsch und Jochtal empor. Die Orte sind sehr verschieden: Brixen ist eine historische Stadt, Meransen auf dem Weg zum Wintersportort und Vals ein Dorf im Umbruch.

Hoch über **Brixen** wölbt sich die Plose (2447 m), eines der ältesten Skigebiete Südtirols.
Hauptausgangspunkt zum Plose-Skigebiet ist St. Andrä, 1050 m hoch oberhalb von Brixen gelegen. Von hier führt eine Gondelbahn zum Kreuztal, von wo Anschluß an alle anderen Aufstiegshilfen besteht.
Auf den zahlreichen Pistenvarianten können sich gute Fahrer richtig austoben.
Meransen hat nichts mit Meran zu tun. Viele Berge und Täler trennen den berühmten Kurort von dem unbekannteren Gebirgsdorf Meransen am Fuße des Gitsch, jenem 2512 Meter hohen Berg mit runder Kuppe zwischen Eisack- und Pustertal, der unter den Südtiroler Skifans schon seit geraumer Zeit als eine Art Geheimtip gilt. Vom Ortsrand führt eine Gondelbahn auf gut 2000 Meter Höhe, von wo sich das Skikarussell erschließt.
Rund 1100 m Höhenunterschied bewältigt man vom Gitschgipfel mit seinem Paradehang bis in den Ort – 6 km Abfahrt! Doch weil im unteren Abschnitt das Gelände nicht sehr günstig ist, wurden durch den Waldgürtel ein breiter Skiweg zurück ins Dorf und eine leichte Abfahrt zur Talstation der Gondelbahn angelegt.
10 km von Meransen entfernt liegt **Vals** (1354 m), Ausgangspunkt zu einem weiteren Skigebiet. Hier stehen nebeneinander schöne alte Bauernhäuser, Gebäude unter Denkmalschutz und neue Prachtbauten im »alpenländischen« Stil. Am Ortsrand dann Skibetrieb auf flachen Übungswiesen mit Schleppliften. Auf der an-

deren Talseite führt ein Sessellift steil hinauf zum Jochtal, einem 2008 m hohen Bergrücken. Weitere Schlepplifte erschließen ein leichtes Gelände für Genuß-Skifahrer. Erst die Abfahrt ins Tal erfordert etwas Können.

Das Brixener Plose-Revier gilt als eines der ältesten Skigebiete Südtirols.

Brixen, 560 m

Skigebiet: 1067–2557 m
17 100 Einwohner, 4500 Gästebetten
Saison: Mitte Dezember bis Ostern

Anreise Innsbruck, Brenner-Autobahn (Ausfahrt Brixen), Brixen ist Bahnstation
Entfernungen von KA: 483 km, S: 415 km, UL: 325 km, M: 241 km

Information
Tourismusverein
I-39042 Brixen, Tel. 0472/36401
Telefax 0472/36067
Schneetelefon 0472/30595
Landesvorwahlnummer siehe Seite 608.

Kinder kein Gästekindergarten; Skikindergarten ab 4 Jahre (ca. Lit 37 000/Tag); Skischule ab 4 Jahre (ca. Lit 95 000/5 Tage à 2 Std.); jeden Sonntag ab 26. Dez. 93 Kindertag auf der Plose

Ski alpin Testnote ❄❄❄

40 km präparierte Abfahrten:
5 km schwer, 25 km mittel, 10 km leicht
Längste Abfahrt: Trametsch (Plose – St. Andrä), 9 km Länge, 1340 m Höhenunterschied, schwer
Liftkapazität: 11 200 Pers./Std.
3 5 1

Skipaß-Preise siehe Beilage
Skischule mit 20 Skilehrern

Langlauf Testnote ❄❄❄

25 Loipenkilometer (8 km schwierig, 5 km mittel, 12 km leicht); längste Loipe: Malsiterhofloipe (1400–1450 m), 12 km, leicht; höchste Loipe: Halsl/Gunggan (1500 bis 1860 m), 8 km, schwierig; ab 1994 Höhenloipe Lüsen – Rodeneck (1800 m), 20 km lang, mittel bis leicht; Anschluß an die 185 Loipenkilometer im Eisacktal; Langlaufunterricht

Weitere Sportmöglichkeiten

Après-Ski

KINO

Besondere Veranstaltungen

Schneeskulpturen-Wettbewerb auf der Plose (28. Dez. 93 – 4. Jan. 94), 27. Intern. Kongreß für Pädiatr. Fortbildung (27. März bis 9. April 94), Intern. Jugendrennen Fila Sprint (mit ca. 1500 Kindern, 8. – 10. April 94)

Häppi Plose '94: Das Skifest mit Spiel und Spaß und Originalitäten auf allen Pisten der Plose steigt am 12. und 13. Februar 94.

Hotelempfehlungen: Seite 593 – 597

Meransen, 1414 m

Skigebiet: 1414–2512 m
700 Einwohner, 2000 Gästebetten
Saison: Mitte Dezember bis nach Ostern

Anreise Brenner-Autobahn, ab Ausfahrt Brixen 12 km bis Meransen. Bahnstationen sind Franzensfeste oder Brixen
Entfernungen von KA: 486 km, S: 418 km, UL: 328 km, M: 244 km

Information
Tourismusverein Meransen,
I-39037 Meransen, Tel. 0472/50197
Telefax 0472/50125
Landesvorwahlnummer siehe Seite 608.

Kinder Gästekindergarten ab 2 Jahre (ca. Lit 190 000/5 Tage inkl. Mittagessen); Skischule ab 3 Jahre (ca. Lit 75 000/5 Tage à 2 ½ Std.)

Ski alpin Testnote ❄❄❄

30 km präparierte Abfahrten:
22 km mittel, 8 km leicht
Längste Abfahrt: Gitschberg – Meransen, 6 km; 1100 m Höhenunterschied, mittel
Liftkapazität: 9730 Pers./Std.
9 1 1

Skipaß-Preise siehe Beilage
Tiefschneereviere: Gitschberg, Kleine Gitsch, Nesselwiese
1 Skischule mit bis zu 12 Skilehrern

Langlauf Testnote ❄

15 Loipenkilometer (14 km mittel, 1 km leicht); längste und höchste Loipe: Altfaßstalloipe (1500–1600 m), 14 km, mittel; Langlaufunterricht

Weitere Sportmöglichkeiten

Après-Ski

DISCO

Après-Tip: Die Startübungsbahn für Rodel, Bob und Skeleton (neben der Tennishalle) zu besuchen. Sie ist täglich bis 21.30 Uhr beleuchtet.

Hotelempfehlungen: Seite 593 – 597

Vals, 1350 m

Skigebiet: 1350–2150 m
490 Einwohner, 1500 Gästebetten
Saison: Mitte Dezember bis nach Ostern

Anreise Brenner-Autobahn, ab Ausfahrt Brixen 12 km bis Vals. Bahnstationen sind Franzensfeste oder Brixen
Entfernungen von KA: 486 km, S: 418 km, UL: 328 km, M: 244 km

Information
Verkehrsverein Mühlbach,
I-39037 Mühlbach, Tel. 0472/849467
Telefax 0472/849849
Landesvorwahlnummer siehe Seite 608.

Kinder kein Gästekindergarten; Skischule ab 5 Jahre (ca. Lit 80 000/5 Tage à 2 Std.)

Ski alpin Testnote ❄❄

15 km präparierte Abfahrten mittlerer und leichter Schwierigkeitsgrade
Liftkapazität: 6240 Pers./Std.
6 1

Skipaß-Preise siehe Beilage
1 Skischule mit 4 Skilehrern

Langlauf Testnote ❄

24 Loipenkilometer (15 km mittel, 9 km leicht); Höhenloipe: Rundloipe Anello (1335–1485 m), 15 km, mittel; Unterricht

Weitere Sportmöglichkeiten

Après-Ski

DISCO

Kostenlos ist der Skibus nur für geschlossene Gruppen.
Die Rodelbahn Faneweg ist immerhin sechs Kilometer lang. Die Leihgebühr für einen Schlitten beläuft sich auf ca. Lit 3000.

Hotelempfehlungen: Seite 593 – 597

Der Kronplatz

Wie eine riesige Glatze thront die kahle Kuppe des Kronplatz über dem Pustertal und den Orten, die ringsum ihre Liftketten hinaufgebaut haben. Schneesicherheit und ein dichtes Liftnetz machen den Kronplatz zu einem guten Revier.

Bruneck, Reischach, St. Vigil in Enneberg, Olang, Percha, St. Lorenzen, Welsberg, Rasen: Hier (und noch in einigen Orten mehr) dreht sich alles um einen riesigen »Glatzkopf«, der zwischen Dezember und April zur Freude der Skifahrer mit einer dicken weißen Mütze bedeckt ist. Der Kronplatz ist im wahrsten Sinne des Wortes ein Allround-Skiberg: Von drei Seiten baggern zahlreiche Aufstiegshilfen die Skifahrer aufwärts. Vom Scheitelpunkt aus kann man ebenfalls nach drei Seiten abfahren.
Doch vor dem Start sollte man sich Zeit für einen Blick in die Runde nehmen, die ein hinreißendes Panorama bietet: im Norden die Dreitausender der Zillertaler Zentralalpen, im Süden die Traumkulisse der Dolomiten mit ihren senkrechten Wänden, Zacken und Türmen! Tief unten aber liegt das Pustertal, von dem auch die den Kronplatz »einrahmenden« Seitentäler abzweigen. Kein Wunder, daß der Bergkegel zu den beliebtesten Skigebieten Südtirols gehört.
Die meisten Abfahrten eignen sich mehr für die breite Mittelklasse der Genießer und gruppieren sich hauptsächlich um die beiden 6-km-Pisten nach St. Vigil und Olang. Der Kronplatz selbst ist ein flaches, einfaches Gelände, wie geschaffen für Ski-Babies und sonnig von frühmorgens bis in den Nachmittag hinein.
Wer darüber hinaus Abwechslung sucht, sollte es vielleicht einmal am Piz de Plaies in St. Vigil versuchen, wo der Gondellift immerhin 450 Höhenmeter einbringt, oder auch an den Liften in Olang, Welsberg und Rasen/Antholz.
Unter den Talorten rund um den Kronplatz ist **Bruneck** der größte und bietet daher gute Einkaufsmöglichkeiten. Das anheimelnde mittelalterliche Städtchen an der Einmündung des Tauferer- ins Pustertal ging hervor aus einer Burg des Brixener Bischofs Bruno, der hier im 13. Jh. sein »Bruno-Eck« anlegte und im Halbkreis darum die Stadt, die ursprünglich nur aus einer Straße, der Stadtgasse, bestand. Aus der Gründungszeit stammen noch große Teile der Stadtmauer. Handel und Handwerk ließen im 15. und 16. Jh. zahlreiche stattliche Bürgerhäuser entstehen.

Rund drei Kilometer sind es von Bruneck bis zur Talstation der Kabinenbahn in **Reischach**, die von hier über eine Mittelstation (ohne Umsteigen) auf den Kronplatz (2275 m) führt. Reischach hat, wie auch Bruneck, einen Eislaufplatz, eine Reithalle und Hotels mit Hallenbädern.

Über **St. Vigil** erschließt sich der südliche Zugang zum Kronplatz. Das gemütliche Skidorf im Rautal erfreut sich wegen seiner ruhigen Lage großer Beliebtheit bei Familien mit Kindern und bietet außerdem Hallenbad, Eislaufplatz sowie Pferdeschlittenfahrten.

Im Osten grenzt **Olang**, das durch seine weltmeisterlichen Rodelsportler und seine Kunstrodelbahn bekannt geworden ist, an das Kronplatzgebiet. Rodelbahnen gibt's überhaupt reichlich im Revier – mehr als anderswo in Südtirol.

Ungewöhnlich gut haben die Orte rund um den Kronplatz auch für die Langläufer gesorgt. Die wohl schönste Langlauftrasse führt von St. Vigil durch das Rautal zur Pederü-Hütte (12 km). Ein interessantes Revier bietet auch das **Antholzer Tal**. Antholz-Mittertal ist auch Zielort des 40- bzw. 60 km langen »Pustertaler Skimarathon«.

Besonders wegen seiner Pisten und seines Panorama-Rundblicks (hier über Bruneck auf die Zillertaler Alpen) ist der Kronplatz bei Bruneck geschätzt.

Kronplatz, 835–2275 m
Bruneck/Reischach, St. Vigil/Enneberg, St. Lorenzen, Olang, Kiens, Percha, Pfalzen, Terenten, Rasen, Welsberg/Taisten, Antholz, Gsiesertal, St. Martin

Skigebiet: 900–2275 m
Skigebiet gesamt: 30 780 Einwohner, 20 000 Gästebetten
Bruneck 12 000 E., 3000 G.
Saison: Anfang Dezember bis April

Anreise Brenner-Autobahn (Ausfahrt Brixen/Pustertal), Bruneck (Bahnstation), von dort Busverbindungen
Entfernungen von KA: 507 km, S: 439 km, UL: 349 km, M: 265 km

Information
< > ab ca. November 1993 gültige Ruf- und Faxnummern
Tourismusverband Crontour
Postfach 195, I-39031 Bruneck
Tel. 04 74/8 54 47 <04 74/55 54 47>
Telefax 04 74/8 45 44 <04 74/55 55 44>
Schneetelefon, deutschsprachig 04 74/2 04 60 <04 74/55 44 60>, italienischsprachig 04 74/2 04 59 <04 74/55 44 59>
Landesvorwahlnummer siehe Seite 608.

Kinder Bruneck kein Gästekindergarten; Skikindergarten ab 4 Jahre (ca. Lit 200 000/5 Tage jeweils von 9–16 Uhr inkl. 2 Std. Skikurs und Mittagessen); Skischule ab 3 Jahre (ca. Lit 100 000/5 Tage à 2 Std.)

Ski alpin Testnote ❄❄❄❄

85 km präparierte Abfahrten:
6 km schwer, 51 km mittel, 28 km leicht
Längste Abfahrt: Abfahrt nach Olang – Gaßl, 6,5 km, 1103 m Höhenunterschied, mittel
Schwere Abfahrten: Sylvester, 4,9 km Länge, 1321 m Höhenunterschied; Gipfelpiste – Pramstall (FIS-homologiert), 2,7 km lang, 522 m Höhenunterschied
Liftkapazität: 45 500 Pers./Std.

11 8 7 5

Skipaß-Preise siehe Beilage
4 Skischulen mit 100 bis 120 Skilehrern

Langlauf Testnote ❄❄❄❄

250 Loipenkilometer insgesamt (30 km schwierig, 110 km mittel, 110 km leicht); längste Loipe: Rautal in St. Vigil (1268 bis 1540 m), 25 km lang, leicht; höchste Loipe im Langlaufzentrum Antholz Obertal (1556 bis 1702 m), 18 km lang, mittel bis leicht; der Rundkurs in der Sportzone Pichl (Gsiesertal, 1205–1213 m, 4,5 km lang, leicht) ist dienstags und donnerstags von 20 bis 22 Uhr beleuchtet; Langlaufunterricht

Weitere Sportmöglichkeiten

Gleitschirmfliegen

Après-Ski

Sportliche Veranstaltungen
19. Pustertaler Skimarathon (Volkslanglauf über 40 bzw. 60 km, 16. Jan. 94), Pustertaler FIS-Woche (3. Woche Jan. 94), Biathlon Weltcup 1994 (Antholz, 3. Woche Jan. 94), 11. Gsieser-Lauf (40 und 25 km Langlauf, 20. Febr. 94), Snowboard-Master-Cup (Gsiesertal, Jan. 94), Intern. Schneeskulpturen-Wettbewerb (St. Vigil, Jan. 94), 9. Weltmeisterschaft der Naturrodler (Naturrodelbahn im Gsiesertal, 28.–30. Jan. 94)

Komfortverbesserung: Die beiden parallel verlaufenden Sessellifte im Bereich Belvedere sind durch die 12-Personen-Gondelbahn »Belvedere«, der Schlepplift Prakken und der Sessellift Alpen sind durch die 6-Personen-Gondelbahn »Alpen« ersetzt worden.

Hotelempfehlungen: Seite 593–597

Das Hochpustertal

Neben ihrer traditionellen Sommersaison haben es die Pustertaler verstanden, auch in ihren strengen Wintern ein gernbesuchtes Urlaubsziel zu bieten. Im »Skizentrum Hochpustertal« findet man ein gutes Pistenangebot.

Oben: Das attraktivste Pistenrevier im Hochpustertal liegt zweifelsohne rund um den Helm. Hier die Sechser-Kabinenbahn Vierschach-Helm mit der Bergstation.

Sprechen Wintersportler vom »Skizentrum Hochpustertal«, meinen sie den Abschnitt zwischen der österreichischen Grenze, kurz hinter Sillian, und der Einmündung des Pragsertales bei Niederdorf/Villabassa. Dazwischen liegen so attraktive Skireviere wie das am Helm (2433 m), zwischen Vierschach/Versciaco und Sexten/Sesto im Sextental und das unterhalb des Haunold (2943 m) bei Innichen/S. Candido.

Mehrere Lifte führen bei **Toblach/Dobbiaco, Niederdorf** und **Prags** auf meist problemlose Skihänge.

Das attraktivste, weil auch variantenreichste Pistenrevier im Hochpustertal liegt zweifelsohne rund um den Helm und das vorgelagerte Hahnspielgebiet (2200 m). Der erste Einstieg von österreichischer Seite aus in dieses Gebiet ist gleich hinter der Grenze, in **Vierschach**. Zwei Autominuten von der Dorfkirche entfernt ist die Talstation der Kabinen-Umlaufbahn, mit der man zur Drehscheibe »Helmrestaurant« hinaufschwebt. Hier ist gleichzeitig die Bergstation der Kabinenbahn, die den Helm von der gegenüberliegenden Seite, von Sexten aus, erschließt.

Einige Schlepplifte besorgen den Weitertransport über die nun weiten, baumfreien Hänge. Besonders im oberen Teil, am Hahnspiel, machen die leicht kupierten Almwiesen das Revier zu jedermanns Sache.

Hat man den Einstieg von **Sexten** aus gewählt, so führt die Abfahrt

Hochpustertal, 1170–1540 m
Sexten, Innichen, Toblach, Niederdorf, Prags

Skigebiet: 1150–2200 m
9700 Einwohner, 11 000 Gästebetten
Saison: Dezember bis April

Anreise Brenner-Autobahn (Ausfahrt Brixen–Pustertal), Bruneck, Richtung Toblach. Bahnstationen: Niederdorf, Toblach und Innichen (Busverbindungen)
Entfernungen von KA: 535 km, S: 467 km, UL: 377 km, M: 271 km

Information
Skizentrum Hochpustertal
I-39030 Sexten, Tel. 04 74/7 03 55
Telefax 04 74/7 04 16
Tourismusvereine
I-39034 Toblach, Tel. 04 74/7 21 32
Telefax 04 74/7 27 30
Schneetelefon 04 74/7 25 55
I-39030 Sexten, Tel. 04 74/7 03 10
Telefax 04 74/7 03 18
Schneetelefon 04 74/7 03 72
I-39038 Innichen, Tel. 04 74/7 31 49
Telefax 04 74/7 36 77
Schneetelefon 04 74/7 32 77
I-39039 Niederdorf, Tel. 04 74/7 51 36
Telefax 04 74/7 52 83
I-39030 Prags, Tel. 04 74/7 86 60
Landesvorwahlnummer siehe Seite 608.

Kinder Sexten Gästekindergarten ab 3 Jahre (ca. Lit 40 000/Halbtag, 180 000/Woche inkl. Mittagessen); Skischule ab 3 Jahre (ca. Lit 120 000/Woche ohne Mittagessen)

Ski alpin Testnote ✻✻
Sexten/Helm

Skigebiet Hochpustertal gesamt
50 km präparierte Abfahrten:
1 km schwer, 36 km mittel, 13 km leicht
Liftkapazität: 25 000 Pers./Std.
24 6 1 1

Skigebiet Helm
15 km präparierte Abfahrten:
12,7 km mittel, 2,3 km leicht
Längste Abfahrt: Helm – Vierschach, 5 km Länge, 1070 m Höhenunterschied, mittel
Liftkapazität: 8000 Pers./Std.
4 2 1 1

Skigebiet Haunold
6,8 km präparierte Abfahrten:
4 km mittel, 2,8 km leicht
Liftkapazität: 4000 Pers./Std.
5 1

Skigebiet Rotwandwiesen
6 km präparierte Abfahrten:
1 km schwer, 4,5 km mittel, 500 m leicht
Liftkapazität: 4000 Pers./Std.
2 1

Skipaß-Preise siehe Beilage
6 Skischulen mit bis zu 70 Skilehrern

Langlauf Testnote ✻✻✻✻✻

Insgesamt 220 Loipenkilometer (41 km schwierig, 145 km mittel, 34 km leicht); Loipenanschluß nach Cortina d'Ampezzo; Pustertaler Marathonloipe (1147–1206 m), 42 km lang, mittel; Höhenloipen: Plätzwiese (2000 m), 7 km lang, mittel; Mitterberg – Alpe Nemes (1705–1877 m), 8 km lang, mittel; Langlaufzentren in Innichen, Toblach und Sexten; Langlaufunterricht

Weitere Sportmöglichkeiten
Gleitschirmfliegen

Après-Ski

Sportliche Veranstaltungen
Langlauf Weltcuprennen (Toblach, 18./19. Dez. 93), 19. Pustertaler Skimarathon (Volkslanglauf über 40 und 60 km, 16. Jan. 94), 17. Volkslanglauf Toblach-Cortina (6. Febr. 94)

Ersetzt wird im Skigebiet Bad Moos-Rotwandwiesen der Zweiersessellift durch eine kuppelbare Vierergondelbahn (Nr. 3 im Panorama). Geplante Eröffnung: im Dezember 1993.

Hotelempfehlungen: Seite 593–597

über den Mitterberg fast ausschließlich über baumfreie Idealhänge.
Auf der gegenüberliegenden Seite von Sexten, zu Füßen der Dreischusterspitze, warten weitere Lifte vor allem auf Anfänger und geruhsamere Skifahrer. Auch unterhalb der Rotwand stehen Lifte bereit.
Ein besonderes »Schmankerl« hat Sexten den Langläufern zu bieten: eine Doppelspur ins benachbarte Fischleintal, das als das schönste Tal in den Dolomiten gilt. Abwechslungsreich zieht sich die Loipe durch die wildromantische Landschaft bis zur (bewirtschafteten) Talschlußhütte. Loipenanschluß besteht von Sexten aus zudem nach Innichen, Toblach und – für den, der Zeit und Kondition mitbringt – bis nach Cortina, alles in allem ungefähr 200 Kilometer. Hier findet auch der traditionelle »Pustertaler Skimarathon« statt.
Einen weiteren Alpin-Schwerpunkt stellt **Innichen/San Candido** dar mit seinen Aufzügen zu Füßen des Haunold.
Innichen ist aber nicht nur als Wintersportort interessant: Sein Dom gilt als die schönste romanische Kirche im Land an Etsch, Eisack und Rienz. An der großen Restaurierung in den späten 60er Jahren beteiligte sich auch Bayern: Bis 1803 gehörte Innichen zum Bistum Freising.
Hochpustertal Osttirol siehe Seite 150.

Gröden

Nahezu jeden Skifahrerwunsch erfüllt das Grödner Tal, in dem zum Teil noch ladinisch gesprochen wird, mit seinen Orten Wolkenstein, St. Christina und St. Ulrich im Schatten der fast senkrechten Dolomitenwände Langkofel, Sella und Geislerspitzen.

Die drei Orte des Grödner Tals sind so unterschiedlich, wie Brüder nur sein können, die zwar eine gemeinsame Sprache reden (in diesem Fall ladinisch), sonst aber wenig miteinander zu tun haben. Während St. Ulrich viel Platz zum Flanieren bietet und St. Christina ein gemütlicher Ort geblieben ist, schätzen die Gäste im sportlichen Wolkenstein/Selva die direkten Pistenanschlüsse.

Ganz gleich, ob man von Waidbruck das wildzerklüftete Tal hinaufkurvt oder von Klausen die sanftere Anfahrt durch das Lajener Ried wählt, wo angeblich Minnesänger Walther von der Vogelweide aufgewachsen sein soll, irgendwo öffnet sich die Enge zu einem atemberaubenden Blick auf Langkofel und Sella. Es ist der mächtige Langkofel mit seinem »Rucksack« Plattkofel, der den Menschen da unten bedeutet, daß sie sich nun auf eine hochalpine Welt einzustellen haben.

Die Skigebiete

Will man die einzelnen Skigebiete den jeweiligen Orten zuteilen, so liegen die Pisten von Dantercepies, Ciampinoi, Plan de Gralba, Sella Joch und der Einstieg in die Sella Ronda bei Wolkenstein, diejenigen von Monta-Pana – Monte Seura, Col Raiser – Seceda und ebenfalls der Einstieg zur Sella Ronda bei St. Christina, und von St. Ulrich aus lassen sich die Gebiete Seceda – Col Raiser und Seiser Alm am besten erreichen – das Schlerngebiet mit der Seiser Alm per Kabinenbahn in wenigen Minuten. Fast alle Gebiete wurden mit Beschneiungsanlagen ausgestattet.

Das Skigebiet des ganzen Tals, das ansteigt zum Grödner Joch und zum Sellajoch, ist gut und modern verdrahtet. Zahlreiche Schlepplifte, Sessel- und Kabinenbahnen bedienen die Pistenkilometer. Da fällt es einem schwer, die Lieblingsabfahrt zu finden.

Kenner des Skigebietes bezeichnen die drei Kilometer lange »Dreier« vom Campinoi, die Riesenslalomstrecke bei Weltmeisterschaften, als die schönste Abfahrt des Tales. Die als besonders schwer bezeichnete Abfahrt von der Langkofelscharte, auf der so manche Mutprobe im Krankenhaus endete, ist nunmehr nur von Tourengängern erreichbar. Die Seilbahn zur Scharte fährt im Winter nicht mehr.

Die wohl beliebteste Piste ist die Dantercepies. Aus einem einst schmalen Kanonenröhrl hat sie sich zu einer weitgeschwungenen Abfahrt entwickelt.

Mit neun Kilometern dürfte die Seceda die längste Abfahrt sein. Man

Wolkenstein in Gröden liegt im Schatten der fast senkrechten Dolomitenwände Langkofel, Sella und Geislerspitzen.

PUNTA D'ORO
GOLDKNOPF
SEISER ALPE m 2000
BULLACCIA m 2100
PUFLATSCH
MONT DE SEURA m 2117
SALTARIA
ALPE DI SIUSI m 2000
MONTE PIZ
BULLA
PUFELS
MONTE PANA
AUTOSTRADA/AUTOBAHN
BOLZANO
BOZEN
S. CRISTINA
m.1446
S. GIACOMO
ST. JAKOB
ORTISEI
ST. ULRICH
m. 1236
RASCIESA m 2282
RASCHÖTZ
CUCA
SECEDA m 2518

kann aber auch die besonders sonnigen und breiten Abfahrten mittleren Schwierigkeitsgrades auf der Mastléalm wählen, von wo aus die Lifte wieder zur Bergstation Seceda zurückführen.
Und schließlich noch die Sella Ronda, eine mittelschwere Tagestour um den Sellastock, für die man ungefähr fünf Stunden (ohne Schnauf- und Fotopausen und ohne Wartezeiten gerechnet) veranschlagen muß. Der Reiz der Sella Ronda liegt in ihrer landschaftlichen Schönheit. Individualisten erzählen gern vom Mittagstal, in dem bis Mai »Pulver« liege.

Wolkenstein

Ist der Schnee gut, hat's auch der Skifahrer gut, vor allem im dörflich gebliebenen Wolkenstein, wo er auf seinen Brettln meist bis vor die Tür seiner Unterkunft rutschen kann.
Für Pendler, die von Wolkenstein nach St. Ulrich oder zurück fahren wollen, ist ein kostenloser Busservice eingerichtet worden.

St. Christina

St. Christina ist der geographische Mittelpunkt des Tales, über dem die 350 Jahre alte und sehr fotogene Fischburg wacht. An Lokalen, in denen was los ist, fehlt es in St. Christina wie im gesamten Gröden genau so wenig wie an Loipen für Langläufer: eine offizielle Loipenkarte gibt darüber Auskunft. Dazu noch viele Kilometer geräumte Wanderwege.

St. Ulrich

St. Ulrich, Ortisei auf italienisch und Urtijëi auf ladinisch, ist sozusagen die Metropole des Tales, was sich auch im beinahe städtisch anmutenden Ortscharakter – mit Fußgängerzone – zeigt. Luis Trenker und der Komponist Giorgio Moroder sind hier geboren. Ein 1904 aus Holz geschnitzter römischer Legionär, drei Etagen hoch, bewacht von einer Hausecke aus den hübschen Ort mit interessant renovierten Häusern.

Berühmt: Grödner Holzschnitzerei

Zu Beginn des 17. Jahrhunderts entstand die heute weltberühmte Holzschnitzerei in Gröden, um die lange Winterzeit mit Aktivität auszufüllen. Die Schaufenster der Holzbildhauer, in denen man den Künstlern oft bei der Arbeit zuschauen kann, präsentieren in Massen simple Andenken, aber auch gute Schnitzereien, vor allem, wenn es um Krippenfiguren geht. Reine Handarbeit garantiert ein Gütesiegel, eine in die Schnitzerei geprägte Metallmarke und eine Urkunde.
Wer sich vor dem Kauf von Grödner Souvenirs informieren möchte, findet in der Musterschau des Grödner Kunsthandwerks in St. Ulrich sicher entsprechende Anregungen.
Einen Überblick über die Geschichte der Ladiner mit Brauchtum und Kunstgewerbe, Flora und Fauna gibt das Heimatmuseum, das über die Dolomitengeologie informiert und das Leben und Filmschaffen von Luis Trenker dokumentiert.

Die kleinen Gäste sind hier König

Die Grödner kümmern sich sehr um ihre kleinen Gäste. Sie offerieren die üblichen Ermäßigungen in Hotels und auf Bahnen, bieten aber auch Skikindergärten und Spielplätze. Während der Weihnachtszeit findet in ganz Gröden ein Schneeskulpturenwettbewerb einheimischer Bildhauerkünstler statt.
Schlerngebiet mit Seiser Alm siehe Seite 386.

Der Reiz der Sella Ronda, bei der es rund um den Sellastock geht, liegt in ihrer landschaftlichen Schönheit.

Auf einen Blick

Skigebiet 1236–2680 m

Einwohner: 8800 **Gästebetten:** 17 000

Saison: Dezember bis April

Wichtige Telefonnummern
Schneetelefon 04 71/79 41 59
Wettervorhersage: 04 71/1 91
Lawinenwarndienst: 04 71/27 11 77 und 27 05 55
Straßenzustandsbericht: 04 71/97 85 77 und 1 94
Landesvorwahlnummer siehe Seite 608.

Ski alpin Testnote ❄❄❄❄❄
inkl. Sella Ronda

Skigebiet gesamt
175 km präparierte Abfahrten:
25 km schwer, 100 km mittel, 50 km leicht
Längste Abfahrt: Secèda – St. Ulrich, 9 km Länge, 1275 m Höhenunterschied, mittel

Liftkapazität: 77 100 Pers./Std.

53 25 5 5

Sella Ronda
23 km präparierte Abfahrten:
3 km schwer, 15 km mittel, 5 km leicht
Abfahrten im Uhrzeigersinn (orange im Panorama): Liftkapazität: 14 337 Pers./Std.

1 7 2

Abfahrten in Gegenrichtung (grün im Panorama): Liftkapazität: 18 879 Pers./Std.

4 9 1

Skipaß-Preise siehe Beilage

Tiefschneereviere/Skirouten: (teilweise ohne Liftbedienung) Zallinger – Monte Pana, Inner-Raschötz, Duron-Tal und Seceda Alpe, Tirscher Alpe; hochalpine Touren: Langkofelscharte, Plattkofel, Val Mezdi, Pordoi-Scharte

Skischulen: 3 mit ca. 250 Skilehrern

Skischul-Kurse für Kinder ab 4 Jahre

Langlauf Testnote ❄❄❄❄

14 Loipen über insgesamt 98 km Länge; Höhenloipen am Goldknopf (1900 bis 2150 m), 35 km lang, schwierig, Hartl (1800–1880 m), 11 km lang, mittelschwer, Monte Pana (1640–1790 m), 15 km lang, leicht bis mittelschwer, Langental (1620–1810 m), 18 km lang, leicht bis schwierig, Jochloipe (2011–2050 m), 15 km lang, schwierig.
In allen Orten Langlaufunterricht

Weitere Sportmöglichkeiten

Gleitschirmfliegen

Après-Ski

KINO Heimatmuseum

Sportliche Veranstaltungen

Weltcup-Abfahrtslauf (Herren, 18. Dez. 93), Intern. Slalom der 3 Generationen (für Familien – siehe gelb unterlegten Kasten; 29. Jan.–5. Febr. 94; für diesen Zeitraum besondere Pauschalangebote; Informationen im Verkehrsamt St. Christina)

Anreise

Brenner-Autobahn Ausfahrt Klausen – Gröden, von dort 15 km. Bahnstation ist Klausen bzw. Bozen, von dort Busverbindungen
Entfernungen von KA: 512 km, S: 444 km, UL: 354 km, M: 280 km

Hotelempfehlungen: Seite 593–597

Großeltern, Kinder und Enkelkinder sind angesprochen beim »Slalom der drei Generationen« (siehe »Sportliche Veranstaltungen«). Die Zeiten der einzelnen Skirennen (Mannschafts- und Einzelwertung) werden addiert. Gewinner ist die Familie mit der geringsten Gesamtzeit. Für den Spaß sorgen außerdem Rahmenveranstaltungen – alles zu ermäßigten Preisen (das gilt auch für den Skipaß) oder gar kostenlos.

Wolkenstein/ Selva

PLZ: I-39048 **Ortsvorwahl:** 04 71
Verkehrsbüro: Tel. 79 51 22, Telefax 79 42 45
Einwohner: 2300 **Gästebetten:** 8000

Skischule: Tel. 79 51 56
Kinder: Gästekindergarten ab 18 Monate (ca. Lit 30 000/Halbtag, 45 000/Ganztag inkl. Mittagessen); Skikindergarten ab 4 Jahre (ca. Lit 295 000/5 Tage inkl. Liftbenützung und Mittagessen); Skischule ab 4 Jahre (ca. Lit 180 000/4 Halbtage und 2 Tagestouren)
Après-Ski: *Disco* Savoy, Ciampinoistr., Tel. 79 53 43; Stella Club, Meisulesstr., Tel. 79 55 75; Dali, Danterciepiesstr., Tel. 79 50 69
5-Uhr-Tee mit Tanz Speckkeller, Meisulesstr., Tel. 79 54 25; Laurinkeller, Meisulesstr., Tel. 79 50 59; Scoiattolo – Tiroler Stube, Dantercepiesstr., Tel. 79 52 02

Eislauf: Eishalle Pra Nives, Tel. 79 42 65
Tennis: Tenniscenter, Campinoistr., Tel. 79 42 47

St. Christina/ S. Cristina

PLZ: I-39047 **Ortsvorwahl:** 04 71
Verkehrsbüro: Tel. 79 30 46, Telefax 79 31 98
Einwohner: 1500 **Gästebetten:** 2800

Skischule: Sportcenter Iman, Tel. 79 20 45
Kinder: Gästekindergarten ab 1 Jahr (ca. Lit 28 000/Halbtag, 51 000/Ganztag inkl. Mittagessen); Skischule ab 4 Jahre (ca. Lit 197 000/Woche inkl. Mittagessen)
Après-Ski: *Disco* Dancing Monte Pana, Panastr. 50, Tel. 79 36 00

Schwimmen: öffentliches Hallenbad im Hotel Monte Pana, Tel. 79 36 00

St. Ulrich/ Ortisei

PLZ: I-39046 **Ortsvorwahl:** 04 71
Verkehrsbüro: Reziastr. 1, Tel. 79 63 28, Telefax 79 67 49
Einwohner: 5000 **Gästebetten:** 6200

Skischule: Promenadestr. 1, Tel. 79 61 53
Kinder: Gästekindergarten ab 3 Jahre (ca. Lit 26 000/Halbtag, 41 000/Ganztag inkl. Mittagessen); Skischule ab 4 Jahre (ca. Lit 140 000/5 Tage à 2 Std.)
Après-Ski: *Disco* Dancing Mauriz, Reziastr. 32, Tel. 79 62 03 (Live-Musik); Discodancing Cavallino Bianco, Reziastr., Tel. 79 63 92; Kellerbar Cianel, Setilstr. 5, Tel. 79 62 56
Kino Dolomiten-Kino, Reziastr., Tel. 79 63 68
Heimatmuseum Cêsa di Ladins, Reziastr., Tel. 79 75 54

Eislauf: Eissportstadion, Setilstr., Tel. 79 67 79
Tennis und Squash: Tenniscenter, Arnariastr., Tel. 79 72 75
Schwimmen: Mardolomit, Promenadestr. 1, Tel. 79 71 31 (Ozon-Hallenbad)
Reiten: Country Club S. Durich, Vidalongstr., Tel. 79 69 04

Das Gebiet um die Seceda-Alm gehört zu den beliebten Tiefschneerevieren. Im Hintergrund die Geisler-Gruppe mit Sass Rigais.

Schlerngebiet mit Seiser Alm

Natürlich schneit's auch auf der Seiser Alm, weit öfter aber scheint hier oben die Sonne – im Januar schon neun Stunden am Tag. Weshalb das Gebiet besonders bei all denen beliebt ist, die Wintersport in erster Linie als Erholung sehen.

Gemeinsam mit den freundlichen Dolomitendörfern **Kastelruth, Seis** und **Völs** gehört die Seiser Alm zum Schlerngebiet. Auf der Alm selbst gibt es keinen »Ortskern«, die Hotels und Ferienhäuser, Restaurants und Geschäfte liegen großzügig verteilt – gerade richtig für alle, die keine Minute ihres kostbaren Skitages versäumen wollen. Im übrigen ist die mit 52 Quadratkilometern »größte Alm Europas« seit 1974 z. T. Naturpark (Naturpark Schlern), in dem die weitere Erschließung durch Hotel- und Straßenbauten praktisch eingestellt wurde. Der Urlaubsgast soll die herrliche Landschaft der Alm und die großartige Kulisse der Dolomitenberge ringsum unbeeinträchtigt genießen können.

Die Mehrzahl des Seiser-Alm-Skivolks findet Unterkunft in Seis und Kastelruth, am Fuß der Alm. Von hier aus erreicht man in 20 Minuten den großen Parkplatz, Endstation für jeglichen Autoverkehr. Wer nicht mit dem eigenen Wagen unterwegs ist (Schneeketten!), nimmt die regelmäßig verkehrenden Skibusse.

Das Pistengebiet auf der Seiser Alm wird nicht durch einen großen Skizirkus erschlossen, sondern durch etliche kleinere und mittlere Lifte, die sich über verschiedene Regionen verteilen. Die Abfahrten sind vorwiegend leicht, teilweise mittelschwierig. Die sonnigsten Pisten finden sich an den Südhängen des Puflatsch und unterhalb der Bergstation der Seilbahn von St. Ulrich (Ortisei). Höchster mit dem Lift erreichbarer Punkt ist der beliebte Goldknopf (2245 m), der auch die längsten Abfahrten einbringt. Für Skitourengeher bietet sich die Auffahrt mit dem Lift zum Moli-

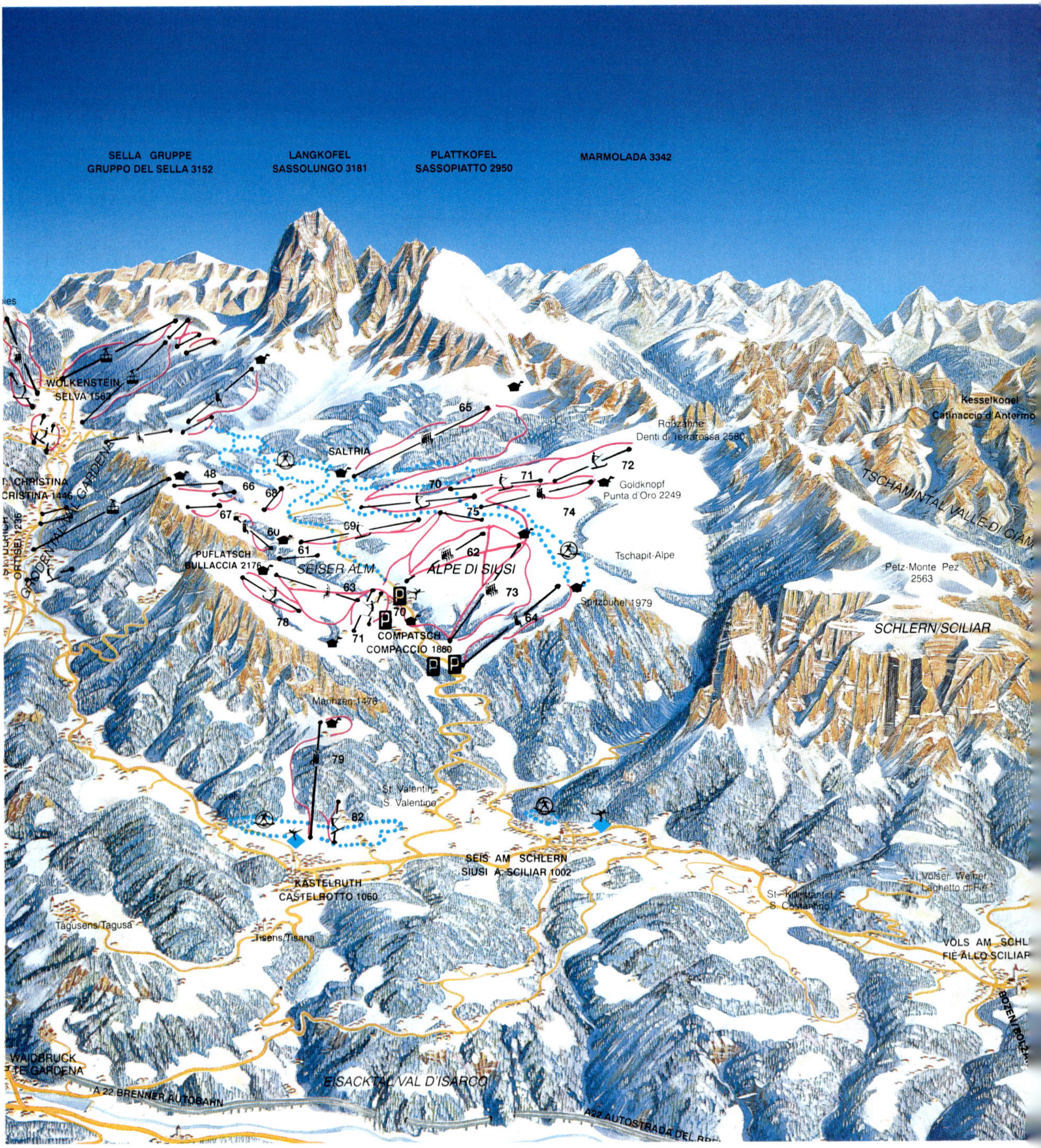

Auch Snowboarder haben ihren Spaß auf der Seiser Alm vor der Kulisse von Schlern und Santnerspitze.

gnonhaus an, denn dort ist man bereits mitten im Tourengebiet, und einem weiteren Aufstieg steht nichts mehr im Wege.
Wer die Seiser-Alm-Pisten zu »zahm« findet, aber auch nicht auf ein Quartier in dieser herrlichen Umgebung verzichten möchte, hat mit seinem Skipaß auch Zugang zu den Skigebieten von Gröden. So fährt man tagsüber z. B. auf den Weltmeisterschaftspisten am Ciampinoi oberhalb von Wolkenstein/Selva und nachmittags schwebt man mit der Seilbahn von St. Ulrich wieder zur Seiser Alm hinauf.
Die Langläufer genießen auf der Alm Gleichberechtigung mit den Abfahrern. Denn die Loipen sind großzügig angelegt und führen durch eine der schönsten und eindrucksvollsten Landschaften der Alpen. Man sollte sich auch Zeit nehmen zum Schauen und Genießen. Hinzu kommen noch Loipenkilometer unten in Kastelruth, die wettkampfmäßig präpariert werden, da hier auch Weltcuprennen für Langläufer ausgetragen werden.
Als erstes Langlaufrevier hat das Schlerngebiet den Langlaufwanderpaß eingerichtet, der nach einem Punktesystem (wie bei Sommerwanderpässen) in Form einer Nadel (Skihexe in Gold, Silber und Bronze) verliehen wird.
Kastelruth hat übrigens sein eigenes kleines Skirevier am Marinzen, das sich mit seinen eher leichten Pisten gut für Anfänger und Kinder eignet.
In Kastelruth, Seis und Völs gibt es neben weiteren Wintersportmöglichkeiten wie Eislaufen und Rodeln (in Seis finden Europameisterschaften statt) ein bodenständiges und dennoch abwechslungsreiches Après-Ski-Angebot.
Gröden siehe Seite 382.

Schlerngebiet
Seiser Alm, 1844 m, **Seis,** 1000 m
Kastelruth, 1060 m, **Völs,** 908 m

Skigebiet: 1060–2245 m
6500 Einwohner, 7500 Gästebetten
Saison: Mitte Dezember bis nach Ostern

Anreise Brenner-Autobahn Innsbruck, Autobahnausfahrt Klausen, Waidbruck, Kastelruth, Seis, Seiser Alm. Bahnstationen: Brixen, Klausen, Waidbruck und Bozen (Busverbindungen); die Paßstraße von Monte Pana zur Seiser Alm ist für Privatverkehr gesperrt (es gibt einen Linienbus); man kann auch mit der Seilbahn von St. Ulrich zur Seiser Alm hinauffahren, das Gepäck wird nach vorheriger Absprache von den Hoteliers abgeholt.
Entfernungen von KA: 519 km, S: 451 km, UL: 361 km, M: 334 km

Information
Verkehrsämter:
I-39040 Kastelruth, Tel. 0471/706333
Telefax 0471/705188
I-39040 Seis am Schlern, Tel. 0471/706124
Telefax 0471/707134
I-39040 Seiser Alm-Compatsch,
Tel. 0471/727904, Telefax 0471/727828
I-39050 Völs, Tel. 0471/725047
Telefax 0471/725488
Schneetelefon Tel. 0471/978577
Landesvorwahlnummer siehe Seite 608.

Kinder Seiser Alm Gästekindergarten ab 3 Jahre (ca. Lit 34 000/Halbtag, 47 000/Ganztag ohne Mittagessen);
Skischule ab 3–4 Jahre (ca. Lit 244 000/Woche ½ Tag Unterricht, ½ Tag Betreuung, ohne Mittagessen)

Ski alpin Testnote ❄❄❄

Skigebiet gesamt
40 präparierte Abfahrten über 60 km Länge:
5 km schwer, 35 km mittel, 20 km leicht
Längste Abfahrt: Florian-Piste 2,5 km Länge, 400 m Höhenunterschied, mittel
Liftkapazität: 19 000 Pers./Std.
12 8

Skigebiet am Marinzen in Kastelruth
6 km präparierte Abfahrten
mittel bis leicht
Liftkapazität: 950 Pers./Std.
1 1

Skipaß-Preise siehe Beilage
Tiefschneereviere: Puflatsch, Roßzahnscharte, Langkofelscharte, Plattkofel
Skischule mit 45 Skilehrern

Langlauf Testnote ❄❄❄❄

BESONDERS SCHNEESICHER

15 Loipen über insgesamt 77 km Länge (19 km schwierig, 41 km mittel, 17 km leicht);
längste und höchste Loipe: Jochloipe (1800–2078 m), 15 km lang, schwierig;
18 Loipenkilometer im Skigebiet Marinzen (Kastelruth); Langlaufunterricht

Weitere Sportmöglichkeiten

Après-Ski

KINO

Besondere Veranstaltungen
Kastelruther Bauernhochzeit (16. Jan. 94), gastronomische Wochen »Hoazetkuchl« (zur Bauernhochzeit dazugehörige bodenständige Gerichte nach alten Rezepten, 9. bis 29. Jan. 94)

Eine Bauernhochzeit wurde früher nur im Winter abgehalten. Bekanntschaften schloß man im Sommer bei der Heumahd oder auf dem Tanzboden. Zur Hochzeit hatte man erst im Winter Zeit. Die »Kastelruther Bauernhochzeit« (siehe »Besondere Veranstaltungen«) läßt diesen Brauch wieder aufleben.

Hotelempfehlungen: Seite 593–597

Das Hochabteital/Alta Badia

Der Zusammenschluß der fünf Gemeinden Corvara, Colfuschg, Stern, Pedratsches und St. Kassian zum Fremdenverkehrs-Verband Alta Badia hat das Hochabteital noch attraktiver gemacht. Familien wie auch Pistenjäger finden ihr Terrain.

Das Hochabteital liegt mitten im Zentrum der einzigartigen Dolomitenlandschaft. Fast alles, was Rang und Namen hat in dieser Bergwelt, schaut imposant zum Fenster herein oder über den nächsten Buckel hinweg: Sella und Marmolada, Langkofel und Geisler-Spitzen, die Tofanen von Cortina, Monte Pelmo und Monte Civetta.

Auch die »Hausberge« können sich sehen lassen: Sass Songher, Kreuzkofel, Piz Boè – nicht zu vergessen der allerdings weiter entfernt liegende düstere Col di Lana mit seiner blutigen Geschichte aus dem Ersten Weltkrieg. Skiberge sind diese Dolomitenbrocken freilich nicht. Meistens fängt die Pistenregion dort an, wo die Felswände senkrecht aus den Almwiesen aufsteigen.

Zum Hochabteital gehören die Ortschaften Corvara/Kurfar, Colfuschg/Colfosco, Stern/La Villa, St. Kassian/San Cassiano und Pedratsches/Pedraces. Ein klassischer Skigroßraum also, aus mehreren Pistenrevieren zusammengewachsen und dicht erschlossen, dabei technisch nahezu perfekt, was Aufstiegshilfen, Pistenführung und -pflege betrifft. Insgesamt ein Skigebiet, das sich durchaus mit den »Großen« der Dolomiten messen läßt.

Wem das immer noch nicht genügt, der kann mit dem Erwerb des Skipasses »Dolomiti Superski« sein Aktionsgebiet gewissermaßen ins Endlose erweitern. Eines der eindrucksvollsten Skifahrer-Erlebnisse ist die berühmte »Sella-Ronda«, eine ausgedehnte Tagestour über die vier zentralen Dolomitenpässe (Sella, Pordoi, Campolongo und Grödnerjoch), die Kette der Aufstiegshilfen ist in beiden Richtungen geschlossen.

Auch das Hochabteital selbst bietet reichlich Abwechslung auf den Pisten und eine Fülle von Abfahrtsvarianten, insbesondere für die breite Mittelklasse, für Anfänger und Kinder. Die Fortgeschrittenen dagegen wird mehr die einzig schwierige Piste im Revier locken: die steile »Schwarze« vom Piz la Villa. Höchster mit Aufstiegshilfen von Corvara aus erreichbarer Punkt ist Vallòn (2550 m), unterhalb des Piz Boè.

In Pedratsches kurvt man auf gemütlichen Pisten, unterhalb des Kreuzkofels, beim Dörfchen St. Leonhard. Oberhalb Colfuschg hat sich rund um die Edelweißhütte ein Miniaturskizirkus aufgetan. Ein besonderes Erlebnis für Naturfreunde: die Abfahrt vom Lagazuoi (2778 m), den man per Bus und Seilbahn ab St. Kassian erreicht, nach Armentarola.

Ein Schmankerl noch für den sehr guten Tourenskifahrer: Die Traumabfahrt aus dem Sella-Stock durch das Mittagstal (Val Mesdi). Die Pordoibahn besorgt den Aufstieg. Lotrecht abfallende Felswände umrahmen

Hochabteital, 1324–1645 m
Corvara, Colfuschg, Stern, Pedratsches, St. Kassian

Skigebiet: 1350–2550 m

3980 Einwohner, 13500 Gästebetten
Saison: Anfang Dezember bis Mitte April

Anreise Brenner-Autobahn (Ausfahrt Brixen/Pustertal), Richtung Bruneck. Oder Felbertauern-Tunnel, Lienz, Bruneck (Bahnstation, Busverbindungen)
Entfernungen von KA: 537 km, S: 469 km, UL: 379 km, M: 295 km

Information
Azienda Autonoma di Soggiorno e Turismo Corvara-Colfuschg,
I-39033 Corvara, Tel. 0471/836176
Telefax 0471/836540
Schneetelefon 0471/836176
I-39030 Colfuschg, Tel. 0471/836145
Telefax 0471/836744
Stern (auch für Pedratsches, St. Kassian), I-39030 Stern,
Tel. 0471/847037, 849422, 839695
Telefax 0471/847277, St. Kassian: 849249
Landesvorwahlnummer siehe Seite 608.

Kinder Corvara kein Gästekindergarten; Skikindergarten ab 3 Jahre (ca. Lit 55000/Tag inkl. Mittagessen, 250000/5 Tage inkl. Mittagessen);
Skischule ab 3 Jahre (ca. Lit 155000/5 Tage à 2¾ Std.)

Ski alpin Testnote ❄❄❄❄
inkl. Sella Ronda

Skigebiet Hochabteital
130 km präparierte Abfahrten:
6 km schwer, 50 km mittel, 74 km leicht
Längste Abfahrt: Vallon – Corvara, 4,5 km Länge, 965 m Höhenunterschied, mittel/schwer
Die Abfahrt Colfosco (Colfuschg, 563 m lang, leicht) ist einmal pro Woche von 20.30 bis 22 Uhr beleuchtet
Liftkapazität: 60000 Pers./Std.
33 19 1 2

Sella Ronda
23 km präparierte Abfahrten:
3 km schwer, 15 km mittel, 5 km leicht
Abfahrten im Uhrzeigersinn (orange im Panorama S. 384):
Liftkapazität: 14337 Pers./Std.
1 7 2
Abfahrten in Gegenrichtung (grün im Panorama S. 384):
Liftkapazität: 18879 Pers./Std.
4 9 1

Skipaß-Preise siehe Beilage
5 Skischulen mit 150 Skilehrern

Langlauf Testnote ❄❄
40 Loipenkilometer (5 km mittel, 35 km leicht); längste Loipe: »Gran Ega« (Pedratsches – Stern – Corvara, 1350–1525 m), Rundkurs 22 km, leicht bis mittelschwer; Höhenloipe: Armentarola – Valparola (1645–1745 m), 8 km lang, leicht; Langlaufunterricht

Weitere Sportmöglichkeiten
Gleitschirmfliegen

Après-Ski

Sportliche Veranstaltungen
Weltcup Ski alpin (Dez. 93), Schlittenhunderennen (Jan. 94)

Pic Museo Ladin heißt das Museum in St. Kassian, das über die Geschichte der Dolomiten berichtet und einheimisches Handwerkszeug präsentiert. Öffnungszeiten: dienstags bis freitags von 16 bis 19 Uhr.

Hotelempfehlungen: Seite 593–597

die steil ins Tal Richtung Colfuschg abziehende unpräparierte Rinne. Diese hochalpine Abfahrt empfiehlt sich natürlich nur bei sicheren Verhältnissen, möglichst mit Führer. Im Hochabteital dominieren die Alpin-Skifahrer – das sind rund 90 Prozent der Gäste.

Vom Col Alto gesehen der Blick zu den Dreitausendern La Varella und Cunturinesspitze in der Fanesgruppe.

Ein Wort noch zu den fünf Gemeinden des Hochabteitals: **Pedratsches/Pedraces**, als erster Ort, wenn man die Straße vom Pustertal aus heraufkommt, liegt umrahmt von lichtem Nadelwald unterhalb des Kreuzkofels (Sasso Croce), der auch das ortsnahe Ski-Revier stellt.

In **Stern/La Villa** teilt sich die Straße: rechts zieht sie weiter in Richtung Corvara und Campolongo-Paß, links herum geht es in Richtung St. Kassian und weiter nach Armentarola und zum Falzárego-Paß. Der alte Ortskern von Stern liegt oberhalb der Hauptstraße am Hang. Zentral gelegen ist die Talstation der Großkabinenbahn auf den Piz la Villa.

Corvara/Kurfar, unterhalb von Grödnerjoch und Campolongo-Paß gelegen, sitzt wie eine Spinne in einem beispiellosen Liftnetz. Corvara ist wohl der bekannteste Ort des Abteitales und entsprechend mit Hotels und Pensionen bestückt. Hier läuft auch der stärkste Après-Betrieb, der eigentlich schon direkt am Ende der Skiabfahrten beginnt.

Colfuschg/Colfosco liegt ein Stück oberhalb in Richtung Grödnerjoch und ist mehr als sportive Dependance von Corvara bekannt.

Sankt Kassian/San Cassiano, von Corvara durch einen Höhenrükken getrennt, der sich vom Piz La Villa bis Sorega, Pralongia und Cherz zieht, wirkt auf den ersten Blick, vor allem wenn das Wetter nicht allzu gut ist, ein wenig düster mit seinen vielen in die Höhe gezogenen Hotels und Gasthäusern. Aber auch hier ist ganz schön was los, wenn die Lifte den Betrieb einstellen.

Armentarola, der letzte Ort vor der Paßhöhe von Valparola und Falzárego, besteht nur aus ein paar Häusern, ist eigentlich nur erwähnenswert wegen des gleichnamigen Hotels, das zu den schönsten der ganzen Region zählt.

Gröden siehe Seite 382.

Arabba

Arabba lag noch im Winterschlaf, als in der Nachbarschaft der Skizirkus schon auf vollen Touren lief. Inzwischen hat es sich zu einem attraktiven Skiort entwickelt – nicht zuletzt wegen seiner günstigen Lage im Umfeld der Marmolada.

Es ist ein grandioser Aussichtspunkt: Wie auf einem Luftbild liegt die ganze Nordabdachung der Marmolada vor dem Betrachter, ein überwältigendes Schneemeer vom Gipfelgrat bis zum Fedaia-Stausee, nur unterbrochen von den beiden Felsrippen namens Undici und Dodici.

Der Aussichtspunkt, der dieses grandiose Panorama offenbart, heißt Porta Vescovo, liegt 2478 m hoch und ist die Bergstation der Seilbahn von Arabba. Nicht nur der Dolomitenrundblick ist einmalig. Die Abfahrten, die sich von hier aus bieten, sind ebenfalls erstklassig. Zur Auswahl stehen leichte und mittelschwere Strecken in kupiertem Gelände. Die »Direttissima« wiederum bringt mit ihren Buckelpisten auch Spezialisten ganz schön zum Schwitzen. Für den Starthang braucht man etwas Mut und Überwindung, aber dann läuft es prächtig. Bis ins Tal sind es rund 900 Höhenmeter.

Seit der Porta-Vescovo-Erschließung hat Arabba einen guten Namen in der Skiwelt. Die Nordhänge sind sehr schneesicher, und Kenner zählen die Abfahrten zu den schönsten in den Dolomiten.

Arabba, an der Großen Dolomitenstraße zwischen Falzárego-, Campolongo- und Pordoipaß gelegen, gilt aber nicht nur als Schneeloch; es hat – weiterer Pluspunkt – auch Anschluß an die Skiarenen in der Nachbarschaft. Die Verbindungen wurden lückenlos ausgebaut. So fährt man mit Aufzügen zum Pordoi hinauf oder gewinnt über den Belvedere das Skiterrain von Canazei dazu. Aber es liftet sich auch mühelos zum Campolongo und hinein in das Skivergnügen rund um Corvara.

Mit diesem Lift- und Pistenverbund wurde Arabba zum idealen Ausgangspunkt für die berühmte »Sella Ronda«, die Skirundfahrt um den Sellastock. Dieses Pistenabenteuer läßt sich linksherum oder rechtsherum machen, ganz nach Geschmack. Der »Reisende auf Ski« erlebt vier Täler und vier Pässe in drei Provinzen, nämlich Belluno, Bozen (Südtirol) und Trentino. Schnelle Wedler schaffen die Sella-Umrundung unter günstigsten Voraussetzungen in einem halben Tag, normalerweise aber soll-

Über das Skigebiet an der Porta Vescovo hat Arabba Anschluß an die Marmolada gewonnen. Damit bietet es, nimmt man die anderen Verbindungen hinzu, grenzenloses Skivergnügen.

te man mit einem vollen Skitag rechnen. Hier zählt außer dem Skivergnügen auch das unvergeßliche Landschaftserlebnis.
Zu Arabba gehört eine weitere Seilbahn-Attraktion der Dolomiten: Vom Pordoijoch schwingt sich kühn das Drahtseil hinauf zum Sass Pordoi, von 2239 auf 2950 Meter, ein faszinierender Aussichtspunkt am Rande der Sella-Hochfläche. Diese Seilbahn wird im Winter nur von wenigen Skifahrern frequentiert. Und die wissen genau, was sie erwartet: Entweder die supersteile Abfahrt von der Pordoischarte hinunter zum Pordoijoch oder aber die berühmte, landschaftlich großartige Tourenabfahrt durch das Val Mesdi (Mittagstal) nach Colfuschg. Und dann hat dieses Skidorf auch noch Beziehungen zur »Königin der Dolomiten«. Eine Kette von Abfahrten und Aufzügen führt von der Porta Vescovo über den Padon-Kamm (2370 m) ins Nachbartal zum Fedaiapaß, nach Malga Ciapela, zur Marmolada und zurück.

BESONDERS SCHNEESICHER

Arabba, 1602 m

Skigebiet: 1602–2950 m
350 Einwohner, 1812 Gästebetten
Saison: Dezember bis April

Anreise Brenner-Autobahn Ausfahrt Brixen, Richtung Bruneck, Corvara, Paß Campolongo bzw. Brenner-Autobahn (Ausfahrt Klausen), St. Ulrich, Sella- und Pordoi-Joch.
Bahnstation ist Bruneck (Busverbindungen)
Entfernungen von KA: 547 km, S: 479 km, UL: 389 km, M: 305 km

Information
Ufficio Turistico di Arabba,
I-32020 Arabba, Tel. 0436/79130
Telefax 0436/79300
Schneetelefon 0436/79221
Landesvorwahlnummer siehe Seite 608.

Kinder kein Gästekindergarten; Skischule ab 4–5 Jahre (ca. Lit 135000/5 Tage, insgesamt 18 Stunden, ohne Mittagessen)

Ski alpin Testnote ❄❄❄❄
inkl. Sella Ronda

Arabba
30 präparierte Abfahrten über 50 km Länge: 8 km schwer, 15 km mittel, 27 km leicht
Längste Abfahrt: Ornella (Porta Vescovo), 4 km Länge, 875 m Höhenunterschied, schwer
Liftkapazität: 25800 Pers./Std.
14 9 2 2

Sella Ronda
23 km präparierte Abfahrten: 3 km schwer, 15 km mittel, 5 km leicht
Abfahrten im Uhrzeigersinn (orange im Panorama S. 384):
Liftkapazität: 14337 Pers./Std.
1 7 1

Abfahrten in Gegenrichtung (grün im Panorama S. 384):
Liftkapazität: 18879 Pers./Std.
4 9 1

Skipaß-Preise siehe Beilage

Tiefschneereviere/Skirouten: Mittagstal, Val Lastiges, Pordoischarte, Val de Mesola
Skischule mit 14 Skilehrern

Langlauf Testnote ❄

3 Loipenkilometer: Höhenloipe Campolongo (1875–1890 m), mittel; kein Langlaufunterricht

Weitere Sportmöglichkeiten

Après-Ski
Kongreßsaal

Nicht alle im Panorama eingezeichneten Lifte gehören zum Gültigkeitsbereich des Arabba-Skipasses.

Hotelempfehlungen: Seite 593–597

Cortina d'Ampezzo

Beim Anblick von Steilhängen keine weichen Knie bekommen, die nötige Kondition auch noch für das Dolce vita haben und nicht zu knapp bei Kasse sein: Das sind die Voraussetzungen für einen Winterurlaub in Cortina.

Olympische Spiele »adeln« gewöhnlich jene Orte, die mit ihrer Austragung betreut werden. Cortina d'Ampezzo aber wäre sicherlich auch ohne die Spiele von 1956 das, was es schon vor dem Kriege war und bis heute blieb: eine der Top-Adressen, wenn es um wintersportliches Nonplus-ultra geht.

Es gibt nicht viele Plätze, die jene Mischung aus städtischer Eleganz und sportlicher Lässigkeit bieten, wie die »Hauptstadt der Dolomiten«, wie viele die 8000-Seelen-Gemeinde ehrerbietig nennen.

Um ein Fazit vorwegzunehmen: Ein Aufenthalt in Cortina wird mit Sicherheit keine ganz billige Angelegenheit. Hotels und Pensionen ebenso wie Privat-Quartiere langen bedeutend kräftiger zu als gleichwertige Betriebe in den Nachbartälern. Aber der sogenannte Top-Zuschlag wird nun mal verlangt und, wenn man in Cortina unmittelbar dabei sein will, auch bezahlt.

Dafür darf nach verrichteten Pisten-Großtaten auch auf dem Corso Italia (teilweise für den Autoverkehr gesperrt) flaniert und in unzähligen Cafés oder Espressobars renommiert werden, von der rasanten Abfahrt aus der Forcella Stauniès (Cristallino-Scharte) beispielsweise, die man »eben mal so« gemacht hat.

Après wird in Cortina groß geschrieben, größer oft sogar als sportliche Betätigung. Denn so manche Träger oder Trägerinnen teurer Pelzmäntel pflegen sich gemeinhin erst nachmittags zur Teestunde von ihrem Schönheitsschlaf zu erheben, um für die Ereignisse der kommenden Nacht mit Disco, Gala, Modenschauen, Tanzturnieren, Schaulaufen usw. gerüstet zu sein. Aber das Nachtleben gehört hier dazu, es ist sehr temperamentvoll, lustig und nicht ganz so »snobby« wie in St. Moritz beispielsweise. Was sicherlich auch daher rührt, daß Cortina eigentlich immer fest in italienischer Hand war und von der internationalen, selbsternannten Flitter- und Talmi-Prominenz einigermaßen verschont blieb.

Von München aus fährt man vom Pustertal nach Cortina. Aber auch die Anfahrt über Fleims-, Fassatal, Arabba und Falzarego ist landschaftlich wunderschön, zumal auch die Große Dolomitenstraße normalerweise,

Eis-Speedway – ein Sport für harte Männer. Winterurlaubern in Cortina wird auch dieser Nervenkitzel geboten – neben zahlreichen anderen interessanten Wintersportarten.

wenn auch gelegentlich nur mit Ketten, gut befahrbar ist. Als Variante bietet sich noch die Anfahrt durchs Gadertal über Armentarola und über den Valparola- zum Falzárego-Paß an. Der weite, von Wiesen und Wäldern umrahmte Talkessel der Conca d'Ampezzo, in dem das aus mehreren Weilern zusammengesetzte Cortina liegt, bietet immer einen einzigartigen Anblick. Die kolossalen Felsstöcke von Pomagagnon und Monte Cristallo riegeln das Tal gegen Norden ab. Breit hingestreckt gegen Osten ragen Sorapis und die formschöne Pyramide des Antelao auf, südlich wuchtet der Felsklotz des Monte Pelmo in den Himmel, im Westen, oberhalb des Falzárego, begrenzen ruhig und behäbig die Felsbarrieren der drei Tofanen das Tal. Und überall, bis an den Fuß der gewaltigen Felsbastionen, surren Lifte und befördern Skifahrer zu ihren Pisten. Bis auf 3243 m kann man per Ski gelangen, zum Cristallo beispielsweise oder zum kleinen Lagazuoi, den die Cortineser ebenfalls noch für sich in Anspruch nehmen, obwohl er ein paar Kilometer weiter weg, oberhalb am Falzarego-Paß, liegt.
Hier auszuwählen oder gar zu werten, ist kaum möglich. Der eine schwärmt für das Faloria-Gebiet, der zweite liftelt am liebsten vom Tre-Croci-Paß aus in Richtung Cristallo, der dritte fährt im ortsnahen Mietres, andere bevorzugen Pocol-Belvedere oder die rassigen Pisten um die Felstrümmer der Cinque Torri, wo im Sommer die Cortineser Bergführer ihr Klettertraining absolvieren.

Cortina d'Ampezzo, 1224 m

Skigebiet: 1224–3243 m
7000 Einwohner, 22 500 Gästebetten
Saison: Dezember bis Ende April

Anreise Brenner-Autobahn (Ausfahrt Brixen-Pustertal), Toblach, Cortina. Bahnstationen sind Toblach (Nord) und Calalzo (Süd), von dort Busverbindungen
Entfernungen von KA: 567 km, S: 499 km, UL: 409 km, M: 304 km

Information
Azienda di Promozione Turistica
I-32043 Cortina d'Ampezzo, Tel. 04 36/32 31
Telefax 04 36/32 35
Schneetelefon 04 36/86 21 71/7 92 21
Landesvorwahlnummer siehe Seite 608.

Kinder kein Gästekindergarten; Skischule ab 4–5 Jahre
(ca. Lit 250 000/Woche ohne Mittagessen)

Ski alpin Testnote ✻✻✻✻

160 km präparierte Abfahrten:
10 km schwer, 80 km mittel, 70 km leicht
Längste Abfahrt: Lagazuoi – Armentarola, 7,5 km, 1100 m Höhenunterschied, mittel
Die Abfahrt Pierosa (470 m lang, mittel) ist donnerstags von 21 bis 23 Uhr beleuchtet
Liftkapazität: 43 000 Pers./Std.
26 22 1 6

Skipaß-Preise siehe Beilage
Tiefschneereviere: Le Settimane, El Zoco Ronde
2 Skischulen mit 160 Skilehrern

Langlauf Testnote ✻✻✻

74 Loipenkilometer (mittel); Höhenloipe: Passo Tre Croci (1809 m), 8 km lang; 4-Länder-Loipe Venetien – Südtirol – Osttirol – Kärnten (500 bis 1500 m), ca. 200 km lang; Unterricht

Weitere Sportmöglichkeiten
Olympia-Eisstadion, Eishockey

Après-Ski
DISCO KINO Museen, Bridge-Zirkel

Sportliche Veranstaltungen
Intern. Volkslanglauf Toblach – Cortina (42 km, 6. Febr. 94)

Snowboard-Spezialkurse für Könner bietet die Scuola Italiana Surf da neve Cortina (Tel. 04 36/3 90 17) an. Zehn Stunden in fünf Tagen kosten ca. Lit 150 000.

Hotelempfehlungen: Seite 593–597

Zwischen Latemar und Rosengarten

Rosengarten und Latemar überragen links und rechts des Karerpasses die drei Skireviere Welschnofen-Karersee, Obereggen-Latemar und Jochgrimm, die vom Eggental aus durch Liftketten erschlossen wurden.

Noch vor Jahren war das **Eggental**, durch die Skibrille gesehen, im wahrsten Sinne des Wortes ein weißer Fleck. Da und dort lief ein kleiner Schlepplift, und vereinzelt zogen einige Tourengänger einsame Spuren in den Schnee.
Weiß ist das Gebiet zwar auch heute noch, wenn es geschneit hat. Aber innerhalb kurzer Zeit hat sich die Gegend zu einem passablen Skigebiet entwickelt, und das nicht nur als Ausflugsziel für die Bozener. Ganz neue Namen erschienen auf der Landkarte des Wintersports.
So das **»Skicenter Latemar«**. Unter den wildzerklüfteten Felsen dieses Bergstocks, den im Sommer die Bergtouristen umrunden und durchwandern, stehen zahlreiche Aufstiegshilfen bereit, um den Skifahrer zu den Startpunkten der Abfahrten zu bringen.
Fast alle Pistenkilometer können mit Hilfe der Schneekanonen beschneit werden, wenn der weiße Segen einmal nicht so üppig vom Himmel fällt oder wenn es gilt, abgefahrene Stellen auszubessern.
Dieses Skigebiet reicht von Südtirol über die Landesgrenze ins Trentiner Fleimstal und umschließt die Gebiete **Obereggen, Pampeago** und – vorerst geplant – **Predazzo**, für die es selbstverständlich einen gemeinsamen Skipaß gibt.
Den Zanggen, einen sanft abfallenden, trotzdem markanten Berg, hat man im unteren Teil so entschärft, daß auch wenig geübte Skifahrer die früher doch sehr anspruchsvolle Abfahrt genießen können. Ein zusätzlicher Schlepplift auf dem Bergrücken und ein Zubringerlift machen es möglich. Der Steilhang mit seinen Buckeln und Steinen (bei wenig Schnee) muß jetzt nur noch einmal bewältigt werden, um zur Talstation oder zum Reiterjoch zu kommen.
Obereggen bietet auch einen Eislaufplatz an, der an der Straße zur Eggentaler Alm, genau gesagt, am unteren Ende der Rodelbahn, liegt.
Und das benachbarte Skigebiet **Welschnofen/Karersee** ist von Bozen aus genauso schnell zu erreichen wie das unterm Latemar. Pisten und Lifte befinden sich an den schneesicheren Hängen des Rosengartens.
Auf der Landkarte ist das Gebiet leicht zu finden; das Stichwort dafür: Karerpaß.
Der Verbindungs-Sessellift von der

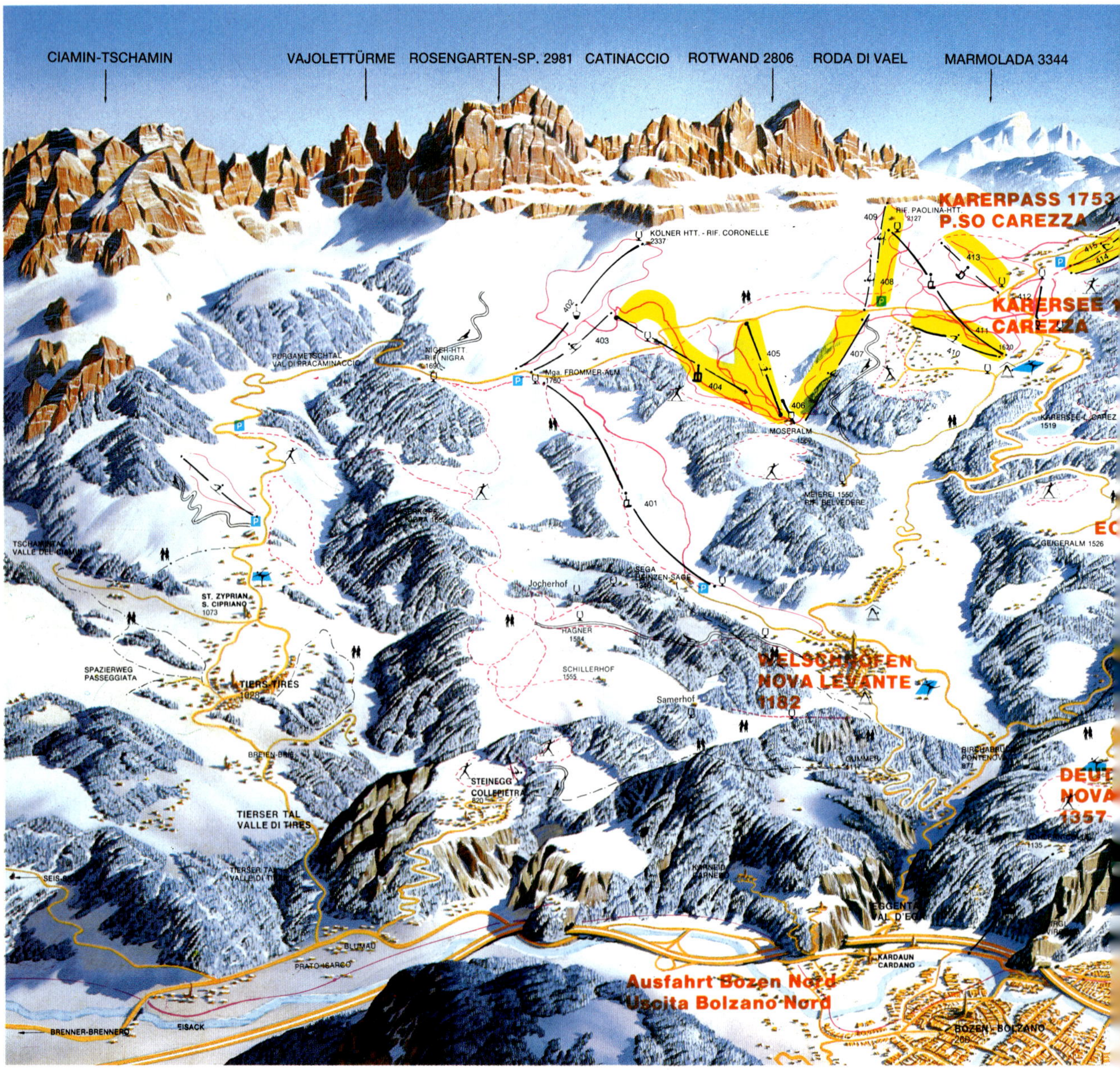

Zwischen Latemar und Rosengarten, 1090–1989 m
Aldein, Radein, Jochgrimm, Deutschnofen, Petersberg, Eggen, Obereggen, Tiers, Welschnofen, Karersee

Skigebiet: 1126–2400 m
Ca. 7200 Einwohner, 7000 Gästebetten
Saison: Dezember bis April

Anreise Brenner-Autobahn (Ausfahrt Bozen-Nord), Kardaun, Eggental. Bahnstationen: Bozen bzw. Auer (Busverbindungen)

Entfernungen von KA: 537 km, S: 469 km, UL: 379 km, M: 295 km

Information
Tourismusbüros:
I-39050 Deutschnofen, Tel. 0471/616567
Telefax 0471/616727
I-39050 Obereggen, Tel. 0471/615795
Telefax 0471/615848
I-39040 Aldein – Radein – Jochgrimm, Tel. 0471/886800, Fax 0471/886666
I-39056 Welschnofen-Karersee, Tel. 0471/613126
Telefax 0471/613360
Schneetelefon 0471/615795
Landesvorwahlnummer siehe Seite 608.

Kinder Deutschnofen und Obereggen kein Gästekindergarten; Skischule ab 4 Jahre (ca. Lit 175000/5 Tage inkl. Mittagessen) Welschnofen kein Gästekindergarten; Skischule ab 4 Jahre (ca. Lit 155000/6 Tage à 3 Std. ohne Mittagessen)

Ski alpin Testnote ❄❄❄
Latemar

Skicenter Obereggen-Latemar
45 km präparierte Abfahrten:
3 km schwer, 30 km mittel, 12 km leicht
Liftkapazität: 23000 Pers./Std.
5 10

Skigebiet Jochgrimm
7 km präparierte Abfahrten:
2 km mittel, 5 km leicht
Liftkapazität: 3000 Pers./Std.
4

Skigebiet Welschnofen-Karersee
38 km präparierte Abfahrten:
4 km schwer, 19 km mittel, 15 km leicht
Längste Abfahrt: Kölner Hütte – Welschnofen, 8 km Länge, 1200 m Höhenunterschied, schwer (oberer Teil)/mittel
Liftkapazität: 10000 Pers./Std.
11 5

Skipaß-Preise siehe Beilage
Tiefschneereviere: Fallmur, Tschein, Baumannkar, Latemar – Cannellone
4 Skischulen mit 80 Skilehrern

Langlauf Testnote ❄❄❄

Deutschnofen-Eggen-Obereggen-Latemar 35 km (davon 10 km schwierig); Loipengebühr erwünscht (ca. Lit 2000/Tag); kein Langlaufunterricht Aldein-Jochgrimm 35 km (20 km mittel, 15 km leicht); höchste Loipe Jochgrimm-Averleger-Lavazé (1872–1980 m), 25 km, mittel; Langlaufunterricht Welschnofen-Karersee 38 km (20 km mittel, 18 km leicht); längste und höchste Loipe: Niger-Frin (1680–1690 m) 8 km, leicht bis mittel; Langlaufunterricht

Weitere Sportmöglichkeiten
Gleitschirmfliegen

Après-Ski
KINO

Sportliche Veranstaltungen
Europacup Herren Super G, Slalom (Obereggen, 10.–14. Dez. 93)

König-Laurin-Rennen: Die Skischule Karersee/Welschnofen (am Karerpaß bei der Sesselbahn Rosengarten) veranstaltet donnerstags unterhaltsame Gaudirennen, bei denen jeder mitmachen kann.

Hotelempfehlungen: Seite 593–597

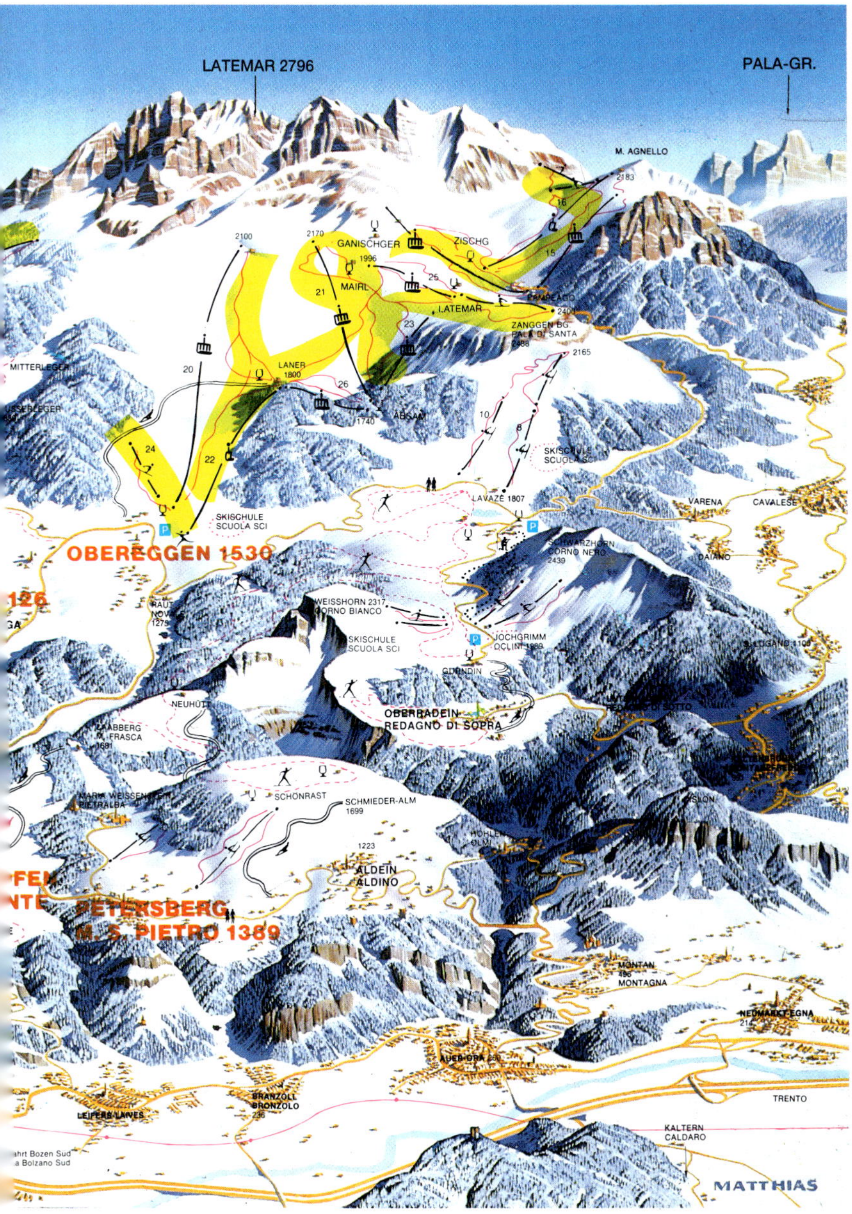

Moser-Alm (1650 m) zum Lift der Frommer-Alm bildet mit den übrigen Liften einen abwechslungsreichen Skizirkus.
Es war schon immer schwierig, eine Wertung der Pisten vorzunehmen, da die Geschmäcker bekanntlich sehr verschieden sind. Aber die Piste von der Paolinahütte (Rosengarten) dürfte zu den schönsten im Skigebiet Welschnofen/Karersee zählen.
Geliftet wird darüber hinaus auch in **Deutschnofen, Petersberg** und am **Lavazè-Paß**. Das gesamte Gelände gibt viel her, und jeder Skiurlauber kann sich für sein Können die richtigen Abfahrten aussuchen.
Besonders hervorzuheben ist hier das Skigebiet **Jochgrimm** am Lavazè-Paß, gekrönt vom Weißhorn (2317 m), nördlich von Jochgrimm, und vom Schwarzhorn (2439 m), südlich von Jochgrimm gelegen.
Fossiliensammler unter den Skifahrern wissen sicher, daß man im Bergkegel vom Weißhorn deutliche Spuren fossiler Meeresalgen finden kann.
Auch für die Langläufer wurde gut gesorgt. Der große Rundkurs »Reggelberg«, der alle Loipen rund um das Weißhorn zusammenfaßt, bringt es auf 45 Kilometer. Weitere, nicht zu kurze Loipen werden in Deutschnofen, Petersberg und oben am Karerpaß gespurt.
Das Straßennetz ist größtenteils gut. Wenn auch Omnibusse verkehren, so sollte man doch seinen fahrbaren Untersatz, bestückt mit Winterreifen, dabei haben. Denn das Auto vor der Hoteltür macht das Leben dort oben angenehmer, und Ferienstrategen können sich für jeden Tag ein neues Skigelände aussuchen.
Fleimstal siehe Seite 398.

Das Fassatal

Zwischen Moèna und Canazei liegt ein Skigebiet von ganz besonderem Reiz. Nahezu alles, was an Dolomitenfelsen Rang und Namen hat, bildet das grandiose Szenario für die Wintersportzentren im Fassatal.

Die Kulisse wirkt gigantisch, kann kaum großartiger sein: Oberhalb von **Vigo** und **Pozza** steigen die Nadeln des Rosengartens mit den Vajolet-Türmen empor, überragen der elegante Langkofel und der titanische Sella-Block Campitello und Canazei, Sella- und Pordoijoch.

Gegen Osten begrenzen die Riesenmauer der Civetta und die vielzinnige Pala-Gruppe das Gesichtsfeld.

Wer da zum erstenmal per Lift ins Skigebiet emporschwebt und nicht andachtsvoll erst einmal den wahrhaft einmaligen Rundblick genießt, muß schon ein ganz besonders hartgesottener Pistenfresser sein.

Inmitten dieser Felsriesen, denen das Streben ganzer Alpinisten-Generationen galt und gilt, haben die Talorte längs dem Avisio-Bach einen stattlichen Lift-Zirkus installiert. Da gibt es kaum einen halbwegs lohnenden Bergrücken, an dem sich keine Liftkabel emporhangeln. Bis an die Sockel der mächtigen Felsstöcke schnurren die Lifte.

Von **Campitello** und **Canazei** aus startet so mancher Pistenfan zu einer wirklich einmaligen Unternehmung: der »Sella-Ronda«, der Umrundung des Sella-Stockes per Ski und Aufstiegshilfen.

Für Könner ist diese gigantische Rundtour an einem halben Tag zu absolvieren.

Mehr von der eindrucksvollen Bergkulisse hat man allerdings, wenn man sich Zeit für einen ganzen Tag nimmt.

Man kann sie im oder gegen den Uhrzeigersinn nehmen: keine Piste wird zweimal befahren.

Die Pisten sind reine Genußabfahrten, die immer wieder zu grandiosen Panoramablicken einladen.

Fassatal
Canazei, 1460 m, **Campitello,** 1450 m, **Mazzin,** 1370 m,
Pozza e Pera, 1320 m, **Vigo,** 1390 m,
Soraga e Moèna, 1200 m

Skigebiet: 1200–2638 m
8700 Einwohner, 42 800 Gästebetten
Saison: Dezember bis April

Anreise Brenner-Autobahn (Ausfahrt Bozen-Nord), Eggental, Vigo di Fassa, Moèna bzw. Canazei. Bozen ist Bahnstation, von dort Busverbindungen
Entfernungen von KA: 599 km, S: 531 km, UL: 441 km, M: 357 km

Information
Azienda di Promozione Turistica
Val di Fassa
I-38032 Canazei, Tel. 04 62/6 11 13
I-38031 Campitello, Tel. 04 62/6 11 37
I-38030 Alba, Tel. 04 62/6 13 54
I-38030 Mazzin, Tel. 04 62/6 71 96
Telefax 04 62/6 25 02
I-38036 Pozza, Tel. 04 62/6 41 36
I-38039 Vigo, Tel. 04 62/6 40 93
Telefax 04 62/6 48 77
I-38030 Soraga, Tel. 04 62/6 81 14
I-38035 Moèna, Tel. 04 62/57 31 22
Telefax 04 62/57 43 42
Landesvorwahlnummer siehe Seite 608.

Kinder Canazei Gästekindergarten ab 4 Jahre (ca. Lit 50 000/Halbtag); Skischule ab 4 Jahre (ca. Lit 225 000/Woche halbtags ohne Mittagessen)

Ski alpin Testnote ❄❄❄❄
inkl. Sella Ronda

Fassatal gesamt
145 km präparierte Abfahrten:
14 km schwer, 98 km mittel, 33 km leicht
Längste Abfahrt: »Del Bosco« (Col Dei Rossi/Canazei), 6,5 km Länge, 934 m Höhenunterschied, mittel
Liftkapazität: 68 534 Pers./Std.

21 28 4 7

Skigebiet von Canazei: Belvedere
27 km präparierte Abfahrten:
21 km mittel, 6 km leicht
Liftkapazität: 13 574 Pers./Std.

2 5 1 2

Skigebiet von Alba: Ciampac (und Marmolada)
10 (8) km präparierte Abfahrten: 3 (3,5) km schwer, 5 (4,5) km mittel, 2 km leicht
Liftkapazität: 5748 (605) Pers./Std.

1 (–) 3 (–) (1) 1 (–)
(–) (–)

Skigebiet von Campitello: Col Rodella/Sella
15 km präparierte Abfahrten:
12 km mittel, 3 km leicht
Liftkapazität: 9255 Pers./Std.

1 6 1

Skigebiet von Pozza: Buffaure
10 km präparierte Abfahrten:
9 km mittel, 1 km leicht
Die Abfahrt am Aloch-Lift (im Panorama Nr. 205, 1,6 km lang, mittel) ist mittwochs und freitags von 20.30 bis 22.30 Uhr beleuchtet
Liftkapazität: 4844 Pers./Std.

4 1 1

Skigebiet von Vigo: Ciampedie und Gardéccia (und Karerpaß)
12 (5) km präparierte Abfahrten:
8 (5) km mittel, 4 km leicht
Liftkapazität: 8632 (1886) Pers./Std.

1 (3) 5 (–) 1 (–)
( ) ( )

Skigebiet von Moèna: Alpe Lusia (und Passo San Pellegrino – Col Margherita)
24 (34) km präparierte Abfahrten:
3 (4) km schwer, 10 (24) km mittel, 11 (6) km leicht
Liftkapazität: 10 960 (13 030) Pers./Std.

3 (6) 5 (3) 1 (–)
1 (1) ( ) ( )

Sella Ronda
Panorama siehe Seite 384;
Kilometer- und Liftangaben siehe Seite 385

Skipaß-Preise siehe Beilage
Tiefschneereviere: Lasté-Gebiet, Pellegrino Paß – Col Margherita, Val Giumela, Pordoispitze – Val Lasties, Marmolada
5 Skischulen mit 210 Skilehrern

Langlauf Testnote ❄❄❄

69 Loipenkilometer (9 km schwierig, 45 km mittel, 15 km leicht); Höhenloipe: Ciampac (2050 m), 1,5 km lang, schwierig; längste Loipe: Tratto Pozza – Canazei – Pozza – Soraga (1200–1460 m), 30 km lang, mittel; dieses Teilstück gehört zur Marcialonga-Strecke, die 70 km (durchs Fleimstal und Fassatal) lang ist; Langlaufzentren in Canazei und Alochet; Loipengebühr nur für Alochet ca. Lit 5000/Tag, 22 000/Woche; Langlaufunterricht

Weitere Sportmöglichkeiten

Bowling

Après-Ski

Sportliche Veranstaltungen
Hundeschlittenrennen (Dez. 93), Marcialonga-Volkslanglauf (70 km, 30. Jan. 94), Ski Alpin Rallye »Pizolada delle Dolomiti« (März/April 94)

Souvenirtip: Kunsthandwerkliches, das in vielen Orten angeboten wird.

Hotelempfehlungen: Seite 593–597

Eine gravierende Ausnahme gibt es jedoch: die Langkofel-Scharte, mehr berüchtigt als berühmt, jene brutale Steilrinne zwischen Fünffingerspitze und Langkofel. Vom Sellajoch aus führt ein Gondellift in die nur 20 m breite Scharte zum Rifugio Demetz in 2681 m Höhe. Allerdings fährt dieser Lift im Winter nicht mehr. Zu oft mußten Skifahrer, die in einer Art Mutprobe diese extrem steile und eisige Rinne, die von kapitalen Felsblöcken durchsetzt ist, »packen« wollten, von der Bergrettung herausgeholt werden oder, schlimmer noch, ihren Leichtsinn mit dem Leben bezahlen. Jetzt ist diese Abfahrt nur noch von Tourengängern erreichbar.

Zurück ins Fassatal: Die Hausgebiete der einzelnen Orte können sich sehen lassen: Von Canazei aus fährt man per Gondel ins herrliche Belvedere-Skigebiet, vom Nachbarort Alba zum Ciampac, von Campitello aus über den Col Rodella gegen das Sellajoch hin. Von Pozza aus geht es ostwärts ins Buffaure-di-Sopra-Gebiet und von Vigo aus westwärts zum Ciampediè und ins Gardéccia unterm Rosengarten.

Moèna, am Taleingang, liftet seine Gäste per Kabinenbahn auf die Alpe Lusia, mit Anschlußmöglichkeit nach **Bellamonte** im Fleimstal. Wem das alles noch nicht ausreicht, der fährt mit dem Auto die paar Kilometer in Richtung **Karerpaß** oder San-Pellegrino-Paß, der ebenfalls reichlich mit Liften gespickt ist und zum Skizirkus **Tre Valli** gehört.

Zu allem kommt ein wahrhaft umfassendes Loipennetz, teilweise auf der berühmten »Marcialonga«-Trasse.

Das Fleimstal

Beiderseits des Talgrundes Hänge, die mit Liften fast »zugedeckt« sind, und alles vor grandioser Dolomiten-Kulisse – das ist Ski ideal.

Das Fleimstal bildet sozusagen die Hintertür in den großen Dolomiten-Zirkus. Im Talhintergrund ragen die »Pale di San Martino« (Pala-Gruppe) auf, links baut sich der Latemar auf und rechts die Lagorai-Kette.
Cavalese präsentiert sich als hübsches, aufgeräumtes Städtchen. Hier sitzt die Verwaltung der 13 Gemeinden des Fleimstales. Der Hausberg von Cavalese ist die Alpe Cermis.
Weiter hinein ins Tal führt die Schnellstraße oder der Weg durch Tésero, Panchià und Ziano bis nach **Predazzo**.
Auf der Alpe Pampeago wurde das **Skicenter Latemar** errichtet, mit dem man von Obereggen (im Eggental) bis ans Ende des Fleimstales schaukeln kann.
Wer auf Langlaufski umsteigt, dem bietet das Fleimstal beste Voraussetzungen. Immerhin führt die bekannte »Marcialonga« zwischen Moena und Cavalese durch das Tal des Avisio. Allerdings kann man die gesamte Strecke nur in der Zeit des Rennens laufen, da sonst nur Teilstrecken gespurt werden. Bei Schneemangel bleibt nördlich von Cavalese immer noch das schneesichere Revier am Lavazé-Paß und am Paß Jochgrimm.
Zwischen Latemar und Rosengarten siehe Seite 394.

BESONDERS LATEMAR SCHNEESICHER

Fleimstal
Cavalese, 993 m, **Predazzo,** 1018 m

Skigebiet: 952–2489 m
17555 Einwohner, 28400 Gästebetten
Saison: Dezember bis April
Anreise Brenner-Autobahn (Ausfahrt Neumarkt/Auer). Bahnstationen: Bozen und Auer
Entfernungen von KA: 582 km, S: 514 km, UL: 424 km, M: 340 km
Information
Azienda di Promozione Turistica della Valle di Fiemme
I-38033 Cavalese, Tel. 0462/41111
Telefax 0462/20649
I-38037 Predazzo, Tel. 0462/501237
Telefax 0462/502093
Landesvorwahlnummer siehe Seite 608.

Kinder Cavalese kein Gästekindergarten; Skischule ab 4 Jahre (ca. Lit 95000/5 Tage à 2 Std.)

Ski alpin Testnote ✻✻✻✻

Skicenter Obereggen-Latemar siehe Seite 394
Skigebiet Jochgrimm siehe Seite 394
Skigebiet Passo Rolle siehe rechts Seite 399

Skigebiet Ziano
5 km präparierte Abfahrten:
3 km mittel, 2 km leicht
Die Abfahrt Belvedere (1,5 km lang, mittel) ist von 20.30 bis 23 Uhr beleuchtet
Liftkapazität: 2000 Pers./Std.
1 1

Skigebiet Lavazè
5 km präparierte Abfahrten:
3 km mittel, 2 km leicht
Liftkapazität: 2000 Pers./Std.
3

Skigebiet Alpe Cermis
25 km präparierte Abfahrten:
5 km schwer, 5 km mittel, 15 km leicht
Längste Abfahrt: Pista Longa, 6 km lang, 970 m Höhenunterschied, leicht
Liftkapazität: 8000 Pers./Std.
4 3 2

Skigebiet Bellamonte – Alpe Lusia
20 km präparierte Abfahrten:
2 km schwer, 4,5 km mittel, 13,5 km leicht
Liftkapazität: 10000 Pers./Std.
3 5 1 1

Skipaß-Preise siehe Beilage
Tiefschneereviere: Lagorai-Kette, Dolomiten-Latemargruppe
4 Skischulen mit 100 Skilehrern

Langlauf Testnote ✻✻✻✻

150 Loipenkilometer (39 km schwierig, 80 km mittel, 31 km leicht), davon »Marcialonga«-Strecke über 70 km; längste und höchste Loipe: Malga Schmieder – Malga Ora – Passo Lavazé (1699–1872 m), 23 km lang, mittel/schwierig; Loipengebühr nur für das Höhenstück Passo Lavazé ca. Lit 4000/Tag Lago di Tesero (1000 m) 26 km (mit Beschneiungsanlage) Cavalese (1000 m) 10 km Castello-Molina (1000 m) 15 km Carano (1100 m) 4 km Ziano – Predazzo (1000 m) 20 km Bellamonte (1370 m) 9 km Rollepaß (1900 m) 10 km; die Loipen Lagorai (Lago di Tesero, 3 km) und Tabia d'Imana (Predazzo, 1,5 km) sind außer montags und samstags bis 22.30 Uhr beleuchtet; Langlaufunterricht

Weitere Sportmöglichkeiten

Après-Ski

DISCO KINO

Sportliche Veranstaltungen
Europacup Slalom (Pampeago, Dez. 93), Lavazé-Langlauf (25 km, 6.1.94), Weltcup Skispringen (Predazzo, Mitte Jan. 94), Trofeo Topolino (Castello di Fiemme, 23.1.94), Lavazéloppet (27.1.94), Marcialonga-Lauf (70 km, 30.1.94), Hundeschlittenrennen (Predazzo, Febr. 94)

Die geplanten Aufstiegshilfen von Pampeago und Predazzo aus ins Skicenter Latemar gehen zum Winter 1993/94 oder 1994/95 in Betrieb.

Hotelempfehlungen: Seite 593–597

San Martino di Castrozza

Eines der schönsten Skireviere im Geltungsbereich des Skipasses Dolomiti Superski ist San Martino di Castrozza/Passo Rolle unter den imposanten Gipfeln der Palagruppe.

Der **Passo di Rolle**, einer der landschaftlich besonders reizvollen Dolomitenpässe, wird beherrscht vom 3186 m hohen Cimone della Pala, dem »Matterhorn der Dolomiten« und der 3192 m hohen Cima Vezzana. Die Paßhöhe ist zu einem stark frequentierten Wintersportzentrum ausgebaut worden.

Abfahrten von der Baita Segantini, der Costazza und der Tognazza fordern auch gute Skiläufer.

San Martino di Castrozza, Luftkurort, Bergsteiger-Zentrum und sehr gut ausgestatteter Wintersportplatz, liegt an der Südrampe des Passo di Rolle, überragt von den gewaltigen Felstürmen der Palagruppe.

Links und rechts der Paßstraße sind im Bereich von Rosetta (Pala-Seite), Alpe Tognola und Ces Seilbahnen und Lifte in Betrieb. Die Bahn auf die Rosetta erschließt Tiefschneehänge, die jedoch nur in Begleitung eines Führers befahren werden sollten.

In San Martino können Tourenläufer in die berühmte »Haute Route der Dolomiten« einsteigen. Für (mehrtägiges) Trekking per Ski halten sich kundige Führer bereit.

Südlich von San Martino erstreckt sich das landschaftlich reizvolle Val Cimon, vielen auch unter der Bezeichnung Primiero bekannt. Wer sich für Landeskunde interessiert, sollte dem Ort Fiera di Primiero einen Besuch abstatten, wo eine Kirche (15. Jh.) mit wundervollen Fresken und typischem Campanile sowie eine Burgruine besichtigt werden können.

San Martino di Castrozza, 1450 m
Passo Rolle 1980 m

Skigebiete: 1450–2230 m
600 Einwohner, 16000 Gästebetten
Saison: Weihnachten bis Ostern

Anreise Brenner-Autobahn (Ausfahrt Neumarkt/Auer), San Martino di Castrozza. Bahnstationen: Bozen, Auer, Feltre (Busverbindungen)
Entfernungen von KA: 607 km, S: 539 km, UL: 449 km, M: 365 km

Information
Azienda Promozione Turistica
I-38058 San Martino di Castrozza,
Tel. 0439/768867
Telefax 0439/768814
Landesvorwahlnummer siehe Seite 608.

Kinder Gästekindergarten ab 6 Jahre (Presso Kinderheim, Tel. 0439/768966, ca. Lit 14000/Stunde); Skischule ab 3 Jahre (ca. Lit 78000/5 Nachmittage)

Ski alpin Testnote ❄❄❄

Skigebiet San Martino di Castrozza
50 km präparierte Abfahrten:
17 km schwer, 25 km mittel, 8 km leicht
Längste Abfahrt: Tognola, 2,4 km Länge, 730 m Höhenunterschied, schwer
Liftkapazität: 18000 Pers./Std.
7 9 2

Skigebiet Passo di Rolle
20 km präparierte Abfahrten:
7 km schwer, 10 km mittel, 3 km leicht
Liftkapazität: 8000 Pers./Std.
2 4

Skipaß-Preise siehe Beilage
2 Skischulen mit 100 Skilehrern

Langlauf Testnote ❄❄❄

56 Loipenkilometer (25 km schwierig, 16 km mittel, 15 km leicht); längste Loipe: San Martino d. C. (1450 m), 15 km lang, mittel; höchste Loipe: Passo Rolle (1980 m), 10 km lang, schwierig; Langlaufunterricht

Weitere Sportmöglichkeiten

Après-Ski

DISCO KINO

Sportliche Veranstaltungen
Intern. Rodelrennen (Februar 94)

In der Vorsaison (bis kurz vor Weihnachten) wird auf die Nebensaison-Skipaßpreise noch ein Rabatt gewährt. Auskünfte im Verkehrsbüro.

Hotelempfehlungen: Seite 593–597

Die Marmolada

Die »Königin der Dolomiten« hat sich mit ihren beiden Hauptorten Álleghe und Rocca Pietore zu einem Ganzjahres-Skivergnügen entwickelt. Die Hochsaison auf 3265 Meter Höhe beginnt oft erst Anfang März.

Die Marmolada (eingedeutscht Marmolata, ladinisch Marmolèda, was etwa »die Glänzende« bedeutet) gilt als »vollkommener Berg«: im Süden berühmte Kletterwände, nach Norden Gletscher und wunderbare Schneehänge. Die Marmolada (Punta di Penia 3342 m, Punta di Rocca, der Skigipfel, 3309 m) hat Skigeschichte gemacht. 1910 wurde sie von dem k.u.k.-Oberleutnant Löschner zum erstenmal mit Ski bestiegen. 1935 steckte der Bozner Gunther Langes hier den ersten Riesenslalom ab. Sie wurde auch für eine Weile noch zum »schnellsten Skiberg« der Alpen, weil der Österreicher Egon Schöpf beim einstmals traditionellen Marmolada-Rennen 1948 auf unpräparierter Schneebahn eine Geschwindigkeit von 96 Stundenkilometern erreichte.

Inzwischen ist die Marmolada von der Malga Ciapela (1446 m) aus mit einer kühn angelegten Seilbahn und mehreren Schleppliften erschlossen, und sie avancierte zu einem Sommerskirevier (Vorsicht Gletscherspalten!). Im Hochwinter ist die Gipfelseilbahn meist nicht in Betrieb.

Die Marmolada-Abfahrten zählen zum Besten, was ein Skifan wählen kann: Zum Beispiel die »Pista Bellunese«, 12 km lang, 1800 m Höhenunterschied, eine Folge von Hängen, Mulden und Schußstrecken. Eine Wedelbahn im Großformat, schneesicher bis in den Mai hinein.

Im Frühjahr hat die Marmolada Hochsaison. Dann bleibt an ihrer Nord- und Nordostflanke kein Quadratmeter Schnee ohne Skispur. Schwitzendes Skivolk mit braungebrannten oder krebsroten Gesichtern füllt dann die Kabinen der Seilbahn, die in drei Abschnitten – Antermoia, Forcella Serauta, Marmolada di Rocca – von 1450 bis auf 3265 Meter Höhe führt. Schmilzt unten der Schnee, dann geht's auch noch per Sessel- (ab etwa 2000 Meter) und Schlepplift wieder hoch. Jedenfalls ist die Marmolada seit Jahrzehnten ein Traumberg fürs Frühjahrs- und Firnschnee-Skivergnügen.

Während sich früher der Skibetrieb bei der Staumauer des Fedaiasees, beim Marmolada-Haus (Rifugio E. Castiglioni des Club Alpino Italiano) und beim Fiacconi-Lift (dem ältesten und lange Zeit einzigen Aufzug) konzentrierte, ist jetzt **Malga Ciapela** die wichtigste Drehscheibe. Ein kleiner Retortenort entstand hier im Talkessel an der Seilbahnstation.

Das Skizentrum an der Marmolada hat auf der Ostseite mehrere Orte, die als Dependancen gelten, zumal sie durch Skibusse mit der Talstation der Bergbahn verbunden sind. Da ist der Ort **Sottoguda** (1252 m) mit der sehenswerten Sottoguda-Schlucht, durch die früher einmal die Straße zum Fuß der Marmolada führte. Jetzt schaut man von der neuen Straße aus in die Schlucht hinunter. Dann folgen das malerische Dorf **Rocca Pietore** sowie **Caprile** (1023 m) im Val Cordevole.

Zu den Marmolada-Vororten gehört aber auch noch **Álleghe** (979 m), das sehr hübsch auf einer Landzunge des gleichnamigen Sees liegt und über zahlreiche Hotels und Pensionen verfügt. Von Álleghe bis zur Marmolada-Seilbahn sind es rund zwölf Kilometer. Außerdem hat der Ort ein treffliches, noch weitgehend unbekanntes Skigebiet »vor der Haustür«. Zunächst aber muß über Álleghe, seinen See und die Umgebung gesagt werden, daß diese Region zu den schönsten und eindrucksvollsten Landschaften in den Dolomiten gehört. Denn Ort und See werden überragt von der mächtigen Felswand der 3218 Meter hohen Civetta. Der Álleghe-See entstand übrigens erst im Jahr 1771 durch einen gewaltigen Felssturz, der den Cordevolefluß aufstaute.

Inzwischen ist Álleghe nicht nur Sommerferienort und Talstation für

Blick nach Süden zu den Felsgipfeln und dem markanten Hochplateau der Palagruppe von der Bergstation der Seilbahn unterhalb der Punta di Rocca in 3265 Meter Höhe.

Civetta-Kletterer, sondern auch Wintersportplatz. Und es zeigt sich hier erneut, wie skifreundlich die Landschaftsformen zwischen den zunächst abweisend wirkenden Felsburgen der Dolomiten sein können. So entwickelte sich der Monte Fernazza, 2100 Meter hoch, zu einem Skikarussell. Mehr als zwei Dutzend Sessel- und Schlepplifte führen von allen Seiten auf den Monte Fernazza, einzelne Skiterrains, aber auch die Nachbartäler wurden mit Aufzügen und Abfahrten verbunden.
Die anderen Talorte auf der Nord- und Ostseite des Monte Fernazza sind Colle S. Lucia, Selva di Cadore, Pescul (von hier aus begann die Erschließung dieses Skiberges), Palafavera und Pecol.

BESONDERS SCHNEESICHER MARMOLADA

Marmolada
Àlleghe, 979 m,
Rocca Pietore, 1143 m
Malga Ciapela, 1446 m

Skigebiet: 1000–3265 m
3400 Einwohner, 4300 Gästebetten
Saison: Anfang Dezember bis Ende April. Im Sommerskigebiet Marmolada von Juni bis September

Anreise Brenner-Autobahn (Ausfahrt Brixen-Pustertal), St. Lorenzen, Corvara, Àlleghe. Oder Bruneck, Cortina d'Ampezzo, Àlleghe. Bahnstationen: St. Lorenzen, Bruneck, Klausen, Bozen, Belluno (Busverbindungen)
Entfernungen von KA: 566 km, S: 498 km, UL: 408 km, M: 324 km

Information
Ufficio Informationi Assistenza Turistica
I-32022 Àlleghe, Tel. 0437/523333
Telefax 0437/723881
I-32020 Rocca Pietore Belluno,
Tel. 0437/721319
Landesvorwahlnummer siehe Seite 608.

Kinder Alleghe Gästekindergarten ab 3 Jahre (Tel. 0437/523598, ca. Lit 12000/Std., 55000/Tag ohne Mittagessen); Skischule ab 3 Jahre (ca. Lit 295000/5 Tage à 2 Std.)

Ski alpin Testnote ❄❄❄❄

Skigebiet gesamt
150 km präparierte Abfahrten:
15 km schwer, 100 km mittel, 35 km leicht
Längste Abfahrt: Pista Bellunese, 12 km Länge, 1800 m Höhenunterschied, mittel
Liftkapazität: 30000 Pers./Std.

26 12 2

Skigebiet Civetta
71 km präparierte Abfahrten:
6 km schwer, 33 km mittel, 32 km leicht
Längste Abfahrt: Fernazza, 6 km Länge, 1100 m Höhenunterschied, leicht
Liftkapazität: 27500 Pers./Std.

20 6 2

Skipaß-Preise siehe Beilage
2 Skischulen mit 50 Skilehrern

Langlauf Testnote ❄

Alleghe ein (leichter) Loipenkilometer Caprile (1000–1023 m), täglich bis 23 Uhr beleuchtet; Langlaufunterricht

Weitere Sportmöglichkeiten
Eishockey

Après-Ski

Sportliche Veranstaltungen
Eishockey-Wettkämpfe (Okt. 93 und März 94)

Das Skigebiet Civetta gehört ab der Wintersaison 1993/94 zum Gültigkeitsbereich vom Skipaß Dolomiti Superski. Damit umfaßt dieser Skipaß insgesamt 1170 Pistenkilometer und 464 Aufstiegsanlagen mit einer Beförderungskapazität von insgesamt 491000 Personen pro Stunde. Mehr über den berühmten »Dolomiti Superski« auf den Seiten 374 und 375.

Hotelempfehlungen: Seite 593–597

Piancavallo

Den Namen dieser Skistation unterhalb des Cavallo-Massivs kennen die meisten nur von den Übertragungen der Weltcuprennen her. Kein Wunder, das Hochplateau ist auf kaum einer Karte eingezeichnet.

Bis 1966 war das ausgedehnte Plateau (Piano del Cavallo) unterhalb des Monte Cavallo für Bergsteiger und Hirten nur über einen schmalen Pfad zu erreichen. 1968 surrte der erste Lift, eine Straße war gebaut – das Reißbrett-Schneedorf begann touristisch zu »leben«. Für einen »Skiplatz aus der Retorte« ist Piancavallo recht harmonisch gegliedert: ansprechende Architektur, modern-rustikale Bauweise, bei der man ein wenig den karnischen Stil der Region zu bewahren versuchte.

Alle Lifte sind leicht zu Fuß zu erreichen. Die schönsten der Abfahrten sind die »Pista Nazionale«, die Damenabfahrtsstrecke, sowie der ebenfalls von Weltcupübertragungen her bekannte FIS-Slalomhang »Sauc«. Kenner und Könner finden einige schöne Firn- und Tiefschneehänge sowie Tourenabfahrten im buckeligen Terrain.

Piancavallo ist kein Platz für Skifahrer, die Steilhänge und kilometerlange Schußvarianten suchen. Selbst weniger routinierte Skifahrer kennen nach einem halben Tag das gesamte Pistenangebot.

Piancavallo ist ein italienischer Familienurlaubsort, wo Liegestühle schon im Januar begehrt sind, wo man zum Gipfel hochfährt und sich über den Blick aufs Meer (!) ebenso freut wie auf die bevorstehende Skiabfahrt. Und wo man sich mittags überlegt, vielleicht zum Dinner ins nahe Venedig zu fahren.

In Piancavallo – einem typischen italienischen Urlaubsort – nimmt man die Erholung fast so ernst wie das Skilaufen.

Piancavallo, 1280 m

Skigebiet: 1267–1830 m
150 Einwohner, 8000 Gästebetten
Saison: Anfang Dezember bis Ende April

Anreise Brenner-Autobahn (Ausfahrt Trento), Belluno, Vittório Véneto, Aviano, Piancavallo bzw. Tauernautobahn, Villach, Tarvis, Udine, Pordenone. Bahnstationen: Aviano, Sacile, Pordenone (Busverbindung) Entfernungen von KA: 706 km, S: 638 km, UL: 557 km, M: 408 km

Information
Piancavallo Tourist Information,
I-33081 Aviano (Pordenone)
Tel. 04 34/65 51 91 oder 65 18 88
Telefax 04 34/66 03 48
Landesvorwahlnummer siehe Seite 608.

Kinder kein Gästekindergarten; Skischule ab 3 Jahre (ca. Lit 120 000/6 Tage à 2 Std.)

Ski alpin Testnote ✻✻

20 km präparierte Abfahrten:
3 km schwer, 9 km mittel, 8 km leicht
Längste Abfahrt: Nazionale, 2,65 km Länge, 562 m Höhenunterschied, leicht
Liftkapazität: 11 000 Pers./Std.
13 3

Skipaß-Preise siehe Beilage
2 Skischulen mit 60 Skilehrern

Langlauf Testnote ✻✻

15 Loipenkilometer (10 km mittel, 5 km leicht); längste Loipe Le Ronciade (1270–1420 m), 10 km, mittel; Unterricht

Weitere Sportmöglichkeiten

Eishockey, Gleitschirmfliegen

Après-Ski

Sportliche Veranstaltungen
Weltcup Ski alpin Damen Slalom und Riesenslalom (27./28. Nov. 93), Weltcup Freestyle (18.–20. Dez. 93), FIS-Rennen Damen Slalom und Riesenslalom (Jan. 94)

Wer es den Weltmeistern nachmachen möchte, kann sich auf der Pista Nazionale (2650 Meter lang, Höhenunterschied 562 Meter) austoben.

Hotelempfehlungen: Seite 593–597

Sella Nevea

Italiens jüngste »Retorte« ist bislang noch ein Geheimtip, zumindest bei deutschen Skifahrern. Das kann sich jedoch schnell ändern, wenn die erste italienisch-slowenische Skischaukel nach Bovec hinüber fertiggestellt ist.

Italiens jüngstes Skigebiet liegt 20 Kilometer südlich von Tarvis in den Julischen Alpen. Das »Mikroklima« im Dreiländereck Italien-Österreich-Slowenien sorgt dafür, daß die Hänge rund um die 1200 m hoch gelegene Schneemulde zur Wintersaison recht zuverlässig mit weißer Auflage bedeckt sind.
1968 entstand auf dem Reißbrett das Urlaubsdorf Sella Nevea. Aus früheren Zeiten geblieben sind die Almen, auf denen im Sommer die Kühe weiden, ferner ein paar gemütliche Berg- und Skihütten. Diese alten Gemäuer sind allerdings die einzigen Bauten, die in die schöne Landschaft unterhalb des 2585 m hohen Monte Canin passen. Als »Entschädigung« für die begangenen Bausünden verwöhnen die Köche ihre Gäste mit friaulischen Spezialitäten.
Während der Woche ist es ruhig. Gedränge herrscht nur sonntags, wenn Tagesgäste aus Tarvis und Udine, aus Triest und Venedig das Skizentrum heimsuchen. Dann gibt es nicht nur Staus auf der Zufahrtstraße und an den Liften, sondern auch hinter jeder Kurve der vier Kilometer langen Canin-Skiabfahrt.
Die meisten Urlauber rekrutieren sich aus Anfängern und Fortgeschrittenen. Für versierte Könner ist die Auswahl an rassigen Abfahrten etwas mager: So bügeln sie fast ausschließlich die abwechslungsreiche »Runway« (mit einigen kurzen Tiefschneevarianten) von der Seilbahn-Bergstation hinunter. Hier verläuft auch eine FIS-Strecke. Das ist für einen geübten Skifahrer, der eine Woche Urlaub gebucht hat, sicher etwas langweilig.
Fehl am Platz sind in Sella Nevea die Nichtskifahrer, und auch Langläufer werden hier wohl nicht glücklich. Die Loipenkilometer werden nur gespurt, wenn genügend Nachfrage besteht. Die Sportdirektoren raten ihren Langlauf-Gästen, besser ins benachbarte Tarvis zu fahren, wo 100 km Loipen bestens gepflegt werden. Geräumte Wanderwege gibt es nicht, und der Natureisplatz ist nur selten benutzbar.

Sella Nevea, 1120 m

Skigebiet: 1120–1850 m
30 Einwohner, 2000 Gästebetten
Saison: Ende November bis Mitte Mai. Sommerski auf dem Gletscher von Juni bis September

Anreise Tauernautobahn, Villach, Tarvis, Sella Nevea. Bahnstation ist Tarvis (Busverbindungen, Taxi)

Entfernungen von KA: 674 km, S: 606 km, UL: 525 km, M: 370 km

Information
Consorzio Servizi Turistici
Tarvisio-Sella Nevea
I-33018 Tarvisio (Udine)
Tel. 04 28/29 67, Telefax 04 28/4 04 55
Landesvorwahlnummer siehe Seite 608.

Kinder kein Gästekindergarten; Skischule ab 5 Jahre (ca. Lit 84 000/Woche ohne Mittagessen)

Ski alpin Testnote

12 km präparierte Abfahrten aller Schwierigkeitsgrade

Längste Abfahrt: Canin-Abfahrt, 4 km Länge
Liftkapazität: 4800 Pers./Std.

7 1

Skipaß-Preise siehe Beilage

Tiefschneereviere: Montasio, Canin, Pala Celar, Ursic

Skischule mit 20 Skilehrern, Sommerskischule

Langlauf Testnote

6 Loipenkilometer: Loipe Camet (1120 bis 1150 m), 3 km lang, leicht; Loipe Prevala (1740–1800 m), 3 km lang, leicht; kein Langlaufunterricht

Weitere Sportmöglichkeiten

Après-Ski

Sportliche Veranstaltungen

FIS Ski alpin Abfahrtsrennen (Jan. 94), Ski alpin Rennen (April 94)

Über die geplante Skischaukel nach Bovec (Slowenien) hinüber wird wieder verhandelt. Wegen der politischen Situation ist ein Termin für die Fertigstellung dieser Verbindung noch nicht absehbar.

Hotelempfehlungen: Seite 593–597

Trentino und Lombardei

Das Trentino und die Lombardei reichen vom Marmolada-Gipfel bis zum Lago Maggiore, gleichsam vom ewigen Eis bis zur Palmenpromenade. Fast möchte man sagen, daß entsprechend unterschiedlich auch die Wintersportplätze sind, die man hier antrifft. Die meisten haben natürlich vorwiegend italienisches Publikum, einige sind »fest in deutscher Hand«, einige auch international.

Das **Trentino,** identisch mit der Provinz Trient, gehört zu den am meisten besuchten Skiregionen Italiens. Es hat östlich des Etschtals einen ganz beträchtlichen Anteil an den Dolomiten; denn es reicht nach Norden bis über den lebhaften Wintersportplatz Canazei hinaus und damit hinein in den großen Skizirkus um den Sellastock. Diese Orte östlich des Etschtales werden allerdings im Kapitel Südtirol-Venetien-Friaul beschrieben, um den Zusammenhang der »Dolomiti Superski«-Region zu wahren.

Trient (Trento, 194 m, 95000 Einwohner) die sehenswerte Provinzhauptstadt, hat im übrigen einen Skiberg vor der Haustür: den Monte Bondone. Zu ihm führt die Straße aus dem Etschtal in vielen Serpentinen hinauf. Es eröffnen sich Schneehänge bis in eine Höhe von gut 2000 m.

Westlich des Etschtals präsentiert das Trentino Höhenregionen vom Weinberg bis zum Gletscherberg. Die Paganella, die auch der berühmte Bergsteigerchor besingt, ist ein trefflicher Skiberg; die Brenta-Gruppe bildet die Kulisse zu dem internationalen Wintersportplatz Madonna di Campiglio (»Primadonna«); etwas umstrittene Reißbrett-Skistationen im Val di Sole sind Marillèva 900 und 1440, verbunden mit dem Skigebiet von Folgàrida; überraschend und interessant die großzügigen Pisten von Pejo, einem Ort, der bisher eigentlich nur durch sein Mineralwasser bekannt war.

Und vom Tonalepaß aus wird per Seilbahn auch das Sommerskigelände am Presena-Gletscher angesteuert.

Am Tonalepaß verläuft die Grenze zwischen dem Trentino und der Lombardei. In der Region **Lombardei** konzentriert sich das aktive Wintersportgeschehen auf wenige Plätze, deren große Skipisten vorwiegend in den Provinzen Brescia und Sóndrio liegen. An der westlichen Tonale-Rampe, elf Kilometer von der Paßhöhe (1883 m) entfernt, liegt Ponte di Legno (1260 m). Beachtlich entwikkelt hat sich auch Aprica (35 km westlich von Ponte di Legno), das sich auf der gleichnamigen Paßhöhe ausbreitet, die sich als weiter Bergsattel mit trefflichem Skigelände präsentiert.

Ein Wintersportplatz besonderer Art ist Bórmio (1225 m), das teilweise noch altertümliche Städtchen mit mächtiger Bergkulisse, das auch als Badeort einen Namen hat. Seine heilkräftigen Thermalquellen waren schon im Altertum bekannt. Oberhalb der Stadt liegt das Wintersportzentrum »Bórmio 2000«, das an der Cima Bianca bis über 3000 Meter hinaufreicht. Bórmio liegt an der Südrampe der Stilfser-Joch-Straße, deren Paßhöhe im Sommer Treffpunkt der Unermüdlichen ist.

Einen verlockenden Namen unter Skifans hat zweifellos Livigno wegen des schneesicheren Skigeländes.

Erwähnt sei der Vollständigkeit halber noch Madésimo (1550 m), das 40 Kilometer nördlich vom Comer See, im nordwestlichen Zipfel der Provinz Sondrio, etwas abseits der Straße zum Splügen-Paß, liegt. Madésimo ist ein eleganter Wintersportplatz, der auch dem tüchtigen Skifahrer mit dem Skizirkus über den Groppera (2948 m) ins Lei-Tal viel zu bieten hat.

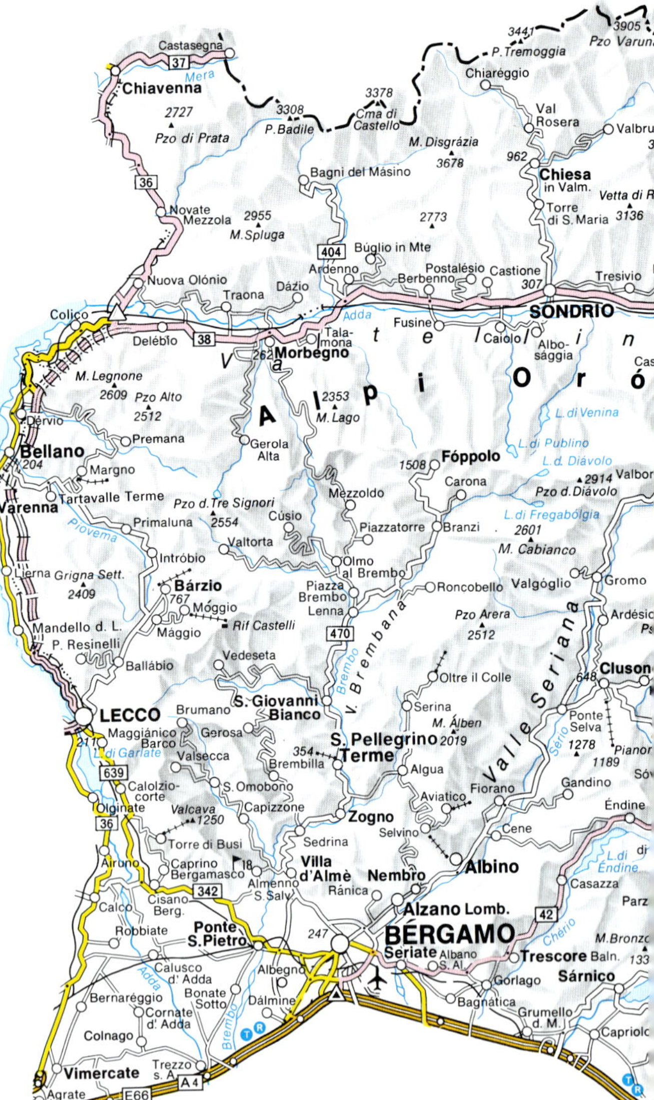

Skigebiete auf einen Blick

Aprica ③/412
Bormio ②/414
Livigno ①/416
Madonna di Campiglio ⑥/410
Molveno ⑦/406
Paganella ⑦/406
Passo Tonale ③/412
Ponte di Legno ④/412
Val di Sole ⑤/408

Wintersport auf italienisch: Eine ausgiebige Siesta in der Sonne gehört dazu. Begehrt sind zum Beispiel die quittegelben Liegestühle an der Bergstation der Seilbahn Bórmio 2000.

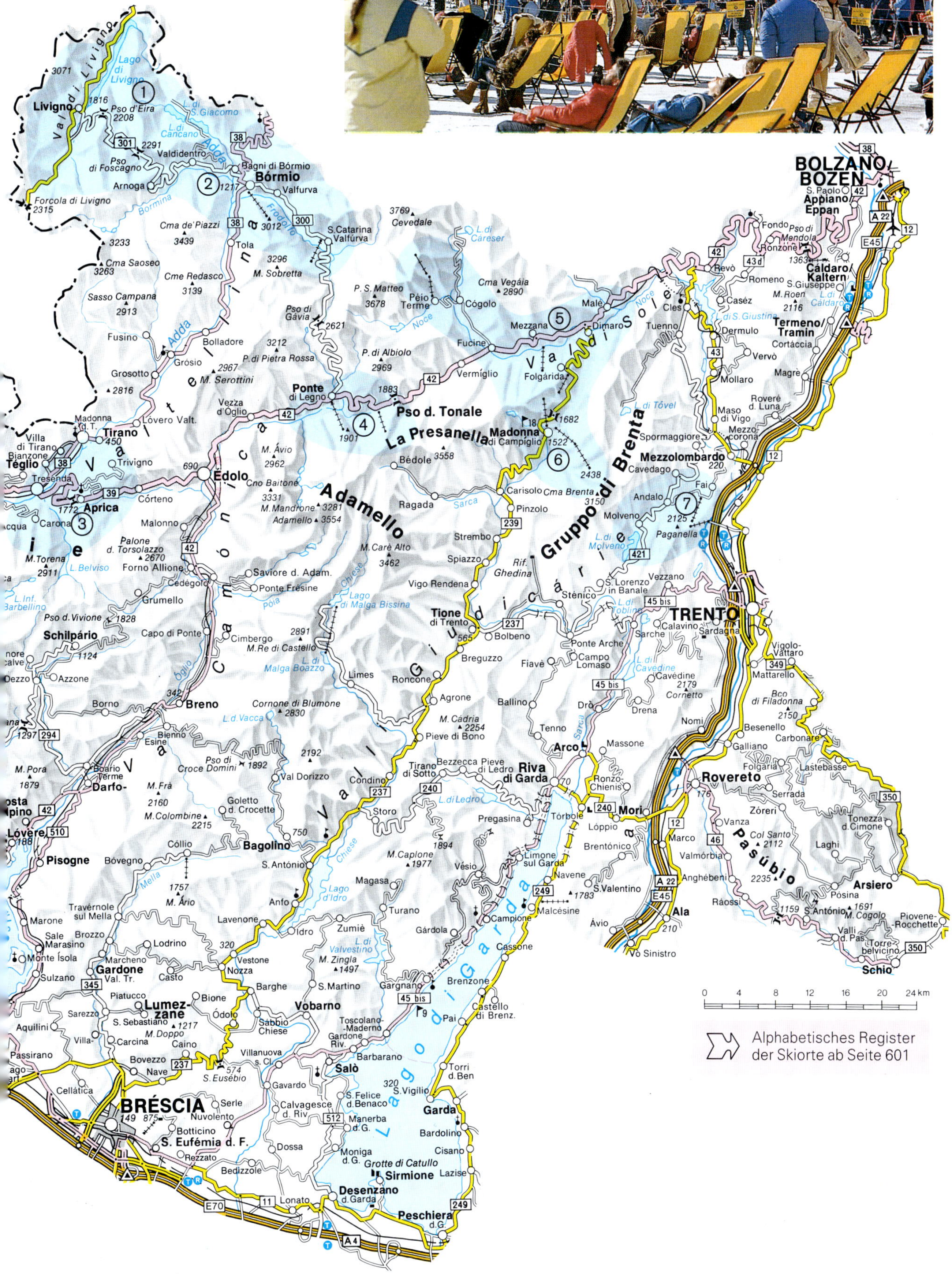

Alphabetisches Register der Skiorte ab Seite 601

Die Paganella

Zwischen Dolomiten und Gardasee dehnt sich oberhalb von Trient ein attraktives Skigebiet aus: die Paganella. Fai, Ándalo und Molveno sind die drei Orte, von denen Lifte dort hinauf surren und gute Wintersportmöglichkeiten schaffen.

Von der Autobahn her betrachtet, vermittelt die Paganella mit ihrem breiten, im unteren Teil bewaldeten Steilabfall nicht gerade den Eindruck eines Skiberges. Aber gerade das Gegenteil ist der Fall: Die Paganella ist ein sehr attraktives Skigebiet. Die Skipisten ziehen vom Gipfel aus alle westwärts über das weite, offene und familienfreundliche Plateau in Richtung Fai, Andalo und Molveno. So sind es auch diese drei Orte, in denen der Urlauber normalerweise sein Quartier aufschlägt.
Er erreicht es über die Autobahn-Ausfahrt San Michele all'Adige in Richtung Mezzocorona und Mezzolombardo. Die weite Schwemmlandebene, die er hier durchfährt, ist übrigens die Heimat eines der besten Trientiner Rotweine, des berühmten Teroldego Rotagliano.
Kurz hinter Mezzolombardo teilt sich die Straße, geradeaus geht's weiter ins Nonstal, links bergwärts in Richtung **Fai della Paganella.** Hier kommen jetzt die Freunde kurviger Bergstraßen auf ihre Rechnung. Auf sehr gut ausgebauter Trasse – man hat von dort aus einen herrlichen Blick ins Etschtal – windet sich die Straße aus dem Wald hinaus auf die sonnige Hangterrasse von Fai della Paganella. Von der Autobahn bis hierher sind es gerade 15 km.
In Fai öffnet sich nun das Tor zum Paganella-Skigebiet mit den Sessellift-Ketten, die über La Roca, Dosso Larici bis zum Gipfel der Cima Paganella ziehen, um sich dort mit den von Ándalo heraufkommenden Bergbahnen zu treffen.
Großartig ist der Panorama-Blick: Im Westen ragen die unglaublichen Felsbastionen der Brenta-Türme, scheinbar abweisend und unzugänglich und dennoch »erschlossen« von herrlichen Tourenrouten. Weit im Osten, jenseits des Etschtales, reicht der Blick hinüber zu den Dolomiten, im Norden beschließen die Eisgipfel der Stubaier und Zillertaler Alpen die Aussicht.
Dem Skifahrer bietet sich auf dem Paganella-Plateau ein reiches Betätigungsfeld. Die Abfahrten sind leicht bis mittelschwer, lediglich die »Olympica«, die entlang der Lifttrasse hinunter nach Ándalo führt, ist »schwarz« und entsprechend rasant.
Ein wenig nobler geht es in **Ándalo** zu, dem nur 5 km entfernten Zentrum dieses Skigebietes. Der Ort liegt malerisch im Talkessel zwischen Brenta und Paganella und wirkt durch die verstreut liegenden Häuser sehr aufgelockert. Im relativ flachen Gelände rings um Ándalo finden auch Langläufer sehr gute Sportmöglichkeiten, speziell in Richtung des kleinen und gelegentlich ausgetrockneten Lago di Ándalo. Alpine Skifahrer schweben mit einer Kabinenbahn in Richtung Malga Terlago oder Prati di Gaggia (mit einer Dreiersesselbahn) ins Paganella-Skigebiet ein.
Noch einmal 5 km weiter liegt dann am Ufer des Lago di Molveno der vor allem bei Italienern sehr beliebte Urlaubsort **Molveno,** auch Ausgangspunkt zu herrlichen Unternehmungen im Brenta-Stock. Molveno wirkt von allen drei Orten am stärksten städtisch, verfügt über viele sehr gute Hotels und praktisch alle Freizeit-Möglichkeiten. Anschluß an das Paganella-Skigebiet schafft der Skibus nach Ándalo. Molveno selbst hat aber auch einen sogenannten Hausberg, unterhalb des Brenta-Massivs gelegen: das Rifugio Montanara. Vor einer großartigen Kulisse spielt sich hier ein kleiner Pistenzirkus ab, nichts Umwerfendes für den Könner, aber doch recht abwechslungsreich.
Eine offizielle Talabfahrt direkt nach Molveno hinunter gibt es nicht, die Hänge unterhalb von Pradel sind zu unwegsam. Dafür gibt es eine hübsche Talabfahrt, sowohl von Pradel als auch vom Rifugio Montanara nach Ándalo hinaus. Der Skibus bringt einen wieder nach Molveno zurück.

Von den Orten an der Paganella wirkt Molveno am stärksten städtisch.

Auffahrt in das Skigebiet an der Paganella (rechts).

Molveno, 864 m
Andalo, 1040 m
Fai della Paganella, 1030 m

Skigebiet: 864–2125 m
2800 Einwohner, 14 500 Gästebetten
Saison: Dezember bis Mitte April

Anreise Brenner-Autobahn (Ausfahrt S. Michele all'Adige), Mezzolombardo (Bahnstation, Busverbindungen), Andalo
Entfernungen von KA: 583 km, S: 515 km, UL: 425 km, M: 341 km

Information
Azienda Promozione Turistica
I-38010 Andalo, Tel. 0461/585836
Telefax 0461/585570
I-38018 Molveno, Tel. 0461/586924
Telefax 0461/586221
I-38010 Fai della Paganella, Tel. 0461/583130
Telefax 0461/583410
Schneetelefon 0461/585869
Landesvorwahlnummer siehe Seite 608.

Kinder kein Gästekindergarten; Skischule ab 5 Jahre
(Gruppe bis 9 Kinder ca. Lit 110 000, Gruppe bis 6 Kinder ca. Lit 140 000 pro Woche vormittags, ohne Mittagessen)

Ski alpin Testnote ❄❄❄

Skigebiet gesamt
20 präp. Abfahrten über 29 km Länge: 3 km schwer, 20 km mittel, 6 km leicht
Längste Abfahrt: Olympia-Abfahrt, 5 km Länge, 1075 m Höhenunterschied, schwer
Liftkapazität: 17 000 Pers./Std.
5 13 1

Skigebiet Molveno: Rifugio Montanara
3 km präparierte Abfahrten mittleren Schwierigkeitsgrades
Liftkapazität: 1617 Pers./Std.
1 1 1

Skipaß-Preise siehe Beilage

Tiefschneereviere: »Tre-Tre«, »Panoramica«
3 Skischulen mit ca. 75 Skilehrern

Langlauf Testnote ❄

20 Loipenkilometer (18 km mittel, 2 km leicht); längste Loipe: Rundkurs Fai della Paganella (1030 m), 15 km lang, mittel; Höhenloipe: Rundkurs Andalo (1040 m), 5 km lang, leicht bis mittel; Langlaufunterricht

Weitere Sportmöglichkeiten
Motorschlitten

Après-Ski
Spielsaal

Sportliche Veranstaltungen
»24 Stunden von Andalo« (Intern. Langlaufrennen, 5./6. Febr. 94)

Ein Eislaufstadion wird in Andalo im November 1993 eröffnet mit einer Eislauffläche von 60 × 37 Metern.

Hotelempfehlungen: Seite 593–597

Val di Sole

Das »Sonnental« bietet mit seinen Wintersportorten Marillèva, Folgárida, Passo Tonale und Péjo Pistenvergnügen auf weithin baumfreien Hängen. Preiswert sind hier nicht nur die Unterkünfte, sondern auch die Schmankerl der Trentiner Küche.

Preiswerte, sonnige, schneesichere Winterferien offeriert das Val di Sole. Es erstreckt sich vom Nordende des Lago di Santa Giustina – vorbei an den Nebentälern Val di Rabbi, Val Meledrio und Val di Péjo – bis zum 1882 m hohen Passo Tonale.

Die – überwiegend italienischen – Gäste, die die Skipisten von Marillèva, Folgárida, Péjo oder oben am Tonale-Paß anpeilen, fahren zunächst durch verwinkelte Städtchen, sehen windschief wirkende Dörfer an den Hängen kleben, erleben typischen Provinz-Alltag. Da ist zum Beispiel Malè an der Einmündung des Rabbi-Tals ins Val di Sole: Endstation der antiquierten Schmalspurbahn, die vom Etschtal hochächzt. Ein Bergstädtchen mit engen Gassen und uralten Häusern – und einem Verkehrschaos an Wochenenden vor der einzigen Ampel, wenn die Appartement-Besitzer aus Mailand, Verona oder Trient ins Tal hineindrängen.

Wintertourismus ist im Val di Sole erst seit gut eineinhalb Jahrzehnten so richtig aufgeblüht: Mit Hotel- und Appartementbauten, dicht verzweigtem Liftnetz, Loipen, Zubringerbussen, einem modernen Campingplatz. Vom Ferien-Bauboom unangetastet blieb das bei Malè nördlich abzweigende Rabbi-Tal. Hier kurte einst in nun langsam verfallenden Badehäusern der österreichische Adel. Heute drehen auf einer beschaulichen Loipe Langläufer ihre Runden zwischen San Bernardo und Pracorno. Der nördliche Zipfel des Rabbi-Tals gehört zum Schutzgebiet des Nationalparks Stilfser Joch.

Im Val di Sole haben über den Dörfern **Dimaro** und **Mezzana** bauwütige Erschließer dagegen kräftig »zugeschlagen«: Während am Hang über Dimaro noch ein einigermaßen landschaftsangepaßtes Ferienhäuser-Revier entstand, haben die Freizeit-Architekten bei Mezzana den halben Berg vom Wald »befreit« und dafür mit gigantischen Beton-Wohnklötzen bestückt.

Die beiden Retorten-Plätze **Marillèva 900** und **Marillèva 1400** – die Zahlen geben die jeweilige Höhenlage an – sind mit dem schon etwas älteren Urlaubsdorf **Folgárida** (1281 m) durch ein Liftsystem verbunden und besitzen einen gemeinsamen Skipaß. Längere Wartezeiten in der Hochsaison und am Wochenende sind die Regel. Oben entschädigt ein grandioser Blick auf die Brenta-Dolomiten, Adamello, Presanella und Ortler für den Ansteh-Ärger.

Auf dem Weg nach **Péjo** entdecken Langläufer schöne Loipen: Zwischen Dimaro und Mezzana entlang dem Fluß Noce oder rund um das alte Dorf Cógolo.

Das einst bekannte Heilbad, umrahmt von den Berggiganten Ortler und Zufallspitze, besteht aus zwei Orten: Auf rund 1400 Meter liegt Péjo Fonti mit überwiegend älteren Hotels und Pensionen. Heute ist aus dem einstigen Kuridyll ein Wintersportplatz geworden, und das gesunde Péjo-Wasser wird flaschenweise in

allen Restaurants angeboten. Eine Etage höher liegt das alte Péjo-Paese, mit 1584 Meter das höchstgelegenen Dorf der Provinz Trient. Gondel und Lifte baggern in Péjo die Pistenfans bis auf rund 2300 Meter Höhe. Bis auf zwei schwarze Varianten sind die Abfahrten für Durchschnittsfahrer leicht zu bewältigen. Skilehrer verraten Könnern auch ein paar schöne Tiefschneeabfahrten.
Zu den Skigebieten des Val di Sole zählt auch der Tonale-Paß mit seinem Sommerskigebiet auf dem Presena-Gletscher, wo von Juli bis Mitte September in einer Höhe um 3000 Meter die Lifte in Betrieb sind.
Das Après-Vergnügen hält sich in Grenzen. Bei manchen Skifahrern beginnt Après ohnehin schon am Nachmittag: Da locken Berghütten mit preiswerten italienischen Spezialitäten. Am Abend dann: Die schmackhafte Trentiner Küche, die süffigen Weine; sie lassen vergessen, daß man vielleicht noch ausgehen wollte. Und wer sich nach üppigen Gaumengenüssen noch bewegen möchte, kann dies auf Eislaufplätzen in Malè, Mezzana, Péjo, Folgárida und auf dem Tonale.

Leichte und mittelschwere Pisten überwiegen im Skigebiet von Folgárida.

Val di Sole, 682–2585 m
Folgárida, Marilléva, Passo Tonale, Pejo

Skigebiet: 900–2585 m
15000 Einwohner, 40000 Gästebetten
Saison: Dezember bis April

Anreise Brenner-Autobahn (Ausfahrt San Michele all'Adige) bzw. Bozen, Mendelpaß, Malè (Bahnstation, Busverbindungen)
Entfernungen von KA: 613 km, S: 545 km, UL: 455 km, M: 371 km

Information
Azienda di Promozione Turistica delle Valli di Sole, Pejo und Rabbi
I-38027 Malè, Tel. 0463/901280
Telefax 0463/901563
Landesvorwahlnummer siehe Seite 608

Kinder keine Gästekindergärten; Skischulen ab 4–5 Jahre
(Folgárida und Marilléva ca. Lit 130000/6 Tage à 2 Std. Passo Tonale ca. Lit 110000/6 Tage à 2 Std. Pejo ca. Lit 75000/6 Tage à 2 Std.)

Ski alpin Testnote ✻✻✻✻
Dolomiti di Brenta

Skigebiete Folgárida, Marilléva, Pejo, Passo Tonale
94 km präparierte Abfahrten:
12 km schwer, 43 km mittel, 39 km leicht
Längste Abfahrt: Alpino, 4,5 km Länge, mittel
Die Abfahrt Presanella (Passo Tonale, 660 m lang, leicht) ist an einem Abend pro Woche von 21–23 Uhr beleuchtet
Liftkapazität: 49516 Pers./Std.
17 25 5

Skigebiet Presena Gletscher
(geschlossen vom 10. Jan. bis 20. Febr.)
7 km präparierte Abfahrten:
1 km schwer, 5 km mittel, 1 km leicht
Liftkapazität: 5400 Pers./Std.
4 1 1

Skipaß-Preise siehe Beilage
Tiefschneereviere: Cantiere – Vescasa – Pisgana, Gebiete Orso Bruno – Malghette, Cogolo – Rabbi, Cevedale – Palon de La Mare
5 Skischulen mit 160 Skilehrern

Langlauf Testnote ✻✻✻

69 Loipenkilometer (14 km schwierig, 34 km mittel, 21 km leicht); längste Loipe: in Vermiglio – Stavel die Loipe Stavel (1200 bis 1300 m), 15 km, leicht bis mittel; höchste Loipe am Passo Tonale (1883 m, Loipengebühr ca. Lit 3000–5000), 3–5 km, mittel; täglich bis 23 Uhr beleuchtet sind die Loipen Roncacci (Commezzadura, 1,5 km, mittel) und Biancaneve (Cogolo di Pejo, 1 km, leicht); Langlaufunterricht

Weitere Sportmöglichkeiten
Eisklettern

Après-Ski

Sportliche Veranstaltungen
SkiTre (Febr. 94), Trofeo Giorgio Corradini (Febr. oder März 94)

Kinderermäßigung: Auf die Wochenskipässe erhalten Kinder mit einer Körperlänge bis zu 140 cm einen Rabatt von 20 Prozent.

Hotelempfehlungen: Seite 593–597

Madonna di Campiglio

Madonna di Campiglio ist zweifellos für Italiener der Wintersportort Nr. 1. Aber nicht alle Besucher wollen in dem mondänen Ort Ski fahren. Viele kommen nur, um zu sehen und gesehen zu werden.

Sportlich ambitionierte Skiurlauber sucht man vergeblich in diesem italienischen Ski-Dorado. Das Skifahren bedeutet für die Italiener, die rund 90% der Besucher ausmachen, kein ehrgeiziges Sporterlebnis, sondern vielmehr reines Freizeitvergnügen auf den zwischen 1550 und 2500 m liegenden Pisten im Angesicht der gewaltigen Brenta-Dolomiten.

Der anspruchsvolle Alpinläufer versucht sein Glück auf der Weltcup-Strecke unterhalb des Palon (2123 m). Die berühmte »3-Tre«-Strecke hatte schon einen Namen lange vor den ersten Weltcup-Rennen. Sie ist eine breite, in den Wald gehauene Schneise, die zu hohem Tempo herausfordert, aber von jedem zu bewältigen ist.

Wer gefordert werden möchte, muß über den Monte Vigo – die Drehscheibe des Skigebietes – hinüberwechseln auf die Pisten von Marillèva und Folgárida. Aber aufgepaßt: Mit dem gewöhnlichen Wochenskipaß von Madonna di Campiglio geht dies nur an zwei beliebigen Werktagen. Der Sonntag ist tabu! Es lohnt sich deshalb, den Skipaß »Skirama Dolomiti di Brenta« zu kaufen.
Marillèva ist Ausgangspunkt einer rasanten, steilen Waldabfahrt. In vielen Kurven zieht sie sich mehrere Kilometer lang bis ins Val di Sole hinab. Eine ähnlich rasante Strecke führt vom Monte Vigo aus in den Nachbarort von Marillèva, nach Folgárida. Auf beiden Strecken ist wenig Betrieb.

Man muß sich darauf einstellen, daß es in Madonna di Campiglio »italienisch« zugeht, denn an den Lift- und Seilbahn-Stationen herrscht meist ein »wohlorganisiertes« Durcheinander. Der größte Trubel ist am Wochenende zwischen zehn und elf. Auch beim Skipaß-Kauf muß man dann viel Geduld haben. Um dieser »rush hour« aus dem Wege zu gehen, sollte man den Skipaß bereits am Nachmittag vor dem ersten Skitag kaufen und am nächsten Morgen spätestens um halb zehn an den Talstationen der Bahnen sein. Dann findet man auch noch bequem einen Parkplatz für sein Auto. Oder man nutzt den Vormittag zum Langlaufen. Das etwas außerhalb von Madonna liegende Campo Carlo Magno ist der Startplatz der Loipen.
Am späten Nachmittag, wenn das Skivölkchen zurückströmt, wird es eng in Madonna. Ruhiger wird es erst wieder gegen 20 Uhr, wenn sich die Italiener auf eine andere Leidenschaft vorbereiten, aufs Essen.
Was »mangiare« für die Italiener bedeutet, wird schon tagsüber auf den Pisten spürbar.
Mittags geht es – vor allem am Wochenende – hoch her in den Rifugios. Die Italiener lassen sich beim Essen nicht drängen, auch wenn die Sonne noch so strahlt. Dabei fahren angeblich lediglich ein Drittel der Besucher von Madonna Ski. Die übrigen bleiben im Tal, machen Spaziergänge, gehen ins Hallenbad oder drehen auf der riesigen Eisfläche mitten im Ort, um die eine 400-m-Schnellbahn läuft, ihre Pirouetten.
Lohnenswert ist ein Abstecher ins 13 Kilometer entfernte Val Rendena zum Skigebiet Pinzolo, das immerhin bis auf 2100 Meter Höhe reicht.

Madonna di Campiglio, 1550 m

Skigebiet: 1550–2500 m
1000 Einwohner, 26 000 Gästebetten
Saison: Dezember bis Ende April

Anreise Brenner-Autobahn (Ausfahrt S. Michele all'Adige), Mezzolombardo, Cles, Malè, Madonna di Campiglio. Bahnstation ist Trient (Linienbusverkehr)
Entfernungen von KA: 626 km, S: 558 km, UL: 468 km, M: 384 km

Information
Azienda di Promozione Turistica
I-38084 Madonna di Campiglio, Trentino
Tel. 04 65/4 20 00, Telefax 04 65/4 04 04
Schneetelefon 04 65/4 13 22, 4 20 00
Landesvorwahlnummer siehe Seite 608

Kinder kein Gästekindergarten; Skischule ab 3 Jahre (ca. Lit 170 000/6 Halbtage)

Ski alpin Testnote ❄❄❄❄
Dolomiti di Brenta

Skigebiet Madonna di Campiglio
90 km präparierte Abfahrten:
10 km schwer, 60 km mittel, 20 km leicht
(150 km Pisten inkl. Folgárida – Marilléva)
Längste Abfahrt: Grostè, 7 km Länge, 1000 m Höhenunterschied, mittel
Snowboard-Halfpipe
Liftkapazität: 28 500 Pers./Std.
10 16 3 2
(53 Liftanlagen inkl. Folgárida – Marilléva)
Skigebiet Pinzolo
30 km präparierte Abfahrten:
2 km schwer, 14 km mittel, 14 km leicht
Liftkapazität: 10 100 Pers./Std.
4 4 1

Skipaß-Preise siehe Beilage

Tiefschneereviere: Val Gelada, Serodoli, Cima Roma, Lago di Tovel
6 Skischulen mit 150 Skilehrern

Langlauf Testnote ❄❄

30 Loipenkilometer; höchste und längste Loipe: Giro delle Malghe (1650 m hoch, 10 km lang); Langlaufunterricht

Weitere Sportmöglichkeiten

Après-Ski
Kabarett

Sportliche Veranstaltungen
3-Tre-Weltcuprennen (12. Dez. 93), Weltmeisterschaft Eis-Speedway (16. Jan. 94), Snowboard Weltcup (5./6. Febr. 94)

Für Snowboard-Neulinge ist aller Anfang schwer. Wie man's richtig macht, zeigen die Lehrer der Professional Snowboarding School (Via Campanil Basso, Tel. 04 65/4 03 55). Die Kurse gehen vom einfachen Kurvenfahren bis hin zum Freeriding und Halfpipefahren.

Hotelempfehlungen: Seite 593–597

Passo Tonale, Ponte di Legno, Aprica

Die beiden Skidörfer Passo Tonale und Aprica sind keine Liebe auf den ersten Blick. Es sei denn, man möchte ausschließlich skifahren, legt auf gemütliche Unterkünfte keinen allzu großen Wert und bevorzugt den »italian way of ski«.

Ein optischer Genuß ist der **Passo Tonale** (1882 m) gewiß nicht! Ganz gleich, von welcher Straßenseite aus man die Paßhöhe erklimmt – vom Val di Sole oder von Ponte di Legno – der erste Eindruck ist erschreckend. Ein wildes Durcheinander von häßlichen Hochhäusern, Appartementbauten, Hotels. Dazu an Wochenenden und während der Ferien ein hupendes Tohuwabohu von Blechkarossen.
An der Nordseite des Passo Tonale surren an sonnigen Hängen nebeneinander aufgereiht die Lifte – bis auf 2530 Meter.
Interessanter ist die gegenüberliegende Seite: Eine Großkabinenbahn schwebt Richtung Süden vorbei an gewaltigen Felszacken zum Paradiso (2585 m). Durchs Fenster können die Skifahrer bereits ahnen, was sie auf der schwarzen Abfahrt erwartet: Eine im oberen Teil supersteile, auch im weiteren Verlauf sehr schwierige Piste. Ein Genuß für geübte Skienthusiasten – ein Alptraum für weniger standfeste Brettlrutscher. Sie sollten besser wieder mit der Bergbahn talwärts fahren.

Oben auf dem Paradiso-Sonnenbalkon starten »Zünftige« mit Fellen und Rucksack zu Hochtouren. Im Sommer – und auch in schneearmen Wintermonaten – bringen Anschlußlifte die Ganzjahres-Brettlfans auf die sanften Pisten des Presena-Gletschers – bis auf 3016 m hoch.
Westlich der Tonale-Paßhöhe liegt **Ponte di Legno**, ein gewachsener alter Ort mit einem neuen Hotel- und Ferienwohnungs-Ortsteil samt dem üblichen Touristenrummel. Langläufer finden in Ponte di Legno einige Rundkurse. Als ausgesprochen schneesicher gilt die Loipe, die im 1517 Meter hoch gelegenen Valbione beginnt.

Wer sich mit dem »Tonale« allein noch nicht genügend ausgelastet fühlt, dem sei ein Abstecher ins benachbarte Skigebiet von Aprica empfohlen. Von Ponte di Legno sind es über Édolo rund 35 Kilometer.
Aprica (1180 m) oberhalb vom Veltliner Tal ist, ähnlich wie Passo Tonale, eine auf dem Reißbrett entstandene Skistation. Die nicht gerade urlaubsmäßig wirkende Siedlung liegt auf der gleichnamigen Paßhöhe (1176 m) der Staatsstraße 39 zwischen dem Veltlin und Édolo.
Obwohl die italienische Skinationalmannschaft seit Jahren dort trainiert, blieb der Ort bei deutschen Winterurlaubern noch weitgehend unbekannt; dabei ist Aprica über die Brennerautobahn, Abfahrt Mezzocorona, und weiter über Ponte di Legno (Passo Tonale) relativ einfach zu errei-

Von Gemütlichkeit kann auf dem Passo Tonale keine Rede sein. Was zählt, ist Skifahren.

Links: Von der Höhe oberhalb von Aprica geht der Blick hinüber ins Oberengadin.

chen. Wahrscheinlich entspricht der Ortstyp zu wenig deutschen Vorstellungen von Urlaub im Schnee. Nur noch vereinzelt entdeckt man zwischen den hochgeschossigen Neubauten steingedeckte Kirchen, verzierte Häusergiebel und verwitterte Bauernhöfe des alten Aprica. Neu-Aprica mit seinen Fremdenbetten – zumeist in Ferienwohnungen – beherrscht die Hochebene, und dementsprechend lebhaft geht es dann auch auf den Hängen und in den Bars und beim Après-Bummel zu.

Hart an das Skigebiet, alles Nordhänge und daher sehr lange schneesicher, grenzt die Hotelzone, vom Bett auf die Piste ist es nur ein Katzensprung – vorausgesetzt, das italienische Publikum benutzt überhaupt die rasanten Abfahrtshänge. Meistens bleibt nämlich die Familie gleich unten an den Kinderübungshängen, spielt mit den Bambini oder parliert wie zu Hause auf der Piazza. Denn vielleicht noch wichtiger als Skifahren ist das Essen und danach die gewohnte Siesta. Was soviel heißt wie: Piste frei für die »Nordlichter«!

Wer einmal mit der Gondel und Verdimelodien aus dem Lautsprecher den 2600 m hohen Dosso Paso oder die parallel dazu verlaufende Bergspitze Monte Filone (2300 m) erreicht hat, wird feststellen, daß die Pisten mit ihren runzligen Buckeln und den bizarren Felsformationen als Kulisse ein enormes Stehvermögen verlangen.

Wer nicht zur obligatorischen Vollpension ins Hotel zurückschwingt, tut gut daran, sich morgens ein Lunchpaket mitgeben zu lassen. Die Verpflegung im Skigebiet geht über einen heißen Espresso kaum hinaus.

BESONDERS SCHNEESICHER

Ponte di Legno, 1257 m
Passo Tonale, 1882 m
Aprica, 1181 m

Skigebiete: 1260–3016 m
Ponte di Legno – Tonale 2000 Einwohner, 15000 Gästebetten
Aprica 1600 Einwohner, 20000 Gästebetten
Saison: Mitte Nov. bis April – Sommerski: Mai bis September am Presena-Gletscher

Anreise Brenner-Autobahn (Ausfahrt Bozen-Süd), Mendelpaß, Malè (Bahnstation), Passo Tonale
Entfernungen von KA: 646 km, S: 578 km, UL: 488 km, M: 404 km

Information
Azienda Promozione Turistica del Bresciano
I-25056 Ponte di Legno, Corso Milano 39, Tel. 0364/91122
Telefax 0364/91949
Ufficio Turistico Tonale, Tel. 0364/91343
Azienda Promozione Turistica
I-23031 Aprica, Corso Roma 161
Tel. 0342/746113, Fax 0342/747732
Landesvorwahlnummer siehe Seite 608.

Kinder keine Gästekindergärten; Ponte di Legno Skischule ab 4 Jahre (ca. Lit 110000/6 Tage à 2 Std.)

Ski alpin Testnote ❄❄❄❄

Skigebiet Passo Tonale
38 km präparierte Abfahrten: 3 km schwer, 26 km mittel, 9 km leicht; 37 km unpräparierte Abfahrten
Liftkapazität: 21800 Pers./Std.
13 10 1

Skigebiet Ponte di Legno
14 km präparierte Abfahrten: 4 km schwer, 10 km mittel
Liftkapazität: 4200 Pers./Std.
1 3

Skigebiet Aprica
50 km präparierte Abfahrten: 10 km schwer, 20 km mittel, 20 km leicht
Längste Abfahrt: Panoramica, 6 km Länge, 800 m Höhenunterschied, mittel
Liftkapazität: 17000 Pers./Std.
16 3 3

Skipaß-Preise siehe Beilage

Tiefschneereviere: Vescasa, Squaldrina, Cantiere Tonale, Pisgana, Alveo Presena
Skischulen mit über 100 Skilehrern

Langlauf Testnote ❄❄

Passo Tonale – Ponte di Legno 21 Loipenkilometer (mittel); Höhenloipe Passo Tonale (1880 m), 7,5 km, leicht; Loipengebühr ca. Lit 3000/Tag
Aprica 9 km; Höhenloipe Trivigno (1700 bis 1720 m), 3 km, leicht
Langlaufunterricht

Weitere Sportmöglichkeiten
Motorschlitten, Schlittenfahren mit Hundegespannen

Après-Ski
DISCO KINO
Spielsaal, Kongreßzentrum

Spezialkurse im Einzel- oder Gruppenunterricht bieten die Skischulen an. Es lohnt sich, ausführliche Informationen einzuholen: Skischule Pontedilegno-Tonale, Tel. 0364/91301, Tonale-Presena, Tel. 0364/92388, Pirovano, Tel. 0364/91341.

Hotelempfehlungen: Seite 593–597

Bormio

Bormio erfüllt mit seinem prächtigen Skigebiet nicht nur hochgesteckte Skifahrerwünsche, auch das ganze »Drumherum«, so die Thermen, die Gastronomie und auch die Loipen, sind eines Ski-Weltmeisterschaftsortes würdig.

Bormio, in der nördlichsten Ecke der Lombardei, war nicht ohne Grund Austragungsort der Ski-Weltmeisterschaften 1985. Die zahlreichen Aufstiegshilfen bis auf über 3000 m erschließen ein schneesicheres und abwechslungsreiches Skigebiet, kombiniert mit Historie und bester Veltliner Küche.

Als noch das Klappern von Pferdehufen in den engen Straßen von Bormio zu hören war und die »Deutsche Kaiserstraße« die wichtigste Verbindung zwischen Bormio und dem nördlichen Europa bildete, hatte dieses »herrliche Land«, die »Magnifica Terra«, schon eine bewegte Geschichte.

Ebenso wie die Bistümer Chur und Como stritten sich die Graubündner und die Venezianer um dieses Stückchen Erde. Aus jener Zeit stammen auch die steinernen Zeugen: Paläste, romantische Innenhöfe, trotzige Türme und prachtvoll ausgestaltete Kirchen.

Das Bormio der Skifahrer liegt jedoch eine Etage höher. Vom Ortsrand aus schwebt die Gondel zur Skistation Bormio 2000, ein Wintermarktplatz und eine Sonnenterrasse für Schnee- und Skifans! Auf dem breiten, von Hängen eingerahmten Hochplateau bewegt sich das überwiegend italienische Publikum ganz wie zu Hause auf der Piazza: Nicht pausenloses Abfahren heißt die Devise, sondern »far niente«, das absolute Nichtstun, ist Trumpf! Wer sich nicht in einem der Liegestühle ein Plätzchen ergattert hat, der flaniert, parliert, gestikuliert, hantiert mit seinen Bambini oder präsentiert Kreationen der Skimode.

Die Gondelsektion Nr. 2 ab Bormio 2000 führt hinauf auf die 3012 m hohe

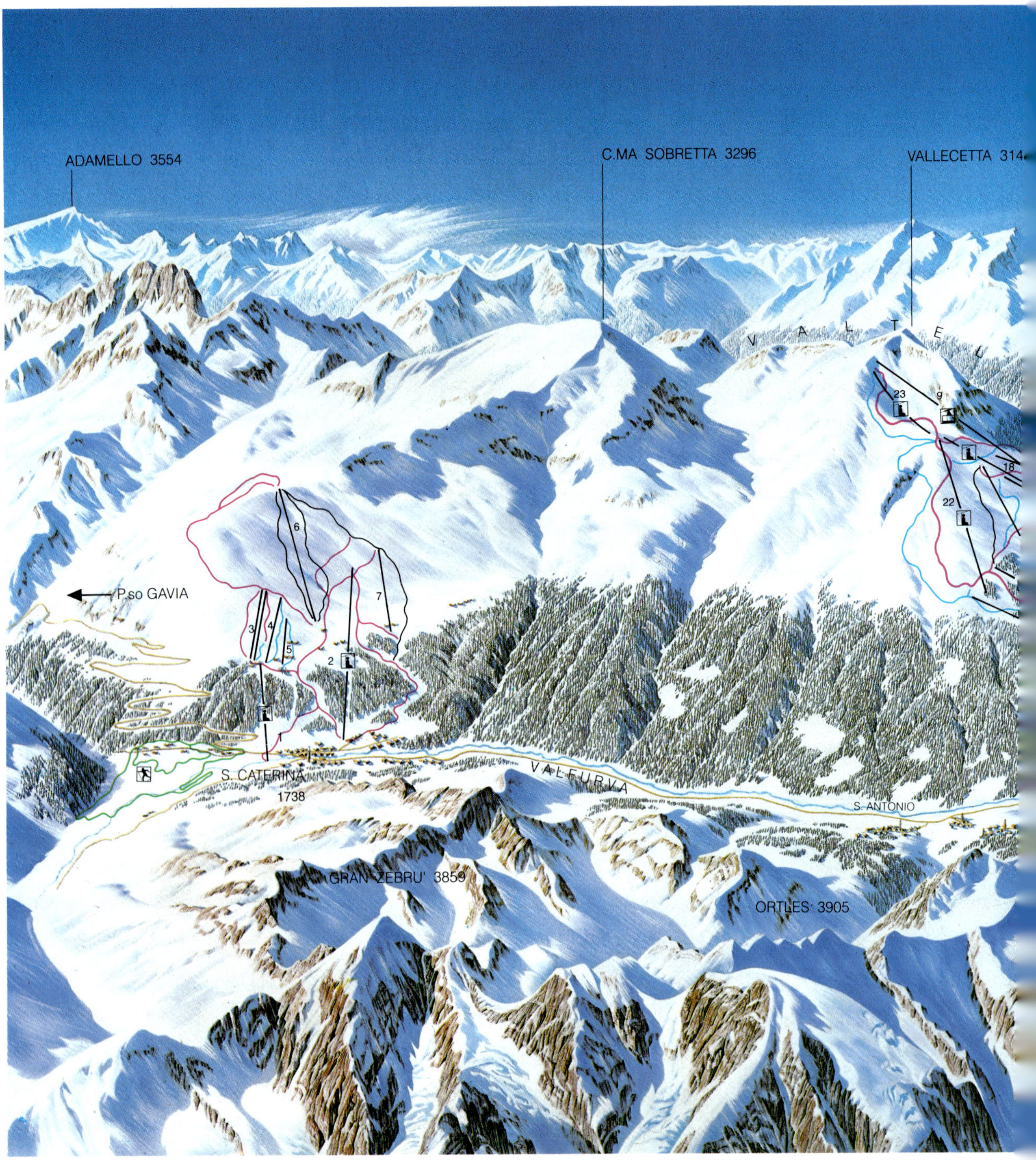

Cima Bianca. Dort beginnen dann endgültig die traumhaft breiten Schneehänge, deren schönste Abfahrt über Ciuk und San Pietro zurück nach Bormio führt.
Das Gros tummelt sich tagsüber jedoch auf den Pisten zwischen Bormio 2000 und der Cima Bianca Bergstation. Eingerahmt von den Bergriesen des Monte Sobretta (3296 m) und den Tre Signori (3354 m) führen Pisten- und Tiefschneebahnen auf sanftem Gelände talwärts.
Doch nicht genug mit diesem Allround-Pistenangebot. Ein weiterer Skizirkus versteckt sich im »letzten weißen Paradies«, dem Skigebiet von Santa Caterina Valfurva (1737 m), dem Austragungsort der Damen-Wettbewerbe der Ski-Weltmeisterschaft 1985, etwa 12 km von Bormio entfernt in Richtung Ponte di Legno (1258 m). Die weiten Skiwiesen im Schatten der Ortler-Cevedale-Gruppe bieten zwar nicht ganz das reichhaltige Abfahrtsangebot Bormios, sind dafür aber ideal für Skiwanderer und Durchschnittsfahrer.
Und dafür, daß die Skisaison in den Rätischen Alpen nicht unterbrochen wird, sorgt das Sommer-Skigebiet am Stilfser Joch, etwa 20 km von Bormio entfernt.
Vergebens sucht man nach Minuspunkten im Veltliner Angebot. Lediglich die Anfahrt über Landeck, Zernez, Livigno und Foscagno-Paß (2291 m) ist etwas beschwerlich, wird aber durch das vielschichtige Zusatzangebot ausgeglichen. Denn nicht nur die alten Römer besuchten schon wegen der warmen Quellen (38–41 Grad) den Ort, sondern auch der moderne Skigast weiß sehr wohl die heilbringende Kraft dieser heißesten Therme der italienischen Alpen zu schätzen.

Stilfser Joch siehe Seite 363.

BESONDERS SCHNEESICHER

Bormio, 1225 m

Skigebiet: 1225–3012 m
4050 Einwohner, 5300 Gästebetten
Saison: Dezember bis Mai, Sommerski am Stilfserjoch von Juni bis Oktober

Anreise Landeck, Pfunds, Zernez, Punt la Drossa, Munt-la-Schera-Tunnel (geöffnet 8.00–20.00 Uhr), Livigno, Eira- und Foscagno-Paß (Ketten mitführen!), Bormio. Oder Lindau, Landquart, Davos, Flüela-Paß, Zernez, Punt la Drossa, Munt-la-Schera-Tunnel, Livigno, Eira- und Foscagno-Paß. Entfernungen von KA: 503 km, S: 435 km, UL: 343 km, M: 320 km

Information
Azienda Promozione Turistica Valtellina
Ufficio di Bormio,
I-23032 Bormio, Tel. 0342/903300
Telefax 0342/904696
Landesvorwahlnummer siehe Seite 608.

Kinder kein Gästekindergarten; Skischule ab 5 Jahre (ca. Lit 145000/6 Tage à 2 Std.)

Ski alpin Testnote ❄❄❄

Skigebiet Bormio
50 km präparierte Abfahrten:
5 km schwer, 25 km mittel, 20 km leicht
Längste Abfahrt: Abfahrt von der Cima Bianca nach Bormio, 10 km Länge, 1780 m Höhenunterschied, mittel/schwer
Liftkapazität: 14000 Pers./Std.
11 6 1 2

Skigebiet S. Caterina Valfurva
40 km präparierte Abfahrten
aller Schwierigkeitsgrade
Liftkapazität: 7100 Pers./Std.
7 1

Skipaß-Preise siehe Beilage
Tiefschneereviere: Ortles, Cevedale
6 Skischulen mit 100 Skilehrern

Langlauf Testnote ❄

Bormio Loipe Alù, 7 km lang Valfurva Loipe La Fonte – St. Caterina, 15 km; Loipengebühr ca. Lit 3000 Val di Dentro Loipe Viola, 15 und 25 km.
Langlaufunterricht

Weitere Sportmöglichkeiten

Après-Ski
DISCO KINO Museum, Bibliothek, Sport- und Kongreßzentrum

Sportliche Veranstaltungen
Verschiedene nationale und regionale Wettbewerbe in der nordischen Disziplin

Wer noch Schwung in den Füßen hat nach dem Skifahren, kann zum Eislaufen gehen. Dienstags, donnerstags und samstags ist der Eislaufplatz in Bormio von 15 bis 17 und von 21 bis 23 Uhr geöffnet (Via Manzoni, Tel. 0342/903600).

Hotelempfehlungen: Seite 593–597

Livigno

Das rätische Schneedorf Livigno ist längst ein berühmter Wintersportort geworden. Dies nicht zuletzt durch die abgeschiedene Lage (kein Durchgangsverkehr), die überdurchschnittliche Sonneneinstrahlung, die vielseitigen Pisten und durch die große Schneesicherheit.

Obwohl ganz oben im italienischen Stiefel versteckt, hoch gelegen auf 1816 m, ist der Ort längst kein Geheimtip mehr. Ein internationales Skivolk aus ganz Europa findet den Weg ins »Tibet Italiens«, wie es auch scherzhaft genannt wird.

Die ursprüngliche Voraussetzung für seinen Sonderstatus – nämlich neun Monate winterliche Abgeschiedenheit – gibt es längst nicht mehr. Schon seit den fünfziger Jahren wird die Straße über den Foscagno-Paß nach Bormio offengehalten und seit dem Ende der sechziger Jahre verbindet der Munt-La-Schera-Tunnel das Tal von Livigno mit dem unteren Engadin (Achtung: Tunnel-Maut). Aber Vorsicht, ab 20 Uhr ist der winterfeste Durchgang gesperrt. Dieses Schneenest inmitten der Rätischen Alpen erreicht man am besten über Landeck-Scuol-Zernez. Es liegt in einer großen Talsenke zwischen Stilfser Joch und Bernina-Gruppe, die typischen, verwinkelt-holzgebauten Alpenhäuser stehen rechts und links der Hauptstraße. Leider führt auch (trotz Ortsumfahrungsstraße) noch viel Auto- und Busverkehr durch, so daß von einem gemütlichen Einkaufsbummel keine Rede sein kann. Es fehlt nicht nur eine Fußgängerzone, sondern vor allem auch ein Gehsteig.

Trotzdem bleibt Livigno ein Magnet für alle Skifans. Die Gründe liegen auf der Hand: eine Vielzahl bestens präparierter Pisten, unzählige Tiefschneeabfahrten und ein langlebiger, lockerer Schnee, dem weder Föhn noch die vielen Sonnenstunden etwas anhaben können.

Rechts wie links des langgezogenen Straßendorfes verteilen sich zahlreiche Aufstiegshilfen. Auf beiden Seiten erreichen die Liftanlagen eine Höhe von fast 2800 m, von der dann zahllose Abfahrten zurück ins Dorf führen. Buckelpisten sind ebenso vertreten wie mittelschwere »Schneeautobahnen« und leichte Pisten. Am Fuß der Vetta Blesaccia (2796 m) gibt es eine Reihe von Übungshängen, die sich für Anfänger gut eignen. Fortgeschrittene begeben sich – eine Etage höher – auf die Abfahrten am »Carosello 3000«. Eine der modernsten und schnellsten Einschiebekuppelbahnen Italiens führt hinauf zum Lago Salin.

Eine besonders schöne Abfahrt ist die Piste vom Monte della Neve (2785 m), die in einem langen Pisten- und Tiefschneekurs, vorbei am Mot-

Livigno zieht sich über fünf Kilometer in die Länge, Laden- und Schlafstraße für zahlreiche Skifahrer.

tolino, durch den tief verschneiten Winterwald führt. Ein Abstecher vom Mottolino (2349 m) führt hinunter nach Trepalle (2096 m), einem Dorf, das unter der Schneelast fast unsichtbar bleibt.
Um auch die Schmalspurfans in ihr Hochtal zu ziehen, haben die Livignasker, wo immer möglich, Loipen angelegt. Sie führen vom Federia Tal bis weit über San Rocco hinaus, immer entlang der Spöl. Romantiker bevorzugen allerdings die Tour ins abgelegene, stille und unverbaute Federia-Tal.
Ein großer Anziehungspunkt und immer wieder verführerisch ist die lombardische Küche. Die Spezialitäten der Region sollte man unbedingt probieren – das Kalorienplus läßt sich auf den Pisten leicht wieder abarbeiten.

BESONDERS SCHNEESICHER

Livigno, 1816 m

Skigebiet: 1816–2797 m
4700 Einwohner, 7900 Gästebetten
Saison: Dezember bis Anfang Mai

Anreise Landeck, Zernez, Munt-La-Schera-Tunnel (geöffnet von 8.00 bis 20.00 Uhr, samstags von 7 bis 22 Uhr, Tunnel-Maut ca. sfr 5,– pro Auto, ca. sfr 2,– pro Person), Livigno oder über Landquart, Davos, Flüelapaß, Zernez
Entfernungen von KA: 463 km, S: 395 km, UL: 303 km, M: 280 km

Information
Azienda di Promozione Turistica Municipalizzata, I-23030 Livigno, Via Dala Gesa 65, Tel. 0342/996379
Telefax 0342/996881
Landesvorwahlnummer siehe Seite 608.

Kinder kein Gästekindergarten; Skischule ab 4 Jahre (ca. Lit 82000/Woche à 2 Std./Tag ohne Mittagessen)

Ski alpin Testnote ❄❄❄

Skigebiet gesamt
85 km präparierte Abfahrten:
15 km schwer, 50 km mittel, 20 km leicht
Snowboard-Halfpipe
Liftkapazität: 28000 Pers./Std.
19 6 3

Skigebiet Monte della Neve, M. Sponda, Mottolino
35 km präparierte Abfahrten:
5 km schwer, 23 km mittel, 7 km leicht
längste Abfahrt: Mottolino, 3,5 km lang, 583 m Höhenunterschied, mittel
Liftkapazität: 9600 Pers./Std.
5 2 1

Skigebiet Costaccia, Vetta Blesaccia, Carosello 3000
50 km präparierte Abfahrten:
10 km schwer, 27 km mittel, 13 km leicht
längste Abfahrt: Vetta Blesaccia – Livigno, 4,8 km Länge, 980 m Höhenunterschied, leicht
Liftkapazität: 17400 Pers./Std.
14 4 2

Skipaß-Preise siehe Beilage
4 Skischulen mit ca. 100 Skilehrern

Langlauf Testnote ❄❄❄

40 Loipenkilometer (10 km schwierig, 25 km mittel, 5 km leicht); längste Loipe: Pista Turistica (1816–1890 m), 30 km lang, leicht bis mittel; Höhenloipe: Pista Agonistica »Molino« (1820–1920 m), 10 km lang, mittel bis schwierig; Langlaufunterricht

Weitere Sportmöglichkeiten
Motorschlitten-Fahrten, Gleitschirmfliegen

Après-Ski

Sportliche Veranstaltungen
La Sgambeda Intern. Langlaufmarathon (42 km, 220 m Höhenunterschied, klassische Technik und Skating, 12. Dez. 93)

Tip für Verliebte: ein Ausflug mit einer Pferdekutsche. Reservierung bei Walter Cusini, Plaza dali Schola, Tel. 997251.

Hotelempfehlungen: Seite 593–597

Aostatal und Piemont

Rund um das Aostatal steht die absolute Prominenz der Alpengipfel aufgereiht: Mont Blanc, Grand Combin, Matterhorn, Monte Rosa und Gran Paradiso. Doch nicht überall sind Panorama und Wintersportangebot so teuer wie bei der touristischen Prominenz Courmayeur und Breuil-Cervinia.

Wo Hannibals Elefanten die Alpen kreuzten, der deutsche Kaiser Heinrich IV. nach Canossa zog und Napoleon sich mit 40000 Mann und Geschützen seinen Weg bahnte, hat sich in unseren Tagen eines der schönsten und interessantesten Skigebiete Europas entwickelt.

Wintersportler aus der Bundesrepublik müssen eine lange Anreise in Kauf nehmen, wenn sie sich das **Aosta-Tal** als Ziel ausgesucht haben. Die Fahrt führt entweder von Innsbruck über Mailand nach Aosta (617 km), von Basel über Genf und Chamonix durch den Mont-Blanc-Tunnel (405 km) oder von Basel über Vevey durch den Großen-St.-Bernhard-Tunnel nach Aosta (300 km). Ganz gleich, wie man hinkommt, der Weg führt auf jeden Fall in eine Region, die einige Superskigebiete vorzuweisen hat.

Das Valle d'Aosta zählt zu den fünf autonomen Provinzen Italiens und ist die kleinste, gebirgigste Einheit der Republik. Schon seit dem vergangenen Jahrhundert ist das klassische Sommerurlaubsziel berühmt wegen seiner großartigen Gletscher und Berge, der Schönheit seiner Ortschaften, seiner interessanten archäologischen Spuren, der romantischen Burgen und Schlösser. Der Bau der großen Straßentunnel durch den Mont Blanc und den Großen St. Bernhard sowie der Autobahn, die vom Padanatal nach Aosta führt, hat die Landschaft in eine wichtige Schlagader des Verbindungsnetzes zwischen Nord- und Südeuropa verwandelt.

Alpinisten wie Langläufer finden hier ein Terrain für jeden Anspruch. Die beiden traditionsreichsten Skiorte im 3262 qkm großen Aosta-Tal sind Courmayeur am Ende des Tals, unmittelbar in der Nähe des Mont Blanc, und Breuil-Cervinia am nördlichen Ende des Valtournenche.

Beide Orte haben sich voll und ganz auf den Tourismus eingestellt und bieten eine internationale Atmosphäre, wie sie auch etwa den Arlberg und St. Moritz auszeichnet. Dementsprechend sind die Preise: Sie haben sich gewissermaßen der Höhenlage angepaßt und liegen mitunter doppelt so hoch wie in einigen anderen Orten des Aosta-Tals.

Wer Ruhe und Erholung abseits des großen Pistenrummels sucht, findet dies in vielen kleinen Orten, die überall an den Südhängen der italienischen Alpen und in den Tälern liegen und nicht minder attraktiv für alpine Brettl-Fans – Könner wie Anfänger – sind.

Im Valle d'Aosta ist man auf über 100000 Wintergäste eingerichtet, und damit verdoppelt sich in der Saison die Zahl der Menschen, die hier wohnen. Unterkunftsmöglichkeiten sind für jeden Geldbeutel vorhanden – vom Luxushotel über kleine, preiswerte Familienpensionen bis hin zu Privatquartieren.

Sämtliche Skisport-Gebiete befinden sich in so günstiger Lage, daß sie wunderbare Ausblicke auf die berühmtesten Gipfel der Alpen bieten.

In La Thuile und Courmayeur verlaufen die Pisten gegenüber dem gewaltigen Mont-Blanc-Massiv, während Breuil-Cervinia vom Matterhorn beherrscht wird. Im Hintergrund von Gressoney und Ayas erhebt sich das großartige Monte-Rosa-Massiv, Cogne vereint sich durch die berühmte Wiese von St. Orso mit dem Gran-Paradiso-Nationalpark. Pila – oberhalb der Hauptstadt Aosta gelegen – befindet sich inmitten eines weiten Gebirgskreises von den Grajischen Alpen bis zu den Penninischen Alpen.

Auch im Aosta-Tal nimmt die Zahl der Langläufer immer mehr zu. Für sie ist vor allem Cogne zum Dorado geworden.

Wer als Wintersportler schon einmal die Pisten und Loipen des Valle d'Aosta getestet hat, weiß, welche Möglichkeiten sich in sportlicher Hinsicht auftun, weiß aber auch, daß dieses zweisprachige Gebiet (Italienisch und Französisch) noch weitaus mehr zu bieten hat: herzliche Gastfreundlichkeit, ausgezeichnete italienische Küche und bedeutende Kunstschätze wie auch Schlösser, Burgen, Türme, Herrensitze und Festungsanlagen in großer Zahl.

112 solcher ehemaligen Bollwerke und Machtzentren soll es im 100 Kilometer langen Aosta-Tal geben. Heute wirken sie wie die Markierungen einer Slalomstrecke für Autofahrer in die Skigebiete von Courmayeur, Breuil-Cervinia, von Valtournenche, Champorcher oder St. Rhémy.

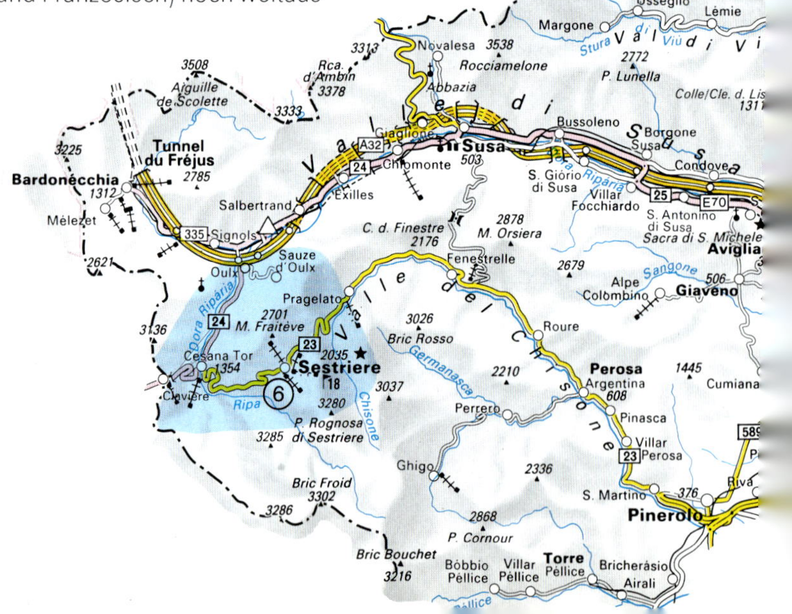

Auch in der Stadt Aosta selbst gehört die Geschichte zum Alltag. Wohnblöcke aus den zwanziger Jahren wurden unmittelbar an der römischen Stadtmauer errichtet. Und die Bögen der Porta Praetoria nutzen die Kinder von Aosta als Fußballtor.
Reich ist das Aosta-Tal jedoch nicht nur an Kunstschätzen, sondern auch an lukullischen Genüssen. In St. Vincent, dem Kur- und Casino-Ort, ist die Fonduta, das Käse-Fondue, mit Trüffelschnitten bedeckt. Anders als im übrigen Italien kennt die Küche des Aosta-Tals weder Olivenöl noch Spaghetti oder Nudeln. Der weiche, würzige Fontina-Käse ist das Kennzeichen aller Gerichte »alla valdostana«. Die verschiedenen Sorten des Fontina- und Toma-Käses füllen in den Geschäften meterlange Regale. Übrigens wird, einer alten Tradition folgend, in vielen Familien das Brot für ein ganzes Jahr im voraus gebakken. Die schweren, runden Roggenlaibe lagern, in luftigen Holzgestellen hängend, unter der Stubendecke.
Zum Winter im Aosta-Tal gehört unbedingt auch der Karneval. Die lautbunten Attraktionen reichen vom malerischen Maskentreiben der »Comba Freida« im Großen St. Bernhardtal bis zum »Ins Leben rufen« der historischen Begebenheiten im Karneval von Verrès und Pont-St-Martin.
Wer im Aosta-Tal Winterurlaub macht, sollte nicht versäumen, die nicht allzu weit entfernten und ebenfalls über die Autobahn via Turin gut erreichbaren Pisten und Loipen im **Piemont** zu testen.
Sestriere, die moderne, von Turin her geprägte Skistation über dem Chisonetal, und Macugnaga, das ruhige, gewachsene Dorf am Fuß der 2000 m hohen Monte Rosa-Ostwand, sind hier die namhaften Plätze. In den Seealpen, zwischen Cuneo und Nizza, Poebene und Riviera liegt schließlich Limone Piemonte, wo man, nur gut 60 km vom Mittelmeer entfernt, bis Mitte April skilaufen kann.

Skigebiete auf einen Blick

Alagna Valsesia ⑤/426
Aostatal ②/420
Breuil-Cervinia ③/424
Courmayeur ①/422
Limone Piemonte 430
Macugnaga ④/426
Sestrière ⑥/428
Via Lattea ⑥/428

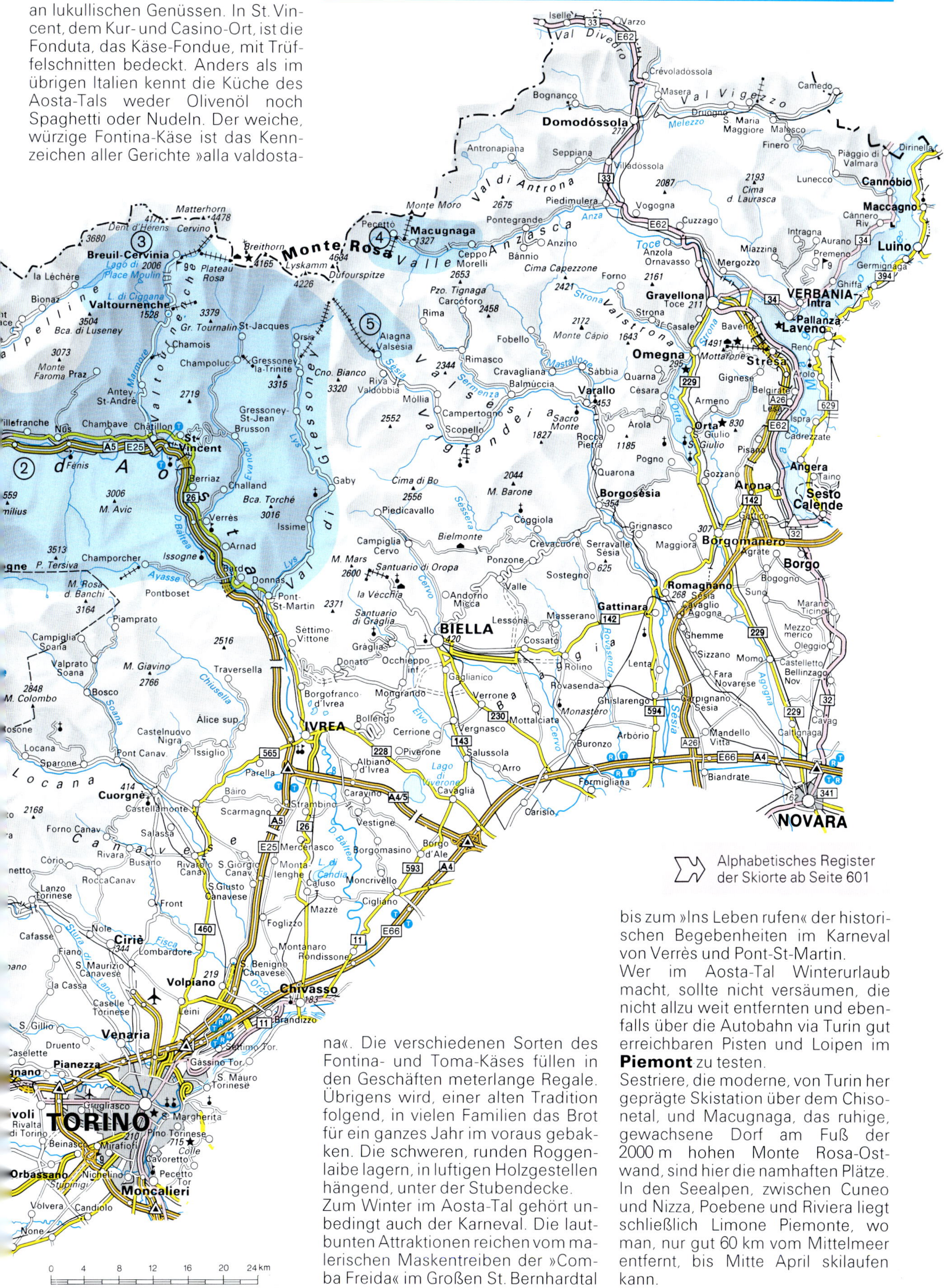

Die kleinen Orte im Aostatal

Sie können zwar in puncto Größe und Unterhaltungsangebot nicht mithalten mit Courmayeur und Breuil-Cervinia, sind aber deswegen nicht minder attraktiv für den Skifahrer, ob Könner oder Anfänger (und oft auch nur halb so teuer wie die beiden Großen).

Von Westen her beginnend, hier zunächst die Namen der wichtigsten kleineren Skiorte im Aostatal: La Thuile – an der Straße zum Kleinen St. Bernhard, Valgrisenche und Cogne – in den gleichnamigen Tälern, Saint-Rhémy und Étroubles – im Tal des Großen St. Bernhard, Torgnon, Chamois und Valtournenche – zu beiden Seiten des Valtournenche, St-Vincent und Col di Joux – am Übergang vom Aosta-Tal ins Val d'Ayas, Ayas-Champoluc im Val d'Ayas, Gressoney-la-Trinité und Gressoney-Saint-Jean – im Val di Gressoney, Champorcher – im gleichnamigen Seitental, am Ausgang des Aostatals. Beinahe schon zu den Großen zu rechnen ist Pila, die Skistation oberhalb der Stadt Aosta. Abfahrten aller Schwierigkeitsgrade finden sich fast überall, zum Beispiel in **Ayas-Champoluc** (Val d'Ayas) und **Chamois** (Valtournenche), deren Skireviere bis auf 2710 m reichen. 65 bzw. 38 km von Aosta entfernt, sind beide Orte per Auto, Bahn und Bus von der Hauptstadt aus zu erreichen. In Chamois erschließen eine Seilbahn und mehrere Aufstiegshilfen ein Pistenrevier mit herrlichen Skihängen. Die Abfahrten von Ayas-Champoluc sind mit denen von Staval im Gressoney-Tal verbunden. Nördlich von Chamois, 42 km von Aosta entfernt, liegt der gern besuchte Ort **Valtournenche**. Hier finden vor allem gute Fahrer ideale Möglichkeiten. Kennern sei hier die »Frühlingspiste« empfohlen. Vom Colle delle Cime Bianche führt sie hinunter nach Valtournenche, das sich als Standort für Tagesausflüge in die benachbarten Skigebiete von Breuil-Cervinia, vor der Kulisse des Matterhorns, eignet.

Nicht nur Alpinisten, sondern auch Liebhaber von Hochtouren und vor allem Langläufer werden sich in **Cogne,** einem Dorf mit typisch alpi-

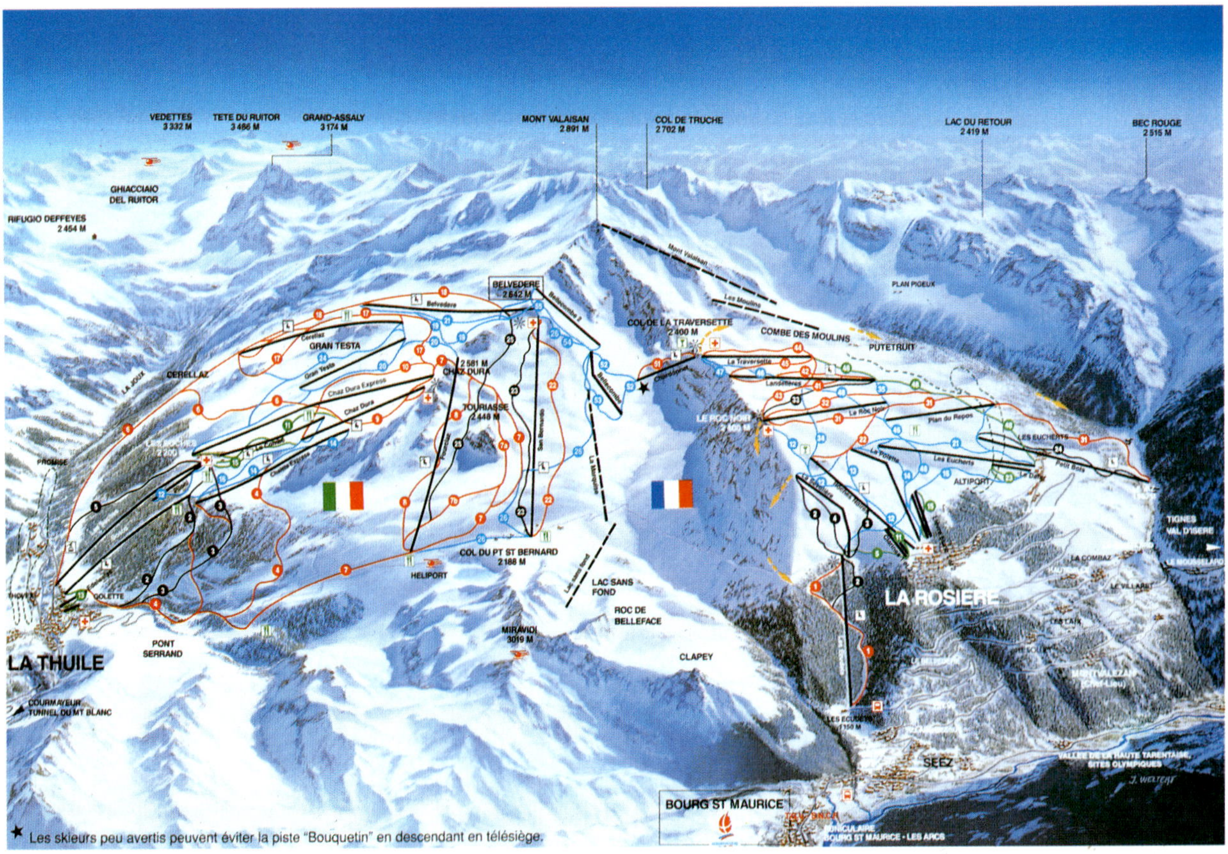

nem Charakter, wohlfühlen. Es liegt auf einem sonnigen Hochplateau, umgeben von Drei- und Viertausendern. Zum wintersportlichen Angebot gehören etwa 15 km Pisten und 70 km Loipen.

Bei Sarre abzweigend, schwingt sich die Straße nach Cogne, vorbei an einer Kapelle mit romanischem Glokkenturm, zum Schloß Aymavilles, das seit dem 12. Jahrhundert den Ausguck beherrscht. Das ursprüngliche Tal führt mitten hinein in Italiens ersten Nationalpark, den Gran Paradiso, und in das größte Langlaufgebiet der Region, mit Cogne als Zentrum.

Etwas bescheidenere Möglichkeiten finden Freunde des nordischen Skilaufs auch in **Valgrisenche** (30 km von Aosta), in **Saint-Rhémy** und **Étroubles** (20 km von Aosta), im Tal des Großen St. Bernhard und in **La Thuile** (38 km von Aosta). La Thuile, an der Straße zum Kleinen St. Bernhard ist mit La Rosière (auf der französischen Seite) zu einer perfekten grenzübergreifenden Skischaukel mit einem beachtlichen Pistennetz verbunden.

Nur 18 km von Aosta entfernt – und mit einer Seilbahn in 18 Minuten erreichbar – liegt eine der jüngsten Attraktionen für Skifahrer: Am Hausberg Emilius entstand, nach französischem Vorbild, die Retorten-Skistation **Pila.**

Auf einem Hochplateau, mit Blick auf Mont Blanc, Matterhorn, Monte Rosa und Grand Combin, ragen die Hotels und Appartementhäuser in die Wintersonne.

Breuil-Cervinia und Valtournenche siehe auch Seite 424.
Alagna siehe Seite 426.

BESONDERS SCHNEESICHER PILA MONTEROSA

Die kleinen Orte im Aostatal,
345–1814 m

Skigebiet: 570–3488 m
Ca. 90000 Einwohner, 115000 Betten
Saison: November bis April. Sommerski von Juni bis Oktober auf dem Colle del Gigante und auf dem Plateau Rosa

Anreise Basel, Bern, Vevey, Martigny, Gr. St.-Bernhard-Tunnel, Aostatal. Bahnstationen sind u. a. St. Vincent, Aosta und Pré-St-Didier bei Courmayeur. Von Aosta Busverbindungen zu den Orten des Aostatales
Entfernungen von KA: 496 km, S: 571 km, UL: 519 km, M: 586 km

Information
Ufficio Regionale per il Turismo
Valle d'Aosta,
I-11100 Aosta, Tel. 01 65/23 66 27
Telefax 01 65/3 46 57
Schneetelefon 01 65/30 37 25,
in Deutschland (zum Ortstarif) 01 30/34 66
Landesvorwahlnummer siehe Seite 608.

Kinder Pila kein Gästekindergarten; Skischule ab 4 Jahre
(ca. Lit 175 000/5 Tage à 4 Std.)

Ski alpin Testnote ❄❄❄❄
Monte Rosa

Skigebiet gesamt
Über 800 km präparierte Abfahrten aller Schwierigkeitsgrade
Längste Abfahrt: Verbindung Plateau Rosa – Breuil Cervinia – Valtournenche, 22 km Länge, 1500 m Höhenunterschied, mittel
Liftkapazität: 178 000 Pers./Std.
103 55 11 16

Skigebiet Valtournenche
26 km präparierte Abfahrten:
18 km mittel, 8 km leicht
Liftkapazität: 8280 Pers./Std.
7 2 1

Skigebiet Monte-Rosa-Ski
(Champoluc/Gressoney-La Trinité/Brusson/Gressoney-St-Jean/Alagna)
180 km präparierte Abfahrten:
10 km schwer, 87 km mittel, 83 km leicht
Liftkapazität: 43 398 Pers./Std.
23 16 3

Skigebiet La Thuile und La Rosière
135 km präparierte Abfahrten:
23 km schwer, 70 km mittel, 42 km leicht
Liftkapazität: 37 059 Pers./Std.
17 14 1

Skigebiet Pila
70 km präparierte Abfahrten:
6 km schwer, 50 km mittel, 14 km leicht
Liftkapazität: 18 379 Pers./Std.
2 9 1 1

Skipaß-Preise siehe Beilage

Tiefschneereviere: zahlreiche Abfahrten im gesamten Aostatal
18 Skischulen mit 850 Skilehrern

Langlauf Testnote ❄❄❄❄

Über 300 Loipenkilometer, vorwiegend mittel bis leicht; längste Loipe: Rundkurs Marciagranparadiso (Cogne, 1554–1780 m), 45 km lang, mittel; höchste Loipe: Rundkurs nach Breuil-Cervinia (2004 m), 2 km lang, leicht Gressan – Pila 13 km; Höhenloipe in Grand Grimod (2245 m), 3 km La Thuile 16,5 km (Start von Arly) Brusson 63,5 km Gressoney-La-Trinité 13 km Gressoney-St-Jean 25 km; Langlaufunterricht

Weitere Sportmöglichkeiten
Gleitschirmfliegen

Après-Ski
DISCO KINO
Casino in St. Vincent, Kongreß- und Veranstaltungszentrum

Sportliche Veranstaltungen
Aosta-Pokal (Brusson, Jan. 94), Weltmeisterschaft im »short track« (Schlittschuh-Kurzstreckenrennen, Aosta, Jan. 94); Marciagranparadiso (Langlauf, Cogne, Febr. 94)

Après-Tip: Sich bei einem Türkischen Bad von den Strapazen des Skitages erholen. Türkische Bäder bieten an in Aosta das Hallenbad (17–21 Uhr), in Gressoney-La-Trinité das Hotel Monboso, in Gressoney-Saint-Jean das Residence Apfel und in La Thuile das Hotel Planibel.

Hotelempfehlungen: Seite 593–597

Courmayeur

Courmayeur im Aostatal, das südliche Pendant zu Chamonix-Mont-Blanc, ist ebenfalls in erster Linie Bergsteiger-Zentrum, gehört aber auch zu den berühmtesten Skistationen in Italien.

sten mit einem ortskundigen Führer unternehmen soll.
Im Sommer kann man von Chamonix aus mit einer der höchsten und bestimmt spektakulärsten Gondelbahnen der Alpen von der Aiguille du Midi quer über die Vallée Blanche und das riesige Becken des Glacier du Géant zur Pointe Helbronner schweben oder umgekehrt. Im Winter ist

Seit der Eröffnung des Montblanc-Straßentunnels 1965 ist Courmayeur zwar auch für Besucher von nördlich der Alpen leichter erreichbar geworden, aber viele werden sich im Tal von Chamonix schon am Ziel ihrer Wünsche fühlen und nicht noch durch den 11,6 Kilometer langen Tunnel nach Courmayeur hinüber ins Aostatal reisen wollen.
So sind denn in Courmayeur die Italiener weitgehend unter sich. Franzosen und andere Ausländer kommen vorwiegend tageweise, um ein bißchen herumzuschnuppern und die Luft des Südens zu atmen oder um sich von der Talstation Palud bei Entrèves aus mit der Luftseilbahn zur Pointe Helbronner hochhieven zu lassen, von wo man über den Glacier du Géant die Abfahrtsroute durch das Vallée Blanche erreichen und über das Mer de Glace wieder ins Chamonix-Tal gelangen kann.
Die Abfahrt von der Pointe (Punta) Helbronner wieder nach Entrèves hinunter ist nur guten Skifahrern mit Tourenerfahrung zu empfehlen. Und für die vor allem landschaftlich wunderschöne Abfahrt über den Géant-Gletscher und durch die Vallée Blanche gilt, was schon bei Chamonix gesagt wurde: Es handelt sich um hochalpine Gletscherabfahrten, die man niemals allein, sondern immer in Begleitung anderer Personen, am be-

Blick von der Cresta d'Arp hinunter zur Seilbahnstation Cresta Youla. Auf der anderen Talseite der Mont Blanc de Courmayeur (links).

diese Verbindung zwischen dem Tal von Chamonix und dem Aostatal allerdings geschlossen. – Wer auch im Sommer nicht ohne Skifahren auskommt, findet hier auf dem oberen Teil des Géant-Gletschers, bei der Pointe Helbronner, ein von mehreren Schleppliften erschlossenes Sommerskigebiet.

Das Hauptskigebiet von Courmayeur liegt westlich des Ortes, zwischen der Cresta d'Arp und dem romantischen, praktisch unbesiedelten Val Veny. Diese weiträumige Skiarena, deren eigentliches Zentrum, Plan Chécrouit, von Courmayeur aus mit einer modernen Großkabinen-Luftseilbahn erreicht wird, ist von zahlreichen Sessel- und Schleppliften erschlossen.

Der höchste mit einer Seilbahn erreichbare Punkt am Arp-Grat ist die 2756 Meter hohe Testa d'Arp. Von diesem Punkt aus bietet sich ein herrlicher Panorama-Ausblick auf die Mont-Blanc-Gruppe von der Aiguille Noire de Peuterey über Mont Blanc de Courmayeur, Mont Maudit, Mont Blanc du Tacul, Aiguille du Géant bis zu den Grandes Jorasses, um nur die berühmtesten zu nennen. Von der Testa d'Arp führen zwei nicht gespurte Alpinabfahrten zu Tal, die eine über den Colle di Youla ins Val Veny, die andere über die Alpe d'Arp und die Alpe d'Arpetta nach Dolonne und Courmayeur zurück. Beide Abfahrten sind nur ortskundigen und tourenerfahrenen Skiläufern zu empfehlen. Andere fahren mit der Luftseilbahn nach Cresta Youla (2624 m) zurück und erreichen über einen schönen, nordexponierten Steilhang Lago Chécrouit, von wo man die Wahl hat, entweder auf einer der prächtigen Waldpisten ins Val Veny abzufahren oder sich auf den präparierten Pisten um Plan Chécrouit zu tummeln. Ein ruhiger Ort ist Courmayeur nicht gerade. Tag und Nacht rollen die großen Ferntransporter auf ihrem Weg vom oder zum Montblanc-Straßentunnel unmittelbar an dem Ort vorbei. Andererseits hat Courmayeur schon etwas von der Atmosphäre Italiens, nicht nur, weil hier fast ausschließlich italienisch gesprochen wird und die Sonne schon viel südländischer zu strahlen scheint. Mit etwas Glück kann man hier, aus einem noch winterlichen Chamonix kommend, durch einen typisch italienischen Mercato spazieren.

BESONDERS SCHNEESICHER

Courmayeur, 1224 m

Skigebiet: 1227–2756 m
2922 Einwohner, 18 000 Gästebetten
Saison: November bis April; von Juni bis Oktober Sommerskilauf im Gebiet Col du Géant (Colle del Gigante)

Anreise von Norden oder Osten über Brig, Sion, Martigny oder Route Bern, Montreux, Martigny, Chamonix, Mt.-Blanc-Tunnel.
Bahnstation: Pré-St-Didier (Busverbindung)
Entfernungen von KA: 490 km, S: 538 km, UL: 498 km, M: 565 km

Information
Azienda Autonoma di Soggiorno, I-11013 Courmayeur, Tel. 01 65/84 20 60
Telefax 01 65/84 20 72
Schneetelefon 01 65/84 35 66
Landesvorwahlnummer siehe Seite 608.

Kinder Gästekindergarten ab 6 Monate (ca. Lit 45 000/Tag inkl. Mittagessen); Skischule ab 3 Jahre (ca. Lit 340 000/6 Tage à 3 Std.)

Ski alpin Testnote ❄❄❄❄

27 präparierte Pisten über 100 km Länge aller Schwierigkeitsgrade
Längste Abfahrt: Youla-Zerotta (Int. Nr. 18), 7 km; 1100 m Höhenunterschied, mittel
Die Abfahrt Dolonne (350 m lang, leicht) ist freitags und samstags bis 24 Uhr beleuchtet
Liftkapazität: 22 000 Pers./Std.
16 7 2 7

Skipaß-Preise siehe Beilage

Tiefschneereviere: Cresta d'Arp – Val Veny, Alpe d'Arp – Dolonne, Vallée Blanche, Toula
Skischule mit 100 Skilehrern

Langlauf Testnote ❄❄

Loipe Arp-Nouvaz (1776 m), 35 km lang; Langlaufunterricht

Weitere Sportmöglichkeiten

Gleitschirmfliegen

Après-Ski

DISCO KINO

Das »Museo Alpino Duca degli Abruzzi« zeigt Wissenswertes über Land und Leute (Piazza Henry No. 2, Tel. 01 65/84 20 64).

Hotelempfehlungen: Seite 593–597

Breuil-Cervinia

Breuil-Cervinia gehört zu den großen italienischen Skistationen mit einem stark ausgebauten, weiträumigen Skigelände zwischen 2000 und 3500 Metern und Anschluß an das Skigebiet von Zermatt.

Ganz hinten im Valtournenche, einem von Norden nach Süden verlaufenden Seitental des Aostatals, liegt Breuil-Cervinia zu Füßen der Alpen-Riesen Matterhorn (4478 m) und Monte Rosa (Dufourspitze 4634 m).
Vor dem Zweiten Weltkrieg war Breuil noch ein Almweiler – zwei, drei Ställe, Almhütten und eine kleine Kirche – und nur durch einen Saumweg mit dem Talhauptort Valtournenche verbunden.
Seither hat sich vieles verändert. Unter Mussolini mußte auch für den französischen Namen Breuil ein italienischer her. Naheliegend, daß man auf Cervinia, von Cervino (so nennen die Italiener das Matterhorn) kam. Die ältere Generation der Einheimischen zieht aber auch heute noch den ursprünglichen Namen Breuil vor.
Der ältere Teil von Breuil besteht aus ein paar Häuserzeilen. Etwas zur Seite gedrängt die hübsche kleine Kirche aus Almweilerzeiten, die allerdings nur bei ganz besonderen Anlässen benützt wird.
Außerhalb des alten Ortskerns in erhöhter Lage, ohne ersichtliche Planung über die Hänge verstreut, Hotels, Luftseilbahnstationen, Apartmenthäuser – eine Großüberbauung in einem Stil, der zur Zeit der Erstellung futuristisch sein wollte und heute bereits etwas antiquiert wirkt. Alles macht einen eher biederen Eindruck. Kein übertriebener Luxus, weder in bezug auf das Wohnen noch in bezug auf Abendunterhaltung oder Nachtleben. Sportlicher Mittelstand, Familien mit Kindern und junge Leute, meist Italiener. Das ist nicht weiter verwunderlich, denn die Anfahrtswege von diesseits der Alpen sind sehr lang und umständlich.
Das nach Süden geneigte weite Skigelände wird durch eine Reihe von Großkabinenbahnen und Skiliften erschlossen. Die höchsten von Bahnen bedienten Punkte sind einerseits der Furggen (3492 m) am Matterhorn-Südostgrat, der auch Furggrat genannt wird, und andererseits die Testa Grigia (3478 m) am Rande des Plateau Rosa. Dazwischen liegt das ganze Abfahrtsangebot von Breuil. Drehscheibe dieses beeindruckenden Ski-Amphitheaters ist Plan Maison (2555 m). Über diesen Knotenpunkt führen Parallel-Luftseilbahnen von Breuil nach Testa Grigia. Das ganze Skigebiet ist dank seiner Südlage ausgesprochen sonnig. Aber Achtung: Breuil liegt auf über 2000 Metern Höhe, das Skigebiet zwischen 2000 und 3492 Metern! Es kann also trotz des Sonnenscheins im Winter und manchmal auch noch im Frühjahr auf den Pisten und Liften empfindlich kalt werden. Der Vorteil der hohen Lage ist natürlich, daß der Schnee trotz der intensiven Sonneneinstrahlung sehr lange gut bleibt. Vom Plateau Rosa aus erschließt sich dem Skifahrer auch das ganze Zermatter Skigebiet einschließlich Kleinmatterhorn (Seilbahn-Bergsta-

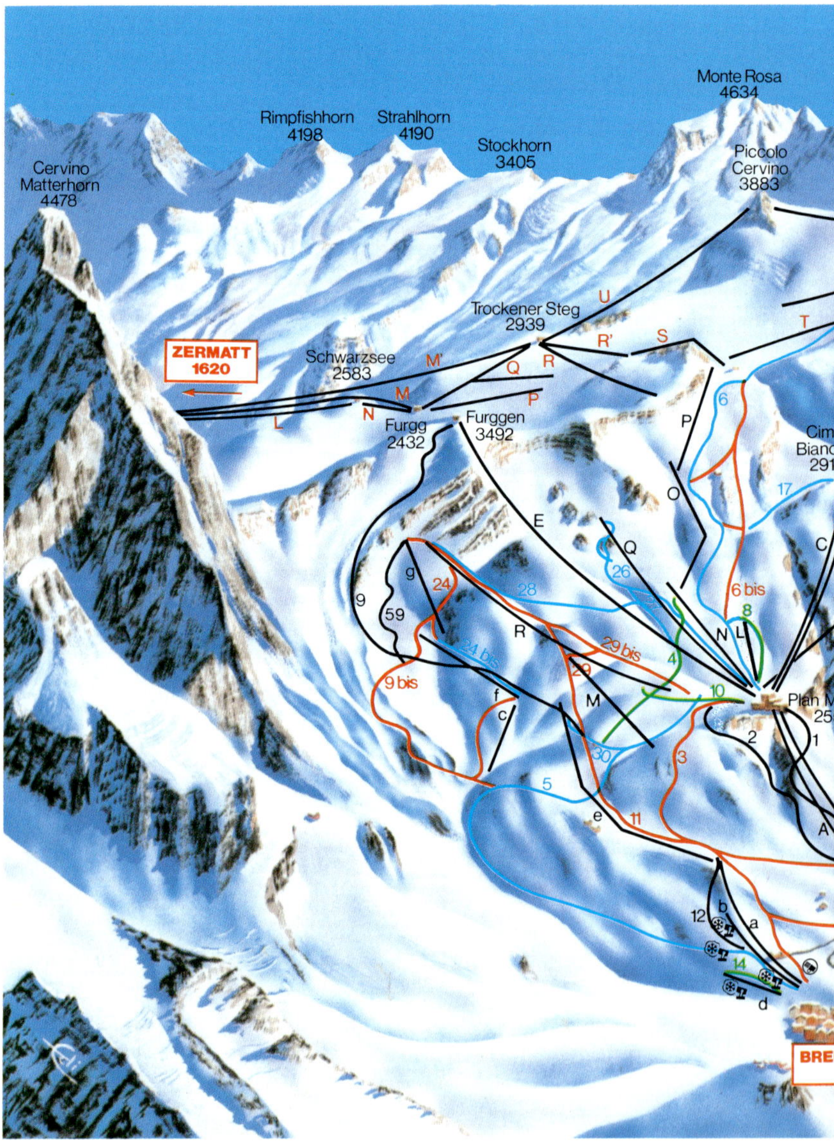

Auf der Abfahrt vom Kleinmatterhorn eröffnet sich ein herrlicher Fernblick. In der Bildmitte die Bergstation Testa Grigia, im Tal (und links) Breuil-Cervinia, am Horizont das Mont-Blanc-Massiv.

tion auf 3883 m). Das Plateau Rosa und die Hänge von Gobba di Rollin (auf Schweizer Seite) bilden eines der größten und dank seiner hohen Lage auch attraktivsten Sommerskigebiete der Alpen.

Eine der interessantesten und anspruchsvollsten Abfahrten ist die vom Furggen (3492 m) nach Breuil (Länge 6 km, Höhendifferenz ca. 1400 m). Im oberen Teil gibt es einige recht steile Partien. Die Variante l'Orionde schließt eine Traverse an den Abhängen des Matterhorns ein, die nur im Frühjahr bei guten Schneeverhältnissen geöffnet wird und landschaftlich sehr schön ist.

Interessante und landschaftlich äußerst reizvolle Möglichkeiten, die eine willkommene Abwechslung zu den mit der Zeit doch etwas eintönigen, weil problemlosen Pisten von Breuil bilden, bieten Abfahrten vom Plateau Rosa nach **Valtournenche**, dem Hauptort des gleichnamigen Tales, hinunter. Die Abfahrt »Ventina« (7 km lang mit einem Höhenunterschied von 1430 Metern) führt über den Passo Ventino zwischen Gran Sometta und Cime Bianche und bietet eine Reihe von herrlichen Schußfahrten; auf ihren Nordhängen liegt meist Pulverschnee. Eine zweite Möglichkeit ist die Abfahrt über die Bergstation der Gondelbahn Eullia (2250 m) zur Straße nach Valtournenche. Für die Rückkehr nach Breuil-Cervinia hat man nun die Wahl: entweder nimmt man den Bus, oder man kehrt mit Gondel und Liften zur Cime Bianche zurück und fährt per Ski nach Breuil-Cervinia ab. Und für atemberaubende Hochtouren steht die Skischule mit erfahrenen Lehrern bereit.

Valtournenche siehe auch Seite 420.
Zermatt siehe Seite 282.

BESONDERS SCHNEESICHER

Breuil-Cervinia, 2050 m

Skigebiet: 2050–3488 m
Ca. 800 Einwohner, 12500 Gästebetten
Saison: Anfang November bis Mitte Mai. Sommerski auf dem Plateau Rosà von Ende Juni bis Oktober

Anreise Bern, Lausanne, Großer St.-Bernhard-Tunnel, Aosta, Châtillon (Bahnstation, Busverbindungen) Breuil-Cervinia
Entfernungen von KA: 548 km, S: 623 km, UL: 571 km, M: 638 km

Information
Azienda Autonoma di Soggiorno
Breuil-Cervinia, I-11021 Breuil-Cervinia,
Tel. 01 66/94 91 36, 94 90 86
Telefax 01 66/94 97 31
Landesvorwahlnummer siehe Seite 608.

Kinder kein Gästekindergarten; Skischule ab 4 Jahre (ca. Lit 160 000/6 Tage à 3 Std.)

Ski alpin Testnote ❄❄❄❄

nur Skigebiet Breuil-Cervinia (Valtournenche siehe S. 420)
80 km präparierte Abfahrten:
17 km schwer, 45 km mittel, 18 km leicht (230 km Pisten mit Skigebiet Zermatt)
Längste Abfahrt: Kleinmatterhorn (3820 m), 22 km; 2300 m Höhenunterschied, mittel
Die Abfahrt Cretaz II (500 m lang, mittel) ist freitags und samstags bis 23 Uhr beleuchtet
Liftkapazität: 23 820 Pers./Std.
12 8 3 5

Skipaß-Preise siehe Beilage
2 Skischulen mit 140 Skilehrern

Langlauf Testnote ❄

Breuil-Cervinia 6 Loipenkilometer (2050 m, leicht); Loipengebühr ca. Lit 5000/Tag; Langlaufunterricht Valtournenche 7 Loipenkilometer (2000–2050 m, mittel); Langlaufunterricht

Weitere Sportmöglichkeiten
Motorschlitten, Gleitschirmfliegen

Après-Ski
DISCO KINO Bowling

Sportliche Veranstaltungen
Azzurrissimo 8 (Intern. Rennen in Cervinia auf der Piste Ventina, April 94)

Nur mit Extra-Ticket (ca. Lit 12 000) ist die beleuchtete Piste Cretaz II abends befahrbar.

Hotelempfehlungen: Seite 593–597

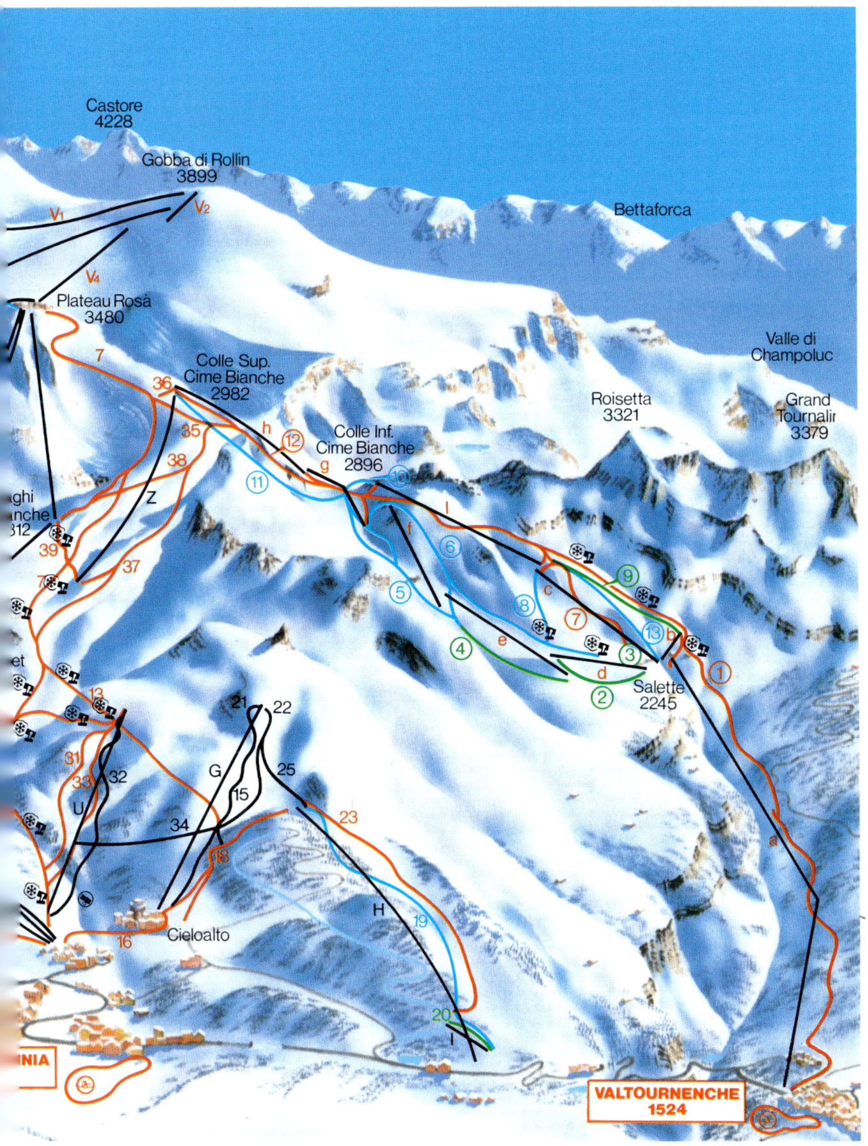

Macugnaga, Alagna

Unter den Skigebieten östlich des Monte Rosa gehören Macugnaga und Alagna zur ersten Wahl. Mit der gewaltigen Hochgebirgswelt im Hintergrund könnten sie mit den bekannten Schweizer Nachbarorten konkurrieren.

Macugnaga, eine Walsersiedlung aus dem 13. Jahrhundert, liegt, über zehn Sprengel verteilt, im hintersten Winkel des Anzascatales. Hier zeigt der Monte Rosa sein stolzestes Gesicht – die berühmte Ostwand, gipfelnd in Nordend (4612 m), Zumstein (4563 m) und Dufourspitze (4634 m). Eine Arena von Drei- und Viertausendern, Gletschern, Eisrücken, Zacken und Felsgraten – hinreißend genug, um Ski und Schwung völlig zu vergessen. Aber letzten Endes schwebt man mit der Seilbahn doch zum Passo Moro (2900 m) hoch, dessen Südflanke ein ganz beachtliches Skigebiet ist.

Einige Abfahrten ziehen vom Passo Moro hinunter zur Zwischenstation Alpe Bill, 1200 m Höhendifferenz, flotte, zügige Wedelbahnen, kein Baum, kein Strauch weit und breit. Die über 7 km lange »Meccia« wird zum Ski-Ereignis eines ganzen Tages. Die schönsten Passagen lassen sich mit einem zusätzlichen Lift beliebig oft wiederholen. Auf dem Plateau des Passo Moro finden sich leichte, durch mehrere Schlepplifte erschlossene Abfahrten.

Die Hänge am Belvedere (1932 m), direkt am Fuß des Monte Rosa, gehören den Skifamilien.

Als Dorfmittelpunkt entwickelte sich eine Piazza im Ortsteil Staffa, bunt und belebt, dazu Hotels, Sportgeschäfte, Espresso-Bars, Discos, Häuser und Stadel, zum Schutz vor Schnee und Kälte eng aneinandergerückt, eine Mischung aus italienischem Flair und alpinem Panorama.

Sehenswert sind auch die Schnitzereien im Stil der Walser-Volkskunst und die Ausrüstungen bekannter Bergsteiger in Macugnagas alpinem Museum. Im Führerbuch von Luigi Burgener, Bergführer in Macugnaga zwischen 1891 und 1902, kann man lesen: »Vom Führer mitzunehmen ist

Weite, baumfreie Hänge lassen am Passo Moro (Macugnaga, 2900 m) neben den präparierten Pisten auch Tiefschneevarianten offen.

Links: Unterhalb des Monte-Rosa-Massivs geht es noch gemütlich zu. Macugnaga hat sich sein ursprüngliches Ortsbild weitgehend bewahren können.

jederzeit ein Pickel, 18 Meter Seil, Rucksack, Laterne, eine Wein- und Likörflasche...« Damals kostete die Führungstour auf den Monte Rosa 150 Lire, zur Cima di lazzi 30 Lire. Fünfzehn Kilometer Luftlinie südlich von Macugnaga und durch einen Bergkamm von ihm getrennt, liegt **Alagna** auf 1191 Meter Höhe am Talabschluß des Valsésia, umrahmt von den imposanten Gipfeln des Monte-Rosa-Massivs. Trotz seiner herrlichen Lage und seines vielgerühmten Skigebietes hat sich der Ort den natürlichen Charme eines Bergdorfes bewahrt; die Hektik der großen Nachbarskistationen gibt es hier nicht. Verantwortlich dafür – und das ist wohl der einzige Nachteil von Alagna – ist seine Abgeschiedenheit: Um einigermaßen zügig aus dem deutschsprachigen Raum nach Alagna zu gelangen, muß man – sofern man nicht die Autoverladung von Kandersteg nach Domodóssola benutzt – fast bis Novara gen Süden fahren, um dann in nordwestlicher Richtung durch das Valsésia ans Ziel zu gelangen.

Alagna und sein Skigebiet stehen ganz im Zeichen des Monte Rosa. Die Punta Margherita (4559 m), ein Gipfel in der Krone des Monte Rosa, ist dem hochalpinen Skifahrer nähergerückt, denn von Alagna schwebt eine Seilbahn bis zur Punta Indren (3260 m). Von hier führt der Weg dann über das Rifugio Gnifetti zum Gipfel.

Für die Mehrzahl der Skiläufer ist jedoch Punta Indren Endstation beziehungsweise Startpunkt für eine der großen Skiabfahrten in den italienischen Westalpen mit beachtlichen 2000 m Höhendifferenz. Im oberen Teil von Felswänden begrenzt, weitet sich die Piste immer mehr, bis sie an der Mittelstation Bocchetta (2400 m) freies Gelände erreicht, auf dem man dann etwas leichteren Herzens nach Alagna hinunterstaubt. Obwohl die Abfahrt hochalpines Terrain erschließt, ist sie auch für Skifahrer mit durchschnittlichem Können geeignet. Sommerski ist auf dem Plateau Punta Indren möglich.

Macugnaga, 1327 m
Alagna Valsesia, 1200 m

Skigebiet: 1200–3500 m
Macugnaga 710 Einwohner, 3300 Betten
Alagna 500 Einwohner, 3000 Betten
Saison: Dezember bis Mai – Sommerski auf dem Plateau Punta Indren, Juni bis Oktober

Anreise Lausanne, Martigny, Brig/Simplon, Domodóssola, Piedimulera, Macugnaga oder A 4 Mailand – Turin, Ausfahrt Agognate, Staatsstraße bis Alagna. Bahnverbindungen bis Domodóssola bzw. von Novara bis Varallo Sesia. Von dort jeweils Busverbindungen.
Entfernungen von KA: 530 km, S: 490 km, UL: 450 km, M: 525 km

Information
Informazione Accoglienza Turistica
I-28070 Macugnaga, Tel. 0324/65119
I-13021 Alagna, Tel. 0163/91118
Landesvorwahlnummer siehe Seite 608.

Kinder Macugnaga kein Gästekindergarten; Skischule ab 3 Jahre (ca. Lit 300000/5 Tage à 5 Std. inkl. Mittagessen)
Alagna kein Gästekindergarten; Skischule ab 3 Jahre (ca. Lit 115000/5 Tage à 2½ Std.)

Ski alpin Testnote ❄❄❄
jedes Gebiet

Skigebiet Macugnaga
40 km präparierte Abfahrten:
6 km schwer, 26 km mittel, 8 km leicht
Liftkapazität: 7200 Pers./Std.
8 2 2

Skigebiet Alagna
25 km präparierte Abfahrten:
8 km schwer, 10 km mittel, 7 km leicht
Längste Abfahrt: Punta Indren – Alagna, 15 km, 2000 m Höhenunterschied, mittel
Liftkapazität: 4250 Pers./Std.
4 1 1 3

Skipaß-Preise siehe Beilage
Tiefschneereviere: Meccia-Abfahrt
Skischule: 50 Skilehrer in Macugnaga, 10 Skilehrer in Alagna

Langlauf Testnote
Macugnaga ❄❄
Alagna ❄

Macugnaga 15 Loipenkilometer (10 km mittel, 5 km leicht); längste Loipe: Pista delle Frazioni (1195–1290 m), 10 km, mittel/leicht; Höhenloipe: Pista di Quarazza (1250 bis 1360 m), 2 km, mittel; Loipengebühr ca. Lit 5000/Tag, 25000/Woche); Langlaufunterricht
Alagna 15 Loipenkilometer (mittel); Loipengebühr ca. Lit 5000/Tag; Langlaufunterricht

Weitere Sportmöglichkeiten
Eishockey

Après-Ski

Auf Entdeckungsreise gehen kann man mit dem Motorschlitten. Informationen im Verkehrsamt von Macugnaga.

Hotelempfehlungen: Seite 593–597

Sestrière und die Via Lattea

Sestrière – ein großer Name im internationalen Wintersportgeschäft und Mittelpunkt des Skizirkus der »Via Lattea«. Aber auch die anderen Skiorte rund um diese Hochburg haben einiges zu bieten.

La Via Lattea, zu deutsch: die Milchstraße. Das ist der Name für eine Ski-Rundtour durch die fünf Skistationen Sestrière, Sauze d'Oulx, Sansicario, Clavière und Montgenèvre.
Start zur Via-Lattea-Rundtour ist in **Montgenèvre** (1854 m), man könnte aber auch in Sestrière oder Clavière »einsteigen«. Der Montgenèvre, ein bereits in der Antike benutzter Paßübergang von Oberitalien nach Frankreich: Zahlreiche Aufzüge surren auf der französischen und etliche auf der italienischen Seite in Clavière. Im Lauf der Jahre stellten die Franzosen einen famosen Liftzirkus auf den Paß, sanfte Gleitstrecken, aber auch ein paar rasante Tempopisten. Bars, Restaurants, Boutiquen, alles ist vorhanden, was der gleichnamige Skiort Montgenèvre zum Leben braucht.
Doch zurück zur »Via Lattea«: ein kleiner Lifthüpfer auf 2000 m, die erste Abfahrt, anschließend weitere Lifte und auf flotter Piste hinunter ins italienische **Clavière** (1760 m). Clavière, ein Paßdorf an der Straße zum Montgenèvre, ohne großes Highlife, jedoch mit der Tradition eines Wintersportplatzes, der schon in den zwanziger Jahren aus der Taufe gehoben wurde.
In Clavière wird es ernst: Mehrere Lif-

te bringen den Skiläufer auf den Col de Bercia (2300 m), und man steht in der gewaltigen Skiregion »Monti della Luna« – die Mondberge, die mit ihren gerundeten Höckern ihrem Namen alle Ehre machen. Die Abfahrt vom Col de Bercia nach Cesana-La Combe führt durch großzügig ausgeschlagene Schneisen, mehr Skivergnügen als großer Abfahrtsstreß.
Cesana-La Combe ist die Liftschaltzentrale der Via Lattea: Hier kreuzen sich die Wege der Skifahrer in Richtung Montgenèvre beziehungsweise Sestrière. Das nächste Ziel, den 2701 m hohen Fraitève, erreicht man mit Aufstiegshilfen, die durch mehrere Abfahrten miteinander verbunden sind. Der Rhythmus »Lift – Piste – letzter Schwung – nächster Bügel« geht allmählich in Fleisch und Blut über. Fährt man ab, sucht man die nächste Talstation, und fährt man hinauf, hält man nach gefälligen Pisten Ausschau. Die gesamte Nordwestseite des Fraitève ist in einen einzigen Superhang umgewandelt: Pisten in alle Himmelsrichtungen und in allen Variationen. Auf halber Höhe zum Fraitève hat sich **Sansicario** angesiedelt, eine Skistation der neuen Generation, maßvolle Architektur, gut ins Landschaftsbild eingefügt, die vor allem von jüngeren und sehr sportlichen Gästen aufgesucht wird. Das Clubleben – u. a. im Valtur – spielt hier eine große Rolle.
Vom Gipfel des Fraitève visiert man das auf einem Sonnenbalkon gelegene **Sàuze d'Oulx** (1509 m) an, dessen Pisten vor allem auf die Ski-Familie zugeschnitten sind.
Die Skigefilde von **Sestrière** erreicht man von Sàuze d'Oulx über die Pistenroute Triplex (2507 m) – Colle Basset (2424 m) – Borgata. Sestrière, wie Cortina und Cervinia eine Hochburg des italienischen Skilaufs, wurde von FIAT-Chef Agnelli 1932 in die Berglandschaft zwischen Fraitève, Monte Motta und Monte Sises platziert. Agnelli ging schon damals aufs Ganze: er ließ einen neuen Typ von Skiort entstehen, mit Turmhotels, zentral gelegenem Terminal für zwei Seilbahnen, dazu kamen viele Abfahrten. Inzwischen stellte man auf Appartement-Station um, die Turmhotels übernahm der Club Méditerranée. Die Exklusivität jener Gründertage ist jedoch nicht ganz verweht. So bietet der Ort noble Restaurants und schicke Geschäfte. Das jüngere und sportlichere Publikum fehlt im Ortsbild von Sestrière fast völlig, zumal sich das Après-Ski der Gäste des Club Méditerranée in deren Türmen abspielt.
Skitechnisch setzt Sestrière in jahrzehntelang bewährter Strategie auf Banchetta (2823 m), Sises (2658 m) und Fraitève (2701 m). Sises ist das Markenzeichen von Sestrière, ein Spitzenskiberg im wahrsten Sinne des Wortes, mit Pisten, die teilweise auch dem Könner alles abverlangen. Zur Rückreise nach Clavière bzw. Montgenèvre bringt eine Gondola den Skivagabunden auf den Fraitève, von dort Abfahrt nach Cesana-La Combe, dann hinauf zum Col de Bercia, und nun, nachdem das Tagwerk auf der Via Lattea vollbracht ist, schwingt man hinunter nach Clavière oder Montgenèvre.

Montgenèvre siehe Seite 492.

Sestrière mit seinen typischen Türmen ist der nobelste Skiort im Skizirkus der Via Lattea.

BESONDERS SCHNEESICHER

Sestrière, 2035 m

Skigebiet: 1360–2823 m
800 Einwohner, 15300 Gästebetten
Saison: November bis Mai

Anreise Grenoble, Briançon, Sestrière bzw. Turin, Susa, Oulx, Sestrière. Bahnstation ist Oulx, von dort und von Turin Busverbindungen
Entfernungen von KA: 705 km, S: 718 km, UL: 648 km, M: 801 km

Information
Ufficio Informazioni ed Accoglienza Turistica
I-10058 Sestrière, Tel. 01 22/75 54 44
Telefax 01 22/75 51 71
Landesvorwahlnummer siehe Seite 608.

Kinder kein Gästekindergarten;
Skischule ab 4 Jahre (ca. Lit 150 000/Woche halbtags ohne Mittagessen); für Kinder unter 8 Jahren (Ausweis!) in Begleitung eines Erwachsenen ist die Liftbenutzung gratis.

Ski alpin Testnote ❄❄❄❄

Via Lattea gesamt
400 km präparierte Abfahrten:
75 km schwer, 254 km mittel, 71 km leicht
Liftkapazität: 70 000 Pers./Std.
74 24 3

Längste Abfahrt: Rio Nero, 9 km Länge, 1150 m Höhenunterschied, schwer

Skipaß-Preise siehe Beilage

Tiefschneereviere: Abfahrten vom Passo S. Giacomo, Sises, Fraiteve
Sestrière 2 Skischulen mit 130 Skilehrern

Langlauf Testnote ❄

Sestrière 3 Loipenkilometer (2035 m, mittel) und 10 km im Langlaufzentrum Monterotta (2050–2070 m, mittel); Langlaufunterricht
Sansicario 3 km Cesana 3 km Clavière/ Monginevro (1760–1850 m), 15 km lang, mittel, gebührenpflichtig: ca. Lit 7000/Tag, 30 000/Woche

Weitere Sportmöglichkeiten
Gleitschirmfliegen

Après-Ski
Autofahrtraining auf Eis

Sportliche Veranstaltungen
Weltcup Ski alpin (Dez. 1993), Riesenslalom für Kinder um das Goldene Ei (April 1994)

Schlechtwettertip: ein Besuch im Sport-Palast. Angeboten werden u. a. Gymnastik, Aerobic, Body building, Jazztanz, Stretching, Tone up und Sauna (Tel. 7 69 30, 75 50 40).

Hotelempfehlungen: Seite 593–597

Limone Piemonte

Diesen Skiort nahe dem Mittelmeer kennen die Wintersportler bei uns meist nur von den Übertragungen der Weltcuprennen her. Eigentlich schade, denn Limone bietet über 100 Kilometer Pistenvergnügen.

Sonnenbräunen scheint auch ein Sport zu sein, genauso wichtig wie der Pistenspaß im weitläufigen Skirevier von Limone Piemonte.

Limone (Provinz Cuneo) führt bei deutschen Skifahrern noch ein Schattendasein. Dafür kann es eigentlich nur zwei Gründe geben: die relativ weite Anreise und der durch und durch italienische Charakter der Wintersportregion. Denn was das Pistenangebot betrifft, so kann Limone mit weitaus prominenteren Orten durchaus mithalten.
Limone liegt in den Seealpen, etwa auf halbem Weg zwischen Turin und Nizza, nahe an der Grenze zu Frankreich. Von Turin aus sind es rund 110 Kilometer, von Nizza aus 105 Kilometer. Damit sind auch gleich die Fixpunkte für die Anreise genannt. Mit dem Auto fährt man am schnellsten durch die Schweiz und den Großen St. Bernhard-Tunnel, weiter über Turin und Cuneo. Für Flugreisende empfehlen sich Turin und Nizza, den Weitertransport besorgen dann Omnibusse, die regelmäßig von beiden Städten aus verkehren.
Limone (1010 m) ist mit seinen beiden Ortsteilen Colle di Tenda (1400 m) und Limonetto (1288 m) fest in italienischer Hand. So macht der Ort auf den ersten Blick auch eher einen funktionellen als urig-piemontesischen Eindruck. Appartementblocks und nüchterne Architektur bestimmen den Charakter. Erst beim Orientierungsbummel entdeckt man dann das eigentliche Limone, den sehr schön restaurierten Ortskern mit seinen typischen Natursteinhäusern, teilweise noch aus dem 11. Jahrhundert, und die Kirche aus dem 14. Jahrhundert.
Alles in allem gibt sich Limone jedoch sportlich-mondän, ganz so, wie es die Italiener auch beim Skisport lieben – lustig, locker und manchmal ein bißchen verrückt. Was übrigens auch für die aktuelle Skimode auf den Pisten gilt. »Alta Moda« oder ganz einfach nur der »letzte Schrei« sind auch am »Idiotenhügel« nichts Ungewöhnliches.
Das Pistenangebot läßt sich in vier Reviere aufteilen, die untereinander auch kombinierbar sind: Maneggio und Sole mit Einstieg von Limone aus, Quota 1400 tre Amis (Colle di Tenda) und die Alpe di Limonetto.
Beginnen wir mit den Pisten unterhalb der Cima della Fascia. Der »Cros«-Sessellift zieht von Limone zum Valle di Cros hinauf und erschließt zusammen mit mehreren Anschlußschleppern vornehmlich mittelschwere Abfahrten. Schwer und richtig »schwarz« ausgeschildert ist eine Variante ab der Bergstation des Marmorera-Schleppliftes.
Anfänger und ruhigere Naturen kommen im gegenüberliegenden Sole-Gebiet auf ihre Kosten. Gegenüber der Cros-Talstation überwiegen die leichten Abfahrtsbuckel. Sie sind grün ausgeschildert, was in Italien für »sehr leicht« steht. Etwas anspruchsvollere Hänge ermöglicht dann wieder der Sole-Sessellift zum Ristorante del Sole hinauf.
Auch hier oben rangiert Zweckmäßigkeit vor Gemütlichkeit. Neben einer großen Auswahl deftiger Speisen offeriert man eine breite Sonnenterrasse. Und an einem schönen Wintertag stellt man schnell fest, daß sonnen und essen für die italienischen Skifahrer mindestens genauso wichtig ist wie der Brettlspaß.
Der Sole-Lift stellt übrigens zusammen mit dem Gherra- und dem Piandel-Leone-Lift gleichzeitig die Verbindung zu den Pisten des Colle di Tenda her, die von weiteren Schleppliften erschlossen werden.
Am Monte Alpetta fühlen sich dann Anfänger wie Könner gleichermaßen wohl. Im Gegensatz zum Maneggio-Revier überwiegen hier weite, baumfreie Hänge.
Ein besonderes Schmankerl ist die knapp vier Kilometer lange Abfahrt von der Bergstation des Alpetta-Liftes (2032 m) über Milliborgo zurück zur

Talstation des Sole-Sesselliftes in Limone. Wer sich die insgesamt mittelschwere bis schwere Abfahrt noch nicht so recht zutraut, nimmt die leichtere Variante links der Laghetti-Lifte, über das Ristorante del Sole.
Schwingt man unterhalb der Bergstation des Alpetta-Liftes nach links, so ist der Anschluß an den Colle di Tenda und seine Pisten an der Cima Cabanaira perfekt. Einige Schlepper ziehen über leichte bis mittelschwere Hänge hinauf zum Ristorante Baita 2000, das wiederum der Scheitelpunkt für weitere Varianten ist: entweder zurück in Richtung Alpetta-Revier oder über eine fast als schwer einzustufende Abfahrt zu den Häusern am Colle di Tenda hinunter. Vorteil dieser zweiten Variante: Der Colle-di-Tenda-Lift schafft die Verbindung mit Limonetto und weiteren Schleppliften. Die Alpe Limonetto ist dann wieder etwas für geübtere Brettlflitzer. Die Strecken sind gut präpariert und ausgeschildert, für hungrige Skifahrer sorgen zahlreiche »Ristorante« und Bars.
Während sich für Tourengeher die sehr schöne Route vom Rocca del Abisso (2755 m) zum Coletto del Campanin (2262 m) anbietet, müssen sich Langläufer mit einem Minimalangebot bescheiden. Denn obwohl in der Region nationale Biathlon-Wettkämpfe stattfinden, sind für Touristen kaum Loipen gespurt.

Weite, baumfreie Idealhänge, auf denen sich Anfänger wie auch Könner wohlfühlen, sind typisch für das Abfahrtsangebot rings um Limone.

Limone Piemonte, 1010–1400 m

Skigebiet: 1010–2050 m
1640 Einwohner, 24 000 Gästebetten
Saison: Dezember bis April

Anreise Turin, Cuneo, Limone oder Grenoble, Gap, Limone (Bahnstation). Busverbindungen zwischen Limone, Colle di Tenda und Limonetto
Entfernungen von KA: 741 km, S: 754 km, UL: 684 km, M: 837 km

Information
Ufficio Informazione ed Accoglienza Turistica,
I-12015 Limone Piemonte, Tel. 01 71/921 01
Telefax 01 71/92 70 64
Schneetelefon 01 71/921 01
Landesvorwahlnummer siehe Seite 608.

Kinder Gästekindergarten ab 2 Jahre (ca. Lit 25 000/Halbtag, 130 000/Woche ohne Mittagessen); Skischule ab 4 Jahre (ca. Lit 130 000/Woche ohne Mittagessen)

Ski alpin Testnote ❄❄❄

100 km präparierte Abfahrten:
10 km schwer, 60 km mittel, 30 km leicht
Längste Abfahrt: Bergstation Alpetta-Lift – Talstation Sole-Sessellift (»Olimpica«), 3,6 km Länge, schwer
Liftkapazität: 20 000 Pers./Std.
27 4

Skipaß-Preise siehe Beilage

Tiefschneereviere: Astegiani, Vallone S. Giovanni, Vallone Cabanaira, Maire del Cros, Forto Tenda
4 Skischulen mit 70 Skilehrern

Langlauf Testnote ❄

2 Rundkurse über insgesamt 6 km Länge (mittel); längste und höchste Loipe: Pista Rossa – Panice (1100–1300 m), 6 km lang, schwierig; Loipengebühr ca. Lit 6000/Tag, 24 000/Woche; Langlaufunterricht

Weitere Sportmöglichkeiten
Gleitschirmfliegen

Après-Ski
DISCO KINO

Sportliche Veranstaltungen
3 FIS Slalom-Rennen (3.–5. März 94)

Empfehlenswert für Snowboard-Anfänger ist eine Einzel-Unterrichtsstunde. In der Scuola Sci 2000 (Via S. Giovanni 24 A und Via Roma 55, Tel. 01 71/923 19) kostet sie ca. Lit 40 000.

Hotelempfehlungen: Seite 593–597

FRANKREICH

Skiland Frankreich

In Frankreich ist der Skisport zu einem florierenden Geschäft geworden. Es werden ungeheure Anstrengungen unternommen, um den Ruhm des »trikoloren« Schnees weltweit hochzutreiben.

Erst in der Mitte der sechziger Jahre trat Frankreich in den Wettbewerb ein, den sich die Alpenländer Österreich, Schweiz, Italien und Deutschland lieferten, um die europäische Skikundschaft in ihre Gefilde zu lokken. Unter diesen Konkurrenten war Frankreich damals nur ein Zwerg, namentlich neben Österreich und der Schweiz.
Dann aber taten sich plötzlich französische Skirennfahrer wie Killy oder die Geschwister Goitschel hervor. Es folgten die hervorragenden Leistungen der Franzosen bei den Weltmeisterschaften von Portillo in Chile im Jahre 1966 und schließlich ihre aufsehenerregenden Siege auf ihrem eigenen Schnee in Grenoble, 1968. Bei der 16. Winterolympiade 1992 von Albertville, das den savoyischen Spielen den Namen gab, konnte der Heimvorteil allerdings nicht in einen Medaillensegen umgemünzt werden. Immerhin kann Frankreich sich rühmen, dreimal eine Winterolympiade ausgerichtet zu haben (1924 in Chamonix, 1968 in Grenoble). Von dem notgedrungen damit einhergehenden Infrastrukturausbau profitiert Frankreich als Wintersportland.

Nur sechs Prozent für die Skifahrer

Man kann die französische Ski-Bergwelt nicht begreifen, ohne einige Zahlen zu kennen. In Frankreich wird im wesentlichen in zwei Gebirgsgruppen Ski gelaufen: in den Alpen und in den Pyrenäen. Die Alpen sind nicht nur, was die befahrbare Fläche betrifft, fünfmal größer, sondern auch von der Lage und vom Anspruch her für den Mitteleuropäer interessanter als die Pyrenäen. Bei den Alpen muß man unterscheiden zwischen den an die Schweiz anschließenden Nordalpen, die 60% der erschlossenen Skigegend ausmachen, und den sich gegen das Mittelmeer hinziehenden Südalpen, die weniger dicht mit Skisportorten und Beförderungsanlagen ausgestattet sind.
Trotz ihrer über 400 Wintersportplätze und ihrer Seilbahnen und Lifte bleibt die französische Bergwelt noch eine weitgehend jungfräuliche Landschaft, da nur 6% ihrer Fläche für den Wintersport genutzt werden. So gesehen gäbe es also noch einen immensen Reservebestand an unausgebautem Schneeland.
Die Skiorte ihrerseits haben einen nie gekannten Aufschwung erlebt. Während berühmte, »alte« Größen wie Megève, Chamonix oder L'Alpe-d'Huez zusehends wuchsen, haben sich rund weitere zwanzig neue in der »weißen Wüste« etabliert.
Das Bettenangebot der 80 größten französischen Wintersportorte ist innerhalb von 12 Jahren von 290000 auf 700000 Einheiten angestiegen. Heute nähert sich die Aufnahmekapazität einer Million Betten, was Frankreich auf dem europäischen Wintersportmarkt einen Spitzenplatz sichert.

Mehr Platz in der Nebensaison

Trotz großer Bemühungen will es Frankreich indessen nicht recht gelingen, mehr Ausländer anzuziehen. Während die Kundschaft der Wintersportplätze Österreichs heute zu 30% aus Landsleuten und zu 70% aus Ausländern besteht, liegt der Ansatz für Frankreich nur bei 15% Ausländern.
Das erklärt sich hauptsächlich aus der Tatsache, daß jeden Winter mehr als 5 Millionen Franzosen in die Berge fahren. Ausländer finden deshalb nur schwer Unterkunft in den französischen Winterorten, vor allem an Weihnachten, im Februar und an Ostern, wenn auch die Franzosen Winterferien machen. Die Fremden müssen sich demnach an die Zeiten der Zwischen- und Nachsaison, also Januar und März, halten. Aber auch die langen Anfahrtswege aus dem deutschsprachigen Raum dürften eine Rolle spielen. Zudem ist das Schneevergnügen in Frankreich nicht gerade billig. Die meisten Skiorte bieten nur einen bestimmten Wochentag zur An- und Abreise an. Autofahrer sollten deshalb unvermeidliche Staus berücksichtigen.
Im Januar bieten die französischen Skiorte infolge ihrer oft beachtlichen Höhe einen ausgezeichneten Schneemantel. Allerdings herrscht zu dieser Zeit oft recht große Kälte; sie ist der Preis für tollen Pulverschnee! Im März hingegen zeigt sich die Sonne viel öfter und verwandelt die weiße Auflage zum Frühlingsschnee.
Einige hochgelegene Wintersportplätze wie Lac-de-Tignes, Val-d'Isère, Val-Thorens, Méribel oder Les Deux-Alpes verlängern ihre Skisaison bis in die ersten Maitage hinein und bieten in dieser Zeit dem Skifan »Höhenskifahren« bis zu 3300 Metern. In diesen Lagen bleibt der Schnee ausgezeichnet. Das ist die hohe Zeit für

Wintertourismus in Frankreich: Bescheidene Dörfer wurden zum Kern moderner Skistationen wie La Toussuire.

das Frühlingsskifahren abseits der markierten und abgefahrenen Pisten. Auf Drängen der Umweltschutzorganisationen hat die Regierung den Bau weiterer Wintersportplätze über 1600 Meter verboten. Das bedeutet, daß sich nur noch die bereits bestehenden Wintersportorte oberhalb 1600 Meter entwickeln können.
Es sind ganze Ketten von Skiarealen entstanden, wo die Skiläufer mit einem einzigen Skipaß großräumig kreuz und quer herumfahren können, und dies in weitläufigen Massiven, wo die Gefahren des Hochgebirges entweder gemeistert oder zumindest auf ein Minimum beschränkt werden konnten. Diese Art Skifahren gibt es vor allem in beiden Savoyen: Portes-du-Soleil (ein Zusammenschluß von zwölf französischen und schweizerischen Wintersportplätzen); Grand Massif (Flaine, Samoëns, Les Carroz); La Grande Plagne (La Plagne, Montchavin, Longefoy, Champagny); Lac-de-Tignes und Val-d'Isère; Trois Vallées (Courchevel, Méribel, Les

Menuires, Val-Thorens). Ähnliches hat auch die Voie-Lactée in den Seealpen zu bieten, ein Zusammenschluß des Skiortes Montgenèvre mit fünf italienischen Plätzen (u. a. Sestrière).
Die Ausbeutung des »weißen Goldes« hat zahlreichen von Entvölkerung bedrohten Tälern der Alpen und der Pyrenäen neues Leben eingehaucht und viele Dörfer vor dem Zerfall bewahrt. Das gilt z. B. für das Dorf Montchavin, wo 1972 nur noch drei Familien lebten. Eines schönen Tages entstand der Plan, Montchavin mit dem Skigebiet von La Plagne zu verbinden und das alte Dorf zum Zentrum zu machen. Die Häuser wurden von ihren Besitzern renoviert; mehrere Hauseigentümer, die Montchavin schon vor Jahren verlassen hatten, kehrten zurück.
Der französische Wintersport bietet vielfältige Möglichkeiten und eine reiche Auswahl: alte, traditionsträchtige Dörfer wie Megève, moderne »Skifabriken«, wie sie am Fuße der Gletscher entstanden (Val-Thorens, Lac-de-Tignes), bescheidene Skisportorte, die an Wochenenden aufgesucht werden, und schließlich die »Metropolen des Schnees« wie La Plagne.

Informationen für Winterurlauber

Wenn Sie telefonieren wollen

Vorwahl von D nach F	0033
Vorwahl von F nach D	1949
	(ab ca. 1995 0049)

Notrufnummern

ADAC-Notrufzentrale (München, 0.00–24.00 Uhr)	1949/89/222222
ADAC-Ambulanzdienst (München, 0.00–24.00 Uhr)	1949/89/767676
Pannenhilfe (Polizeinotruf)	17
AIT-FIPA Assistance (deutschsprachig; nicht auf Autobahnen)	05106106

Besondere Verkehrsbestimmungen

- Tempolimits (in km/h): Für Pkw (auch mit Anhänger), Motorräder und Wohnmobile innerorts 50, auf Straßen mit 2 Fahrstreifen 110 (bei Nässe 100), auf Autobahnen 130 (bei Nässe 110), auf sonstigen Straßen 90 (bei Nässe 80). Wer seinen Führerschein noch kein ganzes Jahr besitzt, darf höchstens 90 fahren.
- Bei Regen und Schnee ist Abblendlicht vorgeschrieben.
- Falls nicht entsprechend ausgeschildert, hat der Kreisverkehr Vorfahrt.
- Vorfahrtsstraßen enden an den Ortsschildern.
- Promillegrenze 0,8.

!

Wichtig für Eltern sind die Angaben zur Kinderbetreuung bei den einzelnen Skigebieten. Angegeben sind jeweils die Hochsaisonpreise (meist die vom Winter 1992/93), die einen Anhaltspunkt geben sollen für die eigene Urlaubs-Budgetplanung.
Kinder spielen in den Skistationen eine große Rolle. Schon ab wenigen Monaten (bis 18 Monate ist ein Gesundheitszeugnis vorzulegen) werden sie in der garderie (Kinderhort) betreut; im jardin des neiges (Skikindergarten) werden die ersten Rutschversuche auf Ski unternommen; in der Skischule geht es dann um Leistungsstufen wie étoiles (Sterne), flêche (Pfeil), aiglon (Adler) oder chamois (Gemse).
Sinnvolle Alternativlösung: Die Anreise mit der Bahn. Von einigen deutschen Orten gibt es Direktverbindungen zu einigen französischen Skistationen. Informationen bei der Deutschen Bundesbahn oder in dem Reisebüro, in dem man den Urlaub bucht.

Telefonische Auskünfte

Straßenzustand	78543333

Weitere wichtige Telefonnummern und Adressen siehe Seite 608.

Skiland Frankreich

Die Regionen

Alphabetisches Register der Skiorte ab Seite 601

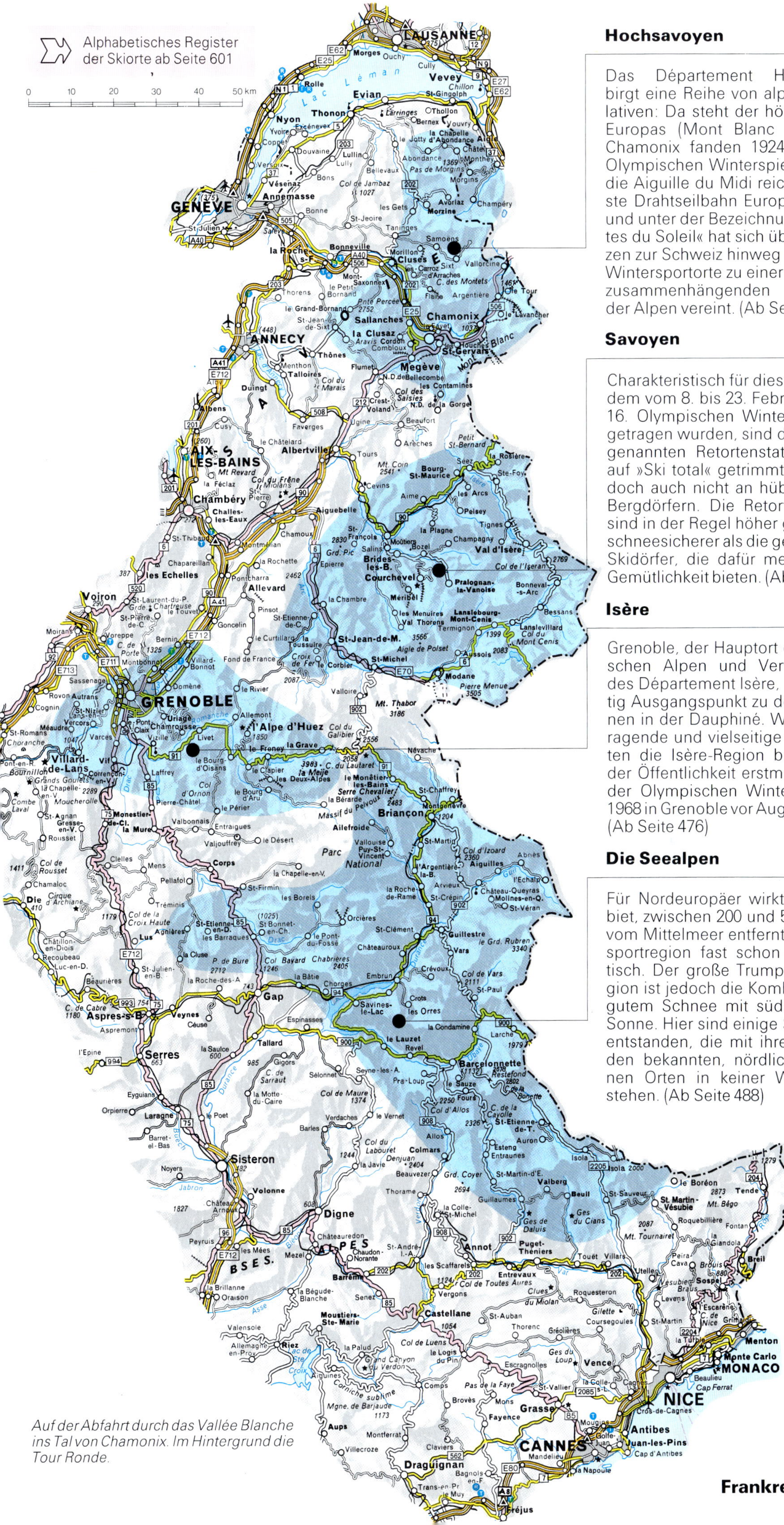

Auf der Abfahrt durch das Vallée Blanche ins Tal von Chamonix. Im Hintergrund die Tour Ronde.

Hochsavoyen

Das Département Hochsavoyen birgt eine Reihe von alpinen Superlativen: Da steht der höchste Gipfel Europas (Mont Blanc 4807 m); in Chamonix fanden 1924 die ersten Olympischen Winterspiele statt; auf die Aiguille du Midi reicht die höchste Drahtseilbahn Europas (3842 m) und unter der Bezeichnung »Les Portes du Soleil« hat sich über die Grenzen zur Schweiz hinweg ein Dutzend Wintersportorte zu einer der größten zusammenhängenden Skiregionen der Alpen vereint. (Ab Seite 438)

Savoyen

Charakteristisch für dieses Gebiet, in dem vom 8. bis 23. Februar 1992 die 16. Olympischen Winterspiele ausgetragen wurden, sind die vielen sogenannten Retortenstationen, ganz auf »Ski total« getrimmt. Es fehlt jedoch auch nicht an hübschen alten Bergdörfern. Die Retortenstationen sind in der Regel höher gelegen und schneesicherer als die gewachsenen Skidörfer, die dafür mehr dörfliche Gemütlichkeit bieten. (Ab Seite 456)

Isère

Grenoble, der Hauptort der französischen Alpen und Verwaltungssitz des Département Isère, ist gleichzeitig Ausgangspunkt zu den Skistationen in der Dauphiné. Welch hervorragende und vielseitige Möglichkeiten die Isère-Region bietet, wurde der Öffentlichkeit erstmals während der Olympischen Winterspiele von 1968 in Grenoble vor Augen geführt. (Ab Seite 476)

Die Seealpen

Für Nordeuropäer wirkt dieses Gebiet, zwischen 200 und 50 Kilometer vom Mittelmeer entfernt, als Wintersportregion fast schon etwas exotisch. Der große Trumpf dieser Region ist jedoch die Kombination von gutem Schnee mit südlich warmer Sonne. Hier sind einige Skistationen entstanden, die mit ihrem Angebot den bekannten, nördlicher gelegenen Orten in keiner Weise nachstehen. (Ab Seite 488)

Hochsavoyen

Die Region zwischen dem Genfer See und dem Mont Blanc, Europas höchstem Gipfel, hat nicht nur mit dessen Höhenmetern einen Superlativ vorzuweisen. Auch dem Skifahrer werden hier großartige Möglichkeiten geboten.

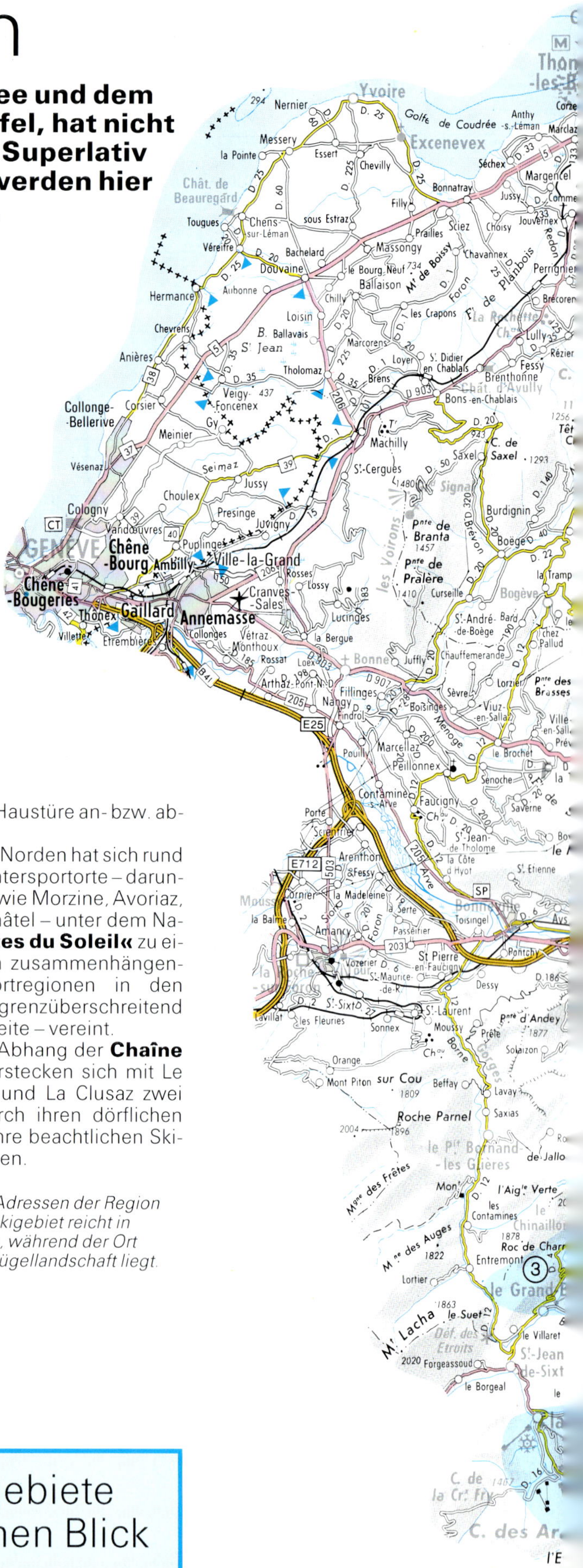

Der nördliche Teil der Savoyer Alpen – zwischen dem Mont-Blanc-Massiv und dem Genfer See – gehört mit seinen zahlreichen Wintersportorten zu den am dichtesten mit Skigebieten bestückten europäischen Gebirgsregionen. Diese kann man, grob gesehen, drei verschiedenen Gebieten zuteilen:

Die berühmteste ist die **Mont-Blanc-Region.** Um den höchsten Gipfel Europas (4807 m) gruppieren sich zahlreiche Wintersportorte, deren Ruf gut ist, die aber auch – mit wenigen Ausnahmen – als recht teuer bezeichnet werden müssen. Chamonix, 1924 Austragungsort der ersten Olympischen Winterspiele, gilt als die Metropole des Alpinismus und des Skisportes. Hervorragend ist hier das einmalige hochalpine Pisten- und Tourenangebot. Aber auch das weitere alpine, nordische und Après-Ski-Angebot kommt natürlich nicht zu kurz.

Megève – mondänster und »schickster« unter den Skiorten – ist neben Chamonix mit Abstand der bedeutendste Wintersportort im Département Hochsavoyen. St-Gervais – über einen Skizirkus mit Megève verbunden – und Les Contamines geben sich etwas dörflicher und familiärer.

Flaine, etwas nordwestlich des Mont-Blanc-Massivs, ist eine moderne und funktionelle Skistation auf knapp 1600 Meter aus der Retorte mit sportlich-schickem Anstrich. Das Auto braucht man hier nicht, die Ski werden vor der Haustüre an- bzw. abgeschnallt.

Etwas weiter im Norden hat sich rund ein Dutzend Wintersportorte – darunter so bekannte wie Morzine, Avoriaz, Les Gets und Châtel – unter dem Namen **»Les Portes du Soleil«** zu einer der größten zusammenhängenden Wintersportregionen in den Alpen – auch grenzüberschreitend zur Schweizer Seite – vereint.

Am westlichen Abhang der **Chaîne des Aravis** verstecken sich mit Le Grand Bornard und La Clusaz zwei Skiorte, die durch ihren dörflichen Charakter und ihre beachtlichen Skigebiete bestechen.

Eine der feinsten Adressen der Region ist Megève. Das Skigebiet reicht in hochalpine Zonen, während der Ort selbst in sanfter Hügellandschaft liegt.

Skigebiete auf einen Blick

Alphabetisches Register der Skiorte ab Seite 601

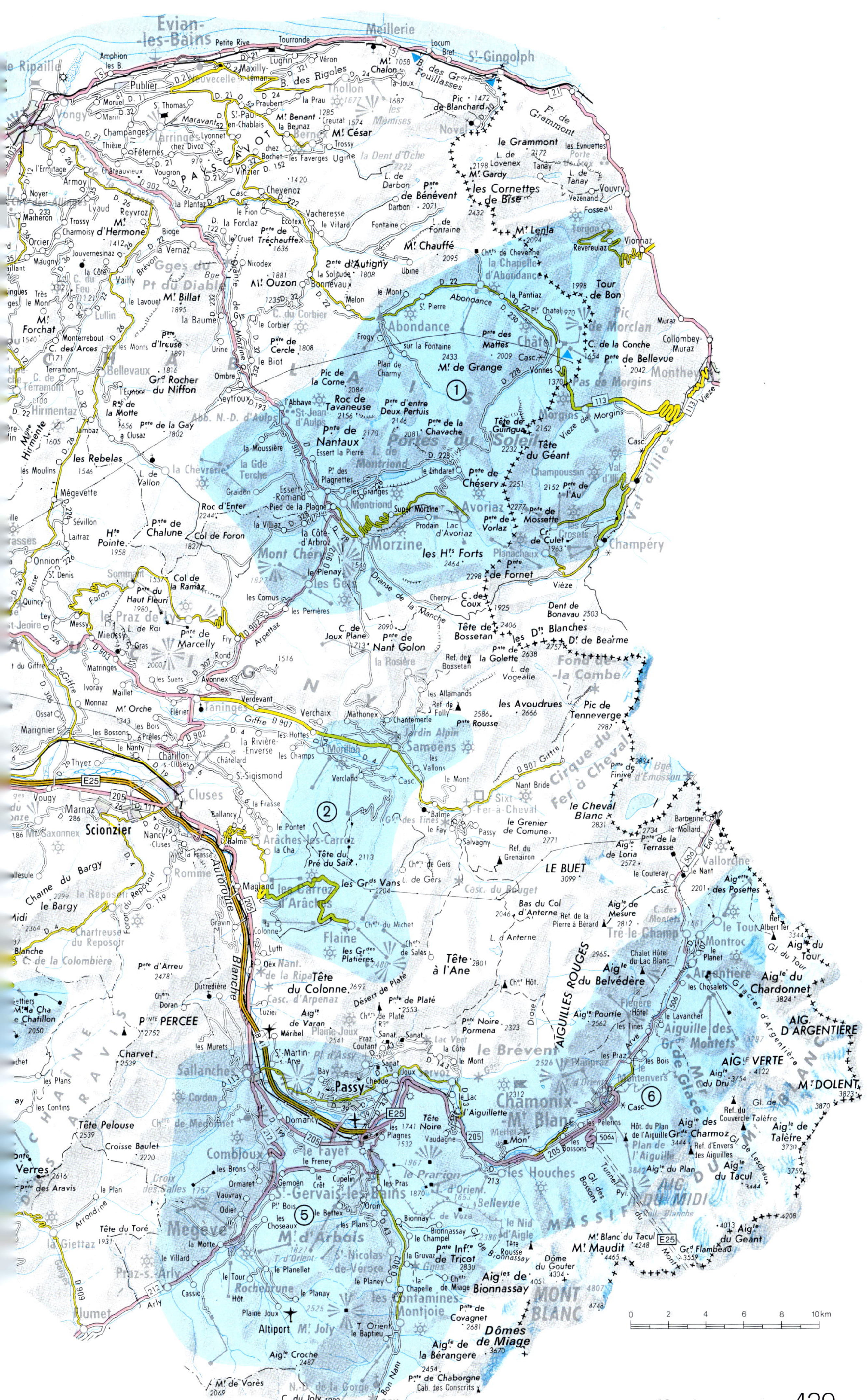
Evian-les-Bains
Meillerie
St-Gingolph
Thollon
Publier
Vongy
Larringes
PAYS GAVOT
Mt César
Mt Benant
le Grammont
les Cornettes de Bise
Pte de Bénévent
Mt Chauffé
Mt Lenla
Tour de Bon
Pic de Morclan
Abondance
Châtel
Mt de Grange
Pas de Morgins
Monthey
Morgins
Portes du Soleil
Pte de Nantaux
Roc de Tavaneuse
Pic de la Corne
St-Jean-d'Aulps
Abb. N.-D. d'Aulps
Tête du Géant
Tête de Grange
Pte de Chésery
Avoriaz
Montriond
Morzine
Mont Chéry
les Gets
les Hts Forts
Pte de Fornet
Champéry
Val d'Illiez
Dent de Bonavau
Tête de Bosseran
les Dts Blanches
Dt de Bearme
Pte de Nant Golon
la Rosière
Ref. de Bossetan
les Avoudres
Pic de Tenneverge
Mt Forchat
Mt d'Hermone
Mt Billat
Mt Ouzon
Gges du Pt du Diable
Bellevaux
Grd Rocher du Niffon
Pte de Chalune
Col de Foron
Hte Pointe
Hirmentaz
les Rebelas
Mégevette
Col de la Ramaz
Pte de Marcelly
Pte du Haut Fleuri
le Praz de Lys
Mieussy
Mt Orche
Taninges
Verchaix
Samoëns
Jardin Alpin
Morillon
Cirque du Fer à Cheval
Sixt-Fer-à-Cheval
le Cheval Blanc
Pte de la Terrasse
Aigle de Loria
LE BUET
Vallorcine
Aigtte des Posettes
Marignier
Cluses
Scionzier
Marnaz
Chaîne du Bargy
le Bargy
le Reposoir
Chartreuse du Reposoir
Arâches-les-Carroz
Tête du Pré du Saix
les Grds Vans
Magland
Flaine
Tête à l'Ane
Tête du Colonne
Pte d'Arreu
Pointe Percée
Désert de Platé
Pte de Platé
Aigle de Varan
Autoroute Blanche
Bas du Col d'Anterne
L. d'Anterne
AIGUILLES ROUGES
Aigle de Mesure
Tré-le-Champ
Aigle du Belvédère
Aigle Pourrie
Aiguille des Grds Montets
Argentière
Aigle du Chardonnet
AIG. D'ARGENTIÈRE
AIGle VERTE
Aigle du Dru
Mt DOLENT
Aigle du Tour
le Tour
Chamonix-Mt Blanc
le Brévent
Mer de Glace
Aigle des Grds Charmoz
Aigle de Talèfre
Aigle du Tacul
Aigle du Plan
AIG. DU MIDI
MASSIF DU MONT BLANC
Mt Blanc du Tacul
Mt Maudit
Aigle du Géant
Dôme du Gouter
MONT BLANC
Dômes de Miage
les Houches
Passy
Sallanches
St-Martin-s.-Arve
Cordon
Combloux
Domancy
le Fayet
le Prarion
St-Gervais-les-Bains
Bellevue
Col de Voza
Aigles de Bionnassay
Pte Infre de Tricot
Mt d'Arbois
St-Nicolas-de-Véroce
Megève
Praz-s.-Arly
Rochebrune
les Contamines-Montjoie
Mt Joly
Aigle Croche
Aigle de la Bérangère
Pte de Chabogne
Cab. des Conscrits
Mt de Vorès
C. du Joly
N.-D. de la Gorge
Flumet
la Giettaz
Tête du Toré
Pte des Aravis
CHAÎNE DES ARAVIS
Croix des Salles
Croisse Baulet
Tête Pelouse
Charvet
Mt la Cha
0 2 4 6 8 10 km

Les Portes du Soleil

Zwischen Hochsavoyen und dem Schweizer Unterwallis hat sich im Laufe der letzten Jahre ein Skigebiet entwickelt, das mittlerweile zu den größten auf der gesamten Erde gehört: die Portes du Soleil.

Die Tore zur Sonne umfassen eine Fläche, die größer als der Bodensee ist und, wie die Franzosen sagen, Ski total bietet. Damit haben sie nicht unrecht, denn es handelt sich hierbei um eine riesenhafte Skiarena mit zahlreichen Seilbahnen, Sessel- und

Schleppliften sowie mit Hunderten von Pistenkilometern.
Im Grunde genommen ist dieses riesige Gebiet mit seinen verschiedenen Skistationen nicht nur auf französischer, sondern auch auf Schweizer Seite viel zu schade zum reinen Pistenfahren. Es bietet sich in geradezu idealer Weise für das Tiefschneefahren, das Variantenfahren abseits präparierter Abfahrten an. Voraussetzung für dieses Erlebnis ist aber, daß man von einem ortskundigen Berg- und Skiführer begleitet wird, der nicht nur die besten Abfahrtsmöglichkeiten kennt, sondern auch weiß, welche Gebiete vom Naturschutz gesperrt oder wegen akuter Lawinengefahr nicht befahrbar sind.
In den französischen Portes du Soleil liegen Skistationen mit klangvollen Namen. Wer hat nicht schon einmal von Morzine, Avoriaz oder Les Gets gehört? Allesamt Orte, die bereits namhafte Skigebiete waren, als es den Begriff Portes du Soleil noch gar nicht gab.
Neben den vielfältigen Möglichkeiten, die den Skifahrern geboten werden, haben die Portes du Soleil noch einen weiteren Vorteil. Weil die Gebiete kaum höher als bis 2300 Meter hinaufreichen und die Hänge am Rande der Abfahrten vielfach mit Bäumen bewachsen sind, kann man dort auch sicher Skifahren, wenn es nebelig ist oder schneit.
Und noch etwas muß erwähnt werden: Wie in den meisten französischen Skigebieten gibt es auch in den Portes du Soleil an den Liften und Bergbahnen so gut wie keine Wartezeiten. Das Liftsystem ist so gut ausgebaut, häufig surren zwei Sesselbahnen oder Schlepper parallel nebeneinander, daß sich ungeduldige Skifahrer sofort nach ihrer Ankunft an der Talstation wieder nach oben transportieren lassen können. Man muß sich jedoch von vorneherein darauf einstellen, daß es wenige Seilbahnen gibt. Auch Sessellifte sind nicht überall anzutreffen. Vorherrschend sind die in Frankreich üblichen »Ein-Mann-Teller-Schlepper«, die man sich zwischen die Beine klemmen muß. Ein für Anfänger und vor allem für Kinder nicht ganz unproblematisches Unterfangen.
Die meisten Orte sind, was für französische Skistationen ungewöhnlich ist, aus alten Dörfern entstanden. Eine Ausnahme bildet Avoriaz, eine typische Retortenstation, wie man sie in Frankreich häufiger antrifft: zweckmäßig und ausschließlich für den Wintersportbetrieb konzipiert.
Das Zentrum der französischen Portes du Soleil ist **Morzine**, ein gewachsenes Dorf mit viel Charme und Gemütlichkeit. Man findet dort keine hohen, abschreckend wirkenden Gebäude; die Ferienquartiere und Hotels erstrecken sich über das gesamte Dorf, das sich allerdings bis zu fünf Kilometer ausdehnt.
Das Skigebiet von Morzine bietet jedem etwas. Familienfreundliche Abfahrten am rund 1600 Meter hohen Pleney sowie an den Hängen von Le Ranfolly, anspruchsvolle, sportliche Strecken am Pointe de Nyon (2019 Meter). Wer einmal im Tiefschnee die Abfahrt über die unendlich breiten und langen Hänge von der etwa 2000 Meter hohen Chamossière hinuntergeschwebt ist, der wird dieses Erlebnis nie vergessen.
Obwohl der alpine Skisport in Morzine im Vordergrund steht, sieht man auch viele Winterurlauber auf Langlaufski.
Der Nachbarort von Morzine heißt **Les Gets,** ein Skidorf, das in den frühen fünfziger Jahren entstanden ist. Die Skigebiete Chavannes und an der Ponte de Chery steigen beiderseits der Hauptstraße nach oben. Die Abfahrten sind nicht schwierig, weshalb man in Les Gets auch viele weniger gute Skifahrer und Familien antrifft.

Les Portes du Soleil

Es empfiehlt sich, die Pisten von Chery am Morgen zu befahren, weil der Schnee auf den Südhängen des mit rund 1800 Metern nicht besonders hoch liegenden Skigebiets bei starker Sonne am Nachmittag recht schnell naß und schwer wird.
Trotz der geringen Hochlage – Les Gets selbst liegt auf etwa 1100 Meter – sind die Schneeverhältnisse die meiste Zeit des Winters recht ordentlich. Außer den Skifahrern kommen auch die Langläufer nicht zu kurz; daneben lädt das Gebiet zu besinnlichen Spaziergängen geradezu ein.
Im Gegensatz zu dem recht gemütlichen Charakter von Les Gets wirkt die dritte namhafte französische Station der Portes du Soleil, **Avoriaz,** mit ihrer modernen, zweckmäßigen Architektur zumindest auf den ersten Blick nicht gerade einladend, obwohl die meisten der Betonbauten mit Holz verkleidet sind. Doch diese Zweckmäßigkeit hat auch ihre Vorteile. Avoriaz ist für Winterurlauber, die vor allem Skifahren wollen, ein geradezu idealer Standort. Vom Quartier aus ist man sofort mitten im Skigebiet.
Berühmt ist die Mur (Mauer) de Chavanette, die man per Schlepplift erreicht; sie ist Ausgangspunkt des »steilsten Hangs der Welt«, wie viele sagen. Der mit unzähligen Buckeln übersäte, lange Hang in Richtung der Schweizer Ortschaft Champéry kann einem schon alles abverlangen. Vorsichtige fahren lieber mit dem Sessellift hinunter.
Mit Restaurants ist es im Pistenrevier schlecht bestellt. Im gesamten Skigebiet von Avoriaz sucht man vergeblich danach. Aber auch in den Skigebieten anderer Stationen tut man sich in dieser Hinsicht schwer. Wer Hunger verspürt, muß in aller Regel in die Station zurückfahren und dort – wie es die Franzosen gewöhnt sind – ein mehrgängiges Menu bestellen, auch wenn es ihn nur nach einem kleinen Imbiß gelüstet. Ein Nachteil, wenn man anspruchsvoll und lange Skifahren will.
Unmittelbar an der Grenze zur Schweiz liegt **Châtel,** die nördlichste der vier größeren französischen Portes-du-Soleil-Stationen.
In direkter Nachbarschaft liegen die Schweizer Skiorte Morgins, Champoussin und Torgon, mit denen Châtel durch Lifte verbunden ist.
Neben Super-Châtel mit vorwiegend einfacheren Pisten besitzt der Ort noch ein weiteres empfehlenswertes Skigebiet an der Tête de Linga (2100 Meter).
Darüber hinaus gibt es für Kenner und Könner zahlreiche Tiefschneemöglichkeiten.
Über Linga ist von Châtel aus auch

Die berühmte Mur de Chavanette (links) vom Skigebiet Avoriaz aus in Richtung der Schweizer Ortschaft Champéry läßt die Herzen derjenigen, die Buckelhänge lieben, höher schlagen.

Die Architektur von Avoriaz (oben) mag nicht jedem liegen, aber als Standort für ambitionierte Skifahrer und Snowboarder ist Avoriaz geradezu ideal.

Avoriaz erreichbar, so daß man von diesem kleinen Skidorf praktisch in alle vier Himmelsrichtungen in ein anderes Skigebiet wechseln kann.

Und dies macht grundsätzlich den Reiz der Portes du Soleil aus. Das Wechseln von einer Skistation zur anderen. Dafür wurde auch in erster Linie der große, übergreifende Skipaß geschaffen, mit dem man sämtliche Anlagen benutzen kann – und zwar nicht nur in den sieben französischen Stationen, sondern im gesamten Schweizer Gebiet der Portes du Soleil.

Ortsunkundige Skiurlauber sollten, wenn sie das gesamte Revier auf eigene Faust erkunden wollen, unbedingt eine Panoramakarte, in der alle Lifte und wichtigen Abfahrten eingezeichnet sind, bei sich haben. Die Karten, die es an den Kassen der Bergbahnen gibt, bieten einen guten Überblick. So weiß man jederzeit, wo man sich befindet. Sonst kann es leicht passieren, daß man Schwierigkeiten hat, zum Ausgangspunkt zurückzufinden. So weitläufig ist dieses einmalige Skiareal. Besser ist natürlich, einen Skiführer zu »engagieren«.

Les Portes du Soleil in der Schweiz siehe Seite 256.

Portes du Soleil, 841–2300 m
Châtel, La Chapelle-d'Abondance, Abondance, St-Jean-d'Aulps, Montriond, Avoriaz, Morzine, Les Gets

Skigebiet: 900–2300 m
Morzine 3014 Einwohner, 16000 Gästebetten
Les Gets 1200 E., 13500 G. Avoriaz 20 E., 16000 G. Châtel 1300 E., 18000 G.
Saison: Mitte Dezember bis Ende April

Anreise Autobahn Bern – Vevey (N 12), N 9 bis Ausfahrt St. Triphon, Morgins, Chatel usw. Oder Autobahn Bern–Genf (N 12, N 9, N 1), weiter über die A 40 bis Ausfahrt Cluses oder Thonon, Bahnstationen sind Cluses und Thonon, von dort Skibusverbindungen in die Orte des Skigebietes. Entfernungen von KA: 461 km, S: 526 km, UL: 539 km, M: 606 km

Information
Secrétariat des Portes du Soleil, F-74390 Châtel, Tel. 50/733254
Telefax 50/733385
Office du Tourisme:
F-74360 La Chapelle-d'Abondance, Tel. 50/735141, Telefax 50/735604
F-74360 Abondance, Tel. 50/730290
Telefax 50/730476
F-74430 St-Jean-d'Aulps, Tel. 50/796509
Telefax 50/796795
F-74110 Montriond, Tel. 50/791281
Telefax 50/790406
F-74110 Avoriaz, Tel. 50/740211
Telefax 50/741825
F-74110 Morzine, Tel. 50/790345
Telefax 50/790348
Reservierungszentrale Tel. 50/791157
Schneetelefon 50/759393
F-74260 Les Gets, Tel. 50/758080
Telefax 50/797690
Schneetelefon 50/757555
F-74390 Châtel, Tel. 50/732244
Telefax 50/732287
Landesvorwahlnummer siehe Seite 608.

Kinder Morzine Gästekindergarten ab 2 Monate (l'Outa, Tel. 50792600, ca. FF 93/Halbtag, 193/Ganztag inkl. Mittagessen); Skischule ab 4 Jahre (ca. FF 1349/Woche inkl. Mittagessen) Les Gets Gästekindergarten ab 3 Monate (ca. FF 40/Halbtag, 250/Ganztag inkl. Mittagessen); Skischule ab 5 Jahre (ca. FF 515/Woche ohne Mittagessen) Châtel Gästekindergarten ab 14 Monate (Les Marmottons, Tel. 50733379, ca. FF 65/Halbtag, 120/Ganztag inkl. Mittagessen); Skischule ab 3 Jahre (ca. FF 780/6 Ganztage ohne, 950 mit Mittagessen, unter 10 Jahre inkl. Skipaß), Skischule ab 5 Jahre (je nach Könnensstufe bis zu ca. FF 1880/6 Ganztage inkl. Mahlzeiten, Tests, Skipaß Châtel) Montriond keine Kinderbetreuung La Chapelle d'Abondance kein Gästekindergarten; Skischule ab 5 Jahre (ca. FF 250/6 Tage à 2 Std.)

Ski alpin Testnote ✻✻✻✻✻

Portes du Soleil gesamt (Schweiz und Frankreich)
650 km präparierte Abfahrten:
100 km schwer, 380 km mittel, 170 km leicht
Längste Abfahrt: Chamossière (Morzine), 11,5 km, 1000 m Höhenunterschied, mittel
Die Abfahrt Pleney (Morzine, 500 m lang, mittel) ist jeden Donnerstag bis 22.30 Uhr beleuchtet
Die Abfahrt La Boule de Gomme (Les Gets, 200 m lang, leicht) ist täglich abends beleuchtet
Snowboard-Halfpipe im Skigebiet Avoriaz
Liftkapazität: 230000 Pers./Std.
134 78 11 4

Skipaß-Preise siehe Beilage

Mehrere Skischulen mit 650 Skilehrern

Langlauf Testnote ✻✻✻✻✻

Ca. 240 Loipenkilometer gesamt in den Portes du Soleil (CH und F); Abondance 10 km (mittel bis leicht); Höhenloipe Piste du Brion (1400 bis 1450 m), 3 km Avoriaz 53 km Châtel 23 km; die Loipe Lac de Vonnes (1200 m, 3 km lang) ist abends beleuchtet La Chapelle d'Abondance 35 km (davon 5 km schwierig) Les Gets 18 km (1500 m, 4 km schwierig, Rest leicht bis mittel); Liftticket für die Gondel ca. FF 34 hin und zurück Morzine 80 km (20 km schwierig; je 30 km mittel und leicht); Höhenloipe Super Morzine (1600 bis 1800 m), 12 km Montriond 7 km (leicht) St. Jean d'Aulps keine Loipen mehr.
In allen Orten außer Montriond und St Jean d'Aulps Langlaufunterricht

Weitere Sportmöglichkeiten

Gleitschirmfliegen

Après-Ski

Sportliche Veranstaltungen

Weltcup Ski alpin Damen Slalom und Riesenslalom (Morzine, 4./5. Jan. 94), La Vasipolette (Langlauf im Tal von Abondance, 6. Febr. 94), Raid des Portes du Soleil (ca. 1. Märzhälfte 94)

Spaß macht das Schneeschuhwandern, auch wenn es etwas gewöhnungsbedürftig ist. Morzine veranstaltet täglich Ausflüge. Informationen im Verkehrsbüro.

Hotelempfehlungen: Seite 598 und 599

Le Grand Massif

Vier Skiorte haben sich vor einigen Jahren unter dem Namen Le Grand Massif zusammengeschlossen: Les Carroz, Flaine, Samoëns und Morillon. Zusammen verfügen sie über eines der größten Skigebiete Europas, und doch hat jeder der vier Orte sein eigenes Gesicht, seinen eigenen Charakter behalten.

Daß der Zusammenschluß so ungleicher Partner wie des alten Savoyer Dorfes Samoëns, der modernen Betonburg Flaine, des kleinen Les Carroz auf seiner Bergterrasse und schließlich Morillon, des kleinsten Ortes, gelang, ist eine beispielgebende Leistung.

Samoëns, einer der sympathischsten Skiorte der Hochsavoyer Alpen, hat sich fast unbemerkt zu einem Wintersportplatz entwickelt. Es liegt im Tal der Giffre auf rund 700 Meter. Die geringe Höhe ist hier kein Nach-

teil. Der Schnee fällt reichlich von Dezember bis Ostern – ein meteorologisches Phänomen, das sich durch die Nähe des Mont Blanc erklären mag. Selbst an Ostern gibt es hier garantiert Schnee bis auf 1000 Meter hinunter, von wo die untere Teilstrecke der Kabinenbahn ins Dorf zurückführt. Erst kürzlich hat Samoëns Zuwachs erhalten, und zwar durch die Satellitenstation auf der Terrasse von Saix auf 1627 Metern. Man erreicht die Station mit einer Kabinenbahn oder per Auto.

Samoëns ist auch ein gutes Revier für Langläufer. Der fast ebene Talgrund der Giffre bietet ihnen ein günstiges Gelände. Die Loipen durchqueren zum Teil die schönen Wälder zwischen Samoëns und Morillon.

Die Geburtsstunde von **Flaine** schlug, als der Unternehmer und Mäzen Eric Boissonas eines Tages dieses Gelände entdeckte. Es war wohl Liebe auf den ersten Blick für ein Gebiet, das vorher eine abgelegene Alp und im Winter eine »weiße Wüste« war. Mit enormem Aufwand schuf er eine der großen Skistationen Frankreichs. Neben dem Wintersport sollten auch Kunst und Kultur zu ihrem Recht kommen. Und so wurde Marcel Breuer, einer der berühmtesten Architekten Amerikas, eingeladen, eine neuartige Siedlung zu entwerfen. Es ist klar, daß es nicht Breuers Ehrgeiz sein konnte, in dieser Umgebung einen klassischen Wintersportort nach alpenländischem Muster zu realisieren. Er baute eine ultramoderne Höhenstation, in der sich Beton, Felsen und Schnee gut vertragen. Später wurden auch große zeitgenössische Künstler wie Vasarély, Topor, Sonia Delaunay, Picasso um ihre Mitarbeit gebeten.

Der Ort ist in drei Sektionen aufgeteilt: Front-de-Neige mit einigen Apartmenthäusern, Flaine-Forum mit Einkaufszentrum, Hotels und Restaurants und Flaine-Forêt, ein riesiger Apartmentkomplex. Flaine ist autofrei, Autos müssen außerhalb der Station geparkt werden. Nur zum Be- und Entladen darf das Auto kurz vor dem Hotel stehen bleiben.

In Sachen Skifahren genießt Flaine internationalen Ruf, den es auch tatsächlich verdient. Es gibt hier alle Arten von Pisten: leichte, wie die »Mephisto-«, »Faust-« und »Lucifer-« Piste und schwierige, vor allem im Gebiet der Grandes Platières.

In Gers, einem weiten, wunderbaren Gebiet fürs Tiefschneefahren, findet der Individualist tiefen Pulverschnee fast während des ganzen Winters. Diese – übrigens überwachte – Sektion ist wohl das Großartigste in Flaine. Wegen Lawinengefahr müssen die Hänge von Gers allerdings öfter geschlossen werden.

Auf der sonnigen Südseite wurde beim alten Bergbauern-Weiler **Les Carroz** schon vor dem Zweiten Weltkrieg ein Skilift errichtet. Danach entwickelte sich der Wintertourismus stetig, geriet aber nach der Eröffnung von Flaine etwas ins Stokken. Heute ist das Skigebiet von Les Carroz mit dem von Flaine verbunden, und die Pisten greifen auch über den Grat von Pré des Saix hinüber nach **Morillon,** vier Kilometer talauswärts von Samoëns, im Tal der Giffre gelegen.

Le Grand Massif
Flaine, 1600 m, **Morillon,** 682 m
Les Carroz, 1140 m
Samoëns, 800 m

Skigebiet: 682–2500 m
3000 Einwohner, 43 400 Gästebetten
Saison: Dezember bis April

Anreise Autobahn Bern, Genf, Ausfahrt Cluses oder Flaine, oder Vevey, Martigny, Chamonix, Cluses (Bahnstation, von dort Busverbindungen in die Skigebiete)
Entfernungen von KA: 507 km, S: 572 km, UL: 585 km, M: 652 km

Information
Vertretung in Deutschland: Maud Girault, Memelstr. 45, 45259 Essen,
Tel. 02 01/46 55 21 (vormittags)
Telefax 02 01/46 10 54
Office du Tourisme:
F-74300 Flaine, Tel. 50/90 80 01
Telefax 50/90 86 26
F-74300 Les Carroz, Tel. 50/90 00 04
Telefax 50/90 07 00
Schneetelefon Tel. 50/53 17 11
Landesvorwahlnummer siehe Seite 608.

Kinder Flaine Betreuung möglich ab 6 Monate; Gästekindergarten ab 3 Jahre (Flaine Junior, ca. FF 105/Halbtag, 210/Ganztag inkl. Mittagessen); Skischule ab 3 Jahre (Rabbit-Club, ca. FF 1050/6 Tage inkl. Mittagessen)
Les Carroz-Cluses Gästekindergarten ab 3 Monate (ca. FF 69/Halbtag); Skischule ab 3 Jahre (ca. FF 680/6 Halbtage)

BESONDERS SCHNEESICHER FLAINE

Ski alpin Testnote ✻✻✻✻

260 km präparierte Abfahrten:
25 km schwer, 185 km mittel, 50 km leicht
Längste Abfahrt: »Mephisto«, 5 km Länge, 880 m Höhenunterschied, mittel
Die Abfahrt Les Timalets (Les Carroz-Cluses, 600 m lang, mittel) ist dreimal pro Woche von 19 bis 22.30 Uhr beleuchtet
Liftkapazität: 55 500 Pers./Std.

46 26 4 1

Skipaß-Preise siehe Beilage
3 Skischulen mit 110 Skilehrern

Langlauf Testnote ✻✻✻✻

Samoëns 50 Loipenkilometer Les Carroz 64 Loipenkilometer (34 km schwierig, 22 km mittel, 8 km leicht); Höhenloipe Obsidienne (1500 m), 12 km lang, schwierig; Langlaufunterricht; Loipengebühr ca. FF 25/Tag, FF 110/Woche; Flaine 9 km; 4 Skateloipen über 8 km Länge; Langlaufunterricht

Weitere Sportmöglichkeiten
Motorschlittenfahrten, Gleitschirmfliegen

Après-Ski
Bibliothek, Kunstgalerie

Spazierfahrten mit dem Motorschlitten, am späten Nachmittag, wenn die Pisten geschlossen sind und die Lifte stillstehen: auch so läßt sich das Skigebiet entdecken (Flaine, Snow Ski, Tel. 50 90 83 06).

Hotelempfehlungen: Seite 598 und 599

Das Tal von Chamonix

Die Bergsteiger-Metropole Chamonix ist ein Ort alpiner Superlative: Sie gilt als eines der berühmtesten Wintersportzentren der Alpen, besitzt die längste und höchste Seilbahn der Welt, war Austragungsort der ersten Olympischen Winterspiele, und schließlich ist da der Mont Blanc, mit 4807 Metern der höchste Gipfel Europas.

An den Hängen des 15 km langen Tales von Chamonix sind Skipisten aller Schwierigkeitsgrade erschlossen. Man kann sie jeweils von den Orten Le Tour, Argentière, Les Praz und Les Houches aus erreichen.
Am Ende des Tals, oberhalb von **Le Tour,** finden sich vorwiegend leichte Pisten an den Hängen des Col de Balme (2204 m). Die Skilifte und Skipisten ermöglichen guten Skiläufern, das Revier auch auf die schweizerische Seite auszudehnen. (Über Tourenfahren von La Tour aus unten mehr.)
Fährt man weiter talwärts, gelangt man in das Dorf **Argentière,** überragt von der eindrucksvollen Aiguille Verte (4121 m). An ihren Flanken erstreckt sich zwischen 2300 und 3100 m Höhe die Domäne der geübteren Skifahrer. Mit der Luftseilbahn Lognan – Les Grands Montets erreicht man eine der schönsten Pisten der Region, die entlang des Argentière-Gletschers verläuft. Das Gebiet der Grands Montets ist ein weltbekanntes Dorado für das sogenannte Variantenfahren außerhalb der Skipisten. Die Dreier-Kabinenbahn, die ebenfalls am Croix de Lognan (1965 m) startet und zum Bochard (2800 m) hinaufführt, erschließt weitere, besonders schöne Pisten und freie Tiefschneehänge.
Das Dorf **Les Praz** ist im Laufe der Jahre mit Chamonix zusammengewachsen. Von hier aus führt eine ultra-moderne Großkabinenbahn ins Skigebiet von La Flégère, das mit seinen Südhängen dem Mont-Blanc-Massiv gegenüberliegt. Von der Bergstation La Flégère aus führen

herrliche Touren in das Gebiet der Aiguilles Rouges, und von der Terrasse aus bietet sich das phantastische Panorama mit dem Tal von Chamonix und dem Mont Blanc.
Die vorletzte Etappe der Fahrt entlang der Arve ist **Chamonix.** Die Stadt liegt im Tal zwischen den beiden Gipfeln Aiguille du Midi (3842 m) und Le Brévent (2525 m). Die Hänge des Brévent sind im oberen und im unteren Teil streckenweise steil und schwierig, im mittleren Abschnitt dagegen leicht. Auf der gegenüberliegenden Talseite befindet sich ein excellentes Tourenskigelände, und die Gletschertour durch das Vallée Blanche ist eines der aufregendsten Skierlebnisse in den Alpen.

Im Dorado der Pisten- und Variantenfahrer: der Col des Grands Montets unterhalb der – von einer Seilbahn erklommenen – Aiguille des Grands Montets.

Die Bergstation der Aiguille du Midi erreicht man bequem mit der Luftseilbahn. Von hier muß man allerdings zu Fuß über den 300 m langen, mit einem Seil notdürftig gesicherten Schneegrat gehen, der nur für schwindelfreie und trittsichere Fahrer geeignet ist. Die 18 km lange Gletscherabfahrt ist dagegen leicht zu fahren, da sie »nur« aus sanften Hängen besteht. Dieses Gelände ist indes voller Tücken: Zahlreiche Gletscherspalten, zum Teil offen, zum Teil mit Schneebrücken überdeckt, müssen umfahren werden. Der schwierigste Teil dieser Route ist die 1 km lange Durchquerung des Gletscherabbruchs mit seinen Eisblöcken.
Die Abfahrt durch das Vallée Blanche sollte nur in Gruppen von mindestens drei Personen unter der Leitung eines Führers unternommen werden. In den Rucksack gehören: ein Gletscherseil, Verpflegung und warme Kleidung. Das Wetter im »Windkanal« des Mer de Glace kann innerhalb weniger Minuten umschlagen! Ab Mitte März gehören auch ein Paar leichte Schuhe ins Gepäck, da dann das letzte Teilstück schneefrei ist und der Rückmarsch in Skischuhen nach dieser Tour sehr ermüdend sein kann.
Am Eingang des Tals von Chamonix, etwas oberhalb der Hauptstraße, liegt, von mehreren Gletschern überragt, **Les Houches.** Es ist ein weitgestreuter Ort mit einem hübschen, kleinen Dorfkern und gemütlicher Atmosphäre.
Wie in vielen anderen französischen Wintersportorten sind auch hier die Straßen in einem beklagenswerten Zustand. Während der Schneeschmelze kann ein Spaziergang durch das Dorf zu einer ziemlich nassen Angelegenheit werden. Im Hochwinter scheint die Sonne nur sehr spärlich, eine große Anzahl von Stammgästen dennoch beweist, daß Les Houches ein beliebter Urlaubsort ist. Die meisten Pisten sind nicht besonders schwierig. Die »Rote Piste« von Bellevue, die eine Länge von 2,5 km und eine Höhendifferenz von 820 m aufweist, besteht aus einer Reihe von Steilhängen und Schußstrecken und wird daher gerne von technisch fortgeschrittenen Fahrern gewählt. Die »Blaue Piste« vom Col de Voza ist 3,3 km lang und hat eine Höhendifferenz von 650 m. Sie zieht sich wie ein breiter Boulevard in weitem Bogen durch den Wald und gefällt Anfängern ebenso wie anspruchsvollen Fahrern. Die einen kurven sanft hinunter, die anderen lassen es »rauschen« – je nach Lust, Laune und Vermögen.
Die Region des Mont-Blanc-Massivs ist eines der vielseitigsten Skigebiete der Alpen für Skitouren und Abfahrten außerhalb der markierten Pisten. Einige Luftseilbahnen führen so hoch hinauf, daß man auch ohne Felle und lange Aufstiege viele Möglichkeiten hat.
Mit den Bahnen von Lognan – Les Grands Montets können verschiedene Gletschergebiete erreicht werden. Der Pas de Chèvre ist eine bei Skiwanderern sehr beliebte Route. Von der Endstation Les Grands Montets aus umfährt man den Fuß der beiden Drus (3754 m) und taucht dann auf das Mer de Glace hinunter. Im glei-

Das Tal von Chamonix

chen Gebiet findet man eine Anzahl von »Combes« (Mulden), die man von der Endstation der Kabinenbahn des Bochard aus erreicht. Hier ist der Schnee den ganzen Winter über von bester Qualität. Die Pistenpatrouilleure geben Auskunft über den Zustand der »Combes« und der Seitentäler.
Le Tour ist Ausgangspunkt für die »Combes de la Vomaine«; dort herrscht aber, solange die Lawinen noch nicht gesprengt sind, Schneebrettgefahr. Von der Bergstation der Kabinenbahn Le Tour – Charamillon kann man über Les Jeurs nach Le Châtelard auf die Schweizer Seite des Col de Balme (2204 m) abfahren. Bei dieser Tour darf der Personalausweis nicht vergessen werden. Von der Station aus muß man etwa eine halbe Stunde zu Fuß aufsteigen. Von Le Châtelard bringt ein Zug die Skifahrer über Vallorcine in 45 Min. zurück nach Chamonix.
Die berühmteste Tourenabfahrt beginnt auf dem Mont Blanc selbst. Seitdem das Helikopter-Skiing in den französischen Alpen verboten wurde, bleibt nur der zünftige Aufstieg nach »Anfahrt« mit der Kabinenbahn nach Plan de l'Aiguille. Die Abfahrt verläuft über den Col du Dôme, die Grands Mulets zurück zur Plan de l'Aiguille. Von hier aus kann man die Seilbahn nehmen oder weiter bis nach Chamonix abfahren.
Das Tal von Chamonix hält für den Langläufer Loipen über fast 50 Kilometer Länge bereit. Die längsten Teilstrecken sind entlang der Arve zwischen Chamonix und Argentière zu finden.
Natürlich gibt es auch für Nicht-Skifahrer zahlreiche sportliche Möglichkeiten. So haben u. a. vor einigen Jahren die Drachenflieger diese Gegend entdeckt.

Blick von der (seilbahnerschlossenen) Aiguille du Midi (3842 m) zum Grand Jorasse (links) mit Rochefortgrat zum Dent de Géant (rechts). Die Aiguille du Midi ist Startpunkt zur berühmten Tour durch die Vallée Blanche – wie auch die Pointe Helbronner (rechts, nicht sichtbar, über dem Glacier du Géant), die mit der Aiguille du Midi durch eine Gondelbahn verbunden ist.

Gewaltige Gletscherabbrüche erschrekken und faszinieren in der Eisregion der Mont-Blanc-Gruppe, sei es in der berühmten Vallée Blanche, in der Mer de Glace oder auf dem Glacier d'Argentière.

Das Tal von Chamonix, 1020–1480 m
Chamonix, Argentière, Les Houches

Skigebiet: 1020–3842 m
Chamonix 10000 Einwohner, 60000 Gästebetten
Saison: Mitte Dezember bis Ende April

Anreise Autobahn Genf und Autobahn »Blanche«. Mont-Blanc-Gruppe. Oder Lausanne, Martigny, Col des Montets (evtl. Schneesperren), Argentière. Bahnstationen sind Argentière, Chamonix, Les Houches und St-Gervais, von hier Busverbindungen
Entfernungen von KA: 467 km, S: 515 km, UL: 475 km, M: 542 km

Information
Office du Tourisme:
F-74400 Chamonix, Tel. 50/530024
Telefax 50/535890
Schneetelefon 50/532000
F-74400 Argentière: 50/540214
F-74310 Les Houches, Tel. 50/555062
Reservierungszentrale: Tel. 50/532333
Landesvorwahlnummer siehe Seite 608.

Kinder Chamonix Betreuung möglich ab 3 Monate; Gästekindergarten ab 3 Jahre (Panda-Club, ca. FF 110/Halbtag, 250/Tag inkl. Mittagessen) und 4 Jahre (E.S.F., Skischule, ca. FF 70/Halbtag, 210/Tag inkl. Mittagessen); Skischule ab 6 Jahre (Panda-Club ca. FF 1275, E.S.F. ca. FF 1050 jeweils pro Woche inkl. Mittagessen)

Ski alpin Testnote ❄❄❄❄

Skigebiet gesamt
100 km präparierte Abfahrten:
30 km schwer, 43 km mittel, 27 km leicht
Liftkapazität: 57210 Pers./Std.
28 17 5 6

Skigebiet Col de Balme
21,8 km präparierte Abfahrten:
10 km mittel, 11,8 km leicht
Liftkapazität: 8250 Pers./Std.
4 2 1

Skigebiet Les Grands Montets
32,4 km präparierte Abfahrten:
15,8 km schwer, 12,9 km mittel, 3,7 km leicht
längste Abfahrt: Les Grands Montets – Argentière, 8 km Länge, 2070 m Höhenunterschied, mittel bis schwierig
Liftkapazität: 12750 Pers./Std.
6 2 1

Skigebiet Aiguille du Midi
keine präparierten Abfahrten
längste Tiefschneeabfahrt: durch das Vallée Blanche (Hochgebirgstour!), insgesamt 20 km (14 km Gletscher, 6 km zurück durch das Vallée)
Liftkapazität: 400 Pers./Std
1

Skigebiet Le Brévent
23 km präparierte Abfahrten:
7 km schwer, 12 km mittel, 4 km leicht
längste Abfahrt: Le Brévent – Chamonix, 9,4 km Länge, 1460 m Höhenunterschied, schwierig bis leicht
Liftkapazität: 9600 Pers./Std.
4 3 1 1

Skigebiet La Flégère
18 km präparierte Abfahrten:
5 km schwer, 8 km mittel, 5 km leicht
längste Abfahrt: L'Index – Les Praz, 7,5 km, 1400 m Höhenunterschied, schwer bis mittel
Liftkapazität: 5890 Pers./Std.
3 1 1

Skipaß-Preise siehe Beilage

Tiefschneereviere: Mont Blanc-Gebiet
Skischulen mit ca. 300 Skilehrern

Langlauf Testnote ❄❄

41,5 Loipenkilometer (14 km schwierig, 11 km mittel, 16,5 km leicht); Höhen- und längste Loipe: Chamonix – Argentière (1035 – bis 1250 m), Rundkurs 32 km lang; Loipengebühr ca. FF 25/Tag, 120/Woche; Langlaufunterricht

Weitere Sportmöglichkeiten

Après-Ski
DISCO KINO
Bücherei, Bridge-Club

Sehenswert sind die Ausstellungsstücke – samt einer Bergkristallsammlung – im Alpinmuseum von Chamonix (Tel. 50/532593, La Résidence, av. Michel Croz, täglich geöffnet von 15 bis 19 Uhr).

Hotelempfehlungen: Seite 598 und 599

Megève mit Combloux, St-Gervais, Les Contamines

Megève galt bis in die fünfziger Jahre als die französische Hochburg des Wintersportes. Andere Skistationen haben dem eleganten und mondänen Dorf diesen Titel inzwischen streitig gemacht.

Durch strenge Gesetze, die die traditionelle Bauweise vorschreiben, konnte sich in **Megève**, trotz vieler Hotelbauten, ein intaktes Dorfbild erhalten. Fast die Hälfte seiner Gäste fährt nicht Ski, sie verbringt ihre Zeit entweder mit Schaufensterbummeln in den engen Straßen, in denen es zahllose Luxus-Boutiquen und Antiquitätengeschäfte gibt, oder sie sonnt sich auf den Terrassen der Höhenrestaurants am Rochebrune oder Mont d'Arbois. Die Unternehmungslustigeren unter ihnen begeben sich vielleicht auch mal auf das 50 Kilometer lange Wanderweg-Netz.

Megève gehört auch heute noch zu den bedeutendsten Skiorten Frankreichs. Immerhin findet man genügend schwarze (schwierige) Pisten neben roten, blauen und grünen, verteilt auf die vier Hauptskigebiete Jaillet-Christomet, Rochebrune, Mont d'Arbois und Cote 2000.

Rochebrune und Cote 2000 sind lift- und pistenmäßig eine Einheit. Auch die Gebiete Rochebrune und Mont d'Arbois sind direkt miteinander verbunden.

Nur einige Minuten vom belebten Megève entfernt liegt **Combloux,** das genaue Gegenteil eines »lauten« Wintersportortes. Von diesem bescheidenen Savoyer Dorf, das sich

Megève, 1113 m, **Combloux,** 986 m, **Saint Gervais,** 850 m

Skigebiet: 850–2350 m
Megève 4876 Einwohner, 42 460 Gästebetten Combloux 1764 E., 10 000 G. St-Gervais 5000 E., 20 000 G.
Saison: Mitte Dezember bis Mitte April

Anreise Genf, Cluses, Sallanches, Skigebiete. Bahnstation ist Sallanches – St-Gervais – Le Fayet (Busverbindungen). Entfernungen von KA: 500 km, S: 540 km, UL: 500 km, M: 570 km

Information
Office du Tourisme
F-74120 Megève, Tel. 50/21 27 28
Telefax 50/93 03 09
F-74920 Combloux, Tel. 50/58 60 49
Telefax 50/93 33 55
F-74170 Saint Gervais, Tel. 50/47 76 08
Telefax 50/47 75 69
Landesvorwahlnummer siehe Seite 608.

Kinder Megève fünf Gästekindergärten ab 1 oder ab 3 Jahre (von ca. FF 180 bis zu 345 pro Tag je nach Zusatzleistungen); Skischule ab 5 Tage (ca. FF 650/6 Tage à 4 Std. ohne Mittagessen)
Combloux Gästekindergarten ab 3 Jahre (ca. FF 68/Halbtag, 160/Ganztag inkl. Mittagessen); Skischule ab 5 Jahre (ca. FF 280/6 Tage à 2 Std.)
St-Gervais Gästekindergarten ab 6 Monate (ca. FF 78/Halbtag, 165/Ganztag inkl. Mittagessen); Skikindergarten ab 4 Jahre (bis zu ca. FF 902/Woche inkl. Mittagessen; Betreuung ohne Skikurs ca. FF 40/Tag); Skischule ab 6 Jahre (bis zu ca. FF 560/Woche ohne Mittagessen)

Ski alpin Testnote ❄❄❄❄

Skigebiet Mont Blanc-Gruppe gesamt
680 km präparierte Abfahrten
aller Schwierigkeitsgrade
Liftkapazität: 189785 Pers./Std.
190 Aufstiegsanlagen

Skigebiet Rochebrune-Côte 2000
71 km präparierte Abfahrten:
33 km schwer, 29 km mittel, 9 km leicht
Liftkapazität: 23395 Pers./Std.
13 4 2 1

Skigebiet Le Jaillet-Christomet
26 km präparierte Abfahrten:
11 km schwer, 10 km mittel, 5 km leicht
Liftkapazität: 10700 Pers./Std.
5 4 1

Skigebiet Mont d'Arbois
(Megève – Saint Gervais)
53 km präparierte Abfahrten:
9 km schwer, 21 km mittel, 23 km leicht
Längste Abfahrt: Princesse, 3,8 km Länge, 770 m Höhenunterschied, schwer
Liftkapazität: 30000 Pers./Std.
23 11 3 1

Skigebiet Saint-Gervais – Mont Blanc
120 km präparierte Abfahrten:
30 km schwer, 60 km mittel, 30 km leicht
Liftkapazität: 35000 Pers./Std.
25 10 1 1 1

Skigebiet Le Jaillet-Combloux
60 km präparierte Abfahrten:
20 km schwer, 20 km mittel, 20 km leicht
Liftkapazität: 22500 Pers./Std.
5 9 1

Skipaß-Preise siehe Beilage
Tiefschneereviere: Christomet, Côte 2000, Mont Joly, Alpette, Jouty-Combloux
Skischulen mit ca. 200 Skilehrern

Langlauf Testnote ❄❄❄❄

Megève 67,5 Loipenkilometer (15 km schwierig, 29 km mittel, 23,5 km leicht); höchste Loipe: Côte 2000 (1462–1502 m), 10 km, mittel; Loipengebühr ca. FF 30/Tag, 120/Woche St. Gervais 30 km (12 km mittel, 18 km leicht), höchste Loipe: Prarion (1900 m), 5 km, leicht Combloux 12,5 km (1250–1350 m, 7 km mittel, 5,5 km leicht); Loipengebühr ca. FF 20/Tag, 120/Woche. In allen drei Orten Langlaufunterricht

Weitere Sportmöglichkeiten

Eishockey, Gleitschirmfliegen

Après-Ski

Casino, Bridge-Club, Bücherei, Piano-Bar

Sportliche Veranstaltungen

Intern. Eishockey-Turnier Mont Blanc (Ende Dez. 93), Intern. Curling-Turnier (Jan. 94), 4. Triathlon Mont Joly (Ski alpin, Langlauf, Gehen, Jan. 94), Coupe de France de Biathlon (Febr. 94), Grand Prix Langlauf (Febr. 94), Skispringen (Febr. 94), Intern. Festival Humor und Theater (März 94), Telemark classic (März 94), Grand Prix Hundeschlittenrennen (März 94), 3. Grand Prix Snowboard/Monoski (März oder April 94)

Ski und Französisch gut: Das Institut Français hält Sprachkurse in Megève ab. Der einwöchige Kurs (mit 17 ½ Stunden) allein kostet ca. FF 1230, für Kurs und Unterkunft und Skipaß muß man mit ca. FF 5145 rechnen. Informationen beim Institut Français in F-34690 Fabregues, Tel. 67/851355, Fax 67/852820.

Hotelempfehlungen: Seite 598 und 599

auf nahezu 1000 Meter Höhe an den Berg schmiegt, kann man die wohl schönste Aussicht auf den Mont Blanc und auf sieben Viertausender genießen. Der Ort, der durch das Gebiet von Le Jaillet-Christomet direkt mit Megève verbunden ist, verfügt über leichte, abwechslungsreiche Pisten, die meist durch den Wald führen und für Anfänger geeignet sind.
St-Gervais-Mont Blanc (vormals Les Bains) gehört nicht nur zu den ältesten französischen Sommerfrischen in den Alpen, sondern es ist darüber hinaus seit mehr als 100 Jahren ein gern besuchtes Schwefelheilbad. Darüber hinaus ist es dem Kurort gelungen, sich als Wintersportdestination einen Namen zu machen – natürlich mit begünstigt durch die räumliche Nähe von Megève. Seine Skihänge sind mit denen von Megève über die Pisten des Mont d'Arbois verbunden. Auf der anderen Seite erreicht man mit der Tramway du Mont-Blanc (T.M.B.) die Pisten bei Les Houches im Tal von Chamonix.
Südlicher Nachbar von Saint-Gervais ist, in einem Nebental der Arve gelegen, **Les Contamines,** das demnächst durch einen Skilift auf den Hängen von Saint-Nicolas-de-Veroce mit St-Gervais verbunden werden soll. Das alte Dorf Les Contamines hat bis jetzt nichts von seinem Reiz eingebüßt, obwohl es immer größer wird und die Zahl seiner Skilifte und Pisten ständig zunimmt. Der höchste und gleichzeitig schnee- und sonnenreichste Teil des Skigebietes mit leichten und mittleren Pisten liegt am Col du Joly auf 1900–2200 Metern Höhe.

Le Grand-Bornand mit Le Chinaillon

Die Gebirgskette »Chaîne des Aravis« liegt zwischen dem Mont-Blanc-Massiv und dem Becken von Genf. Der höchste Punkt erreicht 2750 Meter, hoch genug, daß die vom Westwind herangeführten Wolken hier ihre ersten Schneeladungen ausschütten.

Am Westfuß der Aravis-Kette liegt, in einem Seitental, die alte, in Frankreich wohlbekannte Ortschaft Le Grand-Bornand. Sie hat sich einen Namen gemacht durch ein Produkt, das von hier in alle Welt exportiert wird, den zartschmelzenden Reblochon-Käse.

Le Grand-Bornand hat sich zwar erst relativ spät zum Wintersportort entwickelt, dann aber ungeheuer rasch. Vor Jahren, als man im Nachbarort La Clusaz die Berghänge schon mit Seilbahnen erschlossen hatte, gab es nur beim Weiler Le Chinaillon (sechs Kilometer talaufwärts von Le Grand-Bornand) drei oder vier kleine Skilifte. Heute hat sich diese Zanl nahezu verzehnfacht.

»Die Hälfte unseres Skigebietes ist noch zu erschließen«, erklärt stolz der Leiter des Fremdenverkehrsamtes. Man sei bereit, alle umliegenden Gipfel zu »erstürmen«, vielleicht sogar eines Tages die 2752 Meter hohe Pointe Percée. Aber die Naturschützer sind wachsam, und deshalb sind weite Teile der sehr abwechslungsreichen Landschaft bis heute noch unverdorben.

Das Hauptskigebiet erreicht man von den beiden Talorten Le Grand-Bornand-Village auf 1000 Metern und Le Chinaillon auf 1300 Metern Höhe aus. Le Chinaillon ist Ausgangspunkt für die meisten Skilifte, Le Grand-Bornand-Village ist mit den Skihängen am Lachat (2050 m) und La Floria (1800 m) durch eine Luftseilbahn verbunden. Außerdem verkehrt zwischen den Orten ein Pendelbus.

Die Hänge sind gegen Westen und Norden gerichtet und ziehen sich bis zum Gipfel des Mont Lachat hinauf. Häufige und ergiebige Schneefälle schaffen gute Bedingungen bis Ende Februar. Später darf man in tieferen Lagen nicht mehr die besten Schneeverhältnisse erwarten. Die offenen – und im oberen Teil meist baumlosen – Hänge bieten im allgemeinen leichte bis mittlere Abfahrten auf breiten und gut präparierten Pisten. Anspruchsvollere Fahrer werden nicht gefordert, ein Gebiet also für Anfänger und Familien. Da, wie gesagt, die Skigebiete von Le Grand-Bornand und von Le Chinaillon miteinander verbunden sind, verteilt sich die Skifahrermenge. Während der Woche gibt es kaum Wartezeiten an den Liften. Wenn an schönen Sonntagen allerdings die Skifahrer von Annecy und Genf in hellen Scharen anreisen, muß man sich in Geduld üben.

Als Abwechslung für Pistenfahrer und für Freunde des Langlaufsportes unterhält Le Grand-Bornand viele

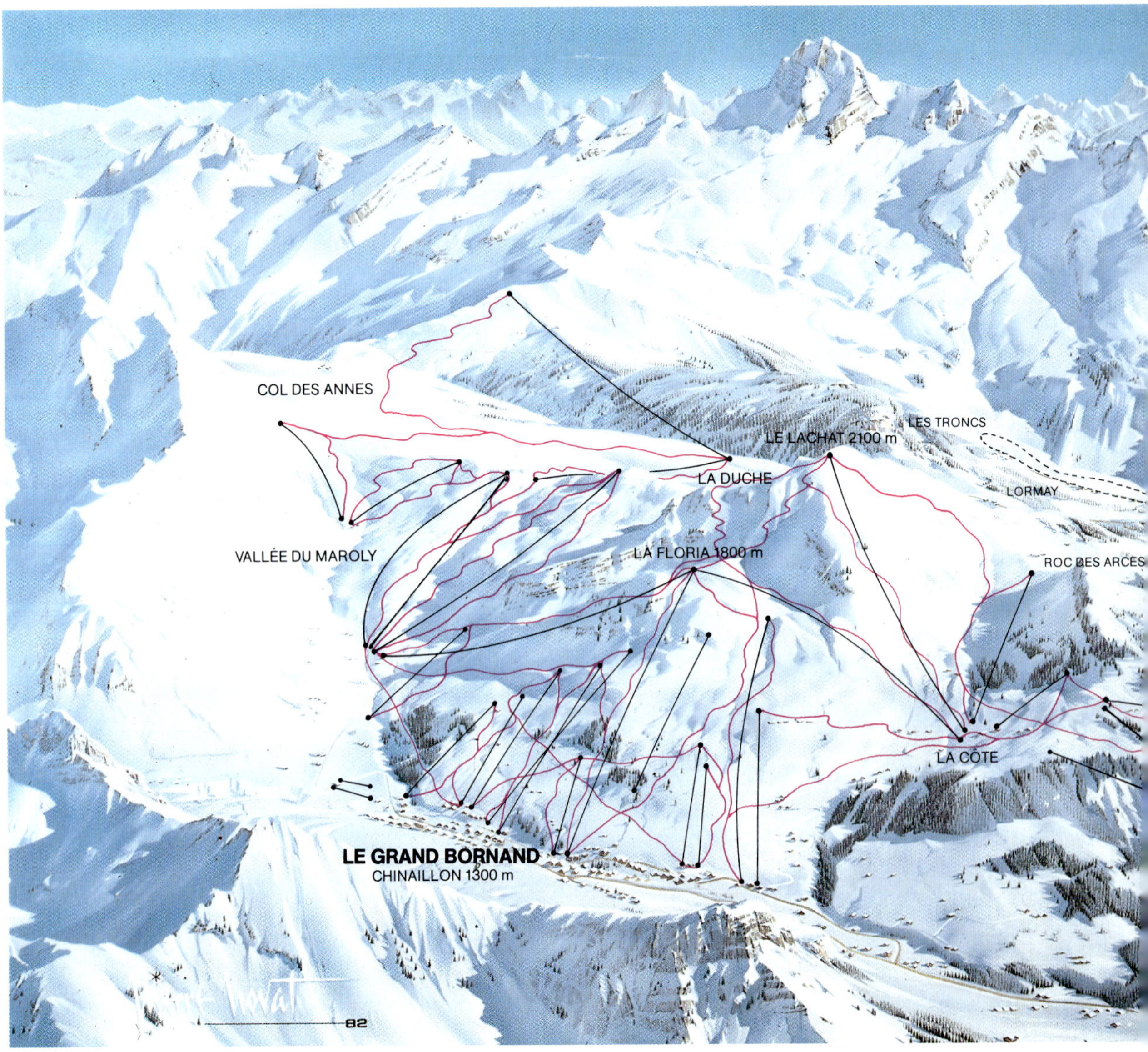

Loipen und Skiwanderwege. Sie führen in das landschaftlich sehr ansprechende Tal von Le Bouchet. Im »Centre nordique« findet man Wachsräume, Duschen usw. Dieses nicht lawinengefährdete Tal wird auch gerne von Skiwanderern besucht, die ihre Spur durch stille Wälder und über unberührte Hänge ziehen.
In Le Grand-Bornand gibt es nur einige kleinere Hotels, dagegen aber eine große Anzahl von Apartmenthäusern und Chalets. Das Verhältnis der Bettenzahl in Hotels und in Ferienwohnungen beträgt 1 : 14 und dürfte kaum von einem anderen französischen Skiort erreicht werden. Entsprechend zahlreich und auch gut sortiert sind die Einkaufsläden. Leider herrscht jedoch ausgesprochener Mangel an Parkmöglichkeiten.
Das Nachtleben in Le Grand-Bornand ist bescheiden, aber möglich. Wer gerne gut ißt und insbesondere die Produkte und Spezialitäten der Gegend zu schätzen weiß, kommt in den zahlreichen Restaurants auf seine Rechnung. In erster Linie ist natürlich der eingangs erwähnte Reblochon zu nennen, der mit einem Glas savoyischem Gamay besonders gut schmeckt. Auch nicht zu verachten sind der köstliche einheimische Berghonig, der aromatisch-kräftige Räucherschinken und der mehr als nur kräftig schmeckende Enzianschnaps.
Am Abend stehen für einige Nimmermüde Diskotheken bereit. Außerdem gibt es ein Kino mit täglich wechselndem Programm, Bars und einen Nachtclub.

Schnurstracks per Lift ins überwiegend unkomplizierte Skirevier von Le Grand-Bornand. Doch Buckelhänge wie die im Hintergrund werden auch höheren Ansprüchen gerecht.

Le Grand-Bornand, 1000 m
Le Chinaillon, 1300 m

Skigebiet: 1000–2100 m
1950 Einwohner, 17 480 Gästebetten
Saison: Mitte Dezember bis Mitte April

Anreise Genf, Autobahn »Blanche« bis Ausfahrt Bonneville, Le Grand-Bornand. Bahnstation ist Annecy, von dort Busverbindungen ins Skigebiet
Entfernungen von KA: 508 km, S: 573 km, UL: 546 km, M: 613 km

Information
Office du Tourisme Le Grand-Bornand
F-74450 Le Grand-Bornand,
Tel. 50/02 20 33 Le Grand Bornand-Dorf
Telefax 50/02 31 01
Chinaillon Tel. 50/27 00 40,
Telefax 50/02 31 01
Landesvorwahlnummer siehe Seite 608.

Kinder Gästekindergarten ab 8 Monate (ca. FF 77/Halbtag, 142/Ganztag inkl. Mittagessen); Skischule ab 4 Jahre (ca. FF 500/ 6 Tage à 3 ½ Std. ohne Mittagessen)

Ski alpin Testnote ❄❄❄

42 präparierte Abfahrten über 65 km Länge, 5 km schwer, 20 km mittel, 40 km leicht
Längste Abfahrt: Envers, 4 km Länge, 1000 m Höhenunterschied, mittel
Liftkapazität: 35 000 Pers./Std.

25 11 2

Skipaß-Preise siehe Beilage
Skischule mit 80 Skilehrern

Langlauf Testnote ❄❄❄

50 Loipenkilometer; Verbindungsloipe nach La Clusaz, 14 km; einmal wöchentlich ist die 1 km lange Dorfloipe beleuchtet; Biathlonstrecke im Vallée du Bouchet; Loipengebühr ca. FF 25/Tag, 110/Woche; Unterricht

Weitere Sportmöglichkeiten

Schneeschuhwandern, Fitneß-Center, Gleitschirmfliegen

Après-Ski

Bibliothek, Ausstellungen

Après-Tip: Zum Eislaufplatz gehen. Der Eintritt kostet ca. FF 20, Schlittschuhe werden für ca. FF 20 verliehen.

Hotelempfehlungen: Seite 598 und 599

La Clusaz

Eingebettet in die Aravis-Bergkette, einen feingezackten hohen Wall aus Kalkgestein, liegt das sehr abwechslungsreiche Skigebiet von La Clusaz, das heute zu den berühmten Wintersportorten in den französischen Alpen gehört.

Noch Anfang der dreißiger Jahre haben die Dorfbewohner den ersten, von Annecy angereisten Skiläufern heftig Widerstand geleistet, indem sie Mist auf die Hänge streuten und ihre Felder mit Pfählen bestückten. Die Nachfahren dieser wehrhaften Bergbauern haben mittlerweile ihre Waffen gestreckt. Heute sind sie Geschäftsleute, Skilehrer und Immobilienmakler, oder sie führen einen Skiliftbetrieb.

Das Skigebiet von La Clusaz ist sehr abwechslungsreich und schließt auch schwierige, durch den Wald führende Pisten mit ein. Tagsüber vergnügen sich die Skifahrer an den Hängen der Pointe des Verres (2616 m), des Massif de l'Aiguille (2400 m), des Massif de l'Etale (2400 m) und des Massif de Beauregard (1690 m).

Schade nur, daß die Sonne – vor allem im Januar – nur mühsam zu dem von seinen Bergen umringten Ort durchdringt. Doch die Schneesicherheit von Weihnachten bis Ostern macht diesen Mangel wieder wett.

Die Abfahrten in La Clusaz fordern den anspruchsvolleren Pistenfan. Es gibt zahlreiche »rote« und »schwarze« Pisten, von denen einige, wie zum Beispiel La Noire von Beauregard, recht eindrucksvoll sind. Dieser steile Engpaß führt direkt durch den Wald. Dort, wo die Strecke ohne Bodenwellen ist, wird das Skifahren allerdings zum wahren Genuß.

Im Etale-Gebiet und an der Pointe des Verres gibt es weitere steile und schwierige Abfahrten. Anfänger tummeln sich da eher bei den Skiliften Les Joux und Le Laquais oder auf der Höhe des Beauregard. Könner kommen auch an der Aiguille (2400 m) und den Hängen der Juments (2000 m) auf ihre Kosten.

Für Tiefschneefans gibt es vor allem im Gebiet von Merdassier zahlreiche Möglichkeiten, ihrem Lieblingssport zu frönen. Bei genügend Schnee ist die Abfahrt nach Thônes, einem nur 626 Meter hoch gelegenen Städtchen, ebenfalls empfehlenswert: Zum Ausgangsort führt die Seilbahn von Beauregard. Von da aus fährt man auf sanften Hängen – teils durch den Wald, teils über Weiden – ins Tal von Thônes. Die sehr schöne Strecke ist acht Kilometer lang.

Auch Langläufer sind in La Clusaz dank seiner langen und besonders abwechslungsreichen Loipen voll in ihrem Element. Die Loipen befinden sich im 1450 Meter hoch gelegenen Tal von Confins, das von der Aravis-Bergkette überragt wird. Aber auch auf der sehr sonnigen Hochebene von Beauregard – auf 1650 Meter Hö-

Im Erscheinungsbild rustikal geblieben: La Clusaz zu Füßen der Aravis-Bergkette. Die Nachkommen der einst touristenfeindlichen Savoyarden haben sich inzwischen gut mit der Skiwelt arrangiert.

he – kann man ausgezeichnet Langlauf betreiben. Auf diesem Plateau, einem der reizvollsten Aussichtspunkte von La Clusaz, gibt es vier verschiedene Langlaufstrecken, darunter eine 13 Kilometer lange »schwarze« Loipe, die sich teilweise durch den Wald schlängelt.
Das Skifahrervolk in La Clusaz besteht im wesentlichen aus jungen und sportlichen Leuten, die in der Nacht die Diskotheken bevölkern. Wer es gemütlicher haben will, läßt den Skitag in einem der vielen Restaurants ausklingen, von denen einige Lokale auch Gourmets voll zufriedenstellen können.
Deutsche Winterurlauber stellen nur einen kleinen Teil der Gäste von La Clusaz. Es ist deshalb von Vorteil, zumindest elementare Französischkenntnisse zu besitzen.
Die relative Nähe zur schweizerischen Großstadt Genf bringt es freilich auch mit sich, daß an den Wochenenden der Andrang, besonders an den Bergbahnen und Skiliften, unerwartete Ausmaße annehmen kann. Wartezeiten sind daher unvermeidlich.

La Clusaz, 1040 m

Skigebiet: 1100–2600 m
1880 Einwohner, 19500 Gästebetten
Saison: Mitte Dezember bis Ende April

Anreise Genf, Autobahn »Blanche« (Ausfahrt Bonneville), La Clusaz. Bahnstation ist Annecy, von dort Busverbindungen Entfernungen von KA: 511 km, S: 576 km, UL: 540 km, M: 607 km

Information
Office du Tourisme La Clusaz, F-74220 La Clusaz, Tel. 50/02 60 92
Telefax 50/02 59 82
Schneetelefon: 50/02 60 00
Landesvorwahlnummer siehe Seite 608.

Kinder ein Pampers-Zimmer im Verkehrsamt für Windel-Notfälle;
Gästekindergarten ab 8 Monate (Club des Mouflets, Tel. 50/02 50 60, ca. FF 72/Halbtag, 160/Ganztag inkl. Mittagessen);
Skikindergarten ab 3½ Jahre (Club des Champions, ca. FF 587/Ganztagswoche ohne Mittagessen);
Skischule ab 6 Jahre (ca. FF 550/Ganztagswoche ohne Mittagessen)

Ski alpin Testnote ❄❄❄❄

Skigebiet gesamt
130 km präparierte Abfahrten:
30 km schwer, 70 km mittel, 30 km leicht
Längste Abfahrt: Le Vraille, 3,5 km Länge, 1064 m Höhenunterschied, schwer
Liftkapazität: 48340 Pers./Std.
35 14 2 3

Skigebiet Massif de Beauregard
15 km präparierte Abfahrten:
2 km schwer, 5 km mittel, 8 km leicht
Liftkapazität: 8600 Pers./Std.
4 1

Skigebiet Massif de l'Etale
14 km präparierte Abfahrten:
2,5 km schwer, 7 km mittel, 4,5 km leicht
Liftkapazität: 6700 Pers./Std.
6 2 1

Skigebiet Balme
25 km präparierte Abfahrten:
15 km schwer, 5 km mittel, 5 km leicht
Liftkapazität: 7300 Pers./Std.
2 2 1

Skigebiet Massif de l'Aiguille
24 km präparierte Abfahrten:
3 km schwer, 12 km mittel, 9 km leicht
Liftkapazität: 12540 Pers./Std.
11 7 1 1

Skigebiet La Croix Fry-Manigod-Merdassier
52 km präparierte Abfahrten:
6,5 km schwer, 23,5 km mittel, 22 km leicht
Liftkapazität: 13200 Pers./Std.
12 3

Skipaß-Preise siehe Beilage

Tiefschneereviere: Fernuy, Borderan
Skischule mit 170 Skilehrern

Langlauf Testnote ❄❄❄

66 Loipenkilometer (40 km schwierig, 18 km mittel, 8 km leicht); Höhenloipen: auf dem Plateau de Beauregard (1600 m), 19 km, und Plateau des Confins (1450 m), 47 km; Loipengebühr ca. FF 25/Tag, 120/Woche; Langlaufunterricht

Weitere Sportmöglichkeiten
Gleitschirmfliegen, Schneeschuhwandern

Après-Ski
Bibliothek, Tea-Room

Sportliche Veranstaltungen
Freestyle Weltcup (Febr. oder März 94), Telemark Weltmeisterschaft (März oder April 94)

Mindestens 55 Jahre alt muß sein, wer an den Halbtagskursen von 13.30 bis 17 Uhr (außerhalb der Schulferien) der Skischule teilnehmen möchte. Der Sonderpreis beläuft sich auf ca. FF 410. Informationen bei der Ecole du Ski Français, Tel. 50/02 40 83.

Hotelempfehlungen: Seite 598 und 599

Savoyen

Nur wenige Gebirgsregionen haben so viele abwechslungsreiche Täler und Skistationen und so unvorstellbar große Skigebiete mit so einzigartigen Pisten und unberührten Tiefschneehängen zu bieten wie der südliche Teil der Savoyer Alpen.

Die beiden großen Täler der oberen Isère und der Arc (mit ihren Seitentälern) im Département Savoyen beherbergen einige der bekanntesten französischen Wintersportorte.

Die **Tarentaise** (Landschaft der oberen Isère) mit 25 Skistationen ist eines der ersten »Retorten«-Skigebiete Frankreichs. Hier konzentrieren sich moderne Skidörfer, Skilifte und Bahnen wie sonst selten auf der Welt. Man kann sich von einer nahtlos ineinandergreifenden Kette von Transportanlagen von einem Berg zum andern hochziehen lassen, um immer neue Pisten und neue Pulverschneeabfahrten zu entdecken. Diese gut erschlossenen Skigebiete haben mittlerweile Weltruf erlangt. Es strömen auch immer mehr Skifans aus dem Ausland hierher, die vom erstklassigen Schnee und den unzähligen Skimöglichkeiten profitieren wollen.

Als Beispiel seien Les Trois Vallées genannt. In diesem »Skikomplex«, in den Seitentälern der Doron, stehen den Skiläufern von Courchevel, Méribel, Les Menuires oder Val-Thorens 500 Kilometer präparierter Pisten, ca. 200 Aufstiegshilfen und hunderte von Kilometern Gelände für »wildes Skifahren« außerhalb der Pisten zur Verfügung. Nichts in der Welt kann das Herz eines Skifahrers höher schlagen lassen. Man findet hier außer der sportlichen Leistung auch Erholung und Entspannung.

Weiter gegen Osten, vorbei an den ebenso großzügig angelegten Skigebieten von La Plagne und Les Arcs, gelangt man – nahe den Quellen der Isère – in ein anderes großes zusammenhängendes Skigebiet, das sich keinen Namen mehr zu machen braucht, so berühmt ist es bereits: Lac-de-Tignes und Val-d'Isère.

In diesen genannten Skistationen fanden die 16. Olympischen Winterspiele, benannt nach Albertville, vom 8. bis 23. Februar 1992 statt.

Die **Maurienne** (Landschaft der Arc) hat etwas mehr von ihrer Ursprünglichkeit bewahrt und gilt in Frankreich gewissermaßen als »Reservegrube des weißen Goldes«. Eine ganze Kette von einstigen Bergdörfern wurde in Skistationen verwandelt und für den Wintertourismus entsprechend hergerichtet. Sie bieten alle möglichen Arten des Skilaufs: die sportliche in Le Corbier/La Toussuire oder auch in Valloire, die »lässigere« in St-François-Longchamp oder die gemütliche in Bonneval-sur-Arc am Talschluß.

»Die Maurienne – das Skigebiet der Zukunft« lautet die Parole der französischen Experten für Tourismus. Eine Verbindung der Maurienne und der Tarentaise ist zwischen St-François-Longchamp und Valmorel und zwischen den »Drei Tälern« und dem Arc-Tal schon verwirklicht. Und eines Tages wird es in Frankreich vielleicht ein einziges zusammenhängendes Skigebiet über fünf oder sechs Täler geben, das dann kaum noch zu übertreffen wäre.

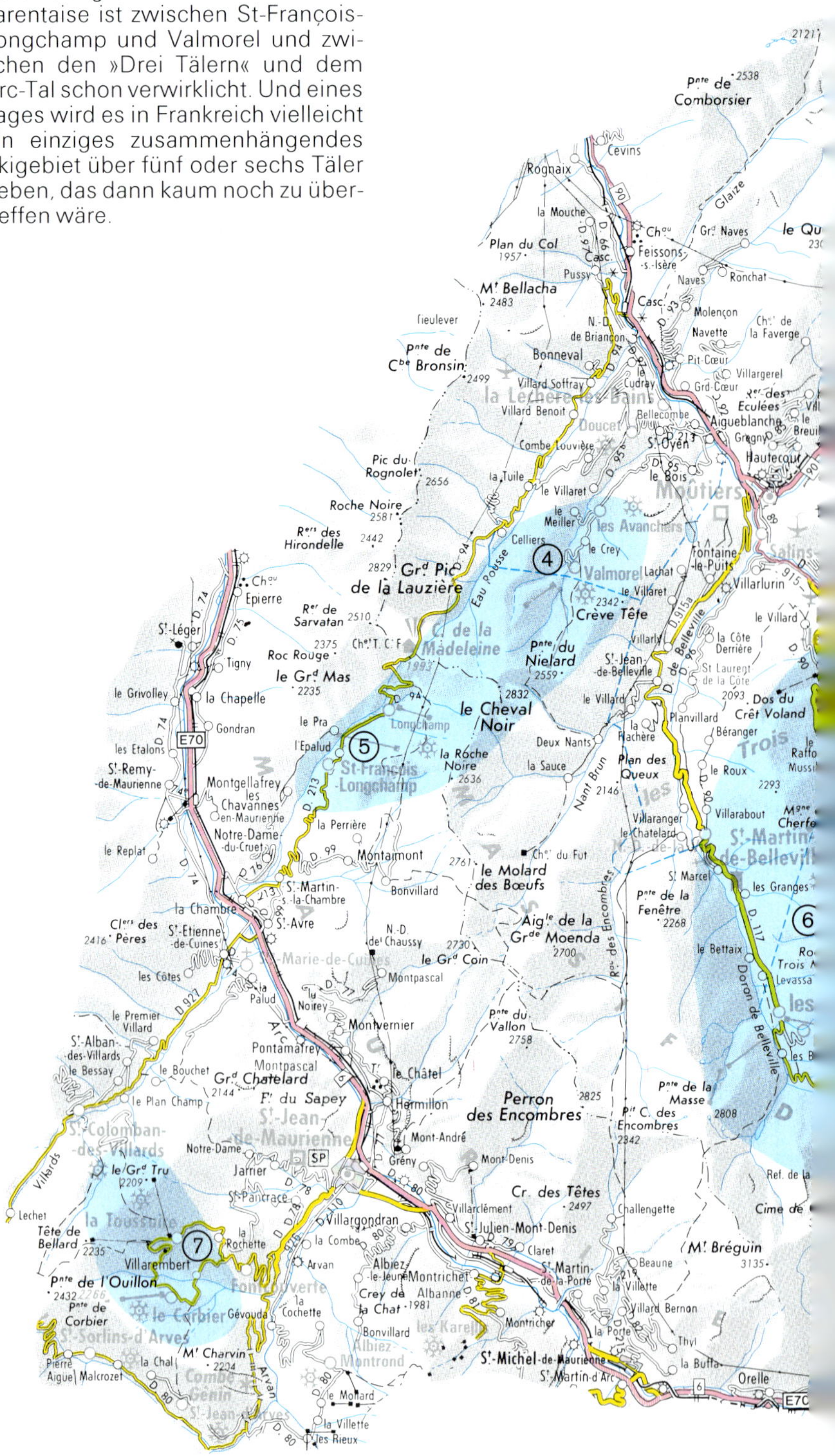

Skigebiete auf einen Blick

La Plagne ②/460
La Toussuire ⑦/474
Le Corbier ⑦/474
Les Arcs ①/458
Les Trois Vallées ⑥/466
St-François-Longchamp ⑤/470
Tignes ③/462
Val-d'Isère ③/462
Valmorel ④/472

Alphabetisches Register der Skiorte ab Seite 601

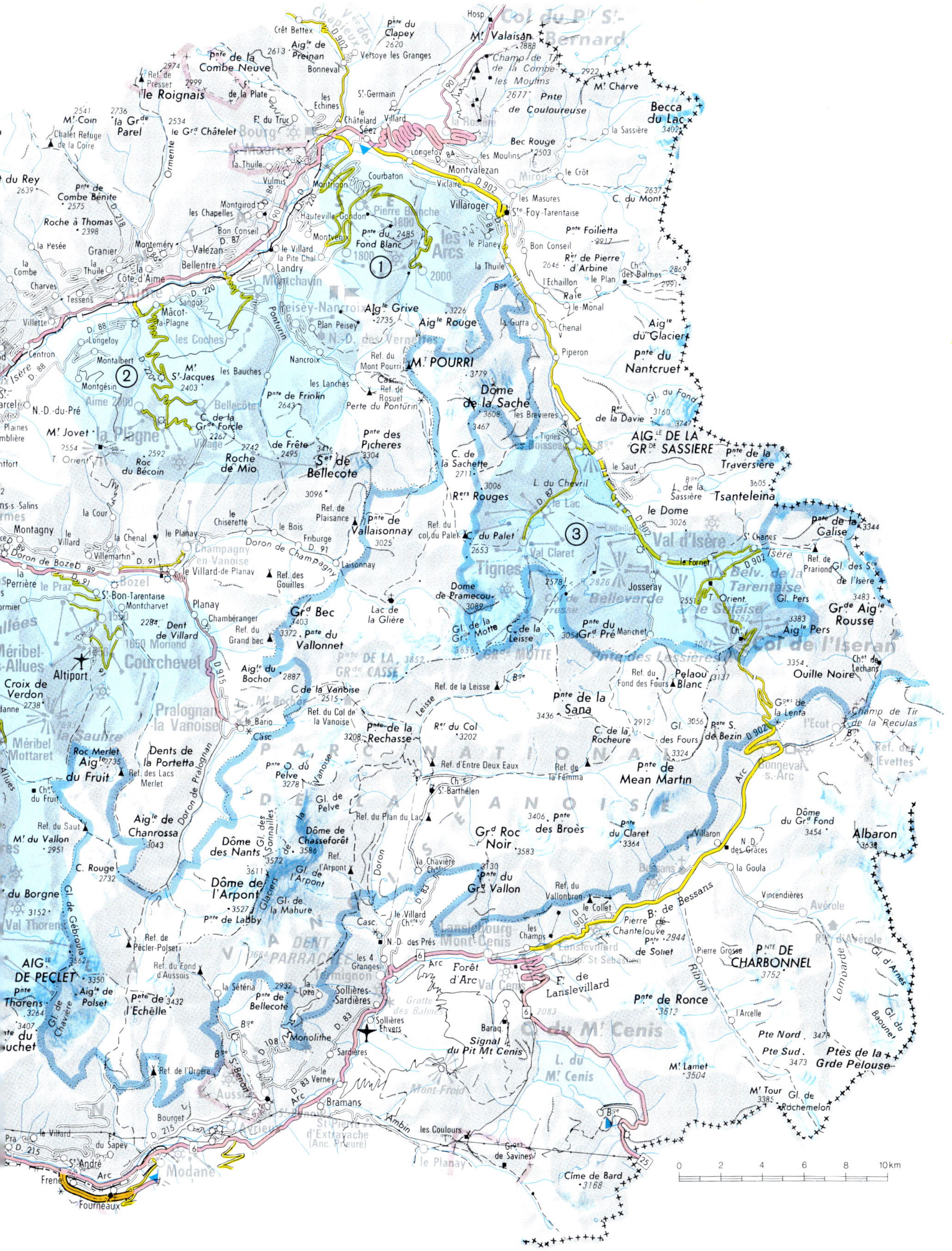

Les Arcs

Dreizehn Jahre brauchte der Schöpfer von Les Arcs, der Unternehmer Roger Godino, von der Reißbrettzeichnung bis zur fertigen Skistation, in einer Gegend, wo es früher nur ein paar Almhütten mit Kühen und Schafen gab.

Der Neuankömmling fühlt sich zunächst wie auf einem anderen Stern. Hoch über dem Dorf Bourg-St-Maurice schwebt in drei Etagen die künstliche Skistation Les Arcs. Wie überdimensionale Bienenwaben wachsen die holzverkleideten Wohnblocks aus der Bergflanke. Überall in den drei Ansiedlungen auf 1600, 1800 und 2000 m spürt man dieselbe Architektenhand. Nichts ist natürlich gewachsen, alles ist zweckmäßig geplant.

Trotzdem hat jede Station ihr eigenes Gesicht. Arc 1600, als erstes Dorf gebaut, ist terrassenförmig angelegt und familiengeeignet. Arc 1800 ist das größte Dorf von den dreien. Es wird bevorzugt von jungen Leuten, weil diese Station die meisten und besten Après-Möglichkeiten bietet.

Schließlich noch das futuristisch anmutende Arc 2000 für die wahren Pistenfreaks, denen das Skifahren über alles geht: Hier am Fuße der Aiguille Rouge und direkt bei den »schwarzen« Pisten ist Ski total angesagt. Für alle Appartements gilt: Es ist eng, Klappbetten helfen, Platz zu sparen.

Ansonsten fehlt es an nichts, in zahlreichen Geschäften und Supermärkten kann man sich mit allem eindekken, was man so braucht – allerdings teuer.

Glück hat derjenige, dessen Appartement in der Nähe eines Aufzuges liegt. Ansonsten muß man lange Märsche durch die Gänge der bis zu zehn Etagen hohen Appartementriesen in Kauf nehmen – in Skikleidung eine schweißtreibende Angelegenheit.

Einmal im Freien geht dafür alles um so schneller. Wie üblich in den französischen Reißbrettstationen, sind die Wartezeiten an den Liften nicht der Rede wert. Moderne Sesselbahnen befördern die Skifahrer in hohem Tempo auf den Col des Frettes, die Drehscheibe des Pistenreviers in 2400 m Höhe. Dort muß man sich entscheiden. Anfänger üben eher auf den sanfteren Hängen, die nach Arc 1600 und 1800 zurückführen. Anspruchsvolle Fahrer begeben sich gleich in das Gebiet von Arc 2000 am Fuße der Aiguille Rouge.

Das Verrückteste hier ist der Hochgeschwindigkeitskurs, eine schmale, unglaublich steile Rinne (1740 m lang mit 96% Neigung im Anfangssteilhang) an der Flanke der Aiguille Rouge. Dort trifft sich die Elite der Hochgeschwindigkeitsfahrer zur Weltmeisterschaft um den »Fliegenden Kilometer«. Den Rekord hält derzeit mit 229,299 km/h der Franzose Michaël Prüfer (22. Februar 1992). Bei den Frauen hält die Finnin Tarja Mulari mit 219,245 km/h den Rekord (auch 22. Februar 1992).

Doch auch dem Normalsterblichen bietet das Gebiet der Aiguille Rouge viele Entfaltungsmöglichkeiten. Die Superabfahrt führt vom Gipfel (3226 m) hinunter ins Dorf Villaroger (1100 m). Die gut beschilderte Piste Plan des Violettes sucht schon allein wegen ihres Höhenunterschiedes von 2100 m im Alpenraum ihresgleichen. Sie verlangt auch dem sportlichen Fahrer einiges ab: Steile Buckelpisten wechseln mit weiten, glattgebügelten Hängen, es gibt Schrägfahrten und unangenehme Ziehwege. Weiter unten folgen dann gemütliche Waldpassagen bis zur Talstation der Sesselbahn.

Möglicherweise wird eines Tages die Region von Les Arcs durch weitere Liftanlagen mit der von La Plagne zusammengeschlossen. Bereits heute gibt es einen gemeinsamen Skipaß. Eine Kette von kleineren Dörfern liegt am Rand des Skigebietes von Les Arcs. Aber nur Peisey-Nancroix und Bourg-St-Maurice sind direkt mit dem großen Pistennetz verbunden.

In Les Arcs trifft sich ein vorwiegend junges, sportliches Publikum, das auch das vielfältige Après-Ski-Angebot rege nutzt. Liebhaber traditioneller, behaglicher Wintersportorte werden sich hier weniger wohlfühlen. Für Nichtskifahrer oder Leute, die daneben noch Zeit und Lust zu weiterer Betätigung haben, gibt es eine Reihe anderer Sportarten wie Squash, Tischtennis oder geführte Schneeschuhwanderungen. Ansonsten hilft eventuell eine Partie Bridge oder Schach oder ein Buch aus der Bibliothek.

Alle drei Stationen von Les Arcs sind per Auto erreichbar und untereinander mit Straßen verbunden.

Zum Abschluß einen praktischen Tip: Nach der Ankunft das Auto erst einmal am Ortseingang stehen lassen, das Gebäude suchen, in dem man wohnt, zum Empfang (Acceuil) gehen und sich den Zimmerschlüssel geben lassen (erst ab 18 Uhr möglich). Im Freien ist der Abstellplatz umsonst.

Von Les Arc 2000 führt die Kabinenbahn zur Bergstation der Aiguille Rouge (3226 m).

BESONDERS SCHNEESICHER

Les Arcs, 1600/1800/2000 m
Bourg-St-Maurice, 840 m

Skigebiet: 1100–3226 m
5900 Einwohner, 28700 Gästebetten
Saison: Mitte Dezember bis Ende April

Anreise Autobahn Genf, Ausfahrt Annecy, Albertville, Moûtiers, Bourg-St-Maurice (Bahnstation, Busverbindungen), Les Arcs (Fahrverbot in den Skistationen). Verbindung zwischen Bourg-St. Maurice und Arc 1600 durch eine Kabelbahn. Entfernungen von KA: 602 km, S: 627 km, UL: 587 km, M: 654 km

Information
Deutsche Buchungszentrale:
Touralp GmbH, Vilbeler Str. 31,
D-60313 Frankfurt
Tel. 069/285657, Telefax 069/293997
Maison des Arcs, 94 Bd. du Montparnasse,
F-75014 Paris, Tel. 1/43223610
Telefax 1/43221956
Office du Tourisme
F-73700 Les Arcs 1800
Tel. 79/415555
Telefax 79/074866
Landesvorwahlnummer siehe Seite 608.

Kinder Gästekindergarten ab 4 Monate (ca. FF 835/Woche ohne Mittagessen); Skischule ab 3 Jahre (ca. FF 720/Woche ohne Mittagessen)

Ski alpin Testnote ❄❄❄❄

150 km präparierte Abfahrten:
37 km schwer, 70 km mittel, 43 km leicht
Längste Abfahrt: Aiguille Rouge – Villaroger, 7 km Länge, 2100 m Höhenunterschied, schwer
Liftkapazität: 68000 Pers./Std.
45 28 3 1
1

Skipaß-Preise siehe Beilage

Tiefschneereviere: Gebiete Grand Col und Aiguille Rouge
3 Skischulen mit 200 Skilehrern

Langlauf Testnote ❄

Les Arcs 15 Loipenkilometer
Peisey/Nancroix 40 km
Bourg-St-Maurice 54 km
Langlaufunterricht

Weitere Sportmöglichkeiten

Gleitschirmfliegen

Après-Ski
DISCO KINO
Bridge-Club, Bibliothek, Jazz-Abende, Shows

Sportliche Veranstaltungen
Hochgeschwindigkeitsrennen, Jazzfestival (Termine bitte im Verkehrsamt erfragen)

Nervenkitzel gesucht? Dann lohnt sich das Hochgeschwindigkeitsskifahren (»kilomètre lancé«) auf der Spezialpiste, auf der bisher Geschwindigkeiten zwischen 80 und 150 km/h (Amateure) gemessen wurden. Informationen in den Skischulen.

Hotelempfehlungen: Seite 598 und 599

La Plagne

La Plagne, das ist nicht der Name eines einzelnen Skiortes, das ist ein Begriff für zehn verschiedene Skistationen in einem großartigen Skigebiet von 100 Quadratkilometern.

In Plagne-Villages ist wieder ein ganz anderes Bild geschaffen. Hier hat man eine neu-rustikale Dorfreminiszenz vor sich. Mit etwas Fantasie fühlt man sich tatsächlich in die Atmosphäre eines authentischen kleinen Bergdorfes versetzt. Wieder anders Plagne-Bellecôte: Massive Türme und Wohnblöcke aus Beton, die

Die Skilifte und Bahnen, die die Hänge des Dôme de Bellecôte (3416 m) und seiner Ausläufer von der Roche de Mio (2700 m) bis zur Grande Rochette (2505 m) und zum Roc du Bécoin (2594 m) überziehen, eröffnen ein Skigebiet, das, wenn man nicht ausgesprochen auf technische Herausforderungen aus ist, kaum Wünsche offen läßt. Und auch für anspruchsvollere Skifahrer sind genügend Tiefschneehänge, auch einige steile Couloirs (Rinnen) oder schmale Waldschneisen vorhanden.

Das Wintersportgebiet verteilt sich sozusagen auf zwei Etagen, denen die einzelnen Skistationen jeweils zugeordnet sind.

Die »obere Etage« umfaßt die hochgelegenen Skihänge zwischen der Gletscherregion der Bellecôte und den sechs Stationen mit dem Namen oder Beinamen Plagne in Höhen zwischen 1800 und 2150 Metern. Es sind dies Plagne-Centre (1970 m), Aime-la-Plagne (2100 m), Plagne 1800 (1800 m), Plagne-Bellecôte (1930 m), Belle Plagne (2050 m) und Plagne-Villages (2060 m). Die Skigebiete dieser Stationen, die natürlich alle durch Pisten und Aufstiegshilfen miteinander verbunden sind, liegen auf weiten baumlosen Hängen.

Die »untere Etage« liegt unterhalb der Baumgrenze. Die Abfahrten führen durch locker bewaldetes Gebiet und enden bei den Stationen Montchavin (1250 m), Les Coches (1450 m), Plagne-Montalbert (1350 und 1170 m) oder bei Champagny-en-Vanoise (1250 m), jenseits des Kammes, auf der andern, der Südseite der Rochette-Kette.

Wie soll man die einzelnen Stationen im Gebiet von La Plagne in wenigen Worten charakterisieren? Da ist zunächst die »Mutter«-Station Plagne-Centre; wie der Name sagt, liegt sie in der Mitte der kreisförmig angeordneten neuen Stationen. Plagne-Centre war Anfang der sechziger Jahre eine der ersten Retorten-Skistationen mit umfassendem Angebot, die den Winterurlaubsstil revolutionierten.

Aime-la-Plagne, das aus einem einzigen riesigen Gebäude besteht, wirkt wie ein »Luxusdampfer« (Prospekttext) in einem weißen Meer aus Schnee. Natürlich gibt es alles »an Bord«, was man sich wünschen kann: Restaurants, Bars, Geschäfte, Boutiquen, Kinos, einen Bridgesaal, Diskotheken sowie Veranstaltungsräume.

Plagne-Centre, eine der ersten Retorten-Stationen Frankreichs vor dem Gipfel des Montblanc. Im Hintergrund Plagne 1800 – mit dörflichem Charakter.

von außen kaum zu gefallen vermögen, während man sich im Innern überraschend wohlfühlt. Die Station liegt verkehrsmäßig als Ausgangspunkt zum Bellecôte-Gletscher, dem höchsten per Seilbahn zu erreichenden Punkt von La Plagne (3250 m), am günstigsten. »Bellecôte« ist denn auch ganz eindeutig die sportlichste der Stationen von La Plagne.

Plagne 1800 entstand auf einigen noch ungenutzten Quadratmetern unterhalb der »Mutter«-Station. Es ist weniger sonnig als die anderen Stationen, hat aber seinen Reiz durch die Staffelung der Häuser am Hang.

Letzte, jüngste und wohl auch gelungenste der Plagne-Stationen ist das in 2050 m Höhe gelegene Belle Plagne, das mit seinen Holzfassaden und Schieferdächern viel von der Atmosphäre eines echten Savoyer Dorfes aufzuweisen hat. Straßen und Plätze bleiben den Fußgängern vorbehalten und autofrei, denn hier ist jedes Apartmenthaus über eine unterirdische Zufahrt erreichbar.

Die vier tiefergelegenen Stationen sind aus bereits existierenden Dörfern herausgewachsen. Es ist wohl möglich, daß hier der Tourismus als Retter kam, der Abwanderung und Zerfall stoppte und neues Leben brachte. Montchavin und Les Coches sind allerdings kaum mehr als ehemalige Dörfer zu erkennen, die Bauten sind jedoch nicht schlecht gelungen. Montalbert und vor allem Champagny sind dagegen noch richtige Dörfer geblieben.

La Plagne, Montchavin/Les Coches,
1250–3250 m

Skigebiet: 1250–3250 m
2100 Einwohner, 45 000 Gästebetten
Saison: Mitte Dezember bis Anfang Mai
Sommerski auf den Gletschern Bellecôte und La Chiaupe, Juli und August

Anreise Autobahn Genf (Ausfahrt Annecy), Albertville, Aime, La Plagne bzw. Montchavin/Les Coches. Bahnstationen: Aime und Landry, von dort Busverbindungen. Per Bahn mit dem Ski France Express ab Dortmund.
Entfernungen von KA: 589 km, S: 614 km, UL: 574 km, M: 641 km

Information
Office du Tourisme de la Plagne, Le Chalet, BP 62, F-73211 Aime Cedex, Tel. 79/09 79 79
Telefax 79/09 70 10
Landesvorwahlnummer siehe Seite 608.

Kinder unterschiedlich in Altersgrenzen und Preisen je nach Skistation: Kindergarten (garderie) ab 1–2 Jahre (ca. FF 40–102/Halbtag, 91–205/Ganztag inkl. Mittagessen); Skischule (jardin des neiges) ab 2–4 Jahre (ca. FF 510–740/Woche ohne Mittagessen); Skischule ab 4–5 Jahre (ca. FF 540–780/6 Ganztage ohne Mittagessen)

Ski alpin Testnote ✻✻✻✻✻

210 km präparierte Abfahrten:
50 km schwer, 80 km mittel, 80 km leicht
Längste Abfahrt: Glacier de Bellecôte-Montchavin, 15 km Länge, 2000 m Höhenunterschied, mittel
Die Piste L'Exercice (Montchavin, leicht) ist dienstags und donnerstags von 19 bis 21 Uhr beleuchtet
Liftkapazität: 110 000 Pers./Std.

76 27 8 1

Skipaß-Preise siehe Beilage

BESONDERS SCHNEEREICHER

Tiefschneereviere: z. B. Face Nord de Bellecôte, Le Derochoir, Friolin, La Combe des Arrières, Les Monts de la Guerre, Gletscher Cul du Nant, La Frette
11 Skischulen mit 550 Skilehrern

Langlauf Testnote ✻✻✻

Insgesamt 96 Loipenkilometer (20 km schwierig, 46 km mittel, 30 km leicht), Rundkurse in den sechs Stationen Plagne Villages, Plagne Bellecote, Belle Plagne, Montalbert, Montchavin und Les Coches über insgesamt 61 km; 35-km-Rundkurs in Champagny Le Haut; Höhenloipe: Rundkurs Plagne Villages (2100 m), 8 km Länge, mittel; Loipengebühr für Champagny en Vanoise ca. FF 17/Halbtag, 22/Ganztag, 110/Woche; Langlaufunterricht

Weitere Sportmöglichkeiten

Gleitschirmfliegen

Après-Ski

DISCO KINO

Sportliche Veranstaltungen
Wettbewerbe in Bob, Rodel, Skeleton, Telemark, Freestyle, Hundeschlitten – Termine bitte im Verkehrsbüro erfragen

Hochgeschwindigkeits-Skifahren:
Für das »kilomètre lancé« gibt es Ein- oder Zweitageskurse in der Skischule Belle Plagne (Tel. 79 09 06 68).

Hotelempfehlungen: Seite 598 und 599

Val d'Isère und Tignes

Zwei grundverschiedene Wintersportorte – das aus einem uralten Bauerndorf gewachsene Val d'Isère und die Retorten-Urbanisation Tignes – haben eines gemeinsam: Ein Skiareal, das zu den abwechslungsreichsten Brettlrevieren der Alpen zählt.

»Espace Killy« (Killy-Land) nennen die Franzosen ihr lückenlos vernetztes Schneeparadies. Jean-Claude Killy, der dreifache Olympia-Sieger von 1968 in Grenoble, ist in dieser Region aufgewachsen.
Jahre später gehörte er zu den Organisatoren der 16. Olympischen Winterspiele 1992 von Albertville. In seiner Heimatregion in Val d'Isère wurde u. a. die Königsdisziplin des alpinen Skisports, die Herrenabfahrt, auf der olympisch zubereiteten Face de Bellevarde ausgetragen. Wer nachträglich olympische Luft schnuppern möchte, muß sich mit der »Normalfassung« dieser Abfahrt begnügen.
Tignes zog die Olympioniken für Trickski, Ballett, Kunstspringen und Buckelpistenfahren an.
Val d'Isère (1840 m) und Tignes (2100 m), dessen altes Dorf 1952 beim Bau der Staumauer im Chevril-See versank, sind infolge ihrer Höhenlage Orte extremer Kontraste. Hier lebt man mit dem Berg. Man berührt und spürt ihn durch und durch, wenn der Wind weht. Aber wenn dann die Wolken plötzlich zerreißen und Sonnenlicht das Tal erfüllt, dann

ändert sich alles und wird überwältigend schön.
Doch nicht die Naturschönheiten einer grandiosen Alpenszenerie sind der Hauptmagnet, der die Schneeurlauber zu Hunderttausenden in diese hinterste Ecke Savoyens zieht. Brettlvergnügen ohne Lift-Wartezeiten machen »Val« und Tignes zu einem attraktiven Dorado für Pistenjäger.
Das erfreulichste Olympia-»Geschenk« der Winterolympiade 1992 sowohl für die beiden Skizentren als auch für Urlauber und staugequälte Anlieger ist der Ausbau der rund 100 Kilometer langen engen »Fleckerlteppich«-Straße – der dickste olympische Kostenbrocken.
Val d'Isère besitzt ein Element, das man in den Ortsteilen von Tignes vermißt, nämlich ein ursprüngliches Bergdorf als Mittelpunkt. Wohl ist

Aus der Wohnwabe auf die Piste: In Val d'Isère wurde das »Dorf« direkt an den Rand des Skigebietes gebaut.

Rechts: Aus den Wolkenkratzern über die Wolken hinaus: In Sesseln schwebt man von Lac-de-Tignes ins weite baumlose Schneerevier der Region oberhalb von 3000 Meter.

das alte »Val« fast erdrückt von modernen, bunt zusammengewürfelten Bauten, aber das alte, um seine Kirche gescharte Dorf ist doch nicht vollständig aufgesogen worden. Es

bleibt das Herz der Gemeinde, ein vertrauter, anheimelnder Ort, der das »Val« von gestern, das vergessene Bergnest, mit dem »Val« von heute, dem weltbekannten Wintersportplatz, verbindet.
Optimales in puncto Seilbahnkomfort wurde mit der Hochgeschwindigkeitsbahn »Funival« geschaffen: Stündlich 3000 Pistenfans flitzen in jeweils viereinhalb Minuten vom Ortsteil La Daille zum 2827 m hohen »Rocher de Bellevarde« hoch.
Val d'Isère ist der Wintersportplatz, der sich der meisten Medaillen rühmen kann. Ein Teil des Ruhmes von Henri Oreiller, Jean-Claude Killy, Marielle und Christine Goitschel fiel auf den Ort zurück. Indirekt trugen sie damit auch zu seinem Ruf als »Elitesportplatz« bei. Aber es gibt in Val d'Isère noch viele andere leichtere Skiabfahrten, besonders um Bellevarde und um die Tête du Solaise herum.
Und doch bleiben die große, sportliche Abfahrt und der Skilauf abseits der Pisten die eigentlichen Spezialitäten von »Val«, das Mulden, Couloirs (steile Rinnen) und unberührte Hänge in Hülle und Fülle besitzt, zur Freude der raumhungrigen und unersättlichen Tiefschneefanatiker.
Einige Abfahrten abseits der markierten Pisten haben weltweiten Ruf erlangt, wie zum Beispiel die im Grand Vallon, diejenige der Quellen der Isère (Sources de l'Isère) oder jene im Gletschertal von Prariond. Klassische Hochgebirgsskitouren sind die Pointe de la Galise, der Pas du Bouquetin oder der Roc de Bassagne. Die von den Skilehrern und -führern organisierten Touren dauern im allgemeinen zwei Tage.
Wer zur Abwechslung mal in den Parc National de la Vanoise hinüber will, braucht nur den Col du Palet

Val d'Isère und Tignes

(2653 m) oder den Col de la Leisse (2758 m) zu überqueren. Von den Skiliften und Bahnen in Lac-de-Tignes aus läßt sich's auch wunderbar nach Peisey-Nancroix, Les Arcs und La Plagne abfahren.
Wem es kaum steil genug sein kann, der startet seine Abfahrt vom alles überragenden Gipfel der Grande Motte (3656 m). Auf Hängen von manchmal 45–50 Grad Neigung wird bis nach Termignon im Maurienne, der Tallandschaft der Arc, ein Höhenunterschied von stolzen 2300 Metern bewältigt!
Echte Tiefschneefanatiker sollten wissen, daß der steilste Couloir in der »Grande Balme« und die Schneisen mit dem besten Pulverschnee im Gebiet von La Sache und Le Chardonnet liegen. Die schönsten Abfahrten im Frühjahrsschnee führen nach Glattier, Lognan, La Tovièreund La Daille.
Tignes ist das Schulbeispiel eines künstlich geschaffenen Wintersportortes, eingepflanzt in eine noch unberührte Gegend und von »Quadratkilometerhändlern« auf dem Reißbrett entworfen. Gewiß darf man das nicht nur negativ sehen – Tignes hat auch alle Vorzüge dieser Art von Unternehmungen. Die beiden modernsten Ortsteile, Le Lavachet (3000 Betten) und Val-Claret (10000 Betten), besitzen eine eigenwillige Architektur. Le Lavachet wird Ästheten am besten gefallen. Das kleine Dorf, geschickt in den Abhang eingefügt und um einen Platz mit vielfältigen Funktionen angelegt, wirkt attraktiv: Abseits der Betonpfeiler von Tignes-le-Lac erbaut, ist Le Lavachet ein angenehmer Aufenthaltsort, selbst wenn einem der Weg zum Skigelände etwas lang erscheint.
Der Ortsteil Val-Claret dagegen steht mitten im Schnee, doch besitzen seine Häuser, zu deren Bau wie in Le Lavachet Stein, Holz und Metall ver-

Rechts: Fast einsam in der weißen Wüste wirken die Betontürme von Lac-de-Tignes in 2100 Metern Höhe.

Ein vielfältiges Pistenangebot auch für mittlere Fahrer: Val d'Isère ist nicht nur ein Elitesportplatz.

wendet wurde, wenig Charme. Der Stil ist allzu städtisch, wodurch der von dem riesigen Gletscher der Grande Motte beherrschte Talgrund noch ernster wirkt.
Auch Tignes erhielt eine supermoderne Standseilbahn: Sie braust in vier bis fünf Minuten ins Sommerskigebiet auf der Grande Motte hoch.
Wie überall in Frankreichs Skiarenen sind auch in Tignes und »Val« Kurse für Monoski und Snowboard, Swingbo oder Paragleiten gefragt. In Tignes nehmen Drachenflieger »Fahrgäste« im Tandem mit.
Natürlich gibt es in diesem riesigen Ski-Areal auch Tiefschnee-Kurse. »Skikanonen« können sich Klassen anschließen, die unter Leitung eines Toptrainers die steilsten Hänge befahren. Daneben gibt es auch noch Einführungskurse für Skiwandern und Tourenfahren mit Fellen sowie Ausflüge zu den Isèrequellen, der Grande Aiguille Rousse, dem Grand Caval, dem Col des Fours oder den Barmes de l'Ours usw.

Val d'Isère, 1850 m
Lac-de-Tignes, 2100 m

Skigebiete: 1550–3650 m
Einwohner: Val d'Isère 1800, Tignes 2700
Gästebetten: Val d'Isère 26000, Tignes 28000
Saison: Anfang Dezember bis Mitte Mai. Sommerski auf dem Pissaillas-Gletscher (Col de l'Iseran) von Juli bis Mitte August und auf dem Gletscher La Grande Motte (ganzjährig geöffnet)

Anreise Autobahn Genf (Ausfahrt Annecy), Albertville, Bourg-St-Maurice, Val d'Isère oder Tignes (Bahnstationen) oder Genf, Chambéry, Albertville, Bourg-St-Maurice (Bahnstation, Busverbindungen).
Entfernungen von KA: 630 km, S: 645 km, UL: 605 km, M: 790 km

Information
Val d'Isère
Office du Tourisme
F-73150 Val d'Isère,
Tel. 79/06 06 60, Telefax 79/06 04 56

Tignes
Tignes Reisedienst
D-70191 Stuttgart, Kriegerstr. 8
Tel. 07 11/2 26 23 41, Telefax 07 11/29 48 39
F-73320 Lac-de-Tignes,
Tel. 79/06 15 55, Telefax 79/06 45 44
Schneetelefon 79/06 32 00
Landesvorwahlnummer siehe Seite 608.

Kinder Val d'Isère Gästekindergarten ab 2 Monate (Les Bouts d'Choux, Tel. 79/06 13 08) und ab 2 Jahre (Garderie Isabelle, Tel. 79/41 12 82); Skikindergarten ab 3 Jahre (Le Petit Poucet, Tel. 79/06 13 97), jeweils ca. FF 210/Tag inkl. Mittagessen)
Tignes Gästekindergarten ab 3 Monate (Les Petits Lutins, Tel. 79/51 27) und ab 2 Jahre (Les Marmottons, Tel. 79/06 51 67), jeweils ca. FF 270/Tag inkl. Mittagessen; Skischule ab 3½ Jahre (ca. FF 1350/6 Tage inkl. Mittagessen)

Ski alpin Testnote *****

Skigebiet Val d'Isère – Tignes gesamt
»L'Espace Killy«
300 km präparierte Abfahrten:
27 km schwer, 75 km mittel, 198 km leicht
Längste Abfahrt: Genépy (Tignes), 5,5 km Länge, 913 m Höhenunterschied, leicht
Schwere Abfahrt: La Face de Bellevarde (Val d'Isère, normale Strecke; der erste Teil der Olympiastrecke ist gesperrt), 2 km Länge, 905 m Höhenunterschied
Liftkapazität: 122 235 Pers./Std.

43 44 10 4
3

Skigebiet Tignes
197 km präparierte Abfahrten:
16 km schwer, 65 km mittel, 116 km leicht
Liftkapazität: 62 000 Pers./Std.

18 25 6 1
1

Skigebiet Grande Motte-Gletscher
50 km präparierte Abfahrten aller Schwierigkeitsgrade
Liftkapazität: 15 600 Pers./Std.

5 4 2 1 1

Skipaß-Preise siehe Beilage

Tiefschneereviere: zahlreiche Möglichkeiten in beiden Gebieten, z. B. Tignes Vallon de la Sache, Tour de la Pramecou, Lognan
Val d'Isère Tour du Charvet, Les Danaïdes, La Banane
6 Skischulen mit ca. 320 Skilehrern

Langlauf Testnote ***

BESONDERS SCHNEESICHER

Val d'Isère 15 Loipenkilometer (2 km schwierig, 10 km mittel, 3 km leicht); längste Loipe: Manchet (1850 m), 6 km lang, mittel bis schwierig; Höhenloipe Lac de L'Ouilette (2560 m), 3 km lang, leicht
Tignes 20 km (6 km schwierig, 9 km mittel, 5 km leicht); längste Loipe Brevières (1500 m), 6 km lang, mittel; Höhenloipe auf dem Gletscher (2900 m), 6 km, schwierig.
In beiden Orten Langlaufunterricht

Weitere Sportmöglichkeiten
Val d'Isère
Gleitschirmfliegen
Tignes
Gleitschirmfliegen

Après-Ski
DISCO KINO
Bibliothek, Konferenzsaal, Bridgesaal

Sportliche Veranstaltungen
Val d'Isère »Der erste Schnee« mit Weltcuprennen Ski alpin Herren Slalom, Abfahrt, Super G (7.–12. Dez. 93), Weltcup Snowboard (17.–19. Dez. 93), Intern. Belgische Meisterschaften (2.–8. Jan. 94), FIS Kinderrennen Hervé Scaraffiotti (8.–10. April 94)
Tignes 6. Kebra Classic (Intern. Snowboard Wettbewerb, Anfang Nov. 93), Intern. Snowboard Juniorenmeisterschaft (27./28. Nov. 93), Weltcup Ski alpin Damen Abfahrt, Riesenslalom (4./5. Dez. 93), 16. Trickski Weltcup »Acro Tignes 93« (9.–11. Dez. 93)

Ermäßigung für Stammgäste: Wer den Skipaß (ab 6 Tage) vom letzten Jahr vorlegt, erhält Preisnachlässe. Informationen in den Verkehrsämtern.
Auf olympischen Spuren: Wer die Herrenabfahrt Face de Bellevarde (nur mit Skilehrer) bewältigt, erhält eine Medaille und ein von Jean-Claude Killy höchstpersönlich unterschriebenes Diplom.

Hotelempfehlungen: Seite 598 und 599

Les Trois Vallées

Les Trois Vallées, das ist der Inbegriff modernen Skifahrens »à la française«: In drei einander benachbarten Tälern hat sich ein Skigebiet etabliert, das seinesgleichen sucht.

Die Drei Täler ähneln sich alle. Sie werden nämlich von parallel laufenden Bergketten gebildet, mit glatten Hängen, ohne irgendwelche Felsbänder, Schründe oder Steilabbrüche. Kurzum, ein Paradies für Skiläufer, die ohne Gefahr auf kilometerlangen markierten Pisten oder jungfräulichen Pulverschneehängen fahren wollen. Natürlich haben die Organisatoren der olympischen Winterspiele 1992 von Albertville diese beeindruckende Skiregion in ihre Planung miteinbezogen. Courchevel, Les Menuires und Méribel waren Austragungsstätten einiger olympischer Disziplinen. Spektakulär waren die Ski alpin-Wettkämpfe der Damen an der Roc de Fer-Piste in Méribel. Wer auf den Spuren der Damen diese Abfahrt hinunterwedeln möchte, wird vorliebnehmen müssen mit der »normalen« Piste, die es auch vorher schon gab.

Courchevel gehört zu den für Frankreich typischen Retortenstationen, die nicht aus bestehenden Dörfern herauswuchsen, sondern auf dem Reißbrett entstanden. Nur eine

Trotz seiner wintersportlichen Bedeutung ist Méribel seinem ursprünglichen Baustil treu geblieben.

einsame Alphütte stand an der Stelle, wo Courchevel errichtet wurde; man ließ sie stehen.

Die verschiedenen Ortsteile von Courchevel liegen je etwa drei Kilometer voneinander entfernt auf verschiedenen Ebenen: zu oberst liegt Courchevel 1850, weiter unten folgen Courchevel 1650 und 1550, am tiefsten Courchevel 1300, auch Le Praz genannt. Jede dieser Stationen könnte man mit einem charakterisierenden Etikett versehen: »1850, der Snob«, »1650, die Bürgerliche«, »1550, die Gemütliche«, »Le Praz, die Savoyische«. Entsprechend der Höhenlage steigen auch die Preise, speziell für Unterkünfte. Allerdings sind die Unterschiede nicht sehr groß.

In Courchevel gehen einige erst schlafen, wenn sich andere bereits wieder auf die Pisten begeben. Après-Ski ist nämlich ebenso erstklassig wie die Skiarena. Es gibt eine ganze Anzahl Nachtclubs, mehrere Kinos und außerdem einen großen Konzertsaal, in dem berühmte Orchester und Solisten auftreten, Jazz- und Unterhaltungskonzerte stattfinden.

Skifahren in Courchevel ist perfekt und problemlos, das Pistengebiet sehr ausgedehnt, hervorragend mit Bahnen bedient und gepflegt, die Schneeverhältnisse sind dank der hohen Lage meist gut. Man kann eigentlich überall fahren, wo es hinunter geht, ob auf der Piste oder daneben im Tiefschnee. Man kann skiwandern oder langlaufen, sogar durch Wald, oder man kann – wie überall in den Trois Vallées – »Flächenskifahren« betreiben, über Bergketten und Gipfel hinweg von einem Tal ins andere, und erst abends wieder nach Courchevel zurückkehren.

Das größte Plus von **Méribel** im Nachbartal ist seine Lage im Zentrum der Drei Täler. Von Méribel aus kann der Skifahrer wirklich voll vom Riesenangebot der Lifte und Bahnen profitieren. Für die Anfahrt nach Méribel sollte man sich unbedingt mit Schneeketten ausrüsten.

Zwei Möglichkeiten bieten sich dem Urlauber, der Méribel als Aufenthaltsort und Ausgangspunkt in Les Trois Vallées wählt: das auf 1450 Metern Höhe gelegene Dorf Méribel-les-Allues oder die Station Méribel-Mottaret, auf 1700 Metern, die fünf Kilometer vom alten Dorf entfernt liegt. Das Dorf hat mehr Atmosphäre, die neuere Station ist sportlicher.

In Méribel fährt man, wenn man die Sonne genießen will, am besten morgens am Tougnète-Hang des Mont de la Challe in Richtung Les Menuires und Val-Thorens und nachmittags am Hang des Saulire in Richtung Courchevel.

Das Skigebiet vom Belleville-Tal mit Les Menuires und Val Thorens ist etwa dreimal so groß wie das von Méribel Allues und gar etwa fünfmal so groß wie dasjenige von Courchevel. Die Landschaft des oberen Belleville-Tals ist von beeindruckender Weite und Größe, obwohl vielleicht nicht jedem die kahle Kargheit behagt. ▶

Les Trois Vallées

In Les **Menuires** haben die Stadtarchitekten versucht, mit dekorativen Mitteln unter Verwendung von viel Holz den Satelliten-Charakter zurückzudrängen. Wer heimelige Dorfatmosphäre sucht, findet sie in der Nachbarschaft, wie z. B. in St. Martin de Belleville. Aber was ja hier wie in

Les Trois Vallées
Courchevel, 1300/1550/1650/1850 m
Méribel, 1450/1700 m
Les Menuires, 1400/1850 m
Val Thorens, 2300 m

Skigebiet: 1300–3300 m
Corchevel 1400 Einwohner, 32 432 Gästebetten Méribel 1096 E., 30 576 G. Les Menuires 2000 E., 22 000 G. Val Thorens 100 E., 20 000 G.
Saison: Anfang Dezember bis Ende April, Val-Thorens: Ende Oktober bis Mitte Mai Sommerski auf den Gletschern des Péclet und des Chavière von Juni bis August

Anreise Autobahn Bern, Genf (Ausfahrt Annecy), Albertville, Moûtiers. Bahnstation ist Moûtiers, von dort Busverbindungen Mit dem Wagen anreisende Gäste müssen pro Woche für einen Garagenplatz z. B. in Val Thorens mit ca. FF 180 (offen) bis zu 400 (überdacht) rechnen
Entfernungen von KA: 592 km, S: 617 km, UL: 577 km, M: 644 km

Information
Office du Tourisme:
F-73120 Courchevel,
Tel. 79/08 00 29
Telefax 79/08 33 54
F-73550 Méribel, Tel. 79/08 60 01
Telefax 79/00 59 61
Schneetelefon 79/08 65 32
F-73440 Les Menuires, Tel. 79/00 73 00
Telefax 79/00 75 06
Schneetelefon 79/00 62 75

F-73440 Val-Thorens, Tel. 79/000808
Telefax 79/000004
Schneetelefon 79/000708

Reservierungszentralen Telefon
Val Thorens 79/000106 (Telefax 79/000649);
Menuires 79/007979 (Telefax 79/006092);
Meribel 79/005000 (Telefax 79/005961);
Courchevel 79/080029 (Telefax 79/083354)
Landesvorwahlnummer siehe Seite 608.

Kinder Courchevel Gästekindergarten ab 2 Jahre (ca. FF 225/Tag inkl. Mittagessen); Skikindergarten ab 3 Jahre (ca. FF 210/Tag inkl. Skipaß, ohne Mittagessen); Skischule ab 4 Jahre (je nach Kursdauer bis zu ca. FF 950/6 Tage à 6 Std. ohne Mittagessen) Les Menuires Gästekindergarten ab 3 Monate (Village des Schtroumpfs, Tel. 79/006379, ca. FF 215/Tag inkl. Mittagessen); Skischule ab 6 Jahre (ca. FF 695/Ganztagwoche ohne Mittagessen) Méribel Gästekindergarten ab 2 Jahre (Club Saturnin, Tel. 79/086690, ca. FF 192/Tag inkl. Mittagessen); Skischule ab 3 Jahre (ca. FF 1180/6 Tage inkl. Mittagessen) Val Thorens Gästekindergarten ab 3 Monate (ca. FF 230/Tag inkl. Mittagessen); Skischule ab 3 Jahre (ca. FF 1180/6 Tage inkl. Mittagessen)

Ski alpin Testnote ❄❄❄❄❄

Skigebiet gesamt
600 km präparierte Abfahrten:
150 km schwer, 250 km mittel, 200 km leicht
Längste Abfahrt: Piste de la Masse, 3 km; 1250 m Höhenunterschied, mittel/schwer
Die Piste Sainte-Agathe (Courchevel 1650, leicht) ist dienstags bis 19 Uhr beleuchtet
Liftkapazität: 200000 Pers./Std.
80 67 34 2 1
6 Korblifte

Skipaß-Preise siehe Beilage

Tiefschneereviere: zahlreiche Möglichkeiten, z. B. Les Menuires Lac du Lou, Les Crêtes, Les Encombres Val Thorens Pierre Louy
Mehrere Skischulen mit 1000 Skilehrern

Langlauf Testnote ❄❄❄❄

Über 100 Loipenkilometer insgesamt
Courchevel 50 km (schwierig bis leicht); höchste Loipe: Piste des Chenus (2300 m), 3 km, mittel; von Courchevel 1850 aus Verbindungsloipe nach Méribel, 14 km; Loipengebühr ca. FF 19/Tag, 110/Woche
Les Menuires 28 km (21 km schwierig, je 3,5 km mittel/leicht); höchste Loipe: Plan d'Eau (1650 m), 3,5 km, leicht; Längste Loipe: Le Doron (1400 bis 1650 m), 21 km, schwierig/mittel
Val Thorens 5 km (mittel) Méribel 33 km; höchste Loipe: die Verbindungsloipe zu Courchevel 1850 m (1700–1850 m), 14 km lang, schwierig.
In allen Orten Langlaufunterricht

BESONDERS SCHNEESICHER

Weitere Sportmöglichkeiten

Fallschirmspringen, Gleitschirmfliegen, Schneeschuhwandern, Motorschlittenfahren

Après-Ski

Bridge, Piano-Bar

Sportliche Veranstaltungen

Ski-Shows, Trophée Andros (Autorennen auf Eis, Val Thorens), Weltcup-Rennen, Termine bitte im Verkehrsbüro erfragen; Schlittenhunderennen (Méribel, 14.–16. Jan. 94)

Wer die drei Täler richtig kennenlernen möchte, sollte sich einem ortskundigen Führer anvertrauen. Die Französische Skischule z. B. von Méribel bietet solche Entdeckungstouren an. Für einen Tag muß man mit ca. FF 300, für fünf Tage mit ca. FF 1200, jeweils pro Person, rechnen.

Hotelempfehlungen: Seite 598 und 599

Linke Seite oben: Die französische Skistation Les Menuires.

Linke Seite unten: Wer es sich leisten kann, geht in Les Trois Vallées in die Luft. Airports gibt es bei Courchevel und Méribel.

Skifahrer am Scheideweg bei der Abfahrt nach Courchevel: direkt am steilen Wellenberg hinab oder lieber harmlos auf dem Ziehweg zum Ziel.

allen Orten der drei Täler viel wichtiger ist, ist die Anbindung an die Pisten; die Bahnen beginnen unmittelbar vor der Haustür.

Val-Thorens ist mit 2300 Metern Höhe einer der höchstgelegenen Skiorte Europas. Vom Wind gerüttelt und von der Sonne überflutet, liegt er in einer von fünf Gletschern dominierten Mondlandschaft, einem grandiosen Amphitheater. Er verfügt über ein erstklassiges Skigebiet, das die meiste Zeit des Winters herrlichen Pulverschnee hat.

Sowohl die Seilbahn auf den Caron als auch die Liftverbindung von Rosael stellen den Zugang zur Maurienne her.

Die hohe Lage des Skigebietes von Val-Thorens schließt auch die Möglichkeit zum Sommerskifahren auf den Gletschern des Péclet und des Chavière ein.

Die Trois Vallées bieten ein so weitreichendes Skigebiet, daß man aufpassen muß, die letzten Liftanschlüsse nicht zu verpassen.

St-François-Longchamp

St-François-Longchamp zählt seit einigen Jahren zu den größten Wintersportplätzen der Maurienne-Region. Durch die Anbindung seiner Pisten mit dem Revier von Valmorel verfügt dieser Skiort über ein recht ansehnliches und abwechslungsreiches Skigebiet.

St-François (1450 m) und das drei Kilometer entfernte Longchamp (1610 m) sind durch ein gemeinsames Liftnetz verbunden. Zusammen bilden sie einen aufstrebenden Skiort am Fuß des Col de la Madeleine (2000 m) und des 2832 m hohen Cheval Noir.

Neulinge und erprobte Skifahrer können auf den Pisten die Freuden des Stemmbogens entdecken oder ihren Wedelstil veredeln. Für Anfänger sind die leicht gewellten Pisten, zu denen die Skilifte Slalom und Marquis führen, ganz besonders geeignet. Hier können sie in Schwung kommen, Zutrauen zu den eigenen Fähigkeiten entwickeln und rasch Fortschritte machen.

Für Skiasse erschließt der Skilift zum Roc Noir »schwarze« Abfahrten mit anspruchsvollen technischen Schwierigkeiten und aufregenden Schußfahrten.

Ob Skikanone oder Neuling, die sinnvolle Anlage der Aufstiegshilfen, der reichlich vorhandene Schnee und die eindrucksvollen Landschaftsformen des Skigebietes versprechen herrliche Skifreuden.

St-François-Longchamp öffnet außerdem ungeahnte Möglichkeiten für Skiwanderer und Pulverschneefanatiker. Vor ihren Augen dehnen sich weite Schneefelder und unberührte Hänge aus. Von verschiede-

Der Versuch, Chalets im Großformat zu bauen: Appartementhäuser in Longchamp.

Von Roc Noir unter der Pointe de la Grande Combe führen die Abfahrten, unter vielen einfacheren auch zwei »schwarze«, nach St-François-Longchamp.

nen Skiliften aus kann man bis ins Frühjahr hinein kürzere und längere Skiwanderungen unternehmen.
Vom Endpunkt des Skilifts »Côte 2305«, über den das Skigebiet von St-François-Longchamp mit dem nordöstlich gelegenen Valmorel verbunden ist, öffnen sich zahlreiche, meist nach Norden orientierte Mulden und Täler mit unverspurten Hängen.
Eine phantastische Tiefschneeabfahrt führt von hier aus ins Morel-Tal (Valmorel). Andere Genuß-Hänge führen zum kleinen Dorf Celliers hinunter: ein herrliches Gebiet abseits der Pisten, das allerdings nach und nach auch erschlossen wird.
Aber es bleiben für Tiefschnee-Freaks immer noch genügend unberührte Zonen.
Wer hingegen allein auf seine Felle schwört, wird im jungfräulichen Schnee der Berge auf der anderen Talseite den Heißhunger des Skiwanderers stillen können, am Grand Pic de la Lauzière (2829 m) zum Beispiel: Am Fuße dieses mächtigen Felsens findet man wundervolle Hänge zum Skifahren in seiner reinsten Form und in der Regel auch Pulverschnee bester Qualität.
Sehr bald wird der Tourenfan auch die »Klassischen« von St-François-Longchamp entdecken: Die Frühjahrstouren auf den Col de la Flachère oder den Col Montjoie; oder auch im Hochwinter die Tour auf die Pointe de la Grande Combe oder den Gipfel des Cheval Noir (2832 m). Wer dieses Ziel, den höchsten Punkt der Region Valmorel/St-François-Longchamp, erreicht, kann ein unglaublich reiches Panorama bewundern mit der Mont-Blanc-Kette im Nordosten, dem Oisansgebiet im Süden, und im Osten erkennt man das Massiv der Vanoise (Nationalpark) mit dem gleichfalls weithin unter Naturschutz stehenden Gran Paradiso im Hintergrund...
Die Abfahrt kann man auf der Ostseite angehen – auf 45 Grad steilen Hängen und durch schwindelerregende Couloirs, steile, schmale Rinnen. Vom selben Gipfel aus besteht die Möglichkeit, das Tal von Belleville und die Sportzentren Les Menuires und Val-Thorens zu erreichen. Die Strecke ist zu Beginn recht steil, setzt sich dann aber über sanftere Hänge fort. Natürlich kann man für den Abstieg auch den Westhang des Cheval Noir wählen, wo man über wundervolle Grate und Hänge wieder zum Ausgangspunkt der Skitour zurückkehrt.

Valmorel siehe Seite 472.

St-François-Longchamp, 1450/1650 m

Skigebiet: 1450–2550 m
220 Einwohner, 5000 Gästebetten
Saison: Dezember bis April

Anreise Autobahn Genf, Chambéry (Ausfahrt Aiton), Aiguebelle, St-Avre/La Chambre (Bahnstation)
Entfernungen von KA: 613 km, S: 638 km, UL: 598 km, M: 665 km

Information
Office du Tourisme,
F-73130 St-François-Longchamp,
Tel. 79/59 10 56, Telefax 79/59 13 67
Schneetelefon: 79/59 10 38
Landesvorwahlnummer siehe Seite 608.

Kinder Gästekindergarten ab 6 Monate (Les Lutins, Tel. 79/59 11 09; ca. FF 47/vormittags, 63/nachmittags); Skischule ab 5 Jahre (ca. FF 730/Woche inkl. Mittagessen)

Ski alpin · **Testnote** ✻✻✻✻
inkl. Valmorel

65 km präparierte Abfahrten:
15 km schwer, 25 km mittel, 25 km leicht
(170 km präparierte Abfahrten inkl. Valmorel)
Längste Abfahrt: La Panoramique, 4 km Länge, 650 m Höhenunterschied, leicht

Liftkapazität: 13 955 Pers./Std.
13 4
(48 Lifte und Bahnen inkl. Valmorel)
Skipaß-Preise siehe Beilage
Skischule mit 30 Skilehrern

Langlauf Testnote ✻✻

Das Langlaufgebiet Grand Coin mit 35 Loipenkilometern (15 km schwierig, 12 km mittel, 8 km leicht) ist 12 km von der Skistation entfernt. Höchste Loipe Le Chaussy (1533 m), 15 km lang, schwierig; Loipengebühr ca. FF 15/Halbtag, 20/Ganztag, 80/Woche für Erwachsene, 45/Woche für Kinder; Langlaufunterricht

Weitere Sportmöglichkeiten

Schneeschuhwandern

Après-Ski

Après-Tip: Bogenschießen lernen. Es macht Spaß und entspannt nach dem Pistenstreß. Informationen im Verkehrsbüro.

Hotelempfehlungen: Seite 598 und 599

Valmorel

Valmorel ist ein origineller Wintersportort mit viel Stil, der sich in keiner Weise hervortun muß, um bemerkt zu werden; er gilt als Beispiel eines gut durchdachten und gelungenen Projekts.

Die Bauplaner von Valmorel waren sich darüber im klaren, daß die Nostalgie zum heutigen Leben gehört. Sie hatten erkannt, daß die Städter in den modernen Skistationen mehr als nur ein perfekt funktionierendes System vorfinden möchten. Sie suchen dort eine Art Traumwelt, die – wenn auch unvollkommen – für sie doch das »verlorene Paradies« darstellt.
»Die Freizeitarchitektur muß so gestaltet sein, daß man glaubt, man befinde sich in einer andern Welt«, erklärt Michel Bezançon, der Valmorel und La Plagne verwirklicht hat. »Wer in einen Erholungsort fährt, möchte dort keineswegs dieselben Verhältnisse vorfinden wie in seiner täglichen Umgebung, sondern eine Atmosphäre, die ihn zum Träumen anregt.«
In Valmorel sind die Häuser höchstens dreistöckig, im Chaletstil gebaut und mit Stein, Holz und Schiefer verkleidet. Der Ort ist ein richtiges Bergdorf mit seinen kleinen Fußgängerzonen und seiner Geschäftsstraße in anmutig-rustikalem Stil. Hier wurde also – allerdings nur äußerlich – das Moderne verbannt, um die Häuser etwas phantasievoller zu gestalten, dabei sind sie allerdings manchmal etwas kitschig geraten. In der Hauptstraße des Ortsteils Bourg-Morel sind die Hausmauern mit Fresken in kräftigen Farben bemalt – das nahe Italien hat offenbar herübergewirkt – während die Wohnhäuser der Nachbarorte Planchamp, Les Teppes, Crève-Cœur und La Fontaine im schmuckloseren und kühleren Savoyer Stil gehalten sind.
Die Autos wurden aus den Wohnzonen verbannt, zu denen man über Treppen und durch Sträßchen gelangt.
Aufgrund seines besonderen dörflichen Charakters kann man Valmorel als eine der gelungensten Skistationen Frankreichs bezeichnen.

Ein neuer Skiort mit dem Reiz eines alten Bergdorfes: Die Chalets von Valmorel kommen dem heutigen Bedürfnis entgegen. Auch so können moderne Skistationen in Frankreich aussehen.

Mit seinen zahlreichen Geschäften und Restaurants sowie je zwei Kinos und Diskotheken ist es auch ein lebhafter und recht gut ausgestatteter Wintersportort mit einer beschwingten Atmosphäre, in der man aktive und unbeschwerte Winterferien verbringen kann. Langeweile und Eintönigkeit müssen nicht aufkommen. Das besondere Flair des Dorfes ist auch im ganzen Skigebiet zu spüren. Blutige Anfänger wie waghalsige Tiefschneefahrer kommen hier auf ihre Kosten. Die Abfahrten auf steilen Pulverschneehängen beginnen am Col du Mottet (2403 m) und am Riondet (2392 m). Die Pisten jeglicher »Couleur« (von grün bis schwarz/sehr leicht bis sehr schwer) von Valmorel liegen bei Combelouvière und dem Bois de la Croix an überwiegend bewaldeten Hängen, an denen es viel zu entdecken gibt.

Tourengehern bieten sich im Gebiet von Valmorel/St-François-Longchamp ganz ausgezeichnete Möglichkeiten zu ein- oder mehrtägigen Ausflügen abseits der Pisten.

Für Ski-Novizen hat Valmorel eine Neuerung in seiner Skischule eingeführt: Allen Anfängern von 7–77 Jahren steht ein eingezäuntes Gelände von sechs Hektar mit einer 850 Meter langen Übungsstrecke, drei langsam fahrenden Liften – einem Sessellift und zwei Schleppliften – zur Verfügung.

Auch für die ganz Kleinen ist in Valmorel gesorgt. Im Kinderdorf »Saperlipopette« gibt es einen zwei Hektar großen Schnee-Kindergarten speziell für die Kleinen bis zu sieben Jahren. Dort kommen sie zum ersten Mal mit dem Schnee in Berührung und starten ihre ersten Skiversuche. Zu diesem Zweck gibt es für sie zwei kleine Schlepplifte an einem sanften und sonnigen Hang.

Durch die Liftverbindung von Valmorel mit dem südwestlich gelegenen St-François-Longchamp ist ein weiteres großes Skigebiet von 900 Hektar zugänglich. Dieses soll jedoch nicht zu sehr erschlossen werden, damit eines der schönsten und ursprünglichsten Savoyer Täler, das zum Dorf Celliers führt, erhalten bleibt.

St-François-Longchamp siehe Seite 470.

Valmorel, 1400 m

Skigebiet: 1400–2550 m
200 Einwohner, 8500 Gästebetten
Saison: Mitte Dezember bis Mitte April

Anreise Autobahn Genf (Ausfahrt Annecy), Albertville, Aigueblanche, Les Avanchers, Valmorel. Bahnstation ist Moûtiers, von dort Busverbindungen

Entfernungen von KA: 589 km, S: 614 km, UL: 574 km, M: 641 km

Information
Réservations Valmorel,
F-73260 Aigueblanche, Tel. 79/09 84 44
Telefax 79/09 88 48
Schneetelefon 79/09 80 26
Landesvorwahlnummer siehe Seite 608.

Kinder Gästekindergarten ab 18 Monate (Saperlipopette, Tel. 79/09 85 55, Reservierung dringend notwendig; ca. FF 98/Halbtag, 233/Ganztag inkl. Mittagessen); Skischule ab 4 Jahre (ca. FF 450/6 Tage à 2 ½ Std. ohne Mittagessen)

Ski alpin Testnote ✻✻✻✻
inkl. St. François

105 km präparierte Abfahrten:
36 km schwer, 45 km mittel, 24 km leicht
(170 km präparierte Abfahrten inkl. St-François-Longchamp)
Längste Abfahrt: Lauzière – Madeleine, 4,5 km Länge, mittel
Die Abfahrt Planchamp (1,2 km lang, schwer) ist donnerstags bis 21.45 Uhr beleuchtet
Liftkapazität: 27 550 Pers./Std.
20 9 2
(48 Lifte inkl. St-François-Longchamp)

Skipaß-Preise siehe Beilage

Tiefschneereviere: Blanches, Peleves
Skischule mit 80 Skilehrern

Langlauf Testnote ✻

20 Loipenkilometer; Langlaufunterricht

Weitere Sportmöglichkeiten

Schneeschuhwandern, Gleitschirmfliegen

Après-Ski
DISCO KINO

Einen halben Versuchstag empfehlen die Betreuer vom Kinderdorf Saperlipopette (siehe oben unter »Kinder«) für alle diejenigen Kinder, die ein turbulentes Gruppenleben nicht gewöhnt sind.

Hotelempfehlungen: Seite 598 und 599

Le Corbier und La Toussuire

Im Tal der Arc, zwischen dem Vanoise-Massiv im Nordosten und dem Écrins-Massiv im Süden, liegt St-Jean-de-Maurienne. Von dort ist es nur noch ein Katzensprung bis zum Skigebiet von Le Corbier und La Toussuire in einem Seitental.

Die beiden Wintersportorte Le Corbier und La Toussuire waren eigentlich aufgrund ihrer Lage geradezu prädestiniert, ihre Skigebiete gemeinsam zu nutzen. Doch die Menschen haben es anders gewollt. Es hat nämlich über 15 Jahre gedauert, bis sich die beiden Orte endlich zusammenschlossen, um den Betrieb ihrer Skilifte und Bahnen gemeinsam zu führen. Durch den Bau zweier Sessellifte (im Winter 1984/85) wurden nicht nur neue Pisten zugänglich gemacht, sondern insbesondere von beiden Stationen aus neue Möglichkeiten zu »weiträumigem« Skifahren eröffnet.

Seither bilden das bereits mit dem Skiort Saint-Jean-d'Arves verbundene Le Corbier und La Toussuire mit dem ihm angeschlossenen Dorf Les Bottières ein zusammenhängendes Skigebiet, ein Gebiet, das sich über vier Bergrücken im Bergmassiv Arvan-Villards erstreckt.

La Toussuire hat sich schon sehr früh dem Wintersport geöffnet und als einer der ersten Orte in den französischen Alpen für die nötigen Einrichtungen gesorgt. Die Lage von La Toussuire ist auch wirklich ideal für den Skisport. Die Skiläufer von damals fanden auf dem 1800 Meter hohen, leicht hügeligen Plateau der Toussuire sanfte und sonnige Hänge vor, die von einigen stattlichen Bergkronen überragt werden, so vom Grand Truc (2227 m), von der Tête de Bellard (2234 m), der Grande Verdette (2115 m) und der Pointe de l'Ouillon (2432 m).

Auf dem völlig kahlen Gelände läuft man gewiß keine Gefahr, in einen Baum hineinzufahren. Die idealen »Viehberge«, wie es hier heißt – denn man fährt auf der Sommerweide – sind auch ideale Skiberge.

La Toussuire ist eine sportliche und moderne Station mit einem Skigebiet zwischen 1400 und 2400 Metern. Wenn die Schneeverhältnisse es erlauben, kann man sogar bis nach St-Jean-de-Maurienne auf 567 Meter hinunterfahren: eine 17 Kilometer lange Abfahrt, die jedoch nur guten Skiläufern zu empfehlen ist. Auf der ganzen Strecke fährt man durch herrliche Taleinschnitte und prächtige Wälder. Hier kann man noch ein Stück ursprüngliches Savoyen erleben: St-Jean-de-Maurienne ist eher rauh und rustikal und ganz das Gegenteil von La Toussuire mit seinem fast städtischen Gehabe. Bei der Rückkehr nach La Toussuire muß man achtgeben: Die Piste vom Lift »La Lauze« aus ist nicht markiert.

Das 1967 entstandene **Le Corbier** gehört zu den sogenannten Retorten-Skistationen, die an der »Skifront«, unmittelbar am Fuß der Pisten erbaut wurden. Daher ist hier alles funktionell – zweifellos ein großer Vorteil, bedauerlich nur, daß das moderne Dorf so gar nicht ansprechend ist. Ziemlich nüchterne Wohntürme und Apartmenthäuser gruppieren sich um die Hauptskilifte, und nur das Geschäftszentrum Tripode verleiht dem Ganzen eine etwas phantasievolle Note.

Ski fährt sich's hingegen ausgezeichnet in Le Corbier, und das Skigebiet ist wirklich sehr groß. Es könnte sogar noch bis zum St-Sorlin-Gletscher auf 3400 Meter Höhe ausgedehnt werden.

Le Corbier hat sich außer mit Saint-Jean-d'Arves noch mit dem hübschen Dorf **Saint-Sorlin-d'Arves** im Arvan-Tal liiert, das mit seinen alten Häusern und kulturellen und handwerklichen Traditionen noch ursprünglich geblieben ist. Der von

Für den Skifreak ideal liegt La Toussuire inmitten sanfter und sonniger Hänge. Der Charakter einer Satellitenstadt ist vielleicht nicht jedermanns Sache.

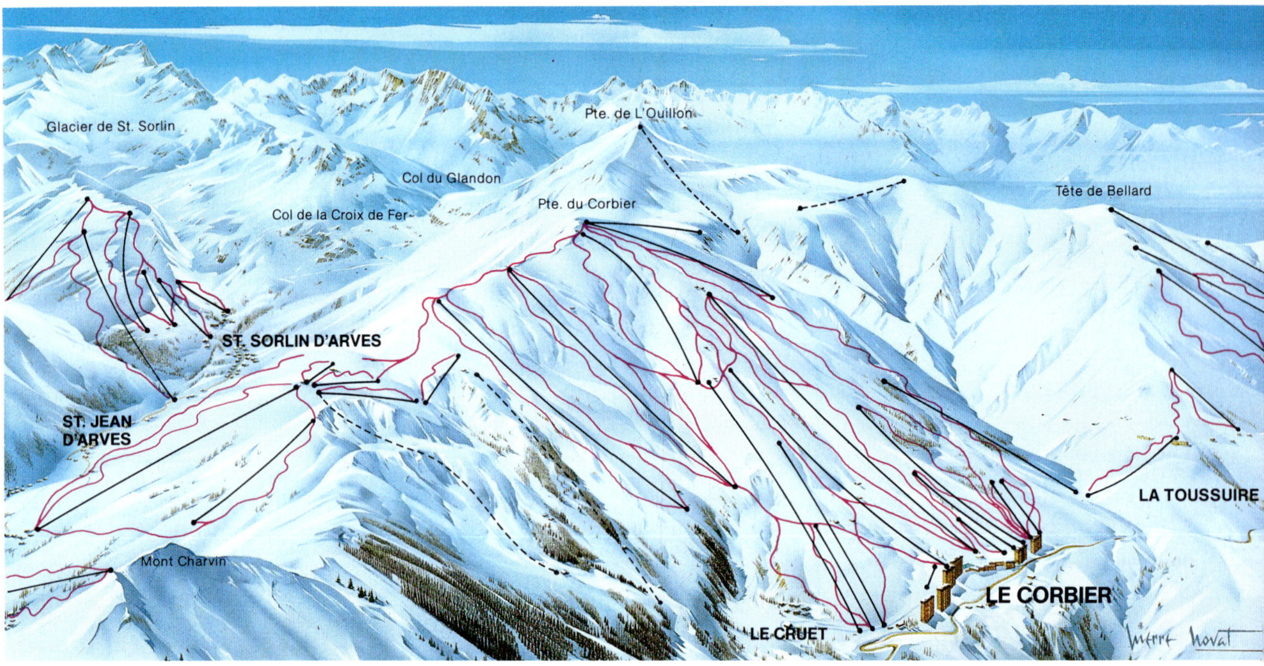

Le Corbier, 1560 m
La Toussuire, 1800 m

Skigebiet: 1400–2400 m
Ca. 700 Einwohner, 16 000 Gästebetten
Saison: Dezember bis Mitte April

Anreise Autobahn Genf, Chambéry (Ausfahrt Aiton), St-Jean-de-Maurienne (Bahnstation, Busverbindungen), Le Corbier und La Toussuire.
Entfernungen von KA: 626 km, S: 651 km, UL: 611 km, M: 678 km

Information
Office du Tourisme:
F-73300 Le Corbier, Tel. 79/83 04 04
Telefax 79/83 02 90
F-73300 La Toussuire, Tel. 79/56 70 15
Telefax 79/83 02 99
Schneetelefon 79/56 74 30
Landesvorwahlnummer siehe Seite 608.

Kinder Le Corbier Gästekindergarten ab 3 Monate (mit Gesundheitszeugnis; ca. FF 62/Halbtag); Skikindergarten ab 3 bis 6 Jahre; Skischule ab 6 Jahre (ca. FF 380/Woche halbtags)
La Toussuire Gästekindergarten ab 2 Monate (Les Galopins, Tel. 79 83 00 68; ca. FF 80/Halbtag); Skischule ab 3 Jahre (ca. FF 365/Woche halbtags)

Ski alpin Testnote ❄❄❄❄

Skigebiet gesamt
(St. Sorlin d'Arves, St. Jean d'Arves, Le Corbier, La Toussuire, Les Bottières)
180 km präparierte Abfahrten:
27 km schwer, 69 km mittel, 84 km leicht
Längste Abfahrt: Bergstation Pte. de L'Ouillon – St-Jean-de-Maurienne, 17 km Länge, 1800 m Höhenunterschied, schwer
Liftkapazität: 28 000 Pers./Std.
31 10

Skigebiet La Toussuire
40 km präparierte Abfahrten:
4 km schwer, 25 km mittel, 11 km leicht
Liftkapazität: 11 000 Pers./Std.
14 4

Skipaß-Preise siehe Beilage

Tiefschneereviere: Gebiete Grand Truc, Tête de Bellard, Grand de Verdette, L'Ouillon
Skischulen mit 55 Skilehrern
Skischul-Kurse für Kinder ab 3 Jahre

Langlauf Testnote ❄❄

BESONDERS SCHNEESICHER

Insgesamt 25 Loipenkilometer (12 km schwierig, 12 km mittel, 1 km leicht); höchste Loipe: Champ Perouze (1700 bis 1820 m), 6 km, mittel; in beiden Orten Langlaufunterricht

Weitere Sportmöglichkeiten

Schneeschuhwanderungen, Gleitschirmfliegen, Motorschlitten

Après-Ski

DISCO KINO

Piano-Bar, Spielsaal

Sportliche Veranstaltungen

La Samba und Les Trois Glisses (Snowboard- und Monoskiwettbewerbe, März 94)

Veranstaltungstips, Aktuelles und die neuesten Nachrichten werden per Lautsprecher in der gesamten Station Le Corbier bekanntgemacht.

Hotelempfehlungen: Seite 598 und 599

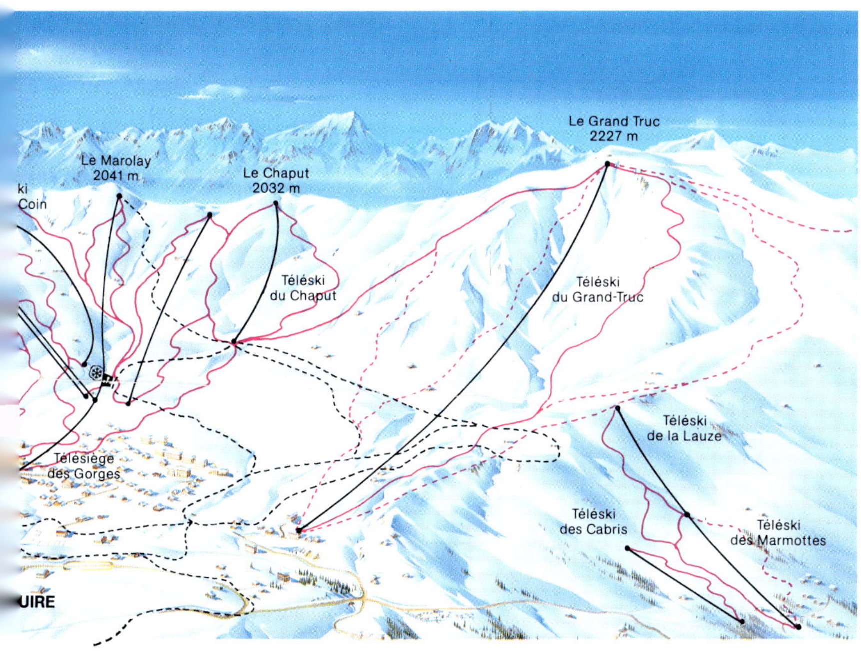

Wäldern umgebene Ort ist auch landschaftlich sehr reizvoll. Je höher man steigt, desto mehr erfreut sich das Auge an den benachbarten Bergmassiven und Gipfeln, angefangen vom Mont Blanc über die Meije bis zu den Zacken der Aiguilles d'Arves.
Die Pisten sind im allgemeinen nicht schwer, aber doch interessant genug, so daß alle Kategorien von Skifahrern hier auf ihre Kosten kommen, und dies um so mehr, als hier oft ausgezeichnete Schneeverhältnisse herrschen und es an den Liften kaum Wartezeiten gibt. Vor allem können hier die Tourengeher von den Möglichkeiten, die sich ihnen am St.-Sorlin-Gletscher und im Massiv der Grandes Rousses bieten, Gebrauch machen.
Mit der Verbindung zwischen Le Corbier, La Toussuire und Saint-Sorlin-d'Arves entstand ein Skigebiet, das allen Skifahrerwünschen gerecht wird.

Isère

Hier wurde Skigeschichte für Frankreich gemacht: 1878 tauchten die Bretter zum erstenmal im Dauphiné auf, 1968 richtete Grenoble die Olympischen Winterspiele aus.

Der Grenobler Henri Duhamel hatte die komischen »Schnee-Schlittschuhe« damals bei der Weltausstellung in Paris, am Stand eines Schweden, entdeckt. Im Isère wurde dieses 100jährige Jubiläum 1978 jedoch gar nicht gefeiert, obwohl diese Entdekkung so ungeheure Veränderungen für die Bergwelt im Isère nach sich zog.

Ganze Dörfer, die schon vom Aussterben bedroht waren, avancierten zu großen Wintersportplätzen: so Les Deux-Alpes oder L'Alpe-d'Huez. Und **Grenoble**, die nur 200 Meter hoch gelegene, aber von Gebirgsketten umgebene »Hauptstadt« der französischen Alpen, wurde zu einer berühmten Olympiastadt. Auch so viele Jahre nach diesen Spielen ist der »olympische Geist« in der ganzen Stadt zu spüren, die davon heute noch profitiert.

Als Durchgangsort zu den wichtigsten Skiorten im Département Isère ist die lebhafte Industrie- und Universitätsstadt selbst von geringer touristischer Bedeutung. Die Skiläufer begeben sich jedenfalls auf dem schnellsten Weg in die umliegenden Skiorte Autrans und Villard-de-Lans im Vercors-Massiv, nach Chamrousse und Les Sept-Laux im Belledonne-Gebiet, Saint-Pierre-de-Chartreuse in den Chartreuse-Bergen sowie nach L'Alpe-d'Huez und Les Deux-Alpes im Oisans.

Was für Savoyen das Montblanc-Massiv, ist für das Isère das Oisans: ein mächtiger und majestätischer Gebirgszug, den man durch enge, tiefe Täler erreicht, von denen die bekanntesten das der Romanche und des Vénéon sind. Sie werden von hohen Berggipfeln wie dem Viertausender Barre des Ecrins (4102 m) und dem Grand Pic de la Meije (3983 m) überragt. Auch gibt es in diesem Gebirge eine große Zahl von Gletschern, die insgesamt eine Fläche von über hundert Quadratkilometern bedecken.

Seit 1973 ist das Oisans, als Teil des damals gegründeten Ecrins-Nationalparks, auch Naturschutzgebiet. Dieser Nationalpark gehört wegen seines großen Höhenunterschieds von 800 auf 4102 Meter zu den vielfältigsten und reichhaltigsten alpinen Tier- und Pflanzenschutzgebieten.

Les Deux-Alpes und **L'Alpe-d'Huez** sind die beiden einzigen »Retorten-Skistationen« im Oisans-Gebiet und gleichzeitig die bedeutendsten Wintersportorte im Département Isère. Sie brauchen kaum mehr besonders vorgestellt zu werden, denn jeder hat sich einen Namen unter den im In- und Ausland bekannten Wintersportorten mit außergewöhnlichen Skimöglichkeiten gemacht. Sie zählen heute zu den ersten zehn der französischen Skistationen und bieten noch dazu Gelegenheit für Sommerski auf ihren beiden Gletschern.

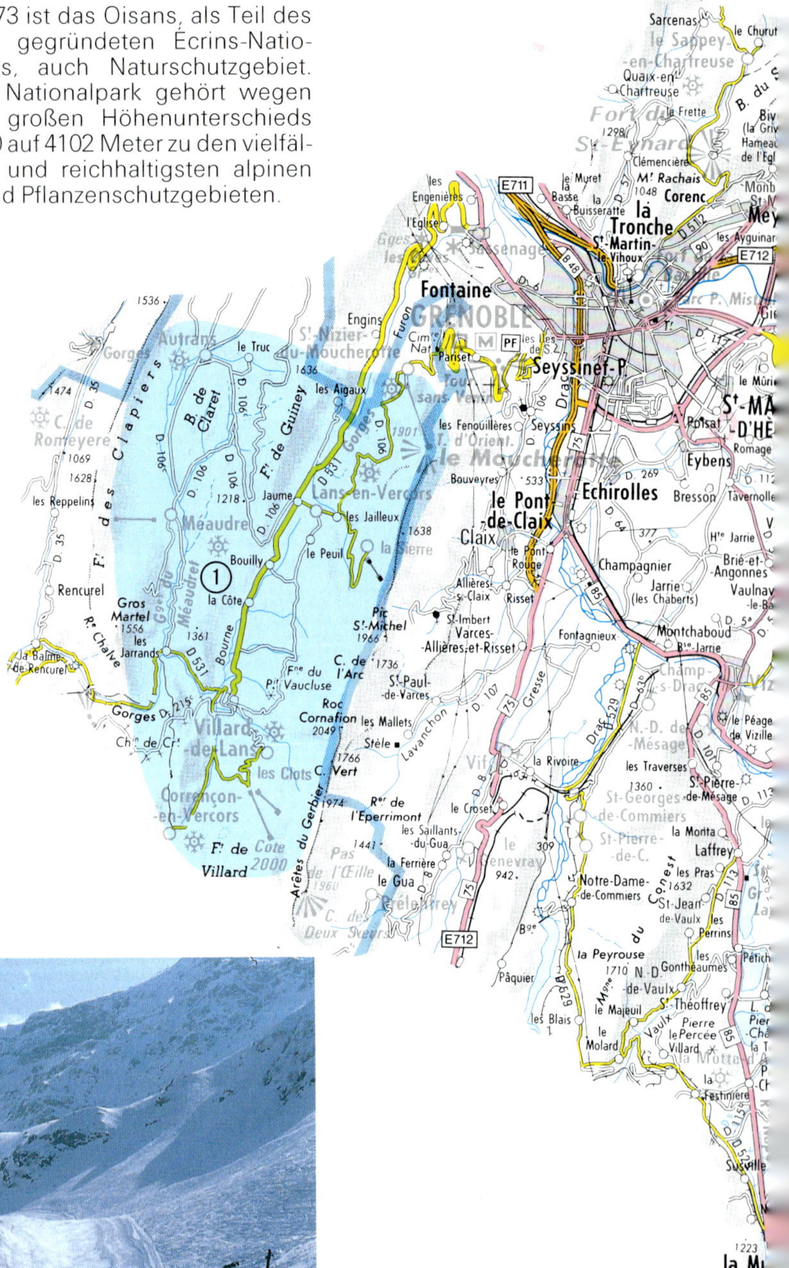

Ein Fest für Skifahrer: die abwechslungsreichen Pisten im Gebiet von Les Sept-Laux.

Skigebiete auf einen Blick

Nur etwa eine halbe Autostunde östlich von Grenoble in der Belledonne-Kette liegen **Chamrousse**, Austragungsort der alpinen Skiwettkämpfe während der Olympischen Winterspiele 1968, und **Les Sept-Laux**, eine noch junge Skistation.

Da die abwechslungsreichen und anspruchsvollen Skigebiete für die Grenobler gut erreichbar sind, fällt an jedem Wochenende ein Heer von Skifahrern aus der Großstadt ein, mit den damit verbundenen Nachteilen: Gedränge und Wartezeiten.

Im Westen und Norden der französischen Alpenmetropole liegen die einfacheren und beschaulicheren Wintersportplätze. Die Skiorte im Vercors-Regionalpark bieten vor allem ausgezeichnete Langlaufmöglichkeiten an, allen voran **Autrans**, Mittelpunkt der nordischen Wettbewerbe während der Olympischen Winterspiele 1968 und heute das Langlaufzentrum der französischen Alpen.

Saint-Pierre-de-Chartreuse mit seinen Pisten am La Scia liegt mitten im Chartreuse-Gebirge, das durch seine mächtigen und rauhen, doch stark bewaldeten Berge beeindruckt. Schroffe Kalkfelsen in bizarren Formen wechseln ab mit dichten Wäldern, die zu den wohl schönsten in Frankreich gehören.

In diesem Gebirgszug steht auch La Grande Chartreuse, das Stammkloster des Kartäuserordens aus dem 11. Jahrhundert. Die Öffentlichkeit hat keinen Zugang zu den bewohnten Hauptgebäuden des Klosters. (Nur ein Nebengebäude, »La Correrie«, ist zur Besichtigung freigegeben.) Hier entwickelten vor 200 Jahren die Mönche nach eigenem Rezept eine Art Lebenselixier, den berühmten Chartreuse-Likör, der aus 130 verschiedenen Kräutern hergestellt wird. Man kann in Voiron die Brennerei und den 164 Meter langen und damit größten Likörkeller der Welt mit seinen Tausenden von Flaschen besichtigen.

Alphabetisches Register der Skiorte ab Seite 601

Villard-de-Lans, Autrans, Lans-en-Vercors

Alle drei Stationen liegen im Gebiet des Vercors-Gebirgsstockes, der seit der Schaffung des Regionalparkes von Vercors im Jahre 1970 zu einem touristischen Anziehungspunkt geworden ist. Wichtigste Wintersportart im Vercors ist der Langlauf.

Zu Tausenden strömen die Langläufer im Winter an jedem Wochenende in das Gebiet. In diesem 135 Quadratkilometer großen Bergmassiv wurden mehrere hundert Kilometer Loipen geschaffen, die größtenteils durch Wald führen.

Natürlich kann man im Vercors auch andere Wintersportarten ausüben. Bedeutendster Wintersportort des Gebiets ist **Villard-de-Lans.** Das auf 1000 Metern Höhe gelegene, 32 Kilometer von Grenoble entfernte Dorf hat als Wintersportort jahrzehntelange Tradition. Seit den olympischen Winterspielen von 1968 in Grenoble, wo es Austragungsort der Rodelwettkämpfe war, ist sein Name auch außerhalb Frankreichs bekannt. Für die Skisportler wurde in jüngerer Zeit **Balcon-de-Villard**, eine Satellitenstation mit Hotels, Apartmenthäusern, Einkaufsläden, Restaurants usw. in unmittelbarer Nähe zum Skigelände und zu den Liften errichtet. Die Siedlung ist zwar in architektonischer Hinsicht mißlungen, liegt jedoch sehr schön in rund 1200 Metern Höhe.

Durch die Verbindung der Pisten von Villard-de-Lans mit denen des Nachbarortes Corrençon-en-Vercors steht

ein stattliches Skigebiet zur Verfügung.

Im unteren, waldreichen Teil sind die Abfahrten meist leicht, während die Pisten im oberen Teil – beispielsweise von Cote 2000 – schwierig, zum Teil auch sehr schwierig sind. Für weniger Geübte gibt es aber auch von oben eine leichte Variante.

Auch die Langläufer kommen in Villard-de-Lans natürlich nicht zu kurz. Noch wesentlich Attraktiveres kann in dieser Beziehung das ehemalige Olympiadorf und Austragungsort der Langlaufwettbewerbe der Olympischen Spiele von Grenoble bieten: **Autrans** ist mit seinem – unter Insidern in ganz Europa bekannten – Wald von La Ture das bedeutendste Langlaufzentrum der französischen Alpen. Hier findet jeden Winter der bekannte Lauf »Foulée Blanche« über 42, 20 und 10 Kilometer statt, an dem jedesmal zwischen sieben und zehntausend Langläufer teilnehmen. Vor allem an den Wochenenden herrscht hier auf den Loipen Hochbetrieb.

Im Vercors-Gebiet wurde vor zehn Jahren in **Lans-en-Vercors** eine Einrichtung geschaffen, die man als »Schneestadion« (Stade de Neige) verkauft. Getrennt vom eigentlichen Wohndorf Lans-en-Vercors liegt es in östlicher Richtung, in 4,5 Kilometer Entfernung. Erreichbar ist das »Schneestadion« über eine schmale Straße mit dem Auto oder mit einem Pendelbus. Der Eingang zum »Stadion« befindet sich auf 1400 Metern. Die Lifte an den Hängen des Grand Cheval steigen bis auf 1820 Meter.

Villard-de-Lans, 1050 m
Autrans, 1050 m
Lans-en-Vercors, 1020 m

Skigebiet: 1050–2170 m
Villard-de-Lans 3500 Einwohner, 20000 Gästebetten
Autrans 1600 E., 8000 G.
Lans-de-Vercors 1500 E., 7000 G.
Saison: Anfang Dezember bis Mitte April

Anreise Autobahn Genf, Grenoble (Bahnstation, Busverbindungen), Sassenage, Lans-en-Vercors, Autrans bzw. Villard-de-Lans. Entfernungen von KA: 640 km, S: 705 km, UL: 715 km, M: 785 km

Information
Office du Tourisme,
F-38250 Villard-de-Lans, Tel. 76/95 10 38
Telefax 76/95 98 39
F-38880 Autrans, Tel. 76/95 30 70
Telefax 76/95 38 63
F-38250 Lans-en-Vercors, Tel. 76/95 42 62
Telefax 76/95 49 70
Landesvorwahlnummer siehe Seite 608.

Kinder Villard-de-Lans Betreuung möglich ab 18 Monate; Gästekindergarten ab 2½ Jahre (ca. FF 90/Halbtag); Skischule ab 4 Jahre (ca. FF 530/6 Tage à 4 Std. inkl. Mittagessen) Autrans Betreuung möglich ab 3 Monate; Gästekindergarten ab 4 Jahre (ca. FF 47/Halbtag); Skischule ab 4 Jahre (ca. FF 250/6 × 2 Std. ohne Mittagessen) Lans-en-Vercors Gästekindergarten ab 1 Monat (ca. FF 17/Std.); Skischule ab 4 Jahre (ca. FF 441/6 Tage à 4 Std. ohne Mittagessen)

Ski alpin Testnote

Villard-de-Lans	❄❄❄❄
Autrans	❄❄
Lans-en-Vercors	❄❄

Skigebiet Villard-de-Lans
130 km präparierte Abfahrten:
30 km schwer, 50 km mittel, 50 km leicht
Liftkapazität: 30000 Pers./Std.
29 6 2

Skigebiet Autrans
15 km präparierte Abfahrten:
5 km schwer, 5 km mittel, 5 km leicht
Liftkapazität: 8000 Pers./Std.
15 1

Skigebiet Lans-en-Vercors
24 km präparierte Abfahrten:
10 km schwer, 9 km mittel, 5 km leicht
Liftkapazität: 12700 Pers./Std.
16

Skipaß-Preise siehe Beilage
Tiefschneereviere: Gebiete Lans-en-Vercors und Villard-de-Lans
Mehrere Skischulen mit 130 Skilehrern

Langlauf Testnote

Villard-de-Lans	❄❄❄❄
Autrans	❄❄❄❄❄
Lans-en-Vercors	❄❄❄❄

Villard-de-Lans 160 Loipenkilometer; längste und höchste Loipe: Voie Royale (1300–1520 m), 41 km lang, schwierig; Loipengebühr ca. FF 30 (Kinder 12)/Tag, 145 (90)/Woche Autrans 160 km (70 km schwierig, 35 km mittel, 55 km leicht); Höhenloipe Super Jaune (1050–1400 m), 26 km, schwierig Lans-en-Vercors 90 km (28 km schwierig, 33 km mittel, 29 km leicht); Höhenloipe Les Belvédères (1400–1438 m), 10 km, schwierig; die Anfängerloipe (1020 m, 400 m lang) ist täglich bis 24 Uhr beleuchtet; Loipengebühr ca. FF 32/Tag, 152/Woche.
In allen Orten Langlaufunterricht

Weitere Sportmöglichkeiten
Motorschlitten, Schneeschuhwandern, Eishockey, Gleitschirmfliegen

Après-Ski
Bridgeclubs

Sportliche Veranstaltungen
Lans-en-Vercors Nacht-Autorennen (22. und 23. Jan. 94), Schlittenhunderennen Europacup (5. und 6. Febr. 94), Intern. Telemark Wettbewerb (6. und 7. März 94) Autrans Filmfestival Bergfilme (Nov. 93), La Foulée Blanche (Langlaufwettbewerb, Jan. 94)

Après-Tip: Besuch des Automaten-Museums mit über 400 beweglichen Puppen und Tieren (Lans-en-Vercors, route de Villard, Tel. 76/95 40 14).

Hotelempfehlungen: Seite 598 und 599

Chamrousse

Chamrousse, Olympiadorf während der Winterspiele von 1968 in Grenoble, bietet gute, vielseitige Skisportmöglichkeiten, weist aber als Ferienort nicht ganz die Qualität auf, die man in einem solchen Fall erwarten würde.

Der Skiort Chamrousse liegt nur wenige Kilometer oberhalb von Grenoble. In einer guten halben Stunde gelangt man mit dem Auto von der Geschäftszone der Grenobler Innenstadt zu den Abfahrtspisten von Chamrousse.
Diese für die Grenobler angenehme Sache hat aber auch ihre weniger angenehme Kehrseite: An jedem Wochenende herrscht an den Liften ein enormer Andrang, und die Wartezeiten sind entsprechend lang. Das kann dann den Spaß am Skilaufen schon etwas beeinträchtigen. Außerdem gilt Chamrousse als Wintersportstation, die nicht ganz gegen Nebel gefeit ist. Denn an der mächtigen Belledonne-Bergkette über Grenoble hängen an manchen Tagen schwere Wolken, die oft nach Chamrousse hinüberziehen. Allerdings bleiben sie meist nicht allzulange hängen, sondern lichten sich relativ rasch und lassen die Sonne wieder durch.
Der Ort, über dessen Architektur sich streiten läßt, besteht eigentlich aus zwei modernen Dörfern oder Siedlungen: Le Recoin, auf 1650 Metern, und Roche-Béranger, auf 1750 Metern. Die beiden Gemeindeteile sind durch Pendelbusse und natürlich durch Lifte und Bahnen über das weitläufige Skirevier miteinander verbunden.
Le Recoin ist bekannt für sportlichere Abfahrten, denn von hier aus führen die wichtigsten Lifte zu den ehemaligen Olympiapisten. Diese liegen in einem Gebiet, das manche als etwas beengend empfinden, trotzdem sollten es sich sportlichere Fahrer auf keinen Fall entgehen lassen, den »Abfahrtslauf der Herren« von 1968 zu absolvieren. Dieser wurde seinerzeit von Jean Claude Killy gewonnen, der sich dann auch noch die Goldmedaillen im Slalom und Riesenslalom holte.
Diese berühmte Abfahrt, »Casserousse« genannt, führt von der Croix de Chamrousse (2253 m) über eine zügig angelegte Strecke bis zur Straße Grenoble – Chamrousse auf 1400 Meter Höhe. Wenn – was allerdings nur ziemlich selten vorkommt – die Piste in gutem Zustand ist und man es laufen lassen kann, spürt man das Herz schon etwas heftiger klopfen.
Die unter der Seilbahn verlaufende ehemalige Abfahrtsstrecke der Damen enthält einige sehr schöne Passagen, die teils durch den Wald, teils durch schmale Geländeeinschnitte führen.
Die Pisten des in bewaldetem Gebiet liegenden Roche-Béranger sind sehr viel leichter als die von Le Recoin. Der Ort ist daher besonders für Familien mit Kindern geeignet.
Die meisten Pisten von Chamrousse liegen bis spät am Nachmittag in der Sonne. An schönen und klaren Tagen bietet sich eine wundervolle Sicht auf die angrenzende Bergkette des Vercors und der Chartreuse. Auf den Pisten von Chamrousse läßt sich also sehr angenehm skifahren – vorausgesetzt, man ist nicht ausschließlich auf die drangvollen Wochenenden angewiesen, wenn die Grenobler kommen.

Chamrousse, Olympisches Dorf der Spiele von Grenoble 1968, bemüht sich, ein wenig vom früheren Glanz wiederzugewinnen.

Sportliche Ambitionen zeigen sich im Skirevier: Neben einer Ski-Autobahn ein doppelt ausgesteckter Slalomhang (rechts).

Die Olympischen Winterspiele von Grenoble im Jahr 1968 machten das reizende kleine Bergdorf Chamrousse fast über Nacht zu einer Skistation der Superlative. Heute hat man jedoch das Gefühl, daß die Dynamik und der Optimismus der früheren Tage nachgelassen hat und vom einstigen Glanz des Olympiadorfes nicht mehr viel übrig geblieben ist. Beim erstmaligen Besuch von Chamrousse kann man sich schlecht vorstellen, daß dies einmal ein Austragungsort olympischer Winterspiele war. Am Maßstab olympischen Glanzes jedenfalls darf man den Ort nicht mehr messen.

BESONDERS SCHNEESICHER

Chamrousse
Le Recoin, 1650 m
Roche-Béranger, 1750 m

Skigebiet: 1400–2250 m
Ca. 500 Einwohner, 15 000 Gästebetten
Saison: Mitte Dezember bis Ende April

Anreise Autobahn Genf – Grenoble-Gières, Chamrousse. Bahnstation ist Grenoble, von dort Busverbindungen ins Skigebiet
Entfernungen von KA: 636 km, S: 701 km, UL: 714 km, M: 781 km

Information
Office du Tourisme Chamrousse, F-38410 Chamrousse, Tel. 76/89 92 65
Telefax 76/89 98 06
Landesvorwahlnummer siehe Seite 608

Kinder Gästekindergarten ab 3 Monate (ca. FF 68/vormittags, 74/nachmittags); Skischule ab 3 Jahre (ca. FF 750/Woche ohne Mittagessen)

Ski alpin Testnote ❄❄❄

37 präparierte Abfahrten über 73 km Länge: 18 km schwer, 25 km mittel, 30 km leicht
Längste Abfahrt: Olympia-Abfahrt (Casserousse), 4 km Länge, 850 m Höhenunterschied, schwer
Liftkapazität: 26 668 Pers./Std.

16 9 1

Skipaß-Preise siehe Beilage

Tiefschneereviere: Lacs Achard, Couloir de Casserousse, Les Pourettes
Skischule mit 80 Skilehrern

Langlauf Testnote ❄❄❄

55 Loipenkilometer, Höhenloipe La Tourbière (1700 m), 15 km; Loipengebühr ca. FF 28/Tag, 130/Woche; Langlaufunterricht

Weitere Sportmöglichkeiten

Gleitschirmfliegen, Schneeschuhwandern, Motorschlitten

Après-Ski

DISCO KINO

Snowboard-Anfänger müssen für einen Zweitagekurs à 2 ½ Stunden pro Tag mit ca. FF 182 (außerhalb der französischen Schulferien) rechnen.

Hotelempfehlungen: Seite 598 und 599

Les Sept-Laux

Der wilde Gebirgsstock Les Sept-Laux, zu deutsch »Die Sieben Seen«, mit seinen weiten Alpweiden und ausgedehnten Wäldern liegt in der Belledonne-Kette, die sich nordöstlich von Grenoble über dem Isère-Tal erhebt.

Von Grenoble aus ist Les Sept-Laux in etwas mehr als einer halben Stunde erreichbar. Sobald man dann den ersten Kamm überwunden hat, befindet man sich mitten in einer schroffen, majestätischen Hochgebirgswelt.
An diesem herrlichen Ort entstand der Wintersportplatz »Les Sept-Laux«, der aus den beiden Dörfern Le Pleyney und Prapoutel besteht. Will man auf der Straße von dem einen Dorf zum andern gelangen, braucht man, da man den dazwischenliegenden Gebirgskamm umfahren muß, mehr als eine Stunde, während auf dem Pistenweg nur eine knappe halbe Stunde nötig ist.
Dank den Beförderungsanlagen im Skigebiet von Les Sept-Laux, das sich auf zwei Gebirgsabdachungen verteilt, kann man den ganzen Tag über dem Lauf der Sonne folgen. Le Pleyney auf dem nach Osten gerichteten Hang empfängt die Sonne schon bei ihrem Aufgang und hält sie bis in den Nachmittag hinein fest, Prapoutel hingegen, das auf dem Westhang hoch über dem Isère-Tal liegt, wird von der Sonne fast noch ausgiebiger beschenkt. Sogar in den kürzesten Tagen des Jahres scheint sie hier von 10 Uhr morgens bis 17 Uhr nachmittags.
Hohe Berge, Mulden und von Tälchen durchfurchte Kuppen bilden eine außergewöhnlich abwechslungsreiche Landschaft, in die der Mensch nur mit großer Zurückhaltung und so schonend wie möglich eingegriffen hat. Hier gibt es keine »Metropole im Schnee«, sondern eine Infrastruktur moderner Konzeption mit drei Schwerpunkten: die beiden Wintersportorte Prapoutel und Le Pleyney sowie Pipay, das als eine Art Skiverkehrs-Knotenpunkt dient.
Mit ihrem leistungsfähigen Netz von Sessel- und Skiliften hat die Region von Les Sept-Laux das Niveau der großen französischen Wintersportplätze erreicht. Ihrer Kundschaft, die sich viel weniger mondän gibt als etwa diejenige von Courchevel, Méribel oder Flaine, steht ein weites Skigebiet zur Verfügung.
Die heute dem Skifahrer angebotenen Pisten sind von ganz verschiedener Art. Zum Teil führen sie mitten durch dichte Wälder, in unberührte Winkel, wo die Natur noch voll zur Geltung kommt. Die ungewöhnliche Schönheit dieses Gebietes und die geschickte Anlage der Pisten tragen dazu bei, daß Les Sept-Laux ganz besonders von den skibegeisterten Einwohnern der nahen Städte Grenoble (40 km) und Chambéry (57 km) geschätzt wird, was an Wochenenden zu Gedränge führen kann.
Die Liebhaber von Skiwanderungen bedauern allerdings, daß sie sich nicht von den Pisten entfernen können. Die im allgemeinen steilen Hänge, welche die Skifelder von Les Sept-Laux umschließen, sind sehr oft von einem dicken Mantel unsicherer Schneelagen bedeckt. Während die Pisten ausgezeichnet gegen jede Lawinengefahr geschützt sind, sollte man das Skifahren abseits der Pisten nicht versuchen und sich nur an die abgesteckten Abfahrten halten.
Der Langlauf ist die zweite Stärke von Les Sept-Laux. Man gibt sich hier große Mühe, beim Col du Merdaret ein Plateau für diesen Sport auszubauen. Zu diesem Ort gelangt man mit einem Sessellift, dessen Talstation sich in Le Pleyney befindet und der speziell für die Langläufer angelegt wurde.
Nach der Rückkehr in die Dörfer wird man allerdings Unterhaltung nach dem Skilauf und am Abend stark vermissen. Für eingefleischte Nachtschwärmer gibt es in Les Sept-Laux kein nennenswertes Revier.

Ein kleiner Ausschnitt aus dem Skikarussel von Les Sept-Laux: das Skirevier Le Dôme mit zwei Schleppliften.

Les Sept-Laux,
1340–1980 m

Skigebiet: 1350–2400 m
Keine ständigen Einwohner,
8500 Gästebetten
Saison: Mitte Dezember bis Mitte April

Anreise Autobahn Genf, Chambéry (Ausfahrt Le Touvet, Richtung Theys), Prapoutel/Pipay (Ausfahrt 7). Bahnstation ist Grenoble, von dort Busverbindungen ins Skigebiet
Entfernungen von KA: 596 km, S: 661 km, UL: 674 km, M: 741 km

Information
Office du Tourisme Les Sept-Laux,
les Cortillets, Prapoutel,
F-38190 Les Sept Laux, Tel. 76/08 17 86
Telefax 76/08 71 81
Schneetelefon 76/08 72 45
Landesvorwahlnummer siehe Seite 608.

Kinder Gästekindergarten ab 18 Monate (Le Village des Enfants in Prapoutel, Tel. 76 08 02 36, und L'Ile aux Enfants in Pleynet, Tel. 76 08 71 19, ca. FF 95/3 Std., 190/Ganztag ohne Mittagessen); Skischule ab 4 Jahre (ca. FF 190/Woche ohne Mittagessen)

Ski alpin Testnote ❄❄❄❄

110 km präparierte Abfahrten:
40 km schwer, 30 km mittel, 40 km leicht
Längste Abfahrt: La Chanterelle, 6,5 km Länge, 630 m Höhenunterschied, leicht
Liftkapazität: 32 800 Pers./Std.

27 (Schlepplifte) 8 (Sessellifte)

Skipaß-Preise siehe Beilage
2 Skischulen mit 89 Skilehrern

Langlauf Testnote ❄❄❄

Pleynet 30 Loipenkilometer in 1800 m Höhe (»Grand Domaine«, von leicht bis schwierig); Loipengebühr ca. FF 26/Tag; Langlaufunterricht
Prapoutel 6,5 Loipenkilometer; Langlaufunterricht

BESONDERS SCHNEESICHER

Weitere Sportmöglichkeiten
Schneeschuhwandern, Gleitschirmfliegen

Après-Ski
DISCO KINO

Auch auf Schneeschuh-Wanderungen läßt sich der Reiz der verschneiten Berglandschaft erschließen. Im Verkehrsbüro Prapoutel, Tel. 76 08 17 86, liegen interessante Programme auf, wie z. B. Trapper-Wanderungen (inklusive einer Mahlzeit am Lagerfeuer) oder Ausflüge zu einem Bergbauernhof.

Hotelempfehlungen: Seite 598 und 599

L'Alpe d'Huez

»Wenn in L'Alpe d'Huez die Sonne nicht scheint, dann ist es Nacht« bekommt man hier oft zu hören. Und tatsächlich, die Gegend erfreut sich eines bevorzugten Klimas mit häufig tiefblauem Himmel und strahlender Sonne.

Ganz in Südlage: Alpe d'Huez.

Bei solchem Wetter verwandelt sich die Gegend der Alpe d'Huez in ein riesiges Solarium. Die geografische Lage des Ortes eignet sich vorzüglich zum Sonnenbaden und Bräunen.
Um sich eine zusätzliche sportliche Note zu geben und international bekannt zu werden, hat L'Alpe d'Huez mit der Tour de France eine langfristige Vereinbarung als Etappenort getroffen.
Für den Winter hat sich L'Alpe d'Huez ein riesiges Netz von Pisten und Aufstiegsanlagen gebaut. Bis auf 3350 Höhenmeter führt eine Kabinenbahn auf den Pic Blanc, von wo zwei spektakuläre Abfahrten ausgehen: Die »Sarenne«, die zu den längsten Abfahrten in den Alpen gehört, und die 3,8 Kilometer lange »Le Tunnel«.
Diese Sarenne-Piste ist eine der klassischen Abfahrten der Alpen geworden. Sie führt vom Pic Blanc »hintenherum« über den Sarennegletscher (Zwischenaufstieg an einer Bergflanke mit Hilfe eines Sessellifts) nach L'Alpe d'Huez durch eine Landschaft von seltener Schönheit, und man kann sie schon fast vergleichen mit dem Vallée Blanche oder der Abfahrt von der Pointe de Vue des Grands-Montets in Chamonix/Argentière.
Die andere Abfahrt, die »Piste du Tunnel«, führt, ebenfalls vom Pic Blanc, »vorne« herunter: Nach einem kurzen, mit Schnee ausgelegten Tunnel geht es steil in der Direttissima nach unten. Beide Abfahrten, vor allem die Tunnelpiste, sind schwer und erfordern Können und Ausdauer. Die Pisten ab der Mittelstation der Bahn auf den Pic Blanc oder am Signal sind als leichter einzustufen.
Das Sommerskigebiet ist nur bei ausreichender Schneedecke geöffnet.

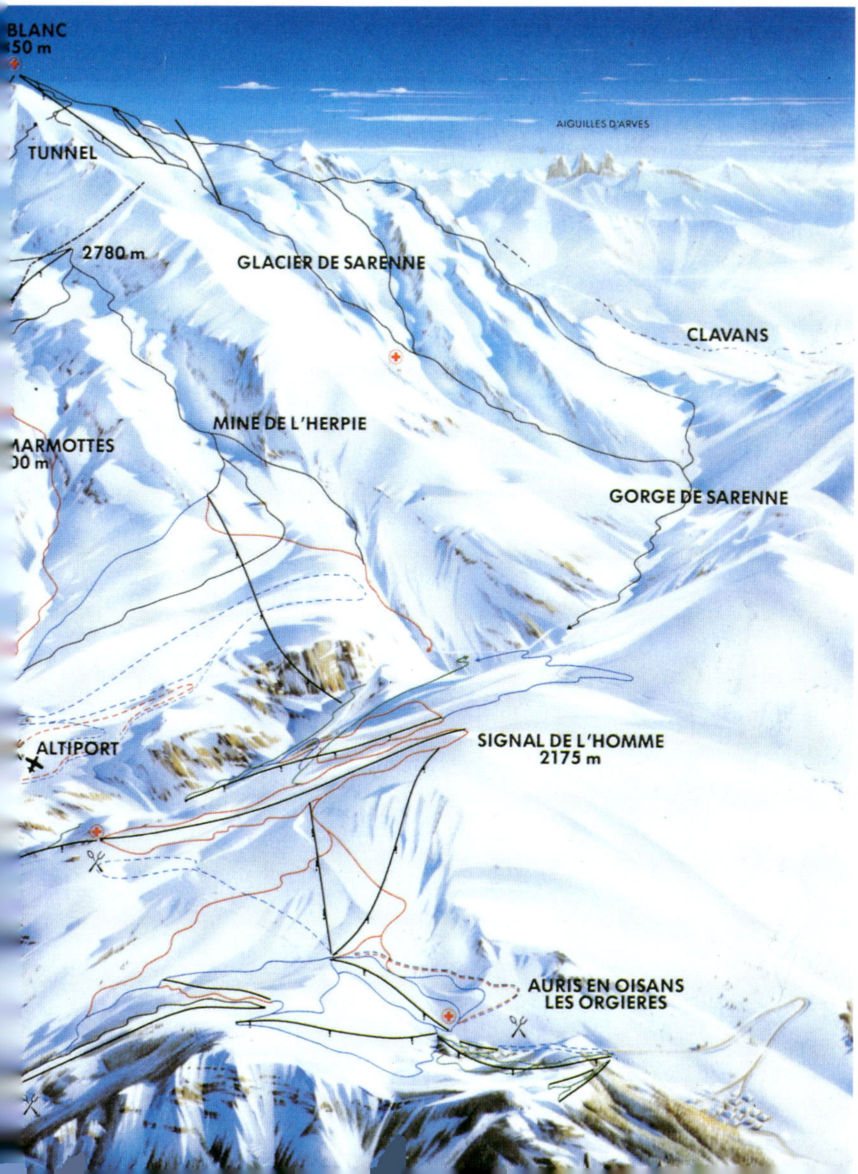

BESONDERS SCHNEESICHER

L'Alpe d'Huez, 1860 m

Skigebiet: 1100–3330 m
1260 Einwohner, 32 000 Gästebetten
Saison: Anfang Dezember bis Anfang Mai. Sommerski im Juli und August auf dem Glacier de Sarenne, wenn ausreichend Schnee liegt

Anreise Genf, Grenoble (Bahnstation, Busverbindungen), Bourg-d'Oisans, L'Alpe d'Huez
Entfernungen von KA: 670 km, S: 735 km, UL: 748 km, M: 815 km

Information
Office du Tourisme L'Alpe d'Huez, F-38750 L'Alpe d'Huez, Tel. 76/80 35 41
Telefax 76/80 69 54
Schneetelefon 76/80 37 38 und 76/80 34 32
Landesvorwahlnummer siehe Seite 608.

Kinder Gästekindergarten ab 6 Monate (Les Eterlous, Centre des Bergers, Tel. 76/80 43 27; ca. FF 92 von 8.45–12.30 Uhr, 108 von 14–17.45 Uhr, 210/Ganztag inkl. Mittagessen); Skischule ab 4 Jahre (ca. FF 650/6 Tage à 5 ½ Std. ohne Mittagessen)

Ski alpin Testnote ❄❄❄❄❄

107 präparierte Abfahrten über 220 km Länge: 60 km schwer, 120 km mittel, 40 km leicht
Längste Abfahrt: »Piste de Sarenne«, 16 km Länge, 1810 m Höhenunterschied, schwer
Liftkapazität: 90 000 Pers./Std.

48 23 9 5

Skipaß-Preise siehe Beilage

Tiefschneereviere: Col de la Pyramide, Grand Sablat, Pic Bayle, Couloirs de la Fare
Skischulen mit zahlreichen Skilehrern

Langlauf Testnote ❄❄❄

4 Loipen über insgesamt 40 km (18 km schwierig, 22 km leicht); längste und höchste Loipe: Boucle des Lacs (2100 m), 17,5 km lang, schwierig; Loipengebühr ca. FF 32/Tag, FF 150/Woche; Langlaufunterricht

Weitere Sportmöglichkeiten

Gleitschirmfliegen, Motorschlittenfahrten, Indoor-Golf, geführte Gletscherwanderungen, Eisklettern, Sportzentrum »Palais des Sports«

Après-Ski

DISCO KINO

klassische Konzerte donnerstags in der Kirche Notre Dame des Neiges

Der Einstieg in die Piste direkt an der Seilbahnstation auf dem Pic Blanc auf 3330 Meter Höhe wurde verbessert. Trotzdem sollten sich nach wie vor nur sehr gute Skifahrer an die Abfahrt wagen. Es ist nicht ehrenrührig, wieder mit der Bahn hinunterzufahren.

Hotelempfehlungen: Seite 598 und 599

Les Deux Alpes

Der Name sagt es schon: Les Deux Alpes ist der Zusammenschluß zweier Almgebiete. Das eine gehört zu Vénosc im Vénéon-Tal, das andere zu Mont-de-Lans am Hang des Romanche-Tals. Die beiden Dörfer haben sich auf Gedeih und Verderb zusammengetan und, eine Etage höher, den Skiort Les Deux Alpes geschaffen.

Das positive Ergebnis dieser Verbindung ist zweifellos das wirklich großartige Skigebiet, das negative hingegen entdeckt man, wenn man mit dem Wagen von Mont-de-Lans oder mit der Kabinenbahn von Vénosc nach Les Deux Alpes kommt: Planlos hingestellte Häuser in uneinheitlichem Stil und lange, breite, charakterlose Straßen.

Les Deux Alpes ist wirklich kunterbunt zusammengewürfelt. Einige Betonklötze sind von auffallender Häßlichkeit. Doch die strahlende Sonne und das glänzende Pistenangebot lassen diese erste Enttäuschung rasch vergessen. Um so mehr, als auch die Lage sehr schön und für einen Skiort geradezu prädestiniert ist. Man stelle sich ein zwei Kilometer langes, 500 Meter breites, von hohen Bergen umschlossenes Hochtal vor. Es liegt auf einer durchschnittlichen Höhe von 1650 Metern mitten in dem zum Écrins-Massiv gehörenden Oisans-Gebirge.

Dominierender Gipfel ist der Pic de la Meije (3983 m).

Mit den Alpages du Diable im Osten und dem Pied Moutet im Westen stoßen hier zwei große Almgebiete zusammen. Mittendrin liegt Les Deux Alpes.

Ein außergewöhnliches Klima garantiert diesem Gebiet an der Grenze zwischen Nord- und Südalalpen sichere und gute Schneeverhältnisse und gleichzeitig überdurchschnittlich viel Sonne.

Sieht man einmal von der mißlungenen Architektur des Ortes selbst ab, so muß man anerkennen, daß die »Macher« von Les Deux Alpes es verstanden haben, ein Skigebiet zu schaffen, das diesen idealen Voraussetzungen gerecht wird und kaum noch Wünsche offen läßt. Les Deux Alpes bot auch als erste Skistation in Frankreich auf dem Mont-de-Lans-Gletscher – einem der größten Gletscher-Skigebiete in Europa – ein Sommerskiareal an.

In Les Deux Alpes kann man mit den Bahnen erstaunliche Höhen erreichen: bis auf 3568 Meter ü. d. M. am Dôme de la Lauze, wo man den schönsten Gipfeln des Écrins-Bergmassivs, der Meije und dem Rateau (3809 m), ganz nahe ist. Da zudem ständig neue Skilifte und Bahnen zur »Erstürmung« immer höherer Gipfel gebaut werden, fühlt sich vor allem

Weite, abwechslungsreiche Pisten im Skirevier, die allen Anforderungen gerecht werden: Les Deux Alpes.

ein junges, aber sportliches Publikum, vorwiegend Franzosen, von Les Deux Alpes angezogen, aber der Ort hat sich auch bei den Skifans im Ausland bereits einen soliden Namen gemacht.

Bei der Auffahrt zum Dôme de la Lauze muß man nicht umsteigen. Mit dem Jandri-Express (parallel zu den Gondelbahnen) fährt man in ca. 20 Minuten in zwei Etappen von Les Deux Alpes zum Gletscher. Die Piste zurück ist im oberen Teil recht einfach, wird aber weiter unten, von Crêtes (2185 m) nach Les Deux Alpes, recht steil und schwierig. Im Norden existiert eine leichte Umfahrung.

Die Hänge auf der gegenüberliegenden Seite, unterhalb des Pied Moutet, sind glattgebügelt und für weniger Geübte gut geeignet. Von hier aus ist auch das Skigebiet von Bons, das sich vom Tal der Romanche hochzieht, zu erreichen.

Eine Herausforderung für gute Skifahrer ist die Vallons de la Meije vom Dôme de La Lauze hinunter zur Talstation La Grave im berühmten Meije-Tal (Höhenunterschied 2150 Meter). Zurück nach Les Deux Alpes geht es mit der Seilbahn La Grave und dem Skilift La Girose.

Wenn Sie die »richtigen« Berge kennen lernen wollen, lassen Sie sich von einem Führer ins Vénéon-Tal begleiten. Dort entdecken Sie das Land von »Gaspard de la Meije«, dem berühmten Bergführer, der 1877 den Hauptgipfel des Oisans, La Meije, erstmals bezwungen hat.

An die Zeit, als dieses Tal noch von der Landwirtschaft geprägt war, erinnern noch ein paar alte Mühlen, gewölbte Brücken, gepflasterte Wege sowie uralte, bis auf Höhen von 2500 Meter reichende Mauerreste geheimnisumwitterter Behausungen.

Die heute noch hier ansässige Bergbevölkerung ist ein arbeitsames Völkchen, dessen einfache Lebensweise in einem großen Gegensatz zu dem Treiben in der Betonstadt von Les Deux Alpes steht.

BESONDERS SCHNEESICHER

Les Deux Alpes, 1650 m

Skigebiet: 1300–3600 m
1900 Einwohner, 30 000 Gästebetten
Saison: Ende November bis Mitte Mai
Sommerskilauf auf dem Mont-de-Lans-Gletscher von Mitte Juni bis Anfang September

Anreise Autobahn Genf, Grenoble, Le Bourg-d'Oisans, Les Deux Alpes. Bahnstation ist Grenoble, von hier Busverbindungen nach Les Deux Alpes

Entfernungen von KA: 681 km, S: 746 km, UL: 759 km, M: 826 km

Information
Office du Tourisme
F-38860 Les Deux Alpes, Tel. 76/79 22 00
Telefax 76/79 01 38
Landesvorwahlnummer siehe Seite 608.

Kinder Betreuung ab 6 Monate (Tel. 76 79 02 62); Gästekindergarten ab 2 Jahre (Tel. 76 79 06 77, ca. FF 80/Halbtag, 190/Ganztag inkl. Mittagessen); Skischule ab 4 Jahre (ca. FF 1300/Woche inkl. Mittagessen)

Ski alpin Testnote ❄❄❄❄❄

Skigebiet gesamt
196 km präparierte Abfahrten:
44 km schwer, 74 km mittel, 78 km leicht
Längste Abfahrt: Piste des demoiselles (Bergstation Cretes – Talstation), 5 km Länge, 450 m Höhenunterschied, leicht.
Die Abfahrt Des Lutins (leicht) ist mittwochs von 20.30 bis 22.30 Uhr beleuchtet
Liftkapazität: 61 280 Pers./Std.
32 23 4 3
2

Gletscher Mont-de-Lans
11 km präparierte Abfahrten
mittel bis leicht
Liftkapazität: 7000 Pers./Std.
7 3 2

Skipaß-Preise siehe Beilage

Tiefschneereviere: Chalance, Col des Gourses, Les Vallons de la Meije, Les Vallons de la Selle, Col des Ruillans
2 Skischulen mit 300 Skilehrern

Langlauf Testnote ❄❄

4 Loipen über insgesamt 20 km Länge (4 km mittel, 16 km leicht); längste Loipe in Venosc Village (950 m), 12 km lang, leicht; Höhenloipe auf 2100 m; die Höhenloipe auf dem Gletscher (3200–3600 m, leicht) ist zwar gespurt, aber nicht beschildert, sollte also nur mit Führung befahren werden; Langlaufunterricht

Weitere Sportmöglichkeiten

Whirlpools, Fitnesscenter, Slalombahn, Gleitschirmfliegen, Schneeschuhwandern, Eisklettern

Après-Ski

DISCO KINO

Hochalpiner Ausflugstip: Auf den Dôme de la Lauze mit einer Pistenraupe (ab Seilbahn-Bergstation La Croisière Blanche). Dieser »Top Panoramique« kostet ca. FF 175 inklusive Lunch im Restaurant auf 3200 Meter Höhe.

Hotelempfehlungen: Seite 598 und 599

Die Seealpen

Die französischen Seealpen sind ein Geschenk des Himmels. Nicht nur trifft man dort im Winter und Frühjahr fast immer eine dichte Schneedecke von außergewöhnlicher Qualität, sondern es scheint auch öfter als anderswo in den Alpen eine südlich wärmende Sonne auf die glitzernde weiße Pracht herab.

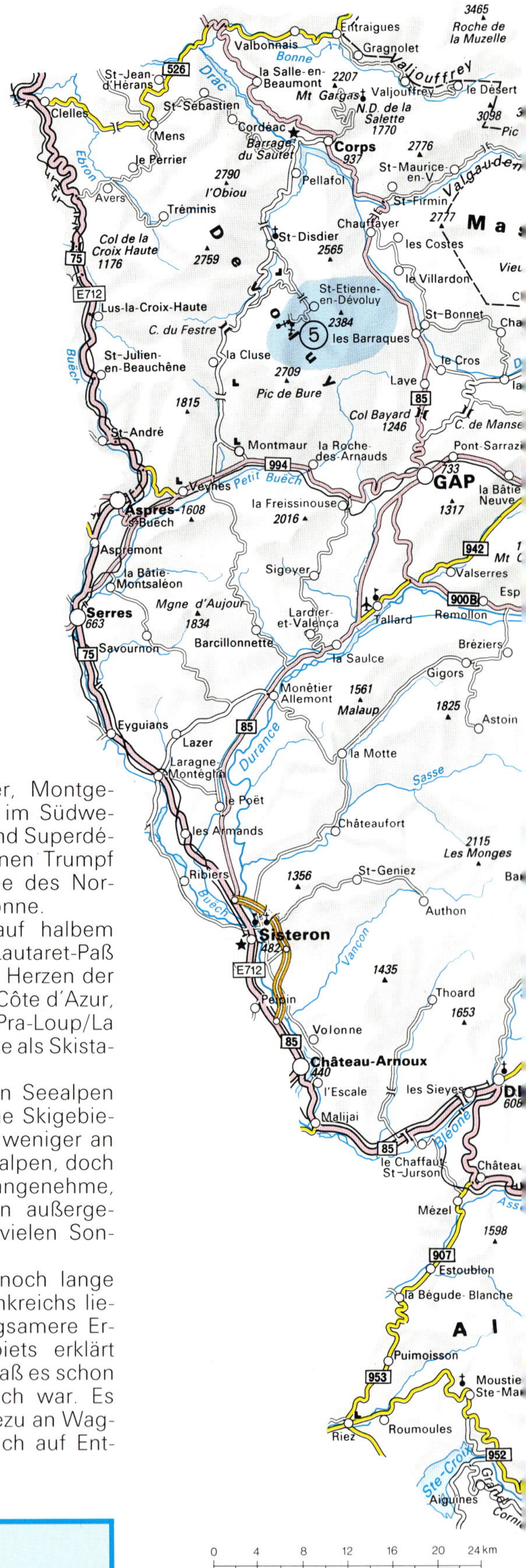

Dieses alpine Reich befindet sich in nächster Nähe des Mittelmeers, das ausschlaggebend für die klimatischen Bedingungen dieser Bergregion ist. Bei klarer Luft kann man es sogar manchmal von einigen Berggipfeln aus sehen.

Trotz seiner zahlreichen Vorzüge hat sich der Südzipfel der Seealpen erst viel später als die weiter nördlich gelegenen Gebiete zum Skirevier »gemausert«. Heute gibt es mit Auron, Isola 2000 und Valberg erst wenige Skistationen in einem verhältnismäßig kleinen Teil einer sonst noch weitgehend unerschlossenen Region, die an sich über alle Voraussetzungen zu einem großen Skigebiet verfügt und den bekannten Tälern in Savoyen und im Isère in nichts nachstehen würde.

Doch um die Schaffung neuer Skistationen ist es zur Zeit schlecht bestellt. Die Umweltschützer sind fest entschlossen, auch nicht mehr das kleinste Stück Bergwelt abzutreten. Schon durch den 1979 entstandenen Nationalpark von Mercantour, einem Naturschutzgebiet von unschätzbarem Wert für die Tier- und Pflanzenwelt, wurden die Möglichkeiten im Süden erheblich eingeschränkt.

Allerdings, die Grenzen des Parks verlaufen nicht klar und gerade, und daher werden die bereits bestehenden Wintersportorte wahrscheinlich noch Geländenischen finden, um sich weiter auszudehnen.

Die Seealpen beginnen aber eigentlich weit weg vom blauen Mittelmeer, in einer Entfernung von ca. 200 Kilometern Luftlinie. Der 2058 Meter hohe Col du Lautaret, der das ganze Jahr über für den Verkehr geöffnet ist, stellt die Verbindung zwischen den Nord- und Südalpen her. An dieser Grenzlinie sind eine ganze Reihe von Wintersportorten entstanden, wie z.B. Serre-Chevalier, Montgenèvre und etwas weiter im Südwesten Orcières-Merlette und Superdévoluy. Alle haben sie einen Trumpf gemeinsam: den Schnee des Nordens und die südliche Sonne.

Noch weiter südlich, auf halbem Weg zwischen dem Lautaret-Paß und dem Mittelmeer, im Herzen der Region Provence-Alpes-Côte d'Azur, haben sich Les Orres, Pra-Loup/La Foux-d'Allos und Le Sauze als Skistationen etabliert.

Es gibt also auch in den Seealpen viele abwechslungsreiche Skigebiete zu entdecken; gewiß weniger an der Zahl als in den Nordalpen, doch zumindest genauso angenehme, man denke nur an den außergewöhnlichen Vorteil der vielen Sonnenstunden.

In den Seealpen wird noch lange eine Schneereserve Frankreichs liegen. Die späte und langsamere Erschließung dieses Gebiets erklärt sich teilweise dadurch, daß es schon immer schwer zugänglich war. Es grenzt manchmal geradezu an Waghalsigkeit, wenn man sich auf Ent-

Skigebiete auf einen Blick

Auron ⑩/504
Isola 2000 ⑪/506
La Foux-d'Allos ⑨/500
Le Sauze ⑨/502
Les Orres ⑦/498
Montgenèvre ①/492
Orcières-Merlette ④/496
Pra-Loup ⑧/500
Puy-Saint-Vincent ③/494
Risoul ⑥/497
Serre-Chevalier ②/490
Superdévoluy ⑤/495
Valberg ⑫/503
Vars ⑥/497

deckungsfahrt in diese Bergmassive begibt. Man muß dazu nämlich sehr viel Geduld aufbringen und darf sich nicht von den langen und meist sehr kurvenreichen Routen abschrecken lassen.

Die Verkehrsverhältnisse dürften auch ein Grund dafür gewesen sein, daß die Bewerbung Nizzas um die Organisation der Olympischen Winterspiele 1992 vom Nationalen Olympischen Komitee abgelehnt wurde.

Doch die Klippen der Anfahrt vergißt man rasch, wenn man sich erst einmal in dieser außergewöhnlichen Gegend der französischen Alpen befindet, in der es sich – gleich auf welcher Höhe – ungemein angenehm leben läßt. Man ist sehr schnell gefangen vom natürlichen Charme und südländischen Einschlag dieser reizvollen Region. Aufgrund ihrer vielen Vorzüge und ihrer angenehmen Atmosphäre gelten die Seealpen als eines der großen Skiparadiese Frankreichs.

Alphabetisches Register der Skiorte ab Seite 601

Serre-Chevalier

Unter dem Begriff Serre-Chevalier vereinigen sich drei Gemeinden zu einer Skiregion. Die Bezeichnung entliehen sie sich vom 2483 Meter hohen Gipfel gleichen Namens am Rande des Écrins-Nationalparks.

Von der Endstation der Seilbahn auf dem Serre-Chevalier blickt man auf die Guisane und ihr geradliniges Tal von 12 Kilometern Länge mit 13 Dörfern und Weilern.
Viele, die diese Gegend kennenlernen, mögen sie auf den ersten Blick. Das Skigebiet ist sonnig und abwechslungsreich. Von 1350 m steigt es bis zum Sommet de l'Eychauda auf eine Höhe von 2660 m. Hier hat man die Wahl zwischen verschiedenen Abfahrten; einige davon, zum Beispiel die schwarze Piste »la Casse du Bœuf«, die nach Le Bez hinunterführt, sind recht schwierig. 500 Meter unterhalb des Sommet de l'Eychauda liegt die Waldgrenze. Dieser lichte Lärchenwald oberhalb des Ortes garantiert selbst bei schlechter Witterung gute Skibedingungen. Trotzdem ist Vorsicht geboten, denn zuweilen tauchen überraschend Felsblöcke oder steile Engpässe auf.
Das Briançonnais, wie die Gegend heißt, begrenzt von den Bergpässen Lautaret, Montgenèvre, Izoard und dem Belvedère du Pelvoux im Durance-Tal, besitzt ein spezielles Klima. Es zeichnet sich aus durch trockene Luft, lange Sonnenscheindauer und reichlichen Schneefall. In Serre-Chevalier ergeben sich viele Möglichkeiten für das Tiefschneefahren. Zwischen Villeneuve und Le Monêtier-les-Bains liegt zum Beispiel der Steilhang von Les Guibertés, der von der Tête du Grand Pré in das Dörfchen Les Guibertés hinunterführt. Mit seinen tausend Metern Höhendifferenz bietet er dem Tiefschneefahrer ein besonderes Erlebnis.
Die Skigebiete von Chantemerle und Villeneuve sind eng miteinander verbunden. Zu den Abfahrten von Le Monêtier-les-Bains gelangt man über den Col de Fréjus.
Ein großes Tiefschneegebiet erstreckt sich auch vom Fréjus-Paß über den Pas de l'Ane, der oberhalb von Monêtier liegt, bis hin zur Tête de la Cucumelle. Andere Tiefschneeabfahrten sind von Serre-Chevalier aus erreichbar, vor allem gegen die Fortsetzung des Vallouise-Tales und den Nachbarort Puy-Saint-Vincent hin. Vom Eychauda-Skilift kann man in das Vallouise-Tal hinunterfahren; die Abhänge sind sehr steil und deshalb guten Fahrern vorbehalten. Man kann aber vom gleichen Ausgangs-

eine Abfahrt, die man sich auf keinen Fall entgehen lassen sollte: die »Vallons de la Meije«. Die Meije (3983 m), jener »Zauberberg«, wurde 1877 vom »Fürsten unter den Bergführern«, Pierre Gaspard, erstmals bezwungen. Man zog es vor, die Bahn nicht bis auf den Gipfel dieses grandiosen Berges zu führen und den Skifahrern statt dessen lieber die Gletscherhänge der Meije zu erschließen.
Man muß ein guter und ausdauernder Skifahrer sein, um diese Hochgebirgsabfahrt zu bewältigen, die ins Romanche-Tal, nach La Grave, hinunterführt. Die Abfahrt, wegen der Weite und ihres interessanten, höchst abwechslungsreichen Geländes ein Erlebnis, ist weder gespurt noch markiert, deshalb läßt man sich sicherheitshalber von einem Führer begleiten. Hier begegnet man nur Tiefschneefahrern und Skiwanderern. La Grave hat dem Pistenskilauf keinerlei Konzessionen eingeräumt.

Ein bißchen noch Dorf, ein bißchen futuristisch und viel Raster-Architektur: Serre-Chevalier. Im Vordergrund die Seilbahnstationen.

punkt aus auch eine leichtere Abfahrt in Richtung Vallée des Combes nehmen. Dabei gelangt man einige Kilometer südwestlich von Briançon an die Nationalstraße Briançon – Gap.
32 Kilometer von Serre-Chevalier entfernt – überm Col du Lautaret – liegt

Serre-Chevalier, 1350–1500 m

Skigebiet: 1200–2800 m
3000 Einwohner, 30 000 Gästebetten
Saison: Anfang Dezember bis Anfang Mai

Anreise Genf, Grenoble, Col du Lautaret, Serre-Chevalier. Bahnstation ist Briançon, von dort Busverbindungen ins Skigebiet
Entfernungen von KA: 717 km, S: 771 km, UL: 795 km, M: 862 km

Information
Office du Tourisme Intercommunal de Serre-Chevalier
F-05240 Serre-Chevalier, Tel. 92/24 71 88
Telefax 92/24 76 18
Schneetelefon 92/25 55 00
Landesvorwahlnummer siehe Seite 608

Kinder Gästekindergarten ab 8 Monate (Serre-Chevalier 1350, Les Poussins, Tel. 92/24 03 43, ca. FF 185/Tag inkl. Mittagessen), ab 6 Monate (Serre-Chevalier 1400, Les Schtroumpfs, Tel. 92/24 70 95, ca. FF 155/Tag ohne Mittagessen), ab 18 Monate (Serre-Chevalier 1500, Pré-Chabert, Tel. 92/24 45 75, ca. FF 135/Tag ohne Mittagessen); Skischule ab 3 Jahre (ca. FF 640/6 Tage à 5 Stunden ohne Mittagessen)

Ski alpin Testnote ❄❄❄❄❄

Skigebiet Grand Serre-Chevalier
Briançon – Chantermerle – Le Monetier Les Bains
250 km präparierte Abfahrten:
50 km schwer, 130 km mittel, 70 km leicht
Längste Abfahrt: Piste Olympique, 6,8 km Länge, 910 m Höhenunterschied, schwer
Beleuchtete Pisten: Vauban (Serre-Chevalier 1200, 1,4 km lang, mittel) mittwochs und samstags von 19.30 bis 22 Uhr; Mickey (Serre-Chevalier 1400, 800 m lang, leicht) täglich von 19.30 bis 22 Uhr

Liftkapazität: 58 400 Pers./Std.
53 15 6
3

Skipaß-Preise siehe Beilage
Tiefschneereviere: Couloir des Guibertes, Col de Fréjus, Pas de l'Ane, Vallée de Vallouise
5 Skischulen mit 250 Skilehrern

Langlauf Testnote ❄❄

45 Loipenkilometer (10 km schwierig, 20 km mittel, 15 km leicht); längste und höchste Loipe: La Virade (1400 bis 1620 m), 26 km lang, schwierig; Loipengebühr ca. FF 25/Tag, 120/Woche; Langlaufunterricht

Weitere Sportmöglichkeiten
Ski-Artistique, Schneeschuhwandern, Gleitschirmfliegen; Autofahrschule für Schleuderkurse auf Eis

Après-Ski
KINO DISCO
Bridge-Club

Nicht in Form? Im Fitneßzentrum von Serre Chevalier 1350 kostet z. B. das Fitneßprogramm Altiforme ca. FF 520. Informationen Tel. 92/24 16 49.

Hotelempfehlungen: Seite 598 und 599

Montgenèvre

Zwölf Kilometer nordöstlich von Briançon liegt, am Paß gleichen Namens, der Skiort Montgenèvre als westlicher Endpunkt eines großartigen Skigebietes, das weit über die italienische Grenze, bis nach San Sicario und Sestrière, hinüberreicht.

Schon Cäsar, der Frankenkönig Chlodwig, Karl VIII. und vielleicht sogar Hannibal mit seinen Elefanten zogen über den Montgenèvre-Paß (1850 m), einen der ältesten und wichtigsten Alpenübergänge. Die Grenze zwischen Frankreich und Italien bemerkt man kaum. Die Zöllner kontrollieren wohl manchmal die Automobilisten, aber nur ganz ausnahmsweise den Skifahrer, der dieses internationale Skigebiet durchquert. Der »Gemeinsame Markt des Schnees« ist an dieser Stelle Wirklichkeit geworden.

Der Wintersportplatz Montgenèvre hat sich explosionsartig entwickelt, nachdem er vor Jahren seine Pisten mit denjenigen des italienischen Clavière verband, das seinerseits an das Netz der Skibahnen von San Sicário, Sauze d'Oulx und Sestrière angeschlossen ist. Die fünf Sportplätze bilden zusammen die außergewöhnliche und strahlende »Voie Lactée« – die Milchstraße des Skiuniversums.

Montgenèvre war einer der allerersten Wintersportplätze Frankreichs und lange Zeit der einzige größere Sportort der Dauphiné, bevor die beiden Stationen L'Alpe-d'Huez und Les Deux-Alpes geschaffen wurden.

Jean Gabin, Mistinguett und Colette waren hier berühmte Gäste der dreißiger Jahre. Das Dorf schlief dann nach dem Zweiten Weltkrieg etwas ein. Ab 1970 begann man zu erweitern und zu modernisieren.

Längs und über der Paßstraße entstand Schlimmes und Herrliches. Das Schlimme sind die Häuserfluchten. Vom alten Dorf blieb nicht viel übrig, es ging in der wilden Bauwut unter. Nur einige wenige alte Häuser stehen noch, versteckt hinter den zeitgenössischen Fassaden entlang der Paßstraße.

Das Herrliche ist ein gut ausgebautes Pistennetz zwischen 1500 und 2800 Meter, zu beiden Seiten der Paßstraße, die nach Turin (95 km) führt. Die Pisten bieten für jeden etwas: sanfte Hänge für weniger Geübte und rasante Abfahrten für Könner. Überall findet man auch herrliche Tiefschneepassagen, die nur darauf warten, in Angriff genommen zu werden. Lästig ist nur, daß man, um von dem nördlich des Ortes gelegenen Skigebiet in das südliche zu gelangen, die oft verstopfte Paßstraße überqueren muß.

Die Verbindung zur »Milchstraße« stellt man über den Grand Chalvet her, dessen Pisten am Nordosthang nach Italien führen. Dabei sollte man unbedingt den Reisepaß oder Personalausweis bei sich tragen, da es im Grenzgebiet Kontrollen gibt.

Der überwiegende Teil der Urlauber sind Franzosen, Italiener, Engländer und einige Deutsche, im wesentlichen junge Leute. Aber die vergleichsweise günstigen Preise tragen dazu bei, daß auch Familien hier ihren Winterurlaub verbringen.

Ein Wort zur Sonne: Mit ihr ist nicht zu spaßen. Der Paß, ein Vorposten der Provence, ist außerordentlich reich besonnt; die Sonnenstrahlen sind hier ganz besonders »brennend«, und Schutzcreme ist unerläßlich.

Die ganze Region ist übrigens durch ein ungewöhnlich mildes Klima begünstigt. So genießt Briançon, auf 1300 Meter Höhe gelegen, pro Jahr über 300 Sonnentage und empfängt weniger als 600 Millimeter Nieder-

schläge. Wegen der Bedeutung des Fremdenverkehrs in dieser Region wurde in Briançon ein bioklimatisches Zentrum eingerichtet.
Nur wenige Kilometer vom Gewimmel des Wintersportplatzes Montgenèvre öffnet sich eines der schönsten Alpentäler, das Névachetal, das vom Wildbach Clarée durchflossen und vom Mont Thabor (3181 m) beherrscht wird. Das Tal hat eine Höhenlage von 1400 bis 2000 Meter und ist schwer zugänglich, ausgenommen im unteren Teil. Es besitzt nur wenige Lifte, dafür ist es ein Paradies für Skiwanderer. Die guten Schneeverhältnisse erlauben es, die Bretter gleich vor der Tür anzuschnallen.

Schon beinahe in Italien: der traditionsreiche Skiort auf der Paßhöhe von Montgenèvre.

Viele bedauern, daß dieses wundervolle Tal nicht in den Écrins-Nationalpark miteinbezogen wurde. Dadurch hätten Maßnahmen zum Schutze dieses bemerkenswerten Bergtales getroffen werden können, das noch einige Dörfer und Weiler in der typisch ländlichen Bauweise der »Hautes Alpes« aufweist.

Sestrière und Via Lattea siehe Seite 428.

BESONDERS SCHNEESICHER

Montgenèvre, 1850 m

Skigebiet: 1860–2700 m
460 Einwohner, 7500 Gästebetten
Saison: Anfang Dezember bis Ende April

Anreise Autobahn Genf, Grenoble, Briançon (Bahnstation). Von hier und von Gare d'Oulx Busverbindungen ins Skigebiet
Entfernungen von KA: 702 km, S: 715 km, UL: 645 km, M: 798 km

Information
Office du Tourisme de Montgenèvre, F-05100 Montgenèvre, Tel. 92/21 90 22
Telefax 92/21 92 45
Schneetelefon 92/21 90 36
Landesvorwahlnummer siehe Seite 608

Kinder Betreuung möglich ab 12 Monate; Gästekindergarten ab 3 Jahre (ca. FF 87/Halbtag, 143/Ganztag ohne Mittagessen); Skischule ab 5 Jahre (ca. FF 451/6 Halbtage)

Ski alpin Testnote ✻✻✻✻
Voie Lactée

60 km präparierte Abfahrten:
15 km schwer, 30 km mittel, 15 km leicht (Voie Lactée – Via Lattea – Süd [Montgenèvre, Mont de la Lune, Clavière, Cesana, Sansicario]: 150 km Pisten, 50 Lifte)
Längste Abfahrt: Mt. de la Lune – Cesane, 4 km Länge, 850 m Höhenunterschied, mittel
Liftkapazität: 20 000 Pers./Std.
17 5 2

Skipaß-Preise siehe Beilage
Tiefschneereviere: Vallon des Boïsses, Vallon de la Doire, Cervière, Vallon de la Vachette, Combe du Loup
Skischule mit 70 Skilehrern

Langlauf Testnote ✻✻✻

5 Loipen über insgesamt 25 km Länge (klassisch und Skating; 6 km schwierig, 6 km mittel, 13 km leicht), höchste und längste Loipe: la piste du facteur (1870 m), 6 km lang, leicht bis schwierig; Loipenverbindung mit Les Alberts (10 km); Loipengebühr ca. FF 25/Tag, 120/Woche; Langlaufunterricht

Weitere Sportmöglichkeiten
Eishockey, Gleitschirmfliegen, Motorschlitten

Après-Ski
DISCO KINO

Anbandel-Tip: Wenn es auf der Piste nicht geklappt hat, ist vielleicht der Eislaufplatz der günstigere Ort zum Kennenlernen. Schlittschuhe kann man dort ausleihen.

Hotelempfehlungen: Seite 598 und 599

Puy-Saint-Vincent

Dieser Höhenort ist auf zwei »Stockwerke« verteilt, die auf 1400 beziehungsweise 1600 Metern liegen. Puy-Saint-Vincent möchte die führende Skistation im Département Hautes-Alpes werden.

Über dem für die Region typischen Lärchenwald, der auch einige der Pisten flankiert, schweben moderne Gondeln von Puy-St-Vincent auf die Prey-d'Amont (1615 m).

Dieser Ehrgeiz ist recht groß und steht im Gegensatz zu den bis heute realisierten Anlagen. Aber immerhin wurden hier einige Ski-Weltcup-Rennen ausgetragen. Man verfügt in Puy-Saint-Vincent also über gute und schwierige Hänge, die sich durchaus auch für bedeutende internationale Rennen eignen.

Das Skigelände von **Puy-Saint-Vincent** ist nicht sehr groß, bietet aber variantenreiche Pisten. Besonders reizvoll empfindet man es, wenn sie durch jungen, lichten Lärchenwald führen. Mit dem Sessellift »l'Arlesienne« gelangt man auf den Gipfel der Pendine (2750 m). Hier hat der Skifahrer eine Abfahrt von 1300 Metern Höhenunterschied vor sich. Diese Anlage erschließt aber auch eine interessante Tiefschneeabfahrt ins Tal der Narreyroux mit Nordhängen, die durch die geschützte Lage den ganzen Tag über pulvrig bleiben.

Puy-Saint-Vincent und sein Nachbarort **Vallouise** sind Ausgangspunkte für große Skitouren in das nördlich gelegene Gebiet am Fuße des Pelvoux (3946 m) und der Barre des Écrins (4102 m), aber auch in den nahen Écrins-Nationalpark.

Das Loipennetz ist ganz beachtlich und landschaftlich sehr reizvoll. Neben ein paar kurzen Strecken und einer Übungsloipe gibt es noch einige abwechslungsreiche und schön angelegte Rundkurse. Einer z. B. führt von Vallouise, das Gyr-Tal entlang, nach Les Claux und zurück. Dabei hat man – solange man nordwärts läuft – das ausgedehnte Massiv des mächtigen Pelvoux vor Augen. Ein anderer führt, ebenfalls von Vallouise, nach Westen ins Onde-Tal zum Nationalpark.

Das milde Klima – man spürt schon den ausgleichenden Einfluß des Mittelmeeres – und die windgeschützte Lage machen die »Outdoor«-Aktivitäten im Gebiet von Puy-Saint-Vincent sehr angenehm.

Puy-Saint-Vincent selbst ist eine Mischung von Alt und Neu. Die moderne Architektur wird von vielen als mißlungen betrachtet. Im Dorf blieb der alte Dorfkern erhalten. Hier stehen noch die Bauernhäuser aus dem 16. bis 18. Jh., die sich um eine sehenswerte Kapelle des 15. Jhs. scharen. Sie beeindrucken durch ihre massigen, von Arkaden durchbrochenen Sockelgeschosse. Die neu geplante und angelegte Station 1600 besteht aus einer langen Kette von Gebäuden; ein Ruhmesblatt für die Architektur des 20. Jahrhunderts ist das alles aber nicht.

Die von Vallouise talaufwärts führende Straße durch das Tal der Gyr erreicht die Streusiedlungen der Commune de Pelvoux. Der Gemeindeteil Ailefroide, in 1510 Meter Höhe, ist eines der wichtigsten Bergsteigerzentren im Pelvoux-Gebiet.

Puy-St-Vincent, 1390 m/1600 m

Skigebiet: 1400–2750 m
ca. 300 Einwohner, 8000 Gästebetten
Saison: Mitte Dezember bis Mitte Mai

Anreise Autobahn Genf, Grenoble, Briançon, Argentière-la-Bessée (Bahnstation), Puy-St-Vincent
Entfernungen von KA: 734 km, S: 747 km, UL: 677 km, M: 830 km

Information
Maison du Tourisme Puy-St-Vincent, F-05290 Puy-St-Vincent, Tel. 92/23 35 80
Telefax 92/23 45 23
Schneetelefon 92/23 43 43
Landesvorwahlnummer siehe Seite 608.

Kinder Gästekindergarten ab 2 Jahre (ca. FF 60/Halbtag); Skischule ab 4 Jahre (ca. FF 345/6 Tage à 2 Std.)

Ski alpin Testnote ✻✻✻

25 präparierte Abfahrten über 45 km: 6 km schwer, 19 km mittel, 20 km leicht
Längste Abfahrt: Bergstation Pendine – Talstation, 1300 m Höhenunterschied, leicht
Liftkapazität: 10 000 Pers./Std.
10 4 1

Skipaß-Preise siehe Beilage

Tiefschneereviere: Pendine – Tal der Narreyroux, Col du Bal, Couloir des Cheminées
2 Skischulen mit 70 Skilehrern

Langlauf Testnote ✻✻

31 Loipenkilometer ab 1400 m Höhe; Höhenloipe Les Charbonnières (1800 m), 2,4 km; Loipengebühr ca. FF 24/Tag, 110/Woche

Weitere Sportmöglichkeiten

Schneeschuhwandern, Motorschlittenfahrten, Gleitschirmfliegen

Après-Ski

Auf Entdeckungsreise mit Motorschlitten: Informationen unter Tel. 92/23 45 08.

Hotelempfehlungen: Seite 598 und 599

Superdévoluy

Das Massiv des Dévoluy gehört als Skigebiet für Nicht-Franzosen bereits zu den »Exoten«, denn es liegt schon ziemlich weit südlich, etwa auf halbem Weg zwischen Genfer See und Mittelmeer, im Westteil des Alpenbogens.

Wer der klassischen Route Napoléon, von Grenoble in Richtung Gap und Sisteron, dem Tor zur Provence, bis Corps folgt, kann beim Stausee von Le Sautet südwestwärts ins Tal der Souloise abzweigen, das mitten ins Dévoluy-Massiv hineinführt.
Superdévoluy ist eine moderne Retortenstation, vier Kilometer vom kleinen Ausflugsort St-Étienne-en-Dévoluy entfernt, und besteht aus zwei riesigen Häuserblocks.
Die Anlage ist nach dem bekannten Muster der »stations intégrées« erbaut, das heißt vom Fremdenverkehrsbüro über Wohnungen bis zu Einkaufsläden, Boutiquen, Friseursalons, Restaurants, Diskotheken ist alles unter einem Dach zu finden. Abends ist in Superdévoluy allerdings wenig los. Der Ort wirkt manchmal sogar wie ausgestorben. Die Liftstationen sind dafür ein paar Schritte von den Gebäuden entfernt – praktisch, aber doch wohl ziemlich öde und phantasielos.
Ski fährt man in Superdévoluy am Pic de Bure (2709 m), der meist sehr gute Schneequalität aufweist. Die Skilifte und Bahnen bieten den Wintersportlern viele Möglichkeiten bei so gut wie gar keinen Wartezeiten. Es ist hier nämlich gelungen, das Pistennetz und die Zahl der Skilifte und Bahnen optimal auf die Anzahl der Gästebetten abzustimmen.
Die Verbindung mit der Skistation Joue du Loup über den Gipfel der Pierra d'Agnières (2150 m) brachte eine willkommene Erweiterung des Skigebiets von Superdévoluy, die den Skiläufern zusätzlich Möglichkeiten für herrliche Touren eröffnet.

St-Etienne-en-Dévoluy/ Superdévoluy – La Joue du Loup
1250 m/1470 m

Skigebiet: 1470–2510 m
550 Einwohner, 6000 Gästebetten
Saison: Mitte Dezember bis Ende April

Anreise Autobahn Genf, Grenoble Richtung Gap bis Corps, St-Disdier, St-Etienne-en-Dévoluy, Superdévoluy. Bahnstationen: Dévoluy, Superdévoluy
Busverbindungen: Veynes; von Grenoble samstags und sonntags mit Vorbestellung unter Tel. 92/58 80 46
Entfernungen von KA: 699 km, S: 764 km, UL: 777 km, M: 844 km

Information
Office du Tourisme,
F-05250 St-Etienne-en-Dévoluy,
Tel. 92/58 82 82, Reservierung Tel. 92/58 84 99, Telefax 92/58 80 57
Landesvorwahlnummer siehe Seite 608.

Kinder Gästekindergarten ab 18 Monate (Mini Club, ca. FF 75/Halbtag, 115/Ganztag inkl. Mittagessen); Skikindergarten ab 2 Jahre (Les Schrtroumpfs, ca. FF 90/Halbtag, 140/Ganztag ohne Mittagessen); Skischule ab 5 Jahre (ca. FF 570/6 Tage à 4 Std. ohne Mittagessen)

Ski alpin Testnote ✻✻✻✻

61 präparierte Pisten über 100 km Länge: 41 km schwer, 43 km mittel, 16 km leicht
Längste Abfahrt: Le Pierra – Les Chaumettes, 5 km L., 990 m Höhenunterschied, schwer
Liftkapazität: 26 130 Pers./Std.

27 4

Skipaß-Preise siehe Beilage
Tiefschneereviere: Les Combes Ratin, de Mai, d'Aurouze, de la Cluse, Le Vallon des Aiguilles
2 Skischulen mit bis zu 60 Skilehrern

Langlauf Testnote ✻✻✻

44 Loipenkilometer (28 km schwierig, 13 km mittel, 3 km leicht); längste Loipe: Traversée du Dévoluy (1400 bis 1600 m), 38 km lang, schwierig; Höhenloipe (mit dem Sessellift Le Jas erreichbar): Le Circuit du Pré de Renard (1850 m), 3,5 km lang, leicht; Loipengebühr ca. FF 25/Tag, 120/Woche

Weitere Sportmöglichkeiten

Gleitschirmfliegen, Schneeschuhwanderungen, Motorschlitten

Après-Ski

Schlechtwetter-Tip: Ein Kinobesuch oder Videospiele im Spielsaal, beides in der Résidence du Bois d'Aurouze.

Hotelempfehlungen: Seite 598 und 599

Orcières-Merlette

Wer in Orcières-Merlette skifährt, ist mit einem Ski schon in Südfrankreich und mit dem anderen noch im Schnee des Nordens. Man befindet sich nämlich bereits in den sonnigen Alpen des Südens.

Die an einem wunderbaren Fleckchen am nordöstlichen Ende des Champsaur-Gebirgszuges entstandene, recht unansehnliche Skistation paßt ganz und gar nicht in die umliegende Berglandschaft. Niemand scheint sich bei der Planung Gedanken darüber gemacht zu haben, wie man die Architektur dem großartigen landschaftlichen Rahmen etwas besser hätte anpassen können. So entstand, 400 Meter oberhalb des Dorfes Orcières, auf 1440 Meter Höhe eine »Stadt«, in der manche Wohnhäuser über 15 Stockwerke hoch sind.

Als Entschädigung dafür sind fast alle Abfahrten sonnig, denn Orcières-Merlette liegt auf einem Südhang zwischen dem 2655 Meter hohen Mont Drouvet und der Pointe de Méollion (2483 m).

Wie in den meisten Wintersportorten Südfrankreichs sind es vor allem Sonnenhungrige, die nach Orcières-Merlette kommen. Will man hingegen auf Nordhängen skifahren, muß man jenseits des Flüßchens Drac die Skilifte von Serre-Eyraud, auf der gegenüberliegenden Talseite, benutzen. Für Unternehmungslustige gibt es hier, auf den Hängen des Autane, zahlreiche Möglichkeiten für Skitouren mit Fellen im Frühjahrsschnee.

Orcières-Merlette, 1400/1850 m

Skigebiet: 1850–2655 m
870 Einwohner, 16000 Gästebetten
Saison: Mitte Dezember bis Ende April

Anreise Autobahn Genf, Grenoble (Ausfahrt Le Pont-de-Claix), Richtung Gap (Bahnstation, Busverbindungen)
Entfernungen von KA: 722 km, S: 787 km, UL: 800 km, M: 867 km

Information
Office du Tourisme,
F-05170 Merlette, Tel. 92/55 70 39
Telefax 92/55 62 47
Landesvorwahlnummer siehe Seite 608.

Kinder Gästekindergarten ab 18 Monate (ca. FF 64/9–12 Uhr); Skischule ab 3 Jahre (ca. FF 670/Woche inkl. Mittagessen)

Ski alpin Testnote ❄❄❄

Skigebiet Orcières-Merlette (ohne Serre-Eyraud)
80 km präparierte Abfahrten:
10 km schwer, 60 km mittel, 10 km leicht
Längste Abfahrt: Le Gourou, 5,5 km, 800 m Höhenunterschied, mittel
Liftkapazität: 22 500 Pers./Std.

20 (Schlepplifte) 6 (Sessellifte) 2 (Kabinenbahnen)

Skipaß-Preise siehe Beilage
Skischule mit 80 Skilehrern

Langlauf Testnote ❄❄❄❄

Insgesamt über 100 Loipenkilometer; im Ortsbereich (1450 m) 25 Loipenkilometer; Höhenloipe: Roches Rousses (2200 m), 3 km lang, leicht, erreichbar mit dem Sessellift Bergerie; Loipenverbindung mit Champoléon, Pont du Fossé, St. Léger, 97 km; Loipengebühr ca. FF 25/Tag, 120/Woche; Langlaufunterricht

Weitere Sportmöglichkeiten

Gleitschirmfliegen, Eishockey

Après-Ski

Piano-Bar

Sportliche Veranstaltungen

16. Croisière Blanche (20.–23. Jan. 94), 8. Derby du Soleil (Triathlon, Snowboard, Monoski, 29./30. Jan. 94), 2. Gleitschirm-Wettbewerb (5. u. 6. Febr. 94), 9. Jazzfestival (12.–18. März 94)

Profi-Skifahren: Für einen 6-Tage-Kurs muß man mit ca. FF 650 rechnen.

Hotelempfehlungen: Seite 598 und 599

Vars und Risoul

Die beiden Skiorte Vars und Risoul in den Kottischen Alpen haben sich zusammengetan, und ihr gemeinsames Skigebiet umfaßt nun rund 160 Kilometer markierter Pisten.

Diese Abfahrten liegen fast ausschließlich auf Nordhängen, was besonders hier im Süden von großem Vorteil ist.
Vars bildet ein gutes Beispiel einer geglückten touristischen Erschließung, und zwar in technischer wie auch in menschlicher Hinsicht. Dies ist eigentlich fast erstaunlich, auf jeden Fall in der Betonwelt der französischen Winter-Retortenstationen erwähnenswert. Der Ort Vars entstand langsam; er wuchs auf fast natürliche Art, und die einheimische Bevölkerung war dabei stark mitengagiert.
Der Skiort Vars besteht eigentlich aus einem Ensemble von vier kleinen, locker angeordneten Weilern. Drei davon liegen auf der gleichen Höhe von etwa 1650 Metern, nämlich Saint-Marcellin, Sainte-Cathérine und Sainte-Marie-de-Vars. Vars-Les-Claux, die eigentliche moderne Skistation mit Bahnen und Liften, Chalets, Ferien- und Apartmenthäusern, liegt 250 Meter höher. Selbst hier hat trotz der großen Bautätigkeit die Umwelt nicht zu stark gelitten.
Von Vars aus klettern die Lifte bis auf 2578 Meter, zum Mont Mayt, dem höchsten mit Aufstiegshilfen erreichbaren Punkt. Von hier kann man in die Zwillingsstation **Risoul** abfahren, deren Pisten zum Teil durch Lärchenwald führen.

Vars, 1650 m/1900 m, **Risoul,** 1850 m

Skigebiet: 1650–2750 m
Vars 943 Einwohner, 17 000 Gästebetten
Risoul 547 E., 12 000 G.
Saison: Mitte Dezember bis Mitte April

Anreise Autobahn Genf, Grenoble, Gap, Guillestre, Vars bzw. Briançon, Mont-Dauphin (Bahnstation, Busverbindungen)
Entfernungen von KA: 764 km, S: 777 km, UL: 707 km, M: 860 km

Information
Office du Tourisme
F-05560 Vars-Les-Claux, Tel. 92/46 51 31
Telefax 92/46 56 54
Schneetelefon 92/46 53 13
F-05600 Risoul, Tel. 92/46 02 60
Telefax 92/46 01 23
Schneetelefon 92/46 07 51
Landesvorwahlnummer siehe Seite 608.

Kinder Vars Gästekindergarten ab 6 Monate (Mamie Marmotte, Tel. 92/46 57 16, ca. FF 30/Std., 80/Halbtag, 180/Ganztag inkl. Mittagessen); Skischule ab 3 Jahre (ca. FF 480/6 Tage à 2 Std., 840/6 Tage à 4 Std. ohne Mittagessen)
Risoul Gästekindergarten ab 6 Monate (ca. FF 65/Halbtag, 150/Ganztag ohne Mittagessen); Skischule ab 3 Jahre (ca. FF 350/6 Tage à 2 Std.)

Ski alpin Testnote ❄❄❄❄

Skigebiet Vars
96 km präparierte Abfahrten:
10 km schwer, 56 km mittel, 30 km leicht
Längste Abfahrt: L'Olympic, 4,6 km Länge, 860 m Höhenunterschied, schwer
Hochgeschwindigkeitsstrecken im Gebiet Chabrières: 1,1 km Länge, 435 m Höhenunterschied, durchschnittlich 52,5% Gefälle, maximal 95%. Parallel dazu die Piste Laconi, 500 m lang, Höhenunterschied 290 m, schwer, mit maximal 90%, minimum 50% Gefälle
Die Abfahrt Les Ecrins (450 m lang, leicht) ist freitags von 20 bis 22 Uhr beleuchtet
Liftkapazität: 22 000 Pers./Std.
29 · 5 · 1

Skigebiet Risoul
64 km präparierte Abfahrten:
5 km schwer, 35 km mittel, 24 km leicht
Liftkapazität: 19 000 Pers./Std.
16 · 4

Skipaß-Preise siehe Beilage
2 Skischulen mit 105 Skilehrern

Langlauf Testnote ❄❄

BESONDERS SCHNEESICHER

Vars 6 Loipenkilometer; Loipengebühr ca. FF 25/Tag, 120/Woche
Risoul 30 Loipenkilometer
beide höchste Loipe Vars-Risoul (1850 bis 2200 m), 14 km, mittel
In beiden Orten Langlaufunterricht

Weitere Sportmöglichkeiten
Gleitschirmfliegen, Schneeschuhwandern, Motorschlitten

Après-Ski

Zu zweit lernt sich's mit mehr Spaß. Pro Unterrichtsstunde muß man mit ca. FF 160 (Schulferien) rechnen. Informationen bei den Skischulen.

Hotelempfehlungen: Seite 598 und 599

Les Orres

Les Orres wurde von der Natur mit allen Vorzügen ausgestattet, vor allem mit einem meist tiefblauen Himmel und südländischer Sonne. Und der Schnee soll – so die Verantwortlichen – genau so sein wie in den Rocky Mountains, so trocken und pulverig.

Das Mittelmeer ist zwar nicht so ganz nah: Rund 250 Kilometer muß man mit dem Wagen zurücklegen, um an die Côte d'Azur zu gelangen. Trotzdem kommen die Marseiller häufig nach Les Orres, das schon einen richtig südfranzösischen »Akzent« angenommen hat.

Die moderne Skistation strahlt etwas Besonderes aus. Man fühlt sich sofort wohl, denn man wird überall freundlich empfangen. Es geht recht zwanglos zu, und man duzt sich hier auch sehr rasch. Allerdings, ohne gute Französischkenntnisse wird es etwas schwieriger, denn kaum jemand spricht Deutsch.

Erst 1970 wurde der erste Wohnblock gebaut. Die Skistation entstand auf 1670 Metern Höhe über dem alten Dorf auf einem abfallenden Plateau und besteht eigentlich aus den drei kleinen Orten Pramouton, Pré-Bois und Bois-Mean. Mit Holzelementen verzierte weiße Hochhäuser, deren Balkons mit Holzschindeln gedeckt sind, ragen aus einem lichten Lärchenwald empor.

Das Skigebiet ist zwar heute noch etwas begrenzt, doch ausgesprochen rasant. Die Aufstiegshilfen bringen einen bis auf 2720 Meter in die Nähe des Pic de Boussolenc. Von da aus fährt man auf durchgehenden Abhängen bis zum Ort hinunter, ohne daß die Fahrt durch ein einziges flaches Stück verlangsamt wird. Die

Les Orres. Im Hintergrund das Massif des Ecrins.

Im Stationszentrum von Les Orres: Der Skipiloten-Nachwuchs ist zur Schulung angetreten.

meisten Pisten sind nach Nordwesten ausgerichtet, verlaufen in höheren Lagen teils über steile Hänge und unter 1800 Metern streckenweise durch Wald.
Les Orres bietet alles, was für die sogenannten Retortenstationen typisch ist: Die Skilifte und Bahnen haben ihren Ausgangspunkt bei den Wohnhäusern – Pramouton ist in dieser Hinsicht am besten bedient –, und die Autos parken außerhalb des Ortes; einkaufen kann man in einer zweistöckigen beheizten Geschäftsgalerie, in der es alles gibt, wenn auch zu hohen Preisen und etwas schwierig, wenn man nicht französisch spricht.
Es ist bedauerlich, daß die Planer der Skistation kaum an die Nicht-Skifahrer gedacht haben. Für diese Gruppe bieten sich nur wenig Betätigungsmöglichkeiten. Auch das Unterhaltungsangebot läßt zu wünschen übrig. Die Gäste sollten wirklich nur am Skilaufen interessiert sein.

Les Orres, 1550 m/1670 m

Skigebiet: 1550–2770 m
Ca. 650 Einwohner, 8000 Gästebetten
Saison: Ende November bis Ende April

Anreise Autobahn Genf, Grenoble, Gap, Embrun (Bahnstation, Busverbindungen)
Entfernungen von KA: 757 km, S: 789 km, UL: 719 km, M: 872 km

Information
Comité de Station Les Orres,
F-05200 Les Orres, Tel. 92/44 01 61
Telefax 92/44 04 56
Schneetelefon 92/44 00 39
Landesvorwahlnummer siehe Seite 608.

Kinder Betreuung ab 6 Monate im »Les Pitchounets«, Tel. 92 44 06 74 (Voranmeldung erforderlich; ca. FF 52/2 Stunden, 76/Halbtag); Gästekindergarten ab 3 Jahre (ca. FF 105/Halbtag, 150/Ganztag ohne Mittagessen); Skischule ab 6 Jahre (ca. FF 480/6 Tage à 3 Std.)

Ski alpin Testnote ❄❄❄

34 präparierte Abfahrten über 62 km Länge aller Schwierigkeitsgrade
Längste Abfahrt: La Grand' Cabane, 5,7 km Länge, 820 m Höhenunterschied, mittel
Liftkapazität: 18 365 Pers./Std.
16 7

Skipaß-Preise siehe Beilage
Tiefschneereviere: Lac de Ste Marguerite und Grand Vallon
Skischule mit 70 Skilehrern

Langlauf Testnote ❄❄

40 Loipenkilometer (leicht bis mittel); längste und höchste Loipen: La Mazelière (1550–1660 m), 24 km, mittel, und Charance (1556–1650 m), 5 km, mittel; Langlaufunterricht

Weitere Sportmöglichkeiten
Gleitschirmfliegen, Motorschlittenfahrten

Après-Ski
DISCO KINO

Sportliche Veranstaltungen
Telemark Frankreich-Cup (Dez. 93)

Vergnügen besonderer Art macht das Schneeschuhwandern. Anmeldung in der Zeit von 17 bis 18.30 unter Tel. 92 44 01 30 und 92 44 09 39.

Hotelempfehlungen: Seite 598 und 599

Pra-Loup und La Foux-d'Allos

Breite, glattgehobelte Pisten und klotzige, holzkaschierte Betonbauten in einer herrlichen voralpinen Gebirgslandschaft, das sind die Markenzeichen dieser Skistation, die zu den größten in Frankreich gehört.

Pra-Loup, ein sonniges Gebiet mit breiten Pisten, hoch über dem wilden und jähen Tal der Ubaye in den Südalpen, liegt im Grenzbereich von Dauphiné, Provence und Italien.
Pra-Loup ist am Rande einer großen Schafweide-Region mit lichten Lärchenbeständen entstanden. Für einen Wintersportort von Rang hätte man in einer Höhe zwischen 1600 und 2500 Metern gar keinen besseren Platz finden können. Die Lage ist außerordentlich schön, die Sonnenscheindauer beträchtlich, und der Schnee bleibt lange liegen. Man hat denn auch nicht an Ideen gespart, um diesem ambitionierten Projekt eine angemessene Realisierung zu sichern.
Die architektonische Seite ist weniger gut geraten. Auf einer Terrasse über der Mulde von Barcelonnette hat man eine Reihe von Betonklötzen hingestellt, darunter auch Hochhäuser und Wohnblöcke. Auch wenn der Beton zum Teil mit Holz verkleidet wurde, sind die Gebäude doch eher häßlich. Sie sind jedoch weit gestreut, und der Wald blieb erhalten, was dem Ort ein gefälligeres Aussehen gibt.
Für die schwarzen, roten, blauen und grünen Pisten zeichnet Honoré Bonnet verantwortlich. Er war von 1958 bis 1968 Leiter der französischen Skimannschaften. Pisten so breit wie Autobahnen, die mit Planierraupen begradigt und deren natürliche Bodenwellen und Unebenheiten ausgeglättet wurden, findet man hier zuhauf, denn in Pra-Loup soll den Gästen in erster Linie bequemes und gefahrloses Skifahren geboten werden.
Sobald man aber auf den Brettern steht, findet man die Pisten oft zu kurz, häufig zu einfach und im allgemeinen zu glatt. Die Abfahrten in Pra-Loup werden dem erfahrenen Skifahrer recht bald langweilig. Könner mittleren Grades und Anfänger dagegen fühlen sich hier wohl, denn sie haben bald das Gefühl, sehr schnell Fortschritte zu machen. Abwechslung und Schwierigkeiten suchen sie ja erst später.
Da sich die meisten Abfahrten an Nordhängen finden, bleibt der Schnee hier den ganzen Winter über gut, oft kann man sogar mit Pulverschnee rechnen. Seit einigen Jahren hat Pra-Loup noch ein großes Plus zu verzeichnen, nämlich die Liftverbindung mit **La Foux-d'Allos.**
La Foux-d'Allos und Pra-Loup bilden dadurch einen Skizirkus vom Le Lac (2500 m) im Norden über die Tête de Vescal (2516 m) zur Tête de l'Auriac (2631 m) im Süden mit mehr als 400 Hektar präpariertem Skigelände. Dazu kommt noch ein riesiges freies Gebiet, wo man herrlich im unberührten Tiefschnee fahren kann.
Diese Verbindung bedeutet für beide Orte eine beachtliche Bereicherung, und es gilt hier wie dort derselbe Skipaß.

Die natürliche Umgebung mit den lichten Lärchenwäldern und gezackten Bergkämmen gegen den blauen Himmel fasziniert den Gast. Aber leider wurde diese Landschaft – wie in Pra-Loup – durch eine Reihe häßlicher Bauten arg verschandelt. Und die Lage des Ortes erschwert die Zufahrt. Die Allos-Paßstraße, die Pra-Loup mit La Foux-d'Allos verbindet, ist im Winter geschlossen. Deshalb ist die Anfahrt zum südlich des Passes gelegenen La Foux-d'Allos nur auf einer schmalen, kurvenreichen Bergstraße möglich.

Wer nach Pra-Loup fährt, sollte nicht versäumen, bei Alain Vernier in der »Dalle en Pente« vorbeizuschauen. Der Wirt hat aus seinem Chalet ein sympathisches Lokal gemacht. Und das Verhältnis zwischen Preis und Qualität stimmt.

»Die Leute ertragen Überraschungen beim Bezahlen schlecht« erklärt Monsieur Vernier.

In den Schneisen verlaufen die Bahnen und Lifte aus der Tristesse der Station auf die weiten, geglätteten Hänge (links).

Dramatisch nur, wenn man es wie ein Abfahrtsläufer laufen läßt – sonst sind die Pisten von Pra-Loup gezähmtes Terrain.

Pra-Loup, 1630 m
La Foux-d'Allos, 1820 m

BESONDERS SCHNEESICHER

Skigebiet: 1630–2600 m
500 Einwohner, 16000 Gästebetten
Saison: Mitte Dezember bis Ende April

Anreise Autobahn Genf, Grenoble, Gap, Pra-Loup. Pra-Loup ist Bahnstation (Busverbindungen). Oder Gap, Sisteron, Digne, Barcelonnette – Pra Loup
Entfernungen von KA: 786/885 km, S: 837/950 km, UL: 767/915 km, M: 920/1030 km

Information
Office du Tourisme de Pra-Loup
F-04400 Pra-Loup, Tel. 92/84 10 04
Telefax 92/84 02 93
Schneetelefon 92/84 11 54
Landesvorwahlnummer siehe Seite 608.

Kinder Gästekindergarten ab 6 Monate (mit Gesundheitszeugnis; ca. FF 65/Halbtag, 105/Ganztag ohne Mittagessen); Skischule ab 3 Jahre (ca. FF 745/Woche ohne Mittagessen)

Ski alpin Testnote ❄❄❄❄

160 km präparierte Abfahrten:
30 km schwer, 90 km mittel, 40 km leicht
Längste Abfahrt: Bergstation Le Lac – Talstation, 1100 m Höhenunterschied, leicht
Liftkapazität: 25 725 Pers./Std.

37 12 4

Skipaß-Preise siehe Beilage

Tiefschneereviere: La Foux-d'Allos und Vallon des Agneliers (Pra-Loup).
2 Skischulen mit 70 Skilehrern

Langlauf Testnote ❄

12 Loipenkilometer (1500–1600 m), mittel

Weitere Sportmöglichkeiten

Schneeschuhwandern, Motorschlittenfahren, Gleitschirmfliegen

Après-Ski

DISCO KINO

Deutschsprachige Skikurse bietet die »Ecole de Ski Français« an.

Hotelempfehlungen: Seite 598 und 599

Le Sauze

Le Sauze und das dazugehörige Super-Sauze werden von einer langen Bergkette überragt, die sich halbkreisförmig vom Brec Second (2596 m) zur Montagne de l'Alpe (2775 m) erstreckt. Man fährt hier fast ausschließlich auf Nordhängen Ski, die stets erstklassigen Schnee in ausreichender Menge garantieren.

Le Sauze ist so günstig gelegen, daß der Skisport dort schon relativ früh Einzug hielt. Es ist der älteste Wintersportort im Ubaye-Gebiet und hatte schon einen Namen, als die Nachbarstation Pra-Loup erst im Entstehen begriffen war. Heute hat Pra-Loup allerdings Le Sauze den Rang abgelaufen. Neben der alten Station Le Sauze auf 1400 Metern entstand in den sechziger Jahren die 300 Meter höher gelegene Satellitenstation Super-Sauze.

Nach etwas ruhigeren Jahren hat der Zustrom nach Le Sauze und Super-Sauze in letzter Zeit wieder zugenommen, und als Folge davon belebte sich auch die Bautätigkeit wieder, leider immer stärker zu Lasten der herrlichen Umgebung. Dies ist um so bedauerlicher, als die Häuser zum Teil ziemlich schludrig gebaut sind. Schade ist auch, daß man keinen Weg gefunden hat, den innerörtlichen Autoverkehr etwas einzudämmen.

Zwischen Le Sauze und Super-Sauze bestehen Liftverbindungen. Wer sich die tägliche Anfahrt, sei es mit dem Auto oder mit dem Lift, nach Super-Sauze sparen will, quartiert sich besser gleich in Super-Sauze ein; die Preise liegen dort allerdings etwas höher.

Mit den Sessel- und Schleppliften erreicht man die Pisten, die zum überwiegenden Teil durch offene, hindernisarme und weiträumige Almgebiete führen und daher vom skitechnischen Anspruch her nicht sehr aufregend sind. Daran vermag auch der Wald nichts zu ändern, der hier, wie in den meisten Gebirgen Südfrankreichs, bis auf 2000 Meter hinaufreicht, denn man hat es nicht verstanden, dieses natürliche Landschaftselement durch die Anlage abwechslungsreicher und umweltgerechter Waldtraversen zu nutzen, sondern hat fantasielos breite Pisten in den Wald geschlagen.

Neben den Abfahrten nach Super-Sauze und Le Sauze kann man auch nach La Rente oder La Roche-aux-Fées abfahren, von wo eine Reihe von Liften wieder zu den Hängen von Super-Sauze hinaufführt. Außerdem gibt es hier einen Sessellift zur Montagne de l'Alpe, der mit dem nachfolgenden Schlepplift bis auf 2400 m Höhe führt und zwei weitere Pisten erschließt, die für geübtere Skifahrer geeignet sind.

Vor allem wird die schöne Buckelpiste als abwechslungsreiche Variante angenommen.

Ein hübsches Ausflugsziel ist das Städtchen Barcelonette im Ubayetal. Landeskundlich Interessierte sollten das kleine Museum mit seiner Mexiko-Abteilung besuchen.

Le Sauze/Super-Sauze,
1400 m/1700 m

Skigebiet: 1400–2450 m
300 Einwohner, 7000 Gästebetten
Saison: Mitte Dezember bis Ende April

Anreise Genf, Grenoble, Gap, Barcelonette, Le Sauze. Bahnstation ist Gap; von dort Busverbindungen ins Skigebiet.
Entfernungen von KA: 786 km, S: 830 km, UL: 760 km, M: 913 km

Information
Office du Tourisme Le Sauze/Super Sauze, F-04400 Le Sauze, Tel. 92/81 05 61
Telefax 92/81 21 60
Schneetelefon 92/81 05 35
Landesvorwahlnummer siehe Seite 608.

Kinder kein Gästekindergarten; Skischule ab 3 Jahre (ca. FF 380/Woche ohne Mittagessen)

Ski alpin Testnote ❄❄❄

35 präparierte Abfahrten über 65 km Länge mit mittleren Schwierigkeitsgraden

Längste Abfahrt: Montagne de l'Alpe – La Rente, 780 m Höhenunterschied, leicht
Liftkapazität: 15 500 Pers./Std.

21 3

Skipaß-Preise siehe Beilage
2 Skischulen mit 35 Skilehrern

BESONDERS SCHNEESICHER

Langlauf Testnote ❄

2 Loipen über insgesamt 10 km Länge; Skiwanderwege; Loipengebühr ca. FF 10/Tag; Langlaufunterricht

Weitere Sportmöglichkeiten
Schneeschuhwandern, Ski-Artistique

Après-Ski
DISCO KINO Bibliothek, Kabarett

Après-Tip: Kino. Bei schlechtem Wetter schon ab 15 Uhr.

Hotelempfehlungen: Seite 598 und 599

Valberg

Von dem kleinen Wintersportort Valberg, nur 50 Kilometer Luftlinie von Nizza entfernt, darf man nicht zuviel erwarten. Er liegt nämlich auf über 1650 Meter Höhe, und sein höchster Skigipfel, der Raton, ist nur 2066 Meter hoch.

Eher ein geruhsames Wintersportvergnügen: In Valberg genießt man schon die Sonne der Riviera.

Diese 400 Meter Höhenunterschied reichen nicht aus, um die Wünsche der verschiedenen Kategorien von Skifahrern zu erfüllen. Fanatische Ski- und Tiefschneefahrer oder Liebhaber weiter Schneegebiete sind hier fehl am Platze: Es gibt zwei anspruchsvollere Strecken, alle anderen Pisten sind eher als mittel oder leicht einzustufen. Eine kleine Besonderheit ist das »Stade de Slalom«, unterhalb der Eguilles (1890 m), in dem man seine Slalomkünste »unter Zeitdruck« demonstrieren kann.
Auch die Schneeverhältnisse machen Valberg nicht gerade zur Hochburg des Wintersports. Manchmal reicht die Decke nicht aus, um skifahren zu können, denn die Sonne apert die Pisten im Frühjahr bald aus.
Aber die »Riviera-Sonne« ist zugleich der wohl größte Vorzug des Ortes, über dem sich meist ein tiefblauer Himmel wölbt. Wem also weniger an der Qualität der Pisten, dafür mehr an der Sonne, dem besonderen Klima und dem eher unbekümmerten, sinnenfreudigen Charme eines Rivieraortes gelegen ist, kann hier gelungene Ferien verbringen.
Das nahegelegene Hinterland von Nizza ist auf jeden Fall einen Besuch wert. Und die französische Riviera liegt nur eine Autostunde von Valberg entfernt. Der Rummel dort ist während der Wintermonate nicht ganz so groß.

Valberg, 1669 m

Skigebiet: 1430–2100 m
550 Einwohner, 10 000 Gästebetten
Saison: Mitte Dezember bis April

Anreise Genf, Grenoble, Digne, Barrême, Guillaumes, Valberg. Bahnstation ist Nizza (Busverbindungen)
Entfernungen von KA: 914 km, S: 954 km, UL: 967 km, M: 1034 km

Information
Office du Tourisme Valberg,
F-06470 Valberg, Tel. 93/02 52 77
Telefax 93/02 52 27
Landesvorwahlnummer siehe Seite 608.

Kinder Gästekindergarten ab 4 Jahre (ca. FF 120/Halbtag); Skischule ab 4 Jahre (ca. FF 1500/Woche inkl. Mittagessen)

Ski alpin Testnote ❄❄❄

90 km präparierte Abfahrten:
16 km schwer, 56 km mittel, 18 km leicht
Längste Abfahrt: La Combe St-Marie, 2,5 km Länge, 400 m Höhenunterschied, leicht
Die Piste Myosotis (200 m lang, leicht) ist samstags bis 22 Uhr beleuchtet
Liftkapazität: 21 000 Pers./Std.
21 6

Skipaß-Preise siehe Beilage
Skischule mit 40 Skilehrern

Langlauf Testnote ❄❄❄

50 Loipenkilometer (7 km schwierig, 28 km mittel, 15 km leicht); längste Loipe: Rundkurs La Roya (Cumba Clava; 1541 bis 1613 m), 12 km lang, mittel; Höhenloipe: Le Balcon de Barzès (1670–1802 m), 6 km lang, schwierig; Unterricht

Weitere Sportmöglichkeiten
Schneeschuhwandern, Gleitschirmfliegen, Motorschlitten

Après-Ski
DISCO KINO

Tip: Mit Motorschlitten auf Entdeckungsreise gehen.

Hotelempfehlungen: Seite 598 und 599

Auron

Auron, eine der südlichsten Skistationen der Alpen, nimmt unter den französischen Wintersportorten eine Sonderstellung ein: Hier sind moderne Infrastruktur und lebendiges Ambiente vereint, und der Reichtum an Sonne und Schnee ist beträchtlich.

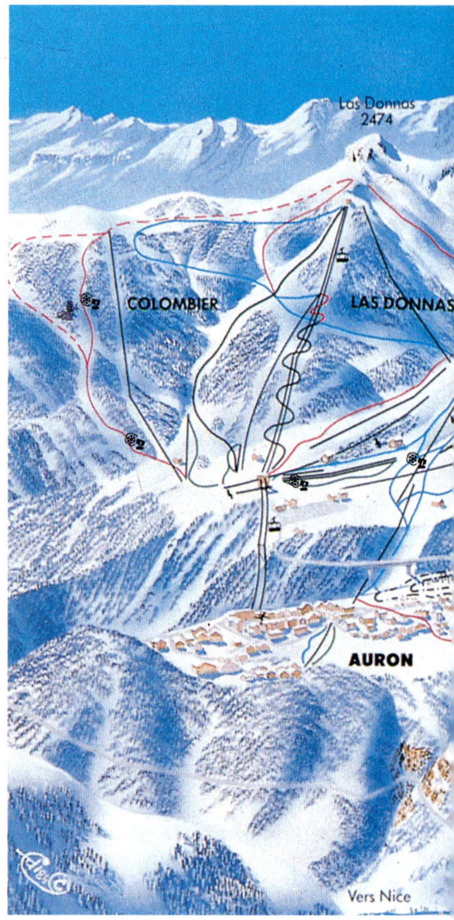

Ruhig und beschaulich, aber auch mit modernster Wintersportinfrastruktur ausgestattet, so bietet sich Auron, eine der südlichsten Wintersportdestinationen der Alpen, dar.

Man muß es erlebt haben, muß die Statistiken nachschlagen, um sich davon zu überzeugen, daß dieses zwischen Meer und Himmel hängende Stück Provence – nur 90 Autominuten von Nizza und seinem internationalen Flughafen entfernt – zu den am gleichmäßigsten und ausgiebigsten mit Schnee versorgten Zonen der Alpenkette gehört: Die Summe der Schneefälle erreicht fast jeden Winter durchschnittlich beachtliche sechs Meter.

Auch in sportlicher Hinsicht ist Auron durchaus ernst zu nehmen: Abfahrten mit über 850 Metern Höhenunterschied (von der Bergstation an der Cime du Chavalet, 2256 m, nach St-Étienne-de-Tinée sind es sogar über 1100 m), über 100 Kilometer markierte Pisten, verteilt auf zwei harmonisch miteinander verbundene Täler, reichlich Möglichkeiten zum Skifahren abseits der gespurten und markierten Pisten (ohne Lawinengefahr, notabene), moderne Aufstiegshilfen, ein unglaublicher Reichtum an Geländeformen und Vegetation – genügend Auswahl also für jeden Geschmack und für jedes Können. Trichterförmig enden alle Pisten in Auron und ermöglichen eine bequeme Rückkehr zur Station.

Aber es gibt in diesem Wintersportplatz in den Seealpen auch alles, was nötig ist zum Wohlbefinden und zur Gemütlichkeit, Entspannung und Zerstreuung nach dem Skilauf. Gerade das macht im Grunde genommen den unersetzbaren Charme dieses Wintersportortes aus, der ohne alle Superlative auskommt. Er begnügt sich, zu seinem eigenen Wohl und zu demjenigen seiner Stammgäste, mit der Mitte – ein Muster der so rar gewordenen Ausgewogenheit des Angebots.

Der Skiort hat sich aus einem alten Kern heraus entwickelt und ist nicht rücksichtslos in die Landschaft betoniert worden. Zwar dominieren heute die im alpenländischen Stil errichteten Hotel- und Apartmentbauten, doch fügen sie sich mit ihren breiten, leicht geschrägten Dächern recht gut in die Umgebung ein. Auron kann mehr als 10 000 Gästebetten anbieten, eine ansehnliche Zahl, aber klein im Hinblick auf die Ausdehnung seines Skigebietes und die Entwick-

Verhältnis, wie es für die französischen Seealpen typisch ist.
Die Engländer, bekannt als Pioniere auf dem Gebiet des Reisens und der Kurorte, hatten schon im letzten Jahrhundert die Annehmlichkeiten eines Winteraufenthaltes an der französischen Riviera entdeckt und an der Engelsbucht in Nizza der Promenade des Anglais zu diesem Namen verholfen. Rund 1600 Meter höher – und näher an der Sonne – schufen die Franzosen Auron.

lungsmöglichkeiten. Jedes der beiden deutlich voneinander getrennten Täler, über deren Hänge es sich ausbreitet, würde an sich genügen, um mit seinen sportlichen Anlagen je ein selbständiges Wintersportzentrum zu bilden. Man hätte so Auron einerseits und im anderen Tal St. Etienne de Tinée (mit Lieuson und Demandols) andererseits, verbunden über den Berggrat, zwei Skizentren auf dem Gebiet einer einzigen Gemeinde.
Vernünftigerweise verzichtete die Gemeindeverwaltung auf die Zersplitterung der Infrastruktur, die schwerwiegende Umweltprobleme aufgeworfen hätte. Man wird also auch in Zukunft in Auron wohnen, von Auron aus skifahren, das zweifellos noch weiter wachsen wird. Demandols und Lieuson dagegen bleiben verschont von der Bebauung, von Asphalt und Beton und bilden damit ein Reservoir naturnaher Räume, wie man sie in dieser Art noch lange finden möchte.
Alles in allem: In Auron ist es gelungen, das Gleichgewicht zwischen einer modernen, vielseitigen Infrastruktur einerseits und einem Sport- und Freizeitangebot von hohem Niveau andererseits zu erreichen. Und außerdem findet man ein angenehmes Qualität-Preis-Verhältnis und ein ausgezeichnetes Schnee-Sonne-

BESONDERS SCHNEESICHER

Auron, 1608 m

Skigebiet: 1600–2450 m
Ca. 2130 Einwohner, 10000 Gästebetten
Saison: Mitte Dezember bis April

Anreise Autobahn Genf, Grenoble, Digne, Barrême, Puget-Théniers, St-Sauveur-sur-Tinée, Auron. Bahnstation ist Nizza, von dort regelmäßige Busverbindungen ins Skigebiet
Entfernungen von KA: 922 km, S: 935 km, UL: 865 km, M: 1019 km

Information
Office du Tourisme d'Auron,
F-06660 St-Etienne-de-Tinée, Tel. 93/23 02 66
Telefax 93/23 07 39
Reservierungszentrale 93/23 00 23
Schneetelefon 93/23 00 02
Landesvorwahlnummer siehe Seite 608.

Kinder Gästekindergarten ab 2 Jahre (ca. FF 65/Halbtag, 126/Ganztag inkl. Mittagessen); Skischule ab 4 Jahre (ca. FF 544/Woche ohne Mittagessen)

Ski alpin Testnote ❄❄❄❄

44 präparierte Pisten über 130 km Länge: 45 km schwer, 25 km mittel, 60 km leicht
Längste Abfahrt: Cime du Chavalet – St-Etienne-de-Tinée, 5 km Länge, 1100 m Höhenunterschied, mittel
Liftkapazität: 21 490 Pers./Std.
16 8 1 2

Skipaß-Preise siehe Beilage
Tiefschneereviere: Le Dome, Les Couloirs de la Berchia, La Chiogna
Skischule mit 80 Skilehrern

Langlauf Testnote ❄

4 Loipenkilometer: Le Riou (1600 m), mittel; Langlaufunterricht

Weitere Sportmöglichkeiten
Gleitschirmfliegen, Motorschlitten, Bungy Jumping

Après-Ski
DISCO KINO
Bridge, Piano-Bars

Für den Sprung am Gummiband (Bungy Jumping) aus 80 Meter Höhe aus der Kabinenbahn muß man mit ca. FF 300 rechnen. Informationen und Anmeldung im Verkehrsbüro Auron.

Hotelempfehlungen: Seite 598 und 599

Isola 2000

Vor einigen Jahren wurde dieser ultramoderne Ort im Massif du Mercantour unweit der französisch-italienischen Grenze aus dem Boden gestampft, der ganz auf die Ansprüche junger und sportlicher Skifahrer ausgerichtet ist.

Isola 2000 hat, wie alle Retorten-Stationen in den anderen Teilen der Alpen, alle typischen Merkmale einer solchen Schöpfung, sei es technischer, menschlicher, guter oder weniger guter Art. Da der Ort frei auf einem Plateau liegt, werden die harten Formen der Baukörper durch keine Vegetation gemildert oder verdeckt, und der Gegensatz zu den weichen Formen der Landschaft fällt besonders auf.

Die Architektur ist rein funktionell. Die Gebäude bilden ein langes Betonband, das sich im Zickzack über etwa 500 Meter Länge erstreckt. Die Lifte beginnen vor dem Haus, die Autos sind an den Rand der Siedlung oder in Tiefgaragen verbannt. Die Läden und Boutiquen sind in kühlen Galerien vereint. Wie auch andere Skiorte aus der Retorte, qualifiziert man auch Isola 2000 gerne als »Skifahrer-Fabrik«; eine Etikettierung, die allerdings angesichts der erstaunlich guten Schneeverhältnisse, der abwechslungsreichen Pisten und der langen Sonnenscheindauer weniger ins Gewicht fällt.

Der Ort genießt ein außergewöhnlich günstiges Klima. Das nahe Mittelmeer (55 km Luftlinie) sichert seltene, dafür aber um so ausgiebigere Niederschläge, und von Osten kann trockene und kalte Luft heranströmen. Diese geographischen und klimatischen Besonderheiten halten den Schnee während des Hochwinters, also von Mitte Dezember bis Februar, trocken und pulvrig.

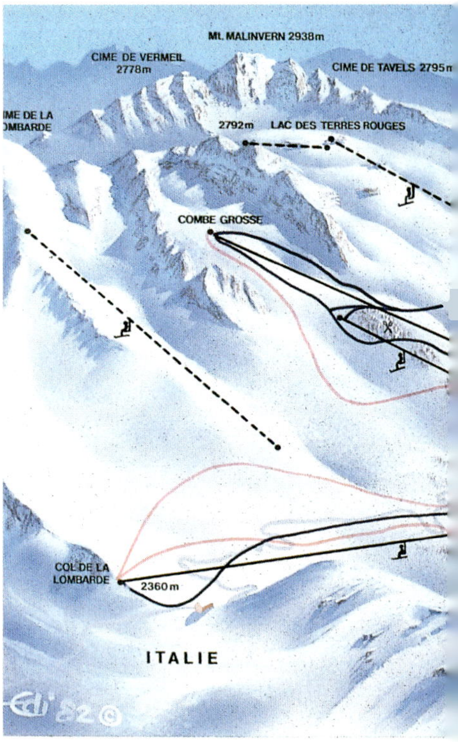

Mit diesem Foto wirbt das Verkehrsbüro für Isola 2000. Doch das rund 500 m lange Wohn-Kauf-Schlaf-Betonband ist wohl nicht jedermanns Sache.

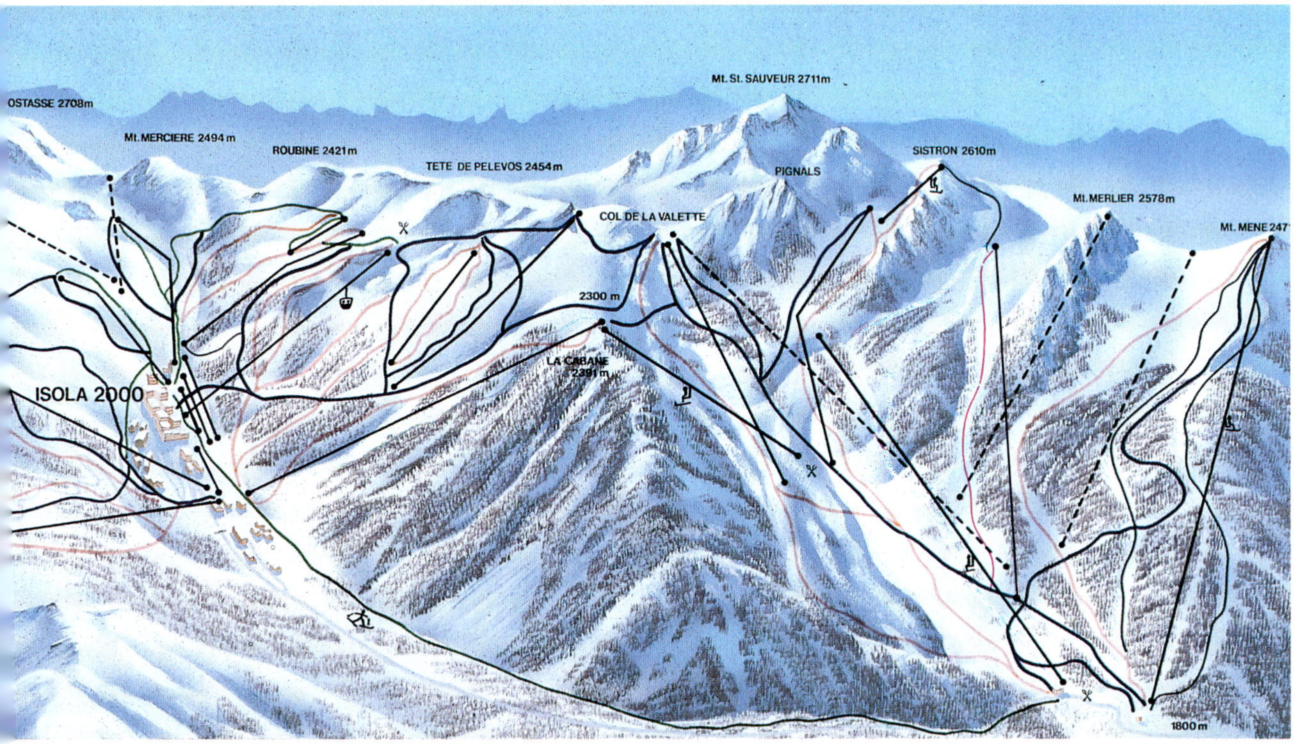

Sonne und Pulverschnee – welches Skifahrerherz schlägt da nicht höher – sind die Stärken von Isola 2000, sicher nicht wilde oder steile Pisten.

Diese sind in der Mehrzahl nicht gerade anspruchsvoll, aber gepflegt und angenehm zu befahren. Die Auswahl ist recht groß und reicht von breiten »Boulevards« über weite und unberührte Flächen für Tiefschneefahrer zu einigen Steilpassagen in kleinen Nordtälchen.
Andere Hänge wiederum sind oft mit Buschwald bestanden, was das Tiefschneefahren einschränken kann. Aber immer findet man noch freie Abfahrten mit sehr guten Verhältnissen, zum Beispiel vom Mont Mené, vom Mercière-Paß oder vom Mont Saint-Sauveur hinunter.

Isola 2000 ist eine Skistation mit vielen noch unerschlossenen Hängen, die aber mit der Zeit sicher auch mit einem Netz von Liften und Pisten überzogen werden. Vorläufig aber gehören sie noch dem Skiwanderer – ein nahezu unerschöpfliches Reservoir für Ausflüge in die unberührte Natur.
Sehenswert ist das Panorama vom Gipfel des Mont Sistron (2610 m), von wo man im Norden, bei extrem guten Sichtverhältnissen, das Monte-Rosa-Massiv und das Matterhorn erkennen kann, im Süden das Cap d'Antibes und das Mittelmeer.

BESONDERS SCHNEESICHER

Isola 2000, 2000 m

Skigebiet: 1800–2610 m
500 Einwohner, 8000 Gästebetten
Saison: Mitte Dezember bis Ende April

Anreise Autobahn Genf, Grenoble, Serres, Digne, Barrêmes, Villars-s-Var, St.-Sauveur-s-Tinée, Isola 2000. Bahnstation ist Nizza
Entfernungen von KA: 914 km, S: 927 km, UL: 856 km, M: 1010 km

Information
Office du Tourisme Isola,
F-06420 Isola 2000, Tel. 93/23 15 15
Telefax 93/23 14 25
Schneetelefon 93/23 10 50, 23 15 15
Landesvorwahlnummer siehe Seite 608.

Kinder Gästekindergarten ab 1 Monat (Les Pichouns, Tel. 93/23 18 42, ca. FF 30/Std., 80/Halbtag, 193/Ganztag inkl. Mittagessen) und ab 6 Jahre im »Club Junior« (ca. FF 185/Tag inkl. Mittagessen); Skischule ab 3 Jahre (ca. FF 190/6 Tage à 3 ½ Std. ohne Mittagessen)

Ski alpin Testnote ❄❄❄

46 präparierte Abfahrten über 120 km Länge: 25 km schwer, 75 km mittel, 20 km leicht
Längste Abfahrt: Le Grand Tour, 4,7 km Länge, 450 m Höhenunterschied, mittel

Die Piste du Belvedere, 2 km lang, mittel, ist dienstags und donnerstags von 20 bis 22 Uhr beleuchtet
Liftkapazität: 20 000 Pers./Std.

14 8 1 1

Skipaß-Preise siehe Beilage
Tiefschneereviere: Gebiet Mt. Mené, Mercièrepaß, Mt. St.-Sauveur
Skischule mit 90 Skilehrern

Langlauf Testnote ❄

3 Loipenkilometer (2000 m, mittel); Langlaufunterricht

Weitere Sportmöglichkeiten

Motorschlittenfahrten

Après-Ski

DISCO KINO

Badespaß inklusive Sauna und Gymnastik bietet das »Aquavallée« in Isola Village, etwa 15 Kilometer von Isola 2000 entfernt.

Hotelempfehlungen: Seite 598 und 599

ADAC Ski Atlas
Magazin

Aktuelles für
Skifahrer
und Winterurlauber

Sicheres Autofahren im Winter: Wartung, Fahrtechnik, Reifen, Ketten, Skiträger, Allrad, Wintercamping

Eiszeit auf den Straßen

Trotz moderner Technik hat der Winter für uns Autofahrer nur wenig von seinen Schrecken verloren, wenn man in wirklich ernste Situationen gerät. Zugegeben, auf der täglichen Hausstrecke gibt es kaum Probleme, solange der Schnee geräumt und Salz oder Split gestreut wird. Wer aber zum Wintersport in die Berge fährt, bemerkt sehr schnell, daß hier andere Spielregeln gelten.
Vielen Problemen kann man aus dem Weg gehen, wenn man das Auto zwar für die Fahrt von zu Hause bis zum Skiort benutzt, dort aber auf ein öffentliches Verkehrsmittel umsteigt. Dies schont die Nerven, den Geldbeutel und macht den Skiurlaub viel umweltverträglicher.

Ein paar Vorbereitungen für den sicheren Winterbetrieb

Die Starterbatterie

Falls die Batterie eines Autos vier Jahre oder älter ist, braucht man sich nicht zu wundern, wenn sie nach der ersten kalten Nacht ihren Geist aufgibt. Auch das Nachladen hilft hier nicht mehr. Es ist daher besser, Sie besorgen sich noch am Heimatort einen neuen Akku, wobei Sie Sonderangebote der Fachbetriebe berücksichtigen können. Müssen Sie hingegen eine neue Batterie am Pannenort kaufen, dann gibt es im Rahmen der Pannenhilfe kaum einen Preisnachlaß, aber die Anfahrt ist zusätzlich zu bezahlen. Besonders teuer werden solche Dienstleistungen im Ausland. Eine neuere Batterie sollte man noch vor Beginn der kalten Jahreszeit nachladen lassen, damit sie vor einer spontanen Abreise auch wirklich voll ist. Der Trick, die Batterie vor besonders kalten Winternächten auszubauen und mit ins Hotel zu nehmen, ist heute zwar aus der Mode gekommen, würde der Batterie aber auf jeden Fall helfen.

Türen und Schlösser

Wer an Wintermorgen die Autotür besonders schwungvoll aufschließen möchte, stellt oft fest, wie erstaunlich leicht ein Autoschlüssel abbricht, weil der Schließzylinder eingefroren ist. Ist dieses Malheur beseitigt und der Ersatzschlüssel gefunden, geht der Ärger erneut los, denn die Tür ist zugefroren. Packt man zu kräftig an, hat man den Türgriff in der Hand, was gar nicht so selten ist.
Derartigen Pannen vorzubeugen, ist selbst für den ungeübten Autofahrer eine Kleinigkeit. Vor Beginn der kalten Jahreszeit werden die Schließzylinder mit einem Spezialspray behandelt. Türrahmen und Gummidichtungen erhalten einen gleichmäßigen Film aus der Silikon-Sprühflasche. Eine so präparierte Tür wird Sie einen ganzen Winter lang nicht ärgern. Der gleiche Tip gilt für die Heck- und Kofferraumklappen.

Frostschutzmittel

Das Kühlsystem wassergekühlter Motoren ist mit einem Dauerkühlmittel gefüllt, das nicht nur den Frostschutz, sondern auch den Korrosionsschutz übernimmt. Die Wirksamkeit dieses Schutzes sollte man vor der kalten Jahreszeit prüfen lassen, denn manchmal wird ein Kühlmittelverlust nur mit klarem Wasser ausgeglichen, so daß der Frostschutz dann nicht mehr ausreicht. Die meisten Fahrzeughersteller empfehlen eine Frostschutzmischung bis minus 25° C.
Eine vollständige Neubefüllung sollte der Scheibenwaschbehälter erhalten. Man nimmt ihn heraus und reinigt ihn gründlich mit klarem heißen Wasser. Anschließend wird er mit Wasser und Frostschutz aufgefüllt. Die Wischwaschanlage ist nach dem Befüllen gut durchzuspülen, damit der Frostschutz auch bis zu den Düsen vordringt. Den Rest des Frostschutzmittels legt man in den Kofferraum, um unterwegs nachfüllen zu können. Dazu noch einen Tip: Vergessen Sie – falls vorhanden – die Scheinwerfer-Reinigungsanlage und den Heckwischer nicht, denn hier gibt es gesonderte Wischwaschbehälter. Übrigens: Wenn an einem Fahrzeug die Wischdüsen öfter während der Fahrt einfrieren, dann sollte man sie gegen heizbare Düsen auswechseln lassen.

Probleme mit dem Motor- und Getriebeöl?

In der Betriebsanleitung Ihres Autos ist vermerkt, welche Öle der Hersteller bei extremer Kälte empfiehlt. Diese gewährleisten auch im Winterbetrieb den sicheren Start, und das Schaltgetriebe läßt sich nicht so zäh bedienen. Eine spezielle Befüllung lohnt sich aber nur, wenn Sie sich länger am Skiort aufhalten wollen und ohnehin ein Ölwechsel fällig ist,

Im Winter sind Spezialreifen mit ausreichender Profiltiefe unerläßlich. Die gesetzlich vorgeschriebene Mindestprofiltiefe von 1,6 mm erweist sich in der Praxis oft als zu gering, 3 bis 4 mm wären sicherer.

denn die heute verkauften Öle für Motor und Getriebe sind sowohl sommer- als auch wintertauglich.

Katalysator- und Dieselautos

Die Besitzer von Katalysatorautos können dem Winter mit Gelassenheit entgegensehen. Schließlich entsprechen die Zündanlage und auch die Gemischaufbereitung dem neuesten Stand der Technik. Schon wenige Anlasserumdrehungen genügen für einen sicheren Kaltstart. Somit gibt es für das Katauto keinen besonderen Wintertip. Voraussetzung ist, daß Sie unseren Rat für die Batteriepflege ernstgenommen haben.
Zwar funktioniert ein Kat auch auf der Kurzstrecke, trotzdem ist am Skiort ein öffentliches Verkehrsmittel nicht nur unproblematischer, sondern auch umweltverträglicher.
Nicht so problemlos sind Dieselmodelle, selbst wenn es sich um eine neue und moderne Variante handeln sollte. Der Diesel muß immer noch vorgeglüht werden. Dieser Vorgang belastet eine Batterie recht erheblich. Spurt dann auch noch der Anlasser ein, bricht eine schlecht geladene Batterie vollends zusammen. Batteriepflege ist somit für Dieselfahrzeuge besonders wichtig.
Für alle Dieselauto-Besitzer gibt es eine gute Meldung: Die Mineralölhersteller bieten eine Superdiesel-Qualität an, die bis minus 22° C betriebssicher ist. Neutrale Tests haben bewiesen, daß diese Zusage eingehalten wird. Man braucht also nicht, wie früher einmal üblich, beim Tanken Fließverbesserer beizumischen. Ungeachtet dessen sind Dieselfilter-Heizungen immer noch eine gute Empfehlung, denn häufig sammelt sich im Filter Wasser, das unbeeindruckt vom neuen Winterdiesel einfriert. Wer auch noch den Filter vor Winterbeginn entwässert hat, braucht den morgendlichen Kaltstart nicht zu fürchten.
Zu erwähnen ist noch, daß es neben der Filterheizung zusätzlich eine elektronische Überwachung für den Filter gibt, die durch eine blinkende Diode auf eine notwendige Filterwartung hinweist.

Winterreifenkauf – ja oder nein?

Wie sieht es mit den richtigen Reifen für den Skiurlaub aus? Schließlich kostet ein Satz guter Winterreifen je nach Größe und Händlerrabatt ab 800 DM. Wir meinen, daß Sie grundsätzlich umrüsten sollten, denn Sie müssen damit rechnen, daß am Skiort zwar geräumt, aber nur noch an Gefahrenstellen gestreut wird. Auch im Alltagsbetrieb sind Winterreifen eindeutig besser, weil das Profil und die Gummimischung von Sommerreifen zunehmend für höhere Geschwindigkeiten ausgelegt werden. Bei Eis und Schnee fehlt dann die nötige Haftung.
Wer keine Möglichkeit hatte, die Reifen umzurüsten, wird nicht sehr begeistert sein, wenn er hängenbleibt. So richtig teuer wird es aber erst, wenn es wegen der Sommerreifen zu einem Unfall kommt. Deshalb sollte man bedenken, daß der kleinste Auffahrunfall meist wesentlich teurer wird als ein Satz Winterreifen.
Unsere Empfehlung, neue Reifen zu besorgen, gilt im übrigen auch dann, wenn die alten Winterreifen nur noch eine Profiltiefe von etwa 4 mm besitzen. Solche Reifen sind meist schon so alt, daß die ehemals griffige Gummimischung hart geworden ist und nur noch bedingt von einem Winterreifen gesprochen werden kann. Dazu noch ein Tip: Wenn Sie rechtzeitig ohne Termindruck einkaufen, können Sie eher einen Rabatt aushandeln. Wenn Sie die Reserveradfelge mit einem Winterreifen bestücken lassen, brauchen Sie nur noch drei neue Felgen zu kaufen.
Den Luftdruck der Winterreifen sollten Sie um etwa 0,3 bar höher als bei den Sommerreifen wählen.

Sinnvolles Autozubehör

In den Medien wird immer wieder auf die »Winterausrüstung« hingewiesen, aber niemand weiß genau, was eigentlich damit gemeint ist.

Eiskratzer

Wie ein Eiskratzer aussieht, brauchen wir nicht zu erklären. Geben Sie aber ruhig ein paar Groschen mehr für eine besonders kräftige Ausführung aus, denn ein billiger Kratzer bricht bald ab, und den Tip, ersatzweise eine Scheckkarte einzusetzen, sollten Sie nicht befolgen, sonst ist auch diese noch beschädigt. Wie Sie Ihre Scheibe auch immer freikratzen, arbeiten Sie vorsichtig. Moderne Autos haben aus Gründen der Unfallsicherheit oft besonders »weiche Scheiben«. Wer wie wild auf der Scheibe herumscheuert, darf sich nicht wundern, wenn die Scheibe schnell verkratzt ist.

Alkohol auf der Scheibe

Wer sich am Morgen nicht gern plagt, kann ein alkoholhaltiges Auftaumittel einsetzen, das es in handlichen Plastiksprühflaschen gibt. In wenigen Sekunden ist die hartnäckige Eisschicht aufgeweicht. Weniger empfehlenswert, weil kaum umweltfreundlich, sind Auftausprays. Auch aus Kostengründen sind einfache Sprühgeräte sinnvoller.

Klarsichttücher

Ein besonders lästiger Effekt ist das Beschlagen der Innenscheiben. Wenn mehrere Personen den Wagen besteigen, und dies auch noch in feuchter Kleidung, dann ist die Sicht in Sekunden gleich Null. Hier hilft nur eines, nämlich das Öffnen der Seitenfenster zur schnellen Durchlüftung. Sparsame Zeitgenossen tragen zur Abhilfe flüssige Haushaltsseife mit einem sauberen Tuch auf die Innenseiten der Fensterscheiben auf und erreichen so den gleichen Effekt wie Klarsichttücher.

Eine derartige Schnellmontagekette läßt sich leicht und unproblematisch auflegen: Stahlbügel mit Kette über das Rad stülpen und mit der Spannkette schließen – fertig!

Starthilfekabel
Neben der Schneekette ist das Starthilfekabel sicher das wichtigste Autozubehör im Winter. Wenn man außerdem selbst über eine fast neue Batterie verfügt, kann man anderen Autofahrern seine kameradschaftliche Hilfe anbieten. Auf diese Weise wurde schon so manche nette Urlaubsbekanntschaft geschlossen. Kurz gesagt, ein Starthilfekabel gehört in den Kofferraum eines Autos. Dazu ein wichtiger Hinweis: Seit neuester Zeit gibt es Starthilfekabel mit vollisolierten Kabelzangen, damit es bei der Starthilfe nicht zu Pannen kommt. Ein gutes Starthilfekabel hat nach der Norm einen Mindestquerschnitt von 16 mm^2; für Dieselmotoren sollte es sogar mindestens 25 mm^2 dick sein. Genauso wichtig ist, daß die Isolierung des Kabels bei tiefen Temperaturen flexibel bleibt und nicht bricht.
Ob Sie zusätzlich ein Starthilfespray kaufen sollten, hängt vom Alter und der Startwilligkeit des Motors ab. Ein moderner Benzin- oder Dieselmotor ist auf das Spray nicht angewiesen. Eine gewisse Hilfe bietet es aber, wenn ein Dieselmotor nicht mehr ganz neu ist.

Spaten und Besen
Beide Gegenstände werden von Autofahrern nicht allzu häufig gekauft. Man fährt lieber mit einer zentnerschweren Schneelast auf dem Dach so lange spazieren, bis man bei einer Gewaltbremsung feststellt, wie gefährlich der verrutschte Schnee die Sicht behindern kann. Meist gehen solche Vorfälle glimpflich ab, und es genügt, wenn man die beschädigten Wischerarme auswechselt. Besser ist es, einen einfachen Handbesen ins Auto zu legen und den Schnee abzufegen.
Den Spaten, den es auch als leichte Schneeschaufel gibt, wird man immer dann vermissen, wenn man die Funktion der Wegmarkierung am Skiort – meist sind es farbige Stangen – nicht begriffen hat. Da bei heftigem Schneefall Gräben und Böschungen schnell verdeckt sind, neigt der Autofahrer bei Ausweichmanövern gern dazu, die geräumte Spur zu verlassen, und schon ist man in den Graben gerutscht. Das ganze ist für das Auto und seine Insassen harmlos, aber befreien kann man sich nur noch mit Hilfe eines Spatens, wobei meist gleichzeitig Ketten aufgezogen werden müssen. Einfacher ist es allerdings, einen vorbeikommenden Autofahrer zu bitten, das Fahrzeug mit dem eigenen Abschleppseil herauszuziehen.

Abschleppseil
Ein solches Seil ist nicht unbedingt ein Winterzubehör, sondern gehört eigentlich zur Standardausrüstung. Vorsicht aber beim Einsatz, denn aus falsch verstandener Sicherheit greift man gerne zu einem dicken Seil, das für leichte Fahrzeuge ungeeignet ist. Nach der Norm sind Seile in gelber Farbe für Fahrzeuge bis 1500 kg und solche mit blauer Einfärbung für Fahrzeuge bis 2500 kg Leergewicht vorgesehen.
Normseile erfüllen eine Art Sollbruchfunktion, damit es nicht zu Schäden an den Abschleppösen der beteiligten Fahrzeuge kommt.

Außenthermometer
Die Information, wie kalt oder warm es draußen gerade ist, wird geradezu lebenswichtig, wenn sich die Temperaturen im Bereich des Nullpunktes bewegen und der Autofahrer nicht weiß, ob sich die Nässe auf der Straße gerade in Eis verwandelt oder nicht. Hier hilft ein Fahrzeug-Außenthermometer. Je nach Anzeige kann man die angemessene Fahrweise wählen. Trotz präziser Technik sollte man aber aus dem Außenthermometer keinen Eiswarner machen, denn die Anzeige sagt noch nichts über den Straßenzustand aus. Das Außenthermometer liefert nur eine Trendinformation.

Ketten am Reifen und am Schuh

Schneeketten sind im Winter ein echtes Sicherheitszubehör und dürfen deshalb in keinem Kofferraum fehlen. Bei heftigem Schneefall ist auch der beste Winterreifen schnell überfordert, und nur Schneeketten helfen in dieser Situation weiter.
Das Auflegen von Ketten stellt auch für Ungeübte kein Problem mehr dar, seit es moderne Schnellmontagetechniken gibt. Darüber hinaus sind interessante Ausführungen am Markt vorhanden, die zwar nicht gerade billig, jedoch noch montagefreundlich sind. Vorerst aber einige Tips für den Kauf und Umgang mit Schneeketten:

- Vor Beginn der Saison sollten Sie den Zustand Ihrer alten Schneeketten prüfen. Wenn diese nur noch aus einem rostigen Etwas bestehen und die Kettenglieder auf der Laufseite deutlich angeschliffen sind, ist ein neuer Satz Ketten fällig. Wer die Kosten scheut, kann Schneeketten an vielen Orten auch beim ADAC für die Zeit des Winterurlaubes leihen. Ein Informationsblatt gibt es bei allen Club-Geschäftsstellen.
- Vor dem Neukauf sollte man sich das Auflegen zeigen lassen. Schnellmontageketten erkennt man an einem federnden Stahlbügel, der von vorn zusammen mit der Kette über das Rad gestülpt wird. Das Schließen der Kette auf der Rückseite des Rades mit der vornliegenden Spannkette ist problemlos.
- Gleichgültig, für welche Ketten Sie sich entscheiden, lesen Sie zu Hause die Bedienungsanleitung durch und üben Sie das Montieren im Trocknen!
- Die gesetzliche Höchstgeschwindigkeit beim Fahren mit Schneeketten beträgt 50 km/h.
- Ketten niemals so stramm ziehen, daß zwischen Reifen und Kette kein Spiel mehr bleibt. Dieses Spiel ist für die Selbstreinigung notwendig.
- Über die Lebensdauer von Ketten gibt es keine verbindlichen Angaben. Wer auf trockener, schneefreier Straße schnell fährt, hat die teuerste Kette schon nach 50 km ruiniert. Auf verschneiter Straße

Zweimal Dachträger: Rechts die geschlossene Version, der Skikoffer auf einem Universal-Dachträger. Und unten ein konventioneller Skiträger aus korrosionsfreiem Material. Hier gilt: Skispitzen immer nach hinten.

halten Ketten meist länger als das Auto.

- Schneeketten gehören selbstverständlich auf die Antriebsräder. Zur Fahrt im steilen Gelände kann es sinnvoll sein, alle vier Räder und, falls notwendig, auch den Wohnwagen mit Ketten zu bestücken.
- Ketten nach dem Gebrauch sofort mit heißem Wasser abspülen und mit einem Tuch trockenreiben. Über einen Heizkörper gehängt, stellt sich kein Rost ein. Vor der Sommerpause werden die Ketten mit einem speziellen Spray behandelt und in einem trockenen Raum aufbewahrt.
- Eine gute Kette hat ein gehärtetes Laufnetz aus Edelstahl, ein Leichtmontagesystem und besteht aus feingliederigen kurzen Kettensträngen.

Neue Systeme

So mancher Autofahrer ist auch heute noch nicht von der Leichtmontagekette überzeugt. Aus diesem Grund hat ein Hersteller eine Kombination aus Anfahrhilfe und Schneekette auf den Markt gebracht, die sich beinahe von selbst aufzieht. Am einfachsten ist es, Sie lassen sich das Produkt mit dem Namen »Centrax« im Fachgeschäft erklären. Sie werden feststellen, einfacher geht es wirklich nicht mehr, oder doch? Ein anderer Anbieter operiert mit einem Zwischenflansch, der vor der Wintersaison am Rad angebracht wird. Im Ernstfall werden die mit Hartmetallstiften bestückten Kunststoffarme der Spikes-Spider-Konstruktion über das Rad gestülpt und gesichert. Sie sorgen dann für die Traktionsverbesserung wie eine Schneekette.

Schuhkettchen

Autofahrer, die schon einmal auf dem Parkplatz eines Skilifts zu Fall gekommen sind, verstehen die sarkastische Bemerkung, daß die größte Gefahr des Wintersports vor der Liftstation lauert. Zwar wird hier geräumt, aber beim Aussteigen aus dem Auto und nach dem Anziehen der Skistiefel stellt man sehr schnell fest, wie gefährlich vereiste Wege, Treppen und gefrorene Hänge sind. Dabei gibt es für solche Fälle ein simples Zubehör, das weithin unbekannt ist. Es handelt sich um Fußgänger-

kettchen, die man über Skischuhe und Wanderstiefel streifen kann. Sie sind nicht nur schnell aufgelegt, sondern auch bequem in der Anoraktasche zu verstauen.

Wie transportiert man Ski richtig?

Die sperrige Skiausrüstung paßt am besten immer noch auf's Autodach. Zwar gibt es bei einigen Modellen den Skisack in der hinteren Armlehne oder die geteilte Rücksitzlehne mit Durchlademöglichkeit. Wenn aber mehrere Personen mitfahren wollen, dann bleibt es beim Dachtransport. Viele moderne Fahrzeuge besitzen keine Regenrinne mehr, so daß ein teurer Spezialdachträger notwendig wird. In solchen Fällen ist der gute alte Universal-Skihalter passé. Zum Glück ist man nicht mehr auf den teuren Original-Dachträger des Autoherstellers angewiesen. Im Zubehörgeschäft gibt es günstige Transportsysteme, die ebenfalls der Norm entsprechen. Wenn das DIN-Prüfzeichen vorhanden ist, ist die Gewähr für einen sicheren Transport – auch bei hoher Geschwindigkeit – gegeben. In jedem Fall sollte man auf den Korrosionsschutz durch Edelstahl, Aluminium oder plastifizierte Bauteile achten.
Daß Ski mit den Spitzen nach hinten transportiert werden, gehört zu den Binsenweisheiten.

Fahrtechnik im Winter üben: Wer keine anderen Autofahrer behindert, kann ruhig mal ausprobieren, wie sich der Wagen abseits der geräumten Straße verhält.

Der Koffer fürs Dach
Ein bißchen seltsam sehen Sie schon aus, die Skiboxen für das Autodach. Dabei sind ihre Vorteile, vom Preis einmal abgesehen, unübersehbar. Man kann nicht nur bis sechs Paar Ski, sondern zusätzlich noch Stöcke, Schuhe und einen Teil der Sportbekleidung – gut gegen Feuchtigkeit und Diebstahl gesichert – verstauen. Die Großfamilie wird an einer solchen Anschaffung gar nicht vorbeikommen.
Wer ohnehin auf einen neuen Dachträger umsteigen muß, der sollte genau kalkulieren. Ein guter Dachträger und ein Satz Skisäcke sind nur unwesentlich billiger als eine preiswerte Skibox.

Die Diebstahlsicherung
Die meisten Skiträger und Dachboxen besitzen eine Sicherung gegen Diebstahl, die jedoch ernsthaften Bemühungen eines »Interessenten« niemals standhalten dürfte. Man sollte diese Technik daher nur als Sicherung gegen unbefugten Eingriff verstehen.
Ski gehören über Nacht in den Skikeller des Hotels. Man sollte auch, falls man eine Wintersport-Versicherung abgeschlossen hat, einen Blick in die Police werfen. Meist gibt es keine Deckungszusage, wenn Ski über Nacht auf dem Autodach bleiben, selbst wenn der Träger abgeschlossen ist.

Der Kraftstoffmehrverbrauch durch den Dachträger
Wie sieht es nun mit dem Kraftstoffmehrverbrauch aus? Hier eine aktuelle Tabelle, deren Werte bei Tempo 130 km/h ermittelt wurden:

Kompaktlimousine ohne Ski	11,0 l
+ Mehrverbrauch mit Skibox (4 Paar Ski)	1,2 l
+ Skiträger abschließbar, Hochkanttransport	2,0 l
+ der gleiche Skiträger ohne Ski	1,3 l
+ Dachträger Flachtransport mit vier Paar Ski	2,3 l

Ein paar Tricks bei der Pannenhilfe

Spätestens nach der zweiten oder dritten kalten Winternacht zeigt sich, wie gut eine Batterie noch ist. Wenn man das gewohnte Geräusch des Anlassers nicht mehr vernimmt, sollte man sein Starthilfekabel aus dem Kofferraum holen und einen Autofahrer um Hilfe bitten. Die Technik der Starthilfe ist kinderleicht, denn es werden jeweils nur die beiden Pluspole und anschließend die beiden Minuspole der Batterien verbunden, wie es auf der Verpackung des Starthilfekabels steht. Vorsicht aber bei tiefentladener Batterie. Hier sollte man die schwarze Zange des Minuskabels nicht an den Pol der leeren Batterie, sondern an ein massives Eisenteil des Motors klemmen.
Peinlich ist es, wenn nach der Aktion der neue Skioverall Ihres Helfers verschmutzt ist oder sogar seine eigene Batterie nicht mehr funktioniert. Deshalb führen Sie die Handgriffe am besten selbst aus. Natürlich sollte der Motor des Spendefahrzeuges während der Aktion weiterlaufen. Springt Ihr Wagen nicht an, empfiehlt es sich, zusätzlich ein Starthilfespray in den Ansaugstutzen des Luftfilters zu sprühen. Bei manchen Fahrzeugen ist das gar nicht so einfach, da man den Luftfilterdeckel entfernen muß.
Weniger empfehlenswert ist es, ein Auto abzuschleppen. Bei dieser Aktion neigen die Antriebsräder des liegengebliebenen Fahrzeuges leicht zum Blockieren, wenn die Straße glatt ist.
Deshalb sollte man besser die Hilfe eines Automobilclubs in Anspruch nehmen. Damit soll aber nichts gegen Abschleppaktionen im Notfall gesagt sein.
Ein anderes Ärgernis sind zugefrorene Türen und vereiste Türschlösser. Am Schließzylinder hilft ein Auftauspray, das man nicht ins Auto legen, sondern in der Anoraktasche mit sich führen sollte. Die eingefrorene Tür öffnet man mit Hilfe von einem Eimer warmem Wasser. Danach muß man aber die Tür und die Dichtung sorgfältig abtrocknen.
Ist der Frostschutz unzureichend, wird der Motor sehr schnell überhitzt, weil das Kühlmittel nicht richtig zirkuliert. Ein eingefrorenes Auto gehört in die warme Halle einer Reparaturwerkstatt, wo es allmählich aufgetaut wird.
Winterdiesel bis minus 22° C kann, wie bereits erklärt, keine Probleme mehr bereiten. Aber oft befindet sich im Tank noch »Sommerware«, die dann nach der ersten kalten Nacht Schwierigkeiten verursacht.
Deshalb rechtzeitig umstellen oder aber dem Rest im Tank etwa ein Drittel Normalbenzin oder Petroleum beimischen und das ganze mit Winterdiesel auffüllen.
Auch beim schadstoffarmen Katalysatorauto kann es Startprobleme geben. Hierbei gelten besondere Spielregeln. Da bei jedem Startvorgang automatisch Benzin in das System eingespritzt wird, könnte unverbrannter Kraftstoff bis zum Katalysator vordringen. Springt nun das Auto an, besteht die Gefahr einer Überhitzung. Um dieses Risiko zu vermeiden, sollte man nicht allzu viele Startversuche durchführen, sondern gleich nach der Ursache suchen.

Fahrtechnik im Winter

Jeder Autofahrer hat seine lieben Gewohnheiten, und meist sieht er nicht ein, warum er sie plötzlich ändern sollte, nur weil Winter ist. Je näher man aber einem Zielort in den Bergen kommt, desto schneller sollte einem klar werden, wie das Unfallrisiko steigt. Die meisten Fahrer sitzen schon einige Stunden hinter dem Lenkrad, und die Konzentration läßt nach. Die Straßenverhältnisse werden mit zunehmender Höhe schlechter und unübersichtlicher. Jetzt ist dringend eine Pause zu empfehlen. Außerdem müssen die Geschwindigkeit und der Sicherheitsabstand der veränderten Situation angepaßt werden.
Diese Hinweise gelten übrigens auch für die Besitzer technisch aufwendiger Allrad-Pkw, die nicht besser bremsen als andere Autos.
Damit man in jeder Situation schnell reagieren kann, gehört zur Fahrtechnik auch die richtige Kleidung. Die Heizung eines modernen Autos ist so leistungsfähig, daß man den dicken Wintermantel oder Daunenanorak getrost ablegen kann. Man sollte sich auch Platz schaffen hinter dem Lenkrad. Richtig sitzt man, wenn man

Der Legacy Kombi, permanenter Allradantrieb.

Ski und Rodeln gut. Anfahrt gesichert.

Wenn der Berg ruft, sollten weder Schnee, Matsch oder sonstige widrige Umstände Sie hindern, Ihren Skitermin wahrzunehmen. Unser Legacy Kombi 2,2 GX bietet Ihnen permanenten Allradantrieb, ABS, Seitenaufprallschutz, Servolenkung und vieles mehr. Sicherheit und Komfort, den Sie von einem eleganten Kombi verlangen können. Und zwar ohne Aufpreis. Sie müssen ihn nur erst einmal fahren. Bei einem der 500 Subaru Partner. Weitere Infos unter Tel. 0 60 31 / 6 06-0. Auf geht's.

SUBARU

SOVIEL IST SICHER.

Den Legacy Kombi gibt es in folgenden Versionen: 1,8 DL; 2,0 GL; 2,0 Turbo und 2,2 GX.

Wenn's nach dem Skifahren ohne Stau nach Hause geht, dann liegt es auch an der Disziplin auf den Autobahnen. Für PKW mit Anhänger ist auf unseren Straßen maximal Tempo 80 erlaubt.

die Pedale bequem erreicht und die Hände das Lenkrad mit leicht angewinkelten Armen zügig durchdrehen können.
Empfindliche Zeitgenossen lassen ihr Fahrzeug gern mit einer Sitzheizung ausrüsten, die besonders für Kurzstreckenfahrten im Winter sehr empfehlenswert ist.
Eigentlich überflüssig zu erwähnen, daß Skischuhe und Moonboots immer gut für einen Unfall sind, weil man Bremse und Gaspedal gleichzeitig treten kann. Deshalb gehören in das Skifahrerauto immer ein Paar bequeme Schuhe.

Fahrtechnik mit Front-, Heck- und Allradantrieb
Die Frage, ob im Winter der Front- oder der Heckantrieb vorteilhafter ist, beschäftigt mühelos einen Skifahrerstammtisch den ganzen Abend. Die Industrie hat dazu eine eigene Antwort geliefert und allradgetriebene Modelle auf den Markt gebracht. Ob diese Technik besonders unfallsicher ist, hängt zum großen Teil davon ab, wie der Fahrer damit umgeht. Technische Vorteile darf man nicht in jeder Situation gnadenlos ausspielen, sonst wird der Fortschritt schnell zum Risiko.
Dies wäre anders, wenn Autofahrer nicht immer wieder einige Grundsätze übersehen würden: Die Sicherheit eines Autos hängt im wesentlichen von der Reifenaufstandsfläche ab, die etwas größer ist als eine Handfläche. Dies ist keine besonders gute Basis, wenn die Kraftübertragung zwischen Reifen und Straße auch noch durch Schnee und Eis erschwert wird. Wer im Winter mit dem Gaspedal nicht sanft genug umgeht, braucht sich nicht zu wundern, wenn das Auto ausbricht.
Jede Gewaltbremsung auf glatter Straße macht aus dem rollenden Pkw einen dahinrutschenden Schlitten, der unlenkbar ist. Bei gefühlvollem Einsatz von Gas- und Bremspedal hingegen hat man genügend Zeit, das Fahrmanöver durch Gegenlenken zu beeinflussen. Falls Ihr Auto nicht über ein ABS-System verfügt, vermeiden Sie das Blockieren der Räder durch vorsichtiges Betätigen des Bremspedals. Gefragt ist auch Konzentration, besonders dann, wenn sich auf der Straße tiefe Fahrspuren in Matsch und Schnee gebildet haben. Hier darf man die Pferdestärken unter der Motorhaube nur sehr gezügelt einsetzen.
Wie ein Auto in kritischen Situationen reagiert, zeigen Rallyefahrer gern in Fahrkursen. Automobilclubs wie der ADAC bieten Sicherheitstrainingskurse an, die ihr Geld immer wert sind. Leider findet man im täglichen Verkehr niemals die Idealsituation mit weiten Fluchträumen vor. Vielleicht üben Sie das ganze einmal allein auf einem einsamen Parkplatz. Nun aber zu den Antriebssystemen.

Frontantrieb
Schon beim Herausfahren aus einer verschneiten Parklücke bemerkt man sehr schnell, daß der Frontantrieb mit den gut belasteten Antriebsrädern für den Wintereinsatz hervorragend geeignet ist. Voraussetzung ist, daß Winterreifen montiert wurden. In schnell gefahrenen Kurven zeigt sich allerdings eine Eigenart des Konzepts: Frontantriebler drängen häufig über die Vorderachse hinaus vehement in Richtung Leitplanke. Auf glatter Straße sind Korrekturen bei zu schnell angefahrener Kurve fast unmöglich. Deshalb bei Frontantrieb Kurven stets langsam anfahren und ab Kurvenmitte nur so viel Gas geben, wie es der Untergrund zuläßt. Wer mit dem Frontantrieb auf vereister, steiler Strecke anfahren will, der hat meist trotz guter Reifen wenig Glück. Das Anfahrmanöver sollte man daher mit etwas Anlauf durchführen. Kenner überwinden Steilstrecken mit dem Frontantrieb auch rückwärts. Eine Methode, die nur bedingt und auf einsamer Straße empfohlen werden kann.

Heckantrieb
Fährt man mit einem heckangetriebenen Fahrzeug eine Kurve zu schnell an, neigt das Heck unter Umständen zum Herumwischen. Kritische Zeitgenossen sprechen dann von der »Heckschleuder«. Deshalb im Ernstfall niemals Gas geben oder bremsen, sondern Kupplung treten und sanft gegenlenken, um eventuelle Schleuderbewegungen aufzufangen.
Die Traktion kann man verbessern, indem man den Kofferraum durch einen entsprechenden Gegenstand belastet. Dadurch kann man die Wintereigenschaften des Heckantriebs deutlich verbessern, allerdings mit der Folge, daß der Kraftstoffverbrauch ansteigt.

Allradantrieb
Wenn man die Vorteile der beiden Antriebsarten kombiniert, erhält man ein Allradfahrzeug. Bei Eis und Schnee muß aber der Allradfahrer die von der Physik gesetzten Grenzen kennen. Trotz enormen Vortriebs bestimmt auch in Kurven und beim Bremsen die Haftgrenze der Reifen immer die Situation.
Über die Vor- und Nachteile des permanenten und des zuschaltbaren Allradantriebs ist man im Lager der Allradbesitzer geteilter Meinung. Die einen favorisieren den permanenten Allradantrieb, während die anderen ihn lieber von Hand zuschalten möchten.
Der permanente Allradantrieb steht immer zur Verfügung, auch wenn er auf normalen Straßen überflüssig ist. Der von Hand zuschaltbare Allradantrieb ist von Vorteil, wenn tatsächlich extreme Bedingungen herrschen.
Häufig gibt es auch zuschaltbare Differentialsperren, die den Wintereinsatz weiter verbessern. Auf normalen Straßen wird aber die Lenkfähigkeit negativ beeinflußt. Daher sollte man die Betriebsanleitung genau lesen.
Allradantriebe sind nicht nur teuer, sondern verursachen im normalen Fahrbetrieb auch höhere Verbräuche: 100 kg Konstruktionsgewicht kosten nach einer Faustregel rund 1 l Kraftstoff.
Wenn man noch den kleineren Kofferraum betrachtet, sollte man seine Kaufentscheidung auch unter diesem Gesichtspunkt prüfen.

Automatikgetriebe
Nicht vergessen dürfen wir das Automatikgetriebe, dem gelegentlich schlechte Wintereigenschaften nachgesagt werden. Doch selbst der geübteste Autofahrer kann nicht so leicht und sanft anfahren wie der Getriebeautomat.
Das Herausfahren aus einer Schneewehe ist denkbar einfach, indem man wechselweise den Vor- und Rückwärtsgang einlegt und das Auto so herausschaukelt.

ContiWinterContact

Ab sofort hat der TS 750 einen großen Bruder: WinterContact TS 770.

Einer der Besten im ADAC-Test: der WinterContact TS 750.

Speziell für leistungsstärkere Autos: der WinterContact TS 770.

Der WinterContact TS 750 hat in vielen Härtetests gezeigt, daß er zu den Besten gehört. Jetzt setzen wir noch einen drauf: WinterContact TS 770 – speziell für leistungsstarke Fahrzeuge. Für noch mehr Fahrsicherheit. Für noch mehr Fahrkomfort. Für alle Winterwetter. Für bis zu 210 km/h. Der WinterContact TS 770: **Reifen – neuester Stand.**

Continental

Auch bei klirrender Kälte ist es in einem gut isolierten Wohnwagen und bei Beachtung einiger Regeln warm und gemütlich.

Während andere Autofahrer Fußmatten oder Tannenzweige unter die Reifen stopfen, hilft hier die teure Hydraulik. Vorsicht aber bei extremer Glätte! Damit das Auto durch den Schaltruck des Getriebes nicht ins Schlingern gebracht wird, fährt man am besten mit der Getriebestufe eins oder zwei, um das Hochschalten zu vermeiden.

Antiblockiersysteme und automatische Sperrdifferentiale

Antiblockiersysteme sichern die Lenkfähigkeit und Bremsstabilität eines Pkw's bei schnee- oder eisglatter Straße immer dann, wenn die Räder zum Blockieren neigen. Sie setzt automatisch ein, wobei Sie die rhythmischen Impulse spüren. In dieser Situation lassen Sie das Bremspedal aber nicht los, sondern bremsen Sie kräftig weiter, damit Ihr Auto auch wirklich zum Stehen kommt.
Auf keinen Fall sollten Sie die neue Technik durch eine riskante Fahrweise überfordern, denn die Gesetze der Fahrdynamik haben auch hier volle Gültigkeit.
Außerdem gibt es unterschiedliche Antiblockiersysteme – bis hin zur mechanischen Lösung –, bei denen die Bremswege sogar länger sein können.
Testen Sie Ihr mit einem Antiblockiersystem ausgerüstetes Auto ruhig einmal auf einer verschneiten, eisglatten Seitenstraße, und prüfen Sie anhand der Betriebsanleitung, welche Antiblockier-Technik in Ihr Fahrzeug eingebaut ist.
Die Umkehrung dieser Technik heißt Anti-Schlupfregelung. Sie kann das Durchdrehen der Antriebsräder verhindern. Eine Technik, die man auch allen Besitzern von Problemautos mit unbelasteter Antriebsachse nur empfehlen kann.
Ähnliches gilt auch für die neuen automatisch wirkenden Sperrdifferentiale, die es allerdings noch nicht für jedes Auto gibt.
Trotz all dieser Technik gilt immer, den Straßen- und Verkehrsverhältnissen entsprechend verantwortungsvoll zu fahren.

Wintercamping mit Wohnwagen und Wohnmobil

Wer den ganz individuellen Urlaub und die Gemütlichkeit der »eigenen« vier Wände liebt, der gehört sicher zur eingeschworenen Gemeinde der Wintercamper.
Ein anderer Grund, warum Wintercamping seit Jahren seine treue Anhängerschaft hat, ist das kameradschaftliche Verhältnis der Camper untereinander. Schließlich muß im Winterurlaub manchmal gemeinsam zugepackt werden, wenn es gilt, Schnee zu räumen oder wenn sich technische Schwierigkeiten ergeben. Auf diese Weise ist schon so manche Freundschaft entstanden.
Viele Familien treffen sich regelmäßig an Weihnachten und Silvester immer wieder auf dem gleichen Platz.
Wintercampingplätze müssen besonders ausgerüstet sein. Gefragt sind wohlig temperierte sanitäre Einrichtungen. Noch wichtiger sind

Trockenräume, denn auch im größten Wohnwagen stört die naßgewordene Sportbekleidung.
Da Wintercampingplätze teilweise von Dauercampern belegt sind, sollte man sich rechtzeitig anmelden. Wer »seinen« Campingplatz noch nicht gefunden hat, ist mit dem ADAC Campingführer gut beraten.
Die meisten heute verkauften Wohnwagen sind ausgesprochen winterfest, was die reine Wandisolierung angeht. Es gibt kaum noch Kältebrükken, und isolierte Doppelfenster sind selbstverständlich.
Das größte Problem beim Wohnwagen ist die Belüftung, denn anders als beim Haus kann die Feuchtigkeit nicht durch die Wände diffundieren. Wer heizt und kocht, muß sofort mit der Bildung von Kondenswasser an allen Enden des Wohnwagens rechnen. Hier hilft nur eines, nämlich heizen und lüften.
Geradezu lebensgefährlich ist es, wenn man die wichtigen Belüftungsöffnungen für das Kühlsystem oder die Heizung verdeckt. Auch die Sicherheitsrichtlinien der Gerätehersteller sollte man strikt beachten.
Übrigens sind Gasstrahler für den Einsatz im Wohnwagen oder Wohnmobil absolut unzulässig, weil sie die Verbrennungsluft aus der Umgebung ansaugen.
Voll funktionsfähig für den Wintereinsatz wird ein Wohnwagen erst durch das wintersichere Vorzelt. Mit einem Lattenrost ausgelegt, funktioniert es als Vorratsraum und Kälteschleuse. Wer diesen Raum auch noch heizt, hat seine eigene Trockenkammer dabei.
Dauercamper bauen oft ihr Vorzelt aus und nützen es teilweise auch als Kochraum.
Der Neuling stellt sehr schnell fest, daß ein dünnes Sommervorzelt schon beim ersten heftigen Schneefall Schwierigkeiten bereitet. Es empfiehlt sich, entweder rechtzeitig den Schnee vom Dach zu entfernen oder aber eine etwas kräftigere Gestängekonstruktion hinzuzukaufen.
Daß man den Wohnwagen und seine Stützfüße auf kleine Bretter stellt, wissen die meisten Camper schon. Im Winter ist diese Methode allerdings dringend anzuraten, damit der Wohnwagen bei Tauwetter nicht einsinkt oder bei Frost festfriert.
Festfrieren wird auch die Handbremse, wenn Sie Ihren Wohnwagen mit angezogenem Bremshebel in Eis und Schnee aufstellen.
Daß man auch bei winterlichen Straßenbedingungen die gesetzliche Höchstgeschwindigkeit von 80 km/h einhält, versteht sich von selbst. Besser fährt man noch langsamer, denn nur wenige Wohnwagen werden mit Winterreifen oder Schneeketten ausgerüstet.
Wer einen für Campingzwecke umgebauten Kleinbus im Winter benutzt, der sollte sich nicht über Kältebrücken wundern, und so mancher Heimwerker greift erst einmal zum Isoliermaterial, um sein Mobil halbwegs winterfest zu machen. Außerdem benötigt man eine Heizeinrichtung für den Frischwasservorrat.
Das Abwasser wird wie beim Wohnwagen mit ein paar Löffeln Salz versetzt, um das Einfrieren zu verhindern. Wenn man schon beim Umbau ist, sollte man zur Vermeidung von Kondenswasser Abstandsbretter montieren, damit Polster und Bettzeug richtig belüftet werden. Kenner bauen gleich wie beim Caravan eine Umluftanlage ein. Entsprechende Gebläse und Heizschläuche gibt es im Fachgeschäft. Wie beim Wohnwagen heißt der Geheimtip gegen Kondenswasser: Heizen und Lüften.
Neben Brennstoff braucht eine Standheizung elektrischen Strom, und hier ist die Starterbatterie des Wohnmobils bald erschöpft. Deshalb sollte man immer eine Zweitbatterie mit sich führen oder bei Stationierung den Bordstrom aus dem Netz des Campingplatzes zapfen.
Manche Wintercamper ziehen um ihr fahrbares Haus einen hohen Schneewall zum Schutz gegen Wind und Wetter. So nett das aussehen mag, so sollte man aber nicht übertreiben, denn die Belüftungsöffnungen müssen ausreichend umlüftet werden. Heizgeräte sollten nie an Frischluftmangel leiden. Weniger Wärme und mehr giftiges Kohlenmonoxid wären die Folge.
Erfahrenen Wintercampern sind diese Regeln und Tips sicher schon in Fleisch und Blut übergegangen. Neulinge auf diesem Gebiet sollten die – untenstehend zusammengefaßten – Hinweise besonders beherzigen.

Campingtips

- Stromkabel sorgfältig verlegen und nach Möglichkeit mit Brettern gegen darüberrollende Fahrzeuge schützen.
  Bei Verlegung im Freien dürfen nur Gummikabel oder Kabel mit entsprechender Freigabe verwendet werden.
- Deichsel mit Deichselkasten und Auflaufbremse mit einer Haube schützen, wenn der Wohnwagen für längere Zeit abgestellt wird.
- Zu- und Abluftöffnungen von Schneeverwehungen freihalten und bei Schneefall und starkem Wind öfter kontrollieren.
- Wenn keine Heizeinrichtung vorhanden ist, Frischwasser- und Abwassertank bei Frostgefahr entleeren oder nicht benutzen.
- Das Vorzelt bei starkem Schneefall zusätzlich abstützen und häufiger abkehren.
- Gasvorrat kontrollieren und rechtzeitig Nachschub besorgen. Wenn es am Campingplatz erlaubt ist, Großgasflasche aufstellen, denn diese reicht nicht nur länger, sondern die Füllmenge ist auch billiger. Nur spezielle Gasdruckregler mit Vereisungsschutz einsetzen.

Paßstraßen und Preise

Die besten Wege über die Alpen

Die Einfahrt zum 13.972 m langen Arlberg-Tunnel. Auch hier gilt: Schneeketten abmontieren.

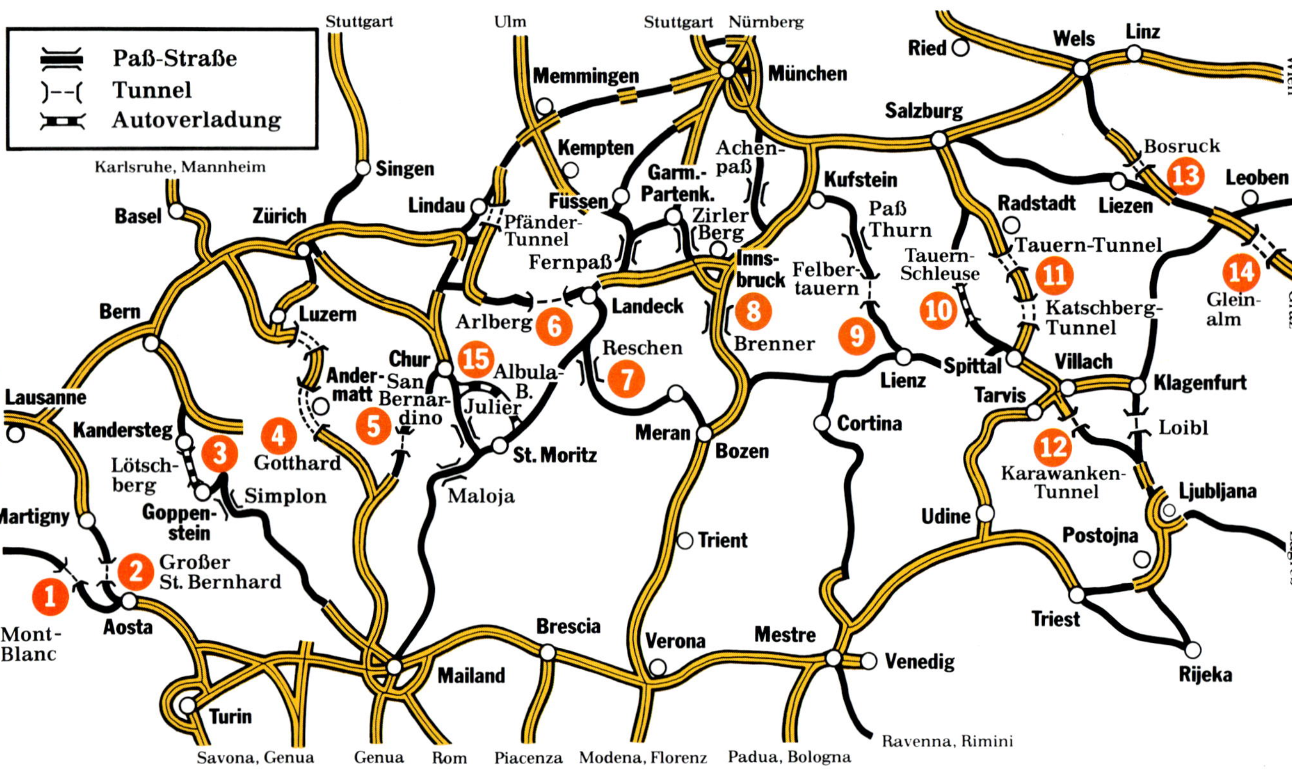

Hinweise

Für die unter den Punkten 6, 8, 9, 11, 12, 13 und 14 oben angeführten österreichischen Verbindungen gibt es die 80-Punkte-Mautkarte, gültig 1 Jahr ab Ausstellung, zum Preis von öS 800/ca. 115,– DM.
Die Karte ist zwar übertragbar, darf jedoch nicht gleichzeitig für mehrere Fahrzeuge benützt werden.
Nebenstehende Preise gelten für Mittelklassewagen.
Alle genannten Übergänge sind auch für Wohnwagen-Gespanne geeignet.
Bei Fahrten durch längere Tunnels empfiehlt es sich, vorher die Schneeketten abzumontieren, wenn es nicht ohnehin vorgeschrieben ist.

1 Mautkarten, teilweise verbilligt, im Vorverkauf beim ADAC erhältlich.
2 3 Tage gültig.
3 Für die Benutzung der Autobahnen und autobahnähnlichen Straßen in der Schweiz benötigt man außerdem die Jahresvignette: 30 sfr/ca. 34 DM.
4 1 Monat gültig.
5 Für diese Strecke gibt es auch eine ermäßigte Rückfahrt.
6 Ermäßigte Wintermaut.

Strecke	einfache Fahrt
1 Mont-Blanc-Tunnel	125 FF/ca. 39 DM[2,5]
2 Großer-St.-Bernhard-Tunnel	27,– sfr/ca. 30 DM[3,4,5]
3 Kandersteg – Goppenstein (Autoverladung Lötschberg)	23 sfr/ca. 26 DM[3]
4 Gotthard-Tunnel	kostenlos[3]
5 San-Bernardino-Tunnel	kostenlos[3]
6 Arlberg-Tunnel	150 öS/ca. 22 DM
7 Reschenpaß	kostenlos
8 Brenner-Autobahn:	
Innsbruck – Brenner[1]	130 öS/ca. 19 DM[5]
Brenner – Bozen	7000 Lit/ca. 8 DM
9 Felbertauern-Tunnel[1,6] (1.11.–30.4.)	110 öS/ca. 15 DM
10 Tauernschleuse[1] (Autoverl.)	180 öS/ca. 26 DM[5]
11 Tauern-Autobahn[1,6] (1.11.–30.4.)	120 öS/ca. 17 DM
12 Karawanken-Tunnel	90 öS/ca. 13 DM
13 Bosruck-Tunnel[2]	70 öS/ca. 10 DM
14 Gleinalm-Tunnel	130 öS/ca. 19 DM
15 Albula-Bahn (Autoverladung) (Preis in Klammer gilt Mo – Fr [außer an Feiertagen] vom 25. Oktober 93 bis 21. Mai 94)	140 (110) sfr/ca. 158 (124) DM

Stand: Juni 1993

IHR SKI-VERGNÜGEN IM ABONNEMENT

Erleben Sie faszinierenden Winterzauber, Tiefschnee-Träume und Après-Ski. Lassen Sie sich beraten durch Ski-Tests und Urlaubstips. Und staunen Sie, was es Neues gibt in Mode, Ausrüstung und Trainingstechnik. Gönnen Sie sich optimales Ski-Vergnügen.

So können Sie Ihr Abonnement schnell und problemlos bestellen:

040/347-24 139
24 371

FAX 040/34 39 66

Ski-Magazin
Leser-Service
Gänsemarkt 24
20354 Hamburg

Ski-Magazin erscheint 9 mal im Jahr (März bis August zweimonatlich) und kostet im Abonnement DM 45,90 (öS 382,50; sFr. 45,90; übriges Ausland DM 53,10) frei Haus. Sie gehen keinerlei Risiko ein. Das Abonnement können Sie jederzeit kündigen. Für nicht abgenommene Hefte erhalten Sie anteilig Ihr Geld zurück.

Zur Schonung von Wald

Skifahren macht Spaß; und ein Winterurlaub mit viel sportlicher Betätigung kann erholsamer sein als ein Sommerurlaub mit Faulenzen am Strand.
Skifahren kann jedoch die Umwelt belasten. Soll man aber deswegen nicht mehr skifahren?

Das Skifahren muß nicht umweltschädigend sein, wenn man ein paar Dinge berücksichtigt:

- Eventuell mit der Bahn in das Skigebiet fahren;
- im Skigebiet das Auto stehenlassen; den Skibus benutzen;
- bei geringer Schneehöhe nicht skifahren, sondern andere Sportarten wählen.

Für gute und sehr gute Skifahrer, die ihre skifahrerische Herausforderung abseits der Pisten im Tiefschnee-, Touren- und Variantenskifahren suchen, gilt zusätzlich, sich gegenüber Wald und Wild besonders rücksichtsvoll zu verhalten.
Nicht alle Tiere ziehen zur Überwinterung in wärmere Gegenden, und nicht alle Tiere halten einen Winter-

1. Markierungen und Hinweise beachten, keine unnötige Aufstiegsspur anlegen;	Ausgewiesene Aufstiegs- und Abfahrtsbereiche beachten; neben eine vernünftige Aufstiegsspur keine zusätzliche Spur anlegen;
2. nicht über unberührte Hänge abfahren, wenn Wildtiere gestört werden könnten;	wird die Anwesenheit von Wildtieren – Spuren – vermutet: keine unberührten Hänge befahren, auch wenn dies noch so verlockend wäre; Hänge, die frei von Gehölzen und Felsvorsprüngen, also frei von Deckungsmöglichkeiten für Tiere sind, bevorzugen; ausapernden Stellen – Äsungsflächen – in weitem Bogen ausweichen. Wenn es Gelände- und Lawinensituation erlauben, Nord- und Nordwesthänge, die nicht zu den Einstandsgebieten zählen, bevorzugen;
3. Wildtieren ausweichen oder sanft auf sich aufmerksam machen;	Wildtiere, die man bereits aus der Distanz erkennt, weiträumig umgehen bzw. umfahren; sollte dies nicht möglich sein: auf sich aufmerksam machen, ohne die Tiere zu erschrecken. Es genügt eine normale Unterhaltung;
4. Wildtiere nicht verfolgen, nur aus der Distanz beobachten;	trifft man unvermittelt auf Wildtiere, gilt: sich sofort abwenden, auf keinen Fall darf man sich, etwa zum Fotografieren, heranpirschen. Wer Wildtiere beobachten möchte, sollte das nur mit einem Fernglas aus großer Distanz tun;

und Wild

So sollte man auf keinen Fall fahren. Die scharfen Stahlkanten rasieren Stamm und Zweige ab.

Der Schneehase gehört zu den Tieren, deren Überleben durch rücksichtslose Skifahrer bedroht ist (unten).

schlaf. Viele drosseln nur ihren Energieverbrauch und zehren von ihren (Fett-)Reserven. Gerade ihre Rückzugsgebiete sind die attraktiven Touren- und Tiefschneeskigebiete.
Wird das Wild, aufgeschreckt von einem Skifahrer, panikartig in die Flucht getrieben, verbraucht es unnötig viel von seinen Reserven. So steigt z. B. der Energieverbrauch einer ruhenden Gams um das Sechzigfache bei einer Flucht bergaufwärts im nur 50 cm hohen Schnee.

5. Futterstellen meiden;	Wildfütterungen beim Aufstieg wie bei der Abfahrt meiden (damit sind allerdings nicht öffentliche Schaufütterungen gemeint);
6. Hunde in der Wald- und Latschenregion anleinen;	Hunde sollten, sofern man sie überhaupt auf eine Skitour mitnimmt, zumindest in der Wald- und Latschenregion angeleint werden. Jagende Hunde stören das Wild extrem stark;
7. Wälder auf Wegen oder Straßen durchqueren;	wenn irgend möglich, sollten Wälder gemieden werden. Muß man sie dennoch durchqueren, sollte dies am besten auf Waldwegen geschehen;
8. Aufforstungs- und Jungwuchsflächen nicht befahren;	natürlicher Jungwuchs und Aufforstungsflächen müssen vor jeder Beeinträchtigung bewahrt werden;
9. junge Einzelbäume schonen;	beim Befahren von weitgehend baumfreien Flächen darauf achten, daß beim Schwingen keine alleinstehenden Bäume verletzt werden;
10. Bodenvegetation bei geringer Schneeauflage nicht beschädigen.	bei nur geringer oder nicht verfestigter Schneeauflage ist die Verletzungsanfälligkeit der Bodenvegetation besonders hoch. Deshalb ist bei Skitouren im Frühwinter (geringe Lockerschneeauflage) oder im Frühling (Ausapern der Schneedecke) erhöhte Sorgfalt bei der Routenwahl angebracht.

Auch Pflanzen brauchen Schutz. Die scharfen Stahlkanten der Ski rasieren nur zu oft gerade bei dünner Schneeschicht Zweige oder Stammteile von jungen Bäumen ab.
Wildfütterungsstellen wurden nicht zuletzt auch zum Schutz der Jungpflanzen vor den Verbißschäden der Wildtiere eingerichtet.
Der DAV, der Deutsche Alpenverein, hat zehn Empfehlungen für den Skitouren- und Tiefschneefahrer aufgestellt, um Wild und Wald zu schonen (siehe nebenstehenden Kasten).
Ausführliche Informationen sind beim Deutschen Alpenverein e. V., von Kahr-Str. 2–4, D-80997 München, Telefon 089/14003-0, Telefax 089/14003-11, erhältlich.

Grundregeln

Schnee- und Lawinenlageberichte gehören während der »Weißen Saison« zum Alltag. Von »Locker- und Trockenschneelawinen«, von »lokalen Schneebrettgefahren« und Warnungen für Tourengeher ist in den Medien die Rede. Manche schlagen solche Warnungen in den Wind. Dabei werden im Alpenraum alljährlich mehr als 100 Menschen durch Lawinen getötet. Und viele von ihnen könnten heute noch leben, hätten sie einige Grundregeln beachtet.

Doch bevor wir uns mit dem richtigen Verhalten befassen, sollte dem Skifahrer oder Tourengeher klar sein, was da, ganz wörtlich, auf ihn zukommen kann. Schlägt man im Lexikon nach, so steht unter dem Stichwort »Lawine«: An Gebirgshängen plötzlich niedergehende Eis- und Schneemassen, deren Abgehen durch eine Lösung des Zusammenhalts der Schneedecke infolge zu großen Gewichts der Schneemassen oder durch Wasserdurchtränkung des Schnees und durch menschliche Einflüsse (Skifahren) verursacht wird... Damit ist ein Hauptschuldiger an Lawinenunglücken schon ausgemacht: der Mensch – der Skifahrer, der Tourengeher –, der durch Unkenntnis, oft aus sträflichem Leichtsinn, ein Grab für sich und andere schaufelt.

Neuschnee wie auch Lockerschnee und Firn können an Steilhängen zu Lawinenabgängen führen. Typisch ist der punktförmige Anriß.

Gefestigte Schneemassen, die auf lockeren Zwischenschichten oder Altschnee aufliegen, können als »Schneebretter« abrutschen.

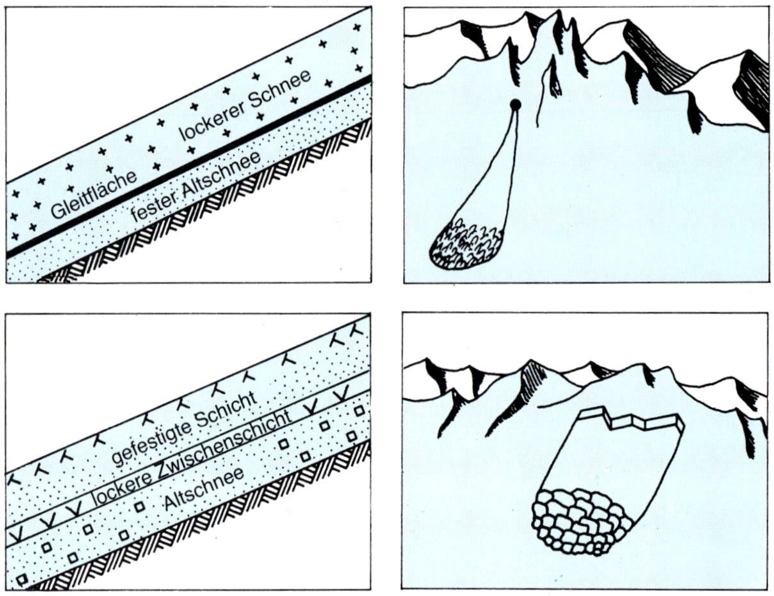

Lawinenwarndienste

Unter folgenden Telefonnummern (Vorwahl aus Deutschland) können Sie Auskünfte über die aktuelle Lawinensituation einholen (obere Nummer Automat, untere Nummer persönliche Beratung):

Bayern:	089/1210-1210
	089/1210-1555
Vorarlberg:	0043/5522/1587
	0043/5574/5114308
Tirol:	0043/512/1587
	0043/512/581839
Salzburg:	0043/662/1588
	0043/662/80422170
Oberösterreich:	0043/732/1587
	0043/732/5842412
Steiermark:	0043/316/1549
	0043/316/295116
Kärnten:	0043/463/1566
	0043/463/53631508
Südtirol:	0039/471/271177
	0039/471/994103
Schweiz:	0041/1/187
Frankreich:	0033/50/531711

Ein Schneeprofil, mit dem Spaten am Hang gestochen, gibt sicheren Aufschluß über mögliche Schneebrettgefahren durch Lockerschneeschichten.

zum Überleben

Wie erkennt man ein lawinengefährdetes Gelände?

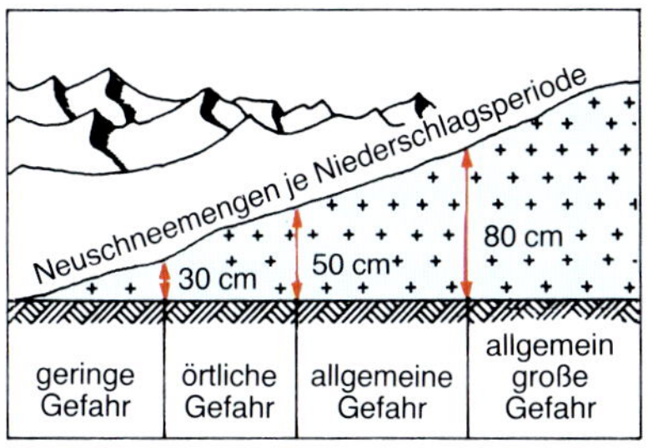

- Neuschnee läßt die Lawinengefahr um so rascher wachsen, je größer die Schneefall-Intensität ist

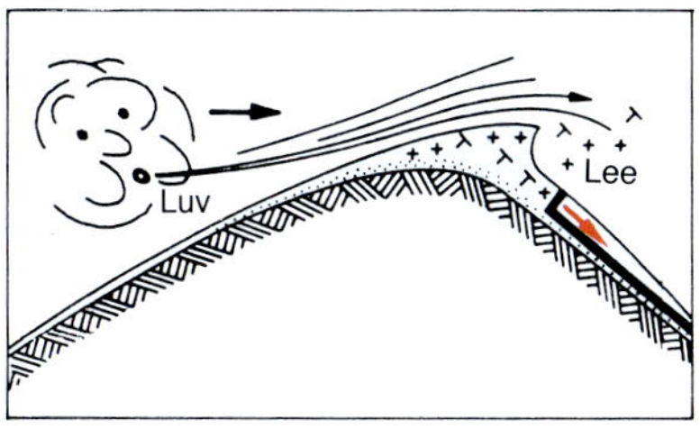

- Wind verfrachtet den Schnee in Kammlagen und erzeugt durch Triebschneeablagerungen an Windschattenhängen störanfällige Schneebretter

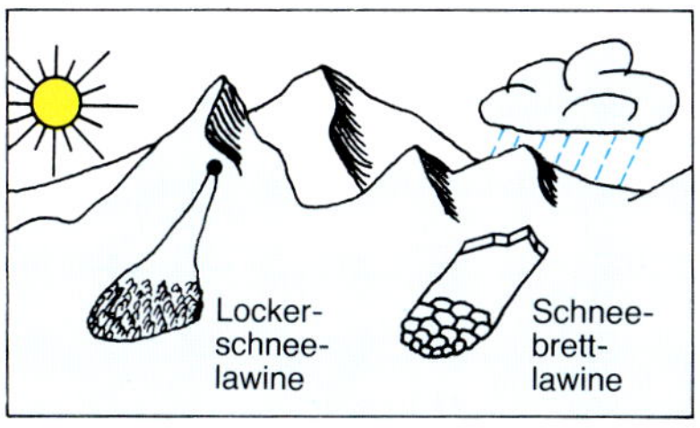

- Tauwetter, Föhn oder Regen mindern die Schneefestigkeit und erhöhen das Risiko für den Abgang von Lockerschnee und Schneebrettern
- Steile Hänge sowie Rinnen und Mulden sind lawinengefährdeter als flaches Gelände oder Bergrücken
- Freie Flanken und glatte Hänge sind gefährlicher als bewaldetes, gestuftes oder gegliedertes Gelände

- Schattenhänge und triebschneebeladene Hänge (meist Nord und Ost) sind gefährlicher als Hangbereiche mit einer windgepreßten oder durch starke Setzung verfestigten Schneedecke.

Wie verhält man sich im lawinengefährdeten Gelände?

- Lawinensuchgerät auf »Senden« stellen
- Lawinenschnur aushängen
- Möglichst viele Abschnitte in die Route legen, Felsblöcke und Baumgruppen anpeilen, auch wenn es ein kleiner Umweg ist. Steilhänge notfalls in der Fallinie bewältigen
- Schutzkleidung anziehen sowie Mund und Nase schützen
- Fangriemen und Rucksackbauchgurte öffnen
- Hände aus den Stockschlaufen
- Lawinenverdächtige Abschnitte nur einzeln betreten
- Querung von lawinösen Hängen nur unter größter Vorsicht, keine scharfen Schwünge.

Und wie verhält man sich im Falle eines Falles?

- Festklammern an nahe gelegenen Felsblöcken, Sträuchern oder Bäumen – und Lawinenrand ansteuern
- Flucht vor der Lawine durch schräge Schußfahrt (nur für gute Skifahrer)
- Stöcke, Ski und Rucksack, wenn möglich, wegwerfen
- Gegen die Lawine gerichtet mit den Füßen schneetreten und sich mit den Armen durch Schwimmbewegungen hochdrücken
- Vor Stillstand der Lawine Hockstellung einnehmen
- Arme vor Brust und Gesicht kreuzen, um Atemraum zu schaffen
- Kraft und Atemluft sparen, nicht schreien
- Ausspucken, um festzustellen, wo oben und unten ist
- Urin ablassen. Damit wird dem Lawinenhund die Witterung erleichtert
- Ruhe bewahren, den Glauben an Rettung nicht verlieren.

Erste Hilfe nach Ski-Unfällen

Helfen ja – aber wie?

Erste Hilfe am Ort eines Ski-Unfalls kann lebenswichtig sein – ebenso wie im Straßenverkehr. Wer aber hat seinen Erste-Hilfe-Kurs vom Führerscheinerwerb her noch so genau im Kopf, daß er sicher sein kann, schnell und richtig zu helfen? Wohl nur die wenigsten. Zur Gedächtnis-Auffrischung hier die wichtigsten Grundregeln, die der Helfer bei Ski-Unfällen beachten solllte.

Wie bei jedem Sport passieren leider auch beim Skifahren Unfälle, verursacht durch Stürze oder Zusammenstöße mit anderen Skifahrern. Im günstigsten Falle kommen die Unfallopfer mit blauen Flecken oder dem sprichwörtlich blauen Auge davon, oft aber geht es leider nicht so glimpflich ab.

Typische Verletzungen

Durch die technischen Verbesserungen der Sicherheitsbindungen und durch die härteren Plastikskistiefel mit höherem Schaft hat sich die Art der Verletzungen ganz deutlich verändert. Früher waren der Sprunggelenkschaden und der Unterschenkelbruch die typischen Skiverletzungen. Heute sehen sich die Helfer bei Skiunfällen – neben dem häufigen Unterschenkelbruch – mit Verletzungen konfrontiert, die man früher noch als für Skiunfälle atypisch bezeichnete: blutende Wunden, meist verursacht durch die sehr scharfen Stahlkanten moderner Ski, Brüche und Verrenkungen der Arme, der Schulterpartien und des Daumens und Knieverletzungen durch zu hohe Skistiefel. Auch innere Verletzungen und vor allem schwere Kopfverletzungen werden immer häufiger festgestellt.

Pflicht zur Hilfe

Für denjenigen, der auf der Piste nach solch einem Unfall Erste Hilfe leistet, ergibt sich also die Notwendigkeit, sofort aktiv einzugreifen. Früher wartete man nur auf die Bergwacht, die den verunfallten »Haxenbruch« dann im Akja zu Tale brachte.

Die richtige Lagerung des Verletzten

Eine der wichtigsten Erste-Hilfe-Maßnahmen ist die Lagerung des Verletzten. Welche nun die jeweils richtige ist, zeigen die Symptome an.

blaß · kalter Schweiß · schwacher Puls über 100/min.

bewußtlos · keine Antwort

Atemnot · Hustenreiz

gefühllose Beine · bewegungsunfähige Beine

hochroter Kopf

Unterleibsverletzung · Bauchkrämpfe

Da Hilfeleistung im Falle eines Unfalles sogar vom Gesetzgeber vorgeschrieben ist – unterlassene Hilfeleistung kann in gravierenden Fällen strafrechtlich verfolgt werden – sollte man wissen, wie man helfen kann.

Sicherung des Unfallortes

Als erstes muß der Unfallort so weit abgesichert werden, daß nicht durch andere Skifahrer, die auf die Unfallstelle zurasen, weitere Schäden verursacht werden. Dazu steckt der Helfer seine Ski, die er ja sowieso abschnallen muß, ebenso wie seine Stöcke ungefähr 10 bis 20 Meter oberhalb der Unfallstelle über Kreuz in den Schnee, so daß sie eine Art Gatter oder Zaun bilden.

Richtige Lagerung

Meistens wird das Unfallopfer ansprechbar sein und die Bemühungen der Helfer dadurch unterstützen, daß es Angaben über die Art seiner Verletzungen machen kann. Dadurch wird natürlich die richtige Lagerung erleichtert. Wobei »richtig« fast immer jene Stellung bedeutet, die am wenigsten Schmerzen bereitet.
Erfolgte der Unfall in flacherem Gelände, haben die Helfer in der Regel keine Schwierigkeiten, das Opfer richtig zu lagern. Im steilen Gelände dagegen läßt sich das nicht immer ganz einfach bewerkstelligen. Häufig muß man den Verletzten in eine Art Sitzstellung bringen und auch darin halten. Als Stützen lassen sich dabei die Skistöcke verwenden.
Einen Bewußtlosen muß man so behutsam wie möglich – vorher Ski abschnallen! – in die stabile Seitenlage bringen, um eine freie Atmung des Verletzten zu gewährleisten. Unbedingt darauf achten, daß die Atemwege frei sind!
Komplikationen bei der Lagerung können eintreten, wenn offensichtlich ein Bruch oder eine andere Beinverletzung vorliegt, das Opfer aber in verdrehter Stellung mit noch angeschnallten Ski im Schnee liegt. Bevor man nun die Ski löst, sollte man unbedingt zuerst versuchen, die Verletzungsstelle zu lokalisieren, die sich meist durch Schmerzen verrät und bei einem Schienbeinbruch auch rasch zu ertasten ist.
Beim Herumdrehen des Opfers lassen sich zusätzliche Schmerzen relativ gering halten, wenn die Helfer das gebrochene Bein beispielsweise so ober- und unterhalb der Bruchstelle unter leichtem Zug festhalten, daß ein Aneinanderscheuern der Bruchstellen verhindert wird. Nur wenn das verletzte Bein stabil gehalten und womöglich gar fixiert ist, sollte man die Ski abschnallen. Ansonsten möglichst wenig an der Verletzung selbst herumdoktern. Eine Schienung wird nur durch die gut ausgebildeten Männer des Rettungsdienstes durchgeführt. Die Skistiefel sollten leicht geöffnet, aber auf gar keinen Fall ausgezogen werden.
Nicht selten sind Verrenkungen die Folge eines Skiunfalls. Diese Verletzung geht mit starken Schmerzen einher. Man sollte das verletzte Gelenk in seiner abnormen Position ruhigstellen und keinesfalls versuchen, es selbst einzurenken.

Wärme gegen Schock und Kälte

Der Verletzte sollte niemals direkt im kalten Schnee liegen, da fast immer auch ein mehr oder weniger schwerer Schock vorliegt, der in Verbindung mit Kälte böse Auswirkungen haben kann. Er sollte daher auf wärmende Unterlagen, Anoraks, Pullover, notfalls auch auf Tannenzweige, gebettet werden. Ideal zum Zudekken sind dünne Rettungsdecken aus beschichteter Aluminiumfolie, die, winzig klein zusammengefaltet, in jede Anoraktasche passen.
Mit einem Schock ist bei jedem Unfall zu rechnen, auch wenn das Opfer zunächst einen unauffälligen Eindruck macht. Oft genug helfen schon die gute Lagerung des Verletzten, Schutz vor Wärmeverlust und beruhigendes Zusprechen, um den ersten Unfallschock zu überwinden. Bei plötzlicher Schwäche, fahler, blasser Haut, kaltem Schweiß und schwachem, jagendem Puls aber muß unbedingt der Kreislauf des Verletzten unterstützt werden, damit die Zirkulation einer ausreichenden Blutmenge gewährleistet wird. Hier hilft die Kopftief-Lage, d. h. der Kopf wird talwärts, die Beine werden hoch gelagert. Das gilt natürlich nicht bei Kopf- und Beinverletzungen.
Häufige Verletzungen bei Skiunfällen sind blutende Wunden, die man natürlich so schnell wie möglich versorgen sollte. Da Skifahrer aber wohl nur in den allerseltensten Fällen Verbandzeug bei sich haben, wird man zunächst versuchen, mit Hilfe von sauberen Taschentüchern die Blutung durch Anlegen eines Verbandes zu stillen oder zumindest durch Zusammendrücken der Wundränder aufzuhalten.
Bei schweren Kopfverletzungen besteht immer die Möglichkeit der Bewußtseinstrübung oder des Bewußtseinsverlustes. Deshalb muß die Bewußtseinslage des Verletzten ständig überwacht werden, bis der Rettungsdienst zur Stelle ist.

FIS-Regeln, Pisten- und Loipenmarkierungen

Mehr Sicherheit durch

Ohne verbindliche Gebote, Verbote und Verhaltensregeln geht es leider nicht (mehr). Verantwortlich dafür sind zum einen die unverbesserlichen Raser und Pisten-Rowdys, zum anderen die ständig wachsende Zahl von Skifahrern. Damit der Skilauf jedoch ein Vergnügen bleibt, muß sich der Skifahrer mit einer Reglementierung, einer Regelung des Mit- und Nebeneinanders abfinden. Schließlich geschieht dies ja in seinem eigenen Interesse, zu seiner eigenen Sicherheit. Insbesondere im Hinblick auf die verschiedenen Orientierungs-, Hinweis- und Gefahrenschilder.

Die Diskussion um den Sinn oder Unsinn einer »Pisten-Polizei« ist immer noch nicht ausgestanden. Bekommen doch gerade die Befürworter jeden Winter reichlich Argumente geliefert – vor allem von rücksichtslosen Zeitgenossen. Doch wir werden auch künftig ohne Ordnungshüter auf Ski auskommen, vorausgesetzt, es weiß jeder um seine Rechte und Pflichten.

Diese »Sorgfaltspflichten« sind in den zehn FIS-Verhaltensregeln formuliert, die der Internationale Skiverband (Fédération Internationale de Ski = FIS) im Jahre 1967 beschlossen hat. Die FIS-Regeln werden von allen Alpenländern anerkannt und dienen als Grundlage für die Rechtsprechung. Und diese jeweils zehn Verhaltensregeln für Abfahrer und Langläufer sollte jeder Wintersportler sorgfältig lesen. Zum einen, um Kollisionen auf der Piste zu vermeiden und somit die eigene Sicherheit und die der anderen zu gewährleisten, zum anderen, um nicht durch Unkenntnis in juristische Auseinandersetzungen zu geraten.

So kann zum Beispiel in Bayern nach Artikel 24 des Landesstraf- und Verordnungsgesetzes mit einer Geldstrafe belegt werden, wer

- gesperrte Pisten befährt
- durch grobe, rücksichtslose Fahrweise einen anderen gefährdet oder
- auf der Piste Unfallflucht begeht.

Manche Skiläufer mögen es als erhebliche Beschneidung ihrer persönlichen Freiheit empfinden, wenn ihnen beispielsweise das Befahren von gesperrten Pisten untersagt wird. Es liege doch in ihrem eigenen Ermessen, so argumentieren sie, ob und welchen alpinen Gefahren sie sich aussetzen – die Folgen würden sie ganz allein verantworten. Wer so denkt, sieht nur eine Seite des Problems. Was er nicht berücksichtigt: Fährt er in gesperrtes Gelände und löst dabei eine Lawine aus, bringt er nicht nur sich selbst in Lebensgefahr, sondern auch unschuldige Dritte.

Die FIS-Verhaltensregeln stellen also keine Behinderung für den Skiläufer dar, sondern sind vielmehr eine Weichenstellung für ein faires Nebeneinander.

Dem gleichen Ziel dienen die Markierungs- und Hinweisschilder. Sinn und Nutzen einer Pisten- und Loipenmarkierung lernen Skiläufer am besten dann zu beurteilen, wenn sie in ein Schlechtwettergebiet geraten oder wenn sie im Skigebiet die Orientierung verloren haben. In beiden Fällen stellen Markierungsschil-

Die FIS-Verhaltensregeln für Alpinskifahrer

1. Rücksicht auf die anderen Skifahrer
Jeder Skifahrer muß sich so verhalten, daß er keinen anderen gefährdet oder schädigt.
2. Beherrschung der Geschwindigkeit und der Fahrweise
Jeder Skifahrer muß auf Sicht fahren. Er muß seine Geschwindigkeit und seine Fahrweise seinem Können und den Gelände-, Schnee- und Witterungsverhältnissen sowie der Verkehrsdichte anpassen.
3. Wahl der Fahrspur
Der von hinten kommende Skifahrer muß seine Fahrspur so wählen, daß er vor ihm fahrende Skifahrer nicht gefährdet.
4. Überholen
Überholt werden darf von oben oder unten, von rechts oder links, aber immer nur mit einem Abstand, der dem überholten Skifahrer für alle seine Bewegungen genügend Raum läßt.
5. Einfahren und Anfahren
Jeder Skifahrer, der in eine Skiabfahrt einfahren oder nach einem Halt wieder anfahren will, muß sich nach oben und unten vergewissern, daß er dies ohne Gefahr für sich und andere tun kann.
6. Anhalten
Jeder Skifahrer muß es vermeiden, sich ohne Not an engen oder unübersichtlichen Stellen einer Abfahrt aufzuhalten. Ein gestürzter Skifahrer muß eine solche Stelle so schnell wie möglich freimachen.
7. Aufstieg und Abstieg
Ein Skifahrer, der aufsteigt oder zu Fuß absteigt, muß den Rand der Abfahrt benutzen.
8. Beachten der Zeichen
Jeder Skifahrer muß die Markierung und die Signalisation beachten.
9. Verhalten bei Unfällen
Bei Unfällen ist jeder Skifahrer zur Hilfeleistung verpflichtet.
10. Ausweispflicht
Jeder Skifahrer, ob Zeuge oder Beteiligter, ob verantwortlich oder nicht, muß im Falle eines Unfalles seine Personalien angeben.

Fairneß

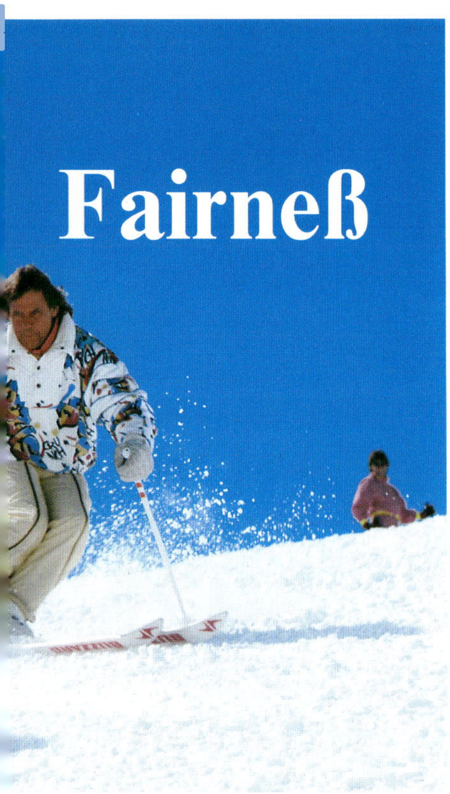

der einen hilfreichen Service für den Skisportler dar. Sie können eine unfallverhütende Funktion haben, weil sie vor alpinen Gefahren warnen.
Gebietsunkundigen Skiläufern sei zunächst dringend empfohlen, sich noch vor Aufbruch in die Skiregion oder auf die Loipe anhand einer Panoramakarte, eines Pisten- oder Loipenplans einen ersten Überblick zu verschaffen. Diesen Übersichtsplänen sind meist die wichtigsten Routenführungen und – durch Farben signalisiert – Schwierigkeitsgrade der jeweiligen Abfahrten zu entnehmen:

blau = leichte Piste
rot = mittelschwere Piste
schwarz = schwere Piste

Nur in Italien wird für sehr leichte Abfahrten auch Grün verwendet.
Die Bezeichnung der Schwierigkeitsgrade auf US-amerikanischen Panoramen weicht etwas von der europäischen ab:

grün = leichte Piste
blau = mittelschwere Piste
schwarz = schwere Piste
schwarz = Piste nur für Könner

Für die Beurteilung der Schwierigkeit gibt es keine festgelegten Kriterien. Die Einteilung geschieht zumeist nach rein subjektivem Ermessen der jeweiligen Bergbahnbetreiber.
Folgende zusätzliche Markierungsschilder sind in der Alpenregion gebräuchlich:

Kennzeichenschilder
Kennzeichenschilder stehen am Anfang und am Ende einer Abfahrt sowie dort, wo andere Pisten auf diese Abfahrt treffen. Je nach Schwierigkeitsgrad der betreffenden Abfahrt sind diese Schilder blau, rot oder schwarz.

Verbotsschilder
Die auffallend gelben Verbotsschilder weisen eine Abfahrt als gesperrt aus. Die Mißachtung eines Verbotsschildes kann mit einer empfindlichen Geldbuße geahndet werden.

Gefahrenschilder
Die Gefahrensymbole dieser Schilder gleichen den gebräuchlichen Zeichen im Straßenverkehr.

Hinweisschilder
Sie kennzeichnen in relativ kurzen Abständen (ca. 200 Meter) den Streckenverlauf einer Skipiste. Bei Nebel sind sie oft die einzigen Anhaltspunkte, um sicher ins Tal zu gelangen. Die größer geschriebene Zahl bezeichnet die Nummer der Abfahrt, die kleinere die Nummer des jeweiligen Schildes, wobei die Schilder vom Start der Abfahrt (höchste Ziffer) bis zum Ende durchnumeriert sind. Das hat den Vorteil, daß man die noch verbleibende Entfernung bis zur Talstation grob abschätzen kann. Außerdem läßt sich beispielsweise der Unfallort, an dem ein Verletzter liegt, genau bestimmen, so daß die Rettungsdienste nicht lange suchen müssen.

Lawinenwarntafel

Skipiste (Skiroute) gesperrt

Die FIS-Verhaltensregeln für Langläufer

1. Rücksicht auf die anderen
Jeder Langläufer muß sich so verhalten, daß er keinen anderen gefährdet oder schädigt.
2. Signalisation und Laufrichtung
Markierungen und Signale (Hinweisschilder) sind zu beachten. In Loipen ist in der angegebenen Richtung zu laufen.
3. Wahl der Spur
Auf Doppel- und Mehrfachspuren muß in der rechten Spur gelaufen werden. Langläufer in Gruppen müssen in der rechten Spur hintereinander laufen.
4. Überholen
Überholt werden darf rechts oder links in einer freien Spur oder außerhalb der Spuren. Der vordere Läufer braucht die Spur nicht freizugeben. Er sollte aber ausweichen, wenn er glaubt, das gefahrlos tun zu können.
5. Gegenverkehr
Bei Begegnungen hat jeder nach rechts auszuweichen. Der aufsteigende hat dem abfahrenden Langläufer die Spur freizugeben.
6. Stockführung
Beim Überholen, Überholtwerden und bei Begegnungen sind die Stöcke eng am Körper zu führen.
7. Anpassung der Geschwindigkeit an die Verhältnisse
Jeder Langläufer muß, vor allem auf Gefällstrecken, Geschwindigkeit und Verhalten seinem Können, den Geländeverhältnissen, der Verkehrsdichte und der Sichtweite anpassen. Er muß einen genügenden Sicherheitsabstand zum vorderen Läufer einhalten. Notfalls muß er sich fallen lassen, um einen Zusammenstoß zu verhindern.
8. Freihalten der Loipe
Wer stehen bleibt, tritt aus der Spur. Ein gestürzter Langläufer hat die Spur möglichst rasch freizumachen.
9. Hilfeleistung
Bei Unfällen ist jeder zur Hilfeleistung verpflichtet.
10. Ausweispflicht
Jeder, ob Zeuge oder Beteiligter, ob verantwortlich oder nicht, muß im Falle eines Unfalls seine Personalien angeben.

Engstelle

Kreuzung

Kreuzung mit Straße

Kreuzung mit Schlepplift

Allgemeines Gefahrenzeichen

Pistengerät

Absturzgefahr

Gletscherspalte

Sommer… Sonne… Pulverschnee

Wenn andere zum Baden an die Adria fahren, packen die Sommerskifans ihre Brettl aufs Autodach: Sie schwören auf den Skilauf unter der Sommersonne mit all seinen Kombinationsmöglichkeiten: Tennis, Segeln, Surfen, Wandern, Bergsteigen. Aber Sommerskilauf auf Gletschern ist nicht ganz unumstritten: Vor allem Naturschützer lehnen die Erschließung weiterer Gletscherregionen ab.

Die Meinungen gehen auseinander: Sommerskigebiete sind Touristenattraktionen und notwendige Trainingsplätze für Rennläufer, sagen die einen. Die kommerzielle Vermarktung der Gletscherregionen für dieses elitäre Vergnügen ist Umweltzerstörung und ein Verbrechen an der Natur, meinen die anderen. Die Liste der Sommerskigebiete in den Alpen umfaßt inzwischen rund drei Dutzend Plätze. Das ist eine ganze Menge – ob man nun positiv oder negativ dazu steht.
Nun sind allerdings die Sommerskigebiete nicht alle über einen Kamm zu scheren. Erschlossene Gletscher mit zwei bis drei Liften und 100 Metern Höhenunterschied lohnen keine Anreise.

Im Winter (kein) Skibetrieb

Manche Gletscherskigebiete dienen einer Ausdehnung der Skifahrmöglichkeiten von November bis in den Mai oder Juni hinein. Diese Saisonverlängerung ist für viele Orte entscheidend.
Darüber hinaus gibt es den Begriff »Ganzjahresskigebiete«. Das heißt, daß man im Winter bis ins Tal abfahren kann und in der übrigen Jahreszeit oben noch Pulver oder Firn antrifft. Andere Gebiete wiederum sind im Winter nicht erreichbar oder »geschlossen«, sie haben tatsächlich erst im Sommer Skibetrieb.
Doch Schneemangel der letzten Jahre und bewußter Umweltschutz ließen die Tourismusmanager flexibel werden: Liegt im »normalen« Skigebiet zu wenig Schnee, gehen auch im Winter die Gletscherlifte in Betrieb (so z. B. beim Pitztaler Gletscher); ist die Schneedecke auf dem Gletscher zu dünn, bleibt das Sommerskigebiet auf dem Gletscher im Sommer geschlossen (so z. B. beim Glacier de Sarenne, Pic du Lac Blanc).

Trainieren wie die Profis

Auf vielen der erschlossenen Gletscher haben sich spezielle Sommerskischulen etabliert. Für den jugendlichen Renn-Nachwuchs finden oft – organisiert von Skifirmen – Sommerskicamps statt, und im Herbst kann man da und dort beobachten, wie Nationalmannschaften trainieren. Für passionierte Langläufer werden im übrigen auch Gletscherloipen präpariert (z. B. Dachstein, Vorab 3000, Plaine Morte).
Die besten Adressen, die unter Sommerskifans kursieren, lauten (von Ost nach West): Kitzsteinhorn, Hintertux, Stubai, Rettenbachferner, Schnalstal, Stilfserjoch, Piz Corvatsch, Les Deux Alpes, Val d'Isère, Val Thorens. Höhepunkt ist Zermatt mit dem Kleinen Matterhorn: Seilbahnstation auf 3820 Meter Höhe und Pisten auf dem Plateau Rosa und dem Theodulgletscher.

Wichtig: Sonnenschutz

Nicht unterschätzen darf man die Sonnenkraft auf den Gletscherhöhen. Eine Sonnencreme mit hohem Lichtschutzfaktor und eine (Gletscher-)Sonnenbrille sind unerläßlich.

Seite	Ort und Telefon	Skigebiet	Höhenlage in m	Betriebszeit	Beförderungs-anlagen		Skipaß-Preise in Landeswährung 1 Tag Erw.	1 Tag Kinder	6 Tage/*7 Tage Erw.	6 Tage/*7 Tage Kinder
Deutschland										
36, 38	Garmisch-Partenkirchen 08821/797-0 oder 797-979	Zugspitzplatt	2000–2830	bis Mai und ab November	3 BB, 1 SL, 9 SCH	DM	54	32	–	–
Österreich										
102	Feichten, Kaunertal (Tirol) 05475/308	Kaunertaler Gletscherregion	2300–3160	Juli–Aug.	2 SL, 4 SCH	öS	280	170	1120	675
104	St. Leonhard-Mittelberg, Innerpitztal (Tirol) 05413/8288	Pitztaler Gletscher	2840–3440	Juli – September	2 BB, 2 SL, 4 SCH		295	180	1470	880
106	Sölden, Ötztal (Tirol) 05254/2212 oder 2361	Rettenbachgletscher und Tiefenbachgletscher	2680–3260	R.: bis Mai, ab Juli T.: bis Juli, ab Okt.	R.: 1 SL, 3 SCH T.: 2 SL, 4 SCH		380	240	1670	900
120	Neustift, Stubaital (Tirol) 05226/2228 oder 8141	Stubaier Gletscher	2600–3200	ganzjährig; geschlossen bei ungenügender Schneelage (Preise Sommer)	2 BB, 3 SCH		310	205	1315	870
128	Hintertux (Tirol) 05287/606-0 Schneetelefon 20733	Olperer und Gefrorene Wand (Tuxer Gletscher)	2660–3250	ganzjährig	2 BB, 8 SL, 9 SCH		330	200	1450	870
162	Kaprun (Salzburger Land) 06547/8643-0	Kitzsteinhorn	2450–3029	ganzjährig (Preise Sommer)	4 BB, 3 SL, 8 SCH		310	200	1430	930
202	Ramsau (Steiermark) 03687/81833 oder 81241	Dachsteingletscher	2520–2694	ganzjährig	1 BB, 1 SL, 3 SCH		325	210	1385	900
227	Flattach (Kärnten) 04785/615	Mölltaler Gletscher	2200–3122	Ende Juni – Anfang Mai	1 BB, 2 SCH		330	240	1525	920
Schweiz										
264	Les Diablerets (Waadtland) Reusch 030/51070	Glacier des Diablerets	2850–3000	Juni bis Wintersaison	3 BB, 1 SL, 2 SCH	sfr	46	28	180	108
266	Verbier-Nendaz (Wallis) 026/316222	Glacier Gentianes-Mont-Fort	2700–3350	Juli–August	2 BB, 3 SCH		40	24	216	130
274	Crans-Montana (Wallis) 027/413041 oder 416062	Plaine Morte	2850–3000	Mitte Juni–August	2 BB, 3 SCH		35	21	148	88
282	Zermatt (Wallis) 028/661181	Theodul-Gletscher/ Klein-Matterhorn	2929–3889	Mai–Oktober	2 BB, 9 SCH		52	26	*186	*93
288	Saas-Fee (Wallis) 028/571457	Mittelallalin	2680–3600	Mai–November	2 BB, 4 SCH		50	30	240	145
344	St. Moritz – Pontresina (Graubünden) 082/66488	Diavolezza	2900–3050	Juni–Juli	1 BB, 1 SL, 1 SCH		30	23	–	–
Italien										
362	Stilfserjoch (Südtirol) 0473/730595 oder 0342/903030	Cristallo/Vedretta Piana	2760–3420	Juni–Anf. Nov.	2 BB, 10 SCH	Lit	40000	35000	182000	170000
364	Schnalstal (Südtirol) 0473/89148 oder 662177	Hochjochgletscher	2700–3212	Mitte Okt. – Anfang Juli	1 BB, 3 SL, 4 SCH		37000	26000	150000	105000
400	Rocca Pietore – Malga – Ciapéla (Belluno) 0437/721319 oder 722144	Marmolada	2700–3249	Juni–September	3 BB, 3 SCH		40000	40000	160000	160000
412	Passo Tonale – Ponte di Legno (Trento-Bréscia) 0364/91122 oder 91343	Presena-Gletscher	2740–3016	Juni–September	1 BB, 4 SL, 4 SCH		34000	26000	160000	115000
422	Courmayeur (Aosta) 0165/89925 oder 842060	Colle del Gigante Flambeaugletscher	3300–3460	Ende Juni– September	3 BB, 3 SCH		40000	40000	165000	165000
424	Breuil-Cervinia (Aosta) 0166/949086	Plateau Rosà Theodulgletscher (Schweizer Gebiet)	3480–3885	Juni–September	4 BB, 8 SCH		58000	38000	230000	130000
426	Alagna Valsésia (Vercelli) 0163/91118 oder 91363	Punta Indren Monte Rosa	3260–3550	Mai–September	3 BB, 2 SCH		36000	20000	170000	170000
Frankreich										
460	La Plagne (Savoie) 079/097979	Glacier de Bellecôte	3000–3250	Juli/August	3 BB, 1 SL, 5 SCH	FF	130	100	610	460
462	Val-d'Isère (Savoie) 079/060660	Col de l'Iseran Glacier de Pissaillas	2700–3300	Juni–August	2 BB, 2 SL, 3 SCH		115	80	555	385
462	Lac-de-Tignes (Savoie) 079/061555	Grande Motte	2720–3410	ganzjährig (Lifte nur bis 13.30)	4 BB, 4 SL, 5 SCH		150	110	870	615
466	Val-Thorens – Les Trois Vallées (Savoie) 079/000808	Glacier Péclet	2800–3300	Juni–August	1 BB, 2 SL, 2 SCH		120	105	550	470
484	L'Alpe d'Huez (Isère) 076/803541	Glacier de Sarenne Pic du Lac Blanc	2750–3327	Juli/August (geschlossen bei ungenügender Schneelage)	3 BB, 1 SL, 1 SCH		100	77	–	–
486	Les Deux Alpes (Isère) 076/792200	Mont-de-Lans-Gletscher	3100–3570	Juni–September	5 BB, 3 SL, 9 SCH		165	130	825	610

BB = Bergbahn (Gondel, Kabinenbahn, Standseilbahn) SL = Sessellift SCH = Schlepplift
Alle Angaben ohne Gewähr. Die Tabelle erhebt keinen Anspruch auf Vollständigkeit. Stand Juni 1993

Jährlich neu!
Der
ADAC
Atlas
Deutschland Europa
1994/95
EIN ADAC ATLAS
Komplettes Ortsregister
mit den neuen
Postleitzahlen

ADAC Ski Atlas

Wintersport-Hotelführer

Für Ihren Skiurlaub
empfehlen sich
Ferienorte,
Hotels und Gaststätten,
Seilbahnen und Lifte

Deutschland

Wintersportplatz u. heilklimatischer Kurort Bodenmais.
Beliebter Wintersportort im Bayer. Wald. Alpin, Skilanglauf, Skiwandern, Schlittenfahren, Tennis in der Halle, Baden im Hallenschwimmbad, Heimat-, Hütten-/Tanzabende, Bauerntheater. Günst. Pauschalangebote. Inf.: Kurverwaltung, 94245 Bodenmais, ☎ (09924) 77835 u. 77836, Fax 77850. Schneetel. (09924) 77839.

Im folgenden Hotelverzeichnis geben wir Ihnen eine Auswahl von Hotels und Pensionen aus den wichtigsten Wintersport-Regionen Deutschlands. Die Orte sind alphabetisch geordnet. Durch Seitenverweise werden Sie auf die Beschreibung des jeweiligen Skigebietes aufmerksam gemacht.

Hoteleinträge von Betrieben, die sich zusätzlich mit einer Anzeige empfehlen, sind durch Piktogramme ergänzt, die nähere Details der Ausstattung und Eignung (Zeichenerklärung Seite 591 darstellen).

In der Bundesrepublik Deutschland gibt es keine amtliche Klassifizierung der Hotels und Pensionsbetriebe. Die Reihenfolge der aufgeführten Betriebe drückt jedoch einen gewissen Qualitäts- und Preis-Standard aus.

Für die Richtigkeit der Informationen übernehmen wir keine Gewähr. Wir sind für Anregungen und Ergänzungen dankbar.

Aschau

Kurverwaltung
D-83229 Aschau/Chiemgau
T (0 80 52) 3 92

Hotel Edeltraud T 5 52
Hotel Seiseralm T (0 80 51) 74 04
Gasthof Pension Baumbach T 14 81

Bad Kohlgrub

Kurverwaltung
D-82433 Bad Kohlgrub
T (0 88 45) 90 21

Kurhotel Der Schillingshof T 10 01
Kurhotel Lindenschlößchen T 90 01
Hotel Zur Post T 90 41

Bad Reichenhall

Kur- und Verkehrsverein e. V.
D-83435 Bad Reichenhall
T (0 86 51) 14 67

Alles über das Skigebiet Seite 48.

Kurhotel Luisenbad T 50 11
Steigenberger Hotel Axelmannstein T 40 01
Hotel Residenz Bavaria T 50 16
Hotel garni Bergfried T 43 98
Hotel Pension Erika T 6 10 11

Bad Wiessee

Kuramt
D-83700 Bad Wiessee
T (0 80 22) 8 20 51, Fax 8 15 80

Alles über das Skigebiet Seite 42.

Hotel Lederer am See T 82 91
Kneipp-Kurhotel Berghof T 7 56 66
Hotel garni Concordia T 8 40 16
Hotel Edelweiß T 8 40 47
Hotel Marina T 8 60 10
Hotel Resl von der Post T 8 27 88, 8 27 80
Hotel Terrassenhof GmbH T 86 30
Hotel Wittelsbach T 8 40 56

Balderschwang

Fremdenverkehrsamt
D-87538 Balderschwang
T (0 83 28) 10 56, Fax 2 65

Alles über das Skigebiet Seite 27.

Hotel Ifenblick
Selbstbedienungs-Restaurant Schelpen Alp
T 10 80

Bayrischzell

Kuramt
D-83735 Bayrischzell
T (0 80 23) 6 48, Fax 10 34

Alles über das Skigebiet Seite 46.

Hotel Gasthof Wendelstein T 6 10, 10 44
Hotel Gasthof Zur Post T 2 26, 2 27
Postgasthof Rote Wand T 2 43, 6 61
Gasthof Pension Bäckeralm T 6 13, 12 46
Gasthof St. Lukas T 10 87
Gästehaus Effland T 2 63
Haus Glück am Bach T 7 12

Berchtesgaden

Kurdirektion
des Berchtesgadener Landes
D-83471 Berchtesgaden
T (0 86 52) 50 11, Fax 6 33 00, Telex 5 62 13

Alles über das Skigebiet Seite 48.

Hotel Geiger T 50 55
Alpenhotel Kronprinz T 6 10 61
Hotel Vier Jahreszeiten T 50 26
Hotel Fischer T 40 44
Hotel Königliche Villa T 50 97
Hotel Seimler T 60 50
Hotel Gasthof Watzmann T 20 55
Hotel Wittelsbach T 50 61

Bernau

Kurverwaltung
D-79872 Bernau
T (0 76 75) 8 96

Schwarzwaldgasthof Bernauer Hof
Gasthof Pension Hofeck
Gasthaus-Pension Zum Rössle

Bischofsgrün

Verkehrsamt der Gemeinde
D-95493 Bischofsgrün
T (0 92 76) 12 92

Sporthotel Kaiseralm T 10 11
Hotel Berghof T 10 21
Hotel Goldener Löwe T 4 59
Hotel Hirschman T 4 37
Kurhotel Mainquelle T 10 88
Sporthotel Schneider T 10 55

Bischofsmais

Verkehrsamt
D-94253 Bischofsmais
T (0 99 20) 13 80

Hotel Wastlsäge T 1 70
Ferienpark Kur- und Sport-Aparthotel T 2 41

Bischofswiesen

Verkehrverein
D-83483 Bischofswiesen
T (0 86 52) 72 25

Alles über das Skigebiet Seite 49.

Pension Mooshäusl T 72 61

Bodenmais

Kurverwaltung
D-94249 Bodenmais
T (0 99 24) 7 78 35, Fax 7 78 50, Telex 6 91 03

Kur- und Sporthotel Sonnenhof in Bodenmais
T 77 10
Hotel Andrea
Hotel Bergknappenhof T 4 66
Feriengut Hotel Böhmerhof
Hotel Christinenhof T 3 22
Hotel Fürstenbauer
Hotel Königshof

Fichtelberg

Verkehrsamt
D-95686 Fichtelberg
T (0 92 72) 3 53

Hotel Zur Post T 3 15
Waldgasthof Am Fichtelsee T 4 66
Gasthof Der Markhof T 2 52
Gästehaus Café Kaiserberg

Fischen

Kurverwaltung
D-87536 Fischen/Allgäu
T (0 83 26) 18 15, Fax 90 66

Alles über das Skigebiet Seite 26.

Hotel Burgmühle T 18 98
Hotel Pension Restaurant Maderhalm T 2 56
Hotel Rosenstock T 18 95
Kurhotel Tanneck T 99 90
Café Pension Haus Alpenblick T 97 91
Hotel Pension Kaserer-Zacher T 4 17

Eine Erklärung der Symbole finden Sie auf Seite 591.

Füssen

Kur- und Verkehrsamt
D-87617 Füssen
T (0 83 62) 70 77, Fax 3 91 81

Alles über das Skigebiet Seite 30.

Hotel Alpenblick T 70 18
Hotel Hirsch T 60 55
Hotel Pension Bergruh T 77 42
Hotel Fürstenhof T 70 06
Hotel Geiger T 70 74
Sailer's Kur-Hotel T 70 89
Hotel Sonne T 60 61
Kurhotel Wiedemann T 3 72 31
Wildparkhotel T 84 25
Hotel Zum Hechten T 79 06
Ferienhaus Helga T 74 83
Pension Dreimäderlhaus

Garmisch-Partenkirchen

Verkehrsamt der Kurverwaltung
D-82467 Garmisch-Partenkirchen
T (0 88 21) 18 06, Fax 1 80 55

Alles über das Skigebiet Seite 36.

Clausing's Posthotel T 70 90
Sporthotel Ramada T 75 80
Hotel Aschenbrenner T 5 80 29
Hotel garni Bellevue T 5 80 08
Hotel Buchenhof T 5 21 21
Hotel Obermühle T 70 40
Hotel Partenkirchner Hof T 5 80 25
Posthotel Partenkirchen T 5 10 67
Hotel Queens Moat Houses
Grand-Hotel Sonnenbichl T 70 20
Hotel Alpina T 5 50 31
Hotel Garmischer Hof garni T 5 10 91
Hotel Rheinischer Hof T 7 20 24
Hotel Staudacherhof T 5 51 55
Hotel Tannenhof T 5 35 91
Hotel Restaurant Café Vier Jahreszeiten
T 5 80 84
Hotel Leiner OHG T 5 00 34
Hotel Café Restaurant Olympiahaus-Skistadion
T 22 81
Sporthotel Dorint T 70 60

Grafenau

Verkehrsamt
D-94481 Grafenau
T (0 85 52) 20 85

Steigenberger Hotel T 20 33
Hotel Am Kurpark T 24 44

Grainau

Verkehrsamt
D-82491 Grainau
T (0 88 21) 8 12 81

Alles über das Skigebiet Seite 36.

Eibsee Hotel T 80 81
Alpenhotel Waxenstein T 80 01
Hotel Alpenhof T 80 71

Hindelang

Kurverwaltung
D-87541 Hindelang
T (0 83 24) 89 20, Fax 80 55

Alles über das Skigebiet Seite 24.

Kur- und Sporthotel T 9 41
Hotel Prinz-Luitpold-Bad T 20 11
Bad-Hotel Sonne T 20 26

Hirschegg

Verkehrsamt
Kleinwalsertal
D-87568 Hirschegg/Kleinwalsertal

Alles über das Skigebiet Seite 68.
Hotelanzeigen siehe Seite 559.

Immenstadt

Städt. Verkehrsamt
D-87504 Immenstadt
T (0 83 23) 8 04 81, Fax 78 46, Telex 5 44 01

Alles über das Skigebiet Seite 22.

Hotel Hirsch T 62 18
Haus Christa

Inzell

Verkehrsverein Inzell e. V.
D-83334 Inzell
T (0 86 65) 8 62, Telex 5 65 33

Marco Polo Hotel Chiemgauer Hof T 60 51
Hotel Bayerischer Hof T 67 70
Hotel Landhaus Bergblick
Hotel garni Hubertus
Gasthof Inzeller Hof

Isny

Kurverwaltung
D-88309 Isny im Allgäu
T (0 75 62) 7 01 10, Fax 7 01 72

Alles über das Skigebiet Seite 21.

Kurhotel Adler T 20 41
Sport- u. Kurhotel Bromerhof
Hotel Hohe Linde T 20 66
Berghotel Jägerhof
Terrassenhotel Neutrauchburg T 20 45

Jungholz

Fremdenverkehrsamt
D-87491 Jungholz
T (0 83 65) 81 20

Alles über das Skigebiet Seite 25.

Silencehotel Kur- und Sporthotel Tirol

Lam

Verkehrsamt
D-93462 Lam
T (0 99 43) 10 81

Ferienhotel Bayerwald T 7 12
Hotel Bräukeller
Hotel Zur Post T 12 15
Gasthof Pension Zur Schönen Aussicht

Lenggries

Verkehrsamt
D-83661 Lenggries
T (0 80 42) 50 08 20, Fax 50 08 50

Alles über das Skigebiet Seite 40.

Hotel Alpenrose T 80 61
Hotel Restaurant Altwirt T 80 85
Hotel Arabella Brauneck T 20 21
Hotel Post T 24 54
Alpengasthof Zum Papyrer T 24 67

Mittelberg

Verkehrsamt
Kleinwalsertal (Zweigstelle)
D-87569 Mittelberg/Kleinwalsertal

Alles über das Skigebiet Seite 68.
Hotelanzeigen siehe Seite 569.

Mittenwald

Kurverwaltung
D-82481 Mittenwald
T (0 88 23) 3 39 81, Fax 27 01, Telex 5 96 82

Alles über das Skigebiet Seite 39.

Hotel Rieger T 50 71
Hotel Alpenrose T 50 55
Hotel Jägerhof T 10 41, 10 44
Hotel Tonihof T 50 31
Hotel Wipfelde und Arnspitze T 10 57
Hotel Zum Lieben Augustin T 59 55
Gästehaus Franziska T 50 51
Pension Hofmann T 13 18
Gästehaus Im Gries T 55 54
Gästehaus Spornitz T 14 17

Nesselwang

Kur- und Verkehrsamt
D-87482 Nesselwang
T (0 83 61) 7 50, Fax 37 88

Alles über das Skigebiet Seite 31.

Hotel Krone T 35 50
Kur- und Sporthotel Marburg T 2 55
Hotel Marianne T 32 18
Hotel Post T 2 38
Silencehotel Bergcafé T 2 23

Oberammergau

Verkehrs- und Reisebüro
Gemeinde Oberammergau OHG
D-82487 Oberammergau
T (0 88 22) 10 21, Fax 73 25

Alles über das Skigebiet Seite 34.

Parkhotel Sonnenhof T 9 71
Hotel Alte Post T 66 91
Hotel Arnika T 45 50
Hotel Böld (Ringhotel) T 5 20
Hotel Restaurant Café Friedenshöhe
Hotel Schönblick T 49 41
Hotel Turmwirt T 42 91
Hotel Wenger T 47 88
Hotel Wittelsbach T 45 45

Oberjoch

Verkehrsamt
D-87541 Oberjoch
T (0 83 24) 77 09, Fax 71 91

Alles über das Skigebiet Seite 24.

Hotel Lanig T 77 26
Sporthotel Mattlihaus T 77 23
Hotel Alpengasthof Löwen T 77 03

Eine Erklärung der Symbole finden Sie auf Seite 591.

Deutschland

Oberstaufen

Kurverwaltung
D-87528 Oberstaufen
T (0 83 86) 20 24, Fax 10 88

Alles über das Skigebiet Seite 20.

Kur- und Sporthotel Burtscher T 89 10
Kur- und Ferienhotel Sohler T 82 13
Hotel Allgäu Sonne T 70 20
Kur- und Sporthotel Novalis T 82 87
Parkhotel T 70 30
Kurhotel Pelz T 20 88
Kur- und Ferienhotel Engel T 16 47
Kur- und Ferienhotel Traube T (0 83 25) 4 51

Oberstdorf

Touristik-Information/Kurverwaltung
D-87553 Oberstdorf/Allgäu
T (0 83 22) 70 00, Fax 70 02 36

Alles über das Skigebiet Seite 28.

Kur- und Sporthotel Exquisit T 10 34
Parkhotel Frank T 55 55
Kur- und Ferienhotel Filser T 10 20
Hotel Wittelsbacher Hof T 10 18
Hotel Gasthof Adler T 30 50
Hotel Friederike T 27 69
Hotel Gebirgsaussicht T 30 88
Hotel garni Gerberhof T 40 26
Hotel Gruben T 33 54
Hotel Garni Kappelerhaus T 10 07
Hotel Garni Marzeller T 25 86
Hotel Menning T 25 36
Hotel Mohren T 30 05
Hotel Panorama T 30 74
Hotel garni Parkvilla Edelweiß T 63 66
Hotel Quellhof T 38 05
Hotel garni Regina T 22 04
Hotel garni Rex T 30 17
Alpen-Kurhof Tiefenbach T 70 20
Hotel Waldesruhe T 40 61
Hotel Gästehaus Weller T 30 08

Oy-Mittelberg

Fremdenverkehrsamt
D-87497 Oy-Mittelberg
T (0 83 66) 2 07

Alles über das Skigebiet Seite 25.

Hotel Löwen T 2 12
Gasthof Sonne Petersthal

Pfronten

Kur- und Verkehrsamt
D-87454 Pfronten
T (0 83 63) 6 98 88, Fax 6 98 66

Alles über das Skigebiet Seite 30.

Burghotel Auf dem Falkenstein T 3 09
Hotel Bavaria T 50 04
Hotel Berghof T 50 17
Hotel Bergpanorama T 5 00 13
Hotel Edelsberg T 50 77
Parkhotel Flora T 50 71
Hotel Hansa T 4 93
Hotel In der Sonne T 50 19, 50 10
Gasthaus Krone T 60 76
Alpenhotel T 50 55
Hotel Frisch T 50 89
Hotel Pfrontener Hof T 60 14
Hotel Schloßanger-Alp T 3 81
Hotel Schönblick T 81 23
Hotel Schönkeller T 60 01
Hotel Zum Kupferkessel T 60 30, 60 39

Erklärung der Symbole Seite 591.

Reit im Winkl

Verkehrsamt
D-83242 Reit im Winkl
T (0 86 40) 8 00 20, Fax 8 00 29,
Telex 56 33 40

Alles über das Skigebiet Seite 47.

Hotel Zum Postillion T 88 66
Hotel Alpenhof Seegatterl T 82 90
Hotel Alpengasthof Augustiner Winklmoosalm T 82 35
Hotel Löwen T 89 01
Hotel Sonnleiten T 88 82
Hotel Zur Post T 10 24

Riezlern

Verkehrsamt
Kleinwalsertal (Zweigstelle)
D-87567 Riezlern/Kleinwalsertal

Alles über das Skigebiet Seite 68.
Hotelanzeigen siehe Seite 577.

Rottach-Egern

Kuramt
D-83700 Rottach-Egern
T (0 80 22) 67 13 41

Alles über das Skigebiet Seite 42.

Hotel Bachmair am See T 27 20
Hotel Bachmair - Weißach T 2 40 81
Hotel garni Hagn T 2 40 30
Hotel Helenenschlößl T 2 60 41
Hotel garni Maier zum Kirschner T 6 71 10
Hotel Zur Post T 2 60 85, 2 60 87
Hotel Walter's Hof im Malerwinkel T 2 77 54
Hotel Gästehaus Pfatischer T 2 60 53

Ruhpolding

Kurverwaltung
D-83324 Ruhpolding
T (0 86 63) 12 68

Sporthotel Gästehaus Westernberg (Ringhotel) T 16 74
Hotel Haus Flora T 19 54
Hotel Maiergschwendt T 90 33
Steinbach-Hotel T 16 44
Hotel Almhof T 14 52
Pension Haus Engel T 93 04
Hotel Haus Europa T 93 68
Hotel Haus Jäger T 12 09
Hotel Ruhpoldinger Hof T 12 12
Hotel Zur Post T 10 35

Schliersee

Kurverwaltung
D-83727 Schliersee
T (0 80 26) 40 69, Fax 23 25

Alles über das Skigebiet Seite 44.

Arabella Schliersee Hotel T 60 80
Hotel Schlierseer Hof am See T 40 71
Silence-Hotel Reiter T 40 57
Gästehaus Hubertus T (0 80 26 7 10 35
Hotel Seehaus Terofal T 40 45
Gästehaus Kögl T 7 12 08
Gasthof Zur Post T 40 11

Schwangau

Kurverwaltung
D-87645 Schwangau
T (0 83 62) 81 98 30, Fax 81 98 25

Alles über das Skigebiet Seite 31.

Hotel König Ludwig T 8 10 81
Hotel Berghof T 82 65
Alpenhotel Weinbauer T 8 10 15

Sonthofen

Verkehrsamt
D-87527 Sonthofen
T (0 83 21) 7 62 91, Fax 7 63 27

Alles über das Skigebiet Seite 23.

Sport- und Kurhotel Allgäuer Berghof T 40 61
Hotelpark Der Allgäu Stern T 7 90
Hotel Restaurant Bauer T 70 91
Hotel Haus Grünten T 70 16, 90 61
Hotel Haus Katja T 35 66
Hotel Ratsherrn T 29 29
Hotel Gasthof Schäffler T 27 30
Hotel Gasthof Schwäbele Eck T 47 35

Spitzingsee

Kurverwaltung
D-83727 Spitzingsee
T (0 80 26) 47 56, 47 92

Alles über das Skigebiet Seite 44.

Arabella Spitzingsee Hotel T 70 81
Hotel Restaurant Gundl Alm T 74 12, 7 12 37
Hotel Gasthof Jagdhof T 7 11 94, 7 10 24
Postgasthof St. Bernhard T 7 10 11

St. Englmar

Verkehrsamt
D-94379 St. Englmar
T (0 99 65) 2 21

Appartement Hotel Haus Berghof T 1 70
Kurhotel Gut Schmelmerhof T 5 17
Kur- und Sporthotel T 3 12

Tegernsee

Fremdenverkehrsgemeinschaft
Tegernseer Tal
D-83682 Tegernsee
T (0 80 22) 18 01 49, Fax 37 58

Alles über das Skigebiet Seite 42.

Hotel Bayern T 18 20
Hotel Zur Post T 39 51

Warmensteinach

Verkehrsamt
D-95485 Warmensteinach
T (0 92 77) 14 01

Sport-Hotel Sonnenbichl T 5 15
Hotel Bei Uns T 2 26
Hotel Krug T 2 09
Hotel Post T 2 07

Weiler

Kur- u. Verkehrsamt
D-88171 Weiler im Allgäu
T (0 83 87) 3 91 50, Fax 3 91 70

Alles über das Skigebiet Seite 21.

Hotel Post T (0 92 77) 10 70

Zwiesel

Kurverwaltung
D-94227 Zwiesel
T (0 99 22) 13 08, 96 23, Telex 6 91 72

Hotel Arche Noah T 7 24
Aparthotel T 54 17
Hotel Deutscher Rhein (Ringhotel) T 16 51
Hotel Zwieseler Hof T 26 31

Abtenau/Salzburg

Fremdenverkehrsverband
A-5441 Abtenau
T (0 62 43) 2 29 30, Fax 22 93 20

Alles über das Skigebiet Seite 172.

★★★★ Hotel Lindenhof T 33 94
★★★★ Sporthotel Gasthof Moisl T 22 32
★★★ Hotel Lammertalerhof T 2 31 30
★★★ Hotel Post T 2 20 90
★★★★ Gasthof Roter Ochs T 2 25 90
★★★ Gasthof Bären T 2 21 30
★★★ Gasthof Schlager T 2 41 80
Club Zwilling T 30 69, 33 39

Achenkirch/Tirol

Tourismusverband
A-6215 Achenkirch
T (0 52 46) 62 70, Fax 67 80

Alles über das Skigebiet Seite 124.

★★★★ Apart-Hotel Achensee T 63 89
★★★★ Hotel Zur Post T 65 22
★★★ Hotel Achenseehof T 62 09
★★ Appartement und Chalet Hotel Hofer Alm T 66 44

Alpbach/Tirol

Tourismusverband
A-6236 Alpbach
T (0 53 36) 5 21 10, Fax 50 12

Alles über das Skigebiet Seite 126.

★★★★ Hotel Alpbacherhof T 52 37
★★★★ Hotel Boeglerhof T 52 27
★★★★ Hotel Restaurant Galtenberg T 56 10
★★★ Gasthof Wiedersbergerhorn T 56 12
★★ Landhaus Alpbach T 53 16
★★ Pension Elisabeth T 53 27
★★ Gasthof Pension Jakober T 52 23

Altenmarkt im Pongau/Sbg.

Verkehrsbüro
A-5541 Altenmarkt im Pongau
T (0 64 52) 55 11, 64 58, Fax 60 66

Alles über das Skigebiet Seite 181.

★★★ Gasthof Alpenland T 56 66
★★★ Gasthof Markterwirt T 4 20, 54 20
★★★ Gasthof Neuwirt T 4 15, 54 15, 69 44
Tauernappartements T (06 62) 70 95 20

Annaberg/Salzburg

Fremdenverkehrsverband
Annaberg/Lungötz
A-5524 Annaberg im Lammertal
T (0 64 63) 81 25, Fax 81 18 85

Alles über das Skigebiet Seite 172.

★★★★ Sporthotel Dachstein-West T 84 66
★★★ Hotel Alpenhof T 81 52
★★★ Hotel Dolomitenhof T 81 39

Arlberg

Hoteleinträge siehe unter Lech am Arlberg, Pettneu, St. Anton am Arlberg sowie Stuben am Arlberg.

Im folgenden Hotelverzeichnis geben wir Ihnen eine Auswahl von Hotels und Pensionen aus den wichtigsten Wintersport-Regionen Österreichs. Die Orte sind alphabetisch geordnet. Durch Seitenverweise werden Sie auf die Beschreibung des jeweiligen Skigebietes aufmerksam gemacht.

Hoteleinträge von Betrieben, die sich zusätzlich mit einer Anzeige empfehlen, sind durch Piktogramme ergänzt, die nähere Details der Ausstattung und Eignung (Zeichenerklärung Seite 591 darstellen).

In Österreich werden Hotels und Pensionen kategorisiert. Die Qualität der Betriebe steigt mit der Anzahl der Sterne (1–5). Es sind auch Zwischenstufen (offener Stern) möglich.

Für die Richtigkeit der Informationen übernehmen wir keine Gewähr. Wir sind für Anregungen und Ergänzungen dankbar.

Au/Vorarlberg

Verkehrsamt
A-6883 Au
T (0 55 15) 22 88, Telex 5 95 56

Alles über das Skigebiet Seite 60.

★★★★ Hotel Krone T 22 01
★★★ Hotel Alpenrose T 22 47
★★ Gästehaus Apart-Solaria T 22 87
★★★ Gasthaus Schiff T 22 29
★★ Gasthof Adler T 22 64

Auffach/Tirol

Tourismusverband
Wildschönau
A-6313 Auffach
T (0 53 39) 89 80

Alles über das Skigebiet Seite 138.

★★★ Hotel Bernauerhof T 89 33
★★★ Gasthof Auffacherhof T (0 53 32) 88 37
★★★ Pension Iris T (0 53 32) 88 28
★★★ Gasthof Koglmoos T (0 53 32) 88 89
★★★ Pension Lutzenberg T (0 53 32) 88 26
★★★ Gasthaus Platzlwirt T (0 53 32) 89 28

Die Qualität von Hotelbetrieben steigt mit der Anzahl der Sterne.

Österreich

Arlberg — **Lech – St. Anton – STUBEN** — **Arlberg**

Seit 1570 bietet der Schwarze Adler seinen Gästen Behaglichkeit, Atmosphäre und beste Tiroler Wirtstradition. Stilvolle Zimmer bis 60 qm mit Bad, WC, meist Balkon und Farb-TV, eine ausgezeichnete Küche und die neue Badestube mit Sauna, Dampfbad, Kneippbecken, Massage und 2 Sprudelbecken verwöhnen auch Sie. Weiter stehen zu Ihrer Verfügung: die Tagesbar mit Kamin, unsere neue Piano-Bar, ein Café mit eigener Konditorei und Tagungsräume (bis 20 Personen). 3 Gehminuten bis zu den Seilbahnen. Rufen Sie uns doch bitte gleich an!

Hotel Schwarzer Adler

Familie Tschol

A-6580 St. Anton am Arlberg
Telefon 0 54 46/22 44-0
Telex 58301
Telefax 0 54 46/22 44-62

Tirol

Pension KRIEGERHORN, A-6764 Lech/Zug am Arlberg, ☏ **(0043) 5583/2702, Fax 3429**
Familiär, besonders ruhiges Haus in Lift- u. Loipennähe. 25 Betten, Zimmer mit Bad/Du/WC, Balkon, TV. Gutbürgerliche Küche, Diät, Parkpl., Sauna, Solarium, Sonnenterrasse. Pauschalarrangements, Kinderermäßigung.

HOTEL ARLBERG ★★★★

Ein ideales Feriendomizil für einen angenehmen und erholsamen Urlaub. Komfortable Zimmer und Appartements, alle mit Bad/WC, Farb-TV, Radio, Selbstwähltelefon und teils mit Balkon und Zimmersafe ausgestattet.

Gemütlicher Aufenthaltsraum mit stimmungsvoller Atmosphäre. Ausgezeichnete Küche auch für den anspruchsvollen Gast. Frühstücksbuffet, Halbpension mit Menüwahl, Hallenbad, Sauna, türkisches Dampfbad, Solarium, Seminarraum. Zentrale Lage, sehr ruhig, in der Nähe des Ortszentrums. Hotel-Skibus.

Familie Ennemoser
A-6580 St. Anton am Arlberg
Telefon 05446-2210/0
Fax 05446-245155
Telex 58332

HOTEL HINTERWIES

sonnenklar ★★★★

A-6764 Lech am Arlberg
Telefon (0043) 5583/25310
Fax (0043) 5583/253151

Liebe auf den ersten Blick. Am schönsten Fleckerl des Lecher Skiparadieses gelegen, genau nach Süden, sonnig und ruhig. Skilift neben dem Hotel, Abfahrten bis vor die Haustüre. Nur wenige Gehminuten vom Ortszentrum entfernt.
50 Betten, alle Zimmer großzügig eingerichtet mit Bad/WC, zum Teil mit Schlafcouch für Kinder, weitläufige Suiten für große Familien. Sehr kinderfreundlich, Babysitter.
Elegante Halle mit Hausbar, Sauna, Solarium, Fitneß, erstklassige Masseurin, Tischtennis, Kinderspielzimmer, Tagungsräume, Wintergarten mit offenem Kamin, große Sonnenterrasse. Zum Frühstück reichhaltiges Buffet, abends mit Sorgfalt und Liebe komponierte Menüs zu erlesenen Weinen.

Ein familiär geführtes Haus exquisiter Gastlichkeit.

SPORTHOTEL ST. ANTON
A-6580 St. Anton am Arlberg
☏ **(05446) 3111, Tx.: 58304**
Telefax (05446) 311170

Wird den höchsten Ansprüchen gerecht. In der winterlichen Fußgängerzone gelegen, nur 3 Minuten von den Talstationen aller Lifte entfernt. Besonders beliebt die „Unterwelt" des Hauses mit großem Hallenbad, Sauna, Solarium, Massage. Steakhaus, Café, 2 eigene Restaurants für Hausgäste. Die Zimmer: sehr gemütlich, mit perfekter sanitärer Einrichtung, Tel., Radio, TV, Balkon. Unsere Suiten – Wohn- und Schlafzimmer – sind für bis zu 4 Personen geeignet.

POST HOTEL ★★★★

Besitzer: Familie Alber, A-6580 St. Anton

☏ (05446) 22130 und 22140, Tx 58302, Telefax (05446) 2343. Unser Haus liegt im Zentrum und bietet Tiroler Gastlichkeit in gemütl. Atmosphäre. Komf. Zi. sowie bekannt gute Küche. Eisbar, Postkeller, tägl. 5-Uhr-Tee mit Livemusik, Pub Piccadilly, Sonnenterr. **Relaxcenter mit Sauna, Solarium, Whirlpool, Dampfbad, Massage.**
Freizeitraum u. Tagungsraum f. 20 Personen. Nur 2 Gehmin. zu den Liften.

Axams/Tirol

Tourismusverband
Axamer Lizum
A-6094 Axams
T (0 52 34) 81 78, Fax 71 58

Alles über das Skigebiet Seite 118.
Hotelanzeigen siehe Seite 543.

★★★★	Hotel Lizumerhof T 82 44 80 0,05 km
★★★	Erlebnishotel Axamer Hof T 76 04, 79 94
★★★	Hotel Bergland T 88 55
★★★	Hotel Kögele T 88 04, 88 03
★★★	Hotel Club Olympia T 82 61, 82 62
★★★★	Neuwirt T 81 41, 84 41
★★★	Gasthof Pension Lärchenhof T 81 52

Bad Aussee/Steiermark

Tourismusverband
Salzkammergut/Steiermark
A-8990 Bad Aussee
T (0 36 22) 5 48 73, Fax 5 48 90

Alles über das Skigebiet Seite 200.

★★★★	Hotel Erzherzog Johann T 25 07
★★★★	Hotel Villa Kristina T 20 17
★★★	Hotel Post T 25 39
★★★★	Pension Alpenhof T 27 77
★★★	Pension Freisleben T (0 61 52) 26 11

Badgastein/Salzburg

Kur- und Fremdenverkehrsverband
A-5640 Badgastein
T (0 64 34) 2 53 10, 36 66, Fax 25 31 37

Alles über das Skigebiet Seite 178.
Hotelanzeigen siehe Seite 550.

★★★★★	Hotel Elisabethpark T 2 55 10
★★★★	Parkhotel Bellevue T 2 57 10
★★★★	Hotel Europäischer Hof T 2 52 60
★★★★	Kurhotel Grüner Baum T 2 51 60
★★★★	Sport-Hotel Hirt T 2 79 70 50 1,5 km
★★★★	Kurhotel Miramonte T 2 57 70
★★★★	Hotel Salzburgerhof T 2 03 70
★★★★	Hotel Sanotel T 2 50 10
★★★★	Hotel Savoy T 2 58 80
★★★★	Hotel Schillerhof T 2 58 10
★★★★	Tennis-, Golf- und Ski-Hotel Sonngastein T 3 32 60 87
★★★★	Hotel Weismayr T 2 59 48
★★★★	Hotel Wildbad T 3 76 10 60 0,3 km
★★★	Kurhaus Alpenblick T 20 62
★★★	Hotel Bristol T 22 19
★★★	Kurhaus Der Lindenhof T 26 14
★★★	Kurhotel Eden T 20 76, 33 24
★★★	Hotel Krone T 2 33 00
★★★	Hotel Mozart T 26 86
★★★	Hotel Söntgen T 22 35
★★★	Hotel Stubnerhof T (o 64 34) 2 99 10

Eine Erklärung der Symbole finden Sie auf Seite 591.

Österreich

Bad Goisern/Salzburg

Fremdenverkehrsverband
A-4822 Bad Goisern
T (0 61 35) 83 29

Alles über das Skigebiet Seite 175.

★★★★ Hotel Agathawirt T 83 42
★★★★ Alpen-Hotel Mühlkogel T 72 85
★★★ Alpengasthof T 7 24 10
★★★ Pension Heller T 83 88
★★★ Gasthof Moserwirt T 82 31

Bad Häring/Tirol

Tourismusverband
A-6323 Bad Häring
T (0 53 32) 47 57

Alles über das Skigebiet Seite 140/141.

★★★ Gasthof Café Thaler T 47 72
★★ Haus Schenkenfelder T 47 66

Bad Hofgastein/Salzburg

Kur- und Fremdenverkehrsverband
A-5630 Bad Hofgastein
T (0 64 32) 7 11 00, Fax 71 10 31, Telex 6 77 96

Alles über das Skigebiet Seite 178.
Hotelanzeigen siehe Seite 550.

★★★★★ Grand-Parkhotel T 6 35 60
★★★★★ Hotel Palace Gastein T 6 71 50
★★★★ Kur- und Sporthotel Alpina T 8 47 50
★★★★ Hotel Astoria T 6 27 70
★★★★ Hotel Pension Bismark T 66 81, 86 96
★★★★ Hotel Kurhaus Germania T 6 23 20
★★★★ Erlebnis-, Kur- und Sporthotel Kärnten T 6 71 10
100 0,3 km
★★★★ Kurhotel Moser T 6 20 90
★★★★ Kur- und Sporthotel Norica T 83 91
★★★★ Hotel Österreichischer Hof T 6 21 60
★★★★ Kurhotel Sendlhof T 6 35 10
★★★★ Kurhaus St. Georg T 6 10 00
★★★★ Hotel Völserhof T 8 28 80, 8 28 90
★★★★ Hotel Zum Stern T 8 45 00
★★★ Kurhaus Friedrichsburg T 6 28 90, 6 29 00
★★★ Kurparkhotel T 84 36, 84 37, 63 01
★★★ Kurhaus Luisenhof T 6 35 20, 8 32 50
★★★ Sport- und Aparthotel Pyrkerhöhe T 64 44
★★★ Hotel Winkler T 62 48
★★★ Pension Alpen-Appartement-Hof T 82 34

Bad Kleinkirchheim/Ktn.

Fremdenverkehrsverband
A-9546 Bad Kleinkirchheim
T (0 42 40) 82 12, Fax 85 37

Alles über das Skigebiet Seite 216.

★★★★★ Hotel Heilbad Kleinkirchheim T 2 82
★★★★★ Hotel St. Oswald T 5 91
★★★★ Alpenhotel T 4 01
★★★★ Hotel Alte Post T 2 12
★★★★ Sporthotel Bad Kleinkirchheim T 81 86
★★★★ Hotel Eschenhof T 82 62
★★★★ Hotel Felsenhof T 6 81
★★★★ Hotel Pension Kapeller T 4 82
★★★★ Hotel Kristall T 8 29 20
★★★★ Hotel Ortner T 6 71
★★★★ Hotel Prägant T 4 52
★★★★ Hotel Römerbad T 8 23 40
★★★★ Hotel Sonnalm T 5 07
★★★★ Hotel Trattlerhof am Thermalbad T 81 72
★★★ Sporthotel Atomic T 69 20
★★★ Hotel Waltl T 6 06
★★★★ Gästehaus Schusser T 4 11
★★★★ Pension Steinwender T 2 67
★★★☆ Pension Gitzl T 6 42, 81 67
★★★ Pension Sonnenheim Bach T 2 94

Bad Mitterndorf/Steiermark

Kurverwaltung
A-8983 Bad Mitterndorf
T (0 61 53) 24 44, 27 84, Telex 3 81 80

Alles über das Skigebiet Seite 200.

★★★★★ Kurhotel Bad Heilbrunn T 24 86
★★★★ Hotel Jadhof Hübler T 23 71
★★★★ Hotel Post T 27 78
★★★ Hotel Hubertushof T 25 95
★★★ Hotel Kogler T 2 32 50
★★★★ Pension Köberl T 23 13
★★★ Haus Katrin T 28 71
★★★ Pension Lord T 25 53
★★★ Pension Zeuschner T 22 77

Berwang/Tirol

Tourismusverband
A-6622 Berwang
T (0 56 74) 82 68, Fax 84 36

Alles über das Skigebiet Seite 91.

★★★★ Hotel Berwangerhof T 82 88
★★★★ Sporthotel Singer T 8 18 10
100
★★★ Appart-Hotel Restaurant Cafe Blitz T 82 72, 83 20
★★★ Gasthof Restaurant Rotlechhof T 82 70

Bezau/Vorarlberg

Fremdenverkehrsverband
A-6870 Bezau
T (0 55 14) 22 95

Alles über das Skigebiet Seite 60.

★★★★ Kur- und Sporthotel Post T 22 07
★★★ Gasthof Sonne T 22 62

Bizau/Vorarlberg

Verkehrsamt
A-6874 Bizau
T (0 55 14) 21 29

Alles über das Skigebiet Seite 60, 63.

★★★ Gasthaus Schwanen T 21 33
★★ Gasthof Taube T 21 24

Bleiburg/Kärnten

Fremdenverkehrsverband
A-9150 Bleiburg
T (0 42 35) 21 10

★★★★ Hotel Petzenkönig T 20 87
★★★ Gasthof Kraut T 31 34
★★★ Gasthof Linde T 21 05
★★★ Gasthof Loser T 25 19

Böckstein/Salzburg

Fremdenverkehrsverband
A-5645 Böckstein
T (0 64 34)

Alles über das Skigebiet Seite 178.
Hotelanzeigen siehe Seite 550.

★★★★ Hotel Café Haas T 2 75 50
58 3 km
★★★ Kurhotel Rader T 24 05

Brand/Vorarlberg

Fremdenverkehrsamt
A-6708 Brand

Alles über das Skigebiet Seite 70.

★★★★ Hotel Colrosa T (0 55 59) 2 25
★★★★ Hotel Scesaplana T (0 55 59) 2 21
★★★★ Hotel Walliserhof T (0 55 59) 24 10
★★★ Sporthotel Beck T (0 55 59) 3 06
★★★ Hotel Lagant T (0 55 59) 2 85
★★★ Hotel Zaluanda T (0 55 59) 3 21
★★★ Fremdenheim Orchidee T (0 55 59) 3 27
★★★ Landhaus Sonne T (0 55 59) 2 43
★★★ Gasthof Zimba T (0 55 59) 3 51

Braz/Vorarlberg

Verkehrsamt
A-6751 Braz
T (0 55 52) 81 27, Fax 86 06

Alles über das Skigebiet Seite 65.

★★★★ Gasthof Traube T 81 03
★★★ Pension Landhaus Walch T 8 10 20
19 7 km

Brixen/Tirol

Tourismusverband
A-6364 Brixen im Thale
T (0 53 34) 84 33, Fax 83 32

Alles über das Skigebiet Seite 140.

★★★★ Sporthotel Brixen T 81 91
★★★ Pension Oberguggenhausen T 81 05

Bürserberg

Hoteleinträge siehe unter Brand.

Dachstein-Tauernregion

Hoteleinträge siehe unter Haus, Pichl, Ramsau, Schladming.

Dachstein-West

Hoteleinträge siehe unter Annaberg/Lammertal und Lungötz.

Damüls/Vorarlberg

Fremdenverkehrsverband
A-6884 Damüls
T (0 55 10) 2 53

Alles über das Skigebiet Seite 60, 63.
Hotelanzeigen siehe Seite 546.

★★★★ Hotel Gasthof Adler T 22 00
★★★★ Hotel Damülser Hof T 2 10
110
★★★★ Hotel Mittagsspitze T 2 11
★★★ Hotel Hohes Licht T 2 01

Dienten a. H./Salzburg

Fremdenverkehrsverband
A-5652 Dienten a. H.
T (0 64 61) 2 63, Fax 3 17

Alles über das Skigebiet Seite 156.
Hotelanzeigen siehe Seite 570.

★★★★ Hotel Übergossene Alm T 2 30
★★★ Hotel Gasthof Post T 2 03
75
★★★ Gasthof Mitterwirt T 2 04
★★★ Gasthof Salzburgerhof T 2 17

Donnersbach/Steiermark

Verkehrsverein
A-8953 Donnersbach
T (0 36 83) 22 06

Alles über das Skigebiet Seite 210.

★★★ Gasthof Grimmingblick T 2 05

Österreich

Damüls
1400–2007 m

Ein Schigebiet zum Verlieben. 42 Kilometer präparierte Pisten und markierte Schirouten führen durch eine beeindruckende Alpenlandschaft. 4 Doppelsesselbahnen, 2 Schlepplifte und ein Übungslift garantieren jedem Schifahrer höchstes Schivergnügen. Klein, ursprünglich, unberührt und von einer prächtigen Bergwelt umgeben. Damüls wartet darauf, von Ihnen entdeckt zu werden.

Schifitwochen:	4. 12. 93 bis 18. 12. 93
Pulverschneew.:	8. 1. 94 bis 5. 2. 94
Sonnenschilaufw.:	10. 3. 94 bis 26. 3. 94

Infos: Verkehrsverein A-6884 Damüls
☎ (05510) 253, Fax (05510) 549

Hotel DAMÜLSER HOF ★★★★
Familie Klauser · A-6884 Damüls/Bregenzerwald
☎ 0043/5510/210 · Fax 543
Ein ★★★★-Haus mit Herz – bei uns erwarten Sie Gemütlichkeit und persönliche Atmosphäre verbunden mit modernem Hotelkomfort.
Hallenbad, Sauna, Solarium, Tanzbar, Frühstücksbuffet, Menüwahl . . . Unser Prospekt liegt für Sie bereit.

Dorfgastein/Salzburg

Fremdenverkehrsverband
A-5632 Dorfgastein
T (0 64 33) 2 77, Fax 6 37

Alles über das Skigebiet Seite 176.
Hotelanzeigen siehe Seite 550.

★★★ Hotel Römerhof T 2 09
★★★ Pension Christina T 2 52
★★★ Gasthof Steindlwirt T 2 19, 2 10
51 0,25 km

Egg/Vorarlberg

Bregenzer Wald Tourismus
A-6863 Egg
T (0 55 12) 23 65, Fax 22 39 81

Alles über das Skigebiet Seite 62.

★★★ Hotel Post T 22 30
★★ Pension Hubertus T 27 85

Ehrwald/Tirol

Tourismusverband
A-6632 Ehrwald
T (0 56 73) 23 95, Fax 33 14

Alles über das Skigebiet Seite 93.

★★★★ Hotel Alpenhof T 23 45
★★★★ Hotel Pension Spielmann T 22 25
★★★★ Hotel Tirolerhof T 23 08
★★★ Alpenhotel Tiroler Zugspitzbahn T 22 54
★★★ Hotel Schönruh T 23 22
★★★ Hotel Sonnenspitze T 22 08
★★★ Pension Ehrwalderhof T 23 64
★★★ Pension Halali T 21 01
★★★ Gasthof Stern T 22 87

Ellmau/Tirol

Tourismusverband
A-6352 Ellmau
T (0 53 58) 23 01, 20 50, Fax 34 43

Alles über das Skigebiet Seite 140.

★★★★★ Hotel Bär + Tyrol T 23 95
★★★★ Hotel Berghof T 27 23
★★★★ Sporthotel Ellmau T 25 12, 23 62, 27 21
280 0,2 km
★★★★ Hotel Hochfilzer T 25 01
★★★★ Gasthaus Post T 22 25

INTERSPORT Rent a Ski
In Ellmau INTERSPORT Winkler Tel. 05358/2305

Faschina/Vorarlberg

Verkehrsamt
Fontanella-Faschina
A-6733 Faschina
T (0 55 54) 53 57

Alles über das Skigebiet Seite 66.

★★★ Hotel Walserhof T (0 55 10) 2 17
★★ Cafe Restaurant Pension Domig T (0 55 10) 2 06
★★ Alpengasthof Rössle T (0 55 10) 3 03
★★ Pension Rotwandblick T (0 55 10) 2 18

INTERSPORT Rent a Ski
In Ehrwald INTERSPORT Leitner Tel. 05673/2371

Feichten/Tirol

Tourismusverband
Kaunertal-Kauns-Kaunerberg
A-6524 Feichten/Kaunertal
T (0 54 75) 3 08, Fax 4 69

Alles über das Skigebiet Seite 102.
Hotelanzeigen siehe Seite 564.

★★★★ Hotel Feichtner Hof T 4 65
70
★★★★ Hotel Weisseespitze T 2 04, 3 16
★★★ Gasthof Edelweiß T 2 17, 4 50
★★★ Hotel Kirchenwirt T 2 08, 4 34
★★★ Hotel Gasthof Sonnenhof T 4 74
★★★ Gasthof Jägerhof T 2 02
★★★ Pension Lärchenhof T 2 40, 4 15

Feistritz-Petzen/Kärnten

Hoteleinträge siehe unter Bleiburg.

Fieberbrunn/Tirol

Tourismusverband
A-6391 Fieberbrunn
T (0 53 54) 63 05, 63 04, Fax 26 06

Alles über das Skigebiet Seite 144.

★★★★ Schloßhotel Rosenegg T 62 01
★★★ Hotel Alpenhof T 8 81 65
★★★ Hotel Brunnhof T 64 52
★★★ Gasthof Alte Post T 62 57
★★★ Gasthof Kapelln T 69 12

Erklärung der Symbole Seite 591.

Sporthotel ★★★★ ELLMAU

Familie Unterlechner
A-6352 Ellmau/Tirol
☎ (05358) 2512, 2362 oder 2721
aus D, I, CH, B: (0043) 5358/2512, 2362 oder 3755
aus NL: (0943) 5358/2512, 2362 oder 2721
Telefax: (05358) 2512-555

Gepflegtes Familienhotel mit Atmosphäre in rustikalem Stil, zentrale Lage, Komfortzimmer mit Bad oder DU/WC, Balkon, Selbstwähltelefon, Radio, Kabel-TV. ✳ 3 Personenfahrstühle ✳ Erlebnishallenbad, Sauna, Solarium, Dampfbad, Whirlpool, Kälteraum, Relax-Center, Fitneßstudio, ✳ TT, Billard- u. Spielautomaten ✳ Kinderspielzimmer✳ sonnige Terrasse ✳ Kellerbar **„ELLMAUER TENNE“,** Tanz und Unterhaltung, Hausbar, wöchentliches Unterhaltungsprogramm. Wir empfehlen uns für Tagungen, Seminare, Konferenzen. 200 m zu den Skiliften, Skischule. **Skigroßraum Wilder Kaiser–Brixental . . . über 87 Bahnen und Lifte, 1 Karte, Gratisskibus!**

NEU! Die Dependance: Appartements sowie Komfortzimmer.

Filzmoos/Salzburg

Verkehrsbüro
A-5532 Filzmoos
T (0 64 53) 2 35, 5 00, Fax 6 85, Telex 6 76 17

Alles über das Skigebiet Seite 184.

★★★★	Hotel Bischofsmütze T 22 40
★★★★	Hotel Blumenhof T 5 46 22
★★★★	Hotel Dachstein T 2 18
★★★★	Silence, Sport- und Erlebnishotel Unterhof T 22 50, 5 44 115
★★★★	Golf- und Sporthotel Filzmooserhof T 2 32, 3 51 80
★★★★	Hotel Hanneshof T 2 75, 2 76 85 0,2 km
★★★★	Hotel Hubertus T 2 04
★★★	Hotel Alpenkrone T 28 00
★★★	Hotel Eschbacher T 2 28, 5 72
★★★	Hotel Olympia T 3 55
★★★★	Pension Elisabeth T 3 36
★★★	Gasthof Alpenblick T 2 05, 4 09
★★★	Pension Edelweiss T 2 31
★★★	Pension Haus Gertraud T 2 08
★★★	Gasthof Krahlehenhof T 51 10
★★★	Alpengasthof Neubergerhof T 3 81, 5 42
★★★	Landhaus Rieder T 3 20
★★★	Pension Gästehaus Rottenau T 2 56
★★★	Pension Salchegger T 2 07
★★★	Pension Totschnig T 2 62
★★	Pension Haus Tirol T 3 40

Österreich

Finkenberg/Tirol

Verkehrsbüro
A-6292 Finkenberg
T (0 52 85) 26 73, Fax 29 62, Telex 53 30 42

Alles über das Skigebiet Seite 132.

★★★★ Hotel Restaurant Eberl T 26 67
★★★★ Sporthotel Stock T 27 75
90 0,2 km
★★★ Hotel garni Austria T 28 88
★★★ Hotel Neuwirt T 26 65, 36 06

Fiss/Tirol

Tourismusverband
A-6534 Fiss
T (0 54 76) 64 41, 66 41, Fax 68 24

Alles über das Skigebiet Seite 99.

★★★★ Sporthotel Alt-Fiss T 64 06
★★★★ Hotel Fisserhof T 63 53, 64 43
★★★★ Schloßhotel T 65 57, 63 97
★★★ Hotel Alt-Fiss
★★★☆ Ferienheim Wachter T 64 19
★★★ Pension Sonnenheim T 63 62
★★★ Gasthof Tirol T 63 58

Flachau/Salzburg

Fremdenverkehrsverein
A-5542 Flachau
T (0 64 57) 22 14, Fax 25 36, Telex 6 76 98

Alles über das Skigebiet Seite 184.

★★★★ Hotel Felsenhof T 22 51
★★★★ Hotel Forellenhof T 22 73
★★★★ Hotel Tauernhof Activitaaa T 2 31 10
130 0,4 km
★★★ Sporthotel Flachauwinkel T 26 55
★★★ Hotel Reslwirt T 22 16
★★★ Hotel Gasthof Salzburgerhof T 23 67
★★★ Hotel Schrempfhof T 23 39
★★★★ Pension Hartl T 27 16, 27 61
★★★★ Pension Rainhäusl T 22 73, 22 18
★★★ Pension Braun T 26 23
★★★ Pension Schrempfgut T 25 79
★★★ Pension Sonnhof T 22 30
★★★ Gasthof Waidmannsheil T 23 68, 20 24
★★ Pension Kreuzer T 23 06

Die Qualität von Hotelbetrieben steigt mit der Anzahl der Sterne.

Flattach/Kärnten

Tourismusgemeinschaft
Mölltaler Gletscher
A-9831 Flattach/Mölltal
T (0 47 85) 6 15, Fax 6 17

Alles über das Skigebiet Seite 214.
Hotelanzeigen siehe Seite 570.

★★★★ Sporthotel Mölltal T 6 10
160

Fontanella/Vorarlberg

Tourismusbüro
Fontanella-Faschina
A-6733 Fontanella
T (0 55 54) 51 50, 52 23, Fax 55 20

Alles über das Skigebiet Seite 57, 66.

★★★ Hotel Post T 5 22 20
36 4 km

Forstau/Salzburg

Fremdenverkehrsverband
A-5550 Forstau
T (0 64 54) 83 25

Alles über das Skigebiet Seite 186, 189.

Gasthof Forstauerwirt T 83 17

Erklärung der Symbole Seite 591.

Fügen/Tirol

Verkehrsbüro
A-6263 Fügen
T (0 52 88) 22 62, Fax 30 70

Alles über das Skigebiet Seite 128.

★★★★ Hotel Haidachhof T 23 80
★★★★ Hotel Post T 32 12
★★★★ Hotel Schiestl T 23 26
★★★ Berghotel T 2 12
★★★ Hotel Sonne T 22 66
★★★ Pension Annemarie T 24 32
★★★ Gasthof Kohlerhof T 29 62
★★ Gasthof Schöne Aussicht T 23 88

Fulpmes/Tirol

Tourismusverband
A-6166 Fulpmes
T (0 52 25) 22 35, 28 92, Fax 38 43

Alles über das Skigebiet Seite 121.

★★★★ Sporthotel Alphof T 31 63
★★★★ Hotel Donnerhof T 27 43, 28 45
★★★★ Erlebnishotel Stubaierhof T 2 26 60
130
★★★ Hotel Alte Post T 23 58
★★★ Hotel Holzmeister T 22 60
★★★ Hotel Lutz T 22 16
★★★ Appartementhaus Sonnklar T 26 60
★★★ Hotel Waldhof T 21 75
★★☆ Hotel Pension Eschenhof T 23 54
★★★ Gasthof Tirolerhof T 24 22

Galtür/Tirol

Tourismusverband
A-6563 Galtür
T (0 54 43) 5 21, Fax 5 21 76
Alles über das Skigebiet Seite 97.

★★★★ Hotel Fluchthorn T 2 02
★★★★ Hotel Post T 42 20, 42 30
★★★☆ Alpenhotel Tirol T 2 06, 3 28
★★★ Hotel Baltunspitze T 2 14
★★★ Hotel Pension Toni T 2 82
★★★ Pension Bergfried T 2 08
★★★ Pension Hochgaltür T 2 90
★★★ Gasthof Landle T 2 13
★★★ Gasthof Paznaunerhof T 2 34

Gargellen/Vorarlberg

Verkehrsverein
A-6787 Gargellen
T (0 55 57) 63 03, Fax 66 90
Alles über das Skigebiet Seite 75.
Hotelanzeigen siehe Seite 568-569.

★★★★ Sporthotel Bachmann T 63 16
70 0,2 km
★★★★ Alpenhotel Heimspitze T 63 19
★★★★ Hotel Madrisa T 63 31
121 0,2 km
★★★ Hotel Alpenrose T 63 14, 69 42
★★★ Das Kleine Hotel T 63 86
★★★ Hotel Feriengut Gargellenhof T 62 74
★★ Hotel Edelweiß T 63 17
★★ Hotel Marmotta T 6 30 10
★★ Hotel Silvretta T 63 08
★★ Alpenhotel Vergalden T 63 21
★★★ Appartementhaus Gariella T 6 23 70
★★ Alpenhaus Montafon T 63 05

Österreich

Gaschurn/Vorarlberg

Verkehrsamt
A-6793 Gaschurn
T (0 55 58) 82 01, Fax 81 38

Alles über das Skigebiet Seite 74.

★★★★ Landhotel Älpli T 8 73 30
60 0,05 km
★★★★ Ferienhotel Pfeifer T 86 20
61 0,6 km
★★★★ Posthotel Rössle T 83 33
105 0,4 km
★★★★ Sporthotel Silvretta Nova T 88 88
115 0,3 km
★★★★ Hotel Sonnblick T 8 21 20, 86 63
99 0,4 km
★★★★ Hotel Verwall T 8 20 60, 82 97
★★★ Alpenhotel Laijola T 86 55, 87 86
★★★ Hotel Lucas T 82 36, 86 74
53 0,3 km
★★★ Hotel Mardusa T 82 24
★★★ Hotel Monika T 82 91
44 0,1 km
★★★ Hotel Saladina T 82 04
25 0,1 km
★★★ Berghotel Versettla T 82 33
★★★ Gasthof Hodosy T 83 38
★★★ Pension Nova T 82 93
★★★ Haus Rudolph T 83 93
★★ Haus Schassa T 83 84
★★ Pension Schima Drosa T 86 92

Gasteiner Tal/Salzburg

Hoteleinträge siehe unter Badgastein, Bad Hofgastein, Böckstein, Dorfgastein, Großarl.

gaschurn+partenen im HOCHMONTAFON

Tel. (05558) 8201 **Fax (05558) 8138**

SPORTHOTEL SILVRETTA NOVA

GASCHURN

★★★★ *Das Hotel, das man sich gönnt.*

Zentrale, naturnahe Lage, A-la-carte-Restaurant und regionale Küche, Seminarräume, Kinderspielzimmer mit Betreuung, Kabel-TV, Hallenbad, 28°C, Solarien, Massageraum, Kosmetiksalon, moderner Fitnessraum mit Sporttherapeut, Fitnessprogramm, Finnischsauna, Bio-Sauna, Kräuterdampfbad, Frischluftgrotte, einzigartiges Tepidarium, grosse Sonnenterrasse, Kinderspielplatz, Eisstockbahn, spezielle Sportivwochen, eigenes Tenniscenter: 3 Hallen- + 4 Freiplätze, 300 m bis Talstation, mit eigenem Ski-Skischuhraum an der Talstation.

Und immer wieder gönnt.

Sporthotel Silvretta Nova · A-6793 Gaschurn
Hochmontafon/Austria · Telefon 055 58/88 88 · Telefax 055 58/82 67

★★★★ POSTHOTEL Rössle

Besitzer: Familie Keßler (seit 1813), A-6793 Gaschurn
☎ (05558) 8333, Fax (05558) 8333-50

Talverbundener Stil, alle Zimmer mit Bad/Du/WC, Radio, TV-Anschluß, viele mit TV u. Wohnteil, Appartements, Lift, Hallenbad (7 x 15 m), Sauna, Solarium, Kegeln, Billard, Garage, Restaurant, Menüwahl, 5 Gehminuten zur Versettlabahn.

...Hotel Sonnblick

Familie Tschanun, A-6793 Gaschurn
☎ (05558) 8212-0, Fax (05558) 8212-60

Fam. – sonnig – ruhig – zentral. Zi. u. App. mit Bad od. DU/WC/TV/Radio u. Tel. ✳ Frühstücksbuff. ✳ À-la-carte-Rest. ✳ Hallenbad ✳ Sauna ✳ Sol. ✳ TT ✳ Billard ✳ Türk. Dampfbad. 5 Min. zu den Liften.

HOTEL PFEIFER**,**
Fam. Pfeifer-Domig, A-6793 Gaschurn A,
☎ (05558) 8620, Fax 8808
Das Haus mit familiärer Herzlichkeit! Studios/DZ und Suiten (61 Betten) für 2 bis 6 Personen, Bad/DU/WC, Südbalkon, Minibar, Color-Kabel-TV, Tel., Radio, Safe. Sauna, Solarium, Fitneßraum, Massage, Dampfbad, Spiel- und Hobbyräume, Geschenkboutique, Billard, beheiztes Freibad, FÜ-Buffet, abends 4-Gang-Menü.

Hotel Lucas ★★★

Bes. Familie Fleisch, A-6793 Gaschurn,
☎ (0043) 5558/8236 o. 8674, Fax 8236-6.
Komf.-rustikal., zentr. Lage, Liftnähe (5 Gehmin.), 53 B., Zi. m. Bad/DU/WC, SAT-TV (im Zimmer), ☎, Balkon, Frühstücksb., 4-/5-Gang-Menü, Hausbar, Sauna, Solarium, Sonnenterrasse, TV- u. Kinderspielraum.

★★★ Hotel MONIKA

Familie Bergauer A-6793 Gaschurn
☎ (05558) 8291, Fax. (05558) 8126. Ruhig – zentral – komfortabel. 100 m zur Talstation der SILVRETTA NOVA. Sauna – Whirlpool – Solarium – Dampfbad. Wahlweise Zimmer und Appartements mit Frühstücksbuffet oder Halbpension.

★★★★ Landhotel Alpili

Familie E. u. H. Netzer
A-6793 Gaschurn
Tel. (0043) 5558/87330
Fax (0043) 5558/873371

Urlaub wie im Bilderbuch!

Das beste Hotel für Ihr Urlaubsdomizil.

Direkt an der Talstation der Gondelbahn, Ziel jeder Skiabfahrt.

Verwöhnen lassen wie ein Kaiser, die persönliche Gastfreundschaft genießen und alles Schöne eines Urlaubes erleben.

Schmankerl von Ihrem Hotel mit Herz

- **erstklassige Küche** – Menüwahl
- **Gourmetrestaurant** in original alten Montafonerstuben
- **Après-Ski**
- **Komfortsuiten** für 2–4 Personen, großzügiges Ambiente, Minibar, Farb-TV, Radio, Telefon, Safe
- schicke **Urlaubsbademäntel**
- **Erlebnisbad** mit Whirlpool, Röm. Dampfbad, Sauna, Solarium, Erfrischungen an der Karibikbar
- **Hoteltanzbar »Sissi«**, animativ und gepflegt
- **Massagen**, variable Entspannung

Gerlos/Tirol

Tourismusverband
A-6281 Gerlos
T (0 52 84) 5 24 40, Fax 52 44 24

Alles über das Skigebiet Seite 136.

★★★★ Hotel Almhof T 52 02, 53 23
★★★★ Hotel Gasthof Schönruh T 53 68
★★★ Hotel Alpenhof T 53 74
★★★ Hotel Pension Central T 53 00, 52 07
★★ Hotel Pension Maria Theresia T 53 17
★★★ Gasthof Kröller T 52 02
★★★ Gasthof Pension Riederhof T 52 89
★★ Pension Café Innertalerhof T 52 97

Going/Tirol

Tourismusverband
A-6353 Going
T (0 53 58) 24 38, Fax 35 01

Alles über das Skigebiet Seite 140.

★★★★ Hotel Stanglwirt T 20 00, 24 46
★★★☆ Hotel Blattlhof T 24 01
★★★ Gasthof Tennenhof T 24 36

Gosau/Salzburg

Fremdenverkehrsverband
A-4824 Gosau
T (0 61 36) 82 95, Fax 82 55

Alles über das Skigebiet Seite 172.

★★★★ Sporthotel Gosau T 73 70
★★★ Hotel Pension Koller T 82 07
★★★★ Gasthof Sommerhof T 82 58

Grän/Tirol

Tourismusverband
Grän-Haldensee
A-6673 Grän
T (0 56 75) 62 85, Fax 63 88

Alles über das Skigebiet Seite 88.

★★★★★ Hotel Rot Flüh T 64 31
★★★ Hotel Lumberger Hof T 63 92, 61 31
★★★ Appart-Hotel Told T 62 94, 61 91

Gries/Tirol

Tourismusverband
A-6182 Gries/Sellrain
T (0 52 36) 2 24, Fax 5 05

Alles über das Skigebiet Seite 114.

★★★★ Hotel Jagdschloß Kühtai
T (0 52 20) 2 01
★★★ Sporthotel Antonie T (0 52 20) 2 03
★★ Berghotel Fernerkogel
T (0 52 20) 2 95, 2 16

Großarl/Salzburg

Fremdenverkehrsverband
A-5611 Großarl
T (0 64 14) 2 81, 6 25, Fax 81 93

Alles über das Skigebiet Seite 177, 180.

★★★★ Hotel Gasthof Alte Post T 2 07, 4 36
★★★★ Hotel Tauernhof T 34 30, 26 40
★★★ Hotel Großarlerhof T 2 19, 2 03
★★★ Aparthotel Johanneshof T 82 04
★★★ Aparthotel Kathrin T 2 92, 2 31
★★★☆ Pension Sonnhof T 3 56, 5 02
★★★ Pension Alpenhof T 3 17
★★★ Pension Astlhof T 2 67
★★★ Pension Mayrhof T 3 18
★★★ Gasthaus Neumayr T 2 23
★★★ Gasthaus Neuwirt T 2 51
★★★ Pension Rattersberghof T 3 33
35 1 km
★★★ Gasthof Pension Schützenhof T 5 71
★★★ Pension Gästehaus Toferer T 3 12
★★★ Pension Viehhauser T 4 93
★★★ Gasthaus Zur Krone T 2 14
★★ Pension Schornhof T 2 87
★★ Pension Unterviehaus T 5 75

Gurgl/Tirol

Hoteleinträge unter Hochgurgl und Obergurgl.

Haus/Steiermark

Verkehrsbüro
A-8967 Haus/Ennstal
T (0 36 86) 22 34, Fax 24 30, Telex 3 82 54

Alles über das Skigebiet Seite 202.

★★★★ Erlebnishotel Hauser Kaibling
T 23 78, 25 78
★★★ Berghotel Dachstein-Blick T 26 44
★★★★ Pension Becker T 26 86
★★★ Pension Anni T 24 15
★★★ Pension Siedler T 41 91
★★★ Gasthof Stenitzer T 22 02

HÖHE PUNKTE
WEISS VON NOV. BIS MAI. DIE SKI-SZENE SPIELT HIER OBEN. ZWISCHEN 1800 UND 3000 METERN. ANDERE MASSTÄBE GELTEN. ÜBERALL. (BAHNEN PISTEN, SONNE, TIEFSCHNEE, KEINE WARTEZEITEN) AUSSERGEWÖHNLICHES IST HIER OBEN SELBSTVERSTÄNDLICHKEIT. HÖHEPUNKTE.
TOURISMUSVERBAND GURGL
A-6456 OBERGURGL/OETZTAL
TIROL · ☎ 00 43/52 56/258
FAX 3 53 77
Gurgl
HOCH OBER UNTER
ÖTZTAL TIROL
MonoGraficDesign

hotel DE LUXE
alpina
obergurgl
life-style

Nimm Dir Zeit für die Freude, sie ist die Quelle des Glücks.

Wohnen wie ein Fürst.
In herzlichem, luxuriösen Ambiente.

Den Kindern ihre eigene Winterwelt ermöglichen.
Kinderbetreuung. Kindertisch.

Wellness und Fitness.
Großzügige Badelandschaft.

Sorglos genießen.
Haus an der Skipiste.
Schneesicherheit von November bis Mai.
Keine Wartezeiten an den Liften.
Kein Massentourismus.

Obergurgl, das höchstgelegene Dorf Österreichs, im Skigebiet.
Ein Geheimtip für alle, die das Besondere suchen.

HOTEL ALPINA · FAMILIE PLATZER
A-6456 OBERGURGL
OETZTAL · TIROL
TEL. 0043/5256/295-0 und 505-0
FAX 0043/5256/234

Beglückende Ferien für Sie!

Österreich

Hotel austria
OBERGURGL · OETZTAL · TIROL · AUSTRIA

Besitzer: Familie Steiner, A-6456 Obergurgl 2, Postfach 211
Tel. Austria (05256) 282, 289, Tel. Bellevue (05256) 228, 333
Telefon aus BRD — **Telefon aus NL**
(0043) 5256/282, 289 — **(0943) 5256/282, 289**
(0043) 5256/228, 333 — **(0943) 5256/228, 333**
Fax 413

Komfortabel wohnen, gepflegt speisen, etwas für die Fitneß tun und aufmerksam bedient werden. Wenn das auch Ihre Hauptwünsche an ein Urlaubshotel sind, so treffen Sie bei unseren Familienbetrieben die beste Wahl.
Auch Ihr Auto macht bei uns Urlaub. Kein Hasten und Drängen zum Schibus. Denn die Piste beginnt und endet vor der Hoteltüre. „Aquamarin" heißt das einzigartige Bade- und Relaxing-Center unserer beiden Häuser. Balsam für Körper und Seele!
Küche und Keller haben wir mit besonderer Liebe kultiviert. Zur Freude des Gaumens. Überlassen Sie Ihre wertvollen Ferientage nicht dem Zufall. Kommen Sie zu uns! Schneesicherheit von Nov. bis Mai!

Unsere Superangebote:

Wedelwochen mit Schneegarantie:
vom 27. 11. bis 23. 12. 1993

Pulverschneewochen:
vom 8. bis 29. 1. 1994

Firn- und Tourenwochen:
vom 9. 4. bis 1. 5. 1994

Das neue HOTEL ★★★★ **Bellevue**
OBERGURGL · OETZTAL · TIROL · AUSTRIA

Sich etwas Freude leisten

Skipiste hallo! Direkt ins Zimmer lächelst Du mich an. Wo Skifahren noch Vergnügen ist. Und Schnee noch sicher. Warum sollte man sich mit weniger zufrieden geben?
Doppelzimmer mit Südbalkon. Schwimmbad, Sauna Whirlpool, Frühstücksbuffet und köstliches Abendmenü. Familienatmosphäre hoch vier. Hoch vier Sterne. Hochgurgl, Angerer Alm. Sich etwas Freude leisten.
Etwas Vorfreude im Prospekt. Roswitha schickt ihn gerne zu.

berghotel **Angerer Alm**
Fam. Scheiber
A-6456 Hochgurgl
Ötztal · Tirol
Tel. (0 52 56) 241/242
Fax (0 52 56) 24124

APPARTEMENTHAUS LOHMANN
A-6456 Obergurgl Ötztal-Tirol
☏ aus BRD u. CH: 0043/5256/201
Telefax: 0043/5256/3725
Bequem und behaglich wie in der eigenen Wohnung. Wohnungen für 2–12 Personen (30 m² bis 128 m²), alle Appartements mit eigener Küche, Wohnraum getrennt vom Schlafraum, Balkon, TV, Radio und Telefon, Aufenthaltsraum, Spielraum, Sauna, Solarium, Garage.
...wohnen Sie ungezwungen und frei in unserem komfortablen Appartementhaus.

rent a ski in austria
TOP QUALITY EQUIPMENT

Steigen Sie um – Ski mieten statt kaufen
- Ski mieten ist bequemer und billiger
- keine Transportkosten
- kein Unterhalt
- keine Lagerung

rent a ski in austria
TOP QUALITY EQUIPMENT

Das bedeutet für Sie:
- große Auswahl
- neues Material
- aktuelle Marken
- technische Sicherheit
- Bequemlichkeit
- Verläßlichkeit
- Zufriedenheit

Anforderung von Informationsmaterial bei Ski+Schuh Mode Lohmann

Suchen Sie
Klasse statt Masse,
dann

HOCH OBER UNTER **Gurgl**
Oetztal
Tirol

Hotel ENZIAN, Bes. Familie Santer, A-6456 Obergurgl, ☏ (05256) 235 oder 340, Fax (05256) 3405. Auf Brettl'n von und bis zur Haustür. Alle Zi. mit Bad o. Du/WC, Radio, ☏, Südbalk. Hot-Whirlpool, Dampfbad, Sauna, TT, Hotelappartement mit Kachelofen. **Superangebote im Nov., Dez., Jänner und April.**

Hotel Gasthof **Mühle**
Ihr Erlebnishotel im Oetztal

Ihr Ski- und Erlebnishotel ...

... inmitten der Ski-Arena Obergurgl–Hochgurgl. Einfahrwochen ab Anfang Dezember. Sonne, traumhafte Pisten, abwechslungsreiches Wochenprogramm, z. B. „Big-Foot"-Safari. Appartements und Komfortzimmer mit Wohnteil. In den neuen Zimmern „Schaf" und „Hangerer" sorgen Wollteppiche, Bauernöfen und Naturholzmöbel für eine besonders heimelige Atmosphäre.
Hallenbad, Sauna, Solarium, Massage, Kaminrestaurant, Tiroler Spezialitätenküche, Panorama-Café, Kinderspielzimmer.
Günstige Pauschalen samt großzügiger Extraleistungen.
Zum SKIFIT 4.–23. 12. 93 und FIRNFAHREN 9. 4.–2. 5. 94 per Woche ab DM 760,–. PULVERSCHNEEWOCHEN 8.–29. 1. 94 ab DM 815,–.
Fordern Sie noch heute unser Winterjournal an.

Bis bald. Ihre Familie Gstrein.

A-6456 Obergurgl, Am Königsrain 2
Telefon 0043/5256/351
Telefax 0043/5256/351-44

Österreich

Hotel Glocknerhof**** **Familie Pichler, A-9844 Heiligenblut 2,** ☏ (04824) 2244, Fax 224466, Tx 48154.
Erstklass. Ferienhotel, freundlich, gemütlich, ferienfroh. Am Sonnenhügel, nur wenige Schritte zur Kabinenbahn. Kaminhalle, Hallenschwimmb. (14 x 7 m, 29° C), Sauna, Sol., Masseur im Haus, Kinder- u. Fernsehraum, Ferienprogr., ideal für kleine Seminare, Frühstücksbüf., Wahlmenü mit Salatbar; Sportgeräteverl., Skiservice. Ermäß. Anreisetarife für Bahn- u. Fluganreise. Kinderermäß. Superpauschale v. 8. 1. bis 29. 1. 1994. Sonnenskiwochen 19. 3. bis 26. 3. 1994. Angebot anfordern.

Hotel KÄRTNERHOF**, Familie Fleißner, A-9844 Heiligenblut,** ☏ (04824) 2004, Fax 2004-89 „Ferien bei Freunden". Hallenbad, Sauna, Dampfbad, Fitneßraum, Tischtennis, Tennis, Solarium. Frühstücks-, Salat- und Dessertbuffet, Wahlmenüs, urige Almstube. Staatl. geprüfter Ski- und Bergführer.

Heiligenblut/Kärnten

Tourismusverband
A-9844 Heiligenblut
T (0 48 24) 20 01 21, Fax 20 01 43

Alles über das Skigebiet Seite 214, 218.

- **** Hotel Glocknerhof T 22 44 — 104, 0,1 km
- **** Hotel Kärtnerhof T 20 04 — 75, 0,8 km
- **** Hotel Post T 22 45, 22 42
- **** Hotel Senger T 22 15, 22 43 — 40, 0,5 km
- *** Appartmenthaus Sonne-Haus Sonnblick T (0 48 23) 2 27
- *** Hotel Sonnenhof T 20 84
- *** Pension Hieserhof T 22 76
- *** Gasthof Rupertihaus T 2 24 70
- *** Pension Tauerngold T 20 45
- *** Pension Trojerhof T 22 41
- *** Berggasthof Wallackhaus Großglocknerstraße T 22 23, 20 61 — 40, 0,1 km

Hotel „Haus Senger" **, A-9844 Heiligenblut/Großglockner,** ☏ (04824) 2215, 2243, Fax 2215-9. Das kleine Berghotel am Sonnenhang, 10 Gehmin. ins Dorf. Schiabfahrt von und zum Haus. Komf. Zi., Appartements, Luxussuiten, Restaurant, große Sauna, Dampfbad, Sol., Fitneß. Gepflegt, erholsam, urgemütlich!

Berggasthof Wallackhaus, Fam. Wallner, A-9844 Heiligenblut, ☏ (04824) 2223, Fax 22235. Mitten in der Skiregion Großglockner (2304 m SH). Skianlagen Schareck-Fallbichl vor der Tür. Idealer Ausgangspunkt für Skitouren, günst. Gruppentarife. 45 B., alle Zi. m. Du. od. Bad/WC. Gemütl. Gasträume, Kellerbar, Sauna, Dampfbad, Fitneßraum.

AAA
Ihr **** Winterurlaub ist da! von DM 138,- bis DM 198,- pro Gast & Nacht inkl. Halbpension
Tel. 04285/8182, Fax 818281
ALMAATA
Das fulminante Almhotel
Sonnenalpe Naßfeld,
A-9620 Hermagor/Kärnten

Hermagor/Kärnten

Fremdenverkehrsamt
A-9620 Hermagor
T (0 42 82) 20 43, Fax 20 43 50

Alles über das Skigebiet Seite 222/223.

- **** Almhotel Almaata T (0 42 85) 81 81
- **** Sporthotel Hoffmann T (0 42 85) 82 25
- **** Hotel Sonnenalpe T (0 42 85) 82 11
- **** Alpenhotel Wulfenia T (0 42 85) 81 11
- *** Hotel Stotterhof T 20 65

Hinterstoder/O.-Österreich

Tourismusverband
A-4573 Hinterstoder
T (0 75 64) 52 63, Fax 55 44

Alles über das Skigebiet Seite 194.

- **** Berghotel Hinterstoder T 54 21
- *** Hotel Stoderhof T 52 66
- *** Pension Dietlgut T 52 48
- *** Pension Hubertus T 55 02
- *** Gasthof Poppengut T 52 68, 52 61

WELTCUPORT
Hinterstoder
BERG BAHNEN
HÖSS · BÄRENALM

A-4573 HINTERSTODER, Oberösterreich, ☏ (07564) 5275-0
Skierlebnis in der herrlichen Bergwelt von Hinterstoder. In knapp 10 Minuten bequem mitten ins Skigebiet – damit Skifahren zum Vergnügen wird. Hinterstoder, der gemütliche Weltcup-Ort (600 m–1860 m) mit Atmosphäre und Attraktionen für Ihren Urlaub:
moderne 6er-Kabinenbahn, 4 Doppelsesselbahnen, 10 Schlepplifte, 33 km gepfl. Pisten aller Schwierigkeitsgrade, 1260 m Höhenunterschied; Höhen- und Talloipen. Skischule. Günstige Skipässe. Schneekanonen bei der Bärenalmbahn. Schneebericht: ☏ (07564) 5500, Fax 5275-30.

Hintertux/Tirol

Tourismusverband
Tux
A-6294 Hintertux
T (0 52 87) 6 06, Fax 6 24

Alles über das Skigebiet Seite 133.

★★★★	Hotel Alpenhof T 3 03
★★★★	Badhotel T 3 12
★★★	Hotel Gasthof Berghof T 3 04
★★★	Hotel Pension Bergland T 3 88 52 · 2 km
★★★	Hotel Pension Vierjahreszeiten T 3 26, 3 11

Hippach/Tirol

Tourismusverband
Hippach und Umgebung
A-6283 Hippach/Zillertal
T (0 52 82) 36 30, 25 93, Fax 25 93 10

Alles über das Skigebiet Seite 128.

★★★	Gasthof Pension Schwarzer Adler T 36 90, 30 13 80 · 0,3 km

Hirschegg/Vorarlberg

Verkehrsamt
Kleinwalsertal
A-6992 Hirschegg/Kleinwalsertal
T (0 55 17) 5 11 40, Telex 04 75 91 50

Alles über das Skigebiet Seite 68.

★★★★	Sporthotel Walserhof T 56 84
★★★	Alphotel Berghalde T 54 49 118 · 0,1 km
★★★	Restaurant Hotel Der Berghof T 54 45, 54 47
★★★	Sporthotel Walliser T 33 00
★★	Hotel Alpina T 54 06
★★★	Gasthof Pension Schuster T 54 14, 54 61

Hochgurgl/Tirol

Tourismusverband
Obergurgl/Hochgurgl
A-6456 Hochgurgl
T (0 52 56) 2 58, 3 53, Fax 3 53 77

Alles über das Skigebiet Seite 110.
Hotelanzeigen siehe Seite 554-557.

★★★★	Berghotel Angerer Alm T 2 41 90 · 0,1 km
★★★★	Sporthotel Olymp T 4 91
★★★★	Hotel Riml T 2 61
★★★	Hotel Laurin T 2 27

Hochsölden/Tirol

Tourismusverband
Sölden/Hochsölden
A-6452 Hochsölden
T (0 52 54) 2 21 20, Fax 31 31

Alles über das Skigebiet Seite 106.
Hotelanzeigen siehe Seite 574.

★★★★	Hotel Edelweiß T 22 98 49 · 0,05 km
★★★★	Alpenhotel Enzian T 22 52, 25 05 95 · 0,2 km
★★★	Sporthotel Schöne Aussicht T 22 21, 24 03

Höfen/Tirol

Hoteleinträge siehe unter Reutte, Tannheim.

Hopfgarten/Tirol

Tourismusverband
A-6361 Hopfgarten
T (0 53 35) 23 22, Fax 26 30

Alles über das Skigebiet Seite 140.

★★★	Sporthotel Fuchs T (0 55 35) 24 20
★★☆	Gasthof Strobl T (0 55 35) 24 35
★★☆	Gasthof Tirolerhof T (0 55 35) 22 71
★★	Gasthof Traube T (0 55 35) 22 08

Imst/Tirol

Tourismusverband
A-6460 Imst
T (0 54 12) 2 41 90, Fax 47 83

Alles über das Skigebiet Seite 101.

★★★★	Hotel Belmont T (05 41 29 54 80
★★★★	Romantik-Hotel Post Schloß Sprengenstein T 25 54
★★★★	Hotel Stern T 33 42, 30 40
★★★	Gasthof Grüner Baum T 33 45
★★★	Gasthof Zum Hirschen T 22 09

Die Qualität von Hotelbetrieben steigt mit der Anzahl der Sterne (1–5).

Österreich

★★★★
HOTEL
TIROL
A-6561
ISCHGL
Besitzer
Familie Elmar Aloys
☏ (05444) 5216
Fax (05444) 52166

Erleben Sie einen erholsamen und sportlichen Urlaub in unserem Hotel. Das Haus liegt neben der Silvrettaseilbahn, die Schiabfahrt führt direkt zum Hotel. Die Zimmer sind ausgestattet mit Bad oder Dusche, WC, Farbfernseher, Balkon, Zimmersafe, Telefon, Radio und Wohnteil.
Unser großer Speisesaal sowie die Halle mit offenem Kamin, Stübchen, Tagesbar und Café-Restaurant dienen zur kulinarischen und geruhsamen Erholung.
Aktivitäten im Haus: Frühstücksbuffet, Fondueabend, mehrgängiges Wahlmenü, verschiedene Buffets, auf Wunsch –Diätküche, Solarium, Massage, Fitneßraum, Tischtennis, Billardzimmer, Kinderspielzimmer, Personenlift, Parkplatz dir. neben d. Haus, Garage.
Neu!!! Erlebnisanlage: Sauna, römisches Dampfbad, Whirlwannen, Nebelgrotte, Kneippgang usw.

Innerkrems/Kärnten

Fremdenverkehrsverband
A-9862 Innerkrems
T (0 47 32) 27 72, Fax 27 39

Alles über das Skigebiet Seite 219.

★★★★ Ski- und Jagdhotel Berghof
T (0 47 36) 28 50, (0 47 35) 22 70
90 0,1 km
★★★★ Sporthotel Nockalm T (0 47 36) 2 33
★★★★ Sporthotel Schönfeld T (0 47 36) 3 21
★★★ Hotel Königsstuhl T (0 47 36) 2 11

Innsbruck/Tirol

Tourismusverband
Innsbruck-Igls
A-6021 Innsbruck
T (05 12) 5 98 50, Fax 59 85 07

Alles über das Skigebiet Seite 115.

★★★★★ Hotel Europa-Tyrol T 59 31
★★★★ Hotel Alpin-Park T 4 86 00
★★★★ Hotel Central T 59 20
★★★★ Hotel Clima T 58 83 61
★★★★ Hotel Grauer Bär T 59 24
★★★★ Hotel Café Restaurant Greif T 58 74 01
★★★★ Hotel Innsbruck T 5 98 68
★★★★ Hotel Maria Theresia T 59 33
★★★★ Hotel Maximilian T 5 99 67
★★★★ Hotel Neue Post T 5 94 76
★★★★ Hotel Restaurant Penz T 2 25 14
★★★★ Tourotel Breinössl T 58 41 65
★★★ Hotel Bellevue T 29 23 36
★★★ Hotel Goldener Stern T 8 13 57
★★★ Hotel Roter Adler T 5 94 47
★★★ Hotel Union T 2 33 13

HOTEL BERGHOF★★★★, Familie Kohlmaier, A-9862 Innerkrems 2, ☏ (04736) 2850, Fax 2854. Rust. Familien-Sporthotel direkt an den Liften, neben Skischule u. Skikindergarten m. Pisten bis vor die Haustüre. Wohnen m. allem Komfort, sehr gute Küche, attr. Freizeiteinrichtungen, Kinderservice (Gitterbettchen, Hochstühle, Kindermenüs, elektron. Überwachung, Kindermädchen nach Bed.). Gut geeignet f. Reisegruppen – Pauschalarrangements.

★★★★
Goldener Adler

Familie Johann Kurz · A-6561 ISCHGL/Tirol
☏ (05444) 5217 · Fax (05444) 5571

Ischgls ältester Gasthof, erstklassige Hotelqualität, zentrale Lage. Komfortzimmer ausnahmslos mit Dusche oder Bad, WC, Tresor, Minibar, TV, Radio und Telefon.

Vorzügliche Küche.

Im Haus Whirlpool, Dampfbad und Sauna. Winter-/Sommerbetrieb mit Aktivitätsschwerpunkten. Geschlossen zwischen 15. Oktober und Anfang Dezember.

HOTEL
Antony

Familie Bruno Salner,
A-6561 Ischgl/Tirol,
☏ (05444) 5427
Fax (05444) 5427-45

. . . Ferien im Hotel Antony

Unser Haus mit 80 Betten bietet Ihnen gediegenen und modernen Komfort. Hauslift, Sauna, Solarium. Alle Zimmer sind mit Bad oder Dusche/WC, ☏ (Durchwahl ins Zimmer), Radio, TV mit 15 Programmen, größtenteils auch mit Balkon ausgestattet. International ausgezeichnete Küche, aufmerksamer Service, echte Tiroler Atmosphäre. Parkplätze und Garagen direkt beim Hotel.

Pfunds • Tirol
DREILÄNDERECK
ÖSTERREICH · SCHWEIZ · ITALIEN

Mit unseren kontinuierlich pendelnden Skibussen eröffnen wir Ihnen ca. 200 km bestens präparierte Abfahrten in die **Silvretta-Ski-Arena Samnaun-Ischgl** und in das **Skigebiet von Nauders.**

Totales Skivergnügen verspricht die Pfunds-Skisafari in 3 Länder: A – CH – I. Skiguides begleiten Sie durch die Skigebiete von Schöneben (I), Nauders (A), Bad Scuol (CH) und durch die Silvretta-Ski-Arena Samnaun-Ischgl (A/CH).

Um den Gästen Kosten für Skibusse zu ersparen, werden diese zur Gänze vom Fremdenverkehrsverband getragen.

Ski- und Langlaufschule, Eislaufplatz und Eisstockschießen, Rodelbahnen, Kutschenfahrten, 30 km Wanderwege und Zimmergewehrschießen versprechen einen abwechslungsreichen Winterurlaub.

Auskünfte: **Tourismusverband Pfunds**
A-6542 Pfunds, Postfach 17
☏ (05474) 5229, Fax (05474) 5532

Das starke Dorf
Nauders
am Reschenpaß
Nauders
Tourismusverband A-6543 Nauders/Tirol/Austria, Tel. (0)5473.220, 205, Fax: .../627
Alles über das Skigebiet Seite 100

Absender: ....
....
....
....

Das starke Dorf **Nauders** am Reschenpaß

IM VERBUND DER ORTLER SKIARENA

Zimmeranfrage:

Bitte um

❐ fixe Reservierung ❐ Ihr Angebot

für die Zeit vom .... bis .... 19....

oder vom .... bis .... 19....

Wunsch

.... Einzelzimmer	❐ Fließwasser	❐ Dusche/Bad	❐ Dusche/Bad/WC
.... Doppelzimmer	❐ Fließwasser	❐ Dusche/Bad	❐ Dusche/Bad/WC
.... Dreibettzimmer	❐ Fließwasser	❐ Dusche/Bad	❐ Dusche/Bad/WC
.... Ferienwohnung(en)		für .... Personen	
❐ Hotel	❐ Gasthof	❐ Pension	❐ Privat
Übernachtung mit:	❐ Frühstück	❐ Halbpension	❐ Vollpension

Tourismusverband
Nauders

A-6543 NAUDERS/Tirol

BERGBAHNEN

... hinein in's weiße Vergnügen. "Schnee sucht Skifahrer" zum Schweben, Swingen, Gleiten, daß es nur so staubt. Top Höhenlage (1.400 - 2.850 m), Schnee, dank "snowmachines", von Dezember bis Mai, 55 km Piste, 15 Lifte - fast alle über 2.000 m. Ein Brettlspaß zwischen Bergkastel und Tscheyeck. Wartezeiten - unbekannt. Der Ort lebendig, die Dorfstraße Kontaktbörse.

Nauders

Stark im Service

Ischgl/Tirol

Tourismusverband
A-6561 Ischgl
T (0 54 44) 52 66, Fax 56 36

Alles über das Skigebiet Seite 94.

★★★★ Hotel Goldener Adler T 52 17, 54 02
56 0,2 km
★★★★ Sporthotel Piz Buin T 53 00, 53 92
★★★★ Hotel Post T 52 32, 52 33
★★★★ Hotel Solaria T 52 05
★★★★ Hotel Tirol T 52 16
86 0,05 km
★★★ Hotel Antony T 54 27
90
★★★ Sporthotel Ischglerhof T 53 31, 53 30

Jerzens/Tirol

Tourismusverband
A-6474 Jerzens
T (0 54 14) 3 00, Fax 83 45

Alles über das Skigebiet Seite 104.
Hotelanzeigen siehe Seite 562-563.

★★★★ Sporthotel Andy T 81 00, 81 08
54 0,1 km
★★★★ Hotel Jerzner Hof T 6 01, 6 02
95 2 km
★★★★ Hotel Gasthof Lamm T 3 37
80 3 km
★★★★ Hotel Venetblick T 2 94
★★★ Panorama Hotel T 3 52, 5 16
★★★ Gasthof Alpenfriede T 3 43, 83 47
90 3 km
★★ Berghotel Hochzeigerhaus
T 3 12, 3 35, 2 15
★★ Haus Hubertus T 3 15

Kappl/Tirol

Tourismusverband
A-6555 Kappl
T (0 54 45) 62 43, 64 11, Fax 61 63

Alles über das Skigebiet Seite 96.

★★★ Hotel Post T 62 03
★★★ Hotel garni Sonne T 62 03

Kaprun/Salzburg

Fremdenverkehrsverband
A-5710 Kaprun
T (0 65 47) 8 64 30, 8 64 40, Fax 81 92

Alles über das Skigebiet Seite 152, 164.

★★★★ Hotel garni Barbarahof
T 7 24 80, 8 73 20
★★★★ Hotel Burgruine T 8 30 60
★★★★ Sporthotel Kaprun T 8 62 50, 6 65 95
★★★★ Hotel Kaprunerhof T 7 23 40
★★★★ Hotel Orgler T 82 05, 83 12
70 0,05 km
★★★★ Hotel Sonnblick T 8 30 10
★★★☆ Hotel Toni T 7 11 30
★★★☆ Hotel Vier Jahreszeiten T 8 31 60
★★★ Hotel Berghaus-Gletscherbahn T 83 00
★★★★ Pension Sportkristall T 7 13 40
★★★☆ Pension Berg Heil T 83 39, 71 62
★★★☆ Gasthof Martini T 72 21
★★★☆ Gasthof Tauernhof T 8 23 50
★★★ Pension Gästehaus Linshalm T 83 84
★★★ Pension Oberlehenhof T 84 81
★★★ Pension Sonnhof T 71 10
★★★ Alpengasthof Wüstlau T 84 61

Katschberg/Salzburg

Verkehrsbüro
A-9863 Katschberg
T (0 47 34) 6 30, Fax 7 53

Alles über das Skigebiet Seite 190.

★★★★ Alpenresidenz Hubertus T 3 19
140 0,2 km
★★★★ Clubhotel Katschberghof T 2 66
★★★★ Alpen-Sporthotel Katschberghöhe
T 2 20
★★★★ Sporthotel Salzburger Hof T 3 81
Ferienwohnungen und Skihütten
Aigner T 3 42, (0 64 77)5 40

Kaunertal/Tirol

Hoteleinträge siehe unter Feichten.

Erklärung der Symbole Seite 591.

DER SCHIBERG ...

INFO HOCHZEIGER: Tel. 0043/5414/262 od. 534, SCHNEETELEFON 0043/5414/53477

Jerzner Hof ★★★★

HOTEL JERZNER HOF ****
A-6474 JERZENS • PITZTAL
Tel. (0043) 5414/601, Fax 5414/602 12

4 Sterne Hotel im Schigebiet Hochzeiger, 90 Betten in Komfortzimmern, Appartements und Suiten, die HP beinhaltet: Frühstücks-, Kuchen- und Salatbuffet, 3 Abendmenüs zur Wahl, OASE zum Wohlfühlen mit Hallenbad, Whirlpool, Sauna, Sanarium, Dampfbad, Kneippbecken,...
Nähe zum Pitztal-Gletscher

SUPERANGEBOTE:
7 Tage HP
01.11. - 18.12.93 ab DM **630,-**
18.12. - 25.12.93 ab DM **730,-**
08.01. - 30.01.94 ab DM **660,-**

Hotel zum LAMMWIRT

Fam. Jenewein
A-6474 Jerzens Pitztal/Tirol
Tel. (05414) 337 od. 328, Fax 8270
Vorwahl für Österreich: 0043

Gemütlich – romantisch · Im Zentrum am Sonnenplateau Jerzens · Der Gratisschibus, der vor dem Hotel hält, bringt Sie direkt zur Talstation der Hochzeiger-Bergbahnen.
Geschmackvolle Einrichtung im tradit. Tiroler-Stil: Speisesaal, Lammkeller, Dorf-, Gustl-, Musikstube, Mühlbar, Aprè-Schi-Theke, großzügige Hotelhalle mit offenem Kamin, Kinderspielzimmer, Terrasse.
Alle Komfortzimmer mit DU oder BAD/WC/TEL/FARB-TV/BALKON
Im Halbpensionspreis inbegriffen: Frühstücksbuffet mit BIO-Ecke, Kuchenbuffet od. Nachmittagsjause, 3 Menüs zur Wahl am Abend – auf Wunsch mit Diät bzw. Schonkost. Benutzung d. Freizeitbereiches, Hotelsafe.
NEU: Hauseigenes Schi- und Schuhdepot direkt an der Talstation der Hochzeiger-Bergbahnen!
Die Preise verstehen sich pro Pers. u. Tag mit Halbpension u. Ortstaxe. Vollpensionsaufzahlung: ÖS 120,–. Mindestaufenthalt 5 Tage, ansonsten 10 % iger Aufschlag!
Kinderermäßigung
Im Elternzimmer bis 7 J. 50 %, bis 12 J. 30 %! Kinder bis 3 J. im Reisebettchen sind frei! Eigenen Wickeltisch bzw. eigene Kinderstühle haben wir natürlich auch! Das Kindermenü bekommen Sie selbstverst. auch ganz nach Ihrem Wunsch zubereitet!

Buffets aller Art, Weihnachts- und Silvester – Galamenü, 2 x wöchentlich Tanz im Lammkeller, Rodelabende, Raclетteabend, eigene Hausmusik, Freizeitbereich (Sauna, Solarium, Thermarium, Whirlpool).

Beachten Sie bitte unsere Kinderermäßigung! Sonderpauschalangebote im Jänner und nach Ostern!

Hotel Hubertus ★★★★

Familie Riml, A-6473 Wenns/Pitztal/Tirol
☏ (0043) 5414/426, Fax (0043) 5414/8344

Die beliebten „Hubertus-Sonderleistungen" bei Aufenthalt ab 3 Tagen im Pensionspreis inkludiert

- **großes Frühstücksbuffet mit Bio- und Diätecke**
- **schönes Abendmenü nach Wahl mit Salatbuffet**
- **Erlebnishallenbad mit Kindergrotte**
- **Sauna, Dampfbad, Fitneßbereich, Solarium**
- **Hausbibliothek, Hobby- und Videoraum, Spielzimmer**

- **Superwinterpauschalen ab DM 660,– pro Woche!**
- **Bitte fordern Sie unsere Prospektunterlagen an!**
- **Schneegarantie**

Atelier Egger, 6460 Imst

2500 m HochZeiger Jerzens

8er Gondelumlaufbahn • 8 Liftanlagen • kuppelbare 4er Sesselbahn • Beschneiungsanlage • 40 km bestpräparierte Abfahrten • 1000 m Höhenunterschied . . . JERZENS der Ort zu Füßen des Hochzeigers, in sonniger Panoramalage. Quirliges Skidorf mit Top-Gastronomie!

Hotel Panorama ***

Maria und Sepp Reinstadler
A-6474 Jerzens
Tel. (054 14) 352, Fax (054 14) 516 50

DAS HAUS MIT TIROLER GASTLICHKEIT
WOHNEN BEIM BÜRGERMEISTER

Herzlich willkommen, liebe Gäste, in unserem familiär geführten Haus. Sonnige Hanglage, herrliche Aussicht, einfach ideal zum Erholen, Entspannen, Glücklichsein – urlauben.

Behaglich ist die Atmosphäre im Zirbenstüberl, im gediegenen Speisesaal. Wohnliche Komfortzimmer, Fröhlichkeit und Stimmung in der rustikalen Klause. **Kinderspielplatz,** Sonnenterrasse – hier fühlt sich die ganze Familie wohl. Kinderermäßigung. HALBPENSION: Frühstücksbuffet mit Bioecke und Abendmenü mit 4 Gängen – Salatbar. Zum Lift ca. 250 m. Skiabfahrt bis zum Hotel.

Auf Ihren Besuch freuen sich Sepp, Maria und Kinder.

PITZTALER HOF

Fam. Thurner
A-6473 Wenns/Tirol
Tel. (054 14) 220, 8236, Fax 84 30

Der Pitztaler Hof liegt im Zentrum von Wenns. Die familiäre Atmosphäre unseres Hauses garantiert Ihnen einen erholsamen Urlaub. 80 Komfortbetten, alle Zi. mit DU/WC, Tel. und teilweise Balkon. Angebote: Sauna, Dampfbad, Solarium, Hausbar mit 50 Sitzplätzen. Für Ihr leibliches Wohl sorgt die Chefin persönlich. Der Speisesaal mit Panoramablick bietet 300 Gästen Platz. Ausreichend Parkmöglichkeiten vorhanden. Nur 27 km zum Gletscher. Ein ideales Feriendomizil inmitten einer schönen Berglandschaft. Auf Ihren Besuch freut sich Fam. Thurner.

Hotel Alpenfriede ***

Fam. Klingler, A-6474 Jerzens 159 ☎ **(05414) 343 oder 83 47, Fax (05414) 8347-55**

Neu: Umbau im Frühjahr & Sommer 93, vergrößert und modernisiert!

Unsere Erneuerungen für die Wintersaison 93/94: Für "Ihren Bereich" bei uns: Komfortzimmer bzw. Appartements/Familienzimmer mit Dusche/WC/Balkon/Telefon/SAT-TV/Sitzecke...

Für "Ihre Erholung und Entspannung" bei uns: Sauna/Dampfbad/Solarium/Tischtennis//Billard/Kinderspielzimmer ... Rodelabende, Eisstockturniere, geselliges Beisammensein...

Für "Ihre kulinarischen Ansprüche" bei uns: Frühstücksbuffet mit Bioecke, Wahlmenü, verschiedene Buffets wie Salat-, Vorspeisen-, Dessertbuffet...sowie Fondue und Spezialitätenabende.

Genießen Sie Urlaub von der ersten Stunde an. Herzlich Willkommen im ALPENFRIEDE.

Ihre Familie Klingler mit Mitarbeitern.

P.S.:Alpenfriede-Zuckerl im Jänner 94! 7 Tage Halbpension + 6 Tage Schipaß am Hochzeiger ab ÖS 4.800,- pro Person und Woche.

Blauer Himmel, weiße Pracht und Top-Angebote für die „Weißen Wochen". Halbpension öS 690,–. Die schnellen Mädchen und Männer der deutschen Skinationalmannschaft sind schon seit Jahren unsere Gäste. Sagen auch Sie „Aufi muaß i", und Sie werden es immer wieder sagen.

Andy ★★★★ SPORT-HOTEL

Familie Andy Kirschner

6474 Jerzens · Pitztal
Tirol · Österreich
Telefon 0 54 14 / 81 00
Telefax 0 54 14 / 81 00-39

INFO TOURISMUSVERBAND JERZENS: A-6474 Jerzens 5, Tel. 0043/5414/300, Fax 0043/5414/8345

Österreich

Kirchberg/Tirol

Tourismusverband
A-6365 Kirchberg
T (0 53 57) 23 09, 26 88, Fax 37 32

Alles über das Skigebiet Seite 142.

★★★★☆ Sporthotel Alexander T 22 22
★★★★ Hotel Happy Kirchberg T 28 42
★★★★ Hotel Park T 23 83
★★★★ Hotel Sonnalp T 2 74 10
★★★★ Hotel Sonne T 24 02
★★★★ Hotel Tyroler Hof T 26 65
★★★ Hotel Landhaus Brauns T 25 45
★★★ Hotel Sportalm T 27 78
★★★ Pension Eva T 23 53
★★★ Jagdhaus Fremdenheim T 23 71
★★★ Pension Maria-Rose T 23 37
★★★ Gasthof Tiroler Adler T 23 27
★★☆ Pension Schweigers Berghof T 22 53

Kirchdorf in Tirol/Tirol

Tourismusverband
A-6382 Kirchdorf in Tirol
T (0 53 52) 31 36

Alles über das Skigebiet Seite 142.

★★★ Pension Annahof T 31 55
★★★ Pension Binder T 21 09
★★★ Gasthof Pension Neuwirt T 31 20
★★★ Gasthof Zehenthof T 31 25
★★ Gasthof Pension Leerberghof T 33 04

Kitzbühel/Tirol

Tourismusverband
A-6370 Kitzbühel
T (0 53 56) 21 55, 22 72, Fax 23 07

Alles über das Skigebiet Seite 142.

★★★★ Hotel Ehrenbachhöhe T 21 51
★★★★ Hotel Erika T 48 84
★★★★ Hotel Goldener Greif T 43 11
★★★★ Hotel Kitzbühler Hof T 7 13 00
★★★★ Parkhotel T 43 95
★★★★ Sporthotel Reisch T 3 36 60
★★★★ Hotel Restaurant Schloß Lebenberg T 43 01
★★★★ Hotel Restaurant Bar Tennerhof T 31 81
★★★☆ Hotel Bruggerhof T 28 06
★★★☆ Hotel Klausner T 21 36
★★★☆ Hotel Schweizerhof T 27 35
★★★☆ Hotel Sonnenhof T 27 21
★★★ Hotel Am Lutzenberg T 32 79
★★★ Hotel garni Christophorus T 27 83
★★★ Hotel Pension Hahnenhof T 25 82
★★★ Hotel Hofer T 30 13
★★★ Hotel Montana T 25 26
★★★ Hotel Restaurant Resch T 22 94
★★★ Hotel Restaurant Seebichl T 25 25
★★★ Hotel Strasshofer T 22 85
★★★ Gasthof Eggerwirt T 24 55

Die Qualität von Hotelbetrieben steigt mit der Anzahl der Sterne.

Kleinarl/Salzburg

Verkehrsbüro
A-5602 Kleinarl
T (0 64 18) 2 06, Fax 3 64

Alles über das Skigebiet Seite 182.

★★★ Hotel Tauernhof T 2 47
★★★ Pension Ennskrayblick T 2 52
★★☆ Gasthaus Angerwirt T 2 15
★★☆ Pension Emmi T 2 39

Kleinwalsertal

Hoteleinträge unter Hirschegg, Mittelberg und Riezlern.

Klösterle/Vorarlberg

Fremdenverkehrsverband
A-6754 Klösterle
T (0 55 82) 7 77, Fax 5 90

Alles über das Skigebiet Seite 65.

★★★ Sporthotel Klosterthaler Hof T 5 35
★★ Pension Haus Christian T 4 04
★★ Gasthof Krone T 2 21

Kössen/Tirol

Tourismusverband
A-6345 Kössen
T (0 53 75) 62 87, Fax 69 89

Alles über das Skigebiet Seite 137.

★★★★ Alpenhotel Peternhof T 62 85
★★★ Gasthof Post T 62 76
★★★ Gasthof Café Restaurant Waidachstube T 64 15
Haus Central T 63 22

Krakauebene/Steiermark

Hoteleinträge siehe unter Murau.

Kramsach/Tirol

Tourismusverband
A-6233 Kramsach
T (0 53 37) 22 09‹6 22 09›, Fax 47 88‹6 47 88›

Alles über das Skigebiet Seite 123.

★★★ Hotel Kramsacherhof T 39 87‹6 39 87›
★★★ Hotel Schloßhof T 29 13‹6 29 13›

Krimml/Salzburg

Fremdenverkehrsverband
A-5743 Krimml
T (0 65 64) 2 39, Fax 5 50

Alles über das Skigebiet Seite 167.

★★★ Gasthof Klockerhaus T 2 08
★★★ Gasthof Krimmlerfälle T 2 03
★★★ Gasthof Zur Post T 35 80

Österreich

Kühtai/Tirol

Tourismusverband
A-6183 Kühtai
T (0 52 39) 2 22, Fax 2 55

Alles über das Skigebiet Seite 114.

- ★★★★ Hotels Astoria T 2 15, 2 35
- ★★★★ Hotel Jagdschloß Kühtai T 2 01, 2 25
- ★★★★ Apart-Hotel Kühtaier Schlößl T 2 04, 2 74
- ★★★★ Hotel Mooshaus T 2 77
- ★★★ Hotel Alpenrose T 2 05, 2 34
- ★★★ Hotel Elisabeth T 2 40, 2 52
- ★★★ Hotel Konradin T 2 20
- ★★★ Hotel Olympia T 2 14, 2 36
- ★★★ Alpenhotel Seiler T 2 78
- ★★★ Berghotel Silzerhof T 2 09, 2 51
- ★★★ Sporthotel Kühtai T 2 17
- ★★★ Hotel Tyrol T 2 08

Lackenhof/Niederösterreich

Fremdenverkehrsverband
A-3295 Lackenhof
T (0 74 80) 2 86, Fax 2 42

Alles über das Skigebiet Seite 197.

- ★★★ Gasthof Etzler T 2 41
- ★★★ Pension Ötscherhof T 2 03
- ★★★ Pension Uiblagger T 2 35

Ladis/Tirol

Tourismusverband
A-6531 Ladis
T (0 54 72) 66 01, Fax 22 77

Alles über das Skigebiet Seite 99.

- ★★★ Hotel Bad Ladis T 62 55, 60 50
- ★★★ Gasthof Rose T 62 13
- ★★ Pension Forer T 66 22

Landeck/Tirol

Tourismusverband
A-6500 Landeck
T (0 54 42) 6 23 44, Fax 6 78 30

Alles über das Skigebiet Seite 101.

- ★★★★ Hotel Pension Mozart T 6 42 22
- ★★★★ Tourotel Post T 6 23 83
- ★★★ Hotel Schrofenstein T 6 23 95

Lanersbach/Tirol

Tourismusverband
Tux
A-6293 Lanersbach
T (0 52 87) 6 06, Fax 6 24, 6 06 31

Alles über das Skigebiet Seite 135.

- ★★★★ Hotel Central T 7 04
- ★★★ Hotel Bergfried T 2 39, 3 70
- ★★★ Hotel Kirchlerhof T 4 31
- ★★★ Pension Tirolerhof T 4 81
- ★★ Gasthof Pension Forelle T 2 14

Die Qualität von Hotelbetrieben steigt mit der Anzahl der Sterne.

Laterns/Vorarlberg

Verkehrsverein
A-6830 Laterns
T (0 55 26) 2 03, Fax 2 14

Alles über das Skigebiet Seite 64.

- ★★ Gasthof Bergfrieden T 2 30
- ★★ Gasthof Löwen T 2 18

Lech am Arlberg/Vorarlberg

Verkehrsbüro
A-6764 Lech am Arlberg
T (0 55 83) 2 16 10, Fax 31 55

Alles über das Skigebiet Seite 76.
Hotelanzeigen siehe Seite 542.

- ★★★★★ Hotel Arlberg T 2 13 40
- ★★★★★ Hotel Gasthof Post T 2 20 60
- ★★★★★ Almhof Schneider T 35 00
- ★★★★ Hotel Auriga T 25 11
- ★★★★ Hotel Austria T 23 82
- ★★★★ Hotel Bergkristall T 26 78
- ★★★★ Hotel Brunnenhof T 23 49
- ★★★★ Hotel Burg T 2 29 10
- ★★★★ Hotel Restaurant Elisabeth T 23 30
- ★★★★ Hotel Hinterwies T 2 53 10
  50 0,1 km
- ★★★★ Hotel Kristiania T 25 61
- ★★★★ Hotel Krone T 25 51
- ★★★★ Hotel Restaurant Montana T 24 60
- ★★★★ Hotel Monzabon T 21 04
- ★★★★ Hotel Petersboden T 32 32
- ★★★★ Hotel Plattenhof T 25 22
- ★★★★ Hotel Sonnenburg T 21 47
- ★★★ Hotel Alexandra T 28 48, 27 62
- ★★★ Hotel Cresta T 23 28
- ★★★ Hotel Lech T 22 89
- ★★★ Hotel Solaria T 22 14
- ★★ Gasthof Pension Kriegerhorn T 27 02
  25 0,2 km

Österreich

Erklärung der Symbole Seite 591.

Leogang/Salzburg

Fremdenverkehrsverband
A-5771 Leogang
T (0 65 83) 2 34, 71 78, Fax 73 02

Alles über das Skigebiet Seite 159.

★★★★☆ Hotel Der Krallerhof T 24 60, 39 20
170
★★★★ Hotel Forstguthof T 5 61
44 0,05 km
★★★★ Hotel Kirchenwirt T 2 16
★★★★ Hotel Löwenhof T 74 28
★★★★ Hotel Salzburger Hof T 73 10, 73 11, 73 12
80 0,1 km
★★★★ Hotel St. Leonhard T 54 20
100 0,5 km
★★★ Hotel Leogangerhof T 2 09
★★★ Hotel Rupertus T 46 60
52 0,1 km
★★★ Gasthof Bachmühle T 71 32

Lermoos/Tirol

Tourismusverband
A-6631 Lermoos
T (0 56 73) 24 01, Fax 26 94

Alles über das Skigebiet Seite 92.

★★★★ Hotel Edelweiß T 22 14
★★★★ Hotel Loisach T 23 94
★★★★ Hotel Rustika T 27 24
★★★☆ Hotel Bergland T 29 13
★★★☆ Hotel Post T 22 81
★★★ Hotel Bellevue T 21 51
★★★ Hotel Drei Mohren T 23 62
★★★ Hotel Tyrol T 22 17
★★★ Gasthof Grieserhof T 23 25

Leutasch/Tirol

Tourismusverband
A-6105 Leutasch
T (0 52 14) 62 07, 63 03, Fax 69 65

Alles über das Skigebiet Seite 113.

★★★★ Hotel Kristall T 63 19
★★★★ Hotel Leutascher Hof T 62 08
★★★★ Hotel Quellenhof T 67 82
★★★★ Apart-Hotel Xander T 6 58 10
★★★ Hotel Loipe T 64 75
★★★ Pension Gaube T 64 02
★★★ Haus Karwendel T 63 04
★★★ Gasthaus Mühle T 67 12
★★★ Alpengasthof Zum See T 62 02

Lienz/Osttirol

Tourismusverband
Lienzer Dolomiten
A-9900 Lienz/Osttirol
T (0 48 52) 6 52 65, Fax 65 26 52

Alles über das Skigebiet Seite 148-149.

★★★ Sporthotel Hochlienz T 6 64 00
110 0,05 km

Lungötz/Salzburg

Fremdenverkehrsverband
Annaberg/Lungötz
A-5523 Lungötz
T (0 64 63) 21 20, Fax 2 12 13

Alles über das Skigebiet Seite 172.

★★★★ Hotel Lungötzer Hof T 21 20
★★★ Hotel Kerschbaumer T 2 34

Mallnitz/Kärnten

Kurverwaltung
A-9822 Mallnitz
T (0 47 84) 2 90, 5 22, Fax 6 35, Telex 4 82 54

Alles über das Skigebiet Seite 227.

★★★★ Alpenhotel Alber T 5 25
★★★★ Hotel Berghof T 2 80, 2 08, 4 76
★★★ Apart garni Kärtner Hof T 4 13, 4 50
★★★ Hotel Sonnenhof T 2 60
★★★ Sporthotel T 2 28
★★★ Pension Haub T 4 60
★★★ Pension Jägerhof T 3 70
★★★ Pension Kempf T 2 40
★★★ Gasthof Königshof T 2 10
★★★ Pension Romatenblick T 2 66
★★★ Haus Siegelbrunn T 2 94

Maria Alm/Salzburg

Fremdenverkehrsverband
A-5761 Maria Alm
T (0 65 84) 78 16, Fax 76 00

Alles über das Skigebiet Seite 156.

★★★★ Hotel Norica T 74 91
★★★★ Hotel Wachtelhof T 82 88
★★★ Gasthof Almerwirt T 77 14
★★★ Pension Dreimäderlhaus T 74 09
★★★ Pension Elisabeth T 81 14
★★★ Pension Hinterreithof T 77 80
★★★ Pension Hochkönig T 81 46
★★★ Pension Lohningerhof T 78 55
★★★ Pension Niederreiter T 78 34
★★★ Gasthof Niederreiter T 77 54
★★★ Pension Pinzgauer T 78 60
★★★ Pension Schusterkrämer T 78 07
★★★ Pension Winklhof T 74 60
★★★ Pension Zum Langeck T 78 38

Mariapfarr/Salzburg

Verkehrsbüro
A-5571 Mariapfarr
T (0 64 73) 82 78, Fax 73 47

Alles über das Skigebiet Seite 191.

★★★★ Hotel Haus Carinth T 23 50
★★★★ Berghotel Mariapfarr T 3 18
★★★ Gasthof Post-Örglwirt T 2 07
★★★ Gasthof Thomalwirt T 2 04
★★ Pension Haus Aloisia T 2 45

Matrei in Osttirol/Tirol

Tourismusverband
A-9971 Matrei in Osttirol
T (0 48 75) 65 27, Fax 65 27 40

Alles über das Skigebiet Seite 146.

★★★★ Hotel Rauter T 66 11
★★★ Hotel Gasthof Panzlwirt T 65 18
★★ Gasthof Hinteregger Weißes Rößl T 65 87

Maurach/Tirol

Tourismusverband
A-6212 Maurach
T (0 52 43) 53 40, 53 55, Fax 52 97

Alles über das Skigebiet Seite 124.

★★★☆ Hotel Mauracher Hof T 53 38
★★★ Hotel Edelweiß T 53 02
★★★ Hotel Huber-Hochland T 53 11
★★★ Hotel Vier Jahreszeiten T 53 75
★★★ Pension Alpenblick T 53 15

Mauterndorf/Salzburg

Verkehrsbüro
A-5570 Mauterndorf
T (0 64 72) 72 79, Fax 76 57

Alles über das Skigebiet Seite 191.

★★★★ Hotel Elisabeth T 73 65
★★★ Hotel Post T 73 16
★★★ Hotel Salzburger Land T 73 03
★★★ Pension Gästehaus Lüftenegger T 73 06
★★★ Gasthof Neuwirt T 72 68
★★★ Gasthof Steffner-Wallner T 72 14

Mayrhofen/Tirol

Verkehrsbüro
A-6290 Mayrhofen
T (0 52 85) 23 05, Fax 41 16 33

Alles über das Skigebiet Seite 134.

★★★★★ Elisabethhotel T 29 29
★★★★ Alpenhotel Kramerwirt T 26 15
★★★★ Hotel Neuhaus T 22 03
★★★★ Hotel Pramstraller T 21 19
★★★★ Hotel Strass T 22 05
★★★☆ Hotel Berghof T 22 54
★★★ Hotel Alte Post T 22 04
★★★ Hotel Neue Post T 21 31
★★★ Hotel Rose T 22 29
★★★ Hotel Strolz T 22 56
★★★ Gasthof Zillergrund T 23 77

Österreich

MONTAFON

Hotel Bergkristall ****

Fam. Netzer, A-6780 Silbertal
(0043) 5556/74114
Fax (0043) 5556/74114-31

Märchenlandschaft Silbertal. Fühlen Sie sich zu Hause in einer wohltuenden Atmosphäre, und genießen Sie den angenehmen Komfort unseres neuen Hauses. Exklusive Holzarbeiten und Schnitzereien. App., Suiten, Romantikzimmer mit runden Himmelbetten und jedem Komfort. Hallenbad 28°, Sauna, Dampfbad, Solarium, Massageliege. Exzellente Küche, liebevolle Betreuung. Après-Ski, Rodelabende, Hüttengaudi. **Super-Pauschal-Schiwochen** inkl. Schipaß für 72 Liftanlagen. **Sport-Aktivwoche** mit Schisafari und **Helicopterschiflug.**

Schruns – Tschagguns – Vandans

Diese internationalen Weltcup-Wintersportorte im Zentrum des Skistadions Montafon – 73 Seilbahn- und Liftanlagen – bieten alle Voraussetzungen für einen zünftigen Winterurlaub.

Nutzen Sie das vielfältige Angebot für Sport, Erholung und Unterhaltung.

Prospekte – Informationen – Direktreservierung – Preisgünstige Pauschalwochen.

Tourismus INFO Schruns, A-6780 Schruns 01
☎ 05556/721660, Fax 05556/72554

Verkehrsamt Tschagguns, A-6774 Tschagguns 172
☎ 05556/72457, Fax 05556/73940

Tourismus INFO Vandans, A-6773 Vandans 91
☎ 05556/72660, Fax 05556/74921.

Hotel Montafoner Hof ****
·Tschagguns·

Fam. Tschohl · A-6774 Tschagguns
☎ (0043) 5556/7100-0
Fax (0043) 5556/7100-6

Die „Montafoner Hof-Hausmusik", gemeinsame Winterwanderungen zu unserem Maiensäß und individuelle Tagestips lassen Ihren Aufenthalt bei uns zum Erlebnis werden. Die exquisite Küche, der großzügige Freizeitbereich und die familiäre Atmosphäre sorgen für Ihr Wohlbefinden.

Ruhige, geräumige Zimmer mit allen Annehmlichkeiten garantieren erholsame Ferien in unserem neuen Haus.

100 m zur Haltestelle der **Gratis-Skibusse,** unmittelbare Nähe zur LL-Loipe und zum Eislaufplatz, 5 Gehminuten zum Tenniscenter – damit ist der „Montafoner Hof" der ideale Ausgangspunkt für Ihren Ferientag.

Sporthotel SONNE, Bes. Familie Tagwercher, A-6773 Vandans, ☎ (0043) 5556/72719, Telefax (0043) 5556/727197, komf., sportl., 80 B., EZ u. DZ m. Bad/WC, 2-Pers.-Aufzug. SAT-Farb-TV, Selbstwähltel., Safe, Balkon, Hallenbad, Sauna u. Sol., Fitneßraum, Kegelb., Skiverleih. Intern. Küche, Pizzastüberl. Dorfzentrum. Nähe Skilift Golm.

Zentralsporthotel KASPER****
A-6773 Vandans/Montafon,
☎ 0043/5556/(7)2050, Fax (7)5158
Komf., rustik. Haus f. höchste Anspr., zentral u. ruhig gel. Zi. m. Bad/DU/WC, Tel., Radio, Balk., Frühst.-buff., Lift, Hallenb., Sauna, Sol., Fitneß- u. Massage-R., Kosm. für Da. u. He., Tagesbar, Bar, Behindertenger., kinderfreundlich. Park, Tennispl., Skilift, Skikurse. Tagungs- u. Konferenzraum. Gratisskibus. Dependance-Appartements.

LÖWEN HOTEL

A-6780 Schruns
☎ (0043) 5556/7141
Fax (0043) 5556/73553

Ferienhotel der Erstklaßkategorie. 85 gemütliche Komfortzimmer und Appartements. 2 Tagungsrestaurants mit Café, 14 Punkte Hauben Restaurant „Français" gemütliche Kaminhalle mit Alleinunterhalter, Dancing mit Live-Musik. Sonnenterrasse.
Hallenbad (25 x 12 m), Sauna, Solarien, Fitneßraum, Massagebereich, Tiefgarage.
Ca. 100 km Langlaufloipen, 73 Liftanlagen im Tal Montafon und gleich vor der Haustür das weitläufige Hochjoch-Zamang-Gebiet.
Attraktive Skipauschalen sowie Ski-Tennis-Arrangements.

MONTAFON

★★★

MONTABELLA

DAS KLEINE, GEMÜTLICHE HOTEL MIT VIEL KOMFORT LEISTUNGSSTARK + PREISGÜNSTIG

✳ Komfortzimmer mit allen Annehmlichkeiten ✳ Großzügiges Frühstücksbuffet mit Bioecke ✳ Schöne 4gängige Abendmenüs ✳ Salatbuffet ✳ 1x/Woche Festessen bei Kerzenlicht. Wir bieten Ihnen das Beste vom Besten aus Küche und Keller! ✳ Großzügig gestalteter Fitneßbereich mit Dampfbad, Sauna, Solarium ✳ Mit dem Ski vom Haus zum Lift, Skischulübungslift neben dem Haus ✳ Spezialarrangements Vor- und Nachsaison.

A-6774 Tschagguns, ☎ (0043) 5556/73384, Fax 733842

Beliebt und begehrt

Pego

Ferienhäuser und Ferienwohnungen

Ferienhäuser und Ferienwohnungen im gesamten Montafon. Auch in 150 anderen Orten Österreichs haben wir 1000 ausgewählte Angebote in allen Preisklassen für Sie bereit. Unseren Gratisbildkatalog (140 Seiten) erhalten Sie bei:

Pego-Ferienhausvermietung für Österreich
A-6700 Bludenz/Vorarlberg · Sägeweg 1
Telefon: (05552) 65666
aus BRD u. CH: (0043) 5552/65666
Fax: (0)5552/63801

SPORTHOTEL BACHMANN****
Familie Nachbaur/Fritz, A-6787 Gargellen 55, ☎ (05557) 6316, Fax 6939. Gemütl. u. komfortables Familienhotel, alle Zimmer mit Bad/Du od. Bad/WC u. Tel., Südbalk. u. Wohnecke. Familienappartements. Hallenbad, Sauna, Sol., Massage, TT, Billard, Frühstücksbuffet, Wahlmenü, Bauernbuffet.

Super-Skivergnügen für die ganze Familie

- Abfahrten aller Schwierigkeitsgrade
- 33 Kilometer bestpräparierte Pisten ● keine Wartezeiten
- leicht erreichbare Tiefschneehänge/Tourenskilauf
- urige Hütten ● gehobene Gastronomie
- kein Durchzugsverkehr
- Kinderhort/Kinderskischule mit Ganztagesbetreuung
- im Frühsommer Firngleitwochen

Günstige Pauschalen:

PULVERSCHNEEWOCHEN:	08. 01.–22. 01. 94
FIRNWOCHE:	09. 04.–16./17. 04. 94

Skifahren vom 17. Dezember 1993 – 17. April 1994!

AUSKÜNFTE: *Verkehrsverein, A- 6787 Gargellen, Tel. (05557) 6303, Fax 6690*

Hotel MADRISA**, Familie Rhomberg, A-6787 Gargellen,** 1424 m, ☎ (05557) 6331, Fax (05557) 6331-82. Liegt direkt an den Skihängen und bietet alles, was der verwöhnte Skifahrer von seinem Urlaubshotel erwartet: antikrustikale Aufenthaltsräume, Hallenbad, Sauna, Dampfbad, Massage, Solarium, Tischtennis, Kinderspielzimmer, Kinderfilme, Tanzbar, Skiverleih, Skiservice, eine bekannt gute Küche und ein Service fast rund um die Uhr.
GÜNSTIGE WOCHENPAUSCHALEN vom 8.–22. 1. 94 je nach Zimmertyp im DZ S 7600,– bis 8475,– für 7 Tage Halbpension und 6 Tage Montafoner Skipaß. Ausf. Prospekt.

Mittelberg/Vorarlberg

Verkehrsamt
Kleinwalsertal (Zweigstelle)
A-6993 Mittelberg/Kleinwalsertal
T (0 55 17) 5 11 40, Telex 04 75 91 50

Alles über das Skigebiet Seite 69.

★★★★	Hotel Alpenhof Wildental T 65 44
★★★★	Aparthotel Kleinwalsertal T 6 51 10
★★★	Hotel Gasthof Neue Krone T 55 07
★★★	Alpenhotel Pühringer T 51 74

Mellau/Vorarlberg

Verkehrsamt
A-6881 Mellau
T (0 55 18) 22 03

Alles über das Skigebiet Seite 61/62.

★★★★	Hotel Kanisfluh T 22 56
★★★★	Hotel Kreuz T 22 08
★★★	Appartements Bischofberger T 23 77
★★★	Hotel Engel T 22 46
★★★	Gasthof Sonne T 22 36

Mieders/Tirol

Tourismusverband
A-6142 Mieders
T (0 52 25) 25 30, 21 50, Fax 41 85

Alles über das Skigebiet Seite 121.

★★★	Hotel Alte Post T 25 13
★★★	Hotel Serles T 27 90
★★	Hotel Schönblick T 25 09
★★	Hotel Pension Wiesenhof T 37 87
★★★	Gasthof Lärchenhof T 25 10
★★	Gasthof Bergkranz T 25 20

Mittersill/Salzburg

Fremdenverkehrsverband
A-5730 Mittersill
T (0 65 62) 42 92, Fax 50 07

Alles über das Skigebiet Seite 166.

★★★★	Sporthotel Kogler T 46 15
★★★	Hotel Pension Christina T 45 31
★★★	Hotel Pension Wieser T 4 34 00, 4 27 00, 78
★★★★	Gasthaus Bräurupp T 2 16
★★★★	Gasthaus Paß Thurn T 83 77
★★★	Gasthof Hirschenwirt T 2 95
★★	Gasthaus Metzgerwirt T 55 56

Die Qualität von Hotelbetrieben steigt mit der Anzahl der Sterne.

Österreich

Sporthotel »MÖLLTAL«, A-9831 Flattach
☏ (04785) 610, Fax (04785) 61014. Gepfl., neues Hotel m. 160 B., Zi. m. Du., WC u. ☏, ausgez. Küche, Frühstücksbuffet, Speiseräume, Café, Clubraum m. TV u. Video, Sauna, Dampfbad, Whirlpool, Fitneßraum, Solarium, Tischtennis, Hotelbar, Tanzbar u. Pizzeria.

Mölltal/Kärnten

Hoteleinträge siehe unter Flattach.

Montafon/Vorarlberg

Hoteleinträge siehe unter Gargellen, Schruns, Silbertal, Tschagguns, Vandans.

Mösern/Tirol

Tourismusverband
Telfs-Mösern
A-6100 Mösern bei Seefeld
T (0 52 12) 81 25

Alles über das Skigebiet Seite 112.

★★★★ Hotel Inntalerhof T 81 47
★★★★ Hotel garni Möserer Hof T 81 42
★★★ Hotel garni Hubertushof T 81 33
★★★ Hotel Lärchenhof T 81 67

Mühlbach a. H./Salzburg

Fremdenverkehrsverband
A-5505 Mühlbach a. H.
T (0 64 67) 72 35, Fax 78 11

Alles über das Skigebiet Seite 156.

★★★★ Hotel Bergheimat T 7 22 60
★★★ Gästehaus Fellner T 73 75
★★★ Gasthof Pension Scherer T 73 47, 72 39
★★★ Gasthof Sonnhof T 72 66

Murau/Steiermark

Bezirksfremdenverkehrsverband
A-8850 Murau
T (0 35 32) 27 20, Fax 22 31 22

Alles über das Skigebiet Seite 211.

★★★★ Hotel Der Murauer Gasthof T 24 31
★★★★ Hotel Stigenwirth T (0 35 35) 2 70
★★★ Hotel Brauhaus T 24 37
★★★ Gasthof Hammerschmied T (0 35 35) 6 14

Naßfeld/Kärnten

Hoteleinträge siehe unter Hermagor.

Erklärung der Symbole Seite 591.

HOTEL MARGARETE MAULTASCH ****

Ihr ganz persönliches Ferienhotel

Fam. E. Senn – A-6543 Nauders, ☎ (0043) 5473/236 – Fax (05473) 236-509.

Dieses Hotel zählt zu den besten des Ortes. Gemütlichkeit und rustikale, im Tiroler Stil gehaltene Innenausstattung sind wesentliche Merkmale. 120 Betten, Komfortzimmer mit Bad oder Dusche, WC, Balkon, Radiowecker, TV-Anschluß (TV-Geräte gegen Gebühr erhältlich). Großzügige Aufenthaltsräume – Tagesbar – Halle mit offenem Kamin – Piano-Bar. Hallenbad und Saunaanlage (Sauna, Dampfbad, Fitneßraum). Solarium gegen Gebühr. Für winterliche Sonnenbäder steht eine Sonnenterrasse bereit. Unsere Halbpension beinhaltet: Frühstücksbüfett und Abendessen (Menüwahl, Dessertbüfett) – Weihnachts- und Silvestermenü, 1x pro Aufenthalt Spezial-Fondue.

Das starke Hotel im starken Dorf!

Der „Adler" – ein Hotel der Extraklasse!

Komfortables Wohnen • das kulinarische Angebot • das Ambiente • die Erlebnislandschaft – 450 m² Raum zum Leben – mit Panoramahallenbad, Sauna, türkisches Dampfbad, Solarium, Massage, Fitness- u. Tischtennisraum, Kinderspielzimmer ...! Spezielle Wochenpauschalarrangements ...

****

in NAUDERS am Reschenpaß!

HOTEL schwarzer adler

Familie Tschiggfrey
A-6543 Nauders • Tirol
Tel. 0043/5473/424-0 • Fax 0043/5473/624

mein Traum a ****

Skifahren in Nauders – wohnen im ALMHOF – wo sonst?
Sonne und Schnee – 1400 m über dem Alltag.
Drinnen: Gepflegte Gastlichkeit, kultiviertes Wohnen.
Draußen: Skifaszination, Landschaft in Weiß,
Skischule beim Hotel
und Skiabfahrten bis vor's Haus, Hotelskibus.
Herzlich willkommen.
Komfort & Harmonie – Almhof verwöhnt.

almhof ****

Familie Kröll
A-6543 Nauders/Reschenpaß
☎ (0)5473.313 Fax 644

Nauders/Tirol

Tourismusverband
A-6543 Nauders
T (0 54 73) 2 20, 2 05, Fax 6 27

Alles über das Skigebiet Seite 100.

**** Hotel Almhof T 3 13, 3 14
90
**** Hotel garni Astoria T 3 10
**** Hotel Erica T 21 70
**** Hotel Margarethe Maultasch T 2 36, 2 35, 4 65
113
**** Alpenhotel Nauderer Hof T 7 77
**** Neue Burg T 7 00
**** Hotel Post T 2 02, 2 09
**** Hotel Regina T 25 90, 35 70
**** Hotel Schwarzer Adler T 2 54, 4 24
60 1 km
**** Sporthotel Tirolerhof T 2 55, 2 56, 4 31
141
*** Hotel Alpina T 3 49, 6 03
*** Hotel Edelweiß T 2 52, 6 56

Die Qualität von Hotelbetrieben steigt mit der Anzahl der Sterne.

Besondere Leistungen und Einrichtungen unseres Hauses:
- Panorama-Hallenbad 19×9 m. Wassertemp. 28° C
- Liegewiese
- Sauna, Solarium
- Massage, Whirlbäder
- Beauty-Farm
- Friseur

**** Sporthotel TIROLER HOF Beauty Farm

A-6543 NAUDERS · TIROL
☎ 00 43 / 54 73 / 2 55-0
TELEX 5 8 172, FAX 2 55 53

- Tischtennis
- Kinder-Club, mit Betreuung
- Fitneß-Center
- Hausbibliothek
- Farb-TV leihweise
- Garage
- Unterhaltungs- und Animationsprogramme
- Sportanimateur
- Täglich Tanz
- Spezialitäten-Restaurant

WÄHLEN SIE NICHT DAS ERSTBESTE,

SONDERN ERST DAS BESTE

Österreich

SUPERSCHNEE – KEIN SCHMÄH!

IM GLETSCHERSKIDORF

NEUSTIFT

im Stubaital (1000–3200 m)

Tirol

AUSTRIA

Auskünfte – Prospekte – Zimmernachweis:
Tourismusverband
Neustift im Stubaital
A-6167 Neustift 710
☏ (05226) 2228; Ausland: 0043/5226/2228
Telex: 533343 fvv neust a
Telefax: (05226) 2529
oder 2993

STUBAIER GLETSCHERBAHN (4 Kabinenbahnen, 1 Vierersesselbahn, 2 Doppelsesselbahnen, 11 Schlepplifte), **. . . im Ort:** 1 Doppelsesselbahn, 1 Sessellift, 12 Schlepplifte, Übungswiese durch **Schneekanonen** sehr schneesicher – mehrere Skischulen, Skitourengebiet, Superrodelbahnen, **Nachtrodeln** (vom Elfer auch mit Beleuchtung), Langlaufloipen, Pferdeschlitten, Eislaufplätze, Paragleitzentrum, Freizeitzentrum mit Hallenbad, Sauna, Solarium, Tennishalle und Squash, Après-Ski . . .

HOTEL ALMHOF DANLER ★★★★

A-6167 Neustift-Milders/Stubaital, Tel. (05226) 2626, Fax (05226) 3430.
D, I, CH, B: Tel. (0043) 5226/2626, Fax (0043) 5226/3430.

Dieses Hotel zählt zu den besten Häusern des Tales. Komfortzimmer, Appartements. Gepflegte Atmosphäre im gemütlichen Tiroler Stil und gediegene Eleganz werden großgeschrieben. Das Hotel liegt ca. 2 km vom Zentrum entfernt in herrlich idyllischer Lage.
Geräumige Halle mit Kaminecke, Zirbenstüberl, behagliche Bauernstube, TV-Raum, Tagesbar. Extra-Speiseraum für Hotelgäste, à-la-carte-Restaurant. Bekannt gute Küche, reichhaltiges Frühstücks- und Salatbuffet.
Sauna mit Tauchbecken, Dampfbad und Hot-Whirl-Pool sind im Preis inbegriffen. Solarium oder herrliche Sonnenterrasse für Sonnenbäder.
Am Abend Treffpunkt bei Stimmung, Spaß und guter Laune im urigen „Almstüberl" – Kellerbar. Hoteltaxi. Eigene Skiübungswiese mit Babylift beim Hotel für Hotelgäste.

HOTEL Gasteigerhof

Familie Siller, A-6167 Neustift
☏ (0043) 5226/2746 · Fax (0043) 5226/2746-41
Urlaub erleben, sich wohl fühlen, verwöhnen lassen, ausspannen und erholen – das alles können Sie bei uns im Gasteigerhof.

- Tennis, Schwimmen, Reiten, Wandern, Skifahren u. Langlaufen, Bergsteigen.
- Schneesichere sonnige Lage im Winter, LL-Loipe, Skiübungslift beim Haus. Nähe zu den Skigebieten Elfer, Schlick und Stubaier Gletscher.
- Im Haus: Sauna, Solarium, Unterwassermassage, Freizeitraum, Alpinarium, Wintergarten, Hallenbad, TT-Raum.
- Zimmer mit Bad/DU und WC, Radio, Fernseher, Telefon, Minibar, Balkon, Sonnensuiten, Komfortzimmer, Appartements, Ferienwohnungen.
- **Super-Ski-Pauschale**
  7 Tage HP und 6 Tage Skipaß „Stubaier Gletscher" ab DM 740,–.

HOTEL Stubaier Hof ★★★★

Urlaub, anders als gewohnt, bietet der Stubaier Hof, denn Gemütlichkeit, im besten Tiroler Stil, ist hier zu Hause. Am Ortseingang gelegen, nur 5 Gehminuten vom Zentrum Neustift entfernt, liegt das attraktive 4-Sterne-Hotel mit angenehmer Atmosphäre, das durch die sehr gute Küche bekannt ist.
Ausgangspunkt zu den bekannten Schigebieten Stubaier Gletscher,, Elfer Lifte und Schlick 2000 und zu den Naturrodelbahnen. Die Langlaufloipe führt direkt am Hotel vorbei, die Paragleitschule befindet sich im Nebenhaus. Après-Ski und Pferdeschlittenfahrten runden das Angebot ab.
Hotelausstattung: komfortable Zimmer mit Bad oder Dusche, WC, Kabel-TV, Telefon, Radio, Balkon. Außerdem Hot-Whirl-Pool, Sauna, Solarium, Massage, Dampfsauna, Fitneßgeräte und Tischtennis. Ein Hotel der Spitzenklasse. Familie Hofer freut sich auf Ihren Anruf!
Telefon (0043) 5226/2450, Telefax (0043) 5226/280145

Exclusiv-Urlaub in einem *****Sterne-Haus

Unaufdringliche Noblesse für den verwöhnten Gast vermitteln nicht nur die Zimmer und Suiten im Jagdhof. Außergewöhnlich ist auch das Fitneßangebot mit beheiztem Freischwimmbad und Felsen-Hot-Whirl-Pool im Freien, Hallenbad, finnische Sauna, Wintererholungsgarten, Turbo-Solarium, Massage- und Fitneßstudio. Für Ihr gepflegtes Aussehen sorgt unsere Beautyfarm mit Produkten von Guerlain. Sportliche Abwechslung finden Sie bei Alpin- und Gletscherskilauf, Langlauf, Rodeln, Wandern sowie Tennis und Squash u.a.m. Für den verwöhnten Gaumen empfiehlt sich unser Gourmetrestaurant "Jagdhof's Silberdistel". Rufen Sie uns an oder schreiben Sie uns. Wir informieren Sie gerne.

HOTEL ★★★★★ Jagdhof

A- 6167 Neustift/Stubaital
Tel. 05226/2666 oder 2234
Aus D, CH: 0043/5226/2666
NL: 0943/5226/2666, 2234
Fax: 05226/2666-503

Neukirchen/Salzburg

Fremdenverkehrsverband
A-5741 Neukirchen am Großvenediger
T (0 65 65) 62 56, Fax 65 50 74

Alles über das Skigebiet Seite 166.

★★★★ Hotel Unterbrunn T 66 26
★★★☆ Hotel Gassner T 62 32
★★★☆ Hotel Jagdschloß Graf Recke T 64 17
★★★☆ Hotel Kammerlander T 62 31
★★★ Hotel Hubertus T 64 80
★★★ Gasthof Abelhof T 62 30
★★★ Gasthof Neuhof T 62 04
★★★ Pension Pichler T 63 36
★★★ Alpengasthaus Rechtegg T 63 24

Neustift/Tirol

Tourismusverband
A-6167 Neustift/Stubaital
T (0 52 26) 22 28, Fax 21 17, Telex 5 33 43

Alles über das Skigebiet Seite 121.

★★★★★ Hotel Jagdhof T 26 66
150 · 0,3 km
★★★★ Hotel Almhof Danler T 26 26, 26 27, 33 33
70 · 2 km
★★★★ Hotel Alpenhof Neustifterhof T 27 11
★★★★ Alpen-Hotel Fernau T 27 17
★★★★ Hotel Gasteigerhof T 27 46, 27 49
80 · 7 km
★★★★ Hotel Kindl T 22 41, 27 10
★★★★ Hotel Pension Klima T 25 26, 22 90
50 · 0,2 km
★★★★ Hotel Sonnhof T 22 24, 27 34
★★★★ Top Hotel Stubai T 81 31
★★★★ Hotel Stubaier Hof T 24 50, 26 62
70
★★★ Hotel Annelies T 25 58, 27 07
★★★ Apart-Hotel Forster T 26 00, 27 00
★★★ Hotel Pension Maximilian T 26 51, 20 57

Obergurgl/Tirol

Tourismusverband
Obergurgl/Hochgurgl
A-6456 Obergurgl
T (0 52 56) 2 58, 3 53, Fax 3 53 77,
Telex 53 45 57

Alles über das Skigebiet Seite 110/111.
Hotelanzeigen siehe Seite 554-557.

★★★★ Hotel Alpenland T 2 25, 3 37
★★★★ Hotel Alpina T 5 05, 2 95
137 · 0,5 km
★★★★ Hotel Austria T 2 82, 2 89
83 · 0,1 km
★★★★ Hotel Bellevue T 2 28, 3 33
★★★★ Hotel Bergwelt T 27 40, 29 40
110 · 0,3 km
★★★★ Hotel Crystal T 4 54
96 · 0,05 km
★★★★ Hotel Deutschmann T 2 44, 2 89
★★★★ Fitnesshotel Gotthard T 3 35, 2 92
90
★★★★ Hotel Café Hochfirst T 2 31, 2 32
★★★★ Hotel Jenewein T 2 03, 3 19
★★★★ Hotel Madeleine T 3 54, 3 55
★★★★ Hotel Gasthof Mühle T 3 51
84 · 0,8 km
★★★★ Hotel Riml T 2 61
★★★ Hotel Pension Enzian T 2 35, 3 40
50 · 0,2 km
★★★ Hotel Granat T 3 63, 3 95
★★★ Appartementhaus Lohmann T 2 01
60 · 0,2 km
★★★ Gasthaus Café Tirol T 2 17
★★★ Berggasthof Gamper T 2 38, 3 17
★★★ Pension Olympia T 2 88, 3 92
★★★ Pension Regina T 2 21, 3 12

Oberperfuß/Tirol

Tourismusverband
A-6173 Oberperfuß
T (0 52 32) 8 14 89, Fax 8 13 13 15

Alles über das Skigebiet Seite 116.

Eine Erklärung der Symbole finden Sie auf Seite 591.

Die Qualität von Hotelbetrieben steigt mit der Anzahl der Sterne.

Österreich

Oetztal

HOCHSÖLDEN

hotel **** **Edelweiss**

Familie Fender
A-6450 Hochsölden
Ötztal/Tirol

☏ (05254) 2298, 2641, Fax 229867

Ihr Top-Schihotel auf 2090 m Höhe, schneesicher, vom Hotel auf die Piste! Nach Umbau mit wunderschönen Hotelapp. mit rustikaler Wohnstube m. Kachelofen. Neu erweiterter Speisesaal m. schöner Buffetlösung. Große Saunalandschaft m. Dampfbad, Ruheraum, Frischluftbereich, Solarium. Rustik. Hotelhalle m. Tagesbar. **Neu: Tägl. Schijause am Nachmittag, Kaffee, Tee und alkoholfreie Getränke vom Getränkebuffet gratis zur Jause!**
Unser Prospekt gibt Ihnen umfangreiche Auskünfte über unsere Hotelleistungen. Bis bald im Edelweiß!

11 x 6 m

Nutzen Sie unsere Superangebote in der Nebensaison!

DIREKT VOM HOTEL AUF DIE PISTE!

ALPENHOTEL **** **Enzian**

Besitzer: Ulrich Riml
A-6452 Hochsölden, 2090 m
Telefon: 0043/5254/2252 oder 2505
Telefax: 0043/5254/2846

Ski-Total

Gleich Prospekt anfordern!

Das Hotel liegt mitten im Skigebiet von Hochsölden. Ruhig, in herrlicher Panoramalage, ungezwungen, familiär, mit vielen Unterhaltungsmöglichkeiten. Tages-Café. Kaminhalle. Lese-, TV- und Videoraum, Fitneß-, Tischtennis- und Billardraum, Sauna und Solarium. Große Sonnenterrasse mit Service. Lift. Genügend Parkplätze und Garagen ermöglichen problemloses Anfahren mit Pkw. Alle Zimmer mit Bad oder Dusche und WC, Telefon mit Direktwahl. Komfortzimmer im Neubau außerdem mit Minibar, Radio und TV. Frühstücksbuffet – Halbpension mit Menüwahl.

UNSERE ALTERNATIVE IN SÖLDEN:

Ulli's **FERIENHEIM**

4 Komfort-Ferienwohnungen (je 80 m²) für maximal 4 Personen, mit TV, Radio und Telefon, Radiowecker, Zimmersafe. Küche mit allem Zubehör vorhanden. Kachelofen oder offener Kamin.
Die ganz neue Art, Urlaub zu machen!
Tel.0043/5254/2252 oder 2088 oder Hotel Enzian. Buchungen und Infos über Hotel Enzian.

**** **Hotel POST**

Gasthof Wildspitze und Similaun-Hütte
gemütlich, fröhlich, sportiv

Bes.: Fam. Pirpamer
A-6458 Vent

☏ (0043) 5254/8119
Telefax 5254/81194

VENT
Tirol
Oetztal
1900 m

Sommer wie Winter ein Erlebnis!

Skifahren von und bis vor die Haustüre inmitten der Ötztaler Berg- und Gletscherwelt, abseits vom großen Rummel. 3 Lifte und eine Sesselbahn bis auf 2700 m. Familienfreundliches und traditionsreiches Hotel mit Hallenbad, Sauna und Solarium. Gemütl. Zimmer mit Bad/WC, Radio und Sat-TV, zum Teil mit Kachelofen. Großer Parkplatz, Garagen, Haustaxi. Spezialitäten der heimischen und internationalen Küche, Frühstücksbuffet.

HOTEL ALPENLAND

Besitzer: Familie Gstrein
A-6450 Sölden
Tel.: (05254) 2365, Fax 2050-5
Familiär geführtes Hotel mit 50 Betten, Zimmer mit Bad oder Dusche/WC, Telefon, TV-Anschluß, teilw. Balkon. Bekannt gute Küche, Frühstücksbuffet, Wahlmenü, gemütliche Stube, Disco „MADEUS" im Keller, Jahresbetrieb. Sommer- und Herbstskilauf am Gletscher.

Alpengasthof Gaislach-Alm

Besitzer: Familie Gstrein
A-6450 Sölden, Tel.: (05254) 2914, Fax 2758-8
Bei Nichtmelden: (05254) 2365, Fax 2050-5
Der Alpengasthof mit 54 Betten, Zimmer mit Bad oder Dusche/WC, sowie preisgünstigen Fließwasserzimmern liegt auf 2040 m Seehöhe inmitten des Skigebietes. Frühstücksbuffet, Wahlmenü. Sauna, Solarium, Dampfbad, Fitneßraum. Fröhliche Hüttenabende und Rodelpartien. Rodelverleih, Rodelbahn nach Sölden, Buslinie nach Sölden, Lift direkt beim Haus. Sommer- und Winterbetrieb.

Österreich

SKIREGION OBERTAUERN · SALZBURGER LAND

Am Anfang war der Schnee, doch schon bald kam

1700–2250 m

Obertauern mit den

Talorten Tweng und Untertauern (1000 m)

Himmlischer Skispaß vom November bis Mai! 1 Seilbahn, 24 sternförmig angeordnete Skilifte „Tauernrunde“. Skifahren von der Hotelhaustüre weg. Sportzentrum mit Tennis, Squash, Kegeln, Billard, Kraft- und Fitneßraum, Sauna-Dampfbadelandschaft, Skischulen, 20 km Langlaufloipen, Après-Ski.

Auskunft:

Fremdenverkehrsverband A-5562 Obertauern, ☏ (06456) 252 od. 320, Tx 67560 Telefax (06456) 515

WINTERSPORTHOTEL STEINER ★★★★, Familie Steiner, A-5562 Obertauern, ☏ (06456) 306, Fax 470-45

Sie wohnen in allerbester Lage – direkt vor der Haustüre steigen Sie ins „Skivergnügen“ ein und kehren bis hierher auch wieder zurück! Sich wohl fühlen in unserem sportiv-gemütlichen Haus mit Hallenschwimmbad, Sauna, Fitneßstudio, Restaurant, Tagesbar, Wintergartencafé, weiters im Hause Massage, Solarium!

„Wintererlebnis“ im Hotel Steiner, spezielle SPORTWOCHEN in der Vor- und Nachsaison! Rufen Sie uns an, wir informieren Sie gerne . . .

Hotel und Appartementhaus ENZIAN, Familie Veit, A-5562 Obertauern, ☏ (06456) 207-0, Fax (06456) 207-50. Alle Zimmer mit Dusche oder Bad/WC, Telefon, Balkon, TV. Appartements für 2 bis 6 Personen. Zentrale, ruhige Lage, Hallenbad, Sauna, Solarium, Billard, Restaurant, Hausbar.

Hotel SOLARIA, Familie Schmidt, A-5562 Obertauern, ☏ (06456) 250, Fax 549. Dreisternehotel in Südhanglage, ruhig, 40 Betten, Komfortzimmer mit Bad/DU/WC, süds. Loggia, ☏, Kabel-TV. Solarium, Sauna, Sonnenterrasse. Gepfl. Küche, freundliche Bedienung. Geöffnet von Dezember bis April. **Snowboardschule im Haus.**

★★★★ Gemütlich – Sportlich – Kinderfreundlich ★★★★

SPORTHOTEL MARIETTA, Familie Mackh, A-5562 Obertauern, ☏ (06456) 262, Fax (06456) 511. Neue Zi. m. allem Komfort, Frühstücks- u. Salatbuffet, erstklassige Küche, einmaliges Felsenbad m. Bistro, Sauna, Solarien, Dampfbad, Massage, Fitneßraum, Garagen. **Der Welt erstes Key-Watch-Hotel**

★★★★ Attrakt. Pauschalangebote ab Ende Nov. ★★★★

Obertauern/Salzburg

Fremdenverkehrsverband
A-5562 Obertauern
T (0 64 56) 2 52, 3 20, Fax 5 15, Telex 6 75 60

Alles über das Skigebiet Seite 185.

★★★★ Hotel Alpina T 3 36
★★★★ Hotel Edelweiß T 2 45
★★★★ Hotel Appartementhaus Enzian T 20 70
100 0,1 km
★★★★ Hotel Gamsleiten T 2 86
★★★★ Hotel Kesselspitze T 2 64, 4 00
★★★★ Hotel Kohlmayr T 2 72
★★★★ Hotel Perner T 2 36
★★★★ Hotel Römerhof T 2 38
★★★★ Hotel Steiner T 3 06
130 0,1 km
★★★★ Hotel Wagner T 2 56, 4 29
★★★★ Hotel Winter T 3 91
★★★☆ Clubhotel Kärntnerland T 2 71
★★★☆ Hotel Kristall T 3 23
★★★☆ Skihotel Marietta T 2 62
90
★★★☆ Hotel Pension Schneider T 3 14, 4 80
★★★ Andi's Skihotel T 3 03, 2 58
★★★ Hotel Berghof T 2 81
★★★ Alpengasthof Haus Koch T 2 28, 4 28
★★★ Berghotel Pohl T 2 09, 3 97
★★★ Paßhotel Schütz T 2 04, 2 05
★★★ Hotel Solaria T 2 50
45 0,1 km
★★★ Alpengasthof Steiner T 2 53
★★★ Hotel Tyrol T 3 27
★★★☆ Pension Lungau T 3 35

Oetz/Tirol

Tourismusverband
A-6433 Oetz
T (0 52 52) 66 69, Telex 5 33 40

Alles über das Skigebiet Seite 106.

★★ Haus Monika T 62 12

Die Qualität von Hotelbetrieben steigt mit der Anzahl der Sterne.

Ötztal/Tirol

Hoteleinträge siehe unter Hochgurgl, Hochsölden, Obergurgl, Oetz, Sölden, Untergurgl, Vent.

Partenen/Vorarlberg

Fremdenverkehrsverband
A-6794 Partenen
T (0 55 58) 83 15, Fax 88 81

Alles über das Skigebiet Seite 74.
Hotelanzeigen siehe Seite 550-551.

★★★★ Berghotel Bielerhöhe T 82 46
★★★ Hotel Zerres T 86 23, 83 01

Österreich

Pertisau/Tirol

Tourismusverband
A-6213 Pertisau
T (0 52 43) 52 60, Fax 59 39

Alles über das Skigebiet Seite 124.

★★★★ Sporthotel Furtner's T 55 01
★★★★ Hotel Kristall T 54 90
★★★★ Hotel Pertisau Fürstenhaus T 54 42
★★★★ Hotel Pfandler T 52 23
★★★★ Hotel Post T 52 07
★★★ Hotel Karlwirt T 52 06
★★★ Pension Wiesenhof T 52 46
★★★ Fremdenpension Caroline T 53 94
★★ Fremdenheim-Haus Berghof T 53 65

Pettneu/Tirol

Tourismusverband
A-6574 Pettneu am Arlberg
T (0 54 48) 2 21, Fax 5 60

Alles über das Skigebiet Seite 82.

★★★★ Hotel Gridlon T 2 08
★★★ Hotel Alpina T 0 54 48) 4 04
★★★ Hotel Olympia T 2 53
Pension Berkhofer T 4 45

Pfunds/Tirol

Tourismusverband
A-6542 Pfunds/Oberinntal
T (0 54 74) 52 29

Alles über das Skigebiet Seite 100.

★★★★ Hotel Lafairserhof T 57 57
★★★ Hotel Austria T 52 61
★★★ Hotel Edelweiß T 52 64, 58 85
★★★ Hotel Kajetansbrücke T 58 31
★★★ Hotel Kreuz T 52 18
★★★ Hotel Post T 57 11
★★★ Hotel Sonne T 52 32
★★★ Hotel Tyrol T 58 65
★★★ Pension Grein T 52 28
★★★ Pension Schöne Aussicht T 52 38
★★★ Pension St. Lukas T 52 31, 54 76
★★★ Gasthof Traube T 52 10

Pichl/Steiermark

Fremdenverkehrsverband
A-8973 Pichl
T (0 64 54) 3 80, Fax 5 23

Alles über das Skigebiet Seite 200.

★★★★ Alpengasthof Hotel Pichlmayrgut T 3 05
★★★ Pension Ochabauer T 23 50
★★★ Erlebnishotel Steirerhof T 37 20

Pitztal/Tirol

Hoteleinträge siehe unter Jerzens, Plangeroß und St. Leonhard.

Radstadt/Salzburg

Fremdenverkehrsverband
A-5550 Radstadt
T (0 64 52) 3 05, 74 72, Fax 67 02

Alles über das Skigebiet Seite 182.

★★★★ Pension Weißenhof T 2 73, 70 01
★★★★ Erlebnishotel Zum jungen Römer T 67 12, 67 13
★★★☆ Ferienhotel Gewürzmühle T 7 14 30
★★★ Sporthotel Weissenbacher/Gründler T 55 90, 63 26
60
★★★ Alpengasthof Seitenalm T 6 78 90, 4 90

Raggal/Vorarlberg

Tourismusverband
Großes Walsertal
A-6741 Raggal
T (0 55 53) 2 28, Fax 3 80

Alles über das Skigebiet Seite 67.

★★★ Hotel Nova T 2 22
★★ Hotel Küng T 2 59
★★ Hotel Walserhof T 2 21

Ramsau/Steiermark

Verkehrsverein
A-8972 Ramsau/Dachstein
T (0 36 87) 8 18 33, 8 19 25, 8 14 10, Fax 81 08 53

Alles über das Skigebiet Seite 203.
Hotelanzeigen siehe Seite 577.

★★★★ Hotel Almfrieden T 8 17 53, 8 10 21
★★★★ Hotel Berghof T 8 18 48
★★★★ Gasthof Edelweiss T 81 98 80
★★★★ Hotel Knollhof T 8 17 58, 8 10 46
★★★★ Hotel Lärchenhof T 8 19 62, 8 19 66
★★★★ Sporthotel Matschner T 81 72 10, 81 72 20, 81 72 30
★★★★ Hotel Pehab T 8 17 32
★★★★ Hotel Prugger T 8 16 21
★★★★ Alpenhotel Ramsauhof T 8 19 65
60 0,2 km
★★★ Hotel Feistererhof T 8 19 80
70 0,05 km
★★★ Hotel Post T 8 17 08
★★★ Gasthof Stierer T 8 17 51
★★★ Alpengasthof Walcher T 8 12 19
★★★★ Gasthof Alpenkrone T 8 14 14
★★★★ Gasthof Kobaldhof T 8 14 13
★★★★ Gasthof Peter Rosegger T 8 12 23
★★★ Pension Alpenperle T 8 18 77
★★★ Berggasthof Erlbacher T 8 11 53
★★★ Gasthof Erzherzog Johann T 8 12 56
★★★ Pension Haus Gerti T 8 11 46
★★★ Gasthof Kielhuberhof T 8 17 50
★★★ Pension-Haus Leit'n Franz T 8 14 20
★★★ Pension Gästehaus Lührmann T 8 19 86
30 1,2 km
★★★ Gasthof Moosbrugger T 8 14 37
★★★ Pension Putz T 8 15 87

Erklärung der Symbole Seite 591.

Ranten/Steiermark

Hoteleinträge siehe unter Murau.

Rauris/Salzburg

Verkehrsverband
A-5661 Rauris
T (0 65 44) 62 37, Fax 70 49

Alles über das Skigebiet Seite 169.

★★★ Hotel garni Kaiserhof T 3 95
★★★ Hotel Rauriserhof T 2 13
★★★ Sporthotel St. Hubertus T 4 97
★★★ Gasthof Alpenrose T 2 98
★★★ Gasthof Grimming T 2 68
★★ Pension Lindenhof T 3 10

Reith bei Seefeld/Tirol

Tourismusverband
A-6103 Reith bei Seefeld
T (0 52 12) 31 14

Alles über das Skigebiet Seite 112.

★★★★★ Steigenberger Hotel Alpenkönig T 3 32 00
★★★★ Hotel Marthe T 25 02
★★★ Gasthof Hirschen T 31 55

Reith im Alpbachtal/Tirol

Tourismusverband
A-6235 Reith im Alpbachtal
T (0 53 37) 26 74, 33 19, 24 73, Fax 47 33

Alles über das Skigebiet Seite 127.

★★★★ Hotel Kirchenwirt T 26 48
★★★★ Hotel Pirchnerhof T 27 49

Reuthe/Vorarlberg

Fremdenverkehrsverband
A-6870 Reuthe

Alles über das Skigebiet Seite 60.

★★★★ Kurhotel Moorbad Reuthe T (0 55 14) 22 65

Reutte/Tirol

Fremdenverkehrsverband
Reutte und Umgebung
A-6600 Reutte
T (0 56 72) 23 36, 20 41, Fax 54 22

Alles über das Skigebiet Seite 90.

Riefensberg/Vorarlberg

Fremdenverkehrsverband
A-6943 Riefensberg/Bregenzer Wald
T (0 55 13) 81 81 06, 83 56

Alles über das Skigebiet Seite 60.

★★ Gasthof Pension Hochlitten T 83 63
★★ Gasthaus Linde T 81 27

Riezlern/Vorarlberg

Verkehrsamt
Kleinwalsertal (Zweigstelle)
A-6991 Riezlern/Kleinwalsertal
T (0 55 17) 5 11 40, Telex 04 75 91 50

Alles über das Skigebiet Seite 69.

★★★★ Hotel Erlebach T 51 69
★★★ Hotel Bellevue T 56 20
★★★ Hotel Montana T 53 61, 50 27
★★★ Hotel Post T 52 15
★★★ Sporthotel Riezlern T 66 51
★★★ Hotel Stern T 52 08
★★★ Hotel Appartements Wagner T 52 48
★★★ Gasthof Riezler Hof T 53 37

Rußbach/Salzburg

Fremdenverkehrsverband
A-5442 Rußbach am Paß Gschütt
T (0 62 42) 2 06, Fax 2 44

Alles über das Skigebiet Seite 172.

★★★★ Clubhotel Rußbach T 2 15
★★★ Sporthotel Höll T (62 42) 2 39
★★★ Alpenhotel Neuwirt T 2 26

Die Qualität von Hotelbetrieben steigt mit der Anzahl der Sterne.

Österreich

Saalbach-Hinterglemm/Sbg.

Fremdenverkehrsverband
A-5753 Saalbach-Hinterglemm
T (0 65 41) 72 72, Fax 79 00

Alles über das Skigebiet Seite 152, 160.

★★★★☆	Hotel Ingonda T 2 62, 73 34
★★★★☆	Hotel Theresia T 7 41 40
	94 · 0,15 km
★★★★	Alpenhotel T 6 66
	170 · 0,1 km
★★★★	Hotel Bärenbachhof T 6 42
★★★★	Hotel Bauer T 21 30
★★★★	Bergers Sporthotel T 5 77
★★★★	Hotel Edelweiß T 3 55
★★★★	Hotel Egger T 32 20
★★★★	Sporthotel Ellmau T 72 26, 72 41
	70
★★★★	Hotel Glemmthalerhof T 71 35
	114 · 0,1 km
★★★★	Hotel Hasenauer T 3 32
★★★★	Hotel Kendler T 22 50
	93 · 0,2 km
★★★★	Hotel Kristall T 3 76
★★★★	Hotel Neuhaus T 71 51
	135 · 0,1 km
★★★★	Hotel Post T 2 31, 5 82
★★★★	Hotel Saalbacher Hof T 71 11
★★★★	Hotel Sonne T 72 02
	80 · 1 km
★★★★	Hotel Sonnleiten T 4 02
	104
★★★★	Hotel Wolf T 34 60, 54 80
	75 · 0,05 km
★★★★	Hotel Zur Dorfschmiede T 74 08
	70 · 0,1 km
★★★	Hotel garni Pension Burger T 71 40
★★★	Hotel garni Haas T 2 94
★★★	Hotel Haider T 2 28
	80 · 0,1 km
★★★	Hotel König T 3 84
★★★	Hotel Peter T 2 36
★★★	Hotel Seidl-Alm T 72 29
★★★★	Pension Haus Kohlmais T 6 30
★★★	Pension Alpenrose T 2 40
★★★	Pension Austria T 3 39
★★★	Gasthof Barbarahof T 71 32
★★★	Pension Derigo T 2 82
★★★	Pension Eva T 71 44
★★★	Pension Franziska T 2 96
★★★	Pension Gabi T 6 78
★★★	Gasthof Mitterer T 2 19
★★★	Pension-Haus Pilch T 3 66
★★★	Pension Riedlsperger T 2 48
★★★	Pension Riegler T 2 93
★★★	Pension Rupertihof T 71 76
★★★	Pension Salzburgerhof T 4 61
★★★	Pension Schattberg T 76 02
★★★	Pension Steger T 2 68
★★★	Pension Talheim T 4 81
★★★	Gasthof Thuiner T 72 68
★★★	Gasthof Unterwirt T 2 74
★★★	Pension Vier Jahreszeiten T 4 54
★★★	Gasthaus Vorderronach T 4 47
★★★	Pension Wallner T 2 34
★★★	Pension Wiesenegg T 3 73

Eine Erklärung der Symbole finden Sie auf Seite 591.

Saalbach Hinterglemm

HOTEL SONNLEITEN

Fam. Gerns, Hinterhagweg 361,
5753 SAALBACH
Tel. (0043) 6541/402-0
Fax (0043) 6541/40224

Das traditionsreiche Haus auf der Sonnenseite von Saalbach empfiehlt sich für unbeschwerte Tage voll Erholung und Entspannung. Genießen Sie das stilvolle Ambiente, den aufmerksamen Service und den Komfort, der keine Wünsche offenläßt. Stilvoll und komfortabel eingerichtete Zimmer und Appartements mit DU/WC, Radio, Tel., TV sowie Minibar. 28-Grad-Swimming-pool, Sauna, Solarium und Squashcoart im Haus. Für Ihre Gesundheit: modernste Therapieformen für Ihr Wohlbefinden, Massagen, Lymphdrainage und Moor-Kräuter-Packungen im Wasserbett. Für Ihre Schönheit: Kosmetikstudio zur umfassenden Schönheitspflege, Modellagen, Peeling und Maniküre.

Partner-Hotels Hinterglemm

Sportlich im WINTER — Aktiv im SOMMER

★ ★ ★ ★ ★ ★ ★ ★ **16 Sterne laden ein** ★ ★ ★ ★ ★ ★ ★ ★

Hotel ★★★★ Glemmtalerhof

Fam. Schnell-Breitfuß
A-5754 Saalbach/Hinterglemm
☎ (0043) 6541/7135, Fax 7135-63

Das Hotelangebot
✳ ruhige Lage (verkehrsberuhigte Zone) ✳ familiengerechtes Wohnen, viele Vorteile für Kinder ✳ Kulinarische Abwechslung in unserem Restaurant „Arsenal“ ✳ süße Köstlichkeiten im Café Pfeifenmuseum ✳ den WM-Cocktail genießen an der Aprés-Bar oder am offenen Kamin ✳ Saunaaufguß, Sportmassage, Hallenbad ✳ Glemmer Keller, Almbar ✳ Start frei für einen aktiven, sportlichen und unterhaltsamen Urlaub!

sporthotel ★★★★ ellmau

Familie Schwabl,
A-5754 Saalbach/Hinterglemm
☎ (0043) 6541/7226, Fax 7226-56

✳ 70 Betten ✳ bes. ruhige Lage am Fuße des Schatzberges ✳ die gemütliche Atmosphäre ✳ Erlebnis-Frühstücksbuffet bis 11 Uhr ✳ 3 Menüs zur Wahl – vom Galadiner bis zum Pinzgauer Schmankerlbuffet ✳ Sauna – Solarium – Hallenbad – Massage ✳ Kinderbetreuung ✳ sportl. aktiv u. kinderfreundlich ✳ wöchentl. Schitage mit Fam. Schwabl

★★★★ Hotel zur Dorfschmiede

Fam. Wolf
A-5754 Saalbach/Hinterglemm
☎ (0043) 6541/74080, Fax 7408-309

✳ zentrale Lage
✳ persönliche Note
✳ großzügige Gästezimmer mit getr. Bad/WC u. Balkon. Direktwahl-Telefon, Radio, TV-Anschluß mit 16 Programmen, Minibar
✳ Sauna – Solarium – Whirlpool – Massage
✳ hauseigene Skischule

★★★★ Hotel Haus Wolf

Fam. Wolf
A-5754 Saalbach/Hinterglemm
☎ (0043) 6541/346-0, Fax 7408-309

✳ ruhige sonnige Lage ✳ direkt beim Lift ✳ Radio, Direktwahltelefon, TV mit 16 Programmen ✳ Komfort und rustikale Ausstattung ✳ Wintergarten ✳ Tagesbar ✳ Sonnenterrasse ✳ „Pinzgauer Stüberl“ ✳ Sauna – Solarium – Hallenbad – römisches Dampfbad – Massage ✳ hauseigene Skischule

Saalfelden/Salzburg

Fremdenverkehrsverband
A-5760 Saalfelden
T (0 65 82) 25 13, 31 95, Fax 53 98

Alles über das Skigebiet Seite 158.

★★★★ Sporthotel Gut Brandlhof T 2 17 60
★★★ Appartementhotel Bellevue T 50 64
★★★ Hotel Hindenburg T 22 03
★★★ Hotel Schörhof T 22 10
★★★ Hotel Wendlwirt T 45 73

Scheffau/Tirol

Tourismusverband
A-6351 Scheffau
T (0 53 58) 81 37

Alles über das Skigebiet Seite 140.

★★★★ Hotel Alpinita T 81 09, 84 37
★★★ Gasthof Jägerwirt T 53 58

Schladming/Steiermark

Fremdenverkehrsverband
A-8970 Schladming
T (0 36 87) 2 22 68, Fax 2 22 68 21

Alles über das Skigebiet Seite 206.

★★★★★ Sporthotel Royer T 2 32 40
★★★★ Appart-Hotel Alpine T 6 12 15, 6 12 36
★★★★ Hotel Restaurant Alte Post T 2 25 71
★★★★ Hotel Zum Stadttor T 2 45 25
★★★ Hotel Bürgerschaft Schladming T 2 35 17
★★★ Hotel garni Rössl T 2 24 48
★★★ Alpenhotel Waldfrieden T 6 14 87
★★★ Hotel garni Wien T 2 45 08
★★★★★ Pension Liess T 2 24 42
★★★ Pension Haus Barbara T 2 20 77
★★★ Pension Breilerhof T 2 26 71
★★★ Pension Mitterhofer T 2 22 29
★★★ Gasthof Planaihof T 2 21 52
★★★ Gasthof Tritscher T 2 24 35
Gasthof Pension Neuwirt T 2 22 40
Pension Planai-Blick T 2 24 42
Gasthof Pension Schwaigerhof T 6 14 22, 6 14 26
Vital Appartements T 2 23 32

Eine Erklärung der Symbole finden Sie auf Seite 591.

Die Qualität von Hotelbetrieben steigt mit der Anzahl der Sterne.

Österreich

Schröcken/Vorarlberg

Verkehrsamt
A-6888 Schröcken
T (0 55 19) 2 67, Fax 2 97

Alles über das Skigebiet Seite 60.

★★★☆ Hotel Mohnenfluh T 2 03
★★☆ Hotel Gasthof Tannberg T 2 68
★★ Hotel Körbersee T 2 65
★★★ Gasthof Widderstein T 2 66

Schruns/Vorarlberg

Tourismusbüro
A-6780 Schruns
T (0 55 56) 7 21 66, Fax 7 25 54

Alles über das Skigebiet Seite 72.
Hotelanzeigen siehe Seite 568-569.

★★★★ Hotel Alpenhof T 2 66 40
★★★★ Sporthotel Alpenrose T 2 65 50
★★★★ Hotel Löwen T 71 41
170 0,2 km
★★★★ Kurhotel Montafon T 27 91
★★★★ Hotel Zamangerhof T 23 54
★★★ Hotel Chesa Platina T 23 23, 21 47
★★★ Hotel Obwegeser T 35 58, 39 60
★★★ Hotel Schäfle T 24 24
★★★ Pension Both-Walch T 2 65 60, 2 18 60

Schwarzenberg/Vorarlberg

Fremdenverkehrsverband
A-6867 Schwarzenberg/Bregenzer Wald
T (0 55 12) 29 48

Alles über das Skigebiet Seite 60.

★★★ Alpenhotel Bödele T 72 50
★★★ Hotel Gasthof Hirschen T 29 44

Schwaz/Tirol

Tourismusverband
Schwaz-Pill
A-6130 Schwaz
T (0 52 42) 32 40, Telex 5 35 53

★★★ Berg-Hotel Frieden T 23 29
★★★ Gasthaus Goldener Löwe T 23 73
★★★ Gasthof Plankenhof T 41 95

Schwendt/Tirol

Tourismusverband
A-6345 Schwendt
T (0 53 75) 68 16

Alles über das Skigebiet Seite 137.

★★★ Gasthof Pension Schwendterwirt T 67 16

Seefeld/Tirol

Tourismusverband
A-6100 Seefeld
T (0 52 12) 23 13, 23 16, Fax 33 55

Alles über das Skigebiet Seite 112.

★★★★★ Hotel Astoria T 2 27 20, 2 11 10, 2 11 20
★★★★★ Hotel Klosterbräu T 2 62 10
★★★★★ Hotel Lärchenhof T 23 83, 21 90
★★★★★ Hotel Schönruh T 24 47
★★★★★ Hotel Tümmlerhof T 2 57 10
★★★★ Hotel Bergland T 22 93
★★★★ Hotel Eden T 22 58, 22 59
★★★★ Hotel Hochland T 22 11, 20 46
★★★★ Ferienhotel Kaltschmid T 21 91
★★★★ Hotel Karwendelhof T 26 55
★★★★ Parkhotel T 24 84, 27 75
★★★★ Hotel Schneeweiss T 26 71, 26 72, 26 73
★★★★ Hotel Seefelderhof T 23 73
★★★★ Hotel garni Stefanie T 24 66
★★★★ Hotel Tyrol T 22 21, 22 22, 22 23
★★★★ Hotel Veronika T 21 05, 21 06
★★★★ Hotel Wildsee-Schlössl T 23 90, 27 20, 28 54
★★★ Hotel Alpenhof T 22 49, 22 39
★★★ Hotel Pension Baronet T 23 33
★★★ Hotel Berghof T 22 85, 29 29
★★★ Hotel garni Central T 26 88, 32 88
★★★ Hotel garni Glas T 25 50
★★★ Hotel Helga T 23 26, 27 49
★★★ Hotel garni Olympia T 23 34
★★★ Hotel Regina T 20 70, 22 70
★★★ Hotel Royal T 20 35
★★★ Hotel Gasthaus Schönegg T 23 75, 20 64
★★★ Hotel Sonnenalp T 25 29, 27 30
★★★ Sporthotel Stern T 22 35
★★★ Waldhotel T 22 07, 2 00 10

Serfaus/Tirol

Tourismusverband
A-6534 Serfaus
T (0 54 76) 62 39, Fax 68 13, 62 39 77

Alles über das Skigebiet Seite 98.

★★★★☆ Hotel Cervosa T 62 11
★★★★ Hotel Alpenhof T 62 28
★★★★ Hotel Alte Schmiede T 64 92
★★★★ Hotel Furgler T 62 01
★★★★ Hotel Löwen T 62 04
★★★★ Hotel Maximilian T 65 20
★★★★ Hotel St. Zeno T 63 28
★★★☆ Sporthotel Astoria T 63 36, 65 36
★★★☆ Hotel Schwarzer Adler T 62 21
★★★ Pension Cafe Restaurant Tirolerhof T 62 36

Silbertal/Vorarlberg

Fremdenverkehrsamt
A-6780 Silbertal/Montafon
T (0 55 56) 41 12, 7 41 12, Fax 40 01, 7 40 01

Alles über das Skigebiet Seite 72/73.
Hotelanzeigen siehe Seite 568-569.

★★★★ Hotel Bergkristall T 41 14
50 0,2 km
★★★ Gasthof Kristberg T 22 90

Sillian/Tirol

Tourismusverband
Hochpustertal
A-9920 Sillian
T (0 48 42) 62 80, Fax 68 58

Alles über das Skigebiet Seite 150.

Silvretta Nova/Vorarlberg

Hoteleinträge siehe unter Gaschurn, Gortipohl, Partenen, St. Gallenkirch.

Sölden/Tirol

Tourismusverband
Sölden/Hochsölden
A-6450 Sölden
T (0 52 54) 2 21 20, Fax 31 31

Alles über das Skigebiet Seite 106.
Hotelanzeigen siehe Seite 574.

★★★★★ Hotel Central T 2 26 00
★★★★ Hotel Regina T 23 01, 24 86
★★★★ Hotel Cafe Stefan T 22 37
★★★★ Hotel Sunny-Sölden T 24 91, 26 09
★★★ Hotel Alpenland T 23 65, 25 43
44 0,2 km
★★★ Hotel Alphof T 25 59, 21 09
★★★ Hotel Alpina T 22 02
★★★ Hotel garni Bruno T 25 29
★★★ Hotel Erhart T 26 95
★★★ Hotel garni Holiday T 26 51, 26 00
★★★ Parkhotel T 24 05, 24 06
★★★ Hotel Sölderhof T 23 17
★★★ Hotel Sonne T 22 03
★★★ Pension Mirabell T 21 25, 25 85
★★★ Pension Fremdenheim Panorama T 22 90
★★★ Pension Regina T 2 21
Alpengasthof Gaislach Alm T 29 14, 23 65
43

Söll/Tirol

Tourismusverband
A-6306 Söll
T (0 53 33) 52 16, Fax 61 80

Alles über das Skigebiet Seite 140.

★★★ Hotel Austria T 52 13
★★★ Hotel Gasthof Bergland T 54 54
★★★ Hotel Eggerwirt T 52 36
★★★ Hotel Ingeborg T 52 23
★★★ Sporthotel T 53 39
★★★ Hotel garni Tenne T 53 87
★★★ Hotel Tyrol T 52 73
★★★ Gasthof Greil T 52 89
★★★ Gasthof Post T 52 21
★★★ Gasthof Schirast T 55 44
★★★ Gasthof Tenne T 52 82

Spital am Pyhrn/O.-Österreich

Tourismusverband
A-4582 Spital am Pyhrn
T (0 75 63) 2 49, 70 07, Fax 2 55 83

Alles über das Skigebiet Seite 194.

★★★ Hotel Alpenrose T 2 25
★★★ Hotel Hengl T 2 81

St. Anton am Arlberg/Tirol

Tourismusverband
A-6580 St. Anton am Arlberg
T (0 54 46) 2 26 90, Fax 25 32 15

Alles über das Skigebiet Seite 82.
Hotelanzeigen siehe Seite 542.

★★★★★ Hotel St. Antonerhof T 29 10
★★★★ Hotel Alte Post T 2 55 30, 21 57, 34 03
★★★★ Hotel Arlberg T 22 10
130 0,7 km
★★★★ Gasthof Montjola T 23 02
★★★★ Hotel Mooserkreuz T 22 30, 27 30
★★★★ Hotel Neue Post T 2 21 30
120 0,2 km
★★★★ Hotel Post T 2 21 30, 2 21 40
120 0,2 km
★★★★ Hotel Schwarzer Adler T 2 24 40
86 0,2 km
★★★★ Sporthotel St. Anton T 31 11
106 0,2 km
★★★ Hotel Alpenhof T 27 00, 24 95
★★★ Berghaus Maria T 20 05
★★★ Fremdenheim Sailer T 26 73
★★★ Hotel garni Schranz T 2 55 50, 2 97 70
★★★ Gasthof Sonnenheim T 33 51, 35 89

St. Christoph am Arlberg/Tirol

Tourismusverband
A-6580 St. Christoph am Arlberg
T (0 54 46) 2 26 90, Fax 25 32 15

Alles über das Skigebiet Seite 82.

★★★★★ Hotel Arlberg-Hospiz T 26 11
★★★★ Hotel Mariensee T 28 04, 21 61
★★★ Hotel Arlberghöhe T 2 63 50
★★★ Gasthof Valluga T 32 63

Die Qualität von Hotelbetrieben steigt mit der Anzahl der Sterne.

Österreich

Steinach/Tirol

Tourismusverband
A-6150 Steinach
T (0 52 72) 62 70, Fax 21 10

Alles über das Skigebiet Seite 122.

★★★☆	Hotel Weißes Rößl T 62 06
★★★☆	Sport-Hotel Wilder Mann T 62 10
★★★	Hotel Rose T 62 21
★★	Pension Heini Messner T 64 85

St. Gallenkirch/Vorarlberg

Fremdenverkehrsverband
A-6791 St. Gallenkirch
T (0 55 57) 66 00, Fax 66 59

Alles über das Skigebiet Seite 74.

★★★★	Hotel Grandau T 63 84
★★★★	Pension Zamangspitze T 62 38
★★★	Hotel Gasthof Adler T 62 06
★★★	Hotel Gastauer T 67 60, 66 31
★★★	Hotel Restaurant Silvretta T 6 12 00

St. Jakob i. D./Osttirol

Tourismusverband
A-9963 St. Jakob i. D.
T (0 48 73) 54 84, Fax 52 65

Alles über das Skigebiet Seite 148.

★★★★	Hotel Alpenhof T 53 51
★★★★	Jesacher Sporthotel T 5 33 30

St. Johann im Pongau/Sbg.

Fremdenverkehrsverband
A-5600 St. Johann im Pongau
T (0 64 12) 60 36, Fax 60 36 74

Alles über das Skigebiet Seite 183.

★★★★☆	Hotel Alpenland T 70 20, 70 21
★★★★	Hotel Berghof T 61 81, 61 82
	120 … 0,05 km
★★★★	Hotel Brückenwirt T 2 59
★★★★	Hotel Oberforsthof T 61 71
	85
★★★★	Sporthotel Prem T 63 15
★★★★	Hotel Tannenhof T 61 84
	100 … 0,1 km

★★★★	Hotel Tennerhof T 2 59
★★★☆	Hotel Restaurant Alpenhof T 60 40
★★★	Pension Alpenblick T 62 34
★★★	Apart-Hotel Alpina T 61 83, 3 96
	28 … 0,05 km
★★★	Gasthaus Reiner T 3 88
★★★	Gasthaus Silbergasser T 84 21, 84 83
★★★	Pension Talblick T 60 75
★★☆	Pension Olga T 85 11
	22 … 2 km

St. Johann in Tirol/Tirol

Tourismusverband
A-6380 St. Johann in Tirol
T (0 53 52) 22 18, 33 35, Fax 52 00

Alles über das Skigebiet Seite 144.

★★★★	Sporthotel Austria T 25 07, 25 08
★★★★	Hotel Crystal T 26 30
★★★★	Hotel Pension Fischer T 23 32, 26 58
★★★★	Hotel Park T 22 26
★★★	Hotel Europa T 22 85
★★★	Gasthof Restaurant Dorfschmiede T 23 23
★★★	Pension Flora T 29 80
★★★	Hotel Moser T 25 64
★★★	Pension Toni T 2 83 90

St. Leonhard/Tirol

Tourismusverband
Innerpitztal
A-6481 St. Leonhard/Pitztal
T (0 54 13) 82 16, 83 10, Fax 83 49

Alles über das Skigebiet Seite 105.
Hotelanzeigen siehe Seite 576.

★★★★	Hotel Kirchenwirt T 82 15, 83 68
	29 … 3 km
★★★	Hotel Sonnblick T 82 04
★★★	Gasthof Bergland T 82 18, 82 85
★★★	Pension Brunnenkogel T 4 60
	23 … 5 km
★★★	Alpen-Pension Pitztal T 2 68

Erklärung der Symbole Seite 591.

St. Lorenzen o. M./Stmk.

Fremdenverkehrsverband
A-8861 St. Lorenzen o. M.

Alles über das Skigebiet Seite 211.

St. Michael im Lungau/Sbg.

Verkehrsbüro
A-5582 St. Michael im Lungau
T (0 64 77) 3 42, Fax 3 09

Alles über das Skigebiet Seite 190.

★★★★☆	Hotel Sonnalm T 4 91
★★★★	Hotel Der Wastlwirt T 7 15 50
	100 … 0,6 km
★★★★	Hotel Eggerwirt T 2 24
★★★★	Alpengasthof Bacher T 3 18
★★★	Pension Pankratz T 2 68
★★★	Gasthof Post T 2 40
★★★	Gasthof Stofflerwirt T 2 93
★★★	Gasthof Stranachwirt T 3 19, 6 91
★★★	Pension Urban T 4 51

Straßen/Tirol

Tourismusverband
A-9920 Straßen
T (0 48 46) 63 36

Alles über das Skigebiet Seite 150/151.

★★★★	Gasthof Strasserwirt T 63 54

Stubaital/Tirol

Hoteleinträge siehe unter Fulpmes, Mieders, Neustift.

Stuben am Arlberg/Vorarlberg

Fremdenverkehrsverband
A-6762 Stuben am Arlberg
T (0 55 82) 7 61, 7 62, Fax 76 26

Alles über das Skigebiet Seite 85.
Hotelanzeigen siehe Seite 543.

★★★★	Hotel Hubertushof T 7 71
★★★★	Hotel Mondschein T 5 11
	65 … 0,2 km
★★★★	Hotel Post T 7 61, 7 62
	70 … 0,1 km
★★★	Hotel Albona T 7 12, 7 13
★★★	Gasthof Cafe Arlberg T 52 10, 7 19

Hinein ins Schivergnügen

Sankt Johann
und sein Alpendorf

SalzburgerLand
Ein kleines Paradies

St. Johann-Alpendorf, die am schnellsten erreichbare Einstiegstelle in die „Salzburger Sportwelt Amadé" – mit seinen 320 Pistenkilometern und 120 Gondeln und Liften. Schischulen mit Schikindergarten (Kinder ab 3 Jahre) ★ 2 alpine Zeitmeßstrecken ★ Eisstockschießen ★ Eislaufplatz ★ Höhenloipe ★ beleuchtete Rodelbahn ★ Hallentennis und Squash ★ Aktuelle Schneeinfo per TV ★ Permanentes Wochenaktivprogramm ★ Babysittingservice ★ bes. preiswertes Angebot ab 8. 1. – 5. 2. 94, 1 Woche ÜF inkl. Skipaß DM 368,–

Weitere Infos: **Verkehrsbüro St. Johann-Alpendorf**
A-5600 St. Johann Tel. (0043)6412/6036
Fax (0043)6412/603674

Alpendorf Bergbahnen
Tel. (0043)6412/6260, Fax 851783
Schneetelefon (0043)6457/2800

Hotel Berghof ★★★★

Familie Rettenwender, A-5600 St. Johann, Alpendorf 1, ☏ (0043) 6412/6181, Fax (0043) 6412/6181/117

Stilvoll und komfortabel, sportlich und leger, das gehobene Niveau eines familiär geführten 4-Sterne-Hotels direkt an der 1. Einstiegstelle d. Salzburger Sportwelt Amadé. Komfortzimmer/Hotelapp. mit Bad oder DU/WC, Balkon, Tel., Radio, Kabel-Farb-TV oder in einer FeWo. Reichh. Frühstücksbuffet, Abendmenüs mit Salatbar, Bauernbuffet, Fondue- u. Tanzabend. Hallenbad, Solarium, Sauna, Dampfbad, Fitneßraum, Kinderspielecke, Massage. **Schreiben oder rufen Sie uns an!**

Der Alpenhof
★★★★ HOTEL RESTAURANT

Die sonnige Ferienadresse an der Piste!
Familie Gschwandl
A-5600 St. Johann, Alpendorfstr. 31
☏ (0043) 6412/6040, Fax 604042

Das Haus mit Komfort und persönl. Atmosphäre. „ER" gleicht einer Oase im Schnee – über dem Tal – direkt an der Piste! Tolle Pauschalangebote voll Spaß und Action, z. B. Atomic-Schitestwochen vom 8. 1. bis 5. 2. 94. NEU: Après-Ski im Alpenhofstadl. Bitte Hausprospekt anfordern, wir informieren Sie gerne.

HOTEL ★★★★ Tannenhof
KOMFORTZIMMER · HOTELAPPARTEMENTS · FERIENWOHNUNGEN

Familie Viehhauser
A-5600 St. Johann, Alpendorf 3
Tel. (0043) 6412/5231, Fax 6184-61

Großzügig umgebautes Hotel direkt an der Kabinenbahn und Einstiegstelle Salzburger Sportwelt Amadé. Gemütliche Ferienwohnungen und Komfortzimmer sowie exquisit ausgestattete Hotelappartements. Erlebnis-Hallenbad mit Jet-Stream-Anlage, Hot-Whirl-Massagepool, Poolbar, Kuschelnischen, Sauna, Dampfbad, Solarium, Fitneßraum und Massage. Großes Frühstücksbuffet mit Bioecke, 4gängiges Wahlmenü, Salat-, Dessert- und Bauernbuffet. Bitte Hausprospekt anfordern!

Familie Höllwart, Alpendorf 11
A-5600 St. Johann
☏ (0043) 6412/6171, Fax 7429

HOTEL ★★★★ Oberforsthof

Unser Angebot für Ihren Urlaub:
· Zimmer m. WC/DU/Balkon u. Tel · Hotelapp. · Kabel-TV (20 Prg.) · Lift · Lesesaal · Hotelsafe · Restaurant · Speisesaal · Weinstube · Terrasse · Reichh. Frühstücksbuffet · Menüwahl · Salat-, Vorspeisen-, Dessert- und Bauernbuffet · Tanzabend m. Livemusik · Hallenbad · Sauna · Massagen · Kinderspielraum · TT · Billard · Skifahren bis zur Haustüre · Schneebar

Olga Frühstücks-Pension

Familie Klammer, A-5600 St. Johann
Hauptstraße 91, ☏ (0043) 6412/8511

Zentrale Lage, Zimmer mit DU/WC, Balkon. Erweitertes Frühstück, gemütl. Aufenthaltsraum und familiäre Atmosphäre. Schibus ab Haus zum Nulltarif zur Einstiegstelle der Sportwelt Amadé.

Ferien Appartements alpina

Familie Schwarz
A-5600 St. Johann
Alpendorf 8
☏ (0043) 6412/6183
Fax (0043) 6412/8144

Direkt an der Einstiegstelle der Kabinenbahn d. Sbg. Sportwelt Amadé bieten wir der ganzen Familie sportlich aktive Urlaubstage. ✳ Gemütl. FeWo. (2–6 Pers.) mit Kabel-TV, Tel. Überdachte Parkpl. ✳ Restaurant, Café-Bistro, Tagesbar ✳ Hauseig. 2-Platz Tennishalle, Squashbox, Billard, Sauna, Sol., Hot-Whirl-Pool. ✳ Top Jänner-Pauschalen inkl. Tennis mit Trainer!

SalzburgerLand
Ein kleines Paradies

Österreich

St. Ulrich am Pillersee/Tirol

Tourismusverband
A-6393 St. Ulrich am Pillersee
T (0 53 54) 8 81 92, Fax 8 87 27

Alles über das Skigebiet Seite 144.

★★★ Gasthof Straßerwirt T 8 81 02

St. Wolfgang/Salzburg

Tourismusverband
A-5360 St. Wolfgang im Salzkammergut
T (0 61 38) 22 39, Fax 22 39 81

Alles über das Skigebiet Seite 174/175.

★★★★ Hotel Eden T 23 26
★★★★ Strandhotel Margareta T 23 79

Tannheim/Tirol

Tourismusverband
A-6675 Tannheim
T (0 56 75) 6 25 30, Fax 66 49

Alles über das Skigebiet Seite 88.

★★★★ Hotel Zum Ritter und Tannheimerhof T 62 18
110 0,3 km

Tauplitz/Steiermark

Verkehrsbüro
A-8982 Tauplitz
T (0 36 88) 24 46

Alles über das Skigebiet Seite 200.

★★★ Familien-Sporthotel Hechl T 22 68, 21 60
★★★ Sporthotel Kirchenwirt T 23 06
★★★ Sporthotel Tauplitzalm T 23 06
★★★ Berghotel Tauplitzalm T 23 25, 27 25
★★★ Alpengasthof Hierzegger T 23 16
★★★ Gasthof Zand T 23 05
★★ Gasthof Pension Alpenrose T 21 20

Erklärung der Symbole Seite 591.

Telfes/Tirol

Tourismusverband
A-6165 Telfes
T (0 52 25) 27 50, 37 35, Fax 41 71

Alles über das Skigebiet Seite 121.

★★★ Hotel Montana T (0 52 22) 23 04
★★★ Hotel Tyrol T (0 52 22) 21 21
★★ Gasthof Leitgeb T (0 52 22) 23 04

Telfs-Buchen/Tirol

Tourismusverband
A-6410 Telfs-Buchen

Alles über das Skigebiet Seite 112.
Hotelanzeigen siehe Seite 580.

★★★★★ Interalpen-Hotel Tyrol T (0 52 62) 6 06
600 15 km

Tschagguns/Vorarlberg

Fremdenverkehrsverband
A-6774 Tschagguns
T (0 55 56) 7 24 57, Fax 7 39 40

Alles über das Skigebiet Seite 72.
Hotelanzeigen siehe Seite 568-569.

★★★★ Hotel Alpenpark T 7 25 57
★★★★ Hotel Montafoner Hof T 7 10 00
96 1 km
★★★ Hotel Cresta T 7 23 95
★★★ Hotel Montabella T 7 33 84
38 0,3 km
★★★ Sporthotel Sonne T 7 23 33

Turracherhöhe/Steiermark

Fremdenverkehrsverband
A-8864 Turracherhöhe
T (0 42 75) 82 16, Fax 83 63

Alles über das Skigebiet Seite 213.

★★★★ Hotel Hochschober T 82 13
★★★★ Seehotel Jägerwirt T 8 25 70
★★★★ Computeralm-Kinderalm Seewirt T 8 23 40
★★ Alpengasthof Siegel T 82 21

Untergurgl/Tirol

Tourismusverband
Obergurgl/Hochgurgl
A-6456 Untergurgl
T (0 52 56) 2 58, 3 53, Fax 3 53 77

Alles über das Skigebiet Seite 110.
Hotelanzeigen siehe Seite 000.

Pension Rosengarten T 2 86

Vandans/Vorarlberg

Fremdenverkehrsverband
A-6773 Vandans
T (0 55 56) 7 26 60, Fax 7 49 21

Alles über das Skigebiet Seite 72.
Hotelanzeigen siehe Seite 568-569.

★★★★ Zentralsporthotel Kasper T 20 50‹7 20 50›
60 0,3 km
★★★ Hotel Brunella T 27 24
★★★ Sporthotel Sonne T 27 19, 20 44
80 0,5 km

Vent/Tirol

Fremdenverkehrsverband
A-6458 Vent
T (0 52 54) 81 93, Fax 81 74

Alles über das Skigebiet Seite 107.
Hotelanzeigen siehe Seite 574.

★★★★ Hotel Similaun T 81 04
★★★ Hotel Alpenrose T 81 96
★★★ Hotel Post T 81 19
75
★★★ Sporthotel Vendt T 81 02, 81 21

Wagrain/Salzburg

Fremdenverkehrsverein
A-5602 Wagrain
T (0 64 13) 84 48, Fax 84 49

Alles über das Skigebiet Seite 183.

★★★★ Hotel Alpina T 83 37
★★★ Hotel Berghof T 83 46
★★★ Hotel Enzian T 85 05
★★★ Appartement-Haus Landl T 85 38, 85 60
★★★ Hotel Tatzlwurm T 86 55, 82 59
★★★ Hotel Wagrainerhof T 82 04
★★★☆ Gasthof Zur Sonne T 82 42
★★★ Gasthof Alpenhof Edelweiss T 84 47
★★★ Pension Anni T 82 94
★★★ Pension Elisabeth T 83 78
★★★ Pension Landhaus Flasch T 83 64
★★★ Gasthof Grafenwirt T 82 30
★★★ Alpengasthof Kirchboden T 82 02
★★★ Gasthof Moawirt T 88 18
★★★ Pension Neuweg T 84 54
★★★ Pension Panorama T 84 27
★★★ Pension Landhaus Salzburg T 83 70
★★★ Gasthof Schattauer T 82 27
★★★ Pension Schönberger T 83 91
★★★ Pension Haus Schönleiten T 83 05
★★★ Gasthaus Steiner T 82 09
★★★ Gasthof Haus Tirol T 82 64
★★★ Pension Cafe Wagrain T 83 74

Waidring/Tirol

Tourismusverband
A-6384 Waidring
T (0 53 53) 59 31, 52 42, Fax 5 24 24

Alles über das Skigebiet Seite 145.

★★★★ Hotel Waidringerhof T 52 28
★★★ Sporthotel Tiroler Adler T 53 11
★★ Gästehaus Brandtnerhof T 54 27

Wald im Pinzgau/Salzburg

Fremdenverkehrsverband
A-5742 Wald im Pinzgau
T (0 65 65) 82 43, Fax 84 45

Alles über das Skigebiet Seite 167.

★★★ Almhof Königsleiten T 82 16
★★★ Hotel garni Pinzgauer Höhe T 82 26

Warth am Arlberg/Vorarlberg

Verkehrsamt
A-6767 Warth am Arlberg
T (0 55 83) 35 15

Alles über das Skigebiet Seite 60.

★★★★ Hotel Warther Hof T 35 04
★★★ Hotel Lechtaler Hof T 26 77
★★★ Hotel Walserberg T 35 02
★★★ Hotel garni Walter Knitel T 36 12
★★★ Gasthof Jägeralpe T 2 50

Ich bitte um Informationsmaterial

Angeregt durch die Darstellung Ihres Skigebietes mit seinen Freizeit- und Sportmöglichkeiten im **ADAC SkiAtlas Alpen 1994** bitte ich Sie um die kostenlose Zusendung weiterer Informationen über Ihren Ort (Prospekte, Verzeichnisse der Hotels und Pensionen etc.).

Ich möchte den Urlaub in Ihrer Region voraussichtlich

in der Zeit vom ______________ bis ______________
verbringen.

Meine Anschrift ist auf der Rückseite vermerkt.

____

Datum Unterschrift

Brief-
marke

Antwortkarte

Hotel/Pension/Gasthof

Absender

Tel.

Der ADAC Ski Atlas Alpen

Brief-
marke

Antwortkarte

Hotel/Pension/Gasthof

Absender

Tel.

Der ADAC Ski Atlas Alpen

Informieren Sie mich bitte über Ihr Haus

Angeregt durch den **ADAC SkiAtlas Alpen 1994** beabsichtige ich, meinen Urlaub in Ihrem Skigebiet zu verbringen.

- ☐ Bitte senden Sie mir Ihren Hausprospekt mit Preisliste
- ☐ Reservieren Sie bitte
  - ☐ ein Doppel-/☐ Einzelzimmer
  - ☐ Übernachtung/Frühstück
  - ☐ Halbpension ☐ Vollpension

in der Zeit vom ______________ bis ______________

Bitte bestätigen Sie mir die Buchung.
Meine Anschrift ist auf der Rückseite vermerkt.

____

Datum Unterschrift

Informieren Sie mich bitte über Ihr Haus

Angeregt durch den
ADAC SkiAtlas Alpen 1994
beabsichtige ich, meinen Urlaub in Ihrem Skigebiet zu verbringen.

☐ Bitte senden Sie mir Ihren Hausprospekt mit Preisliste

☐ Reservieren Sie bitte

☐ ein Doppel-/☐ Einzelzimmer

☐ Übernachtung/Frühstück

☐ Halbpension ☐ Vollpension

in der Zeit vom ______________ bis ______________

Bitte bestätigen Sie mir die Buchung.
Meine Anschrift ist auf der Rückseite vermerkt.

____
Datum Unterschrift

Brief-
marke

Antwortkarte

Verkehrsamt/
Kurverwaltung

Absender

Tel.

Der
ADAC
Ski Atlas
Alpen

Brief-
marke

Antwortkarte

Hotel/Pension/Gasthof

Absender

Tel.

Der
ADAC
Ski Atlas
Alpen

Informieren Sie mich bitte über Ihr Haus

Angeregt durch den
ADAC SkiAtlas Alpen 1994
beabsichtige ich, meinen Urlaub in Ihrem Skigebiet zu verbringen.

☐ Bitte senden Sie mir Ihren Hausprospekt mit Preisliste

☐ Reservieren Sie bitte

☐ ein Doppel-/☐ Einzelzimmer

☐ Übernachtung/Frühstück

☐ Halbpension ☐ Vollpension

in der Zeit vom ______________ bis ______________

Bitte bestätigen Sie mir die Buchung.
Meine Anschrift ist auf der Rückseite vermerkt.

____
Datum Unterschrift

Österreich

Wenns/Tirol

Tourismusverband
A-6473 Wenns/Piller
T (0 54 14) 2 63, Fax 83 46

Alles über das Skigebiet Seite 104.
Hotelanzeigen siehe Seite 562-563.

★★★★ Hotel Hubertus T 4 26
68
★★★★ Hotel Sailer T 2 15, 2 25
★★★ Hotel Pitztalerhof T 2 20
80 8 km

Werfenweng/Salzburg

Fremdenverkehrsverband
A-5453 Werfenweng
T (0 64 66) 4 20, Fax 5 81 72

Alles über das Skigebiet Seite 170.

★★★★ Sporthotel Wenghof T 4 50, 5 20
★★★☆ Hotel garni Elisabeth T 4 81

Windischgarsten/O.-Österr.

Tourismusverband
A-4580 Windischgarsten
T (0 75 62) 2 66, Fax 71 01

Alles über das Skigebiet Seite 194.

★★★★ Sporthotel Baumschlager T 77 77, 82 82
★★★★ Hotel Bischofsberg T 8 85 50
★★★★ Hotel Dilly T 26 40, 8 71 40
Hotel Sperlhof T 4 30, 81 30

Wolfsberg/Kärnten

Tourismusverband
Lavanttal
A-9400 Wolfsberg
T (0 43 52) 28 78, Fax 5 20 32

Alles über das Skigebiet Seite 227.

★★★ Gasthof Pfundner T 26 95
★★★ Gasthof Torwirt T 20 75
Ferienwohnungen Jäger-Schadenbauer T 5 12 35, 34 11

Die Qualität von Hotelbetrieben steigt mit der Anzahl der Sterne.

Zams/Tirol

Tourismusverband
A-6511 Zams
T (0 54 42) 6 33 95

Alles über das Skigebiet Seite 101.

★★★ Hotel Jägerhof T 6 26 42, 6 45 00
★★★ Hotel Zammerhof T 6 36 20
★★☆ Gasthof Kronburg T 6 22 18

Zauchensee/Salzburg

Hoteleinträge siehe unter Altenmarkt, Flachau, Kleinarl, Radstadt, Wagrain.

Zell am See/Salzburg

Kurverwaltung
A-5700 Zell am See
T (0 65 42) 2 60 00, 2 60 10, Fax 20 32

Alles über das Skigebiet Seite 163, 165.

★★★★★ Hotel Salzburgerhof T 2 82 80
★★★★ Hotel Alpenblick T 71 31
40 0,5 km
★★★★ Sporthotel Alpin T 35 76
★★★★ Hotel Berner T 25 57
★★★★ Hotel Bruckberg T 7 59 20
★★★★ Hotel Eichenhof T 33 44, 33 45
★★★★ Hotel Erlhof T 6 63 70
★★★★ Grandhotel am See T 23 88
★★★★ Sporthotel Katharina T 73 10, 73 11
★★★★ T.S.H. Hotel Neue Post T 37 73, 37 74
★★★★ Hotel Porschehof T 72 48
★★★★ Hotel Gasthof Schwebebahn T 24 61, 37 97
★★★★ Hotel St. Georg T 35 33
★★★★ Hotel St. Hubertushof T 3 13 00, 3 11 60
★★★★ Hotel Tirolerhof T 37 21
★★★★ Hotel Waldhof T 28 53, 28 54
★★★★ Hotel Zum Hirschen T 24 47, 24 48
★★★ Parkhotel Eder T 2 51 60

Eine Erklärung der Symbole finden Sie auf Seite 591.

Zell am Ziller/Tirol

Tourismusverband
A-6280 Zell am Ziller
T (0 52 82) 22 81, Fax 22 81 80

Alles über das Skigebiet Seite 130.

★★★★ Hotel Theresia T 22 86
★★★★ Hotel Tirolerhof T 22 27
★★★★ Hotel Zapfenhof T 23 49
★★★ Gasthof Bräu T 23 13

Zillertal/Tirol

Hoteleinträge siehe unter Finkenberg, Fügen, Gerlos, Hintertux, Hochfügen, Kaltenbach, Lanersbach, Mayrhofen, Ramsau-Hippach, Zell am Ziller.

Zirl/Tirol

Tourismusverband
A-6170 Zirl
T (0 52 38) 22 35

Alles über das Skigebiet Seite 117.

★★★ Hotel Brücke T 23 20
★★★ Hotel Goldener Löwe T 23 30

Zürs am Arlberg/Vorarlberg

Fremdenverkehrsamt
A-6763 Zürs am Arlberg
T (0 55 83) 22 45, Fax 29 82

Alles über das Skigebiet Seite 76.

★★★★★ Hotel Albona T 23 41
★★★★★ Sporthotel Alpenhof Sporthotel T 21 91
★★★★★ Sporthotel Lorünser T 2 25 40
★★★★★ Hotel Zürserhof T 25 13
★★★★ Hotel Alpenrose-Post T 2 27 10
★★★★ Hotel Guggis T 21 66
★★★★ Hotel Gasthof Hirlanda T 22 62
★★★★ Hotel Ulli T 2 60 00
★★★ Hotel Arlberghaus T 22 58
★★★ Hotel Enzian T 2 24 20
★★★ Hotel Flexen T 22 43
★★★ Hotel Mara T 26 44
★★★ Pension Langenfelder T 23 45
★★★ Gasthof Schweizerhaus T 24 63

Schweiz

Adelboden

Verkehrsbüro
CH-3715 Adelboden
T (0 33) 73 22 52, Fax 73 42 52

Alles über das Skigebiet Seite 244.

★★★★ Hotel Beau Site T 73 22 22
★★★★ Parkhotel Bellevue T 73 16 21
★★★ Hotel Bristol T 73 14 81
★★★ Hotel Crystal T 73 12 12
★★★ Hotel Huldi und Waldhaus T 73 15 31
★★★ Hotel Nevada Palace T 73 21 31

Andermatt

Verkehrsbüro
CH-6490 Andermatt
T (0 44) 6 74 54, Fax 6 81 85

Alles über das Skigebiet Seite 304.

★★★ Hotel Dreikönige & Post T 6 72 03
★★★ Hotel Krone T 6 72 06
★★★ Hotel Monopol-Metropol T 6 75 75
★★★ Hotel Rustico Aurora AG T 6 76 63
★★ Hotel Badus T 6 72 86

Arolla

Office du Tourisme
CH-1986 Arolla
T (0 27) 83 10 83, Fax 83 22 70

Alles über das Skigebiet Seite 273.

★★★ Hotel Du Pigne d'Arolla T 83 11 66
★★ Grand Hotel und Kurhaus T 83 11 61

Arosa

Kurverein
CH-7050 Arosa
T (0 81) 31 16 21, Fax 31 31 35

Alles über das Skigebiet Seite 330.

★★★★★ Hotel Arosa Kulm T 31 01 31
★★★★★ Parkhotel T 31 01 65
★★★★★ Hotel Savoi T 31 02 11
★★★★★ Grand Hotel Tschuggen T 31 02 21
★★★★ Sporthotel Alexandra T 31 01 11
★★★★ Hotel Bellavista T 31 24 21
★★★★ Hotel Bellevue T 31 12 51
★★★★ Hotel garni Derby T 31 10 27
★★★★ Hotel Excelsior T 31 16 61
★★★★ Golfhotel Hof Maran T 31 01 85
★★★★ Hotel Hohenfels T 31 01 01
★★★★ Waldhotel National T 31 13 51
★★★★ Hotel Post T 31 01 21
★★★★ Hotel Prätschli T 31 18 61
★★★★ Hotel Seehof T 31 15 41
★★★★ Sporthotel Valsana T 31 02 75
★★★ Hotel Alpensonne T 31 15 47
★★★ Hotel Anita T 31 11 09
★★★ Hotel Astoria-Furka T 31 13 13
★★★ Hotel Belvédère-Tanneck T 31 13 35
★★★ Hotel Central T 31 02 52
★★★ Hotel Cristallo T 31 22 61
★★★ Hotel Des Alpes T 31 18 51
★★★ Hotel Eden T 31 02 61
★★★ Hotel Hohe Promenade T 31 26 51
★★★ Hotel Isla T 31 12 13
★★★ Hotel garni Lamm T 31 13 66
★★★ Hotel garni Mariposa-Residence T 31 25 57
★★★ Idealhotel Merkur T 31 16 66
★★★ Hotel Obersee T 31 12 16
★★★ Hotel Panorama-Raetia T 31 02 41
★★★ Hotel Streiff T 31 11 17
★★ Hotel Belvi T 31 12 37

Im folgenden Hotelverzeichnis geben wir Ihnen eine Auswahl von Hotels und Pensionen aus den wichtigsten Wintersport-Regionen der Schweiz. Die Orte sind alphabetisch geordnet. Durch Seitenverweise werden Sie auf die Beschreibung des jeweiligen Skigebietes aufmerksam gemacht.

Hoteleinträge von Betrieben, die sich zusätzlich mit einer Anzeige empfehlen, sind durch Piktogramme ergänzt, die nähere Details der Ausstattung und Eignung (Zeichenerklärung Seite 591 darstellen).

In der Schweiz werden Hotels und Pensionen kategorisiert. Die Qualität der Betriebe steigt mit der Anzahl der Sterne (1–5).

Für die Richtigkeit der Informationen übernehmen wir keine Gewähr. Wir sind für Anregungen und Ergänzungen dankbar.

Bad Ragaz

Verkehrsbüro
CH-7310 Bad Ragaz
T (0 81) 3 02 10 61, Fax 3 02 62 90

Alles über das Skigebiet Seite 312.

★★★★★ Hotel Quellenhof T 3 03 20 20
★★★★ Hotel Bristol T 3 02 82 61
★★★★ Grand Hotel Hof Ragaz T 3 03 30 30
★★★ Hotel Ochsen T 3 02 24 51
★★★ Parkhotel T 3 02 22 44
★★★ Hotel Sandi T 3 02 17 56
★★★ Hotel Sardona T 3 02 46 42
★★★ Hotel Schloß Ragaz T 3 02 23 55
★★★ Hotel garni Torkelbündte T 3 02 41 44
Hotel Tamina T 3 02 01 51

Bad Tarasp

Kurverein
CH-7552 Bad Tarasp
T (0 84) 9 09 44, Fax 9 09 45, Telex 7 44 27

Alles über das Skigebiet Seite 348.

★★★★ Schloßhotel Chaste T 9 17 75
★★★ Hotel Tarasp T 9 14 45
★★★ Hotel Villa Maria T 9 11 38

Bettmeralp

Verkehrsbüro
CH-3992 Bettmeralp
T (0 28) 27 12 91, Fax 27 33 45

Alles über das Skigebiet Seite 293.

★★★ Hotel Aletsch T 27 15 56
★★★ Hotel Alpfrieden T 27 22 32
★★★ Hotel Bettmerhof T 27 17 41
★★★ Hotel Panorama T 27 13 75
★★★ Hotel Waldhaus T 27 27 17
★★ Hotel garni Slalom T 27 17 87
★★ Hotel garni Sporting T 27 22 52

Bivio

Verkehrsbüro
CH-7457 Bivio
T (0 81) 75 13 23

Alles über das Skigebiet Seite 329.

★★★ Hotel Post T 75 12 75
★★★ Hotel Solaria T 75 11 07
★ Hotel Restaurant Grischuna T 75 11 36

Braunwald

Kur- und Verkehrsverein
CH-8784 Braunwald
T (0 58) 84 11 08, Fax 84 25 74

Alles über das Skigebiet Seite 314.

★★★★ Hotel Bellevue T 84 38 43
★★★★ Hotel Niederschlacht T 84 36 84
★★★ Hotel Alpenblick T 84 15 44
★★★ Hotel Alpina T 84 32 84
★★★ Hotel Cristal T 84 10 45
★★ Hotel Tödiblick T 84 12 36

Celerina

Kur- und Verkehrsverein
CH-7505 Celerina
T (0 82) 3 39 66, Fax 3 86 66

Alles über das Skigebiet Seite 340/341.

★★★★ Hotel Cresta Kulm T 3 33 74
★★★★ Hotel Cresta Palace T 3 35 64

Champéry

Office du Tourisme Champéry-Planachaux
CH-1874 Champéry
T (0 25) 79 11 41, Fax 79 18 47

Alles über das Skigebiet Seite 259.

★★★★ de Champéry T 79 10 71
★★★ Beau Séjour T 79 17 01
★★ des Alpes T 79 12 22
★★ du Parc T 79 13 13

Château-d'Oex

Verkehrsbüro
CH-1837 Château-d'Oex
T (0 29) 4 77 88, Fax 4 59 58

Alles über das Skigebiet Seite 239.

★★★ Beau Séjour et Taverne T 4 74 23
★★★ Ermitage T 4 60 03
★★★ Hostellerie Bon-Accueil T 4 63 20
★★★ Residence La Rocaille T 4 62 15
★★★ Richemont T 4 52 52

Die Qualität von Hotelbetrieben steigt mit der Anzahl der Sterne (1–5).

Crans-Montana

Fremdenverkehrsverein
CH-3963 Crans-Montana
T (0 27) 41 21 32, 41 21 33, Fax 41 17 94

Alles über das Skigebiet Seite 274.

★★★★★ Hotel Crans Ambassador T 41 52 22
★★★★★ Grandhotel Rhodania T 40 11 41
★★★★ Hotel Aida-Castel T 40 11 11
★★★★ Hotel Aparthotel Alpha T 43 31 13
★★★★ Hotel Alpina und Savoy T 41 21 42
★★★★ Grandhotel Beau Séjour T 41 24 46
★★★★ Hotel De L'Etrier T 40 11 81
★★★★ Grand Hotel Du Parc T 41 41 01
★★★★ Hotel Excelsior T 40 11 61
★★★★ Hotel Mirabeau T 40 21 51
★★★★ Hotel Royal T 41 39 31
★★★★ Hotel St. Georges T 41 24 14
★★★ Hotel Beau-Site T 41 33 12
★★★ Hotel Belmont T 41 11 71
★★★ Hotel garni Carlton T 41 37 73
★★★ Hotel City T 41 11 61
★★★ Hotel Des Alpes T 41 37 54
★★★ Hotel Des Mélèzes T 43 18 12
★★★ Grand Hotel du Golf et des Sports T 41 42 42
130 1 km
★★★ Hotel Du Lac T 41 34 14
★★★ Hotel Eden T 40 11 71
★★★ Hotel Elite T 41 43 01
★★★ Hotel Le Mont-Paisible T 40 21 61
★★★ Hotel Miedzor T 41 44 33
★★★ Hotel Mont Blanc T 41 31 43
★★★ Hotel National T 41 26 81
★★★ Hotel garni Richelieu T 41 28 06
★★★ Hotel Robinson T 41 13 53
★★★ Hotel Splendide T 41 20 56
★★★ Hotel Vermala T 41 28 73
★★ Hotel garni Tourist T 41 32 56

Davos-Dorf

Kur- und Verkehrsverein
CH-7270 Davos-Dorf
T (0 81) 45 21 21, Fax 45 21 00

Alles über das Skigebiet Seite 336.

★★★★★ Hotel Flüela T 47 12 21
★★★★ Hotel Derby T 47 11 66
★★★★ Hotel Meierhof T 47 12 85
★★★ Hotel Bristol T 46 30 33
★★★ Hotel Dischma T 46 33 23
★★★ Sporthotel Montana T 46 34 44
★★★ Hotel Parsenn T 46 32 32
★★★ Hotel Sonnenberg T 46 10 22
★★★ Hotel Stolzenfels T 46 18 36
★★ Hotel Bünda T 46 37 57

Davos-Platz

Kur- und Verkehrsverein
CH-7270 Davos-Platz
T (0 81) 45 21 21, Fax 45 21 00

Alles über das Skigebiet Seite 336.

★★★★ Waldhotel Bellevue T 44 13 23
★★★★ Sporthotel Central T 44 11 81
★★★★ Hotel Cresta Sun T 46 46 66
★★★★ Hotel Europe T 43 59 21
★★★★ Posthotel Morosani T 44 11 61
★★★★ Sporthotel National T 43 60 46
★★★★ Hotel Schweizerhof T 44 11 51
★★★★ Golfhotel Waldhuus T 47 11 31
★★★ Sporthotel Bellavista T 46 42 52
★★★ Hotel Bündner Hof T 46 56 30
★★★ Hotel Casanna T 46 43 43
★★★ Clubhotel Davos T 44 12 55
★★★ Hotel Cresta T 46 46 66
★★★ Hotel Davoserhof T 43 68 17
★★★ Hotel Ochsen T 43 52 22
★★★ Aparthotel Panorama T 44 12 01
★★★ Sporthotel Pischa T 43 55 13
★★★ Hotel Quisisana T 43 51 04
★★★ Hotel Garni Schützen T 43 53 52

Disentis

Verkehrsbüro
CH-7180 Disentis
T (0 81) 9 47 58 22, Fax 9 47 49 37

Alles über das Skigebiet Seite 320.

★★★★ Parkhotel Baur T 9 47 45 45
★★★★ Hotel La Cucagna T 9 47 59 34
★★★ Hotel Alpsu T 7 51 17
★★★ Hotel Furka T 7 52 27
★★★ Hotel garni Montana T 7 45 65
★★★ Hotel Oberalp T 7 51 17
★★★ Hotel Péz Ault T 7 41 46
★★★ Sporthotel Sax T 9 47 44 48
★★ Hotel Bellavista T 9 47 52 73
★★ Hotel Cristallina T 9 47 56 56
★★ Hotel Lukmanier T 9 47 51 07
Aparthotel Feriencenter Disentiserhof T 9 47 46 46
Aparthotel Rhätia T 9 47 56 26

Eine Erklärung der Symbole finden Sie auf Seite 591.

Engelberg

Verkehrsbüro
CH-6390 Engelberg
T (0 41) 94 11 61, Fax 94 41 56

Alles über das Skigebiet Seite 300.

★★★★ Hotel Dorint Regina Titlis T 94 28 28
★★★★ Hotel Hess T 94 13 66
★★★★ Ring-Hotel T 94 18 22
★★★ Hotel Alpina T 94 13 40
★★★ Hotel Bänklialp T 94 34 34
★★★ Hotel garni Belmont T 94 24 23
★★★ Hotel Central T 94 32 32
★★★ Hotel Chrystal T 94 21 22
★★★ Hotel Edelweiss T 94 12 04
★★★ Hotel Engelberg T 94 11 68
★★★ Hotel Europäischer Hof T 94 12 63
★★★ Hotel Hoheneck T 94 13 77
★★★ Hotel Maro T 94 10 76
★★★ Idealhotel Schweizerhof T 94 11 05
★★★ Hotel Spannort T 94 26 26
★★ Hotel Engel T 94 11 82
Hotel Bellevue-Terminus T 94 12 13

Fiesch

Verkehrsbüro
CH-3984 Fiesch
T (0 28) 71 14 66, Fax 71 23 73

Alles über das Skigebiet Seite 294.

★★★ Hotel Christania T 71 21 12
★★★ Hotel des Alpes T 71 15 06
★★★ Hotel Fiescherhof T 71 21 71
★★★ Hotel Kristall T 71 17 17
★★★ Hotel garni Schmitta T 71 13 46
★★ Hotel Jungfrau T 71 19 88
Hotel Alpina T 71 24 24

Flims-Dorf

Verkehrsbüro
Flims
CH-7017 Flims-Dorf
T (0 81) 39 10 22, Fax 39 43 08, Telex 85 19 19

Alles über das Skigebiet Seite 324.

★★★★ Hotel Crap Ner T 39 26 26
★★★ Sporthotel Albana T 39 23 33
★★★ Hotel Bellevue T 39 31 31
★★★ Hotel Curtgin T 39 35 66
★★★ Hotel Fidazerhof T 39 12 33
★★★ Hotel Meiler-Prau da Monis T 39 01 71
★★★ Hotel Vorab T 39 18 61

Die Qualität von Hotelbetrieben steigt mit der Anzahl der Sterne (1–5).

Schweiz

Flims-Waldhaus

Kur- und Verkehrsverein
CH-7018 Flims-Waldhaus
T (0 81) 39 10 22, Fax 39 43 08

Alles über das Skigebiet Seite 324.

★★★★★ Parkhotel Waldhaus T 39 01 81
★★★★ Hotel Adula T 39 01 61
★★★★ Hotel des Alpes T 39 01 01
★★★★ Hotel Schweizerhof T 39 12 12
★★★★ Hotel Sunstar-Surselva T 39 11 21
★★★ Hotel Flimserhof T 39 17 31
★★★ Hotel Miraval T 39 12 50
★★★ Hotel National T 39 39 23
★★★ Hotel Surpunt T 39 11 69
★★★ Arvenhotel Waldeck T 39 12 28

Flumserberg

Verkehrsbüro
CH-8898 Flumserberg
T (0 85) 7 33 32 32, Fax 7 33 32 37

Alles über das Skigebiet Seite 310.

★★★★ Hotel Gauenpark T 7 33 31 31
★★★ Hotel Alpina T 7 33 12 32
★★★ Apparthotel Bruggmann T 7 33 24 24
★★★ Hotel Cafrida T 7 33 11 93

Grächen

Verkehrsbüro
CH-3925 Grächen
T (0 28) 56 27 27, Fax 56 11 10, Telex 47 33 72

Alles über das Skigebiet Seite 281.

★★★ Hotel Beau Site T 56 26 56
★★★ Hotel Restaurant Des Alpes T 56 22 44
★★★ Hotel Elite T 56 16 12
★★★ Hotel Grächerhof mit Chalet Schönegg T 56 25 15
★★★ Hotel Hannigalp T 56 25 55
★★★ Hotel Touring T 56 16 25
★★★ Hotel Walliserhof T 56 11 22

Grimentz

Office du Tourisme
CH-3961 Grimentz
T (0 27) 65 14 93, Fax 65 28 91

Alles über das Skigebiet Seite 277.

★★★ Hotel Alamarenda T 65 26 26
★★★ Hotel Alpina T 65 20 65
★★ Hotel Becs-de-Bosson T 65 19 79
★★ Hotel De Moiry T 65 11 44

Grindelwald

Verkehrsbüro
CH-3818 Grindelwald
T (0 36) 53 12 12, Fax 53 30 88

Alles über das Skigebiet Seite 246.

★★★★ Hotel Belvédère T 54 54 34
★★★★ Hostellerie Eiger T 53 21 21
★★★★ Hotel Eigerblick T 54 54 14
★★★★ Hotel Kirchbühl T 53 35 53
★★★★ Hotel Schweizerhof T 53 22 02
★★★★ Hotel Silberhorn T 53 28 22
★★★★ Hotel Spinne-Guesthouse T 53 23 41
★★★★ Hotel Sunstar & Adler T 54 54 17
★★★★ Hotel Weißes Kreuz und Post T 54 54 92
★★★ Hotel Alpina T 53 33 33
★★★ Hotel garni Bernerhof T 53 10 21
★★★ Hotel Bodenwald T 53 12 42
★★★ Hotel garni Cabana T 53 32 32
★★★ Hotel Chalet Caprice T 53 25 25
★★★ Hotel Central Wolter T 53 22 33
★★★ Hotel garni Crystal T 53 24 24
★★★ Hotel Derby-Bahnhof T 54 54 61
★★★ Hotel Fiescherblick T 53 44 53
★★★ Hotel Gletschergarten T 53 17 21
★★★ Hotel Restaurant Gletschertal T 53 14 14
★★★ Hotel Hirschen T 53 27 77
★★★ Hotel Résidence T 53 11 36
★★★ Hotel Sans-Souci T 53 43 43
★★★ Parkhotel Schoenegg T 53 18 53
★★ Hotel Sonnenberg T 53 10 15

Gstaad

Verkehrsbüro
CH-3780 Gstaad
T (0 30) 4 71 71, Fax 4 56 20

Alles über das Skigebiet Seite 236.

★★★★ Grandhotel Alpina T 4 57 25
★★★★ Hotel Arc-en-ciel T 8 31 91
★★★★ Grandhotel Bellevue T 8 31 71
★★★★ Hotel Bernerhof T 8 33 66
★★★★ Hotel Christiana T 4 51 21
★★★ Hotel Alphorn T 4 45 45
★★★ Hotel Gstaaderhof T 8 33 44
★★★ Hotel Olden T 4 34 44

Haute-Nendaz

Office du Tourisme
CH-1961 Haute-Nendaz
T (0 27) 88 14 44, Fax 88 39 00

Alles über das Skigebiet Seite 268.

★★★ Hotel de Siviez T 88 16 23
★★★ Hotel Le Déserteur T 88 24 55
★★★ Hotel Sourire T 88 26 16
Inter-Agence T 88 23 19

Interlaken

Verkehrsbüro
CH-3800 Interlaken
T (0 36) 22 21 21, Fax 22 52 21, Telex 92 31 11

Alles über das Skigebiet Seite 246-251.

★★★★ Hotel Du Lac T 22 29 22
★★★★ Hotel Krebs T 22 71 61
★★★★ Parkhotel Mattenhof T 21 61 21
★★★★ Hotel Metropole T 21 21 51
★★★★ Hotel National T 22 36 21
★★★★ Hotel Royal-St. Georges T 22 75 75
★★★★ Hotel Stella T 22 88 71
★★★ Hotel Restaurant Beau-Site T 22 81 81
★★★ Hotel Bernerhof T 22 31 31
★★★ Hotel City T 22 10 22
★★★ Hotel garni Crystal T 22 62 33
★★★ Hotel Du Nord T 22 26 31
★★★ Hotel Eden Nova T 22 88 12
★★★ Hotel Europe T 22 71 41
★★★ Hotel Merkur T 22 66 55
★★★ Chalet Hotel Oberland T 21 62 21
★★★ Hotel Splendid T 22 76 12
★★★ Hotel Chalet Swiss T 22 78 22
★★★ Hotel Weißes Kreuz T 22 59 51

Erklärung der Symbole Seite 591.

Klosters

Verkehrsbüro
CH-7250 Klosters
T (0 81) 69 18 77, Fax 69 49 06

Alles über das Skigebiet Seite 332.

★★★★★ Hotel Pardenn T 69 11 41
★★★★ Sporthotel Albeina T 69 61 69
★★★★ Hotel Alpina T 69 41 21
★★★★ Hotel Silvretta T 69 45 45
★★★★ Hotel Steinbock T 69 45 45
★★★★ Hotel Walserhof T 69 42 42
★★★ Kur- und Sporthotel Bad Serneus T 69 14 44
★★★ Hotel garni Kaiser T 69 25 25
★★★ Sporthotel Kurhaus T 69 44 41
★★★ Hotel garni Madrals T 69 12 78
★★★ Hotel Rätia-Relais du Silence T 69 47 47
★★★ Sport- und Freizeitzentrum T 69 29 21

Laax

Fremdenverkehrsverein
CH-7031 Laax
T (0 81) 9 21 43 43, Fax 9 21 65 65

Alles über das Skigebiet Seite 324.

★★★★ Sporthotel Laax T 9 21 72 82
★★★★ Hotel Laaxerhof T 9 21 71 01
★★★★ Sporthotel Rancho T 9 21 71 31
★★★★ Sporthotel Signina T 39 01 51
★★★ Sporthotel Arena Alva T 9 21 72 71
★★★ Hotel Bellaval T 9 21 47 00
★★★ Sporthotel Larisch T 9 21 47 47
★★★ Motel Rustico T 9 21 47 44

Lenk

Verkehrsbüro
CH-3775 Lenk
T (0 30) 3 15 95, Fax 3 20 27

Alles über das Skigebiet Seite 245.

★★★★ Parkhotel Bellevue T 3 17 61
★★★★ Hotel Crystal T 3 22 06
★★★★ Kurhotel Lenkerhof T 6 31 31
★★★★ Hotel Wildstrubel T 6 31 11
★★★ Hotel Kreuz T 3 13 87
★★★ Hotel-Restaurant Waldrand T 3 32 32

Lenzerheide

Kur- und Verkehrsverein
Lenzerheide-Valbella
CH-7078 Lenzerheide
T (0 81) 34 34 34, Fax 34 53 83

Alles über das Skigebiet Seite 326.

★★★★ Hotel Guarda Val Sporz T 34 22 14
★★★★ Grandhotel Kurhaus Alpina T 34 11 34
★★★★ Hotel Schweizerhof T 34 01 11
★★★★ Hotel Sunstar T 34 01 21
★★★ Hotel Collina T 34 18 17
★★★ Sporthotel Dieschen T 34 12 22
★★★ Hotel La Palanca T 34 31 31
★★★ Hotel La Riva T 34 01 34
★★★ Hotel Lenzerhorn T 34 11 05

Les Diablerets

Office du Tourisme
CH-1865 Les Diablerets
T (0 25) 53 13 58, Fax 53 23 48

Alles über das Skigebiet Seite 264.

★★★★ Des Diablerets Ermitage T 53 15 51
★★★★ Eurotel T 53 17 21
★★★ Hotel Le Chamois T 53 26 53
★★★ Hotel Les Sources T 53 21 26
★★ Hotel Les Lilas T 53 11 34
★★ Mon Abri T 53 14 81

Leukerbad

Verkehrsbüro
CH-3954 Leukerbad
T (0 27) 62 11 11, Fax 61 13 15, Telex 47 20 13

Alles über das Skigebiet Seite 278.

★★★★★ Hotel Les Sources des Alpes T 62 11 51
★★★★ Kurhotel Astoria T 61 14 15
★★★★ Hotel Maison-Blanche T 62 11 61
★★★★ Hotel Regina Terme T 62 11 41
★★★ Hotel Alex T 61 20 20
★★★ Hotel Alpenblick T 61 11 83
★★★ Hotel Grichting und Badner Hof T 61 12 27
★★★ Hotel Römerhof T 61 19 21

Leysin

Office du Tourisme
CH-1854 Leysin
T (0 25) 34 22 44, Fax 34 16 16

Alles über das Skigebiet Seite 262.

★★★★ Regency T 34 24 24
★★★ Central-Résidence T 34 12 11
★★★ Colina T 34 10 12
★★★ La Tour d'Ai T 43 11 20

Lötschental

Hoteleinträge siehe unter Wiler.

Malbun

Verkehrsbüro
CH-9497 Malbun
T (0 75) 2 63 65 77

Alles über das Skigebiet Seite 316.

★★★★ Hotel Malbunerhof T 2 63 29 44
★★★ Hotel Gorfion T 8 18 83
★★★ Hotel Kulm T 2 63 87 77
★★★ Hotel Montana T 2 63 73 33
★★★ Hotel Restaurant Turna T 2 63 34 21

Maloja

Kur- und Verkehrsverein
CH-7516 Maloja
T (0 82) 4 31 88, Fax 4 36 37

Alles über das Skigebiet Seite 342.

★★★ Hotel Maloja-Kulm T 4 31 05
★★★ Hotel Schweizerhaus u. Pöstli T 4 34 55
★★ Hotel Restaurant Longhin T 4 31 31
★★ Sporthotel T 4 31 26

Meiringen

Verkehrsbüro
Meiringen-Haslital
CH-3860 Meiringen
T (0 36) 71 43 22, Fax 71 49 55

Alles über das Skigebiet Seite 252.

★★★★ Hotel Du Sauvage T 71 41 41
★★★★ Hotel Sherpa T 72 61 91
★★★ Hotel Sherlock Holmes T 71 42 42

Morgins

Office du Tourisme
CH-1875 Morgins
T (0 25) 77 23 61, Fax 77 37 08

Alles über das Skigebiet Seite 256.

★★★ Bellevue et Bellavista T 78 11 71
★★★ Hotel Pension De Morgins T 77 11 43

Mürren

Kur- und Verkehrsverein
CH-3825 Mürren
T (0 36) 55 16 16, Fax 55 37 69

Alles über das Skigebiet Seite 250.

★★★★ Hotel Eiger T 55 13 31
★★★★ Hotel Palace Mürren T 55 24 24
★★★ Hotel Restaurant Bellevue-Crystal T 55 14 01
★★★ Hotel Edelweiss T 55 13 12
★★★ Hotel Jungfrau und Lodge T 55 28 24

Pontresina

Kur- und Verkehrsverein
CH-7504 Pontresina
T (0 82) 6 64 88, Fax 6 79 96

Alles über das Skigebiet Seite 344.

★★★★★ Grand Hotel Kronenhof T 6 01 11
★★★★ Hotel La Colina T 6 01 21
★★★★ Hotel Rosatsch Residence T 6 77 77
★★★★ Hotel Schweizerhof T 6 01 31
★★★★ Hotel Walther T 6 64 71
★★★ Hotel Albris T 6 64 35
★★★ Hotel Atlas T 6 63 21
★★★ Hotel Bernina T 6 62 21
★★★ Hotel garni Chesa Mulin T 6 75 75
★★★ Hotel Engadinerhof T 6 62 12
★★★ Hotel Müller-Chesa-Mandra T 6 63 41
★★★ Idealhotel Palü T 6 66 88
★★★ Hotel Post T 6 63 18
★★★ Sporthotel T 6 63 31
★★★ Hotel Steinbock T 6 63 71

Riederalp

Verkehrsbüro
CH-3987 Riederalp
T (0 28) 27 13 65, Fax 27 33 13

Alles über das Skigebiet Seite 293.

★★★★ Hotels Art Furrer T 27 21 21
★★★ Hotel Adler T 27 10 10
★★★ Hotels Art Furrer Alpenrose T 27 12 41
★★★ Golf-Hotel Riederhof-Aparthotel T 27 22 77
★★★ Hotel Walliser Spycher T 27 22 23

Saanen

Verkehrsbüro
CH-3792 Saanen
T (0 30) 4 25 97, Fax 4 61 82

Alles über das Skigebiet Seite 236.

★★★★ Hotel Residence Cabana T 4 48 55
★★★★ Steigenberger Hotel Sonnenhalte T 8 33 88
★★★ Hotel garni BOO T 4 14 41
★★★ Hotel Saanerhof T 4 15 15

Saanenmöser

Verkehrsbüro
CH-3777 Saanenmöser
T (0 30) 4 22 22, Fax 4 93 51

Alles über das Skigebiet Seite 237.

★★★★ Golf- und Sporthotel T 4 32 22
★★★★ Hotel Hornberg T 4 44 40

Saas-Almagell

Verkehrsbüro
CH-3905 Saas-Almagell
T (0 28) 57 26 53, Fax 57 14 64

Alles über das Skigebiet Seite 291.

★★★ Hotel Atlantic T 57 20 20
★★★ Hotel Kristall-Saphir T 57 14 33
★★★ Hotel Lärchenhof T 57 23 01
★★★ Hotel Mattmarkblick T 57 22 75

Saas-Fee

Fremdenverkehrsverein
CH-3906 Saas-Fee
T (0 28) 57 14 57, Fax 57 18 60

Alles über das Skigebiet Seite 288.

★★★★ Hotel Ambassador T 57 14 20
★★★★ Hotel Beau-Sité T 57 11 22
★★★★ Grand Hotel T 57 10 01
★★★★ Hotel garni La Collina T 57 19 38
★★★★ Hotel Saaserhof T 57 35 51
★★★★ Hotel Walliser Hof T 57 20 21
★★★ Apart-Hotel Allalin T 57 18 15
★★★ Hotel Alphubel T 57 11 12
★★★ Hotel Astoria T 57 11 33
★★★ Hotel Bristol T 57 24 34
★★★ Hotel Burgener T 57 15 22
★★★ Hotel Cairn T 57 15 50
★★★ Hotel Christiania T 57 31 66
★★★ Hotel Condor T 57 12 52
★★★ Hotel Derby T 57 23 45
★★★ Hotel Dom T 59 11 01
★★★ Hotel Eden T 57 18 18
★★★ Hotel Europa T 57 31 91
★★★ Hotel Jägerhof T 57 13 10
★★★ Hotel Marmotte T 57 28 52
★★★ Hotel Mischabel T 57 21 18
★★★ Hotel Mistral T 57 11 64
★★★ Parkhotel T 57 24 46
★★★ Hotel Sonnenhof T 57 26 93
★★★ Hotel Tenne T 57 12 12
★★★ Hotel garni Touring T 57 13 33
★★★ Hotel garni Zurbriggen T 57 20 50

Erklärung der Symbole Seite 591.

Die Qualität von Hotelbetrieben steigt mit der Anzahl der Sterne (1–5).

Schweiz

Saas-Grund

Kur- und Verkehrsverein
CH-3910 Saas-Grund
T (0 28) 57 24 03, Fax 57 11 43

Alles über das Skigebiet Seite 290.

★★★ Hotel Dom T 57 22 33
★★★ Aparthotel Etoile und Bergheimat T 57 20 66
★★★ Hotel Monte Rosa T 57 25 70
★★★ Hotel Touring T 57 21 27

Samedan

Verkehrsbüro
CH-7503 Samedan
T (0 82) 6 54 32, Fax 6 53 88

Alles über das Skigebiet Seite 340.

★★★★ Hotel Bernina T 6 54 21
★★★★ Hotel Quadratscha T 6 42 57
★★★ Golf-Hotel Des Alpes T 6 52 62
★★★ Hotel Donatz T 6 46 66
★★★ Sporthotel Luzi T 6 53 33

Samnaun

Tourismusverband
CH-7563 Samnaun
T (0 81) 8 68 58 58, Fax 8 68 56 52

Alles über das Skigebiet Seite 350.

★★★★ Hotel Post T 8 68 53 53
90
★★★★ Hotel Silvretta T 8 68 54 00
70
★★★ Hotel Bündnerhof T 8 68 55 44
30 0,8 km
★★★ Hotel Cresta-Rustica T 8 68 52 23
★★★ Hotel Des Alpes T 8 68 52 73
★★★ Hotel Montana T 8 68 51 93
50
Aparthotel Nevada T 8 68 55 53
32
Appartement Panorama T 8 68 53 43

Savognin

Kur- und Verkehrsverein
CH-7460 Savognin
T (0 81) 74 22 22, Fax 74 28 21

Alles über das Skigebiet Seite 328.

★★★★ Hotel Cresta T 74 17 55
★★★ Sporthotel Alpina T 74 14 26
★★★ Hotel garni Chesa Romana T 74 15 44
★★★ Hotel Danilo T 74 14 66

Schönried

Verkehrsbüro
CH-3778 Schönried
T (0 30) 4 88 88, 4 19 19, Fax 4 64 70

Alles über das Skigebiet Seite 240, 242.

★★★★★ Hotel Ermitage-Golf, Solbad T 4 27 27
★★★★ Hotel Alpinova T 8 33 11
★★★ Hotel Restaurant Bahnhof T 4 42 42

Scuol

Kurverein
CH-7550 Scuol
T (0 81) 8 64 94 94, Fax 8 64 99 39

Alles über das Skigebiet Seite 348.

★★★★ Hotel Belvédère T 8 64 10 41
★★★★ Parkhotel Tarasp T 8 64 12 21
★★★ Hotel Bellaval T 8 64 14 81
★★★ Hotel garni Conrad T 8 64 17 17
★★★ Hotel garni Engiadina T 8 64 14 21
★★★ Hotel Filli T 8 64 99 27
★★★ Hotel Romantik Guardaval T 8 64 13 21
★★★ Hotel Traube T 8 64 10 40

Sedrun

Kur- und Verkehrsverein
CH-7188 Sedrun
T (0 81) 9 49 15 15, Fax 9 49 10 76

Alles über das Skigebiet Seite 321.

★★★ Hotel Oberalp T 9 49 11 55
★★ Sporthotel Krone T 9 49 11 22

Sils-Maria

Kur- und Verkehrsverein
CH-7514 Sils-Maria
T (0 82) 4 51 40, Fax 4 59 60

Alles über das Skigebiet Seite 342.

★★★★★ Hotel Waldhaus T 4 53 31
★★★★ Hotel Edelweiss T 4 52 22
★★★ Hotel Maria T 4 53 17

Silvaplana

Kur- und Verkehrsverein
CH-7513 Silvaplana
T (0 82) 4 81 51, Fax 4 83 80

Alles über das Skigebiet Seite 342.

★★★★ Hotel Gourmet Restaurant Albana T 4 92 92
★★★★ Hotel Chesa Guardaley T 2 31 21
★★★ Hotel Chesa Surley T 4 80 81
★★★ Hotel Julier-Chesa Arsa T 4 96 44
★★★ Hotel La Staila T 4 81 47
★★★ Hotel Sonne T 4 81 52

Sörenberg

Fremdenverkehrsverein
CH-6174 Sörenberg
T (0 41) 78 11 85, Fax 78 24 85

Alles über das Skigebiet Seite 302.

★★★ Sporthotel Panorama T 78 16 66
★★ Hotel Cristal T 78 12 46

Spiss/Samnaun

Verkehrsbüro
CH-6542 Spiss/Samnaun

Alles über das Skigebiet Seite 350.

★★★ Gasthof Alpenrose

Splügen

Verkehrsverein
Splügen
CH-7435 Splügen
T (0 81) 62 13 32, Fax 62 18 26

Alles über das Skigebiet Seite 322.

★★★ Posthotel Bodenhaus T 62 11 21
★★ Hotel Piz Tambo T 62 11 06
★★ Hotel Pratigiana T 62 11 10
★★ Hotel Suretta T 62 11 14

St. Moritz

Kur- und Verkehrsverein
CH-7500 St. Moritz
T (0 82) 3 31 47, Fax 3 29 52

Alles über das Skigebiet Seite 340.

★★★★★ Palace-Hotel Badrutt's T 2 11 01
★★★★★ Hotel Carlton T 2 11 41
★★★★★ Hotel Kulm T 2 11 51
★★★★★ Hotel Suvretta-House T 2 11 21
★★★★ Hotel Albana T 3 31 21
★★★★ Sporthotel garni Bären T 3 36 56
★★★★ Hotel garni Belvédère T 3 39 05
★★★★ Hotel Europa St. Moritz T 2 11 75
★★★★ Hotel garni Hauser T 3 44 02
★★★★ Parkhotel Kurhaus St. Moritz T 2 21 11
★★★★ Hotel La Margna T 2 21 41
★★★★ Hotel Monopol-Grischuna T 3 44 33
★★★★ Neues Posthotel T 2 21 21
★★★★ Hotel garni San Gian T 3 20 41
★★★★ Hotel Schweizerhof T 2 21 71
★★★★ Hotel Steffani T 2 21 01
★★★ Hotel Bellevue T 2 21 61
★★★ Hotel garni Edelweiss T 3 55 33
★★★ Hotel garni Eden T 3 61 61
★★★ Hotel garni Languard T 3 31 37
★★★ Hotel garni Laudinella T 2 21 31
★★★ Hotel garni Nolda T 3 58 55
★★★ Hotel Salastrains T 3 38 67
★★★ Hotel Soldanella T 3 36 51
★★★ Hotel Steinbock T 3 60 35
★★★ Hotel Waldhaus am See T 3 76 76

Val-d'Illiez

Société de Développement
CH-1873 Val-d'Illiez
T (0 25) 77 20 77, Fax 77 37 73

Alles über das Skigebiet Seite 256.

★★★ Alpage T 77 27 11
★★★ Télécabine T 79 14 21

Erklärung der Symbole Seite 591.

Die Qualität von Hotelbetrieben steigt mit der Anzahl der Sterne (1–5).

Silvretta

. . . das fröhlichste ★★★ Hotel im Engadin

Bergwinter

Fun ...

Zollfrei-shopping in unserer Ladenstraße

Live ...

Fröhliche Tage ...
im schönsten Skigebiet ...
im besten Hotel ...
mit dem besten Angebot!

Ski ...

Sportwochen
Silberschneewochen

Action

Samnaun

Elisabeth Jäger-Zegg und Hans Gugganig
CH-7563 SAMNAUN • ENGADIN • SCHWEIZ
Tel. 00 41/81/8 68 54 00 • Fax 00 41/81/8 68 54 05

☆☆☆☆

HOTEL POST

Eine Urlaubsadresse besonderer Art
bei Skiweltmeister Martin Hangl ♥♥♥♥♥

Haus mit bekannt familiärer Atmosphäre und persönlicher Betreuung. Romantisch, sportlich, komfortabel. Bei uns ist der Gast König.
Spezialitätenrestaurant «Pöstli»: der bekannte Treffpunkt für Gourmets.
Café «Stammerspitze» – hier geht die Post ab beim Après-Ski.
Dancing «Why not» – die Nummer eins in Samnaun.
Für Ihre Fitness: Sauna, Solarium, Whirlpool, Trimm-dich-fit-Raum, Kosmetiksalon, Massagen.
Zollfreieinkauf in unserer hauseigenen Ladenstraße.
Rufen Sie uns an, wir freuen uns auf Sie!
Fam. Hangl, CH-7563 Samnaun, Tel. 081 - 8685353, Fax 081 - 8685630

HOTEL MONTANA, Direktion: Fam. H. Zegg-Freytag, CH-7563 Samnaun, ☏ (081) 8685193, Fax (081) 8685558
50 Betten. Alle Zimmer mit Bad oder Dusche/WC, Telefon, Radio, TV, teilweise Balkon. Zentrale Lage, schöne Aussicht. Spezialitätenrestaurant, intern. Küche, auf Wunsch Diät. Lift, Gar., P., **Hallenbad, Fitneßraum,** Sauna. Zollfrei Shopping. Parfümerie u. Schmuckangeb. Salon de Coiffeur. Bar-Dancing.

APPARTHOTEL NEVADA - Fam. Oberluggauer-Zegg, dir. an den Skipisten Zeblas-Samnaun
30 Top-Appartem. ab 2 Personen, ausgestattet m. einheimischem Arvenholz. Hallenbad, Sauna, Dampfbad, Solarium, Fitneßraum, Coiffeursalon m. Kosmetikabteilung. Gemütl. Café, gr. Sonnenterrasse, Tiefgarage u. Parkpl. Geschäft m. zollfr. Artikeln wie Spirituosen, Rauchwaren, Parfüm, Kosmetik u. Lebensmitteln.
CH-7563 Samnaun, ☏ (081) 8685553, Fax (081) 8685210

HOTEL ★★★ BÜNDNERHOF **Familie Würfl-Zegg, CH-7563 Samnaun-Dorf**

☏ (081) 8685544, Fax 8685577
Ist Ihnen der erste Eindruck auch so wichtig wie uns? Das Hotel-Restaurant Bündnerhof heißt Sie unter drei guten Sternen willkommen – offen, freundlich und herzlich. Mit der Lust, Ihre Einkaufslaune in unserem Tax-Free-Shop zu erfüllen, und der Hoffnung, daß unsere Begegnung den Eindruck macht, der gerne bleibt.

Zeichenerklärung

Einträge von Hotel- und Pensionsbetrieben, die sich zusätzlich mit einer Anzeige empfehlen, sind durch Piktogramme ergänzt, die nähere Details der Ausstattung und Eignung darstellen.

Dabei stützen wir uns auf Angaben, die auf Befragen von den Inserenten selbst übermittelt worden sind.

Für die Richtigkeit der Informationen übernehmen wir keine Gewähr. Wir sind für Anregungen und Ergänzungen dankbar.

- Anzahl der Betten
- Hunde ausdrücklich erlaubt
- Garagenplätze vorhanden (evtl. Anzahl)
- Hallenbad im Hotel
- Sauna im Hotel
- Bar oder Stüberl
- Diskothek bzw. Live-Musik
- Kegelbahn im Hotel
- Entfernung zum nächsten Lift (ohne Angabe: Lift unmittelbar daneben)

Schweiz

Verbier

Office du Tourisme
CH-1936 Verbier
T (0 26) 31 62 22, Fax 31 32 72

Alles über das Skigebiet Seite 267.

★★★★ Hotel Alba T 31 61 71
★★★★ Hotel garni Les 4 Vallées T 31 60 66
★★★★ Hotel Residence du Parc T 31 24 74
★★★★ Hotel Rosalp T 31 63 23
★★★★ Hotel Vanessa T 31 61 41
★★★★ Hotel Verluisant T 31 63 03
★★★ Hotel De la Poste T 31 66 81
★★★ Hotel Mirabeau T 31 63 35
★★★ Hotel Rhodania T 31 61 21
75 0,2 km

Villars-sur-Ollon

Office du Tourisme
CH-1884 Villars-sur-Ollon
T (0 25) 35 32 32, Fax 35 27 94

Alles über das Skigebiet Seite 263.

★★★★ Hotel Panoramic T 36 21 11
★★★★ Eurotel Villars T 35 31 31
★★★ Hotel Alpe Fleurie T 35 34 64
★★★ Hotel Central T 35 24 51
★★★ Hotel Du Golf Marie Louise T 35 24 77
★★★ Hotel Ecureuil T 35 27 95
★★★ Hotel Elite T 35 13 41
★★★ Hotel La Renardière T 35 25 92

Erklärung der Symbole Seite 591.

Wangs

Verkehrsbüro
CH-7323 Wangs
T (0 81) 7 23 33 91, Fax 7 23 18 92

Alles über das Skigebiet Seite 312.

Hotel Alpina T 7 23 20 86
Berghotel Furt T 7 23 21 66
Parkhotel Pizol T 7 23 48 18, 7 23 44 33

Wengen

Verkehrsbüro
CH-3823 Wengen
T (0 36) 55 14 14, Fax 55 30 60

Alles über das Skigebiet Seite 249.

★★★★ Hotel Am Waldrand T 55 28 55
★★★★ Hotel Regina T 55 15 12
★★★★ Hotel Sunstar T 56 51 11
★★★★ Hotel Victoria-Lauberhorn T 56 51 51
★★★ Hotel Alpenrose T 55 32 16
★★★ Hotel Alpenruhe Kulm T 55 27 44
★★★ Hotel Bellevue T 55 11 21
★★★ Hotel Berghaus T 55 21 51
★★★ Hotel Eiger T 55 11 31
★★★ Hotel Falken T 56 51 21
★★★ Hotel Jungfraublick T 55 27 55
★★★ Hotel Résidence T 55 27 21
★★★ Hotel Schönegg T 55 34 22

Wildhaus

Verkehrsbüro
CH-9658 Wildhaus
T (0 74) 5 27 27, Fax 5 29 29

Alles über das Skigebiet Seite 309.

★★★★ Hotel Acker T 5 91 11
★★★ Hotel Hirschen T 5 22 52
★★★ Hotel Sonne T 5 23 33
★★★ Hotel Toggenburg T 5 23 23

Wiler

Verkehrsbüro Lötschental
CH-3918 Wiler
T (0 28) 49 13 88, Fax 49 19 88

Alles über das Skigebiet Seite 279.

★★★ Hotel Lötschberg T 49 13 09
★★★ Hotel Nest- und Bietschhorn T 49 11 06
★★ Sporthotel T 49 18 08

Zermatt

Verkehrsbüro
CH-3920 Zermatt
T (0 28) 66 11 81, Fax 66 11 85

Alles über das Skigebiet Seite 282.

★★★★★ Hotel Mont Cervin T 66 11 22
★★★★★ Grand Hotel Zermatterhof T 66 11 00
★★★★ Hotel garni Albana T 66 11 41
★★★★ Hotel Alex T 67 17 26
★★★★ Hotel Alpenhof Julen T 66 11 75
★★★★ Hotel Ambassador T 66 11 11
220
★★★★ Hotel garni Antares T 67 36 64
★★★★ Parkhotel Beau-Site T 67 12 71
★★★★ Hotel Christiana T 67 19 07
★★★★ Hotel garni Eden T 67 26 55
★★★★ Hotel Mirabeau T 67 17 72
★★★★ Hotel Monte Rosa T 66 11 31
★★★★ Hotel Nicoletta T 66 11 51
★★★★ Hotel Pollux T 67 19 46
★★★★ Hotel Schweizerhof T 66 11 55
★★★★ Hotel Walliserhof T 67 11 74
★★★ Hotel garni Alfa T 67 27 84
★★★ Hotel Alpenblick T 67 10 42
★★★ Hotel garni Arca-Soleschwimmbad T 67 15 44
★★★ Hotel Aristella T 67 20 41
★★★ Hotel garni Artemis T 67 11 85
★★★ Hotel garni Bellerive T 67 13 13
★★★ Hotel garni Biner T 67 26 67
★★★ Hotel Butterfly T 67 37 21
70 0,2 km
★★★ Hotel garni Chesa Valese T 67 28 18
★★★ Hotel Continental T 67 30 63
★★★ Hotel garni Darioli T 67 27 48
★★★ Hotel Derby T 67 24 55
★★★ Hotel garni Elite T 67 31 74
★★★ Hotel Europe T 67 10 66
★★★ Hotel garni Jägerhof T 67 37 14
★★★ Julen Romantik-Hotel T 67 24 81
★★★ Hotel Matterhornblick T 67 20 17
★★★ Hotel garni Metropol T 67 32 31

Zinal

Office du Tourisme
CH-3961 Zinal
T (0 27) 65 13 70, 65 32 63, Fax 65 29 77

Alles über das Skigebiet Seite 276.

★★★ Hotel Les Bouquetins T 65 25 09
★★ Hotel Formule 1 T 65 18 81
★★ Hotel Le Trift T 65 14 66

Italien

Im folgenden Hotelverzeichnis geben wir Ihnen eine Auswahl von Hotels und Pensionen aus den wichtigsten Wintersport-Regionen Italiens. Die Orte sind alphabetisch geordnet. Durch Seitenverweise werden Sie auf die Beschreibung des jeweiligen Skigebietes aufmerksam gemacht.

Hoteleinträge von Betrieben, die sich zusätzlich mit einer Anzeige empfehlen, sind durch Piktogramme ergänzt, die nähere Details der Ausstattung und Eignung (Zeichenerklärung Seite 591 darstellen).

In Italien werden Hotels und Pensionen kategorisiert. Die Qualität der Betriebe steigt mit der Anzahl der Sterne (1–5). In Südtirol findet man anstatt der Kategorie 5 Sterne die Kategorie 4 Sterne Super

Für die Richtigkeit der Informationen übernehmen wir keine Gewähr. Wir sind für Anregungen und Ergänzungen dankbar.

Canazei

Azienda Autonoma di Soggiorno
I-38032 Canazei
T (04 62) 6 11 13, 6 11 45, Fax 6 25 02

Alles über das Skigebiet Seite 396.

★★★ Hotel Alla Rosa T 6 11 07
★★★ Hotel Andreas T 6 21 06
★★★ Hotel Astoria T 6 13 02
★★★ Hotel Bellevue T 6 11 04
★★★ Hotel Croce Bianca T 6 11 11
★★★ Hotel Diana T 6 14 77
★★★ Hotel Dolomiti T 6 11 06
★★★ Hotel Faloria T 6 11 18
★★★ Hotel Il Caminetto T 6 12 30
★★★ Hotel Italia T 6 11 20
★★★ Hotel Jan Maria T 6 21 45
★★★ Hotel Tyrol T 6 11 56

Altrei/Anterivo

Verkehrsverein
I-39040 Altrei/Anterivo
T (04 71) 88 20 77

★★ Hotel Waldheim T 8 20 24
★ Pension Lochmann T 8 20 12

Antermoia/Untermoia

Verkehrsverein
I-39030 Antermoia/Untermoia
T (04 74) 5 31 75

★★ Berghotel Antermoia T 5 31 70

Bormio

Azienda Autonoma di Soggiorno
I-23032 Bormio
T (03 42) 90 33 00, Fax 90 46 96

Alles über das Skigebiet Seite 414.

★★★★ Palace Hotel T 90 31 31
★★★ Hotel Alù T 90 45 04
★★★ Hotel Astoria T 90 45 41
★★★ Hotel Aurora T 90 10 52
★★★ Hotel Baita dei Pini T 90 43 46
★★★ Hotel Derby T 90 44 33
★★★ Hotel Funivia T 90 10 65
★★★ Hotel Larice Bianco T 90 46 93
★★★ Hotel Nazionale T 90 33 61
★★★ Hotel Nevada T 90 24 91
★★★ Hotel Posta T 90 47 53
★★★ Hotel Rezia T 90 47 21
★★★ Hotel Stelvio T 90 11 30

Breuil-Cervinia

Azienda Autonoma di Soggiorno
I-11021 Breuil-Cervinia
T (01 66) 94 91 36, 94 90 86, Fax 94 97 31

Alles über das Skigebiet Seite 424.

★★★★ Hotel Cieloalto T 94 87 59
★★★★ Grandhotel Cristallo T 94 81 25
★★★★ Hotel Hermitage T 94 89 18
★★★ Hotel Astoria T 94 90 62
★★★ Hotel Breuil T 94 95 37
★★★ Hotel Bucaneve T 94 91 19
★★★ Hotel Chalet Valdotain T 94 94 28
★★★ Hotel Edelweiß T 94 90 78
★★★ Hotel Europa T 94 86 60
★★★ Hotel Lo Stambecco T 94 90 53
★★★ Hotel Planet T 94 94 26
★★★ Hotel President T 94 94 76

Die Qualität von Hotelbetrieben steigt mit der Anzahl der Sterne (1–5).

Brixen/Bressanone

Tourismusverein
I-39042 Brixen/Bressanone
T (04 72) 3 64 01, Fax 3 60 67, Telex 40 06 38

Alles über das Skigebiet Seite 376.

★★★★ Hotel Grüner Baum/Albero Verde T 3 27 32
★★★ Hotel Edith T 5 13 07
★★★ Hotel Gasserhof T 85 00 97
★★★ Hotel Goldene Krone T 3 51 54
★★★ Hotel Goldener Schlüssel/Chiavi d' Oro C.M./H.H. T 3 63 79
★★★ Hotel Goldenes Kreuz/Croce d'Oro T 3 61 55
★★★ Gasthof Grauer Bär/Orso Grigio T 3 64 72
★★★ Hotel Hofstatt T 3 54 20
★★★ Hotel Jarolim T 3 62 30
★★★ Hotel Post T 85 00 62
★★★ Hotel Senoner T 3 25 25
★★★ Hotel Sonne/Al Sole T 3 62 71
★★★ Sporthotel T 5 12 41
★★★ Hotel Tourist T 3 15 45

Bruneck/Brunico

Tourismusverband
Crontour
I-39031 Bruneck/Brunico
T (04 74) 55 54 47, 55 57 22, Fax 55 55 44

Alles über das Skigebiet Seite 379.

★★★★ Hotel Royal Hinterhuber T 2 12 21
★★★★ Rubner-Hotel Rudolf T 2 12 23
★★★★ Hotel Schönblick T 8 57 74
★★★ Hotel Andreas Hofer T 8 54 69
★★★ Hotel Gasthof Bologna T 8 59 17
★★★ Sporthotel Gissbach T 3 11 73
★★★ Hotel Krondlhof T 2 10 80
★★★ Hotel Majestic T 8 48 87
★★★ Hotel Olympia T 8 46 57
★★★ Hotel Petrus T 8 42 63
56 0,5 km
★★★ Hotel Post/Posta T 8 51 27
★★★ Gasthof Pustrissa T 8 50 35
★★★ Hotel Reischacher Hof T 8 50 09
★★★ Hotel Tiroler Hof T 3 11 55

Cortina d'Ampezzo

Azienda di Promozione Turistica
I-32043 Cortina d'Ampezzo
T (04 36) 32 31, Fax 32 35

Alles über das Skigebiet Seite 375, 392.

★★★★★ Albergo Cristallo T 42 81
★★★★★ Albergo Miramonti T 24 01
★★★★ Albergo Ancora T 32 61
★★★★ Albergo Cortina T 42 21
★★★★ Albergo De La Poste T 42 71
★★★★ Albergo Europa T 32 21
★★★★ Albergo Savoia Grandhotel T 32 01
★★★★ Albergo Splendid Venezia T 32 91
★★★★ Albergo Tre Croci T 6 71 41
★★★ Albergo Ampezzo T 42 41
★★★ Albergo Argentina T 56 41
★★★ Albergo Capannina T 29 50
★★★ Albergo Concordia Parkhotel T 42 51
★★★ Albergo Corona T 32 51
★★★ Albergo Fanes T 34 27
★★★ Albergo Franceschi Parkhotel T 6 70 41
★★★ Albergo Hotel Agip T 6 14 00
★★★ Albergo Majoni T 6 69 45
★★★ Albergo Parc Hotel Victoria T 32 46
★★★ Albergo Royal T 6 70 45
★★★ Albergo San Marco T 6 69 41
★★★ Albergo Sport Tofana T 32 81
★★★ Albergo Villa Oreta T 6 67 61
★★ Albergo Villa Resy T 33 03

Italien

Corvara

Azienda Autonoma di Soggiorno e Turismo
Corvara - Colfuschg
I-39033 Corvara
T (04 71) 83 61 76, 83 61 45, Fax 83 65 40

Alles über das Skigebiet Seite 388.

★★★★ Hotel La Perla T 83 61 32
★★★★ Hotel Panorama T 83 60 83
★★★★ Hotel Posta Zirm T 83 61 75
★★★ Hotel La Plaza T 83 60 11
★★★ Hotel Marmolada T 83 61 39
★★★ Hotel Planac T 83 62 10
★★★ Hotel Salvan T 83 60 15
★★★ Hotel Villa Eden T 83 60 41
★★★ Gasthof Ladinia T 83 60 10
★★★ Gasthof Veneranda T 83 61 27

Courmayeur

Azienda Autonoma di Soggiorno
I-11013 Courmayeur
T (01 65) 84 20 60, Fax 84 20 72

Alles über das Skigebiet Seite 422.

★★★★ Hotel Les Jumeaux T 84 40 40
★★★★ Hotel Palace Bron T 84 25 45
★★★★ Hotel Pavillon T 84 24 20
★★★★ Hotel Royal T 84 36 21
★★★ Hotel Centrale T 84 29 44
★★★ Hotel Chetif T 84 35 03
★★★ Hotel Courmayeur T 84 23 93
★★★ Hotel Crampon T 84 23 85
★★★ Hotel Cresta et Duc T 84 25 85
★★★ Hotel Cristallo T 84 20 15
★★★ Hotel Croux T 84 24 37
★★★ Hotel Del Viale T 84 22 27
★★★ Hotel Lo Bouton d'Or T 84 23 80
★★★ Hotel Majestic-Parigi T 84 10 25
★★★ Hotel Moderno T 84 22 50
★★★ Hotel Select T 84 24 60

Deutschnofen/Nova Ponente

Tourismusbüro
I-39050 Deutschnofen/Nova Ponente
T (04 71) 61 65 67, 61 57 95,
Fax 61 67 27, 61 56 37

Alles über das Skigebiet Seite 395.

★★★ Hotel Erica T 61 65 17
★★★ Hotel Pfösl T 61 65 37
★★★ Hotel Reggelberger Hof T 61 64 91
★★★ Hotel Schönwald/Belbosco T 61 65 04
★★★ Hotel Stern/Stella T 61 65 18
★★★ Residence Wiesenhof T 61 65 93
★★★ Pension Zirm T 61 57 55
★★★ Pension Oberlehenhof T 61 57 44
★★ Pension Bewaller T 61 57 29

Eggen/San Nicolò d'Ega

Verkehrsbüro
Eggen
I-39050 Eggen/San Nicolò d'Ega
T (04 71) 61 57 95, 61 65 67,
Fax 61 56 37, 61 67 27

Alles über das Skigebiet Seite 394.

★★★★ Sporthotel Obereggen T 61 57 97
★★★ Hotel Cristal T 61 56 27
★★★ Hotel Mondschein/Al Chiaro di Luna T 61 01 23
★★★ Gasthof Alpenhof T 61 56 05

Die Qualität von Hotelbetrieben steigt mit der Anzahl der Sterne.

Fai della Paganella

Azienda Promozione Turistica
I-38010 Fai della Paganella
T (04 61) 58 31 30

Alles über das Skigebiet Seite 406.

★★★ Hotel Dolomiti T 58 33 11
★★★ Hotel Santellina T 58 31 20
★★ Hotel Belvedere T 58 31 85
★★ Hotel Fai T 58 31 04
★★ Hotel Negritella T 58 31 45
★★ Hotel Paganella T 58 31 16
★★ Hotel Panorama T 58 31 34

Hafling/Avelengo

Tourismusverein
I-39010 Hafling/Avelengo
T (04 73) 9 94 57, Fax 9 95 40

Alles über das Skigebiet Seite 367.

★★★ Hotel Hirzer T 9 93 06
★★★ Hotel garni Salten T 9 93 03
★★★ Pension Viertlerhof T 9 94 28
★★★ Gasthof Viktoria T 9 94 22
★★ Gasthof Falzleben T 9 94 23

Innichen/San Candido

Tourismusverein
I-39038 Innichen/San Candido
T (04 74) 7 31 49, Fax 7 36 77

Alles über das Skigebiet Seite 381.

★★★★ Parkhotel Sonnenparadies/Sole Paradiso T 7 31 20
★★★★ Hotel Weißes Rössl/Cavallino Bianco T 7 31 35
★★★ Residence-Hotel Baranci T 7 33 85
★★★ Residence-Hotel Brandl T 7 33 93
★★★ Hotel Innichen T 7 31 02
★★★ Panorama Hotel Leitlhof T 7 34 40
★★★ Hotel Post/Posta T 7 33 55

Kastelruth/Castelrotto

Fremdenverkehrsamt
I-39040 Kastelruth/Castelrotto
T (04 71) 70 63 33, Fax 70 51 88

Alles über das Skigebiet Seite 386.

★★★★ Posthotel Lamm T 70 63 43
★★★ Hotel Alpen Royal T 70 63 50
★★★ Hotel Goldenes Rössl/Cavallino d'Oro T 70 63 37
★★★ Hotel Kastelruth T 70 63 08
★★★ Hotel Madonna T 70 61 94
★★★ Hotel Oswald von Wolkenstein T 70 66 39
★★★ Hotel Gasthof Savoy T 70 67 07
★★★ Hotel Gasthof Silbernagl T 70 66 99
★★★ Hotel St. Anna-Jägerhütt T 70 63 14
★★★ Hotel Tyrol T 70 63 97

Klobenstein/Collalbo

Fremdenverkehrsamt
Ritten
I-39054 Klobenstein/Collalbo
T (04 71) 35 61 00, Fax 35 67 99

Alles über das Skigebiet Seite 372.

★★★ Hotel Bemelmans T 35 61 27
★★★ Hotel Dolomitenblick T 35 63 67
★★★ Sonnenresidence Ritten T 5 64 50
★★★ Sporthotel T 35 61 43
★★★ Residence Wolfgang T 35 60 22
★★★ Gasthof Kematen T 35 63 56

Kolfuschg/Colfosco

Verkehrsamt
Auskunftsbüro
I-39033 Kolfuschg/Colfosco
T (04 71) 83 61 45, 83 61 76, Fax 83 65 40

Alles über das Skigebiet Seite 388.

★★★★ Hotel Cappella T 83 61 83
★★★★ Hotel Kolfuschger Hof T 83 61 88
★★★ Residence Antares T 83 63 67
★★★ Hotel Centrale T 83 61 18
★★★ Hotel Europa T 83 60 17
★★★ Hotel Gran Ciasa T 83 61 38
★★★ Hotel Mezdi' T 83 60 79

Latsch/Laces

Fremdenverkehrsverband
I-39021 Latsch/Laces
T (04 73) 62 31 09, Fax 62 20 42

Alles über das Skigebiet Seite 366.

★★★★ Hotel Paradies T 62 31 71
★★★ Hotel Matillhof T 62 34 44
★★★ Pension Montani T 7 21 55

Livigno

Azienda di Promozione Turistica
I-23030 Livigno
T (03 42) 99 63 79, Fax 99 68 81

Alles über das Skigebiet Seite 416.

★★★★ Hotel Intermonti T 99 63 31
★★★ Hotel Alexander T 99 65 50
★★★ Hotel Alpina T 99 60 07
★★★ Hotel Bivio T 99 61 37
★★★ Hotel Bucaneve T 99 62 01
★★★ Hotel Concordia T 99 60 61
★★★ Hotel Du Lac T 99 62 78
★★★ Hotel Galli Sport T 99 66 23
★★★ Hotel Lac Salin T 99 61 66
★★★ Hotel Loredana T 99 63 30
★★★ Hotel Residence Margherita T 99 61 53, 99 64 40
★★★ Hotel Palù T 99 62 32
★★★ Hotel Paré T 99 62 63
★★★ Hotel Posta T 99 60 76
★★★ Hotel San Carlo T 99 61 97
★★★ Hotel Spöl T 99 61 05
★★★ Sporthotel Livigno T 99 61 86
★★★ Hotel St. Michael T 99 63 92
★★★ Hotel Teola T 99 63 24
★★★ Hotel Villa Erika T 99 60 34
★★ Hotel Jagdhaus T 99 67 22
★★ Hotel La Montanina T 99 60 60
★★ Hotel Möta T 99 60 91, 99 69 31

Macugnaga

Informazione Accoglienza Turistica
I-28070 Macugnaga
T (03 24) 6 51 19

Alles über das Skigebiet Seite 426.

★★ Hotel Alpi T 6 51 35
★★ Hotel Cristallo T 6 51 39
★★ Hotel Dufour T 6 55 29
★★ Hotel Monte Moro T 6 50 07
★★ Hotel Nuovo Pecetto T 6 50 25
★★ Hotel Signal T 6 51 42
★★ Hotel Zumstein T 6 51 18
★★ Hotel Zurbriggen T 6 51 07

Eine Erklärung der Symbole finden Sie auf Seite 591.

Madonna di Campiglio

Azienda di Promozione Turistica
I-38084 Madonna di Campiglio
T (04 65) 4 20 00, Fax 4 04 04

Alles über das Skigebiet Seite 410.

★★★★ Hotel Bertelli T 4 10 13
★★★★ Hotel Carlo Magno Zeledria T 4 10 10
★★★★ Hotel Catturani T 4 27 12
★★★★ Hotel Cristallo T 4 11 32
★★★★ Hotel Dahu T 4 02 42
★★★★ Hotel Grifone T 4 20 02
★★★★ Hotel Miramonti T 4 10 21
★★★★ Hotel Spinale T 4 11 16
★★★★ Hotel St. Raphael T 4 15 70
★★★ Hotel Catturanino T 4 01 23
★★★ Hotel Cime d'Oro T 4 21 13
★★★ Hotel Cristiana T 4 14 70
★★★ Hotel Crozzon T 4 22 17
★★★ Hotel Europa T 4 10 36
★★★ Hotel Grazia T 4 11 04
★★★ Hotel Ideal T 4 10 16
★★★ Hotel Il Caminetto T 4 12 42
★★★ Hotel Italo T 4 13 92
★★★ Hotel Majestic T 4 20 76
★★★ Hotel Milano T 4 12 10
★★★ Hotel Oberosler T 4 11 36
★★★ Hotel Posta T 4 10 06
★★★ Hotel Splendido T 4 12 32, 4 11 41
★★★ Hotel St. Hubertus T 4 11 44
★★★ Hotel Touring T 4 10 51
★★★ Pensione Vidi T 4 11 74
★★★ Hotel Zeni Piccolo T 4 13 66
★★★ Pensione Ariston T 4 10 70
★★★ Pensione Cozzio T 4 10 83
★★★ Pensione Laura T 4 12 46, 4 15 76

Malè

Azienda di Promozione Turistica
delle Valli di Sole, Pejo ed Rabbi
I-38027 Malè
T (04 63) 90 12 80, Fax 90 15 63

Alles über das Skigebiet Seite 408.

★★★ Hotel Malè T 90 11 05
★★ Hotel All'Arco T 90 11 34
★★ Hotel Alle Alpi T 90 11 45

Meran/Merano

Kurverwaltung
I-39012 Meran/Merano
T (04 73) 23 52 23, Fax 23 55 24

Alles über das Skigebiet Seite 367.

★★★★ Grandhotel Emma T 4 74 22
★★★★ Eurotel garni T 23 49 00
★★★★ Hotel Meranerhof T 23 02 30
★★★★ Kurhotel Schloß Rundegg T 23 43 64
★★★★ Hotel Villa Eden T 23 65 83
★★★ Hotel Bayrischer Hof T 4 96 55
★★★ Hotel Cremona Ritz T 23 61 59
★★★ Hotel Elisabeth T 22 02 85
★★★ Hotel Gilmhof T 23 61 34
★★★ Hotel Gruberhof T 23 65 11
★★★ Hotel Isabella T 23 47 00
★★★ Hotel Ladurner T 23 72 14
★★★ Hotel Schloß Labers T 23 44 84
★★★ Hotel Siegler im Thurm T 23 11 33
★★★ Hotel Sonnenburg T 23 00 50
★★★ Hote Sonnenhof T 23 34 18
★★★ Hotel Villa Maria T 23 66 00
★★★ Pension Salgart T 23 44 68

Meransen/Maranza

Tourismusverein
I-39037 Meransen/Maranza
T (04 72) 5 01 97, 5 01 25, Fax 5 01 25

Alles über das Skigebiet Seite 376.

★★★ Pension Bacherhof T 5 01 28
★★★ Hotel Erika T 5 01 96
★★★ Hotel Gitschberg T 5 01 70
★★★ Hotel Holzerhof T 5 01 00
★★★ Hotel Meransner Hof T 5 02 42

Niederdorf/Villabassa

Tourismusverein
I-39039 Niederdorf/Villabassa
T (04 74) 7 51 36, Fax 7 52 83

Alles über das Skigebiet Seite 380.

★★★ Hotel Goldener Adler T 7 51 28
★★★ Hotel Rose T 7 51 21
★★ Gasthof Bachmann T 7 51 26
★★ Pension Emma T 7 51 22
★★ Gasthof Weiherbad T 7 51 06

Olang/Valdaora

Verkehrsverband
I-39030 Olang/Valdaora
T (04 74) 4 62 77, Fax 4 80 05

Alles über das Skigebiet Seite 379.

★★★★ Hotel Post/Posta T 4 61 27
★★★★ Residence Tolderhof T 8 60 19
★★★ Hotel Hubertus T 59 21 04
★★★ Hotel Kristall T 4 64 77
★★★ Hotel Markushof T 4 62 50
★★★ Hotel Messner T 4 61 78
★★★ Hotel Mirabell T 4 61 91
★★★ Residence Pircher T 4 60 58
★★★ Hotel Scherer T 4 61 74
★★★ Residence Tharerwirt T 4 60 09
★★★ Hotel Villa Tirol T 4 64 22
★★★ Berghotel Zirm T 59 20 54
★★★ Pension Aichner T 4 62 86
★★★ Pension Christoph T 59 20 26

Pedratsches/Pedraces

Verkehrsamt
I-39036 Pedratsches/Pedraces
T (04 71) 83 96 95

Alles über das Skigebiet Seite 388.

★★★★ Sporthotel Teresa T 83 96 23
★★★ Hotel Lec da Sompunt T 84 70 15
★★★ Hotel Miramonti T 83 96 61
★★★ Hotel Serena T 83 96 64

Ponte di Legno

Azienda Promozione Turistica
del Bresciano
I-25056 Ponte di Legno
T (03 64) 9 11 22, Fax 9 19 49

Alles über das Skigebiet Seite 412.

★★★★ Hotel Mirella T 9 16 61
★★★★ Hotel Residences Mirelladue T 9 16 64
★★★★ Top Residence Hotel T 9 19 39
★★★ Hotel Al Maniero T 9 10 93
★★★ Hotel Bellavista T 9 11 07
★★★ Hotel Evan T 9 12 39
★★★ Hotel Garden T 9 11 31
★★★ Hotel Mignon T 9 11 95
★★★ Hotel Miramonti T 9 16 51
★★★ Hotel Paradiso/Pirovano T 9 13 41
★★★ Hotel REdivalle T 9 13 49
★★★ Hotel Savoia T 9 13 40
★★★ Hotel Sporting T 9 21 97
★★★ Hotel Vittoria T 9 13 48

Pozza di Fassa

Azienda Autonoma di Soggiorno
Centro Fassa
I-38036 Pozza di Fassa
T (04 62) 6 41 36, 6 41 17

Alles über das Skigebiet Seite 375, 396.

★★★ Hotel Chalet Alaska T 6 40 91
★★★ Hotel Gran Baita T 6 42 84
★★★ Hotel Laurino T 6 41 25
★★★ Hotel Meida T 6 42 83
★★★ Hotel Milena T 6 41 90
★★★ Hotel Monzoni T 6 42 80
★★★ Hotel René T 6 42 58
★★★ Pensione Ladinia T 6 42 01

Predazzo

Azienda Autonoma di Soggiorno
I-38037 Predazzo
T (04 62) 5 12 37, Fax 5 20 93

Alles über das Skigebiet Seite 398.

★★★★ Hotel Ancora T 5 16 51
★★★ Hotel Bellaria T 5 13 69
★★★ Hotel Liz T 5 12 64
★★★ Hotel Touring T 5 12 12
★★★ Hotel Vinella T 5 11 51, 5 14 63

Rasen/Rasun

Verkehrsverband
I-39030 Rasen/Rasun
T (04 74) 4 62 69, Fax 4 80 99

Alles über das Skigebiet Seite 379.

★★★★ Hotel Alpenhof T 4 64 51
★★★ Hotel Andreas Hofer T 4 61 36
★★★ Hotel Broetz T 4 60 89
★★★ Hotel Brunnerhof T 4 62 44
★★★ Sporthotel Rasen T 4 61 34

Ratschings/Racines

Verkehrsverein
I-39040 Ratschings/Racines
T (04 72) 75 66 66, Fax 75 68 89

Alles über das Skigebiet Seite 369.

★★★ Hotel Gasteigerhof T 76 57 01
★★★ Hotel Kalcherhof T 6 66 15
★★★ Hotel Plunhof T 6 62 47
★★★ Hotel Pulvererhof T 6 67 24
★★★ Berghotel Ratschings T 6 91 80
★★★ Hotel Ratschingserhof T 6 67 14
★★★ Hotel Seeber T 6 91 11
★★★ Hotel Sonklarhof T 6 62 12

Ritten

Hoteleinträge siehe unter Klobenstein/Collalbo

Die Qualität von Hotelbetrieben steigt mit der Anzahl der Sterne (1–5).

Italien

Sand in Taufers/Campo Tures

Tourismusverein
I-39032 Sand in Taufers/Campo Tures
T (04 74) 67 80 76, Fax 67 89 22, Telex 40 04 39

Alles über das Skigebiet Seite 370.

★★★★ Hotel Feldmüllerhof T 67 81 27
★★★ Hotel Hellweger T 67 80 31
★★★ Hotel Mirabell T 67 80 91
★★★ Hotel Post T 67 80 28
★★★ Hotel Tubris T 67 84 88

Sarntal/Sarentino

Fremdenverkehrsverein
I-39058 Sarntal/Sarentino
T (04 71) 62 30 91, Fax 62 30 91

Alles über das Skigebiet Seite 373.

★★★ Sporthotel Reinegg T 62 32 66
★★★ Pension Alpenblick T 62 31 83
★★★ Gasthof Auener Hof T 62 30 55
★★★ Pension Olympia T 62 32 13

Schnals/Senales

Tourismusverein
Schnals
I-39020 Schnals/Senales
T (04 73) 8 91 48, Fax 8 91 77, Telex 40 15 93

Alles über das Skigebiet Seite 364.

★★★★ Hotel Cristal T 8 80 00
★★★★ Hotel Vernagt T 8 96 36
80 5 km
★★★ Hotel Am Fels T 8 91 39
★★★ Hotel Firn T 8 96 69
★★★ Hotel Gerstgras T 8 75 22
★★★ Hotel Schnals T 8 91 02
★★★ Berghotel Tyrol T 8 96 90

Seis am Schlern/Siusi

Fremdenverkehrsamt
I-39040 Seis am Schlern/Siusi
T (04 71) 70 61 24, Fax 70 71 34

Alles über das Skigebiet Seite 374, 386.

★★★★ Hotel Diana T 70 61 29
★★★★ Hotel Edelweiß T 70 61 30
★★★★ Seiserhof Liebl T 70 61 26
★★★ Hotel Bad Ratzes T 70 61 31
★★★ Hotel Dolomitenhof/Dolomiti T 70 61 28
★★★ Hotel Europa T 70 61 74
★★★ Schloß-Hotel Mirabell T 70 61 34
★★★ Hotel Prantl T 70 64 30
★★★ Hotel Waldrast T 70 61 17

Seiser Alm/Alpe di Siusi

Fremdenverkehrsamt
I-39040 Seiser Alm/Alpe di Siusi
T (04 71) 72 79 04, Fax 72 78 28

Alles über das Skigebiet Seite 374, 386.

★★★★ Hotel Floralpina T 72 79 07
★★★★ Hotel Plaza T 72 79 73
★★★★ Eurotel Gasthof Sciliar T 72 79 28
★★★★ Sporthotel Sonne/Sole T 79 63 62
★★★ Hotel Bellavista T 72 79 72
★★★ Piccolo-Hotel Sciliar T 72 79 57
★★★ Hotel Steger/Dellai T 72 79 64

Erklärung der Symbole Seite 591.

Sestrière

Ufficio Informazioni ed Accoglienza Turistica
I-10058 Sestrière
T (01 22) 75 54 44, Fax 75 51 71

Alles über das Skigebiet Seite 428.

★★★★ Hotel Belvedere T 7 70 91
★★★★ Hotel Cristallo T 7 72 34
★★★★ Hotel La Grangia del Vescovo T 7 63 76
★★★★ Grand Hotel Principi di Piemonte T 7 71 13
★★★★ Hotel Sestrière T 7 64 76
★★★ Hotel Miramonti T 7 70 48
★★★ Hotel Olympic T 7 73 44
★★★ Hotel Savoy Edelweiß T 7 70 40
★★★ Hotel Sud Ovest T 7 73 93

Sexten/Sesto di Pusteria

Tourismusverein
I-39030 Sexten/Sesto di Pusteria
T (04 74) 7 03 10, Fax 7 03 18

Alles über das Skigebiet Seite 381.

★★★★ Sporthotel Fischleintal T 7 03 65
★★★★ Hotel Rainer T 7 03 66
★★★ Hotel Alpi T 7 03 78
★★★ Hotel Dolomitenhof T 7 03 64
★★★ Hotel Drei Zinnen/Tre Cime T 7 03 21
★★★ Hotel Holzer T 7 03 40
★★★ Hotel Kreuzbergpaß/Passo Monte Croce T 7 03 28
★★★ Hotel Monika T 7 03 84
★★★ Parkhotel T 7 02 03
★★★ Hotel Royal T 7 04 23
★★★ Hotel Schönblick/Bellavista T 7 03 32
★★★ Hotel Sextnerhof T 7 03 14
★★★ Hotel Strobl T 7 03 71
★★★ Hotel St. Veit T 7 03 90
★★★ Berghotel Tyrol T 7 03 86
★★★ Hotel Waldheim T 7 03 16

St. Christina/Santa Cristina

Fremdenverkehrsamt
I-39047 St. Christina/Santa Cristina
T (04 71) 79 30 46, Fax 79 31 98

Alles über das Skigebiet Seite 382.

★★★★ Hotel Diamant T 79 67 80
★★★★ Sporthotel Monte Pana T 79 36 00
★★★ Hotel Carmen T 79 21 10
★★★ Hotel Cendevaves T 79 65 62
★★★ Hotel Cristallo T 79 20 99
★★★ Hotel Dosses T 79 33 26
★★★ Hotel Interski T 79 34 60
★★★ Hotel Posta T 79 66 78, 79 20 78
★★★ Hotel Touring T 79 31 19
★★★ Hotel Uridl T 79 32 15
★★★ Hotel Villa Pallua T 79 33 66
★★★ Pension Villa Martha T 79 20 88

Stern/La Villa

Azienda Autonoma di Soggiorno
I-39036 Stern/La Villa
T (04 71) 84 70 37, 84 94 22, 83 96 95,
Fax 84 72 77

Alles über das Skigebiet Seite 388.

★★★★ Hotel Christiania T 84 70 16
★★★ Residence Astoria T 84 70 48
★★★ Hotel Aurora T 84 71 73
★★★ Hotel Bel Sit T 83 60 01
★★★ Hotel Dolasilla T 84 70 06
★★★ Hotel Dolomiti T 84 71 43
★★★ Hotel Ladinia T 84 70 44
★★★ Hotel La Villa T 84 70 35
★★★ Hotel Savoy T 84 70 88
★★★ Residence Trieste T 84 70 11

Italien

Sterzing/Vipiteno

Touristikkomitee
Wipptal
I-39049 Sterzing/Vipiteno
T (04 72) 76 53 25, Fax 76 54 41

Alles über das Skigebiet Seite 369.

★★★★ Hotel Schwarzer Adler/Aquila Nera T 76 40 64
★★★ Hotel Conny T 76 58 33
★★★ Gasthof Krone T 76 52 10
★★★ Hotel Lamm T 76 51 27
★★★ Pension Villa Maria T 76 52 10
★★ Pension Fugger T 76 53 29

St. Ulrich/Ortisei

Fremdenverkehrsamt
I-39046 St. Ulrich/Ortisei
T (04 71) 79 63 28, Fax 79 67 49

Alles über das Skigebiet Seite 382.

★★★★ Hotel Adler/Aquila T 79 62 03
★★★★ Hotel Grien T 79 63 40
★★★ Pension Alpenheim T 79 65 15
★★★ Hotel Cosmea T 79 64 64
★★★ Hotel Villa Emilia T 79 61 71
★★★ Hotel Engel/Angelo T 79 63 36
★★★ Hotel Enzian/Genziana T 79 62 46
★★★ Residence Gran Tubla' T 79 67 71
★★★ Residence Granvara T 79 63 31
★★★ Hotel Grödnerhof/Gardena T 79 63 15
★★★ Hotel La Perla T 79 64 21
★★★ Hotel La Rodes T 79 61 08
★★★ Hotel Lersc T 79 65 41
★★★ Hotel Mondschein/Luna T 79 62 14
★★★ Hotel Posta Cavallino Bianco T 79 63 92
★★★ Hotel Gasthof Pra' Palmer T 79 67 10
★★★ Hotel Rainell T 79 61 45
★★★ Hotel Regina T 79 63 29
★★★ Hotel Ronce T 79 63 83
★★★ Residence Villa Stella T 79 63 14
★★★ Hotel Stetteneck T 79 65 63
★★★ Pension Hartmann T 79 62 70
★★★ Pension Villa Luise T 79 64 98
★★★ Gasthof Miraurtijei T 79 63 84
★★★ Pension Piciuel T 79 73 51

St. Vigil/San Vigilio

Verkehrsamt
I-39030 St. Vigil/San Vigilio
T (04 74) 50 10 37, Fax 50 15 66

Alles über das Skigebiet Seite 379.

★★★★ Hotel Almhof Call T 5 10 43
★★★★ Parchotel Posta T 5 10 10
★★★ Hotel Clara T 5 10 26
★★★ Hotel Condor T 5 10 17
★★★ Hotel Emma T 5 11 33
★★★ Hotel Floralp T 5 11 15
★★★ Hotel Gran Pre' T 5 10 65
★★★ Hotel Krone/Corona T 5 10 38
★★★ Hotel Monte Sella T 5 10 34
★★★ Hotel Olympia T 5 10 28
★★★ Hotel Sport T 5 10 30
★★★ Hotel Teresa T 5 10 01
★★★ Pension Al Plan T 5 10 25
★★★ Pension Les Alpes T 50 10 80

Sulden/Solda

Fremdenverkehrsamt
für das Ortlergebiet
I-39029 Sulden/Solda
T (04 73) 61 30 15, Fax 61 31 82

Alles über das Skigebiet Seite 362.

★★★ Hotel Alpina T 61 30 22
★★★ Hotel Cevedale T 61 30 13
★★★ Hotel Cornelia
★★★ Hotel Cristallo T 61 30 36
★★★ Hotel Eller T 61 30 21
★★★ Hotel Gampen T 61 30 23
★★★ Hotel Gertraud T 61 30 77
★★★ Hotel Marlet T 61 30 75
★★★ Hotel Mignon T 61 30 45
★★★ Hotel Parc
★★★ Hotel Sayonara T 61 30 30
★★★ Hotel Zebru' T 61 30 25
★★ Hotel Alpenhof
★★★ Pension Panorama

Terenten/Terento

Verkehrsverband
I-39030 Terenten/Terento
T (04 72) 5 61 40, Fax 5 63 40

Alles über das Skigebiet Seite 376/377.

★★★ Hotel Tirolerhof T 5 61 33
★★★ Hotel Wiedenhofer T 5 61 16
★★ Terentis-Residence T 5 62 05
★★★ Gasthof Terentnerhof T 5 61 17
★★ Pension Dolomitenblick T 5 61 23
★★ Pension Edelweiß T 5 61 28
★★ Pension Leitner T 5 61 27
★★ Pension Linde T 5 61 26

Toblach/Dobbiaco

Tourismusverein
I-39034 Toblach/Dobbiaco
T (04 74) 7 21 32, Fax 7 27 30

Alles über das Skigebiet Seite 380.

★★★★ Hotel Santer T 7 21 42
★★★ Parkhotel Bellevue T 7 21 01
★★★ Hotel Cristallo-Walch T 7 21 38
★★★ Hotel Post T 7 21 04
★★★ Hotel Toblacherhof T 7 22 17
★★★ Hotel Union T 7 21 46
★★★ Gasthof Serles T 7 25 12
★★★ Gasthof Urthaler T 7 22 41

Valtournenche

Azienda Autonoma di Soggiorno
I-11028 Valtournenche
T (01 66) 9 20 29

Alles über das Skigebiet Seite 420.

★★★★ Hotel Montana T 9 20 23
★★★★ Hotel Tourist T 9 20 70
★★★ Hotel Al Caminetto T 9 21 50
★★★ Hotel Bich T 9 21 48
★★★ Hotel Bijou T 9 21 09
★★★ Hotel Delle Alpi T 9 22 30
★★★ Hotel Etoile de Neige T 9 20 91
★★★ Hotel garni Meridiana T 9 22 18
★★★ Hotel Meynet T 9 20 75
★★★ Hotel Punta Margherita T 9 20 87

Vigo di Fassa

Azienda Autonoma di Soggiorno
I-38039 Vigo di Fassa
T (04 62) 6 40 93, 6 40 94, Fax 6 48 77

Alles über das Skigebiet Seite 396.

★★★★ Hotel Park Hotel Corona T 6 42 11
★★★ Hotel Alla Rosa T 6 42 86
★★★ Hotel Andes T 6 45 75
★★★ Hotel Cima Dodici T 6 41 75
★★★ Hotel Crescenzia T 6 41 12
★★★ Hotel Dolomiti T 6 41 31
★★★ Hotel Fontana T 6 41 40
★★★ Hotel La Grotta T 6 40 47
★★★ Hotel Piccolo Hotel T 6 42 17

Völs am Schlern/Fie' allo S.

Fremdenverkehrsverband
I-39050 Völs am Schlern/Fie' allo S.
T (04 71) 72 50 47, Fax 72 54 88

Alles über das Skigebiet Seite 386.

★★★★ Hotel Emmy T 72 50 06
★★★★ Hotel Turm T 72 50 14
★★★ Hotel Rose Wenzer T 72 50 16
★★★ Hotel Völser Heubad T 72 50 20
★★★ Pension Perwanger T 70 62 56

Welschnofen/Nova Levante

Tourismusbüro
I-39056 Welschnofen/Nova Levante
T (04 71) 61 31 26, Fax 61 33 60

Alles über das Skigebiet Seite 395.

★★★★ Grand-Hotel-Residence Carezza
★★★★ Hotel Post Weißes Rößl/Posta Cavallino Bianco T 61 31 13
★★★ Hotel Alpenrose T 61 21 39
★★★ Hotel Central/Centrale T 61 31 64
★★★ Hotel Engel/Angelo T 61 31 31
★★★ Hotel Mondschein/Luna T 61 31 70
★★★ Hotel Moseralm T 61 21 71
★★★ Hotel Panorama T 61 32 32
★★★ Hotel Stern/Stella T 61 31 25

Wolkenstein/Selva

Fremdenverkehrsamt
I-39048 Wolkenstein/Selva
T (04 71) 79 51 22, Fax 79 42 45

Alles über das Skigebiet Seite 382.

★★★★ Hotel Aaritz T 79 50 11
★★★★ Hotel Alpenroyal T 79 51 78
★★★★ Hotel Antares T 79 54 00
★★★★ Hotel Genziana T 79 51 87
★★★★ Sporthotel Gran Baita T 79 52 10
★★★★ Hotel Granvara T 79 52 50
★★★★ Hotel Oswald T 79 51 51
★★★★ Hotel Piccolo T 79 51 86
★★★★ Hotel Tyrol T 79 52 70
★★★ Hotel Alpino T 79 51 34
★★★ Hotel Astor T 79 52 07
★★★ Hotel Condor T 79 50 55
★★★ Hotel Continental T 79 54 11
★★★ Hotel Des Alpes T 79 51 84
★★★ Hotel Dorfer T 79 52 04
★★★ Hotel Gardenia T 79 63 53
★★★ Hotel Jägerheim T 79 62 16
★★★ Hotel Kristiania T 79 68 47
★★★ Hotel Laurin T 79 51 05
★★★ Hotel Linder T 79 52 42
★★★ Sporthotel Maciaconi T 79 62 29
★★★ Hotel Malleier T 79 52 96
★★★ Hotel Miravalle T 79 51 66
★★★ Hotel Olympia T 79 51 45
★★★ Hotel Post Zum Hirschen/Posta Al Cervo T 79 51 74
★★★ Hotel Pralong T 79 53 70
★★★ Hotel Savoy T 79 53 43
★★★ Hotel Sochers Club T 79 66 01
★★★ Hotel Solaia T 79 51 04
★★★ Hotel Sun Valley T 79 51 52

Die Qualität von Hotelbetrieben steigt mit der Anzahl der Sterne (1–5).

Frankreich

Aigueblanche

Réservations Valmorel
F-73260 Aigueblanche
T 79 09 84 44, Fax 79 09 88 48

Alles über das Skigebiet Seite 472/473.

★★★ Hotel La Fontaine T 79 09 87 77
★★ Hotel Auberge Planchamp T 79 09 83 91
★★ Hotel Du Bourg T 79 09 86 66
★★ Hotel Perret T 79 24 04 06

Aime

Office du Tourisme de la Plagne
F-73211 Aime
T 79 09 79 79, Fax 79 09 70 10

Alles über das Skigebiet Seite 460/461.

★★★ Hotel Christina T 79 09 28 20
★★★ Hotel Graciosa T 79 09 00 18
★★★ Hotel Le France T 79 09 28 15
★★ Hotel Eldorado T 79 09 12 09

Avoriaz

Office du Tourisme
F-74110 Avoriaz
T 50 74 02 11, Fax 50 74 18 25

Alles über das Skigebiet Seite 442.

★★★ Hotel Des Hauts-Forts T 50 74 09 11
★★★ Hotel Dromonts T 50 74 08 11

Chamonix

Office du Tourisme
F-74400 Chamonix
T 50 53 00 24, Fax 50 53 58 90

Alles über das Skigebiet Seite 446/449.

★★★★ Hotel garni Auberge du Bois Prin T 50 53 33 51
★★★★ Hotel Croix Blanche T 50 53 00 11
★★★★ Hotel Mont Blanc T 50 53 05 64
★★★ Hotel Albert 1er T 50 53 05 09
★★★ Hotel Alpina T 50 53 47 77
★★★ Hotel Des Becs Rouges T 50 54 01 00
★★★ Hotel Le Prieuré T 50 53 20 72
★★★ Hotel Les Alpes T 50 53 07 27
★★★ Novotel T 50 53 26 22
★★★ Park-Hotel T 50 53 07 58
★★★ Hotel Sapinière-Montana T 50 53 07 63

Chamrousse

Office du Tourisme
F-38410 Chamrousse
T 76 89 92 65, Fax 76 89 98 06

Alles über das Skigebiet Seite 477.

★★★ Hotel Hermitage T 76 89 93 21
★★ Hotel Virage T 76 89 90 63

Chantemerle

Office du Tourisme
F-05330 Chantemerle
T 92 24 00 34

Alles über das Skigebiet Seite 490.

★★ Grand Hotel T 92 24 15 16
★★ Hotel La Balme T 92 24 01 89
★★ Hotel L'Adret T 92 24 17 43
★★ Hotel Le Clos T 92 24 00 13
★★ Hotel Le Plein Sud T 92 24 17 01
★★ Olympic Hotel T 92 24 00 11

Châtel

Office du Tourisme
F-74390 Châtel
T 50 73 22 44, Fax 50 73 22 87

Alles über das Skigebiet Seite 443.

★★★ Hotel Fleur de Neige T 50 73 20 10
★★★ Hotel Macchi T 50 73 24 12
★★★ Hotel Panoramic T 50 73 22 15

Combloux

Office du Tourisme
F-74920 Combloux
T 50 58 60 49, Fax 59 93 33 55

Alles über das Skigebiet Seite 451.

★★★★ Hotel Aux Ducs de Savoie T 50 58 61 43
★★★ Hotel Idéal Mont Blanc T 50 58 60 54
★★★ Hotel Les Aiguilles de Warens T 50 58 70 18
★★★ Hotel Plein Soleil T 50 58 60 81
★★★ Hotel Rond Point des Pistes T 50 88 68 55

Courchevel

Office du Tourisme
F-73120 Courchevel
T 79 08 03 29, Fax 79 08 33 54

Alles über das Skigebiet Seite 466.

★★★★ Hotel Bellecâte T 79 08 10 19
★★★★ Hotel Byblos des Neiges T 79 08 12 12
★★★★ Hotel Carlina T 7 90 80 03
★★★★ Hotel Des Neiges T 79 08 03 77
★★★★ Hotel Lana T 79 08 01 10
★★★★ Hotel L'Annapurna T 79 08 04 60
★★★★ Hotel Pralong T 79 08 24 82
★★★★ Grandhotel Rond Point des Pistes T 79 08 02 69
★★★ Hotel Adret-d'Ariondaz T 79 08 00 01
★★★ Hotel Caravelle T 79 08 02 42
★★★ Hotel Chabichou T 79 08 00 55
★★★ Hotel Crystal 2000 T 79 08 28 22
★★★ Hotel De la Loze T 79 08 28 25
★★★ Hotel La Pomme de Pin T 79 08 02 46
★★★ Hotel La Sivolière T 79 08 08 33
★★★ Hotel Le Chamois T 79 08 01 56
★★★ Hotel Le Floride T 79 08 02 74
★★★ Hotel Les Airelles T 79 08 02 11
★★★ Hotel Le Savoy T 79 08 01 33
★★★ Hotel Les Ducs de Savoie T 79 08 03 00
★★★ Hotel Les Sherpas T 79 08 02 55
★★★ Hotel Les Trois Vallées T 79 08 00 12
★★★ Hotel New Solarium T 79 08 02 01
★★★ Hotel Saint Louis T 79 08 20 10
★★★ Hotel Télé Pralong T 79 08 11 80
★★★ Hotel Tournier T 79 08 03 19

Flaine

Office du Tourisme
F-74300 Flaine
T 50 90 80 01, Fax 50 90 86 26

Alles über das Skigebiet Seite 444.

★★★ Hotel Les Gradins Gris T 50 90 81 10
★★★ Hotel Le Totem T 50 90 80 64

Isola 2000

Office du Tourisme
F-06420 Isola 2000
T 93 23 15 15, Fax 93 23 14 25

Alles über das Skigebiet Seite 506.

★★★★ Hotel Le Chastillon T 93 23 10 60
★★★ Hotel Pas du Loup T 93 23 11 71

Im folgenden Hotelverzeichnis geben wir Ihnen eine Auswahl von Hotels und Pensionen aus den wichtigsten Wintersport-Regionen Frankreichs. Die Orte sind alphabetisch geordnet. Durch Seitenverweise werden Sie auf die Beschreibung des jeweiligen Skigebietes aufmerksam gemacht.

In Frankreich werden Hotels und Pensionen kategorisiert. Die Qualität der Betriebe steigt mit der Anzahl der Sterne (1–4).

Für die Richtigkeit der Informationen übernehmen wir keine Gewähr. Wir sind für Anregungen und Ergänzungen dankbar.

Lac-de-Tignes

Office du Tourisme
F-73320 Lac-de-Tignes
T 79 06 15 55, Fax 79 06 45 44

Alles über das Skigebiet Seite 462/465.

★★★ Hotel Curling T 79 06 34 34
★★★ Hotel Le Refuge T 79 06 36 64
★★★ Hotel Le Ski d'Or T 79 06 51 60

La Clusaz

Office du Tourisme
F-74220 La Clusaz
T 50 02 60 92, Fax 50 02 59 82

Alles über das Skigebiet Seite 454.

★★★ Hotel Aravis 1500 T 50 02 61 13
★★★ Hotel La Cytheria T 50 02 41 81
★★★ Hotel La Montagne T 50 02 61 61
★★★ Hotel Le Borderan T 50 02 43 26
★★★ Hotel Résidence T 50 02 42 12
★★★ Hotel Vieux Chalet T 50 02 41 53
★★★ VITAhotel

L'Alpe-d'Huez

Office du Tourisme
F-38750 L'Alpe-d'Huez
T 76 80 35 41, Fax 76 80 69 54

Alles über das Skigebiet Seite 476/484.

★★★ Hotel Au Chamois d'Or T 76 80 31 32
★★★ Hotel Club le Castillan T 76 80 34 51
★★★ Hotel Grandes Rousses T 76 80 33 11
★★★ Hotel Hermitage T 76 80 35 43
★★★ Hotel La Belle Aurore T 76 80 33 17
★★★ Hotel Le Christina T 76 80 33 32
★★★ Hotel Le Dâme T 76 80 32 11
★★★ Hotel Le Petit Prince T 76 80 33 51
★★★ Hotel Vallée Blanche T 76 80 30 51

La Plagne

Hoteleinträge siehe unter Aime.

Les Arcs

Office du Tourisme
Les Arcs 1800
F-73700 Les Arcs
T 79 41 55 55, Fax 79 07 48 66

Alles über das Skigebiet Seite 458.

★★★ Hotel 3 Arcs T 79 07 78 78
★★★ Hotel Club Latitudes T 79 07 32 55
★★★ Hotel Golf T 79 07 25 17
★★★ Hotel La Cachette T 79 07 73 73

Le Sauze

Office du Tourisme
F-04400 Le Sauze
T 92 81 05 61, Fax 92 81 21 60

Alles über das Skigebiet Seite 502.

★★★ Alp'Hotel T 92 81 05 04
★★★ Hotel Le Pyjama T 92 81 12 00

Les Deux-Alpes

Office du Tourisme
F-38860 Les Deux-Alpes
T 76 79 22 00, Fax 76 79 01 38

Alles über das Skigebiet Seite 476/486.

★★★★ Hotel La Farandole T 76 80 50 45
★★★ Hotel Edelweiß T 76 79 21 22
★★★ Hotel La Belle Etoile T 76 80 51 19
★★★ Hotel La Bérangère T 76 79 24 11
★★★ Hotel L'Adret T 76 79 24 30
★★★ Hotel La Mariande T 76 80 50 60
★★★ Hotel Les Marmottes T 76 79 21 91
★★★ Hotel Sylvana T 76 80 50 93

Les Gets

Office du Tourisme
F-74260 Les Gets
T 50 75 80 80, Fax 50 79 76 90

Alles über das Skigebiet Seite 443.

★★★ Hotel La Marmotte T 50 79 75 39
★★★ Hotel Le Crychar T 50 79 72 84
★★★ Hotel Le Labrador T 50 79 73 86
★★★ Hotel Les Alpages T 50 79 82 79
★★★ Hotel Mont-Chery T 50 79 74 55

Les Menuires

Office du Tourisme
F-73440 Les Menuires
T 79 00 73 00, Fax 79 00 75 06

Alles über das Skigebiet Seite 467.

★★★ Hotel De l'Oisans T 79 00 62 96
★★★ Hotel Le Skilt T 79 00 61 00

Les Orres

Comité de Station
F-05200 Les Orres
T 92 44 01 61, Fax 92 44 04 56

Alles über das Skigebiet Seite 498.

★★ Hotel Boussolenc T 92 44 02 65
★★ Hotel Les Arolles T 92 44 01 27

Megève

Office du Tourisme
F-74120 Megève
T 50 21 27 28, Fax 50 93 03 09

Alles über das Skigebiet Seite 450.

★★★★ Hotel Le Triolet T 50 21 08 96
★★★★ Hotel Mont Blanc T 50 21 20 02
★★★★ Hotel Chalet Mont-d'Arbois T 50 21 25 03
★★★ Hotel garni Au Coeur de Megève T 50 21 25 30
★★★ Hotel garni Au Coin du Feu T 50 21 04 94
★★★ Hotel Au Vieux Moulin T 50 21 22 29
★★★ Hotel garni Fer à Cheval T 50 21 30 39
★★★ Hotel Mont-Joly T 50 21 26 14

Méribel

Office du Tourisme
F-73550 Méribel
T 79 08 60 01, Fax 79 00 59 61

Alles über das Skigebiet Seite 466.

★★★★ Hotel Mont Vallon T 79 00 44 00
★★★ Hotel Grand Coeur T 79 08 60 03
★★★ Hotel La Tarentaise T 79 00 42 43
★★★ Hotel Le Mottaret T 79 00 47 47
★★★ Hotel Les Arolles T 79 00 40 40

Monetier-les-Bains

Office du Tourisme
F-05220 Monetier-les-Bains
T 92 24 41 98

Alles über das Skigebiet Seite 490.

★★ Hotel Alpazur T 92 24 40 41
★★ Hotel Auberge du Choucas T 92 24 42 73
★★ Hotel De L'Europe T 92 24 40 03
★★ Hotel Des Glaciers T 92 24 42 21
★★ Hotel Le Sylvana T 92 24 40 94

Morzine

Office du Tourisme
F-74110 Morzine
T 50 79 03 45, Fax 50 79 03 48

Alles über das Skigebiet Seite 442.

★★★ Hotel Club Le Petit Dru T 50 79 00 42
★★★ Hotel De Savoie T 50 79 13 31
★★★ Hotel Le Carlina T 50 79 01 03
★★★ Hotel Le Dahu T 50 79 11 12
★★★ Hotel Les Airelles T 50 79 15 24
★★★ Hotel Les Champs Fleuris T 50 79 14 44
★★★ Hotel Le Tremplin T 50 79 12 31

Pra Loup

Office du Tourisme
F-04400 Pra Loup
T 92 84 10 04, Fax 92 84 02 93

Alles über das Skigebiet Seite 500.

★★★ Hotel Club de la Patinoire T 92 84 17 67
★★★ Hotel Le Clos de Loup T 92 84 10 06
★★★ Hotel Les Airelles T 92 84 13 24

Puy-St-Vincent

Maison du Tourisme
F-05290 Puy-St-Vincent
T 92 23 35 80, Fax 92 23 45 23

Alles über das Skigebiet Seite 494.

★★ Hotel La Pendine T 92 23 32 62

Samoëns

Office du Tourisme
F-74340 Samoëns

Alles über das Skigebiet Seite 444.

★★★ Hotel Les Glaciers T 50 34 40 06
★★★ Hotel Les Sept Monts T 50 34 40 58
★★★ Hotel Neige et Roc T 50 34 40 72

Serre Chevalier

Hoteleinträge siehe unter Chantemerle, Monetier-les-Bains, Villeneuve-la-Salle.

St-François-Longchamp

Office du Tourisme
F-73130 St-François-Longchamp
T 79 59 10 56, Fax 79 59 13 67

Alles über das Skigebiet Seite 470.

★★★ Hotel Gentianes T 79 59 10 64
★★★ Hotel Grenier T 79 59 11 38
★★★ Hotel Lac Bleu T 79 59 11 02
★★★ Hotel Le Cheval Noir T 79 59 11 88
★★★ Hotel Les Airelles T 79 59 10 63

Valberg

Office du Tourisme
F-06470 Valberg
T 93 02 52 77, Fax 93 02 52 27

Alles über das Skigebiet Seite 503.

★★★ Hotel Adrech de Lagas T 93 02 51 64
★★★ Le Grand Hotel T 93 02 50 01

Val-d'Isère

Office du Tourisme
F-73150 Val-d'Isère
T 79 06 06 60, Fax 79 06 04 56

Alles über das Skigebiet Seite 462.

★★★★ Hotel Christiania T 79 06 08 25
★★★★ Hotel Sofitel Le Val-d'Isère T 79 06 08 30
★★★ Hotel Aiglon T 79 06 04 05
★★★ Hotel Altitude T 79 06 12 55
★★★ Hotel Bellier T 79 06 03 77
★★★ Hotel Blizzard T 79 06 02 07
★★★ Hotel Danival T 79 06 00 65
★★★ Hotel Gelinotte T 79 06 06 73
★★★ Hotel Grand Cocor T 79 06 06 01
★★★ Hotel Grand Paradis T 79 06 06 01
★★★ Hotel Grizny T 79 06 01 36
★★★ Hotel La Savoyarde T 79 06 01 55
★★★ Hotel Les Santons T 79 06 03 67
★★★ Hotel Oreiller T 79 06 08 45
★★★ Hotel Parc T 79 06 04 03
★★★ Hotel Samovar T 79 06 13 51
★★★ Hotel Squaw Valley T 79 06 02 72
★★★ Hotel Tsanteleina T 79 06 12 13

Val Thorens

Office du Tourisme
F-73440 Val Thorens
T 79 00 08 08, Fax 79 00 00 04

Alles über das Skigebiet Seite 467.

★★★★ Hotel Le Fitz Roy T 79 00 04 78
★★★ Hotel Bel Horizon
★★★ Hotel Le Val Thorens T 79 00 04 33
★★★ Novotel T 79 08 07 26
★★★ Hotel Val Chavière T 79 00 00 33

Villard-le-Lans

Office du Tourisme
F-38250 Villard-le-Lans
T 76 95 10 38, Fax 76 95 98 39

Alles über das Skigebiet Seite 478.

★★★ Hotel Christiania T 76 95 12 51
★★★ Grandhotel de Paris T 76 95 10 06
★★★ Hotel Eterlou T 76 95 17 65
★★★ Hotel Le Dauphin T 76 95 11 43

Die Qualität von Hotelbetrieben steigt mit der Anzahl der Sterne.

Bildnachweis

Das Foto auf Seite 8/9 zeigt die Gipfelstation der Corvatsch-Bahn (Piz Corvatsch, 3303 m, Oberengadin/Graubünden, Schweiz).

Titelbild: Mallaun (Auf der Valluga – Skigebiet Arlberg/Tirol –, Blick Richtung Südwest)
Vor- und Nachsatz: Huber/Mallaun
Innentitel: Huber/R. Schmid
Seite 2/3: Huber/Mallaun
Seite 4/5: Huber/Simeone
Seite 6/7: Huber/Garmisch-Partenkirchen
Seite 8/9: Klammet & Aberl
Seite 12/13: Seer
Seite 14: Storto
Seite 15: KV Oberstdorf
Seite 19: KV Oberstdorf
Seite 21: Hiebeler
Seite 22: VA Rettenberg/Thorbecke Luftbild
Seite 26: Storto
Seite 28/29: KV Oberstdorf
Seite 30: VA Ostallgäu
Seite 38: Huber/Garmisch-Partenkirchen
Seite 40: VA Lenggries
Seite 40/41: VA Lenggries
Seite 42: Bildarchiv Huber
Seite 42/43: Bildarchiv Huber
Seite 50/51: Photo Center/Finotti
Seite 52: VA Lech
Seite 52/53: Wagner
Seite 56: Bildarchiv Huber
Seite 57: Bildarchiv Huber
Seite 59: GV Warth
Seite 60 oben: Bildarchiv Huber
Seite 60 unten: VA Au/Felder
Seite 61: FVV Warth
Seite 62: Bildarchiv Huber
Seite 62/63: Bildarchiv Huber
Seite 66: VA Fontanella-Faschina/Foto-Felder
Seite 67: VA Raggal-Marul
Seite 68: Zentrales Verkehrsamt Kleinwalsertal
Seite 71: VA Brand
Seite 72: Storto
Seite 78/79: FVV Lech a. A.
Seite 83: VA St. Anton
Seite 84/85: VA St. Anton
Seite 85: VA St. Anton
Seite 86: VA St. Anton
Seite 87: Foto Häusle/Stuben
Seite 88: FVG Tannheimer Tal/Gehring
Seite 89: FVG Tannheimer Tal/Gehring
Seite 92 oben: Tiroler Zugspitzbahn, Ehrwald
Seite 92 unten: FVA Berwang
Seite 93: FVA Lermoos
Seite 95: Tourismusverband Ischgl
Seite 102: Alpine Luftbild/Kaunertaler Gletscherbahn
Seite 107: Guido Mangold
Seite 108: Photo Lohmann
Seite 111: Lohmann, Obergurgl
Seite 113: FVV Seefeld
Seite 115: VA Innsbruck/Sochor
Seite 116: VA Zirl
Seite 119: VA Axams
Seite 124: FVV Maurach-Eben/Achenkirch
Seite 126: VA Alpbach
Seite 127: VA Alpbach
Seite 131: Gemeinde Hainzenberg
Seite 133: FVV Mayrhofen
Seite 135: Tourismusverband Tux, Lanersbach
Seite 139: FVV Wildschönau/Sochor
Seite 143: Tourismusverband Kitzbühel
Seite 146: FVV Matrei i. O.
Seite 151: FVV Sillian
Seite 152: Storto
Seite 153: FVV Zell am See
Seite 154/155: VV Lofer
Seite 157: VV Dienten
Seite 159: VV Leogang
Seite 160: FVV Saalbach-Hinterglemm
Seite 164: KV Zell am See
Seite 165: KV Zell am See
Seite 167: Fremdenverkehrsverband Neukirchen a. Gr.
Seite 171: VV Werfenweng
Seite 174: Kurdirektion St. Wolfgang
Seite 177: Gasteiner Bergbahnen
Seite 178: FVV Bad Hofgastein
Seite 178/179: Gasteiner Bergbahnen
Seite 179: FVV Bad Hofgastein
Seite 183: VV St. Johann i. P.
Seite 185: VV Wagrain
Seite 187: FVV Flachau
Seite 188/189: VV Filzmoos
Seite 190: FVV St. Michael/Sochor
Seite 191: Moog
Seite 193: FVA Lackenhof
Seite 194: VA Windischgarsten
Seite 196: VA Göstling
Seite 200: Bildarchiv Ander
Seite 203: VV Schladming
Seite 204: Gebietsverband Dachstein-Tauern
Seite 204/205: Gebietsverband Dachstein-Tauern
Seite 205: Gebietsverband Dachstein-Tauern
Seite 206: Gebietsverband Dachstein-Tauern
Seite 206/207: Gebietsverband Dachstein-Tauern
Seite 207: Gebietsverband Dachstein-Tauern
Seite 209: Verkehrsverband Ramsau
Seite 215: FVV Bad Kleinkirchheim
Seite 216: FVV Bad Kleinkirchheim
Seite 217: FVV Bad Kleinkirchheim
Seite 223: VA Hermagor/Kandolf
Seite 226: FVV Lavanttal
Seite 228/229: VA Graubünden/Sonderegger
Seite 230/231: pm-Bild
Seite 237: Villiger
Seite 238/239 oben: VV Gstaad
Seite 238/239 unten: VV Gstaad
Seite 241: Photo Duperrex
Seite 242: Office du Tourisme Rougemont
Seite 248: Wagner
Seite 248/249: Sonderegger
Seite 250 oben: Wagner
Seite 250 unten: Sonderegger
Seite 252: VB Meiringen-Hasliberg/Würgler
Seite 253: VB Meiringen-Hasliberg
Seite 258: Office du Tourisme Torgon
Seite 258/259: Noltkämper
Seite 259: SVZ/Giegel
Seite 260: Studio Yvon/Champéry
Seite 264: Straesslé
Seite 265: Straesslé
Seite 268/269: Bildarchiv Ander
Seite 269 oben: Office du Tourisme Verbier
Seite 269 unten: VV Graubünden
Seite 270 oben: Office du Tourisme Haute-Nendaz
Seite 270 unten: Office du Tourisme Haute-Nendaz
Seite 271 oben: Chambin Productions Mark Shapiro, Verbier
Seite 271 unten: Office du Tourisme Le Collon
Seite 272: Office du Tourisme Haute-Nendaz
Seite 284/285: Air-Zermatt Photoswissair
Seite 285: Air Zermatt Photoswissair
Seite 286: VB Zermatt
Seite 289: Verkehrsbüro Saas-Fee
Seite 291: Verkehrsbüro Saas-Fee
Seite 293: VV Bettmeralp
Seite 294: VB Riederalp
Seite 302/303: VV Sörenberg
Seite 303: Studer
Seite 305: VB Andermatt
Seite 306: VV Wildhaus
Seite 308/309: VV Wildhaus
Seite 313 oben: VA Bad Ragaz
Seite 313 unten: SVZ/Gradliger
Seite 315: VB Elm
Seite 316: FVZ Liechtenstein
Seite 317: FVZ Liechtenstein
Seite 321: VA Graubünden
Seite 327: Storto
Seite 328: VV Savognin
Seite 330: KV Arosa
Seite 331: KV Arosa
Seite 334 oben: SVZ/Giger
Seite 334 unten: Kur- und Verkehrsverein Klosters
Seite 335: Kur- und Verkehrsverein Klosters
Seite 337: Kur- und Verkehrsverein Davos
Seite 338: Kur- und Verkehrsverein Davos/Foto Furter
Seite 341: Kur- und VV St. Moritz
Seite 342: Kur- und VV St. Moritz
Seite 343: Kur- und VV St. Moritz/Eberhöfer
Seite 344/345: Kur- und VV Pontresina/Flury
Seite 345: Kur- und VV Sils/Perret
Seite 346: Sonderegger
Seite 349: Kur- und Verkehrsverein Scuol
Seite 350: VA Samnaun
Seite 352/353: Schmied
Seite 354: A.A.S.T. Madonna di Campiglio/Faganello
Seite 355: Sperber
Seite 360/361: Bluemchenová
Seite 364/365: VV Schnals
Seite 365: VV Schnals
Seite 372: VA Ritten/Fuchs-Hauffen
Seite 373: VA Sarntal/Witzmann
Seite 377: Kur- und Verkehrsamt Brixen
Seite 378/379: Werbegemeinschaft Crontour
Seite 380: Helmbahnen AG, Innichen
Seite 383: Prücker
Seite 385: FVV Gröden
Seite 388: Helmuth Rier, Kastelruth
Seite 389: FV-Ämter Alta Badia
Seite 390/391: Bildarchiv Huber
Seite 393: A.A.S.T. Cortina d'Ampezzo
Seite 401: Bildarchiv Huber
Seite 402: Ganser
Seite 405: Sperber
Seite 406: A.A.S.T. Molveno
Seite 407: A.A.S.T. Molveno
Seite 409: A.A.S.T. Valli di Sole
Seite 412: Sperber
Seite 413: Sperber
Seite 417: Sperber
Seite 422: Sperber
Seite 423: pm-Bild
Seite 424: pm-Bild
Seite 425: pm-Bild
Seite 426: A.A.S.T. Macugnaga
Seite 427: A.A.S.T. Macugnaga
Seite 428: Enit
Seite 430: Sperber
Seite 431: Sperber
Seite 432/433: Wagner
Seite 434/435: Wagner
Seite 436: pm-Bild
Seite 438: Wagner
Seite 442: Bildarchiv Ander
Seite 443: Schmied
Seite 447: pm-Bild
Seite 448: Schmied
Seite 449: Bildarchiv Huber
Seite 453: Office du Tourisme Le Grand Bornand
Seite 454: Office du Tourisme La Clusaz
Seite 459: Pflöschner
Seite 460/461: Office du Tourisme La Plagne
Seite 462: Schmied
Seite 463: Schmied
Seite 464: Schmied
Seite 465: Schmied
Seite 466/467: Office du Tourisme Méribel
Seite 468 oben: Office du Tourisme Les Menuires
Seite 468 unten: Schmied
Seite 468/469: Schmied
Seite 470 oben: Wagner
Seite 470 unten: Wagner
Seite 473: Alpes Reservations Valmorel/Surun
Seite 475: Office du Tourisme La Toussuire
Seite 476: Wagner
Seite 480: Bildarchiv Ander
Seite 481: Bildarchiv Ander
Seite 483: Wagner
Seite 484/485: Office du Tourisme Alpe d'Huez
Seite 487: Wagner
Seite 490/491: Office du Tourisme Serre Chevalier/Zoom
Seite 493: Wagner
Seite 494: Wagner
Seite 498: Comité de Station Les Orres
Seite 499: J. P. Noisillier/Office du Tourisme Les Orres
Seite 500: Office du Tourisme Pra Loup
Seite 500/501: Office du Tourisme Pra Loup
Seite 503: Office du Tourisme Valberg
Seite 504: Office du Tourisme Auron
Seite 505: Office du Tourisme Auron
Seite 506/507: Office du Tourisme Isola
Seite 508/509: Frey
Seite 510/511: IVB-Report
Seite 512: Michelin Reifenwerke KGaA/Werkfoto
Seite 514: RUD
Seite 515 links: ADAC
Seite 515 rechts: Jetbag
Seite 516: Audi
Seite 518: Schmied
Seite 521: srt-Bild
Seite 522: Bildarchiv Huber/Radelt
Seite 524/525: Deutscher Alpenverein/Robin
Seite 525 oben: Deutscher Alpenverein
Seite 525 unten: Bildagentur Mauritius/Photri
Seite 526: Bayerisches Staatsministerium des Innern (Broschüre Lawinengefahr erkennen)
Seite 527: Bayerisches Staatsministerium des Innern (Broschüre Lawinengefahr erkennen)
Seite 528: ADAC Luftrettung
Seite 529: ADAC
Seite 530/531: IFA-Bilderteam/Schmidt
Seite 532: FVV-Inner-Ötztal
Seite 536/537: Seer

Ortsregister

halbfett = Hauptfundstelle (bei mehreren Erwähnungen)
kursiv = Hotelempfehlungen

halbfett = Hauptfundstelle
(bei mehreren Erwähnungen)
kursiv = Hotelempfehlungen

halbfett = Hauptfundstelle
(bei mehreren Erwähnungen)
kursiv = Hotelempfehlungen

halbfett = Hauptfundstelle (bei mehreren Erwähnungen)
kursiv = Hotelempfehlungen

halbfett = Hauptfundstelle
(bei mehreren Erwähnungen)
kursiv = Hotelempfehlungen

Impressum (Fortsetzung von Seite 2)

Autoren
Leonore Ander, Dieter Appel,
Hans-Rudolf Baumann, Denis Bertholet,
Ulf Böhringer, Rainer Brunken,
Rainer Deglmann-Schwarz,
Peter Donatsch, Wolfgang C. Ehrnsperger,
Claude Francillon, Dieter K. Franke,
Heidi Ganser, Beat Gehri, Henno Heintz,
Robert P. Hertwig, Walter Hörmann,
Horst Kessler, Gert Kreyssig,
Helmut Linde, Aubrey Naef, Michael Pause,
Alfred Preißer, Klaus Reger,
Günter Reimann, Waltraud Rohloff,
Sabine Reuter, Hans Eckart Rübesamen,
Hans Peter Schütz, Karl Stankiewitz,
Luzius Theler

Alle Daten, Termine und Preisangaben
wurden sorgfältig recherchiert und sind
auf dem neuesten Stand.
Trotzdem können wir keine Gewähr für
die Richtigkeit und Vollständigkeit
übernehmen.

Panoramen
Atelier für Werbung, Bauerag, Berann, Bieder,
Brügger AG, Bulauke, Cormar, Dankl, David,
Desertina Verlag, Edi, Egger, Geiger, Gejer,
Gruber, Gloggnitzer, Hausamann, Herdina,
Jost, Kettler, Koller, Konkret Werbung, Kosmos,
Krabichler, Leonard, Luftbild Panorama
Ges.m.b.H., Cosmos, Manfrini, Matthias,
Möbo, Novat, Nedo-Kartografik, Oberbacher,
Oberleiter, Oberschneider, Ötscher
Liftgesellschaft, Rama Promotion, Reindl,
Reiter, Rovereto, Schmelcher, Schwetz, Seidler,
Sitour, Sporer, Stummvoll, Swissair,
Teichmann, Tétaz, Thoma, Visiorama, Weiß,
Weltert, Wiesner, Wiesner & Borioni, Zagavec

Konzeption
pm-Edition Dr. Peter Meyer, Bern
ADAC Verlag GmbH, München
Mairs Geographischer Verlag, Ostfildern

Titel
Werbung etc., Sindelfingen
Graupner + Partner, München

Gestaltung
Studio KES, München
Gerhard Noltkämper, Bern

Kartographie
Mairs Geographischer Verlag, Ostfildern
Hallwag Verlag, Bern
Institut Géographique National, Paris

Anzeigen
ADAC Verlag GmbH, München

Satz
SCS Schwarz Satz & Bild digital, Echterdingen
Repro
Gölz Repro-Service GmbH + Co. KG,
Ludwigsburg
Druck
Körner Rotationsdruck, Sindelfingen
Buchbinderarbeiten
Franz Spiegel Buch GmbH, Ulm/Donau

Abbildungen
siehe Bildnachweis Seite 600

Wichtige Adressen und Telefonnummern

Adressen der Staatlichen Fremdenverkehrsämter

Deutsche Zentrale für Tourismus
60325 Frankfurt, Beethovenstr. 69,
Tel. 069/7572-0, Fax 751903
A-1010 Wien, Schubertring 12,
Tel. 01/5132792, Fax 5132791
CH-8001 Zürich, Talstr. 62,
Tel. 01/2211387, Fax 2120175

Österreich Werbung
60311 Frankfurt, Roßmarkt 12,
Tel. 069/20698, Fax 291975
82019 Taufkirchen, Postfach 1231,
Tel. 089/66670100, Fax 66670200

Info-Material Bestellung Mo–Fr 8–20 Uhr, Tel. 089/66670151 (auf Band sprechen)

10789 Berlin, Tauentzienstr. 16,
Tel. 030/2188035, Fax 2136673
50667 Köln, Alter Markt 28–32,
Tel. 0221/2577821, Fax 2577823
22149 Hamburg, Rahlstedterstr. 6,
Tel. 040/6739760, Fax 673967
CH-8036 Zürich, Zweierstraße 146,
»Wiedikerhof«, Tel. 01/4511551,
Fax 4511180

Schweizer Verkehrsbüro (SBV)
60311 Frankfurt, Kaiserstr. 23,
Tel. 069/256001-21 u. 24,
Fax 25600138

Info-Material Bestellung rund um die Uhr, Tel. 069/239666 (auf Band sprechen)

20095 Hamburg, Speersort 8,
Tel. 040/321469, Fax 323900
40213 Düsseldorf, Kasernenstr. 13,
Tel. 0211/3230913, Fax 133436
80802 München, Leopoldstr. 33,
Tel. 089/333018, Fax 345346
70173 Stuttgart, Neue Brücke 6,
Tel. 0711/296545, Fax 2262769
A-1015 Wien, Kärntnerstr. 20,
Tel. 01/5127405, Fax 5139335

Staatliches Italienisches Fremdenverkehrsamt ENIT
60329 Frankfurt, Kaiserstr. 65,
Tel. 069/237430, Fax 232894
40212 Düsseldorf, Berliner Allee 26,
Tel. 0211/132232, Fax 134094
80336 München, Goethestr. 20,
Tel. 089/530360, Fax 534527
A-1010 Wien, Kärntnerring 4,
Tel. 01/5054374, Fax 5050248
CH-8001 Zürich, Uraniastr. 32,
Tel. 01/2113633, Fax 2113885

Französisches Verkehrsbüro
60352 Frankfurt, Westendstr. 47,
Tel. 069/7560830, Fax 752187
CH-8023 Zürich, Löwenstr. 59,
Tel. 01/2213561, Fax 2121644
A-1010 Wien, Hilton Center, No. 259,
Landstrasser Hauptstraße 2,
Tel. 01/7157062, Fax 71706210

Telefonvorwahl

von **Deutschland**			
nach	Österreich		0043
	Schweiz		0041
	Italien		0039
	Frankreich		0033
von **Österreich**			
nach	Deutschland		0049
	Schweiz		050
	Italien		040
	Frankreich		0033
aus der **Schweiz**			
nach	Deutschland		0049
	Österreich		0043
	Italien		0039
	Frankreich		0033
von **Italien**			
nach	Deutschland		0049
	Österreich		0043
	Schweiz		0041
	Frankreich		0033
von **Frankreich**			
nach	Deutschland	⟨0049⟩	1949
	Österreich	⟨0043⟩	1943
	Schweiz	⟨0041⟩	1941
	Italien	⟨0039⟩	1939

⟨ ⟩ ab ca. 1995

ADAC-Reiseruf

Wenn Sie in ganz dringenden Fällen (z. B. Todesfall) von Ihrer Familie benachrichtigt werden müssen, Ihre Urlaubsadresse aber nicht bekannt ist, dann können Sie vom ADAC-Reiseruf gesucht werden über verschiedene Rundfunkanstalten. Der Reiseruf kann rund um die Uhr aufgegeben werden bei der ADAC-Zentrale in München:
Telefon 089/7676-2653.

ADAC-Notrufzentrale

(0.00–24.00 Uhr)
vom Inland:
01802/222222
vom Ausland:
München 089/22 22 22

ADAC-Ambulanzdienst

(0.00-24.00 Uhr)
vom In- und Ausland
München 089/76 76 76

Schneeberichte

ADAC-Schneetelefon

für Deutschland:	089/7676-2556	für Italien:	089/7676-2558
für Österreich:	089/7676-2557	für Frankreich:	089/7676-2560
für die Schweiz:	089/7676-2559		

Auskunft über Schneehöhen und Wintersportverhältnisse
in Österreich: Wien, Niederösterreich, Steiermark 01/1583
Salzburger Land, Oberösterreich, Kärnten 01/1584
Tirol, Vorarlberg 01/1585
in der Schweiz: 1/120; Skistationen der französischen Schweiz: 021/120
in Italien (Südtirol): 0471/978577 und 0471/978578
(persönliche Beratung von 6–19 Uhr täglich)
in Frankreich (Office de Haute Montagne): 50532208

Persönliche Beratung

Wetter-Auskunft

Unter der Innsbrucker Telefonnummer 0512/291600 kann man sich von Mitte Februar bis Ende September von montags bis samstags zwischen 13 und 18 Uhr über die Wetterlage in jeder Alpenregion informieren und über die Wetterentwicklung und Lawinensituation in geplanten Ausflugs- und Tourenzielen beraten lassen. Von 18 bis 13 Uhr gibt unter der Telefonnummer 0043/512/1567 ein Tonband Auskunft über die aktuelle Wetterlage.

Alpine Auskünfte

Unter der Innsbrucker Telefonnummer 0512/5320-175 kann man sich donnerstags und freitags in der Zeit von 9 bis 17 Uhr über alles, was mit Bergen in Tirol und den umliegenden Regionen zu tun hat, informieren und beraten lassen.

Unter der Bozener Telefonnummer 0471/993809 kann man sich von montags bis einschließlich freitags in der Zeit von 9 bis 12.30 und von 15 bis 17.30 Uhr über die alpine Lage in Südtirol für Skitouren und Wintebergsteigen (nicht zum Ski alpin-Fahren) informieren und beraten lassen.

Unter der Münchner Telefonnummer 089/294940 kann man sich von montags bis einschließlich freitags in der Zeit von 9 bis 12 und von montags bis einschließlich donnerstags von 13 bis 16 Uhr über die Schnee-, Ski- und Wetterlage in den Alpen informieren und beraten lassen.

ADAC Ski Atlas

Straßenkarte Alpenländer

Große Alpenkarte 1 : 750.000 mit den blau markierten Skigebieten – zur problemlosen Anfahrt. Dazu Übersichtskarte Deutschland

ZEICHENERKLÄRUNG

Verkehrsnetz

- Autobahn mit Anschlußstelle (In Deutschland auch autobahnähnliche, kreuzungsfreie Straßen)
- Autobahn in Bau mit voraussichtlichem Fertigstellungsdatum
- Autobahn in Planung
- Autobahnnummer · Europastraßennummer
- Tankstelle
- Rasthaus mit Übernachtungsmöglichkeit
- Raststätte
- Erfrischungsstelle, Kiosk
- Zweibahnige Straße, vierspurig
- in Bau mit voraussichtlichem Fertigstellungsdatum · in Planung
- Durchgangsstraße
- Wichtige Hauptstraße
- Hauptstraße
- Sonstige Straßen
- Straßen in Bau mit voraussichtlichem Fertigstellungsdatum
- Straßennummer
- Autobahntunnel · Straßentunnel
- Straße für Kfz gesperrt
- Straße mit zeitlich geregeltem Verkehr
- Straße gegen Gebühr befahrbar
- Paß mit Höhen- und Steigungsangabe Wintersperre
- Fernverkehrsbahn
- Übrige Bahnen
- Bergbahn
- Sessellift
- Autotransport per Bahn
- Autofähre
- Schiffahrtslinie

Entfernungen

- Fernkilometrierung
- Großkilometrierung
- Kleinkilometrierung
- Kleinkilometrierung an Autobahnen zwischen zwei Anschlußstellen

Touristische Hinweise

- Touristenstraße
- Landschaftlich schöne Strecke
- Schöner Ausblick · Rundblick
- Ort mit besonderer Sehenswürdigkeit
- Besonders sehenswertes Objekt
- Ort mit sehenswertem Objekt
- Ortshöhe in Metern
- Bergspitze mit Höhenangabe in Metern
- Naturpark, Nationalpark
- Sperrgebiet
- Grenzen mit Übergangsstelle

Einzelzeichen

- Campingplatz
- Jugendherberge
- Kirche · Kirchenruine
- Kloster · Klosterruine
- Schloß, Burg · Schloß-, Burgruine
- Turm · Denkmal
- Funk-, Sendeturm · Leuchtturm
- Wasserfall · Höhle
- Ruinenstätte · Sonstiges Objekt
- Verkehrsflughafen · Landeplatz

1:750.000 0 5 10 20 30 40 km

SAARBRÜCKEN
St.Ingbert
Zweibrücken
Pirmasens
Sarreguemines
Bitche
Parc Naturel Régional des Vosges du Nord
Wissembourg
Landau
Speyer
Bruchsal
KARLSRUHE
PFORZHEIM
Rastatt
Baden-Baden
Haguenau
Sarrebourg
Saverne
Brumath
STRASBOURG
Kehl
Offenburg
Molsheim
Obernai
Erstein
Lahr
Sélestat
Ribeauvillé
Colmar
Emmendingen
FREIBURG
Villingen-Schwenningen
Donaueschingen
Titisee-Neustadt
Tuttlingen
Schaffhausen
Waldshut-Tiengen
MULHOUSE
Guebwiller
Thann
Müllheim
Lörrach
BASEL
Rheinfelden
Liestal
Delémont
Porrentruy
Olten
Aarau
Baden
Brugg
Winterthur
Kloten
Rhein
Schwarzwald
Vogesen
Freudenstadt
Rottweil
Oberndorf

9

HEILBRONN
Ansbach
Künzelsau
Schwäbisch Hall
Crailsheim
Feuchtwangen
Dinkelsbühl
Ludwigsburg
Backnang
Waiblingen
STUTTGART
Esslingen
Schwäbisch Gmünd
Aalen
Nördlingen
Göppingen
Heidenheim
Böblingen
Kirchheim
Nürtingen
Geislingen
Tübingen
Reutlingen
Metzingen
Münsingen
Blaubeuren
ULM
Neu-Ulm
Günzburg
Dillingen
Lauingen
Leipheim
Ehingen
Albstadt
Riedlingen
Sigmaringen
Biberach
Ochsenhausen
Laupheim
Illertissen
Memmingen
Mindelheim
Bad Wörishofen
Kaufbeuren
Ottobeuren
Saulgau
Bad Schussenried
Bad Waldsee
Ravensburg
Weingarten
Überlingen
Stockach
Radolfzell
Konstanz
Friedrichshfn.
Lindau
Bregenz
Wangen
Leutkirch
Kempten
Isny
Füssen
Sonthofen
Hindelang
Oberstdorf
Kreuzlingen
St.Gallen
Dornbirn
Bodensee
Donau
Naturpark
Schwäbische Alb
Ries
Allgäuer Alpen
Bregenzer Wald

Rothenburg
Ansbach
Schwabach
Feucht
Altdorf
Neumarkt
Frankenhöhe
Heilsbronn
Roth
Allersberg
Feuchtwangen
Herrieden
Bechhofen
Gunzenhsn.
Hilpoltstn.
Berching
Parsberg
Dinkelsbühl
Weißenburg
Greding
Beilngries
Naturpark
Ellwangen
Treuchtlingen
Eichstätt
Riedenburg
Kelheim
Aalen
Wemding
Altmühltal
Nördlingen
Kösching
Neustadt
Abensberg
Neresheim
Harburg
Ingolstadt
Königsbronn
Donauwörth
Neuburg
Heidenheim
Rain
Geisenfeld
Mainburg
Herbrechtingen
Giengen
Wolnzach
Dillingen
Lauingen
Wertingen
Schrobenhsn.
Gundelfingen
Meitingen
Pfaffenhfn.
Moosburg
Langenau
Langweid
Aichach
Günzburg
Leiphm.
Burgau
Gersthofen
Freising
Neu-Ulm
Friedberg
AUGSBURG
Weißenhorn
Dachau
Unterschleißhm.
Erding
Krumbach
Bobingen
Königsbrunn
Oberschleißhm.
MÜNCHEN
Schwabmünchen
Fürstenfeldbruck
Olching
Illertissen
Puchheim
Germering
Haar
Gilching
Gräfelfing
Planegg
Unterhaching
Mindelheim
Buchloe
Landsberg
Gauting
Pullach
Ottobrunn
Starnberg
Grünwald
Memmingen
Bad Wörishofen
Herrsching
Dießen
Tutzing
Ottobeuren
Kaufbeuren
Wolfratshn.
Weilheim
Schongau
Peiting
Peißenbg.
Penzbg.
Bad Tölz
Kempten
Marktoberdorf
Murnau
Rottach-Egern
Füssen
Pfronten
Immenstadt
Oberammergau
Sonthofen
Hindelang
Garmisch-Partenkirchen
Mittenwald
Zugspitze
Donau
Deutsche Alpenstraße
Romantische Straße

REGENSBURG
Schwandorf
Neunburg
Furth i. Wald
Cham
Roding
Kötzting
Maxhütte Haidhof
Nittenau
Regenstauf
Oberer Bayerischer Wald
Naturpark Oberpfälzer Wald
Naturpark Bayerischer Wald
Nationalpark Bayerischer Wald
ČESKÁ REPUBLIKA
Sušice
Strakonice
Zwiesel
Regen
Viechtach
Straubing
Deggendorf
Plattling
Landau
Dingolfing
Landshut
Vilsbiburg
Eggenfelden
Pfarrkchn.
Arnstorf
Vilshofen
Osterhofen
Passau
Grafenau
Freyung
Waldkchn.
Hauzenbg
Untergriesb.
Schärding
Griesbach
Bad Birnbach
Simbach
Braunau
Ried
Neumarkt-St.Veit
Mühldorf
Töging
Neuötting
Altötting
Burghausen
Waldkraiburg
Wasserburg
Trostberg
Traunreut
Traunstein
Freilassing
SALZBURG
Bad Reichenhall
Berchtesgaden
Bischofswiesen
Rosenheim
Prien
Chiemsee
Kolbermoor
Bad Aibling
Ebersberg
Grafing
Stephanskirchen
Kiefersfelden
Kufstein
Wörgl
Kitzbühel
Saalfelden
Bischofshofen
Schladming
Bad Ischl
Bad Aussee
Gmunden
Vöcklabruck
Attnang-Puchheim
Mondsee
Salzkammergut
Dachstein
Steinernes Meer
Hallein
Golling
Ruhpolding
Siegsdorf
Grassau
Deutsche Alpenstraße
Deutsche Ferienstraße Alpen-Ostsee
Donau
Inn
Isar
Linz
Wels
Eferding
Lambach
Neuhaus

BUDWEIS
Deggendorf
Plattling
Osterhofen
Vilshofen
PASSAU
Schärding
Grafenau
Regen
C.Krumlov Krumau
Freistadt
Rohrbach
Aigen
Ried i. Innkreis
Braunau
Simbach a. Inn
Burghausen
LINZ
WELS
Enns
St. Valentin
STEYR
Vöcklabruck
Attnang Puchheim
Gmunden
Laakirchen
Lambach
Kremsmünster
Kirchdorf a.d. Krems
Mondsee
St. Wolfgang
Bad Ischl
SALZBURG
Bad Reichenhall
Hallein
Berchtesgaden
Freilassing
Golling
Bad Aussee
Liezen
Admont
Rottenmann
Gröbming
Schladming
Radstadt
Bischofshofen
St. Johann im Pongau
Saalfelden
Bad Hofgastein
Badgastein
Tamsweg
Murau
Ebensee
Traun
Neumarkt
Bruck
6

Gmünd
České Velenice
Josephschlag
Heidenreichstein
Waidhofen a.d.Thaya
Schrems
Weitra
Zwettl
Allentsteig
Horn
Znojmo
Znaim
Retz
Laa a.d.Thaya
Mistelbach
Hollabrunn
Eggenburg
Langenlois
Krems
Tulln
Stockerau
Korneuburg
Klosterneuburg
WIEN
(Floridsdorf)
Schwechat
Perchtoldsdf.
Mödling
Brunn
Baden
Traiskchn.
Bad Vöslau
Berndorf
WR. NEUSTADT
Neunkirchen
Ternitz
Gloggnitz
Semmering
Mürzzuschlag
Kindberg
KAPFENBG.
Bruck a.d. Mur
LEOBEN
Trofaiach
Eisenerz
St.Michael
Knittelfd.
Zeltweg
Voitsberg
Köflach
GRAZ
Weiz
Gleisdorf
Fürstenfeld
Hartberg
Oberwart
Pinkafd.
Aspang
Kirchschlag
Mariazell
St.Aegyd
Türnitz
Lilienfeld
St.Veit
Hainfeld
Kirchberg a.d. Pielach
Wilhelmsbg.
ST. PÖLTEN
Herzogenburg
Traismauer
Melk
Ybbs
Amstetten
Wieselburg
Scheibbs
Gaming
Lunz
Waidhofen a.d.Ybbs
Weyer-Markt
Gresten
Pöggstall
Spitz
Gföhl
Ottenschlag
Großgerungs
Königswiesen
Grein
Neunkirchen
Puchberg
Perg
Leibnitz
Frohnleiten
Übelbach
Deutschfeistritz
Seckau
Radmer

Gray
Montbéliard
Audincourt
Porrentruy
BESANÇON
Pontarlier
Dole
Lons-le-Saunier
Poligny
Champagnole
Salins-les-Bains
LA CHAUX-DE-FONDS
Le Locle
NEUCHÂTEL
Lac de Neuchâtel
Yverdon
FRIBOURG
Payerne
Bulle
Romont
LAUSANNE
Vevey
Montreux
Morges
Nyon
Rolle
Thonon-les-Bains
Evian-les-Bains
GENÈVE (GENF)
Annemasse
Oyonnax
St. Claude
Bellegarde
Nantua
Annecy
Aix-les-Bains
CHAMBÉRY
Albertville
Chamonix
Mont Blanc
Courmayeur
Aosta
Martigny
Sion
Monthey
Aigle
Cluses
Megève
St. Gervais
Ugine
8
15

BASEL
Liestal
Baden
Brugg
WINTERTHUR
ZÜRICH
Delémont
Olten
Aarau
Solothurn
Zofingen
Wohlen
Uster
Wetzikon
Rapperswil
Wädenswil
Zug
Burgdorf
LUZERN
Einsiedeln
Schwyz
Glarus
BERN
Langnau i. E.
Sarnen
Stans
Altdorf
Steffisburg
THUN
Brienz
Meiringen
Interlaken
Spiez
Frutigen
Grindelwald
Jungfrau
Finsteraarhorn
Andermatt
Disentis/Muster
St. Gotthard
Airolo
Adelboden
Brig
Visp
Sierre
Zermatt
Matterhorn
Monte Rosa
Saas-Fee
Domodóssola
Villadóssola
Locarno
Bellinzona
LUGANO
Verbània
Omegna
VARESE
COMO
Borgosésia
Arona
Gallarate
BUSTO ARSIZIO
Saronno
BIELLA
Châtillon
Breuil-Cervinia

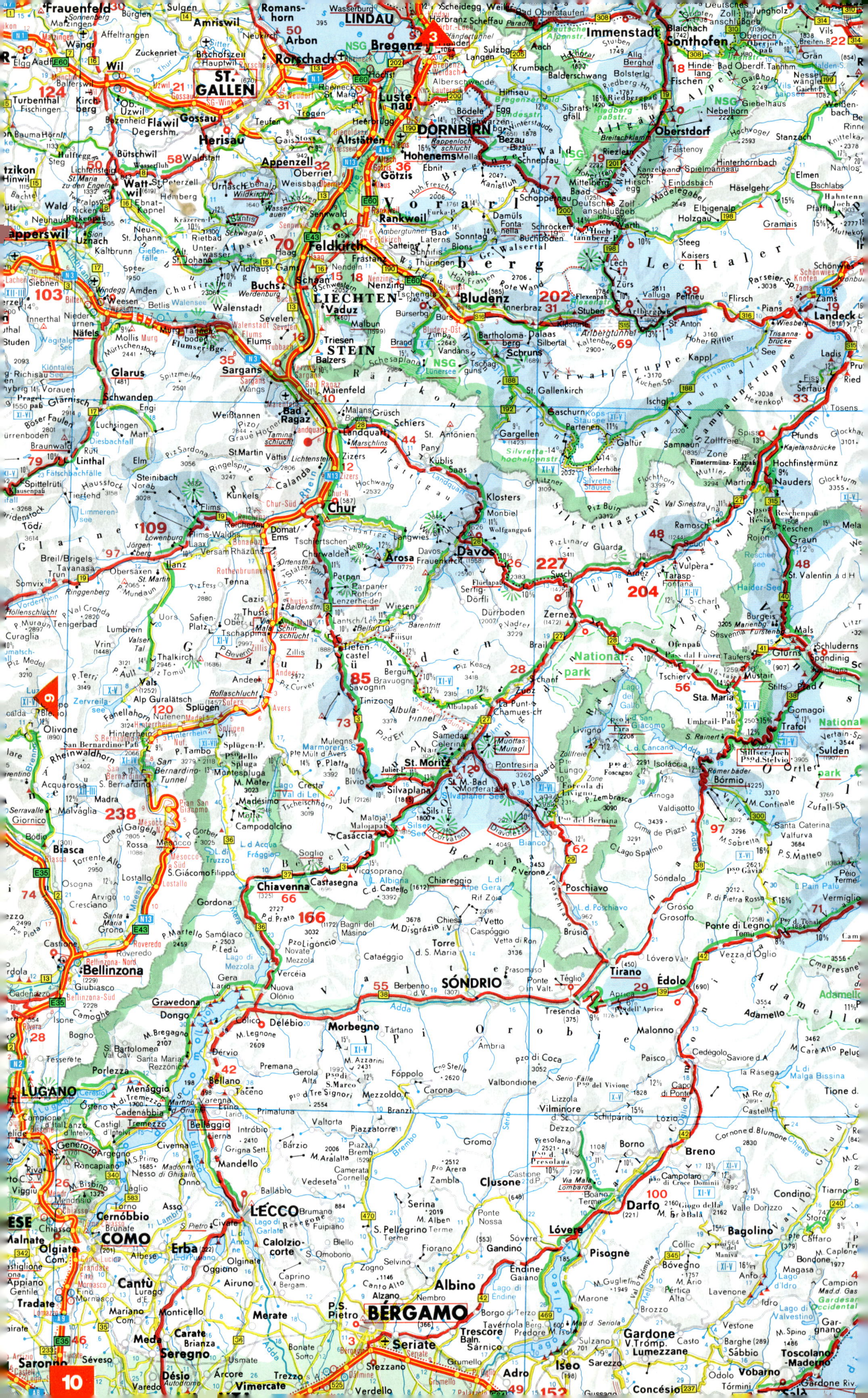

Frauenfeld
Wil
ST. GALLEN
Rorschach
Arbon
LINDAU
Bregenz
Lustenau
DORNBIRN
Hohenems
Götzis
Immenstadt
Sonthofen
Oberstdorf
Herisau
Appenzell
Gossau
Flawil
Rankweil
Feldkirch
Vorarlberg
LIECHTENSTEIN
Vaduz
Schaan
Buchs
Bludenz
Schruns
Lech
Zürs
St. Anton
Landeck
Lechtaler
Rapperswil
Glarus
Näfels
Walenstadt
Sargans
Bad Ragaz
Landquart
Maienfeld
Chur
Klosters
Davos
Arosa
Flims
Ilanz
Thusis
Tiefencastel
Savognin
Zernez
Scuol
Nauders
Glurns
Schluderns
Mals
St. Moritz
Silvaplana
Pontresina
Samedan
Zuoz
Livigno
Bormio
Poschiavo
Tirano
Chiavenna
Splügen
San Bernardino
Biasca
Bellinzona
LUGANO
COMO
LECCO
Menaggio
Bellagio
Sondrio
Morbegno
Edolo
Darfo
Breno
BERGAMO
Seriate
Lóvere
Iseo
Erba
Cantù
Seregno
Saronno
Merate
Gardone
Lumezzane
10
9
3

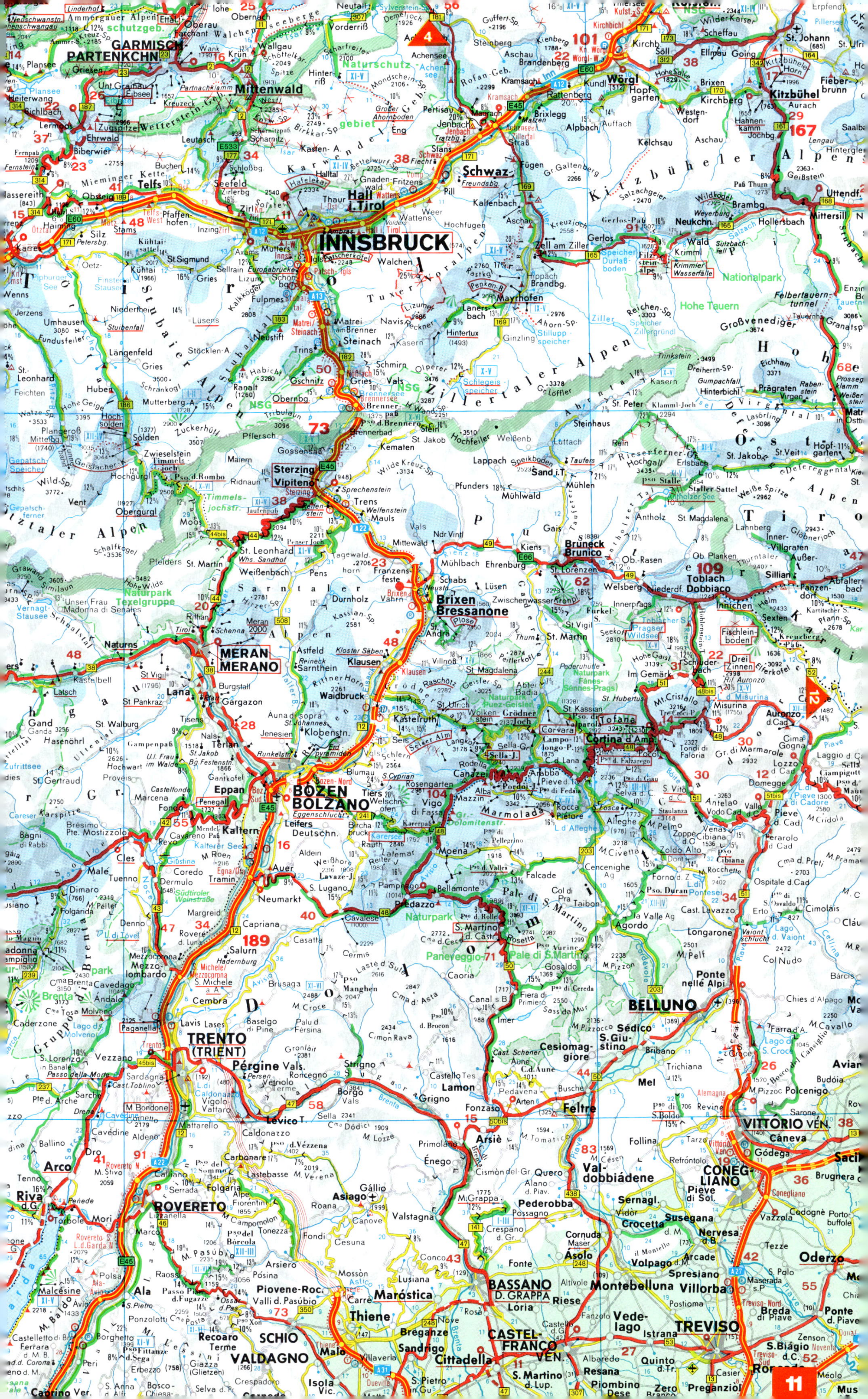
GARMISCH PARTENKCHN
Mittenwald
Telfs
Hall i. Tirol
Schwaz
INNSBRUCK
Wörgl
Kitzbühel
Kitzbüheler Alpen
Mayrhofen
Zillertaler Alpen
Stubaier Alpen
Ötztaler Alpen
Hohe Tauern
Nationalpark
Sterzing Vipiteno
Brixen Bressanone
Bruneck Brunico
Toblach Dobbiaco
MERAN MERANO
Klausen
BOZEN BOLZANO
Cortina d'Ampezzo
Marmolada
Kaltern
Auer
Neumarkt
Moena
Predazzo
Agordo
TRENTO (TRIENT)
Pergine Vals.
BELLUNO
Feltre
Levico T.
ROVERETO
Arco
Riva d.G.
Asiago
VITTORIO VEN.
CONEGLIANO
Valdobbiadene
BASSANO D. GRAPPA
Marostica
Thiene
SCHIO
VALDAGNO
CASTELFRANCO VEN.
Cittadella
TREVISO
Montebelluna
Oderzo
Asolo

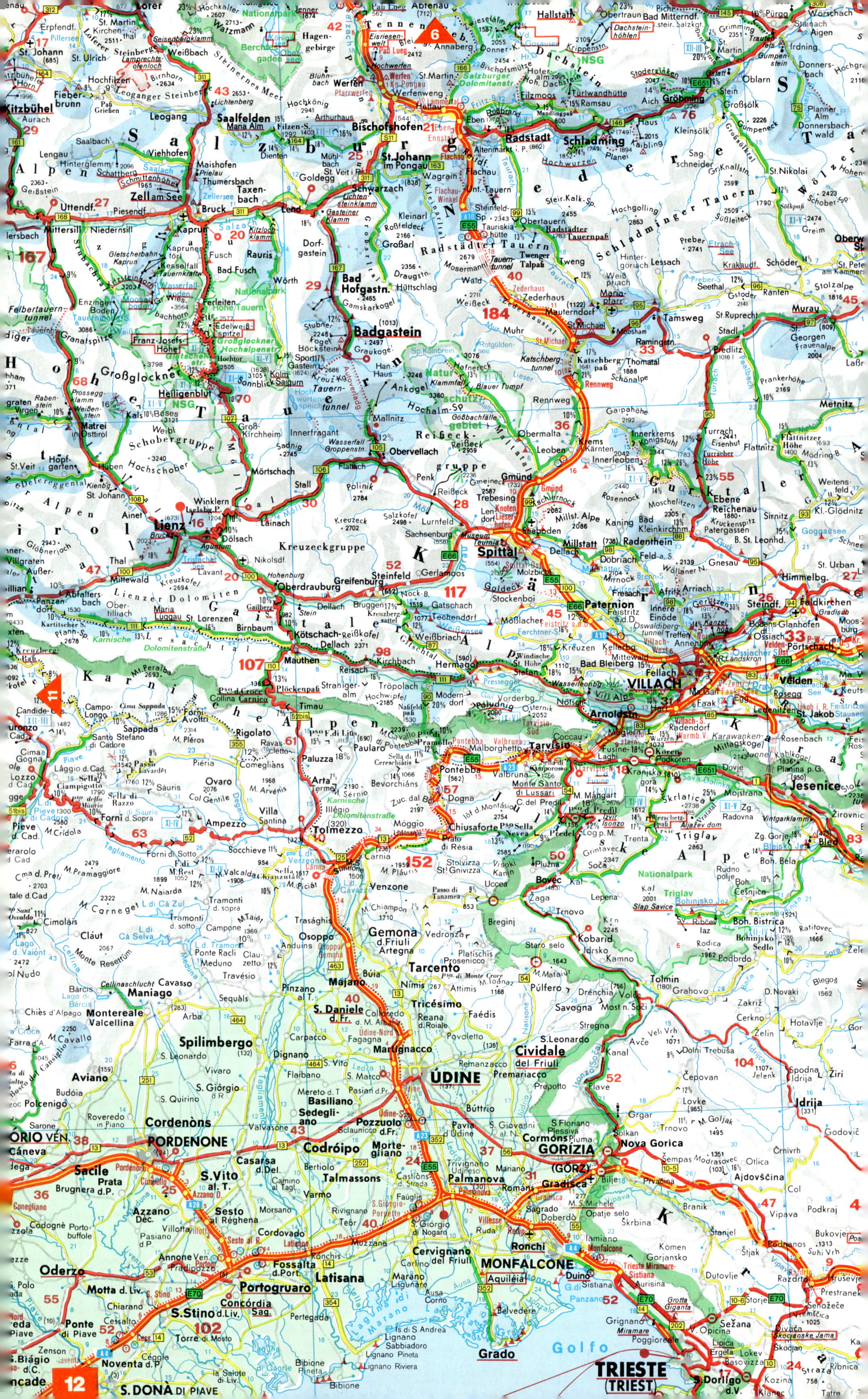

Kitzbühel
St. Johann
Fieberbrunn
Leogang
Saalfelden
Zell am See
Kaprun
Bruck
Mittersill
Uttendf.
Taxenbach
Lend
Bischofshofen
St. Johann im Pongau
Werfen
Radstadt
Schladming
Gröbming
Stein
Großsölk
Flachau
Wagrain
Schwarzach
Bad Hofgastn.
Badgastein
Rauris
Heiligenblut
Großglockner
Großglockner Hochalpenstr.
Kals
Matrei i. Osttirol
Hohe Tauern
Mallnitz
Obervellach
Mauterndorf
Tamsweg
Murau
Predlitz
St. Michael
Rennweg
Katschberg
Zederhaus
Tauerntunnel
Radstädter Tauern
Schladminger Tauern
Dachstein
Lienz
Dölsach
Lainach
Winklern
Oberdrauburg
Greifenburg
Steinfeld
Kreuzeckgruppe
Spittal
Gmünd
Millstatt
Radenthein
Seeboden
Paternion
Feld a. S.
Himmelbg.
Feldkirchen
Ossiach
Villach
Arnoldstein
Bad Bleiberg
Hermagor
Kötschach-Mauthen
Dellach
Plöckenpaß
Gailtaler Alpen
Lienzer Dolomiten
Karnische Alpen
Karawanken
Tarvisio
Jesenice
Bled
Kranjska gora
Triglav
Bovec
Kobarid
Tolmin
Pontebba
Malborghetto
Chiusaforte
Tolmezzo
Ampezzo
Sappada
Forni Avoltri
Forni di Sopra
Paluzza
Arta
Villa Santina
Venzone
Gemona d. Friuli
Artegna
Tarcento
Osoppo
Majano
S. Daniele d. Fr.
Spilimbergo
Maniago
Montereale Valcellina
Aviano
Cordenòns
Pordenone
Sacile
Prata
S. Vito al T.
Sesto al Reghena
Portogruaro
Concórdia Sag.
Fossalta d. Port.
Latisana
Lignano
Codróipo
Pozzuolo d. Fr.
Udine
Tricésimo
Cividale del Friuli
Premariacco
Manzano
Palmanova
Cervignano del Friuli
Aquileia
Grado
Monfalcone
Ronchi
Gradisca
Gorízia (Gorz)
Nova Gorica
Ajdovščina
Idrija
Trieste (Triest)
Golfo
Duino
Sežana
Opicina
S. Dorligo
Oderzo
Motta d. Liv.
S. Stino d. Liv.
Ponte di Piave
Noventa d. P.
S. Donà di Piave
12

Rottenmann
Johnsbach
Vordernberg
Eisenerzer Alpen
Trofaiach
Kindberg
KAPFENBG.
Bruck a.d. Mur
LEOBEN
Niklasdf.
Pernegg
St.Michael
Kraubath
Seckau
Fohnsdorf
Knittelfd.
Zeltweg
Judenburg
Obdach
Köflach
Voitsberg
Frohnleiten
Übelbach
Deutschfeistritz
Gratwein
Weiz
Gleisdorf
GRAZ
Fürstenfeld
Hartberg
Pinggau
Friedberg
Birkfeld
Feldbach
Bad Gleichenbg.
Wildon
Leibnitz
Deutschlandsbg.
Bad St. Leonhard
Wolfsberg
St.Andrä
St.Paul i.Lavantt.
Griffen
Völkermkt.
KLAGENFURT
Ferlach
Friesach
Althofen
St.Veit a.d.Glan
Eisenkappel
Bleiburg
Lavamünd
Eibiswald
Arnfels
Mureck
Bad Radkersburg
MARIBOR (MARBURG)
Ptuj
Sl. Bistrica
Slovenj Gradec
Ravne na Koroskem
Dravograd
Velenje
Celje
Rogaška Slatina
Krapina
Kamnik
Domžale
LJUBLJANA (Laibach)
Kranj (Krainburg)
Trbovlje
Hrastnik
Laško
Sevnica
Krško
Brežice
Litija
Trebnje
Novo Mesto
Kočevje (Gottschee)
Cerknica
Postojna (Adelsberg)
Metlika
Samobor
ZAGREB (Agram)
Jastrebarsko
Karlovac
13

St. Chamond
Chambery
Annonay
Voiron
Grenoble
Romans-s-Isère
Tournon
Valence
Privas
Montélimar
Pierrelatte
Bollène
Orange
Carpentras
Avignon
Cavaillon
Arles
Salon-de-Prov.
Miramas
Die
Nyons
Valréas
Gap
Sisteron
Digne
Forcalquier
Manosque
Apt
Tarascon
La Mure
Vizille
Tullins
Rives
St. Marcellin
Vinay
Crest
Tain-l'Hermitage
St. Vallier
Sorgues
Pertuis
Cadenet
Orgon
Mont Ventoux
Plateau de Vaucluse
Lubéron
Durance
Rhône
Isère
Drôme

TORINO
(TURIN)
Moncalieri
Chieri
Rivoli
Pinerolo
Carignano
Carmagnola
Racconigi
Savigliano
Saluzzo
Fossano
Cuneo
Mondovì
Bra
Alba
Ceva
Ivrea
Biella
Chivasso
Caluso
Volpiano
Susa
Bardonècchia
Sestrière
Briançon
Modane
Moûtiers
St. Jean-de-M.
Barcelonnette
Embrun
Guillestre
Colmars
Castellane
GRASSE
NICE
Cagnes-s.-M.
Vence
Villefranche-s.-M.
MONACO
Monte-Carlo
MENTON
VENTIMIGLIA
Bordighera
SAN REMO
Tàggia
IMPÈRIA
Tende
Limone Piemonte
Borgo San Dalmazzo
Dronero
Busca
Cavour
Barge
Paesana
Torre Pèllice
Perosa Argentina
Avigliana
Lanzo Torinese
Cuorgnè
Ciriè
Settimo Tor.
Caselle Tor.
Poirino
Villastellone
Canale
Dogliani
Bene Vagienna
Peveragno
Villanova Mond.
Gran Paradiso
Parco Nazionale del Gran Paradiso
Parc National de la Vanoise
Parc National du Mercantour
Alpes Maritimes
Riviera dei Fiori
Col du Galibier
Col de l'Iseran
Col de la Bonette
Col de Tende
Col de Turini
Mt. Viso
Rocciamelone
Sauze d'Oulx
Cesana Tor.
Clavière
Montgenèvre
St. Véran
Isola 2000
Auron
Valberg
St. Martin-Vésubie
Sospel
Dolceàcqua
Roquebrune Cap-Martin
Cap-Ferrat
Beaulieu-s.-M.
Ormea
Garessio
Calizzano
Pieve di Teco
Triora
Diano
Ospedaletti
Arma di Tàggia

Übersichtskarte Deutschland